Ausgeschieden
Universitätsbibliothek
Mainz

Schneider · Investition, Finanzierung und Besteuerung

Dieter Schneider

Investition, Finanzierung und Besteuerung

7., vollständig überarbeitete und erweiterte Auflage

GABLER

Professor Dr. Dr. h.c. Dieter Schneider lehrt Allgemeine Betriebswirtschaftslehre, Unternehmensbesteuerung und Unternehmensprüfung an der Ruhr-Universität Bochum.

Die Deutsche Bibliothek – CIP-Einheitsaufnahme

Schneider, Dieter:
Investition, Finanzierung und Besteuerung / Dieter Schneider.
- 7., vollst. überarb. u. erw. Aufl., Studentenausg.
- Wiesbaden : Gabler, 1992
Bis 5. Aufl. u.d.T.: Schneider, Dieter: Investition und Finanzierung
ISBN 3-409-23750-X

1. Auflage 1970
2. Auflage 1971
3. Auflage 1974
4. Auflage 1975
5. Auflage 1980
Nachdruck 1983
Nachdruck 1986
1. – 5. Auflage unter dem Titel: Investition und Finanzierung
6. Auflage 1990
7. Auflage 1992

Der Gabler Verlag ist ein Unternehmen der Verlagsgruppe Bertelsmann International.
© Betriebswirtschaftlicher Verlag Dr. Th. Gabler GmbH, Wiesbaden 1992
Lektorat: Gudrun Böhler

Das Werk einschließlich aller seiner Teile ist urheberrechtlich geschützt. Jede Verwertung außerhalb der engen Grenzen des Urheberrechtsgesetzes ist ohne Zustimmung des Verlages unzulässig und strafbar. Das gilt insbesondere für Vervielfältigungen, Übersetzungen, Mikroverfilmungen und die Einspeicherung und Verarbeitung in elektronischen Systemen.

Höchste inhaltliche und technische Qualität unserer Produkte ist unser Ziel. Bei der Produktion und Auslieferung unserer Bücher wollen wir die Umwelt schonen: Dieses Buch ist auf säurefreiem und chlorfrei gebleichtem Papier gedruckt. Die Einschweißfolie Polyäthylen besteht aus organischen Grundstoffen, die weder bei der Herstellung noch bei der Verbrennung Schadstoffe freisetzen.

Die Wiedergabe von Gebrauchsnamen, Handelsnamen, Warenbezeichnungen usw. in diesem Werk berechtigt auch ohne besondere Kennzeichnung nicht zu der Annahme, daß solche Namen im Sinne der Warenzeichen- und Markenschutz-Gesetzgebung als frei zu betrachten wären und daher von jedermann benutzt werden dürften.

Layout und Satz: Lehrstuhl für Unternehmensbesteuerung und Unternehmensprüfung, Ruhr-Universität Bochum
Druck und Buchbinder: Lengericher Handelsdruckerei, Lengerich/Westf.
Printed in Germany

ISBN 3-409-23750-X

Vorwort

Die Betriebswirtschaftslehre ist eine reizvolle Wissenschaft. Sie kennt Probleme, deren Lösung schärfste Logik voraussetzt, sie zwingt dazu, praktisch bedeutsame Fragen durch Abwägen vielfältiger Zusammenhänge zu beantworten, und schließlich kann man mit ihr auch Geld verdienen. Das Reizvolle an einigen betriebswirtschaftlichen Fragen in einer verständlichen Sprache darzustellen, ist die Absicht dieses Buches, das in der ersten 1. bis 5. Auflage „Investition und Finanzierung" (1970-1980/86) hieß und ab der 6. Auflage zu „Investition, Finanzierung und Besteuerung" (1989, Nachdrucke 1990, 1991) erweitert wurde.

Die 7. Auflage ist vor allem in didaktischer Hinsicht gründlich überarbeitet und neu gegliedert, sowie an die derzeitige wissenschaftliche Diskussion und das Steuerrecht zum 1.7.1992 angepaßt worden. Neu aufgenommen wurden Probleme der Meßbarkeit von Steuervergünstigungen und Risikograden, Märkte zur Unternehmungskontrolle und Fragen der Gleichmäßigkeit bei der Beurteilung von Einkommen- und Konsumausgabensteuer.

Das Buch bietet
— den üblichen Stoff des Grund- und Hauptstudiums in Betriebswirtschaftslehre zur Investitionsrechnung und Finanzierungstheorie;
— die üblicherweise in Lehrtexten und Vorlesungen zurückgedrängte Kritik an den Modellvoraussetzungen der Entscheidungstheorie unter Ungewißheit und der auf Kapitalmarktgleichgewichtsmodellen aufbauenden „Theory of Finance"; deshalb werden hier die aus den engen Modellvoraussetzungen folgenden Einschränkungen für die Anwendbarkeit von Vorteilsberechnungen zu Investition und Finanzierung herausgearbeitet;
— eine Steuerwirkungslehre zu Investition und Finanzierung, die für den Leser ohne steuerrechtliche Vorkenntnisse verständlich ist und ihn zu den umstrittenen Fragen der heutigen Steuerpolitik und der Forschung hinführt.

In den bislang wenig erfolgreichen Bemühungen um eine Reform der Unternehmensbesteuerung wird soviel Fragwürdiges zum Einfluß der Besteuerung auf Investition und Finanzierung behauptet (und dies nicht zuletzt von volkswirtschaftlichen Beratungsgremien der Bundesregierung), daß eine zusammenfassende Darstellung des derzeitigen Wissensstandes zu Investition, Finanzierung und Besteuerung geboten erscheint. Selbst wenn die Weichen für eine Reform der Unternehmensbesteuerung überwiegend jenseits wissenschaftlicher Sachkunde gestellt werden, ist ein Wissenschaftler verpflichtet zu sagen, was ist oder bei Vorgabe bestimmter Wertungen im einzelnen getan werden sollte.

Meine Lehrtätigkeit zwingt mich, Investition und Finanzierung nur unter dem Blickwinkel der Besteuerung vorzutragen. So geben die Kapitel B I bis III den Vorlesungsstoff für die (im Bochumer Studiengang) Pflichtvorlesung „Besteuerung und Unternehmenspolitik I" innerhalb des Hauptstudiums der Allgemeinen Betriebswirtschaftslehre wieder.

Das Kapitel B IV und Teil D enthalten den Stoff der im Wahlpflichtfach „Unternehmensbesteuerung" angesiedelten Vorlesung „Besteuerung und Unternehmenspolitik II".

Ein solches Buch ist nicht ohne Hilfe zu schreiben. Für zahlreiche kritische Anmerkungen und technische Hilfeleistungen danke ich meinen früheren und jetzigen Mitarbeitern. Diesmal zählten zu den vor allem gestreßten wissenschaftlichen Mitarbeitern in der Reihenfolge ihrer Lehrstuhlzugehörigkeit die Herren Diplom-Ökonomen Jörg Stifter, Dieter Körner, Frank Claassen, Carsten Wittenbrink und Ralf Sprey.

Dieter Schneider

A. Grundlagen der Investitions- und Finanzierungstheorie 1

I. Die Unternehmung als Investitions- und Finanzierungsobjekt 1

a) Grundbegriffe 1
  1. Einkommenserwerb in und durch Unternehmungen 1
     aa) Vermögen und Einkommen 1
     bb) Wer ist Unternehmer? 3
     cc) Was heißt Unternehmung? 4
  2. Investition, Finanzierung und Kapitalmarkt 7
     aa) Zahlungs- und Leistungsaspekt bei Investition und Finanzierung 7
     bb) Investition 10
     cc) Finanzierung 11
  3. Das Problem der Finanzierungsarten 13
     aa) Finanzwirtschaftliche Tätigkeiten und Quellen der Zahlungsfähigkeit ... 13
     bb) Widersprüche zwischen Umfang des Begriffs Finanzierung
         und Aufzählungen von Finanzierungsarten 17
  4. Eingrenzung der Begriffe Investition und Finanzierung
     für Vorteilsvergleiche auf Zahlungsströme 20

b) Zeit und Unsicherheit als Bestimmungsgründe
   der Unternehmenspolitik 21
  1. Unternehmenspolitik und Unternehmensplanung 21
  2. Handlungszeitraum und Planungszeitraum 26
  3. Zeitliche und finanzielle Voraussetzungen der Mindestplanperiode . 31
  4. Verringerung von Unsicherheiten durch Planung
     und durch Bildung von Institutionen 35
  5. Die Unternehmung als Institution zur Verringerung
     von Einkommensunsicherheiten 41

c) Verringerung von Unsicherheiten für die Unternehmung durch
   Eigenkapitalausstattung und innenfinanziertes Risikokapital 42
  1. Eigenkapital als Rechtsbegriff und Eigenkapitalausstattung
     als betriebswirtschaftlicher Sachverhalt 42
  2. Merkmale zur Abgrenzung einer Eigenkapitalausstattung
     von Verschuldung 47
  3. Risikokapital 51
     aa) Abgrenzung des Risikokapitals von der Eigenkapitalausstattung 51
     bb) Erscheinungsformen des Risikokapitals 55
  4. Messung des innenfinanzierten Risikokapitals 57
     aa) Risikokapital aus Gewinnverwendungen: Selbstfinanzierung 57
     bb) Risikokapital aus Gewinnermittlungen 60

II. Die Berechnung der Vorteilhaftigkeit einzelner Investitionen 65

a) Finanzielle Zielgrößen und Modellstruktur 65
   1. Vermögens-, Entnahme- und Wohlstandsstreben
      in personenbezogenen Unternehmen 65
   2. Abweichende und übereinstimmende Entscheidungen bei
      Vermögens-, Entnahme- und Wohlstandsstreben 67
   3. Vollständiger Vorteilsvergleich und Partialmodelle 70

b) Technik und Problematik der finanzmathematischen Vorteilsmaße .. 74
   1. Cournotscher Satz, Kapitalwert und Rendite
      im einperiodigen Vorteilsvergleich. 74
   2. Kapitalwert und Annuität als mehrperiodige Vorteilsmaßstäbe ... 77
   3. Der interne Zinsfuß als mehrperiodige Rendite 81
      aa) Ein Wahlproblem mit Tücken 81
      bb) Die „Rendite" im Mehrperiodenfall 86
      cc) Sind Lieferantenkredite teuer? 93

c) Die Planung einzelner Investitionsmaßnahmen 95
   1. Die Datenerfassung 95
      aa) Kapazitätseinheiten als Investitionsvorhaben 95
      bb) Grundsätzliches zur Prognose von Zahlungsströmen 96
      cc) Der Kalkulationszinsfuß 102
   2. Die Berechnung der wirtschaftlichen Nutzungsdauer
      und des optimalen Ersatzzeitpunktes 103
      aa) Die einmalige Investition 103
      bb) Die endliche Investitionskette 104
      cc) Die unendliche Investitionskette 106
      dd) Der optimale Ersatzzeitpunkt 108
   3. Zinsstruktur von Finanzanlagen und Arbitrageportefeuille 110

III. Die Planung des Zahlungsbereichs und seine Abstimmung mit dem Leistungsbereich bei Ausklammerung der Unsicherheit 114

a) Die Planung des Investitionsprogramms in Abhängigkeit
   von Modellannahmen über den Kapitalmarkt 114
   1. Das Investitionsprogramm bei vollkommenem Kapitalmarkt:
      die klassische Lösung 114
      aa) Beliebig teilbare Investitionsvorhaben 114
      bb) Unteilbare Investitionsvorhaben: das Lutz-Modell 116
   2. Das Investitionsprogramm bei „unvollkommenem" Kapitalmarkt:
      die konsumpräferenzabhängige Lösung 118
      aa) Konsum und Investition bei unterschiedlichen finanziellen Zielen 118
      bb) Das Investitionsprogramm bei „unvollkommenem" Kapitalmarkt 125

3. Das Investitionsprogramm bei beschränktem
   Finanzierungsspielraum: die kombinatorische Lösung 128
   aa) Der optimale Finanzplan als kombinatorisches Problem 128
   bb) Investitions- und Finanzplanung mit Hilfe linearer Programmierung ... 129

b) Die Planung des Finanzierungsprogramms bei
   Vernachlässigung der Ungewißheit 134
   1. Bestandskapital und Zusatzkapital 134
   2. Kapitalerhöhungen in personenbezogenen Unternehmungen
      als Institutionen........................ 137
      aa) Beteiligung ohne Aufgeld 138
      bb) Beteiligung mit Aufgeld................... 139
   3. Kapitalerhöhungen in Publikumsgesellschaften 142
      aa) Wahlprobleme mit Eigenfinanzierung bei
          Handeln im Interesse der Anteilseigner 142
      bb) Der Emissionskurs..................... 145

c) Die modellmäßige Abstimmung von Zahlungs- und Leistungsbereich. 151
   1. Einperiodige Planung..................... 151
      aa) Der Einfluß des Zahlungsbereichs auf den Leistungsbereich
          bei unbeschränktem Finanzierungsspielraum 151
      bb) Der Einfluß des Zahlungsbereichs auf den Leistungsbereich
          bei beschränktem Finanzierungsspielraum 153
   2. Mehrperiodige Planung..................... 156
      aa) Die Analyse der Kapitalbindung leistungswirtschaftlicher Prozesse
          durch Kapitalbedarfsfunktionen 156
      bb) Minderung der Kapitalbindung durch einen Kapazitätserweiterungseffekt . 161
   3. Die Kapitalbindungsdauer als eigenständiger Produktionsfaktor .. 169

B. Besteuerung und Rentabilität von Investitions- und Finanzierungsvorhaben ... 173

I. Steuerlast und Steuerwirkung ... 173

a) Unternehmenssteuern und Steuerlast ... 173
   1. Besteuerung, steuerrechtliche Unternehmenskunde und Arten von Unternehmenssteuern ... 173
   2. Messung von Verteilungsfolgen und Entscheidungswirkungen über rechtliche und wirtschaftliche Steuerbelastungsvergleiche ... 176

b) Aussagefähigkeit von Steuerbelastungsvergleichen ... 184
   1. Die mangelnde Aussagefähigkeit volkswirtschaftlicher Steuerquoten ... 184
   2. Empirische Ermittlung rechtlicher Steuerbelastungen aus Jahresabschlüssen? ... 187
   3. Internationale Steuerbelastungsvergleiche durch „empirische Forschung" oder durch modellgestützte Mustervergleiche? ... 188

c) Die Beurteilung von Steuerwirkungen durch Bezug auf Modelle entscheidungsneutraler Besteuerung ... 193
   1. Die Bedeutung eines entscheidungsneutralen Modellsteuerrechts für Steuerausweichhandlungen und die Inhaltsbestimmung von Steuervergünstigungen ... 193
   2. Abgrenzung von Entscheidungsneutralität als Bezugsmodell für eine Steuerwirkungslehre von Steuerneutralität als Norm staatlicher Steuerpolitik ... 200
   3. Finanzierungs- und Investitionsneutralität als Erscheinungsformen einer Entscheidungsneutralität ... 203

II. Investitionsneutralität als Bezugsmodell für eine Untersuchung von Steuerlast und Steuerwirkung ... 206

a) Entscheidungsneutralität und Investitionsneutralität ... 206
   1. Zielgrößenbesteuerung ... 206
   2. Investitionsneutralität bei Ausklammerung von Innen- und Außenfinanzierung im einperiodigen Modell ... 208
   3. Investitionsneutralität bei Ausklammerung von Innen- und Außenfinanzierung im mehrperiodigen Modell ... 210

b) Investitionsneutralität bei Innen- und Außenfinanzierung 214
 1. Entscheidungsneutrale Innenfinanzierung als Folge
    investitionsneutraler Besteuerung 214
 2. Investitions- mit Kapitalkostenneutralität im Standardmodell . . . 218
    aa) „Ökonomischer" Gewinn und entscheidungsneutrale Periodisierung . . . 218
    bb) Die Bedingungen für Investitionsneutralität
        mit Kapitalkostenneutralität im einzelnen 224
 3. Die investitionsneutralen Steuerbemessungsgrundlagen des
    kapitaltheoretischen Gewinns und des Cash-flows im Vergleich . . 229
    aa) Gemeinsame Abweichungen zum steuerrechtlichen Gewinn
        und unterschiedliche Voraussetzungen untereinander 229
    bb) Vermögensvergleiche über kapitalwertgleiche Umperiodisierungen 231

c) Investitionsneutralität mit Kapitalkostenneutralität
   als Eichstrich für Steuerbelastungsvergleiche 239
 1. Steuerkeile, effektive Steuerbelastung und
    steuerbedingte Mindestrenditenerhöhung 239
 2. Grenzen der Messung von Steuervergünstigungen und
    Steuerbenachteiligungen durch Bezug auf Investitionsneutralität . . 241
 3. Ein Steuerparadoxon: Steigender Kapitalwert
    bei steigendem Steuersatz 246
 4. Zusammenfassung 250

III. Rentabilitätswirkungen der Besteuerung auf Innen- und Außenfinanzierung   252

a) Bilanzsteuerliche Abweichungen vom entscheidungsneutralen Gewinn   252
 1. Steuerkredite aus steuerrechtlichen Gewinnvergünstigungen
    und Zwangsanleihen aus Gewinnverböserungen 252
    aa) Berechnung des „zu versteuernden Einkommen" 252
    bb) Steuerkredite aus steuerrechtlichen Gewinnvergünstigungen 253
    cc) Zwangsanleihen des Fiskus aus steuerrechtlichen Gewinnverböserungen . . 257
 2. Gestaltung der wirtschaftlichen Steuerbelastung
    durch Steuerbilanzpolitik 258
    aa) Ansatz- und Bewertungswahlrechte sowie steuerfreie Rücklagen 258
    bb) Vorteilskriterien für einperiodige Bilanzierungswahlrechte 263
    cc) Mehrperiodige Wahlrechte für Anlageabschreibungen 264
 3. Sofortiger Verlustausgleich gegen
    steuerrechtliche Verlustverrechnung 266
    aa) Abweichungen zwischen steuerrechtlicher Verlustverrechnung
        und sofortigem Verlustausgleich 266
    bb) Vorurteile gegen einen sofortigen Verlustausgleich 270

b) Steuersatzbedingte Abweichungen zur Kapitalkostenneutralität 272
 1. Verstöße gegen Entscheidungsneutralität aus
    Erhebungsformen und Tarifen gewinnabhängiger Steuern 272
    aa) Erhebungsformen und Tarife der Einkommensteuer........... 272
    bb) Gewerbeertragsteuer....................... 275
    cc) Grenzsteuersatz aus Einkommen-, Kirchen- und Gewerbeertragsteuer ... 277
    dd) Körperschaftsteuer der Kapitalgesellschaften 279
    ee) Rechtliche Belastung mit Körperschaftsteuer und Gewerbeertragsteuer ... 283
    ff) Belastungsfolgen nicht abzugsfähiger Ausgaben 285
 2. Gewinnsteuereinflüsse auf die Ausschüttungspolitik beim
    körperschaftsteuerlichen Anrechnungsverfahren........... 288
    aa) Selbstfinanzierung oder Schütt-aus-hol-zurück-Politik
        über Gesellschafterdarlehen 288
    bb) Selbstfinanzierung oder Schütt-aus-hol-zurück-Politik
        über Kapitalerhöhungen bei personenbezogenen Unternehmen 289
    cc) Leg-ein-hol-zurück-Verfahren 291
    dd) Erschwernisse einer Schütt-aus-hol-zurück-Politik
        bei Publikumsgesellschaften 291
    ee) Steuererstattung durch ausschüttungsbedingte Teilwertabschreibung.... 294
    ff) Ausländereffekt......................... 295
 3. Einzelfragen der Zinsbesteuerung 297
    aa) Investitionsneutrale Zinsbesteuerung und
        steuerbedingte Änderungen der Zinsstruktur 297
    bb) Lösungswege für das verfassungsrechtliche Gebot zur
        gleichmäßigen Besteuerung von Zinseinkünften............. 302

c) Rechtliche Gewinn- und Substanzsteuerbelastung in Unternehmungen 305
 1. Rechtliche Gewinn- und Substanzsteuerbelastung
    bei Außenfinanzierung 305
    aa) Doppelbelastung mit Vermögensteuer und
        ihre Verteuerung der Beteiligungsfinanzierung 305
    bb) Mindestrenditenerhöhung durch die Gewerbekapital- und
        Vermögensteuer bei Fremd- und Beteiligungsfinanzierung 307
 2. Rechtliche Gewinn- und Substanzsteuerbelastung
    bei Selbstfinanzierung 309
    aa) Gewinn- und Substanzsteuerbelastung über 66%
        als Messung von Verteilungsfolgen? 309
    bb) Unterstellungen bei der Messung von Entscheidungswirkungen
        für selbstfinanzierte Investitionen 313
    cc) Zusatzannahmen, um Substanzsteuern
        in einen Unternehmungssteuerkeil einzubeziehen 316
    dd) Der Kalkulationszinsfuß bei der Kapitalisierung künftiger Substanzsteuern . 317

Teil B   XIII

IV. *Einzelprobleme der effektiven Steuerbelastung
    von Investition und Finanzierung* 321

   a) Der Einfluß einzelner „Steuervergünstigungen" auf
      die Vorteilhaftigkeit von Investitionen. 321
      1. Steuerbegünstigte Kapitalanlagen 321
         aa) Ursachen für Irrtümer über angeblich steuerbegünstigte Kapitalanlagen . . 321
         bb) Steuerersparnismodell Immobilienerwerb: „Hotelappartement". 322
         cc) Negatives Kapitalkonto eines Kommanditisten in Westberlin und
             Tilgungsaussetzungsdarlehen mit kapitalbildender Lebensversicherung. . . 330
      2. Steuervergünstigungen bei Veräußerungsgewinnen
         auf Investitionen 335
         aa) Überblick. 335
         bb) Die Wirkung der Besteuerung auf Nutzungsdauer und Ersatzzeitpunkt:
             Einschließungs- und Veräußerungseffekt 336
         cc) Der Einfluß von § 6 b EStG auf den
             Veräußerungszeitpunkt von Investitionen 339
      3. Investitionszulagen, Investitionszuschüsse und
         Sonderabschreibungen im Vergleich 341
         aa) Steuerliche Investitionsförderung in den neuen Bundesländern 341
         bb) Steuersatzsenkungen, die einen Abbau von Investitionszulagen
             renditemäßig ausgleichen 351

   b) Innenfinanzierung über Pensionsrückstellungen 356
      1. Steuerrechtliche Berechnung von Pensionsrückstellungen. 357
      2. Das Problem entscheidungsneutraler Aufwandsverrechnung
         für Versorgungszusagen 360
         aa) Kapitalwertgleiche Umperiodisierung künftiger Zahlungen bei
             steuersatzabhängigem Kalkulationszinssatz
             und nomineller Kapitalerhaltung. 360
         bb) Bewirkt die Aufwandsverrechnung über Annuitäten eine „Steuerersparnis"? . 366
      3. Bestandteile des Risikokapitals in Pensionsrückstellungen. 371
         aa) Ermessensrücklagen in Pensionsrückstellungen 371
         bb) Zweckgebundenes Risikokapital durch Aufwandsvorwegnahme. 372
         cc) Erneuerungs- und Wachstumseffekt als versteckte Selbstfinanzierung? . . . 373
         dd) Substanzsteuerersparnisse? 374
      4. Reformüberlegungen zur Besteuerung
         unmittelbarer Versorgungszusagen 375
         aa) Unternehmensbesteuerung 375
         bb) Besteuerung der Arbeitnehmer 377
      5. Schädigt das Nichtbilden steuerlich zulässiger
         Pensionsrückstellungen die Eigentümer? 378

c) Inflation, Besteuerung und Vorteilhaftigkeit von
   Investitions- und Finanzierungsvorhaben   379
   1. Anwendungsbedingungen für Investitionsmodelle bei Inflation . . .   379
      aa) Investitionsplanung mit Hilfe realer Renditen?   379
      bb) Investitionsrechnung bei Auslandsinvestitionen in Ländern
          mit unterschiedlichen Inflationsraten und
          unterschiedlicher Entwicklung der Wechselkurse   382
   2. Inflation, Besteuerung und Innenfinanzierung   384
   3. Inflation und Kalkulationszinsfuß.   389
      aa) Volle Überwälzung der Inflation im Kalkulationszinsfuß vor Steuern:
          der Fisher-Effekt   389
      bb) Der Kalkulationszinsfuß beim für die Besteuerung
          modifizierten Fisher-Effekt.   393
   4. Inflatorische Unternehmenswertänderungen aufgrund der
      Maßgeblichkeit des Bilanzgewinns für die steuerliche
      Gewinnermittlung bei einperiodiger Investition und Finanzierung .   395
      aa) Vorratsvermögen   395
      bb) Finanzierung durch Lieferanten und Kunden   399
      cc) Forderungen   400
   5. Investitionsneutralität in der Inflation und Anlagenabschreibung . .   402
      aa) Neutralitätsbedingungen für mehrperiodige Investitionen   402
      bb) Das Erfordernis einer inflationsbedingten steuerlichen
          Abschreibungsverböserung trotz Ertragswertsenkung.   404
      cc) Der Streit um Abschreibungsverlauf und Höhe
          der Kapitalkosten in der Inflation   408

d) Die Aussagefähigkeit internationaler Steuerbelastungsvergleiche
   mit Hilfe effektiver Grenzsteuerbelastungen für Investitionen   411
   1. Effektive Grenzsteuerbelastungen von Investitionen
      als modellgestützter Mustervergleich.   411
   2. Aussagefähigkeit effektiver Grenzsteuerbelastungen
      für Investitionen in der Bundesrepublik Deutschland   415
   3. Neuberechnung von Eckwerten effektiver
      Grenzsteuerbelastungen für Investitionen 1992   421

C. Investitionsrisiken, Kapitalstruktur und Finanzierungsverträge 427

I. Anwendungsvoraussetzungen der Entscheidungslogik unter Ungewißheit .. 427

a) Erscheinungsformen von Unsicherheit und
Meßbarkeitserfordernisse für Wahrscheinlichkeiten 427
 1. Unvollkommene Information, inexakte Entscheidungsprobleme
 und Entscheidungen unter Ungewißheit 427
 2. Meßbarkeitsstufen von Wahrscheinlichkeiten........... 430
 3. Meßbarkeitserfordernisse für nominale Wahrscheinlichkeiten ... 434
 4. Meßbarkeitserfordernisse für Rangstufen der Glaubwürdigkeit
 (ordinale Wahrscheinlichkeiten) 436
   aa) Das Prinzip vom mangelnden Grunde und das
   Problem der Gleichschätzung (Indifferenz)............ 436
   bb) Die zusätzlichen Axiome für ordinale Wahrscheinlichkeiten 437
 5. Meßbarkeitserfordernisse für quantitative Wahrscheinlichkeiten .. 439
   aa) Die Bedingung eines Mengenkörpers 439
   bb) Die Unmöglichkeit, Rangordnungen stets zu beziffern.......... 441
   cc) Intervallwahrscheinlichkeiten und Stetigkeitsprinzip........... 443
   dd) Vollständige Gewißheit über die Ungewißheit als Voraussetzung
   für die Messung einer Verhältnisskala 445

b) Entscheidungsregeln unter Ungewißheit................. 452
 1. Dominanzprinzip und Minimaxprinzip............... 452
 2. Theorie des Risikonutzens (Bernoulli-Prinzip) 455
   aa) Endvermögen oder Einkommen als Bezugsgröße des Risikonutzens?.... 455
   bb) Quantitative subjektive Wahrscheinlichkeiten, Risikonutzen
   und Erscheinungsformen der Risikoneigung 457
   cc) Ein Beispiel für eine Entscheidung nach dem
   Erwartungswert des Risikonutzens 459
 3. Entscheidung nach Erwartungswert und Streuung der Gewinne
 und die entscheidungslogische Präzisierung von „Risikograden" .. 462

c) Was nützt Entscheidungslogik bei Informationsrisiken? 468

II. Risikominderung durch Investitionsmischung und die Probleme der Kapitalkosten und Kapitalstruktur ... 473

a) Bestimmungsgründe für das Risiko in Investitionsprogrammen 473
   1. Die Theorie der Wertpapiermischung ... 473
      aa) Voraussetzungen und näherungsweise
           Bestimmung guter Handlungsprogramme ... 473
      bb) Zusatzannahmen für die Kurve guter Handlungsprogramme ... 480
      cc) Die Bedeutung der Risikonutzenfunktion für die Bestimmung
           guter Handlungsprogramme ... 483
      dd) Der Risikoverbund in Investitionsmischungen ... 485
   2. Risikobereitschaft in Abhängigkeit vom Vermögen
      (Finanzierungsspielraum) ... 489
      aa) Aufteilung zwischen risikolosen und risikobehafteten Investitionen
           und das Problem der „Leerverkäufe" ... 489
      bb) Erscheinungsformen der Risikoabneigung und ihre Risikopfade
           in Abhängigkeit vom Endvermögen ... 493
      cc) Unabhängigkeit der Zusammensetzung des Investitionsprogramms
           vom Finanzierungsspielraum bei mehrperiodiger Planung ... 496
   3. Minderung von Zinsänderungsrisiken ... 498
      aa) Zinsänderungsrisiken, Informationsrisiken und Finanzinnovationen 498
      bb) Eine Immunisierungsstrategie gegen planbare Zinsänderungsrisiken 501

b) Das Problem der Kapitalkosten unter Ungewißheit ... 504
   1. Zwecke und Voraussetzungen
      der Kapitalmarktgleichgewichtstheorie ... 504
   2. Kapitalmarktkosten unter Ungewißheit:
      das Modell der Kapitalmarktlinie ... 506
   3. Das Modell der Wertpapierlinie (Capital Asset Pricing Model) ... 511
   4. Kapitalkosten unter Ungewißheit als Entscheidungshilfe? ... 515
      aa) Investitionsplanung mit Hilfe einperiodiger Kapitalkosten unter Ungewißheit 515
      bb) Voraussetzungen mehrperiodiger Kapitalkosten unter Ungewißheit 517
      cc) Das Problem des Risikozuschlags zum Kalkulationszinsfuß
           in der Unternehmensbewertung ... 520
   5. Die Fragwürdigkeit der Kapitalkostenvorstellung ... 523

c) Kapitalmarktgleichgewichtsmodelle als vereinfachte Erklärung
   der Börsenkursbildung? ... 526
   1. Modellkern und Randbedingungen des
      Kapitalmarktgleichgewichtsmodells ... 526
   2. Risikolose Portefeuilles durch Wertpapieroptionen? ... 529
   3. Risikoeffizientes Marktportefeuille und
      Informationseffizienz realer Kapitalmärkte ... 536
      aa) Was ist am Kapitalmarktgleichgewichtsmodell überhaupt empirisch prüfbar? 536
      bb) Der empirische Gehalt der drei Formen von Informationseffizienz ... 541

d) Das Problem der Kapitalstruktur in
   Kapitalmarktgleichgewichtsmodellen 546
   1. Optimum oder Irrelevanz der Kapitalstruktur
      für den Marktpreis einer Unternehmung? 546
      aa) Verschuldungshebel und Insolvenzrisiko der Eigentümer......... 546
      bb) Ein Optimum der Kapitalstruktur aus
          Verschuldungshebel und Kapitalstrukturrisiko 550
      cc) Die These von der Irrelevanz der Kapitalstruktur
          und der Ausschüttungspolitik 552
   2. Modellergebnisse zu Kapitalstruktur und Besteuerung 556
      aa) Optimale Kapitalstruktur aus Steuerbegünstigung
          der Verschuldung und Insolvenzrisiko................ 556
      bb) Arbitrageargumente gegen eine optimale Kapitalstruktur
          aus Steuerbegünstigung für Verschuldung und Insolvenzrisiko 558
      cc) Verbund von Investition und Finanzierung durch steuerrechtliche
          Gewinnvergünstigungen und Gewinnverböserungen 563
   3. Die Irrelevanz der Irrelevanztheoreme zur Kapitalstruktur
      und Ausschüttungspolitik........................ 565
      aa) Die Rolle des Kapitalstrukturrisikos in Kapitalmarktgleichgewichtsmodellen   565
      bb) Der mangelnde Erklärungsgehalt von Kapitalmarktgleichgewichtsmodellen. 568
   4. Die Unplanbarkeit einer gesamtwirtschaftlich
      effizienten Eigenkapitalausstattung 574

III. Finanzierungsverträge und Kapitalmarktregulierung 577

a) Finanzierungsregeln als Richtschnur für Finanzierungsverträge? 577
   1. Kapitalbindungs- und Kapitalstrukturregeln 577
      aa) Ein Beispiel für die fragliche Aussagefähigkeit von
          Kapitalbindungs- und Kapitalstrukturregeln 577
      bb) Warum besteht noch keine befriedigende betriebswirtschaftliche
          Theorie für Kapitalbindungs- und Kapitalstrukturregeln? 579
   2. Eine fragwürdige Kapitalbindungshypothese: Bedingen
      risikoreiche Investitionen zusätzliche Eigenkapitalausstattung? ... 584
      aa) Klagelieder über eine „Eigenkapitallücke" und
          die ihr zugrunde liegenden Hypothesen 584
      bb) Unterbleiben risikoreiche Investitionen
          ohne zusätzliche Eigenkapitalausstattung? 586
   3. Eine fragwürdige Kapitalstrukturhypothese: Mindert
      eine steigende Eigenkapitalquote das Insolvenzrisiko?........ 588
      aa) Entscheidungslogische Vorbedingungen
          für Rangordnungsaussagen zum Insolvenzrisiko........... 588
      bb) Meßbarkeitsvoraussetzungen für das Kapitalstrukturrisiko 592
      cc) Bedingungen für ein Verringern des Kapitalstrukturrisikos
          durch eine steigende Eigenkapitalquote 597
      dd) Relativierung des Insolvenzrisikos in Investitionsprogrammen 599

XVIII Inhaltsverzeichnis

    4. Eine Warnung vor Frühwarnsystemen zur
finanziellen Gefährdung der Unternehmung 601
        aa) Die Risikobeurteilung über rating-Skalen bei Risikoanleihen (junk bonds) . 601
        bb) Kennzahlen aus Jahresabschlüssen als Frühwarnsysteme 603
        cc) Frühwarnsysteme als Prüfungssollobjekte für Sachverständigenurteile? . . . 611
  b) Finanzierungsverträge bei ungleicher Wissensverteilung
zwischen Unternehmer und Geldgeber. 614
    1. Finanzierungsverträge und Principal-Agent Beziehungen 614
        aa) Finanzierungsverträge als gegenseitige einzelwirtschaftliche
Planabstimmung und die Folgen ungleicher Wissensverteilung 614
        bb) Inwieweit sind in Finanzierungsverträgen Principal-Agent-Probleme zu lösen? 617
    2. Finanzierungsverträge über Festbetragsansprüche 623
        aa) Wann liegen Festbetragsansprüche im Interesse
von Unternehmer und Geldgeber? 623
        bb) Die Abhängigkeit des Kreditspielraums von den Kreditsicherheiten 625
        cc) Das Problem der Kreditbeschränkung 628
    3. Finanzierungsverträge über Restbetragsansprüche 631
        aa) Marktmäßige Trennung von Eigentum und Verfügungsmacht
und das Problem der beschränkten Haftung 631
        bb) Selbstfinanzierung in Kompetenz der Unternehmungsleitung
und Ausschüttungen als Signal an den Kapitalmarkt? 636
    4. Märkte zur Unternehmungskontrolle 642
  c) Kapitalmarktregulierung zum Gläubiger- und Anteilseignerschutz? . . . 645
    1. Gläubigerschutz durch vertragliche Vereinbarungen
oder durch gesetzliche Regelungen? 645
    2. Mindestnormen zur Eigenkapitalausstattung 650
        aa) Beispiele unbegründeter Kapitalmarktregulierungen im Hinblick
auf eine Verringerung des Insolvenzrisikos 650
        bb) Eigenkapitalbindungsregeln als behördliche Vermutungen
über eine ausgewogene Investitionsmischung 654
        cc) Nachholbedarf an Regulierungen zur Gewinnermittlung
und Ergebnisverwendung 656
    3. Die Vielfalt von Finanzierungsverträgen als Ausweichhandlungen
vor Kapitalmarktregulierungen? 657
        aa) Verringerung von Einkommensunsicherheiten durch Gefangennahme
staatlicher Regulierungen und durch Arbitragen gegen Regulierungen . . . 657
        bb) Arbitragen gegen Regulierungen als eine wirtschaftsgeschichtliche Ursache
für die Vielfalt gesellschaftsrechtlicher Institutionen 660

D. Besteuerung, Risikobereitschaft zu Investitionen und Marktlenkung von Risikokapital 665

I. Besteuerung und Risikobereitschaft zu Investitionen 665

a) Beispiele und Bedingungen für
Investitionsneutralität unter Ungewißheit 665
1. Gewinnbesteuerung und Risikobereitschaft
bei progressiven Steuersätzen 665
2. Übertragung der Zielgrößenbesteuerung
auf Entscheidungen unter Ungewißheit 669
3. Einfache Maße für den Vergleich einer risikolosen
mit einer risikobehafteten Investition 677

b) Förderung oder Hemmung der Risikobereitschaft
durch Steuerbemessungsgrundlagen 679
1. Förderung der Risikobereitschaft bei
allen Formen von Risikoabneigung 679
2. Der Einfluß von einperiodigen Gewinnvergünstigungen
und Gewinnverböserungen 682
3. Der Ersatz einer gewinnunabhängigen Steuerzahlung durch
eine bedingt aufkommensgleiche Gewinnsteuerzahlung 684
4. Der Einfluß von Abschreibungsvergünstigungen
auf die Risikobereitschaft 686

II. Marktlenkung von Risikokapital gegen
steuerlich geförderte Innenfinanzierung 690

a) Marktlenkung von Risikokapital und
institutionenbildende Steuerausweichhandlungen 690
1. Finanzierungsvertragsneutralität und
institutionenbildende Steuerausweichhandlungen 690
2. Ein (früheres) Musterbeispiel institutionenbildender
Steuerausweichhandlungen: Leasingverträge 692
    aa) Erscheinungsformen der Anlagenmiete und
        Indifferenzbedingungen gegenüber dem Kauf 692
    bb) Steuerarbitrage über Leasingverträge 695
    cc) Güterart-, finanzierungs- und managementbedingte Leasingvorteile . . . 699
3. Erfolgsarme Regelungen gegen Steuerausweichhandlungen 701

b) Marktlenkung von Risikokapital gegen Innenfinanzierung
   aus Abschreibung oder mittels Cash-flow-Besteuerung. 704
   1. Marktlenkung von Risikokapital durch Beschränkung
      der Innenfinanzierung aus Anlagenabschreibungen 704
   2. Das Ausmaß innenfinanzierter Investitionen
      bei einer Cash-flow-Besteuerung 710
   3. Steuersatzunabhängiger Kalkulationszinsfuß
      und steuerbedingter Renditenhebel 715
   4. Einwände gegen einzelne Varianten einer Cash-flow- Besteuerung . 719
   5. Cash-flow-Besteuerung, persönliche Konsumausgabensteuer
      und Gleichmäßigkeit der Besteuerung. 723
      aa) Messung von Gleichmäßigkeit der Besteuerung
          am Barwert potentieller lebenszeitlicher Einkünfte? 723
      bb) Die Maximierung einer intertemporalen Nutzenfunktion
          als implizites Vorurteil für eine Konsumbesteuerung. 729

c) Die Fragwürdigkeit von Finanzierungsneutralität der Besteuerung. . . 735

   1. Die Diagnosehilfe „Entscheidungsneutralität"
      als Norm für die Steuerpolitik. 735
   2. Aufteilungsregeln für ein gemeinsam zu erzielendes Einkommen
      als Beurteilungsmaß für Lenkungssteuern 739
   3. Folgerungen aus den Aufteilungsregeln für die
      Finanzierungsneutralität der Besteuerung 741
   4. Finanzierungsneutralität und Rechtsformneutralität. 744

III. *Reform der Unternehmensbesteuerung zur Förderung von Investitionen und*
     Marktlenkung von Risikokapital 748

   a) Notwendige Reformen der Unternehmensbesteuerung
      zur Erhöhung der Risikobereitschaft für Investitionen 748
      1. Betriebswirtschaftliche gegen steuerjuristische
         und finanzwissenschaftliche Sicht
         einer Reform der Unternehmensbesteuerung 748
      2. Abbau steuerrechtsbedingter Behinderungen unternehmerischer
         Risikobereitschaft durch Steuersatzsenkungen? 754
      3. Abbau steuerbedingter Kapitalfehlleitungen durch
         Verkürzung der Spannweite effektiver Grenzsteuerbelastungen . . . 759
      4. Die fiskalische Finanzierung verbesserter Investitionsbedingungen
         durch ordnungspolitisch überfällige Steuerstrukturänderungen . . . 763

Teil D   XXI

   b) Ein falscher Weg: Umsatzsteuererhöhungen als angebliche
      Nichtbelastung der Unternehmensinvestitionen   766
      1. Die behauptete Einflußlosigkeit einer Umsatzsteuererhöhung
         auf die Nettoinvestitionen   766
      2. Einflüsse auf Unternehmensinvestitionen aus den
         Abweichungen zwischen einer „reinen" und
         einer rechtlich verwirklichten Mehrwertsteuer   769
      3. Vier betriebswirtschaftliche Theoreme zum Einfluß einer
         reinen Mehrwertsteuer auf Unternehmensgewinne
         und Unternehmensinvestitionen   772

   c) Eine strittige Reformaufgabe: Neuordnung der steuerlichen
      Gewinnermittlung zu verbesserter Marktlenkung von Risikokapital . .   777

Literaturverzeichnis   781
Stichwortverzeichnis   808

A. Grundlagen der Investitions- und Finanzierungstheorie

I. Die Unternehmung als Investitions- und Finanzierungsobjekt

a) Grundbegriffe

Ist es für eine Unternehmung zweckmäßig, neue Anlagen zu erwerben, alte zu ersetzen, Gewinne auszuschütten, Kredite aufzunehmen, Preise zu erhöhen oder zu senken, Arbeiter einzustellen oder zu entlassen? Das sind einige der Fragen, mit denen sich die Betriebswirtschaftslehre beschäftigt. Werden Antworten auf solche Fragen in Handlungen umgesetzt, folgen Ausgaben (Auszahlungen) und Einnahmen (Einzahlungen) in verschiedenen Tagen, Monaten, Jahren. Diese *Zahlungen im Zeitablauf* sind der hauptsächliche Beobachtungssachverhalt, von dem eine Theorie der Investition und Finanzierung ausgeht.

Ehe Einzelfragen der Investition und Finanzierung erörtert werden, empfiehlt es sich, eine gemeinsame Sprache zu finden. Deshalb sind einige Begriffe zu klären. Bei der Begriffswahl handelt es sich um Zweckmäßigkeitsentscheidungen, die weder richtig noch falsch sein können. Eine Übereinkunft in den Begriffen ist jedoch notwendig, damit Leser und Autor nicht aneinander vorbeireden.

1. Einkommenserwerb in und durch Unternehmungen

aa) Vermögen und Einkommen

Um zu überleben und ethische, kulturelle oder andere Ziele zu verwirklichen, brauchen Menschen Sachen (körperliche Gegenstände, wie Nahrungsmittel), Dienste anderer Menschen (Arbeitsleistungen, z.B. die eines Arztes) und zusätzlich von anderen Menschen akzeptierte Ansprüche (z.B. ein Mietrecht an einer Wohnung, aber auch das allgemeine Tauschmittel Geld). In jedem Zeitpunkt besitzt ein Mensch viel oder wenig Wissen, Arbeitskraft und sonstiges Vermögen. Das sonstige Vermögen wird oft „Kapital" genannt und faßt Unterschiedliches zusammen:
– Sachen (körperliche Gegenstände),
– Geld und weitere von anderen Menschen akzeptierte Ansprüche (Rechte) auf Sachen, Dienste, die Übertragung von Rechten in der Zukunft, aber auch
– Verpflichtungen, die das Vermögen mindern. Verpflichtungen eines Menschen heißen die zukünftigen Ansprüche auf Sachen, Dienste, Rechte (z.B. Geld), die er anderen Menschen einräumt. Rechte im Vermögen eines Menschen werden zu Verpflichtungen im Vermögen anderer Menschen.

Vermögen und Einkommen definieren wir zunächst für einen einzelnen Menschen (später werden die Begriffe Vermögen und Einkommen auf eine zeitweise Gemeinschaft von Menschen, z.B. eine Unternehmung, übertragen):

Vermögen heißt der Gesamtbestand an Wissen, Arbeitskraft, Sachen, Rechten und Verpflichtungen zu einem Zeitpunkt. Vermögen als gedankliche Zusammenfassung von Wissen, Arbeitskraft und Kapital (Sachen, Rechte und Verpflichtungen) ist vom Reinvermögen als der Addition von in Geld gemessenen Bestandteilen des Vermögens zu unterscheiden. Das Reinvermögen ist nur eine Teilmenge des Vermögens, weil die Arbeitskraft insgesamt nur bei Sklaverei verkauft werden könnte, nicht alles Wissen handelbar ist und damit in einem Geldbetrag gemessen werden kann.

Reinvermögen wird ein Saldo genannt. Er entsteht aus in Geld gemessenen Sachen, Rechten sowie Wissensvorsprüngen, die auf Märkten gehandelt werden (z.B. ein Geheimrezept) und deshalb einen Preis haben. Das Reinvermögen wird gemindert durch Verpflichtungen, soweit für sie ein Marktpreis denkbar ist.

Einkommen heißt die Änderung des Vermögens in einem Zeitraum. Einkommen errechnet sich als Zugang an Diensten anderer Personen, Sachen und Rechten, erworbenen Wissensvorsprüngen, vermindert um den Zugang an Verpflichtungen von Beginn bis Ende eines Abrechnungszeitraums. Wie beim Vermögen läßt sich auch beim Einkommen zwischen einer Menge unterschiedlicher Dienste, Sachen, Rechte und Verpflichtungen einerseits und einem in Geld gemessenen Abbild hierfür unterscheiden. Der Begriff des Einkommens wird im folgenden auf einen Geldbetrag eingeengt. So gesehen ist Einkommen ein *Reinvermögenszugang* einer Periode, genauer: die Summe aus Reinvermögen am Ende z.B. eines Jahres minus Reinvermögen zu Beginn dieses Jahres plus der Entnahmen, d. h. des Geldbetrages für den Verbrauch an Diensten und Sachen zur Lebenshaltung des Menschen.

Einkommen wurde bisher von der *Entstehungsseite her als Reinvermögenszugang während eines Abrechnungszeitraums* erläutert.

Von der *Verwendungsseite* her gesehen, umfaßt Einkommen die Gesamtheit des Verbrauchs (der Konsumentnahmen) zuzüglich der Änderung des Reinvermögens zwischen Anfang und Ende eines betrachteten Zeitraumes, z.B. eines Jahres.

Wer nicht alles, was er über sein Reinvermögen zu Beginn des Jahres hinaus erwirbt, verzehrt, verschenkt oder es sonstwie einbüßt, der behält ein Endreinvermögen, das über seinem Anfangsreinvermögen liegt. Er ist „reicher" geworden (hat „gespart"), weil er künftig höhere Konsummöglichkeiten besitzt. Wer mehr verbraucht, beeinträchtigt die künftigen Konsummöglichkeiten, wie sie unter sonst gleichen Erwartungen zu Beginn des Jahres bestanden haben. Deshalb wird *Einkommen von der Verwendungsseite her bezeichnet als der maximal konsumierbare Betrag eines Abrechnungszeitraumes, ohne das Anfangsreinvermögen anzugreifen*[1].

---

1 Vgl. *J.R. Hicks:* Value and Capital. 2nd ed., Oxford 1946, S. 172.

bb) Wer ist Unternehmer?

Handlungen zum *Erwerb von Einkommen* erfordern Zeit: vom Erkennen eines Handlungsbedarfs (schwindender Kassenbestand) über die Suche und Auswahl von Handlungsmöglichkeiten (Stellensuche) bis zu ihrer Verwirklichung und dem Zufluß des Einkommens. Wegen des Zeitbedarfs sind die Folgen aus Handlungen, um Einkommen zu erzielen, aber auch bei solchen, die Einkommen verwenden, nicht eindeutig voraussehbar. Es herrscht Unsicherheit über die späteren Ergebnisse menschlichen Handelns. Beschränkt auf den Einkommenserwerb sei folgende Sprachregelung gewählt: *Jedermann ist im Hinblick auf die Unsicherheit im Einkommenserwerb Unternehmer seines Wissens, seiner Arbeitskraft und seines sonstigen Vermögens*[2].

Wer Wissen, Arbeitskraft und sonstiges Vermögen einsetzen will, um Einkommen zu erwerben, hat zwischen verschiedenen Handlungsmöglichkeiten zu wählen. Solche Wahlhandlungen enden mit einer Entscheidung, dies zu tun und jenes zu unterlassen. Nicht alle Entscheidungen über künftiges Handeln zählen zu unternehmerischen Entscheidungen, wie sie die Betriebswirtschaftslehre untersucht. Entscheidungsproblemen unter Unsicherheit sieht sich jedermann gegenüber, auch der Hilfsarbeiter, der sich überlegt, ob er die linke oder die rechte Seite des Hofes zuerst ausfegt (bei einem Explosionsunglück kann z.B. das Überleben davon abhängen).

Die Frage, welche Entscheidungsprobleme betriebswirtschaftliche Überlegungen erfordern, sei so beantwortet: Jede Entscheidung setzt voraus
– ein oder mehrere Ziele (wie Einkommen morgen, Verringerung der Unsicherheit künftigen Einkommens),
– die Möglichkeit, Mittel (wie Arbeitskraft, Geld) einzusetzen, und
– die Kenntnis von Handlungsmöglichkeiten, um durch den Mitteleinsatz Ziele zu erreichen.

Wem Ziele, Mittel und Handlungsmöglichkeiten vorgegeben sind, der verwaltet eine Aufgabe (Sauberhalten des Hofes, wie der Hilfsarbeiter); er ist im Hinblick auf diese Tätigkeiten kein Unternehmer. Wer die Ziele erst im einzelnen festlegen, die Mittel suchen, die Handlungsmöglichkeiten in ihren Beiträgen zu den Zielen und ihrer Mittelbeanspruchung erforschen muß, wer sich dann für eine Handlungsmöglichkeit entscheidet und sie verwirklicht, den nennen wir „Unternehmer". Unternehmer heißt im folgenden also jeder Mensch, der Einkommen erwerben will und dabei Ziele, Handlungsmöglichkeiten, Mittel angesichts einer unsicheren Zukunft untersuchen muß.

Dieser Begriff vom Unternehmer entspricht nicht dem Sprachgebrauch der „Praxis", d.h. der Umgangssprache. Unter einem Unternehmer stellt man sich meistens den Eigentümer eines Betriebes vor, auch den Vorstand einer Aktiengesellschaft. Für eine Theorie unternehmerischen Handelns ist eine solche Begriffsbildung unzweckmäßig. Jeder, der über Geld verfügen will, steht z.B. vor Entscheidungen, die im folgenden dem Bereich Investition und Finanzierung zugeordnet werden: ein Einzelkaufmann, der einen

---
2 Vgl. näher *Dieter Schneider*: Allgemeine Betriebswirtschaftslehre. 3. Aufl., München-Wien 1987, S. 5.

Bankkredit beantragt, um Skonti seiner Lieferanten auszunutzen; Vorstand und Aufsichtsrat der Aktiengesellschaft, die über eine Kapitalerhöhung beraten, um danach die Kapazitäten auszubauen; ein Malergeselle, der mit 10.000 Mark spekuliert und nächtelang über die einzelnen Anlagemöglichkeiten und ihre Mittelbeanspruchung grübelt. Sind die Entscheidungen des Malergesellen „betriebswirtschaftliche" Entscheidungen? Die Spekulationen des Malergesellen sind Investitionsentscheidungen: Rendite, Finanzierung, Risiko hat er genauso zu untersuchen wie ein Konzernstratege beim Ankauf einzelner Beteiligungen.

Investitions- und Finanzierungsentscheidungen lassen sich nur im Gedankenmodell, nicht aber in der Wirklichkeit von den gegenwärtigen und künftigen Konsumwünschen trennen: Die Höhe der Wertpapierkäufe des Malergesellen hängt von seinem Sparwillen ab, ob er z.B. bereit ist, den Ärger über seinen Fußballverein herunterzuschlucken, statt ihn zu ertränken. Ob ein Einzelkaufmann den beantragten Kredit bekommt, hängt u.a. von seinen Ersparnissen (seinem Eigenkapital) und damit auch von seinen bisherigen Konsumausgaben ab. Wir können also Konsumentscheidungen nicht gänzlich aus dem Bereich betriebswirtschaftlicher Entscheidungen verbannen. Auch deshalb wählen wir für den Begriff „Unternehmer" einen so umfassenden Inhalt.

Für die hier zu erörternden Sachfragen gilt: **Unternehmer ist derjenige, der Investitions- und Finanzierungsentscheidungen trifft.** Im Einzelfall kann das ein Einzelkaufmann, ein Geschäftsführer einer GmbH, ein Abteilungsleiter in einem Konzern sein oder ein Familienvater, der überlegt, ob er einen Bausparvertrag abschließen oder einen Zweitwagen erwerben soll. Auch bei Entscheidungsgremien, z.B. einem achtköpfigen Vorstand einer Aktiengesellschaft, werden wir aus Bequemlichkeit häufig von einem Unternehmer sprechen, solange nicht untersucht wird, wie dieses Gremium zu einer Entscheidung kommt. Solche Gruppenentscheidungen sind ein Gegenstand der Organisationslehre.

cc) Was heißt Unternehmung?

Nachdem der Sprachgebrauch von „Unternehmer" erläutert ist, bleibt zu fragen: Was heißt Unternehmung bzw. Unternehmen (als Begriffe, die umgangssprachlich gleichbedeutend verwandt werden)? Ist Unternehmung der Name für ein Vertragsgeflecht aus Gesellschaftsvertrag, Eintragung ins Handelsregister, Arbeits-, Kauf-, Miet- usw. Verträgen? Ein solches Begriffsverständnis ergäbe allenfalls eine juristische Kennzeichnung. Oder besteht die Unternehmung aus Gebäuden, Maschinen, Vorräten (auch am Sonntag, wo dort niemand arbeitet)? Eine solche Definition führt allenfalls in eine schlechte technische Beschreibung. Hier wird für eine betriebswirtschaftliche Kennzeichnung von Unternehmung eine zunächst abstrakt erscheinende Sprachregelung gewählt: **Unternehmung** *heißt eine geordnete Menge an Handlungsabläufen mit den Eigenschaften,*

1. mit einheitlichem Willen als Anbieter in Absatzmärkten und als Nachfrager in Beschaffungsmärkten aufzutreten und

2. Marktzufuhrhandlungen (disponierende und produzierende Tätigkeiten) auszuführen,

3. das erzielte Markteinkommen auf die in der Unternehmung mitwirkenden Personen und anspruchsberechtigten Institutionen zu verteilen.

Diese in und zwischen Märkte eingebettete Menge an Handlungsabläufen wird Unternehmungsprozesse genannt und nach zwei Merkmalen geordnet, nach

a) faktischen, von der Betriebswirtschaftslehre erkannten Einflußgrößen für Unternehmungsprozesse, wie Betriebsgröße, Produktionsprogramm, Eigenkapitalausstattung, Organisationsstruktur usw. (Unternehmungsstruktur),

b) Regelsystemen, z.B. des geltenden Rechts, die Spielräume für die Handlungsabläufe begrenzen oder ermöglichen (Unternehmungsregeln).

Da Unternehmungen in einer größeren menschlichen Gemeinschaft („Volkswirtschaft") handeln und folglich nicht in einem rechtsfreien Raum leben, bedarf das zweite Ordnungsmerkmal keiner näheren Erläuterung, daß rechtliche, aber auch ethische, kulturelle Normen Handlungsabläufe begrenzen und teilweise bestimmen. Die Ordnung von Handlungsabläufen nach Normen und einzelwirtschaftlichen Handlungsregeln schließt nicht aus, daß mitunter „ungeordnete", durch Regelverstöße gekennzeichnete Handlungen zu beobachten sind.

Darüber hinaus muß eine Theorie der Unternehmung von faktischen Einflußgrößen ausgehen, also theoretische Begriffe für Erfahrungssachverhalte wie Kapazität, Marktmacht, Finanzkraft braucht, um beobachtete Handlungsabläufe in Unternehmungen zu erklären. Was dabei als Einflußgrößen erkannt wird, richtet sich nach der Untersuchungsmethode bzw. Sichtweise, unter der ein Beobachtungssachverhalt „Handlungen in Unternehmungen" (im umgangssprachlichen Sinne) wissenschaftlich erklärt werden soll. Hier muß der Hinweis genügen, daß jedes Erfahrungswissen (jede „Beobachtungssprache") theoriebeladen ist. Folglich wird derjenige, der z.B. eine Unternehmung „produktionsorientiert" als Ausprägung einer Kombination von Produktionsfaktoren versteht, anderes in einer Unternehmung sehen und für erklärungsbedürftig finden als derjenige, der eine Unternehmung als Brennpunkt (nexus) von Verträgen ansieht[3].

Hier wird als Leitbild für eine Theorienbildung vom eingangs gewählten Unternehmerbegriff ausgegangen. Handlungsabläufe werden dabei unter dem Blickwinkel betrachtet, inwieweit sie geeignet sind, Einkommen zu erwerben bzw. dabei Abweichungen zwischen beabsichtigtem Erwerb bzw. geplanter Verwendung von Einkommen und tatsächlich Erreichtem, d.h. von Einkommensunsicherheiten, zu verringern.

Einkommensunsicherheit bezeichnet den Sachverhalt, daß es Menschen wegen des Erfahrungstatbestands der Unvollständigkeit und Ungleichverteilung des Wissens nur in höchst unterschiedlichem Ausmaß gelingt, das, was sie an Einkommen erwerben wollen, und das, was sie mit der Verwendung des Einkommens verwirklichen wollen, auch zu erreichen.

Für das Weitere empfiehlt es sich zu unterscheiden zwischen einem Verständnis von Unternehmung bzw. Unternehmen, bezogen auf eine einzelne natürliche Person als Un-

---

3 Vgl. dazu und zu alternativen Untersuchungsmethoden *Schneider:* Allgemeine Betriebswirtschaftslehre, S. 459 f.

ternehmer, und einem Verständnis von Unternehmung bzw. Unternehmen, bezogen auf eine Gruppe von Menschen, die zeitweise gemeinsam Wissen, Arbeitskraft und sonstiges Vermögen einsetzen. Demzufolge ist zu trennen:

(1) Zum einen bezeichnet der Begriff Unternehmung eine geordnete Menge an Handlungsabläufen durch einen Unternehmer, die unter dem Merkmal einer Verringerung von Einkommensunsicherheiten untersucht wird. Konsumentscheidungen gehören nicht in das Unternehmen (sondern in den Haushalt) einer natürlichen Person. Die Konsumentscheidungen bestimmen allerdings die Mittel, die für das Unternehmen verbleiben. Wir sprechen vom *personenbezogenen* Unternehmensbegriff.

(2) Zum anderen wird Unternehmung verstanden als Institution im Sinne eines Handlungssystems. Unternehmung als Institution bezeichnet eine durch Regelungen geordnete Menge an Handlungsabläufen, bei denen zeitweise mehrere Menschen Teile ihres Wissens, ihrer Arbeitskraft und ihres sonstigen Vermögens gemeinsam einsetzen, um Einkommensunsicherheiten zu verringern. Dabei wird das erzielte Einkommen nach bestimmten vertraglichen oder gesetzlichen Regeln untereinander verteilt. Die Umgangssprache redet bei der Unternehmung als Institution häufig von „Firma". Deshalb läßt sich dem personenbezogenen Unternehmensbegriff ein *firmenbezogener* Unternehmensbegriff gegenüberstellen.

Um personenbezogenen und firmenbezogenen Unternehmungsbegriff sprachlich voneinander abzuheben, reden wir beim personenbezogenen Begriff vom **Unternehmen** (das, was einer unternimmt) und beim firmenbezogenen Begriff von einer **Unternehmung als Institution**. Personenbezogenes Unternehmen und firmenbezogene Unternehmung sind als geordnete Mengen von Handlungsabläufen zu verstehen, im ersten Fall bei einem Menschen, im zweiten Fall bei einer Gruppe von Menschen, die zeitweise gemeinsam Wissen, Arbeitsleistungen und sonstiges Vermögen einsetzen. Der Einkommenserwerb eines jeden Menschen vollzieht sich *in* seinem personenbezogenen Unternehmen. Dieser Einkommenserwerb kann *durch* Unternehmungen als Institutionen geschehen, wenn mehrere Menschen Teile ihrer personenbezogenen Unternehmen zu einer selbständig auf Märkten handelnden Einheit zusammenfassen. Wenn ein einzelner sein personenbezogenes Unternehmen in verschiedenen Unternehmungen als Institutionen („Firmen") durchführt, z.B. Einzelkaufmann ist und daneben Alleingesellschafter einer GmbH, werden wir, um Unterschiede z.B. zu Publikumsgesellschaften zu verdeutlichen, bei dieser GmbH auch von einer personenbezogenen Unternehmung sprechen.

Für eine Institution Unternehmung (z.B. eine Personen- oder Kapitalgesellschaft) ist der Begriff Einkommen inhaltlich abzuwandeln. Um die Abwandlung sprachlich zu verdeutlichen, nennen wir das *Einkommen einer Institution Unternehmung ihren* **Gewinn** (im Unterschied z.B. zum Steuerrecht, das auch vom Einkommen einer Körperschaft spricht). Gewinn einer Institution Unternehmung heißt der Saldo aus Vermögen am Ende eines Abrechnungszeitraums (z.B. Jahres) abzüglich des Vermögens an dessen Anfang, zuzüglich von Entnahmen und abzüglich von Einlagen. Entnahmen heißen dabei jene Auszahlungen während des Jahres, die entweder Gewinne des Jahres vorab verwenden oder Teile der Einlagen zurückzahlen, wie sie zu Beginn des Abrechnungszeitraums bestanden. Einlagen heißt das einer Unternehmung gewidmete Kapital.

Die bisherige Erläuterung des Begriffs Einkommen einer Person oder Gewinn einer Unternehmung gibt nur eine unscharfe, umgangssprachliche Begriffsbestimmung wieder. Offen bleibt hier z.B.: Woraus setzt sich im einzelnen das Vermögen zu einem Zeitpunkt zusammen? Wie sind seine Bestandteile in Geld zu bewerten, damit Mengen unterschiedlichster Art (Grundstücke, Vorräte, aber auch Verbindlichkeiten) zu einem Betrage zusammengerechnet werden können? Nur über einen einheitlichen Maßstab läßt sich der Gesamtbetrag des Endvermögens dem Verbrauch während des Jahres und dem Anfangsvermögen gegenüberstellen, um ein nicht oder doch „ärmer dastehen" zu beurteilen. Zum Einstieg in die Investitions- und Finanzierungstheorie genügt diese unscharfe Inhaltsbestimmung von Einkommen bzw. Gewinn. Eine der Aufgaben der Investitions- und Finanzierungstheorie wird darin bestehen, Lösungsvorschläge für die Vermögensbewertung zu einem Zeitpunkt zu entwickeln. Eine daran anknüpfende Aufgabe betrifft die Messung des Einkommens als maximal konsumierbarer Betrag je Periode ohne Beeinträchtigung künftiger Konsummöglichkeiten.

2. Investition, Finanzierung und Kapitalmarkt

Für die Errichtung einer Institution Unternehmung muß neben Wissen und Arbeitskraft praktisch immer sonstiges Vermögen (Kapital) aufgebracht werden. Das Einbringen von Sachen, Diensten, Ansprüchen in eine Unternehmung stellt eine Sacheinlage oder Geldeinlage dar: eine **Investition**. Von der Unternehmung als Institution aus gesehen handelt es sich um eine Kapitalaufnahme: eine **Finanzierung**.

Geldanlage und Geldaufnahme gehören schon nach einem umgangssprachlichen Verständnis zum Bereich „Investition und Finanzierung". Für eine wissenschaftliche Begriffsbildung reicht diese Kennzeichnung von Investition und Finanzierung nicht aus. Für eine über die Umgangssprache hinausgehende Abgrenzung von Investition und Finanzierung empfiehlt es sich, den Einsatz von Wissen und Arbeitskraft von dem Einsatz des „sonstigen" Vermögens eines Unternehmers zu trennen. Dieses Wissen und Arbeitskraft ausklammernde „Kapital" verkörpert Sachen, Geld und andere Rechte, also sowohl „Realkapital" als auch „Geldkapital".

aa) Zahlungs- und Leistungsaspekt bei Investition und Finanzierung

Investition bezieht sich in einer ersten Inhaltsbestimmung auf die Verwendung eines Kapitals zur Erreichung bestimmter Ziele, z.B. der Verringerung von Einkommensunsicherheiten, Finanzierung auf die Beschaffung eines solchen Kapitals. *Der mit „Investition und Finanzierung" bezeichnete Ausschnitt der Betriebswirtschaftslehre untersucht also den Einsatz eines Vermögens als Inbegriff von Sachen, Geld und anderen Rechten und Verbindlichkeiten.* „Investition und Finanzierung" beschäftigt sich nicht mit dem Einsatz der eigenen Arbeitskraft oder des eigenen Wissens zu einer Verringerung von Einkommensunsicherheiten. Wer durch den Einsatz von Sachen, Geld und anderen Rechten und Verbindlichkeiten Einkommen erwerben will, muß sich Wissen verschaffen und bei seinen Planungen seine Arbeitskraft einsetzen. Aber bei den Überlegungen, wie durch den Einsatz von Sachen, Geld und anderen Rechten und Verbindlichkeiten Ziele erreicht werden können, wird das eigene Wissen und die eigene Arbeitskraft nicht als das zu untersuchende Problem betrachtet. Das eigene Wissen und die eigene Arbeitskraft sind hier keine zu erforschende „Unbekannte", sondern eine vorgegebene „Konstante". Beide werden als von außen gesetzt betrachtet.

Hierbei darf der vielfach benutzte Sprachgebrauch von Investitionen in Humankapital (z.B. in Schulung zur besseren Arbeitsausführung) nicht verwirren. Gemeint ist bei Investitionen in Humankapital, daß Geld, Sachen, Rechte dazu verwendet werden, um höher qualifizierte Arbeitsleistungen zu erreichen. Investitionen in Informationen (in Wissen über Tatsachen) oder in Forschung und Entwicklung (in Theorien und deren Anwendung) betreffen den Einsatz von Sachen, Geld und anderen Rechten, um Wissensvorsprünge gegenüber anderen zu erlangen (z.B. daraufhin ein Patentrecht anzumelden) oder um Wissensvorsprünge anderer durch Entwicklung eigenen Know-hows aufzuholen. Überlegungen zum Einsatz von Geld in Humankapital, Informationen oder Forschung und Entwicklung sind Teilbereiche der Investitionsplanung.

In Unternehmungen investiert somit, wer als Sachanlage ein Grundstück, Maschinen oder Vorräte einbringt; ebenso derjenige, der Forderungen oder Patente oder Geld der Unternehmung zur Verfügung stellt. Eine Unternehmung finanziert sich bei ihrer Errichtung durch die Gewährung künftiger Auszahlungsansprüche für das Einbringen von Sacheinlagen, Rechten und Geldern durch andere Personen oder Institutionen. *Investition und Finanzierung sind also zwei Seiten ein und desselben Sachverhalts,* hier Handlungen sowohl auf Märkten für Realkapital (also z.B. für Grundstücke, Maschinen usw.) als auch auf Märkten für Geldkapital („Finanzmärkte" für Geld und andere Rechte). Diese weite Definition steht im Einklang mit vielen Kennzeichnungen im Schrifttum. Sie erweist sich aber für dieses Buch als unzweckmäßig.

Mit dem Wort Investition verbindet man praktisch einen real- bzw. leistungswirtschaftlichen und einen zahlungs- bzw. finanzwirtschaftlichen Aspekt. Investition wird regelmäßig definiert als die Umwandlung von Geld in Betriebsgüter. Der Begriff Betriebsgüter wird dabei von den einzelnen Autoren unterschiedlich weit gefaßt: nur Anlagegüter oder Anlagevermögen und Umlaufvermögen einschließlich Finanzanlagen (wie Beteiligungen) oder ohne Finanzanlagen[4]. Vernachlässigt wird bei dieser Kennzeichnung, daß statt Geld auch andere Rechte und Sachen in „Betriebsgüter" umgewandelt werden. Davon abgesehen äußert sich der leistungswirtschaftliche Aspekt der Investitionen darin, daß durch die Umwandlung von Geld in Betriebsgüter eine Leistungsbereitschaft geschaffen wird, Faktorkapazitäten bereitgestellt werden.

---

4 Vgl. dazu z.B. *Erich Preiser:* Der Kapitalbegriff und die neuere Theorie. In: Die Unternehmung im Markt, Festschrift für Wilhelm Rieger. Stuttgart-Köln 1953, S. 14-38, hier S. 37; *Karl Hax:* Langfristige Finanz- und Investitionsentscheidungen. In: Handbuch der Wirtschaftswissenschaften, Bd. 1, hrsg. von K. Hax, T. Wessels, 2. Aufl., Köln-Opladen 1966, S. 399-489, hier S. 403 f.

Bei der praktischen Anwendung des Investitionsbegriffs engt die Literatur jedoch den Begriff auf den Zahlungsaspekt ein: Unter der Überschrift „Investitionsplanung" oder „Investitionsrechnung" werden nur die finanzwirtschaftlichen Folgen der Investitionen, ihre Zahlungsströme, betrachtet. Der Leistungsaspekt (der „Kapazitätseffekt") der Investitionen wird unter anderen Überschriften (Kapazitäts- und Betriebsgrößenplanung, Produktion) behandelt. Die Literatur hält sich also nicht an ihren Investitionsbegriff.

Theorien müssen die Vielfalt des empirisch Beobachtbaren vereinfachen, um Zusammenhänge zwischen Beobachtbarem zu erkennen. In diesem Lehrbuch werden **Investition und Finanzierung als Inbegriff für den Zahlungsaspekt von Handlungsabläufen** benutzt. Dazu werden Handlungsabläufe durch ihr Abbild in einer Zeitfolge von Zahlungen, also Geldbewegungen, ersetzt. Geld ist dabei nicht nur als eine beliebige staatliche Währung zu verstehen, die in einer Inflation vielleicht nur noch zum Steuerzahlen verwandt werden kann. Sondern Geld heißt das in einer betrachteten menschlichen Gemeinschaft allgemein akzeptierte Tauschmittel. In einer Inflation können also z.B. Zigaretten zum Geld werden, deren getauschte Menge „Zahlungen" verkörpern.

Mit der Abbildung von Grundstücken, Maschinen, Vorräten, Forschung und Entwicklung, Wettbewerbsverboten usw. in einer zeitlichen Folge von Zahlungen, werden durch die Investitions- und Finanzierungstheorie nicht mehr die Zusammenhänge zwischen den „realen" Investitionsobjekten in ihrer Gegenständlichkeit und anderen Beobachtungstatbeständen (wie Nachfrage- oder Lohnentwicklung, Steuerrecht usw.) untersucht, sondern nurmehr deren zahlungsmäßige Folgen. Durch diese isolierende Abstraktion wird das Begriffspaar Investition und Finanzierung allein dem „Zahlungsbereich" des Unternehmensgeschehens zugeordnet.

In Gedanken wird dabei der Zahlungsbereich einem „realen", leistungswirtschaftlichen Bereich gegenübergestellt, der Beschaffung und Absatz von Sachgütern, Dienstleistungen und jenen Rechten umfaßt, die sich nicht strukturgleich allein in Zahlungsreihen abbilden lassen. Der leistungswirtschaftliche Aspekt gehört zur Produktions-, Organisations- und Personallehre, etwa bei Vereinbarungen über Mitspracherechte einzelner Kreditgeber bei der Auswahl von Geschäftsführern.

Investition und Finanzierung einer Unternehmung gewinnen ihre Bedeutung aus zwei Tatbeständen:

a) Unter den Zielen eines jeden Menschen, der in einer menschlichen Gemeinschaft lebt, finden sich mindestens zeitweise finanzielle Zielgrößen (Einkommen, Vermögen). Finanzielle Ziele können in einer Geldwirtschaft letztlich nur durch Zufluß an Zahlungsmitteln verwirklicht werden. Wenn für den Unternehmer, wie er eingangs (S.3) definiert wurde, die Unsicherheitsverringerung vernachlässigt wird, so läßt sich sagen, er betreibe ein Unternehmen nach der Regel „Geld - Ware - mehr Geld". So ein Unternehmer sieht sein Unternehmen ausschließlich als Investitions- und Finanzierungsobjekt an.

b) Die Aufrechterhaltung der Zahlungsfähigkeit (Liquidität) ist Voraussetzung für das Weiterbestehen einer Unternehmung als Institution in unserer Rechtsordnung. Ist die Unternehmung nicht mehr zahlungsfähig, dann muß sie ihre Tätigkeit beenden: von

Rechts wegen Konkurs anmelden oder versuchen, über ein Vergleichsverfahren oder andere Sanierungsmaßnahmen ihre Existenz zu retten.

Sobald eine Unternehmung als Investitions- und Finanzierungsobjekt betrachtet wird, ist die Unternehmung gedanklich (modellmäßig) durch die Zahlungsströme definiert, die aus den Handlungen der Unternehmensbeteiligten folgen (diese Definition reicht freilich nur bei Vereinfachungen hinsichtlich der Unsicherheit aus, S. 38 f.). Die Zahlungsströme bestehen aus den Zugängen an Zahlungsmitteln (Einnahmen) und den Abgängen (Ausgaben). Mitunter werden in der Literatur Einnahme und Einzahlung, Ausgabe und Auszahlung unterschieden. Dieser Begriffsbildung wird hier nicht gefolgt.

bb) Investition

Die Einschränkung des Begriffspaars Investition und Finanzierung auf die zahlungsmäßigen Folgen legt nahe, Investitionen einfach als Geldanlage (Ausgabe = Auszahlung) zum Zwecke künftiger Einnahmenerzielung zu definieren. Finanzierung hieße entsprechend jede Geldaufnahme (Einnahme = Einzahlung) zum Zwecke der Investition oder des Konsums. Doch bei einem solchen Verständnis bliebe unberücksichtigt, daß sich durch Vertragsgestaltungen und organisatorische Maßnahmen (Arbeitsanweisungen) Unsicherheiten im Anfall künftiger Ausgaben und Einnahmen vermindern lassen. Solche Einkommensunsicherheiten verringernde „Institutionenbildungen" sind als ein Merkmal in die Inhaltsbestimmung von Investition und Finanzierung aufzunehmen.

Zur Investition einer Unternehmung zählen somit:

a) Geldanlagen (Ausgaben) für Anbieterhandlungen (Absatz) und Nachfragerhandlungen (Beschaffung) auf „Güter"-(= Nicht-Finanz-)Märkten, sowie für die disponierenden oder produzierenden Tätigkeiten, die diese Markthandlungen begleiten. Hinzu treten Zwangsausgaben, welche die Rechtsordnung auferlegt (z.B. Steuer-, Gebühren-, Bußgeldzahlungen). Zu den disponierenden Tätigkeiten gehört die Geldanlage in „immateriellen" Anlagegütern, wie z.B. Aufbau einer Organisation. Zu den Investitionen für produzierende Tätigkeiten zählt die Geldanlage sowohl in immaterielle Güter, wie z.B. Forschung und Entwicklung bis zur Absatzreife von Erzeugnissen, als auch in materielle Güter: Grundstücke, Maschinen, Vorräte zur Sachgüterfertigung. Bei der Geldanlage für Absatz, Beschaffung auf Nicht-Finanzmärkten und diese begleitende Disposition und Produktion wird üblicherweise von Anlagen- bzw. Vorratsinvestitionen gesprochen. In Analogie zum Begriff Innenfinanzierung wäre die Bezeichnung „Inneninvestitionen" der Unternehmung zu erwägen.

b) Geldanlagen (Ausgaben) für Nachfragehandlungen auf Finanzmärkten, um künftige Einnahmen zu beschaffen: Außeninvestitionen bzw. Finanzinvestitionen. Für Unternehmungen, deren Markthandlungen (Absatz, Beschaffung) hauptsächlich auf Finanzmärkten stattfinden, fallen Inneninvestitionen und Außeninvestitionen weitgehend zusammen.

c) Institutionenbildungen durch Vertragsgestaltungen und organisatorische Maßnahmen, um Unsicherheiten hinsichtlich erwarteter künftiger Einnahmen oder befürchteter künftiger Ausgaben aus Innen- und Außeninvestitionen zu verringern. Ein Beispiel für eine solche Institutionenbildung wäre der Zusammenschluß eines innovativen Ingenieurs mit einem nüchternen Kaufmann zu einer Investition „Unternehmung" in der Rechtsform einer offenen Handelsgesellschaft. Zu solchen Institutionenbildungen zählen auch eine Betriebsunterbrechungsversicherung oder das Ausbedingen vertraglicher Überwachungs-, vorzeitiger Kündigungs- und Eingriffsrechte, wenn anderen Personen das Ausüben unternehmerischer Handlungen übertragen wird.

cc) Finanzierung

Finanzierung einer Unternehmung heißen drei Tätigkeiten:

a) Die Geldaufnahme auf Finanzmärkten: Nachfragehandlungen, die Einnahmen in der Gegenwart erlangen wollen gegen künftige Auszahlungsansprüche, die Geldgebern eingeräumt werden (**Außenfinanzierung** *oder externe Finanzierung*).

b) Das zeitliche Vorverlegen von Einnahmen und das zeitliche Hinausschieben von Ausgaben, ohne dabei als Nachfrager auf Finanzmärkten aufzutreten und ohne geplante leistungswirtschaftliche Tätigkeiten zu korrigieren (**Innenfinanzierung** *oder interne Finanzierung*).

Innenfinanzierung setzt Einnahmen der Unternehmung (aus Einnahmen auf seinen „Absatzmärkten") voraus, nicht durch Tätigwerden auf Finanzmärkten. Die Abgrenzung zwischen Finanzierung durch Einnahmen aus Absatzmärkten und aus dem Kapitalmarkt (Einnahmen aus Finanzmärkten) ist nicht immer eindeutig. Sie führt zu Schwierigkeiten bei allen Unternehmungen, für die ihre „geschäftsüblichen" Markthandlungen zugleich Tätigwerden auf Finanzmärkten beinhaltet, wie bei Versicherungsunternehmen oder Kreditinstituten. Gleichwohl erweist sich die Trennung von Außenfinanzierung (Finanzierung über das System der Finanzmärkte) und Innenfinanzierung (aus Umsatzeinnahmen des Leistungsprozesses, aus dem nicht gleichzeitig Ausgaben folgen) für eine gedankliche Klärung der Zusammenhänge als nützlich.

c) Das Bilden von Institutionen, um Unsicherheiten hinsichtlich der erwarteten, künftigen Zahlungen aus Außen- und Innenfinanzierung zu verringern. Dazu gehören z.B. vertragliche Vereinbarungen zur Erhöhung der haftenden Mittel gegenüber Auszahlungsansprüchen anderer (z.B. durch Bürgschaften, Haftungszusagen). Ein solcher „Insolvenzpuffer" verringert die Gefahr einer rechtlichen Beendigung der Unternehmung durch Konkurs.

Wer Finanzinvestitionen tätigt, tritt als Anbieter von Geld und Nachfrager für künftige Einzahlungsansprüche in Finanzmärkten (Ansprüche auf Auszahlungen durch den Geldnachfrager) auf. Wer Außenfinanzierung verwirklichen will, tritt als Nachfrager für Geld und Anbieter von künftigen Auszahlungsansprüchen in Finanzmärkten auf. *In Finanzmärkten wird also von Geldgebern (Investoren) Geld heute angeboten und dafür werden Ansprüche auf künftige Einnahmen nachgefragt. Geldsuchende fragen Geld heute nach und bieten Ansprüche auf künftige Auszahlungen an.* Markthandlungen auf Finanzmärkten sind z.B. Einzahlungen auf einem Bankkonto, aber auch die Aufnahme eines Verwandtendarlehens und der Handel mit Rechtsmänteln an GmbHs, die mit Verlustvorträgen ausgestattet sind, welche auf die Steuerschuld des Erwerbers angerechnet werden können (hierbei geben Investoren heute Geld hin, um künftig geringere Steuern zu zahlen; eine solche Verringerung von Ausgaben wirkt wie eine Einnahme). Natürlich zählen auch Käufe oder Verkäufe über die Wertpapierbörse zu den Handlungen in Finanzmärkten.

Kapitalmarkt wird hier als Name für die Gesamtheit der Finanzmärkte verwendet, also als Sammelbegriff für Märkte, auf denen Nachfrager nach Geld heute mit Nachfragern für künftige Einnahmenansprüche zusammentreffen und Anbieter von Geld heute mit Anbietern künftiger Auszahlungsansprüche. Wenn in der Investitions- und Finanzierungstheorie (und in diesem Buch) von Kapitalmarkt geredet wird, ist darin also auch der sog. Geldmarkt eingeschlossen, d.h Markthandlungen zur Geldüberlassung mit vertraglichen Laufzeiten unter einem Jahr. Demgegenüber beschränkt die Bankpraxis den Begriff Kapitalmarkt häufig auf Geldüberlassungen mit vertraglichen Laufzeiten über einem Jahr.

Investition und Finanzierung umfassen bei personenbezogenen Unternehmen und bei Unternehmungen als Institutionen unterschiedliche Sachverhalte.

Gemäß der Sprachregelung über personenbezogene Unternehmen gilt, daß *keine* Gelder aufgenommen werden, die ausschließlich ergebnisabhängige Auszahlungsansprüche zur Folge haben. *In einem personenbezogenen Unternehmen sind „Eigentum" (im Sinne von Anteilsrechten) und „Verfügungsmacht" über das Vermögen im Unternehmen in einer Person vereint.* Finanzierung durch Ausgabe von Beteiligungsrechten an einem Unternehmen ist begrifflich ausgeschlossen.

Eine Unternehmung als Institution muß hingegen das Geld, das geplante Ausgaben ermöglicht und nicht geplante Ausgaben (insbesondere Verluste) ausgleicht, zunächst (bei ihrer Errichtung) über den Kapitalmarkt beschaffen: *In einer firmenbezogenen Unternehmung sind Eigentum und Verfügungsmacht über den Kapitalmarkt getrennt.* Dies gilt auch, wenn ein Ingenieur mit 10.000 DM und ein Kaufmann mit 100.000 DM eine offene Handelsgesellschaft gründen. Soweit der Gesellschaftsvertrag Einlagen, Gewinnermittlung und Ergebnisverwendung regelt, liegen Ordnungsmerkmale für Kapitalmarkthandlungen vor, die zugleich Bestandteile einer Unternehmungsverfassung der offenen Handelsgesellschaft sind.

Somit ist das Entscheidungsfeld für Investition und Finanzierung zwischen personenbezogenen Unternehmen und Unternehmungen als Institutionen verschieden weit. Ein *Entscheidungsfeld* umfaßt eine Menge an Zielen, Handlungsmöglichkeiten und Mitteln. Beispiel: Ein Alleininhaber eines Sägewerks erwirbt eine Möbelfabrik GmbH. Wirtschaftlich sind beide Betriebe eine Einheit, weil der Sägewerkbesitzer bei seinen Entscheidungen stets die Lage des Sägewerks, der Möbelfabrik und seiner sonstigen Interessen, z.B. seines Wertpapierbesitzes, bedenken wird. Die wirtschaftliche Tätigkeit des Unternehmers besteht darin, daß er sein Wissen, seine Arbeitskraft und sein sonstiges Vermögen (Kapital) einsetzt. Unterschiede zwischen der firmenbezogenen und der personenbezogenen Betrachtung können sich bei zwei Entscheidungen ergeben: bei der Frage des unternehmerischen Arbeitseinsatzes und des Kapitaleinsatzes.

Gehen wir vom *personenbezogenen Unternehmensbegriff* aus, dann umfaßt die Unternehmung des Sägewerkbesitzers alle seine Erwerbsquellen: die beiden Firmen Sägewerk und Möbelfabrik, sein Wertpapierdepot und sein Sparbuch. Der Unternehmer kann hier ex definitione nicht außerhalb seines „Unternehmens" investieren. Er kann nur wählen zwischen verschiedenen Anlagemöglichkeiten, z.B. Sachanlagen im Sägewerk, in der Möbelfabrik, Finanzanlagen (Wertpapiere) in der Firma Sägewerk, in der Möbelfabrik oder in seinem Privatvermögen.

Wenn die Person, die ihr Kapital einsetzt, auch die Investitions- und Finanzierungsentscheidungen trifft, dann ist der personenbezogene Unternehmensbegriff zu wählen: Der Sägewerkbesitzer als Einzelkaufmann und Alleingesellschafter der Möbelfabrik GmbH wird seine sämtlichen Kapitaleinlagen als Einheit betrachten.

Aber nicht immer trifft die Person, die ihr Kapital einsetzt, auch die Entscheidungen. Bereits beim Kommanditisten ist das nicht mehr der Fall. Am deutlichsten ist die Trennung bei Publikums-Aktiengesellschaften, in denen eine Vielzahl von Kleinaktionären einem unabhängigen Vorstand gegenübersteht. Art und Umfang der Investitionen lassen sich nicht mit den Wünschen von vielleicht 100.000 Aktionären abstimmen; deshalb bildet die Unternehmung als Institution eine selbständige Entscheidungseinheit. Hier muß vom firmenbezogenen Unternehmungsbegriff ausgegangen werden. Jede Trennung von Eigentum und Verfügungsmacht schafft eine Reihe von Auftraggeber-Beauftragten-Problemen, hier z.B. zwischen den Aktionären als Auftraggebern (Principals) und den Mitgliedern der Gesellschaftsorgane als den Beauftragten (Agents). Die neuere Investitions- und Finanzierungstheorie beschäftigt sich verstärkt mit solchen *Principal-Agent-Beziehungen, um Organisationsprobleme, z.B. aus einer Trennung von „Eigentum und Verfügungsmacht", zu erklären.*

3. Das Problem der Finanzierungsarten

aa) Finanzwirtschaftliche Tätigkeiten und Quellen der Zahlungsfähigkeit

Sowohl sämtliche Tätigkeiten in der Finanzabteilung einer Unternehmung als auch sämtliche Quellen der Zahlungsfähigkeit sind im Schrifttum unter dem Begriff „Finanzierung" oder „betriebliche Finanzwirtschaft" erfaßt worden. Warum derartige Begriffsbildungen in Ungereimtheiten stecken bleiben, ist in diesem Abschnitt zu erläutern. Begriffserörterungen sind zwar gemeinhin unbeliebt und oft langweilig. Sie sind aber als Schulungsmittel unerläßlich, um Gedankenschludereien aufzudecken.

Die betriebliche Finanzwirtschaft sucht Engpässe im Zahlungsbereich zu vermeiden, also Gelder zu beschaffen, aber auch zeitweise überzählige Gelder vorteilhaft anzulegen. Innerhalb einer Unternehmungsorganisation muß sie bremsend oder anregend die Gestaltung der anderen, leistungswirtschaftlichen Unternehmensbereiche beeinflussen, wobei jeweils eine Reihe vorbereitender Tätigkeiten erforderlich sind. Die betriebliche Finanzwirtschaft wird organisatorisch meistens in einer Finanzabteilung zusammengefaßt. Die Aufgaben einer Finanzabteilung betreffen recht unterschiedliche Tätigkeiten:

a) *Das Durchführen finanztechnischer Geschäfte:* Dazu gehören Erhöhungen des gezeichneten Kapitals, Kreditaufnahmen, Anlegen von Überschüssen auf dem Geldmarkt, die Bewältigung des Zahlungsverkehrs mit dem In- und Ausland, aber auch Maßnahmen der rechtlichen Organisation einer Firma bzw. eines Firmenverbundes: Gründung, Umwandlung, Sanierung, Liquidation. Hierfür sind praktisches Einzelwissen und sehr gründliche Rechtskenntnisse erforderlich.

b) *Das Durchführen finanzwirtschaftlicher Analysen:* Hierzu gehören das Aufstellen eines Finanzplans (Zahlungsplans) als Vorschaurechnung oder einer Kapitalbedarfsrechnung, aber auch die Beurteilung der Kreditwürdigkeit und der finanziellen Lage anderer Unternehmungen mit Hilfe von Jahresabschlüssen und anderen Veröffentlichungen.

c) *Die Organisation der finanzwirtschaftlichen Tätigkeiten:* die Gestaltung des Arbeitsablaufs, Verteilung der Entscheidungsbefugnisse bis hin zu den Personalentscheidungen in der Finanzabteilung.

Diese drei Aufgaben einer Finanzabteilung liegen außerhalb des gängigen Verständnisses von Investitions- und Finanzierungstheorie und werden in diesem Buch nicht dargestellt.

d) *Das Planen einzelner Handlungen in einem Unternehmen im Hinblick auf ihre Zahlungswirksamkeit und das Erreichen finanzieller Ziele.* Rendite und Risiko der Geldanlage sind zu bestimmen, insbesondere die Bonität (künftige Zahlungsfähigkeit und Zahlungswilligkeit) derjenigen, von denen die Unternehmung künftige Auszahlungsansprüche als Finanzinvestition gegen Geldhingabe oder Lieferung und Leistung erworben hat.

Hilfen bei der Beurteilung der Zielentsprechung der erwarteten Zahlungsströme für solche Investitions- und Finanzierungsvorhaben zu geben: Das ist eine Aufgabe der Investitions- und Finanzierungstheorie und ein weiterer Gegenstand dieses Buches.

Jede Gestaltung des Zahlungsbereichs geht von einer Menge an vorgegebenen Ereignissen und geplanten Handlungen (Entscheidungen) aus, die für diese Finanzplanung als nicht abänderbar angesehen wird. Ein **Finanzplan als Vorschaurechnung** enthält zunächst jene Einnahmen und Ausgaben zu den Zahlungszeitpunkten, welche die vorgegebene Menge an Handlungen bis zum Planungshorizont auslösen wird.

Über das Wohl und Wehe der Unternehmung entscheiden die tatsächlichen Zahlungen. Aus welchen Quellen strömt die Fähigkeit, Zahlungen zu leisten?

Als *Quellen der Zahlungsfähigkeit* bezeichnen wir alle Maßnahmen, welche die Zahlungsfähigkeit in diesem Zeitpunkt sichern können. Die Zahlungsfähigkeit bessert sich durch zusätzliche Einnahmen und verminderte Ausgaben zu diesem Zeitpunkt. Die Quellen der Zahlungsfähigkeit können als eine erste Systematik der Finanzierungsarten dienen, die sich allerdings als unzweckmäßig erweisen wird.

Quellen der Zahlungsfähigkeit werden zum einen Anpassungsentscheidungen an früher geplante leistungswirtschaftliche Tätigkeiten (Beschaffung von Produktionsfaktoren, Produktion, Absatz) sein. Solche leistungswirtschaftlichen Quellen der Zahlungsfähigkeit sind:

a) Vorverlegen von Einnahmen durch z.B. Räumungsverkäufe, Gewährung hoher Barzahlungsskonti, Kürzung der Absatzfinanzierung, Verkauf von Grundstücken oder Beteiligungen: also Vermögensumschichtungen jenseits der Finanzanlagen zur Liquiditätsvorsorge.

b) *Verzicht auf oder Hinausschieben von Ausgaben,* z.B. bei Ersatzinvestitionen, durch Entlassung von Arbeitskräften.

Wer leistungswirtschaftliche Quellen der Zahlungsfähigkeit in Anspruch nimmt, korrigiert Fehlplanungen der Vergangenheit. Regelmäßig sind damit hohe Gewinneinbußen bzw. Verluste verbunden und nicht selten wird die Marktstellung der Unternehmung beeinträchtigt. Leistungswirtschaftliche Quellen der Zahlungsfähigkeit anzuzapfen, ist häufig ein Notbehelf vor dem Gang zum Vergleichsrichter. *Leistungswirtschaftliche Quellen der Zahlungsfähigkeit werden hier nicht zur Finanzierung gezählt.*

Zum anderen läßt sich Zahlungsfähigkeit bewahren, ohne früher geplante leistungswirtschaftliche Tätigkeiten zu verändern, z.B. durch Inspruchnahme von Lieferantenkrediten oder Kürzung der Dividende. Hier sprechen wir von finanzwirtschaftlichen Quellen der Zahlungsfähigkeit. Zu den finanzwirtschaftlichen Quellen zählt auch der Fall, daß heute Einnahmen beschafft werden, um künftige leistungswirtschaftliche Tätigkeiten erst zu ermöglichen, also z.B. eine Kapitalerhöhung heute, damit morgen ein Zweigwerk ausgebaut werden kann. Hier wird die geplante leistungswirtschaftliche Tätigkeit durch die Finanzierungsentscheidung nicht verändert, sondern erst möglich.

Finanzwirtschaftliche Quellen der Zahlungsfähigkeit zu einem Zeitpunkt sind:

a) *Beschaffung zusätzlicher Einnahmen* durch

(1) Aufnahme von Geldern gegen künftige Auszahlungsansprüche auf dem Kapitalmarkt. Diese Außenfinanzierung (externe Finanzierung) wird üblicherweise unterteilt in Fremdfinanzierung und Beteiligungsfinanzierung (häufig auch Eigenfinanzierung genannt).

(2) Zuschüsse (Einnahmen, ohne künftige Auszahlungsansprüche gewähren zu müssen, z.B. bei Sanierungen);

(3) Vorverlegen künftiger Einnahmen durch Verkauf von Finanzanlagen (Wechseldiskont, Verkauf börsengängiger Wertpapiere). Diese „Vermögensumschichtung" innerhalb der Finanzanlagen zur Liquiditätsvorsorge läßt sich als erster Teilbereich der Innenfinanzierung ansehen.

b) *Verringerung von ergebnisabhängigen Ausgaben* (Steuerzahlungen, Gewinnbeteiligungen von Mitarbeitern, Gewinnausschüttungen an Geldgeber). Dieser zweite Teilbereich der Innenfinanzierung erfolgt über Gewinnermittlung oder Gewinnverwendung.

(1) *Innenfinanzierung über Gewinnermittlung* kommt zum einen durch verrechneten Aufwand zustande, wenn dem Aufwand nicht zugleich Ausgaben in dieser Abrechnungsperiode gegenüberstehen. Hierunter fällt die sogenannte Finanzierung aus Abschreibungen oder aus der Bildung von Rückstellungen. Aber in gleicher Weise entsteht diese Innenfinanzierung über andere Aufwandsposten, die nicht unmittelbar zu Ausgaben führen (z.B. Teilwertabschreibungen auf Vorräte). Voraussetzung einer Innenfinanzierung über Gewinnermittlungen ist, daß die Umsatzeinnahmen (und nicht nur bilanzrechtliche Erträge) über dem verrechneten Aufwand liegen; denn Finanzierung setzt Einnahmenzufluß voraus. Gekürzt wird der Betrag der Innenfinanzierung durch Ertragsverrechnungen

bei Zielverkäufen (Erhöhung des Forderungsbestandes), weil diesen bilanzrechtlichen Erträgen nicht zeit- und größengleich Einnahmen gegenüberstehen.

Zum anderen entsteht Innenfinanzierung über Gewinnermittlung dann, wenn Umsatzeinnahmen (noch) nicht als Ertrag verrechnet werden, z.B. empfangene Anzahlungen vor Lieferung bzw. ohne Teilgewinnrealisierung bei mehrjähriger Fertigung.

(2) *Innenfinanzierung über Gewinnverwendung* erfolgt durch Nichtausschütten von Gewinnen: Diese **Selbstfinanzierung** wird S. 57-60 näher erläutert.

c) *Hinausschieben von Ausgaben* durch Vertragsbedingungen bei Güter-Marktprozessen, z.B.:

(1) Anlagenmiete (Leasing) statt Kauf der Anlagen,
(2) Inanspruchnahme von Lieferantenkredit,
(3) Bemühungen um Stundung von Folgezahlungen früherer Finanzierungen, Investitionen, ergebnisabhängigen Ausgaben.

Die Auflistung finanzwirtschaftlicher Quellen der Zahlungsfähigkeit verdeutlicht:

(a) Der Begriff Finanzierung schließt nur finanzwirtschaftliche, nicht leistungswirtschaftliche Quellen der Zahlungsfähigkeit ein:

(1) Beschaffung zusätzlicher Einnahmen (Außenfinanzierung, Innenfinanzierung durch Veräußerung von Finanzanlagen),
(2) Verringerung ergebnisabhängiger Ausgaben (Innenfinanzierung über Gewinnermittlung und Gewinnverwendung).

Nicht zur Finanzierung zählt hier das Hinausschieben von Ausgaben durch Vertragsbedingungen bei Güter-Marktprozessen. Über die Zweckmäßigkeit solcher Begriffsabgrenzungen läßt sich streiten. Das folgende begründet die hier gewählte Fassung.

(b) Es ist unzweckmäßig, die Wege zur Wahrung der Zahlungsfähigkeit als Finanzierungsarten zu bezeichnen:

(1) Leistungswirtschaftliche Quellen der Zahlungsfähigkeit zu den Finanzierungsarten zu zählen, ordnet praktisch alle einnahmewirksamen Handlungen in einer Unternehmung auch als Finanzierungsarten ein; das fördert schwerlich gedankliche Klarheit.

(2) Die Anlagenmiete erscheint als Investition (bei der Anlagenmiete wie beim Kauf entstehen zunächst Ausgaben, später Umsatzeinnahmen). Im Schrifttum wird häufig die Anlagenmiete als Ersatz für Kredite und damit als Sonderform der Kreditfinanzierung angesehen (S. 692). Aber Anlagemiete kann mit besseren Gründen als eine Form der Anlageninvestition mit daran gekoppelten Finanzierungszahlungen durch den Mieter bezeichnet werden: Im Vergleich zum Barkauf werden nur Ausgaben verschoben. Wer bezeichnet schon die Vermietung eines Bürogebäudes oder sonstigen Grundstücks als Kreditgewährung an den Mieter? Und warum soll bei der Miete von Pkws oder Maschinen eine andere Betrachtung Platz greifen?

(3) Warenlieferungen mit Inanspruchnahme von Lieferantenkrediten werden hier auch als Investition unter Inanspruchnahme einer Verkäufernebenleistung betrachtet. Nur weil Lieferantenkredite zu Schulden in der Bilanz führen, wird im Schrifttum meistens die Gewährung von Zahlungszielen durch Lieferanten dem Begriff Fremdfinanzierung untergeordnet. Dabei wird übersehen, daß kein Pfennig Bargeld zufließt, sondern

lediglich Ausgaben für Sachen, Dienste oder Rechte hinausgeschoben werden. In Ausnahmefällen kann sogar eine Verbindlichkeit aus Warenlieferungen und -leistungen mit den Umsatzeinnahmen derselben Waren bzw. Leistungen bezahlt werden.

bb) Widersprüche zwischen Umfang des Begriffs Finanzierung und Aufzählungen von Finanzierungsarten

Während die Literatur zum Investitionsbegriff zwar nicht einheitlich, aber auch nicht umfangreich ist, erscheint der Meinungssalat beim Begriff Finanzierung furchterregend. Drei der üblichen Definitionen lauten:

(1) *Finanzierung wird mit Kapitalbeschaffung gleichgesetzt*[5]. Von der Definition „Finanzierung gleich Kapitalbeschaffung" könnte man ausgehen, wenn nicht der Begriff Kapital zu den schillerndsten der Wirtschaftswissenschaft gehörte. Über das, was Kapital ist, wurde vor allem in der Volkswirtschaftslehre gestritten. Für betriebswirtschaftliche Fragen ist weniger die schon erwähnte Trennung von Realkapital und Geldkapital bedeutsam als vielmehr drei andere Definitionen:

(a) Kapital als abstrakte Wertsumme des Vermögens; d. h. grob gesagt: Kapital ist alles, was auf der Passivseite der Bilanz (nach Saldierung mit Korrekturposten zur Aktivseite) steht. Den Kapitalbegriff an der Bilanz auszurichten, führt in einen methodischen Fehler; denn dadurch wird an die Stelle eines zu erforschenden Sachverhalts „Kapitalbeschaffung" ein Abbild in Zahlen gesetzt: Bei der Bilanz (im Rechtssinne) ist das Abbild in sich inkonsistent und in Grenzen manipulierbar. Damit wird kein eindeutiger Kapitalbegriff bezeichnet. Wird der Begriff am Ertragswert[6] (S. 74) ausgerichtet, so bestimmt eine *Messung* über einen fiktiven Marktpreis in einem Modell eines Kapitalmarktes im Konkurrenzgleichgewicht den Begriff des Kapitals. In einer Erfahrungswissenschaft ist es aber falsch, ein auf Fiktionen aufbauendes Meßkonzept an die Stelle eines theoretischen Begriffs „Kapital" zu setzen; denn über die Messung des Kapitals, z.B. im Ertragswert, kann erst sinnvoll geredet werden, wenn man weiß, was gemessen werden soll.

(b) Kapital als Geld, als Zahlungsmittelbestand[7]. Im Grunde kann man beim Begriff Finanzierung nur die zweite, monetäre Fassung von Kapital meinen; denn Geld kann man beschaffen, abstrakte Wertsummen nicht.

Gegen diese Definition entscheidet: Wenn Finanzierung Zahlungsmittelbeschaffung ist, wozu braucht man den Begriff Kapital? Beschaffung von Zahlungsmitteln heißt: für Einnahmen sorgen. Die Tücke der Definition „Finanzierung ist gleich Einnahmen- bzw. Geldbeschaffung" liegt darin, daß sie zu weit ist, wenn zur Finanzierung alle Tätigkeiten gezählt werden, mit denen für Einnahmen gesorgt werden soll. Jeder Verkauf wäre dann

---
5 Vgl. z.B. *Karl Hax*, S. 415 f. Eine Systematik der älteren Finanzierungsbegriffe versucht *Werner Engelhardt*: Die Finanzierung aus Gewinn im Warenhandelsbetrieb und ihre Einwirkungen auf Betriebsstruktur und Betriebspolitik. Berlin 1960, S. 27-54.
6 So *Peter Swoboda:* Betriebliche Finanzierung. 2. Aufl., Würzburg 1991, S. 4.
7 Ähnlich *Preiser,* S. 16: Kapital ist Geld für Investitionszwecke.

Finanzierung, und da ohne Produktion bzw. Beschaffung nichts verkauft werden kann, wäre so ziemlich alles betriebliche Geschehen Finanzierung.

Versteht man aber als Finanzierung nur die Beschaffung von Geld unter Ausklammerung der leistungswirtschaftlichen Tätigkeiten (d.h. der Beschaffung von Produktionsfaktoren, der Produktion, des Absatzes und deren jeweiliger Organisation), wie es das Schrifttum vermutlich gemeint hat, dann wird die Definition zu eng, weil dann im Finanzierungsbegriff so gängige Finanzierungsarten nicht mehr eingeschlossen sind wie die Innenfinanzierung aus zurückbehaltenen Gewinnen (Selbstfinanzierung) oder aus verrechnetem Aufwand für Abschreibungen bzw. Rückstellungen. Autoren, die Innenfinanzierung zur Finanzierung zählen und Finanzierung als Geld- bzw. „Kapital"-beschaffung verstehen unter Ausklammerung leistungswirtschaftlicher Tätigkeiten, verwickeln sich somit in einen Widerspruch: Innenfinanzierung jenseits eines Vorverlegens von Einnahmen durch Vermögensumschichtung ist gerade keine Geldbeschaffung, das ist nur der Zufluß von Umsatzeinnahmen. Bei dieser *Finanzierung aus verrechnetem Aufwand (Gewinnermittlung) oder zurückbehaltenem Gewinn (Gewinnverwendung) handelt es sich um das Vermeiden von Ausgaben, genauso wie beim Unterlassen oder Hinausschieben von Investitionen, dem Verzicht auf Spenden.*

Dieser Einwand ist auch gegen die Kennzeichnung von Finanzierung als Maßnahmen „der Gestaltung der Zahlungs-, Informations-, Kontroll- und Sicherungsbeziehungen zwischen Unternehmen und Kapitalgebern"[8] zu erheben. Finanzierung ist dann keine Beziehung zu Kapitalgebern, soweit es um ein Vermeiden bzw. Hinausschieben von gewinnabhängigen Zwangsausgaben an den Fiskus (Gewinnsteuern) oder die Belegschaft (Gewinnbeteiligungen) geht.

Niemandem kann verwehrt werden, Finanzierung gleich „Geldbeschaffung" bzw. „Gestaltung der Beziehungen zwischen Unternehmung und Kapitalgebern" zu setzen. Diese Erstdefinition ist eine Zweckmäßigkeitsentscheidung. Aber wer sich einmal festgelegt hat, muß dann beachten, daß dieser Finanzierungsbegriff den Unterbegriff der Innenfinanzierung aus verrechnetem Aufwand und zurückbehaltenem Gewinn nicht zuläßt. Dann ist Finanzierung nur einer unter mehreren Wegen, um die Zahlungsbereitschaft aufrechtzuerhalten. Wegen dieser Folgen erscheint die Sprachregelung Finanzierung gleich Geldbeschaffung unzweckmäßig. So richtig es also ist, auf die Gestaltbarkeit der Zahlungs-, Informations-, Kontroll- und anderen Unsicherheitsverringerungs-Maßnahmen hinzuweisen: Damit ist nur die Außenfinanzierung erfaßt, aber von der Innenfinanzierung allenfalls ein Teil.

(2) *Finanzierung sei „die zweckbedingte Beschaffung und Verwendung von Geld oder Geldeswert"*[9]. Mit dem Zusatz „Verwendung" soll vermutlich die Finanzierung aus zurückbehaltenem Gewinn und verrechnetem Aufwand abgedeckt werden, mit dem Zusatz „Geldeswert" Sacheinlagen erfaßt werden. Indes sind Sacheinlagen eine Investition gegen

---

8 *Jochen Drukarczyk:* Finanzierung. 5. Aufl., Stuttgart 1991, S. 3, im Anschluß an *Peter Swoboda:* Investition und Finanzierung. 3. Aufl., Göttingen 1986, S. 15.

9 *Curt Sandig:* Finanzen und Finanzierung der Unternehmung. 2. Auflage unter Mitarbeit von Richard Köhler, Stuttgart 1972, S. 9.

ergebnisabhängige Auszahlungsansprüche. Daß Sacheinlagen mit rechtlichen Erhöhungen der Haftungsmasse oder Kapitalerhöhung verbunden sind, ist kein hinreichender Grund, Sacheinlagen, die schließlich zugleich das leistungswirtschaftliche Geschehen in einer Unternehmung binden, dem Begriff Finanzierung unterzuordnen.

Mit dem Zusatz „Verwendung" wird die Kennzeichnung von Finanzierung hoffnungslos zu weit, selbst wenn man alle leistungswirtschaftlichen Tätigkeiten ausklammert. Denn zur Finanzierung zählt dann auch, wenn der Juniorchef, um bei einer Betriebsfeier einigen weiblichen Lehrlingen zu imponieren, einen 1000-DM-Schein aus der Kasse nimmt und anzündet. Welche Entscheidung in einer Unternehmung führt nicht zur Beschaffung und Verwendung von Geld und Geldeswert? Zudem bleibt die Eingrenzung „zweckbedingt" für eine gestaltende Theorie inhaltsleer, solange der Zweck nicht genannt wird. Und für eine erklärende Theorie wird „zweckbedingt" sogar falsch: Auch nicht zweckbedingte Geldbeschaffungen verbessern unstreitig die Liquidität, wie der zufällige Eingang einer längst abgeschriebenen Forderung oder die von einer deutschen Unternehmung überhaupt nicht beabsichtigte Vorauszahlung auf Bestellungen durch ausländische Kunden, die auf eine DM-Aufwertung spekulieren. Warum bleibt gerade dies aus dem sonst viel zu weiten Finanzierungsbegriff ausgeschlossen?

(3) *„Finanzierung sind alle zur Aufrechterhaltung des finanziellen Gleichgewichts der Unternehmung erforderlichen Maßnahmen"*[10]. Zu allen solchen Maßnahmen zählen leistungswirtschaftliche und finanzwirtschaftliche Quellen der Zahlungsfähigkeit, und darüber werden praktisch alle Handlungen in Unternehmungen zu „Finanzierung", z.B. einen fähigen Finanzchef und fähige Sachbearbeiter einzustellen. Ist das Finanzierung? Solche Maßnahmen sind nicht gemeint, sondern nur jene, die an „finanzwirtschaftliche Kompetenzen des Finanzleiters" anknüpfen. Doch wenn Kreditaufnahmen über 1 Million DM an die Zustimmung des gesamten Vorstandes und des Aufsichtsratsvorsitzenden gebunden sind, wären dann wegen einer organisatorischen Einzelregelung oder wegen gesetzlicher Bestimmungen (Zustimmung der Anteilseigner zu einer Kapitalerhöhung) gerade die ausschlaggebenden Maßnahmen zur Aufrechterhaltung des finanziellen Gleichgewichts ausgeklammert. In anderer Hinsicht ist diese Definition für die Kennzeichnung der Aufgaben des Finanzleiters zu eng: Aufgaben des Finanzchefs sind auch zeitweilige Geldanlagen. Sollen solche Investitionen auch „Finanzierung" heißen?

Darüber hinaus ist zu fragen: Was heißt „finanzielles Gleichgewicht" angesichts der Unsicherheit während des gesamten Planungszeitraums? Wenn ein Konzern hunderte von Millionen nicht angelegt hat, ist das finanzielle Gleichgewicht durch zu viel Liquidität (Haltung von Zahlungsmitteln) gestört. Werden dann Grundstücks- oder Maschinenkäufe, Parteispenden oder erhöhte Mitarbeitergratifikationen, mit denen ein Liquiditätsüberschuß sich abbauen läßt, zur Finanzierung? Wenn man mit „finanziellem Gleichgewicht" meint, daß die geplanten Ausgaben den Zahlungsmittelbestand und die geplanten Einnahmen zu einem Zeitpunkt nicht übersteigen, wird nur eine Umschreibung für den simplen Sachverhalt gewählt, daß man nicht mehr ausgeben kann als man hat oder

---

10 *Joachim Süchting:* Finanzmanagement. 5. Aufl., Wiesbaden 1989, S. 16.

geliehen bekommt. Mit der Vorstellung eines Gleichgewichts auf einem Markt hat dieses „finanzielle Gleichgewicht" einer Unternehmung nichts gemeinsam. Zur Phrase würde die Bezeichnung „finanzielles" oder „finanzwirtschaftliches" Gleichgewicht, wenn damit das Einhalten bestimmter Kapitalstrukturregeln und qualitativer Bonitätsmerkmale gemeint wäre. Dann verschwindet der Begriff „finanzwirtschaftliches Gleichgewicht" hinter einem mystischen Schleier. Mit solchen Begriffen kann man nichts mehr anfangen.

4. Eingrenzung der Begriffe Investition und Finanzierung für Vorteilsvergleiche auf Zahlungsströme

Die Unzulänglichkeiten der üblichen Definitionen haben eine gemeinsame Ursache: Ihre Verfasser erheben stillschweigend einen unerfüllbaren wissenschaftlichen Anspruch. Finanzierung soll eine Teilmenge innerhalb der Menge aller Handlungen bzw. Entscheidungen in einer Unternehmung bezeichnen. Finanzierung soll dabei so definiert werden, daß finanzielle Tätigkeiten (die Arbeiten in der Finanzabteilung) von nichtfinanziellen Tätigkeiten getrennt werden: Bei (1) ist Finanzierung ein Teil der Beschaffungstätigkeiten, bei (2) ein (der zweckbedingte) Teil der Geldbeschaffung und Verwendungstätigkeiten, bei (3) ein Teil aller unternehmerischen Maßnahmen (jener, welche die Zahlungsbereitschaft sichert). Jedoch lassen sich finanzielle von nichtfinanziellen Handlungen gerade nicht trennen, wenn als Ziel der Finanzierungstätigkeiten das Aufrechterhalten der Zahlungsbereitschaft vorgegeben wird. Denn jede einzelne Handlung kann die Zahlungsbereitschaft beeinflussen: das Schreiben von Mahnbriefen ebenso wie der Krach mit dem Betriebsrat, der einen Warnstreik zur Folge hat. Weil jede Entscheidung in einer Unternehmung die Zahlungsfähigkeit mitbestimmt, sobald sie Zahlungen auslöst, deshalb kann *Finanzierung nur ein Element kennzeichnen, das aus jeder Datenänderung folgt, und nicht eine Menge von Datenänderungen* (z.B. Handlungen in der Unternehmung). Es gibt also keine finanziellen Entscheidungen oder Handlungen, denen nichtfinanzielle Handlungen gegenüberstehen. Vielmehr haben fast alle Handlungen in einer Unternehmung einen finanziellen Aspekt neben einem organisatorischen, absatzwirtschaftlichen usw.

Sobald es um die Berechnung der Vorteilhaftigkeit einer Geldanlage von einem Planungszeitpunkt, (z.B. heute), bis zu einem Planungshorizont, (z.B. in fünf Jahren), geht, reicht es für die Planung eines künftigen Zustands der Welt (unter der Modellannahme „Sicherheit") aus, zu sagen: *Eine Investition ist durch einen Zahlungsstrom gekennzeichnet, der mit Ausgaben beginnt und in späteren Zahlungszeitpunkten Einnahmen bzw. Einnahmen und Ausgaben erwarten läßt.* Für einen künftigen Zustand der Welt besteht für jeden Zahlungszeitpunkt nur ein einziger Zahlungssaldo: eine Ausgabe im Planungszeitpunkt t_0 in den folgenden Zahlungszeitpunkten t_1, bis t_n entweder ein Ausgaben- oder ein Einnahmenüberschuß. Für mehrere geplante künftige Zustände der Welt (unter der Modellannahme „Ungewißheit") bestehen für jeden Zahlungszeitpunkt eine oder mehrere Zahlungssalden in Form von Ausgaben- oder Einnahmenüberschüssen.

Für die Beurteilung der Vorteilhaftigkeit von Geldbeschaffungsmaßnahmen sprechen wir von Finanzierung dann, soweit irgendeine Handlung für das Unternehmen durch einen (zusätzlichen) Zahlungsstrom gekennzeichnet ist, der mit Einnahmenüberschüssen beginnt und später Ausgaben- und Einnahmenüberschüsse in einzelnen Zahlungszeitpunkten erwarten läßt.

Investition und Finanzierung unterscheiden sich für den Vorteilsvergleich also nur durch das Vorzeichen der ersten Zahlung, die eine Entscheidung bzw. Handlung auslöst[11].

Im Hinblick auf die Beurteilung der Vorteilhaftigkeit sind Investition und Finanzierung zwei Seiten ein und desselben Aspekts, der jeder Handlung, jedem Ereignis, innewohnen kann: ihrer Zahlungswirksamkeit. Wie das Auszahlen eines Betrages in der Kasse einen Zahlungsaspekt und einen Leistungsaspekt hat (die körperliche, nervliche und geistige Beanspruchung des Kassierers), so auch jede andere Tätigkeit: der Abschluß eines Kaufvertrages für ein neues Kraftwerk wie die Neugestaltung einer Werbeanzeige.

Die gewählte Begriffsbildung rechtfertigt sich durch einen ausgewählten Zweck der Investitions- und Finanzierungstheorie: die Vorteilhaftigkeit alternativer Zahlungsströme zu erkennen. Nur wenn irgendeine Wahlhandlung sowohl Einnahmen als auch Ausgaben in verschiedenen Zeitpunkten auslöst, entsteht das Problem zu entscheiden, ob eine Handlungsmöglichkeit finanziell vorteilhaft ist.

Im Hinblick auf die Zielentsprechung von Zahlungsströmen ist es von untergeordneter Bedeutung, ob eine Entscheidung als Investitions- oder Finanzierungsentscheidung bezeichnet wird: Ihre Vorteilhaftigkeit richtet sich nach den durch die Entscheidung ausgelösten Zahlungsströmen, gleichgültig wie man sie benennt.

Werden Investition und Finanzierung als sich entsprechendes Begriffspaar bei der Beurteilung der Zielwirksamkeit von Zahlungsströmen definiert, dann ist offensichtlich, daß die Verfahren, die zur Berechnung der Vorteilhaftigkeit einer Investition dienen, in gleicher Weise zur Bestimmung der Zielentsprechung einer Finanzierungsmaßnahme benutzt werden können.

b) Zeit und Unsicherheit als Bestimmungsgründe der Unternehmenspolitik

1. Unternehmenspolitik und Unternehmensplanung

Als **Unternehmenspolitik** sei die Gesamtheit von Handlungsempfehlungen zum Erreichen bestimmter Ziele eines Unternehmers bezeichnet. In einer Unternehmung als Institution umschließt Unternehmenspolitik die Gesamtheit an Handlungsempfehlungen für die Unternehmungsleitung. Wer in einer Unternehmung als Institution mit der Ausübung von Unternehmerfunktionen beauftragt ist, heißt Manager. In einer Unternehmung als Institution wird deshalb Unternehmenspolitik häufig auf die Gesamtheit der Handlungsempfehlungen für die mit der Ausübung von Unternehmerfunktionen beauftragten Manager eingeengt.

---

11 Die Definition geht zurück auf *Bertil Hållsten:* Investment and Financing Decisions. Stockholm 1966, S. 17 f.

Als Gesamtheit von Handlungsempfehlungen besteht Unternehmenspolitik entweder aus „bewährtem" Erfahrungswissen oder aus Erkenntnissen einer gestaltenden (normativen) betriebswirtschaftlichen Theorie und aus Gestaltungsempfehlungen anderer Wissenschaften, z.B. der Rechts- oder Ingenieurwissenschaften. Das Weitere beschränkt Unternehmenspolitik auf Erkenntnisse einer gestaltenden betriebswirtschaftlichen Theorie. Unternehmenspolitik richtet sich auf das Handeln sowohl gegenüber Marktpartnern als auch gegenüber regelsetzenden oder Handlungsspielräume verändernden Machtgruppen (Regierung bzw. Parlament, aber auch den Medien, in denen Mächtige ihre persönlichen Vorurteile für eine öffentliche Meinung halten). Einer Unternehmenspolitik bedarf es auch gegenüber den Personen, die im Rahmen ihrer vertraglichen oder gesetzlichen Bindungen Tätigkeiten für die Unternehmung ausüben, welche Markthandlungen disponierend und produzierend begleiten: Arbeitnehmer oder andere Dienste Leistende, z.B. Unternehmensberater, Steuerberater, Wirtschaftsprüfer.

Ein Weg, um einzelne Handlungsempfehlungen als Elemente der Menge Unternehmenspolitik zu erarbeiten, ist die Planung des Unternehmensgeschehens *(Unternehmensplanung)*. Unternehmensplanung will zweckbewußtes Handeln, rationale Unternehmenspolitik, erreichen. Irrational ist eine Unternehmenspolitik, die ohne Vorausdenken impulsiv oder improvisierend erfolgt. Eine irrationale Unternehmenspolitik kann durchaus erfolgreiche Unternehmenspolitik sein. Gerade bei den wichtigsten Entscheidungen (über die Aufnahme neuer Geschäftszweige oder bei Personalentscheidungen) werden selten alle Einflußgrößen vernunftgemäß abgewogen. Doch spricht das nicht gegen die Notwendigkeit der Unternehmensplanung. Denn sich auch dann auf die Intuition zu verlassen, wenn vernünftig begründete Anhaltspunkte und Entscheidungshilfen gegeben werden können, das heißt eben, ohne die Vernunft, auf gut Glück, handeln.

Von **Planung des Unternehmensgeschehens** sprechen wir dann, wenn einer unternehmerischen Handlung ein gedanklicher Ordnungsprozeß in den folgenden Stufen vorausgegangen ist:

a) Was soll erreicht werden? Das ist die Frage nach der *Zielbildung*. Zielbildung umfaßt das Bemühen, von den Motiven unternehmerischen Handelns auf das Einzelziel für ein Wahlproblem zu schließen. Hierbei empfiehlt es sich, folgende Begriffe auseinanderzuhalten:

Handlungsmotive sind Ausdruck dessen, was der Entscheidende insgeheim will (z.B. Streben nach Einkommen bzw. Verringerung von Einkommensunsicherheiten, aber auch nach Prestige, nach Pflichterfüllung). Das Erforschen der Motive menschlichen Handelns in Unternehmungen, Haushalten, Vereinen oder bei irgendeiner Freizeitbeschäftigung ist Gegenstand der Psychologie, nicht der Betriebswirtschaftslehre. Allerdings wird eine auf Handlungsempfehlungen gerichtete (gestaltende) Betriebswirtschaftslehre Erkenntnisse der Psychologie benutzen, so wie bei Handlungsempfehlungen zu steuerlichen Fragen Einsichten der Steuerrechtswissenschaft und bei Problemen des Fertigungsablaufs oder des Umweltschutzes solche der Ingenieurwissenschaften.

Soweit eine betriebswirtschaftliche Theorie nach Erklärungen für beobachtete Sachverhalte oder vermutete Zusammenhänge sucht, empfiehlt es sich hingegen, die Frage, welche Motive Menschen verfolgen, auszuklammern. Das ist deshalb zweckmäßig, weil Motive bzw. Ziele nicht unmittelbar zu beobachten sind und unterschiedliche Annahmen über Motive zu unterschiedlichen Erklärungen führen. Deshalb wird in einer erklärenden betriebswirtschaftlichen Theorie der Freiheitsgrad, welchen Motiven Menschen folgen, durch eine methodologische Vorentscheidung, hier: „Verringerung von Einkommensunsicherheiten", beseitigt. Diese Beschränkung auf einen Aspekt, der menschliches Handeln bestimmen kann, ist notwendig, will man eindeutige, situationslogische Erklärungen von beobachtetem Handeln erhalten[12]. Eine auf Handlungsempfehlungen gerichtete (gestaltende) Theorie kann sich auch andere Ziele setzen: jene, die der Handelnde vorgibt.

Zielgröße heißt die Maßgröße (der „quantitative Indikator") für das von einem Handelnden als Erstrebtes vorgegebene (z.B. finanzielle Zielgröße wie Einkommen, aber auch Marktanteil, Arbeitszeit). Wer mehrere Zielgrößen im Sinn hat, verwendet regelmäßig Begriffe wie Nutzen oder Präferenz. Solche Begriffe gewinnen erst Inhalt, wenn ihre einzelnen Zielgrößen (z.B. Endvermögen, Risikoneigung) genannt werden und gesagt wird, ob und wie die einzelnen Zielgrößen gegeneinander austauschbar sind.

Zielvorschrift (Zielsetzung) heißt eine Anweisung, was mit Zielgrößen getan werden soll (z.B.: Maximiere den Gewinn des Monats Januar! Erhalte den Marktanteil des Vorjahrs! Minimiere die Arbeitszeit!).

Zieldefinitionen zeigen die Abhängigkeit der Zielgröße von den Handlungsmöglichkeiten an (z.B. der Gewinn des Monats Januar entsteht aus Erlösen minus Kosten; Erlöse und Kosten folgen aus Produktion und Verkauf von Salatschüsseln und Eierbechern aus Kunststoff).

Die *Zielfunktion* eines Entscheidungsmodells, mit dem unter bestimmten Annahmen eine zielentsprechende (= optimale) Handlungsempfehlung abgeleitet wird, besteht aus einer Zielvorschrift und Zieldefinitionen.

b) Welche *Handlungsmöglichkeiten* sind zu erwägen? Das ist die Suche nach Wahlmöglichkeiten. Soll z.B. ein Lastwagen ersetzt werden, so bezieht sich die Suche nach Wahlmöglichkeiten auf die Analyse, welche Fabrikate bzw. Typen in die „engere Wahl" kommen. Die Suche nach Handlungsmöglichkeiten ist qualitativer Natur. Ein einfallsreicher („dynamischer") Unternehmer wird mehr Möglichkeiten sehen als ein „statischer" (Betriebs-) „Wirt"[13]. Die betriebswirtschaftliche Theorie der Planung kann allerdings heute über die Suche nach Wahlmöglichkeiten nur wenig sagen. Sie beschränkt sich bisher auf die Frage: Wie entscheidet sich ein Unternehmer bei von außen vorgegebenen Wahlmöglichkeiten?

---
12 Vgl. zu diesem „situationslogischen Rationalprinzip" *Karl Popper:* La rationalité et le statut du principe de rationalité. In: Les fondements philosophiques des systèmes économiques, hrsg. von E.M. Claassen, Paris 1967, S. 142-150; Spiro J. *Latsis:* Situational Determinism in Economics. In: The British Journal for the Philosophy of Science, Vol. 23 (1972), S. 207-245, hier S. 223-227.
13 Im Sinne von *Joseph Schumpeter:* Theorie der wirtschaftlichen Entwicklung. 5. Aufl., Berlin 1952, S. 116 f., 137 f.

c) Mit welchen Mitteln kann man das Ziel erreichen? Hier ist z.B. zu fragen: Welche finanziellen Mittel stehen zur Erweiterungsinvestition bereit? Sind die Arbeitskräfte vorhanden, um die neuen Maschinen zu bedienen? In einem Entscheidungsmodell (Planungsmodell) schlägt sich das Ergebnis dieser Untersuchung in den *Nebenbedingungen* nieder.

d) Welche künftigen Umweltbedingungen sind zu beachten? Zu den Umweltbedingungen zählen die Gegebenheiten auf den Absatz- und Beschaffungsmärkten der Unternehmung und daraus folgende Prognosen, z.B. darüber: Wie wird in Zukunft die Absatzentwicklung verlaufen? Um wieviel werden die Löhne steigen? Zu welchen Bedingungen sind Kredite zu bekommen?

e) Wie dienen die einzelnen Handlungsmöglichkeiten dem angestrebten Ziel? Hierbei sind die einzelnen Handlungsmöglichkeiten miteinander zu vergleichen. Soweit Ziele, Handlungsmöglichkeiten und Nebenbedingungen in quantitativen Begriffen beschrieben sind, wird die Antwort durch betriebswirtschaftliche *Planungsrechnungen* geliefert. Im einzelnen ist hier zu klären:

(1) Was tragen die einzelnen Handlungsmöglichkeiten zum gewünschten Ziel bei?

(2) Wie beanspruchen sie die vorhandenen Mittel?

(3) Wie sind die einzelnen Handlungsmöglichkeiten zu sich gegenseitig ausschließenden Handlungsprogrammen zusammenzufassen?

Will man die zielentsprechende (= optimale) Handlungsmöglichkeit finden, so ist über den Einsatz aller vorhandenen Mittel zu entscheiden. Die einzelnen erwogenen Handlungsmöglichkeiten beanspruchen die vorhandenen Mittel in unterschiedlicher Höhe. Deshalb sind die einzelnen Handlungsmöglichkeiten „vollständiger" zu formulieren, bis Handlungsprogramme entstehen, die sich gegenseitig ausschließen. Aus den alternativen Entscheidungsprogrammen ist durch einen Vorteilsvergleich das zielentsprechende Handlungsprogramm abzuleiten (S. 67 f.).

Wenn Planung als rationale Unternehmenspolitik verstanden wird, um eindeutige Aussagen zu erhalten, setzt sie Entscheidungsmodelle voraus, die ein eindeutiges Optimum zu bestimmen erlauben. Von einfachen Wahlproblemen abgesehen, in denen eine Handlungsmöglichkeit für alle Zielgrößen überlegen („dominant") erscheint, ist das nur über quantitative Entscheidungsmodelle möglich. Soweit die vorausgesetzte unternehmerische Zielvorstellung eine Extremwertvorschrift enthält (z.B.: Maximiere den Gewinn! Minimiere die Arbeitszeit!) entscheiden die Änderungen der Variablen in einem quantitativen Entscheidungsmodell. Das ist darin begründet, daß die Optimumbedingungen nicht mehr enthalten als die verbale Beschreibung der hinreichenden und notwendigen Bedingungen für einen Extremwert (Maximum, Minimum).

Wenn man das einmal verstanden hat, bereitet die Einsicht in den Wert von Entscheidungsmodellen keine Schwierigkeiten: *Um die optimale Lösung für irgendein Wahlproblem zu finden, müssen in mathematischer Formulierung oder verbaler Umschreibung die hinreichenden und notwendigen Bedingungen für das Maximum (Minimum) festgelegt werden.* Das ist der formallogische Akt der Optimumsuche. *Der ökonomische Gehalt des Mo-*

dells liegt allein in der Zielbildung, der Erfassung der Umweltbedingungen und in den Annahmen über die Zieldefinition und die Mittelbeanspruchung.

Aus der Aufgabe, vollständige Handlungsprogramme zusammenzustellen, folgt, daß es im Regelfall der Planungsrechnung nötig wird, zusätzliche Handlungsmöglichkeiten zu suchen und für diese Handlungsmöglichkeiten wiederum die künftige Entwicklung zu prognostizieren. Gleichzeitig kann die Analyse der Handlungsmöglichkeiten eine Abwandlung einzelner Ziele und Beschaffungsmöglichkeiten zweckmäßig erscheinen lassen. So kann sich z.B. bei der Analyse der Möglichkeiten „Einzelreparatur oder Generalüberholung einer Anlage" herausstellen, daß statt dessen auch ein vollständiger Ersatz der Anlage zu prüfen ist. Deshalb lassen sich die einzelnen Stufen des Planungsprozesses vor einer Entscheidung in ihrer zeitlichen Folge nicht eindeutig ordnen.

f) Wie ist zu entscheiden? Die *Entscheidung* hängt in einem *personenbezogenen Unternehmen* ab

(1) vom Ergebnis der Planungsrechnung,

(2) von nicht rechenbaren Einflüssen („qualitativen Momenten") einzelner Handlungsmöglichkeiten, z.B. ästhetischen Empfindungen gegenüber einem neuen PKW,

(3) von der subjektiven Einschätzung der künftigen Entwicklung, soweit diese über eine Entscheidungsregel unter Ungewißheit hinausgeht, die als Zielfunktion bereits seiner Planungsrechnung zugrunde liegt (S. 452 f.). Letzteres ist nur für Entscheidungsregeln möglich, die in quantitativen Begriffen formuliert sind (also im Regelfall die Existenz quantitativer Wahrscheinlichkeiten voraussetzen).

(4) Die *Organisation des Entscheidungsprozesses* und die Reaktionen der Mitentscheidenden auf diese Organisation tritt in einer Unternehmung als Institution zu den Bedingungen für Entscheidung eines personenbezogenen Unternehmens hinzu.

In *Unternehmungen als Institutionen* trifft nicht eine einzelne Person allein alle Entscheidungen. Deshalb ist zu fragen: Wie kommen Entscheidungen in einer Gruppe Entscheidungsberechtigter zustande (z.B. in der Gruppe „Vorstand")? Wie beeinflußt die Verlagerung von Entscheidungsbefugnissen auf Mitarbeiter die Entscheidung? Wie kann erreicht werden, daß die Untergebenen ihre Entscheidungen an den Zielen der Unternehmensspitze ausrichten? Wie wirkt sich die Mitbestimmung der Arbeitnehmer auf Güte und Schnelligkeit der Entscheidungen aus? Diese Fragen gehören zum Problem der Organisation des Entscheidungsprozesses.

g) Wer als außenstehender Beobachter Unternehmenspolitik in ihren Bestimmungsgründen erklären will und mit der Entscheidung die Planungsstufen abschließt, der steht vor einer gedanklichen Rekonstruktionslücke: Nur eine Handlung kann er beobachten, die Entscheidung, diese oder jene Handlung durchzuführen, jedoch häufig nicht. Eine Ausnahme sind Beschlußprotokolle eines Entscheidungsgremiums. Ein einzelner Entscheidender fertigt jedoch kaum ein Beschlußprotokoll an, ehe er handelt. Damit ist nicht mehr gesichert, ob eine beobachtbare Handlung tatsächlich auf einem Planungsprozeß mit dem Ende einer vernünftigen Entscheidung beruht oder nicht.

Diese Rekonstruktionslücke, Handlungen zu erklären, läßt sich nur durch eine methodologische Vorentscheidung schließen: Jeder Mensch handelt seinem Entscheidungsmodell gemäß als Anwendung des situationslogischen Rationalprinzips (S. 23, Fn. 12). Dabei wird in diesem Buch die Organisation von Entscheidungsprozessen bis auf Fragen der Vertragsgestaltung bei Auftraggeber-Beauftragten-(Principal-Agent-)Beziehungen ausgeklammert. Dieses Vorgehen vereinfacht die Erörterung der Investitions- und Finanzierungstheorie. Die Nachteile dieses Verfahrens sind: Wir müssen im weiteren unterstellen, daß die Organisation des Entscheidungsprozesses keinen Einfluß auf die Entscheidung nimmt. Sobald die Entscheidungen nicht mehr von einem einzelnen allein getroffen werden, entstehen jene Probleme, die das Leben zwischen Kollegen untereinander und im Verhältnis von Vorgesetzten zu Untergebenen so schwierig machen. Ohne Zweifel ist dabei die Psyche des Handelnden (und die seiner Mitarbeiter) eine wichtige Einflußgröße jeder Entscheidung. Jedoch können betriebswirtschaftliche Aufgaben durch eine Wissenschaft nicht gelöst werden, wenn sie zugleich mit den seelischen Eigenarten handelnder Menschen verknüpft werden. Wer glaubt, auf Anhieb ökonomische Einzelfragen mit psychologischen, soziologischen, anthropologischen und sonstigen Spekulationen in einer „Gesamtschau" verknüpfen zu können, der liefert keine betriebswirtschaftliche Theorie, sondern (nach den bisherigen Erfahrungen) nur breiartiges Gerede. Man kann ökonomische Probleme nur lösen, wenn man zunächst vereinfacht, unter den Vereinfachungen eindeutige Aussagen ableitet und dann von einfachen Zusammenhängen zu schwierigeren übergeht. Heroische Vereinfachungen sind die Muttermilch der Theorie.

Jede Theorie muß mit grob gestutzten Zusammenhängen anfangen und sich Stück für Stück an die Wirklichkeit herantasten. Vereinfachen der Wirklichkeit heißt sehr oft: vorsätzlich Fehler machen. Erst wenn man die Fehler kennt, kann man sie beseitigen. Der Leser, der diesen mühsamen Weg mitgeht, darf sicher sein, daß er allen Schönrednern, die glauben, ohne sorgfältige Detailanalyse wirtschaftliche Wahrheiten zu kennen, durch Sachfragen den Schleier von dem dürren Gerippe ihrer Phrasen reißen kann.

Dem Leser, dem dies mißfällt, bleiben drei Möglichkeiten:
(1) das Studium der Betriebswirtschaftslehre aufzugeben,
(2) dieses Lehrbuch wegzuwerfen und ein Lehrbuch zu suchen, das die Voraussetzungen und Schwierigkeiten nicht aufzählt, oder
(3) im Bewußtsein der Schwierigkeiten Schritt für Schritt von der Muttermilch heroischer Vereinfachungen zu den Reistafeln praktisch brauchbarer Modelle fortzuschreiten. Der Autor empfiehlt den dritten Weg.

2. Handlungszeitraum und Planungszeitraum

Von oberflächlichen Betrachtern wird die ökonomische Theorie als wirklichkeitsfern bezeichnet, weil sie im wesentlichen mit statischen, „zeitlosen" Modellen arbeitet. Eine dynamische Theorie, eine Theorie, die das Zeitmoment ausdrücklich berücksichtigt, sei zu fordern. Wer so argumentiert, hat die ökonomische Theorie nicht verstanden, denn auch statische Modelle enthalten eine Zeitvorstellung. Um das zu begründen, soll das Zeitproblem in seiner Bedeutung für die Theorie der Unternehmung untersucht werden. Drei Aspekte kann man hierbei herausschälen[14]:

a) Die Zeit, welche die wirtschaftlichen Handlungen umrankt: das Problem des Handlungszeitraums und des Planungszeitraums.

b) Die Zeit als ökonomisches Gut neben anderen: das Problem der Produktions- und Konsumtionszeit. Die Zeit als ökonomisches Gut wird zu einem Preis- bzw. Kostenbestandteil in anderen Gütern, z.B. durch Zinsen.

c) Die Zeit als Hemmnis wirtschaftlichen Handelns: das Problem der Anpassungsgeschwindigkeit.

An dieser Stelle wird nur der Aspekt a) betrachtet: das Verhältnis von *Handlungszeitraum und Planungszeitraum.*

Der Handlungszeitraum umfaßt die Zeitspanne, in der ein Mensch Entscheidungen zur Einkommenserzielung und Einkommensverwendung trifft, also die Zeit bis zum Lebensende. Der Handlungszeitraum ist regelmäßig nicht mit dem Planungszeitraum identisch. Der Planungszeitraum schließt die Zeit ein, für die ins einzelne gehende Unternehmenspläne aufgestellt, Einzelmaßnahmen erwogen werden. Wegen der Unsicherheit der Zukunft mag es sich z.B. nicht lohnen, mehr als fünfjährige Pläne aufzustellen (Planungszeitraum 5 Jahre). Ein vierzigjähriger Unternehmer wird gleichwohl erwarten, daß er mindestens noch fünfundzwanzig Jahre tätig sein kann (Handlungszeitraum 25 Jahre). Zur Vereinfachung wollen wir den Handlungszeitraum bereits mit Erreichen des Rentenalters enden lassen.

Wie lang der Handlungszeitraum des einzelnen sein wird, läßt sich für den Regelfall der Unternehmensplanung nicht festlegen. Wer heute für 5 Jahre plant, kann morgen einen tödlichen Infarkt erleiden. Zu wissen notwendig ist jedoch: Übersteigt der erwartete Handlungszeitraum den gegenwärtigen Planungszeitraum, oder beendet der Unternehmer seine Tätigkeit nach Ablauf der gegenwärtigen Unternehmensplanung? Demgemäß sind zwei Fälle zu unterscheiden:

(1) Im Regelfall ist der erwartete Handlungszeitraum länger als der gegenwärtige Planungszeitraum. Der Unternehmer plant so, daß er sein Unternehmen auch nach dem Ende des gegenwärtigen Planungszeitraums (nach dem gegenwärtigen Planungshorizont) weiterführen will. Dieser Fall sei „Unternehmung auf Dauer" genannt. Unternehmung auf Dauer heißt also nicht zwangsläufig „auf unbegrenzte Zeit", sondern „länger als der gegenwärtige Planungszeitraum". Nur in Modellen, die Unsicherheit ausklammern, läßt sich „Unternehmung auf Dauer" mit Planung auf unbegrenzte Zeit gleichsetzen.

Praktisch bedeutet „Unternehmung auf Dauer": Zum Ende des gegenwärtigen Planungszeitraums (zum Planungshorizont) müssen hinreichende Anfangsbedingungen für das Weiterleben der Unternehmung geschaffen worden sein. Der Unternehmer darf z.B. nicht alle Einnahmenüberschüsse während der Planperiode zum Konsum entnehmen,

---

14 Vgl. *P.N. Rosenstein-Rodan:* The Rôle of Time in Economic Theory. In: Economica, New Series, Vol. 1 (1934), S. 77-97, hier S. 77 f.; in ähnlicher Art auch *Bertil Ohlin:* A Note on Price Theory with Special References to Interdependence and Time. In: Economic Essays in Honour of Gustav Cassel, London 1933, S. 471-477, bes. S. 475.

vielmehr muß er in der Unternehmung Kapazitäten erstellen, Vermögen halten, damit ihm die Unternehmung auch nach dem gegenwärtigen Planungshorizont als Einkommensquelle und Betätigungsfeld dienen kann. Das Problem der Erhaltung der Unternehmung als Institution *(Unternehmenserhaltung* und ihre Vereinfachungen im Rechnungswesen, wie Substanzerhaltung oder nominelle Kapitalerhaltung) folgt aus dem Sachverhalt, daß der Handlungszeitraum länger als der gegenwärtige Planungszeitraum bzw. im Rechnungswesen: länger als die gerade abzurechnende Periode ist.

(2) Im Sonderfall ist der Handlungszeitraum gleich dem Planungszeitraum: „Unternehmung auf Zeit". Nehmen wir an, ein 46jähriger Unternehmer wäre durchaus in der Lage, ins einzelne gehende Unternehmenspläne für die nächsten fünf Jahre zu entwickeln, aber er hat sich so über Konkurrenten, Betriebsrat und Finanzamt geärgert, daß er beschließt, bereits am 50. Geburtstag Rentner zu werden. Sein Handlungs- bzw. Planungszeitraum schrumpft damit auf vier Jahre zusammen. Eine Unternehmung auf Zeit ist in zwei Erscheinungsformen denkbar[15]:

(a) Der Unternehmer plant und arbeitet innerhalb eines vorgegebenen, vom Ergebnis seines Handelns unabhängigen Zeitraums. Er setzt z.B. ohne Rücksicht auf das Ergebnis seiner Tätigkeit seinen Handlungszeitraum auf noch vier Jahre fest. Bis zu diesem unabhängigen Planungshorizont strebt er nach möglichst hohem Einkommen oder nach möglichst bequemem Leben oder was seine Handlungsmotive sonst noch sein mögen.

(b) Der Handlungszeitraum des Unternehmers hängt vom Ergebnis seines Handelns ab (abhängiger Planungshorizont). Der abhängige Planungshorizont kann mit einem finanziellen Ziel verbunden oder durch ein nichtfinanzielles Ziel erzwungen sein.

Ein abhängiger Planungshorizont mit finanziellem Ziel liegt z.B. in folgendem Fall vor: Ein Unternehmer erwirbt einen Bestand an jungen Premier Grand Cru Bordeaux-Rotweinen. Mit wachsendem Alter gewinnt der Wein an Wert. Der Unternehmer lagert die Weine so lange, bis sie den in seinen Augen höchsten Marktpreis erreicht haben. Dann verkauft er die Hälfte und setzt sich mit der anderen Hälfte zur Ruhe. Die optimale Lagerzeit des Weines (seine Investitionsdauer) ist bei abhängigem Planungshorizont länger als bei unabhängigem Planungshorizont, in dem der Unternehmer nach Verkauf dieser Weine andere Weine einlagert oder auch nur sein Geld auf dem Kapitalmarkt anlegt. Wenn vorausgesetzt wird, daß mit steigender Investitionsdauer die Steigerungsrate des Marktpreises abnimmt, begrenzt bei abhängigem Planungshorizont eine Steigerungsrate von Null (der im Zeitablauf höchste Marktpreis) die Investitionsdauer. Bei unabhängigem Planungshorizont wird jedoch der Wein schon dann verkauft, wenn fortan die Preissteigerungsrate unter den Marktzinssatz zu fallen droht; denn dann bringt die Geldanlage auf dem Kapitalmarkt mehr.

Ein abhängiger Planungshorizont mit nichtfinanziellem Ziel ist in folgendem Fall gegeben: Der Unternehmer kauft eine Weingroßhandlung für 10 Mio. DM und nimmt sich vor, nur solange zu arbeiten, bis aus den 10 Mio. 20 Mio. DM geworden sind. Das bedeutet, das Ziel des Unternehmers ist Minimierung der Arbeitszeit unter der finanziel-

---

15 Vgl. *Friedrich and Vera Lutz:* The Theory of Investment of the Firm. Princeton 1951, S. 25 f.

len Nebenbedingung, das eingesetzte Kapital zu verdoppeln. Der Handlungszeitraum hängt auch hier von den Handlungsmöglichkeiten ab. Diesen Fall werden wir nicht weiter beachten.

In einer Unternehmung als Institution tritt an die Stelle des Begriffs „Handlungszeitraum des Unternehmers" der Begriff „Lebensdauer der Unternehmung". Eine Unternehmung als Institution kann auf begrenzte Zeit oder auf unbegrenzte Zeit (auf Dauer) errichtet sein. Unternehmungen auf Zeit sind z.B. Konsortien, die zusammentreten, um eine bestimmte Wertpapieremission durchzuführen, oder Arbeitsgemeinschaften aus mehreren Firmen, die gemeinsam ein Kraftwerk in einem Entwicklungsland errichten. Im allgemeinen ist jedoch ein Ende der firmenbezogenen Unternehmung am Planungshorizont nicht vorgesehen, und dann liegt eine Unternehmung auf Dauer vor: ein „going concern".

In welchem Verhältnis stehen Handlungszeitraum des Unternehmers und Lebensdauer der „Unternehmung" zueinander?

In personenbezogenen Unternehmen sind Handlungszeitraum des Unternehmers und Lebensdauer des „Unternehmens" begrifflich identisch, denn das personenbezogene Unternehmen umfaßt alle Arbeitshandlungen und Geldanlagen einer Person. Es ist zu beachten, daß einzelne Firmen (z.B. ein Sägewerk, eine Möbelfabrik) innerhalb eines personenbezogenen Unternehmens über den Handlungszeitraum des Unternehmers hinaus bestehen bleiben können. Übernimmt der Erbe Sägewerk und Möbelfabrik des in den Ruhestand getretenen Unternehmers, dann entsteht ein neues personenbezogenes Unternehmen.

Der Planungszeitraum kann allerdings nur in Modellen, nicht aber praktisch bis zum Jüngsten Gericht reichen. Die Planperiode der Praxis ist durch ein bestimmtes „Gesichtsfeld" gekennzeichnet, durch einen „ökonomischen Horizont" begrenzt[16]. Wie weit reicht das Gesichtsfeld in die Zukunft? Der *Planungshorizont* als Grenze des Planungszeitraums hängt von drei Einflußgrößen ab:

a) Von den Zielen (Handlungsmotiven) des Unternehmers; aus den Zielen folgt der Handlungszeitraum des Unternehmers und damit die Obergrenze des Planungszeitraums.

b) Einzelne Handlungsmöglichkeiten legen eine Untergrenze des Planungszeitraums fest. Die Aufnahme eines Kredits in Form eines zwei Jahre laufenden Zerobonds erlaubt für sich allein betrachtet einen kürzeren Planungszeitraum als die eines Schuldscheindarlehens mit zehnjähriger Laufzeit.

c) Von den Möglichkeiten der Informations-(Wissens-)gewinnung für die erwogenen Handlungsmöglichkeiten. So wären z.B. bei einem Aktienkauf nicht nur die künftigen Dividendenzahlungen oder Bezugsrechtserlöse abzuschätzen, sondern auch die Kurse für alle denkbaren Verkaufszeitpunkte.

---

16 Begriffe nach *J. Tinbergen:* Ein Problem der Dynamik. In: Zeitschrift für Nationalökonomie, Bd. 3 (1932), S. 169-184, hier S. 171; *ders.:* The Notions of Horizon and Expectancy in Dynamic Economics. In: Econometrica, Vol. 1 (1933), S. 247-264, bes. S. 247. Zu den allgemeinen Problemen der Bestimmung des Planungshorizonts vgl. auch *Odd Langholm:* Tidshorisonten. Bergen 1964.

Aus dem zweiten und dritten Gesichtspunkt folgt die Auffassung, der Planungshorizont (die „zeitliche Übersichtstiefe") sei für die einzelnen Wahlprobleme unterschiedlich anzusetzen[17]. Hiergegen ist eingewandt worden, alle betrieblichen Entscheidungen bedingten einander. Wegen der Interdependenzen der betrieblichen Teilpläne müßte eine einheitliche Planperiode zugrunde gelegt werden; *denn nur für einen einheitlichen Zeitraum könne die gegenseitige Abhängigkeit der einzelnen Teilpläne berücksichtigt werden*[18]. Dieses Argument bedarf einer Ergänzung:

Wenn die gewünschte Lebensdauer der Unternehmung über den (z.B. durch die Ungewißheit bestimmten) ökonomischen Horizont hinausreicht, dann kann der ökonomische Horizont nicht als Begrenzungslinie der Zukunftsüberlegungen schlechthin verstanden werden. Für die Zeit innerhalb des Planungszeitraums wird im einzelnen geplant. Nach Ablauf einer Periode werden dabei die früheren Pläne korrigiert, der Planungshorizont erweitert und für diesen neuen Planungshorizont neue Ausgangsbedingungen für die weitere Zukunft gesetzt. Nur auf diesem Wege *rollender (überlappender)* Planungen kann eine tragfähige Unternehmungsplanung entwickelt werden.

Das Erfordernis eines *einheitlichen Planungszeitraums für alle Entscheidungen gilt allerdings nur dann, wenn alle Entscheidungen gemeinsam getroffen werden: wenn ein Totalmodell des künftigen Unternehmensgeschehens aufgestellt wird.* Ein solches Totalmodell, in dem Investitions-, Finanzierungs-, Beschaffungs-, Produktions- und Absatzentscheidungen gemeinsam aufeinander abgestimmt und gleichzeitig festgelegt werden, ist ein Ideal, das nur dann die künftige Wirklichkeit abbilden könnte, wenn Unsicherheiten vernachlässigt werden dürften. Praktisch wird man notgedrungen auf eine Gesamtschau aller Teilbereiche verzichten müssen und Einzelentscheidungen aufgrund von Partialmodellen treffen, die von vornherein nur den Anspruch erheben dürfen, einzelne (keineswegs alle) Abhängigkeiten abzubilden.

Wenn der Planungszeitraum nach einer Periode endet, dann sprechen wir von einperiodiger Planung. Der Planungszeitraum wird aber regelmäßig mehrere Perioden einschließen. Die Gesamtplanung der Unternehmung ist dann eine mehrperiodige Planung. *Einperiodige Planungsmodelle nennt man „statische" Modelle. Mehrperiodige Planungsmodelle heißen „dynamische" Modelle.*

Genauer: Statische Modelle gelten für einen Zeitraum, innerhalb dessen die Datierung der Ereignisse keine Rolle spielt. *Statische Modelle berücksichtigen nur zwei Zahlungszeitpunkte (Anfang und Ende der Planperiode); müssen mehr als zwei Zahlungszeitpunkte berücksichtigt werden, liegt ein dynamisches Modell vor.* Für eine dynamische Analyse besitzt also die Datierung der Ereignisse innerhalb des Planungszeitraums Bedeutung. Die den verschiedenen Perioden zugeordneten Variablen müssen funktional miteinander verbunden sein[19].

Was heißt „funktional" miteinander verbunden? Die Nachfrage nach Porzellan im Monat Januar hängt ganz entscheidend davon ab, wie das Weihnachtsgeschäft, also der

---

17 Vgl. *Tinbergen:* Ein Problem der Dynamik, S. 171.
18 Vgl. *Ludwig Orth:* Die kurzfristige Finanzplanung industrieller Unternehmungen. Köln-Opladen 1961, S. 55.

Absatz im November und Dezember, verlief. Wer zu Weihnachten neues Porzellan bekam, wird vermutlich nach einer schlimmen Silvesternacht als Nachfrager im Januar auftreten. Zwei Perioden sind also in bezug auf eine Einflußgröße (Nachfrage, Kosten, Preise u.ä.) miteinander verbunden, wenn die Höhe der Einflußgröße in einer Periode nur beurteilt werden kann, nachdem sie für die andere Periode bekannt ist. In diesem Fall sind die beiden Perioden gemeinsam zu analysieren, soll eine richtige Entscheidung getroffen werden.

3. Zeitliche und finanzielle Voraussetzungen der Mindestplanperiode

Wenn der Planungshorizont der Unternehmung am Ende des fünften Jahres liegt, führt dann der Unternehmer eine einperiodige Planung durch (eine Periode gleicht einem Fünfjahreszyklus) oder eine Fünfperiodenplanung oder eine 1826 bzw. 1827 Perioden umfassende Tagesplanung? Die Frage nach der Länge einer Periode scheint zunächst eine praktische Ermessensfrage zu sein. Sie ist es nicht. Um das zu belegen, müssen wir die Mindestdauer einer Planperiode näher kennzeichnen. Die *Mindestplanperiode* ist dadurch gekennzeichnet, daß sie zeitlich nicht mehr unterteilt wird. Wir wollen die Mindestplanperiode *Abrechnungsperiode* nennen. *Die modellmäßige Abrechnungsperiode beginnt und endet mit einem Zahlungszeitpunkt.*

Die Länge einer Abrechnungsperiode festzulegen, schafft Probleme: Eine erste Überlegung führt dazu, jene Zeitspanne, in der ein Unternehmer seine Entscheidungen nicht ändert, als eine Abrechnungsperiode zu bezeichnen. Hierbei wird die Zeitspanne, für die Modellüberlegungen gelten, durch die Datenänderungen bestimmt. Sobald sich ein wesentliches Datum ändert, muß sich der Unternehmer anpassen, neue Entscheidungen treffen, und diese bleiben bis zur nächsten wesentlichen Datenänderung gültig. Daraus wurde gefolgert: Für die ökonomische Theorie wäre das Zeitmoment durch Datenänderungen, d.h. durch Ereignisse innerhalb des ökonomischen Systems, zu erfassen[20]. Die Zeit wird modell-„endogen" gemessen, nicht in Stunden, Tagen oder anderen Kalenderzeitvorstellungen[21].

---

19 Vgl. *Ragnar Frisch:* On the Notion of Equilibrium and Disequilibrium. In: The Review of Economic Studies, Vol. 3 (1935/36), S. 100-105; ihm folgt heute der überwiegende Teil der Literatur, z.B. Hicks, S. 115; *Paul Anthony Samuelson:* Foundations of Economic Analysis. Cambridge 1947, 9th printing 1971, S. 314, 317 (Samuelson kritisiert allerdings die Formulierung von Hicks, daß die „unterschiedliche Datierung" dynamische Analyse kennzeichne). Kritik an der lehrbuchüblichen Inhaltsbestimmung von „dynamisch" übt *Don Lavoie:* Rivalry and central planning. Cambridge 1985, S. 78.
20 Vgl. *Alfred Marshall:* Principles of Economics. Vol. I, 2nd ed., London 1891, S. 389, 418-428.
21 Das ist in Marshalls aus der Physik übernommener Zeitkonzeption eindeutig, während sonst seine Ausführungen über diese „operational time" reichlichen Anlaß zu Mißverständnissen geben, vgl. im einzelnen hierzu *Redvers Opie:* Marshall's Time Analysis. In: The Economic Journal, Vol. 41 (1931), S. 199-215; *Lionel Robbins:* Remarks upon Certain Aspects of the Theory of Costs. In: The Economic Journal, Vol. 44 (1934), S. 1-18, hier bes. S. 17; ferner *W.C. Hood:* Some Aspects of the Treatment of Time in Economic Theory. In: The Canadian Journal of Economics and Political Science, Vol. 14 (1948), S. 453-468, bes. S. 458 f.

Diese modell-„endogene" Zeitmessung ist durch Hintanstellen ihrer Modellvoraussetzungen in die Unterscheidung zwischen „kurzfristig" und „langfristig" abgewandelt worden, ohne zu sagen, nach wieviel Tagen oder Jahren die kurze Frist endet. Das Gerede von kurz- und langfristiger Anpassung gehört zu dem schlimmsten Gefasel in der Wirtschaftstheorie. Bei Marshall muß ein logischer Zirkel das Versagen vor dem Problem verbergen: „langfristig" definiert Marshall durch die Anpassungsfähigkeit aller Produktionsfaktoren, was aber erst im endgültigen („langfristigen") Gleichgewicht erreicht werde. Ob in der Praxis eine Anpassung aller oder nur einzelner Entscheidungen über den Einsatz von Produktionsfaktoren erfolgt, hängt indes nicht von den Zeitpunkten des Einsatzes zusätzlicher Faktoren ab, sondern von der erwarteten Nachhaltigkeit einer Datenänderung, von der Länge des Planungszeitraums und damit des Wissensstandes und nicht zuletzt vom Finanzierungsspielraum. Von heute auf morgen kann (wenn auf den Preis wenig Rücksicht genommen wird) durch Erwerb eines ganzen Unternehmens oder durch Miete eines Teilbetriebs die Kapazität erhöht werden, während z.B. partielle Anpassung durch Überstunden oder Einstellung neuer Mitarbeiter und Schichtbetrieb monatelange Verhandlungen mit dem Betriebsrat voraussetzt. Deshalb kann die „kurze Periode" bei partieller Anpassung viel mehr Kalenderzeit beanspruchen als die „lange Periode" bei totaler Anpassung (Betriebsgrößenänderung).

Ein weiterer Einwand ist offensichtlich: Der Unternehmer kann nicht auf jede Datenänderung durch Neuplanung reagieren. Vor lauter Umplanen käme er nicht mehr dazu, seinen Betrieb aufzubauen, die Produktion in Gang zu setzen und die Erzeugnisse zu verkaufen. Für eine bestimmte Mindestzeitspanne müssen „fixierte relevante Pläne"[22] verabschiedet und durchgeführt werden. Datenänderungen werden also nur zu bestimmten Zeitpunkten registriert und berücksichtigt. Die Zeitspanne zwischen zwei Registrierungsdaten ist dann die Abrechnungsperiode[23]. Die Entscheidungen über die Höhe der Produktion, der Preise usw. werden stets an den Nahtstellen von einer Abrechnungsperiode zur nächsten gefällt, also z.B. stets am Montagmorgen um 9 Uhr.

Unternehmen oder Unternehmensbereiche, die sich ausschließlich mit finanzwirtschaftlichen Fragen beschäftigen, werden in der Regel jeden Werktag als eigene Abrechnungsperiode ansehen. Wenn am Montag um 9.20 Uhr ein Wechsel vorgelegt wird und nicht bezahlt werden kann, weil erst am Freitagabend genügend Geld in der Kasse ist, dann platzt der Wechsel - und das Malheur ist passiert. Für die Abrechnungsperiode als Ganzes ist zwar die Liquidität der Unternehmung gewahrt. Aber das nützt nicht viel, wenn zu irgendeinem Zeitpunkt diese Unternehmung zahlungsunfähig wird. Um solche

---

22 Vgl. dazu bes. *Dag Hammersköld:* Utkast till en algebraisk metod för dynamisk prisanalys. In: Ekonomisk Tidskrift, Årg. 34 (1932), S. 157-176; *Erik Lindahl:* The Dynamic Approach to Economic Theory. In: *ders.:* Studies in the Theory of Money and Capital. London 1939, S. 21-136, hier S. 40-51; *Erik Lundberg:* Studies in Theory of Economic Expansion. New York 1937, reprinted 1964, S. 47.

23 Vgl. *Lindahl,* S. 53 f., er definiert im Anschluß an Svennilson: „the shortest period taken into account in any given case (since only the total result and not its distribution within the period is of relevance) may be called the ‚period of registration'".

Fälle auszuschließen, muß die Abrechnungsperiode so definiert werden, daß keine Zahlungsvorgänge innerhalb der Abrechnungsperiode stattfinden.

Als Zeiteinheit der Produktions- und Absatzplanung ist dieser finanzwirtschaftliche Abrechnungszeitraum durchweg zu kurz. Man kann ihn unbedenklich erweitern, wenn die Zahlungsvorgänge innerhalb einer Abrechnungsperiode für die zur Wahl stehenden Handlungsmöglichkeiten unbeachtet bleiben dürfen. So wird man oft die kurzfristige Finanzplanung innerhalb eines Monats als allein finanzwirtschaftlich interessierendes Problem ansehen. Erst von Monat zu Monat wird erwogen, ob drohende Fehlbeträge durch Einschränkung der Produktionstätigkeit und Lagerhaltung vermieden, Überschüsse durch zusätzliche Faktorbeschaffung oder höhere Fertiglager gebunden werden sollen. Das bedeutet: Nur von Monat zu Monat werden hier aufgrund organisatorischer Regelungen die Unternehmensbereiche „Produktion" und „Finanzwirtschaft" aufeinander abgestimmt.

Plant ein Unternehmer nur für eine Periode, dann liegt sein Planungshorizont an diesem Periodenende (z.B. 31. Januar, 17.00 Uhr, bei einem Periodenbeginn am 2. Januar, 8.00 Uhr). Bei einperiodiger Planung deckt sich der Planungszeitraum mit einer Abrechnungsperiode. Natürlich besteht kaum eine Unternehmung z.B. nur für einen Monat. Wenn die aus der Planung folgende Entscheidung richtig sein soll, dann muß unterstellt werden, daß das, was im Dezember und früher geschah, keinen Einfluß auf die Entscheidung (z.B. auf die Höhe der Produktionsmenge) hat und daß das, was im Februar und später geschehen wird, bei der Entscheidung im Januar nicht berücksichtigt zu werden braucht. Die einperiodige Planung ist also nur dann zielentsprechend, wenn die einzelnen Abrechnungsperioden völlig unverbunden nebeneinander stehen, so daß jede einzelne Abrechnungsperiode isoliert geplant werden kann.

Was bedeutet im einzelnen, die Abrechnungsperioden seien unverbunden? Ein statisches, einperiodiges Planungsmodell unterstellt im Grunde folgendes[24]:

a) Die Tätigkeit, die durch das Modell beschrieben wird, beginnt am Periodenanfang (in t_0: 2. Januar, 8.00 Uhr) und endet an einem anderen Datum (in t_1: 31. Januar, 17.00 Uhr).

b) In der Zeitspanne zwischen Periodenanfang und Periodenende fallen keine Entscheidungen. Die Planperiode gleicht einer Abrechnungsperiode. Würden während des Monats neue Entscheidungen getroffen werden, z.B. am 10., 17., 24. Januar, dann läge keine einperiodige Planung vor, sondern eine drei Abrechnungsperioden umfassende Monatsplanung.

c) Da nur eine Periode betrachtet wird, muß die Unternehmung am Periodenanfang errichtet und am Periodenende liquidiert werden können. Denn wäre es nicht möglich, die Unternehmung am Periodenanfang zu errichten und am Periodenende zu liquidieren, dann wäre die Lebensdauer der Unternehmung länger als eine Abrechnungsperiode,

---

24 In der Literatur werden die Voraussetzungen selten genannt, eine Ausnahme bildet *Sune Carlson:* A Study on the Pure Theory of Production. Stockholm 1939, reprinted New York 1965, S. 4 f.

und folglich müßte eine mehrperiodige Planung erfolgen. Die einzelnen Abrechnungsperioden wären nicht mehr unverbunden.

d) Alle Zahlungsvorgänge in der Unternehmung erfolgen am Periodenanfang oder am Periodenende. Unter dieser Voraussetzung ist die Zahlungsfähigkeit der Unternehmung innerhalb des Planungszeitraums gewährleistet.

Die Voraussetzung d) ist für unsere Zwecke die wichtigste. Der Periodenanfang (bzw. das Ende der Vorperiode) t_0, und das Ende der ersten Periode bzw. der Anfang der nächsten Periode t_1, sind die Zahlungszeitpunkte des einperiodigen Modells. *Im statischen Modell ist damit die „Kapitalbindung" während des gesamten Planungszeitraums gleich hoch.*

In der Literatur ist es üblich, von den Einnahmen bzw. Ausgaben „einer Periode" zu sprechen. Diese Ausdrucksweise ist ungenau: *Die Zahlungen erfolgen in Modellen entweder am Periodenanfang oder am Periodenende.*

Um dieser Modellvoraussetzung zu genügen, sind zwei Wege gangbar:

(1) Man ordnet gedanklich sämtliche Ausgaben einer Periode dem Periodenanfang zu, sämtliche Einnahmen dem Ende dieser Periode. Der Sinn dieses Vorgehens ist folgender: In der Investitionsplanung werden nicht alle Zahlungszeitpunkte berücksichtigt; denn sonst müßte stets ein über mehrere Jahre reichender täglicher Finanzplan aufgestellt werden, um alle Zahlungssalden zu erfassen. Wenn wir jedoch einen zweijährigen Investitionsplan mit drei Zahlungszeitpunkten: t_0 = 31. Dezember des Jahres 1; t_1 = 31. Dezember des Jahres 2; t_2 = 31. Dezember des Jahres 3 aufstellen und sämtliche Ausgaben des Jahres 1 auf t_0 beziehen, sämtliche Einnahmen des Jahres 1 und sämtliche Ausgaben des Jahres 2 auf t_1, dann ist die Unternehmung während des ersten und zweiten Jahres liquide, wenn sie in t_0 und t_1 zahlungsfähig ist. In t_0 mag die Unternehmung z.B. die Ausgaben durch den Anfangskassenbestand oder durch Kreditaufnahmen decken; in t_1 deckt sie die Ausgaben für die zweite Abrechnungsperiode durch die Einnahmen aus der ersten. Um die kurzfristige Finanz- (Liquiditäts-)planung brauchen wir uns dann bei Investitionsüberlegungen nicht mehr zu kümmern.

Durch den Verzicht auf das Berücksichtigen sämtlicher Zahlungszeitpunkte entstehen Fehler im Hinblick auf Zinszahlungen. Diese Fehler werden sich bei mehrperiodiger Planung verstärken, sofern nicht diese „kurzfristigen" Zinsaufwendungen und Erträge geschätzt und in der Planung berücksichtigt werden.

Wem dieses Vorgehen zu grob erscheint, der muß Zahlungszeitpunkte während eines Jahres beachten, z.B. jedes Quartalsende oder, noch genauer, jeden einzelnen Tag.

(2) Nur wenn die Zahlungsfähigkeit während einer Periode von vornherein als gesichert gelten kann, ist es zulässig, Ausgaben und Einnahmen während einer Periode auf deren Ende zu beziehen. Bei diesem Vorgehen werden Zinsen aus einer Geldaufnahme oder Geldanlage vernachlässigt, die innerhalb einer Periode beendet werden.

Im folgenden wird der Weg (1) bei einer ein Jahr umfassenden Abrechnungsperiode eingeschlagen (sofern im Einzelfall keine anderen Annahmen erfolgen). Die Zahlungsströme der Unternehmen, die im folgenden betrachtet werden, entstehen somit aus den (im Jahresablauf angehäuften) Einnahmen und Ausgaben, bezogen auf den Anfang oder das Ende eines jeden Jahres. Zahlungen fallen nur an den Nahtstellen zweier Perioden an. Um zwischenzeitliche („kurzfristige") Liquiditätsprobleme auszuschalten, beziehen wir sämtliche leistungswirtschaftlichen Ausgaben während einer Periode auf den Periodenanfang, sämtliche leistungswirtschaftlichen Einnahmen auf das Periodenende. Erfolgen finanzwirtschaftliche Ausgaben während eines Jahres (Zins- und Tilgungszahlungen, Rückzahlungen von Einlagen), dann werden sie gedanklich auf den Periodenanfang vorverlegt. Bei einer Investition mit einer Ausgabe von 100 in t_0 und einer Einnahme von 150 in t_1 sind in t_0 dem 2. Januar, sämtliche Ausgaben für die Investition angehäuft gedacht und in t_2 dem 31. Dezember, sämtliche betrachteten Einnahmen aus der Investition gedanklich erfaßt.

4. Verringerung von Unsicherheiten durch Planung und durch Bildung von Institutionen

Die Kennzeichnung des Begriffs „Unternehmer" (S. 3) ging von dem Erfahrungstatbestand aus, daß wegen des Bedarfs an Zeit, den Handlungen zum Erwerb von Einkommen erfordern, stets Unsicherheit über die späteren Ergebnisse herrschen wird. Als Untersuchungsmethode, mit der Handlungen in Unternehmungen erklärt werden sollen, wurde die Verringerung von Einkommensunsicherheiten gewählt (S. 5). Im vorigen Abschnitt wurde der Beobachtungstatbestand, daß vielfach der erwartete Handlungszeitraum den Planungszeitraum übersteigt, unter anderem mit der mangelnden Kenntnis der künftigen Entwicklung (also umgangssprachlich: auch aus der Unsicherheit der Zukunft) begründet. Nunmehr ist der Sprachgebrauch von „Unsicherheit" einzugrenzen. Daraus werden zwei Wege zu einer Unsicherheitsverringerung abgeleitet: durch Planung und durch Bildung von Institutionen.

Für das subjektive Gefühl, nicht alles zu beherrschen, was das Erreichen einer Absicht sicherstellt, verwenden wir einen umgangssprachlichen Ausdruck „Risiko". Risiko wird also nicht im engeren Sinne einer Verlustgefahr oder im etwas erweiterten Sinne von Verlustgefahr und Gewinnchancen verstanden, sondern bedeutet: mangelnde Beherrschung dessen, was eintreten wird. Risiko steht in diesem Buch nicht als Beschreibung einer Wahlsituation, für welche die Kenntnis einer empirisch ermittelten Häufigkeitsverteilung aus der Vergangenheit besteht und darüber hinaus diese Häufigkeitsverteilung der Vergangenheit mit Hilfe der Wahrscheinlichkeitsrechnung für die Zukunft als anwendbar gilt[25]. Bei Modellen zur Investitionsmischung wird (dem Sprachgebrauch des Schrifttums entsprechend) allerdings ein bestimmtes Maß für die Ungewißheit, der eine Investition ausgesetzt ist, als „Risiko" bezeichnet: die Streuung der Renditen um ihren Erwartungswert (S. 462 ff.).

---

25 In diesem Sinne verwendet *Frank H. Knight:* Risk, Uncertainty and Profit. Boston-New York 1921, reprinted New York 1964, S. 20, S. 197-233, Risiko im Unterschied zur Ungewißheit einer einmaligen nicht wiederholten Entscheidung. Ihm folgen noch zahlreiche Lehrbücher, obwohl die Fragwürdigkeit dieser Unterscheidung schon von *Kenneth J. Arrow:* Alternative Approaches to the Theory of Choice in Risk-Taking Situations. In: Econometrica, Vol. 19 (1951), S. 404-437, hier S. 417, betont wurde.

Der gedankliche Gegenbegriff zu einer Planung unter Beachtung von Unsicherheit bildet die Modellannahme einer Planung unter „Sicherheit". „Sicherheit" darf dabei aber nicht im Sinne einer vollkommenen Voraussicht mißdeutet werden. Menschen können schon aus logischen Gründen nicht wissen, welches Wissen ihnen künftig zugehen wird[26]. Wer sicher zu wissen glaubt, daß er morgen als Autofahrer einen tödlichen Unfall erleiden wird, braucht sich morgen nicht in ein Auto zu setzen, um diesen heute als sicher geltenden Tod zu vermeiden. Damit ist der Widerspruch zu der Annahme offenkundig, eindeutig zu wissen, was geschehen wird.

Betrachtet ein Entscheidender in seiner Planung für jeden künftigen Zahlungszeitpunkt bis zu seinem Planungshorizont nur einen einzigen künftigen Zustand der Welt und rechnet er hierfür die optimale Handlungsweise aus, so liegt eine Planung unter der Modellannahme „Sicherheit" vor. Auf diesen Anfangsschritt der Planung beschränkt sich immer noch die Mehrzahl der betriebswirtschaftlichen Planungsschriften. Der Leser beachte, daß dabei „Sicherheit" als sinnvoller (nicht in logische Widersprüche führender) Begriff nur sprachlich, aber nicht in der Sache im Gegensatz zu Unsicherheit stehen kann. Sicherheit in Sinne einer *Prognose*, dies und nur dies könne eintreten, führt in logische Widersprüche und ist damit ein Begriff für den wissenschaftlichen Mülleimer. Die Modellannahme „Sicherheit" führt nur dann nicht in Widersprüche, wenn sie *als Planung einer einzigen Zukunftslage unter vorläufiger Vernachlässigung aller anderen* verstanden wird. Innerhalb eines Planungszeitraums wird für jeden künftigen Zahlungszeitpunkt zunächst nur eine einzige Verwirklichung der Zielgrößen bei irgendeiner Handlungsmöglichkeit angenommen. Erst nach der Planung dieses einen künftigen Zustands der Welt werden andere denkbare Zukunftslagen in gleicher Weise analysiert.

Modelle unter „Sicherheit" dürfen also lediglich als Planung einer einzigen Zukunftslage betrachtet werden unter dem Vorbehalt, daß zahlreiche weitere Zukunftslagen noch untersucht werden müssen. Dies hat weitreichende Folgen für die Aussagefähigkeit von Planungsmodellen unter Sicherheit. *Modelle unter Sicherheit können niemals eine gute Handlungsempfehlung für die Wirklichkeit liefern, und sie können keine beobachtbare Handlung mit Anspruch auf Wissenschaftlichkeit erklären.* Die Modellannahme „Sicherheit" ist also lediglich ein gedankliches Schulungsmittel für Noch-nichts-Könner: ein für Anfänger zweckmäßiger Lernschritt, der weit vor den Toren heutiger Theorie der Unternehmung endet.

Im praktischen Sprachgebrauch heißt eine Investition (Geldanlage) risikolos, wenn nur eine einzige Höhe der Endeinnahmen am Planungshorizont erwartet wird. Als risikolos gilt z.B. eine zweijährige unverzinsliche Schatzanweisung der Bundesrepublik Deutschland (ein Zerobond) mit folgendem Zahlungsstrom: Im Zeitpunkt des Kaufes t_0 erfolge eine Ausgabe von 85, im Rückzahlungszeitpunkt t_2 eine Einnahme von 100. Der Schuldner „Bundesrepublik Deutschland" gelte als absolut zuverlässig. Wenn als einzige Alternative dann der Erwerb einer Aktie bleibt, bei der (für das Beispiel grob vereinfacht)

---

26 Vgl. *Karl R. Popper:* Indeterminism in Quantum Physics and in Classical Physics. In: The British Journal for the Philosophy of Science, Vol. 1 (1950/51), S. 117-133, 173-195, bes. S. 118 f.

auf eine Ausgabe von 85 in t_0 in t_2 entweder mit einer Wahrscheinlichkeit von 60% 200 an Einnahmen erzielt werden oder mit der Restwahrscheinlichkeit von 40% Einnahmen von 0, so gilt diese Aktie als mit erheblichem Risiko behaftet, weil der Spielraum der Einnahmen in t_2 zwischen dem Verlust des eingesetzten Kapitals und einem Überschuß von 115 über das eingesetzte Kapital liegt.

Angesichts dieses praktischen Verständnisses von risikobehaftet und risikolos ist zu fragen: Trifft es tatsächlich zu, daß der Aktienkauf in t_0 risikoreich, der Erwerb der Schatzanweisung risikolos ist?

Diese Frage beantwortet eine erste Erweiterung des Beispiels. Bisher sind keinerlei Annahmen über die Existenz eines Kapitalmarkts getroffen, auf dem zwischen dem Planungszeitpunkt t_1 und dem Planungshorizont t_2 beide Kapitalanlagen gehandelt werden. Um das Beispiel kurz zu halten, möge lediglich nach einem Jahr, im Zeitpunkt t_1 einmalig ein Börsenhandel stattfinden.

Kapitalanlage	Verkaufszeitpunkt t_0 Zahlungen	Börsentag t_1	Verkaufszeitpunkt t_2	
Schatzanweisung	− 85	→ +77		+ 100
Aktie	− 85	→	p: 0,6 p: 0,4	+ 200 0
(Anschlußkauf Schatzanweisung)		+ 80 − 80		+ 104

In diesem Zeitpunkt t_1 sollen aber andere Tatbestände eingetreten sein als im Planungszeitpunkt t_0 erwartet wurden, z.B. bewirke steigende Staatsverschuldung, gekoppelt mit außenwirtschaftlichen Schwierigkeiten in einem unvorhergesehenen Inflationsschub, daß der Kapitalmarktzins für die Zeit von t_1 bis t_2 auf 30% emporschnelle. Demzufolge werde die unverzinsliche Schatzanweisung im Zeitpunkt t_1 mit einem Kurs von 77 gehandelt, während der Aktienkurs auf nur 80 zurückgehen möge.

Bei diesen Marktpreisen kann der Kapitalanleger, der sich in t_0 für die Aktie entschieden hatte, diese mit einem Verlust von 5 verkaufen, den Erlös von 80 in Schatzanweisungen investieren und damit in t_2 eine sichere Endeinnahme von 80 + 30% auf 80 = 104 erzielen. Obwohl dieser Investor zunächst risikobehaftet investiert und sogar Verluste realisiert, erreicht er ein höheres Endvermögen als derjenige, der bereits in t_0 die angeblich zu diesem Zeitpunkt risikolose Schatzanweisung gezeichnet hat.

Die Entscheidung, bereits im Zeitpunkt t_0 die scheinbar sichere Schatzanweisung zu kaufen, erweist sich nachträglich als Fehlentscheidung. Deshalb wäre es ein irreführender Sprachgebrauch, die Schatzanweisung bereits im Zeitpunkt t_0 als risikolose Investition zu betrachten. Eigentumsrechte oder andere Kapitalmarkttitel, bei denen zu irgendeinem Zeitpunkt unterschiedliche Preise erwartet werden, sind nie risikolos; selbst dann nicht, wenn am Ende ihrer Laufzeit ein sicherer Rückzahlungsbetrag steht.

Das Beispiel soll dreierlei verdeutlichen:

a) Bei dem Urteil darüber, ob eine Entscheidung vernünftig ist oder nicht, ist streng zu trennen zwischen der Lage vor der Entscheidung und der Lage danach. Im nachhinein läßt sich stets sagen, die Entscheidung für den Aktienkauf war richtig oder falsch. Nur die Aussage im nachhinein hilft für die Entscheidung im Entscheidungszeitpunkt nichts mehr.

Ob der Entscheidende sich vernünftig oder unvernünftig verhalten hat, darf deshalb nicht danach beurteilt werden, ob seine Entscheidung im nachhinein erfolgreich war oder nicht, obwohl viele von uns entgegengesetzt reagieren und die Güte einer Entscheidung am späteren Ergebnis messen. Ob die Entscheidung richtig oder falsch war, darf nur beurteilt werden aufgrund des Wissens, das im Entscheidungszeitpunkt vorhanden war oder hätte beschafft werden können. *Es geht also in der betriebswirtschaftlichen Entscheidungstheorie gar nicht darum, die (im nachhinein) richtige Entscheidung zu treffen. Gesucht wird vielmehr diejenige Entscheidung, die bei dem im Entscheidungszeitpunkt gegebenen Wissen zielentsprechend erscheint.*

b) Bei Investitions- und Finanzierungsentscheidungen kann man nur in seltenen Glücksfällen erwarten, daß tatsächlich eine Zukunftslage eintreten wird, die man vorausgeplant hat. Aber genau von diesem Glücksfall gehen Entscheidungsmodelle aus, welche die Wahrscheinlichkeitsrechnung oder die Spieltheorie anwenden. Diese *Entscheidungsmodelle unter Ungewißheit* unterstellen: *Der Planende sieht die Gesamtheit aller Zukunftslagen in seinem Entscheidungsmodell als sicheres Ereignis an. Hinsichtlich der künftigen Zustände der Welt herrscht vollständige Gewißheit über die Ungewißheit* (S. 444): Eine der geplanten Zukunftslagen wird eintreten, der Entscheidende weiß nur nicht welche.

Entscheidungen unter Ungewißheit stellen immer noch eine sehr starke Abstraktion praktischer Entscheidungsprobleme dar; denn auch gegen den Modellbegriff der Entscheidung unter Ungewißheit sticht der Einwand, daß Menschen schon aus logischen Gründen nicht wissen können, welches Wissen ihnen zukünftig zugehen wird (S. 36). Damit ist auch die Annahme nicht haltbar, menschliche Handlungen ließen sich über Modelle erklären, die von einer abgeschlossenen Menge künftiger Zustände der Welt (also von Entscheidungen unter Ungewißheit) ausgehen. Erst recht lassen Entscheidungsmodelle unter Ungewißheit keine Handlungsempfehlungen zu, die unbesehen verwirklicht werden könnten. Auch Entscheidungen unter Ungewißheit sind deshalb nur ein gedankliches Schulungsmittel, allerdings nicht mehr für Noch-Nichts-Könner (S. 36), sondern für ABC-Schützen, welche den Stoff der 1. Klasse (Modelle unter Sicherheit) gelernt haben.

c) Für das unternehmerische Handeln unter Unsicherheit ist zwischen einer durch Planung vorhergesehenen Ungewißheit und einem **Informationsrisiko** zu unterscheiden. Informationsrisiko bezeichnet die Vermutung im Planungszeitpunkt, daß *nach* dem Planungs- und Handlungszeitpunkt (t_0) Wissen zugehen kann, nachdem die in (t_0) zu treffende Entscheidung als verfehlt anzusehen wäre. Gründe hierfür sind:

(1) Der Planende hatte unvollständiges Wissen über Vergangenes und ging damit bei seiner Planung von unzutreffenden Informationen über das aus, was bis zum Planungszeitpunkt bereits geschehen ist.

(2) Seine Prognosen aus zutreffenden Informationen waren unzulänglich, weil er im Planungszeitpunkt

(a) Theorien (wissenschaftliche Einsichten, einschließlich solche der Logik) nicht kannte oder beachtete und damit z.B. Denkfehler beging,

(b) bei seinem Tatsachen- und Theorienwissen unvollständige oder logisch fehlerhafte Erwartungen über Fremdereignisse bildete,

(c) seine persönliche Eignung für Entscheidungen fehleinschätzte (seine Ziele, Handlungsmöglichkeiten und Fähigkeiten zum vernünftigen Beurteilen von Anzahl, Inhalt und Glaubwürdigkeit der Zukunftslagen),

(d) aus Bequemlichkeit oder Arbeitsüberlastung Planungszeit und Planungsaufwand soweit verringerte, daß erkennbare Einkommensunsicherheiten übersehen wurden,

(3) zwischen Planungszeitpunkt und Beendigung der Investition neue Tatsachen, Theorien, Fremdereignisse und psychische Dispositionen eintreten, die der Planende bei seinen Fähigkeiten zur Erwartungsbildung nicht vorhersehen konnte.

Nachträgliche Überraschungen offenbaren eine Lücke in der Abbildung der denkbaren künftigen Wirklichkeit in einem Planungsmodell: Der tatsächliche künftige Zustand der Welt ist nicht notwendigerweise in der Menge der geplanten Zukunftslagen enthalten. Ob ein künftiger Zustand der Welt im Planungsmodell fehlte, weil eine Ex-post-Überraschung eintritt, weiß man jedoch erst im nachhinein.

In diesem Buch wird der Begriff **Ex-post-Überraschung** auch für den Fall einer Planung unter Ungewißheit benutzt. Bei dieser Sprachregelung liegt keine Ex-post-Überraschung vor, wenn eine Zukunftslage eintritt, die vielleicht nur mit einer Glaubwürdigkeit von 1% beurteilt wurde. Nachträglich überrascht wird man nur durch in der Planung nicht Beachtetes. Es bringt keine Einsichten, den Begriff der Überraschung auf „Fehleinschätzungen" von Glaubwürdigkeiten zu erweitern; denn ein eintretendes Ereignis erlangt im Zeitpunkt des Eintretens die Wahrscheinlichkeit 100%. Somit gäbe es nur Ex-post-Überraschungen, wenn z.B. vor einem Münzwurf „Zahl" auch „Wappen" für möglich gehalten wurde und ein Wetter verliert.

Wann von einer Ex-post-Überraschung gesprochen werden darf, hängt von der Sorgfalt persönlicher Planung ab: Nur für den Dummkopf tritt eine Ex-post-Überraschung ein, wenn er beim Münzwurf auf Zahl gesetzt hat und Wappen fällt nach oben; denn beide Zukunftslagen müßten in einer vernünftigen Planung enthalten sein. Jedoch auch erfahrene Profis im Aktiengeschäft rechnen ohne Anlaß regelmäßig nicht mit dem Tod der begabtesten Manager oder einem für die Aktienunternehmung verheerenden Explosionsunglück, obwohl solche Ereignisse ihre Planungen über den Haufen werfen werden.

Ein Informationsrisiko tritt in der Planung dann auf, wenn der Entscheidende im Planungszeitpunkt *nicht sicher* ist, ob in den Zukunftslagen, die er in sein Entscheidungsmodell einbezogen hat, der künftig tatsächlich eintretende Zustand der Welt enthalten ist. Eine solche im Planungszeitpunkt offene Menge an Zukunftslagen besteht z.B., wenn neben den in der Planung berücksichtigten Aktienkursen sich weitere nicht ausschließen lassen. Der Begriff Informationsrisiko läßt sich erweitern auf Unsicherheit über alle Daten, die in ein Entscheidungsmodell eingehen. *Informationsrisiko wird so zum Namen für*

Zweifel an der Verläßlichkeit (Vertrauenswürdigkeit) der aus einem Entscheidungsmodell folgenden Handlungsempfehlungen.

Im Regelfall der Wirklichkeit werden vernünftige Leute mit solchen Informationsrisiken rechnen. Ein Informationsrisiko hat zur Folge, daß Planende die herkömmliche Wahrscheinlichkeitsrechnung nicht zur Entscheidungsfindung anwenden dürfen. Diese setzt nämlich voraus, daß sämtliche Zukunftslagen aufgelistet werden können. Die Gesamtheit aller aufgelisteten Zukunftslagen gilt als sicheres Ereignis und erhält die Wahrscheinlichkeit 1. Im Fall eines Informationsrisikos sind nicht alle Zukunftslagen im voraus bekannt. Deshalb kann für keine der geplanten Zukunftslagen eine vernünftig zu begründende quantitative Glaubwürdigkeit angegeben werden. Schon deshalb muß bei Informationsrisiken vernünftige Planung auf den Anspruch verzichten, ein Optimum zu suchen. Sie endet mit dem Ergebnis, eine zufriedenstellende, „angemessen" erscheinende Lösung gefunden zu haben.

Das Informationsrisiko kann gemildert werden durch Institutionen, die es erlauben, einmal getroffene Entscheidungen zu korrigieren, sobald neue Informationen eingetreten sind oder das bisherige Wissen vom Entscheidenden anders gewichtet wird. Regelungen, wann ein Spiel entschieden (oder ein Vertrag erfüllt) ist oder wie Streitfälle gelöst werden sollen, sind *Institutionen in Form eines Regelsystems.* Der Begriff Institution wird aber auch auf *Handlungssysteme* angewandt, d.h. auf Handlungsabläufe, die durch Regelsysteme geordnet sind. Märkte allgemein, Kapital- und Versicherungsmärkte im besonderen, sind eine Art solcher Institutionen, Unternehmungen sind eine andere. Je häufiger Marktpreise für Kapitalanlagen zustande kommen, um so eher wird es möglich, einen neugewonnenen Informationsstand in Anpassungsentscheidungen durch Käufe und Verkäufe umzusetzen. Als „funktionsfähig" sei ein Kapitalmarkt bezeichnet, auf dem jedes Angebot seine Nachfrage findet, wenngleich bei veränderlichem Preis (und umgekehrt: jede Nachfrage bei erhöhtem oder erniedrigtem Preis auf Angebot stößt), so daß der „Markt geräumt" wird.

Wohlgemerkt: Ein funktionsfähiger Kapitalmarkt kann nicht verhindern, daß die Erwartungen einzelner Investoren falsch sind und Fehlentscheidungen getroffen werden. Funktionsfähige Märkte gewährleisten vielmehr zweierlei:

Zum ersten erlaubt der Marktpreis, für jeden Verkaufszeitpunkt den Gewinn oder Verlust zu erkennen, mit dem ein Investor sich aus dem Risiko befreien kann; vorausgesetzt, der Investor kann abschätzen, wie sein zusätzliches Angebot den Marktpreis beeinflußt.

Zum zweiten liefert ein Marktpreis eine (im Regelfall) kostenlose Information über die gegenwärtige Einschätzung der Zukunft durch Marktbeteiligte. Damit diese Signalfunktion bzw. Prognosefunktion eines Preises wirksam wird, sind Regeln zur Marktorganisation erforderlich, die verhindern, daß einzelne Marktteilnehmer bewußt falsche Erwartungen bei anderen erwecken. Eine der wichtigsten Regelungen zur Organisation des Kapitalmarktes sind dabei die Vorschriften zur Rechnungslegung und Publizität.

5. Die Unternehmung als Institution zur Verringerung von Einkommensunsicherheiten

Was kennzeichnet eine Institution „Unternehmung"? Institutionen heißen von Menschen geschaffene Einrichtungen, die künftige Handlungsabläufe weniger unsicher machen sollen, weil die Handlungsabläufe Regelungen folgen. Soweit erwartet werden kann, daß die Handlungsabläufe tatsächlich den Regelungen folgen, wird künftiges Geschehen zwar nicht „sicher", aber die Unsicherheit sinkt, weil zumindest jene alternativen künftigen Zustände der Welt mit ihren Folgen für die von einem Entscheidenden angestrebten Ziele vernachlässigt werden können, denen regelwidriges Verhalten anderer Menschen vorausgeht.

Einkommensunsicherheiten verringern sich für den Entscheider vor allem dann, wenn durch Regeln für das Handeln von Menschen untereinander das Feld seiner Erwartungen über Fremdereignisse mit unerwünschten Folgen verkleinert werden kann. Regeln für das Handeln zwischen Menschen untereinander können eingehalten werden oder auch nicht. Soweit das Einhalten deshalb glaubwürdig erscheint, weil es auch im Interesse der anderen Menschen liegt, lassen sich zahlreiche denkbare künftige Zustände der Welt als für die eigene Planung unbeachtlich ausklammern. Dies erleichtert vernünftige Planung und die Planung von Anpassungsfähigkeit. Institutionen werden nicht nur geschaffen, um Ex-post-Überraschungen zu verhindern (das ist nur in Grenzen möglich, z.B. durch einen Arbeitsvertrag, der *vertraglich* ein festes Gehalt für die fest vereinbarte Vertragsdauer vorsieht). Institutionen werden vor allem errichtet, um unerwünschte Folgen von Ex-post-Überraschungen *zu begrenzen*, z.B. gibt das Insolvenzrecht den Gläubigern mit dem Antrag auf Konkurseröffnung Eingriffsmöglichkeiten in das Restvermögen eines Schuldners, ehe dieses vollständig verloren ist.

Der Beitritt einzelner Menschen mit Teilen ihres Wissens, ihrer Arbeitskraft, ihres sonstigen Vermögens zu einer Institution Unternehmung oder ihre Abwanderung aus einer solchen Institution wird hier unter dem Blickwinkel zu erklären versucht, ob dadurch für sie eine Verringerung von Unsicherheiten bei der Einkommenserzielung erreicht wird. Verringerung von Einkommensunsicherheiten ist nur ein Aspekt, der menschliches Handeln mitbestimmt. Es ist die hier für eine betriebswirtschaftliche Theorienbildung ausgewählte Untersuchungsmethode.

Die Verringerung von Einkommensunsicherheiten bei den Mitgliedern einer Institution Unternehmung schließt nicht aus, daß *anderen* Personen, die nicht zu den Unternehmungsmitgliedern zählen, zusätzliche Einkommensunsicherheiten aufgebürdet werden. Damit sich zeitweise zu einer Unternehmung zusammenschließende Personen auf Märkten gegenüber anderen Unternehmungen, anderen Institutionen (z.B. Marktaufsichtsbehörden, wie das Versicherungsaufsichtsamt) oder auch gegenüber Einzelpersonen behaupten können, werden sie häufig sogar versuchen, Konkurrenten, manchmal auch Kunden und Lieferanten zusätzlichen Unsicherheiten auszusetzen, um ihre eigene Einkommenserzielung weniger unsicher zu machen.

Wer im einzelnen zu den Unternehmungsmitgliedern zählt, dies festzulegen verlangt mehr theoretische Kenntnisse als zu Beginn dieses Buches der Autor dem Leser zumuten will[27]. Ein Buch über Investition und Finanzierung kann sich dieses Eingrenzungsproblem leicht machen: Unter dem Blickwinkel einer Verringerung von Einkommensunsicherheiten zählt zu den Mitgliedern einer Institution Unternehmung nur, wer *vertraglich ergebnisabhängige Auszahlungsansprüche* besitzt, *nicht* jedoch derjenige, dem vertraglich Einkommensunsicherheiten abgenommen worden sind durch Auszahlungsansprüche, die in ihrer absoluten Höhe und im Zahlungszeitpunkt festliegen; denn bei ergebnisabhängigen Auszahlungsansprüchen hängt vom gemeinsam in der Unternehmung erzielten Einkommen ab, wieviel der einzelne an Einkommen empfängt. Inhaber vertraglich ergebnisabhängiger Auszahlungsansprüche sind dabei nicht nur die Anteilseigner als „Eigenkapitalgeber". Arbeitnehmer, Geschäftsführer, Aufsichtsratsmitglieder mit ergebnisabhängiger Vergütung zählen ebenso dazu wie Gläubiger (im Rechtssinne), soweit sie eine gewinnabhängige Verzinsung erhalten. Die Einschränkung auf vertraglich ergebnisabhängige Auszahlungsansprüche ist erforderlich, weil (1) bei Nichteinhalten(-Können) von Verträgen, z.B. bei einem Konkurs, auch vertragliche Festbetragsansprüche „ergebnisabhängig" werden und (2) ohne das Merkmal „vertraglich" auch ein Gewinnsteuern erhebender Fiskus Mitglied einer Institution Unternehmung würde, selbst wenn der Staat sich sonst von Einflußnahmen auf das Unternehmensgeschehen fern hielte.

c) Verringerung von Unsicherheiten für die Unternehmung durch Eigenkapitalausstattung und innenfinanziertes Risikokapital

1. Eigenkapital als Rechtsbegriff und Eigenkapitalausstattung als betriebswirtschaftlicher Sachverhalt

Wer in einzelnen Zahlungszeitpunkten geplanter Zukunftslagen nicht für einen Ausgleich von Ausgabenüberschüssen sorgen kann, dem droht Insolvenz. **Insolvenz** *einer Unternehmung heißt ihre Unfähigkeit, in Betrag und Zeitpunkt festliegende Auszahlungsansprüche bei Fälligkeit zu erfüllen.*

Wer zwar unter den Annahmen seiner Planung Zahlungsunfähigkeit in jedem geplanten Zahlungszeitpunkt vermieden hat, ist dennoch einem **Insolvenzrisiko** noch nicht entgangen. Insolvenzrisiko heißt die Gefahr, in Betrag und Zeitpunkt festliegende Zahlungsansprüche bei Fälligkeit nicht erfüllen zu können. Diese Gefahr droht jedem, weil er nicht ausschließen kann, daß künftige Zustände der Welt eintreten, die er nicht in ihrem negativen Zahlungssaldo vorausgesehen und bewältigt hat.

Das Wissen, nicht alle Zukunftslagen vorausplanen zu können, oder auch nur: nicht vorausgeplant zu haben, verlangt Vorsorgemaßnahmen, um die Gefahr eines unbeabsichtigten (nicht geplanten) Unternehmensendes zu verringern.

Um die Gefahr einer Insolvenz zu verringern, bieten sich zwei Vorsorgemaßnahmen an:

---

27 Vgl. dazu *Schneider:* Allgemeine Betriebswirtschaftslehre, S. 564-576.

a) Das Halten eines **Liquiditätspolsters**: Ein Teil der Investitionen muß rasch und möglichst verlustfrei in Geld umgewandelt werden können, um Zahlungsverpflichtungen bei Eintritt ungünstiger Zukunftslagen befriedigen zu können. Bestände an Kasse, Bank- und Postscheckguthaben, Termingelder oder börsengängige Wertpapiere sind Musterbeispiele für ein Liquiditätspolster; ein weiteres wären Kreditzusagen.

b) Das Halten eines **Verlustpuffers**: Er schafft unabhängig von der unverzüglichen Zahlungsfähigkeit ein Potential, um durch Auflösung von Investitionen (Desinvestitionen) die Zahlungsbereitschaft während des gesamten Planungszeitraums sicherzustellen. Durch einen Verlustpuffer sollen in der Planung erkannte und eintretende oder ungeplante Verluste (Mindereinnahmen oder zusätzliche Ausgaben) abgefangen werden, ohne daß das Abfangen selbst zusätzliche, gewinnunabhängige Auszahlungsansprüche auslöst.

Die betriebswirtschaftliche Funktion des Verlustpuffers besteht darin, ein Insolvenzrisiko zu begrenzen bzw. zu verringern. Von dem für Erklärungszwecke gebildeten Begriff des Insolvenzrisikos (der S. 588 ff. präzisiert wird) sind Messungen für die Höhe eines „kritischen" Insolvenzrisikos zu trennen. Wird das „kritische" Insolvenzrisiko erreicht, folgen Rechtseingriffe in die Verfügungsmacht über das Restvermögen einer Unternehmung. Solche *Messungen eines Rechtsfolgen auslösenden Insolvenzrisikos* betreffen die Feststellung, ob *Zahlungsunfähigkeit oder Überschuldung* als Insolvenzrechtstatbestände eingetreten sind.

Eine Rechtsdefinition von Insolvenz lautet: „Der Schuldner ist zahlungsunfähig, wenn er andauernd nicht in der Lage ist, die fälligen Zahlungspflichten zu erfüllen"[28]. Die Betonung ist dabei auf „andauernd" zu legen: Während des gesamten Planungszeitraums muß es an Möglichkeiten mangeln, durch Desinvestition, Neuzuführung von Vermögen oder Erlaß von Schulden die Zahlungspflichten zu erfüllen. *Wird Zahlungsunfähigkeit über eine „kurzfristige" Zahlungsstockung hinaus als Sachverhalt verstanden, der sich auf einen Planungszeitraum bezieht, dann ist ein Verlustpuffer Voraussetzung für Aufrechterhaltung der Zahlungsfähigkeit.*

Neben der Zahlungsunfähigkeit ist Überschuldung ein Rechtsgrund zu Eingriffen in die Verfügungsmacht über das Restvermögen einer Unternehmung durch Eröffnung eines Konkursverfahrens oder gerichtlichen Vergleichsverfahrens. Der Rechtsgrund Überschuldung ist eingeschränkt auf Kapitalgesellschaften und andere Rechtsformen von Unternehmungen, in denen keine natürliche Person mit ihrem gesamten Vermögen haftet.

Dieser *rechtlichen Überschuldung vorzubeugen, ist keine betriebswirtschaftliche Funktion des Verlustpuffers. Überschuldung ist vielmehr eine Messung für den Tatbestand eines „kritischen" Insolvenzrisikos,* das für bestimmte Rechtsformen von Unternehmungen die Entmachtung der bisherigen Verfügungsberechtigten zugunsten der Gläubiger auslöst. Organisatorisch genauer geht die Verfügungsmacht vom Gemeinschuldner auf den „Agent"

---

28 *Erster Bericht der Kommission für Insolvenzrecht,* hrsg. vom Bundesministerium der Justiz. Köln 1985, Leitsatz 1.2.5 (2).

Konkurs- oder Vergleichsverwalter über, der im Interesse der „Principals" Gläubiger zu handeln hat.

Als Verlustpuffer dient einer Unternehmung jener Teil ihres Vermögens, der umgangssprachlich *Eigenkapital* heißt. Die Umgangssprache benutzt dabei die Begriffe Eigenkapital und Fremdkapital in Anlehnung an einzelne Rechtsdefinitionen. Diese sind jedoch nicht für betriebswirtschaftliche Erklärungen geeignet. Um Mehrdeutigkeiten zu vermeiden, trennen wir fortan zwischen den *Rechtsbegriffen Eigenkapital und Fremdkapital und drei betriebswirtschaftlichen Erklärungszwecken dienenden Begriffen:* **Eigenkapitalausstattung, Fremdkapitalausstattung (Verschuldung)** und **dem Risikokapital** als einem Verlustpuffer in den Augen eines Geldgebers einer Unternehmung.

Die Rechtsbegriffe von Eigenkapital stehen nicht für einen zu erklärenden Sachverhalt aus der Wirklichkeit, sondern die *Rechtsbegriffe von Eigenkapital bezeichnen zahlenmäßige Abbildungen (Meßziele)*. Dabei sollen die Meßziele „Eigenkapital" im Rechtssinne auch noch teilweise abweichenden Zwecken dienen:

(1) Das Eigenkapital in der Bilanzgliederung nach § 266 HGB benennt als Saldo ein Reinvermögen, wenn die handelsrechtliche Gewinnermittlung für Kapitalgesellschaften auf eine Unternehmung angewandt wird. Unter welchen Bedingungen dieses Reinvermögen im bilanzrechtlichen Sinne ein strukturgleiches Abbild der Wirklichkeit ist, also z.B. in seiner Höhe dem Marktpreis dieser Unternehmung entspricht, wird zumindest im Bilanzrechtsschrifttum nicht erläutert.

(2) Das „haftende Eigenkapital" eines Kreditinstituts im Sinne des § 10 Abs. 2-6 KWG stellt ein Meßziel dar, unter anderem für den Zweck, „ein angemessenes haftendes Eigenkapital" als Voraussetzung für ihre Kreditvergaben und Investitionen in bestimmten Kapitalanlagen wie Aktien oder Grundstücken festzustellen. Die „Eigenmittel" von Versicherungen im Sinne des § 53c Abs. 3 VAG benennen ein entsprechendes Meßziel, z.B. für „freie unbelastete Eigenmittel mindestens in Höhe einer Solvabilitätsspanne" (§ 53 c Abs. 1 VAG).

(3) Den Zweck, eine Unternehmung durch Konkurs rechtlich zum Marktaustritt zu zwingen oder zu einer zwangsweisen finanziellen Reorganisation (Sanierung), verfolgt der Insolvenzrechtstatbestand der Überschuldung. Der Rechtsbegriff „Überschuldung" stellt implizit eine Rechtsdefinition von (nicht mehr vorhandenem) Eigenkapital dar. Der Sinn ist dabei der gleiche, ob von nicht mehr vorhandenem Eigenkapital geredet wird oder davon, daß „das Vermögen der Gesellschaft nicht mehr die Schulden deckt" (§ 92 Abs. 2 AktG, sinngleich § 64 Abs. 1 GmbHG, § 98 Abs. 1 GenG, § 130a, 177a HGB, § 42 Abs. 2 BGB).

Die Rechtsdefinition des „haftenden Eigenkapitals" bei Kreditinstituten und der „eigenen Mittel" bei Versicherungen verfolgen den 2. und 3. Zweck. Inhaltlich bestehen jedoch Ungereimtheiten, denn in die jeweiligen Eigenkapitalabgrenzungen gehen stille Reserven bei Versicherungen (§ 53c Abs. 3 VAG) nur ausnahmsweise ein[29]. Für Kreditin-

---

29 Erläuterungen in Rundschreiben R3/88 des *Bundesaufsichtsamtes für das Versicherungswesen*, VerBAV 88, S. 195-223, hier S. 201 f., Erläuterung 2.8 bzw. für Lebensversicherungen R2/88, VerBAV 88, S. 135-146, hier S. 143, Erläuterung 2.10.

stitute ist eine nur partielle Anerkennung geplant. Um die Anerkennung stiller Reserven wird in der gegenwärtig anstehenden Novellierung des Kreditwesengesetzes noch gestritten. Nach einem Diskussionsentwurf des Bundesfinanzministeriums soll auch in Zukunft eine Ergänzung des haftenden Eigenkapitals um solche Reserven unterbleiben, die handelsrechtlich aus dem Ausweisverbot unrealisierter Gewinne erzwungen sind. Anerkannt werden soll hingegen eine Spezialform von Reserven, die ausschließlich Banken durch eine Abwertung von Kreditbeständen und Wertpapieren des Umlaufvermögens „zur Sicherung gegen die besonderen Risiken des Geschäftszweiges" (§ 340f. HGB) anlegen können[30].

Streitpunkt ist die Nichtanerkennung der unter den Begriffen „Neubewertungsreserven" gefaßten unrealisierten Gewinne im Anlagevermögen. Beide sollen nach einer EG-Richtlinie grundsätzlich in den Eigenmittelbegriff einbezogen werden können[31]. Die deutsche Kreditwirtschaft wendet sich gegen eine restriktivere Eigenmittelabgrenzung durch Nichteinrechnung von unrealisierten Gewinnen; denn die Konkurrenten aus den EG-Mitgliedstaaten gewinnen mit deren heimischen, schon heute durchweg weiter gefaßten Eigenmittelbegriffen einen größeren Handlungsspielraum für Bankgeschäfte. Man befürchtet daher Wettbewerbsverzerrungen innerhalb des nach 1992 „niederlassungsfreien" europäischen Marktes.

Leider hat das herkömmliche betriebswirtschaftliche Finanzierungs- und Bilanzierungs-Schrifttum in seinem Eifer, anwendungsorientierte, praxisnahe Wissenschaft zu werden, die durch unbestimmte Rechtsbegriffe verseuchte Umgangssprache in weitem Maße übernommen. Gleiche Worte (wie „Eigenkapital", aber auch „Vermögen" oder „Verlust") werden nicht nur für *Meßziele* mit ganz unterschiedlichen Zwecksetzungen oder Inhalten benutzt, sondern zusätzlich noch für *Sachverhalte, die betriebswirtschaftliche Zusammenhänge erklären sollen*. In diesem betriebswirtschaftlichen Sinn wird „Eigenkapital" z.B. bei Behauptungen verwendet, daß risikoreiche Investitionen durch ein zu geringes Eigenkapital bzw. aufgrund sinkender Eigenkapitalquoten beeinträchtigt würden (S. 584 ff.).

Begriffe für wirtschaftliche Sachverhalte mit dem Zweck, betriebswirtschaftliche Zusammenhänge zu erklären, müssen schon deshalb von Rechtsdefinitionen über Meßziele getrennt werden, weil die zu erklärenden Sachverhalte unabhängig von den deutschen, österreichischen, schweizerischen usw. Rechtsdefinitionen von Eigenkapital bestehen. Deshalb empfiehlt es sich, sprachlich auseinanderzuhalten:

(a) Begriffe, die in Theorien zur Erklärung empirischer Sachverhalte benutzt werden (z.B. ist in der Physik die „Temperatur" eines Körpers ein solcher „theoretischer Begriff",

---

30 Vgl. *Der Bundesminister der Finanzen:* VII B1-W5270-19/90 vom 31.5.1990. Diskussionsentwurf S. 2. Dem BMF unterstehen die Aufsichtsbehörden der Kredit- und der Versicherungswirtschaft.
31 Vgl. *Deutsche Bundesbank:* Ein Vorschlag für eine internationale Eigenmittelnorm der Kreditinstitute. In: Monatsberichte der Deutschen Bundesbank, Jg. 40 (1988), Nr. 1, S.35-41, hier S. 37; *Richtlinie des Rates* vom 17. April 1989 über die Eigenmittel der Kreditinstitute (89/299/EWG). In: Amtsblatt der Europäischen Gemeinschaften, Nr. L 124, S. 16-20, hier S. 17.

in der Geologie die Härte eines Steins; hier sind solche Begriffe: Eigenkapitalausstattung und Verschuldung) und

(b) Begriffe für die Messung jener theoretischen Begriffe, die bei Erklärungsversuchen benutzt werden (also die Meßziele der Längenausdehnung einer Quecksilbersäule als Abbild für die Temperatur eines Körpers, die Mohssche Skala als Abbild für die Ritzfähigkeit eines Steins; hier: die in einem Jahresabschluß oder einer Sonderbilanz, z.B. der Konkursbilanz, ermittelten zahlenmäßigen Abbilder Eigenkapital und Fremdkapital für die empirischen Sachverhalte der Eigenkapitalausstattung und Verschuldung).

Um betriebswirtschaftlich-theoretische Begriffe, die Erklärungszwecken dienen, von Begriffen für Meßziele zu trennen, führen wir folgende Sprachregelung ein:

„Eigenkapital" wird als Name für ein Meßziel benutzt, „Eigenkapitalausstattung" bezeichnet hingegen einen theoretischen Begriff für einen Sachverhalt aus der zu beobachtenden Wirklichkeit. Das Meßziel „Eigenkapital" bezweckt eine möglichst strukturgleiche Abbildung eines für Erklärungszwecke gebildeten Begriffs der „Eigenkapitalausstattung" in Zahlen. Das betriebswirtschaftliche Meßziel „Eigenkapital" deckt sich dabei keineswegs mit den derzeitigen Rechtsdefinitionen von Eigenkapital, haftenden oder eigenen Mitteln.

Entsprechend ist zu unterscheiden: Wer die Höhe der „Fremdkapitalausstattung" („Verschuldung") als zu erklärenden betriebswirtschaftlichen Sachverhalt messen will, setzt sich als Meßziel die Bestimmung des „Fremdkapitals" (der „Schulden").

Was trennt, unabhängig vom geltenden Recht und seinen Meßzielen, auf einer betriebswirtschaftlichen Erklärungsebene Eigenkapitalausstattung und Verschuldung? Darauf gibt die bestehende Finanzierungslehre keine einhellige und keine befriedigende Antwort:

a) Häufig findet sich ein Begriffszirkel, z.B.: „Grundsätzlich sollten nur eingezahlte, eigene Mittel, die den Kreditinstituten dauerhaft zur Verfügung stehen und am laufenden Verlust teilnehmen, als haftendes Eigenkapital anerkannt werden"[32]. Eigenkapital durch eigene Mittel zu definieren, ist genauso zirkelhaft wie: Eigenkapital sei als das Kapital anzusehen, das Anteilseigner bereitstellen, und Fremdkapital als das von Gläubigern gegebene Kapital[33]. Der logische Zirkel wird offenkundig, wenn Anteilseigner durch ihre Eigenschaft, Anteilsrechte erworben zu haben, umschrieben werden (Gläubiger sind dann Eigentümer von Schuldtiteln).

Die Unfruchtbarkeit dieser Art von Definitionen zeigt sich besonders deutlich daran, daß sie augenscheinlich dann versagt, wenn beurteilt werden soll, ob ein bestimmter Sachverhalt zur Eigenkapitalausstattung zählt, z.B. Rückstellungen zum Ausgleich eines schwankenden Jahresbedarfs in der Sachversicherung (§ 56 Abs. 3 VAG, § 20 Abs. 2 KStG).

---

32 *Bericht der Studienkommission Grundsatzfragen der Kreditwirtschaft:* Schriftenreihe des Bundesministeriums der Finanzen, Heft 28, Bonn 1979, S. 399, Tz. 1260 (Mehrheitsentscheidung).
33 Diesbezügliche Quellen sind kritisiert bei *Peter Swoboda:* Der Risikograd als Abgrenzungskriterium von Eigen- versus Fremdkapital. In: Information und Produktion, hrsg. von S. Stöppler, Stuttgart 1985, S. 343-361, hier S. 344-349.

Ein derart zirkelhaftes Vorgehen ist freilich immer noch besser, als Anteilseigner bzw. Gläubiger überhaupt nicht zu definieren. Eine solche Unklarheit macht eine Aussage noch wertloser (informationsärmer) als ein logischer Widerspruch oder Zirkel; denn ein offenkundiger Widerspruch bzw. eine offenkundige Inhaltslosigkeit lehrt wenigstens eines: So geht es nicht. Hingegen täuschen Unklarheiten nur Erkenntnisse vor und führen so weniger geschulte und flüchtige Leser in die Irre.

b) Um Eigenkapitalausstattung gegen Verschuldung abzugrenzen, hilft auch eine Aufzählung von Eigenkapitalfunktionen nicht, z.B. einer „Ingangsetzungsfunktion", „Übernahme von Risiko im Fortführungsfall", „Übernahme des Risikos im Konkursfall"[34]. Ebensowenig eignet sich eine „Errichtungs-", „Verlustausgleichs-" und „Finanzierungsfunktion". Dabei ist mit Finanzierungsfunktion nicht die Trivialität gemeint, daß jede Geldüberlassung zur Finanzierung dient, sondern die Aufgabe, eine langfristige Kapitalbindung zu ermöglichen. Gegen eine solche „Finanzierungsfunktion" spricht (neben der verunglückten Bezeichnung): Fremdkapital, soweit es bereitgestellt ist, übernimmt faktisch dieselben Funktionen. Dies gilt auch für die Ingangsetzungsfunktion; denn unabhängig von der Rechtsordnung kann ein Unternehmen auch ohne einen Pfennig, allein durch Arbeit, begonnen werden. Braucht ein Unternehmer aber zur Ingangsetzung bzw. Errichtung eines Unternehmens eigenes Geld, weil sonst kein fremdes zu bekommen ist, dann wandelt sich die Ingangsetzungs- zur Risikoübernahme (= Verlustausgleichs-, Finanzierungs-)funktion. Ein weiterer Mangel besteht darin, daß hier Funktionen für unterschiedliche Personen bzw. Institutionen ungeordnet nebeneinanderstehen: Die Ingangsetzung betrifft die Unternehmung, die Risikoübernahmen Kapitalmarktpartner der Unternehmung.

Diese Art von Eigenkapitalfunktionen umschreiben allenfalls rechtliche Aufgaben, die einer Eigenkapitalausstattung beigelegt worden sind. Aussagen über wirtschaftliche Gesetzmäßigkeiten („nomologische" Aussagen), die ein Jurist darin zu erkennen glaubt[35], bieten sie nicht.

2. Merkmale zur Abgrenzung einer Eigenkapitalausstattung von Verschuldung

Einen ersten Schritt weiter führt eine Aufzählung sog. idealtypischer Ausprägungen bzw. Eigenschaften des Beteiligungskapitals[36], wobei hier Beteiligungskapital vereinfachend mit Eigenkapitalausstattung gleichgesetzt werden soll. Die folgenden Merkmale einer Eigenkapitalausstattung seien als Rechte und Pflichten derjenigen Investoren gedeutet, die durch Einlagen in eine Unternehmung künftige Auszahlungsansprüche erwerben.

---

34 *Drukarczyk:* Finanzierung, S. 149-155; zu den folgenden Funktionen vgl. *Hans-Jacob Krümmel:* Bankenaufsichtsziele und Eigenkapitalbegriff. Frankfurt 1983, S. 88. Er führt die weiteren im Schrifttum genannten Eigenkapitalfunktionen auf die im Text genannten zurück.

35 Vgl. *Wernhard Möschel:* Eigenkapitalbegriff und KWG-Novelle von 1984. In: ZHR, Jg. 149 (1985), S. 206-235, hier S. 214.

36 Vgl. z.B. *Süchting,* S. 21; etwas abweichend *Swoboda:* Der Risikograd als Abgrenzungskriterium, S. 346.

a) Eigenkapitalausstattung als Restbetragsanspruch gegen Verschuldung als Festbetragsanspruch. Die Gegenüberstellung: Verschuldung sei mit Auszahlungsansprüchen verbunden, die in Höhe und Zeitpunkt festliegen, während Eigenkapitalausstattung nur Auszahlungsansprüche gewähre, die ergebnisabhängig seien, erlaubt eine griffige Kurzformel: „Festbetrags-Ansprüche" gegen „Restbetrags-Ansprüche"[37]. Wie bei jeder Kurzformel wird auch hier vereinfacht. Bei einer solchen Abgrenzung ist nicht berücksichtigt, daß im Konkurs- oder Vergleichsfall der Inhaber von Schuldtiteln durchweg nur einen Restbetrag als Quotenanteil erhält, so daß die Gegenüberstellung heißen müßte: Eigenkapitalausstattung und Verschuldung verkörpern künftige Auszahlungsansprüche, die *vertraglich* bzw. *planmäßig* bei Verschuldung höchstens einen nominell, d.h. im Betrag festgelegten Rückzahlungsbetrag ausmachen, bei Eigenkapitalausstattung vom Marktpreis oder Liquidationserlös des Unternehmens als Ganzem abhängen.

Mit „vertraglich" ist hier mehr als ein Rechtsgeschäft gemeint. *„Vertraglich" steht als Kürzel für einen ökonomischen Sachverhalt: die Koordination von (mindestens) zwei Einzelwirtschaftsplänen über einen Markt.* Ein solcher Vertrag als Koordination mehrerer Einzelwirtschaftspläne besteht aus der Einigung, bestimmtes künftiges Handeln durchzuführen mit dem Ergebnis einer künftigen, bei Einigung unsicheren Herrschaft über Sachen und Dienste. Deshalb kann eine Ex-ante-Übereinstimmung im Zeitpunkt des Vertragsabschlusses mit einer tatsächlichen Nicht-Koordination (Ex-post-Vertragsverletzung) einhergehen, wie bei den Rechtsfolgen einer Insolvenz.

Die Gegenüberstellung Festbetragsanspruch gegen Restbetragsanspruch vereinfacht nicht nur hinsichtlich der vertraglichen Tilgung, sondern auch hinsichtlich der vertraglichen Vergütung. Das Merkmal, Eigenkapitalausstattung sei am Ergebnis beteiligt, Verschuldung biete ergebnisunabhängige Vergütung, muß genauer lauten: Eigenkapitalausstattung sei als vertraglich (planmäßig) *ausschließlich* ergebnisabhängige Auszahlungsansprüche an die Unternehmung zu bezeichnen und Verschuldung als vertraglich *ausschließlich* ergebnisunabhängige Auszahlungsansprüche.

Für eine modellmäßig reine Eigenkapitalausstattung wird eine vertraglich ausschließliche Ergebnisabhängigkeit und für modellmäßig reine Verschuldung eine vertraglich ausschließliche Ergebnisunabhängigkeit vorausgesetzt. Reine Eigenkapitalausstattung und reine Verschuldung bezeichnen damit zwei Grenzbegriffe, zwischen die verschiedene Übergangsklassen einzubauen sind, denen praktische Finanzierungsverträge dann jeweils zugeordnet werden können (S. 56).

b) Eigenkapitalausstattung stehe unbefristet, Fremdkapitalausstattung nur befristet zur Verfügung. Das Merkmal der Befristung (bzw. das „dauerhaft" im Zitat zu Fn. 32) ist zum einen überaus vage. Betriebswirtschaftlichen Sinn erhält das Merkmal nur, wenn „unbefristet" oder „dauerhaft" mit „bis zum jeweiligen Planungshorizont der Unternehmung" gleichgesetzt wird. Zum anderen ist das Merkmal inhaltlich falsch, weil innerhalb eines Planungszeitraums selbstverständlich jede Kapitalausstattung „befristet" werden

---

37 *Wolfgang Stützel:* Die Aktie und die volkswirtschaftliche Risiko-Allokation. In: Geld und Versicherung, hrsg. von M. Jung u.a., Karlsruhe 1981, S. 193-211, hier S. 208.

kann: Ein Personengesellschafter, insbesondere ein Kommanditist, kann seine Einlage kündigen; ja sogar das gezeichnete Aktienkapital läßt sich über den Weg einer ordentlichen Kapitalherabsetzung (§§ 222 ff. AktG, insb. § 225 Abs. 2 AktG) bis auf das Mindestnennkapital zurückzahlen.

Deshalb ist das Merkmalspaar „unbefristet-befristet" zu ersetzen durch eine erneute Modellbildung: Bei reiner Eigenkapitalausstattung ist planmäßig (vertraglich) ein Rückzahlungszeitpunkt bis zu einem Planungshorizont nicht vereinbart; für reine Verschuldung ist planmäßig (vertraglich) der Rückzahlungszeitpunkt festgelegt. Zwischen diesen Grenzpaaren sind wiederum Abstufungen einzubauen, wie z.B. eine vertraglich vereinbarte sofortige Kündigungsmöglichkeit bei Eintritt dieser oder jener Umstände.

c) Eigenkapitalausstattung hafte, Verschuldung hafte nicht. Hier wird ein schlecht passender Rechtsbegriff „Haftung" für einen nicht klar ausgesprochenen wirtschaftlichen Sachverhalt gewählt. Haftung heißt rechtlich das Einstehenmüssen für die Erfüllung einer Schuld. Die Erzwingbarkeit der Schulderfüllung interessiert aber bei der „Haftungsfunktion" des Eigenkapitals allenfalls als bildlicher Vergleich. Gemeint ist: Die Eigenkapitalausstattung dient als Puffer vor Verlusten, die das Vermögen der Unternehmung aufzehren; solange ein Verlustpuffer besteht, lassen sich in Betrag und Zeitpunkt festliegende Auszahlungsansprüche bei Fälligkeit erfüllen.

Genau besehen ist jedoch die Haftungs-, besser: Verlustpufferaufgabe gar kein eigenständiges wirtschaftliches Abgrenzungsmerkmal zwischen Eigenkapitalausstattung und Verschuldung; denn die rechtliche Eigenschaft der Eigenkapitalausstattung, einen Verlustpuffer zu schaffen, folgt aus dem ökonomischen Merkmal, daß eine modellmäßig reine Eigenkapitalausstattung vertraglich ausschließlich ergebnisabhängige Auszahlungsansprüche verkörpert und reine Verschuldung vertraglich ausschließlich ergebnisunabhängige Auszahlungsansprüche. Deshalb werden Verluste zunächst der Eigenkapitalausstattung angelastet und beeinträchtigen erst nach deren Aufzehrung die Auszahlungsansprüche der Gläubiger.

d) Eigenkapitalausstattung sei mit Verfügungsmacht (Leitungsbefugnis) verknüpft, Fremdkapitalausstattung nicht. Wiederum wird eine rechtliche Zuordnung, hier „Eigentum schafft Verfügungsmacht", für einen ökonomischen Sachverhalt gehalten. Rechtlich besitzen bei Rechtsformen mit unbeschränkter Haftung die unbeschränkt haftenden Eigenkapitalgeber die Leitungsbefugnis, die sie weitgehend an Personen ohne Eigenkapitaleinlagen abgeben können. Bei Rechtsformen mit beschränkter Haftung wählen die Anteilseigner (soweit sie Stimmrechte besitzen und ausüben), begrenzt durch Mitbestimmungsrechte der Arbeitnehmer, die Leitungsorgane.

Jedoch ist die Anknüpfung der Leitungsbefugnis an die Eigenkapitalausstattung keineswegs zwingend: In jeder Unternehmung als Institution sind Eigentum und Verfügungsmacht über den Kapitalmarkt getrennt (S. 12). Deshalb leugnet eine Forderung nach Einheit von Eigentum und Verfügungsmacht, daß eine Lenkung von Eigenkapitalausstattung über Finanzmärkte gesamtwirtschaftlich vorteilhaft sein könne. Selbst die Behauptung, daß der persönliche Arbeitseinsatz eines Managers durch dessen Eigenkapitaleinsatz verstärkt werde, schafft kein brauchbares Merkmal für eine Abgrenzung von Eigenkapitalausstattung und Verschuldung. Leitungsbefugnis soll Unternehmensziele verwirklichen, unter anderem Verluste vermeiden. Eigenkapitalausstattung schützt hingegen Fremdkapitalausstattung vor Verlusten, *nachdem* solche eingetreten sind. Die Arbeitsqualifikation zur Leitung ist ökonomisch ein anderer Sachverhalt als die Risikoübernahme durch das Bereitstellen eines Verlustpuffers.

Die ausführliche Erörterung der Merkmale, nach denen klassenbildend Eigenkapitalausstattung von Verschuldung abzugrenzen versucht wurde, lehrt: Gedankliche Klarheit wird in der Finanzierungslehre wie in allen Bereichen der Theorienbildung nur durch modellmäßige Vereinfachung erreicht. Die erste Vereinfachung führt hier zur Wahl einer einzigen Blickrichtung: von den Zahlungsansprüchen der Investoren her. Die zweite Vereinfachung besteht darin, aus der Merkmalsanalyse zwei Modellbegriffe, reine Eigenkapitalausstattung und reine Verschuldung, herauszufiltern. Diese Modellbegriffe gelten für eine mögliche Welt, in der zwar in der Planung mehrere Zukunftsentwicklungen berücksichtigt werden, aber Ex-post-Überraschungen ausbleiben, d.h. es treten nur in der Planung beachtete Zukunftslagen ein. Dabei wird zunächst zusätzlich vorausgesetzt, daß Verträge stets eingehalten werden.

Reine Eigenkapitalausstattung heißen vertraglich vereinbarte Auszahlungsansprüche an eine Unternehmung aufgrund von Einlagen in Geld, Sachen, Diensten, Rechten oder Verzichten auf Entnahmen, wobei die Auszahlungsansprüche *ausschließlich ergebnisabhängig* (residualbestimmt) sind. Die ergebnisabhängigen Auszahlungsansprüche der Inhaber (Anteilseigner) können über Gewinnausschüttungen und Einlagenrückzahlungen während der Unternehmung oder erst am Unternehmensende über den Liquidationsanteil erfüllt werden. Reine Eigenkapitalausstattung einer Unternehmung ist damit eine alle finanziellen Risiken tragende Kapitalanlage in den Augen der Inhaber solcher Zahlungsansprüche.

Damit zählt die Einlage des Einzelkaufmanns oder des vollhaftenden Personengesellschafters nicht zur reinen Eigenkapitalausstattung, weil Entnahmen unabhängig vom Gewinn möglich sind (§ 122 HGB). Die bei Vollhaftern rechtlich gegebene Einheit von Eigentum und Verfügungsmacht führt also schon zu einer Stufe von Eigenkapitalausstattung, die von modellmäßig reiner Eigenkapitalausstattung zu trennen ist.

Reine Verschuldung heißen vertraglich vereinbarte Auszahlungsansprüche an eine Unternehmung aufgrund von Einlagen in Geld, Sachen, Diensten, Rechten oder aufgrund einseitiger Verpflichtungen der Unternehmung, wobei die Auszahlungsansprüche *ausschließlich ergebnisunabhängig,* im absoluten Betrag und Zeitpunkt festgelegt sind. Musterbeispiel reiner Verschuldung wäre ein Bankdarlehen mit festgelegten Zins- und Tilgungsterminen, während ein in Prolongationsabsicht gewährter Kontokorrentkredit schon zu einer von reiner Verschuldung abweichen den Stufe der Fremdkapitalausstattung führt.

Reine Verschuldung führt, solange Verträge eindeutig abgefaßt sind und eingehalten werden, per Definition zu *einer finanziell risikolosen Kapitalanlage in den Augen der Inhaber solcher Zahlungsansprüche (genannt Gläubiger).* Finanziell risikolos heißt nicht ohne jedes Risiko, z.B. bleibt die Unsicherheit einer Marktzins- oder Kaufkraftänderung.

Nunmehr sei die Voraussetzung aufgehoben, daß Ex-post-Überraschungen ausbleiben, insbesondere Verträge immer eingehalten werden. *Verschuldung einer Unternehmung führt, sobald Verträge nicht eindeutig abgefaßt sind und nicht immer eingehalten werden, keineswegs zu einer finanziell risikolosen Kapitalanlage eines Geldgebers.* Die Glaubwürdigkeit, mit der ergebnisunabhängige (oder teilweise ergebnisunabhängige) Auszahlungsansprüche an eine Unternehmung durch diese nicht erfüllt werden, wird im Insolvenzrisiko gemessen. Bei Eintritt einer Insolvenz wird aus planmäßig (vertraglich) ergebnisunabhängigen Auszahlungsansprüchen zwangsläufig eine ex post ergebnisabhängige Teilerfüllung der Auszahlungsansprüche mit einem Saldo an Gläubigerverlusten. Als Vorsorgemaßnahme, um Gläubigerverluste zu begrenzen, dient in den Augen der Geldgeber das „Risikokapital" einer Unternehmung, das ihre Ansprüche schützt.

3. Risikokapital

aa) Abgrenzung des Risikokapitals von der Eigenkapitalausstattung

Die Umgangssprache vermengt im Begriff des **Risikokapitals** bislang zwei Blickrichtungen:

Zum einen wird an Finanzmittel gedacht, die für risikoreiche Investitionen bereitstehen[38]; zum anderen an jenes Kapital, das andere Auszahlungsansprüche vor Risiken teilweise abschirmen soll, indem es als Verlustpuffer dient. Die zwei Fassungen von Risikokapital sind nicht deckungsgleich: Risikokapital als Finanzmittel für risikoreiche Investitionen zu verstehen, setzt Einigkeit darüber voraus, was als risikoreiche Investitionen gilt, und umschließt dann alle Gelder, die für risikoreiche Investitionen eingesetzt werden.

---

38 In diese Richtung zielen *Horst Albach und Mitarbeiter*: Zur Versorgung der deutschen Wirtschaft mit Risikokapital. Materialien des Instituts für Mittelstandsforschung, Nr. 9, Bonn 1983, S. 6: „Wenn wir von Risikokapital sprechen, so meinen wir damit dasjenige Kapital, für das
– keine Rückzahlungspflicht besteht,
– kein Kündigungsrecht des Gläubigers besteht,
– kein fester Zinsanspruch vereinbart wird und
– das im Konkursfall verloren ist."
Von den vier Merkmalen erscheint das zweite überflüssig, weil es durch das erste abgedeckt ist: Nicht das Kündigungsrecht eines Gläubigers schafft finanzielle Probleme, sondern die daraus erwachsende Rückzahlungspflicht. Abgesehen davon, daß unbesicherte Gläubiger im Konkursfall häufig ihr Kapital verlieren, ist diese Definition auch deshalb wenig brauchbar, weil Lieferanten von Waren und Dienstleistungen, mit denen kein fester Zinsanspruch vereinbart wurde und deren Geld im Konkursfall regelmäßig verloren ist, Kündigungsrechte nur in indirekter Form (durch Zahlungsaufforderung mit Nachfristsetzen) besitzen.
Der Ausdruck „Risikokapital" findet sich bereits bei *Oswald von Nell-Breuning*: Unternehmensverfassung. In: Das Unternehmen in der Rechtsordnung, hrsg. von K.H. Biedenkopf u.a., Karlsruhe 1967, S. 47-77, hier 58 f., 71-73, für den dieser Begriff „sich nicht scharf umgrenzen läßt", was ihn nicht hindert, auch für den Einzelkaufmann eine Entziehbarkeit seines Kapitals aus der Unternehmung nur mit Zustimmung der Arbeitnehmer zu erwägen. Unerörtert bleibt, wer dann bei voller persönlicher Haftung noch Willens wäre, Risikokapital bereitzustellen.

Für die Abgrenzung von Eigenkapitalausstattung gegenüber Verschuldung führt ein Verständnis von Risikokapital als Finanzmittel für risikoreiche Investitionen der Unternehmung nicht weiter.

Die zweite Blickrichtung von Risikokapital als Verlustpuffer stellt auf die Verteilung von Rechten und Pflichten zwischen Einlegern von Geld, Sachen, Diensten und Rechten in eine Unternehmung ab. Der Inhalt von Finanzierungsverträgen besteht in Regelungen über künftige Auszahlungsansprüche, d.h.: Wer erhält wann welche Teile der Einnahmen, die in heute unsicherer Höhe künftig durch frühere oder noch zu tätigende Investitionen zufließen. Im Hinblick auf eine Verteilung zwischen festen (ergebnisunabhängigen) und restlichen (ergebnisabhängigen) Auszahlungsansprüchen liegt es nahe, dem Risikokapital das Merkmal eines Ausgleichspolsters für Ausgabenüberhänge (Verluste) beizulegen. Risikokapital wird hier nicht als Geld angesehen, mit dem ein Unternehmen risikoreich investieren kann, sondern in einer Unternehmung übernimmt Risikokapital die Aufgabe eines Verlustpuffers für jene Geldgeber, die weniger risikoreich als die Risikokapitalgeber Geld anlegen wollen. In dieser Richtung soll im folgenden der Begriff des Risikokapitals präzisiert werden.

Eine erste Präzisierung bestünde darin, von Risikokapitalausstattung zu sprechen, wenn Auszahlungsansprüche aufgrund eines bereitgestellten Vermögens als „Haftungsmasse", aber kein Meßziel darüber, gemeint sind. Da Risikokapital aber kein im Rechnungswesen benutzter Begriff ist, besteht keine Verwechslungsgefahr und deshalb wird auf den Zusatz „Ausstattung" verzichtet.

Wenn dem Risikokapital die Aufgabe eines Verlustpuffers zugewiesen wird, scheint es mit Eigenkapitalausstattung gleichbedeutend zu werden. Dies trifft aus drei Gründen nicht zu:

a) Bisher wurden nur modellmäßig reine Eigenkapitalausstattung und reine Verschuldung inhaltlich bestimmt, wobei reine Verschuldung per Definition eine vertraglich risikolose Kapitalanlage für die Inhaber solcher Zahlungsansprüche an die Unternehmung darstellt. In einem Modell mit reiner Eigenkapitalausstattung und reiner Verschuldung gibt es begrifflich kein Risikokapital, weil kein Insolvenzrisiko besteht und es folglich keines Verlustpuffers bedarf.

b) Risikokapital als Verlustpuffer für andere Auszahlungsansprüche kann auch in vertraglich ausschließlich ergebnisunabhängigen Auszahlungsansprüchen bestehen. So dienen in einem Konkurs z.B. die Lieferantenkredite, soweit durch sie nicht unter Eigentumsvorbehalt gelieferte Waren zugegangen und noch vorhanden sind, als Verlustpuffer für die bevorrechtigten Gehaltsansprüche von Arbeitnehmern.

c) Bei Nichteinhalten-Können oder -Wollen von Verträgen können trotz der rechtlichen Aufgabe der Eigenkapitalausstattung, einen Verlustpuffer zu schaffen, ökonomisch die Verlustgefahren stärker bei der Fremdkapitalausstattung als bei der Eigenkapitalausstattung liegen. Der Sachverhalt, daß eine Eigenkapitalausstattung auch risikoärmer als eine Fremdkapitalausstattung sein kann, sei *Eigenfinanzierungsrisiko* genannt. Beispiele hierfür sind:

(1) Kündigung von Kommanditeinlagen, hohe Privatentnahmen von Vollhaftern, welche die Haftungsmasse kürzen, bevor Gläubiger davon erfahren oder wegen Kündigungsfristen auf solche Verringerungen der Eigenkapitalausstattung reagieren können.

(2) Späteres absichtlich vertragswidriges Verhalten eines Unternehmers, der Kredite aufnimmt und selbst eine Eigenkapitalausstattung leistet. Hier ist z.B. an einen betrügerischen Bankrott mit erfolgreichem Absetzen ins Ausland zu denken. Ein anderer Fall wäre die Übertragung des Privatvermögens an Ehefrau und Kinder, wobei rechtlich eine solche Schenkung oft sehr schwer rückgängig zu machen ist. In diesem Fall hält absichtlich der Kreditnehmer die Verträge nicht ein.

(3) Durch überraschende Verluste können auch Verträge selbst beim besten Willen mitunter nicht eingehalten werden. Beispiel: Eine Kapitalgesellschaft nehme Kredit mit zweiperiodiger Laufzeit auf und investiere einperiodig an einer Börse, so daß an jedem Periodenende das gesamte Unternehmensvermögen in bar vorliegt. In der ersten Periode wird über 100% des Eigenkapitals verdient und der Gewinn voll ausgeschüttet. Das ist nicht nur rechtens, sondern auch ökonomisch begründet, da hier der Periodengewinn = Einnahmenüberschuß ist (weil die Investitionen in der Periode abgeschlossen sind).

In der zweiten Periode erwirtschaftet das Unternehmen aufgrund unvorhersehbarer Umstände, z.B. einer Nahrungsmittelverseuchung aufgrund eines ausländischen Reaktorunfalls, so hohe Verluste bei einzelnen Beteiligungen, daß es Konkurs anmelden muß. Die Eigenkapitalgeber haben aufgrund der Gewinnausschüttung trotz Konkurs mehr als ihren eingesetzten Betrag erhalten. Die Gläubiger sind alleinige Verlustträger trotz des Insolvenzpuffers Eigenkapital.

(4) Wer behauptet, eine steigende Eigenkapitalquote mindert das Insolvenzrisiko, muß unterstellen, daß mit steigendem Anteil der Eigenkapitalausstattung das Risiko der dann verwirklichten Investitionen nicht stärker wächst als das Insolvenzrisiko sich wegen der steigenden Eigenkapitalquote mindert. Doch vielfach wird behauptet, daß Innovationen und andere risikoreiche Investitionen durch zusätzliches Eigenkapital zu finanzieren seien. Das bedeutet aber, daß die Risiken verwirklichter Investitionen ansteigen, sobald die Eigenkapitalquote wächst.

Wegen dieser vier Gründe wird unterschieden zwischen der *Eigenkapitalausstattung als Verlustpuffer, so wie ihn die Unternehmensleitung sieht, und dem Risikokapital als Verlustpuffer, so wie ihn der einzelne Geldgeber beurteilt,* der die Höhe eines Verlustpuffers im Hinblick auf seine ungesicherten oder (teilweise) gesicherten, ergebnisunabhängigen oder (teilweise) ergebnisabhängigen Auszahlungsansprüche abschätzen wird.

Bei der Vielfalt von Finanzierungsverträgen in der Wirklichkeit ist eine eindeutige Grenzziehung zwischen der Eigenkapitalausstattung, die einen Verlustpuffer verkörpert, und der Verschuldung, die einen solchen Verlustpuffer erforderlich macht, nicht möglich. Insbesondere läßt sich kein „Risikograd"[39] messen, nach dem sich sämtliche Finanzierungsverträge in eine Rangordnung nach der Höhe des jeweiligen Ausfallrisikos bei In-

---

39 Dieser Vorschlag geht auf *Swoboda:* Der Risikograd als Abgrenzungskriterium, bes. ab S. 356, zurück.

solvenz der Unternehmung bringen lassen. Als Ausweg wird hier auf eine rechtliche Rangfolge hinsichtlich der Berücksichtigung von Auszahlungsansprüchen im Insolvenzfall zurückgegriffen.

Für die Außenfinanzierung (Finanzierung über den Kapitalmarkt) äußert sich die rechtliche Rangordnung in der Reihenfolge, wie in einem Insolvenzverfahren Ansprüche befriedigt werden. Ob gewinnabhängige Gesellschafterdarlehen, Genußscheine und ähnliches zum Risikokapital gezählt werden, hängt bei diesem Vorgehen vom *Insolvenzrecht* ab: Jede Klasse von Personen und Institutionen, die Auszahlungsansprüche aufgrund von Einlagen an eine Unternehmung geltend machen kann, zählt zu den „Haftungsmasse" Leistenden, soweit ihren Ansprüchen bevorrechtigte Ansprüche entgegenstehen. Dieselbe Klasse zählt zu den durch Risikokapital geschützten Anspruchsbevorrechtigten, soweit ihren Auszahlungsansprüchen Vermögen gegenübersteht und in einem Insolvenzverfahren gleich- oder nachgeordnete Auszahlungsansprüche existieren. Kreditsicherheiten in Form von Eigentumsvorbehalt oder Sicherungsübereignung bilden aufgrund des Aus- oder Absonderungsanspruchs im Insolvenzfall schützendes Risikokapital in Höhe des Verwertungserlöses der belasteten Gegenstände.

Risikokapital für einen Investor, der Auszahlungsansprüche an eine Unternehmung besitzt, heißen hier jene durch Unternehmungsvermögen gedeckten Auszahlungsansprüche, die aufgrund des Insolvenzrechts und vertraglicher Vereinbarungen in der Reihenfolge bei der Befriedigung von Ansprüchen im Insolvenzfall den Ansprüchen des Investors gleich- oder nachgeordnet sind.

Risikokapital wird also *nicht* für eine Unternehmung als sich finanzierende Institution definiert, sondern für den jeweiligen Geldgeber an der Unternehmung. Dies ist ein erster Unterschied zwischen Eigenkapitalausstattung und Risikokapital.

Risikokapital bezeichnet den Puffer für Verluste, der für einen Geldgeber bereitsteht, ehe dessen Ansprüche uneinbringlich werden. Deshalb kann Risikokapital auch Posten umfassen, die im Rechtssinne zu Schulden zählen, z.B. Gesellschafterdarlehen. Dies ist ein zweiter Unterschied zwischen Risikokapital und Eigenkapitalausstattung.

Der dritte, hauptsächliche Unterschied zwischen Eigenkapitalausstattung und Risikokapital besteht darin: Eigenkapitalausstattung schließt aus der Innenfinanzierung über Umsatzeinnahmen nur zurückbehaltene Gewinne ein (also die Selbstfinanzierung). Risikokapital kann zusätzlich aus Umsatzeinnahmen durch Verrechnung von Aufwand gebildet werden, z.B. durch Finanzierung aus Abschreibungen und aus Rückstellungen für drohende Verluste. Diese Innenfinanzierung erfolgt durch Entscheidungen darüber, wie der Gewinn ermittelt wird. Das Risikokapital, das durch solche Gewinnermittlungen gebildet wird, ist in der Bilanz *nicht* als Eigenkapital zu erkennen.

Mit der Einführung des Begriffs „Risikokapital" wird also die Vorstellung fallen gelassen, es gäbe „die" Eigenkapitalausstattung bzw. „die" Verschuldung als ein für alle Mal unverrückbare Gruppen von Auszahlungsansprüchen an eine Unternehmung, so wie sie die Geldgeber einer Unternehmung beurteilen. Statt dessen wird neben den Modellbegriffen der reinen Eigenkapitalausstattung und der reinen Verschuldung einer Unternehmung (risikolos für die Inhaber dieser Auszahlungsansprüche) ein Gattungsbegriff „Risikokapital" gestellt, dessen Erscheinungsformen nach den Vorrang- bzw. Nachrangstufen bei der Befriedigung aus der Vermögensmasse einer insolventen Unternehmung zu bilden sind.

bb) Erscheinungsformen des Risikokapitals

Vier Erscheinungsformen des Risikokapitals lassen sich unterscheiden:

a) *Risikokapital erster Ordnung* wird gebildet durch Innenfinanzierung aufgrund von Gewinnermittlungen, soweit diese Innenfinanzierung nicht zu zusätzlicher Verschuldung führt. Zum Risikokapital erster Ordnung zählt nur jene Innenfinanzierung aus Verrechnung von Aufwand oder Nichtverrechnung von Ertrag, die zum handelsrechtlich höchstzulässigen Gewinn führt. Versteckte Gewinne in Form „stiller Rücklagen" gelten als Gewinnverwendung und werden dem Risikokapital zweiter Ordnung zugeordnet mit einer Ausnahme: Soweit durch „Unterbewertungen" bzw. Einstellungen in steuerfreie Rücklagen Steuerzahlungen aufgeschoben werden, zählen wir daraus folgendes Risikokapital zu dem aus Gewinnermittlungen entstandenen Risikokapital erster Ordnung.

Beispiele: Eine offen ausgewiesene Rücklage nach § 6 b EStG (S. 262) bzw. eine daraus folgende Unterbewertung im Anlagevermögen, die in Gewinnjahren gebildet wird (und damit Steuerzahlungen einspart oder hinausschiebt), zählt zum Risikokapital erster Ordnung, weil ihre Auflösung als Verlustpuffer bei drohender Überschuldung dient und weil bei Verkauf einer derart steuerbegünstigt bewerteten Anlage auch Zahlungsschwierigkeiten aufgefangen werden.

Wenn andererseits in Gewinnjahren Pensionsrückstellungen gebildet werden, so entstehen zwar Mittel zur Innenfinanzierung, aber soweit Rechtsansprüche der Arbeitnehmer durch Pensionszusagen begründet worden sind, hat sich die Unternehmung durch solche ungewissen Verbindlichkeiten verschuldet. Innenfinanzierung durch nicht überhöhte Pensionsrückstellungen schafft kein zusätzliches Risikokapital (S. 356 ff.).

Risikokapital erster Ordnung heißen jene durch Unternehmungsvermögen gedeckten Auszahlungsansprüche, für die eine Haftungsmasse aufgrund von Vorschriften zur höchstmöglichen handelsrechtlichen *Gewinnermittlung* reserviert worden ist. Risikokapital erster Ordnung entsteht also durch Umsatzeinnahmen, soweit den Erträgen Aufwendungen gegengerechnet werden, die nicht zugleich mit Ausgaben verbunden sind und keine zukünftigen Auszahlungsansprüche begründen, die unabhängig vom künftigen Ergebnis zu leisten sind. Sachverhaltsgestaltungen, die zu nicht aktivierungsfähigen Wirtschaftsgütern führen („versteckte Selbstfinanzierung", S. 59 f.), werden nicht zum Risikokapital gezählt, weil ihre Wiedergeldwerdung im Insolvenzfall fraglich ist.

b) Zum *Risikokapital zweiter Ordnung* zählt das Eigenkapital im bilanzrechtlichen Sinne, also bei Aktiengesellschaften das gezeichnete Kapital (abzüglich ausstehender Einlagen) sowie Kapital- und Gewinnrücklagen, korrigiert um den Gewinn- bzw. Verlustvortrag nach der Entscheidung über die Ergebnisverwendung. Dabei ist von dem höchstzulässigen handelsrechtlichen Gewinn bei Ausnutzen aller bilanzrechtlichen Steuerstundungs- und -ersparnismöglichkeiten auszugehen.

Risikokapital zweiter Ordnung wird auch gebildet durch Investitionszulagen (S. 348); denn Investitionszulagen führen zu steuerfreien Betriebseinnahmen. Bei einer Aktiengesellschaft, deren Betriebsgewinn Null ist, bewirken Investitionszulagen einen Überschuß im handelsrechtlichen Jahresabschluß, der wegen § 58 AktG teilweise ausgeschüttet werden muß. Im Bilanzrichtliniengesetz ist vergessen worden, hier eine Ausschüttungssperre vorzusehen, die aus dem Zweck der Investitionszulagen heraus erforderlich gewesen wäre.

Risikokapital zweiter Ordnung heißen durch Unternehmungsvermögen gedeckte Auszahlungsansprüche, die *vertragsgemäß ausschließlich ergebnisabhängig* sind. Dabei kann unterschieden werden zwischen Beträgen, die ohne Änderung des Gesellschaftsvertrages entzogen werden können (z.B. Gewinnrücklagen) und solchen, die eine Änderung des Gesellschaftsvertrages voraussetzen (Kapitalrücklagen, gezeichnetes Kapital).

c) *Risikokapital dritter Ordnung* sammelt Genußscheine, Options- und Wandelanleihen, gewinnabhängige Darlehen usw., soweit die Vertragsbedingungen im einzelnen eine Zuordnung zu den *vertraglich ausschließlich ergebnisabhängigen Auszahlungsansprüchen* (Risikokapital zweiter Ordnung) *oder den vertraglich ausschließlich ergebnisunabhängigen* (Risikokapital vierter Ordnung) *nicht zulassen.*

Haftungszusagen im Sinne der §§ 6 Nr. 3, 119 GenG in Verbindung mit § 10 Abs. 2 Nr. 3 KWG oder Hafteinlagen stiller Gesellschafter nach § 10 Abs. 4 Satz 1 KWG seien auch zum Risikokapital dritter Ordnung gezählt.

Zum Risikokapital dritter Ordnung zählen ferner jene Gesellschafterdarlehen, die das Steuerrecht einem verdeckten Nennkapital zuordnet[40].

d) *Risikokapital vierter Ordnung* seien jene Auszahlungsansprüche an eine Unternehmung genannt, die durch Unternehmungsvermögen gedeckt und vom Ergebnis ausschließlich *unabhängig* sind. Risikokapital vierter Ordnung zählt *im Rechtssinne zu den Schulden.* Es kann aber im Insolvenzfall den Auszahlungsansprüchen eines anderen Geldgebers nachgeordnet oder gleichgeordnet sein und dient insoweit *diesem* Geldgeber als Verlustpuffer.

Für die im Konkursfall vorrangig zu befriedigenden Lohn- und Gehaltsansprüche stellen z.B. ungesicherte Lieferantenkredite, soweit noch Vermögen vorhanden ist, Risikokapital dar. Festverzinsliche Gesellschafterdarlehen zählen im Insolvenzfall dann zum Risikokapital vierter Ordnung, wenn die Voraussetzungen für eigenkapitalersetzende Gesellschafterdarlehen im Sinne des § 32 a GmbHG bzw. der §§ 129 a, 172 a HGB erfüllt sind.

Der Inhalt des Risikokapitals als Verlustpuffer ändert sich mit dem Übergang von einer Stufe auf eine andere. Ein Problem ist jedoch allen Gruppen von „Außenfinanzierenden" einer Unternehmung mit ihren unterschiedlichen Vorstellungsinhalten von Risikokapital gemeinsam: Inwieweit steht der Unternehmung Risikokapital aus Innenfinanzierung zur Verfügung?

---

40 Vgl. Schreiben des BMF vom 16. März 1987, BStBl. I, S. 373 f., sowie die Diskussion um einen geplanten § 8a KStG, dazu z.B. Entwurf eines Steuerreformgesetzes 1990, Bundestags-Drucksache 11/2157 vom 19.4.1988, S. 171-173.

4. Messung des innenfinanzierten Risikokapitals

aa) Risikokapital aus Gewinnverwendungen: Selbstfinanzierung

Sowohl für den Kaufmann, der sich über die Bonität seines Unternehmens unterrichten möchte, als auch für Geldgeber einer Unternehmung stellt sich die Aufgabe, aus einem Jahresabschluß das Risikokapital erster Ordnung zu errechnen, das aus Innenfinanzierung gebildet ist. Bei dieser Aufgabe innerhalb einer *Jahresabschlußanalyse* sind zwei Fragen sorgfältig auseinanderzuhalten:

1. Welche der über Innenfinanzierung bilanzmäßig reservierten Beträge wird der Rechnungslegende *selbst* (also jemand, der über alles unternehmungs-interne Wissen verfügt) aufgrund betriebswirtschaftlicher Überlegungen als Risikokapital einstufen?

2. Inwieweit kann ein unternehmungs-externer Jahresabschlußleser (also der Regelfall eines „Außenfinanzierenden") erkennen, wie viel an teilweise verborgenem Risikokapital der ihm vorliegende Jahresabschluß enthält, z.B. durch Unterbewertungen auf der Aktivseite?

Das Folgende beschränkt sich auf die erste Frage, wie interne Bilanzleser das aus Innenfinanzierung gebildete Risikokapital messen. Die erste Frage ist natürlich als Vorfrage zur zweiten zu beantworten, inwieweit externe Jahresabschlußleser innenfinanziertes Risikokapital erkennen können. Darüber hinaus gewinnt die Frage, was der Rechnungslegende selbst als innenfinanziertes Risikokapital ansehen wird, in zwei Fällen eigenständiges Gewicht: zum einen in der nicht publizierten Rechnungslegung, z.B. gegenüber Bank- oder Versicherungsaufsichtsbehörden; zum anderen dann, wenn ein Rechnungslegender gegenüber einem die Bonität seiner Unternehmung Beurteilenden dessen Auffassung bestreiten will, Rückstellungen usw. seien voll der Verschuldung zuzuordnen.

Innenfinanzierung setzt Einnahmenüberschüsse voraus (S. 15). Innenfinanzierung erfolgt dann durch Gewinnermittlung (Aufwands- und Ertragsverrechnung) oder durch Gewinnverwendung. Damit bildet die jeweilige Inhaltsbestimmung von Gewinn ein ausschlaggebendes Merkmal dafür, welche der einzelnen Erscheinungsformen von Innenfinanzierung zu Risikokapital führen. So sind zurückbehaltene Gewinne, berechnet nach derzeitigem Bilanzrecht, rechtlich Eigenkapital. Betriebswirtschaftlich sind sie es jedoch nicht ohne weiteres, z.B. soweit ihnen ein Scheingewinncharakter zugesprochen oder die rechtliche Risikovorsorge für unzureichend gehalten wird, etwa weil steuerrechtlich keine vorsorglichen Rückstellungen für Sozialpläne zugelassen sind. Deshalb bewirkt Innenfinanzierung aufgrund von Gewinnverwendungen (also **Selbstfinanzierung**) nur dann uneingeschränkt eine Ausstattung mit Risikokapital zweiter Ordnung, wenn die bilanzrechtlichen Regeln zur Gewinnermittlung in den Augen des Beurteilenden den Zweck erfüllen, das Risikokapital erster Ordnung abzubilden.

Um die Höhe des Risikokapitals erster Ordnung zu bestimmen, sei vom geltenden Bilanzrecht ausgegangen. Deshalb wird auf eine Erörterung verzichtet, ob nicht z.B. eine Bewertung zum Nettoeinzelveräußerungspreis anstatt höchstens zu Anschaffungs- oder Herstellungskosten geeigneter sei, die Höhe des Verlustpuffers zu messen. Solche bilanztheoretischen Probleme bestehen neben den im folgenden erörterten Sachverhalten.

Das Risikokapital erster Ordnung ist auf der Grundlage des *höchstzulässigen* handelsrechtlichen Gewinns eines Jahres zu errechnen, wobei alle Steuerstundungs- und -ersparnismöglichkeiten des Bilanzrechts genutzt werden. Dazu sei angenommen, das rechnungslegende Unternehmen habe alle ergebnisunabhängigen Auszahlungsansprüche passiviert, soweit sie durch Handeln der rechnungslegenden Unternehmung nicht zu verhindern sind (für Pensionszusagen vor dem 1.1.1987 besteht wegen Art. 28 Abs. 1 EGHGB ein Passivierungswahlrecht; hier wird angenommen, für solche Pensionszusagen seien Rückstellungen gebildet).

Wer unter Ausnutzung von handelsrechtlichen Ansatz- und Bewertungswahlrechten unter dem höchstzulässigen Gewinn bleibt, weist Risikokapital nicht aus. Er erkennt damit nach seinem betriebswirtschaftlichen Verständnis einen Teil des handelsrechtlich höchstzulässigen Gewinns nicht als Risikokapital an. Gerade ein solches subjektives Gewinnverständnis soll mit der Setzung ausgeschlossen werden, daß Gewinnermittlung und Gewinnverwendung nach dem handelsrechtlich höchstzulässigen ausschüttungsfähigen Gewinn zu trennen sind. Erst mit Hilfe einer solchen Annahme läßt sich sagen: Durch Verstecken von Gewinnen, durch Bilden von Gewinnrücklagen und eines Gewinnvortrags entsteht stets Risikokapital aus Gewinnverwendung als Teil des Risikokapitals zweiter Ordnung.

Innenfinanziertes Risikokapital aus Gewinnverwendung ist in einer Periode in jener Höhe gegeben, in der Umsatzeinnahmen zu Gewinnen geführt haben, jedoch Ausschüttungen vermieden wurden. Je nachdem, welche Gewinnvorstellung zugrunde gelegt wird, erscheint die Selbstfinanzierung verschieden hoch. Drei Arten von Selbstfinanzierung lassen sich unterscheiden:

(a) *Offene Selbstfinanzierung* wird im Jahresabschluß gemessen in Änderungen der Posten Gewinnrücklagen, Gewinnvortrag bzw. Bilanzgewinn (soweit nicht für Ausschüttungen beansprucht). Kapitalrücklagen, die aufgrund einer Kapitalerhöhung über dem Nennwert gebildet werden, sind ein Abbild vorangegangener Außenfinanzierung.

(b) *Stille Selbstfinanzierung* folgt aus dem Bilden stiller Rücklagen in der Bilanz. Der Betrag der stillen Rücklage zu einem Zeitpunkt gleicht der Summe aus den Differenzen von höchstzulässigen handelsrechtlichen Wertansätzen auf der Aktivseite zu tatsächlichen Handelsbilanzansätzen zuzüglich auf der Passivseite der Summe der Differenzen aus tatsächlichen Handelsbilanzansätzen (insbesondere bei den Rückstellungen) zu niedrigstzulässigen Handelsbilanzansätzen.

Stille Rücklagen dürfen nicht als Verzicht auf Gewinnausschüttungen in gleicher Höhe angesehen werden. Stille Rücklagen bedeuten nur dann Nichtausschüttung von Gewinnen in gleicher Höhe, wenn unterstellt werden darf, daß ein Mehr an Gewinnausweis im gleichen Betrage gewinnabhängige Zahlungen erzwingen würde. Wird eine steuerrechtlich zulässige stille Rücklage gebildet, dann werden aber nur in Höhe des Betrages anzuwendender (Grenz-)Steuersätze mal Rücklage gewinnabhängige Ausgaben für diese Abrechnungsperiode vermieden. Gewinnabhängige Ausgaben in Höhe des versteuerten Restgewinnes werden nur dann eingespart, wenn handelsrechtlich aus dem Mehrausweis des versteuerten Gewinns in gleicher Höhe Ausschüttungen folgen würden. Das ist aktienrechtlich nur unter engen Voraussetzungen denkbar (vgl. § 58 AktG). Der Betrag stiller Selbstfinanzierung ist somit keineswegs durch die Höhe der stillen Rücklagen festgelegt.

Gelegentlich ist die stille Selbstfinanzierung eingeengt worden auf die Fortführung eines niedrigeren zulässigen Wertes und auf die niedrigeren Werte, die nach Steuerrecht zulässig sind[41]. Das ist verfehlt, denn damit werden die bewußten Unterbewertungen nicht erfaßt, mit denen Gewinn vor den Anspruchsberechtigten versteckt wird. Weshalb wurde denn der Gewinn versteckt (nicht die höchstzulässige Bewertung auf der Aktivseite gewählt)? Doch gerade, um gewinnabhängige Ausgaben zu vermeiden, „Selbstfinanzierung" zu betreiben!

Der Begriff der stillen Rücklagen bzw. der stillen Selbstfinanzierung wird darüber hinaus mehrdeutig verwandt. So besteht insbesondere ein Unterschied zwischen dem betriebswirtschaftlichen und dem im Steuerrecht üblichen Sprachgebrauch: Wenn ein Grundstück, das mit 10.000 DM Anschaffungskosten zu Buche steht, für 100.000 DM verkauft wird, spricht man steuerrechtlich vom Aufdecken stiller Reserven. Indes darf ein Grundstück, das mit 10.000 DM Anschaffungskosten zu Buche stand, in der Bilanz höchstens mit 10.000 DM bewertet werden. Die 90.000 DM Differenz zum Veräußerungspreis sind – solange das Grundstück nicht verkauft ist – *unrealisierter, noch nicht entstandener Gewinn. Selbstfinanzierung und stille Rücklagen entstehen aber nur durch das Zurückbehalten von realisiertem Gewinn,* nicht aus unrealisiertem Gewinn. Nach dem das Grundstück verkauft wurde, ist nicht eine stille Reserve aufgedeckt, sondern es ist ein unrealisierter Gewinn verwirklicht worden. Zu den elementaren Regeln der Bilanzierung gehört die sorgfältige Trennung von realisierten und unrealisierten Gewinnen. Deshalb ist der im steuerrechtlichen Schrifttum (aber nicht nur dort) zu findende Sprachgebrauch abzulehnen, der stille Reserven mit unrealisierten Gewinnen vermengt. Unrealisierte Gewinne sind eine künftige Finanzquelle (Folgezahlung früherer Investitionen), kein in der Bilanz zum Ausdruck kommender gegenwärtiger Selbstfinanzierungsbetrag.

(c) *Versteckte Selbstfinanzierung* entsteht durch verrechneten Aufwand, der überhaupt nicht in der Bilanz erscheint. Wenn eine Unternehmung Ausgaben tätigt, die einen künftigen Nutzen versprechen, aber nicht zu aktivierungsfähigen Wirtschaftsgütern führen, so liegt versteckte Selbstfinanzierung vor. Ein Beispiel bildet Forschungsaufwand bei der Selbsterstellung von Patenten, ein anderes sind Ausgaben zur Schaffung eines originären Geschäftswertes, wie bei Werbefeldzügen oder Pflege eines Kundenstamms. Der Begriff der versteckten Selbstfinanzierung trifft nur den Fall, daß bewußt nicht aktivierungsfähige Ausgaben vorgenommen werden, um in gleicher Höhe gewinnabhängige Zahlungen zu vermeiden.

Versteckte Selbstfinanzierung wirkt in anderer Weise auf die künftige Zahlungsfähigkeit als stille Selbstfinanzierung. Bei stiller Selbstfinanzierung werden Vermögensgegenstände unterbewertet bzw. künftige Zahlungsverpflichtungen überbewertet. Stille Reserven werden bei einem Verkauf der Vermögensgegenstände bzw. bei Beseitigung des

---

41 Vgl. *Otfrid Fischer:* Finanzwirtschaft der Unternehmung I. Tübingen-Düsseldorf 1977, S. 102 f.

Rückstellungsgrundes realisiert. Die Beträge stiller Selbstfinanzierung werden auch und gerade bei Liquidation der Unternehmung (wenigstens teilweise) wieder zu Geld.

Bei versteckter Selbstfinanzierung sind Gewinne in nicht bilanzfähige Wirtschaftsgüter geflossen: Diese Posten sind nur teilweise einzeln veräußerbar, z.B. wenn ein selbsterstelltes Patent verkauft wird, und sie führen bei einer Liquidation der Unternehmung keineswegs immer zu Geld. Im allgemeinen entsteht realisierter Gewinn aufgrund versteckter Selbstfinanzierung nur beim Verkauf der Unternehmung als Ganzes bzw. dadurch, daß die Unternehmung in Zukunft höhere Einnahmen erwirtschaftet.

bb) Risikokapital aus Gewinnermittlungen

Innenfinanzierung aufgrund von Gewinnermittlungen kann die Kapitalausstattung (und deren zahlenmäßiges Abbild: die Kapitalstruktur) unbeeinflußt lassen, zu zusätzlichem Risikokapital, aber auch lediglich zu zusätzlicher Verschuldung führen.

Dabei bleibt die bestehende Kapitalausstattung unbeeinflußt, wenn durch den Umsatzprozeß lediglich eine Vermögensumschichtung erfolgt (z.B. Barverkäufe zu Herstellungskosten). Die Finanzierung aus Abschreibung, soweit dem Abschreibungsaufwand ein Sinken des Einzelveräußerungserlöses entspricht, wandelt ebenfalls die Kapitalausstattung nicht. Um nicht hier schon in den Meßschwierigkeiten der Anlagenabschreibung (S. 224 ff.) zu versanden, sei dies unterstellt.

Näher zu erörtern sind bilanzmäßige Reservierungen von Einnahmen aus dem Umsatzprozeß, die durch Gewinnermittlungsregeln um ihre gewinnerhöhende Wirkung gebracht werden. Dabei ist zu prüfen, inwieweit durch diese Innenfinanzierung Risikokapital gebildet wird, das als Verlustpuffer geeignet ist. Das Folgende setzt gute Kenntnisse des Bilanzrechts voraus.

Im Hinblick auf die Bildung von Risikokapital erster Ordnung seien vier Einzelfälle untersucht:

(1) Unterbewertungen und Bilanzierungshilfen,
(2) Steuerrechtliche Ansatz- und Bewertungswahlrechte,
(3) Rückstellungen,
(4) Kundenanzahlungen und passive Rechnungsabgrenzungsposten.

(1) *Handelsrechtliche Unterbewertungen und Bilanzierungshilfen.* Der Verzicht auf eine Aktivierung bei Ansatzwahlrechten und Bewertungen unter den handelsrechtlichen Höchstgrenzen stellen Fälle des Versteckens von Gewinn und damit des Risikokapitals dar, soweit nicht schon bei den handelsrechtlichen Höchstgrenzen die Einnahmenüberschüsse darunter liegen. Dies wird regelmäßig dann eintreten, wenn trotz Ausnutzens der handelsrechtlichen Höchstgrenzen für die Gewinnermittlung noch ein Verlust entsteht. In einem solchen Verlustfall liegt mangels Umsatzeinnahmen *keine* Innenfinanzierung vor.

Eine Aktivierung von Bilanzierungshilfen soll nach § 269 HGB Anlaufverluste, nach § 274 Abs. 2 HGB Steueraufwand zeitlich verlagern. Als Bilanzierungshilfe wird hier auch der erworbene Geschäftswert (§ 255 Abs. 4 HGB) angesehen. Wäre der erworbene Geschäftswert handelsrechtlich ein Vermögensgegenstand, müßte wegen des Vollständigkeitsgebots „Der Jahresabschluß hat sämtliche Vermögensgegenstände ... zu enthalten" (§ 246 Abs. 1 HGB) Aktivierungspflicht gelten. Die gesetzliche Einordnung des erworbenen Geschäftswerts unter § 255 Anschaffungs- und Herstellungskosten belegt zusätzlich, daß nur eine Bilanzierungshilfe, keine Regelung des Bilanzansatzes für einen Vermögensgegenstand gemeint sein kann.

In Höhe aktivierter Bilanzierungshilfen bilden Gewinnrücklagen kein Risikokapital ab, weil Bilanzierungshilfen kein Vermögen als Verlustpuffer verkörpern. In einer betriebswirtschaftlichen Bilanzanalyse sind Bilanzierungshilfen aus der Aktivseite zu streichen.

(2) *Steuerrechtliche Ansatz- und Bewertungswahlrechte.* Die vorherrschende Lehre teilt den Betrag steuerrechtlicher Sonderabschreibungen und anderer ausgenutzter Ansatz- oder Bewertungswahlrechte einschließlich steuerfreier Rücklagen in einen Steueranteil auf, den sie als Schuldposten betrachtet, und sie sieht den Rest als versteuerten Gewinn (Eigenkapital) an. 10 Mio. DM Sonderabschreibungen werden danach bei einem Grenzsteuersatz aus Einkommen- bzw. Körperschaftsteuer und Gewerbeertragsteuer von 60 % zu 6 Mio. DM Fremdkapital und 4 Mio. DM Eigenkapital.

Den Steueranteil dem Fremdkapital zuzuordnen, erscheint im Hinblick auf eine Messung des Risikokapitals nicht haltbar. Eine Auflösung einer steuerrechtlichen Ansatz- und Bewertungsvergünstigung vermeidet Steuerzahlungen, wenn sie in einem Jahr mit *steuerwirksamen* Verlusten in mindestens gleicher Höhe erfolgt; im Insolvenzfall brauchen solche „Steuerkredite" erst recht nicht zurückgezahlt zu werden. Im Verlustfall stellen unstreitig steuerrechtliche Ansatz- und Bewertungsvergünstigungen in voller Höhe Risikokapital am Abschlußstichtag dar.

An diesem Sachverhalt ändert sich auch nichts, wenn die Auflösung in einem Gewinnjahr erfolgt. Zwar werden dann Gewinnsteuerzahlungen fällig. Aber sobald Gewinn mit Zahlungsmittelzufluß entsteht, bedarf es keines Verlustpuffers zum Verlustausgleich. Für das Meßziel, die Höhe des Verlustpuffers am Abschlußstichtag zu ermitteln, braucht nur auf die Auflösung in einem späteren Verlustjahr geachtet zu werden.

Gegen eine volle Einrechnung steuerrechtlicher Gewinnvergünstigungen in das Risikokapital könnte folgender Einwand erhoben werden: Insolvenzgefahren träten auch nach Auflösung der Gewinnvergünstigung und anteiliger Steuerzahlungen auf. Dieser Einwand sticht nicht. Die Höhe eines Verlustpuffers ist nach einem vorliegenden Jahresabschluß für dessen Abschlußstichtag zu beurteilen und nicht nach einem künftigen, in dem die steuerrechtliche Gewinnvergünstigung nicht mehr erscheint.

Immer dann, wenn Eigenkapital Verluste auffangen muß, die auch steuerrechtlich anerkannt werden, führt eine Auflösung von Sonderposten mit Rücklageanteil bzw. der Rückstellung zur Steuerabgrenzung nicht zu Gewinnsteuerzahlungen. Als Verlustpuffer bildet die Rückstellung zur Steuerabgrenzung in voller Höhe Risikokapital ab. Folglich bedeutet *jedes Saldieren der Rückstellung zur Steuerabgrenzung mit sog. aktiven latenten Steuern* (wie es § 274 Abs. 2 HGB zuläßt) *ein Verstecken von Risikokapital.*

Diese Aussage steht nicht im Widerspruch zu der Feststellung, daß Gewinnrücklagen in Höhe einer Bilanzierungshilfe kein Risikokapital verkörpern. Aktivierte Nicht-Vermögensgegenstände schaffen kein Risikokapital (hier ausgewiesen in Gewinnrücklagen), und das Saldieren solcher Non-valeurs gegen Risikokapital (hier ausgewiesen in der Rückstellung zur Steuerabgrenzung) vermindert auch nicht die Ausstattung an Risikokapital.

Lediglich dann, wenn Sonderposten mit Rücklageanteil oder andere steuerrechtliche Gewinnvergünstigungen aufgelöst werden, um handelsbilanzielle Verluste aus nicht abzugsfähigen Betriebsausgaben, wie Vermögensteuerzahlungen, Bußgeldern oder Steuernachzahlungen auszugleichen, fallen im Verlustfall Gewinnsteuerzahlungen an. Bis auf den begründeten Fall, daß solche Tatbestände vorliegen, sind bei einer Bonitätsbeurteilung Sonderposten mit Rücklageanteil und Rückstellungen zur Steuerabgrenzung uneingeschränkt als Risikokapital anzusehen.

(3) *Rückstellungen.* Rückstellungen werden (unabhängig von denen zur Steuerabgrenzung nach § 274 HGB) aus drei Gründen gebildet:

(a) *Ergebnisunabhängige* Auszahlungsansprüche entstehen dann, wenn der Rückstellungsgrund als „sicher" gilt, aber die Höhe der künftigen Auszahlung noch nicht eindeutig ist. Werden Zuführungen zu Rückstellungen wegen solcher vertraglich ergebnisunabhängiger Auszahlungsansprüche gebucht, liegt eine Anwendung des Realisationsprinzips vor: Aufwand verwirklicht sich durch Eigentumsübertragung im Markt oder durch das Entstehen einer einseitigen Verpflichtung. Rückstellungen, die gebildet werden, weil durch Geschäftsvorfälle künftige ergebnisunabhängige Auszahlungsansprüche entstanden, bilden eine Verschuldung ab. Insoweit führt Innenfinanzierung über z.B. nicht überhöhte Pensionsrückstellungen zu Fremdkapitalausstattung jenseits eines Risikokapitals vierter Ordnung.

(b) Rückstellungen werden auch wegen einer *Vorwegnahme drohender Verluste* gebildet. Solche „Drohverlustrückstellungen" sind geradezu der klassische Fall von Risikokapital; denn ein Verlustausgleichspuffer wird an erster Stelle benötigt für Verluste, die an einem Abschlußstichtag aus einzelnen Geschäftsvorfällen erwartet werden, aber noch nicht eingetreten sind. Soweit solche Verluste drohen, werden hierfür Überschüsse aus Umsatzeinnahmen vor einer Gewinnbesteuerung und -ausschüttung bewahrt. Innenfinanzierung in Höhe solcher vorweggenommener Verluste führt deshalb nicht zu einer Fremdkapitalausstattung, weil ergebnisunabhängige Auszahlungsansprüche vertraglich erst im Zeitpunkt der *Verlustrealisation* entstehen. Bis zu diesem Zeitpunkt wird durch die Vorwegnahme drohender Verluste in einem Jahresabschluß vor dem Jahr der Verlustverwirklichung Risikokapital vorgehalten. Es empfiehlt sich, bei Innenfinanzierung über „Drohverlustrückstellungen" von *zweckgebundenem Risikokapital* zu sprechen[42].

---

42 Vgl. *Ernst Hatheyer:* Reservierungen (Bereitstellungen) und Wertberichtigungen (Abschreibungen). In: Die Bilanzen der Unternehmungen. Bd. I, hrsg. von K. Meithner, Wien 1933, S. 281-340, hier S. 321, und *Erich Kosiol:* Bilanzreform und Einheitsbilanz. 2."Aufl., Berlin-Stuttgart 1949, S. 159. Zu weit geht es, auch Rückstellungen, die in der Höhe ungewisse Schulden darstellen, als Reserven auf beschränkte Frist zu bezeichnen, so *F. Findeisen:* Reserven. In: Handwörterbuch der Betriebswirtschaft, hrsg. von F. Nicklisch, Bd. 4, Stuttgart 1928, Sp. 866-872, hier Sp. 869.

Drohende Verluste werden nicht nur durch Rückstellungen vorweggenommen, sondern vor allem auch durch Wertansätze unter den Anschaffungs- oder Herstellungskosten auf der Aktivseite. Werden bei abnutzbaren Anlagen planmäßige Mindest-Abschreibungen überschritten durch höhere planmäßige Abschreibungen oder durch außerplanmäßige Abschreibungen aufgrund einer Anwendung des Grundsatzes der Verlustvorwegnahme, so liegt *verstecktes zweckgebundenes Risikokapital* vor.

(c) Über Zuführungen zu Rückstellungen lassen sich Erträge ins nächste Jahr verlagern (§ 249 Abs. 1 Satz 2 und 3 HGB) oder gar bis auf weiteres Gewinne verstecken (§ 249 Abs. 2 HGB). Soweit Rückstellungen aus Gründen der Ertrags- und d.h. Gewinnverlagerung oder zum Ausgleich eines schwankenden Jahresbedarfs in der Sachversicherung[43] gebildet werden, entsteht aus „Vorsicht" ein Verlustpuffer und damit Risikokapital.

Durch das Steuerreformgesetz 1990 sind Rückstellungen für Jubiläumsaufwendungen auf die vertraglich zwingenden Fälle beschränkt worden. Bei den Rückstellungen für Jubiläumsaufwendungen muß die bilanzrechtliche Betrachtung von jener wirtschaftlichen Betrachtungsweise unterschieden werden, die das Risikokapital einer Unternehmung als Insolvenzpuffer bestimmen will. Gemäß den handelsrechtlichen Grundsätzen ordnungsmäßiger Buchführung sind zumindest nach dem Grundsatz der Verlustvorwegnahme (Imparitätsprinzip) Rückstellungen für Jubiläumsaufwendungen auch für rechtlich nicht zwingende, aber faktische Ansprüche zu bilden.

Tritt der Insolvenzfall vor einem Jubiläum ein, entfällt dieser Zahlungsanspruch (nicht aber der für Pensionszusagen). Deshalb liegt bei Rückstellungen für Jubiläumsaufwendungen keine Verschuldung, sondern eine Innenfinanzierung in Form von Risikokapital erster Ordnung vor.

(4) *Kundenanzahlungen und passive Rechnungsabgrenzungsposten.* Passive Rechnungsabgrenzungsposten sind in der Sache wie erhaltene Anzahlungen für Lieferungen und Leistungen zu beurteilen. Sowohl bei den Anzahlungen als auch den passiven Rechnungsabgrenzungsposten werden ausnahmsweise Leistungsverpflichtungen passiviert, die sonst nach geltendem Bilanzrecht außer Ansatz bleiben, weil von der Annahme einer Gleichwertigkeit von künftiger Leistung und Gegenleistung ausgegangen wird. Der Ausnahmefall tritt ein, wenn die Gegenleistung schon empfangen worden ist oder wenn aus der Leistungsverpflichtung Verluste drohen.

Liegt bei Anzahlungen auf Lieferungen und Leistungen und passiven Rechnungsabgrenzungsposten Risikokapital, Fremdkapital oder ein Mischposten vor? Diese Frage ist so zu beantworten: Wenn die Erfüllung der Leistungsverpflichtung nicht oder nur mit Verlust möglich ist, sind Rückstellungen für drohende Verluste aus schwebenden Liefergeschäften zu bilden. Gibt es dazu beim Wissensstand am Tag der Jahresabschlußerstellung keinen Anlaß, gilt die spätere verlustfreie Erfüllung der Leistungsverpflichtung als gewährleistet. Gleichwohl kann unabhängig von diesen Leistungsverpflichtungen die Unternehmung insolvent werden. Nur in diesem Fall werden Rückzahlungsansprüche

---

43 § 56 Abs. 3 VAG in der Auslegung R 4/78 des Bundesaufsichtsamtes für das Versicherungswesen, VerBAV 10/1978, S. 262-265, § 20 Abs. 2 KStG.

für die bereits empfangenen Einnahmen geltend gemacht werden. Deshalb bilden Anzahlungen auf Lieferungen und Leistungen sowie passive Rechnungsabgrenzungsposten eine *zweckgebundene Verschuldung* ab, die bis zur Erfüllung der Leistungsverpflichtung befristet ist, dann aber nicht mehr zurückgezahlt zu werden braucht.

Eine solche zweckgebundene Fremdkapitalausstattung entsteht, weil die handelsrechtlichen Grundsätze ordnungsmäßiger Buchführung den Zeitpunkt der Gewinnverwirklichung im Vermögensvergleich auf den Zeitpunkt der Leistungserstellung und Rechnungserteilung bzw. der Leistungsabnahme fixiert haben. So sinnvoll diese „Vorsicht" im Sinne des § 252 Abs. 1 Ziffer 4 HGB im Hinblick auf eine Einkommensmessung sein mag, so wenig überzeugt, daß für Leistungsverpflichtungen, für die Marktpartner schon angezahlt haben und die beim Wissensstand am Tag der Aufstellung des Jahresabschlusses als verlustfrei erfüllbar gelten, dasselbe Risikokapital als Verlustpuffer zu halten ist wie für Zahlungsverpflichtungen.

Bei der Messung der Bonität bzw. Solvabilität mittels Kennzahlen über die Kapitalstruktur wäre deshalb zu empfehlen, erhaltene Anzahlungen und passive Rechnungsabgrenzungsposten nur teilweise als zahlenmäßiges Abbild einer Verschuldung einzustufen, für die Risikokapital vorzuhalten ist. Wegen fehlender Quantifizierbarkeit für das niedrigere Risikokapitalbedürfnis bietet sich als grobe Faustregel an, erhaltene Anzahlungen und passive Rechnungsabgrenzungsposten nur zur Hälfte dem Fremdkapital zuzuordnen und die andere Hälfte bei der Bonitätsmessung außer Ansatz zu lassen.

II. Die Berechnung der Vorteilhaftigkeit einzelner Investitionen

a) Finanzielle Zielgrößen und Modellstruktur

1. Vermögens-, Entnahme- und Wohlstandsstreben in personenbezogenen Unternehmen

Wenn für ein Entscheidungsmodell vorausgesetzt wird, ein Unternehmer strebe Einkommenserwerb an und plane vorerst nur eine Zukunftslage für einen begrenzten Planungszeitraum, welche finanziellen Ziele wird er dabei verfolgen? Drei Wahlmöglichkeiten bestehen:

a) Der Unternehmer entnimmt jährlich einen festen Betrag zum Konsum, und er will sein Vermögen am Ende des Planungszeitraums maximieren. Der feste Konsumbetrag kann im Zeitablauf gleich bleiben, fallen oder steigen. Wichtig ist, daß der Konsumbetrag in einer absoluten Größe angegeben wird. Das Ziel der Maximierung des Vermögens am Planungshorizont bei vorgegebenen Konsumentnahmen nennen wir **Vermögensstreben.**

b) Der Unternehmer will seine Konsumentnahmen während des Planungszeitraums maximieren, wobei er von einem vorgegebenen Endvermögen am Planungshorizont ausgeht. Dieses Ziel nennen wir **Entnahmestreben.** Vor der 6. Auflage wurde von Einkommensstreben gesprochen, weil in der Investitionstheorie Einkommen durchweg mit Konsumausgaben (mit Entnahmen aus einer Unternehmung als Institution) gleichgesetzt wird. Zurückbehaltene, gesparte Beträge stellen folglich in der Investitionstheorie *kein Einkommen* dar. Der Leser verwechsele diesen „konsumorientierten" Einkommensbegriff nicht mit dem Einkommensbegriff des Steuerrechts oder dem Begriff des Handels- und Steuerbilanz-Gewinns. Der investitionstheoretische, „konsumorientierte" Einkommens- (= Entnahme-) Begriff widerspricht der Definition des Unternehmenseinkommens als dem Betrag, den der Unternehmer konsumieren kann, ohne das Anfangsvermögen zu beeinträchtigen (S. 2): Jener Überschuß, der maximal konsumiert werden kann, ohne das Anfangsvermögen zu mindern, muß schließlich nicht konsumiert werden.

Für ein personenbezogenes Unternehmen gilt jedoch: Das Unternehmen umfaßt alle Geldanlagen einer Person, und investitionstheoretisch erfaßt „Einkommen" hier alles Geld, das nicht angelegt wird (Horten ist eine Anlageform, der Zinssatz beträgt hier null Prozent). Um Mißverständnisse zu vermeiden, wird die konsumorientierte Zielgröße aus der Investitionstheorie Entnahmestreben, und nicht mehr Einkommensstreben genannt.

Ein Ziel Entnahmemaximierung kann in verschiedenen Spielarten verwirklicht werden: Der Unternehmer kann jährlich gleich hohe Konsumentnahmen wünschen oder steigende, fallende, vielleicht sogar einen Verlauf mit wechselndem Auf und Ab. Da von ausdrücklich festgelegten Konsumwünschen für mehrere Jahre im voraus praktisch kaum ausgegangen werden kann, genügt es, typische Verläufe zu betrachten. Als typisch kann der Wunsch nach regelmäßig steigenden Konsumentnahmen angesehen werden. Dies hat zwei Gründe: Zum ersten ist mit ständiger Geldentwertung zu rechnen. Der Wunsch nach konstantem Realeinkommen (gleichbleibendem Konsumniveau) erfordert hier schon im Zeitablauf steigende Entnahmen. Zum zweiten fällt es leichter, von einem Konsumniveau auf ein höheres fortzuschreiten, aber sehr schwer, sich mit einem niedrigeren zufriedenzugeben. Dieser psychische Umstand spricht auch für die Planung ständig steigender geplanter Konsumausgaben im Zeitablauf.

Von der Annahme eines im Zeitablauf gleichbleibenden Stromes von Konsumausgaben auszugehen, erscheint vor allem dann plausibel, wenn bei der Planung der Zahlungsströme auch für künftige Zahlungszeitpunkte die Preise von heute unterstellt wurden, also von vornherein mit geldwert-korrigierten Zahlen gerechnet wird. Für die Investitions- und Finanzplanung ist das eine sehr grobe Annahme. Gleichwohl werden wir in den folgenden Beispielen von dem Wunsch nach jährlich gleich hohen Entnahmen ausgehen: Das erleichtert rechnerisch die Beispielslösung. Jede vorgegebene Steigerungsrate der Entnahmen wäre in mindestens gleicher Weise willkürlich.

c) Der Unternehmer wünscht sowohl steigende Entnahmen als auch wachsendes Vermögen. Er wägt für jeden Zahlungszeitpunkt die Höhe der gegenwärtigen Entnahmen mit den künftigen Entnahmen und dem Endvermögen ab. Wir nennen das *Wohlstandsstreben*[44]. Man kann nicht zwei voneinander abhängige Größen wie Entnahmen und Endvermögen zugleich maximieren. Hier liegt also eine mehrfache Zielsetzung vor. Eine eindeutige Lösung ist nur dann zu erreichen, wenn die Austauschregel zwischen den Zielgrößen bekannt ist: Auf wieviel Konsum heute ist der Entscheidende zu verzichten bereit, damit der Konsum bzw. das Vermögen morgen um ein Prozent steigt?

Der Unterschied zwischen Vermögens- und Entnahmestreben einerseits, Wohlstandsstreben andererseits, liegt in der Annahme über die Austauschbarkeit von gegenwärtigem und künftigem Konsum bzw. Endvermögen. Bei Vermögens- und Entnahmestreben wird ausgeschlossen, das gegenwärtige Konsumniveau zugunsten künftigen Konsums zu verändern. Die zeitliche Verteilung der Konsumentnahmen ist vorgegeben: bei Vermögensstreben durch die absolute Höhe der gewünschten Entnahmen, bei Entnahmestreben durch das Verhältnis der Konsumausgaben im Zeitablauf zueinander (gleichbleibende, jährlich um 10% steigende Entnahmen usw.). Zwischen den Zielgrößen Entnahmen und Endvermögen besteht eine „lexikografische" Ordnung: Erst wird die Nebenbedingung erfüllt (bei Vermögensstreben: die Entnahmen, bei Entnahmestreben das Endvermögen), die gewissermaßen den Anfangsbuchstaben im Lexikon der Zielgrößen benennen. Danach erst interessiert die zu maximierende Zielgröße (also bei Vermögensstreben die Vermögensmehrung).

Bei Wohlstandsstreben ist jedoch der Entscheidende bereit, auf gegenwärtigen Konsum zugunsten künftigen Konsums bzw. Endvermögens zu verzichten: gegenwärtige und künftige Entnahmen bzw. Endvermögen sind in Grenzen austauschbar. Hinter Wohlstandsstreben verbirgt sich eine mehrperiodige Nutzenfunktion, in welche die Konsumentnahmen sämtlicher Zahlungszeitpunkte eingehen: zwischen den gewünschten Kon-

---

[44] Vgl. dazu *J. Hirshleifer:* On the Theory of Optimal Investment Decision. In: The Journal of Political Economy, Vol. 66 (1958), S. 329-352, hier S. 329 f.

sumentnahmen für jeden Zahlungszeitpunkt ist Austauschbarkeit, „Substitutionalität", gegeben.

Ist der Entscheidende bereit, zwischenzeitlichen Austausch der Konsumentnahmen anzunehmen oder nicht? Hat unter Unsicherheit die Annahme einer mehrperiodigen, substituierbaren Nutzenfunktion empirischen Gehalt? Diese Fragen führen in die Grundlagen der Nutzen- und Zinstheorie. Sie können hier nicht weiter verfolgt werden. Wir gehen im weiteren von den drei finanziellen Zielvorstellungen, Vermögensstreben, Entnahmestreben und Wohlstandsstreben aus, wohlwissend, daß ungelöste Fragen der Wirtschaftstheorie hinter dieser bequemen Dreiteilung lauern.

2. Abweichende und übereinstimmende Entscheidungen bei Vermögens-, Entnahme- und Wohlstandsstreben

Zum Einstieg in die mehrperiodige Planung unter angenommener Planungssicherheit sei unterstellt, ein Unternehmer strebe nach Vermögensmaximierung und seine Entnahmen seien Null; der Unternehmer lebt also z.B. von den Einkünften seiner Frau. Der Unternehmer habe zwischen zwei Investitionen A und B zu wählen. A und B schließen sich gegenseitig aus. Sie versprechen ihm folgende Zahlungsströme:

	t_0	t_1	t_2	t_3
A	− 1.000	0	0	1.331
B	− 700	300	500	

A und B sind noch nicht vergleichbar. Dies aus drei Gründen:

a) Der Unternehmer muß mindestens 1.000 DM haben, damit sich überhaupt das Problem A oder B stellt. Wenn er über 1.000 DM verfügt, dann ist aber bei B zu fragen: Was geschieht mit den restlichen 300 DM? Ohne eine Information darüber ist das Problem nicht zu lösen. Hat der Unternehmer mehr als 1.000 DM, dann ist zu prüfen: Was fängt er mit diesem Gesamtbetrag an? Um mehrere Handlungsmöglichkeiten zu vergleichen, muß also die Anfangskapitalbindung gleich hoch sein. Das bedeutet, die einzelnen Handlungsmöglichkeiten sind in sich gegenseitig ausschließende Handlungsprogramme einzuordnen. Wir nehmen an, der Unternehmer verfüge über genau 1.000 DM. Handlungsprogramm I enthält Objekt A, Handlungsprogramm II enthält B plus die Differenzinvestition von 300 DM.

b) Der Handlungs- und Planungszeitraum muß mindestens bis t_3 reichen. Reicht er nur bis t_2, dann kann A nicht gewählt werden. Reicht der Planungszeitraum aber bis t_3 oder darüber hinaus, dann ist zu fragen: Was geschieht mit den Einnahmenüberschüssen von B nach t_1 und t_2? Die zeitliche Erstreckung aller Handlungsprogramme muß also ebenfalls gleich sein. Wir unterstellen, der Planungszeitraum reiche bis t_3; in t_3 liquidiere der Unternehmer die „Unternehmung" und setze sich zur Ruhe.

Angenommen, der Unternehmer habe gerade 1.000 DM als Kassenbestand in t_0 und die 300 DM könnten als Differenzinvestition angelegt werden und erbrächten in t_3 484 DM, dann wäre beiden Bedingungen: gleicher Ausgangsbetrag, gleiche zeitliche Erstreckung, Genüge getan. Wie sehen nun, nach Einbeziehung der Differenzinvestition die Zahlungsströme der zu vergleichenden Handlungsprogramme aus?

	t_0	t_1	t_2	t_3
Kassenbestand A	1.000 − 1.000 0	0	0	1.331
Kassenbestand B	1.000 − 700 − 300 0	300	500	484

Offenbar sind die Investitionsvorhaben immer noch nicht vergleichbar. Es ist zu fragen:

c) Was geschieht mit den 300 DM in t_1 und den 500 DM in t_2? Um den Vergleich zweier Alternativen vollständig zu ermöglichen, sind auch zwischenzeitliche Zahlungssalden auszuschalten. Nehmen wir an, der Unternehmer würde beide Beträge aufs Sparbuch legen und 4% Zinsen dafür erhalten. Das heißt, die 300 DM werden in t_1, die 500 DM in t_2 wieder zu Ausgaben, indem sie investiert werden. Das Sparguthaben einschließlich der Zinsen wird in t_3 abgehoben, es beträgt rund 844 DM. Vollständig formuliert, sieht damit das Investitionsproblem so aus:

	t_0	t_1	t_2	t_3
Kassenbestand A	1.000 − 1.000 0	0	0	1.331
Kassenbestand B	1.000 − 700 − 300 0	300 − 300 0	500 − 500 0	844 + 484 1.328

Bei dem Ziel Vermögensmaximierung wird der Unternehmer Handlungsprogramm A wählen.

Folgerung: Bei vollständiger Formulierung des Investitionsvergleichs sind alle durch eine Handlungsmöglichkeit ausgelösten Zahlungen, einschließlich der Finanzierungszahlungen, zu berücksichtigen. Bei vollständiger Formulierung kann die vorteilhafteste Investition unmittelbar abgelesen werden. „Methoden der Investitionsrechnung" sind überflüssig, insbesondere braucht man keine Abzinsung (Barwertberechnung). Dies gilt nicht nur für das Ziel Vermögensstreben, sondern für alle drei finanziellen Ziele, wie aus dem Folgenden hervorgeht.

Die Berechnung der Vorteilhaftigkeit einzelner Investitionen 69

Strebt der Unternehmer nach möglichst hohen Entnahmen, so hat er sich zunächst Vorstellungen über das Endvermögen und über die zeitliche Verteilung der Entnahmen zu bilden. Wir nehmen an, der Unternehmer möchte nach 3 Jahren den ursprünglich eingesetzten Betrag von 1.000 DM erhalten wissen und wünscht für jede Periode gleich hohe Entnahmen.

Das Ziel Entnahmemaximierung läßt sich ohne zusätzliche Information bei Handlungsprogramm A nicht verwirklichen. Entnahmen würden in t_1, t_2 und t_3 anfallen. Nehmen wir an, ein Kredit könne zu 10% Zinsen jederzeit aufgenommen werden. Mit Hilfe dieser Finanzierungsmöglichkeit lassen sich die maximalen periodischen Entnahmen bestimmen. Alternative A würde dem Unternehmer eine jährliche Entnahme von 100 DM gewähren, denn wenn er im ersten Jahr 100 DM Kredit aufnimmt, um daraus seinen Lebensunterhalt zu bestreiten, und im zweiten Jahr 100 DM, so hat er dafür in t_3 200 DM plus 31 DM Zinsen an die Bank zurückzuzahlen. Ihm verbleiben 100 DM für Entnahmen in t_3 und das Anfangskapital von 1.000 DM.

A	t_0	t_1	t_2	t_3
Kasse	1.000	+ 100 (Kredit)	+ 100	1.331
				− 231 (Kreditrückzahlung)
	− 1.000	− 100 (Ausschüttung)	− 100	− 100 (Ausschüttung)
	0	0	0	+ 1.000

Wie sieht der maximale Entnahmestrom bei Alternative B aus? Er ist höher und beträgt rund 105 DM, denn: Werden in t_1 105 DM entnommen, so können noch 195 DM auf dem Sparbuch zu 4% angelegt werden. Sie bringen in t_3 ca. 210,90 DM. Werden in t_2 105 DM entnommen, bleiben 395 DM, die in t_3 auf 410,80 angewachsen sind: die Entnahmen in t_3 betragen dann 105,70 plus 1.000 DM Anfangskapital. Die Zahlungsreihen der Handlungsprogramme sehen folglich so aus:

B	t_0	t_1	t_2	t_3
Kasse	+ 1.000	+ 300	+ 500	+ 484
		− 195 (Sparbuch)		+ 210,9 (Sparbuch t_1)
			− 395	+ 410,8 (Sparbuch t_2)
	− 1.000	− 105 (Ausschüttung)	− 105	− 105,7 (Ausschüttung)
	0	0	0	+ 1.000

Daraus können wir schließen: *Fallen Kreditzinsen und Rendite von Geldanlagen (Soll- und Habenzinsen) auseinander, so führen die beiden finanziellen Ziele Vermögens- und Entnahmestreben nicht unbedingt zu denselben Entscheidungen. In diesem Fall müssen die Optimumbedingungen für jedes finanzielle Ziel gesondert untersucht werden.*
Nur wenn die Zinssätze, zu denen Periodenüberschüsse angelegt und Kredite aufgenommen werden können, identisch sind, ist es gleichgültig, ob der Unternehmer nach maximalen periodischen Entnahmen oder nach maximalem Vermögen strebt. Nehmen wir an, für aufge-

nommene Kredite sind 10% Zinsen zu zahlen, und Einnahmenüberschüsse ließen sich zu 10% anlegen. Für Alternative A errechnen wir, wie bisher, ein Endvermögen von 1.331 bzw. ein Einkommen von 100. Bei Alternative B müssen wir von einem Gesamtkassenbestand von 1.000 DM ausgehen. Die Anlage der 1.000 DM erbringt in t_1 300, in t_2 500, in t_3 484 DM. Die 300 DM in t_1 und die 500 DM in t_2 können dann bis t_3 zu 10% angelegt werden. Alternative B erwirtschaftet ein Endvermögen von 1.397 DM bzw. eine Entnahme von knapp 120. B ist bei beiden Zielen die bessere Lösung.

Gilt für Kreditaufnahme und Geldanlage ein einheitlicher Zinssatz, dann kann jede Gewinnausschüttung durch eine Kreditaufnahme mit Kosten in Höhe des einheitlichen Zinssatzes finanziert werden. Jede Geldanlage (jeder Verzicht auf Gewinnausschüttung) läßt das Vermögen jährlich um die Zinsen wachsen. Deshalb stimmen bei einheitlichem Zinssatz Vermögensstreben und Entnahmestreben überein. *Wenn aber Vermögens- und Entnahmestreben zu denselben Entscheidungen führen, dann gilt das auch für Wohlstandsstreben, denn Wohlstandsstreben ist nichts anderes als eine von den persönlichen Neigungen (Präferenzen) abhängige Mischung aus Entnahme- und Vermögensstreben.* Andererseits: Bei unterschiedlichen Soll- und Habenzinsen können Vermögens- und Entnahmestreben zu unterschiedlichen Entscheidungen führen. Wir werden später sehen (S. 124 f.), daß Wohlstandsstreben eine Entscheidung nahelegen kann, die sich weder mit der bei Vermögensstreben noch mit der bei Entnahmestreben deckt.

3. Vollständiger Vorteilsvergleich und Partialmodelle

Wie findet man die zielentsprechenden Investitions- und Finanzierungsmöglichkeiten? Die bisherigen Beispiele lehren: Das optimale Investitions- und Finanzierungsvorhaben ist offenkundig, sobald der Vorteilsvergleich zwischen den Handlungsmöglichkeiten vollständig formuliert ist. „Vollständig formuliert" heißt dabei:

Jede Handlungsmöglichkeit weist als Zahlungssaldo nur noch die zu maximierende Zielgröße aus. Bei Vermögensstreben stellt die zu maximierende Zielgröße eine Einnahme am Ende des Handlungszeitraums dar; eine Nebenbedingungs-Zielgröße (z.B. jährlich konstante Entnahmen) ist Teil der vollständigen Formulierung des Vorteilsvergleichs. Bei dem Ziel „Entnahmestreben" wird die Zielgröße durch einen in jedem Zahlungszeitpunkt gleich hohen Einnahmenüberschuß verkörpert; in die vollständige Formulierung geht als Nebenbedingung eine Einnahme am Ende des Handlungszeitraums in Höhe des gewünschten Endvermögens ein.

Bei einem vollständigen Vorteilsvergleich muß somit für alle sich gegenseitig ausschließenden Handlungsmöglichkeiten (Alternativen) gelten:

a) gleicher Ausgangsbetrag, und dieser muß dem Anfangsvermögen bzw. dem gesamten Finanzierungsspielraum entsprechen, der für das Wahlproblem bereitsteht;

b) gleiche zeitliche Erstreckung bis zum Planungshorizont;

c) nach Entnahme der Zielgröße (der periodischen Entnahme bzw. des Endvermögens) muß der Zahlungssaldo aller Alternativen Null sein: In diesem Sinne ist die „Kapitalbindung" während der Laufzeit gleich hoch.

Aufgabe des vollständigen Vorteilsvergleichs ist „Erreiche das gewählte finanzielle Ziel unter der Bedingung, daß die Zahlungsfähigkeit in jedem Zeitpunkt gewahrt bleibt". Damit ist zugleich die Aufgabe der Investitions- und Finanzplanung schlechthin beschrieben. **Ein vollständiger Vorteilsvergleich erfolgt also immer an Hand eines Finanzplanes.**

Wird ein Wahlproblem so formuliert, daß über sämtliche Verwendungsmöglichkeiten eines Mittelvorrats im einzelnen disponiert wird und die Zielgröße allein als Zahlungssaldo verbleibt, dann sprechen wir von einem Totalmodell. Ein Totalmodell verwendet man also, um einen vollständigen Vorteilsvergleich anzustellen. *Unter diesen Voraussetzungen braucht der Unternehmer keinen Maßstab, über den Zahlungen in unterschiedlichen Zeitpunkten vergleichbar gemacht werden: Der Unternehmer braucht hier keinen Kalkulationszinsfuß, denn hier ist es nicht nötig, die einzelnen Zahlungen auf- oder abzuzinsen*[45]. Eine Abzinsung oder Aufzinsung (Barwert- oder Endwertberechnung) ist überflüssig, weil in das Totalmodell Investitions- und Finanzierungsmöglichkeiten mit ihren vollständigen Zahlungsströmen eingehen und die finanzielle Zielgröße unmittelbar berechnet wird. Das vorteilhafteste Investitions- und Finanzierungsprogramm ist danach unmittelbar ablesbar. Eine Aufzinsung oder Abzinsung wird erst notwendig, wenn mit finanziellen Ersatzzielgrößen (wie Kapitalwert, Rendite) gerechnet wird, nicht mehr mit den ursprünglichen finanziellen Zielen „Vermögenszuwachs bei gegebenen Entnahmen", „Entnahmestreben", „Wohlstandsstreben".

Im praktischen Fall wirft die Suche nach dem optimalen Finanzplan (das Aufstellen eines Totalmodells) kaum lösbare Schwierigkeiten auf, und zwar aus vier Gründen:

(1) Es wären sämtliche Investitions- und Finanzierungsmöglichkeiten vom Planungszeitpunkt heute bis zum Ende des Handlungszeitraumes des Unternehmers zu erfassen und zielentsprechend zu kombinieren. Das bedeutet: Bei personenbezogenen Unternehmen wäre z.B. über zwanzig und dreißig Jahre detailliert zu planen, bei firmenbezogenen Unternehmen sogar auf „unbegrenzte" Zeit.

(2) Gegenwärtige und künftige Entscheidungen bedingen sich teilweise gegenseitig. Welche Preispolitik in drei Jahren verfolgt werden kann, hängt auch von den Anlagen ab, auf denen in drei Jahren produziert wird und über deren Investition heute entschieden werden soll. Andererseits nehmen die in drei Jahren erzielbaren Einnahmen Einfluß auf die Auswahl der Investitionsobjekte heute. Diese gegenseitige Abhängigkeit (ein Interdependenzproblem) wirft zahlreiche ungelöste Fragen auf. Ein vollständiger Finanzplan müßte alle Unternehmensentscheidungen: Investition, Finanzierung, Beschaffung, Produktion, Absatz, Organisation gemeinsam zu treffen erlauben, und zwar für den Zeitraum bis zum Lebensende der Unternehmung.

(3) Die Unsicherheit der Zukunft macht eine ins einzelne gehende „simultane" Planung unmöglich: Sie schränkt zugleich den Planungszeitraum auf eine Zeitspanne ein,

---

45 Nach *Hållsten*, S. 41, findet sich diese Erkenntnis schon in einer Arbeit von *T. Rodseth:* Allokering av kapital. Bergen 1961, S. 115 ff.

die im Regelfall erheblich kürzer ist als der gewünschte Handlungszeitraum des Unternehmers.

(4) Die Suche nach dem optimalen Finanzplan ist ein Kombinationsproblem, das einen kaum zu bewältigenden Arbeitsaufwand erzeugt, zumal jede Datenänderung eine finanzwirtschaftliche Umdisposition erfordert. Ein fünfjähriger Finanzplan wäre damit täglich neu aufzustellen, um die richtige Entscheidung zu finden. Wer versucht, für eine Unternehmung einen mehrjährigen Finanzplan aufzustellen, steht vor einer Arbeit von Monaten, selbst wenn an zahlreichen Stellen über den Daumen gepeilt wird. Dabei sind ganzzahlige Lösungen zu suchen, da es wenig Sinn hat, halbe Lastwagen und zu einem Viertel gedeckte Fabrikdächer als optimal anzusehen bzw. das Problem des optimalen Ersatzzeitpunktes (der wirtschaftlichen Nutzungsdauer) von Anlagen aus Programmüberlegungen auszuklammern. Diese Ganzzahligkeit macht nicht nur rechnerische Schwierigkeiten, falls wirklich einmal die Zahlungen für eine solche Investitionsprogrammplanung abgeschätzt werden können[46]. Die Ganzzahligkeitsbedingung entwertet vor allem den ökonomischen Gehalt solcher Programmplanungsmodelle. Hier sind die „Schattenpreise" (S. 155) nicht mehr in jedem Fall als gedachte Knappheitspreise zu deuten, weil ihre Höhe teilweise vom Verlauf der Rechnung selbst abhängt[47].

Aus den vier Gründen folgt: Es ist unmöglich, eine „tatsächlich optimale" Entscheidung zu treffen. Das Optimum optimorum ist für den allgemeinen Fall ökonomisch nicht zu bestimmen. Formal ist die Lösung klar. Es sind die notwendigen und hinreichenden Bedingungen für das Maximum der Zielfunktion zu nennen – und im allgemeinen Fall führt das zu Problemen der Variationsrechnung und der mathematischen Kontrolltheorie. Aber damit ist ökonomisch das Problem nicht gelöst. *Die Aufgabe betriebswirtschaftlicher Theorie ist es deshalb, nach sinnvollen Vereinfachungen zu suchen. Das Dilemma besteht darin, daß mit jeder Vereinfachungen die Gefahr einer Fehlentscheidung wächst.*

Da die Begrenzung des Planungszeitraumes durch die Ungewißheit nie vermieden werden kann und das Interdependenzproblem nur näherungsweise lösbar ist, lassen sich sinnvolle Totalmodelle des Unternehmensgeschehens nicht aufstellen. Praktisch brauchbar werden allenfalls „Partialmodelle", also Modelle, die nur unter Einschränkungen und Vereinfachungen zielentsprechende Entscheidungen liefern[48].

Ein finanzwirtschaftliches Partialmodell liegt vor, wenn für die Zeit innerhalb des Planungszeitraums Pauschalannahmen über einzelne Investitions- und Finanzierungsmöglichkeiten erfolgen.

Es empfiehlt sich, zwei Arten finanzwirtschaftlicher Partialmodelle zu unterscheiden:

a) *Kombinatorische Partialmodelle* wählen Pauschalannahmen über einige Handlungsmöglichkeiten, bestimmen aber die Zielgröße unmittelbar. Sie gehen von Vermögens-,

---

46 Vgl. *George Hadley:* Nichtlineare und dynamische Programmierung. Würzburg-Wien 1969, S. 306.
47 Vgl. *Ralph E. Gomory, William J. Baumol:* Integer Programming and Pricing. In: Econometrica, Vol. 28 (1960), S. 521-550; *H. Martin Weingartner:* Mathematical Programming and the Analysis of Capital Budgeting Problems. Englewood Cliffs 1963, Third printing 1965, Chapter 5.
48 Vgl. dazu auch *Herbert Hax:* Bewertungsprobleme bei der Formulierung von Zielfunktionen für Entscheidungsmodelle. In: ZfbF, Jg. 19 (1967), S. 749-761, bes. S. 760.

Entnahme- oder Wohlstandsstreben aus. Kombinatorische Partialmodelle erscheinen in zwei Abstufungen:

(1) „Partialmodell mit Kapitalmarktbeschränkungen". Innerhalb des Planungszeitraums werden alle externen Finanzierungsmöglichkeiten berücksichtigt, denn sie stellen regelmäßig den Engpaß finanzieller Planungen dar. Dabei werden die Höchstbeträge, die bei den einzelnen Kreditarten und Kreditinstituten aufgenommen werden können, ausdrücklich in das Planungsmodell einbezogen. Wieweit sie ausgenutzt werden, das gibt die Modellösung an, in der die einzelnen Finanzierungsmöglichkeiten mit ihren Höchstbeträgen und Fristigkeiten den einzelnen Investitionsvorhaben und ihren Zahlungsströmen gegenübergestellt werden. Solche Modelle bieten sich an, wenn man die lineare Planungsrechnung anwenden will[49].

(2) „Partialmodell mit unvollkommenem Kapitalmarkt". Es wird auf Einzelannahmen über die externe Finanzierung verzichtet. Die Möglichkeiten interner Finanzierung sind durch die Einnahmenüberschüsse der Investitionsobjekte beschrieben. Ausgaben- und Einnahmenüberschüsse sind zu jedem Zahlungszeitpunkt möglich. Es wird unterstellt, Einnahmenüberschüsse könnten jederzeit und in beliebiger Menge zu einem Habenzins angelegt werden. Der Habenzins kann auch Null sein, dann ist nur das Horten von Geld möglich. Weiter wird vorausgesetzt, Ausgabenüberhänge könnten jederzeit und in beliebiger Menge durch zusätzliche Kreditaufnahmen beseitigt werden. Die Kredite kosten Sollzinsen. Der Sollzins liegt über dem Habenzins. Soll- und Habenzinsen können konstant sein oder von der Menge der nachgefragten (angebotenen) Gelder abhängen. Dann wird mit steigenden oder auch fallenden Soll- und Habenzinsen gerechnet.

Die Unvollkommenheit des Kapitalmarkts äußert sich darin, daß zwei Zinssätze herrschen, einer für Geldanlagen, einer für Kreditaufnahmen. Schuld an der „Unvollkommenheit" sind z.B. Bankprovisionen und sonstige Kreditspesen („Transaktionskosten"). Kreditbeschränkungen herrschen hier jedoch nicht. Das Partialmodell mit unvollkommenem Kapitalmarkt vereinfacht bereits in starkem Maße, aber noch nicht genug, um die klassischen finanzmathematischen Vorteilskriterien unbesehen anwenden zu können, vgl. S. 80 f.

b) *Klassische Partialmodelle verzichten auf die Ermittlung eines optimalen Finanzplans. Sie sehen in der Investitions- und Finanzplanung kein Liquiditätsproblem, sondern nur eine Frage der Rentabilität.* Sie erfassen nicht die ursprünglichen finanziellen Ziele, sondern wählen finanzwirtschaftliche Vorteilskriterien als Ersatzzielgrößen. Ihre Zielvorschriften enthalten finanzwirtschaftliche Vorteilskriterien, die als *Ersatzzielgrößen* für die finanziellen Zielgrößen Endvermögen, Entnahmen bzw. Wohlstand dienen. Diese Ersatzzielgrößen leiten sich aus einer hilfsweisen Annahme her: Die zu vergleichenden Investitions- und Finanzierungsvorhaben werden als gedachtes zahlenmäßiges Abbild der Realität in eine fiktive Modellwelt übertragen. Es wird so getan, als ob diese Vorhaben in einem Kapitalmarkt bewertet würden, der sich im Konkurrenzgleichgewicht befindet. Ungenau

---
49 Vgl. *Horst Albach:* Investition und Liquidität. Wiesbaden 1962; *Weingartner:* Mathematical Programming; zur Kritik *Hållsten,* S. 84-86, sowie die übersichtliche Darstellung bei *Lutz Kruschwitz:* Investitionsrechnung. 3. Aufl., Berlin-New York 1987, Kap. 4.

gegenüber dem Sprachgebrauch in der Preistheorie wird meistens von einem „*vollkommenen*" Kapitalmarkt gesprochen. Gemeint ist: *vollkommener, atomistischer und im Gleichgewicht befindlicher,* also ein *konkurrenzgleichgewichtiger Kapitalmarkt.* Klassische Partialmodelle versuchen, den

- „*Ertragswert*" (= Marktpreis einer Investition im Konkurrenzgleichgewicht) zu maximieren, oder den
- „*Kapitalwert*" (= Marktpreissteigerung gegenüber den Gestehungs- bzw. Anschaffungsausgaben, berechnet für den gleichen Zeitpunkt), oder die
- „*Annuität*" (eine jährlich gleich hohe Rentenzahlung, die auf einem konkurrenzgleichgewichtigen Kapitalmarkt statt des Marktpreises für die Eigentumsrechte an einer Investition zu erzielen wäre, oder den
- „*internen Zinsfuß*" als einer Rendite (einem Verhältnis aus jährlicher Marktpreissteigerung, bezogen auf den Marktpreis am Jahresanfang).

b) Technik und Problematik der finanzmathematischen Vorteilsmaße

1. Cournotscher Satz, Kapitalwert und Rendite im einperiodigen Vorteilsvergleich

Da in einperiodigen Modellen alle Zahlungsvorgänge am Beginn und am Ende der Periode liegen, folgt: In statischen Modellen *sind einerseits die Begriffe Einzahlungen, Einnahme, Ertrag und Erlös identisch, andererseits die Begriffe Auszahlungen, Ausgabe, Aufwand und Kosten.*

Im Regelfall liegen die Ausgaben zu Beginn einer Abrechnungsperiode, die Einnahmen am Ende. In diesem Fall ist Kapital in Höhe der Gesamtausgaben während des Planungszeitraums in der Unternehmung gebunden. Eine Kapitalbindung entsteht durch Ausgaben, die spätere Einnahmen erwarten lassen. Dabei ist es gleichgültig, ob die Unternehmung als Gegenwert für die Ausgaben Güter erhält oder nicht. Kraftfahrzeugsteuer und Zulassungsgebühr führen für den Taxifahrer genauso zur Kapitalbindung wie die Anschaffungsausgaben des Autos.

Liegen die Ausgaben vor den Einnahmen, läßt sich die Rendite (Kapitalrentabilität) der einperiodigen Unternehmung berechnen, denn die *Rendite bezeichnet das Verhältnis zwischen Einnahmenüberschuß (Gewinn) und eingesetztem (gebundenem) Kapital während einer Abrechnungsperiode.* Fallen die Einnahmen zu Beginn der Periode an, die Ausgaben am Ende, dann besteht während der Planperiode keine Kapitalbindung in der Unternehmung, sondern ein Kapitalüberschuß. Hier ist eine Art „negative Rendite" zu errechnen, sinngleich etwa der Effektivbelastung (den „Finanzierungskosten") durch einen Kredit.

Nehmen wir an, die Unternehmung bestehe lediglich aus einer Einnahme von 100 in t_0 (z.B. Vorauszahlung für einen Auftrag) und einer Ausgabe von 110 in t_1 (Bezahlung der Löhne für die geleistete Arbeit und der Rohstoffe), dann beträgt die Rendite dieser „Finanzierung" minus 10%, und das heißt: Das Unternehmen lohnt sich nur dann, wenn man die Einnahme in t_0 so investieren kann, daß sie mehr als 10% erbringt.

Im Ausnahmefall liegen Ausgaben und Einnahmen nur am Anfang oder nur am Ende einer Abrechnungsperiode. Das einperiodige Modell ist dann auf einen Zahlungszeitpunkt degeneriert. Übersteigen die Einnahmen im einzigen Zahlungszeitpunkt die Ausgaben, entsteht Gewinn; bleiben die Einnahmen unter den Ausgaben, entsteht Verlust. Eine Rendite (bzw. Effektivbelastung) ist dann nicht mehr zu berechnen, denn sobald nur ein Zahlungszeitpunkt vorliegt, steht im Nenner Null; der Bruch (die Rendite) wird zu einem nicht definierten Ausdruck.

Für statische (einperiodige) Entscheidungsmodelle bei angenommener Planungssicherheit wird das Optimum durch den von Cournot für den Monopolpreis ausgesprochenen Satz formuliert, daß jene Ausbringungsmenge ein Gewinnmaximum kennzeichnet, bei welcher der sinkende Grenzerlös den nicht sinkenden Grenzkosten gleicht. *An die Stelle der variablen Ausbringungsmenge kann dabei jede andere ökonomische Variable gesetzt werden*, z.B. der Investitionsumfang oder die Investitionsdauer = wirtschaftliche Nutzungsdauer eines Investitionsvorhabens.

Nachdem die zeitlichen und finanziellen Voraussetzungen statischer Modelle geklärt sind, sehen wir, daß der Cournotsche Satz etwas verschweigt: Wie steht es mit den Finanzierungskosten, z.B. den Fremdkapitalzinsen? Wenn im Regelfall die Grenzerlöse (Einnahmen) einer Periode nach den Grenzkosten (Ausgaben) anfallen, darf man dann Grenzerlös ohne weiteres gleich Grenzkosten setzen? Die Antwort auf diese Frage lautet: Die Optimumbedingung ist eine formale Aussage. Die Behauptung „Handle so, daß der Grenzerlös den Grenzkosten gleicht", sagt überhaupt nichts darüber, was zu den Grenzerlösen und was zu den Grenzkosten zählt; die Empfehlung sagt erst recht nicht, wie sie zu berechnen sind. Erst nachdem man die formale Handlungsempfehlung kennt, beginnt also die Arbeit des Ökonomen: zu untersuchen, was im Einzelfall Grenzerlös und Grenzkosten bestimmt.

Um unser Gewissen zu beruhigen, können wir annehmen, in den Grenzkosten seien die Finanzierungskosten enthalten. Aber Grenzkosten fallen im Regelfall zu Beginn einer Abrechnungsperiode, Grenzerlöse an ihrem Ende an. Da ein Zinssatz ein Preis für die einperiodige Geldüberlassung ist, wird das Zinsproblem unterdrückt, wenn die Finanzierungskosten einfach den Grenzkosten zugeschlagen werden.

Die Finanzierungskosten mögen in der Periode i% betragen. Normalerweise versteht man unter einem Kalkulationszinssatz i einen Jahreszins. Wenn die Abrechnungsperiode nur einen Monat umfaßt, dann ist i als monatliche Verzinsung anzusehen. Wenn die Einnahmen eine Abrechnungsperiode später anfallen als die Ausgaben, dann entstehen Ausgaben in t_0 (I_0), Einnahmen in t_1 (E_1). Hierbei lassen sich die Finanzierungskosten in doppelter Weise berücksichtigen. Werden die Einnahmen E_1 um eine Periode abgezinst, so beziehen sich alle Zahlungen auf den Periodenanfang. Werden die Ausgaben I_0 um eine Periode aufgezinst, so beziehen sich alle Zahlungen auf das Periodenende. Beide Male kommt offensichtlich dasselbe heraus: Eine Handlungsmöglichkeit lohnt sich, wenn

$$\frac{E_1}{1+i} \geq I_0 \text{ oder } E_1 \geq I_0 (1+i) \, . \tag{1}$$

Wir nennen den Ausdruck (1) „finanzwirtschaftliches Cournot-Theorem". Es besagt: Eine Handlungsmöglichkeit ist dann vorteilhaft, wenn ihr diskontierter zusätzlicher Erlös (die diskontierte Einnahme der Handlungsmöglichkeit) größer, allenfalls gleich ist den zusätzlichen Ausgaben, bzw. die zusätzlichen Einnahmen mindestens den aufgezinsten Ausgaben gleichen. Im einperiodigen Modell sind Einnahmen und Erlöse, Ausgaben und Kosten identisch, deshalb können wir auch sagen: *Der Barwert der Grenzerlöse muß größer oder gleich den Grenzkosten sein.* Der Leser achte auf die Begriffe: Die Einnahme (der Erlös) eines zusätzlichen Stückes (allgemein: einer zusätzlichen Handlungsmöglichkeit) ist identisch mit der Grenzeinnahme (dem Grenzerlös) der Gesamtproduktion (des gesamten Handlungsprogramms). Entsprechend gilt: Die Rendite einer zusätzlichen Handlungsmöglichkeit ist identisch mit der Grenzrendite des Handlungsprogramms.

Nun kann (1) so geschrieben werden:

$$\frac{E_1}{1+i} - I_0 \geq 0 \, . \tag{2}$$

Das heißt: Der Barwert der zusätzlichen Einnahmen (Erlöse) minus „Barwert" der zusätzlichen Ausgaben (Kosten) muß größer oder gleich Null sein.

Die Differenz von Barwert der Einnahmen und Barwert der A Ausgaben einer Handlungsmöglichkeit wird **Kapitalwert** *der Handlungsmöglichkeit genannt.* Mit dem Kapitalwert der Handlungsmöglichkeit wird der Vermögenszuwachs der Unternehmung durch die Handlungsmöglichkeit zu einem Zeitpunkt ausgedrückt. Wir können Gleichung (2) auch als *„Kapitalwertkriterium" für den Einperiodenfall* bezeichnen.

Lösen wir (2) nach i auf, dann entsteht (3):

$$\frac{E_1 - I_0}{I_0} \geq i \, . \tag{3}$$

Die Umformulierung besagt, daß die Differenz zwischen zusätzlichen Einnahmen und zusätzlichen Ausgaben, also der Einnahmenüberschuß, bezogen auf das in der Periode „gebundene Kapital", größer als der Zinssatz sein muß. Der Periodenüberschuß, bezogen auf das eingesetzte Kapital (hier gleich den zusätzlichen Ausgaben, die in t_0 geleistet werden), zeigt die Rendite des eingesetzten Kapitals an. In (3) wird also die Vorteilhaftigkeit einer Handlungsmöglichkeit durch ihre **Rendite,** den sog. „internen Zinsfuß", gemessen. Eine Handlungsmöglichkeit ist also vorteilhaft, wenn ihre *Rendite* (ihr *„interner Zinsfuß")* größer ist als der Kalkulationszinsfuß, ihm allenfalls gleicht: *Kriterium des internen Zinsfußes für den Einperiodenfall.*

Mit der Umformulierung des finanzwirtschaftlichen Cournot-Theorems haben wir die finanzielle Struktur statischer Modelle offengelegt. *Cournotscher Satz* (vorausgesetzt, die

Zinsen sind in den Grenzkosten enthalten), *Kapitalwert und interner Zinsfuß erweisen sich im einperiodigen Modell als sinngleiche Vorteilhaftigkeitskriterien.*
Für mehrperiodige Planungen und damit für alle praktischen Investitions- und Finanzierungsprobleme *gilt das nicht mehr.*

2. Kapitalwert und Annuität als mehrperiodige Vorteilsmaßstäbe

Der Kapitalwert einer Investition mißt einen Vermögenszuwachs, berechnet für irgend einen Zeitpunkt. Für Alternative A (S. 67) kann der Kapitalwert für t_0, t_1, t_2, t_3 berechnet werden, und wem es Spaß macht, der kann auch den Kapitalwert für den Zeitpunkt t_{10} ausrechnen. Wählen wir als Kalkulationszeitpunkt das Ende des Handlungszeitraums, dann entspricht der Kapitalwert der Endeinnahme, abzüglich der aufgezinsten früheren Ausgaben (einschließlich der Anschaffungsausgaben), zuzüglich der aufgezinsten früheren Einnahmen. Wir wollen jedoch ein für alle Mal festlegen, daß wir den Kapitalwert stets auf den Anfang des Planungszeitraums beziehen. Wir berechnen den Kapitalwert also für den Zeitpunkt „unmittelbar vor" Beginn der ersten Periode, für den Zeitpunkt unmittelbar vor der ersten Zahlung. Es ist *zweckmäßig, Kalkulations- und Entscheidungszeitpunkt gleichzusetzen und beide „unmittelbar vor" die erste Zahlung zu legen*; denn über die Vorteilhaftigkeit einer Handlungsmöglichkeit entscheiden bei angenommener Planungssicherheit allein die von einer Handlungsmöglichkeit nach der Entscheidung, also in Zukunft, ausgelösten Zahlungsströme. Prüfen wir z.B., ob eine Anlage hinausgeworfen werden soll oder nicht, dann geben darüber bei Vernachlässigung der Unsicherheit neben den Zahlungsströmen der möglichen Ersatzanlage nur die noch in Zukunft eintretenden Zahlungen der Anlage den Ausschlag. Bei jeder Entscheidung darüber, was in Zukunft geschehen soll, gelten bei modellmäßiger Sicherheit alle früheren Zahlungen als versunken und vergessen. Unter Unsicherheit werden in bestimmten Fällen auch vor der Entscheidung liegende Zahlungen („sunk costs") entscheidungswirksam.

Der Kapitalwert ist die Summe der Barwerte aller Zahlungen (berechnet zum Zeitpunkt unmittelbar vor der ersten Zahlung). Bezeichnen Z_t die Zahlungen zu den einzelnen Zahlungszeitpunkten t (t = 0, 1, 2, ..., n) und nennt i den Kalkulationszinssatz, dann errechnet sich der Kapitalwert K als Summe der Barwerte aller Zahlungen:

$$K = \sum_{t=0}^{n} Z_t (1+i)^{-t}. \tag{4}$$

Bei der Kapitalwertberechnung werden die Zahlungsströme einer Handlungsmöglichkeit an einer alternativen Handlungsmöglichkeit gemessen (Investition, Finanzierungsmöglichkeit), die sich gerade zum Kalkulationszinssatz verzinst. Diese alternative Handlungsmöglichkeit besitzt den Kapitalwert Null. Der wirtschaftliche Sinn der Abzinsung liegt in dem Vergleich der Handlungsmöglichkeit mit einer Alternative, die sich zum Kalkulationszinssatz verzinst. *Ein Vorhaben gilt somit als vorteilhaft, wenn sein Kapitalwert größer als Null ist.* Für Investitionen ist das unmittelbar klar: Die Investition -1.000 in t_0, +1.100 in t_1, ist bei 8% Kreditkosten vorteilhaft. Die Finanzierungsmaßnahme +1.100 in t_0, -1.060 in t_1 führt bei einem Kalkulationszinssatz von 8% (hier zu verstehen als Wiederanlagemöglichkeit zu 8%) zu einem positiven Kapitalwert. Es lohnt sich also, den Kredit zu 6% aufzunehmen, wenn das Geld zu 8% angelegt werden kann.

Bei den meisten Investitionen ist es zweckmäßig, nicht alle Zahlungen zusammen zu betrachten, sondern die Summe der Barwerte sämtlicher Zahlungen nach t_0 zu berechnen und diese Summe den Anschaffungsausgaben I = Z_0 gegenüberzustellen. *Den Barwert sämtlicher den Anschaffungsausgaben folgenden Zahlungen Z_t – hier gilt t = 1, 2, ..., n – bezeichnet man als „Ertragswert" der Investition. Der Kapitalwert ist dann definiert als Ertragswert minus Anschaffungsausgaben der Investition:*

$$K = \sum_{t=1}^{n} Z_t (1+i)^{-t} - I. \tag{4a}$$

Für praktische Investitionsrechnungen ist es sinnvoll, die künftigen Zahlungen in ihre Einzelbestandteile zu untergliedern. Bei der folgenden Berechnung der *wirtschaftlichen Nutzungsdauer* einer einmaligen Investition trennen wir die laufenden Periodenüberschüsse Q_t von dem einmaligen Restverkaufserlös R_n, der bei Veräußerung der Anlage im Jahre n anfällt. Das Symbol Q steht für Quasirente. Damit bezeichnete Alfred Marshall[50] den Einnahmenüberschuß, von dem noch die Kapitalentwertung (Anlagenabschreibung) abzuziehen ist, um die „Rente", also einen Reingewinn zu erhalten. Bei der Zerlegung der Zahlungen in laufende Periodenüberschüsse Q_t, Restverkaufserlös R_n und Anschaffungsausgabe I lautet die Gleichung für den Kapitalwert K:

$$K = \sum_{t=1}^{n} Q_t (1+i)^{-t} + R_n (1+i)^{-n} - I. \tag{4b}$$

Setzt man nun Zahlen ein, so läßt sich die wirtschaftliche Nutzungsdauer als jener Zeitraum berechnen, in dem bei veränderter Investitionsdauer der Kapitalwert in t_0 maximal wird. Die Spalten der folgenden Tabelle enthalten:
1. Anzahl der Nutzungsjahre: im Zeitpunkt 0 wird die Anlage angeschafft.
2. I = Anschaffungsausgaben; R_n ist der Restverkaufserlös nach n-jähriger Nutzung.
3. $R_n v^n$ = Barwert des Restverkaufserlöses, v^n ist ein Kürzel für den Abzinsungsfaktor $(1+i)^{-n}$, entsprechend $v^t = (1+i)^{-t}$.
4. Q_t = Periodenüberschuß in jedem Jahre t.
5. $Q_t v^t$ = Barwert eines einzelnen Periodenüberschusses.
6. In $\sum Q_t v^t$ sind die einzelnen Barwerte aufsummiert.
7. K_1 ist der Kapitalwert bei einmaliger Investition. Er errechnet sich aus dem Ertragswert der Anlage (Spalte 6 plus Barwert des Restverkaufserlöses, Spalte 3) abzüglich der

---

50 Vgl. *Alfred Marshall:* Principles of Economics. 8. Aufl., London 1920 (Nachdruck 1961), S. 62f.

Anschaffungsausgaben von 1.000. Die Zahlen in den einzelnen Zeilen sind so zu verstehen: Wenn die Anlage nur ein Jahr genutzt wird, dann entsteht ein negativer Kapitalwert von 23, wird sie statt dessen zwei Jahre genutzt, entsteht ein positiver Kapitalwert von 17 usw.
8. v^t gleicht den Werten der Abzinsungsfaktoren bei 10% Zinsen.

Jahre	I/R_n	$R_n \cdot v^n$	Q_t	$Q_t \cdot v^t$	$\sum_{t=1}^{n} Q_t \cdot v^t$	K_t	v^t
1	2	3	4	5	6	7	8
0	1.000	–	–	–	–	–	–
1	750	682	325	295	295	–23	0,909
2	550	454	325	268	563	17	0,826
3	400	300	300	225	788	88	0,751
4	300	205	275	188	976	181	0,683
5	200	124	250	155	1.331	255	0,621
6	140	79	200	113	1.244	323	0,565
7	80	41	150	77	1.321	362	0,513
8	30	14	65	30	1.351	365	0,467
9	0	0	25	11	1.362	362	0,424
10	–	–	0	–	–	–	–

Die Berechnungen ergeben, daß bei einmaliger Investition der maximale Kapitalwert 365 DM beträgt. Er ist erreicht, wenn die Anlage 8 Jahre genutzt wird. 8 Jahre beträgt also die planmäßige *wirtschaftliche* Nutzungsdauer der Anlage. Die allgemeine Optimumbedingung für die gewinnmaximale Investitionsdauer werden wir Seite 103 f. ableiten und diskutieren.

Die Annuität ist eine Rente aus einem Anfangskapital. Sie wandelt die im Zeitablauf ungleichmäßig anfallenden Zahlungen in eine „durchschnittliche", für alle Perioden gleich hohe Zahlung um. Rechentechnisch geschieht das in folgender Weise: Man bestimmt zunächst den Barwert einer Zahlungsreihe. Wird der Barwert der Zahlungsreihe mit dem Wiedergewinnungs-(Annuitäten-)faktor multipliziert, entsteht die Annuität. Die Annuität ist eine periodische Rente, die aus dem Barwert der Zahlungsreihe fließt und diesen nach und nach aufzehrt.

Aus finanzmathematischen Lehrbüchern ist der Wiedergewinnungsfaktor (Annuitätenfaktor) w bekannt:

$$w = \frac{i(1+i)^n}{(1+i)^n - 1}. \tag{5}$$

Wir wählen als Barwert einer Zahlungsreihe den Kapitalwert der Investition aus der Tabelle bei der gewinnmaximalen, achtjährigen Nutzungsdauer. Der Wiedergewinnungsfaktor w beträgt bei 10% und 8 Jahren 0,1874, so daß die achtjährige Rente (Annuität) aus dieser Investition sich auf rund 68 beläuft.

Die Annuität der Einnahmenüberschüsse a ist allgemein definiert als Kapitalwert K mal Wiedergewinnungsfaktor w:

$$a = K \cdot w = \left[\sum_{t=0}^{n} z_t (1+i)^{-t}\right] \cdot \frac{i(1+i)^n}{(1+i)^n - 1}. \qquad (6)$$

Um vom Kapitalwert auf die Annuität zu schließen, ist nur ein zusätzlicher Rechenschritt erforderlich. Kapitalwert und Annuität sind zwei Spielarten ein und desselben Modells. Die Berechnung der Annuität bereitet (von wenigen Ausnahmen abgesehen) mehr Arbeit als die Berechnung des Kapitalwerts. Wir werden deshalb meist mit dem Kapitalwert arbeiten. All das, was kritisch zum Kapitalwert gesagt wird, gilt für die Annuitätsrechnung in gleicher Weise.

Beim Vergleich von Kapitalwert und Annuität mit den finanziellen Zielen (Vermögens-, Entnahme-, Wohlstandsstreben) läge folgende Aussage nahe: Der Kapitalwert bezeichne einen Vermögenszuwachs, er entspreche der Zielsetzung „Vermögensstreben"; die Annuität bezeichne die periodische Einkommenserhöhung als Folge einer Investition, sie entspreche der Zielsetzung „Entnahmestreben". Doch ein solcher Vergleich wäre gründlich verfehlt: Kapitalwert und Annuität lassen sich ineinander überführen. Vermögens- und Entnahmestreben sind jedoch nur dann identisch, wenn zum gleichen Zinssatz Geld entliehen und verliehen werden kann. Daraus folgt: Besteht ein solcher Zinssatz, dann führt der Vorteilsvergleich nach der Kapitalwert- und Annuitätsrechnung zu einer Entscheidung, die sowohl bei Vermögens- als auch bei Entnahmestreben optimal erscheint. Besteht ein solcher einheitlicher Zinssatz nicht, dann kann man mit der Kapitalwert- und Annuitätsrechnung nur dann etwas anfangen, wenn man den „richtigen" Kalkulationszinsfuß wählt. Aber welcher Zinsfuß ist „richtig"?

Es ist z.B. zu prüfen, ob eine Sachinvestition durchgeführt werden soll, deren Zahlungsstrom lautet: $t_0 = -1.000$; $t_1 = +1.060$. Der Habenzins (z.B. Verzinsung von Sparguthaben) beträgt 4%, der Sollzins (Kreditzins) 8%. Bei 4% lohnt die Sachinvestition, bei 8% nicht. Steht von vornherein fest, daß überschüssiges Kapital vorhanden ist, das entweder in die Sachinvestition oder aufs Sparbuch fließt, dann kennt man den „richtigen" Kalkulationszinsfuß (hier die „Alternativrendite" 4%). Steht von vornherein fest, daß Kredit aufgenommen werden muß, dann beträgt der richtige Kalkulationszinsfuß 8%. Aber wenn es gilt, ein Investitions- und Finanzierungsprogramm für die nächsten Jahre aufzustellen, weiß man von vornherein nicht, ob es sich lohnt, Geld auf dem Sparbuch anzulegen oder Kredit aufzunehmen. Solange man vor der Bestimmung des optimalen Investitions- und Finanzierungsprogramms den „richtigen" Kalkulationszinsfuß nicht kennt, kann man mit Kapitalwert und Annuität bei unvollkommenem Kapitalmarkt und bei Kreditbeschränkungen nichts mehr anfangen. Kapitalwert und Annuität sind also zweifelsfreie Vorteilskriterien nur in dem Fall, in dem zu einem einheitlichen Zinssatz Periodenüberschüsse angelegt und Ausgabenüberschüsse durch Kreditaufnahmen finanziert werden können, also die gedankliche Hilfsannahme „*Bewertung in einem konkurrenzgleichgewichtigem Kapitalmarkt*" herangezogen wird.

Die Identität von Soll- und Habenzins, die Voraussetzung für die Anwendung der Kapitalwertmethode ist, braucht allerdings nur für jeweils eine Periode zu gelten. *Es muß kein einheitlicher Zins für alle Perioden vorausgesetzt werden.* Wird z.B. damit gerechnet, daß in der ersten Periode der Zinssatz 8%, in der zweiten 6% und ab der dritten 7% beträgt, dann sind die Zahlungen in t_1 mit 8%, die in t_2 mit 6%, die in t_3 und später mit 7% zu diskontieren. Von Periode zu Periode variierende Zinssätze erschweren etwas die Rechnung, beeinträchtigen aber die Aussagefähigkeit der Kapitalwertmethode nicht. Nur für jeweils eine Periode müssen Geldanlagen und Kreditaufnahmen dem gleichen Zinssatz unterliegen (Beispiele S. 297 f.).

Die Annuitätsrechnung ist allerdings bei im Zeitablauf schwankenden Zinssätzen nicht mehr anwendbar, es sei denn, man vergröbert und rechnet mit einem durchschnittlichen Zinssatz für den Planungszeitraum.

3. Der interne Zinsfuß als mehrperiodige Rendite

aa) Ein Wahlproblem mit Tücken

Kapitalwert und Annuität sind finanzmathematische Instrumente, die manchem eingefleischten Praktiker überzüchtet erscheinen mögen. Was „rentabel" ist und was die Rendite einer Handlungsmöglichkeit ist, das meint er zu wissen. In diesen Begriffen pflegt er zu denken. Das folgende Kapitel dient eigentlich nur dazu, nachzuweisen, daß *ein Praktiker meist nicht weiß, was er tut, wenn er in „Renditen" denkt.*

Nehmen wir an, ein junger Verkäufer will selbständiger Vertreter werden. Zwei Kosmetikfirmen C und D bieten ihm den Alleinvertrieb für Mittelfranken an. Der junge Mann will sich zunächst nur für zwei Jahre festlegen. „Unmittelbar vor" Beginn des ersten Jahres, unmittelbar vor t_0, hat er seine Entscheidung zu treffen. Er schätzt den jährlichen Umsatz bei beiden Firmen auf 320.000 DM. Seine laufenden Ausgaben plant er in t_0 mit 32.000 DM und in t_1 und t_2 mit je 64.000 DM. 80.000 DM wünscht er in t_0, t_1 und t_2 als Mindesteinkommen. Erwirtschaftet er das nicht, wird er sich überlegen, ob er überhaupt die selbständige Tätigkeit ausübt. Das Anfangskapital betrage 120.000 DM.

Die Firma C wirbt um den Verkäufer mit folgendem Argument: „Wir stellen jedem neuen Bezirkshändler bis zu 72.000 DM als Finanzierungshilfe zur Verfügung. Diese 72.000 DM brauchen erst nach zwei Jahren in einer Summe zurückgezahlt zu werden: Rückzahlungsbetrag 79.320 DM. Das entspricht etwa einer Verzinsung von 5%. Für die Lieferungen im ersten Jahr erhalten Sie Zahlungsziel bis zum Jahresende, die Lieferungen des zweiten Jahres müssen Sie im voraus bezahlen. Bei einem geschätzten Umsatz von 640.000 DM beläuft sich ihre Verbindlichkeit an uns auf 352.000 DM, zahlbar in t_1."

Der junge Mann stellt sich danach folgenden Finanzplan zusammen:

C	t_0	t_1	t_2
Kasse	+ 120.000		
Umsatzeinnahmen		+ 320.000	+ 320.000
laufende Ausgaben	− 32.000	− 64.000	− 64.000
Privatentnahmen	− 80.000	− 80.000	− 80.000
Zahlungen von bzw. an C	+ 72.000	− 352.000	− 79.320
Saldo	+ 80.000	− 176.000	+ 96.680

Die Firma D stellt andere Bedingungen: D verlangt von jedem Vertreter, daß er zu Beginn seiner Tätigkeit eine Anzahlung leistet. Sie beträgt bei dem erwarteten Umsatz 88.000 DM. Der junge Mann müßte also Kredit aufnehmen. Die Restzahlung der Waren braucht jedoch erst in t_2 zu erfolgen. Der Rechnungsbetrag der Waren soll sich bei dem erwarteten Umsatz auf 360.680 DM belaufen, nach Abzug der Anzahlung verbleibt eine Restzahlung von 272.680 DM. Die Alternative D ergibt folgenden Finanzplan:

D	t_0	t_1	t_2
Kasse	+ 120.000		
Umsatzeinnahmen		+ 320.000	+ 320.000
laufende Ausgaben	− 32.000	− 64.000	− 64.000
Privatentnahmen	− 80.000	− 80.000	− 80.000
Zahlungen an D	− 88.000		− 272.680
Saldo	− 80.000	+ 176.000	− 96.680

Der junge Mann fängt nun an zu überlegen:

1. „Bei D zahle ich für die Waren insgesamt 88.000 + 272.680 = 360.680 DM, bei C 352.000 DM. Bei C erziele ich also einen wesentlich günstigeren Einstandspreis, das spricht für C."

2. „Für C spricht weiterhin die günstige Finanzierung. 72.000 DM Kredit zu 5% ist sehr entgegenkommend. D verlangt hingegen eine Anzahlung der Waren. Wie kann man nur die Waren von D vertreten?"

3. „Gegen C spräche allenfalls, daß die Warenlieferung in einer Summe zu zahlen ist, während bei D der größere Teil später zu zahlen ist. Doch ist dies nicht von besonderem Gewicht. Entscheidender ist wohl der absolute Zahlungssaldo, bei C werden insgesamt 680 DM mehr eingenommen, bei D hingegen sind die Ausgaben um 680 DM höher als die Einnahmen."

Der junge Mann neigt also zu Firma C. Aber ihm fällt kurz vor Vertragsabschluß noch ein: Er muß auch bei C Kredit aufnehmen, nämlich in t_1, bei D bereits in t_0. Möglicherweise haben die Kreditzinsen Einfluß auf die Entscheidung.

Kredit sei zu 8% zu bekommen; Einnahmenüberschüsse können zu 8% auf dem Kapitalmarkt angelegt werden. Dann sieht sein (weitergeführter) Finanzplan folgendermaßen aus:

	t_0	t_1	t_2
Saldo C	+ 80.000	− 176.000	+ 96.680
Geldanlage	− 80.000	+ 86.400	
Kredit		+ 89.600	− 96.768
Endgültiger Zahlungssaldo	0	0	− 88

	t_0	t_1	t_2
Saldo D	− 80.000	+ 176.000	− 96.680
Geldanlage		− 89.600	+ 96.768
Kredit	+ 80.000	− 86.400	
Endgültiger Zahlungssaldo	0	0	+ 88

Offensichtlich ist D besser, und alle früheren Argumente für C waren schlechthin falsch. Der Verkäufer entdeckt nunmehr langsam seine Sympathien für Firma D. Zugleich hört er, daß seine Rechnung auf unzutreffenden Zahlen aufbaut. Da er sein Geld nur für jeweils ein Jahr anlegen kann, erhält er lediglich 5% Zinsen, nicht 8%. Für den Kredit muß er nach wie vor 8% bezahlen. Eine neue Rechnung zeigt ihm nunmehr, daß beide Angebote nicht mehr besonders reizvoll sind. Bei C entsteht in t_2 ein Minus von 2.680, bei D von 2.600. Er muß also seine Privatentnahmen im zweiten Jahr zurückschrauben. Trotzdem ist D immer noch besser als C. Da er das gewünschte Mindesteinkommen bei keinem Angebot erwirtschaftet, ist der Verkäufer unentschlossen, ob er überhaupt selbständiger Handelsvertreter werden soll, bis er hört, daß zur Errichtung eines eigenen Geschäftes „zinsbegünstigte Aufbaukredite" von einer staatlichen Stelle gegeben werden. Der Zinssatz für diese Aufbaukredite beträgt 5%. Der junge Mann, nunmehr doch für D entschlossen, rechnet zur Sicherheit nach:

	t_0	t_1	t_2
Saldo C	+ 80.000	− 176.000	+ 96.680
Geldanlage	− 80.000	+ 84.000	
Aufbaukredit		+ 92.000	− 96.600
Endgültiger Zahlungssaldo	0	0	+ 80

	t_0	t_1	t_2
Saldo D	− 80.000	+ 176.000	− 96.680
Geldanlage		− 92.000	
Aufbaukredit	+ 80.000	− 84.000	+ 96.600
Endgültiger Zahlungssaldo	0	0	− 80

Damit erscheint C als vorteilhafter. Der Verkäufer ist langsam etwas verwirrt und beschließt, die Rendite der beiden Handlungsmöglichkeiten auszurechnen. Er wird sich für die rentablere von beiden Handlungsmöglichkeiten entscheiden. Er entsinnt sich, gehört zu haben, in der betriebswirtschaftlichen Theorie nenne man die Rendite den internen Zinsfuß einer Investition. Der Verkäufer schlägt in einem jener betriebswirtschaftlichen Lehrbücher nach, die den internen Zinsfuß als Maßstab für die Vorteilhaftigkeit einer Investition empfehlen. Dabei stellt er folgendes fest:

Der interne Zinsfuß r ist jener Zinssatz, zu dem der Kapitalwert einer Investition Null wird. Bei dem internen Zinsfuß gleicht also der Barwert der Einnahmen dem Barwert der Ausgaben. Wenn wir eine Investition wählen, die zwei Perioden umschließt, so gilt:

$$z_0 + \frac{z_1}{1+r} + \frac{z_2}{(1+r)^2} = 0 \qquad (7)$$

z_0, z_1, z_2 sind Zahlungen zu den Zeitpunkten t_0, t_1, t_2. Die allgemeine Lösung dieser quadratischen Gleichung lautet:

$$r = \frac{-2z_0 - z_1 \pm \sqrt{z_1 - 4z_0 z_2}}{2z_0} \qquad (7a)$$

Es ist zu beachten, daß die Lösung nur für positive Zahlungen (Einnahmen) gilt; ist eine der Zahlungen negativ (Ausgabe), dann sind die Vorzeichen entsprechend zu ändern. Unser Verkäufer, der dies, mißtrauisch geworden, nach einigen Mühen nachgeprüft hat, erhält nun folgenden Ansatz für C (nachdem er zunächst sämtliche Zahlungen durch 80.000, die erste Zahlung, dividiert hat, dadurch wird die Rechnung leichter):

$$r_0 = \frac{-2 + 2{,}2 \pm \sqrt{4{,}84 - 4 \cdot 1{,}2085}}{2} \qquad (7b)$$

$0{,}006^{1/2}$ ist ungefähr gleich 0,08, und folglich gilt

$$r_c = \frac{0{,}2 \pm 0{,}08}{2} \qquad (7c)$$

d.h. r gleicht sowohl (rund) 14% wie (rund) 6%.

Nun wird der junge Mann langsam ärgerlich: Es leuchtet ihm zwar ein, daß C eine Rendite von 6% hat, bei 5% ist C schließlich vorteilhaft. Aber wieso kann eine Handlungsmöglichkeit zwei Renditen aufweisen? Und wieso kann C auch die Rendite von 14% haben, wenn C bei 8% Zinsen unvorteilhaft ist? Nach dem gesunden Menschenverstand muß schließlich eine Investition, deren Rendite 14% beträgt, bei 8% Kapitalkosten noch immer einen beträchtlichen Überschuß abwerfen.

Der Verkäufer ist also auf einiges gefaßt, als er die Rendite der Wahlmöglichkeit D ausrechnet. Er erhält (nach Division durch 80.000):

$$r_D = \frac{+2 - 2{,}2 \pm \sqrt{4{,}84 - 4 \cdot 1{,}2085}}{-2} \tag{7d}$$

und das gibt offenbar dasselbe wie bei C, nämlich r_D gleich (rund) 6% und (rund) 14%. Demnach sind C und D gleich rentabel, obwohl doch festgestellt wurde, daß D bei 8% Zinsen besser als C ist und bei 5% Zinsen C besser als D. Jetzt hat der junge Mann endgültig genug; er bleibt Verkäufer. Hätte er in diesem Buch nachgeschlagen, so hätte er lesen können, warum er zu so absonderlichen Ergebnissen gekommen ist.

Die Merkwürdigkeiten sind zu erklären, wenn wir den Kapitalwert für alternative Zinssätze ausrechnen. Wann ist der Kapitalwert für C und D positiv? Bei welchen Zinssätzen lohnt sich C, bei welchen D? Betrachten wir die folgende Abbildung 1:

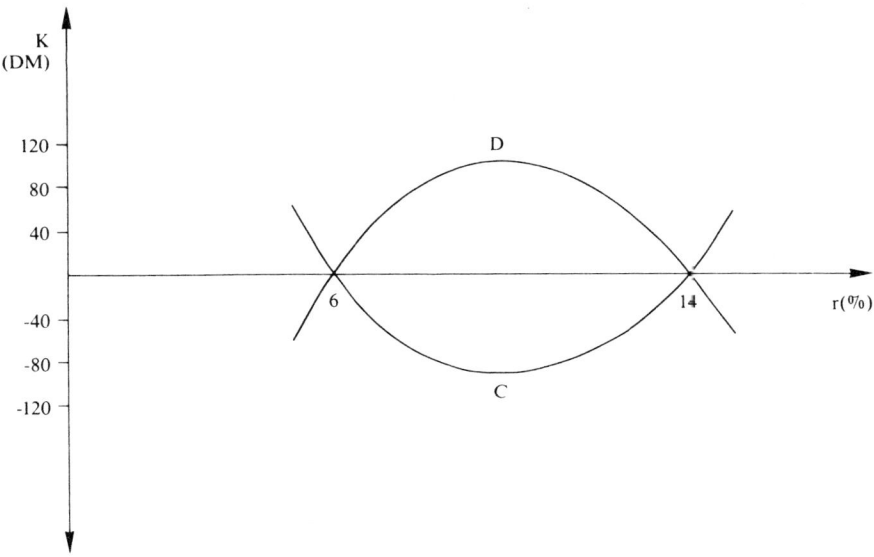

Abbildung 1

Handlungsmöglichkeit C ist vorteilhaft (führt zu einem positiven Kapitalwert), solange der Zinssatz kleiner als 6% und größer als 14% ist. Handlungsmöglichkeit D ist nur dann vorteilhaft, wenn der Zinssatz zwischen 6% und 14% liegt. Warum tritt dieses Ergebnis ein? C und D sind Handlungsmöglichkeiten, die beide sowohl Kreditaufnahme als auch zwischenzeitliche Geldanlage erfordern. Die Beträge, die entliehen oder verliehen werden, sind nicht gleich hoch und hängen außerdem von den Zinssätzen ab. Das bewirkt, daß je nach der Höhe des Zinssatzes einmal die Einnahmen, das andere Mal die Ausgaben stärker gewichtet werden.

Diese Rechnung bestätigt auch für das Vorteilsmaß Rendite, was wir aus den Beispielen A und B für die Berechnung des Kapitalwerts und die Berechnung der Annuität einer Investition wissen: Jedes der finanzmathematischen Vorteilsmaße ist nur bei einem vorgegebenen Kalkulationszinssatz sinnvoll: bei Abbildung der Investition in ein Bewertungsmodell mit unterstelltem Kapitalmarkt im Konkurrenzgleichgewicht.

bb) Die „Rendite" im Mehrperiodenfall

Was läßt sich aus den Beispielen C und D über die Rendite bzw. den internen Zinsfuß schließen?

Nach der Definition, der interne Zinsfuß sei der Zinssatz, zu dem der Kapitalwert Null wird, liegt der Schluß nahe, der interne Zinsfuß sei ein Abkömmling des Kapitalwerts, und die Methode des internen Zinsfußes sei letztlich mit der Kapitalwertmethode identisch[51]. Doch eine solche Aussage verdeckt gerade die entscheidende Problematik. Bei der Beurteilung von internem Zinsfuß und Kapitalwert darf nicht von mathematischen Gemeinsamkeiten ausgegangen werden. Es sind vielmehr die wirtschaftlichen Unterstellungen zu sehen, die hinter diesen Begriffen stehen: Mit dem Kapitalwert mißt man die Vorteilhaftigkeit in einer absoluten Größe, in einem Ausdruck für den Vermögenszuwachs, der durch die Handlungsmöglichkeit erzielt wird. Der ökonomische Sinn des internen Zinsfußes liegt in der „Rendite". Die Ausführungen zum finanzwirtschaftlichen Cournot-Theorem (S. 76) zeigten dies bereits. Für mehrperiodige Wahlprobleme wird allerdings die Deutung des internen Zinsfußes als „Rendite" nur unter bestimmten Voraussetzungen richtig.

Die Rendite (Kapitalrentabilität) berechnet sich als Bruch aus Einnahmenüberschuß im Zähler und gebundenem Kapital (Kapitaleinsatz) im Nenner. Ein solcher Bruch hat nur dann Sinn, wenn die Kapitalbindung in dem betrachteten Zeitraum, in dem der Einnahmenüberschuß entsteht, konstant bleibt. Bei einem einperiodigen Modell (Ausgabe in t_0, Einnahme in t_1) ist das der Fall. Bei einer mehrjährigen Obligation ist das wenigstens im Prinzip der Fall: Gebunden bleibt (aus der Sicht des Wertpapierkäufers) stets der Anschaffungsbetrag, die Einnahmenüberschüsse sind jährlich gleich hoch, und wenn man das Disagio gleichmäßig auf die Laufzeit verteilt (wie es der praktischen Übung ent-

---

51 So *Erich Schneider:* Kritisches und Positives zur Theorie der Investition. In: Weltwirtschaftliches Archiv, Bd. 98 (1967 I), S. 314-348, hier S. 316; *ders.:* Wirtschaftlichkeitsrechnung. 7. Aufl., Tübingen-Zürich 1968, S. 26.

spricht), dann rechnet man als Einnahmenüberschuß den durchschnittlichen Einnahmenzuwachs je Jahr bei einer Kapitalbindung in Höhe der Anschaffungsausgaben. Bei Sachinvestitionen oder Beteiligungen ist nicht mit gleichmäßigen Zahlungen zu rechnen, die Kapitalbindung während der Laufzeit der Investition ist nicht konstant, und deshalb wird die Berechnung einer Rendite fragwürdig.

Betrachten wir die Alternative D (S. 82). Die Kapitalbindung von t_0 bis t_1 beträgt 80.000 DM. Zwischen t_0 und t_1 ist jedoch kein Kapital mehr gebunden, vielmehr ist ein finanzieller Überschuß von netto 96.000 DM vorhanden. Für den Zeitraum t_0 bis t_2 läßt sich somit ohne zusätzliche Unterstellungen keine Rendite berechnen. Daraus lassen sich drei mögliche Folgerungen ziehen:

a) Für Investitions- bzw. Finanzierungsvorhaben, die neben einer Anfangs- und Endzahlung auch zwischenzeitliche Zahlungen enthalten, muß auf die Berechnung einer Rendite verzichtet werden. Dieser Schluß ist rigoros, doch tatsächlich braucht man die Renditenvorstellung nicht, um richtige Investitions- und Finanzierungsentscheidungen zu treffen.

b) Für solche Investitions- und Finanzierungsvorhaben läßt sich erst dann eine Rendite berechnen, wenn durch zusätzliche Einzelannahmen über Investitions- und Finanzierungsvorhaben die zwischenzeitlichen Zahlungen ausgeglichen werden: wenn die Alternativen vollständiger formuliert sind (vgl. 91 f.).

c) Man berechnet die Rendite aufgrund der vorliegenden Zahlungen mit der stillschweigenden Unterstellung, daß alle zwischenzeitlichen Zahlungen sich zum berechneten internen Zinsfuß verzinsen. Das heißt: Alle Einnahmen können zum berechneten internen Zinsfuß angelegt werden. Alle Ausgabenüberschüsse werden durch Kredite mit Kapitalkosten in Höhe des internen Zinsfußes finanziert. Genau das unterstellt die interne Zinsfußmethode.

Der dritte Weg soll verdeutlicht werden. Ein schockierendes Beispiel für die Mehrdeutigkeit des internen Zinsfußes ist die Zahlungsreihe E[52]:

	t_0	t_1	t_2
E	− 1.000	+ 5.000	− 6.000

Die internen Zinsfüße lauten 100% und 200%. Der Leser faßt sich mit Recht an den Kopf, wenn ihm jemand einreden will, eine Investition mit insgesamt 7.000 DM Ausgaben und 5.000 DM Einnahmen sei zu 100% oder gar zu 200% rentabel. Tatsächlich rentiert sich die Investition E zu 100% oder 200%, *wenn wir eine bestimmte Prämisse setzen:* daß die zwischenzeitlichen Zahlungen zu 100 bzw. 200% angelegt werden können.

---

52 Vgl. *C.A. Wright:* A Note on „Time and Investment". In: Economica, New Series, Vol. 3 (1936), S. 436-440; Wright setzt sich mit *K.E. Boulding:* Time and Investment. Ebenda, S. 196-220, auseinander, der den internen Zinsfuß vor allem propagierte; ferner *Paul A. Samuelson:* Some Aspects of the Pure Theory of Capital. In: The Quarterly Journal of Economics, Vol. 51 (1936/1937), S. 469-496, hier S. 475; *Hirshleifer:* On the Theory of Optimal Investment Decision, S. 348-351.

Folgende Rechnung zeigt das:

	t_0	t_1	t_2 bei 100%	t_2 bei 200%
E	− 1.000	+ 5.000	− 6.000	− 6.000
Geldanlage		− 5.000	+ 10.000	+ 15.000
Zahlungssaldo E	− 1.000	0	+ 4.000	+ 9.000

Daß 100% (bzw. 200%) Rendite vorliegen, wenn man für 1.000 DM heute in zwei Jahren 4.000 (9.000) DM zurückbekommt, sieht jeder ein. An dem Beispiel wird deutlich: Nur für den „Zahlungssaldo E" ist eine Renditenberechnung sinnvoll, denn die Kapitalbindung ist während der Laufzeit der Investition konstant (gleich 1.000 DM). Für E ohne Wiederanlage ist es sinnlos, eine Rendite berechnen zu wollen. Für E ist zwar der interne Zinsfuß berechnet worden, d.h. der Zinssatz, für den die Zahlungsreihe E Null wird. Diese (mehrfache) Lösung der algebraischen Gleichung sagt jedoch ökonomisch nichts aus; es sei denn, man unterstellt, daß zu diesem Zinssatz zwischenzeitliche Einnahmenüberschüsse angelegt (Ausgabenüberschüsse finanziert) werden können. Als Folge dieser Prämisse wandelt sich E in den „Zahlungssaldo E" um, und für diesen Zahlungssaldo kann die Rendite berechnet werden, weil der Kapitaleinsatz im Zeitablauf gleich hoch ist.

Den internen Zinsfuß als Rentabilitätsziffer zu deuten, könnte Schwierigkeiten bereiten, wenn das erste Glied aus einer Einnahme besteht. Denn dann ist ja kein Kapital gebunden. Die Schwierigkeit ist jedoch nur scheinbar: Besteht die erste Zahlung aus einer Einnahme, dann ist nach der hier benutzten Definition ein Finanzierungsvorhaben gegeben. Berechnet wird nicht die Rentabilität, sondern die Effektivverzinsung. Beispiel C, in der Weise betrachtet, bedeutet: Das „Finanzierungsgeschäft" C hat eine Effektivverzinsung von 6 bzw. 14%:

	t_0	t_1	t_2 bei 6%	t_2 bei 14%
C	+ 80.000	− 176.000	+ 96.680	+ 96.680
Kredit zu 6% bzw. 14%		+ 176.000	− 186.560	− 200.640
Zahlungssaldo C	+ 80.000	0	− 89.880	− 103.960

Der „Restkredit" mit der Zahlungsreihe -80.000 in t_0, und -89.800 (bzw. -103.960) in t_2 hat eine Effektivverzinsung von rund 6% (14%) jährlich.

Der interne Zinsfuß ist mathematisch definiert als der Zinssatz, zu dem der Kapitalwert einer Zahlungsreihe Null wird, d.h. er ist die Lösung einer algebraischen Gleichung n-ten Grades. Das hat sechs störende Folgen, wenn nicht auf den ökonomischen Sinn einer solchen Berechnung und damit auf die Anwendungsvoraussetzungen geachtet wird:

(1) Ist die Investitionsdauer n ≥ 4, so läßt sich, von Ausnahmen abgesehen, der interne Zinsfuß nur noch näherungsweise bestimmen. Das Abschätzen der Lösung ist zwar umständlich, aber kein entscheidendes Hindernis. Für praktische Zwecke genügt es regelmäßig, den internen Zinsfuß bis auf wenige Stellen hinter dem Komma zu kennen.

(2) Wesentlich unangenehmer ist die Tatsache, daß jede Gleichung n-ten Grades n verschiedene Lösungen hat. Die meisten Lösungen werden komplexe Zahlen sein; diese sind für die ökonomische Betrachtung belanglos. Peinlich wird es, wenn mehrere reelle Lösungen auftreten, wie in den Beispielen C, D. Peinlich ist es auch, wenn eine Zahlungsreihe gar keinen reellen internen Zinsfuß hat, wie z.B. die Reihe

t_0	t_1	t_2
− 1.000	+ 3.000	− 2.500

Diese Reihe führt zu einer quadratischen Gleichung, deren beide Lösungen komplexe Zahlen sind. Als mathematischer Grund für die mehrfachen reellen Lösungen wird der Vorzeichenwechsel in der Zahlungsreihe angegeben[53]. Eine Reihe, in der das Vorzeichen nur einmal wechselt, hat nur eine reelle Lösung. Eine Reihe, in der das Vorzeichen zweimal wechselt, hat höchstens zwei reelle Lösungen, u.U. auch gar keine.

Die Mehrdeutigkeit des internen Zinsfußes hat eine lebhafte Diskussion ausgelöst. Das schwächste Argument gegen die Mehrdeutigkeit lautet: Solche Fälle kämen praktisch nicht vor. Für die in der Praxis bedeutsamen Investitionen seien die Zahlungssalden während der Laufzeit stets positiv, und die Ausgabenüberschüsse lägen am Anfang, und folglich werde nur ein positiver interner Zinsfuß auftreten[54]. Wer diese Auffassung vertritt, für den gibt es keine Auftragsforschung, keine Entwicklungsprojekte oder keine Großbauten, in denen zunächst Anzahlungen geleistet werden, dann die Ausgaben anfallen, dann die endgültige Abrechnung erfolgt. Für den zählen zu den praktisch bedeutsamen Investitionen auch jene Objekte nicht, die in regelmäßigen Abständen generalüberholt werden müssen, so daß z.B. nach zwei oder drei Jahren mit Einnahmenüberschüssen wegen der Generalüberholung ein Jahr mit einem Ausgabenüberschuß auftritt, oder Investitionen mit Abbruchkosten über dem Restverkaufserlös bzw. mit umweltschützenden Rekultivierungsausgaben am Investitionsende.

(3) Die Rangordnung zweier sich ausschließender Investitionsvorhaben nach dem internen Zinsfuß ist nicht neutral gegenüber gleich hohen Datenänderungen[55].

---

53 Vgl. *Hirshleifer:* On the Theory of Optimal Investment Decision, S. 349; vgl. dazu auch *Daniel Teichroew, Alexander A. Robichek, Michael Montalbano:* An Analysis of Criteria for Investment and Financing Decisions under Certainty. In: Management Science, Vol. 12 (1965), S. 151-179; *William H. Jean:* On Multiple Rates of Return. In: The Journal of Finance, Vol. 23 (1968), S. 187-191, und die dort angegebenen Quellen.
54 So *Erich Schneider:* Kritisches und Positives zur Theorie der Investition, S. 317.
55 Vgl. dazu auch *Hållsten,* S. 55.

Es konkurrieren z.B. zwei Anlagen.

	t_0	t_1	t_2	t_3	r
F	− 180	+ 140	+ 100	+ 40	32%
G	− 180	+ 100	+ 100	+ 100	30%

Offensichtlich ist F vorzuziehen. Der junge Diplomkaufmann, der dies errechnet, hat dabei die Abbruchkosten der alten Anlage, die bei F und G in gleicher Höhe von −40 anfallen, vernachlässigt. Sie können, sagt er sich, die Entscheidung, ob F oder G besser ist, nicht beeinflussen. Sein Chef mißtraut ihm und rechnet nach (mit −220 in t_0). Natürlich ändern sich die beiden internen Zinsfüße, das war zu erwarten. Aber leider ändert sich auch die Rangordnung: r_F = 16%; r_G = 17%. Der Leiter der Revisionsabteilung des Unternehmens wird als Sachverständiger hinzugezogen. Er meint, natürlich seien die Abbruchkosten zu vernachlässigen. Aber er stellt fest, daß der Lohn eines Arbeiters nicht berücksichtigt ist. Ihm wird entgegengehalten, der Arbeiter müsse bei beiden Vorhaben beschäftigt werden. Beide Male entstehen Ausgaben von 20, was die relative Vorteilhaftigkeit nicht beeinflussen könne. Werden sie jedoch berücksichtigt, errechnet sich bei Anschaffungsausgaben von 180 für F 14%, für G 16%. Wiederum wird die ursprüngliche Rangordnung umgestoßen. Die Angelegenheit kommt vor den Vorstand, und der entscheidet vernünftig: Er verlangt das Aufstellen eines Finanzplans.

(4) Der interne Zinsfuß einer bereits in Betrieb befindlichen Anlage ist nicht mehr zu berechnen. Welchen internen Zinsfuß hat z.B. folgende Investition in t_1?

t_0	t_1	t_2
− 1.000	0	+ 1.210

In t_0 ist ihre Rendite 10%. In t_1 sind die Anschaffungsausgaben versunken und vergessen. Der Zahlungsstrom lautet nur mehr t_1: 0; t_2: +1.210. Der interne Zinsfuß ist „unendlich", die Vorstellung einer Rendite ist hier Unsinn.

(5) Nach dem, was wir bisher über den internen Zinsfuß gehört haben, wundert es nicht mehr, daß zwei Vorhaben unterschiedliche Rangordnungen ergeben, je nachdem, ob man sie nach ihren internen Zinsfüßen oder nach ihren Kapitalwerten ordnet. Auch dazu ein Beispiel (der Kalkulationszinsfuß sei 8%):

	t_0	t_1	t_2	r	K
H	− 1.000	0	+ 1.210	10%	37,4
L	− 1.000	+ 1.000	+ 122,1	11%	30,6

Wie ist das zu erklären? Welche Handlungsmöglichkeit ist vorzuziehen?

Die Berechnung der Vorteilhaftigkeit einzelner Investitionen 91

Die Erklärung liegt nach dem bisher Ausgeführten auf der Hand: Wenden wir die Kapitalwertmethode und die interne Zinsfußmethode auf unser Beispiel an, dann vergleichen wir ökonomisch gesehen – nicht die ursprünglichen Zahlungsströme, sondern folgende „vollständig formulierte" Modelle:

Kapitalwertmethode:

	t_0	t_1	t_2
H	– 1.000	0	+ 1.210
L	– 1.000	+ 1.000	+ 122,10
		[– 1.000]	[+ 1.080,–]
		0	+ 1.202,10

Interne Zinsfußmethode:

	t_0	t_1	t_2
H	– 1.000	0	+ 1.210
L	– 1.000	+ 1.000	+ 122,10
		[– 1.000]	[+ 1.110,–]
		0	+ 1.232,10

Die unterschiedlichen Einnahmen aus den Differenzinvestitionen ergeben die abweichende Vorteilhaftigkeit der Handlungsmöglichkeiten. Die Höhe der Verzinsung der Differenzinvestitionen wird bei nicht vollständiger Formulierung über einen Finanzplan durch die angewandten Rechenverfahren impliziert.

Der ökonomische Sinn der Berechnung eines internen Zinsfußes besteht darin, eine mehrperiodige Zahlungsreihe in einer Rendite abzubilden: einer Wachstumsrate für die Anfangszahlung. Die Deutung als Rendite setzt voraus, daß die Anfangszahlung als Kapitalbindung im Zeitablauf nicht durch Einnahmen oder Ausgaben verändert wird. Wenn man den internen Zinsfuß als Rendite deuten will, dann muß man (um die Kapitalbindung konstant zu halten) unterstellen, daß zwischenzeitliche Zahlungssalden verschwinden. Setzt man keine ausdrücklichen Annahmen über die Wiederanlage von Einnahmenüberschüssen bzw. die Finanzierung von Ausgabenüberhängen in den einzelnen Zahlungszeitpunkten, so unterstellt das Rechenverfahren stillschweigend: Einnahmenüberschüsse werden zum internen Zinsfuß angelegt, Ausgabenüberschüsse werden finanziert durch Kreditaufnahmen mit Kosten in Höhe des internen Zinsfußes. Wird der interne Zinsfuß einer Zahlungsreihe, wie E (S. 87), als Rentabilitätsziffer gedeutet, dann wird also keine Aussage über die Vorteilhaftigkeit von E gemacht, sondern eine Aussage über die Rendite des „Zahlungssaldos E"! Die Aussage „E habe eine Rendite von 100 bzw. 200%" unterstellt eben, die 5.000 DM in t_1 können so angelegt werden, daß sie zu 10.000 bzw.

15.000 DM in t_2 führen. Dabei ist zu beachten: Auch die Gleichung für den Zahlungssaldo E

$$-1.000 + \frac{4.000}{(1+r)^2} = 0 \qquad (8)$$

hat zwei Lösungen, nämlich +1 und -3, also 100% und -300%. Ebenso die für den Zahlungssaldo C mit -0,06 und -2,06 bzw. 0,14 und -2,14. Doch hier können wir mit einigem Recht jeweils die zweite Lösung als unsinnig verwerfen, denn es ist offensichtlich, daß der Unternehmer beim Zahlungssaldo E mindestens 3.000 DM gewinnt und nicht Geld verliert. Bei mehreren positiven internen Zinsfüßen und bei negativen, die über -100% liegen, bei denen also nicht das ganze Anfangskapital verlorengeht, zieht diese Notbremse des Verwerfens der zweiten Lösung als wirtschaftlich unsinnig, nicht.

Die Einwände gegen die interne Zinsfußmethode werden hinfällig, wenn die Rechentechnik nicht mehr gedankenlos auf den ursprünglich geschätzten Zahlungsstrom einer Investition angewandt wird, sondern wenn ausdrückliche Annahmen erfolgen, wie sich während der Nutzungsdauer (Laufzeit) der Investition entstehende Einnahmenüberschüsse bei Wiederanlage verzinsen und mit welchen Finanzierungskosten zwischenzeitliche Ausgabenüberschüsse ausgeglichen werden können. Nach Einbau ausdrücklicher Reinvestitions- und Refinanzierungsannahmen verbleibt eine Zahlungsreihe mit einer Ausgabe zu Beginn und einer Einnahme (dem Endvermögen) nach n Jahren Laufzeit der Investition. Für diese Investition benennt die n-te Wurzel die durchschnittliche Wachstumsrate des anfangs eingesetzten Kapitals. Diese Wachstumsrate entspricht der internen Verzinsung.

Damit die Renditenvorstellung bei mehrperiodigen Wahlproblemen sinnvoll angewandt werden kann, ist also dreierlei erforderlich[56]:

a) Eine hinreichend realistische Annahme über die tatsächlichen Wiederanlage- und Refinanzierungsmöglichkeiten. Dabei läßt sich durchaus berücksichtigen, daß die Reinvestitionsfinanzierung von den internen Verzinsungen (Einnahmenüberschüssen) aller einzelnen Projekte abhängig ist. Man kann dazu den mittleren Zinssatz eines Investitionsprogramms wählen oder wie bei der Kapitalwertmethode einen Kalkulations- = Marktzinssatz von außen vorgeben.

b) Beim Vergleich sich gegenseitig ausschließender Investitionsvorhaben mit unterschiedlicher Nutzungsdauer muß der Vergleich stets auf einen gleichen Zeitraum bezogen werden (z.B. die Nutzungsdauer der Investitionsalternative mit der längsten Nutzungsdauer).

---

56 Vgl. *Hans Meyer:* Zur allgemeinen Theorie der Investitionsrechnung. Düsseldorf 1977. Sein Verfahren stellt eine mehrfache Verbesserung des Vorschlages von *Robert H. Baldwin:* How to Assess Investment Proposals. In: Harvard Business Review, Vol. 37 (1959), S. 98-104, dar; vgl. im einzelnen *Hans Meyer:* Die Fragwürdigkeit der Einwände gegen die interne Verzinsung. In: ZfbF, Jg. 30 (1978), S. 39-62.

c) Beim Vergleich sich gegenseitig ausschließender Investitionsvorhaben mit unterschiedlichen Anschaffungsausgaben muß der Kapitaleinsatz zu Beginn der Investition gleich hoch gemacht werden durch den Einbau von Ergänzungsinvestitionen.

cc) Sind Lieferantenkredite teuer?

Die Berechnung der **Effektivverzinsung** einzelner Finanzierungsmaßnahmen gleicht methodisch der Berechnung des internen Zinsfußes einer Investition.

Erst wenn über Annahmen zur Wiederanlage und über die Refinanzierungskosten zwischenzeitliche Zahlungssalden ausgeschaltet worden sind, erleichtert die Berechnung von Renditen bzw. Effektivverzinsungen die Investitions- und Finanzplanung. Namentlich bei der Erörterung schwieriger Steuerbelastungsfragen werden wir später das anschauliche Vorteilsmaß der Rendite benutzen. Ehe aus den Rechenergebnissen Schlüsse für die Wirklichkeit gezogen werden, ist jedoch zu prüfen, ob nicht die mit der Renditenberechnung unterstellten Wiederanlagerenditen oder Refinanzierungskosten das Ergebnis beeinflussen (vgl. bes. S. 351 ff.).

Die praktische Bedeutung solcher Annahmen über zwischenzeitliche Wiederanlagen soll am Beispiel der *„Zinskosten" eines Lieferantenkredits* verdeutlicht werden:

Die Inanspruchnahme von Zahlungszielen durch Lieferanten steht im Ruf, eine teurere Form der Kreditgewährung zu sein. Zinskosten verursacht ein Lieferantenkredit dann, wenn (a) bei gleicher Qualität die Zahlungsfrist mit einem höheren Preis gegenüber Konkurrenzprodukten erkauft werden muß oder (b) bei Zahlung innerhalb weniger Tage ein Skonto, also ein Abschlag auf den Verkaufspreis, gewährt wird. Beispielsweise mögen die Zahlungsbedingungen des Lieferanten lauten:

2% Skonto bei Zahlung des Kaufpreises innerhalb von 7 Tagen, Zahlung des Kaufpreises ohne Abzug innerhalb von 28 Tagen. Daraus ergibt sich, umgerechnet auf ein Jahr, eine effektive Zinsbelastung i von

$$i = \frac{2\% \times 360}{28 - 7} = 34,3\% \quad . \tag{9}$$

Bei Einbeziehung von Zinseszinsen und Berücksichtigung des Umstandes, daß der Kreditbetrag 98% des Kaufpreises beträgt, errechnet sich (ohne ausdrückliche Berücksichtigung von Wiederanlagen und Refinanzierung) eine Effektivverzinsung von

$$i = (1 + \frac{2\%}{98\%})^{\frac{360}{28-7}} - 1 = 41,4\% \quad . \tag{9a}$$

Wenn man von dem im Handel nicht selten zu findenden Zahlungsziel von 60 Tagen ausgeht, ehe böse Mahnungen erfolgen, beträgt bei einfacher Rechnung die effektive Zinsbelastung noch

$$i = \frac{2\% \times 360}{60 - 7} = 13{,}6\%.\qquad(9b)$$

Zwischen diesen knapp 14% und den über 40% zuvor berechneten öffnet sich eine weite Spanne. Sie zeigt die Abhängigkeit der Zinskosten eines Lieferantenkredits von seiner Laufzeit nach dem Ende der Skonto-Abzugsfrist. Die Differenz 34,3% zu 41,4% belegt das Gewicht, das der Annahme zukommt, es erfolge eine tägliche Zinseszinszahlung. Ehe ein Lieferantenkredit als teuer eingestuft wird, muß also genau auf die Voraussetzungen geachtet werden, die bei der Zinseszinsrechnung stillschweigend unterstellt werden:

Wenn das Skonto ausgenutzt wird und der so ersparte Betrag die Kassenhaltung während eines Jahres erhöht, sind nach einem Jahr zwar 2% des Kaufpreises gespart, doch kein zusätzlicher Pfennig an Zinsertrag verdient worden. Wird das Skonto ausgenutzt und muß hierfür, um durch Skontoausnutzung nicht die Liquidität zu beeinträchtigen, für 21 Tage ein Kredit aufgenommen werden, so mögen dessen Kapitalkosten z.B. 10% jährlich betragen. Die tatsächliche Mehrbelastung durch den Lieferantenkredit besteht dann (bei nicht zinstragender Wiederanlage des Skontoertrages) lediglich in der Differenz zu den Kreditkosten für 21 Tage, die hier 0,6% des Kaufpreises betragen, also in 1,4% des Kaufpreises.

Eine realistische Berechnung der Kosten eines Lieferantenkredites hat den Zeitraum zu beachten, innerhalb dessen eine Bezahlung unter Skontoabzug vom Lieferanten hingenommen wird (und bei Großkunden sind das häufig nicht die 7 Tage laut Geschäftsbedingung, sondern zwischen 10 und 30 Tagen). Wer auf seinen Ruf nicht achtet, wird für die Berechnung jene Zahlungsfrist einsetzen, nach welcher der Lieferant zu ernstlichen Sanktionen greift. Dabei hängt es von der Marktmacht des Kunden und seiner Empfindlichkeit ab, ob schon ein erstes, höflich-formelles Mahnschreiben (mit dessen Eingang im Regelfall nicht vor 30 Tagen nach Ablauf der Zahlungsfrist gerechnet zu werden braucht) schon als „ernste Sanktion" anzusehen ist oder ob erst die Drohung mit dem Gerichtsvollzieher bzw. die Ankündigung, eine Weiterbelieferung erfolge nur gegen Vorauskasse, die „faktische" Zahlungsfrist beendet. Normalerweise ist mit solchen Drohungen kaum innerhalb des ersten Halbjahres nach Ablauf der Zahlungsfrist zu rechnen.

Radikale Verbilligungsstrategien für Lieferantenkredite durch Überziehen von Zahlungsfristen gehen zwar auf Kosten des Rufes des Kunden. Aber bei Wettbewerb unter den Lieferanten vermag eine geschickte Mischung aus Skontoausnutzung bei einer Lieferung, „Vergessen" der Bezahlung bei einer anderen, Lieferantenkredite ohne nachhaltige Rufbeeinträchtigung unter die Zinskosten von Bankkrediten zu drücken. Es versteht sich von selbst, daß solche etwas anrüchigen Strategien allenfalls von Geschäftsleuten erwogen werden, die ordentlichen Kaufleuten fern stehen.

Ein zweites Beispiel ist die Effektivverzinsung eines Schuldscheindarlehens. Der Auszahlungskurs sei 95, der Zinssatz 6% bei halbjährlicher Zinszahlung, die Laufzeit 10 Jahre, Rückzahlungskurs 100. Die praktische Rechnung erfolgt regelmäßig so: Um über 95 DM zu verfügen, sind jährlich 6 DM Zinsen zu zahlen. Der Zinssatz beträgt 6,00:95 =

6,32%. Ferner ist das Disagio auf die Laufzeit aufzuteilen, das ergibt jährlich 0,5%. Die Effektivverzinsung beträgt insgesamt 6,83%.

Eine genauere Rechnung berücksichtigt zunächst, daß die Zinszahlung halbjährlich erfolgt. 3 DM, nach einem halben Jahr gezahlt, sind bei 6% Zinsen am Jahresende auf 3,09 DM angewachsen. Es ist also zu rechnen: 6,09:95 = 6,41%. Die genauere Rechnung beachtet ferner, daß bei den 5 DM Disagio die Zinseszinswirkung erfaßt werden muß: Es ist die Annuität des Barwertes der 5 DM zu berechnen. Sie gleicht etwa 0,38 DM, d.h. 0,38%. Zusammen ergibt das eine Effektivverzinsung von 6,79%. Wir sehen, die Fehler bei der praktisch überschlägigen Rechnung gleichen sich weitgehend aus. Die Vernachlässigung der Zinsgewinne bei der praktischen Rechnung durch die halbjährliche Zinszahlung mindert die Effektivverzinsung, die gleichmäßige Verteilung des Agios erhöht sie. Im Regelfall genügt deshalb die praktisch-überschlägige Rechnung.

Die theoretisch exakte Rechnung würde verlangen, den internen Zinsfuß der Zahlungsreihe

t_0	t_1	t_2	t_3	...	t_{10}
− 95	− 3	− 3	− 3	...	− 103

zu bestimmen. Dabei wäre der interne Zinsfuß allerdings für einen Halbjahreszeitraum definiert. Dies läßt sich vermeiden, wenn durch Annahmen über die Refinanzierung der Zinszahlung von t_1 bis t_{19} nur noch ein Zahlungssaldo in t_0 und t_{20} besteht und dann die Wachstumsrate des Anfangskapitals während der 10 Jahre Laufzeit berechnet wird. Eine Berechnung der Effektivverzinsung über den internen Zinsfuß ist vor allem dann erforderlich, wenn Tilgungszahlungen in den Zahlungsstrom eingehen. Hier sind wiederum Annahmen über die Verzinsung zwischenzeitlicher Wiederanlagen erforderlich, um für die gesamte Laufzeit die Effektivverzinsung willkürfrei zu bestimmen.

c) Die Planung einzelner Investitionsmaßnahmen

1. Die Datenerfassung

aa) Kapazitätseinheiten als Investitionsvorhaben

Das schwierigste Problem bei Investitionsüberlegungen ist die Frage, wie die für ein Investitionsvorhaben repräsentativen Zahlungsströme ermittelt werden können. Nehmen wir an, in der Reparaturabteilung des Zweigwerks eines chemischen Konzerns sei eine Drehbank zu ersetzen. Die Drehbank stehe in keiner unmittelbaren Beziehung zum Fertigungsprozeß des Zweigwerks, und das Zweigwerk liefere nur Vorprodukte für das Hauptwerk, es habe keinen eigenen Absatzmarkt. Wie können dieser Drehbank Einnahmen und Ausgaben zugerechnet werden?

Um die Zahlungsströme erfassen zu können, ist zunächst zu definieren: Was ist als Investitionsobjekt anzusehen? Ist es die neue Drehbank, die Anlagenausstattung der Reparaturabteilung insgesamt oder gar ein wirtschaftlich selbständiger Komplex wie das Zweigwerk?

Um den Begriff „Investitionsobjekt" einzugrenzen, ist zu beachten, daß fast alle Betriebe vertikal in Produktionsstufen gegliedert sind. *In einer Produktionsstufe werden durch eine Kombination von Produktionsfaktoren Leistungen erstellt, die selbständig veräußerbar, also im Prinzip „marktgängig" sind.* Die kleinstmögliche Kombination von Produktionsfaktoren nennen wir Kapazitätseinheit. Um z.B. ein Werkstück an einer Drehbank zu bearbeiten, braucht man einen Dreher (Produktionsfaktor Arbeit), eine Drehbank (Produktionsfaktor Betriebsmittel), Energie, Schmiermittel und schließlich das Werkstück (Produktionsfaktor Werkstoffe). Stellt der Dreher selbständig bewertbare Teile her, dann liegt eine Kapazitätseinheit vor. Stellt der Dreher keine selbständig bewertbaren Teile her, dann umfaßt die Kapazitätseinheit die Dreharbeiten und alle weiteren Verrichtungen, die notwendig sind, um ein selbständig veräußerbares Teil zu erzeugen. Nur wenn man bei der Inhaltsbestimmung einer Produktionsstufe auf die selbständige Veräußerbarkeit der Leistungen (Erzeugnisse) abstellt, können den Leistungen Einnahmen zugerechnet werden. Lassen sich einer Produktionsstufe Einnahmen zurechnen, so sind gleichzeitig die Ausgaben der nachfolgenden Produktionsstufe ermittelbar, soweit Teile und Vorprodukte aus vorgelagerten Produktionsstufen bezogen werden.

Nach dem üblichen Sprachgebrauch bezeichnet man im Produktionsbereich nur die Betriebsmittel (Maschinen, Transport- und Energieeinrichtungen, Werkzeuge) als Investitionsobjekte. Das ist zu eng. Als Investitionsobjekt ist die gesamte Kapazitätseinheit als Kombination der Produktionsfaktoren Arbeit, Betriebsmittel, Werkstoffe und Energie zu betrachten. Investitionsüberlegungen beziehen sich nicht auf einzelne technische Anlageneinheiten, sondern immer auf Kapazitätseinheiten insgesamt. Der Begriff Kapazitätseinheit ist nicht auf den Bereich der industriellen Fertigung beschränkt. Als Kapazitätseinheit ist z.B. auch die Ein-Mann-Bankzweigstelle auf einem Dorfe anzusehen.

Die gewichtigste Einzelzahlung wird regelmäßig die Anschaffungsausgabe für die Betriebsmittelausstattung einer Kapazitätseinheit sein, z.B. die Anschaffungsausgabe für eine Spitzendrehbank mit allen notwendigen Anbauten und Energieanschlüssen. Diese Anlagenausstattung der Kapazitätseinheit bildet bei wirtschaftlicher Betrachtung den Abschreibungsgegenstand für das Rechnungswesen.

bb) Grundsätzliches zur Prognose von Zahlungsströmen

Die Zahlungsströme eines Investitionsobjekts hängen ab von dem Zeitraum, in dem das Objekt genutzt werden kann, von der Beschäftigung der Kapazitätseinheit, von den Erlösen der Produkte, von der Höhe der Anschaffungsausgaben und der Betriebskosten (Löhne, Werkstoffe usw.), von den Anlagenunterhaltungsaufwendungen und von der Entwicklung des Restverkaufserlöses alter Anlagen. Kurz um die Vorteilhaftigkeit einer Investition zu bestimmen, müßte man wissen:

Die Berechnung der Vorteilhaftigkeit einzelner Investitionen

(1) Wie verläuft die allgemeine Entwicklung der Unternehmung in den nächsten zehn, zwanzig oder dreißig Jahren, und mit welchen Abweichungen von den angenommenen Daten ist zu rechnen?

(2) Wie sehen in diesem Zeitraum die Detailentscheidungen der Unternehmensführung aus, die einzelnen Entscheidungen zur Finanz-, Absatz- und Produktionspolitik?

Die erste Frage bezieht sich auf das Ungewißheitsproblem, die zweite Frage auf das Interdependenzproblem. Das Ungewißheitsproblem stellen wir bis Kapitel C zurück. Bis dorthin wird für Entscheidungen nur jeweils eine Zukunftslage beachtet.

Das **Interdependenzproblem** hat in manchen Köpfen Verwirrung gestiftet. Die Zahlungsströme bestimmen sich aufgrund der künftigen Absatz- und Produktionspolitik. Wie die Absatz- und Produktionsentscheidungen aussehen, das können wir aber nicht sagen, solange nicht geklärt ist, auf welchen Anlagen produziert werden soll. *Es ist in der Betriebswirtschaftslehre eben alles interdependent, und die Grenzen sind fließend.*

In diesem Kapitel gehen wir davon aus, daß die Zahlungsströme einer Investition geschätzt werden können, ohne daß die Einzelentscheidungen der künftigen Absatz- und Produktionspolitik bekannt sind. Diese Annahme ist eine Vereinfachung. Die Vereinfachung ist notwendig, um die Probleme des finanziellen Bereichs der Unternehmung herauszuarbeiten. In Kapitel III werden wir Ansätze zu einer simultanen Abstimmung von Investitions-, Finanzierungs-, Produktions- und Absatzplanung darstellen und dabei zweierlei erkennen:

(1) Die formalen Optimumbedingungen ändern sich bei Simultanplanung gegenüber Einzelentscheidungen kaum, und

(2) die entscheidenden praktischen Fragen liegen in der Erfassung der Einzelabhängigkeiten (der Absatz- und Kostenfunktionen, der Zusammenstellung des Investitionsprogramms).

Wie ist bei der Schätzung der Zahlungsströme vorzugehen? Es ist zweckmäßig, folgendes Schema zu beachten. Für jeden Zahlungszeitpunkt sind zu bestimmen:

Einnahmen der Unternehmung nach Vornahme der Investition
− Einnahmen der Unternehmung ohne Vornahme der Investition

Roheinnahmenänderung
− zusätzliche Ausgaben aufgrund dieser Investition in anderen Produktionsstufen
---
Leistungseinnahmen der Investition
− Ausgaben für die Investition in der betreffenden Produktionsstufe
---
Einnahmenüberschuß (Periodenüberschuß)
− gewinnabhängige Zwangsausgaben (Steuern, Gewinnbeteiligung der Arbeitnehmer)
---
verbleibender Einnahmenüberschuß vor Finanzierungszahlungen

Nehmen wir an, ein Unternehmer plane eine Investition, um einen Fertigungsengpaß zu beseitigen. Zwei Alternativen stellen sich ihm: Alternative 1 beseitigt den Engpaß und führt zu einer harmonischen Kapazitätsabstimmung in der Unternehmung. Die zweite

Alternative lautet: Verzicht auf diese Investition. Diese „Null"-Alternative hat man immer. Betrachten wir die Überlegungen des Unternehmers bei Planung der Alternative 1. Er schätzt die Gesamteinnahmen für die einzelnen Perioden, (a) für den Fall, wenn er 1 investiert, und (b), wenn er 1 nicht investiert. Als Saldo erhält er die Roheinnahmenänderung bei Investition von 1. Die Ermittlung der Einnahmen und Ausgaben erfolgt also „relativ"[57], in bezug auf die Null-Alternative.

Bei der Schätzung der Ausgaben ist es zweckmäßig, zwei Stufen zu bilden. Erstens sind diejenigen Ausgaben zu erfassen, die aus der Interdependenz von Gesamtunternehmung und Einzelinvestitionsentscheidung folgen. Anlaß der Investitionsüberlegung bildet z.B. ein Fertigungsengpaß. Die Investition von 1 wird auch in den anderen vor- oder nachgelagerten Produktionsstufen höhere Beschäftigung hervorrufen. Das führt zu höheren Löhnen, höheren Hilfs- und Betriebsstoffausgaben in anderen Kapazitätseinheiten. Um diese zusätzlichen Ausgaben wird die Roheinnahmenänderung vermindert. Das Ergebnis sind die Leistungseinnahmen des Investitionsobjekts 1 für jede Periode. Wir rechnen also der zu investierenden Anlage die Einnahmenänderung der Unternehmung insgesamt zu, nachdem die anderen beteiligten Produktionsfaktoren zu ihren zusätzlichen Kosten (Grenzkosten) entlohnt worden sind. Der Leistungseinnahmenstrom liegt dem weiteren Kalkül zugrunde. Im Leistungseinnahmenstrom drückt sich die Interdependenz zwischen dem einzelnen Vorhaben und der Gesamtunternehmung aus.

Zweitens sind die Ausgabenänderungen in der Produktionsstufe selbst zu betrachten. Die Ermittlung der Anschaffungsausgaben und der Anschaffungsnebenkosten für die Ausstattung einer Kapazitätseinheit bereitet im allgemeinen keine Schwierigkeiten. Auf Anlagenunterhaltungsaufwendungen wird gesondert eingegangen werden. Zu den Betriebsausgaben zählen die Ausgaben für die anderen Produktionsfaktoren in einer Kapazitätseinheit: die Löhne der beschäftigten Arbeiter, die Ausgaben für Werkstoffe, Energie, Hilfsstoffe und Fremdleistungen. Betriebsausgaben können teilweise durch den Verschleiß der Anlage bedingt sein (z.B. höherer Energieverbrauch, höherer Ausschuß); aber auch Änderungen in den Löhnen und Werkstoffpreisen, die völlig unabhängig vom Zustand der Betriebsmittel sind, gehen in die Investitionsrechnung ein. Die voraussichtlichen Lohnsteigerungen sind bei der Prognose der Betriebsausgaben zu berücksichtigen: denn sie können ein Vorverlegen des Ersatzzeitpunktes und vielfach auch eine stärkere Automatisierung der Fertigung erzwingen. Steigende Werkstoffpreise können den Übergang zu anderen Erzeugungsverfahren und zum Werkstoffersatz nahelegen.

Die Differenz zwischen den Leistungseinnahmen und den Ausgaben in einer Periode, die vom Investitionsobjekt selbst ausgehen, werden wir im folgenden als „Periodenüberschuß" des Investitionsobjekts bezeichnen. Berücksichtigt man die Gewinnsteuern ausdrücklich in der Investitionsrechnung, so ist es zweckmäßig, den Periodenüberschuß als Einnahmenstrom vor Berücksichtigung der gewinnabhängigen Zwangsausgaben zu definieren. Wird der Periodenüberschuß um die gewinnabhängigen Zwangsausgaben (Gewinnsteuern, Gewinnbeteiligungen der Arbeitnehmer, aber auch Gewinnausschüttungen

---

57 Vgl. dazu auch *George Terborgh:* Business Investment Policy. Washington 1958, S. 39.

an „lästige" Gesellschafter) vermindert, folgt als Saldo der verbleibende Einnahmenüberschuß des Zahlungszeitpunktes vor Finanzierungszahlungen.

Neben dem verbleibenden Einnahmenüberschuß ist für jeden möglichen Zahlungszeitpunkt der Restverkaufserlös der Kapazitätseinheit (vor bzw. nach Steuern) zu berechnen.

Der Restverkaufserlös der Anlagen ist für alle Jahre zu schätzen, die als Nutzungsdauerende in Frage kommen. Die Abschätzung des Restverkaufserlöses wirft einige Probleme auf. Zwei Arten von Restverkaufserlösen sind zu unterscheiden. Ein externer, der sich am Marktpreis alter Anlagen (bzw. am Schrotterlös) orientiert, und ein interner „Verrechnungspreis", wenn ein Anlagegegenstand aus der einen Produktionsstufe herausgenommen wird, in einer anderen aber noch zu verwenden ist. Auch hier ist zu versuchen, einen Marktpreis abzuschätzen, weil die Übernahme von Restbuchwerten aus der Finanz- oder Betriebsbuchhaltung wegen deren Unzulänglichkeiten gemeinhin wenig Sinn hat.

Auf die Höhe des Marktpreises alter Anlagen wirken praktisch alle Bestimmungsgründe der Vorteilhaftigkeit einer Investition ein: die allgemeine Absatzlage, der technische Fortschritt, der Verschleiß. Aus Vereinfachungsgründen werden in der Praxis vielfach Restverkaufserlös und Abbruchkosten gleichgesetzt. Wenn wir von Restverkaufserlös sprechen, ist immer ein Nettorestverkaufserlös gemeint, ein Erlös nach Abzug der Abbruchkosten. Der Nettoerlös kann wegen der Abbruchkosten auch negativ sein.

Das Interdependenzproblem wird in der Literatur häufig als Zurechnungsproblem bezeichnet. Die Bezeichnung geht fehl, weil gar keine Zurechnung im strengen (verteilungstheoretischen) Sinn erforderlich ist, sondern eine „Grenz"-Überlegung: Wie verändern sich die Zahlungsströme bei Durchführung der Investition und bei Verzicht auf sie?

Die Grenzüberlegung zielt darauf ab, die Änderung des Gesamtwertes der Unternehmung zu bestimmen, wenn eine Investition zusätzlich durchgeführt wird. Diese „Differenzmethode" wird manchem Leser aus der steuerlichen Teilwertlehre bekannt sein. Dort wird sie verworfen, weil sie zu unsinnigen Wertansätzen führt. So soll z.B. der Hauptschalter eines Elektrizitätswerkes ersetzt werden. Nach der Grenzüberlegung berechnet sich der Kapitalwert des Hauptschalters auf einige 100 Mio. DM, denn ohne Hauptschalter kann das Elektrizitätswerk keinen Strom verkaufen und hat nur noch Schrottwert. Für die bilanzmäßige Bewertung einzelner Vermögensgegenstände ist die Differenzmethode tatsächlich verfehlt, nicht aber für Investitionsüberlegungen, denn der Kapitalwert stellt einen *Dringlichkeitsmaßstab* für Investitionen dar. Selbstverständlich wird das Elektrizitätswerk den defekten Hauptschalter zuerst ersetzen, damit überhaupt Strom verkauft werden kann, ehe es andere Investitionen durchführt.

In nicht wenigen Fällen kann mit Hilfe der Grenzüberlegung kein Überblick über die Auswirkungen eines Investitionsobjektes auf den Einnahmenverlauf gewonnen werden. In einem solchen Fall muß mit den Ausgaben allein gerechnet werden. Eine Investitionsrechnung aufgrund der Ausgabenströme allein enthält die stillschweigende Unterstellung, von diesem Investitionsvorhaben gingen keine Wirkungen auf den Einnahmenverlauf der Unternehmung aus, und das heißt: Der Einnahmenverlauf der Unternehmung ändere sich durch die Benutzung dieser Anlage im Zeitablauf nicht.

In der Praxis unterscheidet man die Begriffe technische und wirtschaftliche Nutzungsdauer einer Anlage. *Die technische Nutzungsdauer eines Anlagegutes bezeichnet die durch den Verschleiß begrenzte Lebensdauer dieses Anlagegutes.*

Man könnte zunächst meinen, die technische Nutzungsdauer sei durch die technischen Daten vorgegeben, durch Materialermüdung, Verschleiß, Korrosion, Abrieb usw. Aber eine solche, allein technologisch bedingte Festlegung der Nutzungsdauer ist verfehlt. In Wirklichkeit ist nämlich die „technische" Nutzungsdauer gar keine technische Größe, sondern eine vereinfachte Erscheinungsform der wirtschaftlichen Nutzungsdauer. Die sogenannte technische Nutzungsdauer ist diejenige wirtschaftliche Nutzungsdauer, die sich aufgrund der Verschleißursachen allein errechnet. Dazu ein Beispiel: Ein Taxifahrer kauft sich einen neuen Wagen. Wie lang ist die technische Nutzungsdauer des Taxis? Der Verkäufer wird dem Fahrer gesagt haben: „150.000 Kilometer schaffen Sie glatt; bei schonender Behandlung sogar 200.000". Und der Taxifahrer errechnet sich folglich eine technische Nutzungsdauer von, sagen wir, drei Jahren. Beglückt fährt er aus dem Hof des Autohändlers, dann über einige holprige Steine, und plötzlich steht der Wagen, weil die Unterbrecherkontakte in der Zündung nicht richtig festgeschraubt waren. Technisch gesehen ist damit bereits die Lebensdauer des Autos zu Ende, denn es fährt nicht mehr. Natürlich ist eine auf diese Weise allein technisch definierte Lebensdauer sinnlos. Stets ist „ein gewisses Maß" an Instandhaltung, Wartungs- und Reparaturarbeiten mit einzukalkulieren. Aber damit beginnen die Probleme: Durch ausreichende Wartung und Instandhaltung läßt sich bei den meisten Anlagegütern, technisch gesehen, die Nutzungsdauer nicht selten in weitem Maße verlängern. Ein neuer Kotflügel heute, neue Reifen morgen, später ein neuer Motor, neue Sitze, und das Auto fährt und fährt und fährt. Anlagenersatz und Anlagenreparatur unterscheiden sich häufig nur in technischen Einzelheiten[58].

Daraus folgt, die „technische" Nutzungsdauer müßte richtig „verschleißbedingte Nutzungsdauer" heißen. Sie kann nur wirtschaftlich errechnet werden als derjenige Zeitraum, innerhalb dessen sich Instandhaltungsmaßnahmen noch lohnen, wobei von der Wirkung der technischen und wirtschaftlichen Überholung abgesehen wird. Um die technische Nutzungsdauer zu berechnen, muß man also die Anschaffungsausgaben des Anlagegutes betrachten und diejenigen Betriebsausgaben, die durch den Verschleiß bedingt sind: Anlagenunterhaltungsaufwendungen, durch Verschleiß verursachte höhere Werkstoff- und Lohnaufwendungen. Die Einnahmen des Wirtschaftsgutes bleiben außer acht: Änderungen im Einnahmenverlauf sind Ausdruck der wirtschaftlichen Überholung. Wenn wir die technische Lebensdauer eines Aggregats ermitteln wollen, berechnen wir eine Nutzungsdauer in der Weise, daß der Barwert des Ausgabenstromes minimal wird (vgl. S. 107). Lassen sich die Einnahmenwirkungen abschätzen, so ist ein solches Vorgehen verfehlt.

---

58 „Replacement is distinct from routine maintenance only in technical detail." *Frank H. Knight:* Capital, Time, and the Interest Rate. In: Economica, New Series, Vol. 1 (1934), S. 257-286, hier S. 280.

Aber hier ist zu beachten, daß die Einnahmen nur für die Kapazitätseinheit als Ganzes ermittelt werden können. Soll überprüft werden, wie lange einzelne Anlagengegenstände in einer Kapazitätseinheit dienen (oder ob sich eine Reparatur noch lohnt), dann ist die Ermittlung dieser verschleißbedingten Nutzungsdauer sinnvoll. Wir halten also fest: *Die technische Nutzungsdauer wird für einzelne Anlagegegenstände ermittelt; die wirtschaftliche Nutzungsdauer für Kapazitätseinheiten, d.h. für eine Kombination von einzelnen Anlagegegenständen, die als Kapazitätseinheit dienen.*

Für Anlagegegenstände, bei denen sich eine Reparatur nicht lohnt (z.B. Glühbirnen) oder bei denen im Zeitablauf die technische Leistungsfähigkeit in etwa gleichbleibt (z.B. Wasserpumpen, Rohrleitungen, Telefonmasten), bietet sich die Möglichkeit an, auf statistischem Wege ihre technische Nutzungsdauer zu berechnen. Vor allem Ingenieure haben versucht, Anlagensterbetafeln aufzustellen, ähnlich den Sterbetafeln der Lebensversicherung[59]. Solche Anlagensterbetafeln können allerdings die wirtschaftliche und technische Überholung und auch die Auswirkungen der Instandhaltungspolitik kaum erfassen. Zur Bestimmung der wirtschaftlichen Nutzungsdauer sind sie ungeeignet. Aber sie können Anhaltspunkte über die technische Haltbarkeit von Anlagen geben und so die Prognose der Zahlungsströme erleichtern.

Technischer Fortschritt erschwert Investitionsüberlegungen in doppelter Weise. Zum einen, wenn er als Ex-post-Überraschung auftritt. Nach Investition einer Kapazitätseinheit können Anlagen auf den Markt kommen, die bei gleichem Preis eine höhere Kapazität aufweisen oder geringere Betriebskosten verursachen. Das ist der eine Fall. Im zweiten Fall werden die Anlagen des gleichen Typs billiger. Wirtschaftlich gesehen, ist die Wirkung dieselbe: Bei vielen Beschäftigungsgraden würde eine neue Anlage billiger produzieren. Nicht vorhergesehener technischer Fortschritt zwingt zu einer neuen Investitionsrechnung, ob sich nach dieser (wie nach anderen) Datenänderungen ein früherer Ersatz der Anlagen lohnt (S. 108).

Zum anderen sind vorausschätzbare technische Verbesserungen in einer Investitionsrechnung zu berücksichtigen. Solange keine offene Gegenüberstellung „heute beste Ersatzanlage" gegen „morgen beste Ersatzanlage" erfolgt (wie es in einem Totalmodell möglich wäre), bleibt nur der Weg, den künftigen technischen Fortschritt im Zahlungsstrom der heute besten Ersatzanlage vorwegzunehmen. Dazu setzt man für jeden künftigen Zahlungszeitpunkt einen Posten „Gewinnentgang wegen Nichtverwendens der jeweils besten Ersatzanlage" ein. Ein solcher Posten stellt eine grobe Schätzung der Gefahr dar, die aus Preissenkungen der Konkurrenz drohen, wenn sie auf später angeschafften, kostengünstigeren Anlagen fertigt.

---

59 Vgl. bes. *Edwin B. Kurtz:* The Science of Valuation and Depreciation. New York 1937; *Anson Marston, Robley Winfrey, Jean C. Hempstead:* Engineering Valuation and Depreciation. 2nd ed., New York u.a. 1953, S. 139-174; *Eugene L. Grant, Paul T. Norton Jr.:* Depreciation. Revised printing, New York 1955, S. 42-86; *B.M. Gerbel:* Rentabilität, Fehlinvestitionen, ihre Ursache und ihre Verhütung. 2. Aufl., Wien 1955; vgl. auch *Dieter Schneider:* Die wirtschaftliche Nutzungsdauer von Anlagegütern als Bestimmungsgrund der Abschreibungen. Köln-Opladen 1961, S. 85-95.

cc) Der Kalkulationszinsfuß

Ein vollständiger Vorteilsvergleich (ein Totalmodell) kommt ohne Kalkulationszinsfuß aus. Alle Formen des begrenzten Vorteilsvergleichs (des Partialmodells) verwenden hingegen Pauschalannahmen über die Rendite der Unternehmung nach dem Planungshorizont sowie über Finanzierungs- und Wiederanlagemöglichkeiten während des Planungszeitraums. Der Kalkulationszinsfuß ist eine solche Pauschalannahme. Mit Hilfe des Kalkulationszinsfußes läßt sich jedes Partialmodell in einen vollständigen Vorteilsvergleich überführen, in ein Modell, das neben Zinszahlungen oder Entnahmen nur aus einer Auszahlung im Planungszeitpunkt und einer Einzahlung am Planungshorizont besteht. *Da ein Kalkulationszinsfuß nur durch die Vereinfachung der Modellüberlegungen erzwungen wird, deshalb ist die Frage nach dem allgemein richtigen Kalkulationszinssatz sinnlos. In welcher Höhe der Kalkulationszinssatz anzusetzen ist, richtet sich nach den Vereinfachungen und weiteren, z.B. steuerlichen Annahmen des Modells.*

Für die *praktische* Investitionsplanung verkörpert der Kalkulationszinsfuß eine vereinfachende Pauschalannahme über die Finanzierungskosten und Erträge aus möglichen Geldanlagen. *Theoretisch* sauber ist der Kalkulationszinsfuß als Konkurrenzgleichgewichtspreis für die Überlassung von Geld für eine Abrechnungsperiode in einem vollkommenen Kapitalmarkt im Konkurrenzgleichgewicht zu deuten[60]. Der Kalkulationszinsfuß bezeichnet dabei den Preis, zu dem sowohl Geldanlagen als auch Geldaufnahmen in beliebiger Höhe erfolgen können.

Dabei ist zu beachten, daß man hier die Voraussetzungen, welche die Theorie sonst für einen „vollkommenen Markt im Konkurrenzgleichgewicht" annimmt, nur zum Teil zu übernehmen braucht. Es reicht aus, daß auf dem Kapitalmarkt für geplante Zahlungssalden nach Belieben Geld entliehen oder verliehen werden kann, um Ausgabenüberhänge oder Einnahmenüberschüsse zu beseitigen. Auf einem konkurrenzgleichgewichtigen Kapitalmarkt dürfte strenggenommen für Investitions- und Finanzierungsvorhaben nur ein Preis (Zins) herrschen. Aber das braucht hier nicht der Fall zu sein. Das Modell kann so aufgebaut sein, daß z.B. fünf Investitionsvorhaben mit einer Rendite über dem Marktzins und drei Finanzierungsvorhaben mit einer Effektivverzinsung unter dem Marktzins berücksichtigt sind. Da hier weder für Investitions- noch für Finanzierungsvorhaben ein einheitlicher „Preis" (Rendite, Effektivverzinsung) besteht, kann strenggenommen nicht von einem „vollkommenen" Kapitalmarkt gesprochen werden. Es liegt nur ein vollkommener „Rest-Kapitalmarkt" vor.

Der hier beschriebene Fall kann vor allem in folgender Form auftreten. Der Unternehmer besitzt Mittel aus interner Finanzierung (zurückbehaltene Umsatzerlöse der Vorperiode), sie stehen ihm ohne Finanzierungsausgaben zur Verfügung. Er bekommt ferner vielleicht einen subventionierten Staatskredit in bestimmter Höhe, und darüber hinaus

---

[60] Vgl. u.a. *Irving Fisher:* The Theory of Interest. New York 1930, reprinted 1965, S. 257; *Hirshleifer:* On the Theory of Optimal Investment Decision, S. 206.

kann er in beliebiger Menge Kredite zum herrschenden Marktzinsfuß aufnehmen und Geld zu diesem Zinssatz anlegen.

2. Die Berechnung der wirtschaftlichen Nutzungsdauer und des optimalen Ersatzzeitpunktes

aa) Die einmalige Investition

Um den Kapitalwert eines Investitionsvorhabens zu berechnen, müssen wir die Zeitspanne kennen, für die es sich lohnt, das Investitionsvorhaben zu nutzen. Die Nutzungsdauer ist jedoch selbst ein ökonomisches Problem. Kapitalwert und „wirtschaftliche Nutzungsdauer" sind also „simultan", in ein und demselben Rechengang, zu bestimmen: durch Berechnung des zeitlichen Kapitalwertmaximums, wie S. 78 f. am Beispiel gezeigt wurde.

Allgemein läßt sich die wirtschaftliche Nutzungsdauer durch eine einfache Grenzüberlegung festlegen. Das zeitliche Kapitalwertmaximum ist dann erreicht, wenn bei Veränderung der Investitionsdauer der zeitliche Grenzgewinn Null wird und zuvor (stets) positiv war, danach (stets) negativ bleibt. Wie berechnet sich der zeitliche Grenzgewinn?

Der zeitliche Grenzgewinn der Periode n, G_n besteht:
1. aus dem Periodenüberschuß des n-ten Jahres einer Anlage: $+Q_n$,
2. plus dem Restverkaufserlös am Ende dieses n-ten Jahres: $+R_n$,
3. abzüglich des Restverkaufserlöses, der im Vorjahr, im (n-1)ten Jahr, zu erzielen gewesen wäre. Nutzt man die Anlage noch im n-ten Jahr, gewinnt man zwar den Restverkaufserlös am Ende des n-ten Jahres, verliert aber den Restverkaufserlös des (n-1)ten Jahres: $-R_{n-1}$.
4. Der Restverkaufserlös des (n-1)ten Jahres hätte im n-ten Jahr zum Zinssatz i angelegt werden können, folglich sind die Zinsen auf das in der Anlage „gebundene Kapital" abzuziehen: $-iR_{n-1}$.

Hierbei ist zu beachten, daß gemäß der früheren Übereinkunft die Zahlungen nur am Ende einer Periode anfallen. Q_n ist also der Periodenüberschuß zum 31.12. des n-ten Nutzungsjahres: das während des n-ten Jahres in der Anlage „noch gebundene Kapital" gleicht dem Restverkaufserlös des Vorjahres R_{n-1}. Diese Aussage folgt aus unserer Prämisse über das Zeitmoment: Zahlungsdaten sind stets die Nahtstellen zwischen zwei Perioden. Verfehlt ist für Wirtschaftlichkeitsrechnungen die praktische Übung, mit einer durchschnittlichen Kapitalbindung zu rechnen.

Wir fassen die Einzelglieder des zeitlichen Grenzgewinns für das n-te Jahr zusammen:

$$G_n = Q_n + R_n - (1+i) R_{n-1}. \tag{10}$$

Da die wirtschaftliche Nutzungsdauer erreicht ist, wenn der Grenzgewinn Null ist, gilt:

$$Q_n = (1+i) R_{n-1} - R_n. \tag{10a}$$

Der Periodenüberschuß der Anlage muß gerade gleichen dem aufgezinsten Restverkaufserlös am Ende der Vorperiode abzüglich des Restverkaufserlöses am Ende dieser Periode;

dabei müssen zuvor die Periodenüberschüsse über, danach unter dieser Differenz liegen. Leichter verständlich ist vielleicht folgende Schreibweise:

$$Q_n + R_n > (1 + i) R_{n-1}, \tag{10b}$$

d.h. die Nutzung einer Anlage lohnt sich, solange die Nettoeinnahmen bei Weiterverwendung um eine Periode [Q_n+R_n] größer sind als die zusätzlichen Einnahmen bei Beendigung der Nutzung in der Vorperiode und Anlage des freigesetzten Kapitals zum Kalkulationszinsfuß.

bb) Die endliche Investitionskette

Wir waren bisher davon ausgegangen, die Investition werde nur einmal vorgenommen, und hatten damit unterstellt, daß der Unternehmer nach Ablauf der wirtschaftlichen Nutzungsdauer der Investition den betrachteten „Betrieb" beendet und Geld nur noch zum Kalkulationszinsfuß anlegen kann. Nunmehr untersuchen wir den Fall, daß eine Anlage durch eine andere Anlage mit derselben Rendite über dem Kalkulationszinsfuß ersetzt wird. Dabei soll *in jedem Zeitpunkt nur eine einzige Anlage* dem Betrieb dienen. Der Unternehmer plant innerhalb seines Planungshorizonts eine Kette zweier „identischer" Investitionen. „Identisch" bedeutet dabei nicht etwa physische Identität, sondern „gleiche Ertragsfähigkeit" bei gleichen Anschaffungsausgaben (gleichem Kapitalwert). Identisch bedeutet also strenggenommen nicht einmal gleiche Zahlungsströme; die Zahlungsströme können verschieden sein, nur ihr Kapitalwert (für die Nutzungsdauer bei einmaliger Investition) und die Anschaffungsausgaben müssen gleich sein. Diese besondere Art von „Identität" muß beachtet werden.

Bei einmaliger Reinvestition umfaßt die Investitionskette zwei Glieder. Der Gesamtgewinn der Unternehmung hängt jetzt von dem Gewinn ab, den beide Anlagen zusammen abwerfen. Der Gesamtgewinn hängt auch von dem Zeitpunkt ab, zu dem die erste Anlage durch die zweite Anlage ersetzt wird. Dieser Zeitpunkt liegt früher als das Ende der wirtschaftlichen Nutzungsdauer bei einmaliger Investition. Schematisch:

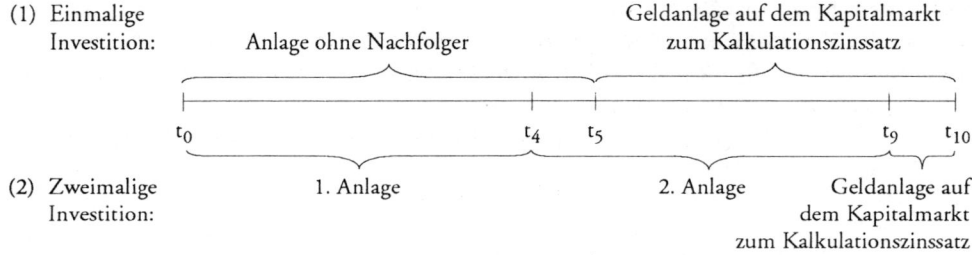

Dieses Ergebnis erklärt sich so: Bei einmaliger Investition wird die Anlage hinausgeworfen, wenn ihr zeitlicher Grenzgewinn Null ist (Grenzrendite = Kalkulationszinssatz). Hat der Unternehmer jedoch die Möglichkeit, *anstelle* der Geldanlage zum Kalkulationszinsfuß eine zweite Sachinvestition vorzunehmen, so wird ihm diese zweite Sachinvestition einen Einkommenszuwachs versprechen, und zwar in Höhe der Zinsen auf ihren Kapitalwert. Die Zinsen auf die Anschaffungsausgaben würde der Unternehmer in jedem Fall verdienen, z.B. wenn er das Geld auf dem Kapitalmarkt anlegen würde. Der Einkommenszuwachs durch die zweite Anlage beläuft sich also auf die Differenz: Zinsen auf den Ertragswert minus Zinsen auf die Anschaffungsausgaben gleich Zinsen auf den Kapitalwert.

Der zeitliche Grenzgewinn einer Anlage wird mit wachsender Jahreszahl fallen und schließlich auf Null sinken. Wird die Investition wiederholt, so ist die wirtschaftliche Nutzungsdauer beendet, wenn der zeitliche Grenzgewinn der ersten Anlage dem Gewinnzuwachs aus der nachfolgenden Investition gleicht. Wird die Investition nicht wiederholt, so ist ihre wirtschaftliche Nutzungsdauer beendet, wenn der zeitliche Grenzgewinn Null wird. Daraus folgt: Die Nutzungsdauer einer „identisch reinvestierten" Anlage, die Nachfolger findet, ist stets kürzer als die einer Anlage ohne Nachfolger.

Dieses Ergebnis erscheint paradox, weil Erstinvestition und Ersatzinvestition den gleichen Kapitalwert, u.U. sogar die gleichen Zahlungsströme, aufweisen. Das Taxi, das ein Taxi-Unternehmer als Ersatzinvestition erwägt, sei z.B. in seinen Zahlungsströmen völlig identisch mit dem vor Jahren angeschafften. Aus dem soeben Abgeleiteten folgt dann: Wenn bei nichtwiederholter Investition das Taxi eine Nutzungsdauer von drei Jahren hat, dann kann es vernünftig sein, das Taxi, falls es identisch ersetzt werden sollte, bereits nach zwei Jahren zu verkaufen.

Diese Überlegungen lassen sich auf Investitionsketten von mehr als zwei Anlagen ausdehnen. Besitzt die erste Anlage zwei Nachfolger, so hat sie zu den Zinsen auf den Kapitalwert des ersten Nachfolgers noch zusätzlich die (um die Nutzungsdauer des ersten Nachfolgers) diskontierten Zinsen auf den Kapitalwert des zweiten Nachfolgers zu tragen. Ihr erster Nachfolger hat seinerseits die Zinsen auf den Kapitalwert des zweiten Nachfolgers zu decken.

Daraus folgt allgemein: In einer endlichen Kette identischer Investitionen ist die Nutzungsdauer jeder Anlage länger als die ihrer Vorgängerin und kürzer als die ihrer Nachfolgerin (Gesetz der Ersatzinvestition)[61].

Das paradoxe Ergebnis (mit wachsender Ersatzbeschaffung ständig länger werdende Nutzungsdauer der sonst in ihren Zahlungsströmen identischen Anlagen) tritt allerdings nur auf bei begrenztem Planungshorizont und einer endlichen Zahl von Ersatzbeschaffungen, d.h. in einer Unternehmung auf Zeit (wie wir gleich sehen werden). Daraus folgt, daß das „Gesetz der Ersatzinvestition" kein „Gesetz", sondern ein merkwürdiger Sonderfall ist. Der Sonderfall tritt ein, wenn in einer Unternehmung nur eine konstante Zahl von Anlagen in jedem Zeitpunkt verwendet werden kann und wenn vor dem Ende des Planungshorizonts der Unternehmer sein Kapital nicht besser als zum Kalkulations-

---

61 Preinreich, der die Investitionsketten erstmals analysiert hat, spricht hier von einem „General law of replacement"; *Gabriel A.D. Preinreich:* Replacement in the Theory of the Firm. In: Metroeconomica, Vol. 5 (1953), S. 68-86, hier S. 76; Grundlage hierfür bildet seine Arbeit „The Economic Life of Industrial Equipment". In: Econometrica, Vol. 8 (1940), S. 12-44.

zinsfuß anlegt. Nur dann nämlich lohnt sich von Kettenglied zu Kettenglied die Streckkung der Nutzungsdauer der Ersatzanlagen, weil nach einigen Ersatzbeschaffungen keine rentable Kapitalanlage (über den Kalkulationszinsfuß hinaus) mehr möglich ist.

cc) Die unendliche Investitionskette

Erweitern wir die Betrachtung zu einem unendlich viele Ersatzvorgänge umfassenden Modell, so zeigt sich, daß das Ende der wirtschaftlichen Nutzungsdauer einer Anlage erreicht ist, wenn Periodenüberschuß plus Restverkaufserlös gerade noch ausreichen, den aufgezinsten Restverkaufserlös der Vorperiode und die Zinsen auf den Kapitalwert aller Nachfolger der Anlage zu decken.

Erstreckt sich nun die Lebensdauer der Unternehmung bis ins Unendliche, so belasten die Zinsen auf die Kapitalwerte der Nachfolger jede Anlage der Investitionskette gleich hoch. Immer, bei der ersten, zweiten, tausendsten Anlage der Kette, sind ja die Zinsen auf die Kapitalwerte unendlich vieler künftiger Ersatzanlagen durch die Periodenüberschüsse zu decken. Wenn aber die Anlagen identisch sind und mit gleich hohen Zinsen auf die Kapitalwerte ihrer Nachfolger belastet werden, so muß auch die wirtschaftliche Nutzungsdauer aller Anlagen der Investitionskette gleich lang sein. In diesem Punkt unterscheidet sich der Fall der unendlichen Investitionskette von dem Fall einer begrenzten Zahl von Ersatzbeschaffungen.

Dieses Ergebnis soll formelmäßig abgeleitet werden. Nach dem bisher Gesagten folgt: Das Ende der Nutzungsdauer ist erreicht, sobald der Grenzgewinn der Anlage unter die Zinsen auf die Kapitalwerte aller ihrer Nachfolger zu sinken droht.

K_1 ist der im Zeitablauf maximale Kapitalwert für die einzelne Investition, v ist der Abzinsungsfaktor $v = (1+i)^{-1}$. Der Kapitalwert aller Investitionen in der unendlichen Kette K_a ist dann definiert als

$$K_a = K_1 + K_1 v^n + K_1 v^{2n} + \ldots + K_1 v^{\infty n} \;. \tag{11}$$

Als Summe dieser geometrischen Reihe erhalten wir

$$K_a = \frac{K_1}{1 - v^n} = \frac{K_1}{1 - \dfrac{1}{(1+i)^n}} \;. \tag{11a}$$

Den Bruch erweitern wir mit $(1+i)^n$ und erhalten

$$K_1 \frac{(1+i)^n}{(1+i)^n - 1} \;, \tag{11b}$$

das ist nichts anderes als K_1 mal dem durch den Zinssatz dividierten Wiedergewinnungsfaktor (Annuitätenfaktor)

$$w = \frac{i(1+i)^n}{(1+i)^n - 1} \ . \tag{11c}$$

Gleichung (11a) entspricht damit Gleichung

$$K_a = K_1 \cdot \frac{w}{i} \ . \tag{11d}$$

Diese Formel kann man sich sehr leicht merken, wenn man ihre Herleitung etwas anders betrachtet: K_1 ist ein Kapitalbetrag, $k \cdot w$ bezeichnet die jährliche Rente aus dem Kapitalbetrag, und der Barwert K_a einer unendlichen Rente gleicht bekanntlich dem Quotienten „Rente dividiert durch Zinssatz".

Die Zinsen auf den Kapitalwert aller Nachfolger bestimmen sich als $iK_a = k_1 \cdot w$, und für das Nutzungsdauerende folgt $G_n = wK_1$, d.h. der Grenzgewinn muß auf die Höhe der Annuität der Einnahmenüberschüsse der Ersatzanlage gesunken sein. Die Annuität des Kapitalwerts (der Einnahmenüberschüsse) ist aber grob gesprochen nichts anderes als der jährliche „Durchschnittsgewinn" der Ersatzanlage.

Die Nutzungsdauer einer Anlage in einer unendlichen Investitionskette ist also beendet, wenn ihr zeitlicher Grenzgewinn gleich dem Durchschnittsgewinn der Nachfolger ist. Das Nutzungsdauerende ist zugleich der optimale Ersatzzeitpunkt der Anlage durch ihren Nachfolger.

Für das Beispiel S. 79 beträgt $w : i$ im 8. Jahr 1,87, im 6. Jahr 2,30. Da $K_a = K_1 \cdot w : i$ ist, errechnet sich bei achtjähriger Nutzungsdauer $K_a = 683$, bei sechsjähriger Dauer $K_a = 742$. In der unendlichen identischen Investitionskette beträgt die Nutzungsdauer nur 6 Jahre.

Eine unendliche identische Investitionskette wird stillschweigend dann unterstellt, wenn einer Investition keine Einnahmen zugerechnet werden können. Berechnung des „Kapitalwerts" bedeutet hier Berechnung des geringsten Ausgabenbarwerts (bzw. der geringsten Ausgabenannuität, der geringsten „Durchschnittskosten"); denn eine Entscheidung über die Nutzungsdauer kann aufgrund von Ausgaben allein nur für eine Anlage in einer Investitionskette gefällt werden, weil bei einer nicht wiederholten Investition das „Ausgabenminimum" bereits im Anschaffungszeitpunkt erreicht wäre. Die Berechnung der geringsten Ausgabenannuität dient neben dem Vergleich zwischen mehreren im Einnahmenverlauf gleichwertigen Alternativen auch der Bestimmung des optimalen Ersatzzeitpunktes solcher Anlagen und ihrer „wirtschaftlichen" (d.h. hier meist der „verschleißbedingten") Nutzungsdauer.

Die bisherige Erörterung der wiederholten Investition beruhte auf der Annahme, daß in jedem Zeitpunkt nur eine einzige Anlage im Betrieb arbeitet. Diese Annahme ist entscheidend für den „Ketteneffekt", die Verkürzung der Nutzungsdauer von Anlagen, die Nachfolger finden. In der endlichen und unendlichen Investitionskette stellt sich dabei stets das Ausschließlichkeitsproblem: entweder die alte Anlage oder die neue. Es ist diese Konkurrenz um den Platz in der Unternehmung, welche die Nutzungsdauerverkürzung verursacht. Deshalb ist die praktische Bedeutung der Investitionsketten gering. *Sobald wir zulassen, daß neben einer alten Anlage eine neue Anlage arbeitet, sobald Erweiterungsinvestitionen, nicht Ersatzinvestitionen betrachtet werden, gilt für das Nutzungsdauerende die Bedingung für die einmalige Investition.* Das folgt einfach daraus, daß sich für jede Periode das optimale Investitionsprogramm nach der Regel „Grenzrendite gleich Kalkulationszinsfuß" bestimmt. Folglich bleibt bei variablem Investitionsumfang eine Anlage solange im Betrieb, bis ihre Grenzrendite in einer Periode auf den Kalkulationszinsfuß (ihr Grenzgewinn auf null) gesunken ist.

dd) Der optimale Ersatzzeitpunkt

Würden sich die Pläne stets realisieren, stünde der optimale Ersatzzeitpunkt bereits bei Investition der Anlage fest. Das Investitionsobjekt würde am Ende der geplanten wirtschaftlichen Nutzungsdauer ersetzt. Nun weicht aber die spätere Wirklichkeit regelmäßig von den Planzahlen ab. In diesem Fall ist zu prüfen, ob nicht zu einem früheren oder späteren Zeitpunkt als dem geplanten Nutzungsdauerende eine im Betrieb befindliche Anlage ersetzt werden soll. Strenggenommen entsteht nach jeder Datenänderung die Aufgabe, den optimalen Ersatzzeitpunkt aller im Betrieb arbeitenden Anlagen neu zu berechnen.

Wie bestimmt sich der optimale Ersatzzeitpunkt einer im Betrieb befindlichen Anlage? Das Ersatzproblem erfordert eine Entscheidung zwischen den beiden Möglichkeiten:

a) Ersatz heute,

b) Ersatz nach einem weiteren Nutzungsjahr.

Ob es sich lohnt, die alte Anlage länger als ein weiteres Jahr zu benutzen, wird erst nächstes Jahr entschieden, denn bis dahin sind vermutlich weitere Datenänderungen eingetreten.

In diesem „echten" Ersatzfall schließen sich alte und neue Anlage gegenseitig aus. Dieser Fall wird im weiteren untersucht. Stellt sich das Problem so, daß *neben* die alte *oder* an ihre Stelle eine neue Anlage treten kann (schließen sich also alte und neue Anlage nicht mehr gegenseitig aus), dann bestimmt sich das Nutzungsdauerende der alten Anlage nach der Regel Grenzgewinn gleich Null, vorausgesetzt, der Grenzgewinn liegt zuvor stets über Null, danach stets darunter.

Das Ersatzproblem enthält stets den Vergleich zweier Handlungsmöglichkeiten. Deshalb sind die Voraussetzungen des Vergleichs vollständig zu formulieren, d.h., der Kapitaleinsatz und die zeitliche Erstreckung beider Handlungsmöglichkeiten müssen gleich sein. Die alte Anlage bindet Kapital nur in Höhe ihres Restverkaufserlöses, die neue Anlage in Höhe ihrer Anschaffungsausgaben. Wir gehen davon aus, die Differenz erziele nur eine Rendite in Höhe des Kalkulationszinsfußes. Um die zeitliche Erstreckung der Investitionsalternativen gleichzumachen, sei eine unendliche identische Investitionskette unterstellt. „Ersatz heute" besagt dann, die erste Anlage einer unendlichen Kette von Investitionen mit gleicher Rentabilität wird heute angeschafft. Die Gewinnbeiträge dieser Kette drücken wir durch den „Durchschnittsgewinn" aus (durch die „Annuität" des Kapitalwerts einer Investition).

"Weiterbenutzen der Anlage um ein Jahr" bedeutet: Erst nach einem Jahr wird die erste Anlage einer unendlichen Kette von Investitionen mit gleicher Rentabilität erworben. Die Gewinnbeiträge dieser Kette bestehen aus dem Grenzgewinn der alten Anlage und anschließend aus dem Durchschnittsgewinn der Nachfolgeinvestitionen. Das Ersatzmodell besteht damit aus folgenden Gewinnströmen:

	t_n	t_{n+1}	t_{n+2}	usw.
Sofortiger Ersatz (erste Investitionskette)	$w \cdot K_1$	$w \cdot K_1$	$w \cdot K_1$	usw.
Späterer Ersatz (zweite Investitionskette)	G_n	$w \cdot K_1$	$w \cdot K_1$	usw.

Offenbar lohnt sich der sofortige Ersatz, sobald

$$wK_1 \geq G_n \qquad (12)$$

d.h., sobald der zeitliche Durchschnittsgewinn der Ersatzanlage größer ist als der zeitliche Grenzgewinn der alten Anlage oder ihm gleicht.

Gegen die Annahme identischer Reinvestition bei Ersatzüberlegungen kann man einwenden: Wenn die Ersatzüberlegung heute durch unvorhergesehenen technischen Fortschritt notwendig wurde, dann müsse auch in Zukunft mit Änderungen gerechnet werden. Von einer „identischen" Reinvestition auszugehen, sei unzulässig. Mit zwei Gesichtspunkten läßt sich jedoch die Annahme identischer Reinvestition verteidigen:

a) In einer betriebswirtschaftlich richtigen Investitionsrechnung müssen bei sich ausschließenden Vorhaben die künftigen Ersatzanlagen berücksichtigt werden, denn nachweislich beeinflussen sie die Vorteilhaftigkeit der gegenwärtigen Investition.

b) Welche Zahlungsströme die tatsächlich später anzuschaffenden Ersatzanlagen haben, weiß man nicht; man kann ja praktisch nicht einmal die Zahlungsströme der gegenwärtigen Ersatzanlage mit hinreichender Verläßlichkeit schätzen. Mangels besseren Wissens wird unterstellt, daß die zukünftigen, unbekannten Investitionen die gleiche Rentabilität wie die gegenwärtigen aufweisen. Wenn über die Rentabilität so weit in der Zukunft liegender Vorhaben keine glaubwürdigen Vorstellungen gebildet werden können, ist die Annahme, daß sich die gegenwärtigen Verhältnisse wiederholen werden, durchaus vernünftig.

Die unendliche Investitionskette wird trotz dieser Argumente von Praktikern mit Mißtrauen betrachtet. Indes beruhen gerade die Faustformeln der Praxis auf der Voraussetzung einer unendlichen identischen Investitionskette.

Die in der Praxis übliche Faustformel für das Nutzungsdauerende bzw. den optimalen Ersatzzeitpunkt lautet: Die Nutzung einer Anlage lohnt sich, solange ihre laufenden jährlichen Betriebskosten kleiner sind als die jährlichen Kosten einer neuen Anlage. In die Sprache der Investitionstheorie übersetzt, heißt das: Die Nutzung lohnt sich, solange die zeitlichen Grenzkosten kleiner sind als die zeitlichen Durchschnittskosten bzw. solange die Grenzausgaben der alten Anlage kleiner sind als die Ausgabenannuität der Ersatzanlage. Die Faustformel setzt also zunächst als Vereinfachung zeitliche Grenzkosten gleich Grenzausgaben und zeitliche Durchschnittskosten gleich Ausgabenannuität.

Die Regel Grenzkosten der alten Anlage gleich Durchschnittskosten der neuen Anlage ist also nur dann richtig, wenn die Grenzeinnahmen der alten Anlage gleich den Durchschnittseinnahmen der neuen Anlage sind, und d.h., wenn im Zeitablauf ein konstanter Einnahmenstrom vorausgesetzt werden kann. Das bedeutet: Es dürfen keine Absatzschwankungen eintreten, und die Produktions- und Absatzmengen bei der alten und der neuen Anlage müssen gleich hoch sein. Das Alter einer Anlage darf ferner keine sonstigen Rückwirkungen auf die Höhe der Einnahmen ausüben.

Der Leser beachte: Die Regel „Grenzgewinn der alten Anlage gleich Durchschnittsgewinn der neuen Anlage" legt den Ersatzzeitpunkt nur dann eindeutig fest, wenn der Grenzgewinn im Zeitablauf ständig fällt. Es ist denkbar, daß der Grenzgewinn der alten Anlage in einem Jahr sinkt, z.B. wegen einer Reparatur, im nächsten Jahr wieder steigt und erst später wieder sinkt. Hier kann es mehrere Schnittpunkte zwischen Grenzgewinn der alten Anlage und dem Durchschnittsgewinn der Ersatzanlage geben. *Die Regel „Grenzgewinn gleich Durchschnittsgewinn" ist nur eine notwendige, keine hinreichende Bedingung für den optimalen Ersatzzeitpunkt. Hinreichend wird sie erst mit der Annahme ständig sinkender Grenzgewinne.* Ist mit einem Auf und Ab des Grenzgewinns im Zeitablauf zu rechnen, so trifft man die Ersatzentscheidung am besten nach der Kapitalwertmethode. Es ist der Kapitalwert der Investitionskette aus alter und neuer Anlage bei 0, 1, 2, ... n-jähriger Nutzung der alten Anlage zu berechnen. Der im Zeitablauf höchste Kapitalwert bestimmt den Ersatzzeitpunkt.

3. Zinsstruktur von Finanzanlagen und Arbitrageportefeuille

Die bisherigen Berechnungen des Ertragswertes bzw. Kapitalwertes gingen von einem einheitlichen Marktzinssatz = Kalkulationszinsfuß für den Planungszeitraum aus. Augenscheinlich stimmt eine solche Annahme nicht mit der Wirklichkeit überein; denn die Marktpreise für die Geldüberlassung ändern sich mit der Länge der Anlagezeit (Investitionsdauer): Zinssätze bei Festgeld für einen Monat, drei Monate, ein Jahr und die Renditen für Anleihen unterschiedlicher Laufzeit weichen voneinander ab und zwar selbst für Emittenten gleicher Bonität (zum Beispiel die Bundesrepublik Deutschland).

Die Abhängigkeit der Zinshöhe von der Laufzeit eines Festbetragsanspruchs wird als **Zinsstruktur** bezeichnet. Gilt für einen Planungszeitpunkt, daß der beobachtete Marktzins über alternative Anlagezeiten hinweg konstant ist, spricht man von einer flachen Zinsstruktur. Wächst der Marktzins mit alternativ steigender Laufzeit, liegt eine steigende Zinsstruktur vor. Der umgekehrte Fall eines mit wachsender Restlaufzeit sinkenden Marktzinses heißt fallende oder auch „inverse" Zinsstruktur. Eine solche zeigen z.B. die Umlaufrenditen öffentlicher Anleihen März 1992 im Vergleich zur steigenden Zinsstruktur Januar 1989[62]:

Die Berechnung der Vorteilhaftigkeit einzelner Investitionen 111

Investitionsdauer	1	3	5	10 Jahre
Zinsstruktur im März 1992	8,95	8,43	8,19	7,89
Zinsstruktur im Januar 1989	5,68	6,13	6,35	6,69

Genau läßt sich die Zinsstruktur nur für gleich hohe Kapitaleinsätze während der Restlaufzeit ermitteln (S. 297). Deshalb sind während der Laufzeit alle Zins- und Tilgungszahlungen auszuklammern. Streng genommen muß von unverzinslichen, nur über Ausgabekurse (Disagio) „verzinsten" Anlagen ausgegangen werden, also von Zerobonds[63]. Für jeden Planungszeitpunkt ist die Zinsstruktur als Abfolge der Zinshöhe für alternative (Rest-) Laufzeiten von Festbetragsansprüchen ein Beobachtungstatbestand, also ein „sicheres" Datum.

Die Zinsstruktur zu einem Planungszeitpunkt ist streng von einem Zinsänderungsrisiko zu trennen. Das Zinsänderungsrisiko bezeichnet den Sachverhalt, daß zu einem späteren Zeitpunkt jeder einzelne Marktzins eine andere Höhe und vielleicht auch die Zinsstruktur einen anderen Verlauf zeigen kann als im Planungszeitpunkt. Das Zinsänderungsrisiko wird bis S. 498 zurückgestellt.

Hier ist zu fragen, ob die Entscheidung nach der Rendite (Effektivverzinsung) einer Finanzanlage richtig ist, wenn nach heutigen Kursen die Zinsstruktur steigt oder fällt. Dazu sei folgendes Wahlproblem betrachtet: Geld soll für drei Jahre festgelegt werden. Welche Anleihe ist vorzuziehen?

A: einmal jährliche Zinszahlung 10%, Kurs einschließlich Beschaffungsspesen 106,50, Rückzahlungsbetrag 100;

B: einmal jährliche Zinszahlung 5%, Kurs einschließlich Beschaffungsspesen 93,25, Rückzahlungsbetrag 100.

Aus den Zahlungsströmen errechnet sich die Rendite

	t_0	t_1	t_2	t_3	
A	− 106,50	+ 10	+ 10	+ 110	$r_A = 7,5\%$
B	− 93,25	+ 5	+ 5	+ 105	$r_B = 7,6\%$

Bei diesen Zahlungsströmen können die Wiederanlagerenditen in t_1 den Ausschlag geben, so daß der unkorrigierte interne Zinsfuß als Maß der Vorteilhaftigkeit in die Irre führen kann. In diesem Beispiel errechnet sich für eine Wiederanlage ab 10,1%, daß die Rangordnung umkippt, denn

---

62 Quelle: *Statistische Beihefte zu den Monatsberichten der Deutschen Bundesbank* Reihe 2, Wertpapierstatistik. Februar 1989, Mai 1992.
63 Vgl. näher *Richard Brealey, Stewart Myers:* Principles of Corporate Finance. 2nd ed., Auckland u.a. 1984, S. 465-480.

	t_0	t_1	t_2	t_3
A	− 106,50	+ 10	+ 10	+ 110
Wiederanlage zu 10,1%		− 10	− 10	+ 23,13
				133,13
1,142 × B:	− 106,50	+ 5,71	+ 5,71	+ 119,91
Wiederanlage zu 10,1%		− 5,71	− 5,71	
				+ 13,21
				+ 133,12

Im Regelfall können aber die Zahlungsströme der nominell höher verzinslichen Anlage A nicht nur durch diese Finanzanlage erzeugt werden, sondern auch durch eine bestimmte Kapitalanlagenmischung aus einer nominell niedriger verzinslichen Anlage zuzüglich Finanzanlagen mit kürzerer Laufzeit. Die Mischung aus nominell niedriger verzinslicher Anlage B und kürzer laufenden Titeln, die nach dem Erwerbszeitpunkt zu dem Zahlungsstrom von A führen, heißt das zu A gehörende Arbitrageportefeuille[64]. Der betriebswirtschaftliche Sinn des Aufstellens eines Arbitrageportefeuilles besteht darin, zu prüfen, ob der Kurs eines nominell höher verzinslichen Wertpapiers angemessen ist oder nicht. Anders gefragt: Wie teuer kommt der Zahlungsstrom, wie ihn Anlage A bietet, wenn er durch eine Finanzanlagenmischung aus gleich lang laufenden, nominell niedriger verzinslichen Anlagen und aus kürzer laufenden Anlagen gebildet wird?

Um ein Arbitrageportefeuille zu erstellen, beseitigt man die Zahlungsdifferenzen vom Planungshorizont her rückwärtsschreitend:

Anstatt wie im letzten Beispiel die Anschaffungsausgaben in t_0 gleich hoch zu machen und deshalb das 1,142-fache von B zu kaufen, wird dazu in Gedanken das 110:105-fache an B angeschafft, damit in t_3 der gleiche Zahlungssaldo wie bei A entsteht:

	t_0	t_1	t_2	t_3
A	− 106,50	+ 10	+ 10	+ 110
$\frac{110}{105} \times B$	− 97,69	+ 5,238	+ 5,328	+ 110
Differenz	− 8,81	+ 4,762	+ 4,762	

Die verbleibende Differenz wird durch zwei kürzer laufende Titel „wegarbitragiert".

Anlage C möge ein Zerobond sein, der bei 100 Ausgaben in t_0 in t_2 Einnahmen von 115 erbringt. Von C wird ein Anteil 4,762:1,15 = 4,14 investiert. Das Wertpapier D

---

[64] Vgl. dazu näher *Günter Franke:* Operative Steuerung der Geldanlage in festverzinslichen Wertpapieren. In: Kapitalanlageplanung mit Hilfe der Finanzierungstheorie bei Versicherungen und Bausparkassen, hrsg. von P. Gessner, D. Schneider und A. Zink. Sonderheft 16/1983 der ZfbF, Wiesbaden 1983, S. 49-71.

läuft ein Jahr und bringe genau 7%. Deshalb werden 4,762:1,07 = 4,45 darin investiert. Das Arbitrageportefeuille zu A besteht folglich aus

	t_0	t_1	t_2	t_3
$\frac{110}{105} \times B$	− 97,69	+ 5,238	+ 5,238	+ 110
C	− 4,14	−	+ 4,762	
D	− 4,45	+ 4,762		
Summe	− 106,28	+ 10	+ 10	+ 110

Damit ist das Arbitrageportefeuille zu A, das dessen Zahlungsstrom im Zeitablauf sichert, billiger als A. Anders ausgedrückt: Der Kurs von A ist überhöht. Selbst wenn die Erwartung besteht, daß ab t_1 der Marktzins auf über 10,1% steigt, ist es unvernünftig, A mit dem dann höheren Endwert zu wählen, weil derselbe Zahlungsstrom ab t_1 billiger durch die niedriger verzinsliche Anlage B, gemischt mit den kürzer laufenden Titeln C und D, verwirklicht werden kann.

Zinsstrukturen und Arbitrageportefeuilles sind praktisch vor allem deshalb wichtig, weil die derzeitige Zinsbesteuerung den nach-Steuer-Verlauf von Zinsstrukturen ändert (S. 297 ff.).

III. Die Planung des Zahlungsbereichs und seine Abstimmung mit dem Leistungsbereich bei Ausklammerung der Unsicherheit

a) Die Planung des Investitionsprogramms in Abhängigkeit von Modellannahmen über den Kapitalmarkt

1. Das Investitionsprogramm bei vollkommenem Kapitalmarkt: die klassische Lösung

aa) Beliebig teilbare Investitionsvorhaben

Um die Probleme bei der Planung eines Investitionsprogramms verständlich zu machen, seien in diesem Kapitel sehr einfache Annahmen gesetzt: Nur für einen einzigen künftigen Zustand der Welt (also unter der Modellannahme „Sicherheit") wird geplant. Begonnen sei mit einer einperiodigen Planung, also mittels eines statischen Modells.

In t_0 werde investiert, in t_1 fließen sämtliche Einnahmen der Investitionsvorhaben in die Unternehmung. Wie bestimmt sich der Umfang des Investitionsprogramms in einem solchen einperiodigen Planungsmodell? Bei der klassischen Lösung dieses Problems wird die Vorteilhaftigkeit der einzelnen Investitionsvorhaben durch ihren internen Zinsfuß gemessen. Solange wir ein statisches Modell betrachten, ist die Verwendung des internen Zinsfußes unproblematisch. Bei vollkommenem Kapitalmarkt im Konkurrenzgleichgewicht führen alle finanziellen Zielsetzungen (Vermögens-, Entnahme- und Wohlstandsstreben) zu den gleichen Entscheidungen (S. 69 f.), so daß nicht nach den einzelnen finanziellen Zielgrößen zu differenzieren ist. Über die Investitionsdauer (die Länge der Planperiode) wird nichts ausgesagt. Sie kann einen Monat, ein Jahr oder zehn Jahre umfassen.

Die klassische Lösung läßt sich in einer Zeichnung verdeutlichen. Die Abszisse mißt das Finanzierungsvolumen, also den Kapitaleinsatz F in der Höhe der Ausgaben in t_0. Die Ordinate zeigt den internen Zinsfuß r und den marginalen internen Zinsfuß (die Grenzrendite) r' des Investitionsprogramms sowie den Kalkulationszinsfuß i als Konkurrenzgleichgewichtspreis für die einperiodige Geldüberlassung.

Die Investitionsvorhaben werden zunächst nach ihrer Kapitalbeanspruchung geordnet. Das Investitionsvorhaben mit der geringsten Kapitalbeanspruchung steht an erster Stelle. Ist der Kapitaleinsatz bei mehreren Investitionsvorhaben gleich hoch und schließen sie sich gegenseitig aus, dann wird nur das mit der höchsten Rendite eingezeichnet. Schließen sich die Vorhaben nicht gegenseitig aus, dann werden sie nach ihrer Rendite geordnet. Unter allen Vorhaben mit gleichem Kapitaleinsatz steht das lukrativste an erster Stelle. Diese Art der Anordnung (erstens nach dem Kapitaleinsatz, zweitens bei gleichem Kapitaleinsatz nach der Rendite) gilt für alle folgenden Modelle.

Das klassische Modell geht von beliebig teilbaren Investitionsvorhaben aus, wobei für jeden alternativen Kapitaleinsatz (1 DM, 2 DM usw.) nur das rentabelste Investitionsvorhaben in der Kurve r' in Abb. 1 aufgenommen ist. Daneben ist noch eine r-Kurve eingezeichnet. Sie zeigt den durchschnittlichen internen Zinsfuß, wenn 2, 3, 4 usw. DM investiert werden.

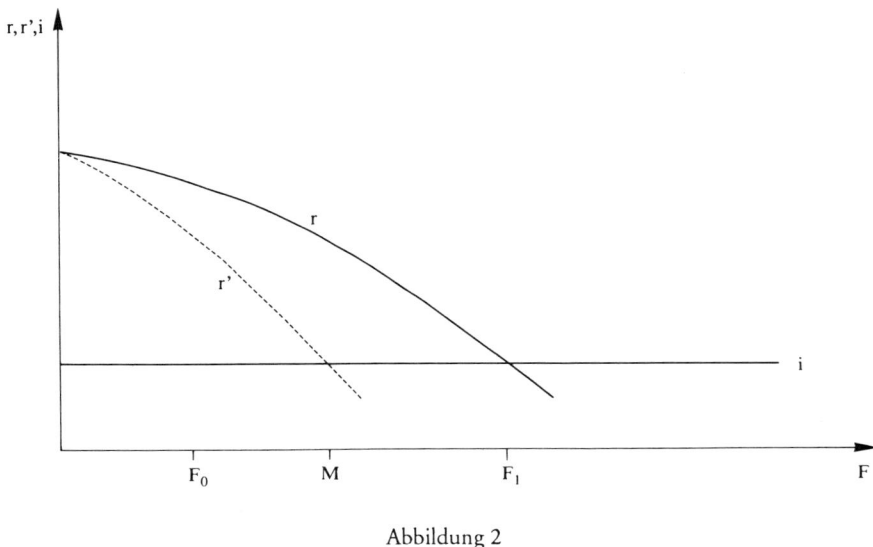

Abbildung 2

Mehrere Investitionsvorhaben, zusammen betrachtet, ergeben ein **Investitionsprogramm.** Gleichbedeutend mit dem Begriff Investitionsprogramm verwenden wir die Ausdrücke Investitionsbudget und Investitionsvolumen. Die Rendite dieses Investitionsprogramms bei 3 Mio. DM Kapitaleinsatz beschreibt die r-Kurve für den Punkt M = 3 Mio. Die r'-Kurve zeigt demgegenüber die Änderung der Rendite des Investitionsprogramms an, wenn z.B statt des Programms für 3 Mio. DM dasjenige gewählt wird, das 1 DM zusätzlich erfordert. Die r'-Kurve enthält also den marginalen internen Zinsfuß des Investitionsprogramms (und den internen Zinsfuß eines jeden beliebig teilbaren Investitionsobjektes). Die r-Kurve zeigt den durchschnittlichen internen Zinsfuß des Investitionsprogramms (die Gesamtrentabilität eines bestimmten Kapitaleinsatzes) an.

Die Finanzierungsmöglichkeiten werden ebenfalls nach ihrer Kapitalsumme geordnet und bei gleicher Kapitalsumme nach ihrer Effektivverzinsung. Das billigste Vorhaben steht vorn. Daraus folgt die i-Kurve als Kurve des marginalen Kalkulationszinsfußes. Im Modell eines Kapitalmarkts im Konkurrenzgleichgewicht ist der marginale Kalkulationszinsfuß konstant, also eine Parallele zum Investitionsumfang. Gelegentlich findet sich in der Literatur auch eine Kurve steigender Kalkulationszinsfüße. An der Modellstruktur ändert sich im Grundsatz auch dann nichts, wenn eine treppenförmig fallende Kurve der Rendite von Investitionsvorhaben einer treppenförmig steigenden Kurve der Kosten der Finanzierungsvorhaben gegenübergestellt wird[65]. Erklärungsbedürftig bleibt freilich, unter welcher Kapitalmarktstruktur derartige Preise für die einperiodige Geldüberlassung bei alternativ hohem Investitionsvolumen entstehen sollen.

Das optimale Investitionsbudget bestimmt sich hier in analoger Anwendung des Cournotschen Satzes: Das optimale Investitionsbudget ist bei dem Finanzierungsvolumen erreicht, bei dem die Grenzrendite (der marginale interne Zinsfuß) gleich dem Kalkulationszinsfuß ist, vorausgesetzt, die Grenzrendite liegt bei einem kleineren Kapitalbetrag darüber, bei einem größeren darunter[66].

Die Frage, ob der Unternehmer Eigenkapital hat und wieviel er hat, spielt im klassischen Modell keine Rolle. Angenommen, der Unternehmer verfüge in Abbildung 2 über einen Eigenkapitalbetrag von F_0, dann wird er zunächst sein Eigenkapital investieren und anschließend bis zur Menge M Fremdkapital aufnehmen. Bei M decken sich die Grenzrendite und der Konkurrenzgleichgewichtspreis für die einperiodige Geldüberlassung als Kalkulationszinsfuß. Verfügt der Unternehmer über einen Eigenkapitalbetrag in Höhe von F_1, wird er in der Unternehmung das Investitionsbudget M durchführen und anschließend auf dem Kapitalmarkt den Restbetrag F_1 M zum Konkurrenzgleichgewichtspreis für die einperiodige Geldüberlassung anlegen. Für diesen Unternehmer lohnt es sich nicht, Geld auf dem Finanzmarkt, also „Fremdkapital", aufzunehmen. *Für die Planung einer Zukunftslage (also unter modellmäßiger Sicherheit) ist auf einem Kapitalmarkt im Konkurrenzgleichgewicht die Art der Finanzierung für die Höhe des Investitionsprogramms irrelevant.* Damit ist auch die **Kapitalstruktur** als das Verhältnis von Eigenkapitalausstattung zu Verschuldung für das Erreichen finanzieller Ziele ohne Belang. Sie bleibt dies auch bei Planung unter Ungewißheit, sofern einige zusätzliche Voraussetzungen eingehalten werden (S. 552 ff.).

bb) Unteilbare Investitionsvorhaben: das Lutz-Modell

Das klassische Modell findet sich in der Literatur auch mit einer leichten Abwandlung[67]. Aber diese Abwandlung ändert den Charakter des Modells grundlegend. Wir nennen die Abwandlung das Lutz-Modell. Die Kurven des durchschnittlichen und des marginalen internen Zinsfußes steigen zunächst, dann fallen sie. Das Maximum des marginalen internen Zinsfußes liegt vor dem und über dem des durchschnittlichen internen Zinsfußes. Der sinkende Ast des marginalen internen Zinsfußes schneidet die Kurve des durchschnittlichen internen Zinsfußes in ihrem Maximum (Abbildung 3).

---

65 Vgl. zu den Verästelungen bes. *Joel Dean:* Capital Budgeting. 7th printing, New York-London 1964, S. 18, 50 f.
66 Das ist die hinreichende Bedingung für ein Maximum. Läge die Grenzrendite zuvor unter den Grenzkapitalkosten und stiege sie dann darüber, so läge ein Minimum vor. Die hinreichende Bedingung wird gelegentlich etwas als Fetisch behandelt. Von Stackelberg bezeichnet sie z.B. als „Wicksellsche Ungleichung" *(Heinrich von Stackelberg:* Elemente einer dynamischen Theorie des Kapitals. (Ein Versuch). In: Archiv für mathematische Wirtschafts- und Sozialforschung, Bd. 7 (1941), S. 8-29, 70-93, hier S. 18).
67 Vgl. z.B *Lutz,* S. 21.

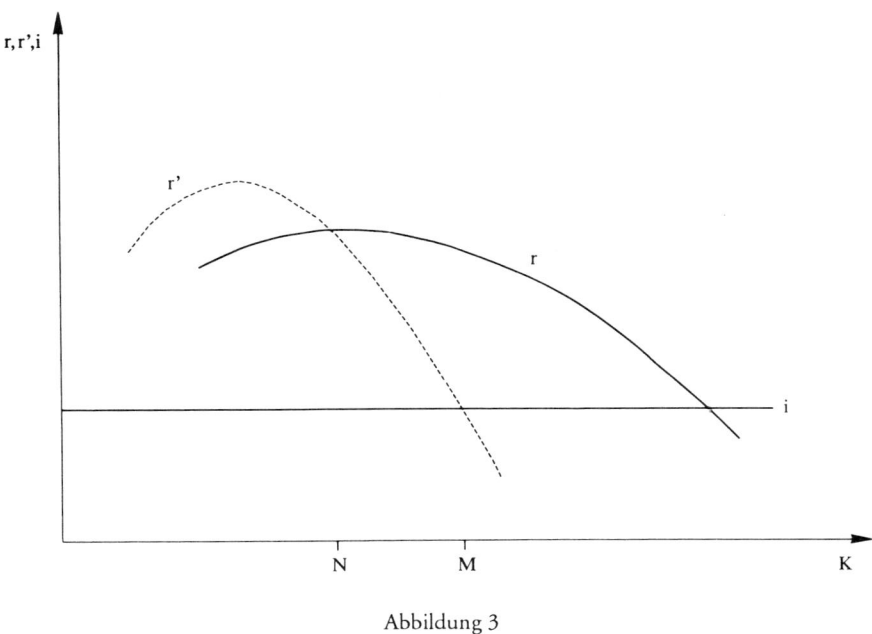

Abbildung 3

Das Maximum des durchschnittlichen internen Zinsfußes ist erreicht, wenn Grenzrendite und Durchschnittsrendite sich entsprechen (Punkt N), denn: Liegt die Grenzrendite einer zusätzlichen investierten DM über der durchschnittlichen Rendite einer bisher investierten DM, dann muß die Durchschnittsrendite steigen. Liegt die Grenzrendite einer zusätzlichen DM unter der Durchschnittsrendite aller bisher investierten Beträge, dann muß die Durchschnittsrendite sinken, wenn die zusätzliche DM investiert wird. Folglich ist das Maximum der Durchschnittsrendite erreicht, wenn die Grenzrendite gleich der Durchschnittsrendite ist und zuvor über der Durchschnittsrendite lag, danach darunter liegen wird. Das Maximum der Gesamtkapitalrendite N liegt bei einem niedrigen Kapitaleinsatz K als das Maximum der Eigenkapitalrendite M, also des Gewinnmaximums, wie in Abbildung 2 erläutert.

In Abbildung 3 entsteht das Ansteigen der Durchschnittsrendite dadurch, daß zunächst die Grenzrenditen wachsen. Dazu ist jedoch zu fragen: Warum investiert der Unternehmer seine erste DM nicht in dem Objekt mit der höchsten Grenzrendite? Die Antwort kann nur lauten: Weil er hier nicht jede DM einzeln investieren kann. Vielmehr erfordert jedes einzelne Investitionsvorhaben bestimmte Mindestkapitalsummen. Das lukrativste Investitionsvorhaben ist jenes, das den Betrag N erfordert. Vorhaben, die weniger Kapital voraussetzen, rentieren sich schlechter, Vorhaben, die mehr Kapital voraussetzen, ebenfalls. Das Modell der Abbildung 3 geht also nicht mehr von beliebig teilbaren

Investitionsobjekten aus, sondern von „unteilbaren" Investitionsobjekten, die bestimmte Mindestkapitalsummen erfordern.

2. Das Investitionsprogramm bei „unvollkommenem" Kapitalmarkt: die konsumpräferenzabhängige Lösung

aa) Konsum und Investition bei unterschiedlichen finanziellen Zielen

Der Begriff des unvollkommenen Kapitalmarkts sei auf den Fall eingeschränkt, daß der Zinssatz, zu dem Kapital aufgenommen werden kann, abweicht von dem Zinssatz, zu dem Geld angelegt werden kann. Dieser Modellbegriff des unvollkommenen Kapitalmarkts, wie er in der Investitionstheorie benutzt wird, muß sorgfältig von beobachtbaren Unvollkommenheiten praktischer Finanzmärkte geschieden werden. *Unvollkommener Kapitalmarkt heißt im folgenden die gedankliche Zusammenfassung (die Vereinigungsmenge) zweier vollkommener Märkte im Konkurrenzgleichgewicht: eines Marktes für Geldaufnahmen, dessen Gleichgewichtspreis Sollzins heißt, und eines Marktes für Geldanlagen, dessen Gleichgewichtspreis Habenzins genannt wird.* Warum Soll und Habenzinsen auseinanderfallen, läßt sich schon dadurch begründen, daß sowohl die Suche nach Geldangebot als auch die nach Geldnachfrage und das Zusammenführen von Angebot und Nachfrage Kosten verursacht, sog. „Transaktionskosten". Selbst wenn Sollzins und Habenzins Konkurrenzgleichgewichtspreise sind, führen die drei finanziellen Einzelziele Vermögens-, Entnahme- und Wohlstandsstreben zu unterschiedlichen Lösungen (vgl. S. 69). Die Lösungen hängen von der *Konsumpräferenz* ab, die für die drei Einzelziele unterschiedlich ist. An einem sehr einfachen Beispiel sei das Optimum der Investitions- und Finanzplanung für ein personenbezogenes Unternehmen bestimmt[68].

Ein Unternehmer hat als Einnahmenüberschuß der Vorperiode einen Betrag K_0, sagen wir 1 Mio. DM, erwirtschaftet. Mit diesem Betrag will er sein Vermögen steigern und seinen Lebensunterhalt in t_0 und in t_1 bestreiten. Kreditaufnahmen lohnen nicht, weil der Sollzins über der Investitionsrendite liegt.

Wie sehen die Investitions- und Finanzierungsentscheidungen aus, wenn der Unternehmer

a) Vermögensmaximierung,

b) Entnahmemaximierung,

c) Wohlstandsmaximierung verfolgt?

In Abbildung 4 nennt die Abszisse die in t_0 verbleibende Entnahme (E_0). Die Ordinate bezeichnet durch die Investition erzielbare Entnahme (E_1) in t_1. In der Zeichnung wird für t_1 nicht zwischen Entnahme und Endvermögen unterschieden.

---

[68] Das Modell stellt eine Übertragung der Grundgedanken der Haushaltstheorie auf zwischenzeitliche Konsumentscheidungen und damit auf Investitionsprobleme dar. Es baut auf Gedanken Irving Fishers auf und wurde erstmals von Hirshleifer im einzelnen dargestellt. Hirshleifers Modell wird hier von schwerverständlichen Schlacken gereinigt, zusätzlich werden einzelne Gedanken von Hållsten benutzt. Vgl. *Hirshleifer:* On the Theory of Optimal Investment Decision; *Hållsten,* S. 4-9.

Planung des Zahlungsbereichs und Abstimmung mit dem Leistungsbereich ohne Unsicherheit 119

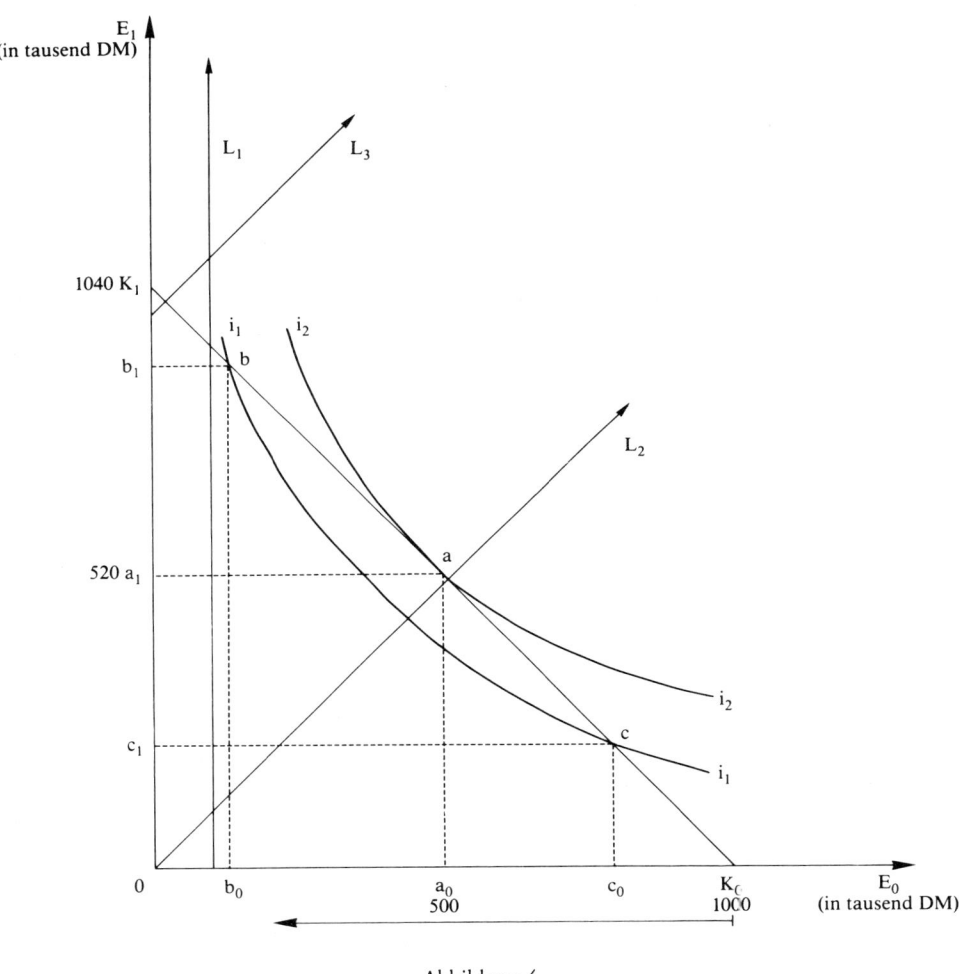

Abbildung 4

Das erste Investitionsvorhaben, das der Unternehmer erwägt, sei eine Geldanlage auf dem Sparbuch. Legt der Unternehmer 1 Mio. DM in t_0 aufs Sparbuch, so verbleibt ihm in t_0 nichts; dafür erhält er in t_1 die Spareinlage plus Zinsen zurück. Der Zinssatz i beträgt 4%. K_1 bezeichnet das Vermögen in t_1 wenn das ganze Geld angelegt wird. K_1 = $(1+i) K_0$, d.h. 1.040.000 DM. Konsumiert der Unternehmer 500.000 DM (a_0) und legt den Rest (K_0-a_0) aufs Sparbuch, so erhält er 520.000 DM (a_1 in t_1). Die Investition auf dem Sparbuch gestattet eine Vielzahl von möglichen Entnahmeverteilungen zwischen t_0 und t_1 die durch die Gerade K_0K_1 angegeben werden.

Erstrebt der Unternehmer Vermögensmaximierung, so hat er von seinem Kapital von 1 Mio. DM zunächst den Betrag abzusetzen, den er in t_0 als Konsumentnahme entnehmen will. Das mögen 100.000 DM sein. Der Unternehmer wird folglich diejenigen Investitionsvorhaben verwirklichen, die ihm das höchste Endvermögen in t_1 (den höchsten Ordinatenwert) versprechen. Bei Vermögensmaximierung ist der „Zielpfad" mit einer Parallelen zur Ordinate identisch (Zielpfad L_1). Strebt der Unternehmer nach Vermögensmaximierung, so wird er in t_0 100.000 DM, in t_1 936.000 DM Einnahmen erzielen.

Erstrebt der Unternehmer Entnahmemaximierung, so hat er vorab über die zeitliche Verteilung der Entnahmen und über das Vermögen in t_1 zu entscheiden. Wir nehmen als erstes an, das Endvermögen möge Null sein und der Unternehmer wolle in jedem Zahlungszeitpunkt gleiche Entnahmen erzielen. Dieses Ziel erreicht der Unternehmer, wenn er einen Punkt auf der 45°-Linie durch den Koordinatenursprung verwirklicht (Zielpfad L_2). Jeder dieser Punkte zeigt ihm in t_0 und t_1 das gleiche Einkommen an. Bei Entnahmemaximierung unter der Bedingung gleicher zeitlicher Verteilung und einem Endvermögen in Höhe von Null, wird der Unternehmer in t_0 ca. 509.800 DM entziehen und die verbleibenden 490.200 DM auf dem Sparbuch anlegen. Sie bringen ihm in t_1 ebenfalls rund 509.800 DM.

Wollte der Unternehmer bei Entnahmemaximierung eine ungleiche zeitliche Verteilung (bei Endvermögen Null), so müßte die Steigung des Zielpfades geändert werden. Wünschte der Unternehmer in t_1 die doppelte Entnahme gegenüber dem in t_0, so müßte die Steigung des Zielpfades tg x = 2, d.h. x rund 63°, betragen.

Will der Unternehmer ein Endvermögen von z.B 1 Mio. DM behalten, so darf der Zielpfad auf der Ordinate erst bei dem Punkt 1 Mio. DM beginnen. Bei der Zielsetzung Erhaltung des Anfangskapitals von 1 Mio. DM und gleiche zeitliche Verteilung der Entnahmen beginnt also der Zielpfad (die 45°-Linie) bei dem Ordinatenwert 1 Mio. DM (Zielpfad L_3). Jährlich könnten dann rund 19.600 DM verbraucht werden.

Erstrebt der Unternehmer Wohlstandsmaximierung, so muß eine Austauschregel über Vermögenswachstum (hier Entnahme in t_1) und Entnahme in t_0 bekannt sein. Eine solche Austauschregel wird üblicherweise durch Indifferenzkurven wiedergegeben. Eine solche Indifferenzkurve (wie i_1 oder i_2) bezeichnet alle Kombinationen von gegenwärtigen und künftigen Entnahmen, die der Unternehmer gleichschätzt.

Ein Vergleich der drei Zielsetzungen zeigt: Vermögens- und Entnahmemaximierung sind Sonderfälle der Wohlstandsmaximierung. Bei diesen Zielen fällt eine Indifferenzkurve auf einen Punkt zusammen, eine Schar aufeinanderfolgender Indifferenzkurven verdichtet sich zu einem Zielpfad. Für die Erweiterungen des Modells legen wir deshalb von vornherein Wohlstandsmaximierung, den allgemeinen Fall also, zugrunde.

Wir nehmen nunmehr an, der Unternehmer könne für das eine Jahr auch Sachinvestitionen durchführen. Ihm werden fünf verschiedene Unternehmungen zum Kauf angeboten, oder er kann in einer Unternehmung fünf verschiedene Investitionsvorhaben durchführen. Die Sachinvestitionsmöglichkeiten werden mit I_1 bis I_5 bezeichnet. Die Investitionen erfordern unterschiedlichen Kapitaleinsatz, und sie erbringen sehr unterschiedliche Renditen (die Zahlen werden übertrieben, damit die Zeichnung deutlicher wird).

Ihre Zahlungsströme lauten:

	Ausgabe in t_0 in TDM	Einnahmen in t_1 in TDM	Rendite
I_1	100	200	100%
I_2	300	550	83%
I_3	500	770	54%
I_4	700	1.000	43%
I_5	900	1.080	20%

Die Investitionsvorhaben schließen sich gegenseitig aus. Im Grunde betrifft dieses „Sich-Ausschließen" nur die Frage, was man als ein Investitionsvorhaben ansieht. Wir können z.B annehmen, I_1 und I_2 lassen sich zusammen durchführen, bilden aber dann Vorhaben I_3; d.h. I_1 und I_2 gemeinsam verwirklicht, erfordern Zusatzbauten (verstärkte Grundmauern), so daß der Kapitaleinsatz auf 500.000 DM steigt, und beide zusammen erbringen nur 20.000 DM mehr, als ihre Einzeleinnahmen (200.000+550.000) ausmachen.

Wenn wir die fünf Investitionsmöglichkeiten in die Zeichnung übernehmen wollen, müssen wir mit den Investitionsbeträgen auf der Abszisse von K_0 aus nach links gehen, denn vom Ursprung aus gesehen, wird das in t_0 verbleibende Bargeld (Entnahme) abgetragen.

Der Bequemlichkeit halber erweitern wir das Modell durch die Annahme: Der Unternehmer sehe nicht nur fünf, sondern beliebig viele Investitionsmöglichkeiten in der Unternehmung, die alle in Abbildung 5 (S. 122) durch die „Investitionskurve" K_0I_n wiedergegeben werden. I_1 bis I_5 sind fünf dieser Investitionsmöglichkeiten. An den entscheidenden Aussagen des Modells ändert sich nichts, wenn wir beliebig viele (eine stetige Kurve) oder einige wenige Investitionsmöglichkeiten unterstellen.

Die Abbildung 5 enthält die Sachinvestitionsmöglichkeiten des Unternehmers und zwei Erweiterungen:

(1) Der Unternehmer hat nicht nur die Wahl, entweder auf dem Sparbuch oder in Sachanlagen zu investieren, sondern er kann auch auf dem Sparbuch und in Sachanlagen zugleich investieren. Hat sich der Unternehmer z.B für Investitionsvorhaben I_4 entschieden, dann verfügt er in t_0 noch über 300.000 DM. Erscheint ihm dieser Konsumbetrag für t_0 zu hoch, dann muß er überlegen: Lohnt es sich, statt I_4 ein anderes Sachinvestitionsvorhaben zu wählen, das mehr als 700.000 DM erfordert, oder ist es besser, einen zusätzlichen Betrag auf dem Sparbuch anzulegen?

Die Linie der Investitionen zum Sparzins soll fortan „Habenzinskurve" genannt werden. Zum Habenzins kann Geld in beliebiger Menge angelegt werden.

Die Investition auf dem Sparbuch wird durch eine Parallele zur ursprünglichen Habenzinskurve K_0K_1 wiedergegeben. Die Parallele tangiert die Investitionskurve in I_4. Der Pfeil zeigt die Wirkung der Investition zum Habenzins an: Verringerung des Konsumbetrages in t_0 und Erhöhung der Entnahmen in t_1.

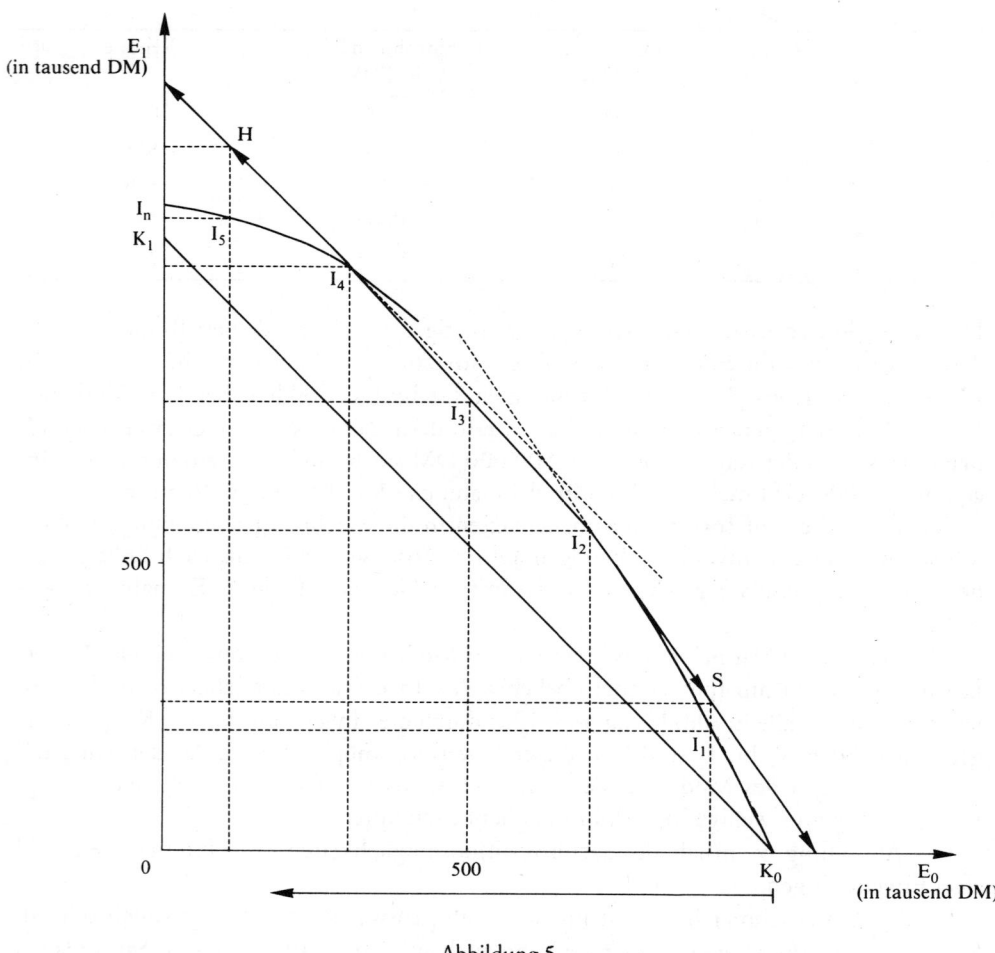

Abbildung 5

Ein kurzes Nachdenken zeigt, daß eine Anlage auf dem Sparbuch nur von einem Unternehmer erwogen wird, der sich ohne Berücksichtigung des Sparbuches für eine Investition links von t_4 entschieden hätte, z.B für I_5. Der Unternehmer, der zunächst I_5 für die seinen Wünschen entsprechende Investitionsgelegenheit ansieht, wählt folgenden Entnahmestrom: 100.000 DM in t_0 und 1.080.000 DM in t_1. Offensichtlich stünde er sich aber besser, wenn er statt dessen nur I_4 verwirklicht, was ihm zunächst 300.000 DM Entnahme in t_0 und 1.000.000 DM in t_1 erbringt. Legt der Unternehmer dann von den 300.000 DM noch 200.000 DM auf dem Sparbuch an, dann verwirklicht er insgesamt den Punkt H, der folgende Beträge anzeigt: 100.000 DM in t_0 (wie I_5) und 1.208.000 DM in t_1.

Andererseits wird der Unternehmer, der I_3 erwägt, kein Geld auf dem Sparbuch anlegen; denn die Parallele zur Habenzinskurve durch I_3 verläuft (zeichnet man sie ein) teilweise unterhalb der Investitionskurve, und das bedeutet: Wählt der Unternehmer statt I_3 plus Geldanlage auf dem Sparbuch ein anderes Sachinvestitionsvorhaben (z. B. I_4), so kann er in beiden Zeitpunkten, t_0 und t_1 über mehr Geld verfügen.

Die zusätzliche Anlage auf dem Sparbuch ist also nur dann eine vernünftige (effiziente) Wahlmöglichkeit, wenn die Habenzinskurve für mindestens einen Zeitpunkt zu höheren Entnahmen führt als die Sachinvestitionskurve. Dabei ist zu beachten, daß die Habenzinskurve, von I_4 ausgehend, nur in Pfeilrichtung betrachtet werden darf. Der punktierte Teil der Habenzinstangente rechts von I_4 kann nicht verwirklicht werden, denn das würde bedeuten: Investition in I_4 und dann Austausch von künftigen Entnahmen zugunsten gegenwärtiger Einnahmen, d.h., es würde Kreditaufnahme zum Habenzinssatz bedeuten, und das schließen wir durch die Voraussetzung aus: Kredite kosten den höheren Sollzinssatz.

(2) Die zweite Erweiterung besteht darin, daß der Unternehmer auch Kredit von der Bank bekommen kann. Diesen Fall beschreibt eine Sollzinskurve. Der Sollzins liegt über dem Habenzins, d.h. die Sollzinskurve verläuft steiler. Um die Zeichnung deutlich zu machen, sind bei der Sollzinskurve Wucherzinsen unterstellt: Die Steigung beträgt -1,5, d.h., es wird mit 50% Sollzinsen je Jahr gerechnet.

Die Kreditaufnahme lohnt sich nur für den Unternehmer, der ein rechts von I_2 liegendes Sachinvestitionsvorhaben erwägt, z.B. I_1. I_1 beläßt ihm in t_0 900.000 DM und erbringt in t_1 200.000 DM. Investiert der Unternehmer statt dessen I_2, so erhält er in t_0 700.000 DM und in t_1 550.000 DM. Nimmt er jetzt Kredit auf bis zum Punkt S, dann verfügt er in t_0 über 900.000 DM wie bei I_1, in t_1 jedoch über 250.000 DM. Er steht sich also besser. Der aufgenommene Kredit läßt sich auf der Abszisse ablesen als Abstand der Punkte für I_2 und S. Er beträgt 200.000 DM. Die Einnahmenminderung in t_1 durch die Kreditrückzahlung mit Zinsen läßt sich auf der Ordinate ablesen durch den Abstand der Ordinatenwerte für I_2 und S. Sie beträgt 300.000 DM (200.000 DM Kreditrückzahlung plus 50% Sollzinsen).

Um Mißverständnisse zu vermeiden: Die Sachinvestitionen innerhalb der Unternehmung bezeichnet nur die Investitionskurve K_0-I_n. Durch Bewegung auf der Sollzinskurve (Kreditaufnahme) kann der Unternehmer aber künftige Einnahmen, die er durch die Sachinvestition erzielt, in gegenwärtige Einnahmen umwandeln. Der Unternehmer kann rund 367.000 DM Kredit aufnehmen und so in t_0 über 700.000+367.000 = 1.067.000 DM in barem Geld verfügen (Berührungspunkt der Sollzinskurve mit der Abszisse). Mit dieser Kreditaufnahme verzichtet er jedoch auf jede Entnahme in t_1. Zwar erwirtschaftet er durch das Investitionsvorhaben I_2 550.000 DM in t_1. Aber er muß diese 550.000 DM als Kreditrückzahlung plus Zinsen an die Bank überweisen. Der Pfeil an der Sollzinskurve zeigt die zulässige Bewegungsrichtung bei Kreditaufnahmen an. Eine Bewegung nach links von I_2 würde bedeuten: Weniger Entnahmen in t_0 und dafür höhere Einnahmen in t_1, also Geldanlage zum Sollzinsfuß, und das schließen wir durch die Voraussetzung aus:

Geld kann außerhalb der Unternehmung nur zum geringeren Habenzinssatz angelegt werden.

Wir stellen fest: Rechts von I_2 ist es vernünftig, in der Unternehmung zu investieren und Kredit aufzunehmen. Zwischen I_2 und I_4 ist es vernünftig, in der Unternehmung zu investieren und kein Finanzgeschäft (Kreditaufnahme, Geldanlage) durchzuführen; links von I_4 ist es vernünftig, in der Unternehmung zu investieren und auf dem Sparbuch Geld anzulegen. Daraus folgt: In jedem Fall wird der Unternehmer eine Entnahme- bzw. Einkommenskombination wählen, die auf dem Streckenzug durch HI_4I_2S liegt. Denn jeder Punkt auf dieser Linie ist jedem Punkt im Innern der von dieser Linie eingeschlossenen Fläche überlegen: Er bringt mindestens in einem Zeitpunkt ein höheres Einkommen. Die Linie durch HI_4I_2S können wir deshalb als den „effizienten Wahlbereich", als die „Kurve der guten Handlungsmöglichkeiten" bezeichnen. Nur auf der „Kurve der guten Handlungsmöglichkeiten" werden rationale unternehmerische Entscheidungen zu suchen sein.

Nachdem sämtliche Investitions- und Finanzierungsmöglichkeiten beschrieben sind, folgt nun die entscheidende Erweiterung des Modells: Wir gehen nicht mehr von einem einzigen Unternehmer und seinen Indifferenzkurven aus, sondern von drei verschiedenen Unternehmern, die alle vor denselben Handlungsmöglichkeiten stehen.

Unternehmer A zieht es vor, mit seiner Frau in diesem Jahr nach Tahiti zu fahren; er wünscht also viel Bargeld in t_0 und kommt mit weniger Geld im Zeitpunkt t_1 aus.

Unternehmer C will mit seiner Frau im nächsten Jahr nach Tahiti fahren und sucht deshalb höhere Entnahmen in t_1 und weniger in t_0.

Unternehmer B schließlich ist Junggeselle und will beide Jahre nach Tahiti fahren. Er sucht in beiden Jahren etwa gleich hohe Entnahmen.

Für jeden Unternehmer zeichnen wir in Abbildung 6 eine Indifferenzkurve ein. (Wem die Arbeit mit Indifferenzkurven mißfällt, der möge sich statt dessen drei Zielpfade mit unterschiedlicher zeitlicher Verteilung des Einkommens vorstellen; am Ergebnis ändert sich dadurch nichts.) A bezeichnet die Wertschätzung von gegenwärtigem und künftigem Einkommen des Unternehmers A. B gilt für Unternehmer B und C für Unternehmer C. In Abbildung 6 sind nur diejenigen Indifferenzkurven eingezeichnet, welche die Kurve der guten Handlungsmöglichkeiten berühren, denn wir wissen bereits: Nur dort kann das Optimum für die Unternehmer A, B und C liegen.

Planung des Zahlungsbereichs und Abstimmung mit dem Leistungsbereich ohne Unsicherheit 125

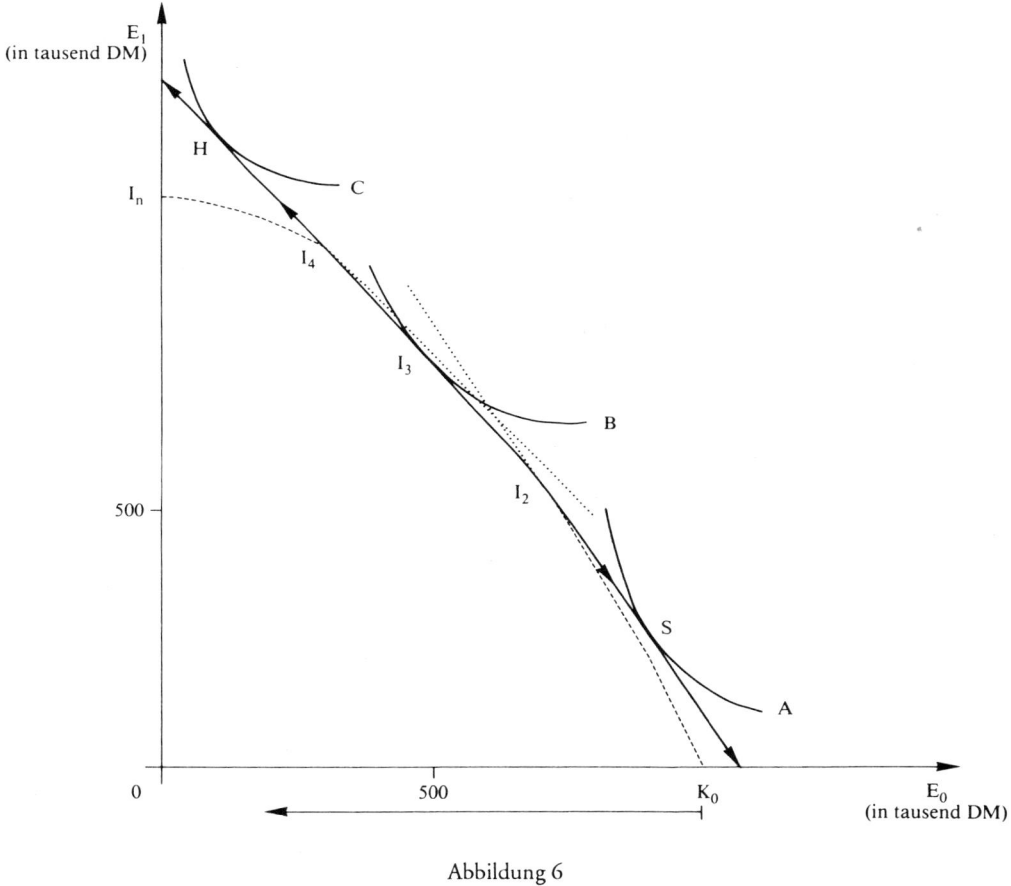

Abbildung 6

bb) Das Investitionsprogramm bei „unvollkommenem" Kapitalmarkt

Was sagt die Modellösung aus? Zunächst etwas recht Triviales: Je nach den persönlichen Entnahmewünschen der Unternehmer (nach ihrer Konsumpräferenz bzw. Liquiditätspräferenz) kann es sich lohnen, Kredit aufzunehmen, Geld außerhalb der Unternehmung anzulegen oder nur in der Unternehmung zu investieren. Aber diese triviale Einsicht gewinnt sofort Gewicht, wenn sie mit den Aussagen des Modells eines Kapitalmarkts im Konkurrenzgleichgewicht verglichen wird.

Die Aussage: Grenzrendite gleich Grenzkapitalkosten (marginaler interner Zinsfuß gleich marginaler Kalkulationszinsfuß) gilt für das Sachinvestitionsvolumen, das Unternehmer A verwirklicht – also I_2. Die Grenzkapitalkosten entsprechen hier den Sollzinsen.

Die Aussage Grenzrendite gleich Grenzkapitalkosten würde für Unternehmer C gelten, wenn der Kalkulationszinsfuß gleich dem Habenzinssatz wäre. Aber um hier die allgemeine Optimumbedingung zu erhalten, müßten wir „Grenzkapitalkosten" anders definieren, als wir es bisher getan haben: als Gewinnentgang. Denn wenn C eine DM zusätzlich in der Unternehmung investieren würde, verzichtet er auf die Zinsen, die ihm die Anlage auf dem Sparbuch erbrächte. Eine solche Definition ist jedoch unzweckmäßig, denn bei Unternehmer C werden zwei „Grenzrenditen" miteinander verglichen, die Grenzrendite der Sachinvestitionen und die Grenzrendite der Finanzinvestitionen, die hier Habenzins genannt wurde.

Für B läßt sich die Optimumbedingung gar nicht mehr halten. B's Investitionsvolumen wird weder durch die effektiven Kosten des zusätzlichen Kapitals (Fremdkapitalzinsen) begrenzt noch durch die Rendite alternativer Anlagen. Ein externer Kalkulationszinsfuß ist hier überflüssig. Man kann allerdings die Aussage folgendermaßen zu retten versuchen: Der Kalkulationszinsfuß sei hier kein Marktzinssatz, sondern ein „Schattenpreis"[69], d.h. ein Ausdruck für den Gewinnentgang. Aber das ist eine Aussage ohne entscheidungsbestimmenden Gehalt[70].

Wenn, wie in Wirklichkeit, Sollzinsen und Habenzinsen auseinanderfallen, wird der Fall B mitunter auftreten: immer dann, wenn der Unternehmer bei Investition eines ersparten (nicht konsumierten) Betrages nur Investitionsvorhaben sieht, die weniger als den Sollzins, aber immer noch mehr als den Habenzins erbringen. Investiert hier Unternehmer B solange, bis die Grenzrendite dem marginalen Habenzinsfuß gleicht, dann müßte er I_4 verwirklichen I_4 liegt aber für ihn auf einer niedrigeren Indifferenzkurve als I_3. Mit I_4 würde er folglich nicht das höchste Wohlstandsniveau erreichen.

Um den Unterschied zwischen der Bestimmung des Investitionsvolumens bei Auseinanderfallen von Soll- und Habenzins auf andere Weise zu verdeutlichen, schalten wir das Konsumproblem aus. Der Unternehmer strebe nicht nach Wohlstandsmaximierung, sondern nach Vermögensmaximierung, und die in ihrer Höhe vorgegebenen Entnahmen seien vom Einnahmenüberschuß der Vorperiode bereits abgesetzt. An die Stelle der drei Unternehmer mit unterschiedlichen Konsumpräferenzen sollen nunmehr drei verschiedene Investitionsvorhaben, A,B,C eines Unternehmers treten. Die drei Lösungen für das Investitionsvolumen (A: Grenzrendite = Sollzins; B: kein Marktzins entscheidet; C: Grenzrendite = Habenzins) lassen sich dann so verdeutlichen (Abbildung 7):

Der Unternehmer wird in A den Geldbetrag, über den er zu Beginn der Abrechnungsperiode verfügt, also sein Bestandskapital K_B (S. 135), investieren und darüber hinaus bis zum Schnittpunkt von r'_A und s Kredit aufnehmen.

Der Unternehmer wird in B nur sein Bestandskapital K_B investieren. Kreditaufnahmen und Geldanlagen auf dem Kapitalmarkt kommen für ihn nicht in Betracht.

Der Unternehmer wird in C nur einen Teil des Bestandskapitals anlegen (bis zum Schnittpunkt von r'_C und h). Den Rest wird er auf dem Kapitalmarkt investieren.

---

69 So *Hirshleifer:* On The Theory of Optimal Investment Decision, S. 352.
70 Vgl. *Schneider:* Allgemeine Betriebswirtschaftslehre, S. 314-325.

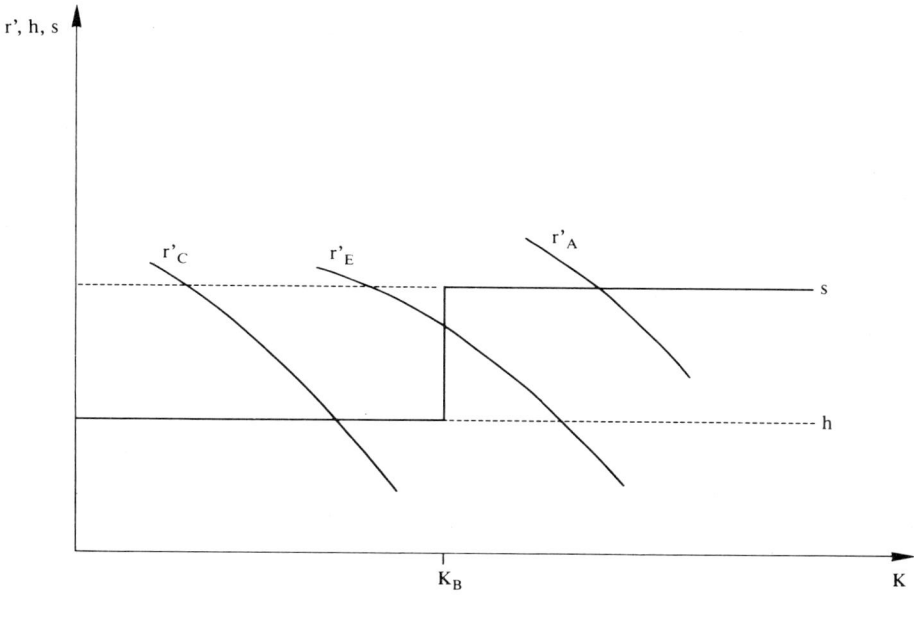

Abbildung 7

Das Bestandskapital wird in jedem Fall zuerst investiert, (in der Unternehmung oder auf dem Kapitalmarkt); darüber hinaus wird in der Unternehmung investiert, solange die Grenzrendite noch höher ist als der marginale Sollzins.

Bei Entnahme- und Wohlstandsstreben liegt jedoch die Höhe des zu investierenden Bestandskapitals nicht von vornherein fest. Hier sind vom Einnahmenüberschuß am Ende einer Periode noch die Entnahmen zu leisten, deren Höhe erst errechnet werden muß. Daraus folgt: *Nur wenn über die Höhe der Entnahmen (und damit über die Höhe der Selbstfinanzierung) entschieden ist, ist die Aussage, im Optimum sei Grenzrendite gleich Grenzkapitalkosten haltbar.* Bei Entnahme- und Wohlstandsstreben muß jedoch die Höhe der Entnahmen mit der Investitions- und Finanzplanung abgestimmt werden, und deshalb sind bei Entnahme- und Wohlstandsstreben und Auseinanderfallen von Soll- und Habenzins die finanzmathematischen Instrumente (Kapitalwert-, Annuitäts-, interne Zinsfußmethode) nicht ohne weiteres zu verwenden; denn ohne Zuhilfenahme von Konsumpräferenzen kann nicht entschieden werden, was als Kalkulationszinsfuß zu wählen ist.

3. Das Investitionsprogramm bei beschränktem Finanzierungsspielraum: die kombinatorische Lösung

aa) Der optimale Finanzplan als kombinatorisches Problem

In den Modellen mit vollkommenem und unvollkommenem Kapitalmarkt kann jederzeit Geld in beliebiger Menge aufgenommen und angelegt werden. Der Zinssatz bleibt dabei gleich, oder er steigt mit wachsender Geldsumme. *Das Problem der Zahlungsfähigkeit der Unternehmung taucht in diesen Modellen nicht auf. Die Investitions- und Finanzplanung wird ausschließlich als Rentabilitätsproblem betrachtet.*

Wir wenden uns nun dem Fall zu, daß dem personenbezogenen Unternehmen irgendwann Kreditbeschränkungen auferlegt werden. Kapital sei nur bis zu einer bestimmten Höchstmenge zu bekommen. Der Höchstbetrag, bei dem Geldgeber Kredite rationieren, wird durch deren Einschätzung der künftigen Zahlungsfähigkeit der investierenden Unternehmung bestimmt. Die Höhe der Kreditrationierung läßt sich erst in Modellen analysieren, die Unsicherheit einbeziehen (S. 628 ff.). Hier sei deshalb die Kreditbeschränkung als von außen vorgegeben betrachtet: Es kann z.B. 1 Mio. DM Kredit aufgenommen werden, aber kein Pfennig mehr.

Sobald mit Kreditbeschränkungen zu rechnen ist, wird auch unter modellmäßiger Sicherheit die Zahlungsfähigkeit der Unternehmung zum Problem. Die Auswahl der Investitions- und Finanzierungsvorhaben ist dann eine Frage der Rentabilität (wie bisher) und zugleich eine Frage der Liquidität.

Die Zahlungsfähigkeit kann nur durch eine gründliche Vorschau über Zahlungseingänge und Zahlungsverpflichtungen, durch eine systematische Finanzplanung also, gewahrt werden.

Ein **Finanzplan** besteht aus der Gegenüberstellung der erwarteten Einnahmen und Ausgaben für künftige Zahlungszeitpunkte. *Die praktische Investitionsplanung, die mit Kreditbeschränkungen rechnen muß, besteht in der Suche nach einem zielentsprechenden (z.B. entnahmemaximalen) Finanzplan für jeden geplanten künftigen Zustand der Welt.*

Der gesuchte optimale Investitions- und Finanzplan muß die Liquidität in jedem Zahlungszeitpunkt erhalten. Das bedeutet: Die Einnahmenüberschüsse aus früheren Investitionen und aus aufgenommenen Mitteln müssen ausreichen, um die Ausgaben in jedem Zahlungszeitpunkt zu decken. Es ist zweckmäßig, die Kassenhaltung als ein besonderes Investitionsvorhaben anzusehen. Kassenhaltung bedeutet: Ausgabe in t_0 und Einnahme in gleicher Höhe in t_1, der Habenzins der Kassenhaltung ist null Prozent. Wenn wir die Kassenhaltung als Investition ansehen, dann können wir die Liquiditätsbedingung für jeden Zahlungszeitpunkt so formulieren: Die Summe der Einnahmen aus begonnenen bzw. weitergeführten Investitions- und Finanzierungsvorhaben muß gleich sein der Summe aller Ausgaben.

Das Aufrechterhalten der Liquidität ist eine unumgängliche Nebenbedingung, um die Unternehmensziele zu erreichen, gleichgültig, ob die Ziele finanzieller oder nichtfinanzieller Art sind. Wir beschränken uns auf finanzielle Ziele und fragen: Wie sieht der optimale Investitions- und Finanzplan aus, wenn das Unternehmensziel Vermögensmaximierung oder Entnahmemaximierung lautet? Von Wohlstandsmaximierung sehen wir ab. Für jede Periode müßte hierbei gesondert der maximale entziehbare Betrag und damit zugleich die Höhe der wünschenswerten Selbstfinanzierung errechnet werden.

Bei Vermögensmaximierung lautet die Aufgabe damit: Maximiere das Endvermögen am Planungshorizont (am Ende der n-ten Periode) unter der Bedingung, daß in jedem früheren Zahlungszeitpunkt die Liquidität erhalten ist (die Einnahmen gleich den Ausgaben sind).

Bei Entnahmemaximierung lautet die Aufgabe hingegen: Maximiere in jedem Zahlungszeitpunkt den Einnahmenüberschuß (der dann entnommen wird) unter der Bedingung, daß am Ende des Planungshorizonts das gewünschte Endvermögen erhalten ist.

Als rechentechnische Hilfe zur Optimumsuche bieten sich die Verfahren der mathematischen Programmierung an. Da rechentechnische Details nichts zur Lösung von Sachproblemen beitragen, beschränken wir uns auf das einfachste Kombinationsverfahren, die lineare Programmierung.

bb) Investitions- und Finanzplanung mit Hilfe linearer Programmierung

Um die Investitionsplanung mit Hilfe der linearen Programmierung darzustellen, gehen wir im ersten Beispiel davon aus, der Unternehmer erwäge nicht, durch Kassenhaltung (oder Geldanlage zum Habenzins) künftige Liquiditätsengpässe zu mildern. Das folgende Beispiel wurde so einfach gewählt, daß es auch grafisch lösbar ist. Deshalb sei angenommen, daß keinerlei Unteilbarkeiten (mathematisch: Ganzzahligkeit) beachtet werden müssen. Es kann z.B. auch 1/16 Eigenheim verkauft werden.

Ein Bauunternehmer erwägt, in einem neu zu erschließenden Wohngebiet zwei Typen von Eigenheimen zu bauen. Er rechnet damit, daß das ganze Vorhaben drei Jahre benötigt. Ein Teil der Baukosten, insbesondere die Erschließungs- und Grundstücksausgaben, fällt in t_0 an, die weiteren Kosten in t_1 und t_2, die Erlöse in t_3. Die Baukosten werden sogleich zu Ausgaben. Die Erlöse führen sofort zu Einnahmen. Ziel des Unternehmers ist Vermögensmaximierung. Die Finanzierungskosten sind in t_3 zu zahlen und berechnen sich als Zinsen auf die Baukosten. Der Zinssatz betrage rund 10%. Gewinn sei verstanden als Vermögenszuwachs in t_3 als Erlös minus Baukosten minus Finanzierungskosten. Der Finanzierungsspielraum betrage in t_0 480.000 DM, in t_1 360.000 DM, in t_2 450.000 DM; in t_3 fließen die Einnahmen zu. Der Verkauf der Eigenheime bereite keine Schwierigkeiten. Für die beiden Eigenheime (im Rohbau) errechnet der Unternehmer:

		t_0	t_1	t_2	t_3
Eigenheim A:	Baukosten	60.000	40.000	30.000	–
	Finanzierungskosten				30.000
	Erlös				220.000
	Gewinn				60.000
Eigenheim B:	Baukosten	30.000	30.000	50.000	–
	Finanzierungskosten				20.000
	Erlös				170.000
	Gewinn				40.000

Aufgrund der Kalkulation liegt es nahe, nur Typ A zu bauen. Wegen der finanziellen Beschränkung in t_0 lassen sich höchstens 8 Eigenheime des Typs A erstellen. Sie erbringen einen Gewinn von insgesamt 480.000 DM. Wir haben zu prüfen, ob diese offensichtliche Lösung die bestmögliche ist.

Der Bau von B allein ist sicher nicht besser, denn hier liegt der Finanzierungsengpaß in t_2. Auf den ersten Blick können 9 Einheiten B hergestellt werden, 9 Einheiten B erbringen 360.000 DM Gewinn.

Zu prüfen bleibt, ob durch eine Mischung aus A und B eine bessere Lösung zu erreichen wäre. In Abbildung 8 wird auf der Ordinate die Zahl der möglichen Eigenheime A abgetragen, auf der Abszisse die Zahl der Eigenheime B. Mit den finanziellen Mitteln von 480.000 DM, die in t_0 zur Verfügung stehen, können entweder 8 Eigenheime des Typs A oder 16 Eigenheime des Typs B oder eine Mischung aus beiden finanziert werden. Die möglichen Mischungen werden durch die Gerade wiedergegeben, die von dem Ordinatenwert 8 zum Abszissenwert 16 führt. Die Gerade wird mit t_0 bezeichnet. Mit den finanziellen Mitteln von 360.000 DM, die in t_1 bereitstehen, könnten 9 Einheiten von A oder 12 Einheiten von B finanziert werden oder eine Mischung aus beiden. Die Mischungsverhältnisse zeigt die Gerade t_1 an, die vom Ordinatenwert 9 zum Abszissenwert 12 führt. Mit den finanziellen Mitteln von 450.000 DM, die in t_2 bereitstehen, könnten 15 Einheiten A oder 9 Einheiten B finanziert werden oder eine Mischung aus beiden, die durch die Gerade t_2 vom Ordinatenwert 15 (A) zum Abszissenwert 9 (B) bezeichnet wird.

Die grafische Darstellung unterstellt, daß keine finanziellen Mittel von einer Periode zur nächsten übertragen werden können. Der Unternehmer kann nur ein Investitionsprogramm aus A und B wählen, das in keiner Periode die Liquiditätsbedingung verletzt. In der Abbildung umfaßt die Fläche innerhalb des Fünfecks 0-a-c-d-b alle realisierbaren, d.h. „zulässigen" Investitionsprogramme. Der Unternehmer kann also unter anderem folgende Investitionsprogramme verwirklichen: 8 Einheiten A und null B, 6 Einheiten A und 4 von B (die Koordinaten des Punktes c) oder $4^1/_{11}$ Einheiten A und $66^6/_{11}$ B (die Koordinaten des Punktes d) oder 9 Einheiten B und kein A sowie beliebige Zwischenwerte, da wir bewußt von der Ganzzahligkeitsbedingung absehen. Alle diese Programme auf der Strecke der Begrenzungslinien nützen die finanziellen Mittel einer Periode voll aus. In den Eckpunkten c und d werden die finanziellen Mittel zweier Perioden voll beansprucht. Jeder Punkt im Innern der Fläche, z.B. das Investitionsprogramm 4 A und 4 B, beansprucht in keiner Periode die finanziellen Mittel vollständig. Alle Investitionsprogramme, die die vorhandenen finanziellen Kapazitäten nicht in mindestens einer Periode voll auslasten, sind ineffizient. Gute Handlungsprogramme, liegen stets auf der Begrenzungslinie. Die „Kurve der guten Handlungsmöglichkeiten" gleicht also in diesem Modell dem Streckenzug a-c-d-b.

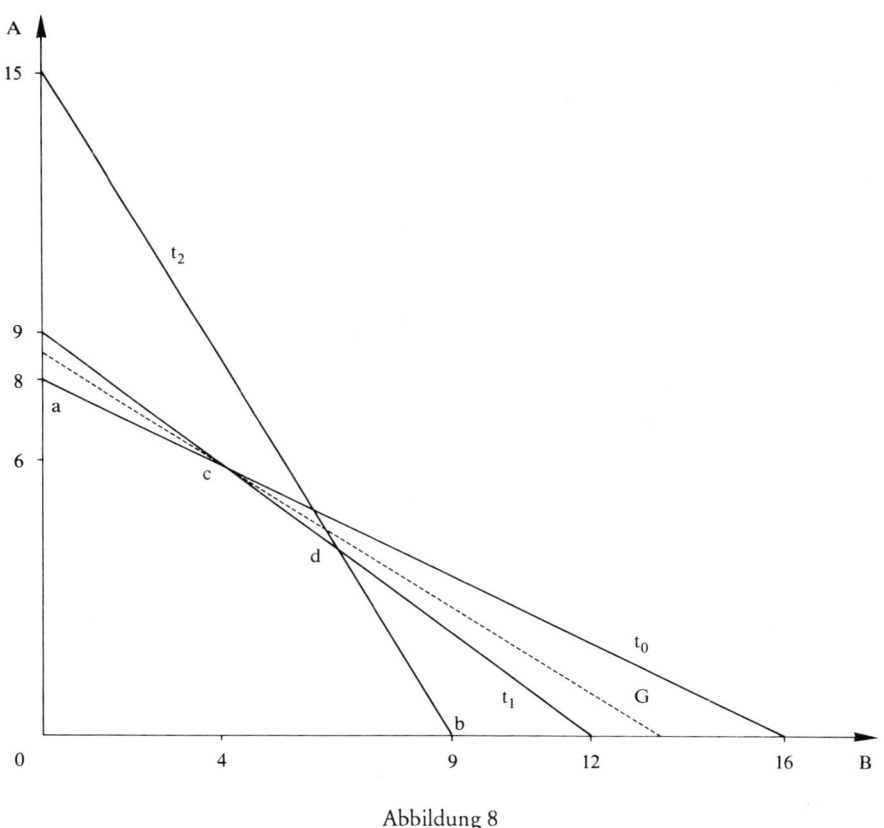

Abbildung 8

Mit der Kennzeichnung des Fünfecks sind diejenigen Investitionsprogramme beschrieben, die unter den gegebenen finanziellen Nebenbedingungen überhaupt zu realisieren sind. Welches der Programme erbringt den höchsten Gewinn? Der Einnahmenüberschuß (Gewinn) bei A beträgt 60.000, bei B 40.000 DM; also erwirtschaften zwei A denselben Gewinn wie drei B.

In die Darstellung zeichnen wir „Iso-Gewinnlinien" ein, Linien gleicher Gewinnhöhe. Eine solche Iso-Gewinnlinie könnte z.B beim Ordinatenwert 2 beginnen und zum Abszissenwert 3 führen. Jeder Punkt auf dieser Geraden erbrächte offenbar denselben Gewinn wie 2 A oder 3 B, nämlich 120.000 DM. Die Iso-Gewinnlinie verschieben wir so lange nach rechts, bis sie gerade noch die Kurve der guten Handlungsmöglichkeiten berührt. Die äußerste Iso-Gewinnlinie G, die noch zu verwirklichen ist, läuft durch Punkt c. Das bedeutet, der höchste Gewinn wird erreicht, wenn 6 A und 4 B erstellt werden. Es entstehen 6 mal 60.000 plus 4 mal 40.000 = 520.000 DM Gewinn.

Die erste Entscheidung, nur A zu bauen, war demnach falsch. Wegen der finanziellen Beschränkung lohnt es sich vielmehr, auch das weniger rentable Objekt B zu verwirklichen. Aufgrund der harmlosen Voraussetzungen des Beispiels war dieses Ergebnis rasch zu erkennen.

Das Beispiel wird nunmehr in einem Punkt wirklichkeitsnäher gestaltet: Die Liquiditätsbedingungen der drei Perioden sind praktisch nicht voneinander unabhängig. Vielmehr können nicht ausgenutzte Mittel einer Periode über die Kassenhaltung (oder über kurzfristige Geldanlagen) auf die nächste Periode vorgetragen werden.

Wir definieren K als die Kassenhaltung in t_0 und L als Kassenhaltung in t_1. Dadurch ändert sich die Formulierung des Problems, denn K mindert in t_0 die liquiden Mittel zum Bau der Eigenheime und erhöht sie in t_1. L verringert die Mittel in t_1 und erhöht sie in t_2. Ferner sind in die Zielfunktion die Kosten der Kassenhaltung aufzunehmen. Bisher sind nur die Finanzierungskosten der Bauten erfaßt. Nunmehr ist zu berücksichtigen, daß 1 DM Kredit, in t_0 aufgenommen, bis t_1 10% Zinsen kosten. (Die Zinsen werden wie die anderen Finanzierungskosten erst in t_3 gezahlt, von Zinseszinsen sehen wir ab). Die gleichen Zinskosten entstehen bei einer Kassenhaltung in t_2. Das Problem lautet nunmehr:

$$\text{Maximiere } G = 6A + 4B - 0{,}1K - 0{,}1L$$

unter den Nebenbedingungen

(1) $48 \geq 6A + 3B + 1K + 0L$
(2) $36 \geq 4A + 3B - 1K + 1L$
(3) $45 \geq 3A + 5B + 0K - 1L$
     $A, B, K, L \geq 0$!   (13)

Mit Hilfe der Rechentechniken des linearen Programmierens[71] läßt sich zeigen, daß der Gewinn maximiert wird, wenn bei Berücksichtigung der Kassenhaltung statt 6 Eigenheimen des Typs A nur $75/116 = 4 + 1^1/_{16}$, statt 4 Eigenheimen des Typs B jedoch $99/16 = 6 + ^3/_{16}$ errichtet werden. Die Kosten der Kassenhaltung in t_0 betragen $21/160 \cdot 10.000$ = 1.312,50 DM. Der Gewinn steigt um 7.437,50 DM auf 527.437,50 DM.

---

[71] Das Beispiel ist in der 5. Auflage, S. 389 f., mit Hilfe der Simplexmethode ausgerechnet; zu den Rechentechniken vgl. z.B. *George B. Dantzig:* Lineare Programmierung und Erweiterungen. Übersetzt und bearbeitet von Arno Jaeger. Berlin u.a. 1966, Kapitel 5, 11, oder einen anderen Lehrtext zur Unternehmensforschung.

Der Finanzplan sieht im einzelnen so aus:

Jahr	A		B		Kasse		Kreditspielraum
t_0	281.250	+	185.625	+	13.125	=	480.000
t_1	187.500	+	185.625	=	13.125	+	360.000
t_2	140.625	+	309.375	+	0	=	450.000

Natürlich wird man praktisch kaum 11/16 Häuser veräußern können; aber von diesen Ganzzahligkeitsproblemen ist voraussetzungsgemäß vorerst abgesehen worden. Das Beispiel deutet jedoch bereits an, daß Rechentechniken für ganzzahlige Optimierung benötigt werden; denn das einfache Runden der gebrochenen Werte führt entweder zu unzulässigen Lösungen (z.B. A = 5, B = 6) oder zu nicht optimalen Lösungen (z.B. A = 4, B = 6 bzw. A = 5, B = 5).

Der Vergleich des Beispiels ohne Kassenhaltung mit dem bei Kassenhaltung zeigt dreierlei:

(1) Selbst auf kleine Datenänderungen kann das Optimum sehr empfindlich reagieren. Die Lösung des Beispiels mit Kassenhaltung entspricht folgender Lösung ohne Kassenhaltung: Kreditspielraum in t_0: 466.875 DM, in t_1: 373.125 DM, alle sonstigen Daten unverändert. Die Verschiebung der Finanzierungsgrenze in t_0 um rund 3% bewirkt, daß von A rund 22% weniger, von B rund 55% mehr gebaut werden. Welches Gewicht solchen Ausschlägen im praktischen Fall beigemessen werden muß, wenn mit der Unsicherheit aller Daten zu rechnen ist, liegt auf der Hand.

(2) Wichtiger noch ist eine methodische Folgerung: Modelle zur Investitions- und Finanzplanung müssen die Übertragbarkeit finanzieller Mittel von einer Periode zur nächsten beachten. Sie müssen die Kassenhaltung (oder eine beliebige, nur bis zum nächsten Zahlungszeitpunkt laufende Geldanlagemöglichkeit zum Habenzins) ausdrücklich berücksichtigen. Das bedeutet: Im praktischen Fall werden die Liquiditätsbedingungen stets als Gleichungen erscheinen; die Beschränkungen bei den einzelnen Finanzierungsquellen sind dann gesondert aufzuführen.

(3) Liquiditätsprobleme und insbesondere Kreditbeschränkungen treten wegen der Unsicherheit, d.h. bei im Hinblick auf die Möglichkeiten zur Versicherung von Risiken unvollständigen Kapitalmärkten auf. Deshalb bieten Programmierungsansätze für die praktische Investitions- und Finanzplanung kaum eine Hilfe. Selbst für die theoretische Analyse kann es in die Irre führen, Programmierungsansätze mit dem Kapitalkostenkonzept der Kapitalmarktgleichgewichtstheorie zu verbinden[72].

Schon unter der Vereinfachung, nur für eine Zukunftslage zu planen (also bei Ausklammerung der Ungewißheit), bereitet die kombinatorische Aufstellung eines Investitionsprogramms erhebliche Schwierigkeiten in der Datenbeschaffung; denn bei der Kombination sind alle bedeutsamen Umweltbedingungen zu beachten: Es sind die Steuerzah-

---

[72] Vgl. *H. Martin Weingartner:* Capital Rationing: n Authors in Search of a Plot. In: Journal of Finance, Vol. 32 (1977), S. 1403-1431.

lungen zu berücksichtigen; es sind die Manipulationsmöglichkeiten über die Höhe des steuerpflichtigen Gewinns zu erwägen; es ist zu berücksichtigen, daß die Nutzungsdauer der Anlagen keine technisch vorgegebene Größe ist, daß also Investitionen länger oder kürzer genutzt, daß andererseits auch Finanzierungsquellen länger oder kürzer in Anspruch genommen werden können. Deshalb haben sich kombinatorische Verfahren in der Praxis nicht durchgesetzt.

b) Die Planung des Finanzierungsprogramms bei Vernachlässigung der Ungewißheit

1. Bestandskapital und Zusatzkapital

Teil I. a) hat gelehrt:

a) Leistungswirtschaftliche und finanzwirtschaftliche Quellen bestimmen die Zahlungsfähigkeit.

b) Bei Beschränkung auf die finanzwirtschaftlichen Quellen der Zahlungsfähigkeit ist die Beschaffung zusätzlicher Einnahmen (Außenfinanzierung) von der Verringerung ergebnisabhängiger Ausgaben durch Gewinnermittlung und Ergebnisverwendung (Innenfinanzierung) und von dem Hinausschieben fälliger Ausgaben zu trennen.

c) Innerhalb der Außenfinanzierung setzt die eindeutige Trennung zwischen Beteiligungsfinanzierung (Eigenfinanzierung) und Fremdfinanzierung eine Modellbildung voraus. Dabei werden zwischen die Grenzpfähle der reinen Eigenkapitalausstattung (ausschließlich ergebnisabhängige Finanzierungsverträge) und der reinen Verschuldung (ausschließlich ergebnisunabhängige Finanzierungsverträge) die praktisch bedeutsamen Finanzierungsverträge eingeordnet. Als Folge hiervon wurde der Begriff des Risikokapitals als Verlustpuffer zur Sicherung der jeweiligen Auszahlungsansprüche (Fest- und Restbetragsansprüche) für die Geldgeber einer Unternehmung entwickelt.

Hinzu treten bei der Planung des Finanzierungsprogramms die Probleme aus der Unsicherheit der Zukunft und der Ungleichverteilung des Wissens unter (möglichen) Finanzierungsvertragspartnern. Dies alles bewirkt, daß sich Aussagen über optimale Lösungen zu Wahlproblemen zwischen Eigenkapitalausstattung und Verschuldung nur unter weitreichenden Vereinfachungen ableiten lassen.

In diesem Kapitel besteht eine erste Vereinfachung darin, die Innenfinanzierung als Folge der Gewinnermittlung vorerst zurückzustellen (wann es steuerlich lohnt, Wahlrechte zur Aufwandsvorverlagerung nicht auszunutzen, wird in B. II. dargestellt).

Eine zweite Vereinfachung bedeutet die Annahme, daß im Interesse der Anteilseigner gehandelt wird, Verträge mit anderen Geldgebern problemlos auszulegen sind und strikt eingehalten werden. Bei personenbezogenen Unternehmen vernachlässigt diese Vereinfachung lediglich nicht-finanzielle Ziele und rechtlich bzw. ethisch fragwürdiges Verhalten. Für Unternehmungen als Handlungssysteme klammert diese Vereinfachung jedoch Interessenkonflikte zwischen und unter den in einer Unternehmung Entscheidenden (dem Management) und den Geldgebern aus.

Eine dritte Vereinfachung, die den Einstieg erleichtert, besteht in der Betrachtung nur einperiodiger Wahlprobleme unter modellmäßiger Sicherheit. Deshalb und weil ein Kapitalmarkt im Gleichgewicht hier nicht vorausgesetzt wird, ist die Annahme zulässig, daß die Höhe der maximalen Verschuldung von der Eigenkapitalausstattung abhängt.

Unter diesen Vereinfachungen fragen wir als erstes: Welche Arten des zu investierenden Kapitals kosten etwas zusätzlich oder nicht? Genauer: Führen in t_0 investierte Mittel in t_1 zu Ausgaben, die über die Rückzahlung des aufgenommenen Betrages hinausgehen? Die Antwort darauf wird erleichtert, wenn zwei Begriffe unterschieden werden: „Bestandskapital" und „Zusatzkapital".

Bestandskapital ist der Betrag, über den ein Unternehmer in einem Zeitpunkt verfügen kann, ohne daß sein Einsatz zusätzliche Ausgaben im Planungszeitraum erzwingt. Der Einsatz des **Zusatzkapitals** erfordert demgegenüber Ausgaben, und zwar über die Rückzahlung des aufgenommenen Betrages hinaus.

Betrachten wir zunächst das Zusatzkapital. Wenn wir begrifflich genau sein wollen, müssen wir das Zusatzkapital in „Aufwandkapital" und „Gewinnkapital" unterteilen. *Aufwandkapital* liegt vor, wenn die zusätzlichen Ausgaben für das zusätzlich aufgenommene Kapital vom Ertrag der Investitionen unabhängig sind: Festbetragsansprüche der Geldgeber. Zum Aufwandkapital gehören z.B. Bankkredite, für die ein fester Zinssatz bezahlt wird. Zum Aufwandkapital gehört auch das zusätzliche Risikokapital, für das eine feste, unabhängig vom Gewinn zu erbringende Verzinsung vereinbart wurde, z.B. in dieser Weise ausgestattete Vorzugsaktien, aber auch Gesellschafterdarlehen.

Im Regelfall ist das zusätzliche gezeichnete Kapital (Risikokapital zweiter Ordnung, vgl. S. 55 f.) allerdings *Gewinnkapital*, das ergebnisabhängige Auszahlungsansprüche der Geldgeber verkörpert. Wer in einer Unternehmung für Verluste zumindest mit seiner Einlage einstehen muß, will auch am Gewinn beteiligt sein. Im Ausnahmefall kann auch die Fremdkapitalverzinsung an den Gewinn gekoppelt sein, z.B. bei partiarischen Darlehen. Auch zusätzliches gezeichnetes Kapital erfordert in Zukunft Ausgaben über die Rückzahlung bei Liquidation hinaus: Die Gewinnausschüttungen an die neuen Miteigentümer gehen den bisherigen Eigentümern verloren.

Um das Bestandskapital in t_0 zu bestimmen, sind von den gesamten finanziellen Mitteln in t_0 diejenigen Beträge abzuziehen, die zur Kreditrückzahlung verwendet werden könnten. Diese Mittel gehören wie zusätzlich aufgenommene Kredite zum Zusatzkapital, denn man muß prüfen: Sind diese Beträge zu investieren, oder ist es besser, Kredite zurückzuzahlen? Das Bestandskapital gleicht also den Zahlungsmitteln zu einem Zahlungszeitpunkt abzüglich jener Beträge, durch deren Rückzahlung Kosten vermieden werden können, und bevor Investitions- und Finanzierungsentscheidungen getroffen werden.

Bestandskapital nennen wir also die liquiden Mittel, die „grenzkostenlos" zur Investition bereitstehen. Im einzelnen zählen hierzu:
a) das in Zahlungsmitteln vorhandene Eigenkapital des Unternehmers; von ausschüttungsfähigen Gewinnen sehen wir vorerst ab;
b) jener Teil der Umsatzeinnahmen, der in der Vorperiode als Aufwand verrechnet wurde und nicht zugleich zu Ausgaben führte (Abschreibungsgegenwerte, Zuführungen

zu Drohverlustrückstellungen), einschließlich jenes Teils des buchhalterischen Gewinns, der rechtlich nicht ausschüttungsfähig ist, sondern als gesetzliche Rücklage in der Unternehmung verbleiben muß.

c) Zum Bestandskapital kann auch Fremdkapital zählen, z.B. in dem Planungszeitpunkt t_0 die Mittel aus einer Anleihe, die vor t_0 aufgenommen, frühestens in t_2 zurückgezahlt werden können.

Der ökonomische Charakter des Bestandskapitals wird durch das Anleihebeispiel am besten geklärt. Die Zinsen auf die Anleihe müssen mehrere Jahre gezahlt werden, gleichgültig, ob die Anleihebeträge investiert werden oder ob sie in der Kasse liegenbleiben. Die Anleihe führt innerhalb der Planperiode t_0 bis t_1 zu fixen, von den Entscheidungen unabhängigen Kosten. Daraus folgt: Es ist während der Planperiode der gesamte Anleihebetrag zu investieren, um möglichst hohe Zinserträge der festen Zinslast gegenüberzustellen. Die Investition des Anleihebetrages kostet während der Planperiode nichts zusätzlich. Für das Bestandskapital gilt also: Die Grenzkapitalkosten sind null.

Zusatzkapital führt zu zusätzlichen (vermeidbaren) Finanzierungsausgaben, zu Grenzkapitalkosten. *Kapitalkosten einer Finanzierungsart nennen wir die über die Rückzahlung des aufgenommenen Betrags hinausgehenden gewinnmindernden („erfolgswirksamen") Ausgaben für die Finanzierungsart*: Zinsen, Provisionen, Gebühren und Disagio. Gewinne, auf die ein neu aufgenommener Geldgeber Anspruch erhebt, bleiben hier außerhalb des Begriffs der Kapitalkosten (zu abweichenden Auffassungen im Schrifttum vgl. S. 523 ff.). Grenzkapitalkosten sind die zusätzlichen Ausgaben, die eine zusätzlich aufgenommene DM über ihre Rückzahlung hinaus verursacht. *Entgangene Gewinne (Opportunitätskosten) zählen nicht zu den Kapitalkosten.*

Es erweist sich als zweckmäßig, die zusätzlichen (erfolgswirksamen) Ausgaben für aufgenommenes Kapital (die Grenzkapitalkosten) streng von den entgehenden Einnahmen bei einer alternativen Verwendung des Kapitals (den Opportunitätskosten) zu trennen; denn Opportunitätskosten wären auch für das Bestandskapital anzusetzen. Um das richtige Ausmaß der Investitionen zu ermitteln, sind alle Investitionsvorhaben allen Finanzierungsvorhaben gegenüberzustellen. Ob dazu über das Bestandskapital hinaus noch Zusatzkapital benötigt wird, weiß man erst, nachdem über das Investitionsvolumen entschieden ist. Erst dann ist auch der Gewinnentgang bestimmt, wenn z.B. reservierte Umsatzeinnahmen aus Aufwand für Pensionsrückstellungen zur Finanzierung von Maschine A statt von B verwendet werden. Vor der Problemlösung kennt man also gar nicht die Opportunitätskosten (die entgangenen Gewinne), und nachher braucht man sie nicht mehr zu kennen.

Es zahlt sich sofort aus, den Begriff Kapitalkosten auf die zusätzlichen Ausgaben bei einer Finanzierungsart zu beschränken; denn dann ist das *Scheinproblem der Kapitalkosten (des Kalkulationszinsfußes) bei Innenfinanzierung vom Tisch*: Ein rational handelnder Unternehmer wird stets die Mittel aus interner Finanzierung (die den größten Teil des Bestandskapitals ausmachen) zuerst investieren, weil sie keine zusätzlichen Ausgaben über die Rückzahlung hinaus hervorrufen, weil sie grenzkostenlos sind. Ob der Unternehmer das Bestandskapital in einer von ihm beherrschten Unternehmung oder auf dem Kapitalmarkt investiert, hängt von der Rendite der Anlagemöglichkeiten ab.

Der Unternehmer muß dabei allerdings wissen: Wie groß sind die Mittel aus interner Finanzierung? Neben den Wahlproblemen bei der Verrechnung von Aufwand hängt die Antwort vor allem davon ab: Wieviel Gewinn ist auszuschütten, und wieviel soll zur Selbstfinanzierung zurückbehalten werden? Das ist die Frage nach einem *Optimum an Selbstfinanzierung.*

Selbstfinanzierung bedeutet Verzicht auf Gewinnausschüttung. Entspricht es dem Unternehmensziel, nichts auszuschütten, dann sind alle Gewinne zurückzubehalten. Sie zählen voll zum Bestandskapital, denn sie verursachen bei Vernachlässigung von Steuerzahlungen keine künftigen zusätzlichen Ausgaben. Ob aber der ausschüttungsfähige Betrag ausgeschüttet wird oder nicht, das kann nur im Hinblick auf die unternehmerischen Zielgrößen beantwortet werden (S. 143 f.).

2. Kapitalerhöhungen in personenbezogenen Unternehmungen als Institutionen

Zu den personenbezogenen Unternehmungen als Institutionen zählen Einzelkaufmann, stille Gesellschaft, OHG, KG, personenbezogene GmbH und AG (Familien-AG). Bei Publikumsgesellschaften sind Vorstand und Mehrheits-Anteilseigner nicht identisch. Typisch hierfür sind die Publikums-Aktiengesellschaften; ihnen gleichstellen können wir hier die Genossenschaften.

Um das Problem der Eigenfinanzierung in personenbezogenen Unternehmungen zu erörtern, gehen wir der Einfachheit halber vom Einzelunternehmer aus. Wann wird der Unternehmer Kapital aufnehmen, das gewinnberechtigt ist? Bei der Zuführung von Eigenkapitalausstattung in die Unternehmung unterscheiden wir zwei Fälle:

a) Der bisherige Unternehmer zieht Kapital aus anderen Einkommensquellen, um es in der Unternehmung zu investieren, oder er verzichtet auf Konsum, um mehr zu investieren.

Die Frage, ob der Unternehmer sein Kapital in dieser oder einer anderen rechtlich selbständigen Unternehmung investieren soll, ist rasch zu beantworten. Er wählt diejenige Firma, in der sich das Kapital am höchsten rentiert. (Allerdings gilt das nur, solange das Risiko außer acht bleibt; unter Ungewißheit sind die Vorteile der Risikomischung wahrzunehmen.) Die Frage, Konsum oder Sparen (das Problem der Selbstfinanzierung), wurde bereits auf S. 119 ff. erörtert. In personenbezogenen Unternehmen gibt es somit kein eigenständiges Wahlproblem zwischen Selbstfinanzierung und Eigenfinanzierung durch den Unternehmer bzw. die bisherigen Gesellschafter.

b) Der bisherige Einzelunternehmer nimmt einen Gesellschafter auf und ändert dadurch die Rechtsform der Einzelfirma in eine Offene Handelsgesellschaft oder Kommanditgesellschaft oder in eine stille Gesellschaft atypischer Art (Beteiligung des stillen Gesellschafters am Gewinn und am Liquidationsvermögen der Unternehmung, der typische stille Gesellschafter ähnelt einem mit Gewinnbeteiligung ausgestatteten Fremdkapitalgeber).

Die Entscheidung, einen neuen Gesellschafter aufzunehmen, wird meistens beherrscht von organisatorischen und persönlichen Überlegungen, z.B. von den Fragen: Wer führt die Geschäfte? Wie wird sich die Zusammenarbeit gestalten? Diese organisatorischen und persönlichen Überlegungen bleiben hier außer acht. Wir betrachten nur einen, den finanziellen Aspekt der Gesellschafteraufnahme und fragen lediglich: Wann soll neues Gesellschafterkapital aufgenommen werden und wieviel?

aa) Beteiligung ohne Aufgeld

Lohnt sich die Aufnahme zusätzlichen Eigenkapitals, wenn der neue Gesellschafter kein Aufgeld zahlt? Um diese Frage zu beantworten, greifen wir auf die Unterscheidungen zwischen dem Standardmodell mit teilbaren Investitionsvorhaben (von Anfang an sinkenden Durchschnittsrenditen) und dem Lutz-Modell mit unteilbaren Investitionsvorhaben (erst steigenden, dann sinkenden internen Zinsfüßen, S. 116 f.) zurück.

Der bisherige Unternehmer wird einen Teilhaber nur aufnehmen, wenn ihm nach der Gesellschafteraufnahme mehr Einkommen verbleibt als vorher, d.h. zugleich: wenn die Rentabilität seines Eigenkapitals durch die Gesellschafteraufnahme erhöht wird. Bevor die Überlegung angestellt wird, einen neuen Teilhaber aufzunehmen, wird der Unternehmer seinen Kreditspielraum voll ausschöpfen. Da bei teilbaren Investitionsvorhaben die Grenzrendite der Investitionen von Anfang an fällt, sinkt durch die zusätzliche Eigenfinanzierung die Durchschnittsrentabilität des Eigenkapitals der Gesamtunternehmung. Der bisherige Unternehmer erzielte somit nach der Gesellschafteraufnahme als Einkommen das Produkt konstantes unternehmereigenes Kapital mal gesunkene Durchschnittsrendite. Es lohnt sich also nicht, einen Teilhaber aufzunehmen. Das Ergebnis wäre anders, wenn sich mit wachsendem Investitionsvolumen die Kapitalstruktur verschlechtern durfte, so daß jede zusätzliche DM an Eigenkapital jeweils mehr als eine DM an Fremdkapital induziert.

Lohnt sich bei unteilbaren Investitionsvorhaben (im Lutz-Modell) die Aufnahme eines Gesellschafters? Hier bedeutet die Aufnahme einer zusätzlichen DM an Gesellschafterkapital, daß die Durchschnittsrentabilität der Gesamtunternehmung steigt. Folglich steigt das Einkommen, das dem bisherigen Unternehmer verbleibt. Der Unternehmer wird so lange neues Gesellschafterkapital aufnehmen, bis das lukrativste Investitionsprogramm verwirklicht werden kann, denn dann ist die Durchschnittsrentabilität der Unternehmung maximiert. Zahlt der neue Gesellschafter kein Aufgeld, dann lohnt sich die Aufnahme eines neuen Gesellschafters also nur, wenn unteilbare Investitionsvorhaben vorliegen und das Eigenkapital des bisherigen Unternehmers sowie das dadurch induzierte Fremdkapital nicht ausreichen, und das lukrativste Investitionsprogramm zu verwirklichen.

bb) Beteiligung mit Aufgeld

Zahlt der neue Gesellschafter Aufgeld, dann sind (bei Ausklammerung aller Geschäftsführungs- und Kontrollprobleme) zwei Fragen zu beantworten:

(1) Wie hoch ist der Mindestausgabekurs, um den bisherigen Unternehmer zu veranlassen, Anteilsrechte abzugeben? Die obere Grenze des Ausgabekurses wird durch die Rendite der alternativen Anlagemöglichkeiten der möglichen neuen Gesellschafter gesetzt. Zur Vereinfachung gehen wir davon aus, die möglichen neuen Gesellschafter hätten nur eine alternative Anlagemöglichkeit in Höhe von sechs Prozent. Rentiert sich die Unternehmung nach der Kapitalerhöhung mit neun Prozent, dann läge der maximale Ausgabekurs bei 150 Prozent; denn durch einen Einsatz von 150 DM könnten damit in der Unternehmung neun DM verdient werden, also ebensoviel wie bei Anlage zur Alternativrendite von 6%.

(2) Wie hoch ist der Ausgabekurs, den der bisherige Unternehmer bestenfalls erreichen kann? Der Unternehmer wird nur bereit sein, Fremden Anteilsrechte einzuräumen (eine Kapitalerhöhung durchzuführen), wenn ihm nach der Kapitalerhöhung ein höherer Einkommensbetrag verbleibt als vorher. Als Folge der Kapitalerhöhung können neue Investitionsvorhaben verwirklicht werden. Diese Investitionsvorhaben, in t_0 durchgeführt, erbringen in t_1 zusätzliches Einkommen, das wir mit ΔE bezeichnen. Wenn von gesellschaftsvertraglichen Regelungen abgesehen wird, die neu aufzunehmende Gesellschafter schlechter stellen als bisherige, gilt: An die neuen Gesellschafter ist ein Gewinn abzuführen in Höhe der Durchschnittsrendite des Grundkapitals der Unternehmung nach der Kapitalerhöhung (Δr_n) mal Nennbetrag der Anteile der neuen Gesellschafter (N). Für den bisherigen Unternehmer lohnt sich also die Kapitalerhöhung nur, wenn die Gewinne, die an die neuen Gesellschafter abzuführen sind, vollständig aus dem Zusatzgewinn (dem Einnahmenüberschuß ΔE) bezahlt werden können. Die Kapitalerhöhung lohnt sich also nur, wenn

$$\Delta E > \Delta r_n N, \tag{14}$$

Der Mehrgewinn ΔE wird erwirtschaftet durch die Investition des Zusatzkapitals, das sich zusammensetzt aus dem Nennwert N der Anteile der neuen Gesellschafter sowie dem Agio, das die neuen Gesellschafter zu zahlen haben, sowie dem durch die Eigenkapitalzuführung induzierten Fremdkapital. Das zusätzliche Eigenkapital (Nennbetrag plus Agio) bezeichnen wir mit ΔK_E. Der Ausgabekurs A der Gesellschaftsanteile (in Prozent) errechnet sich als

$$A = \frac{\Delta K_E}{N} 100. \tag{15}$$

Für den Mindestausgabekurs muß in Gleichung (14) ein Gleichheitszeichen treten. Gleichung (14) in (15) eingesetzt und umgeformt ergibt

$$A = \frac{\Delta r_n}{\frac{\Delta E}{\Delta K_E}} 100. \tag{16}$$

Das heißt, der Mindestausgabekurs hat dem Verhältnis von Durchschnittsrendite nach einer Kapitalerhöhung im Zähler und Grenzrendite des zusätzlichen Eigenkapitals im Nenner zu gehorchen. Der Begriff Grenzrendite des zusätzlichen Eigenkapitals bedarf einer Erläuterung: Der Einkommenszuwachs ΔE wird vom zusätzlichen Eigenkapital und von dem durch das zusätzliche Eigenkapital induzierten Fremdkapital erwirtschaftet. Gleichwohl beziehen wir diesen Gewinnzuwachs nur auf das zusätzliche Eigenkapital. Wir wollen grundsätzlich vereinbaren, daß auf Kapitalmärkten mit Kreditbeschränkung die Rendite einer zusätzlich eingesetzten DM (die Grenzrendite) als Rendite des zusätzlichen Eigenkapitals unter Berücksichtigung der Gewinne aus dem Einsatz des zusätzlich induzierten Fremdkapitals zu verstehen ist. Zum Beispiel: Bringt eine DM neues Eigenkapital 10%, die dadurch induzierte DM zusätzliches Fremdkapital 9% und kostet das Fremdkapital 7%, dann beträgt die Rendite der zusätzlichen DM Eigenkapital 10%+9%-7% = 12%.

Gleichung (16) bezeichnet das Verhältnis einer Durchschnittsgröße (Δr_n) zu einer Grenzgröße ($\Delta E : \Delta K_E$). Das umgekehrte Verhältnis: Grenzgröße zu Durchschnittsgröße bezeichnet man in der Wirtschaftstheorie als Elastizität (vgl. z.B. die Nachfrageelastizität in Bezug auf den Preis).

Für den reziproken Wert des Mindestausgabekurses können wir deshalb eine Elastizität definieren:

$$\frac{1}{A} = \frac{\Delta E}{\Delta K_E} : \Delta r_n. \tag{17}$$

Das Verhältnis ($\Delta E/\Delta K_E$) : Δr_n nennen wir Einkommenselastizität (Gewinnelastizität) der Investition und schließen: Der Mindestausgabekurs gleicht der (mit 100 multiplizierten) reziproken Einkommenselastizität der Investition. Zur Verdeutlichung mögen zwei Beispiele dienen:

(a) Der bisherige Unternehmer hat 1 Mio. DM investiert und erzielt daraus 100.000 DM Einkommen in t_1. Er will den Kapitaleinsatz verdoppeln. Die zusätzlich zu investierende Million erbringt ein zusätzliches Einkommen von 80.000 DM. Die Grenzrendite des Geldes aus der Kapitalerhöhung beträgt also acht Prozent. Die Durchschnittsrendite der Unternehmung stellt sich danach auf neun Prozent, nämlich 180.000 DM für 2 Mio. DM Kapitaleinsatz. Das Zusatzkapital beträgt 1 Mio. DM. Der Mindestausgabekurs für die Gesellschaftsanteile errechnet sich gemäß Gleichung (16) als A = (9:8) · 100 = 112,5%. Im praktischen Fall wäre dieser Prozentsatz noch um die Kosten der Kapitalerhöhung (z.B. Provisionen, Gebühren für die Beratung bei der Abfassung des Gesellschaftsvertrages) zu erhöhen. Wir sehen davon ab. Der Nennbetrag der neuen Anteilsrechte errechnet sich nach Formel (15) als Quotient aus Zusatzkapital (1 Mio. DM) durch Ausgabekurs (112,5%). Dem neuen Gesellschafter werden folglich für rund 890.000 DM Gesellschaftsanteile eingeräumt, für die er aber das 1,125-fache, also rund 1 Mio. DM zu zahlen hat. Nach der Kapitalerhöhung stellt sich der Eigenkapitalanteil des bisherigen Unternehmers auf 1 Mio. DM plus rund 110.000 DM Zuzahlung des neuen Anteilseigners, gleich rund 1,11 Mio. DM. Diese, verzinst mit neun Prozent, der Durchschnittsrendite der Unternehmung nach der Kapitalerhöhung, ergibt das bisherige Einkommensniveau des Unternehmers von rund 100.000 DM jährlich.

(b) Der bisherige Unternehmer hat 1 Mio. DM investiert und daraus 80.000 DM Einkommen erzielt. Er will den Kapitaleinsatz verdoppeln. Die Grenzrendite der Investition beträgt diesmal zehn Prozent. Die zweite Million erbringt also insgesamt 100.000 DM. Die Durchschnittsrendite der Unternehmung steigt nach der Kapitalerhöhung von acht Prozent auf neun Prozent. Wie hoch ist der Mindestausgabekurs bei steigender Durchschnittsrendite der Unternehmung? Der Mindestausgabekurs berechnet sich als A = (9:10) 100 = 90%. Das heißt, der neue Gesellschafter muß 1 Mio. DM bezahlen; er erhält dafür aber Gesellschaftsanteile in Höhe von rund 1.110.000 DM. Der bisherige Unternehmer muß 110.000 DM seines Anteils als Anteil des neuen Gesellschafters umbuchen. Ihm verbleiben nur 890.000 DM. Diese rund 890.000 DM, verzinst mit der neuen Durchschnittsrendite von neun Prozent, sichern ihm das bisherige Einkommen von 80.000 DM.

Im praktischen Fall muß hier stärker differenziert werden. Will ein Einzelkaufmann oder eine Personengesellschaft einen weiteren Teilhaber aufnehmen, so werden einmal die Gesichtspunkte der Mindestbeteiligung und der Geschäftsführung eine Rolle spielen, und weiterhin werden dem bisherigen Unternehmer nicht alle alternativen Anlagemöglichkeiten des möglichen neuen Teilhabers bekannt sein. Jeder der Beteiligten wird bei jeder Handlungsmöglichkeit die anfallenden Einkommensteuerzahlungen zu berücksichtigen haben. Das tatsächliche Aufgeld folgt als Ergebnis einer Verhandlung mit dem neuen Teilhaber, in der regelmäßig geblufft, gedroht und Desinteresse geheuchelt wird. Für diese Verhandlungssituation lassen sich außerhalb einer Theorienbildung über Verhandlungsstrategien nur die Preisgrenzen klären: der Mindestausgabekurs, unter dem der bisherige Unternehmer sein Interesse an der Kapitalerhöhung verliert, und der maximale Ausgabekurs, bei dem der mögliche Teilhaber sich ernstlich nicht mehr beteiligen will. Dabei hat der Kapitalanleger zu bedenken, daß er seine Beteiligung im allgemeinen nur sehr schwer wieder lösen kann. Kommanditeinlagen und stille Einlagen werden nicht wie Aktien an der Börse gehandelt. Der bisherige Unternehmer hat zu beachten, daß eine Kündigung solcher Einlagen das Ende der Unternehmung und dadurch den Verlust seines Vermögens bedeuten kann.

3. Kapitalerhöhungen in Publikumsgesellschaften

aa) Wahlprobleme mit Eigenfinanzierung bei Handeln im Interesse der Anteilseigner

Bei Publikumsgesellschaften besitzen die Vorstandsmitglieder durchweg nicht die Mehrheit der Anteilsrechte. Das wirft die Frage auf: Handeln die Manager im Interesse der Anteilseigner? Oder verfolgen sie nur ihre eigenen Ziele in den Grenzen zwingender gesetzlicher oder vertraglicher Regelungen? Oder versuchen sie, als Beauftragte für eine Gesamtheit von Auftraggebern: Anteilseignern, Beschäftigten und anderen als Unternehmensbeteiligte zählende Personen eine komplexe Zielfunktion, eine Art „firmeneigene" Ziele, zu verwirklichen? Hier sei zunächst unterstellt, daß die Unternehmungsleitung ausschließlich im Interesse der Anteilseigner entscheiden. Selbst wenn die Unternehmer im Interesse der Anteilseigner handeln wollen, bleibt zu klären: Lassen sich die Wünsche einer Vielzahl von Anteilseignern in einer Zielgröße erfassen?

Handeln im Interesse der Anteilseigner ist zu verstehen als Handeln im Interesse der bisherigen Aktionäre in einem Planungszeitpunkt. Die Optimumbedingungen bei Beteiligungsfinanzierung sind verschieden, je nachdem, ob die alten Aktionäre mit den Beziehern der jungen Aktien „identisch" sind oder nicht.

Identität der Anteilseigner darf nicht dahingehend verstanden werden, daß tatsächlich vor und nach der Kapitalerhöhung dieselben Personen Aktien im gleichen Verhältnis wie früher besitzen. Bei Aktien, die an der Börse gehandelt werden, wird das praktisch nie der Fall sein. Identität der Anteilseigner ist als „mögliche Identität" zu verstehen: Den bisherigen Aktionären muß die Chance gegeben sein, falls sie es wünschen, im gleichen Anteilsverhältnis wie vor der Kapitalerhöhung an der Unternehmung beteiligt zu bleiben. Der Fall der möglichen Identität der Anteilseigner wird vom deutschen Aktiengesetz gefordert. Den Aktionären steht das Recht zu, neue Aktien zu beziehen. Ob die Altaktionäre ihr Bezugsrecht ausüben und die neuen Aktien übernehmen oder durch Verkauf von Bezugsrechten auf junge Aktien verzichten, das bleibt ihnen selbst überlassen.

Das Problem der Aufnahme eines neuen Kreises von Anteilseignern stellt bei Kapitalgesellschaften einen Ausnahmefall dar. Dieser Fall liegt vor, wenn durch die Hauptversammlung ein „genehmigtes Kapital" geschaffen wird und der Vorstand die Möglichkeit erhält, diese Aktien „im Interesse der Firma" zu verwerten, sie z.B. gegen Sacheinlagen (Übernahme von Zuliefer- oder Konkurrenzunternehmen) auszugeben.

Wenn der Vorstand einer Aktiengesellschaft ausschließlich im Interesse der Aktionäre handeln will, so muß er klären: Was ist das Interesse der Aktionäre? Einer wünscht hohe Dividenden, ein anderer hohes Unternehmenswachstum, also Selbstfinanzierung, evtl. mit Ausgabe von Gratisaktien. Die Interessen der Anteilseigner werden nicht von vornherein übereinstimmen. Damit ist zugleich Wohlstandsmaximierung für alle Aktionäre ausgeschlossen, denn eine Austauschregel zwischen mehr Dividende oder mehr Selbstfinanzierung, die alle Aktionäre befriedigt, ist praktisch nicht zu finden. Wenn in einer Publikumsgesellschaft der Vorstand im Interesse der Aktionäre handeln will, muß er deren Interesse kennen. Den Konsumwünschen der Aktionäre kann er nur in grober Form gerecht werden: Am ehesten dadurch, daß alles ausgeschüttet wird, weil dann den Aktionären die Freiheit bleibt, selbst zu entscheiden, wie sie diese Einkünfte verwenden.

Was kann als finanzielles Ziel der Leitung einer Publikumsgesellschaft angesehen werden?

(1) *Entnahmemaximierung.* Der Vorstand einer Publikumsgesellschaft kann also so handeln, daß er versucht, den Aktionären einen möglichst hohen und bei Vernachlässigung von Ungewißheit und Ex-post Überraschungen (Datenänderungen) gleichbleibenden Dividendenstrom zukommen zu lassen. Er wird dann nur soviel an buchhalterischem Gewinn zurückbehalten, wie zur Sicherung des gleichbleibenden Dividendenstromes nötig erscheint. Bei dieser Entnahmemaximierung für die Aktionäre unterstellt der Vorstand: Es läge im Interesse der Aktionäre, Dividendeneinkommen zu erzielen. Das Wahlproblem „Selbstfinanzierung (und damit möglicherweise Kurssteigerung) oder Gewinnausschüttung" käme für die Aktionäre nicht in Frage. Wollten sie die Dividendeneinkünfte wieder in die Unternehmung investieren, dann können sie weitere Aktien kaufen oder bei einer Kapitalerhöhung neue Aktien zeichnen.

Bei Entnahmestreben ist der maximal entziehbare Betrag auch auszuschütten. Ein Wahlproblem: Ausschüttung (und Eigenfinanzierung) oder Selbstfinanzierung gibt es nicht. Gleichwohl mag zusätzliche Eigenfinanzierung erwünscht sein, um über einen erhöhten Verlustpuffer neue Kreditquellen zu erschließen, vorteilhafte Investitionen auszuführen und so das künftige Einkommen zu erhöhen. Hierbei kann der Fall auftreten, daß aus steuerlichen Gründen ein Zurückhalten von Gewinnen in der Unternehmung wegen der Steuerersparnis zu höheren Einkommen der Anteilseigner aufgrund realisierter Kursgewinne führt als eine Ausschüttung mit gleichzeitiger Kapitalerhöhung. Sieht man von solchen steuerrechtsbedingten Verzerrungen ab, so gilt: Bei Entnahmestreben besteht nur die Wahl zwischen Eigenfinanzierung und Fremdfinanzierung.

(2) *Vermögensmaximierung für den Durchschnittsaktionär.* Hierbei muß der Vorstand von der Annahme ausgehen, daß die Aktionäre ihre Dividendeneinkünfte wieder investieren wollen, bzw. nur eine vorgegebene Mindestdividende konsumieren, den darüber hinaus erzielten Betrag anlegen wollen. Die Frage lautet dann: Wächst das Vermögen der Aktionäre mehr, wenn das Geld von vornherein in der Unternehmung bleibt (Selbstfinanzierung) oder wenn es an die Aktionäre ausbezahlt wird und die Aktionäre es anderwärts oder in Aktien dieser Unternehmung reinvestieren? Es werden Gewinne ausgeschüttet, wenn der Aktionär sie besser anlegen kann als die Unternehmung, es werden Gewinne einbehalten, wenn das zu größeren Vermögenssteigerungen führt. Damit der Vorstand diese Entscheidungen treffen kann, müssen zahlreiche Voraussetzungen erfüllt sein.

Bei Vermögensmaximierung für den Durchschnittsaktionär wird ein möglichst hohes Endvermögen am Planungshorizont angestrebt. Gewinne werden ausgeschüttet, wenn sie der Aktionär außerhalb der Aktiengesellschaft besser anlegen kann als deren Leitung, im anderen Fall wird selbstfinanziert. Ist es vorteilhaft, Gewinne auszuschütten, dann lohnt sich keine Eigenfinanzierung; denn die Mittel für die Kapitalerhöhung müßten ja anderen, voraussetzungsgemäß besseren Anlagemöglichkeiten vorenthalten werden. Erst wenn es vorteilhaft ist, Gewinne zurückzubehalten, diese Selbstfinanzierungsbeträge zur Deckung der Investitionsausgaben aber nicht ausreichen, kann darüber hinaus Eigenfinanzierung zweckmäßig sein. Es gibt auch hier keine Konkurrenz zwischen Eigenfinanzierung und Selbstfinanzierung. Allerdings ist zu beachten, daß Steuerrechtsetzungen statt Selbstfinanzierung eine Ausschüttung mit gleichzeitiger Kapitalerhöhung vorteilhafter erscheinen lassen können. Von diesem Problem der „Schütt-aus-hol-zurück-Politik" abgesehen, gilt hier: Ein Wahlproblem besteht nur zwischen Eigen- und Fremdfinanzierung.

(3) *Vermögensmaximierung für die Unternehmung als Institution.*

Handelt die Unternehmungsleitung im firmeneigenen Vermögensinteresse, sind unbeschränkte oder beschränkte Eigenfinanzierungsmöglichkeiten zu unterscheiden:

(a) Sind die Eigenfinanzierungsmöglichkeiten unbeschränkt, dann kann die Unternehmungsleitung nach Belieben Kapitalerhöhungen durchführen, vorausgesetzt, sie kann glaubhaft machen, daß die Aktionäre stets eine mindestens so hohe Rendite erhalten, wie sie ähnlich risikobehaftete Finanzanlagen auf dem Kapitalmarkt bieten. Besteht hier eine Konkurrenz zwischen Selbstfinanzierung und Eigenfinanzierung? Zur Selbstfinanzierung steht der Gewinnüberschuß nur insoweit bereit, als er früher eingegangene Dividendenverpflichtungen übersteigt. Sind die Eigenfinanzierungsmöglichkeiten unbeschränkt, dann braucht dieser Gewinnüberschuß nicht ausgeschüttet zu werden, um heute Kapitalerhöhungen zu ermöglichen. Der Gewinnüberschuß gilt damit als Bestandskapital. Bei unbeschränkter Eigenfinanzierungsmöglichkeit besteht folglich nur die Wahl zwischen Eigenfinanzierung und Fremdfinanzierung.

(b) Bei beschränkten Möglichkeiten zu zusätzlicher Beteiligungsfinanzierung hängt von der Ausschüttung gegenwärtiger und früherer Gewinne die künftige Eigenfinanzierungsmöglichkeit ab. Hier besteht also Konkurrenz zwischen Eigenfinanzierung und Selbstfinanzierung. Wird der Gewinn zurückbehalten, versiegen die Eigenfinanzierungsquellen, wird er ausgeschüttet, so fließen sie.

Für den Normalfall einer Kapitalerhöhung gilt als Bedingung die „mögliche Identität" der Aktionäre. Um für diesen Fall das Optimum an Eigenfinanzierung abzuleiten, trennen wir nach den drei Modellformen für den Kapitalmarkt:

1. Bei einem Kapitalmarkt im Konkurrenzgleichgewicht existiert ein einheitlicher Marktpreis für Geldaufnahmen (Sollzins) und Geldanlagen (Habenzins). Damit ist folglich belanglos, ob sich die Gesellschaft fremdfinanziert oder ob sie neues Eigenkapital aufnimmt, sofern die Besteuerung nicht diskriminiert, d.h. Kapitalkostenneutralität (S. 205) verletzt wird. Davon sei hier ausgegangen, um die Optimumbedingungen ohne ausdrückliche Berücksichtigung der Besteuerung formulieren zu können.

2. In einem unvollkommenen Markt wird regelmäßig der marginale Sollzins über dem marginalen Habenzins liegen. Daß der Habenzins höher ist als der Sollzins, ist nur denkbar, wenn Zuschläge für Emissionskosten auftreten oder Risikoprämien, welche die Anteilseigner, nicht aber die Gläubiger verlangen. Davon sei hier abgesehen.

Wenn r' die Grenzrendite, i den marginalen Sollzins und h den marginalen Habenzins bezeichnen, bestimmt sich das Investitionsvolumen nach

Planung des Zahlungsbereichs und Abstimmung mit dem Leistungsbereich ohne Unsicherheit 145

$$r' \geq i \quad \text{bzw. } r' \geq h. \tag{18}$$

Ist zwischen Eigen- und Fremdfinanzierung zu wählen, so wird fremdfinanziert, wenn der Habenzins über dem Sollzins liegt; es wird eigenfinanziert, wenn der Sollzins höher ist als der Habenzins.

3. Auf einem Kapitalmarkt mit Kreditbeschränkung wird diese nur wirksam, wenn sich Fremdfinanzierung lohnt. Eigenkapitalaufnahme soll unbeschränkt möglich sein. Bei diesen Annahmen wird die Unternehmung zunächst versuchen, den Fremdkapitalspielraum auszuschöpfen. Wir nehmen an, der Spielraum sei ausgeschöpft, wenn Fremdkapital in gleicher Höhe wie Eigenkapital vorhanden ist (Kapitalstruktur 1:1). Eine zusätzliche DM Fremdkapital ist nur durch Zuführung einer zusätzlichen DM Eigenkapital zu erhalten. Wie S. 140 sei die Grenzrendite auf eine DM zusätzliches Eigenkapital bezogen. Die Grenzrendite berechnet sich dann nach dem Einnahmenüberschuß, den die zusätzliche DM Eigenkapital und die durch sie induzierte zusätzliche DM Fremdkapital erwirtschaften, abzüglich der Fremdkapitalzinsen.

Demzufolge gilt: *Das optimale Investitionsvolumen ist bei jener Kapitalmenge erreicht, bei der die Grenzrendite des Eigenkapitals gleich dem marginalen Habenzins ist.*

bb) Der Emissionskurs

Soll eine Kapitalerhöhung zu pari erfolgen oder mit Aufgeld? Gibt es einen optimalen Ausgabekurs (Emissionskurs)? Diese Fragen versuchen wir zu beantworten unter der Annahme, daß das Management im Interesse der Aktionäre handelt.

In Ländern, die nur nennwertlose Aktien und/oder kein gesetzliches Bezugsrecht kennen, läßt sich die Kapitalerhöhung nur durch „freihändigen" Verkauf der jungen Aktien an der Börse durchführen. Beurteilen die Aktionäre die Aussichten gut, werden sie das zusätzliche Aktienangebot zu gleichbleibenden oder steigenden Kursen aufnehmen. Beurteilen sie die Aussichten schlecht, werden die Kurse sinken.

Der Emissionskurs ist an die Vorschrift eines gesetzlichen Bezugsrechts gebunden, an rechtliche Besonderheiten also. Deshalb kann es (vom bestehenden Börsenkurs abgesehen) strenggenommen keine ökonomische Begründung für einen Emissionskurs geben. *Ein optimaler Emissionskurs ist nicht zu definieren.* Dies widerspricht der Meinung der Praxis. Also müssen wir die Zusammenhänge näher untersuchen.

Bei den folgenden Überlegungen vernachlässigen wir den Umstand, daß die jungen Aktien regelmäßig erst für das folgende Jahr voll dividendenberechtigt werden. Die jungen Aktien seien am Tage der ordentlichen Hauptversammlung ausgegeben und fortan den alten Aktien in allen Rechten gleichgestellt. Da der Einzahlungstag beim Bezug der jungen Aktien meist vom Tag der Dividendenzahlung abweicht, sind demgegenüber in der Praxis die jungen Aktien im ersten Jahr nur teilweise dividendenberechtigt, und deshalb liegt ihr Kurs einige Punkte unter dem der alten Aktien. Weiterhin unterstellen wir, daß die Alternativrendite, die sich den Aktionären außerhalb der Unternehmung bietet, für alle gleich ist und genau angegeben werden kann.

Die Behauptung: „Für die Altaktionäre gibt es keinen optimalen Bezugskurs junger Aktien", belegt am besten ein Beispiel.

Nehmen wir an, das bisherige Grundkapital sei 2 Mio. DM. Die übliche (effektive) Rendite von Aktien betrage 4%. Der Dividendensatz sei 20%. Bei 2 Mio. DM Grundkapital werden an Dividende jährlich 400.000 DM verdient und ausgeschüttet. Damit errechnet sich ein „ertragsgerechter" Kurs von 20% Dividende durch 4% Alternativrendite mal 100 gleich 500. Der tatsächliche Börsenkurs sei damit identisch.

Der Unternehmung biete sich nun ein Investitionsvorhaben, das bei Einsatz von 1 Mio. DM zusätzlichem Eigenkapital jährlich 60.000 DM zusätzlich erbringt. Die Unternehmung kann in Zukunft jährlich insgesamt 460.000 DM ausschütten. Der Gesamtkurswert bestimmt sich unter den hier gesetzten Vereinfachungen einfach als Barwert der unendlichen Reihe künftiger Gewinnausschüttungen, als W = G : r, wobei G die ausschüttungsfähigen Gewinne (hier 460.000 DM), r die Rendite dieser Risikoklasse (hier 4%) und W den Kurswert bezeichnet.

Zunächst sei geprüft, ob der ertragsgerechte Kurs alter Aktien zugleich den Höchstausgabekurs für junge Aktien bildet. Vorstand und Aufsichtsrat unserer Unternehmung seien so verwegen, daß sie Erweiterungsinvestitionen mit einer Kapitalerhöhung bei einem Emissionskurs von 1.000% ankündigen, obwohl sie außerhalb einer Beteiligungsfinanzierung keine Investitionsmittel bekommen kann. Beträgt die Kapitalerhöhung 100.000 DM, errechnet sich ein Bezugsverhältnis alte Aktien zu neuer Aktien von 20 zu 1.

Zunächst wird man folgern: Vorstand und Aufsichtsrat werden keine einzige junge Aktie verkaufen, schließlich erhält man alte Aktien bereits für 500 DM. Aber die Folgerung stimmt nicht. Wenn die Aktionäre streng rational handeln, müssen sie unter den Annahmen, daß insbesondere der Gewinn aus der Erweiterungsinvestition zweifelsfrei fließen wird und auf andere Weise die Unternehmung die Investition nicht finanzieren kann, folgern: „Nur wenn jeder von uns die jungen Aktien bezieht, kann die Erweiterungsinvestition so durchgeführt werden, daß unser Einkommen maximiert wird. Bisher fließen uns für 500 DM Kurswert (= „investiertes Kapital") 20 DM Dividende zu. Das entspricht der branchenüblichen Verzinsung von 4%. Investieren wir nun noch einmal eine Mio. DM, so fließen uns zusätzlich 60.000 DM zu, also 6% Grenzrendite statt 4% Verzinsung bei sonstiger Anlage. Unser Einkommen steigt folglich, trotz des abschreckenden Ausgabekurses."

Allerdings ist dieser Schluß noch an eine weitere Voraussetzung gebunden: daß ein Bezugszwang besteht. Bei dem Emissionskurs von 1000 DM fallen jährlich 460.000 DM Gewinn an auf 2,1 Mio. DM Grundkapital. Also wächst der Dividendensatz auf 21,9%. Gelingt die neue Emission zum Kurs von 1000 DM, dann wird der Börsenkurs auf rund 548 DM (nämlich Dividende 21,9% dividiert durch branchenübliche Verzinsung 4% mal 10) steigen. Besitzt ein Aktionär Aktien im Nennwert von 2.000 DM, so verfügt er vor der Kapitalerhöhung über 10.000 DM Vermögen. Nachdem er weiter 1.000 DM zusätzlich eingezahlt hat, erhält er dafür einen Nennwert von 2.100 DM und besitzt ein

Planung des Zahlungsbereichs und Abstimmung mit dem Leistungsbereich ohne Unsicherheit 147

Vermögen von rund 11.500 DM. Jeder einzelne Aktionär kann nur dadurch sein Vermögen maximieren, daß er solidarisch mit den anderen junge Aktien zu dem horrenden Ausgabekurs bezieht.

Wenn ein Aktionär nicht beziehen will, wird er versuchen, sein Bezugsrecht für junge Aktien zu verkaufen. Aber er wird die Bezugsrechte von 20 Aktien, die zum Bezug einer neuen Aktien berechtigen, nur unter Zuzahlung von rund 452 DM loswerden. Für den Erwerber stellt sich dann der Bezugskurs der jungen Aktie auf 1.000-452 = 548 DM. Umgerechnet auf die einzelne Aktie (20:1) beträgt also das Bezugsrecht -22,6 DM. Den Wert des Bezugsrechts berechnen wir hier nach der Formel: „Dividiere die Differenz ertragsgerechter Kurs nach der Kapitalerhöhung minus Emissionskurs durch das Bezugsverhältnis." Die herkömmliche Formel lautet anders, vgl. S. 150.

Die Emission zu 1.000 DM würde also gelingen, wenn der Aktionär das Bezugsrecht wahrnehmen bzw. eine Zubuße in Höhe des negativen Bezugsrechts leisten müßte. Rechtlich besteht keine Zubußepflicht, und deshalb wird praktisch der Plan des verwegenen Vorstandes fehlschlagen. Aus dem Beispiel lernen wir: Weil in der Praxis keine Bezugsverpflichtung oder Zuschußpflicht besteht bzw. Bezugsrechte unabhängig von den Aktien veräußert werden können, nur deshalb bildet der Börsenkurs die Höchstgrenze für den Ausgabekurs. Davon abgesehen gilt: Bezugskurs und Bezugsverhältnis nehmen also auf das Endvermögen des Altaktionärs keinen Einfluß; vorausgesetzt, es herrschen Idealbedingungen, so daß ohne Kauf- und Verkaufspesen stets der ertragsgerechte Kurs verwirklicht wird.

Da dieses Ergebnis zum praktischen Verhalten im Widerspruch steht, müssen wir jene Argumente prüfen, mit denen nachzuweisen versucht wird, daß der Erfolg der Kapitalerhöhung doch vom Ausgabekurs abhängt. Als Gründe für niedrige (gegen hohe) Ausgabekurse[73] werden genannt:

(1) Ein niedriger Ausgabekurs sei zu wählen, wenn man nicht in erster Linie neues Geld brauche, sondern vielmehr den zu schweren Aktienkurs verwässern wolle, damit die Handelbarkeit erleichtert werde. Dazu ein Beispiel: Eine Aktiengesellschaft zahlt 20% Dividende bei einem Kurs von 500 DM. Ein Käufer braucht also mindestens 500 DM, um eine Aktie zu erwerben. Führt die Kapitalgesellschaft jedoch eine Kapitalerhöhung im Verhältnis 2:1 zu pari durch und schüttet sie insgesamt nicht mehr aus, dann verteilen sich 20 DM Ausschüttung nunmehr auf das doppelte Grundkapital. Die Dividende sinkt auf 10%, und bei diesem Dividendensatz wird der Kurs nur 250 DM betragen. Wird die gleiche Dividendensumme auf ein vergrößertes Grundkapital gezahlt, spricht man von Kapitalverwässerung (Verwässerung der Ertragskraft der Unternehmung durch Kapitalerhöhung).

Gegen das Argument ist einzuwenden: Die niedrigeren Aktienkurse wären auch durch einen Aktiensplit, eine Teilung, z.B. durch Ausgabe von Gratisaktien, zu erreichen oder durch Einführung einer 50-DM-Aktie bzw. einer Stücknotiz. Das Argument unterstellt

---

73 Vgl. *Heinrich Rittershausen:* Industrielle Finanzierungen. Wiesbaden 1964, S. 86-98.

einen nicht vernünftig handelnden Vorstand: Das Kapital wird erhöht, obwohl das Mehrkapital nicht benötigt wird.

Richtig ist allerdings, daß die Handelbarkeit der Aktie durch niedrige Bezugskurse verbessert wird. Der Grund liegt in der mangelnden Teilbarkeit des Aktienbestandes bei Kleinaktionären. Ein Kleinaktionär besitzt z.B. zwei Aktien. Bei einer Pari-Emission im Verhältnis 1:1 wird er bereit sein, 100 DM zusätzlich zu investieren. Bei einem Emissionskurs von 500 DM, Bezugsverhältnis 10:1, muß er entweder auf den Bezug verzichten oder 8 Bezugsrechte hinzukaufen und 500 DM investieren. Die Teilbarkeit ist ein Tatbestand, der für niedrige Bezugskurse spricht.

(2) Man verwässere das Kapital, um bei niedrigerem Dividendensatz trotzdem mehr ausschütten zu können. Jemandem, der von Wirtschaft keine Ahnung hat, erscheinen 20% Dividende sehr hoch. Stehe die Aktiengesellschaft nunmehr einer ungebildeten Volksmeinung und klassenkämpferischen Gewerkschaften gegenüber, die 10% Dividende (ohne Rücksicht auf den Kurs) schon als zu hoch empfinden und 20% als Ausbeutung der werktätigen Klasse, lassen sich nur dann höhere Gewinne ausschütten, wenn optisch der Dividendensatz gesenkt wird. Die Unternehmung, die bisher 20 DM ausgeschüttet hat und nunmehr 30 DM ausschütten will, wird dann folgern: Wir erhöhen das Kapital im Verhältnis 1:1 zu pari. Statt bisher auf 100 DM Nennwert 20 DM auszuschütten, werden nunmehr auf 200 DM Nennwert 30 DM ausgeschüttet, der Dividendensatz sinkt auf den optisch angenehmeren Satz von 15%. Hier handelt die Unternehmung durch die Wahl niedriger Ausgabekurse rational. Sie muß sich nur einer ökonomisch ungebildeten Umwelt anpassen.

(3) Niedrigere Bezugskurse würden es den Aktionären erleichtern, ihre bisherigen Anteilsquoten beizubehalten. Hohe Bezugskurse könnten dazu führen, daß ein Betrag vom Aktionär gefordert werde, den er nicht aufzubringen imstande sei, um sein bisheriges Anteilsverhältnis zu wahren. Könne ein Aktionär seinen bisherigen Anteil nicht halten, werde er auf der Hauptversammlung der Kapitalerhöhung nicht zustimmen.

An dem Argument ist richtig, daß Großaktionäre, die keine Gelder flüssig haben, mit allen Mitteln verhindern werden, daß als Folge einer Kapitalerhöhung ihre Majorität oder Sperrminorität verlorengeht. Indes ist die Höhe des Bezugskurses für diesen Gesichtspunkt bedeutungslos. Die Kapitalerhöhung erfolgt, weil die Unternehmung einen bestimmten Betrag an eigenen Mitteln braucht, z.B. um eine andere Unternehmung aufzukaufen oder um die Kapitalstruktur zu verbessern und so neue Fremdfinanzierungsquellen zu erschließen. Der Großaktionär wird zu verhindern suchen, daß die Aktiengesellschaft einen Eigenkapitalbetrag anfordert, der seine Möglichkeiten überschreitet. Er wird im Zweifel der Gesellschaft lukrative Investitionsvorhaben unmöglich machen. Bei gegebenem Einforderungsbetrag an Eigenkapital spielt auch in den Augen eines solchen Mehrheitsaktionärs der Bezugskurs keine Rolle.

Als Gründe für hohe (gegen niedrige) Emissionskurse werden genannt:

(1) Wenn der Emissionskurs niedrig sei, dann flössen zu wenig Mittel in die Unternehmung, weil im allgemeinen die Kapitalerhöhung nur einen geringen Prozentsatz des Grundkapitals ausmache. Dieses Argument zieht nicht, denn bei rationalem Vorgehen

wird zunächst der Bedarf an eigenen Mitteln festgestellt, und dann folgt die Überlegung hinsichtlich des Ausgabekurses. Es ist auch kein vernünftiger Grund dafür zu finden, daß die Kapitalerhöhung nur einen geringen Prozentsatz des Grundkapitals ausmachen soll. Entscheidend ist schließlich der Betrag, der den Aktionären abverlangt wird.

(2) Bei niedrigen Emissionskursen müsse, um den gewünschten Eigenkapitalbetrag zu bekommen, der Prozentsatz der Kapitalerhöhung hoch gegriffen werden und folglich das Kapital stark verwässert werden. Wenn der Gewinn in den nächsten Jahren nicht oder nur wenig steige, müsse der Dividendensatz herabgesetzt werden, was einen schlechten Eindruck mache.

Wer seine Entscheidung an dem Dividendensatz ohne Rücksicht auf den Kurs fällt und deshalb die Ertragskraft an einem willkürlichen Prozentsatz statt an der Summe der Ausschüttungen orientiert, handelt unvernünftig. Muß der Vorstand mit derartigem Fehlverhalten rechen, dann kann er die Aktionäre darüber aufklären, daß in Zukunft der Dividendensatz sinken werde, obwohl die Gesellschaft in der Lage sei, die Gesamtsumme der Ausschüttungen zu steigern. Kein vernünftiger Aktionär wird dann einen schlechten Eindruck von der Gesellschaft erhalten.

(3) Bei Pari-Emissionen würden unvertretbar hohe Grenzgewinne erscheinen, wenn z.B. eine Dividende von 20% weiter bezahlt werde. In diesem Fall sei die Durchschnittsrendite der alten Aktien z.B. 4%; die Grenzrendite der zu pari emittierten Aktien jedoch 20%.

Der „unvertretbar hohe Grenzgewinn" ist ein Scheinargument. Wenn die Gesellschaft ihr Kapital im Verhältnis 10:1 erhöht und 20% Dividende weiterzahlt, dann schüttet sie vor der Kapitalerhöhung bei 2 Mio. DM Grundkapital 400.000 DM aus, nach der Kapitalerhöhung bei 2,2 Mio. DM Grundkapital insgesamt 440.000 DM. Die Ausschüttung hat in demselben Verhältnis wie das Grundkapital zugenommen.

(4) Bei Pari-Emissionen müßten die Emissionskosten aus dem Betriebsgewinn gedeckt werden; darüber hinaus sei aus dem Gewinn der Zusatzinvestitionen erst die gesetzliche Rücklage aufzufüllen, ehe Gewinne ausgeschüttet werden könnten. Die Emissionskosten sind Aufwand der Aktiengesellschaft, und nach Aktienrecht ist die gesetzliche Rücklage aus zurückbehaltenem Gewinn zu bilden.

Bei der Berechnung des Bezugsrechts ist betriebswirtschaftlich von dem künftigen auszuschüttenden Betrag und damit dem künftigen Börsenkurs auszugehen. Für das Bezugsrecht R gilt

$$R = \frac{K_n - B}{\frac{a}{b}}, \qquad (19)$$

wobei K_n der Kurs nach der Kapitalerhöhung, B der Bezugskurs (Emissionskurs) und a/b das Bezugsverhältnis (Nennwert der alten Aktien a zu Nennwert der neuen Aktien b) ist. Die in der Praxis übliche Formel lautet hingegen:

$$R = \frac{K_a - B}{\frac{a}{b} + 1}. \tag{20}$$

K_a ist der Börsenkurs alter Aktien. Diese übliche Formel geht also vom Börsenkurs vor einer Kapitalerhöhung aus. Sie unterstellt, der Börsenkurs nach der Kapitalerhöhung gleiche dem gegenwärtigen Börsenkurs und dem Bezugskurs junger Aktien. Unter dieser Voraussetzung sind beide Formeln identisch, wie man rasch erkennt, wenn

$$K_n = \frac{aK_a + bB}{a + b} \tag{21}$$

gesetzt wird.

Die herkömmliche Formel nimmt an, die neu zugeführten Mittel verzinsten sich gerade mit der bisherigen Aktienrendite. Deshalb ist die herkömmliche Formel nur dann berechtigt, wenn im Börsenkurs der alten Aktien die künftigen Gewinnsteigerungen bereits vollständig vorweggenommen sind. In der Praxis mag das mitunter näherungsweise der Fall sein: Die Ankündigung einer Kapitalerhöhung (ohne daß der Bezugskurs schon bekannt wäre) wirkt regelmäßig kurssteigernd. Das Schrifttum behauptet hier einen „signaling"-Effekt (S. 640): Kapitalerhöhungen seien wie Ankündigungen von Dividendenerhöhungen ein Signal durch die Unternehmensleitung, daß die Ertragslage sich verbessert habe. Zudem wird eine Unternehmung, die eine Kapitalerhöhung durchführen will, offenherziger über ihre künftige Entwicklung berichten als die Mehrzahl der anderen Gesellschaften. Die verstärkte Publizität gestattet einen besseren Einblick in die Ertragslage und erlaubt so eine ertragsgerechtere Bewertung. Schließlich sehen die Aktionäre mitunter günstige Bezugsrechte als eine Art Zusatzdividende an, obwohl es sich bei der Veräußerung des Bezugsrechts nur um eine Liquidation von Vermögensteilen handelt. Sie werden schon deshalb bei der Ankündigung des Bezugsrechts zu Käufen dieser Aktie angelockt.

Andererseits „verstimmen" Kapitalerhöhungen mit Bezugskursen nahe dem Börsenkurs deshalb häufig, weil über die künftige Dividendenpolitik Zweifel bestehen und vermutet wird, daß eine mit hohen Börsenkursen ausgestattete Kapitalerhöhung ein zusätzliches Signal für ein Verhalten der Unternehmungsleitung sei, durch das die Aktionäre nur zur Beschaffung zusätzlicher haftender Mittel billig gemolken werden sollen, wobei das Management über die Verwendung der aus Emissionsagio zugeflossenen Gelder möglichst niemandem Rechenschaft geben möchte.

c) Die modellmäßige Abstimmung von Zahlungs- und Leistungsbereich

1. Einperiodige Planung

aa) Der Einfluß des Zahlungsbereichs auf den Leistungsbereich bei unbeschränktem Finanzierungsspielraum

Bisher wurde davon ausgegangen, Ausgaben und Einnahmen als Folgen einer jeden Entscheidung könnten geschätzt werden, ohne daß vorab überlegt werde, wie im einzelnen Beschaffung, Produktion und Absatz aussehen müßten. Aus der Kette betrieblicher Verflechtungen wurden nur zwei Glieder, Ausgaben und Einnahmen, betrachtet: der Zahlungsbereich. Diese Vereinfachung war notwendig, um einen Einstieg in die finanziellen Probleme des Unternehmensgeschehens zu finden. Jetzt ist es an der Zeit, diese Vereinfachung aufzuheben.

Über das Unternehmensgeschehen entscheiden Einnahmen und Ausgaben zu jedem Zahlungszeitpunkt. Eine vollständige optimale Gesamtplanung des Unternehmensgeschehens müßte für jeden einzelnen Zahlungszeitpunkt (jeden Tag) Investition, Finanzierung, Beschaffung, Produktion, Absatz miteinander in einem simultanen Gesamtplan für den Planungszeitraum des Unternehmers festlegen. Jede Datenänderung müßte die Suche nach einem neuen Optimum für das Unternehmensgeschehen innerhalb des Planungszeitraums (z.B. der nächsten 1800 Tage) auslösen.

Eine solche totale Simultanplanung ist nicht nur aus der Sicht der Praxis ein Hirngespinst. Sie wäre auch theoretischer Unsinn, denn hier würden die Kosten der Suche nach dem Optimum (die „Informations- und Planungskosten") sträflich vernachlässigt. Nach einer Datenänderung eine Umstellung der langfristigen Unternehmenspläne zu erwägen, lohnt sich nur dann, wenn nach Abzug der Planungs- und Umstellungskosten das Unternehmensziel besser erreicht wird als bei Hinnahme der Datenänderung ohne Planumstellung.

Eine „kurzfristige" Trennung von Zahlungs- und Leistungsbereich ist organisatorisch notwendig. Ein gegenseitig abgestimmter Produktions-, Absatz- und Finanzplan wird nur in den „langfristigen" Unternehmensplänen erfaßt, in die z.B. jedes Quartalsende als ein Zahlungszeitpunkt eingeht.

Welche Ansätze bestehen für eine gegenseitig abgestimmte (simultane) Planung des Leistungs- und Zahlungsbereichs der Unternehmung, und was leisten diese Ansätze?

Um die Frage zu beantworten, empfiehlt es sich didaktisch, das Abstimmungsproblem bei einperiodiger Planung zu trennen von den Abstimmungsproblemen bei mehrperiodiger Planung.

Bei einperiodiger Betrachtung fallen Ausgabe, Beschaffung und Faktoreinsatz (Beginn der Produktion) mit dem Periodenanfang zusammen. Fertigstellung des Erzeugnisses, Absatz und Einnahme liegen am Periodenende. Abstimmungsprobleme zwischen Beschaffung und Produktion entstehen nicht. Über die zeitliche Abstimmung von Produktion und Absatz braucht man sich keine Gedanken zu machen. Es gibt keine Lagerhaltung. Eine einperiodige Analyse hat nur dann Sinn, wenn die Entscheidungen dieser Abrechnungsperiode spätere Handlungsmöglichkeiten nicht verbauen oder begünstigen. Die statische Betrachtung setzt Unverbundenheit der einzelnen Abrechnungsperioden voraus.

Im leistungswirtschaftlichen Bereich sind bei einperiodiger Planung nur Art und Menge von Produktion und Absatz aufeinander abzustimmen. Es entstehen die drei klassischen Wahlprobleme der Produktionstheorie:
1. Bestimmung des Produktionsverfahrens bei gegebenem Absatzvolumen: Hier entscheidet die Minimalkostenkombination der Produktionsfaktoren.
2. Bestimmung des Produktionsprogramms bei gegebenem Faktoreinsatz: Über das Produktionsprogramm entscheidet die Maximalerlöskombination.
3. Bestimmung des Produktionsniveaus für eine Erzeugnisart: Die Höhe der Ausbringungsmenge wird durch das Cournotsche Theorem festgelegt: Im Optimum muß ein sinkender Grenzerlös den nicht sinkenden Grenzkosten gleichen.

Wie die Optima im einzelnen aussehen, darüber unterrichten die einführenden Lehrbücher der Kostentheorie.

Bei einem konkurrenzgleichgewichtigen Kapitalmarkt nimmt der Zahlungsbereich nur Einfluß auf die Rentabilität des Leistungsbereichs; ein Liquiditätsproblem entsteht nicht. Wir haben also zu prüfen: Verändert die Berücksichtigung der Finanzierungskosten das Produktionsverfahren, das Produktionsprogramm und das Produktionsniveau?

Die Frage ist rasch zu beantworten: Im einperiodigen Modell fallen alle Ausgaben zu Beginn der Abrechnungsperiode an; Zahlungsziele gibt es nicht. Die Zinskosten sind proportional den Faktorpreisen. Alle Faktorpreise werden im gleichen Verhältnis erhöht, folglich kann keine Änderung der Minimalkostenkombination eintreten. Das Produktionsverfahren wird durch die Finanzierungskosten nicht verändert.

Für die Wahl des Produktionsprogramms gilt das gleiche. Das optimale Produktionsprogramm ist durch den Berührungspunkt von Produktisoquante und Produktisoerlöslinie definiert. Eine Produktisoquante enthält alle Produktionsmengenkombinationen, die mit den gleichen Faktorausgaben hergestellt werden können. Die Finanzierungskosten ändern die Produktisoquante nicht Damit bleibt bei gegebenen Preisen der Produkte die Maximalerlöskombination erhalten.

Lediglich das Produktionsniveau wird beeinflußt. Die Zinskosten wirken wie eine Preiserhöhung der Faktoren. Sie verschieben die Grenzkostenkurve nach oben. Bei gegebener Grenzerlöskurve sinkt das Produktionsniveau: An die Stelle des einfachen Cournot-Theorems tritt das „finanzwirtschaftliche Cournot-Theorem" (S. 76). Die aufgezinsten Grenzkosten müssen den Grenzerlösen gleichen.

Fallen Soll- und Habenzinsen auseinander (unvollkommener Kapitalmarkt), dann hängt das Investitionsvolumen (Produktionsniveau) von den finanziellen Ziel- (Entnahme-) Vorstellungen des Unternehmers ab. Solange der Soll oder der Habenzins entscheidet, gilt ebenfalls das finanzwirtschaftliche Cournot-Theorem. Der dritte Fall, daß im Handlungsprogramm weder Geldanlage noch Geldaufnahme im Kapitalmarkt enthalten ist, tritt dann ein, wenn im Entnahmeoptimum das letzte Produkt eine Rendite abwirft, die unter dem Sollzins, aber über dem Habenzins liegt (vgl. S. 127) Da man von vornherein nicht weiß, ob Sollzins, Habenzins oder gar kein Marktzins das Investitionsvolumen begrenzt, empfiehlt es sich, bei unvollkommenem Kapitalmarkt das Produktionsniveau in Gedanken dadurch festzulegen, daß die alternativen Ausbringungsmengen als Investitionsvorhaben auf der „Sachinvestitionskurve" (Abbildung 5, S. 122) abgetragen und diese den Entnahme-Indifferenzkurven gegenübergestellt werden. Produktionsverfahren (bei gegebener Ausbringungsmenge) und Produktionsprogramm (bei gegebenen Faktorausgaben) werden auch hier nicht durch den Finanzbereich beeinflußt.

bb) Der Einfluß des Zahlungsbereichs auf den Leistungsbereich bei beschränktem Finanzierungsspielraum

Bei Beschränkung des Finanzierungsspielraums wird es notwendig, die produktionswirtschaftlichen Wahlprobleme neu zu formulieren. Die Wahl des Produktionsverfahrens, des Produktionsprogramms und des Produktionsniveaus erfolgt hier unter der Nebenbedingung, daß nur ein begrenzter Finanzierungsbetrag zur Verfügung steht. Für die formale Lösung bieten sich die Verfahren der mathematischen Programmierung an. Indes ist das Problem – unter einer zusätzlichen Einschränkung – auch im Rahmen der „neoklassischen" Theorie lösbar. Die Vorarbeiten zur Abstimmung des Zahlungs- und Leistungsbereichs bei beschränktem Kapitalmarkt wurden von Autoren geleistet, die versuchten, neoklassische Produktionstheorie und Zins- bzw. Kapitaltheorie zu vereinigen[74]; Überlegungen zur Verallgemeinerung der ökonomischen Theorie gaben zusätzlichen Anlaß[75].

Zur Ermittlung der produktionswirtschaftlichen Optima ist die Zielfunktion der Unternehmung zu maximieren unter zwei Nebenbedingungen. Die erste Nebenbedingung bezeichnet die Produktionsfunktion; die zweite fordert, daß der Kapitalbedarf aus der Beschaffung der Faktoren nicht größer ist als der verfügbare Finanzierungsbetrag. K bezeichnet den Kapitalwert; q_j sind die Preise der Produkte x_j (j = 1, 2,..., m). Die q_j sind als Barwerte der Preise zum Periodenanfang zu verstehen; Kalkulationszins ist die Alternativrendite, die sich bei anderweitiger Anlage des Finanzbetrages bietet. a_j sind die Preise (Ausgaben) der Produktionsfaktoren r_i (i = 1, 2, ..., n). Die erste Nebenbedingung beschreibt die implizite (d.h. Null gleichgesetzte) Form einer Produktionsfunktion. Sie erfaßt die Beziehung zwischen allen Produkten und allen zu deren Erzeugung erforderlichen Faktoreinsatzmengen. Um eine Tasse Tee (x) zu erzeugen, braucht man z.B. eine Tasse heißen Wassers (r_1) und einen Teebeutel (r_2), also $r_1 + r_2 = x$ bzw. allgemein:

---

74 Vgl. *Wassily Leontief:* Interest on Capital and Distribution: A Problem in the Theory of Marginal Productivity, Note. In: The Quarterly Journal of Economics, Vol. 49 (1934/35), S. 147-161, hier S. 151 f.; und besonders auch *A. Smithies:* The Austrian Theory of Capital in Relation to Partial Equilibrium Theory. In: The Quarterly Journal of Economics, Vol. 50 (1935/36), S. 117-150.

75 Vgl. z.B. *Albert Gailord Hart:* Anticipations, Uncertainty, and Dynamic Planning. Chicago 1940, reprinted New York 1951; S. 39-50; *H. Makower, William J. Baumol:* The Analogy Between Producer and Consumer Equilibrium Analysis. In: Economica, New Series, Vol. 17 (1950), S. 63-80, bes. Part II.

f (r_1, r_2) = x oder y (r_1, r_2, x) = 0. F bezeichnet den Finanzbetrag, der zur Fakorbeschaffung bereitsteht. Das Entscheidungsmodell lautet:
Maximiere

$$K = \sum_j q_j x_j - \sum_i a_i r_i \qquad (22)$$

unter den Nebenbedingungen

$$\varphi(r_i, x_j) = 0 \qquad (22a)$$

$$\sum_i a_i r_i \leq F \quad . \qquad (22b)$$

Durch die Produktionsfunktion und die finanzwirtschaftliche Ungleichung entsteht ein nichtlineares Programmierungsmodell; es läßt sich jedoch unter einer zusätzlichen Voraussetzung in ein „neoklassisches" Modell umwandeln, d.h. in ein Modell mit einer Zielfunktion und Nebenbedingungen in Form von Gleichungen. Wenn sicher ist, daß das Kapital die Produktion begrenzt, wird das Ungleichheitszeichen überflüssig, und das Modell läßt sich „neoklassisch" nach der Lagrangeschen Methode maximieren.

Die neoklassische Lösung sei an einem sehr einfachen Beispiel gezeigt. Dabei wird zunächst die Finanzbedingung vernachlässigt. Wir nehmen an, es werde ein Produkt mit Hilfe zweier Faktoren erzeugt. Die Produktionsfunktion weise die typischen neoklassischen Eigenschaften auf: Eine Verdoppelung aller Faktoren führe zum doppelten Mengenertrag (Homogenität erster Ordnung), und die Faktoren könnten gegeneinander substituiert werden.

Das einfachste Beispiel ist wohl eine „Cobb-Douglas"-Funktion von der Form x = $(r_1 r_2)^{1/2}$. Für eine solche Produktionsfunktion ist bei vorgegebenem Absatzpreis das Produktionsniveau unbestimmt, wenn die Einsatzmengen beider Faktoren verändert werden können. Damit sich ein optimales Produktionsniveau ergibt, mögen die Grenzerlöse stark fallen.

Die Preis-Absatz-Funktion laute q = 10 : $x^{1/2}$. Der Erlös beträgt also 10 DM, wenn am Ende der Abrechnungsperiode nur ein Stück zum Verkauf angeboten wird; werden zwei Einheiten verkauft, erlöst man je Einheit 7,07 DM; werden drei Einheiten verkauft, erlöst man je 5,77 DM. Die Umsatzfunktion folgt dann als U = q · x = 10 $x^{1/2}$. Beträgt der Preis je Einheit von r_1 und r_2 1 DM, so lautet das Modell (in der Lagrangeschen Form geschrieben, d.h., die Nebenbedingung wird gleich Null gesetzt, mit einem unbekannten Multiplikator μ multipliziert und von der Zielfunktion abgezogen):

$$K = 10 x^{1/2} - r_1 - r_2 - \mu [\, (r_1 r_2)^{1/2} - x\,] \qquad (23)$$

Durch partielles Differenzieren und Nullsetzen der Ableitungen errechnet sich ein Produktionsniveau von 6,25 Einheiten[76].

Der Lagrangesche Multiplikator μ ist ein „Schattenpreis"; er bezeichnet hier die Grenzkosten des Produkts und beträgt 2, was trivial ist, denn offensichtlich braucht man gemäß der Minimalkostenkombination je eine Einheit von r_1 und r_2, um eine Erzeugniseinheit zu fertigen.

Damit das Kapital die Produktion begrenzt, nehmen wir an, daß zur Faktorbeschaffung nur 10 DM bereitstehen. Die zweite Nebenbedingung lautet deshalb: $r_1+r_2-10 = 0$. Das soeben errechnete optimale Fertigungsniveau verlangt 12,50 DM. Unter Berücksichtigung beider Nebenbedingungen errechnet sich dann[77] $x = r_1 = r_2 = 5$. Der Kapitalwert sinkt von 12,50 DM auf 12,36 DM. Die Grenzkosten der Produktion betragen je Einheit 2,24, und der Schattenpreis der Finanzbedingung η errechnet sich auf (knapp) 0,12. Naturgemäß leiden Produktionsumfang und Kapitalwert unter der Kapitalrationierung.

Interessant sind deshalb allein die Schattenpreise. Der Lagrangesche Multiplikator der Finanzbedingung ist als derjenige Preis zu verstehen, den man höchstens für eine zusätzliche DM Kapital unter den sonstigen Modellbedingungen zahlen würde. Es handelt sich somit um den aus dem Programm errechneten „marginalen Kalkulationszins". Derjenige Kalkulationszinssatz, der das Investitionsvolumen (Produktionsniveau) begrenzt, liegt hier bei knapp 12%. Die Interpretation des Multiplikators als Zinssatz geht auf Lange zurück[78]. Lange schließt aus seinem im einzelnen anders aufgebauten Produktionsmo-

---

76 Im einzelnen:

$$K = 10\sqrt{x} - r_1 - r_2 - \mu[\sqrt{r_1 r_2} - x]$$

a) $\dfrac{\partial K}{\partial x} = 5x^{-0,5} + \mu = 0$

b) $\dfrac{\partial K}{\partial r_1} = -1 - 0,5\mu r_2^{0,5} r_1^{-0,5} = 0$

c) $\dfrac{\partial K}{\partial r_2} = -1 - 0,5\mu r_1^{0,5} r_2^{-0,5} = 0$

d) $\dfrac{\partial K}{\partial \mu} = \sqrt{r_1 r_2} - x = 0$

Aus a) bis d) errechnen sich die Unbekannten x, r_1, r_2 und μ.

77 $K = 10\sqrt{x} - r_1 - r_2 - \mu[\sqrt{r_1 r_2} - x] - \eta[r_1 + r_2 - 10]$

a) und d) wie bei Fußnote 76

b) $\dfrac{\partial K}{\partial r_1} = (-1+\eta) - 0,5\mu r_1^{-0,5} r_2^{0,5} = 0$

c) $\dfrac{\partial K}{\partial r_2} = -(1+\eta) - 0,5\mu r_1^{0,5} r_2^{-0,5} = 0$

e) $\dfrac{\partial K}{\partial \eta} = r_1 + r_2 - 10 = 0$

78 Vgl. *Oskar Lange:* The Place of Interest in the Theory of Production. In: The Review of Economic Studies, Vol. 3 (1935/36), S. 159-192, hier S. 174 f., 177.

dell, daß der Zins bei Kapitalknappheit zwangsläufig aus den Annahmen der Produktionstheorie folge und daß somit den statischen Modellen eine Zeitraumbetrachtung innewohnen müsse, weil der Zins definitionsgemäß eine Zeitdimension besitzt. Bei Kapitalknappheit liegen die Grenzkosten der Produktion (2,24) höher als die „monetären" Grenzkosten, die tatsächlichen Ausgaben für die zur Fertigung notwendigen Faktoren. Das erklärt sich einfach: Zusätzliche Kosten je Produkt sind nicht nur die Beschaffungsausgaben, sondern auch die Zinskosten für die eingetretene Kapitalbindung (monetäre Grenzkosten in Höhe von 2 DM plus Zinsen 12% auf 2 DM Kapital ergibt 2,24). Obwohl keine Zinsausgaben anfallen, werden „kalkulatorische Zinsen" als Opportunitätskosten verrechnet.

Dieses einfache einperiodige Modell enthält den Kern aller simultanen Planungsmodelle zur Abstimmung leistungs- und finanzwirtschaftlicher Aussagen: Es zeigt, wie Kapitalknappheit eine vorteilhafte Produktion zusätzlich beschränken kann. Modelle, die Produktions- und Absatzengpässe mit Finanzierungsbeschränkungen koppeln und mit Hilfe von Techniken der Unternehmensforschung Optima bestimmen, bauen diesen Grundgedanken aus.

2. Mehrperiodige Planung

aa) Die Analyse der Kapitalbindung leistungswirtschaftlicher Prozesse durch Kapitalbedarfsfunktionen

Bei mehrperiodiger Betrachtung sind zunächst die drei leistungswirtschaftlichen Bereiche Beschaffung, Produktion, Absatz in ihrem zeitlichen Zusammenhang zu sehen.

Zeitlicher Beschaffungsverbund besagt, daß die Einkaufs- und Personalplanung sich über mehrere Abrechnungsperioden erstrecken muß, weil die Beschaffungsbedingungen einer Abrechnungsperiode von denen früherer oder späterer abhängen. Um nur einige Gegebenheiten zu nennen: Nur zu bestimmten Terminen sind Rohstoffe oder Vorprodukte in genügender Menge und Qualität greifbar (Erntezeiten, Fachmessen); die Beschaffungspreise unterliegen saisonalen Schwankungen; die Transportkosten, Unteilbarkeit von Anlagen und Kündigungsfristen für Arbeiter und Angestellte verlangen bündelweise Vorab-Beschaffung von Produktionsfaktoren für mehrere Abrechnungsperioden (Kauf von Arbeitsleistungen für mehrere Wochen oder Monate).

Zeitlicher Produktionsverbund bedeutet einmal, die Faktoreinsätze mehrerer Perioden sind miteinander verbunden: Es werden z.B. Anlagegüter verwandt, bei denen eine stärkere Leistungsabgabe heute den geplanten Ersatzzeitpunkt vorverlegt. Zeitlicher Produktionsverbund kann auch auf der Produktseite bestehen: Aus fertigungstechnischen Gründen ist z.B. eine gleichmäßige Beschäftigung während mehrerer Abrechnungsperioden (über 12 Monate hinweg) erforderlich, der Absatz häuft sich in einzelnen Abrechnungsperioden (Weihnachtsgeschäft).

Zeitlicher Absatzverbund hat ähnliche Gründe wie zeitlicher Beschaffungsverbund (nur diesmal vom Verkäufer, nicht vom Einkäufer aus gesehen). Zusätzlich ist hier vor allem der zeitliche Verlauf der Konsumentenwünsche zu beachten. Wer dächte dabei nicht an Osterhasen und Martinsgänse?

Die zeitlichen leistungswirtschaftlichen Abhängigkeiten sind denen des Zahlungsbereichs gegenüberzustellen. Im allgemeinen klaffen Beschaffung und Ausgabe, Absatz und Einnahmen auseinander. Aus den unterschiedlichen Zahlungszielen ergeben sich zusätzliche Abstimmungsaufgaben. Zwar läßt sich all das unter Modellvereinfachungen untersuchen: Man nehme hier ein Gramm Lagerhaltung, zwei Teelöffel Zahlungsziele, einen halben Liter dynamische Produktionsfunktionen und koche das Ganze mit einer Extremwert-Zielvorschrift. Aus dem Topf quillt jedoch ein kaum genießbarer Brei; denn solange keine operationalen Modelle für einperiodige Planungen vorliegen, führt auch die Dynamisierung zu keiner größeren Wirklichkeitsnähe. Deshalb seien nur jene Ansätze näher erörtert, die über die Kapitalbindung leistungswirtschaftlicher Prozesse die Abhängigkeit von Zahlungs- und Leistungsbereich erfassen wollen.

Eine Tiefbaufirma hat den Auftrag erhalten, eine Brücke neu zu bauen, geplante Bauzeit 1 Jahr. Der Jahresbeginn und jedes Quartalsende stellen einen Zahlungszeitpunkt dar: In t_0 beginnt der Bau der Notbrücke, Ausgaben 20; danach wird die alte Brücke abgerissen, Ausgaben in t_1: 10; in t_2 wird die neue Brücke im Rohbau errichtet, Ausgaben 30; in t_3 erfolgt der Endausbau, Ausgaben 20; in t_4 erfolgt die Bezahlung, Einnahmen 100. Im Zeitablauf entstehen folgende kumulierte Ausgaben entsprechend der durchgezogenen Linie in Abbildung 9. Aber nun wird die Firma nicht nur diese Brücke bauen; in t_1 beginnt sie vielleicht mit den Reparaturarbeiten an einem Autobahnzubringer. Es „folgt dem Produktionsprozesse ... ein zweiter, ein dritter ..., auch wenn der erste noch nicht beendet ist."[79]. Die gestrichelte Linie deutet dies an. Eine solche zeitliche Folge der kumulierten Ausgaben aller Produktionsprozesse einer Unternehmung bezeichnet man als Kapitalbedarfsfunktion.

Der Kapitalbedarf sinkt mit der Bezahlung eines Produkts. Aber da vor Bezahlung dieses Produkts bereits andere Produktionsprozesse begonnen wurden, bleibt ein dauerhafter Kapitalbedarf bestehen, entsprechend z.B. der gestrichelten Linie in Abbildung 9. Wenn die Fertigung ein und desselben Erzeugnisses wiederholt wird und nach Abschluß der Arbeiten in der ersten Fertigungsstufe mit einem neuen Produkt begonnen wird, läßt sich der konstante Kapitalbedarf wie folgt errechnen: B ist der Kapitalbedarf, n die Zahl der während der Herstellungszeit eines Produktes begonnenen Fertigungsprozesse; a_1, a_2, ..., a_n sind die Höhe der Ausgaben (des Kapitalbedarfs) auf jeder der n „Produktionsstufen" (Notbrücke, Abbrucharbeiten usw.). Nachdem Produktionsgleichlauf eingetreten ist, beginnt in jedem Zahlungszeitpunkt ein neuer Prozeß und es endet einer. Somit entsteht n-mal der Kapitalbedarf der ersten Produktionsstufe, denn n Produkte sind in der Fertigung; (n-1)mal entsteht der Kapitalbedarf der zweiten Stufe: Nur für den gerade begonnenen Prozeß sind die Arbeiten auf der ersten Produktionsstufe noch nicht abge-

---

[79] *N.J. Polak:* Gründzüge der Finanzierung mit Rücksicht auf die Kreditdauer. Berlin-Wien 1926, S. 109.

schlossen. In der letzten Bearbeitungsstufe wird gerade ein Erzeugnis fertiggestellt: Nur für ein Erzeugnis fällt der Kapitalbedarf der letzten Bearbeitungsstufe an.

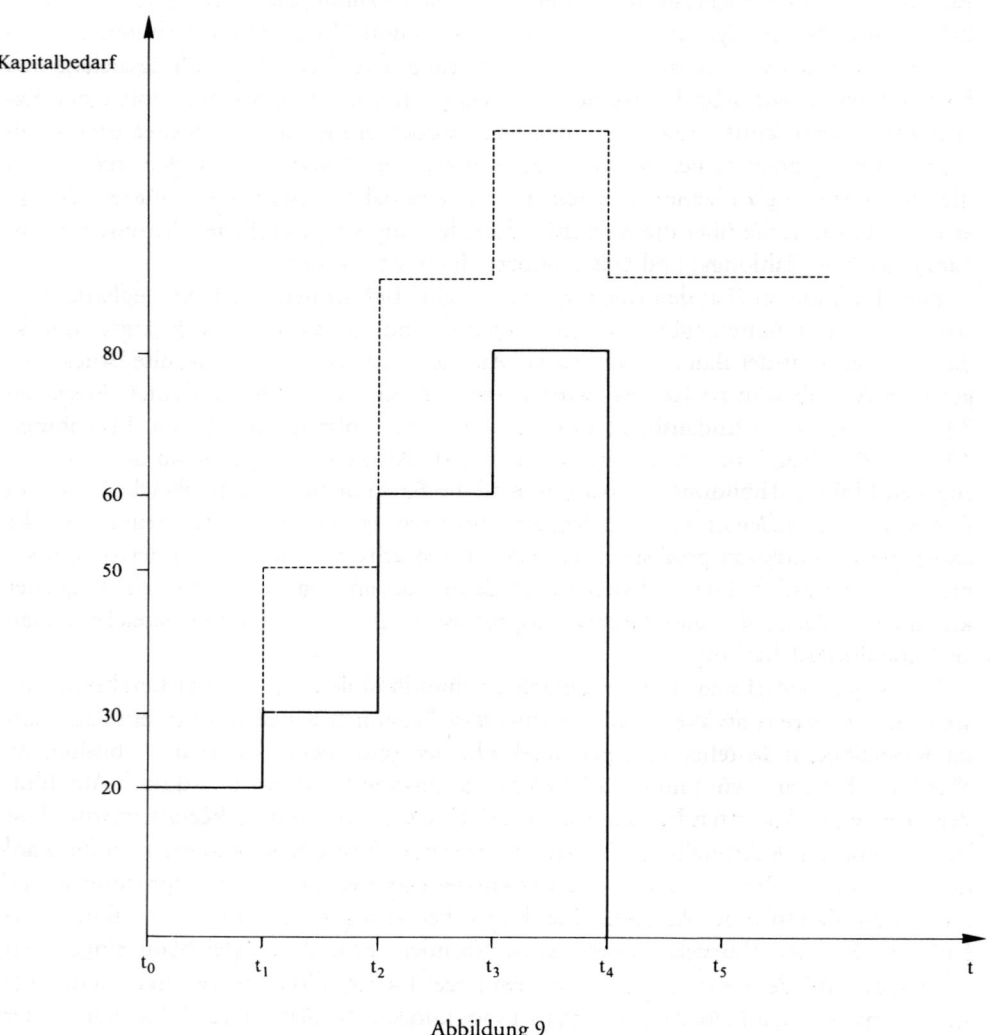

Abbildung 9

Der Kapitalbedarf errechnet sich damit als:

$$B = n a_1 + (n-1) a_2 + \ldots + 2 a_{n-1} + a_n. \tag{24}$$

Kapitalbedarfsanalysen dieser Art sollen die finanzwirtschaftliche Bedeutung einer zeitlichen Staffelung des Produktionsbeginns offenlegen. Werden drei Produktionsprozesse in t_0 begonnen, dann ist in t_3 der dreifache Kapitalbedarf entstanden, ehe die ersten Einnahmen zufließen. Beginnt hingegen die Produktion nacheinander, dann fließen Einnahmen zu, aus denen die Ausgaben für die späteren Produktionsprozesse bestritten werden können.

Die Ausgleichswirkung von Kapitalbedarfsabbau durch Verkauf der Erzeugnisse und von anwachsendem Kapitalbedarf durch Neuproduktion hängt von mehreren Einflußgrößen ab: von der Anzahl der Produktionsstufen, der Produktionsgeschwindigkeit (Herstellungszeit) und von den Kosteneinflußgrößen, wie Beschäftigung, Produktionsprogramm, Betriebsgröße. Besonderes Gewicht kommt dabei der Art und Weise zu, wie die einzelnen Produktionsprozesse zeitlich angeordnet werden[80]. Erfaßt werden sollen solche Abhängigkeiten durch Kapitalbedarfsfunktionen.

Eine Kapitalbedarfsfunktion enthält in zeitlicher Folge die kumulierten Ausgaben für die Leistungserstellung. Wird ein Stück verkauft, dann sinkt bei Erlöseingang der Kapitalbedarf dieses Stückes auf Null. Kapitalbedarfsfunktionen arbeiten mit der Fiktion, die Einnahmen eines Produktes glichen den Ausgaben. Gewinn und Verlust betreffen nicht den Kapitalbedarf, sondern den „Kapitalfonds", die zur Finanzierung bereitstehenden Mittel.

Der Kapitalbedarfsfunktion einer Unternehmung stehe der Kapitalfondsprozeß[81] (die Kapitalbereitstellungs- bzw. „Finanzierungsfunktion") gegenüber. Der Kapitalfonds werde durch Eigenkapital, Fremdkapital und durch Selbstfinanzierung errichtet und durch verlustbedingten Abbau von Eigenkapital gemindert. Aufgabe der finanzwirtschaftlichen Unternehmenspolitik sei es, die Kapitalbedarfskurve mit der Kapitalfondskurve zur Deckung zu bringen.

Eine solche Betrachtungsweise zersägt die interne Finanzierung: Jene Umsatzeinnahmen, die frühere Ausgaben abdecken, werden der Kapitalbedarfsfunktion zugeordnet; Mehreinnahmen erhöhen als Selbstfinanzierungsbeträge den Kapitalfonds. Bleiben die Einnahmen hinter den Ausgaben zurück (wird mit Verlust verkauft), dann sinkt der Kapitalfonds um den Verlustbetrag. Als Quellen des Kapitalfonds bleiben Eigenfinanzierung, Fremdfinanzierung und Selbstfinanzierung. Diese am Kapitalbedarf und der Kapitalbindung ausgerichtete Betrachtungsweise ist durch jahrzehntelange betriebswirtschaftliche Tradition erhärtet.

Es wäre jedoch auch eine andere Deutung von Kapitalbedarfs- und Kapitalfondsfunktionen denkbar: Sämtliche kumulierten Ausgaben werden in der Kapitalbedarfsfunktion erfaßt: Faktorausgaben und Rückzahlung von Krediten. Sämtliche Einnahmen gehen in die Kapitalfondsfunktion ein: Umsatzeinnahmen (interne Finanzierung) und Einnahmen aus externer Kapitalbeschaffung. Diese Betrachtung erschiene sinnvoller; sie ent-

---

80 Vgl. *Erich Gutenberg:* Grundlagen der Betriebswirtschaftslehre. Bd. III, Die Finanzen. 7. Aufl., Berlin u.a. 1975, S. 40.
81 Vgl. *Gutenberg:* Finanzen, S. 18 f., S. 126.

spräche zugleich der Zahlungsstrombetrachtung, welche die Investitionstheorie verwendet.

Die übliche Definition von Kapitalbedarfs- und Kapitalfondsfunktionen kennt diesen unmittelbaren Bezug zu den Zahlungsströmen nicht. Sie baut auf der Trennung der Einnahmen in Ausgabenrückflüsse und Einnahmenüberschüsse auf. Läßt sich die Trennung rechtfertigen?

Der Teufel wohnt stets im Detail. Bei näherer Betrachtung häufen sich die Schwierigkeiten, Kapitalbedarfsfunktionen herkömmlicher Art abzugrenzen und damit hinreichend genau festzulegen.

Kapitalbedarfsfunktionen sehen sich folgenden Abgrenzungsschwierigkeiten gegenüber:

(1) Die Mehrzahl der Produktionsfaktoren wird in Bündeln beschafft. Besonders deutlich ist das bei Anlagegegenständen. Hier besteht ein technischer Zwang zur bündelweisen Beschaffung. So verkörpert eine Drehbank z.B. ein Leistungsbündel, das für 7 Jahre Dreharbeiten erlaubt und (so sei angenommen), technisch gesehen, 20.000 Einzelbearbeitungen zuläßt. Sobald der Kaufpreis von z.B. 60.000 DM bezahlt werden soll, entsteht Kapitalbedarf. Dieser Kapitalbedarf wird nach und nach abgebaut, wenn Erzeugnisse verkauft werden und die Erlöse eingehen. In welcher Höhe wird der Kapitalbedarf verringert? Legen wir das technische Nutzungsbündel von 20.000 Leistungen zugrunde, dann werden je Stück 3 DM als leistungsmäßige Abschreibung verrechnet. In dieser Höhe wird bei Einnahmeneingang der Kapitalbedarf vermindert. Nun mag aber die Drehbank der technischen und wirtschaftlichen Überholung unterliegen. Sie dient nur 5 Jahre in der Produktion, das voraussichtlich wirtschaftlich nutzbare Leistungsbündel beträgt 15.000 Einheiten.

Folglich müßten wohl als leistungsmäßige Abschreibung 4 DM berechnet und entsprechend der Kapitalbedarf gesenkt werden. Wie schwierig die praktische Berechnung eines solchen wirtschaftlichen Nutzungsbündels ist, braucht nicht dargestellt zu werden; die Fehlerquellen sind offensichtlich.

Was geschieht, wenn in der Fertigung eine neue Drehbank defekt wird und für 3 Wochen die alte, längst abgeschriebene Drehbank wieder produktiv eingesetzt werden muß? Bleibt der Kapitalbedarf der neuen Drehbank konstant (weil sie keine Leistungen abgibt), und fließen die Erlösanteile, die sonst den Abschreibungen der neuen Anlage entsprochen hätten, jetzt (da die alte Anlage keine Abschreibungen zu tragen braucht) als „Gewinn" dem Kapitalfonds zu? Wenn der Defekt der neuen Anlage nachhaltig ist, wird auf sie eine außerplanmäßige Abschreibung erfolgen. Mindern solche Sonderabschreibungen den Kapitalbedarf in der Kapitalbedarfsfunktion? Es sind solche Einzelprobleme, die das Konzept der Kapitalbedarfsfunktion fragwürdig werden lassen.

(2) Die Kapitalbedarfsfunktion enthält auch Ausgaben „nichtproduktbezogener Arbeitsleistungen und Sachgüter" (z.B. Hilfsmaterial, Versicherungsprämien) sowie „Steuern der verschiedensten Art"[82]. Unter den Steuern nehmen die Gewinnsteuern den wich-

---

82 *Gutenberg:* Finanzen, S. 38 f.

tigsten Platz ein. Nun führt es aber in einen Widerspruch, Gewinn und Verlust aus der Kapitalbedarfsfunktion herauszunehmen, die aus den Gewinnen folgenden Zwangsausgaben (wie Gewinnsteuern) der Kapitalbedarfsfunktion wieder zuzurechnen. Gewinnausschüttungen an die Anteilseigner berühren hingegen nur den Kapitalfonds, es handelt sich um „Kapitalentzug". Der Widerspruch verstärkt sich dadurch, daß bei Kapitalgesellschaften die Höhe der Gewinnsteuerzahlungen von der Höhe der Gewinnausschüttung im Verhältnis zum körperschaftsteuerpflichtigen Einkommen und einzelnen Arten des für Ausschüttungen verwendbaren Eigenkapitals abhängt. Wie sollen ferner Gewinnbeteiligungen der Arbeitnehmer behandelt werden? Erhöhen sie den Kapitalbedarf, oder vermindern sie den Kapitalfonds?

(3) Mit dem Zufluß der Einnahmen soll der Kapitalbedarf eines Erzeugnisses auf Null sinken. Wie werden nachträgliche Garantiearbeiten behandelt? Durch die Ausgaben entsteht ja neuer Kapitalbedarf. Hier muß nach Erledigung der Garantiearbeiten eine „Verlust-Einnahme" fingiert werden, um diesen Kapitalbedarf aus der Kapitalbedarfsfunktion zu tilgen. Demgegenüber kann in der Kosten- und Erfolgsrechnung durch kalkulatorische Kosten bzw. Aufwendungen für Rückstellungen für derartige Fälle vorgesorgt worden sein.

Die Abgrenzungsschwierigkeiten zeigen: Kapitalbedarfsfunktionen bauen auf der Identität von Kosten und Kapitalbedarf (Ausgaben) auf. Sobald aber Zeitpunkt der Ausgabe und Zeitpunkt des Faktoreinsatzes (der Kostenentstehung) auseinanderfallen, begegnen den Kapitalbedarfsfunktionen kaum lösbare Abgrenzungsschwierigkeiten. Kapitalbedarfsfunktionen lassen sich nur dann einwandfrei abgrenzen, wenn Produktionsfaktoren einzeln für jedes Erzeugnis beschafft und bezahlt werden, wenn nichtproduktbezogene Ausgaben (z.B. die Grundsteuer) überhaupt nicht anfallen, wenn die Einnahmen gleich den Ausgaben sind und keine Gewinnsteuern gezahlt werden müssen. Da diese Voraussetzungen mit der Wirklichkeit nichts gemeinsam haben, müssen wir schließen: Kapitalbedarfsfunktionen besitzen keine unternehmungspolitische Bedeutung.

bb) Minderung der Kapitalbindung durch einen Kapazitätserweiterungseffekt

Erfolgen Investitionen nicht sofort, sondern werden sie zeitlich hintereinandergeschaltet, so ebnen sie den Verlauf des Kapitalbedarfs ein. Auf dieser Wirkung beruht ein „Effekt", der die Literatur lang bewegt hat[83].

Eine Unternehmung investiert in t_0 1.000 Maschinen mit je fünfjähriger Nutzungsdauer für 10 Mio. DM. Werden den Anlagen jeweils Einnahmen in Höhe linearer Abschreibungen als Kapitalbedarfsminderungen zugerechnet, dann entwickelt sich die Kapitalbindung während der 5 Jahre so: t_0:10, t_1:8, t_2:6, t_3:4, t_4:2, t_5: null Mio. DM. Die Kapitalbindung sinkt treppenförmig im Zeitablauf.

---

83 Beginnend mit: Der Briefwechsel zwischen Friedrich Engels und Karl Marx, 1844-1883, hrsg. von A. Bebel und E. Bernstein. Bd. 3, Stuttgart 1913, S. 394-400; abgedruckt auch in: ZfhF, NB, Jg. 10 (1958), S. 222-226.

Welche Leistungen können die Anlagen während ihrer Nutzungsdauer abgeben? Wir unterscheiden zwischen der Leistungsbereitschaft einer Anlage während ihrer gesamten Nutzungsdauer (Totalkapazität) und ihrer Leistungsbereitschaft während eines Jahres (Periodenkapazität). Wahrend ihrer Nutzungsdauer möge eine Anlage 15.000 Maschinenstunden laufen bzw. 30.000 Stück bearbeiten können. Das ist ihre Totalkapazität. Während eines Jahres kann die Anlage 3.000 Stunden laufen oder 6.000 Stück bearbeiten. Das ist ihre Periodenkapazität.

Das Modell des Kapazitätserweiterungseffektes geht im einfachsten Fall von der Annahme aus, die Periodenkapazität bliebe im Zeitablauf konstant. In jedem der fünf Nutzungsjahre würde jede Maschine genau 3.000 Stunden laufen (6.000 Stück bearbeiten). Leist eine Anlage in ihrem fünften Lebensjahr dasselbe wie im ersten, können wir die Periodenkapazität des Maschinenparks einfach durch die Anzahl der Maschinen messen, die in einem Jahr im Betrieb dienen.

Um über eine Periodenkapazität von 1.000 (Anlagen je Jahr) zu verfügen, muß im ersten Jahr Kapital in Höhe von 10 Mio. DM gebunden sein, im fünften jedoch nur 2 Mio. DM. lm Durchschnitt der 5 Jahre genügen 6 Mio. DM, sofern nur einmal jährlich Abschreibungen vom ursprünglich investierten Betrag verrechnet werden. Werden Abschreibungen stetig innerhalb eines Jahres verrechnet, genügen im Durchschnitt 5 Mio. DM. Diesen Tatbestand hat man als Kapitalfreisetzungseffekt bezeichnet.

Was geschieht mit den Einnahmen als Gegenwert der Abschreibungen? Wenn die Absatzlage der Unternehmung günstig ist, wird sie die zurückfließenden Einnahmen wieder anlegen. Wir nehmen an, in jedem Zeitpunkt werden Beträge in Höhe der Abschreibungen reinvestiert. Dann bleibt in jedem Zeitpunkt die ursprüngliche Kapitalbindung von 10 Mio. DM erhalten. Wie entwickelt sich die Jahreskapazität?

Die folgende Tabelle zeigt in der Spalte „Bestand" die Entwicklung der Jahreskapazität, wenn jeweils Beträge in Höhe der Jahresabschreibungen reinvestiert werden: Über dem Strich stehen die Abschreibungen, unter dem Strich die je Jahr neu hinzukommenden Maschinen. Im dritten Jahr fallen z.B. an Abschreibungen an: 200 von den Anlagen, die im ersten Jahr investiert wurden, 40 von den Anlagen, die am Ende des ersten Jahres investiert wurden, und 48 für die am Ende des zweiten Jahres investierten Anlagen. Um nicht mit Brüchen von Maschinen zu arbeiten, wurden in späteren Jahren nur ganzzahlige Abschreibungsbeträge verrechnet.

Im elften Jahr ist bereits eine weitgehend gleichmäßige Altersverteilung der Anlagen erreicht. Verfolgt man die Tabelle weiter, so ist etwa ab dem 20. Jahr eine fast gleichmäßige Altersverteilung gegeben, und die Periodenkapazität liegt in der Folgezeit bei 1.663 bzw. 1.664 (wegen der mangelnden Teilbarkeit ist kein vollständiges Gleichgewicht erreicht).

Das zahlenmäßige Ergebnis wird beeinflußt durch die mangelnde Teilbarkeit der Anlagen und durch die stoßweise Reinvestition jeweils am Jahresende. Betrachtet man die Investition als kontinuierlichen Vorgang (in jeder Sekunde fallen Abschreibungen an, die sofort reinvestiert werden), dann läßt sich nachweisen, daß der Erweiterungsmultiplikator durch das Verhältnis Nutzungsdauer zu mittlerer Kapitalbindungsdauer bestimmt

Planung des Zahlungsbereichs und Abstimmung mit dem Leistungsbereich ohne Unsicherheit 163

wird[84]. Bei stetiger linearer Abschreibung im Zeitablauf ist die mittlere Kapitalbindungsdauer gleich der halben Nutzungsdauer, und folglich läge im Idealfall der stetigen Abschreibung und sofortigen Reinvestition der Erweiterungsmultiplikator bei 2. Das Gleichgewicht wäre bei einer Jahreskapazität von 2.000 Anlagen erreicht.

Jahr	Bestand zu Beginn des Jahres	Abschreibung/Investition am Ende des Jahres													
		1	2	3	4	5	6	7	8	9	10	11	12	13	14	15
1	1.000	200	200	200	200	200										
2	1.200	200	40	40	40	40	40									
3	1.440		240	48	48	48	48	48								
4	1.728			288	57	58	57	58	58							
5	2.073				345	69	69	69	69	69						
6	1.488					415	83	83	83	83	83					
7	1.585					297	59	59	60	59	60					
8	1.662						317	63	63	64	63	64				
9	1.706							332	66	66	67	66	67			
10	1.702								341	68	68	68	68	69		
11	1.627									340	68	68	68	68	68	

Jahr	Bestand	Alter der Maschinen in Jahren				
		1	2	3	4	5
1	1.000	1.000				
2	1.200	200	1.000			
3	1.440	240	200	1.000		
4	1.728	288	240	200	1.000	
5	2.073	345	288	240	200	1.000
6	1.488	415	345	288	240	200
7	1.585	297	415	345	288	240
8	1.662	317	297	415	345	288
9	1.706	332	317	297	415	345
10	1.702	341	332	317	297	415
11	1.627	340	341	332	317	297
20	1.663	333	333	333	332	332

---

84 Vgl. *Karl Hax*, S. 399–489, hier S. 455.

Bei stetiger Abschreibung sinkt die durchschnittliche Kapitalbindung während der Nutzungsdauer auf die Hälfte des Investitionsbetrages; bei stetiger Abschreibung und Reinvestition bleibt die Kapitalbindung in Höhe des ursprünglichen Investitionsbetrages erhalten, die periodische Leistungsfähigkeit steigt jedoch auf das Doppelte. Kapitalfreisetzungs- und Kapazitätserweiterungseffekt entsprechen sich.

Werden die Voraussetzungen stetiger Abschreibung, stetiger Reinvestition und beliebiger Teilbarkeit der Anlagen aufgehoben, bleibt der Erweiterungsmultiplikator unter 2, in unserem Beispiel bei knapp 1,7.

Der Effekt beruht auf folgenden Voraussetzungen:

a) Sofortige Reinvestition der Abschreibungen; das bedeutet im einzelnen:

(1) Die Abschreibungen müssen verdient sein; der Unternehmung müssen Einnahmenüberschüsse mindestens in Höhe der Abschreibungen zugeflossen sein;

(2) hinreichende Teilbarkeit der Anlagen.

b) Die Abschreibungen entsprechen dem Abbau der Totalkapazität (Abschreibungsverlauf gleich Nutzungsverlauf); dies bedeutet im einzelnen:

(1) Bei linearer Abschreibung muß die periodische Leistungsfähigkeit (die Jahreskapazität) bis zum Nutzungsende konstant bleiben;

(2) Preise und Leistungsfähigkeit der neuen Anlage müssen denen der alten Anlagen entsprechen, damit die verzehrte Kapazität vollständig aufgefüllt werden kann;

(3) das technische Nutzenbündel muß voll genutzt werden; technische und wirtschaftliche Nutzungsdauer müssen identisch sein.

Der Effekt ist nicht an die lineare Abschreibung gebunden; entscheidend ist vielmehr das Verhältnis von Abschreibungsverlauf und Nutzungsverlauf (Abbau der Totalkapazität). Entsprechen sich Abschreibungsverlauf und Nutzungsverlauf, dann bleibt die Totalkapazität gleich, die Periodenkapazität wächst. Bei geometrisch degressivem Abschreibungs- und Nutzungsverlauf entsteht ein Sonderfall: Die Periodenkapazität wächst bei Abschreibung bis auf Null nicht; da aber eine geometrisch degressive Abschreibung erst im Unendlichen den Buchwert Null erreicht, ist auch hier spurenweise ein Erweiterungseffekt gegeben.

Geht der Abschreibungsverlauf dem Nutzungsverlauf voran, dann wird mehr an Abschreibungsaufwand verrechnet, als es der Leistungsabgabe (dem Abbau des Nutzungsvorrats in der Anlage) entspricht. In den verrechneten Abschreibungen stecken also stille Reserven.

Werden in Höhe dieser Abschreibungen Investitionen durchgeführt, dann werden versteckte Gewinne reinvestiert. Diese verdeckte Selbstfinanzierung erhöht naturgemäß die Totalkapazität; der Buchwert der Anlagen bleibt jedoch gleich, weil es sich um „stille" Selbstfinanzierung handelt. Geht der Abschreibungsverlauf dem Nutzungsverlauf voran, dann wachsen also bei ständiger Reinvestition Periodenkapazität und Totalkapazität.

Bleibt der Abschreibungsverlauf hinter dem Nutzungsverlauf zurück (oder steigen die Preise für die Ersatzanlagen), dann wird weniger investiert, als es dem Leistungsverzehr entspricht. Der Erweiterungsmultiplikator wird abgeschwächt; bei geringen Abschreibungsfehlbeträgen kann gleichwohl die periodische Leistungsfähigkeit bei gleichmäßiger Altersverteilung über der Anfangskapazität liegen.

Die bisher erarbeiteten Aussagen gelten allerdings nur unter einer Voraussetzung, welche die Literatur nicht diskutiert hat: Das technische Nutzenbündel muß dem wirtschaftlichen Nutzenbündel entsprechen. Ist nämlich die wirtschaftliche Nutzungsdauer kürzer als die technische, dann verfügt z.B. die Anlage über ein technisches Nutzenbündel von 20.000 Maschinenstunden (Nutzungsdauer rund 7 Jahre), von denen es sich in einer unendlichen Kette identisch wiederholter Investitionen nur lohnen mag, 15.000 Stunden (Nutzungsdauer 5 Jahre) zu nutzen. Wächst nun die Unternehmung durch laufende Reinvestitionen der erzielten Einnahmen, dann ändert sich diese wirtschaftliche Nutzungsdauer: In einer wachsenden Unternehmung kann sich die Nutzungsdauer nach den Regeln für die einmalige, nicht wiederholte Investition bestimmen. Am Beispiel könnte dieses Wachstum bedeuten, daß es sich für die Unternehmung lohnt, die einzelnen Anlagen nicht nur fünf Jahre (15.000 Stunden), sondern 6 Jahre (18.000 Stunden) zu nutzen. Weicht also die wirtschaftliche Nutzungsdauer von der technischen ab, dann entsteht auch bei Gleichlauf von Abschreibungs- und Nutzungsverlauf eine Erhöhung der „Totalkapazität": Wegen der Verlängerung der Nutzungsdauer im Wachstumsprozeß wächst die wirtschaftlich verwertbare Totalkapazität einer jeden Anlage von z.B. 15.000 auf 18.000 Stunden.

Eine zweite Ergänzung drängt sich auf: Der Effekt kann nicht auf Abschreibungen beschränkt sein. Werden Werkstoffvorräte „bündelweise" beschafft und in gleicher Weise bündelweise ergänzt, dann liegt die Faktorausgabe genauso vor dem Einsatz der Faktoren wie die Anschaffungsausgabe vor der Leistungsabgabe der Maschinen. Der Effekt beschreibt also nicht nur das Verhältnis von Abschreibung und Finanzierung, sondern viel allgemeiner das Verhältnis von „Ausgabenstößen" wegen bündelweiser Beschaffung (Schaffung von Faktorvorräten, die später im Produktionsprozeß untergehen) und gleichmäßig fließenden Einnahmen der Erzeugnisse.

Nachdem die Theorie des Kapazitätserweiterungseffektes durch diese zusätzlichen Gesichtspunkte abgerundet wurde, sei gefragt, welche unternehmenspolitische Bedeutung diesem Effekt zukommt.

Die Praxis hat nie viel von diesem Effekt gehalten (und wir werden sehen, wie richtig das Gespür der Praxis war). Die Literatur hat demgegenüber argumentiert: Der Effekt sei nur schwer nachweisbar, weil sich die Buchwerte bei Reinvestition nicht änderten, weil Unteilbarkeiten und verspätete Reinvestition den Multiplikator drückten und weil die wechselnden Umweltbedingungen mit Erweiterungsinvestitionen den Effekt überdeckten. Man hat ferner darauf hingewiesen, daß es sich keineswegs um eine wunderbare Brotvermehrung handele, weil nur die Periodenkapazität, nicht die Totalkapazität steige (die Totalkapazität wachse nur bei Selbstfinanzierung).

Ist die Periodenkapazität oder die Totalkapazität unternehmenspolitisch entscheidend? Betriebswirtschaftlich interessiert, genau besehen, nur die periodische Leistungsfähigkeit, diese aber für den gesamten Planungszeitraum der Unternehmung. Gelingt es also, die Periodenkapazität dauerhaft zu erhöhen (was durch den Effekt erreicht wird), dann ist es der Unternehmung möglich, aus eigener Kraft, ohne Zuführung neuer Mittel, mehr zu erzeugen. Lassen sich die zusätzlichen Erzeugnisse zu unveränderten Preisen mit Gewinn verkaufen, dann wird durch den Effekt doch eine wunderbare Brotvermehrung erreicht. Wenn 10 Mio. DM Erstinvestition einen jährlichen Umsatz von 20 Mio. DM und einen Gewinn von 1 Mio. DM erzielen, dann ist im Gleichgewichtsstadium des Beispiels der Umsatz auf $1{,}66 \cdot 20$ Mio. = 33,2 Mio. DM gestiegen und der Gewinn auf 1,66 Mio. DM (mit guten Gründen kann man annehmen, daß die Umsatzrendite nach dieser Umsatzausweitung sogar über 5% liegt, aber davon wollen wir absehen). Daß die Totalkapazität unverändert bleibt, ist gänzlich belanglos. Wenn die Voraussetzungen des Modells gültig sind, ist die Gewinnsteigerung auf das rund 1,7-fache dauerhaft!

Der Kapitalist kann also seine Kapazität erhöhen, ohne „einen Farthing seines eigentlichen Profits in die neue Anlage zu stecken"[85]; dadurch gelingt es ihm, seinen Profit kräftig zu mehren. Doch erhöht der Effekt tatsächlich den Profit des Kapitalisten?

Um das zu beurteilen, müssen wir eine Vergleichsbasis schaffen. Der Kapazitätserweiterungseffekt setzt bündelweise Faktorbeschaffung (z.B. Kauf von Anlagen mit mehrjährigem Nutzungspotential) voraus. In dem Effekt etwas Bemerkenswertes zu sehen, unterstellt im Grunde: Hier, bei bündelweiser Beschaffung (als deren Folge die Abschreibungen auftreten), ergibt sich die Möglichkeit der Ausweitung der Periodenkapazität; bei nichtbündelweiser Beschaffung (bei Einzelbeschaffung von Vorräten, von menschlicher Arbeitskraft, bei denen Faktoreinsatz und Ausgabe praktisch zeitgleich erfolgen) fehlen diese Möglichkeiten. In dieser stillschweigenden Gegenüberstellung liegt der Trugschluß, daß der Kapazitätserweiterungseffekt unternehmungspolitische Bedeutung haben könne. Um diesen Trugschluß nachzuweisen, werden wir deshalb bündelweise Faktorbeschaffung (Kapazitätserweiterungseffekt) mit Einzelbeschaffung für jedes Produkt vergleichen und dabei einmal annehmen, die Einnahmen glichen den Abschreibungen, und zum anderen, die Einnahmen überstiegen die Abschreibungen, es werde also mit Gewinn verkauft. Dazu greifen wir auf die finanzwirtschaftliche (investitionstheoretische) Betrachtungsweise zurück, auf die Analyse von Zahlungsströmen; denn betriebswirtschaftliche Zusammenhänge werden erst dann durchsichtig, wenn man sie auf die tatsächlichen Einnahmen und Ausgaben zurückführt.

Um die Darstellung überschaubar zu halten, gehen wir davon aus, eine Anlage koste 100, 2 Jahre sei ihre Nutzungsdauer, die Abschreibungen betragen 50, und die Einnahmen entsprechen zunächst den Abschreibungen. Beliebige Teilbarkeit der Anlage wird vorausgesetzt, jede zurückfließende Einnahme werde sofort investiert. Investitionen sollen letztmalig in t_3 erfolgen.

---

85 *Engels* in: Briefwechsel, S. 223.

Dann entwickelt sich folgender Zahlungsstrom dieser wachsenden Unternehmung:

	t_0	t_1	t_2	t_3	t_4	t_5
Kassenbestand	+ 100					+ 68,75
1. Investition	– 100	+ 50	+ 50			
2. Investition		– 50	+ 25	+ 25		
3. Investition			– 75	+ 37,5	+ 37,5	
4. Investition				– 62,5	+ 31,25	+ 31,25
Übertrag					– 68,75	
Zahlungssaldo	0	0	0	0	0	100,00

Fließen in den Einnahmen nur die Ausgaben (bzw. Abschreibungen) zurück, so wächst zwar durch die Reinvestition das „Geschäftsvolumen" (die Zahlungsströme); ihre Wirkung auf den Gewinn ist aber Null.

Wir gehen nunmehr von der bündelweisen Beschaffung in t_0 ab und prüfen: Wie entwickeln sich die Zahlungsströme, wenn Einzelbeschaffung für jedes Erzeugnis möglich ist? Die Einzelbeschaffung erfolgt einen Zahlungszeitpunkt vor dem Erlöseingang.

Um das Modell sinnvoll zu formulieren, ist auch hier von einem Kassenbestand von 100 in t_0 auszugehen.

	t_0	t_1	t_2	t_3	t_4	t_5
Kassenbestand	+ 100	+ 50	+ 25	+ 37,5	+ 31,25	+ 68,75
1. Investition	– 50	+ 50				
2. Investition		– 75	+ 75			
3. Investition			– 62,5	+ 62,5		
4. Investition				– 68,75	+ 68,75	
5. Investition					– 31,25	+ 31,25
Übertrag	– 50	– 25	– 37,5	– 31,25	– 68,75	
Zahlungssaldo	0	0	0	0	0	100,00

Die zweite Zahlungsreihe ist so gestaltet, daß derselbe Zahlungssaldo wie bei der ersten entsteht. Natürlich kommt in diesem Modell am Ende dasselbe heraus wie im ersten: Es entstehen 100 an Einnahmen. Die Einzelbeschaffung der Produktionsfaktoren bewirkt jedoch, daß in t_0 nur die Hälfte des Eigenkapitals eingesetzt wird. Die Kassenbestände während der Laufzeit stehen für anderweitige Investitionen zur Verfügung!

Nur wenn der Habenzins Null ist (wie hier angenommen), führt also bündelweise Beschaffung und Einzelbeschaffung zu denselben Ergebnissen. Sobald sich dem Unternehmer eine Anlagemöglichkeit bietet, ist Einzelbeschaffung günstiger!

Das Modell beruht darauf, daß die Einnahmen gleich den Abschreibungen sind; die Investition ist also nicht vorteilhaft. Sobald wir einen positiven Habenzins annehmen, müssen wir die Einnahmen der Investition erhöhen, um keine unvorteilhafte Investition zu unterstellen. Wir nehmen an, es fließen Einnahmen zu, die 20% über den Abschreibungen liegen. Dann entwickelt sich das Kapazitätserweiterungsmodell folgendermaßen:

	t_0	t_1	t_2	t_3	t_4	t_5
Kassenbestand	+ 100					
1. Investition	– 100	+ 60	+ 60			
2. Investition		– 50	+ 30	+ 30		
3. Investition			– 75	+ 45	+ 45	
4 Investition				– 62,5	+ 37,5	+ 37,5
Zahlungssaldo	0	10	15	12,5	82,5	+ 37,5

Da nur die Abschreibungen reinvestiert werden, sind die Zahlungssalden hier als Ausschüttungen anzusehen. Natürlich lohnt sich die Reinvestition, solange keine besser rentierenden Anlagemöglichkeiten beachtet werden. Die gewinnsteigernde Wirkung des Effekts wird deutlich. Aber ist darin wirklich etwas Besonderes? Wie sieht die Zahlungsreihe bei Einzelbeschaffung aus? Wir planen die Reihe so, daß (bis auf t_5) dieselben Ausschüttungsbeträge entstehen wie oben.

	t_0	t_1	t_2	t_3	t_4	t_5
Kassenbestand	+ 100					
1. Investition	– 100	+ 120				
2. Investition		– 110	+ 132			
3. Investition			– 117	+ 140,4		
4 Investition				– 127,9	+ 153,48	
5 Investition					– 70,98	+ 85,18
Zahlungssaldo	0	10	15	+ 12,5	82,5	85,18

Natürlich zeigt sich bei Einzelbeschaffung das weitaus bessere Ergebnis. Von einer besonderen, günstigen Wirkung der bündelweisen Beschaffung (des Kapazitätserweiterungseffekts) kann also nicht die Rede sein. Hier mag der Einwand kommen: Die beiden Fälle seien nicht vergleichbar; im zweiten Fall seien die Investitionen lukrativer (Rendite 20%); bei bündelweiser Beschaffung betrage die Rendite für (-100; +60; +60) nur rund 13%. Die Rendite bei bündelweisen Vorab-Beschaffung ist natürlich niedriger; aber das beweist gerade, daß der Kapazitätserweiterungseffekt auf einer unvollständigen und d.h. falschen Betrachtungsweise beruht. Der Zwang zur bündelweisen Vorab-Beschaffung bei gegebenen Einnahmen bedeutet in jedem Fall eine Schlechterstellung des Investors, eben weil die Ausgaben früher anfallen als bei Einzelbeschaffung!

Eine wirtschaftlich sinnvolle Betrachtungsweise muß davon ausgehen, daß der Unternehmer in einem Zeitpunkt ein bestimmtes Kapital zur Verfügung hat, das er in verschiedenen Investitionen anlegen kann. Die Einnahmenzuflüsse schaffen zusätzliche Investitionsmöglichkeiten. Für die Unternehmensplanung entscheidet der Zahlungssaldo eines jeden Zahlungszeitpunktes, gleichgültig, ob er den verrechneten Abschreibungen, dem zurückbehaltenen Gewinn oder freigesetzten Mitteln aus Lagerabbau entspricht.
Der „Effekt", daß eine Reinvestition von Abschreibungsgegenwerten die Kapazität erhöht, besagt in Geldgrößen ausgedrückt: Investitionen können durch Umsatzeinnahmen finanziert werden, es gibt eine „interne Finanzierung". Und das ist, weiß Gott, trivial. Alle anderen Schlüsse aus dem Kapazitätserweiterungseffekt sind schief, weil sie aus der unvollständigen Modellformulierung folgen, in der nicht alle Zahlungsströme niedergeschrieben und nicht ihre Wiederanlagemöglichkeiten geprüft werden. Im Grunde ist es das Denken in durchschnittlicher Kapitalbindung, in Kapitalbedarfsvorstellungen, das zu diesem Trugschluß verführt. Das Denken in Durchschnittsgrößen, in periodenbezogenen Größen (Aufwand, Kosten), ist für eine Unternehmensgesamtplanung unbrauchbar. Der Pfad betriebswirtschaftlicher Tugend folgt allein den Zahlungsströmen.

3. Die Kapitalbindungsdauer als eigenständiger Produktionsfaktor

Der Weg, über Kapitalbedarfsfunktionen leistungs- und finanzwirtschaftliche Aussagen zu verbinden, hat sich als Sackgasse erwiesen. Läßt sich statt dessen die Kapitalbindungsdauer, die Zeitspanne zwischen der Ausgabe für einen Faktor und dem Einnahmeneingang für das Produkt, als eigenständiger Produktionsfaktor in eine Produktionsfunktion aufnehmen?
Die Idee, die Kapitalbindungsdauer als eigenständigen Produktionsfaktor anzusehen, entstand bei dem Bemühen, neoklassische Produktionstheorie und (österreichische) Kapitaltheorie zu vereinen. So meint Leontief[86] die Aufzählung aller Faktoreinsatzmengen ergäbe keine erschöpfende Beschreibung einer Produktionsfunktion. Die Zeitindizes des Faktoreinsatzes seien zusätzlich aufzuführen. Das könnte in der Weise geschehen daß für jeden Produktionsfaktor seine Kapitalbindungsdauer als eigenständiger Produktionsfaktor zusätzlich in die Produktionsfunktion eingehe. Für den Einprodukt-Zweifaktorfall schreibt man üblicherweise

$$x = \varphi(r_1, r_2) \ . \tag{25}$$

Leontief formuliert hingegen:

$$x = \varphi(r_1, r_2, t_1, t_2) \tag{26}$$

Dies sei als Leontiefs „finanzwirtschaftliche Produktionsfunktion" bezeichnet. Hier gibt t_1 die Kapitalbindungsdauer des ersten Faktors an, t_2 die des zweiten Faktors. Die Kapi-

---
86 Vgl. *Leontief*, S. 151 f.

talbindungsdauer wird gemessen durch die Umschlagsdauer, also durch den reziproken Wert der Umschlagshäufigkeit. Die Kostenfunktion lautet dann

$$A = a_1 r_1 + a_2 r_2 + i (a_1 r_1 t_1 + a_2 r_2 t_2),\tag{27}$$

wobei A die Kosten, a_1 und a_2 die Preise der Faktoren r_1 und r_2 bezeichnen und i den Zinssatz nennt. Die Kapitalbindung eines jeden Faktors folgt als Produkt aus Faktorpreis mal Faktormenge mal Kapitalbindungsdauer. Wiederum ist hier der Faktoreinsatzzeitpunkt (Beginn der Kapitalbindung) als Ausgabezeitpunkt anzusehen. So gesehen wird die „Kostenfunktion" (27) zu einer Funktion des Gegenwartswertes der Ausgaben im Kalkulationszeitpunkt. Kalkulationszeitpunkt ist hier der Tag des Erlöseingangs (das Ende der Kapitalbindung). Die Faktorausgaben werden aufgezinst. Der Zeitpunkt des tatsächlichen Fertigungsbeginns (der Kostenentstehung durch Faktoreinsatz) ist für die ökonomische Analyse unbeachtlich.

Das Modell wird mehrperiodig, sobald t_1 und t_2 voneinander abweichen. Dann sind unterschiedliche Faktorbeschaffungszeitpunkte berücksichtigt. Setzt man den Produktpreis gleich 1 so ist die Produktionsfunktion mit 1 zu multiplizieren, um die Umsatzfunktion zu erhalten. Produktionsfunktion und Umsatzfunktion sind formal identisch. Die „Gewinnfunktion" der Unternehmung folgt als Differenz zwischen Umsatzfunktion (Produktionsfunktion) und Kostenfunktion (Ausgabenendwertfunktion). Das Gewinnmaximum ist bestimmt wenn die partiellen Ableitungen der vier Unbekannten (r_1, r_2, t_1, t_2) Null gesetzt werden (und die hinreichenden Bedingungen hinsichtlich der zweiten Ableitung erfüllt sind):

$$G = \varphi(r_1, r_2, t_1, t_2) - a_1 r_1 - a_2 r_2 - i(a_1 r_1 t_1 + a_2 r_2 t_2)\tag{28}$$

$$\frac{\partial G}{\partial r_1} = \frac{\partial \varphi}{\partial r_1} - a_1 (1 + it_1) = 0\tag{28a}$$

$$\frac{\partial G}{\partial t_1} = \frac{\partial \varphi}{\partial t_1} - ia_1 r_1 = 0.\tag{28b}$$

Die Ableitung nach r_2 ist analog der von r_1, die nach t_2 analog der nach t_1; $\partial\varphi/\partial r_1$ bezeichnet die partielle Ableitung der Umsatzfunktion (Produktionsfunktion) nach r_1.

Die Ableitung nach der Faktormenge ist in der Literatur als Satz von Taussig bekannt: Im Optimum gleichen sich Faktorpreise und diskontierte Grenzproduktivitäten des Faktors[87].

---

87 Vgl. *F. W. Taussig*: Principles of Economics. Vol. 11, 3rd revised ed., New York 1921, reprinted 1935, S. 214; Vgl. dazu auch *Lange*: Interest in the Theory of Production, S. 176; *Albert Gailord Hart*: Imputation and the Demand for Productive Resources in Disequilibrium. In: Explorations in Economics. Notes and Essays Contributed in Honor of F.W. Taussig. New York-London 1936, S. 264-271, bes. S. 265 f.; *Fritz Machlup*: On the Meaning of the Marginal Product. Ebenda, S. 250-263, bes. S. 259.

Vernachlässigt man die Zinsen, dann entsteht die neoklassische „Einkaufsbedingung": Ein Faktor wird so lange beschafft, bis die Grenzproduktivität des Faktors dem Faktorpreis gleicht.

Die Identität der Ableitung mit dem Satz von Taussig ist nach einer Umformung leicht zu erkennen. Nach a_1 aufgelöst, folgt aus (28)

$$a_1 = \frac{\frac{\partial \varphi}{\partial r_1}}{1 + it_1} . \tag{29}$$

i gibt den Jahreszins an; t_1 als Kapitalbindungsdauer wird gemessen durch den reziproken Wert der Umschlagshäufigkeit. Beträgt die Abrechnungsperiode ein Jahr, die Kapitalbindungsdauer drei Monate, dann wäre die Umschlagshäufigkeit 4 je Abrechnungsperiode und $t_1 = ¼$. Die Grenzproduktivität $\partial\varphi/\partial r_1$ ist also nur um ein Viertel des Jahreszinses zu diskontieren.

Die Ableitungen nach der Kapitalbindungsdauer deutet Leontief so, daß der Zinssatz proportional der Grenzproduktivität verlaufe. Das sagt ökonomisch wenig aus. Nach einer Umstellung erkennen wir jedoch, daß es sich um nichts anderes als die Optimierungskriterien für die wirtschaftliche Nutzungsdauer (die Investitionsdauer) eines Gutes handelt. Die Ableitung nach t_1 (Gleichung 28) ergibt nach Umformung den Ausdruck

$$\frac{\frac{\partial \varphi}{\partial t_1}}{a_1 r_1} = i . \tag{30}$$

Der Zähler zeigt den zusätzlichen Ertrag bei Verlängerung der Kapitalbindungsdauer um eine kleine Einheit dt, an, der Nenner zeigt den investierten Kapitalbetrag für diesen Faktor. Der Bruch weist folglich die Grenzrendite in bezug auf die Zeit aus. Die Gleichung sagt also, daß der relative zeitliche Grenzertrag im Optimum dem (marginalen) Kalkulationszinssatz gleicht (Auflösung von (10b), S. 104, nach i).

Die formale Bedeutung von Leontiefs Ansatz ist klar: Die Kapitaltheorie wird auf diese Weise in die neoklassische Produktionstheorie einbezogen.

Die betriebswirtschaftlich entscheidende Frage lautet: Kann die Kapitalbindungsdauer der einzelnen Faktoren selbständig variiert werden?

Die Kapitalbindungsdauer ist die Spanne zwischen dem Zeitpunkt der Faktorausgabe und dem des Erlöseingangs. Im Regelfall kann man die Faktoren beliebig lange vor dem Einsatzzeitpunkt beschaffen. In diesem Sinne ist die Kapitalbindungsdauer regelmäßig variabel. Jedoch hat es keinen Sinn, diese Variationsmöglichkeit zu erwägen, weil in dem Modell von Beschaffungspreisänderungen und Lieferschwierigkeiten abgesehen wurde. Die gewinnmindernde Wirkung der Zinsen erzwingt das Zusammenschrumpfen der Lagerzeit auf den kürzest möglichen Zeitraum. Das Modell unterstellt aber Veränderungen der Kapitalbindungsdauer als freiwillige ökonomische Entscheidung. Eine Verlängerung der Kapitalbindungsdauer als freiwillige ökonomische Entscheidung läßt sich nur damit begründen, daß sie die Ausbringung beeinflußt. Anders ausgedrückt: Bei vorgegebener Ausbringungsmenge muß eine Erhöhung der Kapitalbindungsdauer wenigstens in Grenzen eine Ersparnis an anderen Faktoren erlauben. Beispiel: Die Erhöhung der „Kapitalbindungsdauer" eines gemieteten Kraftwagens für eine gegebene Strecke bedeutet längere Fahr-(Miet-)Zeit und damit geringere Intensität der Motorleistung, und das kann sehr wohl mit geringeren Einsatzmengen an Treibstoff verbunden sein.

Leontiefs Ansatz beschreibt einen Fall der Verbindung von finanz- und produktionswirtschaftlichen Aussagen. Der Kern seiner Frage lautet: Ist eine Beschleunigung der Durchlaufzeit der einzelnen Produkte finanzwirtschaftlich vorteilhaft?

Das Problem „Erhöhung der Intensität, um die Kapitalbindung in der Produktion zu verringern", verliert allerdings an Bedeutung, wenn der Erlöseingang nicht mehr unmittelbar mit dem Ende des Fertigungsprozesses zusammenfällt und wenn die Fertigung in mehreren, durch Zwischenlager getrennten Fertigungsstufen erfolgt. Lagerzeiten und Zahlungsfristen lassen den Vorteil, durch eine Verkürzung der Herstellzeiten die finanzielle Beanspruchung der Unternehmung zu senken, zusammenschrumpfen. Denn je länger die Lagerzeiten und die Zahlungsfristen sind, um so starker fallen die Kosten der Lagerhaltung ins Gewicht: Zwar sinkt bei verkürzter Durchlaufzeit die finanzielle Beanspruchung in der Fertigung; aber sie steigt im Fertiglager und bei der Gewährung von Zahlungsfristen. Der Kapitalbedarf für die Lagerung und den Zahlungsaufschub ist im Fall verkürzter Durchlaufzeit höher, weil die Produktionskosten wegen der intensitätsmäßigen Anpassung steigen. Es mußte mehr ausgegeben werden, ehe überhaupt ein Stück das Fertiglager erreicht. Wegen dieser Umstände besitzt Leontiefs Ansatz als Entscheidungsmodell nur geringes Gewicht.

Zwei Einsichten vermitteln die Modelle zur Abstimmung von Zahlungs- und Leistungsbereich: Zum einen belegen sie die Unfruchtbarkeit der „produktionsorientierten" Kapitalbindungslehre für Fragestellungen aus dem Bereich Investition und Finanzierung. Zum anderen decken sie auf, daß Kosten nicht phrasenhaft unbestimmt als „leistungsbedingter Werteverzehr" oder ähnlich zu verstehen sind, sondern daß „Werte", mit denen Faktoreinsatzmengen gewichtet und gleichnamig gemacht werden, stets aus Zahlungen herzuleiten und Zahlungszeitpunkte zu beachten sind. Das Rückbesinnen auf die Vorherrschaft der Zahlungsströme im Zeitablauf für betriebswirtschaftliche Urteile auch über Einzelfragen der güterwirtschaftlichen Leistungserstellung spiegelt den Tatbestand des Eingebettetseins der Unternehmung zwischen Beschaffungs- und Absatzmärkten wider. Dieser Sachverhalt ist grundlegend auch und gerade für den Aufbau einer Lehre vom Rechnungswesen der Unternehmung.

B. Besteuerung und Rentabilität von Investitions- und Finanzierungsvorhaben

I. Steuerlast und Steuerwirkung

a) Unternehmenssteuern und Steuerlast

1. Besteuerung, steuerrechtliche Unternehmenskunde und Arten von Unternehmenssteuern

Besteuerung heißen die aus der Erhebung von Steuern (aus Steuerrechtssachverhalten) folgenden wirtschaftlichen Beobachtungstatbestände: Zahlungen und Arbeitsleistungen der Steuerpflichtigen im Dienste staatlicher Steuererhebung. Das Steuerrecht verlangt nicht nur Zahlungen von den Steuerpflichtigen, sondern auch Dienstleistungen, wie z.B. Erstellen von Steuererklärungen einschließlich Rechnungslegung, Errechnen und Abführen der Lohnsteuer durch eine Unternehmung als Arbeitgeber.

Besteuerung wird im folgenden auf Steuerzahlungen beschränkt. Steuerzahlungen werden dabei als Kürzel für steuerrechtsbedingte Zahlungen (Steuern und steuerliche Nebenleistungen, wie z.B. Säumniszuschläge für verspätete Steuerzahlungen) benutzt. Arbeitsleistungen im Dienste der Steuererhebung bleiben ausgeklammert. Ebensowenig wird der Einfluß von Steuerzahlungen auf die Einkommensverwendung untersucht. Vernachlässigt wird damit z.B. das Problem, inwieweit Steuerzahlungen das Verhältnis von Konsumausgaben und Ersparnis verändern. Gefragt wird nach den Folgen von Steuerzahlungen auf die Einkommenserzielung einzelner Personen und Institutionen (z.B. Familien oder Handelsgesellschaften, Vereine oder Stiftungen).

Eine Antwort setzt Wissen darüber voraus, welche Steuerzahlungen einzelne Handlungsmöglichkeiten mit sich bringen. In diesem Buch gilt die Aufgabe, welche Rechtsetzungen bei welchen Umweltbedingungen welche Höhe und welchen Zeitpunkt der Steuerzahlungen verursachen, als vorab gelöst. Die Aufgabe, aus Steuerrechtsetzungen, Umweltbedingungen und Handlungsmöglichkeiten auf Steuerzahlungen zu schließen, ist Gegenstand einer steuerrechtlichen Unternehmenskunde.

Die **steuerrechtliche Unternehmenskunde** ist Technik der Steuerrechtsanwendung und einer Lehre von der Unternehmensbesteuerung vorgeschaltet. Sie stellt gewissermaßen Propädeutik für eine Wissenschaft von der Unternehmensbesteuerung dar: Dabei wird Steuerrecht angewandt auf die Ermittlung von Steuerzahlungen für unternehmerische Handlungsmöglichkeiten. Praktisch ist die Berechnung der Steuerzahlungen keineswegs immer leicht und mitunter wegen inexakter Rechtsetzungen gar nicht eindeutig, z.B. weil einzelne Gesetzesstellen einer Klärung durch die Rechtsprechung bedürfen. Grundzüge der steuerrechtlichen Unternehmenskunde werden zu Beginn des dritten Kapitels den Modellannahmen im zweiten gegenübergestellt, um die Kluft anzudeuten zwischen logisch zwingenden Modellableitungen über Wirkungen von Steuerzahlungen auf unternehmerische Handlungen und der Vielfalt steuerrechtlicher Details, die Zeitpunkt und Höhe von Steuerzahlungen bestimmen[1]. Nicht erörtert, aber vorausgesetzt wird die Kenntnis der Grundlagen handels- und steuerrechtlicher Bilanzierung.

Was im einzelnen zu den Steuern zählt, ist keineswegs eindeutig. Für dieses Buch sei als Steuern das bezeichnet, was deutsche Gesetze „Steuern" nennen. Die Rechtsdefinition der Steuern lautet in § 3 der Abgabenordnung (AO):

„Steuern sind Geldleistungen, die nicht eine Gegenleistung für eine besondere Leistung darstellen und von einem öffentlich-rechtlichen Gemeinwesen zur Erzielung von Einnahmen allen auferlegt werden, bei denen der Tatbestand zutrifft, an den das Gesetz die Leistungspflicht knüpft; die Erzielung von Einnahmen kann Nebenzweck sein. Zölle und Abschöpfungen sind Steuern im Sinne dieses Gesetzes". Die wichtigsten Merkmale der Definition sind:

a) Steuern sind Geldleistungen, also Ausgaben. Naturalleistungen sind heute keine Steuern mehr. Das Ableisten des Wehrdienstes, eine Naturalleistung an den Staat, ist also keine Steuer. Naturalsteuern waren früher als Steuern gang und gäbe: Der Zehnte aus der Ernte oder die Frondienste der Bauern für den Landesherrn. Die Arbeitsleistungen zum Zwecke der Steuererhebung, die der Gesetzgeber einzelnen Steuerpflichtigen zur Berechnung ihrer eigenen und anderer Leute (Arbeitnehmer, Kapitalgeber) Steuerschulden zumutet, rechnet er ebenfalls nicht zu den Steuern.

b) Die Steuer ist ohne Anspruch auf Gegenleistung zu zahlen; das ist Ausdruck eines sog. „Opferprinzips". In Widerspruch dazu wird politisch und häufig auch in der Finanzwissenschaft der Gemeindeanteil an der Gewerbesteuer als Ausdruck eines Leistungs-Gegenleistungs-(„Äquivalenz-")Prinzips gerechtfertigt, weil Gemeinden Infrastrukturleistungen für Gewerbebetriebe erbringen.

c) Die Steuer ist an ein öffentlich-rechtliches Gemeinwesen zu zahlen, kurz Fiskus genannt. Dazu zählen Bund, Länder und Gemeinden, aber auch öffentlich-rechtliche Körperschaften, wie jene Kirchen, die kraft Gesetzes das Recht haben, Steuern zu erheben.

d) Die Steuer dient der Erzielung von Einnahmen bei einem öffentlich-rechtlichen Gemeinwesen. Die Einnahmenerzielung kann allerdings auch Nebenzweck sein: z.B. bei den „Abschöpfungen" im Recht der Europäischen Gemeinschaft, durch die die landwirtschaftlichen Erzeugerpreise hoch gehalten werden.

Bemessungsgrundlage einer Steuer heißt der Sachverhalt, auf den ein Steuersatz angewandt wird, um die Steuerschuld zu berechnen. Die Bemessungsgrundlagen und ihre Teile sind bei jeder Steuer verschieden. Im Hinblick auf die Belastung durch und die Wirkung von Steuern auf Unternehmungen lassen sich jedoch drei große Gruppen an Steuerbemessungsgrundlagen bilden. Nach diesen Gruppen der Steuerbemessungsgrundlagen ordnen wir die Gesamtheit der Steuerarten, für die Unternehmungen Steuerzahler

---

[1] Ausführlichere Darstellungen bieten die Einführungen in die Betriebswirtschaftliche Steuerlehre, z.B. *Dieter Schneider:* Grundzüge der Unternehmensbesteuerung. 5. Aufl., Wiesbaden 1990.

sind (**Unternehmenssteuern**). Unternehmungen haben Steuern auf ihr *finanzielles Ergebnis, ihre Unternehmensmittel und ihre Unternehmensleistungen* zu zahlen.

Steuern auf das finanzielle Ergebnis *einer Unternehmung in einem Jahr sind:*

a) Die *veranlagte Einkommensteuer* für Einzelkaufleute, jeden Mitunternehmer einer Personengesellschaft, für freie Berufe und weitere Unternehmer ihrer Arbeitskraft und ihres Vermögens. Der Anteil der veranlagten Einkommensteuer am gesamten Steueraufkommen beträgt rund 7% (ca. 36,5 Mrd. DM 1990, allerdings entfällt nur ein statistisch nicht ermittelter Teil hiervon auf Gewerbebetriebe). Die Kirchensteuer bemißt sich als Zuschlag zur Einkommensteuerschuld. Sie wird deshalb später in die Grenzsteuersätze der Einkommensteuer eingerechnet.

b) Die *Körperschaftsteuer* bei Kapitalgesellschaften und anderen vom Gesetzgeber als Körperschaften eingestuften Institutionen (z.B. Genossenschaften, Sparkassen). Körperschaftsteuer heißt die „Einkommensteuer" der Körperschaften. Ihr Anteil am gesamten Steueraufkommen beträgt knapp 6%.

c) Die *Gewerbeertragsteuer* für alle Gewerbebetriebe, also Personenunternehmungen, Kapitalgesellschaften und andere vom Gesetzgeber als Gewerbebetriebe eingestufte Institutionen, z.B. die Kantinenbewirtschaftung durch einen Verein. Der Anteil der Gewerbeertragsteuer am Gesamtsteueraufkommen beträgt rund 6%.

Steuern auf das finanzielle Ergebnis werden häufig zur Abkürzung als „Gewinnsteuern" bezeichnet. Eine solche Bezeichnung trifft nur für einen inhaltlich mehrdeutigen Sammelbegriff von „Gewinn" zu, wie Kapitel II und III lehren werden.

Steuern auf die Unternehmensmittel, d.h. also Steuern auf Finanzmittel und Produktionsfaktoren, sind vor allem:

a) Steuern auf die Beschaffung von Produktionsfaktoren: die Besteuerung des Grunderwerbs über die *Grunderwerbsteuer*, Anteil am Steueraufkommen 0,7%, sowie Zölle und Abschöpfungsbeträge der EG beim Import.

b) Besteuerung des Gesamtbestandes an Unternehmensmitteln über die *Vermögensteuer* und die *Gewerbekapitalsteuer*, Anteil am Gesamtsteueraufkommen rund 2%. Vom Steueraufkommen her noch unbedeutender ist die *Erbschaft- und Schenkungsteuer* mit 0,6%.

c) Besteuerung des Mitteleinsatzes. Hier sind die wichtigsten Steuerarten die *Grundsteuer* und die *Kraftfahrzeugsteuer*. Ihr Anteil am Steueraufkommen beträgt zusammen rund 3%.

Steuern auf die Unternehmensleistungen sind

a) die *Umsatzsteuer*, Steueraufkommen fast 27% (bei Herausrechnung der Einfuhrumsatzsteuer, die genau genommen eine Steuer auf Unternehmensmittel ist, verbleiben jedoch nur rund 14%);

b) die sog. *Verbrauchsteuern* als Steuern, die ein Hersteller für die Erzeugung und den Vertrieb einzelner Güter zu zahlen hat, z.B. die Mineralölsteuer bei der Raffinerie, die Biersteuer bei der Brauerei, Tabaksteuer, Kaffeesteuer, Branntweinmonopol. Der Anteil der Mineralölsteuer am Gesamtsteueraufkommen beträgt rund 6% und nicht ganz soviel erbringen alle anderen Verbrauchsteuern.

Die folgende Untersuchung der Steuerwirkungen auf Investition und Finanzierung beschäftigt sich an erster Stelle mit der Besteuerung des finanziellen Ergebnisses (Einkommen-, Körperschaft-, Gewerbeertragsteuer). An zweiter Stelle wird die Besteuerung der Unternehmensmittel untersucht (beschränkt auf die Vermögen- und Gewerbekapitalsteuer). Auf die Besteuerung der Unternehmensleistungen wird nur bei der Frage eingegangen, ob eine Erhöhung der Umsatzsteuer bei gleichzeitiger Senkung der Steuersätze auf das finanzielle Ergebnis Investitionen beeinträchtigt. Daneben beschäftigt uns die Umsatzsteuer bei der Erörterung einzelner institutionenbildender Steuerausweichhandlungen (S. 323 ff., 702). und bei Fragen einer Steuerreform (S. 769 ff.).

Soweit das Steuerrecht Zahlungsverpflichtungen aufregt, gilt: **Ausschließlich über Finanzierungsfolgen, d.h. über Zahlungsstromänderungen, löst die Steuererhebung beobachtbare Wirkungen aus**. Aus Steuerzahlungen folgen **Steuerbelastungen** beim Steuerzahler. Steuerbelastungen veranlassen Steuerzahler zu prüfen, inwieweit sie legal einer ihnen drohenden Steuerbelastung ausweichen können. Daraus folgende Anpassungshandlungen erzeugen **Steuerwirkungen**.

Behauptete Steuerwirkungen auf die Vorteilhaftigkeit von Investitionen, Finanzierungsmaßnahmen, auf Absatz- oder Beschaffungspreise, -qualitäten, -mengen sind lediglich unter modellmäßigen Vereinfachungen abgeleitete theoretische Schlüsse aus dem Beobachtungstatbestand, daß Steuerzahlungen Liquidität abziehen. Deshalb sind wirtschaftstheoretische Modelle wenig aussagefähig, die den Liquiditätsabzug und die zeitlichen Vorteilswirkungen von Steuerzahlungen vernachlässigen. Solche Modelle behaupten im Anschluß an die mikroökonomische Haushaltstheorie „Preiseffekte" und „Substitutionseffekte" der Besteuerung. Solche Modelle abstrahieren von den durch die Besteuerung ausgelösten beobachtbaren Zahlungswirkungen mit der Folge, daß ausschlaggebende Einflüsse unter den Tisch fallen. Nebenwirkungen treten in den Vordergrund, die praktisch in der Regel durch nicht im Modell berücksichtigte Einzelheiten des Steuerrechts überlagert werden. Die Untersuchung von „Preiseffekten und Substitutionseffekten" der Besteuerung mit Hilfe von Indifferenzkurven, Wachstumspfaden und anderen Instrumenten neoklassischer Gleichgewichtstheorie modelliert an den beobachtbaren Sachverhalten der Besteuerung vorbei.

2. Messung von Verteilungsfolgen und Entscheidungswirkungen
über rechtliche und wirtschaftliche Steuerbelastungsvergleiche

Von Gesetzes wegen ist jede Steuerzahlung als finanzielles Opfer des Steuerpflichtigen beabsichtigt (S. 174). Deshalb werden hier Steuerzahlungen als Einbußen bei der Verwirklichung finanzieller Zielgrößen, als „Steuerbelastung" des Steuerzahlers, betrachtet. Als Steuerzahler gilt derjenige, der eine Steuer an das Finanzamt abführt. Das ist z.B. bei der Umsatzsteuer der umsatzsteuerpflichtige Unternehmer, nicht der Verbraucher, der den um die Umsatzsteuer erhöhten Preis zahlt; bei der Mineralölsteuer ist Steuerzahler die Raffinerie, nicht der Benzin kaufende Autofahrer.

Die Lehre von der Unternehmensbesteuerung beschäftigt sich im Hinblick auf Steuerlast und Steuerwirkung nur mit der Belastung eines Wirtschaftenden, die aus seinen Steuerzahlungen folgt. Sie trennt dabei streng zwischen zwei Aufgaben (Meßzwecken) bei Steuerbelastungsrechnungen:

a) Ist am Ende einer oder mehrerer Abrechnungsperioden eine Verteilung der Steuerlasten auf einzelne Personen oder Personengruppen eingetreten, die einer Gesetzgebungsabsicht entspricht oder widerspricht, „gerecht" oder „ungerecht" erscheint?- das Problem der *Messung von* **Verteilungsfolgen der Besteuerung**. Dabei mag eine Aussage, was im einzelnen steuerlich „gerecht" sei, ein persönliches bzw. politisches Werturteil sein; die Messung, ob die Wirklichkeit eines Steuerrechts diesen explizierten Anspruch verletzt oder nicht, ist ein erfahrungswissenschaftliches Problem, das die Betriebswirtschaftslehre, aber auch andere Steuerwissenschaften untersuchen. Weitere Steuerwissenschaften sind: die Finanzwissenschaft als Teil der Volkswirtschaftslehre und die Steuerrechtswissenschaft. Unterentwickelt ist bislang die Beachtung von Steuern in den Verhaltens- und Sozialwissenschaften (Finanzpsychologie, Finanzsoziologie), aber auch in Anwendung der philosophischen Ethik.

b) Wie beeinflussen Steuerrechtsänderungen oder gar das Steuerrecht insgesamt für einen Planungszeitraum unternehmerische Handlungen? – das Problem der **Entscheidungswirkungen der Besteuerung**. Eine *quantitative Messung der Entscheidungswirkungen* ist nur hinsichtlich der *Liquiditätswirkungen* von Steuerzahlungen eindeutig (soweit das Steuerrecht Rechte und Pflichten präzise regelt). Schon bei den *Rentabilitätswirkungen*, selbst wenn sie auf jeweils einen geplanten künftigen Zustand der Welt während eines Planungszeitraums eingeengt werden, ist eine quantitative Messung der Steuerbelastung nur unter Modellvereinfachungen möglich; an noch mehr Voraussetzungen hängen folglich Urteile über die Entscheidungswirkungen der Besteuerung bezüglich der Rentabilität bei Planungsunsicherheit. Hinsichtlich der praktisch bedeutsameren Einflüsse von Steuerzahlungen auf die Risikobereitschaft zu Investitionen (und damit auf die Gesamtheit aller denkbaren künftigen Zustände der Welt im Planungszeitraum) bleiben allgemeingültige quantitative Aussagen Illusion (S. 665-689).

Die Steuerbelastung messen wir in Verhältniszahlen aus Steuerzahlungen im Zähler (die für die Meßzwecke der Ex-post-Verteilungsfolgen und der Ex-ante-Entscheidungswirkungen unterschiedlich sind), und *Maßgrößen im Nenner*. Sie sind für die Messung der Entscheidungswirkungen Zielgrößen des Handelns oder (davon u.U. abweichende) Bezugsgrößen für steuerliche Leistungsfähigkeit bei einer Messung der Verteilungsfolgen.

Wer durch **Messungen** etwas über Steuerlast und Steuerwirkung als wirtschaftliche Folgen des Steuerrechts erfahren will, hat zu beachten:

(1) Die Messung der Verteilungsfolgen eines Steuerrechts will z.B. darüber unterrichten: Wie ändert sich wegen des Steuerrechts (bzw. bei einer anderen Fragestellung: „nach" Änderungen von Steuern und Sozialabgaben) das frei verfügbare Einkommen zwischen einzelnen Steuerpflichtigen bzw. zwischen Gruppen von Steuerpflichtigen? Gefragt wird hier nach einer **Durchschnittssteuerbelastung** einer Maßgröße für steuerliche Leistungsfähigkeit durch jene Steuerzahlungen, die aus der Maßgröße zu leisten sind. Als

Maßgröße steuerlicher Leistungsfähigkeit dient eine gesellschaftliche Norm, deren unterschiedslose Besteuerung bei verschiedenen Personen als gerecht gilt, z.B. gleich hohes Jahreseinkommen oder gleich hohe jährliche Konsumausgaben und daneben ein gleich hoher Vermögensbestand zu Beginn des Jahres oder ein gleich hoher Barwert der lebenszeitlichen Einnahmenüberschüsse vor Konsum. Welche dieser Maßgrößen wirklich „gerecht" ist, darüber läßt sich trefflich streiten, vgl. S. 723 ff..

(2) Die Messung der Rentabilitätswirkungen eines Steuerrechts will darüber informieren: Wie ändert sich die Rangordnung der konkurrierenden Handlungsalternativen (z.B. Investitionen) gegenüber der Rangordnung, die bei einem alternativen Steuerrecht (einschließlich: keiner Besteuerung) gewählt worden wäre? Gefragt wird hier nach einer **Grenzsteuerbelastung** einer Zielgröße für das Wirtschaften des oder der Steuerpflichtigen bei Änderung des Handlungsprogramms.

Die sorgfältige Trennung zwischen Durchschnittsbetrachtung und Grenz- (Änderungs-) Betrachtung gehört zum wirtschaftswissenschaftlichen Anfängerwissen.

(3) Im *Nenner* eines Steuerbelastungsvergleichs für Entscheidungswirkungen steht eine Zielgröße des Handelns. Den Nenner eines Steuerbelastungsvergleichs für Verteilungsfolgen bildet eine Maßgröße steuerlicher Leistungsfähigkeit. Beide werden in Modellüberlegungen häufig gleichgesetzt. Um aussagekräftige Steuerbelastungsvergleiche aufzustellen, ist das weder geboten noch immer sinnvoll:

Bei Investitionsentscheidungen interessiert der Zahlungsstrom eines Investitionsvorhabens für jeden geplanten künftigen Zustand der Welt und dessen Beeinträchtigung durch Steuerzahlungen. Für die Ermittlung von Steuerwirkungen wird in Kapitel II eine Einkommenstheorie zugrunde gelegt, die positive oder negative Kapitalwerte, also z.B. unter Ungewißheit alternativ geplante „Kapitalgewinne und -verluste" außerhalb der Besteuerung stellt. Für die Beurteilung von Verteilungsfolgen gilt hingegen in den letzten Jahren nicht diese (modellmäßig ausgeformte) „Quellentheorie der Einkommens" als ethisch akzeptabel, sondern die „Reinvermögenszugangstheorie", die ausdrücklich auch Kapitalgewinne und -verluste der Besteuerung unterwirft (S. 199, 228 f.).

(4) Im *Zähler* eines Steuerbelastungsvergleichs für Entscheidungswirkungen steht die Summe an Änderungen der Steuerzahlungen, wenn die zu prüfende Investition durchgeführt wird. In den Zähler eines Steuerbelastungsvergleichs für Verteilungsfolgen sind lediglich jene Steuerzahlungen aufzunehmen, die aus der gewählten Maßgröße steuerlicher Leistungsfähigkeit zu leisten sind, also bei der Maßgröße „Gewinn" nicht sämtliche Steuerzahlungen (wie Umsatz-, Grundsteuer usw.), sondern nur die einen durch Markthandlungen bereits erzielten Gewinn noch belastenden Steuerzahlungen einzubeziehen. Dieser Unterschied im Inhalt von Steuerbelastungsvergleichen soll nun an Beispielen verdeutlicht werden.

Steuerzahlungen werden nur dann zur Steuerbelastung, soweit sie die finanziellen Zielgrößen des Steuerzahlers verringern. Daraus folgt: Bei nicht-finanziellen Zielsetzungen gibt es keine unmittelbare Steuerbelastung (mittelbar schon: Wer nach Sozialprestige in einer Clique strebt, mag in der Höhe seiner Steuerzahlungen ein Indiz mangelnder Pfiffigkeit und darin einen Sachverhalt sehen, der seinen Prestigenutzen mindert).

Beschränkt auf finanzielle Ziele gilt: Nicht jede Steuerzahlung mindert das Einkommen nach Steuern und wird damit betriebswirtschaftlich zu einer Steuerlast. So wurde z.B. durch das Steueränderungsgesetz 1991 die Versicherungsteuer von 7 auf 10 Prozentpunkte erhöht (also um 43%). Soweit die Nachfrage nach Versicherungen wegen dieser Steuererhöhung nicht sinkt, bleibt das Einkommen der Versicherungsunternehmungen unverändert. Insoweit werden diese durch die Erhöhung der Versicherungsteuer nicht belastet. Eine erste Gruppe von Steuerzahlungen eines Steuerzahlers, die nicht zugleich steuerbelastend wirken, sind jene Steuerzahlungen, die im Hinblick auf das Einkommen voll auf Marktpartner „überwälzt" werden können. Allerdings ist eine Steuerüberwälzung durch Preiserhöhung gegenüber Nachfragern nur dann ohne Einkommenseinbußen möglich, wenn die Preiserhöhung nicht mit Umsatzrückgängen verbunden ist. Das dürfte aber der Ausnahmefall sein. Eine andere Form der Überwälzung bildet das Drücken von Beschaffungspreisen (Rückwälzung).

Eine zweite Gruppe nicht belastender Steuerzahlungen sind jene, die ein Unternehmen zur Begleichung seiner Verpflichtungen gegenüber einem Marktpartner von Gesetzes wegen an den Fiskus leisten muß: Der Arbeitgeber Unternehmung schuldet dem Arbeitnehmer den Lohn. Neben dem Arbeitnehmer ist aber auch das Unternehmen rechtlich Steuerschuldner für die Lohnsteuer (§ 33 AO), weil der Arbeitgeber „Unternehmung" eine Steuer für Rechnung eines Dritten einzubehalten und abzuführen hat.

Solche **Quellensteuern** als Steuerzahlungen für Rechnung eines Dritten ordnen wir begrifflich *nicht* der Steuerzahlung des Unternehmers, sondern des Dritten zu. Die abzuführende Lohnsteuer gilt also als Teil der Belastung des Arbeitnehmers. Die Lohnsteuer belastet in der Unternehmung den Aufwandsposten „Löhne"; sie gilt nicht als Unternehmenssteuer.

Zu den Quellensteuern zählt auch eine Kapitalertragsteuer auf Dividenden oder Zinsen, die der solche Finanzierungszahlungen Leistende einbehält und ans Finanzamt abführt. Die Kapitalertragsteuer ist eine Vorauszahlung (Vorerhebungsform) der Einkommen- und zugleich der Körperschaftsteuer, weil der Dividenden- oder Zinsempfänger als Steuerpflichtiger sie auf seine Einkommen- bzw. Körperschaftsteuerschuld anrechnen kann. Quellensteuern gelten hier als Steuerzahlung des Geldgebers auch dann, wenn der Empfänger steuerbefreit ist. So erhält z.B. eine steuerbefreite Institution (z.B. Bund, Länder, Gemeinden oder eine Gewerkschaft, Stiftung) nur die Hälfte der Kapitalertragsteuer auf Dividenden aus ihrem Aktienbesitz erstattet (§ 44 c Abs. 2 EStG). Damit gilt die selbst steuerbefreite Institution mit der anderen Hälfte der Kapitalertragsteuer als Steuerzahler und damit als belastet. In solchen Nicht-Erstattungs- bzw. Nicht-Anrechnungsfällen auf eigene Steuerschulden werden Quellensteuern zu endgültigen Steuerlasten, zu „Definitivsteuern".

Eine dritte Gruppe von Steuerzahlungen eines Unternehmens, die nicht als belastende Steuerzahlungen anzusehen sind, könnte aus Steuerzahlungen folgen, die bei der Ermittlung des Gewinns als Aufwand abzusetzen sind: Ist eine Umsatzsteuerzahlung oder eine Biersteuerzahlung in der Brauerei eine den Gewinn belastende Steuerzahlung? Zwei voreilige Antworten lauten: a) Gäbe es die Biersteuer nicht, wäre der Gewinn einer Brauerei höher, folglich belastet auch eine Verbrauchsteuer und ähnlich die Umsatzsteuer den Gewinn. b) Gewinn liegt erst dann vor, nachdem von den Einnahmen neben anderem Umsatz- und Biersteuerzahlungen abgesetzt sind; folglich belasten solche Aufwandsteuern den Gewinn nicht.

Ein Gegeneinwand liegt auf der Hand: Wenn eine Steuerzahlung den Gewinn erst belastet, wenn sie bei der Gewinnermittlung nicht als Aufwand verrechnet werden kann, dann belastet das Einkommen keine Steuer außer der Einkommen- und Kirchensteuer bzw. der Körperschaftsteuer, sowie der nicht bei der Einkommensermittlung abziehbaren Vermögensteuer. Würde einem Reformvorschlag gefolgt werden, daß die Vermögensteuer abzugsfähige Betriebsausgabe werden solle, würde auch sie dann nicht mehr belasten.

Die richtige Antwort lautet: *Man muß nach den Zwecken einer Steuerbelastungsrechnung unterscheiden.* Für den Zweck, im Nachhinein die Höhe der Steuerlast zu errechnen und darauf auf die *Umverteilungswirkungen* durch die Besteuerung zu schließen, gilt das auf Märkten erzielte Einkommen als vorgegeben. Für diesen Fall belasten den Gewinn nur jene Steuern, die bei der Gewinnermittlung *nicht* als Aufwand abgesetzt werden können (wie die Vermögensteuer) und jene Steuern, in deren Bemessungsgrundlage der Gewinn eingeht (Einkommen- und Kirchensteuer, Körperschaftsteuer) oder deren Bemessungsgrundlage auf dem einkommen- bzw. körperschaftsteuerlichen Gewinn aufbaut, wie bei der Gewerbeertragsteuer.

Für den Zweck, die *Entscheidungswirkungen* der Besteuerung zu erkennen, also im voraus zu überlegen, welche Handlungsmöglichkeiten unter Berücksichtigung der Besteuerung auszuwählen sind, *belasten jedoch alle Steuerzahlungen* (soweit sie nicht für Rechnung Dritter erfolgen). Denn jede Ausgabe, die nicht zugleich Zielzahlung ist (z.B. eine Konsumentnahme), verändert den im Hinblick auf die finanziellen Zielgrößen zu beurteilenden Zahlungsstrom der Handlungsalternativen. Die Einzelheiten der Berechnung belastender Steuerzahlungen werden auf Kapitel III verschoben.

Nachdem wir Steuerzahlungen kennengelernt haben, die den Steuerzahler nicht belasten, betrachten wir nun den umgekehrten Fall: Steuerlasten für einen Bürger, die nicht aus seinen Steuerzahlungen folgen. Solche Steuerlasten werden über den Markt bestimmt, schlagen sich also in Preis-, Mengen- oder Qualitätsänderungen nieder. Eine Steuerlast kann sogar Personen treffen, die gar keine Steuern zahlen: Ein Student als Teilzeitbeschäftigter in einem Kiosk, der wegen sinkender Nachfrage als Folge einer Verbrauchsteuererhöhung schließen muß, kann seine Teilzeitbeschäftigung verlieren und zusätzlich muß er für die von ihm gewünschten Zigaretten, Getränke usw. höhere Preise in anderen Läden zahlen.

Begrifflich sind von der Steuerbelastung des Steuerzahlers die **marktbestimmten Steuerlasten** einer Person oder Institution zu trennen: Eine Preiserhöhung für Benzin als Folge einer Mineralölsteuererhöhung zählt für den Verbraucher ebenso zu einer marktbestimmten Steuerlast wie der Verlust der Teilzeitarbeit für den Studenten oder die Vermögenseinbußen eines Sparers, wenn die Kurse inländischer festverzinslicher Wertpapiere sinken, weil der „Markt" auf eine Regierungsabsicht zur Verschärfung der Steuererhebung für Zinseinkünfte reagiert.

Marktbestimmte Steuerlasten bei einer Person sind eine Folge von Anpassungshandlungen durch andere Steuerzahler. Marktbestimmte Steuerlasten sind keine eindeutig als Steuerwirkungen erkennbare Sachverhalte. Vielmehr handelt es sich um Preis-, Mengen- oder auch Qualitätsänderungen für einen Nachfrager oder Anbieter, die vielleicht durch Steuerrechtsänderungen ausgelöst sind, bei denen vielleicht Steuerrechtsänderungen aber auch nur als öffentlichkeitswirksame Schutzbehauptung vorgeschoben werden. Deshalb muß eine Steuerwirkungslehre mit der Bestimmung von Steuerlasten aus Steuerzahlungen beim Steuerzahler beginnen. Erst im Anschluß daran kann sie die Anpassungshandlungen des Steuerzahlers untersuchen. Sobald erforscht ist, welche Preis-, Mengen- und Qualitätsänderungen als einzelwirtschaftliche Steuerwirkungen aus einer Steuerlast eines Steuerzahlers folgen, kann die Aufgabe begonnen werden, die Höhe marktbestimmter Steuerlasten zu untersuchen.

Bei der Messung der *Steuerbelastung des Steuerzahlers* ist zu unterscheiden zwischen der *nominalen* bzw. **rechtlichen Steuerbelastung** und der *effektiven* bzw. **wirtschaftlichen Steuerbelastung**:

(1) Eine nominale Belastung der Gewinne wird durch die jeweiligen Steuersätze wiedergegeben, z.B. sind im Inland erzielte, zurückbehaltene Gewinne einer Kapitalgesellschaft im Regelfall mit 50% Körperschaftsteuer belastet, sowie zusätzlich mit Gewerbeertragsteuer. *Kennzeichen einer rechtlichen Steuerbelastung* ist, daß bei der Messung von Verteilungsfolgen die Steuerzahlungen auf ein *steuerrechtlich* definiertes Maß steuerlicher Leistungsfähigkeit bezogen werden, z.B. das körperschaftsteuerpflichtige Einkommen. Bei der nominalen Messung der Steuerbelastung für die Beurteilung von Entscheidungswirkungen werden erwartete Steuerzahlungen ins Verhältnis zu einer steuerrechtlich definierte Zielgröße des Steuerzahlers gesetzt, z.B. auf den steuerrechtlich verstandenen Begriff des „zu versteuernden Einkommens" oder des Einheitswerts des Betriebsvermögens.

(2) *Kennzeichen einer wirtschaftlichen Steuerbelastung* ist, daß Steuerzahlungen auf ein *betriebswirtschaftlich* verstandenes Maß steuerlicher Leistungsfähigkeit bzw. eine betriebswirtschaftlich definierte Zielgröße verstanden, z.B. einen von bilanzrechtlich erzwungenen „stillen Reserven" befreiten, einen „inflationsbereinigten" oder einen „entscheidungsneutralen" Inhalt von Gewinn. In die Berechnung einer effektiven Steuerbelastung gehen im Unterschied zur nominalen Steuervergünstigung und Steuerbenachteiligungen in den Steuerbemessungsgrundlagen ein (z.B. Sonderabschreibungen) sowie Subventionen (wie z.B. Investitionsschüsse).

Um Mehrdeutigkeiten bei der Verwendung der Ausdrücke „Steuersatz" und „Steuerbelastung" zu vermeiden, wird hier folgende Sprachregelung benutzt:

(a) Ein *Tarifsteuersatz* benennt die Steuerzahlung in von Hundert einer Steuerbemessungsgrundlage eines Steuergesetzes, ist also zugleich ein Durchschnittssteuersatz. Tarifsteuersätze beziehen sich auf vom Gesetz genannte Bemessungsgrundlagen, wie z.B. das „zu versteuernde Einkommen" im Sinne des EStG oder das „Einkommen" im Sinne des Körperschaftsteuergesetzes, Gewerbeertrag und Gewerbekapital im Sinne des Gewerbesteuergesetzes.

(b) Grenzsteuersatz heißt ein Steuersatz, der für einen endlichen oder infinitesimal kleinen Zuwachs einer Steuerbemessungsgrundlage gilt. Eindeutig wird ein Grenzsteuersatz also nur unter Hinzufügung der Spannweite für die Änderung der Steuerbemessungsgrundlage, auf die er anzuwenden ist. Der Grenzsteuersatz für eine Steuerart ist aus dem jeweiligen Tarif zu berechnen. Wir werden jedoch Grenzsteuersätze auch für mehrere Steuerarten gemeinsam ermitteln, z.B. Einkommen- oder Körperschaftsteuer und Gewerbeertragsteuer zusammen, soweit deren Steuerbemessungsgrundlage gleichgesetzt werden kann.

(c) Ein *Durchschnitts- oder Grenzsteuersatz* gilt für ein- und dieselbe Steuerbemessungsgrundlage, kann sich aber aus den diese Bemessungsgrundlage treffenden Tarifsteuersätzen verschiedener Steuergesetze zusammensetzen. Das Steuerrecht vereinfachende Annahmen (wie eine Gleichsetzung des körperschaftsteuerpflichtigen Einkommens vor Gewerbeertragsteuer mit dem Gewerbeertrag) sind dabei zulässig.

(d) *Durchschnitts- oder Grenzsteuersätze beziehen Steuerzahlungen auf Bemessungsgrundlagen des Steuerrechts und geben deshalb nur eine rechtliche Steuerbelastung wieder*, weil Vergünstigungen oder Benachteiligungen bei den Bemessungsgrundlagen und sog. Subventionstatbestände (z.B. steuerfreie Einnahmen aus Investitionszulagen) nicht erfaßt sind. Diese werden jedoch in Berechnungen der *wirtschaftlichen Steuerbelastung* einbezogen.

Rechtliche und *wirtschaftliche* Steuerbelastung eines Steuerzahlers zählen im Sprachgebrauch der Finanzwissenschaft zur **formalen Inzidenz**, d.h. der *Steuerbelastung eines Steuerzahlers* oder einer Gruppe in vergleichbaren Verhältnissen lebender Steuerzahler. Die Finanzwissenschaft möchte zur Begründung von gesamtwirtschaftlichen Effizienz- und Verteilungswirkungen eines Steuerrechts Aussagen über die endgültige Steuerbelastung von Steuerträgern (die *tatsächliche* bzw. **effektive Inzidenz**) machen. *Tatsächliche (effektive) Inzidenz* heißt die Steuerbelastung eines „Steuerträgers", d.h. eines Steuerzahlers oder auch Nichtsteuerzahlers nach Korrektur um seine marktbestimmten Steuerlasten, die seine Steuerbelastung als Steuerzahler erhöhen oder auch verringern können. Steuerträger kann auch eine Person oder Institution sein, die selbst keine Steuerzahler sind, sondern nur von marktbestimmten Steuerlasten getroffen werden. Dabei glauben viele Finanzwissenschaftler bisher noch, durch Modelluntersuchungen dieses Ziel erreichen zu können, ohne sich mit den Einzelheiten der Steuerbelastung des jeweiligen Steuerzahlers (der sog. formalen Inzidenz) beschäftigen zu müssen.

Jedoch sind schon für den Steuerzahler z. B. die Rentabilitätswirkungen der Besteuerung nicht als empirischer Sachverhalt quantitativ meßbar, sondern es sind Zahlen, abgebildet auf eine Modellwelt, und damit von beschränkter Aussagefähigkeit. Da aber die Entscheidungen eines Unternehmers bestimmt werden durch:

a) die quantitativ meßbaren (beobachtbaren) Liquiditätswirkungen von Steuerzahlungen,

b) die nicht empirisch allgemeingültig meßbaren Rentabilitätswirkungen in Form effektiver Grenzsteuerbelastungen (S. 242 ff., 411 ff.) und

c) die nur für wenige Modellsituationen eindeutigen Risikowirkungen der Besteuerung, lassen sich die Steuerwirkungen beim Steuerzahler keineswegs zweifelsfrei bestimmen; selbst dann nicht, wenn vereinfachend rationales Handeln bei finanzieller Zielsetzung und ceteris-paribus-Annahmen über die Umweltbedingungen jenseits des Steuerrechts unterstellt werden.

Wenn schon beim Steuerzahler die Steuerwirkungen eindeutig nicht einmal unter ceteris-paribus-Annahmen bei Modellvereinfachungen abzuleiten sind, dann lassen sich erst recht keine empirisch testbaren Hypothesen ("Wenn, dann"- Aussage als Erfahrungs-Gesetzmäßigkeiten) über die Fernwirkungen von Steuerzahlungen eines Entscheidenden über Märkte hinweg aussprechen. Die Preis-, Mengen- und Qualitätsänderungen als Folge von Steuerrechtsänderungen sind in einer empirisch überprüften Weise bisher im allgemeinen nicht bekannt. Erst recht fehlen stichhaltige Folgerungen von den steuerbedingten Preis-, Mengen- und Qualitätsänderungen einzelner Steuerzahler zu den marktbestimmten Steuerlasten jener Steuerpflichtigen, die über Märkte von irgend einem Steuerzahler getrennt sind.

Das ist der Grund, weshalb sich die betriebswirtschaftliche Lehre von der Unternehmensbesteuerung auf eine Untersuchung der einzelwirtschaftlichen Steuerlast und der einzelwirtschaftlichen Steuerwirkungen beim Steuerzahler beschränkt. Die Lehre von der Unternehmensbesteuerung geht vorerst von der methodologischen Vorentscheidung aus, daß Steuerzahlungen Steuerlasten auslösen, Steuerlasten Steuerwirkungen in Form von veränderten Markthandlungen hervorbringen, jedoch marktbestimmte Steuerlasten nicht als (erneute Steuerwirkungen verursachende) Steuerlast in einer empirisch nachprüfbaren Weise zu testen sind. Diese methodologische Vorentscheidung ist eine Vereinfachung, erzwungen durch das derzeit begrenzte Wissen über Steuerlast und Steuerwirkung. Die Vereinfachung erscheint vorerst unvermeidbar, weil der Ausritt über das Feld der Steuerlasten und Steuerwirkungen nicht sattelfest begonnen werden kann, solange das Pferd von hinten (von den marktbestimmten Steuerlasten her) aufzuzäumen versucht wird.

Die Finanzwissenschaft als jener Teil der Volkswirtschaftslehre, der sich auch mit Steuerlast und Steuerwirkungen beschäftigt, erhebt bislang einen höheren Erkenntnisanspruch: empirisch haltbare Aussagen über die effektive Inzidenz machen zu können. Dieser Anspruch geht über das tatsächliche derzeitige Können der Finanzwissenschaftler schon deshalb hinaus, weil die diesbezüglichen Modelle und deren Tests die wirtschaftliche Belastung der Steuerzahler nur sehr unzureichend erfassen. Formuliert wurden bisher nur Modellergebnisse, deren Gültigkeit gebunden ist an Aberglaubens-Vorentscheidungen, wie die an eine beobachtbare Existenz von Konkurrenzgleichgewichten, und daran anschließende, in ihrer Aussagefähigkeit überaus zweifelhafte statistische „Tests" bzw. Simulationsstudien (S. 767).

Wer Steuerwirkungen behauptet, ohne die Einsichten betriebswirtschaftlicher Lehre von der Unternehmensbesteuerung zu beachten oder ohne selbst die nominale und effektive Steuerbelastung der verschiedenen Steuerzahler und deren vielfältige Anpassungsmaßnahmen an Änderungen der effektiven Steuerbelastung zu erforschen, läuft Gefahr, mit seinen Aussagen über gesamtwirtschaftliche Steuerwirkungen über den Wolken schweben zu bleiben, ohne die steinige Realität überhaupt wahrzunehmen. Gemeinwohlgefährlich wird dies dann, wenn aus solchen Modellergebnissen Schlüsse für eine Steuerpolitik gezogen werden, mit denen Vorurteile von Berufspolitikern scheinbestätigt werden (zu Beispielen vgl. S. 665, 754, 766).

b) Aussagefähigkeit von Steuerbelastungsvergleichen

1. Die mangelnde Aussagefähigkeit volkswirtschaftlicher Steuerquoten

Betrug die Steuerbelastung für Unternehmensgewinne vor 1990 über 70% (1990 über 66%, vgl. S. 310)[2], so daß im internationalen Vergleich Investitionen im „Hochsteuerland Bundesrepublik" steuerlich benachteiligt erscheinen? Oder sind dies „bittere Klagen mit falschen Zahlen", weil die „gesamtwirtschaftliche Quote der Gewinnsteuerbelastung mit hoher Wahrscheinlichkeit im Bereich von 34 Prozent"[3] liege? Sinkt die Steuerbelastung einer Kapitalgesellschaft im Fall einer Vollausschüttung des Gewinns gar auf 20,6%[4], was die Schlußfolgerung nahelegt, daß für „eine Senkung der Unternehmensteuern keinerlei Bedarf" bestehe[5]? Dieser Meinungsstreit im Zusammenhang mit der Steuerreform 1990 hat den leichtfertigen Umgang mit sog. *Steuerbelastungsvergleichen* – national wie international – erneut ins öffentliche Bewußtsein gerückt. Es steht zu befürchten, daß auch künftig für ähnliche „Steuerbelastungsvergleiche" Beweiskraft in Steuerreformdiskussionen erheischt werden wird. Die Fragwürdigkeiten in den über 66%- oder um 20%-Berechnungen lassen sich erst bei Kenntnis einer Reihe steuerlicher Sachverhalte erkennen (S. 310-317). Hier ist zunächst die mangelnde Aussagefähigkeit der auf volkswirtschaftlichen Steuerquoten beruhenden 34%-Rechnung darzulegen. Im folgenden 2. Unterabschnitt wird gezeigt, daß auch aus Jahresabschlüssen von Unternehmungen nicht deren Gewinnsteuerbelastung erkennbar ist.

Steuerquoten aus der volkswirtschaftlichen Gesamtrechnung verleiten häufig zu politischen Folgerungen: Für die einen sind Änderungen hinter dem Komma der gesamtwirtschaftlichen Steuerquote (jährliches Steueraufkommen zu jährlichem Bruttosozialprodukt zu Marktpreisen) Kennzeichen eines wünschenswerten oder verabscheuungswürdigen Abbaus oder Zuwachses des Staatseinflusses auf die Wirtschaft. So behauptet die Begründung des Steuerreformgesetzes 1990 nach dessen Verwirklichung für die volkswirtschaftliche Steuerquote „einen Tiefstand seit den 50er Jahren von rund 22 1/2 v.H."[6].

---

[2] Vgl. *Institut der deutschen Wirtschaft* (Hrsg.): Argumente zu Unternehmerfragen. Nr. 6/1987; *dass.:* iw-trends, Jg. 14 (2/1988), S. 84. Die folgende Kritik lehnt sich an *Dieter Schneider:* Wider leichtfertige Steuerbelastungsvergleiche. In: Wpg, Jg. 41 (1988), S. 281-291, an.

[3] *Konrad Littmann:* Bittere Klagen mit falschen Zahlen. In: Die Zeit vom 20. Februar 1987, Nr. 9, S. 41.

[4] Vgl. *Ingrid Scheibe-Lange:* Zu hohe Belastung der Unternehmensgewinne mit Ertragsteuern? In: WSI-Mitteilungen, Jg. 39 (1986), S. 772-782, hier S. 774.

[5] *Hartmut Tofaute:* Gesamtwirtschaftliche Entwicklungslinien der Steuerpolitik aus verteilungspolitischer Sicht. In: WSI-Mitteilungen, Jg. 39 (1986), S. 758-772, hier S. 772.

Für andere sind Erhöhungen der Lohnsteuerquoten (Lohnsteueraufkommen eines Jahres im Verhältnis zum Gesamtsteueraufkommen oder zum Aufkommen an Einkommen- und Körperschaftsteuer) Merkmal einer Umverteilung von unten nach oben.

Welche Fehlvorstellungen über die ökonomischen Wirkungen des Steuerrechts mit Zahlen aus der volkswirtschaftlichen Gesamtrechnung öffentlich verbreitet werden, wird an der gesamtwirtschaftlichen Quote der Gewinnsteuerbelastung deutlich. In der Gewinnsteuerbelastung wird der größte Teil des Aufkommens an veranlagter Einkommen- und Körperschaftsteuer, Gewerbe-, Grund- und Vermögensteuer ins Verhältnis gesetzt zu einer Größe aus der volkswirtschaftlichen Gesamtrechnung, die „Einkommen aus Unternehmertätigkeit und Vermögen" heißt. Ein so berechneter Durchschnittswert der Gewinnsteuerbelastung von 32-34% (aufgrund von Statistiken für 1984/85 – ein solches mehrjähriges Hinterherhinken ist kaum zu vermeiden) wird gegen die eingangs behauptete Gewinnsteuerbelastung mit über 70% ins Feld geführt[7].

Bei dem „Einkommen aus Unternehmertätigkeit und Vermögen" handelt es sich um eine Differenz aus zwei Schätzgrößen: Volkseinkommen abzüglich Bruttoeinkommen aus unselbständiger Arbeit. Im einzelnen sind deshalb im „Einkommen aus Unternehmertätigkeit und Vermögen" unter anderem enthalten

a) die Einkünfte aus Land- und Forstwirtschaft, deren vergleichsweise sehr geringe Besteuerung natürlich die behauptete geringe Gewinnsteuerbelastung der Unternehmen mit herbeiführt,

b) sämtliche Zinseinkünfte und Einkünfte aus Vermietung und Verpachtung (und zwar sowohl jene Zins- und Mieteinkünfte, die Arbeitnehmern zufließen, als insbesondere auch Zins- und Mieteinkünfte steuerbefreiter Institutionen wie Gewerkschaften, Kirchen usw.),

c) der Bundesbankgewinn (der 1991 15,2 Mrd. DM betrug), Gewinne und Verluste der Bundespost und Bundesbahn und anderer steuerbefreiter Institutionen, deren Einrechnung in das Einkommen aus Unternehmertätigkeit und Vermögen wiederum die durchschnittliche Gewinnsteuerbelastung der Unternehmen rechnerisch drückt,

d) Einkommensteuerrückerstattungen (1984 15 Mrd. DM) sind dem Einkommen aus Unternehmertätigkeit und Vermögen zugeschlagen, und zwar auch dann, wenn sie Arbeitnehmern zustehen. Allein daraufhin schätzt das Statistische Bundesamt, daß (für 1984) das Nettoeinkommen aus unselbständiger Arbeit um 2-3% zu niedrig, das Netto-

---

6 Regierungsentwurf eines Steuerreformgesetzes 1990, Bundesrats-Drucksache 100/88 vom 23.3.1988, S. 202.

7 *Littmann:* Bittere Klagen, S. 41; *ders.:* Unterlagen zu einem Vortrag" Unternehmensbesteuerung in der Bundesrepublik Deutschland unter besonderer Berücksichtigung der steuerlichen Gewinnermittlung – Die finanzwissenschaftliche Sicht", 11. Wissenschaftliches Forum des Instituts der deutschen Wirtschaft am 19.11.1987. Zur Kritik und zum folgenden vgl. *Winfried Fuest, Rolf Kroker:* Irrtümer in der aktuellen Steuerdiskussion. Beiträge zur Wirtschafts- und Sozialpolitik, Institut der deutschen Wirtschaft, Nr. 149, Köln 1987, S. 30-35.

einkommen aus Unternehmertätigkeit und Vermögen um 3-4% zu hoch ausgewiesen sei[8].

Diese erfassungstechnischen Mißhelligkeiten mögen durch einen Teilansatz des Steueraufkommens (80% der veranlagten Einkommensteuer, 75% der Vermögensteuer, 30% der Grundsteuer B, abzüglich 10% des Lohnsteueraufkommens wegen der Rückerstattungen) so gut wie möglich berücksichtigt sein, doch die mangelnde Aussagefähigkeit volkswirtschaftlicher Steuerquoten beruht vor allem auf methodischen Schwächen:

(1) Steuerbelastungsvergleiche verleiten nur dann nicht zu Irrtümern, wenn

(a) vorab ihr Zweck präzisiert wird: Eine Messung von Verteilungsfolgen der Besteuerung (z.B. der an den Fiskus fließenden Gewinnverwendung) verlangt einen anderen Inhalt im Zähler und Nenner eines Belastungsvergleichs als eine Messung von Rentabilitätswirkungen auf Investition und Finanzierung als Teil der Entscheidungswirkungen von Steuerzahlungen;

(b) Belastungsvergleiche zur Messung von Verteilungsfolgen und Rentabilitätswirkungen sich nicht auf steuerrechtliche Begriffsinhalte von Gewinn, Einkommen, Vermögen usw. beschränken, weil damit Vergünstigungen oder Benachteiligungen (Verböserungen) in den Bemessungsgrundlagen und sog. Subventionstatbestände nicht erfaßt werden können.

Schon diese Differenzierung fehlt bei Steuerquoten, berechnet aus der volkswirtschaftlichen Gesamtrechnung.

(2) Jeder Steuerbelastungsvergleich, der Anspruch auf Informationsgehalt erhebt, muß auf einem Erklärungszusammenhang (also einer einzelwirtschaftlichen Theorie) aufbauen. Da jede Beobachtung theoriebeladen ist, setzt erst recht jede Messung als zahlenmäßiges Abbild einer beobachteten Wirklichkeit einen Erklärungszusammenhang voraus. Volkswirtschaftliche Steuerquoten büßen gerade deshalb jeglichen Aussagegehalt über Entscheidungswirkungen der Besteuerung und fast jeden über Verteilungsfolgen von Steuergesetzen ein, weil hinter ihnen kein Erklärungszusammenhang für eine Steuerbelastung steht. „Measurement without theory" hat noch nie mehr als Stoffhuberei in Zahlen ergeben, die zu Fehlschlüssen verführt.

Damit Steuerbelastungsrechnungen informativ werden, müssen sie Musterbeispiele auf der Grundlage modellmäßiger Erklärungszusammenhänge sein. Sie dürfen sich nicht auf Gewinn (oder Einkommen, Vermögen usw.) vor Steuern, berechnet nach geltendem Steuerrecht, beschränken. Deshalb ist die Feststellung richtig, daß „Einkommenskonzepte, die nicht den Definitionen des Steuerrechts folgen, eine bessere Bezugsbasis" bieten. Doch es trifft nicht zu, daß gesamtwirtschaftliche Steuerquoten diese Aufgabe erfüllen können und heute noch „international übliche Kennziffern"[9] darstellen. Vielmehr sind sie durch die Berechnung effektiver Durchschnitts- und Grenzsteuerbelastungen ersetzt worden (S. 192).

---

8   Vgl. *Klaus Schüler:* Zur Neuberechnung der Nettoeinkommensarten in den Volkswirtschaftlichen Gesamtrechnungen. In: Wirtschaft und Statistik 1986, S. 329-345, hier S. 329.

9   *Konrad Littmann:* Das Ärgernis der Steuerlast. In: Die Zeit vom 10. April 1987, S. 43, dort auch das folgende Zitat.

(3) Der Streit um die Höhe der Gewinnsteuerbelastung wäre dabei nicht dadurch zu beseitigen, daß auf Steuerlastquoten in der Diskussion verzichtet würde. Ein solcher Wunsch schüttet das Kind mit dem Bade aus, denn es bedarf einer Antwort auf die Frage: Wie sind die Entscheidungswirkungen und wie die Verteilungsfolgen der Besteuerung zu messen?

2. Empirische Ermittlung rechtlicher Steuerbelastungen aus Jahresabschlüssen?

An Stelle einer fragwürdigen Berechnung der durchschnittlichen Steuerbelastung von Unternehmungen über volkswirtschaftliche Steuerquoten (S. 185) könnte erwogen werden, aus veröffentlichten Jahresabschlüssen die durchschnittliche Steuerbelastung einer Unternehmung oder einer Gruppe von Unternehmungen herzuleiten.

Aus veröffentlichten Jahresabschlüssen (ohne Kenntnis der Steuerbilanz und anderer interner Zahlen) läßt sich jedoch nicht verläßlich auf eine Steuerbelastung einer Unternehmung schließen. In Jahresabschlüssen von Personenunternehmen sind Einkommen- und Vermögensteuerzahlungen der Inhaber ohnehin nicht enthalten. Aus veröffentlichten Jahresabschlüssen von Kapitalgesellschaften ist weder der nach steuerlichen Bemessungsgrundlagen errechnete Gewinn zu erkennen noch das Verhältnis von ausgeschüttetem zu einbehaltenem Gewinn vor Steuern.

Warum läßt sich aus einem handelsrechtlichen Jahresabschluß einer Kapitalgesellschaft nicht einmal auf die rechtliche Steuerbelastung dieser Kapitalgesellschaft schließen? Folgende Gründe sind zu nennen:

a) Der handelsrechtliche Jahresüberschuß bzw. Jahresfehlbetrag, vermehrt um die „Steuern vom Einkommen und Ertrag" läßt regelmäßig keinen Schluß auf die Höhe des zu versteuernden Gewinns bzw. Gewerbeertrages zu:

(1) In handelsrechtlichen Jahresabschlüssen werden, für Außenstehende nicht erkennbar, häufig erzielte Gewinne durch das Legen stiller Reserven versteckt.

(2) Verluste werden vertuscht oder ausgewiesene Gewinne erhöht durch das Auflösen früher gelegter stiller Reserven. Darüber hinaus bestehen inhaltliche Abweichungen zwischen dem höchst möglichen handelsrechtlichen Gewinn eines Jahres und dem höchst oder auch niedrigst möglichen steuerrechtlichen Gewinn desselben Jahres, so daß die Höhe des für dieses Jahr zu versteuernden Gewinns nicht aus dem Jahresabschluß zu erkennen ist.

(3) Bei vielen Unternehmungen fließt das Ergebnis aus Quellen, für die recht unterschiedliche Steuerbemessungsgrundlagen gelten (Altbundesgebiet, Westberlin, Beitrittsgebiet zum Grundgesetz, Ausland).

(4) In Konzernen verdunkelt bei Organverhältnissen die Gewinn- und Verlustübernahme die nominale Steuerbelastung des Organträgers.

b) Bei vorgegebener Gewinnhöhe vor Steuern ist nicht ersichtlich, welche Gewinnsteuerzahlungen mit Ausschüttungen einer Kapitalgesellschaft verbunden sind: Werden Gewinne aus dem (nach Körperschaftsteuerrecht) für Ausschüttungen verwendbaren Eigenkapital geleistet, das mit 56% (zurückbehaltene Gewinne 1977-1989) oder mit 50%

(ab 1990) vorbelastet sind? – dann entsteht bei der Ausschüttung (Belastung 36%) ein Erstattungsanspruch. Oder mußten körperschaftsteuerbefreite Gewinne herangezogen werden, z.B. Beteiligungserträge aus dem Ausland, Investitionszulagen? – dann entstehen zusätzliche Körperschaftsteuerzahlungen, um 36% Ausschüttungsbelastung (= 36:64 für jede ausgeschüttete DM) herzustellen.

c) Die „Steuern vom Einkommen und Ertrag" in der Gewinn- und Verlustrechnung (Posten 18 nach dem Gesamtkostenverfahren, § 275 Abs. 2 HGB, Posten 17 nach dem Umsatzkostenverfahren, § 275 Abs. 3 HGB) fassen Körperschaftsteuer, Gewerbeertragsteuer und ausländische Steuern, die steuerrechtlich als Steuern vom Einkommen und Ertrag gelten, zusammen:

(1) Selbst wenn die Höhe des zu versteuernden Gewinns bekannt wäre, verzerren die unterschiedlichen Sätze bei ausländischen Steuern, aber auch die ermäßigten Körperschaftsteuersätze, soweit Gewinne in Westberlin bis 1994 anfallen, eine Steuerbelastungszahl „Steuern vom Einkommen und Ertrag" zu Gewinn vor Steuern.

(2) Nachzahlungen und Erstattungen bei der Körperschaft- und Gewerbeertragsteuer, die frühere Jahre betreffen, sind in Posten 18 (17) einzubeziehen, ebenso Auflösungen der durchweg überhöhten Gewerbesteuerrückstellungen (S. 277).

(3) Veränderungen der Steuerabgrenzungen nach § 274 HGB (die sog. latenten Steuern) sind in dem Posten 18 (17) enthalten. Dabei vernebelt die Saldierung von aktiven und passiven Steuerabgrenzungen zusätzlich die Aussagefähigkeit.

d) Die Höhe der Vermögen- und Gewerbekapitalsteuerzahlung ist nicht zu erkennen; denn diese Steuern sind einschließlich Nachzahlungen und Erstattungen früherer Jahre in Posten 19 „sonstige Steuern" im Gesamtkostenverfahren zusammen mit Verbrauchsteuern (z.B. Bier-, Mineralölsteuer, Einfuhrzöllen), Grundsteuer, Kraftfahrzeugsteuer usw. zusammengefaßt. Lediglich die Umsatzsteuer (einschließlich der Einfuhrumsatzsteuer auf Importe) ist grundsätzlich von den Umsatzerlösen abzusetzen (§ 277 Abs. 1 HGB).

Somit ist weder die Rendite vor Steuern noch die darauf lastende rechtliche Gewinn- und Substanzsteuerbelastung aus veröffentlichten Jahresabschlüssen zu berechnen. Deshalb sind für Musterbeispiele zu nominalen Steuerbelastungsrechnungen unternehmungsinterne Zahlen zu wählen. Sind solche nicht vorhanden, dann müssen Modellannahmen über die Rendite getroffen werden (z.B. 10% Rendite vor Steuern), um wenigstens an Musterbeispielen Aussagen über die nominale Gewinn- und Substanzsteuerbelastung ableiten zu können.

3. Internationale Steuerbelastungsvergleiche durch „empirische Forschung" oder durch modellgestützte Mustervergleiche?

Die Höhe der Steuerbelastung deutscher Unternehmen ist politisch und wissenschaftlich umstritten, namentlich, wenn eine Antwort auf die Frage nach der internationalen Wettbewerbsfähigkeit einzelner Produktionsstandorte gesucht wird. Als Meßergebnisse über die Höhe der Steuerbelastung deutscher Unternehmen im internationalen Vergleich tummeln sich Milchmädchenrechnungen aus sog. „empirischer Forschung" gemeinsam mit Zahlen aus raffinierten statistischen Techniken auf der Grundlage übervereinfachter gesamtwirtschaftlicher Modelle, deren begrenzte Aussagefähigkeit nur von wenigen Spezialisten überblickt wird (dazu S. 413 ff.). Ursachen dieses unbefriedigenden Zustandes sind zum einen die Wünsche von Interessenten nach handlichen Zahlen, mit denen sie ihre Forderungen stützen wollen. Zum anderen sind noch immer zahlreiche Schwierigkeiten für eine aussagefähige Messung der Steuerbelastung im internationalen Vergleich nicht gelöst. Eindeutige Zahlen mit dem Anspruch, quantitative Urteile zu erlauben, lassen sich aus der Tücke des Objekts heraus beim heutigen Stand der Wissenschaft nicht erarbeiten.

Dieser Abschnitt dient dazu, dem Leser die engen Grenzen für die Aussagefähigkeit internationaler Steuerbelastungsvergleiche zu verdeutlichen. Auf eine ausführliche Inhaltswiedergabe internationaler Steuerbelastungsvergleiche aus den letzten Jahren wird verzichtet[10].

Um nicht Vorspiegelungen vermeintlicher Steuerbelastungen durch Politiker, Verbandsvertreter und einer hier vielfach unkritischen Presse zum Opfer zu fallen, sollte der Leser zunächst prüfen, auf welcher methodischen Stufe welche Einzelaussagen in einem Steuerbelastungsvergleich angesiedelt sind, ehe er den Zahlen Glaubwürdigkeit und Informationsgehalt zubilligt. Drei Stufen sind zu unterscheiden:

a) Rechtsvergleiche von Steuersätzen und Bemessungsgrundlagenteilen.

(1) Die aussageärmste Form von Steuerbelastungsvergleichen sind Tarifvergleiche (z.B. von Einkommensteuersätzen) mit ähnlichen Tarifen anderer Länder. Übersehen wird bei Tarifvergleichen zum einen leicht, daß Steuerarten mit vergleichbaren Namen (wie deutsche Körperschaftsteuer, die corporate tax in den USA) keineswegs den gleichen Inhalt bedeuten (Körperschaftsteuer auf ausgeschüttete Gewinne in den USA ist z.B. nicht auf die Einkommensteuerschuld der Empfänger anrechenbar), daß die Steuerbemessungsgrundlagen in keinem Land der Erde gleich und so abgefaßt sind, daß nicht aus den Bemessungsgrundlagen zusätzliche Verzerrungen für die wirtschaftliche Steuerbelastung folgen. Nur Berechnungen einer wirtschaftlichen (effektiven), nicht einer rechtlichen (nominalen) Steuerbelastung lassen verläßliche Schlüsse zu (S. 195 f.). Zum anderen vernachlässigen Tarifvergleiche, daß einzelne Länder einzelne Steuerarten nicht kennen (z.B. erheben die angelsächsischen Länder keine Gewerbesteuer, manche Länder keine Vermögensteuer, die USA keine Mehrwertsteuer, statt dessen aber eine Steuer auf die Mehrzahl der Einzelhandelsumsätze). Mehrere Steuerarten benutzen ein und dieselbe Steuerbemessungsgrundlage (oder auf eine unter vereinfachenden Bedingungen gleichzusetzende Bemessungsgrundlage, wie Gewerbeertrag = körperschaftsteuerpflichtiges Einkommen, wobei die Bedingungen nicht in allen zu vergleichenden Fällen auftreten). All dies bewirkt, daß durch einen Tarifvergleich noch nicht einmal ein Vergleich nominaler (Grenz-)Steuersätze zustandekommt.

---

10 Vgl. dazu den Überblick bei *Olaf Sievert, Hermann Naust, Dieter Nochum, Michael Peglow, Thorolf Glumann:* Steuern und Investitionen, Teil 1 und 2. Frankfurt usw. 1989, hier Teil II, S. 131-181.

Wie weit Tarifvergleiche auf Irrwege geraten können, zeigt folgendes Beispiel: In einem für das Bundeswirtschaftsministerium erstatteten Gutachten behauptet das Deutsche Institut für Wirtschaftsforschung: „In bezug auf die Besteuerung ausgeschütteter Gewinne ... steht die Bundesrepublik Deutschland günstig da. In der Gruppe der Einkommensbezieher, für die der höchste Grenzsteuersatz gilt, sind die ausgeschütteten Gewinne nur in Großbritannien geringer mit Einkommen- und Körperschaftsteuer belastet"[11]. Der Aussage liegt eine Vergleichsrechnung zugrunde, die von der Ausschüttung (in Deutschland: bei Vollausschüttung des körperschaftsteuerpflichtigen Einkommens) ausgeht und ab 1990 als Belastung den Spitzensatz der Einkommensteuer von 53% ausweist. Damit werden nicht nur Zinswirkungen wegen der praktisch erst ein Jahr späteren Verrechnung der Körperschaft- und Kapitalertragsteuergutschrift und die Kirchensteuer vernachlässigt (etwa 4-5 Prozentpunkte), vor allem darf als Ausgangsbetrag nicht die Ausschüttung der Kapitalgesellschaft herangezogen werden. Stattdessen wäre der Grenzgewinn vor Gewerbeertragsteuer zu wählen, weil in den Vergleichsländern (Frankreich, Italien, Großbritannien, Schweden, USA, Japan) keine Gewerbeertragsteuer besteht. Je nach dem Hebesatz steigt damit die Belastung der ausgeschütteten Gewinne bis zum Aktionär auf im allgemeinen 60-62% und liegt damit mit den vorigen 4-5% bei rund 65%, also um etwa 15 Prozentpunkte schlechter als in Großbritannien und den USA, über der Belastung in Frankreich und Italien und günstiger nur gegenüber Schweden und Japan.

(2) Rechtsvergleiche bei den Steuerbemessungsgrundlagen beschränken sich auf das Gegenüberstellen z.B. von Abschreibungssätzen für Gebäude und anderen Investitionsarten in den verschiedenen Ländern oder sie stellen die steuerliche Innenfinanzierung über Pensionsrückstellungen den Ausgaben an pension funds in den USA gegenüber usw. Aber solche Rechtsvergleiche sagen zum einen nur im Gesamtbündel mit anderen Steuerrechtsetzungen (Verlustausgleichsregelungen, Tarifstruktur) etwas aus. Zum anderen läßt z.B. sich aus einem höheren Abschreibungssatz in einem Land nur dann das Urteil „günstiger" ziehen, wenn die Einnahmenüberschüsse von Investitionen und der Kalkulationszinsfuß vor und nach Steuern an den alternativen Standorten gleich wären. Ob irgendein steuerrechtliches Abschreibungsverfahren günstiger oder ungünstiger ist, läßt sich schließlich nur im Vergleich zu einer entscheidungsneutralen Abschreibung beurteilen (S. 220 ff., 404 ff., 687 ff.).

Hinzu treten bei veröffentlichten Steuerbelastungsvergleichen nicht selten betriebswirtschaftliche Mängel. So beruht z.B. in dem erwähnten DIW-Gutachten das Urteil über günstige deutsche Abschreibungen hauptsächlich auf dem Fehler, zwischen Liquidität und Rentabilität nicht sorgfältig zu trennen.

b) Nominale Durchschnittssteuerbelastungen über Veranlagungssimulationen.

Die Mehrzahl der internationalen Steuerbelastungsvergleiche wendet für „empirisch ermittelte" Modellunternehmen eine gedachte Steuerveranlagung unter bestimmten Be-

---

11 *DIW – Deutsches Institut für Wirtschaftsforschung:* Die Besteuerung der Unternehmensgewinne – Sieben Industrieländer im Vergleich. Berlin 1989, S. 101; die Quellen zu b) S. 60, 71 f.; hierzu näher *Dieter Schneider:* Eine neue Milchmädchenrechnung zur Steuerbelastung der Unternehmensgewinne. In: Handelsblatt vom 11./12.8. 1989, S. 5.

dingungen an (was bei einzelnen Aussagen die Beschränkung auf Rechtsvergleiche nicht ausschließt)[12]. Diese Veranlagungssimulation für ein als typisch angesehenes „empirisch ermitteltes" Modellunternehmen scheint auf den ersten Blick über die tatsächliche Steuerbelastung von Unternehmungen Auskunft zu geben.

Veranlagungssimulationen können *für einen einzelnen Konzern bzw. eine Unternehmung zutreffende rechtliche Steuerbelastungsvergleiche ergeben, wenn sie mit internen Planungsdaten durchgeführt werden.* Dabei ist zu beachten, daß eine Veranlagungssimulation zunächst nur über die durchschnittliche Steuerbelastung einer Unternehmung unterrichtet, also eine Verteilungsfolge mißt.

Gesucht werden jedoch meistens Aussagen über die Entscheidungswirkungen der Besteuerung (z.B. über die Investitionsbedingungen an unterschiedlichen internationalen Produktionsstandorten). Für diesen Zweck sind Veranlagungssimulationen zunächst dahin abzuwandeln, daß die Mehr- oder Mindersteuerzahlungen der Unternehmung berechnet werden, wenn ein Investitionsvorhaben an diesem oder jenem Standort verwirklicht würde. Auf diesem Weg kann auf eine rechtliche Grenzsteuerbelastung einer Investition unter den Umweltgegebenheiten einer Unternehmung geschlossen werden.

Gegen die Methode der Veranlagungssimulation in der Politikberatung auf der Grundlage veröffentlichter Jahresabschlußzahlen spricht: Die Veranlagungssimulation beansprucht zwar, einen „Belastungsvergleich am lebenden Objekt" zu geben, täuscht jedoch Allgemeingültigkeit dadurch vor, daß nicht nach dem Zweck des Steuerbelastungsvergleichs unterschieden wird. In den bisher benutzten Formen sind Veranlagungssimulationen zur Messung von Entscheidungswirkungen ungeeignet, weil bei der üblichen Veranlagungssimulation aufgrund von Bilanzdaten nur eine Durchschnitts-, keine Grenzsteuerbelastung errechnet wird.

Hinzu treten in den bisher vorgelegten internationalen Steuerbelastungsvergleichen nicht selten Fehler bei der Datenerfassung für die als typisch erachteten Modellunternehmen:

Wer die Verteilungsfolgen eines Steuerrechts beurteilen will und dazu vom steuerpflichtigen Gewinn ausgeht, darf als belastend nur vom Gewinn abhängige und aus dem versteuerten Gewinn zu zahlende (also bei der Gewinnermittlung nicht abzugsfähige) Steuern einstufen (S. 178). Wer hingegen die Entscheidungswirkungen eines Steuerrechts zumindest im Hinblick auf die Renditefolgen beurteilen will, muß im Grundsatz alle Änderungen bei den Steuerzahlungen durch die erwogenen Investitions- und Finanzierungsvorhaben zu erfassen suchen. Hierbei ist zu beachten, daß Steuerzahlungen auf den Gesamtbestand der Unternehmensmittel oder den Mitteleinsatz (Substanzsteuern) nur dann in eine Steuerbelastung der Unternehmensgewinne eingerechnet werden dür-

---

12 Die Methode geht zurück auf: Two reports by the committee on fiscal affairs on quantitative aspects of corporate taxation, edited by the OECD. Paris 1985. Ihr folgen z.B. mit Abweichungen im einzelnen *Willi Leibfritz, Cornelia Meurer:* Steuerliche Investitionsförderung im internationalen Vergleich. Berlin – München 1985 und das DIW-Gutachten (Fn. 11), sowie *Gemeinsame Stellungnahme Deutscher Industrie- und Handelstag. DIHT, Bundesverband der Deutschen Industrie, BDI:* Steuerliche Gewinnermittlungsvorschriften im internationalen Vergleich. Bonn, Köln 1990.

fen, wenn eine ausdrückliche Annahme über die Gewinnhöhe bzw. Rendite erfolgt (S. 317), wobei die Belastungszahlen nur für diese Setzung etwas aussagen. Zusätzlich ist auf die Gewinnwirkungen von Steuern auf die Beschaffung von Produktionsfaktoren und Steuern auf Unternehmensleistungen (Umsatz- und Verbrauchsteuern) zu achten[13].

Wegen der fragwürdigen Aussagekraft von Jahresabschlußzahlen erlaubt bisher die Methode der Simulation einer Steuerveranlagung bestenfalls eine näherungsweise Messung einer Durchschnittsteuerbelastung, also die Berechnung einer Verteilungsfolge. Hinzu treten nicht selten unzutreffende Schlüsse aus Bilanzanalysen, z.B. daß die degressive AfA von vornherein als Steuervergünstigung bezeichnet wird (S. 709) oder daß in der GuV „für Zwecke der Handelsbilanz ... der kalkulatorische, ökonomische Gewinn ermittelt" werde, die ausgewiesenen Steuerbeträge eines Jahres im handelsrechtlichen Jahresabschluß als repräsentativ gelten, ohne „die Bildung und Auflösung stiller Rücklage ... zu modellieren" u.a.[14] Insgesamt wird damit die Fülle steuerrechtlicher Verzerrungen in den Gewinnsteuerbemessungsgrundlagen willkürlich verkürzt.

Angesichts des kläglichen Informationsgehalts veröffentlichter Jahresabschlüsse über die Steuerbelastung (S. 197 f.) wird jenseits unternehmensinterner Daten der Anspruch einer „empirischen Ermittlung der Steuerbelastung" zu Nebelschwaden.

c) Modellgestützte Mustervergleiche für effektive Grenz- oder Durchschnittssteuerbelastungen.

Aussagefähige Steuerbelastungsvergleiche für Investitionen sind nur über modellgestützte Ansätze zu finden, die Steuersätze und Steuerbemessungsgrundlagen zusammenfassen und an einem Eichstrich vergleichen, für den aufgrund von Modellannahmen die rechtliche (nominale) Steuerbelastung gleich der wirtschaftlichen Steuerbelastung gesetzt ist. Dabei kann nicht „die" wirtschaftliche Steuerbelastung schlechthin errechnet werden, sondern nur eine „Eichstrich bezogene", modellgestützte. Um diese Einschränkung sprachlich hervorzuheben, wird von *effektiver* (statt wirtschaftlicher) Steuerbelastung gesprochen. Zusätzlich werden Standardisierungen bei Umweltannahmen (Meßannahmen, wie 10% Rendite vor Steuern) als *Spielregeln für Mustervergleiche* (als eine Art DIN-Norm, wie z.B. beim Benzinverbrauch im Autotest) eingeführt, um die Steuerwirkungen bei alternativen Investitionen unter demselben Steuerrecht zu vergleichen oder ein und dieselbe Investition unter alternativen in- und ausländischen Steuerrechten zu beurteilen (vgl. im einzelnen S. 411-426). Berechnungen effektiver Grenz- oder Durchschnittsteuerbelastungen setzen also einen Eichstrich voraus, für den eine rechtliche (nominale) Steuerbelastung zugleich zur wirtschaftlichen wird. Dazu sind Modellüberlegungen über eine „entscheidungsneutrale" Besteuerung erforderlich. Das Grundwissen hierfür zu erarbeiten ist Zweck des folgenden Abschnitts.

---

13 Unhaltbar ist das Ausklammern solcher Probleme, z.B. durch: „Soweit nationale Unterschiede in der Unternehmensbesteuerung das *Niveau* der Kostensteuern betreffen, kann cum grano salis angenommen werden, daß über den Wechselkursmechanismus ein Ausgleich stattfindet" (*DIW*, S. 1) – innerhalb der ECU-Währungen oder durch die Dollar- und Yen-Kursentwicklung im letzten Jahrzehnt?

14 *DIW*, S. 60, 71.

c) Die Beurteilung von Steuerwirkungen durch Bezug auf Modelle entscheidungsneutraler Besteuerung

1. Die Bedeutung eines entscheidungsneutralen Modellsteuerrechts für Steuerausweichhandlungen und die Inhaltsbestimmung von Steuervergünstigungen

Ein Staat, der Steuerzahlungen verlangt, beeinträchtigt die Verwirklichung finanzieller Ziele bei den Steuerpflichtigen. Vernünftigerweise werden Steuerpflichtige darauf durch rechtlich zulässige Anpassungshandlungen reagieren, und manche Steuerpflichtige erfahrungsgemäß auch durch illegale Steuerordnungswidrigkeiten oder Steuerhinterziehungen. *Rechtlich zulässige Anpassungshandlungen werden fortan Steuerausweichhandlungen genannt.* Rechtswidrige Anpassungshandlungen (Steuerhinterziehungen bzw. Steuerordnungswidrigkeiten) werden nur behandelt, soweit sie zur Beurteilung von Neuregelungen z.B. einer Zinsabschlagsteuer (Kapitalertragsteuer auf Zinseinkünfte) erforderlich erscheinen.

Für eine Untersuchung unternehmerischer Ausweichhandlungen bei angekündigten oder verwirklichten Steuerrechtsetzungen ist es nützlich zu wissen: Gibt es Steuerrechtsetzungen und daraus folgende Steuerzahlungen, die bei vernünftigem Handeln keine Ausweichhandlungen auslösen? Sobald wir wissen, unter welchen Bedingungen Steuerzahlungen bei rationaler Planung eines Steuerpflichtigen keine rechtlich zulässigen Steuerausweichhandlungen folgen, kennen wir eine Art „Nullpunkt" von Steuerwirkungen.

Steuerrechtsetzungen, die bei vernünftigen Steuerpflichtigen keine Ausweichhandlungen verursachen, heißen **entscheidungsneutral**. Entscheidungsneutralität eines gerade betrachteten Steuerrechtssystems bedeutet: Die Rangordnung der unternehmerischen Handlungen, wie sie für eine Welt ohne Steuern unter sonst gleichen Bedingungen geplant würden, ändert sich bei Berücksichtigung der Steuerzahlungen aufgrund eines gerade im Modell betrachteten Steuerrechtssystems nicht. Die zielentsprechende Rangordnung der Wahlhandlungen „vor Steuern", d.h. in einer Modellwelt ohne Einrechnung von Steuern, deckt sich mit der zielentsprechenden Rangordnung „nach Steuern", d.h. mit Einrechnung von Steuerzahlungen. Dabei wird vorausgesetzt:

a) Das Steuerrecht ändert die Zielgrößen nicht, die ein Entscheidender anstrebt, sondern lediglich das Ausmaß der finanziellen Zielerreichung. Wer „vor Steuern" gegen Entgelt arbeitet, wird nicht „nach Steuern" zum Rentner oder Strauchdieb. Wer vor Steuern dem Risiko abgeneigt ist, wird nach Steuern nicht zum Hasardeur.

b) Das Steuerrecht beeinflußt weder die Handlungsmöglichkeiten, unter denen gewählt wird, noch die Anfangsausstattung an Mitteln.

c) Das Steuerrecht ändert nicht das Ausmaß an Rationalität, unter dem Menschen handeln.

Die drei Voraussetzungen sind keineswegs in der Wirklichkeit immer erfüllt. Die dritte Voraussetzung schließt z.B. aus, daß Gutverdienende auf Milchmädchenrechnungen über Steuerersparnisinvestitionen hereinfallen, wie sie bei zahlreichen Bauherrenmodellen, Abschreibungs- und Verlustzuweisungsobjekten beobachtet worden sind (vgl. z.B. S. 321-324).

Ein im Modell als entscheidungsneutral definiertes Steuerrecht löst also nur unter bestimmten Voraussetzungen keine Steuerwirkungen aus. Selbst wenn das Steuerrecht entscheidungsneutral gestaltet wäre, aber eine der Voraussetzungen nicht eintritt (z.B. die Entscheidenden ihre Zielgrößen ändern, wegen der Besteuerung sich andere Handlungsmöglichkeiten einfallen lassen, etwa ihren Arbeitseinsatz erhöhen oder vermindern), folgen dennoch Steuerwirkungen. Entscheidungsneutralität der Besteuerung besagt vor allem:

(1) *Wenn für alle Steuerpflichtigen die Voraussetzungen von Entscheidungsneutralität der Besteuerung gewahrt bleiben, und das Steuerrecht entscheidungsneutral abgefaßt ist, gibt es keine marktbestimmten Steuerlasten.* Endgültige Steuerbelastung einer Person (effektive Inzidenz) und Steuerbelastung aus ihren Steuerzahlungen (formale Inzidenz) fallen zusammen.

(2) Innerhalb der Untersuchung der Steuerbelastung aus den Steuerzahlungen einer Person oder Institution erlaubt der Bezug auf eines der Modelle entscheidungsneutraler Besteuerung, die effektive (wirtschaftliche) Steuerbelastung der nominalen Steuerbelastung gegenüberzustellen. Dieser Vergleich ist erforderlich, um überhaupt beurteilen zu können, ob und in welcher Höhe **Steuervergünstigungen oder Steuerbenachteiligungen** vorliegen.

Modelle entscheidungsneutraler Besteuerung sind Denkhilfen (Heuristiken), um einen Einstieg in die Schwierigkeiten von Steuerbelastungsvergleichen und Steuerwirkungsanalysen zu finden; denn die Begriffe Steuervergünstigung und Steuerbenachteiligung lassen sich nur durch Rückgriff auf ein Modell klären, das anzeigt, unter welchen Bedingungen ein Steuerrecht weder begünstigt noch benachteiligt.

Um die Frage zu beantworten: *Wann liegen ökonomisch Steuervergünstigungen vor?*, sei mit dem Setzen von zwei Prämissen begonnen; denn heroische Vereinfachungen sind die Muttermilch der Theorie:

1. Betrachtet sei ein Gesetzgeber, der Steuern ausschließlich fiskalisch, d.h. zur Finanzierung öffentlicher Aufgaben erhebt. Dieser Gesetzgeber sieht von „Lenkungssteuer"-Rechtsetzungen ab, wie einer Konsumdrosselung durch Alkohol-, Tabak- und Mineralölsteuer. Er verzichtet auch auf Subventionen, wie Investitionszulagen, Investitionszuschüsse oder die Gewinnermittlung nach Durchschnittssätzen für die Land- und Forstwirtschaft. Der Gesetzgeber wähle eine einzige Steuerbemessungsgrundlage aus, z.B. das steuerpflichtige Einkommen. Dabei wolle der Gesetzgeber allein im Steuersatz die von ihm als gerecht empfundene Steuerbelastung ausdrücken, nicht über die Steuerfreiheit von Einkommensteilen, Bewertungsvergünstigungen oder ermäßigten Steuersätzen in bestimmten Fällen.

Damit der Steuersatz als rechtliches Maß der Steuerbelastung zugleich die tatsächliche wirtschaftliche Steuerbelastung der Steuerpflichtigen widerspiegele, sei der Gesetzgeber fähig und willens, die Steuerbemessungsgrundlagen so zu regeln, daß sie vernünftigen Steuerpflichtigen keine Steuerausweichhandlungen ermöglichen. Wer nach Maximierung seines verfügbaren Einkommens nach Steuern strebt, löst somit keine Preis-, Mengen- oder Qualitätsänderungen in Gütermärkten, keine Steuerüberwälzungsvorgänge, aus. Steuerwirkungen folgen allein aus der Minderung des verfügbaren Einkommens durch Steuerzahlungen, nicht aber aus Anpassungsentscheidungen der Steuerpflichtigen, welche die Allokation knapper Mittel verzerren können, wie sie über den Markt, aber ohne Staatseinfluß aus der Steuererhebung und -verwendung zustande käme.

2. Die Gemeinschaft der Staatsbürger sehe die vom Gesetzgeber erlassenen, entscheidungsneutral wirkenden Bemessungsgrundlagen der Einkommensteuer zugleich als Maßgrößen für eine unterschiedslose Besteuerung für gleich erachteter steuerlicher Leistungsfähigkeit an, also für Gleichmäßigkeit der Besteuerung. Entscheidungsneutral wirkende Steuerbemessungsgrundlagen gelten somit zugleich als „gerecht" im Hinblick auf die Verteilungsfolgen der Besteuerung.

Keine der Prämissen ist in der Steuerrechtswirklichkeit erfüllt. Ja, es ist sogar zweifelhaft, ob eine Annäherung des Steuerrechts an diese Prämissen zu empfehlen wäre: Warum soll es z.B. keine Steuerrechtsetzungen mit Lenkungscharakter geben, falls diese ihren beabsichtigten Zweck erreichen? In eine Einzelkritik der Prämissen einzudringen, ist nicht nötig; denn die vereinfachenden Annahmen werden nur aus didaktischen Gründen gesetzt: In dem durch sie vorgegebenen Modellrahmen ist leicht ein anschauliches quantitatives Maß für Steuervergünstigungen zu finden.

Aus den Prämissen folgt: *Der Grenzsteuersatz für irgendeine zusätzlich erwogene Handlungsmöglichkeit gibt die wirtschaftliche Steuerbelastung dieser Handlungsmöglichkeit an. Der Durchschnittssteuersatz für das gesamte Einkommen einer Person nennt die wirtschaftliche Steuerbelastung im Hinblick auf die Verteilungsfolgen.*

Werden dem unter den drei Prämissen abgeleiteten Eichstrich, für den der Steuersatz zugleich die wirtschaftliche Steuerbelastung verkörpert, Regelungen des geltenden Steuerrechts gegenübergestellt, läßt sich das Ausmaß an Steuervergünstigungen errechnen, wie folgendes einfache Beispiel zeigt:

Eine erste öffentliche Anleihe, Restlaufzeit ein Jahr, Marktpreis einschließlich Nebenkosten heute 100, Rückzahlung zu 100 in genau einem Jahr und 8% am Laufzeitende zu zahlende Zinsen, hat eine Vorsteuerrendite von 8% und unterliege einem Grenzsteuersatz von 40%. Der Grenzsteuersatz gleicht hier der wirtschaftlichen Grenzsteuerbelastung, wenn der Planungszeitraum ein Jahr beträgt, von Kaufkraftänderungen und dem Zwang von Umdispositionen innerhalb des Jahres abgesehen wird.

Eine zweite öffentliche Anleihe, Restlaufzeit ein Jahr, koste heute 97, Rückzahlung 100 in genau einem Jahr und bringe nur einen Jahreszins von 4%. Die Vorsteuerrendite dieser Anleihe beträgt 4% Zins plus 3% Kursgewinn, also 7 Prozentpunkte, die auf die Anschaffungskosten von 97 zu beziehen sind und zu 7,22% Rendite vor Steuern führen. Bei 40% Grenzsteuersatz für die 4% Zinseinkünfte sinkt der versteuerte Zinsertrag auf

2,4 Prozentpunkte. Bei Einkünften aus Kapitalvermögen wird der Kursgewinn von 3 Prozentpunkten steuerfrei vereinnahmt, so daß nach Steuern 5,4 Prozentpunkte übrig bleiben. Bezogen auf die Anschaffungskosten von 97 errechnet sich eine Rendite nach Steuern von 5,57%.

Das Ausmaß der Steuervergünstigung bei der zweiten Anleihe läßt sich durch drei Schritte bestimmen: Im ersten Schritt wird ein Steuerkeil als Differenz der Rendite vor Steuern 7,22% abzüglich der Rendite nach Steuern 5,57% gebildet. Im zweiten Schritt wird dieser Steuerkeil von 1,65 Prozentpunkten auf die Vorsteuerrendite von 7,22 Prozentpunkten bezogen. Daraus folgt eine wirtschaftliche Grenzsteuerbelastung von knapp 23%. Im dritten Schritt wird die Differenz zwischen Grenzsteuersatz 40% und wirtschaftlicher Grenzsteuerbelastung 23% gebildet: 17 Prozentpunkte, bezogen auf den Grenzsteuersatz von 40, gibt mit über zwei Fünfteln ein quantitatives Maß für die Höhe der Steuervergünstigung.

Die Berechnung wirtschaftlicher Steuerbelastungen ist notwendig, weil Steuersätze, allein betrachtet, ein falsches Bild von der Steuerbelastung erzeugen. Ursache für die Verfälschung der Steuerbelastung durch Betrachtung nur der Steuersätze sind nicht nur steuerfreie Kursgewinne (wie im Beispiel) oder ermäßigte Steuersätze, wie z.B. der halbe Durchschnittssteuersatz bei Veräußerungsgewinnen aus der Aufgabe eines Gewerbebetriebes, Mitunternehmeranteils oder einer wesentlichen Beteiligung unter 30 Mio. DM. Ursache für die Abweichungen zwischen rechtlicher Steuerbelastung durch Regelsteuersätze (nicht durch ermäßigte Steuersätze) und wirtschaftlicher Steuerbelastung sind daneben Freibeträge bzw. Freigrenzen sowie sämtliche staatlichen Transferzahlungen und offenen Subventionen: im Unternehmensbereich also vor allem Investitionszulagen, Investitionszuschüsse, Zinsverbilligungen.

Nicht zuletzt führen die Einzelregelungen des Bilanzsteuerrechts regelmäßig zu steuerpflichtigen Gewinnen während eines Planungszeitraums, die erheblich von den Einnahmenüberschüssen abweichen, aus denen sich betriebswirtschaftliche Vorteilsmaßstäbe wie Renditen oder Ertragswerte berechnen. Deshalb bilden wirtschaftliche Steuerbelastungen, berechnet aus dem Vergleich von Vorsteuer- und Nachsteuerzahlungsströmen, das Maß, an dem im Vergleich zum jeweiligen Steuersatz die Höhe einer Steuervergünstigung zu erkennen ist.

Die Frage: Wann liegt eine Steuervergünstigung vor?, läßt sich daraufhin so beantworten: *Eine Steuervergünstigung ist gegeben, wenn für eine Person, Organisation oder eine ihrer Handlungsmöglichkeiten die wirtschaftliche Steuerbelastung kleiner ist als die rechtliche. Letztere folgt aus den Grenz- oder Durchschnitts-Regelsteuersätzen. Diese werden aber nicht auf steuerrechtliche Bemessungsgrundlagen bezogen, sondern auf eine Bemessungsgrundlage angewandt, die von Vergünstigungen und Benachteiligungen frei ist.* Für diese als Eichstrich benutzte Bemessungsgrundlage mißt der rechtliche Regelsteuersatz zugleich eine wirtschaftliche Steuerbelastung. Eine Steuerbenachteiligung entsteht, wenn die wirtschaftliche Steuerbelastung über diesem „Eichstrich bezogenen" rechtlichen Steuersatz liegt.

Aus dieser Überlegung leiten sich folgende anschauliche Meßdefinitionen her:

Steuervergünstigung: Die wirtschaftliche Steuerbelastung ist kleiner als die rechtliche Steuerbelastung, falls deren Bemessungsgrundlage zugleich entscheidungsneutral wäre und Gleichmäßigkeit wahrte.

Steuerbenachteiligung: Die wirtschaftliche Steuerbelastung ist größer als dieser „Eichstrich-bezogene" Steuersatz der rechtlichen Steuerbelastung.

Für die Untersuchung der Entscheidungswirkungen z.B. hinsichtlich Investitionen ist damit der Eichstrich-bezogene Grenzsteuersatz mit der effektiven Grenzsteuerbelastung der erwogenen Investition zu vergleichen. Für die Untersuchung der Verteilungsfolgen ist hingegen der Eichstrich-bezogene Durchschnittssteuersatz, dem eine Person oder Personengruppe unterliegt, zu vergleichen mit ihrer effektiven Durchschnittssteuerbelastung.

Die Schwierigkeiten, ein quantitatives Maß für Steuervergünstigungen zu finden und damit in nachprüfbarer Weise über das Ausmaß an Steuervergünstigungen zu reden, folgen aus dem Sachverhalt, daß ein Eichstrich bestimmt werden muß, für den der rechtliche Steuersatz bzw. z.B. eine nominale Belastung aus z.B. Körperschaft-, Gewerbe-, Vermögensteuerzahlungen gleich der wirtschaftlichen Steuerbelastung gesetzt werden kann. Wer von Steuervergünstigungen in einem wissenschaftlich haltbaren Sinne reden will, muß vorab eine klare Vorstellung von einem nicht begünstigenden und nicht benachteiligenden Steuerrecht entwickeln. Deshalb bestimmen ethische Werturteile über ein für gerecht gehaltenes Steuersystem zusammen mit ordnungspolitischen Wertungen über ein „ökonomisch effizientes" Steuerrecht den Inhalt und das Ausmaß dessen, was als Steuervergünstigung anzusehen ist.

Die Werturteilsgebundenheit von Behauptungen über Steuervergünstigungen oder Steuerbenachteiligungen sei an drei aktuellen steuerpolitischen Streitfragen jenseits der Unternehmenssteuerbelastung verdeutlicht:

a) Das Bundesverfassungsgericht hat den Gesetzgeber ermahnt, für einen steuerlich gerechten Familienlastenausgleich zu sorgen[15]. Abgesehen von der Höhe der dazu erforderlichen staatlichen Mittel sind die Wege hierzu umstritten: einerseits offene Subventionen in Form von Kindergeld, Wohngeld, BAFöG usw. gegen andererseits Vergünstigungen in den Einkommensteuerbemessungsgrundlagen, wie Kinderfreibeträge, oder in der Tarifgestaltung: Ehegatten-Splitting, Familien-Splitting. Familien-Splitting bedeutet: Zusammenrechnung der Einkünfte aller Familienmitglieder, Division durch die Anzahl der Familienmitglieder und Multiplikation dieser, dann regelmäßig einer niedrigen Progressionsstufe unterliegenden Einzelsteuerzahlung mit der Zahl der Familienmitglieder zur Familiensteuerschuld.

Die Wege: Hier offene Subventionen, dort Ermäßigungen in den Bemessungsgrundlagen oder im Tarif, trennen nicht nur politische Parteien, sondern auch die Steuerwissenschaften: Während die derzeit herrschende Lehre in der Steuerrechtswissenschaft behauptet, daß bei der Inhaltsbestimmung steuerlicher Leistungsfähigkeit z.B. Kinderfrei-

---

15 Vgl. zuletzt die Urteile des BVerfG v. 29.5.1990 - 1 BvL 20/84, 26/84, 4/86 und v. 12.6.1990 - 1 BvL 72/86.

beträge als Abzug von der Steuerbemessungsgrundlage geboten seien[16], geht die einhellige Meinung der Betriebswirtschaftler, die sich hierzu geäußert hat[17], dahin, daß das Maß steuerlicher Leistungsfähigkeit das am Markt oder statt Markthandlungen durch Selbsterzeugung erzielte Einkommen sein müsse. Lebenshaltungsaufwendungen, auch wenn sie aufgrund rechtlicher oder sozialer Verpflichtungen entstehen, seien nicht durch Abzüge von der Steuerbemessungsgrundlage, sondern in Form von Abzügen von der Steuerschuld und Subventionen bis hin zu einer negativen Einkommensteuer zu berücksichtigen.

Gegen Kinderfreibeträge, das Ehegattensplitting und erst recht ein Familiensplitting spricht, daß dadurch die aus der gesetzgeberischen Entscheidung für einen progressiven Einkommensteuertarif folgende Absicht zur Umverteilung unterlaufen wird zugunsten von Besserverdienenden.

Politisch ist freilich in den letzten Jahren das Gegenteil einer Umverteilung zugunsten von Familien mit verhältnismäßig niedrigem Einkommen verwirklicht worden. So wuchs z.B. durch die drei Stufen der Steuerreform 1986 bis 1990 der maximale Vorteil aus dem Ehegattensplitting (ohne Solidaritätszuschlag und Kirchensteuer) von jährlich 14.838 DM auf inzwischen 22.871 DM, also um 54%.

Ob die derzeitige Familienbesteuerung Steuervergünstigungen für Kinderlose enthält, hängt somit von zwei Vorgaben ab: Zum einen von der Maßgröße steuerlicher Leistungsfähigkeit: Markteinkommen als Ausdruck einer objektiven steuerlichen Leistungsfähigkeit oder Markteinkommen abzüglich der Sozialausgaben für Unterhaltsberechtigte, als Ausdruck einer subjektiven steuerlichen Leistungsfähigkeit[18]; zum anderen von einem

---

16 Vgl. *Klaus Vogel:* Zum Fortfall der Kinderfreibeträge bei der Einkommensteuer. In: Neue Juristische Wochenschrift, Jg. 27 (1974), S. 2105-2110; *ders.:* Steuergerechtigkeit und soziale Gestaltung. In: Deutsche Steuer-Zeitung/A, Jg. 63 (1975), S. 409-415; *Paul Kirchhof:* Steuergerechtigkeit und sozialstaatliche Geldleistungen. In: Juristenzeitung, Jg. 37 (1982), S. 305-312; *ders.:* Der verfassungsrechtliche Auftrag zur Besteuerung nach der finanziellen Leistungsfähigkeit. In: StuW, Jg. 62 (1985), S. 319-329; *Klaus Tipke, Joachim Lang:* Zur Reform der Familienbesteuerung. In: StuW, Jg. 61 (1984), S. 127-132; *Hartmut Söhn:* Sonderausgaben (§ 10 EStG) und Besteuerung nach der Leistungsfähigkeit. In: StuW, Jg. 62 (1985), S. 395-407; *Ernst-Wolfgang Bockenförde:* Steuergerechtigkeit und Familienlastenausgleich. In: StuW, Jg. 63 (1986), S. 335-340, bes. S. 336; *Stefan Bach:* Die Perspektiven des Leistungsfähigkeitsprinzips im gegenwärtigen Steuerrecht. In: StuW, Jg. 68 (1991), S. 116-135, hier S. 122 f.
17 Vgl. *Dieter Schneider:* Leistungsfähigkeitsprinzip und Abzug von der Bemessungsgrundlage. In: StuW, Jg. 61 (1984), S. 356-367; *Enno Biergans, Claudius Wasmer:* Zum Tatbestand der Besteuerung und zum Leistungsfähigkeitsbegriff in der Einkommensteuer. In: Finanz-Rundschau, Jg. 40 (1985), S. 57-63; *Theodor Siegel:* Arbeitsbuch Steuerrecht. 2. Aufl., München 1988, S. 16; *Rainer Elschen:* Institutionale oder personale Besteuerung von Unternehmungsgewinnen?. Hamburg 1989, bes. S. 395; *Peter Bareis:* Transparenz bei der Einkommensteuer – Zur systemgerechten Behandlung sogenannter „notwendiger Privatausgaben". In: StuW, Jg. 68 (1991), S. 38-51.
18 Vgl. *Adolph Wagner:* Finanzwissenschaft, Zweiter Theil: Theorie der Besteuerung, Gebührenlehre und allgmeine Steuerlehre. 2. Aufl., Leipzig 1890, S. 444; in neuerer Zeit *Klaus Tipke, Joachim Lang:* Steuerrecht. 13. Aufl., Köln 1991, S. 209-212.

politischen Umverteilungswerturteil, das sich im Verlauf eines progressiven Einkommensteuertarifs und seiner Änderung in Abhängigkeit von der Familiengröße äussert.

b) Das Bundesverfassungsgericht hat der Bundesregierung bis Ende 1992 Zeit gelassen[19], für eine gleichmäßigere steuerliche Erfassung von Zinseinkünften zu sorgen. Dahinter verbirgt sich das Werturteil, daß es steuerlich gerecht und ökonomisch vernünftig sei, Zinsen zu besteuern. Erträge aus Kapital, das häufig aus versteuertem Einkommen durch Ersparnis entstand, werden wiederum der Einkommensteuer unterworfen. In der Wirtschaftstheorie ist diese Auffassung umstritten. Nicht wenige sehen eine persönliche Konsumausgabenbesteuerung für ökonomisch effizient und auch für geeignet an, besser als die Einkommensteuer steuerliche Gerechtigkeit zu wahren. Die Argumente der Konsumsteueranhänger erscheinen zwar für die Realität mit Planungsunsicherheit, Ungleichverteilung des Wissens und höchst unvollkommenen Finanzmärkten keinesfalls schlüssig (S. 710-734). Doch solange die hauptsächliche Maßgröße steuerlicher Leistungsfähigkeit im Einkommen gesehen wird, liegt in einer nicht ernsthaft durchgesetzten Verhinderung von Steuerhinterziehungen bei Zinseinkünften ein Verfassungsverstoß durch Legislative und Exekutive.

Hier sei nur ein Kritikpunkt genannt: Die von den Regierungsparteien und der größten Oppositionspartei gemeinsam begrüßte Verzehnfachung des Sparerfreibetrags. Freibeträge und Freigrenzen bei den einzelnen Einkunftsarten sind ökonomisch allenfalls als Verwaltungsvereinfachungen bei der Steuererhebung zu rechtfertigen. Sie sind zu tadeln, wenn sie eine betragsmäßig begrenzte Legalisierung bisheriger Steuerhinterziehungen darstellen. Ein zu versteuerndes Einkommen aus Einkunftsarten jenseits des Kapitalvermögens über 5.670 DM ist für Alleinveranlagte (vgl. S. 274) mit mindestens 19% Grenzsteuersatz zu belasten. Für Einkünfte aus Kapitalvermögen die Einkommensteuerpflicht erst ab 6.000 DM beginnen zu lassen, stellt eine zusätzliche soziale Verwerfung im Augiasstall des deutschen Steuerrechts dar.

c) Seit Jahren ist vor dem Bundesverfassungsgericht eine Klage anhängig, ob die Einheitsbewertung des Grundvermögens, wie sie insbesondere für die Vermögen-, Gewerbekapital-, Grund- und Erbschaftsteuer angewandt wird, mit dem Verfassungsgebot einer Gleichbehandlung vor dem Gesetz vereinbar ist. Hinsichtlich Erbschaften stellt sich beispielhaft der Sachverhalt so dar:

In den Steuerwissenschaften der letzten hundert Jahre herrscht die Auffassung vor, daß eine ethisch akzeptable Grundlage für eine gerechte Besteuerung in der Reinvermögenszugangstheorie des Einkommens zu sehen sei. Danach wären Erbschaften ebenso als Reinvermögenszugang anzusehen wie Arbeitseinkünfte und ohne Unterschied wie diese zu besteuern. Während ein zu versteuerndes Einkommen des Alleinveranlagten von 5.760 DM bis 8.153 DM mit einem Grenzsteuersatz von 19% belegt ist, wird jedoch eine Erbschaft in der Steuerklasse I, also z.B. für Kinder, wenn sie 10 Mio. DM erbschaftsteuerpflichtigen Erwerb nicht übersteigt, höchstens einem Steuersatz von 18% unterworfen. Dabei ist noch zu beachten, daß hinter 10 Mio. DM erbschaftsteuerlichen Er-

---

19 Vgl. Urteil BVerfG v. 27.6.1991 - 2 BvR 1493/89.

werb ein Marktpreis eines zur Herrenjagd geeigneten forstwirtschaftlichen Betriebes von über 2,5 Mrd. DM verborgen sein kann, weil schon 1985 der Einheitswert forstwirtschaftlichen Vermögens im Durchschnitt nur 0,4% des Marktpreises betrug[20] (der 40%-ige Zuschlag auf den Einheitswert 1964 entfällt für den Grundbesitz, soweit er einen Betrieb der Land- und Forstwirtschaft bilden würde, §§ 121a, 99 Abs. 1 Nr. 2 BewG). Inzwischen dürfte die Abweichung der Einheitswerte forstwirtschaftlichen Vermögens vom Marktpreis das 250-fache um einiges überschritten haben.

Einen Einkommenszuwachs zwischen 6.000 bis 8.000 DM zu versteuerndes Einkommen aus nicht selbständiger Arbeit usw. stärker besteuert zu sehen als einen Reinvermögenszugang von über 2,5 Mrd. DM, kennzeichnet das Ausmaß, das Steuervergünstigungen im deutschen Steuerrecht erreichen können.

Die drei Beispiele zu Steuervergünstigungen wurden gewählt, weil sie neben vielen anderen Sachverhalten gerade nicht als Steuervergünstigungen oder Subventionen in den Subventionsberichten der Bundesregierung ausgewiesen sind[21]. Dies belegt den überaus eingeschränkten Aussagegehalt der amtlichen Berichterstattung über Subventionen und Steuervergünstigungen.

2. Abgrenzung von Entscheidungsneutralität als Bezugsmodell für eine Steuerwirkungslehre von Steuerneutralität als Norm staatlicher Steuerpolitik

Entscheidungsneutralität irgendeines gerade betrachteten Steuerrechtssystems ist kein empirisch zu beobachtender Sachverhalt. Weder sind die Umweltbedingungen außerhalb des Steuerrechts für die Entscheidungsneutralität der Steuerzahlungen erfüllt noch ist irgendein Steuerrecht auf dieser Erde entscheidungsneutral abgefaßt. Jedes derzeit verwirklichte Steuerrecht beeinflußt unternehmerische Handlungen und „lenkt" deshalb das Wirtschaften in diese oder jene Richtung.

Für den Aufbau einer Lehre von den Steuerwirkungen auf die Einkommenserzielung benutzen wir als *Untersuchungswerkzeug den Begriff der Entscheidungsneutralität der Besteuerung.* Entscheidungsneutralität der Besteuerung ist also eine Diagnosehilfe wie ein Augenspiegel, kein Therapiemittel wie eine Brille.

Entscheidungsneutralität der Besteuerung ist eine methodologische Vorentscheidung, um Wirkungen eines geltenden oder geplanten Steuerrechts erklären zu können. Modelle, die Entscheidungsneutralität der Besteuerung definieren und explizieren, dienen als Bezugsmodell bzw. Ausgangspunkt, um vor allem die beiden folgenden Aufgaben lösen zu können:

a) Werden in Modellen, die Entscheidungsneutralität, also Einflußlosigkeit der Besteuerung erläutern,

---

20 Vgl. *Arbeitsgruppe Steuerreform:* Steuern der Neunziger Jahre, 21. Januar 1987. Stuttgart 1987, S. 39.
21 Vgl. *Bundestags-Drucksache* 11/5116 vom 01.09.89 (Zwölfter Subventionsbericht), Anlage 2 und 3.

(1) einzelne Annahmen über die Umwelt durch andere,
(2) entscheidungsneutrale Steuerrechtsetzungen durch geltende oder geplante Steuerrechtsetzungen

ersetzt, so läßt sich erkennen, wie nicht-steuerliche Umweltbedingungen und Steuerrechtsetzungen gemeinsam unternehmerische Handlungen beeinflussen. Auf diese Weise kommt die Lehre von der Unternehmensbesteuerung vor allem unbeabsichtigten Wirkungen einzelner Steuerrechtsetzungen auf die Spur, z.B. dem Sachverhalt, daß Steuersatzsenkungen im Gegensatz zu Wunschdenken in Praxis und Wissenschaft, Risikobereitschaft und Innovationsfreudigkeit durchaus nicht immer fördern, sondern auch hemmen können (S. 665-689).

b) Ohne den Begriff der Entscheidungsneutralität zu Hilfe zu nehmen, läßt sich überhaupt nicht beurteilen, ob irgendeine Steuer- oder sog. Subventionsrechtsetzung tatsächlich als „Vergünstigung", wirkt oder ob eine Steuerrechtsetzung als „Benachteiligung" (Gewinnverböserung) erscheint, und mit dem Modellwerkzeug „Entscheidungsneutralität" läßt sich nur unter zahlreichen Vereinfachungen ein Urteil über Steuervergünstigung/Steuerbenachteiligung rechtfertigen!

Sinnvolle Steuerbelastungsvergleiche, aber auch Aussagen über den Einfluß staatlicher Maßnahmen zur Investitionsförderung (Investitionszulagen, Investitionszuschüsse, Sonderabschreibungen usw.) auf die Rentabilität von Investitionen, sind ohne Bezug auf Entscheidungsneutralität also gar nicht möglich. Mit Hilfe des Begriffs Entscheidungsneutralität lassen sich nur bedingte (an Modellvereinfachungen geknüpfte) Aussagen über z.B. steuerrechtsbedingte Wettbewerbsverzerrungen zwischen Ländern, Branchen, großen und kleinen Unternehmungen usw. treffen.

Das Erkennen von Verstößen gegen eine als Nullpunkt von Steuerwirkungen gedachte Entscheidungs- (= „Wettbewerbs"-) Neutralität führt zu Aussagen, die einer erklärenden Theorie zuzuordnen sind; denn es wird erläutert, was ist, verglichen mit einem Bezugsmodell „keine Steuerwirkungen im Sinne eines Fehlens steuerrechtsbedingter Verzerrungen unternehmerischer Handlungen". Hierbei handelt es sich nicht um Aussagen einer gestaltenden (normativen) Theorie; denn in einer solchen würde gesagt werden, was getan werden soll, um z.B. ein politisches Ziel „Wettbewerbsneutralität" der Besteuerung zu erreichen.

Es ist notwendig, zwischen einer erklärenden (positiven) Theorie der Steuerwirkung, die auf einem Bezugsmodell „Entscheidungsneutralität" als methodologischer Vorentscheidung aufbaut, und einer gestaltenden (normativen) Theorie der *Steuerplanung* zu unterscheiden. Eine Theorie der Steuerplanung will nicht Steuerwirkungen erklären, sondern Handlungsempfehlungen sowohl dem Gesetzgeber als auch einer einzelnen Unternehmung geben. Der Unterschied zwischen einer erklärenden Theorie der Steuerwirkungen und einer gestaltenden Theorie der Steuerplanung wird aus folgendem Grund betont:

Vereinfachende Modellannahmen, wie sie z.B. Entscheidungsneutralität von Steuerzahlungen kennzeichnen, sind für ein Bezugsmodell zum Aufbau einer erklärenden Theorie nicht nur zulässig, sondern geboten. Ohne solche heroischen Vereinfachungen läßt sich kein widerspruchsfreier Ausgangspunkt für die weitere Forschung erlangen. Als Ausgangspunkt werden dabei alle Voraussetzungen für das Ergebnis „Einflußlosigkeit dieser oder jener Steuerrechtsetzung" aufgelistet.

Jene Voraussetzungen, die ein in sich widerspruchsfreies Bezugsmodell für den Aufbau einer erklärenden Theorie bilden, ruinieren häufig in einer gestaltenden Theorie die Aussagefähigkeit von Modellergebnissen. Sie blamieren damit eine Lehre von der Steuerplanung. So setzt z.B. das Bezugsmodell für die Einflußlosigkeit der Gewinnbesteuerung auf die Investitionsentscheidungen u.a. voraus: 1. Planungs-"Sicherheit" und 2. einen Kapitalmarkt im Konkurrenzgleichgewicht. Unter beiden Annahmen wird jedoch eine Lehre von der Steuerplanung mit Handlungsempfehlungen beim heutigen Stand der Forschung zur Kurpfuscherei; denn für die Umweltbedingungen, von denen unternehmerische Planung ausgehen muß, gibt es weder Sicherheit für die Planung noch einen Kapitalmarkt im Konkurrenzgleichgewicht. Unter der Modellannahme eines vorgegebenen Kalkulationszinsfußes (also bei der Unterstellung eines konkurrenzgleichgewichtigen Kapitalmarktes außerhalb einer gerade untersuchten Investition) läßt sich nur für eine einzige erwartete Zukunftsentwicklung die Vorteilhaftigkeit errechnen. Eine solche Steuerplanung ergibt nur Rechenbeispiele für eine einzige von zahlreichen Datenkonstellationen, die für eine vernünftige Steuerplanung unter Ungewißheit einzeln durchzurechnen und dann im Hinblick auf eine Entscheidungsregel unter Ungewißheit zusammenzufassen wären. Darüber schweigt sich bisher die Lehre von der Steuerplanung aus und belegt insoweit ihre wissenschaftliche Rückständigkeit.

Entscheidungsneutralität der Besteuerung wird hier nur als Diagnosehilfe, als modellmäßiger Nullpunkt von Steuerwirkungen betrachtet. Entscheidungsneutralität als Diagnosehilfe darf nicht mit „Steuerneutralität" verwechselt werden, wie sie in der Finanzwissenschaft teils als Zielsetzung (Werturteil) einer Steuerpolitik bekämpft, teils gefordert wird. Steuerneutralität als Ziel staatlicher Steuerpolitik wird zum einen als Verteilungsneutralität der Besteuerung, zum anderen als Wettbewerbsneutralität der Besteuerung verstanden[22]. Verteilungsneutralität besagt in ihrer klassischen Form, daß die Steuerzahlungen den relativen Wohlstand der einzelnen Steuerpflichtigen untereinander nicht verändern dürfen. Dieses Werturteil verbietet, die Besteuerung als Instrument der Umverteilung von Einkommen und Vermögen einzusetzen und schließt z.B. eine progressive Einkommensteuer aus.

Wettbewerbsneutralität besagt, daß aus dem Steuerrecht keine Wettbewerbsverzerrungen folgen sollten, weder regional noch sektoral (zwischen einzelnen Branchen bis hin zu einzelnen Investitionsvorhaben: Sachanlagen gegen Finanzanlagen) noch intertemporal (z.B. Nicht-Benachteiligung „langfristiger" Anlageninvestitionen gegenüber „kurzfristigen" Vorratsinvestitionen). Das Werturteil der Wettbewerbsneutralität verbietet, die Besteuerung als wirtschaftspolitisches Instrument einzusetzen, also als nationales Werkzeug

---

22 Vgl. z.B. *Fritz Neumark:* Grundsätze gerechter und ökonomisch rationaler Steuerpolitik. Tübingen 1970, S. 33, 261-266.

zur Wachstums- oder Konjunkturförderung oder zum Ausgleich von Standortnachteilen oder anderen Strukturschwächen einzelner Regionen oder Branchen.

Gegen ein Werturteil Verteilungsneutralität und Wettbewerbsneutralität der Besteuerung ist zu fragen: Welche Argumente sprechen dagegen, eine Umverteilung von Einkommen und Vermögen mit Hilfe der Besteuerung auszuschließen? Warum darf die Besteuerung nicht als wirtschaftspolitisches Instrument eingesetzt werden? Dabei steht, wohlgemerkt, nicht zur Diskussion, ob z.B. eine Umverteilung der über Märkte erzielten Einkommen und der über Generationen angehäuften Vermögen „gerecht" ist. Die Frage, ob Umverteilung oder nicht, ist eine vorgelagerte ordnungspolitische Entscheidung. Im Rahmen der Steuerpolitik ist nur zu prüfen: Wird ein Umverteilungsziel mit Mitteln des Steuerrechts erreicht? Welche Steuerrechtsetzungen sind geeignet, z.B. progressive Sätze bei der Einkommensteuer zur Einkommensumverteilung? Empfehlen sich hohe Erbschaftsteuersätze für eine Vermögensumverteilung, damit vielfach schwach befähigte Unternehmersöhnchen oder -töchterlein nicht bessere Startchancen besitzen als Aufsteiger aus weniger vermögenden Familien?

Es gibt keine stichhaltigen Gründe, das Steuerrecht nur zum Zweck der Einnahmenerzielung für den Fiskus einzusetzen. Steuerrechtsetzungen sind grundsätzlich auch geeignet, als Instrument der Wirtschaftsordnungspolitik (z.B. Vermögensumverteilung zur näherungsweisen Sicherung gleicher Startchancen, Vermeiden unbeabsichtigter Wettbewerbsverzerrungen) und zur Wirtschaftsprozeßpolitik (Konjunkturförderung, Ausgleich von Standortnachteilen) zu dienen. Inwieweit einzelne Steuerrechtsetzungen zu Bemessungsgrundlagen und Tarifen tatsächlich diesen Aufgaben genügen, hat die Steuerwirkungslehre zu erarbeiten.

3. Finanzierungs- und Investitionsneutralität als Erscheinungsformen einer Entscheidungsneutralität

Die Besteuerung (also jede Steuerzahlung) wirkt in der Realität
 a) immer auf die Liquidität und löst Änderungen des Finanzplans bzw. der Finanzierung aus;
 b) regelmäßig auf die Risikoeinschätzung von Investitions- und Finanzierungsvorhaben, weil sich für die zur Wahl stehenden Handlungsmöglichkeiten nach Abzug von Steuerzahlungen das Verhältnis von Gewinnchancen und Verlustgefahren zueinander verändern kann. Gewinnchancen zeigen sich durch Einnahmenüberschüsse vor bzw. nach Steuerzahlungen in einzelnen geplanten günstigen künftigen Zuständen der Welt. Verlustgefahren äußern sich durch Ausgabenüberschüsse vor bzw. nach Steuerzahlungen in anderen geplanten Zukunftslagen;
 c) nicht selten auf die Rangordnung in der finanziellen Vorteilhaftigkeit von Investitions- und Finanzierungsvorhaben in einer Zukunftslage (d.h. für einen einzigen Zahlungssaldo in jedem künftigen Zahlungszeitpunkt bei jeder Handlungsmöglichkeit).

Entscheidungsneutralität der Besteuerung ist nur in stark eingeschränkter Form als Norm für die Steuerpolitik geeignet (S. 735-738). Als Diagnosehilfe zur Untersuchung von Steuerwirkungen ist sie nützlich und wird in drei Einzelwerkzeuge aufgespalten:

a) Für die Untersuchung der Finanzierungsfolgen der Besteuerung wird als Ausgangspunkt der Begriff der *Finanzierungsneutralität* eingeführt.

(1) Von Finanzierungsneutralität ließe sich in einem ersten, allgemeinsten Sinn dann sprechen, wenn der Geldbetrag, der einem Steuerpflichtigen für Investitionen bereitsteht, nicht durch seine Steuerzahlungen verändert wird. Zur besseren Unterscheidung von den folgenden, engeren Inhaltsbestimmungen von Finanzierungsneutralität sei hier von Liquiditätsneutralität der Besteuerung gesprochen. *Liquiditätsneutralität* ist nur für zwei Grenzfälle außerhalb der Wirklichkeit denkbar:

(a) Ein Steuerpflichtiger kann seine Absatzpreise so erhöhen bzw. seine Beschaffungspreise so drücken, daß seine Marktpartner ihm praktisch die Steuerzahlungen erstatten, ohne sich in der Menge anpassen zu können. Dieser Fall vollständiger „Überwälzung" ist für die Gesamtheit aller Steuerzahler ausgeschlossen, sobald beachtet wird, daß Beschaffung, Produktion, Absatz Zeit erfordern.

(b) Investition und Konsum werden durch die Modellannahme eines vollkommenen und (im Hinblick auf die Versicherbarkeit von Risiken) vollständigen Kapitalmarkts bei atomistischer Konkurrenz (also im Konkurrenzgleichgewicht) getrennt. Außerhalb dieses Modells können finanzielle Mittel für Investitionen jedoch nur durch Konsumverzicht gewonnen werden. Steuerzahlungen verletzen dann Liquiditätsneutralität.

(2) Finanzierungsneutralität in einem zweiten, engeren Sinne bezieht sich auf die Nachfrage nach Geld für Investitionszwecke in Finanzmärkten: auf vom Konsum getrennte Finanzierungsentscheidungen. Finanzierungsneutralität bedeutet hier, daß kein Finanzierungsvertrag wegen der Besteuerung inhaltlich abgewandelt wird. Diese *Finanzierungsvertrags-Neutralität* wird in Kapitel D II näher erläutert.

(3) Finanzierungsneutralität in einem dritten, noch engeren Sinne bedeutet, daß Selbstfinanzierung, Beteiligungsfinanzierung und Fremdfinanzierung einer gleichen steuerlichen Belastung unterliegen: zurückbehaltene Gewinne werden wie Gewinnausschüttungen und Zins- und Agiobeträge in den Augen einer Unternehmungsleitung wie in den Augen ihrer Geldgeber steuerlich gleich belastet. Diese steuerbedingte *Kapitalkostenneutralität* (in den Augen einer sich finanzierenden Unternehmungsleitung) läßt sich als ein Fall der gleich zu erörternden Investitionsneutralität (in den Augen eines Geldgebers) ansehen, sobald Investition und Finanzierung nur in ihren Zahlungsströmen (mit unterschiedlichen Vorzeichen der Anfangszahlung) abgebildet werden. *Die Kapitalkostenneutralität zwischen Selbst-, Beteiligungs- und Fremdfinanzierung sichert noch keine Finanzierungsneutralität zwischen Innenfinanzierung und Außenfinanzierung;* denn die Innenfinanzierung aus steuerrechtlich zulässiger Gewinnermittlung (z.B. Aufwandsverrechnung) führt entweder zu keinen steuerbedingten Kapitalkosten, z.B. Innenfinanzierung aus planmäßiger Anlagenabschreibung (Absetzung für Abnutzung = AfA oder aus Teilwertabschreibungen) oder zu geringen Kapitalkosten, z.B. 6% bei Pensionsrückstellungen (S. 368 f.).

b) Für die Untersuchung der Wirkungen der Besteuerung auf die Risikobereitschaft zu Investitionen wird der Begriff *Investitionsneutralität unter Ungewißheit* benutzt und in Kapitel D.I. entwickelt.

c) Für die Untersuchung der Folgen von Steuerzahlungen auf die finanzielle Vorteilhaftigkeit von Investitionen bei einem einzigen ausgewählten künftigen Zustand der Welt (also bei modellmäßiger „Sicherheit") wird als Bezugsbegriff *Investitionsneutralität* benutzt. Investitionsneutralität verlangt eine Rangerhaltung der Rentabilitäten von Handlungsalternativen, wie sie sich ohne Steuerzahlungen berechnen, trotz Steuerzahlungen. Steuerzahlungen können hierbei die Rentabilität von Investitionen verändern, aber bei vernünftiger Planung darf die Rangordnung alternativer Investitionsvorhaben im Hinblick auf ihre finanzielle Vorteilhaftigkeit durch Steuerzahlungen nicht umgestoßen werden. Für den Sonderfall, daß sowohl die Rangordnung von Investitions- und Finanzierungsvorhaben durch die Besteuerung nicht umgestoßen wird als auch der Investitionsumfang gleich bleibt, trifft *Investitionsneutralität* mit Kapitalkostenneutralität von Außenfinanzierungsvorhaben zusammen[23].

---

23 Rangordnungsneutralität schließt ein, daß die Besteuerung weder die Nutzungsdauer noch den Ersatz- bzw. Veräußerungszeitpunkt von Anlagen verändert, so daß deren gesondertes Herausheben bei der Definition von Investitionsneutralität (z.B. durch *Johannes Hackmann*: Einkommensteuerliche Investitionswirkungen bei unterschiedlichen Fassungen des steuerlichen Einkommensbegriffs. In: Zeitschrift für Wirtschafts- und Sozialwissenschaften, Jg. 109 (1989), S. 49-74, hier S. 50 f.) überflüssig ist. Investitionsneutralität gilt als eine notwendige (aber noch nicht hinreichende) Vorbedingung für Wachstumsneutralität im volkswirtschaftlichen Sinne, vgl. z.B. *Hans-Werner Sinn*: Kapitaleinkommensbesteuerung. Tübingen 1985, S. 111 f., 288 f.

II. Investitionsneutralität als Bezugsmodell für eine Untersuchung von Steuerlast und Steuerwirkung

a) Entscheidungsneutralität und Investitionsneutralität

1. Zielgrößenbesteuerung

Zum Einstieg in die Lehre von den Steuerwirkungen sei in diesem Abschnitt eine Modellwelt ohne Kapitalmarkt betrachtet. Finanzierungszahlungen durch Aufnahme von Beteiligungskapital oder Schulden als Einnahmen, Kapitalrückzahlungen bzw. -tilgungen, Dividenden- und Zinszahlungen finden nicht statt. Investitionsausgaben werden, solange keine Einnahmen aus einer Investition zufließen, durch Einlagen des Unternehmers in einem personenbezogenen Unternehmen finanziert. Gefragt wird: Was ist als Steuerbemessungsgrundlage zu wählen, wenn die Zahlungsströme alternativer Handlungsmöglichkeiten gegeben sind und deren Rangordnung oder Rentabilität nicht durch Steuerzahlungen umkippen soll?

Der erste Hauptsatz einer Steuerwirkungslehre lautet:

Wenn Steuerzahlungen ausschließlich und unverzüglich aus der finanziellen Zielgröße des Entscheidenden erfolgen, dann können bei vernünftigem Handeln die Steuerzahlungen auf die Entscheidung keinen Einfluß nehmen, kürzer: Zielgrößenbesteuerung wirkt entscheidungsneutral. Ein Beispiel erläutert diesen Satz[24]:

Wenn industrieller Direktvertrieb 10 Mio. DM Umsatzeinnahmen jährlich, Vertrieb über den Handel nur 9 Mio. DM Umsatzeinnahmen einem Unternehmen erbringt, dann wird bei dem Ziel Umsatzmaximierung der industrielle Direktvertrieb gewählt. An der Überlegenheit des Direktvertriebs im Hinblick auf den Umsatz ändert sich nichts, wenn der Staat z.B. 1 Mio. DM Umsatzsteuer oder irgendeinen Prozentsatz von diesen Umsatzeinnahmen kassiert (die hier betrachtete Umsatzsteuer deckt sich nicht mit der des Umsatzsteuergesetzes; denn deren Bemessungsgrundlage ist ein Mehrwert: Umsatzeinnahmen nach Umsatzsteuer abzüglich Ausgaben für Vorleistungen anderer Unternehmer nach Umsatzsteuer).

Wenn andererseits das Ziel Gewinnmaximierung lautet und nach Berücksichtigung der Vertriebskosten der Vertrieb über den Handel 1 Mio. DM, der Direktvertrieb aber nur 900.000 DM Gewinn erbringt, dann läßt offensichtlich eine proportionale Steuer unter 100% auf diesen Gewinn die Rangordnung unverändert. Sogar eine progressive Einkommensteuer verschiebt die Rangordnung nicht, solange der Grenzsteuersatz unter 100% bleibt; denn wenn die 100.000 DM Einkommensdifferenz zwischen Vertrieb über

---

24 Vgl. zum Beweis *Augustin Cournot:* Recherches sur les principes mathématiques de la théorie des richesses (1838), deutsch: Untersuchungen über die mathematischen Grundlagen der Theorie des Reichtums. Jena 1924, bes. S. 58-65; *John Stuart Mill:* Principles of Political Economy. Nachdruck der 7. Aufl. (1871), New York 1965, S. 823-825; *Knut Wicksell:* Finanztheoretische Untersuchungen nebst Darstellung und Kritik des Steuerwesens Schwedens. Jena 1896, S. 11.

den Handel und Direktvertrieb weniger als 100.000 DM zusätzliche Steuerzahlungen auslösen, bringt die vor Steuern bessere Handlungsweise auch nach Steuern mehr.

Entscheidungsneutralität einer Zielgrößenbesteuerung setzt zwei wirtschaftliche und zwei steuerrechtliche Bedingungen voraus. Diese vier Bedingungen müssen auch bei den im folgenden erläuterten Fällen entscheidungsneutraler Besteuerung erfüllt sein. Die beiden wirtschaftlichen Bedingungen sind:

1. *Vollständige Kenntnis der Zahlungsströme.* Diese Bedingung besagt:

(a) Einer jeden Handlungsmöglichkeit lassen sich für jeden geplanten künftigen Zustand der Welt Einnahmen und Ausgaben eindeutig zurechnen. Das Interdependenzproblem (S. 97) gilt als gelöst.

(b) Abweichungen zwischen Planzahlungen und späteren Istzahlungen treten nicht auf. Informationsrisiken bestehen nicht. In diesem Kapitel gilt darüber hinaus die Annahme modellmäßiger Sicherheit.

2. *Nichtüberwälzbarkeit.* Die Zahlungsströme eines jeden Investitions- und Finanzierungsvorhabens sind in der Modellwelt ohne Steuern und in der Modellwelt mit Steuern (hier vor Steuerzahlungen) gleich. Es ist also nicht möglich, Steuerzahlungen z.B. durch höhere Preise so auf Nachfrager zu überwälzen, daß die Gewinnminderung gegenüber der Modellwelt ohne Steuern unter dem Betrag der Steuerzahlungen bleibt.

Die steuerrechtlichen Bedingungen sind:

3. *Sofortige Besteuerung.* Die Steuerzahlung erfolgt zeitgleich mit dem Einnahmenzufluß, also der Verwirklichung der Zielgröße. Es wird also davon abgesehen, daß für die Abgabe einer Steuererklärung, die Erteilung des Steuerbescheides und die Begleichung der Steuerschuld Fristen bestehen, aufgrund derer die Steuerzahlung u.U. ein Jahr oder mehr nach der Gewinnentstehung zu leisten ist. In gleicher Weise wird von Steuervorauszahlungen abstrahiert. Da praktisch die Steuerwirkungen oft nur aus Zinsvorteilen und Zinsnachteilen bestehen, kann diese Vereinfachung mitunter zu weit gehen. Bei der Prüfung steuerlicher Wahlmöglichkeiten wäre sie durch eine genauere (z.B. vierteljährliche) Finanzplanung zu ersetzen.

4. *Nichtenteignung.* Die Steuerzahlung, die durch einen *zusätzlichen* Zielbeitrag ausgelöst wird, muß stets kleiner sein als der Zielbeitrag selbst. Bleibt dieser Grenzsteuersatz unter 100%, ist eine Vermögensbeschlagnahme bzw. Enteignung der Gewinne über Steuerzahlungen ausgeschlossen. Diese Bedingung ist notwendig: Wäre z. B. der Durchschnittssteuersatz für 1 Mio. DM Gewinn 60%, der für 900.000 DM Gewinn 50%, würde die Rangordnung der Investitionen „Vertrieb über den Handel" und „Direktvertrieb" umkippen. Im ersten Fall verblieben nur 400.000 DM Gewinn nach Steuern, im zweiten jedoch 450.000 DM, weil der Grenzsteuersatz für die letzten 100.000 DM hier 150% beträgt.

In diesem Buch werden für alle theoretischen Analysen Grenzsteuersätze auf einen zulässigen Variationsbereich gleich oder über 0 und unter 100% eingeengt. Steuersätze von 100% und mehr (soweit sie zugleich zu einer derart hohen Steuerbelastung werden) verhindern, daß freiwillig Investitionen durchgeführt werden. Das wäre gegenüber einer

Modellwelt ohne Steuern das schärfste Umkippen in der Rangordnung finanzieller Vorteilhaftigkeit, das sich denken läßt.

Der Kernsatz „Eine Zielgrößenbesteuerung wirkt entscheidungsneutral" ist im Hinblick auf die Zielgröße wörtlich zu nehmen; denn gegen die Entscheidungsneutralität einer ausschließlichen Zielgrößenbesteuerung könnte folgender Einwand erhoben werden: Zielgröße sei zwar das Einkommen, jedoch verringere eine Einkommensteuer die Kaufkraft für Brot, Butter usw.; deshalb kann die Einkommensteuer nicht entscheidungsneutral sein, weil der Einkommensverwender seine Nachfrage zurückschrauben müsse.

Der Einwand ist verfehlt. Aber der Studierende muß wissen, wie er einen solchen Einwand zurückweist: Wer das Ziel Einkommensstreben in einem Entscheidungsmodell setzt, fragt in diesem Zusammenhang nur nach den Entscheidungen, die das zu erzielende Einkommen vermehren. Er fragt nicht nach der Einkommensverwendung und den bei der Einkommensverwendung auszuwählenden Handlungen. Für eine Zielsetzung „Maximiere die zu konsumierenden Brot- und Buttermengen" wäre eine Einkommensteuer keine Zielgrößenbesteuerung mehr (das wäre etwa der Kauf von Brotsteuermarken beim Finanzamt, wobei dann die Brotsteuermarken dem Bäcker neben dem Kaufpreis auszuhändigen wären). Einkommen als Mittelerwerb ist also streng vom Einkommen als Maß für eine mögliche Einkommensverwendung (allgemein: Bedürfnisbefriedigung im Sinne eines Konsumnutzens) zu trennen.

2. Investitionsneutralität bei Ausklammerung von Innen- und Außenfinanzierung im einperiodigen Modell

Das einfachste Modell eines Unternehmensgeschehens ist ein einperiodiges Modell mit zwei Zahlungszeitpunkten: dem Planungszeitpunkt = Unternehmensbeginn und dem Planungshorizont = Unternehmensende, wobei für diesen zweiten Zahlungszeitpunkt nur eine einzige Zukunftslage beachtet wird. Zahlungen erfolgen hier, bevor eine Unternehmung als Institution entsteht:
– am Periodenanfang, z.B. eine Einlage zur Eigenkapitalausstattung;
– am Periodenende, z.B. die Eigenkapitalrückzahlung.
Solche Zahlungen zur Errichtung einer Unternehmung und nach ihrer Beendigung (bei ihrer Liquidation) werden in diesem Unterabschnitt ausgeklammert. Investition und Finanzierung finden damit begrifflich nur innerhalb eines Unternehmens statt. Das schließt nicht aus, daß Gründung und Errichtung einer Kapitalgesellschaft oder deren Umwandlung in eine Personengesellschaft eine Investition sein können; denn der betriebswirtschaftliche Begriff der Unternehmung ist von dem Bestehen oder Nichtbestehen eines Anwendungsfalles einer Rechtsform zu trennen (S. 4-7).

Die Investition in der Unternehmung wird bei einmaliger einperiodiger Investition in zwei Zahlungen abgebildet:
– Am Periodenanfang (t_0) erfolgt eine Ausgabe, z.B. für die Barbezahlung einer Handelsware, für Löhne, Mieten.

— Am Periodenende (t_1) entsteht eine Einnahme aus dem Barverkauf dieser Handelsware, wobei noch anfallende Ausgaben (für Löhne, Energie usw. abzuziehen sind).
Liegt die Endeinnahme (Zahlungssaldo in t_1) über der Anfangsausgabe (dem Zahlungssaldo in t_0), ist Gewinn entstanden. Bleibt die Endeinnahme unter der Anfangsausgabe, liegt Verlust vor. Dabei dürfen in beide Zahlungssalden die Finanzierungszahlungen zur Errichtung der Unternehmung und nach ihrer Beendigung die Finanzierungsrückzahlung nicht eingehen.

Damit Zwangsausgaben in Form von Steuerzahlungen nicht die Rangordnung der Investitionen (z.B. Handelsware A ist vor Steuern vorteilhafter als B) verzerren, muß sich die Steuerzahlung nach dem Einnahmenüberschuß am Ende der Unternehmung bemessen, also nach dem „Totalgewinn", verglichen mit der Einlage.

Im einzelnen setzt Investitionsneutralität bei einer einmaligen einperiodigen Investition zusätzlich zu den Bedingungen (S. 207)
1. Vollständiger Kenntnis der Zahlungsströme
2. Nichtüberwälzbarkeit
3. sofortiger Besteuerung und
4. Nichtenteignung
an steuerrechtlichen Regelungen voraus:

5. Die Steuerzahlung erfolgt einmalig am Periodenende. Zahlungen zu Beginn der Planperiode bleiben in diesem Zeitpunkt außerhalb der Steuerbemessungsgrundlage.

6. Bemessungsgrundlage der Steuerzahlung ist der Einnahmenüberschuß am Periodenende, nachdem die Anfangs-Investitionsausgabe abgesetzt ist. Die steuerrechtliche Gewinnermittlung erfolgt hier entweder über Stromgrößen (Bewegungsrechnung) oder über einen Vergleich von Bestandsgrößen. Die Bewegungsrechnung verlangt, den Einnahmen- oder Ausgabenüberschuß von Beginn bis Ende der Planperiode zu ermitteln, jedoch ohne davon Finanzierungsausgaben und Lebenshaltungsausgaben abzusetzen. Die Rechnung in Bestandsgrößen geschieht über einen modellmäßigen Vermögensvergleich: Aktivierung der Ausgaben für die Handelsware in t_0, Erfolgsermittlung durch Saldierung von Ertrag = Einnahme in t_1 mit dem Aufwand in t_1 = aktivierte Ausgabe in t_0. Nur bei Planungssicherheit für eine einperiodige Unternehmung mit finanzieller Zielsetzung ist die Besteuerung des Einnahmenüberschusses am Ende des Planungszeitraums (also des „Totalgewinns") entscheidungsneutral.

7. Der Steuertarif kann beliebig in Abhängigkeit vom Einnahmenüberschuß verlaufen, solange er in der Nichtenteignungszone $1 > s \geq 0$ bleibt; also
   a) proportional (Grenzsteuersatz = Durchschnittssteuersatz),
   b) indirekt progressiv (nach einem Freibetrag wird ein konstanter Grenzsteuersatz erhoben, so daß der Durchschnittssteuersatz wächst),
   c) direkt progressiv (von Anfang an mit der Bemessungsgrundlage steigende Grenzsteuersätze mit „nachhinkenden" steigenden Durchschnittssteuersätzen),
   d) oder eine Mischung aus indirekter und direkter Progression (wie sie das deutsche Einkommensteuerrecht kennt: Freibetrag, steigende Grenzsteuersätze bis zu einem Spit-

zensteuersatz, dem sich bei weiter steigender Bemessungsgrundlage der Durchschnittssteuersatz nähert),

e) aber auch regressiv: Mit steigender Bemessungsgrundlage sinkt der Grenzsteuersatz und mit ihm der Durchschnittssteuersatz.

Diese Bedingungen für Investitionsneutralität eines Gewinnbegriffs, aus dem durch Gesetz oder Vertrag festgelegte Zwangsausgaben folgen, gelten allerdings nur für die einmalige, einperiodige Investition. Schon für eine wiederholte einperiodige Investition darf der Steuersatz oder der Anteil für Gewinnbeteiligungen von Mitarbeitern, Gläubigern, „lästigen" Gesellschaftern nicht mehr mit der Höhe des Einnahmenüberschusses variieren.

3. Investitionsneutralität bei Ausklammerung von Innen- und Außenfinanzierung im mehrperiodigen Modell

Ein erster Schritt in Richtung Wirklichkeit ist die Annahme, eine Unternehmung bestehe aus wiederholten Investitionen, die sich jeweils nur über eine einzige Abrechnungsperiode erstrecken. Die nun betrachtete Unternehmung verwirkliche also z.B. über Jahre hinweg jeweils einen Barkauf einer Handelsware am Jahresanfang und einen Barverkauf dieser Handelsware am Jahresende. Löhne und andere Ausgaben werden entweder zu Beginn oder zum Ende einer jeden Abrechnungsperiode gezahlt und erhöhen den Ausgabensaldo bzw. mindern den Einnahmenüberschuß.

Ein entscheidungsneutraler Gewinn in einer Unternehmung aus wiederholten einperiodigen Investitionen verlangt gegenüber der einmaligen Investition außer den Bedingungen 1 bis 4 aus dem Vorabschnitt folgende abweichende steuerrechtliche Regelungen:

5. Steuern werden am Ende jeder Abrechnungsperiode erhoben und nicht erst am Ende des Planungszeitraums eines Unternehmens. Eine Steuerzahlung hat damit in einem Modell ohne Kapitalmarkt an jedem Zahlungszeitpunkt nach der ersten Investitionsausgabe (der Errichtung der Unternehmung) zu erfolgen. Diese Erweiterung versteht sich von selbst, da jeder Periodenanfang nach Errichtung der Unternehmung zugleich das Ende einer vorangehenden Abrechnungsperiode ist. In dem Zeitpunkt, in dem die Unternehmung errichtet wird, fallen keine Steuerzahlungen an; denn die Anfangsinvestitionsausgabe ist Voraussetzung, aber nicht Zielgröße des Wirtschaftens. Ob eine Steuerzahlung in jedem Zahlungszeitpunkt entscheidungsneutral sein kann, richtet sich nach den finanziellen Zielgrößen des Planenden:

a) Eine entscheidungsneutrale Besteuerung des Unternehmensziels „maximales Endvermögen" muß sich auf die Besteuerung des Endeinnahmenüberschusses beschränken, solange kein konkurrenzgleichgewichtiger Kapitalmarkt unterstellt wird.

b) Eine entscheidungsneutrale Besteuerung der Zielgröße Einkommen setzt voraus, daß vorab Einkommen von Lebenshaltungsausgaben getrennt wird (Sonderausgaben, außergewöhnliche Belastungen, die mit der Einkommenshöhe variieren, sind auszuschließen). Darüber hinaus sind Zahlungen zur Erhaltung des Anfangsvermögens abzuziehen, bevor steuerpflichtiges Einkommen vorliegt. In diesem Modell ohne Kapitalmarkt besteht die Anfangsvermögens-="Unternehmenserhaltung" darin, daß zu jedem Zahlungszeitpunkt eine verkaufte Handelsware in gleicher Menge und Qualität wiederbeschafft wird (in der Bilanztheorie wird von „reproduktiver Substanzerhaltung" gesprochen). Es sind also die Wiederbeschaffungsausgaben der veräußerten Sache als Aufwand zu verrechnen. In der Buchführung der Unternehmung bleiben damit die Anschaffungsausgaben der Erstinvestition bis zum Unternehmensende stehen. Eine bilanzmäßige Aktivierung der Erstinvestition mit einer Aufwandsverrechnung der jeweiligen Wiederbeschaffungsausgaben heißt „Festwertrechnung". Unter den Vereinfachungen dieses Modells ist deshalb eine Festwertrechnung entscheidungsneutral.

c) Umfaßt der Planungszeitraum mehrere Zahlungszeitpunkte (Abrechnungsperioden), lassen sich drei finanzielle Ziele unterscheiden: Endvermögensstreben, Entnahmestreben oder Wohlstandsstreben. Außerhalb eines Kapitalmarkts im Konkurrenzgleichgewicht können die drei finanziellen Ziele zu abweichenden Rangordnungen der Investitionsvorhaben führen (S. 67 ff.). Steuerbemessungsgrundlagen können nicht nach persönlichen Zielsetzungen differenziert werden, weil solche Zielsetzungen nicht nachprüfbar sind. Wegen dieses Erfordernisses der „Rechtssicherheit" wirkt die Besteuerung einer Zielgröße (z.B. Einnahmenüberschuß = Entnahme) bei abweichender Zielsetzung (z.B. Endvermögensstreben) nicht mehr entscheidungsneutral.

6. Steuerbemessungsgrundlage ist der Einnahmenüberschuß eines jeden Zahlungszeitpunkts. Dies schließt außerhalb eines Modells mit konkurrenzgleichgewichtigem Kapitalmarkt Investitionsneutralität bei Endvermögensstreben und Wohlstandsstreben aus.

Für Unternehmungen aus wiederholten, einperiodigen Investitionen führt eine Einnahmenüberschußrechnung unter Ausklammerung der Anfangsinvestitionsausgabe (bis zu ihrem Abzug vom Einnahmenüberschuß am Ende des Unternehmens) zu einer Gewinnermittlung mit Festwertrechnung. Trotz des Auseinanderfallens der Investitionsentscheidungen wegen der unterschiedlichen finanziellen Ziele (Endvermögens-, Entnahme-, Wohlstandsmaximierung) wird bei dieser Gewinnermittlung Entscheidungsneutralität noch am wenigsten verletzt. Der Grund liegt darin, daß bei Einnahmenüberschußrechnung die Steuerzahlungen aus dem jeweiligen Ergebnis zu zahlen sind. Weder muß der Steuerpflichtige Steuerzahlungen vorfinanzieren (was seine Gelder für Investitionszwecke mindern würde), noch verschafft der Fiskus dem Investor über Aufwandsvorwegnahmen eine zusätzliche (Innen-)Finanzierungsmöglichkeit.

7. Der Steuersatz ist proportional und ändert sich während des Planungszeitraums nicht.

8. Ausgabenüberschüsse in einem Steuerzahlungszeitpunkt verlangen einen Zuschuß des Fiskus in Höhe des Betrages Steuersatz mal Ausgabenüberschuß. Diese Zubuße des Fiskus heißt *sofortiger Verlustausgleich*. Die Bezeichnung ist ungenau: Nicht der Verlust wird sofort ausgeglichen, sondern nur der Teilbetrag Steuersatz mal „Verlust", hier verstanden als Ausgabenüberschuß.

Die 7. und 8. Voraussetzung seien an Beispielen erläutert:

a) Im Unterschied zur einmaligen einperiodigen Investition ist bei der wiederholten einperiodigen Investition eine Einschränkung des Steuertarifs auf einen konstanten Satz der Bemessungsgrundlage notwendig, weil Grenzsteuersätze, die mit der Höhe des Einnahmenüberschusses steigen (direkt progressiver Tarif) oder sinken (regressiver Tarif), die Rangordnung verschieben könnten. Beispiel:

Handelsware A zeigt stark schwankende Einnahmenüberschüsse im Zeitablauf, jedoch unveränderte Anschaffungsausgaben in t_0 bis t_3. Die Anschaffungsausgaben entsprechen denen einer Handelsware B, die einen gleichmäßigen Verlauf der Einnahmenüberschüsse zeigt, in t_3 wird die Unternehmung aufgelöst. Die Zahlungsströme mögen lauten:

	t_0	t_1		t_2		t_3	
A	− 100	+ 200		+ 100		+ 260	
		− 100	+ 100	− 100	0	− 100	+ 160
B	− 100	+ 150		+ 150		+ 250	
		− 100	+ 50	− 100	+ 50	− 100	+ 150

A ist offensichtlich beim Zinssatz null gegenüber B überlegen, weil die Summe der Einnahmenüberschüsse aus t_1 bis t_3 bei A 260, bei B 250 beträgt. Darüber hinaus ist A auch bei allen positiven Zinssätzen vorzuziehen, weil A „zeitlich dominant" ist: Der über die einzelnen Zahlungszeitpunkte kumulierte Zahlungsüberschuß von A liegt in keinem Zahlungszeitpunkt unter dem von B, aber insgesamt darüber.

Werden nun Einnahmenüberschüsse von 50 mit einem Steuersatz s=20%, Einnahmenüberschüsse von 100 mit s=50% besteuert, und werden in t_3 nach Herausrechnen der Anschaffungsausgaben aus dem Einnahmenüberschuß die verbleibenden 60 bei A mit s=30% erfaßt (also um 18 gemindert), dann betragen für A der Zahlungsstrom nach Steuern A_s und der für B nach Steuern B_s:

	t_0	t_1	t_2	t_3
A_s	− 100	+ 50	0	+ 142
B_s	− 100	+ 40	+ 40	+ 140

Durch die progressive Steuer wird B beim Zinssatz 0 gegenüber A überlegen und bleibt dies für alle positiven Zinssatze, unter denen A_s noch positiv ist (bis 31,75%).

b) Die Einschränkung auf einen im Planungszeitraum unveränderten und zur Bemessungsgrundlage konstanten Steuersatz ist erforderlich, weil Steuersatzänderungen ebenfalls die Rangordnung zum Kippen bringen können. So möge der Steuersatz für A und B in t_1, 50% in t_2 und t_3 jedoch nur 20% betragen. Damit lauten die Zahlungsströme nach Steuern.

	t_0	t_1	t_2	t_3
A_s	− 100	+ 50	0	+ 148
B_s	− 100	+ 25	+ 40	+ 140

Durch den niedrigeren Steuersatz ab t_2 wird B vorteilhafter bei einem Zinssatz von 0 und bleibt dies für alle positiven Zinssätze, unter denen A_s noch positiv ist (bis 33,3%).

c) Bei wiederholten einperiodigen Investitionen sind Verluste (Einnahmen unter den Anschaffungsausgaben) nicht auszuschließen. Eine Unternehmung vor Eintritt eines Verlustes zu beenden, mag gegen das Ziel verstoßen, bis zum Planungshorizont Einkommen erzielen zu wollen. Darüber hinaus können Ausgaben bei der Auflösung des Unternehmens anfallen, die ein Inkaufnehmen eines zeitweisen Verlustes als geringeres Übel erscheinen lassen. Damit in einem Verlustjahr die Ersatzbeschaffung finanziert werden kann, ist der Fehlbetrag durch Einlagen zu decken. Der Fehlbetrag ist unterschiedlich hoch, je nachdem, ob steuerrechtlich der Verlust gegen andere Einkünfte desselben Jahres oder gegen frühere Einkünfte verrechnet bzw. durch eine anteilige Subvention des Fiskus gemildert wird.

Ein entscheidungsneutrales Gewinnermittlungsrecht erzwingt eine Berücksichtigung steuerrechtlicher Verluste (Ausgabenüberschüsse), weil sonst die Rangordnung von Investitionsvorhaben umkippen kann. Beispiel:

	t_0	t_1	t_2	t_3
A	− 100	+ 150	− 50	+ 160
B	− 100	+ 50	+ 50	+ 150

A ist für alle positiven Zinssätze B überlegen, solange der Kapitalwert von A noch über 0 liegt (also bis 74%). Ohne Verlustberücksichtigung ändert sich bei einem Steuersatz von 50% und steuermindernder Verrechnung der Anschaffungsausgaben in t_3 der Einnahmenverlauf so:

	t_0	t_1	t_2	t_3
A_s	− 100	+ 75	− 50	+ 130
B_s	− 100	+ 25	+ 25	+ 125

B wird beim Zinssatz null und für alle positiven Zinssätze A überlegen, solange der Kapitalwert von B noch positiv ist (bis 25%).

Der sofortige Verlustausgleich als eine der Bedingungen für eine investitionsneutrale Gewinnbesteuerung bedeutet:

(1) Ein Ausgabenüberschuß für ein Periodenende wird durch eine anteilige Zubuße des Fiskus in Höhe des konstanten Grenzsteuersatzes, also durch eine Art negativer Steuer, bezuschußt.

(2) Bei einem Steuerpflichtigen, der in einem Investitionsprogramm mehrere Zahlungsströme kombiniert, dürfen steuerrechtlich Ausgaben- und Einnahmenüberschüsse ohne Verzögerung gegeneinander aufgerechnet werden, und ein verbleibender Ausgabenüberhang führt zur fiskalischen Subvention (1).

Der sofortige Verlustausgleich wirkt nur bei einem proportionalen und im Zeitablauf unveränderten Steuersatz investitionsneutral. Welche Näherungslösung bei Grenzsteuersätzen in Abhängigkeit von der Einkommenshöhe zu erwägen bleibt, wird S. 269, 779 erörtert.

b) Investitionsneutralität bei Innen- und Außenfinanzierung

1. Entscheidungsneutrale Innenfinanzierung als Folge investitionsneutraler Besteuerung

Investitionsneutralität der Besteuerung wurde bisher am Beispiel einperiodiger Investitionen hergeleitet, wobei der Anfangskapitaleinsatz als „von außen" vorgegeben galt. Ein Grund für diese Vereinfachung war, daß damit sowohl Außenfinanzierung als auch Innenfinanzierung durch Zurückstellen ergebnisabhängiger Ausgaben ausgeklammert werden konnte. Nunmehr sind die Bedingungen für Investitionsneutralität der Besteuerung bei Investitionen mit mehr als zwei Zahlungszeitpunkten abzuleiten, wobei Innen- und Außenfinanzierung zu beachten sind.

Sobald die Einperiodigkeit einer jeden Investition aufgehoben und Innen- bzw. Außenfinanzierung betrachtet wird, ist für eine entscheidungsneutrale Besteuerung zu klären, ob jeder Einnahmenüberschuß während der Nutzungsdauer der mehrperiodigen Investition Gewinnsteuern auslöst oder ob eine entscheidungsneutrale Gewinnermittlung ein Abweichen des Gewinns zu einem Zahlungszeitpunkt von dem jeweiligen Einnahmenüberschuß verlangt. Das Abweichen des Gewinns kann in einer zusätzlichen Verrechnung von Aufwand bestehen, wobei der den Einnahmenüberschuß mindernde Aufwand zu einer **entscheidungsneutralen Innenfinanzierung** der Unternehmung führt. Innenfinanzierung aus Gewinnermittlung entsteht aus (Umsatz-) Einnahmenüberschüssen in zwei Formen: zum einen durch Verrechnung von Aufwand, dem im gleichen Zahlungszeitpunkt keine Ausgabe in gleicher Höhe gegenübersteht; zum anderen, wenn Einnahmen aus Absatzmarktprozessen noch keine Ertragsverrechnung gegenübersteht (ein Beispiel sind im geltenden Bilanzrecht Kundenanzahlungen). Investitionsneutral wirkt eine Innenfinanzierung aus Gewinnermittlung dann, wenn gegenüber den Zahlungssalden Abweichungen des Aufwandes oder Ertrages als Steuerbemessungsgrundlagen nötig sind, damit Steuerzahlungen nicht die Rangordnung unter den Investitionen verschiebt.

Investitionsneutralität kann allerdings auch das Gegenteil von Innenfinanzierung bedingen: eine Verrechnung von Ertrag, dem im gleichen Zahlungszeitpunkt keine Einnahme gegenübersteht. Daraus folgen ergebnisabhängige Ausgaben, ohne daß diesen Einnahmen im selben Zahlungszeitpunkt entsprechen. Solche Erträge aus Umperiodisierung von Zahlungen werden z.B. für die entscheidungsneutrale steuerliche Gewinnermittlung bei Finanzanlagen nötig, die mit Disagio ausgegeben werden (S. 222 f.). *Die entscheidungsneutrale Innenfinanzierung wird hier negativ.*

Jede Steuerzahlung kann als eine zwangsweise „Konsumausgabe" an einen Außenstehenden (den Fiskus) gedeutet werden. So gesehen, leuchtet ein, daß eine Voraussetzung für eine investitionsneutrale Besteuerung eine Trennbarkeit von Investitions- und Konsumentscheidungen ist: also die Annahme eines konkurrenzgleichgewichtigen Kapitalmarktes.

Auf einem Kapitalmarkt im Konkurrenzgleichgewicht gibt es keinen Grund, irgendeine Finanzierungsart vorzuziehen, weil als logische Folge des Modells die Art der Finanzierung irrelevant für die Höhe des Konkurrenzgleichgewichtspreises der Anteile und Schuldtitel einer Unternehmung und damit jeder ihrer Investitionen ist (S. 116, 552 ff.). Deshalb stellt sich die Frage: Weshalb wird bei Betrachtung einer Unternehmung als mehrperiodiger Zahlungsstrom für eine Zukunftslage innerhalb eines konkurrenzgleichgewichtigen Kapitalmarktes eine entscheidungsneutrale Innenfinanzierung für nötig befunden? Die Antwort ist einfach: Beträge aus entscheidungsneutraler Innenfinanzierung stehen dem Investor grenzkostenlos zur Verfügung. Demgegenüber sind auf einem konkurrenzgleichgewichtigen Kapitalmarkt die einzelnen Finanzierungsarten für den Marktpreis der Unternehmung oder einzelne ihrer Investitionen nur deshalb „irrelevant", weil sie alle dasselbe kosten: den Konkurrenzgleichgewichtspreis für die einperiodige Geldüberlassung. Die entscheidungsneutrale Innenfinanzierung bestimmt, wieviel von einem Einnahmenüberschuß am Ende einer Abrechnungsperiode vorab als Bestandskapital (S. 134 f.) zu reservieren ist, um über eine Reinvestition dieses Geldbetrages zum Konkurrenzgleichgewichtszins Investitionsneutralität zu sichern.

Das Ausmaß entscheidungsneutraler Innenfinanzierung richtet sich danach, wie Zahlungen für die Außenfinanzierung einer Unternehmung und die Einnahmen aus Finanzanlagen steuerrechtlich behandelt werden. Ehe wir darauf eingehen, ist der Sprachgebrauch zu präzisieren:

Absichtlich wird im folgenden von „Konkurrenzgleichgewichtspreis für die einperiodige Geldüberlassung" geredet, statt von „Zinsen" oder „Kalkulationszinsfuß". Es ist nämlich darauf zu achten, daß wirtschaftstheoretisch die Begriffe „Zinsen" oder „Kalkulationszinsfuß" nicht mit irgendeinem umgangssprachlichen oder rechtlichen Begriff von Zinsen (Festbetrags-Vergütung für die zeitweise Überlassung von Geld) gleichgesetzt werden dürfen. Im Modell des Kapitalmarktes im Konkurrenzgleichgewicht kann es bei Planungssicherheit für die zeitweise Überlassung von Geld nur einen einzigen Preis geben. Dieser Marktpreis muß für Schuldtitel und Anteilsrechte identisch sein. Wenn innerhalb des Modells von „Zinsen" oder „Steuerfreiheit von Zinseinnahmen" geredet wird, so sind damit Einkünfte aus Schuldtiteln und aus Anteilsrechten gemeint, also im Rechtssinne Zinsen, Dividenden und andere „geldwerte Vorteile" für Geldüberlassungen: Gläubigeragio, Bezugsrechtserlöse, Optionsscheine oder Kursgewinne[25]. Aber auch Teile einer Leibrente in Form von Naturalien sind in einen Konkurrenzgleichgewichtspreis für die einperiodige Geldüberlassung umzurechnen, was Abweichungen von der Zinszahlung durch Periodisierungen bedingt (S. 233 ff., 297 f.).

Investitionsneutralität läßt sich wahren durch:

---

25 Falsch ist die Behauptung von *Sinn:* Kapitaleinkommensbesteuerung, S. 48, daß hier „Schuldzinsen steuerlich absetzbar sind". Es müssen sämtliche Zahlungen von Marktpreisen für Geldüberlassungen in der Unternehmung steuerlich absetzbar sein, also z.B. auch Dividendenzahlungen.

a) *Nichtbesteuerung von Konkurrenzgleichgewichtspreisen für die einperiodige Geldüberlassung bei einer Steuerbemessungsgrundlage „Zahlungssaldo in jedem Zahlungszeitpunkt".* Dies führt zu dem Modell einer sog. „Cash-flow-Besteuerung"[26]. Cash-flow ist hierbei wörtlich zu verstehen: als periodischer Zahlungsüberschuß, nicht im Sinne der Bilanzanalyse als Größe aus einer Bewegungsbilanz. Ein bilanzmäßiger Cash-flow kann erheblich von tatsächlichen Zahlungssalden abweichen.

Empfangene Konkurrenzgleichgewichts-"Zinsen" bleiben steuerfrei, gezahlte mindern nicht den steuerpflichtigen Gewinn. Gleichgültig, ob der Steuersatz 0%, 50% oder 90% beträgt, stets ist mit dem Kalkulationszinsfuß vor Steuern zu rechnen. Im Grundmodell der Cash-flow-Besteuerung wird für jedes Jahr der jeweilige Konkurrenzgleichgewichtspreis für die einperiodige Geldüberlassung faktisch steuerfrei gestellt (zu Abweichungen vom Grundmodell vgl. S. 719 ff.). Eine solche faktische Steuerfreiheit ließe sich formal auch als Kapitalkostenneutralität der Besteuerung deuten. Wir wollen jedoch den Begriff Investitionsneutralität mit Kapitalkostenneutralität auf den Fall b) beschränken.

Die entscheidungsneutrale Innenfinanzierung besteht im Grundmodell der Cash-flow-Besteuerung darin, daß bereits im Zeitpunkt der ersten Zahlung diese Anfangsinvestitionsausgabe (also z.B. ein Gebäude als Eigenkapitaleinlage) als Aufwand verrechnet wird ("Sofortabschreibung") und über den sofortigen Verlustausgleich zu einer Einzahlung durch den Fiskus führt in Höhe des Betrages Steuersatz mal Anfangsinvestitionsausgabe. Cash-flow-Besteuerung verlangt eine steuerliche Subventionierung des Anfangskapitaleinsatzes. Dadurch weicht sie von der Einnahmenüberschuß-Besteuerung ab, wie sie den Modellüberlegungen im Abschnitt a) zugrunde lagen. *Cash-flow-Besteuerung maximiert die entscheidungsneutrale Innenfinanzierung,* weil schon die Anfangsinvestitionsausgabe steuerlich absetzbar ist und darüber hinaus jede Einnahme durch Reinvestition der Besteuerung entzogen werden kann.

Da bei einer Besteuerung des Cash-flow die Anschaffungsausgaben sofort als Aufwand verrechnet werden, sind alle späteren Einnahmenüberschüsse ungekürzt zu versteuern.

---

26 Vgl. *E. Cary Brown:* Business-Income Taxation and Investment Incentives. In: Income, Employment and Public Policy, ed. by A. Metzler u.a., New York 1948, S. 300-316, hier S. 304 f., 310; ferner *Vernon L. Smith:* Tax Depreciation Policy and Investment Theory. In: International Economic Review, Vol. 4 (1963), S. 80-91; *J.E. Meade:* The Structure and Reform of Direct Taxation, Report of a Committee chaired by J.E. Meade, London 1978, S. 230-245; *Robin W. Boadway, Neil Bruce, Jack M. Mintz:* Corporate taxation and the cost of holding inventories. In: Canadian Journal of Economics, Vol. 15 (1982), S. 278-293; *dies.:* On the Neutrality of Flow-of-funds Corporate Taxation. In: Economica, Vol. 50 (1983), S. 49-61; *dies.:* Taxes on Capital Income in Canada: Analysis and Policy. Canadian Tax Foundation, Toronto 1987, S. 157-161; *John A. Kay, Mervyn A. King:* The British Tax System. 3rd ed., Oxford 1983, S. 185-189; *Robin Boadway, Neil Bruce:* A General Proposition on the Design of a Neutral Business Tax. In: Journal of Public Economics, Vol. 24 (1984), S. 231-239; *W.E. Diewert:* Neutral Business Income Taxation Revisited. Discussion Paper No. 85-04, January 1985. Department of Economics, University of British Columbia, Vancouver; *Sinn:* Kapitaleinkommensbesteuerung, z.B. S. 125-128, 302-306, 319-321; *Jochen Sigloch:* Abschreibungsfreiheit und Zinsbesteuerung. In: Kapitalmarkt und Finanzierung, hrsg. von D. Schneider, Berlin 1987, S. 169-186.

Deshalb entspricht bei einem konstanten Grenzsteuersatz der Kapitalwert nach Steuern K_s dem um den Versteuerungsfaktor (1-s) gekürzten Kapitalwert vor Steuern K:

$$K_s = (1-s) \sum_{t=1}^{n} Q_t (1+i)^{-t} - (1-s) I, \text{ d.h.} \quad (1)$$

$$K_s = (1-s) K. \quad (1a)$$

Damit sind bei 50% Steuersatz der Ertragswert durch den Abzug von Steuerzahlungen und die Anschaffungsausgaben durch das Zuschießen eines steuerlichen Verlustausgleichs zu halbieren, bei 90% Steuersatz wären Ertragswert und Anschaffungsausgaben mittels Steuerzahlungen und steuerlichem Verlustausgleich zu dezimieren.

Offensichtlich läßt jede Kürzung eines jeden Zahlungssaldos in jedem Zahlungszeitpunkt proportional zum konstanten Grenzsteuersatz die Rendite unverändert. Wenn r die Rendite vor Steuern, r_s die Rendite nach Steuern, i den Konkurrenzgleichgewichtspreis für die einperiodige Geldüberlassung beim Steuersatz null und i_s den Kalkulationszinsfuß bei positivem, konstanten Steuersatz bezeichnet, so gilt in diesem Modell für sämtliche Investitionen:

$$r = r_s \geq i = i_s. \quad (2)$$

Die Besteuerung des Cash-flow wahrt Investitionsneutralität bei einer einzelnen Investition dadurch, daß der Kapitalwert vor Steuern proportional zum konstanten Grenzsteuersatz sinkt und die Rendite nach Steuern r_s der Rendite vor Steuern r gleicht.

b) *Besteuerung des jeweiligen Konkurrenzgleichgewichtspreises für die einperiodige Geldüberlassung bei einer Steuerbemessungsgrundlage, in welcher der Zahlungssaldo eines jeden Zahlungszeitpunktes um einen Periodisierungsbetrag in Höhe der Ertragswertänderung korrigiert ist.* Dies führt zum Modell des kapitaltheoretischen Gewinns, das unter 2. erläutert wird. Besteuerung des kapitaltheoretischen Gewinns verlagert zeitlich die entscheidungsneutrale Innenfinanzierung gegenüber einer Cash-flow-Besteuerung von einer „Sofortabschreibung" auf eine periodische, der *Ertragswertänderung im Zeitablauf folgenden Abschreibung oder auch Zuschreibung.* Besteuerung des kapitaltheoretischen Gewinns verringert gegenüber einer Cash-flow-Besteuerung die entscheidungsneutrale Innenfinanzierung zum einen für die Grenzinvestition unter Sicherheit (Kapitalwert null) und zum anderen, wenn die Einnahmenüberschüsse der Cash-flow-Besteuerung entzogen, also reinvestiert werden.

Im Modell des kapitaltheoretischen Gewinns halbiert ein Steuersatz von 50% den als Kalkulationszinsfuß nach Steuern anzusetzenden Konkurrenzgleichgewichtspreis für die einperiodige Geldüberlassung, ein Steuersatz von 90% dezimiert ihn (steuersatzabhängiger Kalkulationszinsfuß). Buchhalterisch wären in der Steuerbemessungsgrundlage „kapitaltheoretischer Gewinn" sämtliche Auszahlungen an Konkurrenzgleichgewichtspreisen für einperiodige Geldüberlassungen, Fremdkapitalzinsen, Dividenden und geldwerte

Vorteile als Aufwand abzusetzen; denn nur dann genügt es bei einer Investition vor Steuern z.B. 8% zu verdienen, um 8% Zinsen auszahlen zu können, gleichgültig, wie hoch der Steuersatz ist.

Die Kürzung des steuerpflichtigen Gewinns um Zahlungen an Konkurrenzgleichgewichtspreisen für einperiodige Geldüberlassung bedeutet jedoch nicht, daß *in der Modelldefinition* des steuerpflichtigen Gewinns bei der Kapitalwertberechnung Fremdkapitalzinsen, Dividenden und andere Marktpreise für Geldüberlassungen abzuziehen sind. Lediglich der Kalkulationszinsfuß wird um den Steuersatz gekürzt, weil in der Steuererklärung gezahlte Zinsen das steuerpflichtige Einkommen mindern, während in die Zahlungsströme, nach denen sich der Kapitalwert berechnet, Finanzierungszahlungen nicht eingehen.

c) Kapitalwertgleiche Umperiodisierungen der Steuerbemessungsgrundlagen in den Grundmodellen einer Besteuerung des Cash-flow und des kapitaltheoretischen Gewinns wahren wie die Grundformen Investitionsneutralität (S. 232 ff.)[27].

2. Investitions- mit Kapitalkostenneutralität im Standardmodell

aa) „Ökonomischer" Gewinn und entscheidungsneutrale Periodisierung

Die Annahme eines steuersatzabhängigen Kalkulationszinsfußes nach Steuern sei als das **Standardmodell** für die Investitionsrechnung unter Einschluß von Gewinnsteuern bezeichnet. Investitionsneutralität der Besteuerung verlangt hier eine Zahlungsrechnung unter Ausklammerung der Anfangsinvestitionsausgabe bzw. Anfangsfinanzierungseinnahme. An die Stelle der Anfangszahlung tritt in der investitionsneutralen Gewinnermittlung ein Periodisierungsbetrag in jedem Zahlungszeitpunkt, der zu einem Gesamtbetrag in Höhe des Ertragswerts führt. Durch die steuerliche Abzugsfähigkeit dieses Periodisierungsbetrages wird der gesamte Ertragswert „steuerfrei" gestellt und nicht nur, wie im geltenden Steuerrecht, die abschreibungsfähigen Anschaffungs- oder Herstellungskosten. Das bedeutet: Neben dem Zahlungssaldo wird in jedem Zahlungszeitpunkt nach dem Anfangszeitpunkt ein Periodisierungsbetrag „Aufwand" oder „Ertrag" als Gewinnbestandteil verrechnet und zwar in jedem Zahlungszeitpunkt in Höhe der Ertragswertänderung. Die Summe aller als Periodisierungsbeträge verrechneten Ertragswertänderungen am Ende der Laufzeit einer Investition entspricht ihrem Ertragswert zu Beginn der Laufzeit. Da der gesamte Ertragswert steuerfrei gestellt wird, gleicht der Kapitalwert vor Steuern dem Kapitalwert nach Steuern.

---

27 Weitere Modelle investitionsneutraler Besteuerung ließen sich nach folgender Überlegung bilden: Wenn für verschiedene Investitionsalternativen die Kapitalwerte vor Steuern K und die Kapitalwerte nach Steuern K_s als differenzierbare Funktionen betrachtet werden und stets dK_s/dK eine Konstante größer null ist und ein gleicher oder negativer Kapitalwert vor Steuern nicht zu einem positiven Kapitalwert nach Steuern führt, so bleibt die Rangordnung unter den Alternativen erhalten, vgl. *Reiner Schwinger:* Einkommens- und konsumorientierte Steuersysteme. Heidelberg 1992, S. 24–48.

Wenn i den Konkurrenzgleichgewichtspreis für die einperiodige Geldüberlassung bezeichnet und s den Grenzsteuersatz, so gilt hier für den Kalkulationszinsfuß im Steuerfall i_s

$$i_s = (1-s)i. \tag{3}$$

Investitionsneutralität wird im Standardmodell dadurch gewahrt, daß der Kapitalwert vor Steuern K dem Kapitalwert nach Steuern K_s gleicht, also

$$K = K_s. \tag{3a}$$

Das Standardmodell ist dadurch gekennzeichnet, daß es Investitionsneutralität mit Kapitalkostenneutralität koppelt: Gleiche Grenzsteuersätze $1 > s \geq 0$ für die Geldgeber bei Außenfinanzierung (Beteiligungs-, Fremdfinanzierung) und für Selbstfinanzierung werden für jeweils eine Periode vorausgesetzt. Sie müssen für die ein Handlungsprogramm im Konkurrenzgleichgewicht begrenzende Investition zu denselben effektiven Grenzsteuerbelastungen führen, d.h. Investitionsrendite und Kalkulationszinsfuß sinken proportional zum Grenzsteuersatz s:

$$r_s = (1-s)r \text{ mit } i_s = (1-s)i \text{ für Investitionen mit } K = 0. \tag{4}$$

Die Renditebedingung (4) gilt nur für eine Investition, deren Kapitalwert null ist. Für vorteilhafte Investitionen gilt

$$K_s = K > 0 \text{ bei } i_s = (1-s)i \text{ und } r_s > (1-s)r \tag{4a}$$

für den internen Zinsfuß ohne ausdrückliche Einplanung abweichender Wiederanlageverzinsung (bei von r abweichenden Wiederanlagezinsen kann $r_s \gtreqless (1-s)r$ werden, S. 221 f.).

Wie berechnet sich der zur Investitions- und Kapitalkostenneutralität erforderliche Periodisierungsbetrag?

Der Ertragswert vor Steuern im Zahlungszeitpunkt (t-1) wird mit E_{t-1} bezeichnet und der in t mit E_t. Wenn im Zahlungszeitpunkt t weder Ausgaben- noch Einnahmenüberschüsse anfallen, ist in t der Ertragswert E_{t-1} um die Zinsen hierauf auf E_t angewachsen; denn sämtliche künftigen Zahlungen werden in t um ein Jahr weniger abgezinst als in t-1. Deshalb gilt die Gleichung

$$E_t = (1+i)E_{t-1}. \tag{5}$$

Die Zinsen auf den Ertragswert im Zeitpunkt (t-1), also die Zinsen auf den Ertragswert zu Beginn der Periode t, heißen kapitaltheoretischer Gewinn. Geläufiger ist der Begriff „ökonomischer" Gewinn in wörtlicher Übersetzung von „economic profit". Diese Bezeichnung ist zu allgemein, um gut zu sein; denn dabei wird „ökonomischer Gewinn" gleich einer rechnerischen Folge aus einem Modell mit Kapitalmarkt im Konkurrenzgleichgewicht gesetzt. Ein „ökonomischer Gewinn" muß aber auch für andere Modellwelten: ohne Kapitalmarkt, bei unvollkommenen und unvollständigen Finanzmärkten unter Unsicherheit definiert werden.

Wirft die Investition im Zeitpunkt t Einnahmenüberschüsse in Höhe von Q_t ab, und werden diese Einnahmenüberschüsse entnommen, so sinkt der Ertragswert der Investition E_t um die entnommenen Beträge Q_t auf:

$$E_t = (1 + i) E_{t-1} - Q_t. \qquad (6)$$

Die Differenz zwischen dem Ertragswert in (t-1) und dem Ertragswert in t nach Entnahme der Einnahmenüberschüsse Q_t heißt Ertragswertabschreibung und wird mit D_t bezeichnet.

$$D_t = E_{t-1} - E_t = Q_t - iE_{t-1}. \qquad (7)$$

Die Ertragswertabschreibung bezeichnet also die Differenz zwischen dem Ertragswert zu Beginn einer Periode (dem letzten Zahlungszeitpunkt = Ende der Vorperiode) und dem Ertragswert am Ende einer Periode nach Entnahme des Einnahmenüberschusses. Damit gilt: *Die Ertragswertabschreibung gleicht dem Einnahmenüberschuß am Ende einer Periode abzüglich der Zinsen auf den Ertragswert zu Beginn der Periode (dem kapitaltheoretischen Gewinn).*

Verglichen mit steuerrechtlichen Gewinnermittlungsmethoden entspricht der kapitaltheoretische Gewinn einer Einnahmenüberschußrechnung nach § 4 Abs. 3 EStG mit einer gedachten Steuerrechtsänderung, die für abnutzbare und nicht abnutzbare Anlagen eine Ertragswertabschreibung vorsieht. Zusätzlich wird die steuerliche Abzugsfähigkeit von Zinsen auf Dividenden und geldwerte Vorteile in Höhe eines Konkurrenzgleichgewichtspreises für die einperiodige Geldüberlassung erweitert.

Führt eine Investition in einem Zeitpunkt t zu einem Ausgabenüberschuß, z.B. weil eine Generalüberholung die Umsatzeinnahmen übersteigt, so wird Q_t negativ und damit auch D_t. Eine negative Ertragswertabschreibung bedeutet eine Ertragswertzuschreibung. Diese hat zur Folge, daß der steuerpflichtige Gewinn über dem Zahlungssaldo der betreffenden Periode liegt. Richtig wäre deshalb, D_t als *Ertragswertänderung* zu bezeichnen. Es ist aber üblich, den Namen „Ertragswertabschreibung" auch für negative Beträge, also zugleich für Ertragswertzuschreibungen, zu benutzen.

Da der Begriff der Ertragswertabschreibung ungewohnt ist, sei er an Beispielen erläutert. Die folgende Tabelle stellt die Zahlen für die beiden ersten Beispiele zusammen:

	t_0	t_1	t_2
Zahlungsstrom	− 1.000	+ 600	+ 550
1. i = 10%, Ertragswert	+ 1.000		
Ertragswertabschreibung		500	500
2. i = 10%, Ertragswert	+ 1.056		
Ertragswertabschreibung		537	519

1. Im ersten Beispiel sei der Kalkulationszinsfuß i identisch mit der internen Verzinsung von 10%. Damit gleicht der Ertragswert den Anschaffungsausgaben. Der kapitaltheoretische Gewinn beträgt in t_1 folglich 0,1 · 1.000=100. Die Ertragswertabschreibung als Einnahmenüberschuß abzüglich kapitaltheoretischem Gewinn errechnet sich als 500. Im Zeitpunkt t_1, also zu Beginn des zweiten Jahres, entspricht hier der Ertragswert dem Barwert der Einnahme in t_2, also: 550-0,1 · 500 = 500. In diesem Beispiel gleicht die Ertragswertabschreibung einer buchhalterischen linearen Abschreibung auf die Anschaffungsausgaben.

Bei einem Steuersatz von 50% beträgt die Steuerzahlung in t_1: 0,5 (600-500) = 50 und in t_2: 0,5 · (550-500) = 25. Aus dem Zahlungsstrom nach Steuern

t_0	t_1	t_2
− 1.000	550	+ 525

errechnet sich eine Rendite nach Steuern r_s = (1-s)r = 5%.

2. Sinkt der Marktzinssatz auf 6%, dann liegt der Ertragswert bei rund 1.056 und damit über den Anschaffungsausgaben. Die Ertragswertabschreibung beträgt
in t_1: 600-0,06 · 1.056 = 537
in t_2: 550-0,06 (1.056-537) = 550 : 1,06 = 519.
Die Summe der beiden Ertragswertabschreibungen gleicht dem Ertragswert und übersteigt damit die Anschaffungsausgaben. Während bei einem Zinssatz von 10% die Ertragswertabschreibung einer linearen Abschreibung entsprach, reicht eine Zinssatzminderung aus, damit die Ertragswertabschreibung degressiv wird. Zudem wird im Widerspruch zum geltenden Bilanzrecht um den Kapitalwert mehr als die Anschaffungsausgaben als Aufwand verrechnet.

Die Steuerzahlung beträgt bei s = 50% in t_1: 0,5 (600-537) = 31,5 und in t_2: 0,5 (550-519) = 15,5. Aus dem Zahlungsstrom nach Steuern

t_0	t_1	t_2
− 1.000	568,5	+ 534,5

errechnet sich eine Rendite r_s > (1-s)r, nämlich 6,87%. Das Größenverhältnis der Renditen r_s > (1-s)r ändert sich auch nicht durch eine Kürzung der steuerlichen Abschreibung auf die Anschaffungsausgaben, also Division der Ertragswertabschreibung durch 1,056. Wird unterstellt, daß sich der Einnahmenüberschuß in t_1 nur zu 6% vor Steuern (3% nach Steuern) anlegen läßt, errechnet sich ein so modifizierter interner Zinsfuß bei Abschreibung der Anschaffungsausgaben von 5,83%. In diesem Fall wird r_s < (1-s)r.

Die beiden ersten Beispiele lehren hinsichtlich der steuerlichen Abschreibungsverrechnung: Nur wenn die Rendite dem Kalkulationszinsfuß gleicht und damit der Kapitalwert null ist, entspricht die Summe der Ertragswertabschreibungen den Anschaffungsausgaben und gleicht somit ungefähr dem Abschreibungsausgangsbetrag des geltenden Bilanzrechts, den „Anschaffungs- oder Herstellungskosten". Die Einschränkung „ungefähr" ist notwendig, weil die steuerrechtlichen Anschaffungskosten nicht immer und die steuerrechtlichen Herstellungskosten regelmäßig nicht dem Ausgabensaldo im Investitionszeitpunkt größengleich sind.

Bei gegebenem Zinssatz ist nur für einen ganz bestimmten, im Zeitablauf fallenden Verlauf der Einnahmen eine lineare Abschreibung gleich einer Ertragswertabschreibung. Bei im Zeitablauf gleichbleibenden Einnahmenüberschüssen steigt die Ertragswertabschreibung an, also der investitionsneutrale Abschreibungsverlauf ist progressiv. Erst bei stark fallenden Einnahmenüberschüssen wird eine degressive Abschreibung der Ertragswertabschreibung entsprechen. Eine Zinssatzänderung in einzelnen Perioden ändert Höhe und Verlauf der Ertragswertabschreibung. Dieses Rechenergebnis kann als zusätzliches Merkmal dafür angesehen werden, daß Abschreibungen und Zinsen ökonomisch aneinandergekoppelte Probleme sind.

3. Für die Zahlungsreihe

t_0	t_1	t_2
– 1.000	0	+ 1.210

gleicht die Rendite ebenfalls 10%. Entspricht die Rendite dem Marktzinssatz, so wird die Ertragswertabschreibung in t_1 negativ, weil von einem Einnahmenüberschuß von 0 die Zinsen auf den Ertragswert in t_0 abzuziehen sind. Es wäre also eine Zuschreibung von 100 notwendig, denn der Ertragswert der Zahlungsreihe in t_1=1.210 : 1,1 = 1.100. Im geltenden Bilanzrecht ist eine solche Zuschreibung verboten. Im Erfolgsausweis kommt allerdings die Bilanzierung einer mit Disagio ausgegebenen Finanzanlage beim Erwerber einer Zuschreibung gleich. Dieser bilanziert den Nennwert, stellt die Differenz zur Ausgabe in die passiven Rechnungsabgrenzungsposten ein und verrechnet jahresanteilig einen Ertrag daraus (S. 298 f.).

4. Für die Kreditaufnahme in Form einer zinslosen, aber mit Disagio ausgegebenen Anleihe (eines Zerobonds) mit

t_0	t_1	t_2
+ 1.000	0	– 1.210

betragen die Kapitalkosten 10% (Rendite -10%). Bilanzrechtlich wird dieser Zerobond zum Ausgabebetrag 1.000 passiviert und in t_1 um die aufgelaufenen Zinsen erhöht[28], so daß in t_1 die Schuld 1.100 beträgt. Insoweit gleicht der Ansatz gemäß geltendem Bilanzrecht dem „kapitaltheoretischen" Bilanzansatz, der die Schuld zu ihrer Rendite von 10% bewertet. Vorauszusetzen ist dabei, daß diese 10% dem Konkurrenzgleichgewichtspreis auf dem Kapitalmarkt entsprechen. Zur steuerlichen Behandlung von Zerobonds bei Nichtbilanzierenden vgl. S. 299.

---

28 Vgl. Schreiben des BMF vom 5.3.1987, BStBl I 1987, S. 394; *Adler, Düring, Schmaltz:* Rechnungslegung und Prüfung der Unternehmen. 5. Aufl., Stuttgart 1987, § 253 Randziffer 81-83.

5. Eine Investition ende z.B. wegen Abbruchkosten oder Giftmüllbeseitigung mit einem Ausgabenüberschuß, z.B.

t_0	t_1	t_2
− 1.000	+ 1.200	− 110

Der Marktzinssatz betrage 10% und folglich entwickelt sich der kapitaltheoretische Gewinn so:

t_1: Marktzins 10% mal Ertragswert zu Beginn der Periode 1 von 1000 = 100; Ertragswertabschreibung 1200-100 = 1100; der Ertragswert in t_1 errechnet sich als Ertragswert in t_0 (1000) minus Ertragswertabschreibung in t_1 (1100) = -100.

t_2: Marktzins 10% mal Ertragswert zu Beginn der Periode 2 (Ende der Periode 1) -100 = -10, Ertragswertabschreibung in t_2 also -110 -(-10) = -100.

Eine negative Ertragswertabschreibung bedeutet eine Zuschreibung, also hier einen steuerpflichtigen Ertrag, der die Ausgabe von 110 in t_2 auf einen kapitaltheoretischen Gewinn von - 10 mindert. Der steuerpflichtige entscheidungsneutrale Gewinn beträgt also in t_1: + 100, in t_2: -10.

Beim Steuersatz s = 60% beträgt damit die Steuerzahlung in t_1 -60 und in t_2 bei sofortigem Verlustausgleich + 6. Der Zahlungsstrom lautet nach Steuern

t_0	t_1	t_2
− 1.000	+ 1.140	− 104

Der Kalkulationszinsfuß i=10% sinkt auf i_s = (1-0,6) 10% = 4%, und wie vor Steuern errechnet sich ein Kapitalwert von null.

6. Eine Finanzierung ende wegen nachträglicher Gutschriften mit einer Einnahme, z.B. t_0: + 1000; t_1: - 1200; t_2: + 110. Bei 10% Marktzins entsteht hier in t_1 ein kapitaltheoretischer Verlust von - 100, der ebenfalls einen sofortigen Verlustausgleich beansprucht, sofern nicht die damit finanzierte Investition durch ihre Einnahmen in t_1 diesen Verlust bereits ausgleicht.

Aus 5. und 6. wird ersichtlich: Das Standardmodell reduziert gegenüber einer Cashflow-Besteuerung die Höhe eines sofortigen Verlustausgleichs erheblich: Nicht für Ausgabenüberschüsse in sämtlichen Zahlungszeitpunkten wird ein sofortiger Verlustausgleich benötigt, sondern im Modell unter Sicherheit bei Investitionen nur dann, wenn Ausgabenüberschüssen in späteren Zahlungszeitpunkten keine Einnahmenüberschüsse folgen, die zu einem positiven Restertragswert führen. Finanzierungen verlangen unter Sicherheit einen sofortigen Verlustausgleich dann, wenn auf Ausgabenüberschüsse nur noch Einnahmenüberschüsse folgen[29].

---

29 Falsch ist die Behauptung von *O. Yul Kwon:* The neutral, pure profit, and rate of return taxes: their equivalence and differences. In: Public Finance, Vol. 38 (1983), S. 81-97, hier S. 86, das Standardmodell „does not require any loss-offset system".

bb) Die Bedingungen für Investitionsneutralität mit Kapitalkostenneutralität im einzelnen

Das Modell des kapitaltheoretischen Gewinns (und seiner kapitalwertgleichen Umperiodisierungen) ist das einzige, das Investitionsneutralität und Kapitalkostenneutralität verbindet. Wegen der Implikation, daß der Kapitalwert nach Steuern dem vor Steuern gleicht, ändert die Gewinnbesteuerung hier weder die Rangordnung sich ausschließender Investitionsvorhaben noch den Investitionsumfang. Dies läßt sich im einzelnen wie folgt beweisen.

Der steuerpflichtige Gewinn im Jahre t beträgt Q_t-A_t mit Q_t als Zahlungssaldo und A_t als dem steuerrechtlichen Periodisierungsaufwand (z.B. Anlagenabschreibung oder Rechnungsabgrenzungsposten); ein steuerrechtlicher Periodisierungsertrag würde A_t negativ werden lassen. Der Einfachheit halber wird ein positives und negatives A_t im weiteren als Abschreibung bezeichnet.

Die Einnahmenüberschüsse des letzten Nutzungsjahrs Q_n schließen dabei Veräußerungserlöse ein, die Abschreibung des letzten Nutzungsjahrs A_n zugleich die Ausbuchung eines Restbuchwertes. Die Gewinnsteuerzahlung errechnet sich als Steuersatz mal steuerpflichtiger Gewinn, also s_t (Q_t-A_t). Hier bezeichnet s_t den für die Periode t anzuwendenden Grenzsteuersatz; er kann in den einzelnen Perioden unterschiedlich hoch sein und für jeden Zahlungszeitpunkt von der Höhe des steuerpflichtigen Gewinns abhängen.

Der Abzinsungsfaktor beträgt daraufhin für jedes Jahr t

$$(1 + i_s)^{-t} = (1 + i - is)^{-t}. \qquad (8)$$

Der Kapitalwert der einmaligen Investition nach Steuern K_s lautet damit, wenn I für die Anschaffungsausgabe steht:

$$K_s = -I + \sum_{t=1}^{n} [Q_t - s(Q_t - A_t)](1 + i_s)^{-t} \text{ bzw.} \qquad (9)$$

$$K_s = (1-s) \sum_{t=1}^{n} Q_t (1 + i_s)^{-t} - I + s \sum_{t=1}^{n} A_t (1 + i_s)^{-t}. \qquad (9a)$$

In Worten: Im Standardmodell gleicht der Kapitalwert nach Steuern dem versteuerten Ertragswert abzüglich der Anschaffungsausgaben zuzüglich dem Barwert der Steuerminderungen aufgrund steuerrechtlicher Abschreibungen einschließlich des Restbuchwertes. Dabei ist der versteuerte Kalkulationszinsfuß anzuwenden. Die Gleichung (9) unterstellt einen für alle Perioden konstanten Grenzsteuersatz. Diese Annahme ist nicht nötig, wie aus (13) folgen wird. Die Berücksichtigung von Jahr zu Jahr wechselnder Steuer- und damit Abzinsungssätze bläht allerdings die Gleichungen (9) ff in unübersichtlicher Weise auf.

Vergleichen wir den Kapitalwert vor Steuern

$$K = \sum_{t=1}^{n} Q_t (1 + i)^{-t} - I, \qquad (10)$$

mit dem Kapitalwert nach Gleichung (9), dann läßt sich ableiten, unter welchen Bedingungen eine Gewinnbesteuerung investitionsneutral wirkt. Die Anschaffungsausgabe kürzt sich hierbei heraus und es bleibt

$$s \sum_{t=1}^{n} A_t (1 + i_s)^{-t} = \sum_{t=1}^{n} Q_t (1 + i)^{-t} - (1-s) \sum_{t=1}^{n} Q_t (1 + i_s)^{-t}. \qquad (11)$$

In Worten: Die Gewinnbesteuerung beeinflußt die Vorteilhaftigkeit von Investitionen dann nicht, wenn der Barwert der Steuerminderungen aufgrund aller steuerrechtlichen Periodisierungsaufwendungen der Differenz gleicht zwischen Ertragswert der Anlage vor Steuern (berechnet zum Konkurrenzgleichgewichtszinssatz vor Steuern) abzüglich dem versteuerten Ertragswert der Anlage (berechnet zum Konkurrenzgleichgewichtszinssatz nach Steuern).

Aus der Umstellung

$$s \sum_{t=1}^{n} (Q_t - A_t)(1 + i_s)^{-t} = \sum_{t=1}^{n} Q_t (1 + i_s)^{-t} - \sum_{t=1}^{n} Q_t (1 - i)^{-t} \qquad (11a)$$

erkennen wir zwei gegenläufige Effekte, welche die Investitionsneutralität herbeiführen: Auf der linken Seite einen Steuerzahlungseffekt, ausgedrückt im Barwert der Steuerzahlungen, auf der rechten Seite einen steuerbedingten Zinsminderungseffekt; denn bei Besteuerung sind die Einnahmenüberschüsse mit dem proportional zum jeweiligen Steuersatz verkürzten Kalkulationszinsfuß abzuzinsen. Investitionsneutralität verlangt hier, daß der Barwert der Steuerzahlungen der Barwerterhöhung aufgrund der steuerbedingten Zinsminderung entsprechen muß.

Die hinreichende Bedingung, damit die Gewinnbesteuerung im Standardmodell keinen Einfluß auf die Vorteilhaftigkeit von Investitionen nimmt, ist ein bestimmtes Verhältnis zwischen steuerrechtlichem Verlauf der Abschreibungen und Verlauf der Zahlungssalden während der Nutzungsdauer der Investition. Folgende Überlegungen lassen dieses Verhältnis erkennen:

Der Ertragswert nach Steuern in t gleicht dem aufgezinsten Ertragswert nach Steuern in (t-1) abzüglich des entnommenen versteuerten Betrages. Der versteuerte entnommene Betrag entspricht dem Einnahmenüberschuß nach Abzug der Steuerzahlungen als Produkt von jeweiligem Steuersatz und steuerpflichtigem Gewinn. Dabei errechnet sich der steuerpflichtige Gewinn als Saldo aus Einnahmenüberschuß abzüglich steuerlicher Abschreibung. Als Zinssatz ist der Zinssatz nach Steuern anzusetzen, so daß für den Ertragswert nach Steuern E_{st} gilt:

$$E_{st} = E_{st-1} + (1-s) i E_{st-1} - [Q_t - s(Q_t - A_t)]. \tag{12}$$

Setzt man den Ertragswert vor Steuern im Zeitpunkt t gemäß Gleichung (6) gleich dem Ertragswert nach Steuern im selben Zeitpunkt, dann folgt

$$(1+i) E_{t-1} - Q_t = E_{st-1} + (1-s) i E_{st-1} - [Q_t - s(Q_t - A_t)]. \tag{12a}$$

Daraus errechnet sich, weil $E_{t-1} = E_{st-1}$ gesetzt wurde,

$$s A_t = s(Q_t - i E_{t-1}) \text{ bzw.} \tag{13}$$

$$A_t = D_t. \tag{14}$$

Folgerung: Die steuerrechtliche Abschreibung in jedem Zeitpunkt t muß der Ertragswertabschreibung entsprechen, soll der Ertragswert in den Zeitpunkten (t-1) und t vor Steuern und nach Steuern gleich hoch sein[30]. Der in t jeweils geltende Grenzsteuersatz für den steuerpflichtigen Gewinn s_t nimmt keinen Einfluß auf den Investitionsneutralität sichernden Periodisierungsbetrag.

Berücksichtigt man auf beiden Seiten der Gleichung zusätzlich den Einnahmenüberschuß, dann lautet die Bedingung für die Einflußlosigkeit: *Der steuerpflichtige Gewinn eines Jahres muß dem kapitaltheoretischen Gewinn desselben Jahres gleichen.*

Zu dieser Bedingung für die Investitionsneutralität der Besteuerung gesellen sich sämtliche kapitalwertgleichen Umperiodisierungen der Bedingung. Eine kapitalwertgleiche Umperiodisierung besteht darin, in einigen Perioden steuerlich mehr, in anderen weniger abzuschreiben. Im Saldo muß der Barwert der steuerrechtlichen Abschreibungen dem Barwert der Ertragswertabschreibungen gleichen. Dabei ist der Barwert mit dem Zinssatz nach Steuern zu berechnen, weil ein Vorauseilen oder Zurückbleiben der steuerrechtlichen Abschreibung um eine Periode nur durch Verzinsung mit dem versteuerten Zinssatz ausgeglichen werden kann. Investitionsneutralität der Besteuerung ist also auch dann gewahrt, wenn

$$\sum_{t=1}^{n} A_t (1 + i_s)^{-t} = \sum_{t=1}^{n} D_t (1 + i_s)^{-t}. \tag{15}$$

In Worten: Wenn die Gewinnbesteuerung im Standardmodell keinen Einfluß auf die finanzielle Vorteilhaftigkeit einer Investition nehmen soll, dann muß der Barwert der steu-

---

30 Vgl. *Gabriel A.D. Preinreich:* Models of Taxation in the Theory of the Firm. In: Economia Internazionale, Vol. 4 (1951), S. 372-397, hier S. 387; *Sven-Erik Johansson:* Skatt – investering – värdering. Stockholm 1961, S. 216 f.; *Paul A. Samuelson:* Tax Deductibility of Economic Depreciation to Insure Invariant Valuation. In: The Journal of Political Economy, Vol. 72 (1964), S. 604-606.

erlichen Abschreibung dem Barwert der Ertragswertabschreibung gleichen, berechnet zum Zinssatz nach Steuern. Der Leser beachte bei der kapitalwertgleichen Umperiodisierung nach (15), daß die Ertragswertabschreibungen selbst gemäß (7) mit dem Zinssatz vor Steuern berechnet werden, jedoch der Barwert der Ertragswertänderungen und der Barwert der steuerlichen Aufwandsverrechnung mit dem Zinssatz nach Steuern zu ermitteln ist.

Der letzten Gleichung entspricht inhaltlich die Aussage, daß der Barwert aller steuerpflichtigen Gewinne einer Investition dem Barwert aller kapitaltheoretischen Gewinne (d.h. ihrem Ertragswert) entsprechen muß, berechnet zum Zinssatz nach Steuern.

Investitionsneutralität der Steuerzahlungen ist dabei für einen vorgegebenen proportionalen und während des Planungszeitraums unveränderten Steuersatz definiert. Die kompensierende Neutralität gemäß Gleichung (15) ist nicht unabhängig vom jeweiligen Steuersatz s_t, weil im Kalkulationszinssatz der Steuersatz vorkommt[31]. Steuersatzunabhängig ist allein die Periodenbedingung (14). Ihr ökonomischer Gehalt ist jedoch kaum größer als jener der Bedingung (15), weil auch sie nur für ein Modell mit vollkommenem und vollständigem Kapitalmarkt im Konkurrenzgleichgewicht abgeleitet ist.

Im Unterschied zum geltenden Steuerrecht wird bei Investitionsneutralität mit Kapitalkostenneutralität der Ertragswert einer Investition steuerfrei gestellt. Nicht nur die Anschaffungsausgaben, sondern auch der Kapitalwert einer Investition zählen hier zum gewinnsteuerlich nicht erfaßten „zu erhaltenden Kapital". Aus dem Sachverhalt, daß Kapitalwerte ("Kapitalgewinne") hier steuerfrei bleiben, darf allerdings nicht geschlossen werden: „Die Besteuerung des ökonomischen Gewinns belastet allein die Verlagerung von Konsum in spätere Perioden; hier ist bei vollkommenem Kapitalmarkt steuerfreier Sofortkonsum des Anfangskapitalwerts möglich"[32]. Im Konkurrenzgleichgewicht des vollkommenen Kapitalmarktes ist der Konsum von der Investition vollständig getrennt. Insofern ist entweder ein steuerfreier Sofortkonsum des Anfangskapitalwerts in t_0 möglich oder ein steuerfreier späterer Konsum des aufgezinsten Kapitalwerts oder ein steuerfreier Periodenkonsum in Höhe von dessen Annuität usw. Abwegig ist es deshalb, davon zu reden, daß die Besteuerung des ökonomischen Gewinns allein die Verlagerung des Konsums in spätere Perioden belaste.

Aus der Irrelevanz der Außen- und Selbstfinanzierung für die Investitionen darf auch nicht gefolgert werden, daß die Höhe der Konsumentnahmen vom Kapitalwert des Investitionsprogramms unabhängig sei. Die Höhe eines zeitverteilten Stroms von Konsumentnahmen wird vielmehr durch den Kapitalwert als Zeitpunktgröße gemessen, und Konsumkredite (über die eine andere zeitliche Verteilung der Konsumentnahmen als die

---

31 Die Kritik von Steiner an der Gleichung (15) beruht auf einer Verwechslung von Einflußlosigkeit bei gegebenem Steuersatz und Steuersatzunabhängigkeit des Kapitalwertes, wie Georgi herausgearbeitet hat. Vgl. *Jürgen Steiner:* Gewinnsteuern in Partialmodellen für Investitionsentscheidungen. Berlin 1980, S. 147 f.; *Andreas A. Georgi:* Steuern in der Investitionsplanung. Hamburg 1986, S. 37 f.
32 *Ekkehard Wenger:* Lebenszeitbezogene Gleichmäßigkeit als Leitidee der Abschnittsbesteuerung. In: Finanzarchiv, NF, Bd. 43 (1985), S. 307-327, hier S. 324.

durch den ökonomischen Gewinn errechnete verwirklicht wird) müssen mit Zins und Zinseszins vor dem Tag des jüngsten Gerichts zurückgezahlt werden[33].

Der Sachverhalt, daß bei Besteuerung des kapitaltheoretischen Gewinns der Anfangskapitalwert steuerfrei gestellt wird und zum zu erhaltenden Kapital zählt, hat zur Folge, daß bei Investitionen unter Ungewißheit, falls sich eine Zukunftslage mit negativem Kapitalwert verwirklicht, dieser Verlust ebenfalls steuerlich nicht verrechnet werden darf. Der sofortige Verlustausgleich bezieht hier (im Gegensatz zu einer Cash-flow-Besteuerung) nie die Anfangsinvestitionsausgabe ein. Beispiel:

Eine Investition läßt zwei gleichwahrscheinliche Zukunftslagen A und B bei einem Konkurrenzgleichgewichtszins von 10% erwarten, wobei der Investor der Einfachheit wegen risikoneutral (nach dem Erwartungswert der Kapitalwerte für A und B) entscheiden soll:

t_0		t_1	t_2	
	A	0	1.694	Ertragswert A: + 1.400
− 1.000				
	B	0	847	Ertragswert B: + 700

Für die Zukunftslage B errechnet sich ein negativer Kapitalwert von 300, jedoch in t_1 ein zu versteuernder kapitaltheoretischer Gewinn von 10% auf 700 = 70 und in t_2 von 10% auf 770 = 77. Wenn der Steuersatz 50% beträgt, sind in t_1 35, in t_2 38,5 an Steuern zu zahlen, obwohl ein negativer Kapitalwert von 300 vorliegt. Dieser „Kapitalverlust" ist in einer investitionsneutralen Besteuerung nicht zu berücksichtigen.

Der Sachverhalt, daß eine Besteuerung des kapitaltheoretischen Gewinns sowohl Kapitalgewinne (positive Kapitalwerte) als auch Kapitalverluste (negative Kapitalwerte) steuerfrei stellt, ist ein ausschlaggebendes Merkmal dafür, daß der kapitaltheoretische Gewinn eine modellmäßig exakte Explikation der römisch-rechtlichen Frucht- bzw. Quellentheorie des Einkommens darstellt. Im Gegensatz dazu bezieht die Reinvermögenszugangstheorie gerade Kapitalgewinne (Veräußerungsgewinne) und Kapitalverluste (Veräußerungsverluste) ein[34]. Da gemeinhin gerade wegen der steuerlichen Berücksichtigung von Veräußerungsgewinnen und -verlusten das Einkommen im Sinne der Reinvermögenszugangstheorie besser als das Einkommen im Sinne der Quellentheorie als Maß für

---

33 Dies wurde schon in *Dieter Schneider:* Erwiderung. In: ZfbF, Jg. 26 (1974), S. 770 f., herausgestellt.
34 Vgl. *Dieter Schneider:* Die Wissenschaftsgeschichte der Trennung von Kapital und Einkommen: Ökonomische Zwänge gegen gesellschaftspolitische Konventionen. In: Studien zur Entwicklung der ökonomischen Theorie I, hrsg. von F. Neumark, Berlin 1981, S. 137-161, S. 146.
Begriffliche Fehleinordnungen von Finanzwissenschaftlern haben die Reinvermögenszugangstheorie (bzw. das Schanz-Haig-Simons-Konzept des Einkommens) und damit näherungsweise die steuerliche Gewinnermittlung nach den §§ 5 - 7 EStG auf die gleiche Stufe gestellt wie das Konzept vom „ökonomischen" Gewinn und dieses Konzept gegen eine Besteuerung des reinen Einnahmenüberschusses im Sinne einer Cash-flow-Besteuerung abgehoben; so z. B. *Sinn:* Kapitaleinkommensbesteuerung, S. 48.

steuerliche Leistungsfähigkeit zur Wahrung von Gleichmäßigkeit der Besteuerung gilt, zeigt sich hieran, daß für die Beurteilung von Entscheidungswirkungen durchaus nicht dieselben ökonomischen Bezugsgrößen geeignet sind wie für die Beurteilung von Verteilungsfolgen im Hinblick auf Gleichmäßigkeit der Besteuerung.

3. Die investitionsneutralen Steuerbemessungsgrundlagen des kapitaltheoretischen Gewinns und des Cash-flows im Vergleich

aa) Gemeinsame Abweichungen zum steuerrechtlichen Gewinn und unterschiedliche Voraussetzungen untereinander

Wenn Investitionsneutralität erreicht werden soll, muß jede Investitionstätigkeit steuerlich gleich behandelt werden: in Land- und Forstwirtschaft, freiberuflicher Tätigkeit, bei Einzelkaufmann und Kapitalgesellschaft. Jeder, der in Grundstücken investiert, um Einkünfte aus Vermietung und Verpachtung zu erzielen, ja sogar der einzelne Steuerpflichtige als Sparer bzw. Börsenspekulant muß als „selbständig steuerpflichtiges Unternehmen" steuerrechtlich eingestuft werden. Verzichtet der Steuergesetzgeber an irgendeiner Stelle auf die Gleichbehandlung aller Investitionen, ergeben sich sofort Verstöße gegen eine Investitionsneutralität der Besteuerung.

Beide Gewinnermittlungsmodelle, die Investitionsneutralität von Steuerzahlungen definieren, haben mit der Steuerbilanz nach § 5 EStG fast nichts gemeinsam. Sie bauen vielmehr grundsätzlich auf Einnahmenüberschußrechnungen auf. Dabei werden entgegen der Einnahmenüberschußrechnung der §§ 2 bzw. 4 Abs. 3 EStG zusätzliche (Betriebs-)Einnahmen und Betriebsausgaben bzw. Werbungskosten unterstellt, z.B. Abschreibungen nach dem Ertragswert, aber auch ein sofortiger Verlustausgleich.

Gegenüber der heutigen Steuerbilanz wird sowohl bei einer Steuerbemessungsgrundlage kapitaltheoretischer Gewinn als auch bei einer Besteuerung des Cash-flow

a) das Realisationsprinzip der handelsrechtlichen GoB ersetzt durch eine Barrealisation (Zahlungszufluß oder -abfluß),

b) der Grundsatz der Verlustvorwegnahme (Imparitätsprinzip, niedrigerer Teilwert) und der Grundsatz eines vernünftigen kaufmännischen Prognose-Ermessens gestrichen; an ihre Stelle tritt ein sofortiger Verlustausgleich, bei Cash-flow-Besteuerung verbunden mit einem im Planungszeitraum konstanten Grenzsteuersatz.

c) Das Periodisierungsprinzip innerhalb der GoB, das sich in den vielfältigen steuerrechtlichen Vorschriften zur Abschreibungsverrechnung, zu den Rechnungsabgrenzungsposten, der Behandlung des Nießbrauchs niederschlägt, wird

(1) entweder beseitigt durch eine sofortige Aufwandsverrechnung für jede Anschaffungsausgabe (Cash-flow-Besteuerung) oder

(2) ersetzt durch eine einzige kapitaltheoretische Periodisierungsregel (Ertragswertabschreibung oder -zuschreibung als Periodisierungsverfahren, um den Zahlungssaldo auf die Höhe des kapitaltheoretischen Gewinns zu korrigieren);

(3) entfaltet durch kapitalwertgleiche Umperiodisierungen des Cash flows oder des ökonomischen Gewinns.

d) Sämtliche weiteren Einzelvorschriften zur steuerrechtlichen Gewinnermittlung entfallen zugunsten einer Einnahmenüberschußrechnung unter Ausschluß von Finanzierungszahlungen und Lebenshaltungsausgaben.

Investitionsneutralität verlangt folgende Voraussetzungen, wobei die ersten vier gleich sind für eine Cash-flow-Besteuerung (1) und eine Besteuerung des kapitaltheoretischen Gewinns (2) und natürlich auch für deren kapitalwertgleiche Umperiodisierungen (3):

1. Vollständige Kenntnis der Zahlungsströme und nur eine Zukunftslage wird betrachtet.

2. Nichtüberwälzbarkeit: Die Zahlungsströme im Modell ohne Steuern gleichen denen bei Besteuerung (bis auf die Steuerzahlungen).

3. Nichtenteignung: Das, was im Modell als Gewinn gilt, wird mit einem Grenzsteuersatz s belastet, wobei $1 > s \geq 0$ ist.

Abweichungen zwischen den Modellen investitionsneutraler Besteuerung mit steuersatzunabhängigem Kalkulationszinsfuß (Cash-flow-Besteuerung) und mit steuersatzabhängigem Kalkulationszinsfuß (Besteuerung des kapitaltheoretischen Gewinns) ergeben sich bei den vier folgenden Voraussetzungen:

4. Bei Besteuerung des kapitaltheoretischen Gewinns kann wegen (14), S. 226, der Steuersatz für jeden Periodengewinn unterschiedlich hoch sein. Bei einer Cash-flow-Besteuerung, ihrer Umperiodisierung und der Umperiodisierung des kapitaltheoretischen Gewinns kann die Rangordnung alternativer Investitionen von der Höhe der Steuersätze in den jeweiligen Perioden abhängen; deshalb muß hier der Steuersatz während des gesamten Planungszeitraums konstant und für alle Gewinne gleich hoch sein.

5. Steuerzahlungen sind zu jedem Zahlungszeitpunkt aus dem Gewinn zu leisten; ein Verlust führt in diesem Zeitpunkt zu einer Zuzahlung durch den Fiskus:

a) Ein sofortiger Verlustausgleich erfolgt bei Cash-flow-Besteuerung in Höhe des Betrages Grenzsteuersatz mal Ausgabenüberschuß in jedem Zahlungszeitpunkt.

b) Bei Besteuerung des kapitaltheoretischen Gewinns reduziert sich der sofortige Verlustausgleich auf den Betrag Grenzsteuersatz mal ökonomischer Verlust (Ausgabenüberschuß korrigiert um den Periodisierungsbetrag, vgl. die Beispiele S. 223).

c) Nur bei den kapitalwertgleichen Umperiodisierungen läßt sich der sofortige Verlustausgleich über verzinsliche Verlustrückträge oder -vorträge vermeiden (S. 235), allerdings auch hier nur in einer Modellwelt ohne Ex-post-Überraschungen.

6. Steuerbemessungsgrundlage bilden unterschiedliche Gewinnbegriffe:

a) Im Modell einer Cash-flow-Besteuerung gilt der Zahlungssaldo eines Investitionsvorhabens in jedem Zahlungszeitpunkt als Steuerbemessungsgrundlage: ein Einnahmenüberschuß als zu versteuernder Gewinn, ein Ausgabenüberschuß als anteilig mit dem Grenzsteuersatz auszugleichender Verlust. Aufgrund dieses übervereinfachend als „Sofortabschreibung" bezeichneten Sachverhaltes löst bereits die Anfangsinvestitionsausgabe in t_0 eine steuerbedingte Innenfinanzierung aus: Minderung der Steuerzahlungen aus

Einnahmenüberschüssen früherer Investitionen oder Verlustausgleichszahlungen des Fiskus.

b) Im Modell einer Besteuerung des kapitaltheoretischen Gewinns wird ein Periodisierungsbetrag errechnet, durch den der kapitaltheoretische Gewinn vom Zahlungssaldo eines jeden Abrechnungszeitpunkts = Zahlungszeitpunkts abweicht.

c) Kapitalwertgleiche Umperiodisierungen der entscheidungsneutralen Gewinnermittlung nach a) oder b) bewirken Ertrag- und Aufwandrechnungen, die sich für eine einzelne Periode von den Zahlungssalden vollständig lösen können, jedoch zu demselben Kapitalwert nach Steuern führen wie die Grundformen der Besteuerung des Cash-flow oder des ökonomischen Gewinns. Erst solche kapitalwertgleichen Umperiodisierungen ermöglichen einen entscheidungsneutralen „Vermögensvergleich".

7. Der Kalkulationszinsfuß entspricht dem Konkurrenzgleichgewichtspreis für die einperiodige Geldüberlassung und ist nach Steuern

a) bei der Cash-flow-Besteuerung von der Höhe des konstanten Grenzsteuersatzes unabhängig. Gleichgültig, ob der Steuersatz 0, 50 oder 90% beträgt, stets muß der betriebswirtschaftlich richtige Kalkulationszinsfuß dem Konkurrenzgleichgewichtszinssatz vor Steuern gleichen.

b) Bei der Besteuerung des kapitaltheoretischen Gewinns verändert sich die Höhe des Kalkulationszinsfußes jeder Periode proportional zum Grenzsteuersatz s_t der jeweiligen Periode, um Kapitalkostenneutralität einzuhalten.

c) Eine der kapitalwertgleichen Umperiodisierungen des Cash-flow läßt sich mit dem steuersatzabhängigen Kalkulationszinsfuß gemäß b) in der Weise verbinden, daß in die Modelldefinition der Steuerzahlungen die Abzugsfähigkeit von Zinsaufwand eingeht (S. 233 f.).

Leicht verwirren können folgende Zusammenhänge zwischen Besteuerung des kapitaltheoretischen Gewinns und das Cash-flow: Eine Besteuerung des kapitaltheoretischen Gewinns zählt den gesamten Ertragswert zum steuerlich zu erhaltenden Kapital, stellt also den Kapitalwert steuerfrei. Sie führt aber dennoch zu Steuerzahlungen und folglich zu Steuereinnahmen durch den Fiskus; denn beim Anteilseigner langt nur eine versteuerte Verzinsung an (gemäß dem Kalkulationszinsfuß nach Steuern). Demgegenüber führt eine Cash-flow-Besteuerung zu einem proportional zum Steuersatz verkürzten Kapitalwert, stellt Zinseinnahmen steuerfrei, verbietet folglich beim Investor die Abzugsfähigkeit von Zinsausgaben und gibt den Unternehmungen die Möglichkeit, eine Steuerzahlung durch Reinvestition von Einnahmenüberschüssen zu vermeiden. Sie liefert in diesem Fall dem Fiskus keine Steuereinnahmen aus dem Wirtschaftssektor Unternehmungen, wenn nicht der Reinvestition von Einnahmenüberschüssen Grenzen auferlegt werden.

bb) Vermögensvergleiche über kapitalwertgleiche Umperiodisierungen

In einem Kapitalmarkt im Konkurrenzleichgewicht sind Änderungen der steuerrechtlichen Gewinnermittlungsvorschriften bedeutungslos, solange sie kapitalwertgleiche Um-

periodisierungen eines entscheidungsneutralen Gewinnermittlungsrechts darstellen[35].
Dies gilt für eine Besteuerung des kapitaltheoretischen Gewinns ebenso wie für eine
Cash-flow-Besteuerung; hierzu seien zwei Beispiele erläutert.

a) Eine kapitalwertgleiche Umperiodisierung des Cash-flow bewirkt hinsichtlich des
Kapitalwerts definitionsgemäß dasselbe wie eine Cash-flow-Besteuerung, sofern der Kalkulationszinsfuß für die entscheidungsneutrale Umperiodisierung steuersatzunabhängig
ist. Am Beispiel werden Verrechnungsvarianten für den Aufwand bei dieser Investitionsneutralität durch $K_s = (1-s) K$ deutlich:

Für die Investition:

	t_0	t_1	t_2
	-10.000	0	$+12.100$

beträgt der Kapitalwert bei 6% Konkurrenzgleichgewichtszins + 769. Drei Arten steuerlicher aufwandsverrechnung seien zulässig:

	t_0	t_1	t_2
(1) Sofortabschreibung	10.000	0	0
(2) Abschreibung in t_1	0	10.600	0
(3) Endabschreibung bei Ausscheiden	0	0	11.236

Bei einem konstanten Grenzsteuersatz von 50% betragen

	t_0	t_1	t_2
(1) die Steuererstattung/-zahlung	+ 5.000	0	− 6.050
die Zahlungen nach Steuern	− 5.000	0	+ 6.050
(2) die Steuererstattung/-zahlung	0	+ 5.300	− 6.050
die Zahlungen nach Steuern	− 10.000	+ 5.300	+ 6.050
(3) die Steuererstattung/-zahlung	0	0	− 432
die Zahlungen nach Steuern	− 10.000	0	+ 11.668

---

35 Darauf beruht eine Reihe von Aussagen über die Einflußlosigkeit steuerlicher Abschreibungen oder anderen, von den Zahlungen abweichenden periodischen Aufwands- und Ertragsverrechnungen, vgl. neben den Quellen aus Fn. 30 f. *Dieter Schneider:* Der Einkommensbegriff und die Einkommensteuerrechtsprechung. In: Finanzarchiv, Bd. 42 (1984), S. 407-432, bes. S. 414 f.; *Ekkehard Wenger:* Einkommensteuerliche Periodisierungsregeln, Unternehmenserhaltung und optimale Einkommensbesteuerung, Teil 1. In: ZfB, Jg. 55 (1985), S. 710-730, hier S. 724; Teil II. In: ZfB, Jg. 56 (1986) S. 132-151, hier S. 138 f.; vgl. auch *Alvin C. Warren, Jr.:* The Timing of Taxes. In: National Tax Journal, Vol. 39 (1986), S. 499-505. Erstmals klar herausgearbeitet erscheint der Zusammenhang bei *Martin J. Bailey:* Cumulative Averaging and Neutrality. In: Public and Urban Economics, ed. by R.E. Grieson, Lexington, Mass. u.a. 1976, S. 31-41.

In allen drei Fällen errechnet sich bei i = 6% K_s = 384,5, also die Hälfte des Kapitalwerts vor Steuern. Natürlich verletzt der Aufwand aus den kapitalwertgleichen Umperiodisierungen (2) und (3) der Ausgabe in t_0 den bilanzrechtlichen Grundsatz „Summe der Periodengewinne gleich Totalgewinn im Sinne eines Zahlungssaldos". Diese kapitalwertgleiche Umperiodisierung eines Cash-flow verstößt also gegen nominelle Kapitalerhaltung.

Die Bedingung für die Rendite $r_s=r$ gilt hingegen bei einer kapitalwertgleichen Umperiodisierung des Cash-flow nur dann, wenn in den drei Fällen der Konkurrenzgleichgewichtszinssatz i der Rendite vor Steuern r gleicht. Bei i=6% für die kapitalwertgleiche Umperiodisierung errechnet sich für (1) $r=r_s$=10%, weil keine Umperiodisierung erfolgt, für (2) (bei Wiederanlage in t_1 zu r_s) hingegen r_s=8,7% und für (3) r_s=8,02%.

Folglich lassen sich Vermögensvergleiche konstruieren, in denen statt periodischer Abschreibungen nur Ausbuchungen von Wirtschaftsgütern bei deren Ausscheiden vorkommen, sobald von der ökonomisch willkürlichen Annahme abgerückt wird, daß die Anschaffungsausgaben die Höchstgrenze einer gewinnmindernden Aufwandsverrechnung für Wirtschaftsgüter bilden. Abweichungen des Zeitpunkts der steuerrechtlichen Ertrags- und Aufwandsverrechnung vom Zeitpunkt der Einnahmen und Ausgaben sind dann durch Aufzinsen oder Abzinsen mit dem Kalkulationszinssatz zu neutralisieren.

Der Einnahmenüberschußrechnung mit Sofortabschreibung äquivalent wäre insbesondere eine steuerrechtliche Gewinnermittlung, die auf jede Anlagenabschreibung bei Anschaffung, Inbetriebnahme oder während der Nutzungsdauer verzichtet. Als Periodengewinn ist dabei der Überschuß aus Umsatzeinnahmen abzüglich Faktorausgaben jenseits der Zahlungen für mehrperiodig nutzbare Güter anzusehen. Erst im Zeitpunkt des Ausscheidens eines solchen Investitionsguts aus dem Betriebsvermögen wird der aufgezinste Endwert der Ausgaben für dieses Investitionsgut als Aufwand verrechnet.

b) Investitionsneutralität in der Weise, daß der Kapitalwert nach Steuern auf den versteuerten Kapitalwert sinkt, tritt auch dann ein, wenn statt einer kapitalwertgleichen Umperiodisierung

(1) die Bedingung nomineller Kapitalerhaltung eingehalten wird: Über die Nutzungsdauer der Investition hinweg muß ohne Zinsen die Summe der Aufwände gleich den Ausgaben, die Summe der Erträge gleich den Einnahmen sein;

(2) gemäß dem Realisationsprinzip wird erst bei Beendigung einer Investition die Anschaffungsausgabe als Aufwand ausgebucht (z.B. wenn es sich im geltenden Bilanzrecht um eine Beteiligung handelt),

(3) die Steuerzahlungen zu jedem Zeitpunkt um die Steuerentlastung aus einer Abzugsfähigkeit von „Zinsen" gekürzt sind.

In diesem Modell wird also in der Definitionsgleichung für den steuerlichen Gewinn der Aufwand an Zinsen je Periode abgezogen. Nachdem bei der Bestimmung der Steuerzahlungen schon eine Abzugsfähigkeit von Konkurrenzgleichgewichtszinsen berücksichtigt ist, muß dann der Kalkulationszinsfuß dem unversteuerten Konkurrenzgleichgewichtszins gleichen. Das ist auch deshalb folgerichtig, weil z.B. bei Fremdfinanzierung die unversteuerten Zinsen die Unternehmung verlassen. Bei Beteiligungsfinanzierung wäre eine Körperschaftsteuer mit einem Dividendenabzugsverfahren zu unterstellen, d.h.

gezahlte Dividenden mindern den steuerpflichtigen Gewinn. Dann verlassen unversteuerte Dividenden die Unternehmung.

Für ein solches Modell ergeben sich bei obiger Investition die Steuerzahlungen als

	t_0	t_1	t_2
Anschaffungsaufwand			10.000
Zinsaufwand 6%		600	600
Steuererstattung/-zahlung		300	− 750
Zahlungen nach Steuern	− 10.000	+ 300	+ 11.350

Daraus errechnet sich bei i=6% wiederum K_s = 384,5.

Wenn es aber keinen Unterschied macht, ob zu Beginn der Investition die Anschaffungsausgabe sofort als Aufwand verrechnet wird oder der Anschaffungsaufwand erst bei Beendigung der Investition ausgebucht wird und dabei die Zinsen auf die „gebundene" Anschaffungsausgabe jährlich den steuerpflichtigen Gewinn kürzen, dann kann auch irgendeine beliebige Verteilung der Anschaffungsausgaben zwischen Beginn und Ende der Investition ("Abschreibung") bei Abzugsfähigkeit der „Zinsen" und Koppelung der Tilgung (Verrechnung der Kapitalbindung) an die „Abschreibung" Investitionsneutralität nicht verletzen.

Der formelmäßige Beweis ist in einer früheren Veröffentlichung unter der falschen Überschrift „Kapitalwert bei vollständiger Fremdfinanzierung" erbracht worden[36]. Das Modell unterstellt jedoch eine steuerliche Abzugsfähigkeit gezahlter Konkurrenzgleichgewichtszinsen. Darin mindert der einheitliche Preis für die Geldüberlassung die Steuerbemessungsgrundlage, gleichgültig, ob er rechtlich als Fremdkapitalzins, Dividende oder geldwerter Vorteil erscheint. Eine Variante dieses Modells werden wir bei der Bestimmung entscheidungsneutraler Zuführungen zu Pensionsrückstellungen benutzen (S. 363).

Da im Modell des Kapitalmarkts im Konkurrenzgleichgewicht alle Liquiditätsprobleme wegdefiniert sind, wäre nicht nur eine Cash-flow-Besteuerung mit Sofortabschreibung entbehrlich, sondern auch der sofortige Verlustausgleich, aber nicht ein Verlustausgleich schlechthin. Ein sofortiger Verlustausgleich kann ersetzt werden durch eine spätere Steuererstattung, bemessen nach den aufgezinsten Ausgabenüberschüssen (verzinslicher Verlustvortrag) oder durch eine Steuererstattung über einen Verlustrücktrag. Dieser berechnet sich im Verlustjahr so, daß der Ausgabenüberschuß im Jahre n abgezinst wird auf das letzte Gewinnjahr (und soweit das nicht ausreicht, auf das vorletzte usw.). Die da-

---

36 Vgl. *Dieter Schneider:* Korrekturen zum Einfluß der Besteuerung auf die Investitionen. In: ZfbF, Jg. 21 (1969), S. 297-325, hier S. 308 f.; dazu *Peter Swoboda:* Die Wirkungen von steuerlichen Abschreibungen auf den Kapitalwert von Investitionsprojekten bei unterschiedlichen Finanzierungsformen. In: ZfbF, Jg. 22 (1970), S. 77-86; *Steiner:* Gewinnsteuern, S. 153-180; *Sinn:* Kapitaleinkommensbesteuerung, S. 126 f.

nach zuviel gezahlten Steuern sind aufzuzinsen bis zum Erstattungszeitpunkt (verzinslicher Verlustrücktrag und -vortrag).

Beispiel: An Stelle eines sofortigen Verlustausgleichs werden Ausgabenüberschüsse verzinslich bis zum Investitionsende vorgetragen und dann ausgeglichen. Für die Investition mit r = i = 10 %

t_0	t_1	t_2
− 1.000	+ 1.200	− 110

fallen bei einem Steuersatz von 50% in t_0 weder Steuerzahlungen noch Steuererstattungen an, in t_1 sind 600 an Steuern zu zahlen. Für t_2 erhöht sich der steuerliche Aufwand von 110 um 1000 · 1,1², also auf 1320. Dies führt zu einer Steuererstattung von 660 und damit lautet der Zahlungsstrom nach Steuern

t_0	t_1	t_2
− 1.000	+ 600	+ 550

Damit gleicht die Nachsteuerrendite der Vorsteuerrendite. Die Nachsteuerrendite entspricht aber nicht mehr der Vorsteuerrendite, sobald der Kalkulationszinsfuß, mit dem die Aufzinsung erfolgt, sich nicht mehr mit der Vorsteuerrendite deckt. Jedoch bleibt auch dann die Bedingung für eine Rangordnungsneutralität erhalten, daß der Kapitalwert nach Steuern K_s = (1−s)K wird, sofern der Zinsfuß für die Aufzinsung oder Abzinsung der Bemessungsgrundlage dem Konkurrenzgleichgewichtspreis für die einperiodige Geldüberlassung vor Steuern entspricht.

Aus solchen kapitalwertgleichen Umperiodisierungen der Investitionsausgaben darf aber nicht geschlossen werden, daß z.B. bei einer sog. „zinskorrigierten Einkommensberechnung"[37] durch Aufzinsung von Zahlungen mit einem steuerfreien Zinssatz „durch das Vorziehen von Abschreibungen nichts zu gewinnen" ist. Bei dieser Variation der Cash-flow-Besteuerung bleibt das Vorziehen von Abschreibungen immer dann vorteilhaft, wenn vorerst ersparte Steuerzahlungen besser als zum Konkurrenzgleichgewichtszins angelegt werden können: Eine Investition, deren Kapitalwert z. B. -1 beträgt, mag dann bei Steuerminderzahlungen wegen hoher Abschreibungen zu Beginn der Nutzungsdauer nach Steuern vorteilhaft werden, während sie bei linearer Abschreibung unvorteilhaft bleiben kann. Eine solche Verletzung von Entscheidungsneutralität tritt gerade dann auf, „sofern Abschreibungen in späteren Perioden mit jenem Zinssatz aufgezinst werden dürfen, der sich auf einem vollkommenen Kapitalmarkt erzielen läßt". Eine Investitionsrendite über dem Konkurrenzgleichgewichtszins muß aber möglich sein, damit überhaupt in Unternehmungen und nicht nur auf dem Kapitalmarkt investiert wird.

Während eine Besteuerung des ökonomischen Gewinns erreicht, daß der Kapitalwert vor Steuern dem Kapitalwert nach Steuern gleicht, bewirken eine zinskorrigierte Ein-

---

37 *Ekkehard Wenger:* Gleichmäßigkeit der Besteuerung von Arbeits- und Vermögenseinkünften. In: Finanzarchiv, NF, Bd. 41 (1983), S. 207-252, S. 230; zu weiteren Einwänden vgl. die dort anschließende Diskussion bis 1986.

kommensermittlung und die folgende Vickrey-Variante nur eine Neutralität in dem Sinne, daß der Kapitalwert proportional zum Versteuerungsfaktor sinkt: $K_s = (1-s)K$.

Die kumulierende Durchschnittsbesteuerung nach Vickrey[38] setzt (von Vereinfachungen abgesehen) folgende Bedingungen:

Zwei Steuerzahler starten mit demselben Kapital, erzielen dieselbe Rendite durch untereinander identische Einnahmen und davon abweichende, aber untereinander identische Ausgaben. Der eine zahle jährlich eine progressive Einkommensteuer, der andere schaffe es, über steuerrechtliche Bewertungsmöglichkeiten die Steuerzahlungen bis zum Ende des für beide gleichen Planungszeitraums aufzuschieben. Damit übersteigt der zweite Totalgewinn den des ersten um die Zinseszinsen auf dessen Einkommensteuerzahlungen. Aus dieser Überlegung wird folgender Vorschlag zur Neutralisierung von „Bewertungskonventionen" entwickelt:

Die Steuerzahlung im ersten, zu steuerpflichtigem Einkommen führenden Lebensjahr eines Steuerpflichtigen berechnet sich wie gewohnt als Einjahres-Steuertarif mal Einkommen des Jahres. Eine Abweichung vom Gewohnten folgt ab dem zweiten Jahr; denn die Steuerbemessungsgrundlage des zweiten Jahres B_2 berechnet sich aus dem Einkommen des zweiten Jahres E_2, zuzüglich dem des ersten Jahres E_1 und zuzüglich der Zinsen (vor Steuern) auf die Steuerzahlungen des ersten Jahres, also $is_1 \cdot E_1$:

$$B_2 = E_2 + E_1 + is_1 E_1 = E_2 + E_1 (1 + s_1 i) . \tag{16}$$

Darauf wird ein Steuertarif für ein Zweijahreseinkommen s_2 erhoben, wobei die aufgezinste Steuerzahlung des ersten Jahres abgezogen wird, so daß als Steuerzahlung im zweiten Jahr S_2 verbleibt

$$S_2 = s_2 [E_2 + E_1 (1 + is_1)] - (1 + i) s_1 E_1, \tag{17}$$

$$S_2 = s_2 (E_2 + E_1) - s_1 E_1 [1 + (1 - s_2) i] . \tag{17a}$$

Rechnungslegungskonventionen, die insgesamt nicht mehr als die Zahlungen zu verrechnen erlauben, aber zu einem höheren oder niedrigeren Einkommen E, aufgrund von Periodisierungen führen, werden im Konkurrenzgleichgewicht des Kapitalmarkts wie folgt einflußlos: Bei Betrachtung von zunächst nur zwei Perioden muß der Steuersatz der zweiten Periode s_2 dem aufgezinsten Steuersatz der ersten Periode gleichen, entsprechend der eckigen Klammer in (17a):

$$s_2 = s_1 [1 + (1 - s_2) i] , \text{d.h.} \tag{18}$$

---

[38] Vgl. *William Vickrey:* Averaging of Income for Income-Tax Purposes. In: Journal of Political Economy, Vol. 47 (1939), S. 379-397, bes. S. 382-387; *ders.:* Agenda for Progressive Taxation (1947). With a New Introduction. Clifton 1972, S. 172-195, in der Note a zu S. 173 spielt er die entscheidende Voraussetzung herunter; *Bailey,* S. 38 f.; *Wenger:* Gleichmäßigkeit der Besteuerung, S. 233-235.

$$s_2 = s_1 \frac{1+i}{1+s_1 i}. \tag{18a}$$

Für eine dritte Periode errechnet sich

$$s_3 = s_2 \frac{1+i}{1+s_2 i} = \frac{s_1(1+i)^2}{1+s_1 i + s_1 i(1+i)}. \tag{19}$$

Hierbei ist zu beachten, daß für die dritte und jede weitere Periode nicht die naheliegende Verallgemeinerung

$$\left[\frac{1+i}{1+s_1 i}\right]^{t-1} \tag{19a}$$

füt t = 2, 3, ... n gilt. Bereits die Betrachtung von nur zwei Perioden zeigt die engen Voraussetzungen, unter denen die Aufzinsung der Steuersätze nach Vickrey Investitionsneutralität wahrt. Wählen wir das Beispiel

t_0	t_1	t_2
− 1.000	+ 600	+ 550

das bei i = 10% zu einer linearen Ertragswertabschreibung von je 500 führt, wobei hier die Summe des Abschreibungsaufwands der Investitionsausgabe gleicht. Wird s_1 = 50% gesetzt, so folgt aus (18a)

$$s_2 = 0{,}5 \frac{1{,}1}{1{,}05} = 52{,}38\%. \tag{20}$$

Der steuerpflichtige = kapitaltheoretische Gewinn in t_1 beträgt 100 und folglich entstehen 50 an Steuerzahlungen. Der steuerpflichtige Gewinn in t_2 beträgt 50 und löst 0,5238 · 50 = 26,19 Steuerzahlungen aus.

Der Zahlungsstrom nach Steuern von

t_0	t_1		t_2	
− 1.000	+ 600		+ 550	
	− 50	+ 550	− 26,19	523,81

ist im zweiten Jahr mit i_s = (1−0,5238) · 10% = 4,762% abzuzinsen und der so entstehende Barwert in t_1 zuzüglich der 550 in t_1 mit 5%. Dies ergibt einen Ertragswert von 1000 wie im Fall vor Steuern.

Daran ändert sich nichts, wenn z.B. im ersten Jahr keine Abschreibung zugelassen wird und die Anschaffungsausgaben = Ertragswert von 1000 im zweiten Jahr als Aufwand verbucht werden. Dann entsteht in t_2 ein steuerlicher Verlust von 450, der zu einem sofortigen Verlustausgleich von 0,5238 · 450 = 235,71 führt. Der Zahlungsstrom nach Steuern von

t_0	t_1	t_2	
− 1.000	+ 600	+ 550	
	− 300	+ 300	+ 235,71	785,71

ist im zweiten Jahr wiederum mit 4,762% und dessen Barwert in t_1, zuzüglich 300, um ein Jahr mit 5% abzuzinsen. Das ergibt wiederum einen Ertragswert von 1000.

Nehmen wir an, der Konkurrenzgleichgewichtszinssatz betrage 6%, dann errechnet sich der Ertragswert der Investition mit rund 1056. Natürlich bliebe Investitionsneutralität bei obigen Steuersätzen erhalten, wenn die Ertragswertabschreibungen als Aufwand verrechnet würden. Das gleiche ergäbe sich bei Verzicht auf eine Abschreibung in t_1 und Ausbuchen des Ertragswerts von 1056 als Aufwand in t_2 und entsprechend erhöhtem Verlustausgleich. Aber Vickrey-Neutralität verlangt, daß insgesamt nur die Zahlungen (Anschaffungsausgaben) als Aufwand verrechnet werden, also eine nominelle Kapitalerhaltung erfolgt[39]. Damit dürfen insgesamt nur 1000 als Aufwand verrechnet werden. Investitionsneutralität im Sinne einer Erhaltung des Kapitalwerts vor und nach Steuern wahrt Vickrey-Neutralität ausschließlich für den Fall, daß die Rendite einer Investition dem Konkurrenzgleichgewichtspreis für die einperiodige Geldüberlassung gleicht (der Kapitalwert also null ist). Im Hinblick auf die Gleichheit von Kapitalwert vor und nach Steuern erreicht Vickrey-Neutralität eine Einflußlosigkeit von „Bewertungskonventionen" letztlich nur über die Annahme, daß stets der Kapitalwert in jeder Investition null ist. Und daß die Besteuerung eines Kapitalwertes von null Investitionsentscheidungen nicht verzerrt, ist trivial.

Gegen ein Steuerrecht, das Vickrey-Neutralität verwirklichen wollte, gibt folgender Einwand den Ausschlag: Da die Steuersätze der zweiten, dritten, ..., n-ten Periode von den Konkurrenzgleichgewichtspreisen für die einperiodige Geldüberlassung in der ersten, zweiten usw. Periode abhängen, ruiniert jede Zinsänderung und erst recht ein Zinsänderungsrisiko dieses Konzept; ganz abgesehen davon, daß Konkurrenzgleichgewichtspreise für die einperiodige Geldüberlassung nicht beobachtbar sind und pauschale Setzungen eines Marktzinses durch Gesetz dazu führen würden, daß Bewertungskonventionen Entscheidungseinfluß ausüben, sobald irgendeine Wiederanlagerendite davon abweicht.

---

39 Vgl. *Vickrey:* Agenda, S. 100 f., 388; *Bailey*, S. 38. Unklar und verwirrend sind die von *Wenger:* Einkommensteuerliche Periodisierungsregeln II, S. 147 f., Fn. 40, 41, benutzten Begriffe der Musgrave-Neutralität als Unterfall einer Vickrey-Neutralität, zumindest kann die Cash-flow-Besteuerung nach Brown (S. 216, Fn. 26) mit einer vorausgesetzten Steuerfreiheit des Kalkulationszinsfußes nicht als Unterfall des im Vickrey-Modell implizierten steuersatzabhängigen Kalkulationszinsfußes eingestuft werden.

c) Investitionsneutralität mit Kapitalkostenneutralität als Eichstrich für Steuerbelastungsvergleiche

1. Steuerkeile, effektive Steuerbelastung und steuerbedingte Mindestrenditenerhöhung

Das im vorigen Abschnitt entwickelte Bezugsmodell zur Investitionsneutralität setzt neben modellmäßiger Sicherheit für Investitions- und Finanzierungsvorhaben voraus
 a) eine Zahlungsrechnung als Einnahmenüberschußrechnung unter Ausklammerung von Entnahmen (Konsumentnahmen), Einlagen (dem Anfangskapital) und weiteren Finanzierungszahlungen bei Investitionen bzw. Investitionserträgen bei Finanzierungsvorhaben; an die Stelle der Anfangsausgabe einer Investition bzw. der Anfangseinnahme bei einer Finanzierung tritt in einer investitionsneutralen steuerlichen Gewinnermittlung ein Periodisierungsbetrag, der sich nach der Ertragswertabschreibung bemißt;
 b) einen sofortigen Verlustausgleich;
 c) einen Grenzsteuersatz $1 > s \geq 0$;
 d) bei Finanzierungszahlungen: keine steuerbedingte Erhöhung des Finanzierungsaufwands (Die Kapitalkosten vor Steuern mindern sich proportional zum Steuersatz).

Wie weit das deutsche Steuerrecht von diesen Bedingungen abweicht und zu welchen Steuerbelastungen für Investitions- und Finanzierungsvorhaben es führt, soll im folgenden untersucht werden. Dazu ist zunächst auf den Begriff der **effektiven Steuerbelastung** zurückzugreifen (S. 181, 195 f.) Anschließend wird der Begriff der **steuerbedingten Mindestrenditenerhöhung** eingeführt, mit dem wir die Steuerbelastung von Finanzierungsvorhaben messen.

Steuerzahlungen mindern die Einnahmenüberschüsse, die ein Investor für seine Geldanlage erhält. Subventionen und andere staatliche Zuschüsse erhöhen die durch Steuerzahlungen verkürzten Einnahmenüberschüsse. Ob und in welcher Höhe bei einem Investitions- oder Finanzierungsvorhaben von einer Steuerbelastung gesprochen werden darf, hängt von der Höhe des Saldos zwischen Steuerzahlungen und Steuererstattungen bzw. staatlichen Zuschüssen in jedem Zahlungszeitpunkt ab. Die Differenz zwischen dem Zahlungsstrom einer Investition vor Steuern und dem Zahlungsstrom dieser Investition, wie er nach Steuern und staatlichen Zuschüssen beim Geldgeber landet, bildet die Grundlage für die Beurteilung von Steuerwirkungen.

Es wäre jedoch wenig hilfreich, die „Steuerbelastung" durch einen Zahlungsstrom während des Planungszeitraums zu messen, der aus Steuerzahlungen, saldiert mit staatlichen Zuschüssen, gebildet wird. Unterschiedlich hohe Zahlungen zu verschiedenen Zeitpunkten erlauben erst dann Urteile über die Vorteilhaftigkeit einer Investition, wenn die Zahlungen auf ein und denselben Zeitpunkt oder Zeitraum bezogen werden. Selbst die Minderung eines Endvermögens aufgrund der auf das Investitionsende hochgerechneten Steuerzahlungen sagt wenig aus, wenn Vergleiche mit alternativen Investitionen anstehen, die unterschiedliche Anfangszahlungen oder zwischenzeitliche Entnahmen mit sich bringen.

Deshalb wird wie in dem einfachen Beispiel S. 195 f. die Steuerbelastung in der Abweichung zwischen der Rendite einer Investition vor Steuern und der Rendite nach Steuern[40] gemessen: in einem **Steuerkeil**. Der Begriff des Steuerkeils ist nützlich, um Unterschiede zwischen *Steuersatz und effektiver Steuerbelastung* aufzudecken. Formelmäßig errechnet sich die **effektive Grenzsteuerbelastung** e aus dem Verhältnis von Steuerkeil (Rendite vor Steuern r abzüglich der effektiv versteuerten Rendite r_e), bezogen auf die Rendite vor Steuern:

$$e = \frac{r - r_e}{r}. \qquad (21)$$

Die Berechnung der Rendite nach Steuern und damit die Berechnung eines Steuerkeils kann zum einen für die investierende Unternehmung als selbständige Wirtschaftseinheit (als Institution), getrennt von ihren Geldgebern, erfolgen. Der Steuerkeil beschränkt sich hier auf jene Steuerzahlungen, die von der Unternehmung zu leisten sind *(Unternehmungssteuerkeil)*.

Zum anderen kann als Steuerpflichtiger ein Geldgeber der Unternehmung angesehen werden: sowohl ein Anteilseigner als auch ein Kreditgeber. Dann ist die Steuerbelastung von Investitionen in der Unternehmung und über den Kapitalmarkt hinweg bis zu dem Geldgeber der Unternehmung zu berechnen. Ein Steuerkeil über den Kapitalmarkt hinweg *(Kapitalmarktsteuerkeil)* umfaßt die Abweichung zwischen der Rendite einer Investition in einer Unternehmung vor Steuern und jener versteuerten Rendite, die ein Geldgeber der Unternehmung empfängt. Der Unternehmungssteuerkeil ist eine Zwischengröße bei der Berechnung eines Kapitalmarktsteuerkeils.

Der durch die Besteuerung bewirkte Keil zwischen der Rendite in der Unternehmung und der Rendite nach Steuern, wie sie sich für den Geldeinsatz eines Anteilseigners oder Kreditgebers nach Abzug von deren persönlichen Steuerzahlungen ergibt, entsteht aus Steuerzahlungen in der Unternehmung und zusätzlich durch von den Geldgebern zu zahlende Steuern auf ihre Einkünfte aus dem Geldeinsatz in der Unternehmung. Dabei sind anrechenbare Quellensteuern (z.B. die Kapitalertragsteuer, aber auch die Körperschaftsteuergutschrift im Anrechnungsverfahren, S. 281) zu saldieren. Bei exakter Rechnung sind hier Zinsen wegen einer im allgemeinen erst über ein Jahr späteren Anrechenbarkeit der Kapitalertragsteuer und der Körperschaftsteuergutschrift auf die Einkommensteuerschuld zu berücksichtigen.

Für die beiden Grundmodelle investitionsneutraler Besteuerung gilt:

a) Bei der Cash-flow-Besteuerung mit Steuerfreiheit von Zinsen ist die Rendite vor Steuern gleich der Rendite nach Steuern; damit werden Unternehmungs- und Kapitalmarktsteuerkeil null. Deshalb ist dieses Modell entscheidungsneutraler Besteuerung als Eichstrich zur Messung von Steuervergünstigungen ungeeignet.

b) Bei Besteuerung des kapitaltheoretischen Gewinns ist der Kapitalwert einer Investition und jener der Unternehmung insgesamt vor Steuern gleich dem nach Steuern; damit verschwindet ein Unternehmungssteuerkeil. Es bleibt eine Renditenminderung beim

---

40 Vgl. dazu und zu einer Systematik effektiver Steuerbelastungszahlen *Don Fullerton:* Which Effective Tax Rate? In: National Tax Journal, Vol. 37 (1984), S. 23–41, hier S. 25.

Geldgeber (also über den Kapitalmarkt hinweg). Ein Kapitalmarktsteuerkeil in Höhe des Grenzsteuersatzes, wie er sich im steuersatzkorrigierten Kalkulationszinsfuß niederschlägt, eignet sich als Eichstrich zur Messung von Steuervergünstigungen (S. 243).

Wird der Steuerkeil zu der Rendite nach Steuern ins Verhältnis gesetzt, entsteht eine **steuerbedingte Mindestrenditenerhöhung** m:

$$m = \frac{r - r_e}{r_e} = \frac{e}{1-e} \qquad (22)$$

Die steuerbedingte Mindestrenditenerhöhung läßt sich also auch aus der effektiven Grenzsteuerbelastung errechnen: durch Division von e mit (1-e).

Die steuerbedingte Mindestrenditenerhöhung wird z.B. benutzt bei der Frage: Wieviel muß eine Kapitalgesellschaft vor Steuern verdienen, um einen Fremdkapitalzins x oder eine zusätzliche Dividende y zahlen zu können? Beträgt z.B. der Dividendensatz 9%, die Grenzsteuerbelastung 40%, dann beläuft sich die Mindestrenditenerhöhung auf 0,4 : (1 - 0,4) = ⅔. Es sind 9% + 9 · ⅔% = 15% vor Steuern zu verdienen, um 9% Dividende zahlen zu können.

Die effektive Grenzsteuerbelastung und die steuerbedingte Mindestrenditenerhöhung benennen relative Steuerkeile. Im Fall der effektiven Grenzsteuerbelastung wird der Steuerkeil auf eine Steuern einschließende Bemessungsgrundlage (die Rendite vor Steuern) bezogen. Dies erlaubt Vergleiche mit dem Grenzsteuersatz, wie er z.B. bei der Einkommen-, Gewerbeertrag-, Körperschaftsteuer anzuwenden ist.

Bei der steuerbedingten Mindestrenditenerhöhung wird der Steuerkeil auf eine Steuern ausschließende Bemessungsgrundlage (die Rendite nach Steuern) bezogen. Dies erlaubt zum einen Vergleiche mit einem Grenzsteuersatz, der für eine Steuern ausschließende Bemessungsgrundlage gilt. Solche Steuersätze kennt z.B. die Umsatzsteuer (im Regelfall 1992: 14%, ab 1993: 15% auf den Umsatz vor Umsatzsteuer).

Steuersätze auf eine Steuern ausschließende Bemessungsgrundlage würde eine als Alternative zur Einkommensteuer erwogene persönliche Konsumausgabensteuer benutzen müssen. Eine persönliche Konsumausgabensteuer unterscheidet sich von der Einkommensteuer an erster Stelle dadurch, daß sie Ersparnisse und damit Investitionen steuerfrei läßt, was bei Unternehmungen als Bemessungsgrundlage eine Cash-flow-Besteuerung nahelegt (S. 216, 710-734).

2. Grenzen der Messung von Steuervergünstigungen und Steuerbenachteiligungen durch Bezug auf Investitionsneutralität

Die wirtschaftliche Inhaltsbestimmung von Steuervergünstigungen und Steuerbenachteiligungen beginnt damit, daß drei Fragen auseinandergehalten werden:
a) Wie wirkt eine einzelne Steuerrechtsetzung (Steuerrechtsänderung) bei sonst investitionsneutralem Steuerrecht auf die Vorteilhaftigkeit von Investitions- und Finanzierungsmaßnahmen?

Um für eine einzelne Steuerrechtsetzung zu prüfen, ob sie eine Vergünstigung darstellt, nehmen wir im ersten Schritt an, daß sonst ein entscheidungsneutrales Gewinnermittlungsrecht bestünde. Für einen gerade betrachteten Zahlungsstromverlauf (Investition, Finanzierung) gleiche zudem die Rendite nach Steuern, aber ohne die zu untersuchende Rechtsetzung $r_s = (1-s)r$. Zu berechnen ist die Rendite nach Steuern bei Gültigkeit dieser Rechtsetzung. Der Vergleich einer so berechneten „ceteris-paribus"-effektiven Grenzsteuerbelastung mit dem Grenzsteuersatz erlaubt nur ein erstes, vorläufiges Urteil darüber, ob eine einzelne Steuerrechtsetzung eine Vergünstigung schafft.

b) Wie wirkt eine einzelne Steuerrechtsänderung bei sonst tatsächlich geltendem Steuerrecht auf die Vorteilhaftigkeit von Investitions- und Finanzierungsmaßnahmen?

Ein Urteil über eine einzelne Steuerrechtsvorschrift unter der Annahme eines sonst entscheidungsneutralen Gewinnermittlungsrechts ist noch keineswegs endgültig; denn dieser Vergünstigung können andere Steuerrechtsetzungen gegenüberstehen, die zusammen als Gewinnverböserungen wirken (z.B. ein fehlender Verlustausgleich, S. 267). Eine einzelne Steuer- oder Subventionsrechtsetzung darf dann nicht als Steuervergünstigung eingestuft werden, wenn diese „Vergünstigung" lediglich „Verböserungen" durch andere Steuerrechtsetzungen ausgleicht. Nur für die Gesamtheit aller Steuer- und Subventionsrechtsetzungen, die für eine Investition bzw. für einen Kombinationsfall aus Investition und Finanzierung zu beachten sind, läßt sich beurteilen, ob eine zu beurteilende Investition steuerlich begünstigt wird oder nicht. Als Maß für die Steuervergünstigung einer Investition benutzen wir die Abweichung, um welche die effektive Grenzsteuerbelastung unter dem Grenzsteuersatz liegt.

c) Wie wirkt ein gesamtes (bestehendes oder geplantes) Steuerrecht auf die Vorteilhaftigkeit unterschiedlicher Investitions- oder Finanzierungsmaßnahmen?

Der Vergleich von Eichstrich-bezogenen Steuersätzen und wirtschaftlicher Steuerbelastung (S. 196 f.) bezweckt, die aus der Fülle von Einzelregelungen des Steuerrechts folgenden Verstöße gegen Investitionsneutralität bzw. Gleichmäßigkeit der Besteuerung zu quantifizieren.

Die Meßlatte dafür, ob und in welcher Höhe eine Steuervergünstigung oder Steuerbenachteiligung vorliegt, bieten Modelle entscheidungsneutraler Besteuerung, für die zusätzlich unterstellt wird, daß sie zugleich als Bemessungsgrundlagen für eine Besteuerung im Hinblick auf die Verteilungsfolgen angesehen werden können.

Unter den verschiedenen entscheidungsneutralen Modellsteuersystemen ist für die Quantifizierung von Steuervergünstigungen ein Eichstrich kapitaltheoretischer bzw. „ökonomischer" Gewinn aus drei Gründen am ehesten geeignet:

1. Im Modell des kapitaltheoretischen Gewinns sind Zinsen, Dividenden und geldwerte Vorteile aus der Bereitstellung finanzieller Mittel steuerpflichtig, entsprechend mindern Ausgaben hierfür den steuerpflichtigen Modellgewinn durch Kürzung des Kalkulationszinsfußes nach Steuern.

2. Das Grundmodell des kapitaltheoretischen Gewinns ist steuersatzunabhängig. Es läßt also neben konstanten Grenzsteuersätzen auch progressive zu, ohne die Allokation knapper Mittel zu verzerren und eine steuerliche Umverteilungspolitik auszuschließen.

3. Wird der kapitaltheoretische Gewinn als modellmäßige Steuerbemessungsgrundlage gewählt, so gilt für jene Investitionen, die bei angenommener Planungssicherheit das Investitionsprogramm begrenzen (also zu einem Kapitalwert von null führen): die Rendite nach Steuern gleich der Rendite vor Steuern, verkürzt um den Betrag Steuersatz mal Rendite vor Steuern. Nur in diesem Fall mißt also eine rechtliche Steuerbelastung, ausgedrückt durch den Steuersatz, zugleich die wirtschaftliche Steuerbelastung. Erst diese Eigenschaft erlaubt die einleuchtende Kennzeichnung einer Steuervergünstigung als Abweichung eines Eichstrich-bezogenen Steuersatzes von der niedrigeren effektiven Steuerbelastung.

Allerdings hat diese Meßdefinition für Steuervergünstigungen einen Pferdefuß: Nur für Investitionen mit einem Kapitalwert von null gilt, daß eine Besteuerung des kapitaltheoretischen Gewinns die Rendite nach Steuern proportional zum Steuersatz gegenüber der Vorsteuerrendite sinken läßt. Bei positiven Kapitalwerten existiert der Eichstrich nicht mehr, daß der Steuersatz dann der wirtschaftlichen Steuerbelastung gleicht, falls entscheidungsneutrale Steuerbemessungsgrundlagen bestünden (S. 222).

Dieser Sachverhalt führt in ein *erstes Meßdilemma*: Nur für noch nicht unvorteilhafte Investitionen, nicht aber für eindeutig vorteilhafte Investitionen, lassen sich Steuervergünstigungen und Steuerbenachteiligungen durch Vergleich mit einem Steuersatz als Maß der rechtlichen Steuerbelastung quantitativ messen.

Für die Steuer- und Unternehmenspolitik wichtiger wäre eine Messung, die für Investitionsentscheidungen unter Unsicherheit angibt, ob und in welcher Höhe insgesamt eine Steuervergünstigung vorliegt, wenn eine Investition in einigen geplanten künftigen Zuständen der Welt positive Kapitalwerte und in anderen alternativen Zukunftslagen negative Kapitalwerte zeigt. Eine solche quantitative Messung ist durch einen Prozentsatz, der mit dem Steuersatz verglichen werden könnte, beim derzeitigen Wissen nicht möglich.

Zwar läßt sich für jede geplante alternative Entwicklung der künftigen Zahlungsströme eine effektive Grenzsteuerbelastung berechnen. Aber deren Vergleich mit dem jeweiligen Steuersatz gibt nicht mehr eine prozentuale Höhe der Steuervergünstigung wieder. Darüber hinaus bleibt offen, nach welcher Entscheidungsregel unter Ungewißheit die effektive Grenzsteuerbelastung in einzelnen Zukunftslagen zu einer einzigen Meßzahl umgerechnet werden soll.

Erreichbar sind nach derzeitigem Wissensstand nur vor-quantitative Urteile über die Empfindlichkeit, mit denen sich Vor- und Nachsteuerrenditen bei Änderungen des Steuerrechts oder der Umweltgegebenheiten mit unverändertem Steuerrecht entwickeln. Solche vor-quantitativen Urteile liegen insbesondere den Überlegungen zugrunde, daß eine Unternehmensteuerreform in Deutschland an erster Stelle die Vermögen- und Gewerbekapitalsteuer streichen müßte, weil deren hemmende Wirkung auf die Risikobereitschaft zu Investitionen offenkundig ist (S. 684-686).

Ein *zweites Meßdilemma* für die Quantifizierbarkeit von Steuervergünstigungen folgt aus der zweiten Prämisse (S. 195): Entscheidungsneutrale Steuerbemessungsgrundlagen könnten zugleich als Bezugsgrößen für Gleichmäßigkeit der Besteuerung dienen. Diese Auffassung ist in der wissenschaftlichen Diskussion weit verbreitet[41], aber nicht haltbar:

Eine der Unterstellungen des kapitaltheoretischen Gewinns, der als Meßmodell für die Höhe der Steuervergünstigungen benutzt wird, ist, daß positive Kapitalwerte, also geplante Kapitalgewinne, steuerfrei gestellt werden. Negative Kapitalwerte, also Kapitalverluste, dürfen keine steuerliche Verlustberücksichtigung auslösen, obwohl sie bei Investitionen unter Unsicherheit für einige Zukunftslagen nicht auszuschließen sind (S. 228).

Während also zur Messung von Steuervergünstigungen bei der Untersuchung von Entscheidungswirkungen ein Eichstrich benutzt wird, der eine modellmäßige Explikation der Quellentheorie des Einkommens darstellt, wäre bei der Untersuchung, welche Steuerrechtsetzungen gegen Gleichmäßigkeit der Besteuerung verstoßen, auf die Reinvermögenszugangstheorie zurückzugreifen. Im Hinblick auf die Entscheidungs- oder Effizienzwirkung der Besteuerung und im Hinblick auf Gleichmäßigkeit der Besteuerung sind also durchaus nicht dieselben Eichstriche für die Messung von Steuervergünstigungen zu wählen, wie mit der dritten Eingangsprämisse unterstellt wurde.

Zu erwägen wäre folgende Neudefinition: „Steuervergünstigung heißt jede Erhöhung des Kapitalwerts nach Steuern gegenüber dem vor Steuern" und entsprechend „Steuerliche Benachteiligung heißt jede Senkung des Kapitalswerts nach Steuern gegenüber dem vor Steuern". Diese Definition wird im folgenden 3. Abschnitt benutzt. Ihr Vorteil besteht darin, daß sie für ein einzelnes Investitionsvorhaben und hier für jede zu planende Zukunftslage eine quantitative Aussage über die Steuerbelastung oder -entlastung ermöglicht. Der Nachteil liegt darin, daß weder eine absolute noch eine relative Änderung des Kapitalwerts durch das Steuerrecht einen Bezug zum Steuersatz herzustellen erlaubt. Damit ist ausgeschlossen, bei mehrperiodig wirkenden Änderungen der Steuerbemessungsgrundlagen von einer „Steuerentlastung" oder „Zusatzbelastung" gegenüber dem Steuersatz zu sprechen. Damit läßt sich für vorteilhaft erscheinende Investitionsprogramme mit unterschiedlichen Ertragswerten bzw. Kapitaleinsätzen kein allgemeines quantitatives Maß für eine Steuervergünstigung oder -benachteiligung anwenden. Deshalb greifen wir bei den Einzelfragen (S. 411 ff.) auf die Messung der effektiven Steuerbelastung über den Renditenvergleich vor und nach Steuern zurück. Es ist jedoch zu beachten, daß die Aussage: Wenn die nominale Steuerbelastung der effektiven Steuerbelastung gleicht, verzerren Steuerbemessungsgrundlagen und Subventionen die Steuerbelastung nicht, nur vor dem Hintergrund eines Gleichgewichtsmodells gilt, in dem eine bei Planungssicherheit

---

41 Vgl. *Richard A. Posner:* The Economics of Justice. Cambridge, Mass./London 1981, S. 48-115; *George R. Zodrow:* The Choice between Income and Consumption: Efficiency and Horizontal Equity Aspects. In: The Personal Income Tax - Phoenix from the Ashes?, hrsg. v. S. Cnossen, R.M. Bird, Amsterdam u.a. 1990, S. 85-115, hier S. 113; *Franz W. Wagner:* Neutralität und Gleichmäßigkeit als ökonomische und rechtliche Kriterien steuerlicher Normkritik. In: StuW, Jg. 69 (1992), S. 2-13, bes. S. 4 f.; differenzierter *Rainer Elschen:* Entscheidungsneutralität, Allokationseffizienz und Besteuerung nach der Leistungsfähigkeit. In: StuW, Jg. 68 (1991), S. 99-115, bes. S. 101 f., 115.

das Investitionsprogramm abschließende Investition mit einem Kapitalwert von null als Bezugspunkt gewählt wird.

Wird die Realität in einem solchen Meßmodell abgebildet, kann eine effektive Grenzsteuerbelastung sowohl über 100% steigen (S. 414) als auch unter Null fallen: Die effektive Grenzsteuerbelastung liegt unter Null, wenn z.B. eine steuerbefreite Institution (z.B. Gewerkschaft, Kirche, Stiftung) eine Wohnungsbau-GmbH besitzt, zusätzliche Wohnungen durch Gesellschafterdarlehen finanziert, deren Zinsen und Gebäudeabschreibungen ausreichen, daß sie Gewinne aus anderen Investitionen der GmbH vor einer Besteuerung bewahren. Damit ist die effektive Grenzsteuerbelastung durch eine zusätzliche fremdfinanzierte Wohnungsinvestition negativ. Da eine steuerbefreite Institution Zinseinnahmen nicht zu versteuern hat, bleibt es über den Kapitalmarkt hinweg bei dieser negativen effektiven Grenzsteuerbelastung.

Aus diesen Überlegungen folgen drei Einsichten, die in der steuerpolitischen Diskussion bis heute meist übersehen werden:

(1) Die in steuerpolitischen Diskussionen häufige Gleichsetzung von Steuersätzen mit Steuerbelastung der Unternehmungen ist nicht nur deshalb verfehlt, weil sie die Einflüsse der Steuerbemessungsgrundlagen unterschlägt. Vernachlässigt werden damit insbesondere die Auswirkungen des Steuerrechts auf die Innenfinanzierung über verrechneten Aufwand. Vielmehr ist eine solche Gleichsetzung von Steuersatz mit wirtschaftlicher Steuerbelastung auch deshalb fragwürdig, weil es nur unter Bezug auf sehr enge Modellvoraussetzungen überhaupt Sinn gibt, Steuerrechtssachverhalte auf einer Meßlatte zu quantifizieren, die einen Vergleich mit einem Steuerbelastungsprozentsatz erlauben.

(2) Insbesondere ist mit einer grundsätzlich marktwirtschaftlichen Ordnung unverträglich, die Unternehmensteuerbelastung an der nominalen Steuerbelastung für zurückbehaltene Gewinne zu messen[42], also für eine Art der Investitionsfinanzierung, die in einer marktwirtschaftlichen Ordnung den Kapitalmarkt bewußt ausschaltet.

(3) *Nur selten kann für einzelne Steuerrechtsetzungen eindeutig beurteilt werden, ob sie eine „Vergünstigung" darstellen oder das Gegenteil.* Erst für Investitionen bzw. für Kombinationsfälle von Investitions- und Finanzierungsvorhaben läßt sich bei Vernachlässigung von Planungsunsicherheiten und durch vereinfachende Abbildung in einem Modell des Kapitalmarkts im Konkurrenzgleichgewicht sagen, wie ungleich sie zu anderen Investitions- und Finanzierungsvorhaben behandelt werden (intersektorale Verzerrungen) bzw. wie stark der Gegenwartskonsum zu Lasten des Zukunftskonsums steuerrechtlich gefördert oder benachteiligt wird (intertemporale Verzerrungen). Bei Urteilen darüber, ob Steuerrechtsänderungen mehr oder weniger wirtschaftliche Effizienz bringen oder mehr oder weniger Gleichmäßigkeit in der Besteuerung verletzen, sind stets das fortbestehende Steuerrecht, die Ausweitungen oder Einschränkungen der persönlichen Steuerpflicht mit Änderungen bei den Steuerbemessungsgrundlagen und mit Tarifänderungen gemeinsam

---

42 Vgl. z.B. *Institut der deutschen Wirtschaft* (Hrsg.): Argumente zu Unternehmerfragen. Nr. 6/1987; dass.: iw-trends, Jg. 15 (2/1988), S. 84; *Gutachten der Kommission zur Verbesserung der steuerlichen Bedingungen für Investitionen und Arbeitsplätze,* Bonn im Juni 1991, Randziffer 12.

zu betrachten, - und quantitative Aussagen hierzu gelten nur unter engen Modellvoraussetzungen.

3. Ein Steuerparadoxon: Steigender Kapitalwert bei steigendem Steuersatz

Als Beispiel für die Messung einer Steuervergünstigung durch Bezug auf Investitionsneutralität betrachten wir folgenden Fall: Ein Unternehmer erwägt eine Sachinvestiton mit dem Zahlungsstrom

t_0	t_1	t_2	t_3
− 3.000	0	+ 2.000	+ 1.760

Zur Finanzierung steht Eigenkapitalausstattung bereit. Der Kalkulationszinsfuß i wird hier verstanden als die Rendite einer Finanzanlage, und betrage 10%. Ohne Berücksichtigung der Besteuerung errechnet sich als Kapitalwert der Sachanlage

$$K = -3.000 + 2.000\,(1+0{,}1)^{-2} + 1.760\,(1+0{,}1)^{-3} = -25. \tag{23}$$

Die Sachanlage ist unvorteilhaft und wird deshalb verworfen.

Wird die Besteuerung in der Investitionsrechnung berücksichtigt, dann ist zunächst der steuerpflichtige Gewinn zu berechnen. Der steuerpflichtige Gewinn wird hier zunächst verstanden als die Differenz jährlicher Einnahmen minus jährlicher linearer Abschreibung. Die jährlichen Abschreibungen betragen also 1.000. In t_1 sind die Einnahmenüberschüsse wegen Anlaufschwierigkeiten Null. Hier entsteht also ein steuerlicher Verlust von 1.000. Der Verlust wird gemäß § 10 d EStG (und abweichend vom Standardmodell) auf das nächste Jahr vorgetragen. In t_2 stehen den Erträgen von 2.000 DM Abschreibungen in Höhe von 1.000 und der Verlustvortrag von 1.000 gegenüber. Der steuerpflichtige Gewinn in t_2 ist Null. Es bleiben 2.000 DM dem Unternehmen erhalten. In t_3 sind ebenfalls 1.000 als Abschreibung zu verrechnen. Es bleiben 760 DM an steuerpflichtigem Gewinn. Bei einem Steuersatz von s = 50% sind 380 DM an Steuern zu zahlen. Der Zahlungsstrom der Sachanlage lautet dann

t_0	t_1	t_2	t_3
− 3.000	0	+ 2.000	+ 1.380

Der Kalkulationszinsfuß ist bei einem Steuersatz von 50% nicht mehr in Höhe von 10% festzusetzen, denn die Erträge der Finanzanlage unterliegen ebenfalls der Besteuerung. Die Rendite der Finanzanlage beträgt 5% nach Steuern. Bei einem Kalkulationszinsfuß von i_s = 5% errechnet sich für den Zahlungsstrom nach Steuerzahlung ein Kapitalwert

$$K_s = -3.000 + 2.000\,(1+0{,}05)^{-2} + 1.380\,(1+0{,}05)^{-3} = +6. \tag{23a}$$

Die Erhöhung des Einkommensteuersatzes von 0 auf 50% bewirkt hier, daß eine unvorteilhafte Anlage vorteilhaft wird. Wenn wir zusätzlich annehmen, daß der Gewinnsteuersatz von 50% auf rund 67% erhöht wird, dann wächst der Kapitalwert von +6 sogar auf +9. Um nicht den Irrtum zu erwecken, die Kapitalwertsteigerung beruhe auf dem sofortigen Verlustausgleich, wurde in dem Beispiel unterstellt, der Verlust in t_1 werde vorgetragen und nicht sofort ausgeglichen. Wäre, wie sonst in der Theorie üblich, unterstellt worden, ein sofortiger Verlustausgleich sei möglich, so wüchse der Kapitalwert bei 50% Steuern sogar auf +29.

Natürlich läßt die Erhöhung des Kapitalwerts mit steigendem Gewinnsteuersatz nicht das Nettoeinkommen des Unternehmers steigen; schließlich fließen in t_3 Steuerzahlungen ab. Das dem Anschein nach paradoxe Ergebnis, wachsender Kapitalwert bei steigenden Steuersätzen, folgt aus der Änderung der Rangordnung zwischen Sachinvestition und Finanzanlagen durch die Besteuerung.

Absolut gesehen verringert die Gewinnsteuererhöhung das Nettoeinkommen des Unternehmers. Aber mit wachsenden Steuersätzen kann es sich lohnen, andere Investitionsvorhaben zu wählen, die praktisch eine Milderung der Steuererhöhung herbeiführen. Eine solche Milderung der Steuererhöhung nennt man auch „teilweise Steuereinholung".

Am raschesten ist diese teilweise Steuereinholung durch folgende Rechnung zu belegen:

Der Unternehmer führt den Vorteilsvergleich vollständig durch, indem er sämtliche Zahlungen nach Art eines Finanzplans zusammenstellt. Da die Anschaffungsausgaben für Finanzanlage und Sachanlage gleich sind, interessieren nur die Zahlungen in t_1, t_2, t_3. Vor Steuern sieht der Vorteilsvergleich so aus:

	t_1	t_2	t_3
Finanzanlage	+ 300	+ 300	+ 3.300
Sachanlage	0	+ 2.000	+ 1.760
Erster Saldo zugunsten der Finanzanlage	+ 300	− 1.700	+ 1.540
Wiederanlage des Überschusses in t_1 zu 10%	− 300	+ 330	
Zweiter Saldo zugunsten der Finanzanlage	0	− 1.370	+ 1.540
Wiederanlage des Überschusses der Sachanlage		+ 1.370	− 1.507
Endgültiger Saldo zugunsten der Finanzanlage	0	0	+ 33

Die Sachanlage erwirtschaftet in t_3 33 weniger als die Finanzanlage. Dieses Minderendvermögen der Sachanlage ergibt, diskontiert auf t_0 einen Kapitalwert von -25.

Bei einem Steuersatz von 50% entwickelt sich folgender Finanzplan:

	t_1	t_2	t_3
Finanzanlage (nach Steuern)	+ 150	+ 150	+ 3.150
Sachanlage (nach Steuern)	0	+ 2.000	+ 1.380
Erster Saldo zugunsten der Finanzanlage	+ 150	− 1.850	+ 1.770
Wiederanlage des Überschusses in t_1 zu 5% nach Steuern	− 150	+ 157,5	
Zweiter Saldo zugunsten der Finanzanlage	0	− 1.692,5	+ 1.770
Wiederanlage des Überschusses der Sachanlage		+ 1.692,5	− 1.777,1
Endgültiger Saldo zugunsten der Finanzanlage	0	0	− 7,1

Hier erwirtschaftet die Sachanlage ein um 7,1 höheres Endvermögen als die Finanzanlage. Auf t_0 diskontiert ergibt das einen Kapitalwert von +6.

Wegen der Abschreibungsverrechnung entsteht der Sachanlage ein Zinsgewinn, der sie mit steigenden Steuersätzen vorteilhafter erscheinen läßt als die Finanzanlage. Der Zinsgewinn ist der Grund für den wachsenden Kapitalwert. Das versteuerte Einkommen sinkt dagegen mit steigenden Steuersätzen.

Demgegenüber kann bei Fremdfinanzierung sogar das versteuerte Einkommen mit wachsenden Steuersätzen steigen[43]; denn die steuerliche Abzugsfähigkeit der Fremdkapitalzinsen bewirkt hier steuerlich eine kapitalkostenneutrale Aufwandsverrechnung, während die lineare steuerliche Abschreibung der Sachanlage günstiger als die Ertragswertabschreibung verläuft, so daß aus der Kombination von Fremdfinanzierung mit dieser Sachinvestition ein Einkommenszuwachs resultiert. Das ist rasch zu erkennen, wenn die Zeilen für „Finanzanlagen" in „Kredit" umbenannt und darin jeweils das Vorzeichen geändert wird (an die Stelle der Wiederanlage in t_1 tritt eine Neuverschuldung).

Dieses, dem Anschein nach paradoxe Beispiel ruft in die Erinnerung zurück: Der Kapitalwert einer Investition ist kein absolutes, sondern ein relatives Maß für die Vorteilhaftigkeit. Der Kapitalwert mißt die Vorteilhaftigkeit der Sachanlage an einer konkurrierenden Investition (Finanzanlage) bzw. an den Kosten einer Finanzierungsmöglichkeit.

Das Steuerparadoxon (wachsender Kapitalwert bei steigenden Steuersätzen) tritt allerdings nur für Steuererhöhungen bis zu einem gewissen Ausmaß ein. Bei einem Steuersatz von 100% sind naturgemäß Finanzanlage und Sachanlage gleich unvorteilhaft. Es läßt sich zeigen, daß der Zinsgewinn der Sachanlage mit steigenden Steuersätzen zunächst wächst, ein Maximum erreicht und schließlich fällt. Der Zinsgewinn hängt ab vom Steuersatz, vom Zinssatz, dem Einnahmen- und Abschreibungsverlauf der Sachanlage und schließlich von der Zahl der betrachteten Perioden. Bei drei Perioden ist der Zinsgewinn eine Funktion dritten Grades, bei n Perioden eine Funktion n-ten Grades, so daß auch mehrere Maxima des Zinsgewinns (und des Kapitalwerts) bei steigenden Steuersätzen denkbar sind.

---

[43] Vgl. *Steiner*, S. 113.

Für die Sachanlage berechnen sich Überschuß- und Zinsgewinn wie folgt: Im ersten Nutzungsjahr erzielt die Sachanlage gegenüber der Finanzanlage einen „Überschuß" von -300 (1-s). Dieser Betrag kann zwei Jahre lang zum Zinssatz nach Steuern angelegt werden. Wir erhalten

$$-300\,(1-s)\,[1 + (1-s)\,0{,}1]^2. \tag{24}$$

Im zweiten Nutzungsjahr beträgt der Überschuß der Sachanlage gegenüber der Finanzanlage +2.000 - 300(1-s). Dieser Betrag kann ein Jahr lang zum Zinssatz nach Steuern angelegt werden. Wir erhalten

$$[2.000 - 300\,(1-s)]\,[1 + (1-s)\,0{,}1]. \tag{24a}$$

Im dritten Jahr erwirtschaftet die Sachanlage einen Überschuß von

$$-3.000 + 1.000 + (1-s)\,(760 - 300). \tag{24b}$$

Fassen wir die Glieder zusammen, so errechnet sich der Endüberschuß Z als

$$Z = 3s^3 - 99s^2 + 129s - 33. \tag{24c}$$

Bei Steuersätzen unter (rund) 35% ist die Finanzanlage vorteilhafter als die Sachanlage. Bei einem Steuersatz von (rund) 35% sind beide gleich vorteilhaft. Bei weiter steigenden Steuersätzen wächst der Kapitalwert der Sachanlage. Er erreicht in diesem Beispiel bei einem Steuersatz von (rund) 67% sein Maximum (Kapitalwert +9) und fällt dann, bis bei einem Steuersatz von 100% Sachanlage und Finanzanlage gleich vorteilhaft werden. (Die dritte Nullstelle des Endüberschusses liegt bei Steuersätzen über 100% und ist deshalb ohne ökonomischen Sinn.)

Wäre eine Abschreibungssumme in Höhe des Ertragswerts zulässig, dann würde das Steuerparadoxon, also steigender Kapitalwert bei wachsendem Steuersatz, mit ziemlicher Regelmäßigkeit auftreten. Bei im Zeitablauf konstanten Einnahmenüberschüssen verläuft die Ertragswertabschreibung progressiv. Damit genügt hier bereits eine lineare steuerliche Abschreibung auf die Abschreibungssumme Ertragswert, daß der Kapitalwert mit steigenden Steuersätzen wächst. Bei im Zeitablauf sinkenden Einnahmenüberschüssen verläuft die Ertragswertabschreibung mit schwacher Degression, so daß schon eine lineare Abschreibung das Paradoxon hervorrufen könnte.

Im geltenden Steuerrecht gewinnt das Paradoxon vor allem in zwei Fällen Bedeutung:
a) Bei *Investitionszulagen* (S. 348) bleibt die Möglichkeit erhalten, vom ursprünglichen Anschaffungspreis abzuschreiben. Der tatsächliche Anschaffungspreis für Anlagen ist aber wegen der Investitionszulage niedriger. Die Zulage (von z.B. 12%) fließt wegen der Zeitspanne, bis das Finanzamt über den Antrag auf Gewährung einer Investitionszulage entschieden hat, etwa nach einem halben bis einem Jahr zu. Der effektive Anschaffungspreis sinkt auf etwas über 88, verbunden mit der Möglichkeit, Abschreibungen von 100 vorzunehmen. Solche Vergünstigungen führen in zahlreichen Fällen dazu, daß mit steigenden Steuersätzen abschreibungsfähige Investitionen vorteilhafter werden.

b) Breitere Bedeutung hat der Sachverhalt, daß bei der Festlegung des Abschreibungsausgangsbetrages regelmäßig *ein Restverkaufserlös außer Ansatz bleibt*. Die Praxis der Finanzverwaltung zieht Restverkaufserlöse von den Anschaffungs- oder Herstellungskosten nur dann ab, wenn der Veräußerungserlös nach Abzug der Veräußerungsaufwendungen erheblich ist (Abschnitt 43 Abs. 4 EStR), z.B. bei Seeschiffen, Gegenständen aus Edelmetall oder bei Gebäuden, die vom Mieter geschaffen und vorzeitig an den Grundeigentümer gegen Entschädigung fallen. Bei hohen Restverkaufserlösen endet der Zahlungsstrom mit einem weit über den vorhergehenden Einnahmenüberschüssen liegenden Betrag. Dürfen dennoch die gesamten Anschaffungs- oder Herstellungskosten steuerrechtlich z.B. degressiv abgeschrieben werden, so wirkt die „Schlußlastigkeit" der Einnahmenüberschüsse dahin, daß der Barwert der Ertragswertabschreibungen verhältnismäßig niedrig ist. Verglichen mit dem Barwert der steuerrechtlichen Abschreibungen, deren Schwerpunkt in den ersten Nutzungsjahren liegt, kann der Barwert der Ertragswertabschreibungen auch bei rentablen Anlagen überschritten werden.

Gegen die Bedingung der Kapitalkostenneutralität $i_s = (1-s)i$ als Voraussetzung für das Auftreten eines Steuerparadoxons ist eingewandt worden, daß sich das Steuerparadoxon „allein auf die steuerliche Behandlung der einbehaltenen Gewinne zurückführen" lasse. „Es bedarf keiner Veränderung des Kalkulationszinssatzes der Unternehmung"[44]. Dies trifft nicht zu, denn sobald die Steuersätze für zurückbehaltene Gewinne und für Marktpreise aus der Überlassung von Beteiligungskapital oder Fremdkapital auseinanderfallen, wird im Konkurrenzgleichgewicht des Kapitalmarkts nur noch die am niedrigsten besteuerte Finanzierungsart gewählt. Proportional zu deren Steuersatz mindert sich der Kalkulationszinsfuß.

4. Zusammenfassung

Um ein Bezugsmodell für die Untersuchung von Steuerwirkungen zu erarbeiten, ist nach den Voraussetzungen gefragt worden, unter denen Steuerzahlungen weder die Rangordnung von Investitionsvorhaben noch den Investitionsumfang ändern. Ohne die Annahme eines Kapitalmarkts im Konkurrenzgleichgewicht und damit eines einzigen Marktpreises, zu dem Gelder in beliebiger Höhe angelegt und aufgenommen werden können, ist Investitionsneutralität nicht zu bewahren. Der Konkurrenzgleichgewichtszins braucht nicht für jeden Zahlungszeitpunkt während des Planungszeitraums gleich hoch zu sein, bei den Einzelfragen zur Zinsbesteuerung (S. 297) wird dies verdeutlicht werden.

Die Besteuerung des kapitaltheoretischen Gewinns sowie dessen kapitalwertgleichen Umperiodisierungen erreichen, daß weder die Rangordnung noch der Investitionsumfang durch Steuerzahlungen verändert werden. Investitionsneutralität verbindet sich hierbei mit Kapitalkostenneutralität der Besteuerung. Die Besteuerung des kapitaltheoretischen Gewinns ist dabei dessen kapitalwertgleichen Umperiodisierungen vorzuziehen, weil die Steuerbemessungsgrundlage hier möglichst nahe dem Beobachtungssachverhalt

---

44 *Sinn:* Kapitaleinkommensbesteuerung, S. 133 f.

der Zahlungsströme bleibt. Für jede einzelne Zukunftslage errechnet sich für das Unternehmen im Ganzen oder für eine einzelne Investition mit der Ertragswertabschreibung in jedem Zahlungszeitpunkt ein Periodisierungsbetrag, der den jeweiligen Zahlungssaldo in einen zu versteuernden Gewinn umwandelt.

Entscheidungsneutralität der Besteuerung, wie sie der kapitaltheoretische Gewinn versteht, wird im folgenden als „Nullpunkt" von Steuerwirkungen angesehen und dient als Bezugsmodell für Steuerbelastungsvergleiche, die Einzelheiten des geltenden Bilanzsteuerrechts, der Steuersatzsachverhalte und der Vermögens- und Gewerbekapitalsteuer berücksichtigen.

III. Rentabilitätswirkungen der Besteuerung auf Innen- und Außenfinanzierung

a) Bilanzsteuerliche Abweichungen vom entscheidungsneutralen Gewinn

1. Steuerkredite aus steuerrechtlichen Gewinnvergünstigungen und Zwangsanleihen aus Gewinnverböserungen

aa) Berechnung des „zu versteuernden Einkommen"

Die betriebswirtschaftliche Vorstellung vom Gewinn und die wirtschaftswissenschaftliche Vorstellung vom Einkommen sind nicht mit den steuerrechtlichen Vorstellungen vom zu versteuernden Einkommen identisch. Das zu versteuernde Einkommen errechnet sich derzeit aus 22 Einzelpositionen über verschiedene Zwischensummen. Die Berechnung beginnt mit der Summe der Einkünfte aus 7 Einkunftsarten: Einkünfte aus Land- und Forstwirtschaft, aus Gewerbebetrieb, aus selbständiger Arbeit, aus nichtselbständiger Arbeit, aus Kapitalvermögen, aus Vermietung und Verpachtung und die vom Gesetz aufgezählten sonstigen Einkünfte. Die Summe ist zu kürzen um eine Reihe von Abzugsbeträgen (z.B. Sonderausgaben, außergewöhnliche Belastungen, der Verlustabzug) und Freibeträgen, ehe das *zu versteuernde Einkommen* verbleibt. Hier interessieren vor allem die Einkünfte aus Gewerbebetrieb.

Zu den Einkünften aus Gewerbebetrieb zählen (§ 15 Abs.1 EStG):
1. Einkünfte aus gewerblichen Unternehmungen,
2. Einkünfte aus Mitunternehmergemeinschaften (OHG, KG, atypische stille Gesellschaft),
3. der Gewinnanteil der persönlich haftenden Gesellschafter einer Kommanditgesellschaft auf Aktien, soweit er nicht auf den Aktienbesitz entfällt.

Das, was man gemeinhin mit steuerpflichtigem Gewinn bezeichnet, sind die Einkünfte aus Gewerbebetrieb, vermindert um den Verlustabzug (S. 267).

Die Einstufung eines Betrages als Einkünfte aus Gewerbebetrieb oder nicht, ist vor allem deshalb wichtig, weil Einkünfte aus Gewerbebetrieb neben der Einkommensteuer der Gewerbeertragsteuer unterliegen. Während z.B. das Gehalt des Geschäftsführers einer GmbH, der zugleich Alleingesellschafter ist, zu den Einkünften aus nichtselbständiger Arbeit gehört (bei der Berechnung der Gewerbeertragsteuer abzugsfähig ist), zahlt z.B. eine Sekretärin, die 2,35% der Anteile an der KG geerbt hat, in der sie tätig ist, Gewerbeertragsteuer auf ihr Sekretärinnengehalt und zuzüglich auf den Arbeitgeberanteil an ihrer Sozialversicherung[45].

Bei den Einkünften aus Land- und Forstwirtschaft, selbständiger Arbeit und Gewerbebetrieb wird als Steuerbemessungsgrundlage ein „Gewinn" errechnet, bei den Einkünften aus nichtselbständiger Arbeit, Kapitalvermögen, Vermietung und Verpachtung und den

---

45 Urteil des BFH vom 27.5.1981, BStBl. II 1982, S. 192-197, hier S. 196.

sonstigen Einkünften heißt die Bemessungsgrundlage „Überschuß der Einnahmen über die Werbungskosten".

Statt im Interesse der Entscheidungsneutralität der Besteuerung bei den 7 Einkunftsarten die Bemessungsgrundlagen möglichst zu vereinheitlichen, fächert das Gesetz die Bemessungsgrundlagen noch weiter auf. Es trennt

a) zwei Arten der Gewinnermittlung über den Vermögensvergleich:

1. Der Vermögensvergleich nach § 5 EStG bestimmt den Gewinn im Regelfall der Einkünfte aus Gewerbebetrieb. Diesen Vermögensvergleich nennt man in der Praxis **Steuerbilanz**.

2. Der Vermögensvergleich nach § 4 Abs. 1 EStG wird bei einigen Land- und Forstwirten und selbständig Arbeitenden durchgeführt. Er weicht nur in wenigen Einzelheiten von der Steuerbilanz ab.

b) zwei Arten der Überschußrechnung:

3. Der Überschuß der Betriebseinnahmen über die Betriebsausgaben nach § 4 Abs. 3 EStG als „Gewinn" kleinerer Gewerbebetriebe, selbständig Arbeitender und einiger Land- und Forstwirte.

4. Der Überschuß der Einnahmen über die Werbungskosten bei den Einkünften aus nichtselbständiger Arbeit, Kapitalvermögen, Vermietung und Verpachtung und den sonstigen Einkünften. Beide Male handelt es sich nicht um eine Einnahmenüberschußrechnung im betriebswirtschaftlichen Sinne , weil Anlagenabschreibungen im Sinne des § 7 EStG und Zinszahlungen für Fremdkapital die Einkünfte mindern; bei der Gewinnermittlung nach § 4 Abs. 3 EStG werden auch die Zahlungen für nicht abnutzbare Anlagegüter aus der Einnahmenüberschußrechnung herausgenommen und erst bei Ausscheiden gewinnmindernd verrechnet.

c) zwei Sonderformen der Gewinnermittlung:

5. Die Gewinnermittlung nach Durchschnittssätzen in der Land- und Forstwirtschaft, und

6. die Schätzung des Gewinns, wenn die Buchführung zu verwerfen ist (§ 162 AO).

Aus allen Ermittlungsarten für die Einkünfte folgen Abweichungen gegenüber dem Zahlungsüberschuß, korrigiert um eine Ertragswertänderung, und damit steuerrechtliche Gewinnvergünstigungen oder Gewinnverböserungen gegenüber einem entscheidungsneutralen Gewinn.

bb) Steuerkredite aus steuerrechtlichen Gewinnvergünstigungen

Steuerrechtliche Gewinnvergünstigungen treten in einer Abrechnungsperiode dann auf, wenn der steuerpflichtige Gewinn des geltenden Steuerrechts unter dem steuerpflichtigen Gewinn eines entscheidungsneutralen Steuerrechts liegt. Vier Erscheinungsformen von Gewinnvergünstigungen sind zu unterscheiden:

a) Die Einnahmen eines Jahres (unter Ausschluß von Einnahmen aus Außenfinanzierung) sind höher als die steuerrechtlichen Betriebseinnahmen (der steuerpflichtige Ertrag). Beispiele für den Fall, daß die Einnahmen die steuerpflichtigen Betriebseinnahmen

(= Erträge im bilanzrechtlichen Sinne) übersteigen, sind beim Vermögensvergleich (in der Steuerbilanz)

1. Kundenanzahlungen für Lieferungen in den Folgejahren;
2. passive Rechnungsabgrenzungsposten, also z.B. Mieteinnahmen im abzurechnenden Jahr, die erst im nächsten Jahr zu steuerpflichtigen Mieterträgen werden;
3. steuerfreie Einnahmen z.B. aus Investitionszulagen, steuerfreien Zinsen, Erträgen aus ausländischen Investitionen, die wegen eines Doppelbesteuerungsabkommens im Inland steuerfrei sind; ferner steuerfreie Veräußerungsgewinne in Höhe der Freibeträge, etwa aus einer wesentlichen Beteiligung und bei Betrachtung einer Kapitalgesellschaft als einer personenbezogenen Unternehmung (z.B. einer Ein-Mann-GmbH), oder Erträge aus Schachtelbeteiligungen (mindestens 10% Beteiligung an einer anderen Kapitalgesellschaft während des gesamten Steuerjahres).

b) Die Ausgaben eines Jahres (unter Ausschluß von Rückzahlungen bei Außenfinanzierung und Lebenshaltungsausgaben) sind niedriger als die steuerrechtlichen Betriebsausgaben (der steuerlich abzugsfähige Aufwand).

Beispiele für den Fall, daß die steuerrechtlichen Betriebsausgaben (= Aufwand im bilanzrechtlichen Sinne) über den Ausgaben eines Jahres liegen, sind in der Steuerbilanz insbesondere

1. Verbrauch von Vorräten, die erst in Zukunft bezahlt werden; überhaupt jede Erhöhung der Verbindlichkeiten gegenüber dem Vorjahr, die im abgelaufenen Jahr zu steuerlichem Aufwand geführt hat. Eine Unternehmung sehe sich einer in t_2 fälligen ungewissen Verbindlichkeit ausgesetzt, die sie in t_0 als Rückstellung für ungewisse Verbindlichkeiten berücksichtigt. Nach geltendem Bilanzrecht ist der künftige Auszahlungsbetrag als Aufwand in t_0 zu verrechnen, da die in t_2 fällige Verbindlichkeit bereits in t_0 einen Erwerber veranlassen würde, einen um den Barwert dieser ungewissen Verbindlichkeit niedrigeren Marktpreis für das Unternehmen zu zahlen. Deshalb wäre ökonomisch nur der Barwert dieser ungewissen Verbindlichkeit bei Besteuerung anzusetzen und in t_1 um eine Ertragswertzuschreibung zu erhöhen. Im Zeitpunkt der Rückstellungsbildung den undiskontierten künftigen Auszahlungsbetrag als Aufwand zu verrechnen, stellt eine steuerrechtliche Gewinnvergünstigung dar.
2. Verlustvorwegnahmen in Form von Teilwertabschreibungen z.B. auf Forderungen oder Vorräte; denn hier entsteht der steuermindernde Aufwand bereits vor dem Zeitpunkt der Verlustrealisierung durch zusätzliche Ausgaben oder Mindereinnahmen.
3. Steuerrechtlich zulässige Rückstellungsbildungen für drohende Verluste aus schwebenden Geschäften. Hier entsteht der Aufwand heute, die Ausgabe bzw. Mindereinnahme erst in Zukunft, wenn sie überhaupt eintritt.
4. Steuerrechtliche Bewertungsvergünstigungen, wie z.B. die Bildung steuerfreier Rücklagen oder das Wahlrecht, eine Teilwertabschreibung bei Wegfall ihres Anlasses beizubehalten, also z.B. einen verringerten Buchwert bei Wertpapieren trotz späterer Kurssteigerungen nicht zu erhöhen.

c) Die dritte Erscheinungsform einer Gewinnvergünstigung betrifft die investitionsneutralen Periodisierungen. Eine Gewinnvergünstigung liegt vor, sobald ein steuerrechtlicher Periodisierungsaufwand (z.B. die Absetzung für Abnutzung = AfA – ebenso wie eine Sonderabschreibung) über der Ertragswertabschreibung liegt. Das gleiche gilt für den Fall, daß ein steuerrechtlicher Periodisierungsertrag unter der Ertragswertzuschreibung bleibt (z.B. weil bei Grundstücken oder Beteiligungen höchstens die Anschaffungskosten steuerrechtlich anzusetzen sind). Da Höhe und Verlauf der Ertragswertabschreibung von der Höhe des Kapitalwerts, dem Verlauf der Zahlungssalden im einzelnen und von der Höhe des Steuersatzes abhängen, kann ein und dasselbe steuerrechtliche Periodisierungsverfahren (AfA, Disagio, Ansparung von Rückstellungen) im einen Fall als Gewinnvergünstigung, im anderen als Gewinnverböserung wirken.

d) Eine vierte Erscheinungsform von Gewinnvergünstigungen kann aus der steuerrechtlichen Behandlung von Aufwand für Finanzierungszahlungen folgen. So führt z.B. eine Kreditaufnahme, die in den ersten Jahren bereits Tilgungen vorsieht, gegenüber einer Tilgung erst bei Rückzahlung dann zu Verzerrungen der Vorteilhaftigkeit, wenn die steuerrechtliche Gewinnermittlung von der investitionsneutralen abweicht (S. 297). Der Unterschied zwischen Zins- und Tilgungszahlungen ist lediglich rechtlicher Art, nicht ökonomischer Natur (außerhalb ihrer Behandlung in der Gewinnermittlung).

Nicht als Gewinnvergünstigung werden hier niedrigere steuerbedingte Kapitalkosten der Fremdfinanzierung gegenüber einer Beteiligungsfinanzierung gezählt. Für beide Außenfinanzierungsarten handelt es sich im geltenden Steuerrecht durchgängig um Gewinnverböserungen; bei der Beteiligungsfinanzierung freilich in erheblich größerem Ausmaß (S. 307-309).

Das geltende Bilanzsteuerrecht enthält eine Fülle von Einzelfällen steuerrechtlicher Gewinnvergünstigungen. Soweit die Bilanzansatz- und -bewertungsvorschriften zwingend sind, entstehen durch die Gewinnvergünstigungen im Regelfall Steuerentlastungen, welche die Unternehmung nicht beeinflussen kann.

Die Einschränkung „im Regelfall" besagt, daß es Ausnahmen gibt. Steuerliche Gewinnvergünstigungen wirken dann nicht steuerentlastend, wenn überhaupt keine Gewinnsteuern gezahlt werden, also in Verlustjahren, falls die Möglichkeit zu einem Verlustrücktrag auf ein früheres Jahr nicht gegeben ist (dazu näher S. 267). Eine Erhöhung des Verlustes bringt dann in dem abzurechnenden Wirtschaftsjahr keinen Pfennig Gewinnsteuerersparnis. Gleichwohl kann eine verringerte Vermögen- und Gewerbekapitalsteuerzahlung eintreten.

Der Regelfall einer Gewinnvergünstigung wird durch eine gleich hohe Gewinnverböserung in einer Folgeperiode wieder ausgeglichen: Kundenanzahlungen in t_0 werden bei Erfüllung des Auftrages, z.B. in t_2, erfolgswirksam verrechnet; auf Zahlungsziel gekaufte und sofort verbrauchte Vorräte in t_0 lösen dann, wenn die Verbindlichkeit z.B. in t_1 beglichen wird, eine gleich hohe Ausgabe aus. Beide Male ist in t_0 eine Gewinnvergünstigung gegeben: „Einnahme, noch nicht Ertrag" bzw. „Aufwand, noch nicht Ausgabe". Der Gewinnvergünstigung tritt in irgendeinem späteren Zeitpunkt t eine gleich hohe Gewinnerhöhung zur Seite: „Ertrag, nicht mehr Einnahme", „Ausgabe, nicht mehr Aufwand".

Gewinnvergünstigungen, die sich im Zeitablauf in ihrer Erfolgswirksamkeit ausgleichen, bewirken einen **zinslosen Kredit** des Fiskus an den Steuerpflichtigen.
Beispiele:
a) Erfolgsrechnung ohne Aufwandsvorwegnahme

	t_0	t_1
Ertrag	106	106
Aufwand	–	106
Gewinn	106	0
Steuerzahlung 50%	53	0

b) Erfolgsrechnung mit Aufwandsvorwegnahme, z.B. durch eine Teilwertabschreibung.

	t_0	t_1
Ertrag	106	106
Aufwand	106	–
Gewinn	0	106
Steuerzahlung 50%	0	53

Gegenüber a) liegt hier ein zinsloser Steuerkredit von 53 vor, weil bei gleicher Summe der Steuerzahlungen in t_1 und t_2 die Zahlung von t_0 nach t_1 hinausgeschoben ist.

c) Verzinsliche Aufwandsvorwegnahme, z.B. Ansparung einer Verpflichtung zur Rentenzahlung (S. 358) mit 6% Zinsen

	t_0	t_1
Ertrag	106	106
Zuführung zur Rückstellung (Barwert)	100	6
Gewinn	6	100
Steuerzahlung 50%	3	50

Gegenüber a) liegt hier ein **verzinslicher Steuerkredit** vor, weil nicht 53, sondern nur 50 an Zahlungen hinausgeschoben werden, also um 6% im voraus verrechnete Zinsen weniger als in b).

Nur unabgezinste Aufwandsvorwegnahmen führen zu einem zinslosen Steuerkredit. Abgezinste Aufwandsvorwegnahmen verkörpern einen verzinslichen Steuerkredit.

Wie stark ein Finanzierungsvorteil aus einem zinslosen Steuerkredit zu Buche schlägt, hängt von der Höhe des Steuersatzes, des Zinssatzes und der Zeitdauer ab, bis die Gewinnvergünstigung wieder rückgängig gemacht wird. Zinsgewinne aus Steuerkrediten sind noch keine Steuer*ersparnisse*. **Steuerersparnisse** entstehen aus Steuerkrediten erst dann, wenn die Ertragsverrechnung zum Ausgleich eines vorweggenommenen Aufwandes zu einem niedrigeren Grenzsteuersatz erfolgt, als er im Jahr der Aufwandsvorwegnahme anzuwenden war. Bei einem höheren Grenzsteuersatz entsteht eine Steuermehrzahlung, die saldiert um den Zinsgewinn zu einer endgültigen Mehr- oder Minderbelastung werden kann.

Nicht selten bleiben Gewinnvergünstigungen dauerhaft wirksam, z.B. wenn eine Kundenanzahlung bzw. Absatzfinanzierung durch in jeder Abrechnungsperiode neue Kundenanzahlungen bzw. Forderungen aus Warenlieferungen und Leistungen in gleicher Höhe bestehen bleibt oder gar wächst. So entsteht ein dauerhafter zinsloser Kredit, der praktisch schon bei unveränderten Grenzsteuersätzen einer endgültigen Steuerersparnis nahekommt. Dadurch entstehen effektive Durchschnitts- oder auch Grenzsteuerbelastungen für einzelne Investitionen, die erheblich von den rechtlichen Durchschnitts- oder Grenzsteuersätzen abweichen.

cc) Zwangsanleihen des Fiskus aus steuerrechtlichen Gewinnverböserungen

Steuerrechtliche Gewinnverböserungen treten in einer Abrechnungsperiode dann auf, wenn der steuerpflichtige Gewinn des geltenden Steuerrechts über dem steuerpflichtigen Gewinn eines entscheidungsneutralen Steuerrechts liegt. Vier Erscheinungsformen von steuerrechtlichen Gewinnverböserungen sind zu unterscheiden:

a) Die steuerrechtlichen Betriebseinnahmen (Erträge) eines Jahres sind höher als die Einnahmen. Beispiele für den Fall, daß der steuerpflichtige Ertrag in der Steuerbilanz eines Jahres die Einnahmen übersteigt, sind

1. Verkäufe auf Ziel, also die Forderungsentstehung. Denn durch den Zielverkauf wird Gewinn im abzurechnenden Jahr realisiert, die Einnahmen fließen aber erst bei Zahlung, also in einer künftigen Abrechnungsperiode zu. Auf die steuerpflichtige Unternehmung insgesamt bezogen, entsteht eine Gewinnverböserung nur, wenn in einem Jahr die Forderungen anwachsen. Wenn es gelingt, bei gleichem Umsatz die Forderungen aus Warenlieferungen und Leistungen abzubauen, wird die Gewinnverböserung abgebaut.

2. Die Aktivierung von selbst erstellten Anlagen und unfertigen oder fertigen Erzeugnissen, soweit hier der ausgabengleiche Aufwand desselben Jahres überstiegen wird. Die Aktivierung von Abschreibungen in den Herstellungskosten bewirkt, daß die Aufwandsverrechnung der Abschreibungen in Höhe des aktivierten Betrages wieder rückgängig gemacht wird. Falls die steuerliche Abschreibung einer entscheidungsneutralen Abschreibung entsprochen hat, liegt dann in der Aktivierung von Abschreibungen als Herstellungskosten eine Gewinnverböserung.

b) Die steuerrechtlichen Betriebsausgaben sind niedriger als die Ausgaben desselben Jahres. Beispiele dafür, daß die Ausgaben über dem steuerlich abzugsfähigen Aufwand in der Steuerbilanz liegen, sind:

1. Das Aufstocken von Lagern, die im alten Jahr bezahlt werden.

2. Aktive Rechnungsabgrenzungsposten, also z.B. Bezahlung von Miete heute, die erst teilweise im nächsten Jahr als Aufwand verrechnet werden darf.

3. Steuerrechtlich nicht abzugsfähige Betriebsausgaben, z.B. Zahlungen an Vermögensteuer, soweit sie auf das Unternehmen entfällt und andere S. 285 f. genannte Fälle.

c) Die dritte Erscheinungsform einer Gewinnverböserung betrifft die investitionsneutralen Periodisierungen. Eine Gewinnverböserung liegt vor, sobald ein steuerrechtlicher Periodisierungsaufwand (z.B. der Gesamtbetrag steuerrechtlicher AfA und Sonderabschreibungen eines Jahres) unter der Ertragswertabschreibung liegt oder ein steuerrechtlicher Periodisierungsertrag eine Ertragswertzuschreibung übersteigt.

d) Eine vierte Erscheinungsform von Gewinnverböserungen folgt aus der steuerrechtlichen Behandlung von Aufwand für Finanzierungszahlungen. Die aus Außenfinanzierung folgenden Gewinnsteuerkeile werden S. 307 ff. erläutert.

Gewinnverböserungen wirken dann nicht als zusätzliche Gewinnsteuerbelastung, wenn in dem betreffenden Jahr Verluste erzielt werden und die Gewinnverböserung dahin wirkt, daß ein nicht mehr auf Vorjahre rücktragsfähiger Verlust nur verringert wird.

Gewinnverböserungen, die sich im Zeitablauf ausgleichen, führen einen zinslosen Kredit des Steuerpflichtigen an den Fiskus: eine **Zwangsanleihe** herbei. Wie stark diese unrentable Investition den Steuerpflichtigen belastet, hängt von der Höhe des Steuersatzes, der Rendite der Unternehmensinvestitionen und der Zeitdauer ab, bis die Gewinnverböserung wieder rückgängig gemacht wird.

Aus Steuersatzänderungen im Zeitablauf entsteht hier eine Steuermehrzahlung, wenn im Jahre der Aufwandsverrechnung zum Ausgleich eines vorweggenommenen Ertrages ein niedrigerer Grenzsteuersatz herrscht als im Jahr der Gewinnverböserung. Diese Steuermehrzahlung zusammen mit dem Zinsverlust aufgrund der Zwangsanleihe ergibt die endgültige Steuermehrbelastung. Unterliegt die Aufwandsverrechnung, die früheren Ertrag ausgleicht, einem höheren Grenzsteuersatz als die Gewinnverböserung, entsteht eine Steuerminderzahlung. Sie kann, saldiert mit dem Zinsverlust aufgrund der Zwangsanleihe, zu einer endgültigen Steuermehr- oder -minderbelastung werden.

Gewinnverböserungen können dauerhaft wirksam werden, z.B. wenn Forderungen aus Warenlieferungen und Leistungen in gleicher Höhe erneuert werden oder wachsen. So entsteht eine dauerhafte Zwangsanleihe des Fiskus, die praktisch einer endgültigen Mehrbelastung nahekommt.

2. Gestaltung der wirtschaftlichen Steuerbelastung durch Steuerbilanzpolitik

aa) Ansatz- und Bewertungswahlrechte sowie steuerfreie Rücklagen

Von besonderer praktischer Bedeutung sind Wahlrechte bei der steuerlichen Gewinnermittlung; denn sie erlauben dem Unternehmer, Gewinnvergünstigungen und Gewinnverböserungen so einzusetzen, daß bei gegebenen Investitionen seine effektive Steuerbelastung minimal wird. Das geltende Gewinnsteuerrecht kennt im wesentlichen folgende Bilanzierungswahlrechte:

a) **Ansatzwahlrechte** sind Wahlrechte im Hinblick auf die steuerliche Bilanzierung dem Grunde nach:

(1) Wirtschaftsgüter des Anlagevermögens, die abnutzbar (also nicht Finanzanlagen), beweglich (also nicht immaterielle Werte) und einer selbständigen Bewertung und Nutzung fähig sind und deren Anschaffungs- oder Herstellungskosten 100 DM ohne USt nicht übersteigen, brauchen nicht in ein Anlagenverzeichnis aufgenommen zu werden (Abschn. 31 Abs. 3 EStR).

(2) Handelsrechtliche Aktivierungswahlrechte bleiben steuerlich bestehen beim Einzelkaufmann und bei Personengesellschaften hinsichtlich der Vermögensteile, die zum gewillkürten Betriebsvermögen zählen. Ein Einzelkaufmann oder Personengesellschafter ist bei Grundstücken, Wertpapieren und einer Reihe anderer, nicht zwingend zum Betriebsvermögen gehörender Wirtschaftsgüter in der Entscheidung frei, ob er sie in das Betriebsvermögen aufnehmen will oder nicht. Das Einlegen als „gewillkürtes Betriebsvermögen" lohnt sich, sobald Veräußerungsverluste für ihn (nicht aber in gleicher Weise den seinen Teilwertansatz nachprüfenden Fiskus) absehbar sind, weil die Einkünfte aus Gewerbebetrieb durch Veräußerungsverluste verringert werden. Eine Nicht-Einlage bzw. Entnahme lohnt sich, sobald ein Wissensvorsprung hinsichtlich von Veräußerungsgewinnen besteht, weil Veräußerungsgewinne im Privatvermögen spätestens nach Ablauf einer Spekulationsfrist (Gebäude 2 Jahre, Aktien 6 Monate) steuerfrei sind.

(3) Für Pensionsrückstellungen sieht § 6 a EStG ein Wahlrecht vor. Dieses Wahlrecht gilt für Pensionszusagen vor dem 1.1.1987. Für Pensionszusagen nach dem 1.1.1987 besteht handelsrechtlich eine Pflicht zur Passivierung. Aufgrund der Maßgeblichkeit der handelsrechtlichen Grundsätze ordnungsmäßiger Buchführung für die steuerliche Gewinnermittlung (§ 5 Abs. 1 EStG) gilt die Passivierungspflicht auch steuerlich für Pensionszusagen nach dem 1.1.1987. Zur Berechnung und wirtschaftlichen Beurteilung der Pensionsrückstellungen vgl. S. 356-378.

(4) Auf Rechnungsabgrenzungsposten, die keine betragsmäßige Bedeutung haben, z.B. vorausbezahlte Kraftfahrzeugsteuer für 7 Tage, kann verzichtet werden. Diese Wahlrechte werden von der Praxis auch auf die Handelsbilanz übertragen.

b) **Bewertungswahlrechte** betreffen die Bilanzierung der Höhe nach:

(1) Für alle Bilanzposten „kann" statt der Anschaffungs- oder Herstellungskosten der niedrigere Teilwert angesetzt werden (§ 6 Abs. 1 Nr. 1 Satz 2 EStG, sowie Nr. 2, 4, 7). Die Maßgeblichkeitsvorschrift des § 5 Abs. 1 EStG engt dies dahin ein, daß bei einem handelsrechtlichen Zwang auf den niedrigeren Börsen- oder Marktpreis bzw. beizulegenden Wert abzuwerten ist, aus dem „kann" ein „muß" wird.

(2) Die Höhe des Aufwands für verbrauchte Vorräte kann durch Anwendung des Verbrauchsfolgeverfahrens Lifo (last-in-first-out) in Zeiten steigender Beschaffungspreise an diese angepaßt werden (§ 6 Abs. 1 Nr. 2a EStG, zu den investitionsrechnerischen Folgen vgl. S. 398).

(3) Wahlrechte bestehen hinsichtlich des Umfangs der Herstellungskosten.

(a) Kosten der allgemeinen Verwaltung können, brauchen aber nicht einbezogen zu werden. Zu diesen Kosten der allgemeinen Verwaltung gehören z.B. die Kosten für Geschäftsleitung, Einkauf, Betriebsrat, Personalbüro, Ausbildungswesen, Feuerwehr, Werkschutz und Betriebskrankenkasse.

(b) Forschungs- und Entwicklungskosten gehören nur zu den Herstellungskosten, wenn sie in unmittelbarer Beziehung zur Fertigung bestimmter Erzeugnisse stehen, z.B. Ausgaben für die laufende Weiterentwicklung von Erzeugnissen. Aufwendungen für Grundlagenforschung, Neuentwicklung von Erzeugnissen und Herstellungsverfahren sind keine Herstellungskosten. Wenn die Abgrenzung zwischen unmittelbar mit der Fertigung verbundenen Entwicklungsarbeiten und Grundlagenforschung und -entwicklung Schwierigkeiten macht, so genügt die Aktivierung von 2% des im Wirtschaftsjahr insgesamt entstandenen Aufwands für Forschung und Entwicklung.

(c) In den Fertigungs- und Materialgemeinkosten werden Anlagenabschreibungen enthalten sein. Ihre Höhe richtet sich grundsätzlich nach der Bilanzabschreibung. Wird in der Bilanz degressiv abgeschrieben, kann gleichwohl in die Herstellungskosten eine lineare Abschreibung eingerechnet werden. Sonderabschreibungen und Teilwertabschreibungen sind jedoch nicht in die Herstellungskosten einzubeziehen.

(d) Die Aufwendungen für betriebliche Altersversorgung und anderer Sozialaufwand können, müssen aber nicht aktiviert werden.

(e) Zinsen für das Fremdkapital gehören grundsätzlich nicht zu den Herstellungskosten. Werden Kredite nachweislich in unmittelbarem wirtschaftlichen Zusammenhang mit der Herstellung des Wirtschaftsguts aufgenommen, können Zinsen in die Herstellungskosten einbezogen werden (Abschn. 33 Abs. 7 EStR).

(4) Wirtschaftsgüter des abnutzbaren Anlagevermögens, deren Anschaffungs- oder Herstellungskosten nach Abzug der Umsatzsteuer (Vorsteuer) nicht mehr als 800 DM betragen, „können" im Jahr ihrer Anschaffung oder Herstellung sofort als Aufwand verrechnet werden (§ 6 Abs. 2 EStG) – geringwertige Wirtschaftsgüter des Anlagevermögens.

(5) Bei abnutzbaren Anlagegütern bestehen Wahlrechte hinsichtlich des Abschreibungsverfahrens:

(a) Es kann lineare Abschreibung oder Abschreibung nach Maßgabe der Leistung bzw. Substanzverringerung gewählt werden, wenn der Steuerpflichtige den auf das einzelne Jahr entfallenden Umfang der Leistung nachweist (§ 7 Abs. 1, 6 EStG).

(b) Es kann lineare oder die vom Gesetz eingeschränkte degressive Abschreibung gewählt werden (§ 7 Abs. 2 EStG): für Gebäude gelten besondere Vorschriften (§ 7 Abs. 4, 5 EStG).

(c) Es kann von einer bisher angewandten degressiven auf eine lineare Abschreibung übergegangen werden (aber nicht von der linearen zur degressiven, § 7 Abs. 3 EStG).

(6) Sonderabschreibungen und Bewertungsabschläge, „können", müssen aber nicht in Anspruch genommen werden. Sonderabschreibungen für abnutzbare Wirtschaftsgüter des Anlagevermögens bestehen vor allem

(a) in der Westberlinförderung: bis zu 75% im ersten Jahr mit Verteilung des Restbuchwertes auf die weiteren Nutzungsjahre (§ 14 BerlinFG, letztmalig für vor dem 1.7.1991 vorgenommene Investitionen anzuwenden);

(b) in den neuen Bundesländern und dem ehemaligen Zonenrandgebiet: 50% der Anschaffungs- und Herstellungskosten *neben* der linearen Abschreibung (vgl. S. 346 f.).

(c) Aus den zahlreichen anderen Bewertungsvergünstigungen seien nur Sonderabschreibungen bei privaten Krankenhäusern (50% im ersten Jahr, § 7 f EStG), und für mittelständische Unternehmen mit einem Einheitswert des Betriebsvermögens nicht über 240.000 DM bzw. einem Gewerbekapital nicht über 500.000 DM (20% im ersten Jahr, § 7 g EStG) erwähnt.

In diesen Fällen entscheidet die Bewertung im handelsrechtlichen Jahresabschluß über die Ausübung des Wahlrechts für die Steuerbilanz ("umgekehrte Maßgeblichkeit").

(7) Veräußerungsgewinne beim Ausscheiden von Anlagegütern aus dem Betrieb „können" auf Ersatzwirtschaftsgüter bzw. bestimmte andere Wirtschaftsgüter des Anlagevermögens übertragen werden (Rücklage für Ersatzbeschaffung, Abschn. 35 EStR, § 6 b EStG). Diese stillen bzw. offenen zeitweise „steuerfreien" Rücklagen sind im folgenden zu skizzieren.

c) **Steuerfreie Rücklagen** entziehen im Jahre ihrer Bildung steuerpflichtigen Gewinn der Besteuerung. Bei den derzeit geltenden steuerfreien Rücklagen ist der Entzug nur befristet: Die steuerfreien Rücklagen sind erfolgswirksam in späteren Jahren aufzulösen. Erfolgswirksam aufzulösende steuerfreie Rücklagen treten bilanziell in drei Erscheinungsformen auf: als stille Rücklagen in Handels- und Steuerbilanz, als offene Rücklagen in Handels- und Steuerbilanz und als offene Rücklagen in der Steuerbilanz, die in der Handelsbilanz in den stillen Rücklagen verschwinden können.

Die Bildung einer stillen Rücklage in Handels- und Steuerbilanz erfolgt durch Minderung des Aktivpostens. Dies ist der Fall z.B.:

(1) Bei der Rücklage für Ersatzbeschaffung (Abschn. 35 EStR), wenn der Ersatz noch im Jahre der Bildung erfolgt. Scheiden Wirtschaftsgüter zwangsweise aus dem Betriebsvermögen aus (Enteignung, Zerstörung durch Brand, Überschwemmung, Unfälle usw.), so entsteht Aufwand in Höhe des Buchwertes. Versicherungs- oder Entschädigungszahlungen bei dem zwangsweisen Ausscheiden können über dem Buchwert liegen, und so entsteht zwangsweiser Veräußerungsgewinn. Beispiel: Eine Fabrikhalle, Buchwert 100.000 DM, brennt ab. Sie ist mit 500.000 DM zum Neuwert versichert. Der Neubau kostet inzwischen 700.000 DM. Zahlt die Versicherung, so entsteht ein Veräußerungsgewinn von 400.000 DM, der eigentlich versteuert werden müßte. Nach einer Versteuerung bleiben aber von dem Veräußerungsgewinn vielleicht nur 160.000 DM übrig. Der Neubau wäre trotz Neuwertversicherung kaum möglich. Hier tritt die Rücklage für Ersatzbeschaffung ein:

Erfolgt der Neubau noch im gleichen Jahr, in dem die Fabrikhalle ausbrannte, so werden die Anschaffungs- bzw. Herstellungskosten des Ersatzwirtschaftsguts um den Veräußerungsgewinn gekürzt. Es wird eine stille Rücklage gebildet. Der Veräußerungsgewinn ist zunächst der Besteuerung entzogen. Eine Nachversteuerung erfolgt hier gewissermaßen während der Nutzungsdauer der neuen Fabrikhalle, weil an die Stelle der Abschreibungen von 700.000 DM Anschaffungskosten nur Abschreibungen von den auf 300.000 DM verringerten Anschaffungskosten treten. Voraussetzung für die Bildung einer Rücklage für Ersatzbeschaffung sind:

– das zwangsweise Ausscheiden aus dem Betriebsvermögen,

– die Entschädigung muß für das ausscheidende Wirtschaftsgut gezahlt werden und nicht für Schäden, die durch das Ausscheiden entstehen, wie Aufräumungskosten, entgangener Gewinn aus einer Betriebsunterbrechung,
– das Ersatzwirtschaftsgut muß dieselbe oder eine entsprechende Aufgabe im Betrieb erfüllen.

(2) Bei der Rücklage gemäß § 6 b EStG, wenn sie mit Neuinvestitionen im Jahr ihrer Bildung verrechnet wird. Die beim Verkauf von Wirtschaftsgütern des Anlagevermögens entstehenden Veräußerungsgewinne können mit 50% (aber 100% zum Teil bei Land- und Forstwirtschaft) auf gleichartige Wirtschaftsgüter oder Wirtschaftsgüter mit kürzerer Nutzungsdauer übertragen werden, wenn folgende Voraussetzungen erfüllt sind:
– Der Abzug von der Neuinvestition bzw. die Bildung und Auflösung der Rücklage müssen in der Buchführung verfolgt werden können.
– Die veräußerten Wirtschaftsgüter sind Grund und Boden, Aufwuchs in einem land- und forstwirtschaftlichen Betrieb, Gebäude, Schiffe oder abnutzbare bewegliche Anlagen mit einer betriebsgewöhnlichen Nutzungsdauer von mindestens 25 Jahren sowie Anteile an Kapitalgesellschaften unter bestimmten Voraussetzungen.
– Die veräußerten Wirtschaftsgüter müssen 6 Jahre ununterbrochen zum Anlagevermögen gezählt haben. Diese Frist entfällt für lebendes Inventar land- und forstwirtschaftlicher Betriebe.
– Die angeschafften Wirtschaftsgüter müssen zum Anlagevermögen einer inländischen Betriebsstätte gehören (damit gilt § 6 b EStG zugleich nicht für private Veräußerungsgewinne).

Eine offene Rücklage in der Steuerbilanz (ein Sonderposten mit Rücklageanteil in der Handelsbilanz) entsteht bei:

(1) Der Rücklage für Ersatzbeschaffung, wenn der Ersatz nicht im Jahr der Bildung erfolgt. Die offene Rücklage ist aufzulösen, wenn bis zum Schluß des nächsten Wirtschaftsjahres (bei Grundstücken und Gebäuden am Ende des 2. Jahres) die Ersatzanlage weder beschafft, erstellt noch bestellt wurde. Unter besonderen Umständen können die Fristen verlängert werden.

(2) Der Rücklage nach § 6 b EStG, wenn der Ersatz nicht im Jahr der Bildung erfolgt. Die offene Rücklage ist aufzulösen, wenn nicht innerhalb der nächsten 2 Jahre Ersatzwirtschaftsgüter gekauft, erstellt oder bestellt werden. Bei Gebäuden und Schiffen beträgt die Frist 4 Jahre, wenn mit der Herstellung vor dem Ende des 2. Jahres begonnen wird. In bestimmten Fällen kann sich die Frist auf 7 bis 9 Jahre verlängern (§ 82 Städtebauförderungsgesetz).

(3) Weiteren Rücklagen, die eine zeitlich gestreckte Auflösung von Veräußerungsgewinnen beabsichtigen, z.B. die steuerfreie Rücklage für bestimmte Gewinne bei Umwandlungsvorgängen nach dem Umwandlungssteuergesetz (§ 8 UmwStG), die Frist bis zur Auflösung beträgt 3 Jahre; oder für Zuschüsse aus privaten und öffentlichen Mitteln (Abschnitt 34 Abs. 3 EStR).

(4) Wirtschaftspolitisch bedingten steuerfreien Rücklagen, z.B. nach dem Zonenrandförderungsgesetz (letztmalig 1995 zu bilden), dem Entwicklungsländer-Steuergesetz,

dem Auslandsinvestitionsgesetz und nach den Gesetzen zur Förderung bestimmter Wirtschaftszweige.

bb) Vorteilskriterien für einperiodige Bilanzierungswahlrechte

Auf die Frage: Sind steuerliche Bilanzierungswahlrechte für die Unternehmung von Vorteil? lautet die Antwort: Ja, denn dann bleibt es dem Bilanzierenden überlassen, ob er dadurch seinen Gewinn erhöht oder mindert. Genau aus diesem Grunde sind aber steuerliche Bilanzierungswahlrechte ein Verstoß gegen die Gleichmäßigkeit der Besteuerung, weil sie dem Bilanzierenden eine Selbstbestimmung seiner Steuerzahlungen (Selbsteinsteuerung) erlauben.

Schwieriger ist die Frage zu beantworten: Soll ein Bilanzierender stets die Bilanzierungsweise wählen, die zum niedrigsten steuerlich zulässigen Gewinn eines Jahres führt?

Die Bilanzierung zum niedrigsten steuerlich zulässigen Gewinn lohnt sich im Regelfall. Der Regelfall setzt voraus, daß die Bilanzierung zum steuerrechtlich niedrigsten Aktiv- bzw. höchsten Passivansatz Steuerzahlungen in dieser oder einer der nächsten Perioden vermeidet. Auch in einem Verlustjahr empfiehlt sich aus steuerlichen Gründen im allgemeinen das Bilanzieren zum niedrigsten zulässigen Gewinn, selbst wenn (mangels einer Möglichkeit zum Verlustrücktrag) keine Gewinnsteuerzahlungen gespart werden, weil die Vermögen- und Gewerbekapitalsteuerzahlungen auf einer "Vermögensaufstellung" (bei der Gewerbekapitalsteuer korrigiert um Hinzurechnungen und Kürzungen) aufbauen, in welche die Wertansätze der Steuerbilanz zu übernehmen sind (§ 109 Abs. 1 BewG in der Fassung des Steueränderungsgesetzes 1992); einige Ansatzbesonderheiten bleiben.

Die Ausnahmen, in denen eine Bilanzierung zum niedrigsten steuerlich zulässigen Wert unzweckmäßig wird, treten bei folgenden Umweltbedingungen ein:

a) Wenn die Unternehmung in einem Jahr höhere Gewinne handelsrechtlich ausweisen will als ihr bei Ausnutzen aller steuerrechtlichen Gewinnminderungsmöglichkeiten wegen der umgekehrten Maßgeblichkeit der handelsrechtlichen Grundsätze ordnungsmäßiger Buchführung für die steuerliche Gewinnermittlung verbleiben. Wenn nach außen hin eine schlechte Ertragslage vertuscht werden soll, ist das manchen Unternehmungsleitungen auch ein zeitweises Mehr an Steuerzahlungen wert. Ein bekanntes Beispiel bilden Dividendenzahlungen der AEG in den 60er Jahren, ohne hinreichende Pensionsrückstellungen zu bilden, die dann bei ihrer Sanierung 1980 der Pensionssicherungsverein (und damit zum Teil die Konkurrenz) übernehmen mußte.

b) Wenn im Zeitablauf die Gewinnsteuersätze steigen. Das Vorziehen von steuerlichem Aufwand mindert den Gewinn des Jahres, erhöht ihn aber unter sonst gleichen Umständen im Folgejahr. Bei progressiven Steuertarifen muß darauf geachtet werden, daß Aufwand in jene Jahre verlagert wird, in denen höhere Gewinne anfallen und damit wegen der Steuerprogression überdurchschnittlich hohe Steuern zu zahlen wären. Je nach der erwarteten Gewinnentwicklung kann das Vorziehen oder das Hinausschieben von steuerlichem Aufwand ratsam sein.

Wann lohnt sich bei progressiven Steuersätzen ein Vorverlegen der Gewinnentstehung? Eine Gewinnerhöhung im alten Jahr lohnt sich dann, wenn der voraussichtliche Grenzsteuersatz des folgenden Jahres höher ist als der aufgezinste Grenzsteuersatz des alten Jahres. Als Kalkulationszinsfuß ist dabei der Zinsfuß nach Steuern zu verwenden. Dieser berechnet sich nach dem Grenzsteuersatz des Folgejahres, denn die Zinserträge fallen erst im Folgejahr an und sind dann zu versteuern. Wenn s_1 den Grenzsteuersatz des nächsten Jahres bezeichnet, s_0 den Grenzsteuersatz in diesem Jahr und i den Kalkulationszinsfuß vor Steuern, dann ist eine Gewinnerhöhung (ein Hinausschieben von Aufwand) im alten Jahr vorteilhaft, wenn

$$s_1 > [1 + (1 - s_1)i]\, s_0 \text{ bzw. } s_1 > s_0 \frac{1+i}{1+is_0}. \tag{25}$$

Beispiel: Der Grenzsteuersatz im abzurechnenden Jahr beträgt 50%, der Kalkulationszinsfuß vor Steuern 8%. Hier lohnt sich ein Hinausschieben von Aufwand (also ein Verzicht auf eine Bilanzierung zum steuerrechtlich niedrigsten Gewinn) dann, wenn der voraussichtliche Grenzsteuersatz im folgenden Jahr über

$$0,5 \cdot \frac{1 + 0,08}{1 + 0,08 \cdot 0,5} = \text{ rund 52\% liegt.} \tag{25a}$$

Was hier für einperiodige steuerliche Bilanzierungswahlrechte abgeleitet worden ist, läßt sich auf mehrperiodige Wahlrechte übertragen. Unter Vernachlässigung von Unsicherheiten über die Höhe der künftigen Grenzsteuersätze und Einnahmenüberschüsse entscheidet der höchste Barwert der künftigen versteuerten Einnahmenüberschüsse[46].

cc) Mehrperiodige Wahlrechte für Anlagenabschreibungen

Unter den Annahmen des Standardmodells erhöht jedes Vorziehen von steuerlichem Aufwand die Vorteilhaftigkeit von Investitionen. Damit erscheint die Wahl entschieden zwischen der degressiven AfA, der linearen AfA und der AfA nach der Leistung, wie sie für bewegliche Wirtschaftsgüter des Anlagevermögens § 7 Abs. 1 und 2 EStG zulassen bzw. für Gebäude § 7 Abs. 4 und 5 EStG.

Die Aussage „Abschreibungsvergünstigungen erhöhen die Vorteilhaftigkeit von Investitionen" kann jedoch nicht auf alle Fälle der Wirklichkeit übertragen werden. Vielmehr sind die Voraussetzungen des Standardmodells zu beachten. Im einzelnen:

a) Das Vorziehen von Abschreibungen ist bei konstantem Grenzsteuersatz nur empfehlenswert, solange Gewinn oder ein sofortiger Verlustausgleich gegeben ist. Wird für ein Jahr kein Gewinn erwartet, ohne daß z.B. ein Verlustrücktrag möglich ist, nützt eine degressive Abschreibung gegenüber einer linearen Abschreibung nichts, denn sie erhöht

---

46 Vgl. *Franz W. Wagner, H. Dirrigl:* Die Steuerplanung der Unternehmung. Stuttgart – New York 1980, S. 277-311, mit weiteren Literaturverweisen.

nur den vorzutragenden Verlust; es sei denn, als Folgewirkung treten Abwertungen im Einheitswert des Betriebsvermögens ein, woraus sich geringere Vermögen- und Gewerbekapitalsteuerzahlungen ergeben.

b) Das Vorziehen von Abschreibungen ist bei Gewinn oder sofortigem Verlustausgleich nur bei im Zeitablauf gleichbleibenden (sinkenden, allenfalls schwach ansteigenden) Gewinnsteuersätzen empfehlenswert. Wird mit Steuererhöhungen gerechnet, dann ist die lineare Abschreibung regelmäßig besser, weil dann höhere Aufwendungen in die Jahre mit höherer steuerlicher Belastung fallen. Die Steuererhöhung muß dabei allerdings stärker sein als die Zinswirkung durch die vorgezogene Abschreibung.

c) Steuervorteile aus dem Vorziehen von Abschreibungen lassen sich oft nur verwirklichen, solange keine Beschränkung für den Gewinnausweis zu beachten ist. Zahlreiche Aktiengesellschaften legen, um ihres Prestiges willen und um die Aktionäre als künftige Geldgeber bei Laune zu halten, Wert auf eine möglichst gleichbleibende Dividende. Der Wunsch, eine gleichbleibende Dividende zu zahlen, kann gelegentlich dem Vorsatz widersprechen, steuerliche Abschreibungsvergünstigungen auszunutzen. Nach dem Grundsatz der Maßgeblichkeit handelsrechtlicher GoB für die Steuerbilanz dürfen praktisch in der Handelsbilanz keine höheren aktiven Wertansätze auftreten als in der Steuerbilanz. Das Ausnutzen von Abschreibungsvergünstigungen mindert den Gewinn in Steuer- und Handelsbilanz und damit die Möglichkeit, Gewinne auszuschütten.

d) Das Vorziehen von Abschreibungen ist unter sonst gleichen Bedingungen nur empfehlenswert, wenn der Kalkulationszinsfuß im Steuerfall als steuersatzabhängiger Kalkulationszinsfuß anzusetzen ist. Bei anderen Annahmen über die finanzielle Umwelt läßt sich nachweisen, daß mitunter das Abschreibungsverfahren für die Vorteilhaftigkeit von Investitionen ohne Bedeutung ist (S. 234) oder daß ein Vorziehen der Abschreibungen sogar die Vorteilhaftigkeit mindert.

Vorgezogene Abschreibungen können dann von Nachteil sein, wenn Unternehmen oder Kreditgeber auf die Einhaltung starrer Finanzierungsregeln nicht verzichten wollen. Gerade angesehene Firmen halten sich an solche Finanzierungsregeln, z.B. damit ihre Anleihen deckungsstockfähig bleiben und sie deshalb billigere Kredite bekommen. So mag z.B. verlangt werden[47], daß das Verhältnis der fremden Mittel zu den eigenen Mitteln einen Satz von 2:1 nicht überschreitet. Um eine solche Kapitalstrukturregel einzuhalten, kann es für die Unternehmung notwendig werden, Abschreibungsvergünstigungen nicht auszunutzen.

Beispiel: Die früher verwirklichten Investitionen haben zu Bilanzzahlen geführt, die eine Kapitalstruktur von 2:1 genau einhalten, so daß auch die zusätzlich durchzuführenden Investitionen nur im Verhältnis von höchstens 2:1 mit Fremdkapital finanziert werden können. Fremdkapital sei zu 6% Zinsen verfügbar. Die geforderte Rendite des Eigenkapitals betrage hingegen 20%.

---

47 Vgl. *Rolf Bering:* Prüfung der Deckungsstockfähigkeit von Industriekrediten durch das Bundesaufsichtsamt für das Versicherungswesen. In: ZfB, Jg. 45 (1975), S. 25-54, bes. S. 48-51.

Um die starre Finanzierungsregel von 2:1 im Jahre der Investition und in den folgenden Jahren zu verwirklichen, muß der billige Kredit im Verhältnis der Buchwertminderung (Abschreibungen) getilgt werden. Der Steuersatz betrage 50%. In diesem Beispiel ist der Kalkulationszinsfuß als vorgegebene Mindestverzinsung des Eigenkapitals zu verstehen. Deshalb sind im steuerpflichtigen Gewinn die Fremdkapitalzinsen neben den Abschreibungen als Aufwand abzusetzen. Für diese Unternehmung zeige eine Investition bei linearer Abschreibung folgenden Finanzplan:

	t_0	t_1	t_2
Investition	− 1.200	+ 840	+ 670
Kredit	+ 800	− 400	− 400
Kreditzinsen		− 48	− 24
Gewinnsteuern		− 96	− 23
Zahlungssaldo	− 400	+ 296	+ 223

Der Kapitalwert dieser Zahlungsreihe beträgt bei i = 20%: +1,5. Dieselbe Investition führt bei degressiver Abschreibung (t_1: 900; t_2: 300) und entsprechenden Kreditrückzahlungen (t_1: 600; t_2: 200) zu folgendem Finanzplan:

	t_0	t_1	t_2
Investition	− 1.200	+ 840	+ 670
Kredit	+ 800	− 600	− 200
Kreditzinsen		− 48	− 12
Gewinnsteuern		+ 54	− 179
Zahlungssaldo	− 400	+ 246	+ 279

Kapitalwert bei i=20%: -1,3; obwohl sofortiger Verlustausgleich angenommen wurde.

3. Sofortiger Verlustausgleich gegen steuerrechtliche Verlustverrechnung

aa) Abweichungen zwischen steuerrechtlicher Verlustverrechnung und sofortigem Verlustausgleich

Die Verlustverrechnung im deutschen Steuerrecht weicht erheblich von dem Erfordernis eines entscheidungsneutral wirkenden sofortigen Verlustausgleichs ab. Hier seien nur die Grundzüge der Verlustverrechnung im Einkommen- und Körperschaftsteuerrecht dargestellt. Ausgeklammert bleiben vorerst „nicht abzugsfähige Betriebsausgaben", wie Vermögensteuerzahlungen, Geldstrafen usw., die aus versteuertem zurückbehaltenem Gewinn zu leisten sind (dazu S. 285 f.).

Innerhalb der Einkommensteuer gilt grundsätzlich: Einnahmen bzw. Gewinne und Ausgaben bzw. Verluste sind zunächst innerhalb einer Einkunftsart zu saldieren. Bleibt bei einer Einkunftsart, z.B. den Einkünften aus Gewerbebetrieb, ein Verlust, so wird dieser Verlust gegen die Einkünfte aus anderen Einkunftsarten aufgerechnet. Von diesem Grundsatz gibt es eine Reihe von Ausnahmen. Nur zwei Beispiele:

a) Verluste aus gewerblicher Tierzucht oder gewerblicher Tierhaltung dürfen weder andere Einkünfte aus Gewerbebetrieb noch Einkünfte aus anderen Einkunftsarten mindern. Solche Verluste können nur zurück- bzw. vorgetragen und gegen Gewinne aus gewerblicher Tierzucht oder Tierhaltung aufgerechnet werden (§ 15 Abs. 4 EStG, § 10 d EStG).

b) Verluste eines Kommanditisten oder anderer Mitunternehmer, deren Haftung beschränkt ist, dürfen dann weder innerhalb einer Einkunftsart noch zwischen den Einkunftsarten verrechnet werden, wenn ein negatives Kapitalkonto (S. 330 f.) entsteht oder sich erhöht bzw. wenn die Verluste die im Handelsregister verzeichneten Hafteinlagen übersteigen. Solche Verluste sind zeitlich unbegrenzt nur auf Gewinne aus derselben Beteiligung vorzutragen (§ 15 a EStG). Diese Einschränkung gilt nicht für Westberlin, wohl aber für das ehemalige Ostberlin.

Fehlen Einnahmen, um Verluste innerhalb einer Einkunftsart oder zwischen den Einkunftsarten auszugleichen, dann entsteht die Möglichkeit eines steuerlichen „Verlustabzugs" (§ 10 d EStG). Dieser **Verlustabzug** erscheint als Verlustrücktrag und als Verlustvortrag.

Verlustrücktrag heißt: Nicht ausgeglichene Verluste bis zu einem Betrag von insgesamt 10 Mio. DM jährlich dürfen vom Gesamtbetrag der Einkünfte der beiden vorangegangenen Jahre abgezogen werden.

Verlustvortrag besagt: Verluste, die nicht über den Verlustrücktrag aufgerechnet werden können, weil sie 10 Mio. DM übersteigen oder weil in beiden vorangegangenen Jahren ebenfalls kein positiver Gesamtbetrag der Einkünfte vorhanden war, sind auf die nächsten Jahre vorzutragen.

Die Unterschiede zwischen der gegenwärtigen steuerrechtlichen Verlustverrechnung und dem sofortigen Verlustausgleich als einem theoretischen Begriff aus der Steuerwirkungslehre sind:

a) Der sofortige Verlustausgleich verlangt eine Zahlung des Fiskus in Höhe des Betrages konstanter Grenzsteuersatz mal Ausgabenüberschuß am Ende einer Abrechnungsperiode, korrigiert um eine investitions-, allgemeiner: entscheidungsneutrale Periodisierung. Der sofortige Verlustausgleich sichert gewissermaßen die Anwendung eines konstanten Grenzsteuersatzes auf positive und negative entscheidungsneutrale Gewinne. Anders ausgedrückt: Eine proportionale Besteuerung ohne Verlustausgleich ist keine proportionale Besteuerung, weil negative Einkünfte mit einer Steuerentlastung von null belegt werden.

An die Stelle einer Negativ-Steuer bei irgendeinem entscheidungsneutral berechneten Verlust einer einzelnen Investition kann ein im Betrag uneingeschränkter sofortiger Verlustausgleich innerhalb eines Betriebes, einer Einkunftsart oder zwischen den Einkunftsarten treten (die bei den Investitionsüberlegungen in einem Zahlungsstrom zusammengefaßt werden). Sobald jedoch der Gesamtbetrag der Einkünfte für einen Steuerpflichtigen negativ wird, bedarf es einer Negativ-Steuer, um Entscheidungsneutralität zu wahren. Ein sofortiger Verlustausgleich hätte sich auf den „Gesamtbetrag der Einkünfte" zu beschränken, weil steuerrechtlich für abzugsfähig erkannte Lebenshaltungsausgaben (Sonderausgaben, außergewöhnliche Belastungen) jenseits der Frage stehen, wie eine steuerbedingte Hemmung von Investitionen abgebaut werden kann.

b) Ein sofortiger Verlustausgleich wird für Ausgabenüberschüsse (korrigiert um eine entscheidungsneutrale Periodisierung) gefordert, nicht für Verluste, wie sie sich nach den derzeitigen Steuerbemessungsgrundlagen errechnen. Um diesen Unterschied im einzelnen herauszuarbeiten, sei die steuerrechtliche Gewinnermittlung nach den drei materiellen handelsrechtlichen Grundsätzen ordnungsmäßiger Buchführung (Realisation, Imparität, Periodisierung) und darüber hinausreichenden steuerrechtlichen Einzelvorschriften aufgegliedert:

(1) Ein Vermögensvergleich ausschließlich nach dem Realisationsprinzip kann unter einigen Vereinfachungen mit einer reinen Einnahmenüberschußrechnung (wie sie Investitionsmodellen zugrundeliegt) vor Anwendung einer Periodisierungsregel gleichgesetzt werden. Dazu müßte das Realisationsprinzip des Bilanzrechts in eine Barrealisation abgewandelt werden (Gewinn entsteht nicht schon bei Abgang einer Leistung und Zugang einer Forderung, sondern im Zeitpunkt einer Anzahlung oder Schlußzahlung). Ersatzweise können Änderungen bei Forderungen durch Änderungen bei den Verbindlichkeiten kompensiert werden und Änderungen im Wertansatz des Vorratsvermögens, soweit darin Herstellungskosten eine Rolle spielen, haben u.a. gleich hohen Ausgaben zu entsprechen. Unter solchen Vereinfachungen läßt sich schlußfolgern: Der sofortige Verlustausgleich entspricht einer steuerrechtlichen Berechnung von Verlusten, die aus einer Bilanzierung allein nach dem Realisationsprinzip entsteht.

(2) Eine Gewinnermittlung, die zusätzlich den Grundsatz der Verlustvorwegnahme (handelsrechtlich: das Imparitäts- bzw. Niederstwertprinzip, steuerrechtlich: den niedrigeren Teilwert) beachtet, erreicht, daß steuerrechtlich Verluste anfallen können, ehe Ausgabenüberschüsse bzw. Einnahmenminderungen entstehen. Teilwertabschreibungen steht hierbei das Bilden von Rückstellungen für drohende Verluste gleich. Sobald ein sofortiger Verlustausgleich gegeben ist, wird steuerrechtlich eine Verlustvorwegnahme überflüssig.

Eine Verlustvorwegnahme bei der Gewinnermittlung verstößt gegen Gleichmäßigkeit der Besteuerung zwischen Gewinnermittlern und Beziehern von Einkünften, die als Einnahmenüberschuß errechnet werden (§ 4 Abs. 3 EStG, aber auch als Überschuß der Einnahmen über die Werbungskosten). Sie ist auch entbehrlich, um steuerbedingte Verzerrungen bei Investitionsentscheidungen zu vermeiden; denn Entscheidungsneutralität sichert der sofortige Verlustausgleich, nicht aber eine zusätzliche Innenfinanzierung durch verringerte Gewinnsteuerzahlungen wegen bilanzrechtlicher Verlustvorwegnahmen in Gewinnjahren. Der sofortige Verlustausgleich kann Teilwertabschreibungen und das Bilden von Rückstellungen für drohende Verluste ersetzen[48]. Eine Rechtsumsetzung eines sofortigen Verlustausgleichs in steuerrechtliche Verlustverrechnungsmöglichkeiten hat deshalb vorweggenommene Verluste aufgrund des Imparitätsprinzips (des Teilwerts) auszuschließen.

Gegen den Ersatz des Teilwerts durch einen sofortigen Verlustausgleich ist vorgebracht worden, Einkünfte aus Gewerbebetrieb seien mit Nicht-Gewinneinkünften „wegen der völlig unterschiedlichen Risiken und Struktur der Einkunftsquellen nicht vergleichbar"[49]. Hinsichtlich der Risiken ist das Argument falsch, weil ein sofortiger Verlustausgleich Gewinne und Verluste steuerlich gleich behandelt, unabhängig davon, aus welchen risikobehafteten oder risikolosen Investitionen die zu beurteilenden Zahlungsströme fließen.

Das Argument, daß Einkünfte aus Gewerbebetrieb mit Nicht-Gewinneinkünften wegen einer unterschiedlichen Struktur der Einkunftsquellen unvergleichbar seien, spricht nicht gegen den sofortigen Verlustausgleich, sondern verlangt (falls es zuträfe) den Verzicht auf eine einheitliche Einkommensteuer und insbesondere deren progressiven Tarif, weil unvergleichbare Bemessungsgrundlagen nicht zu einer progressiv zu besteuernden Bemessungsgrundlage zusammengefaßt werden dürften, ohne den verfassungsmäßigen Grundsatz der Gleichbehandlung zu verletzen.

c) Eine Gewinnermittlung, die zusätzlich zum Realisationsprinzip einen Periodisierungsgrundsatz beachtet, verrechnet Anlagenabschreibung, Rechnungsabgrenzungsposten und passiviert z.B. den Nießbrauch. Von Sonderfällen wie den Abschlußkosten bei Versicherungen abgesehen, werden innerhalb der Anwendungsfälle des Periodisierungsprinzips neben Zuführungen zu Pensionsrückstellungen nur die Anlagenabschreibungen einen ausschlaggebenden Betrag bilden, der einen Periodengewinn in einen Periodenverlust verwandelt. Da der sofortige Verlustausgleich sich auf Ausgabenüberschüsse beschränkt, die um ein entscheidungsneutrales Periodisierungsverfahren korrigiert sind, schränkt er häufig eine steuerrechtliche Verlustverrechnung ein, bei der sich ein Verlust aus der Verrechnung steuerlicher Abschreibungen und des steuerrechtlichen Zins- und Agioaufwandes ergibt. Wegen der nicht rechtssicheren Ermittelbarkeit eines entscheidungsneutralen Periodisierungsverfahrens lassen sich weder Gewinnvergünstigungen noch Gewinnverböserungen als Folge eines sofortigen Verlustausgleichs praktisch ausschließen.

---

48 Vgl. *Dieter Schneider:* Sofortiger Verlustausgleich statt Teilwertabschreibung – ein Problem der Steuerreform. In: Wpg, Jg. 23 (1970), S. 68-72.
49 *Günter Wöhe:* Betriebswirtschaftliche Steuerlehre. Bd. I, 2. Halbband, 6. Aufl., München 1986, S. 180 f. im Anschluß an die Steuerreformkommission 1971. Widerlegt wurden deren Argumente schon in: *Dieter Schneider:* Eine Reform der steuerlichen Gewinnermittlung? In: StuW, Jg. 48 (1971), S. 326-341, hier S. 338 f.

bb) Vorurteile gegen einen sofortigen Verlustausgleich

Ein auf Ausgabenüberschüsse und auf entscheidungsneutrale Abschreibungen und Finanzierungszahlungen eingeschränkter sofortiger Verlustausgleich ist keine „Subvention", weil der sofortige Verlustausgleich eine der Bedingungen für eine Gewinnbesteuerung darstellt, die nicht die Investitionen bzw. die Risikobereitschaft gegenüber einer Nicht-Besteuerung hemmt. Eine Subvention will hingegen genau das Gegenteil erreichen: Eine beabsichtige Besserstellung bestimmter Investitionen gegenüber der Rendite oder der Risikoeinschätzung, die ohne Besteuerung (vor Steuern) einträte.

Obwohl ein sofortiger Verlustausgleich nötig ist, um Verzerrungen in der Rangordnung von Investitionen durch die Besteuerung und insbesondere deren hemmende Einflüsse auf die Risikobereitschaft abzubauen[50], wird mitunter immer noch gefordert, *„Verlustausgleich* sowie *Verlustvor- bzw. -rücktrag* wären gänzlich abzuschaffen"[51]. Die hierbei aufgeführten Gesichtspunkte werden im folgenden widerlegt, weil sie zugleich Vorurteile widerspiegeln, die sonst häufig von Nicht-Wirtschaftswissenschaftlern vertreten werden:

a) Ein Verlustausgleich reize dazu an, „ökonomisch uninteressante Aktivitäten zu unternehmen, die allein wegen des steuerlichen Verlustausgleichs profitabel werden". Falls diese Aussage beansprucht, sorgfältig formuliert zu sein, ist sie falsch, weil es keine Grenzsteuersätze über 100% gibt, die allein wegen des Verlustausgleichs eine ökonomisch unattraktive Investition rentabel werden ließen. Vermutlich ist aber gemeint, daß das Zusammentreffen von Verlustverrechnungsmöglichkeiten mit bestimmten Regelungen bei den Steuerbemessungsgrundlagen (wie hohen Sonderabschreibungen) und vor allem mit Tarifvergünstigungen bei Veräußerungsgewinnen (und entsprechend niedrig nachzuversteuernden Veräußerungsverlusten, S. 331 f.), dazu führen können, daß sogar konkursträchtige Investitionen lukrativ werden. Aber für solche Fälle ist längst klargestellt, daß nicht der Verlustausgleich, sondern die Bemessungsgrundlagen und Tarifvergünstigungen zu ändern sind[52].

b) „(D)auerhaft verlustbringende Betriebe (sollten) ausscheiden und nicht vom Fiskus indirekt mitsubventioniert werden". Dieser Gesichtspunkt liefert kein Argument gegen einen Verlustausgleich: Ob ein dauerhaft verlustbringender Betrieb vorliegt, weiß man mit Sicherheit erst im Nachhinein. Deshalb steht auch das Argument auf schwachen Füßen, daß ein Verlustausgleich das Stillegen eines Unternehmens zu verzögern vermag. Genauer heißt dieses Argument nämlich: Ein Fehlen des Verlustausgleichs sei wünschenswert, weil dies ein rasches Absterben von Unternehmungen und ihrer Arbeitsplätze

---

50 Vgl. erstmals *Evsey D. Domar, Richard A. Musgrave:* Proportional Income Taxation and Risk-Taking. In: The Quarterly Journal of Economics, Vol. 58 (1943/44), S. 388-422, bes. S. 422.
51 *Christian Seidl:* Krise oder Reform des Steuerstaates? In: StuW, Jg. 64 (1987), S. 185-214, hier S. 209 (Hervorhebungen im Original kursiv). Diese Auffassung übergeht eine jahrzehntelange Diskussion hierzu, vgl. z.B. *Neumark:* Grundsätze, S. 164 f.
52 Vgl. z.B. *Jochen Sigloch:* Grundfragen steuerbegünstigter Kapitalanlagen – dargestellt am Beispiel der Kommanditbeteiligungen. In: Unternehmung und Steuer, hrsg. von L. Fischer. Wiesbaden 1983, S. 221-251.

allein aus Gründen der Besteuerung begünstigt. Demgegenüber ist hervorzuheben, daß ein steuerlicher Verlustausgleich nötig ist, um dauerhaft gewinnträchtige Betriebe finanziell nicht zu gefährden, die in einzelnen Jahren Verluste erlitten haben, weil sie Innovationen und andere risikoreiche Investitionen durchführten.

Darüber hinaus ist zurückzuweisen, daß ein gewinnsteuerlicher Verlustausgleich die Eigenschaft besitzt, indirekt zu subventionieren. Nachdem ein sofortiger Verlustausgleich lediglich steuerbedingte Investitionshemmnisse abbaut, suggeriert die Wortwahl „dauerhaft verlustbringende Betriebe" würden „vom Fiskus indirekt mitsubventioniert" ein abweiges Bild von der betriebswirtschaftlichen Wirkung steuerlicher Verlustverrechnung.

c) Der Verlustausgleich knüpfe „an den recht willkürlichen Tatbestand der Existenz anderer Einkommensquellen des Betriebsinhabers" an. Von recht willkürlichen Tatbeständen kann jedoch nicht die Rede sein; denn entweder wird die Steuerpflicht an das Einkommen einer natürlichen Person gebunden, dann sind die anderen Einkunftsquellen zu berücksichtigen, oder die Einkommensteuer wird durch einzelne voneinander getrennte Ertragsteuern (Steuern auf einzelne Einkunftsarten) ersetzt. In diesem Fall bliebe immer noch das Problem eines Verlustausgleichs innerhalb einer jeden dieser Einkunftsarten zu lösen.

Richtig ist zwar, daß die Verlustverrechnung nur nutzen kann, wer über andere Einkünfte verfügt. Genau dieser Gesichtspunkt unterstützt jedoch nicht eine Abschaffung der Verlustverrechnung, sondern die Erweiterung zu einem sofortigen Verlustausgleich bzw. dessen Ersatz durch handelbare Verlustverrechnungsgutscheine; denn gerade die Anteilseigner, die über wenig andere Einkünfte verfügen, können die auf sie entfallenden Verlustverrechnungsgutscheine in klingende Münze verwandeln.

d) Hinsichtlich des „Verlustvor- und -rücktrages ist zu berücksichtigen, daß auch unselbständig Erwerbstätige die Kosten ihrer Berufsausbildung nicht auf spätere Perioden vortragen können". Ausgaben zur Berufsfortbildung können zwar als Investitionen des künftig Erwerbstätigen betrachtet werden, aber ob diese unter Volkswirten verbreitete Lehre vom Humankapital steuerpolitisch sinnvoll ist, sei dahingestellt; denn bei dieser Betrachtungsweise dürften die Ausgaben für die Ausbildung, soweit sie von anderen Personen (wie den Eltern) getragen werden, bei deren Einkommen steuerlich nicht abzugsfähig sein. Ein Verlustvortrag aufgrund von Ausbildungskosten für den Schüler und Studenten unter Beseitigung der staatlichen Subventionen für die Ausbildung und der elterlichen Steuerabzüge hierfür dürfte die Finanzierung der Ausbildung schwerlich erleichtern.

e) „Verdienstausfälle durch Arbeitslosigkeit" könnten auch „nicht auf frühere Perioden" rückgetragen werden. Dieser Hinweis ist verfehlt. Nichteinnahmen (entgangene Gewinne) sind keine Verluste im Sinne eines steuerlichen Verlustausgleichs; denn dieser beschränkt sich auf Ausgabenüberschüsse bzw. entscheidungsneutral ermittelte Verluste.

Falls der Hinweis auf die Verdienstausfälle einen Sinn erlangen soll, so kann damit nicht ein Verlustausgleich, sondern nur ein mehrperiodiger Progressionsausgleich zwischen hohen und niedrigen Einkommen in einzelnen Wirtschaftsjahren gemeint sein. Eine mehrperiodige, unter Umständen lebenslängliche Progressionsglättung bei der Einkommensteuer muß von Fragen des Verlustausgleichs getrennt werden. Der Verlustausgleich ist schließlich auch bei proportionalen Steuertarifen geboten, um Behinderungen von Investitionen und der unternehmerischen Risikobereitschaft abzubauen.

b) Steuersatzbedingte Abweichungen zur Kapitalkostenneutralität

1. Verstöße gegen Entscheidungsneutralität aus Erhebungsformen und Tarifen gewinnabhängiger Steuern

aa) Erhebungsformen und Tarife der Einkommensteuer

Die unterschiedlichen Erhebungsformen der Einkommensteuer verstoßen in unterschiedlicher Weise gegen die Bedingung sofortiger Besteuerung (S. 207) Die Einkommensteuer wird in dreierlei Weise erhoben: als Lohnsteuer, als Kapitalertragsteuer und als veranlagte Einkommensteuer.

Bei allen Arbeitnehmern, also bei den Einkünften aus nichtselbständiger Arbeit, wird die Steuer vom Arbeitslohn abgezogen. Der Arbeitnehmer ist derjenige, der die *Lohnsteuer* gegenüber dem Finanzamt schuldet. Aber die Zahlung an das Finanzamt erfolgt durch das arbeitgebende Unternehmen, das für die Überweisung der Lohnsteuer haftet. Die Lohnsteuer ist ein Anwendungsfall des sog. Quellenabzugsverfahrens: An der Quelle der Einkommensentstehung, also beim Arbeitgeber, der Löhne und Gehälter zahlt, wird die Steuer einbehalten. Dort liegt auch die nicht erstattete Berechnungsarbeit.

Ein zweiter Anwendungsfall des Quellenabzugsverfahrens ist die *Kapitalertragsteuer*.

a) Einer Kapitalertragsteuer von 25% unterliegen insbesondere
- Dividenden und sonstige Bezüge aus Aktien, Genußscheinen und Anteilen an einer GmbH oder Genossenschaft;
- Einkünfte aus der Beteiligung als typischer stiller Gesellschafter und aus mit Gewinnbeteiligung versehenen Darlehen (partiarische Darlehen);
- Gewinnausschüttungen an Ausländer unterliegen aufgrund von Doppelbesteuerungsabkommen mit ausländischen Staaten einer Kapitalertragsteuer von nur 10% bzw. 5% (USA, Schweiz, den anderen EG-Ländern zugesagt, soll ab 1995 ganz entfallen).

b) Zinsen auf einige wenige Anleihen aus den Jahren vor 1960 unterliegen einer Kapitalertragsteuer von 30%, mit der die Einkommensteuer des Zinsempfängers abgegolten ist. Die Zinsen können nicht mehr in die Veranlagung des Gläubigers einbezogen werden.

c) In einer Reihe von Fällen, z.B. bei bestimmten steuerbefreiten Institutionen, wird eine Kapitalertragsteuer zu einer endgültigen („Definitiv"-) Steuer und bestimmt in diesen Fällen den Grenzsteuersatz (§ 44 c Abs. 2 EStG, ähnlich bei beschränkt Steuerpflichtigen, d.h. Ausländern, die in der Bundesrepublik Deutschland Einkünfte beziehen, ohne hier ihren ständigen Aufenthalt zu haben, § 50 Abs. 5 EStG).

Die *veranlagte Einkommensteuer* ist die allgemeine Erhebungsform der Einkommensteuer. Bei der veranlagten Einkommensteuer wird die gezahlte Lohnsteuer und die Kapitalertragsteuer angerechnet. Deshalb sind im Regelfall Lohnsteuer und Kapitalertragsteuer nur Formen einer Einkommensteuervorauszahlung.

Wer nicht der Lohnsteuer unterliegt, hat grundsätzlich eine Einkommensteuererklärung abzugeben; Ausnahme: Der Gesamtbetrag der Einkünfte liegt bei Alleinstehenden unter 5.777 DM jährlich, bei Zusammenveranlagung von Ehegatten das Doppelte, also unter 11.555 DM.

Wer Lohnsteuer zahlt, hat zusätzlich eine Einkommensteuererklärung abzugeben, wenn der Gesamtbetrag der Einkünfte bei Alleinstehenden über 27.108 DM, bei Zusammenveranlagung von Ehegatten 54.216 DM beträgt, falls mindestens einer der Ehegatten lohnsteuerpflichtige Einkünfte hat. Jedoch ist eine Einkommensteuererklärung auch dann abzugeben, wenn nicht der Lohnsteuer unterworfene Einkünfte über 800 DM vorliegen sowie in einigen anderen Fällen.

Die Einkommensteuererklärung ist bis zum 31. Mai des folgenden Jahres beim Finanzamt einzureichen. Eine Verlängerung bis Ende September wird ohne weiteres genehmigt. Und wird ein Steuerberater eingeschaltet, kann der Abgabetermin noch weiter hinausgeschoben werden.

Allerdings sind vierteljährliche Vorauszahlungen zu leisten, beginnend mit dem 10. März, dann 10. Juni, 10. September, 10. Dezember. Die Vorauszahlungen bemessen sich nach der letzten Veranlagung. Eine Anpassung an veränderte Verhältnisse des laufenden Jahres ist vorzunehmen (§ 37 EStG). Die Steuerpflichtigen werden alle einkommensmindernden Umstände beim Finanzamt anführen, um ihre Vorauszahlung zu mindern, im Angeben von steuererhöhenden Tatbeständen sehr zurückhaltend sein, so daß oft eine sehr beträchtliche Abschlußzahlung anfällt, die bei größeren Unternehmen erst zwei, drei oder noch mehr Jahre nach Ablauf des Veranlagungszeitraums zu zahlen ist. Gegenüber den Lohnsteuerpflichtigen ergeben sich deshalb bei der veranlagten Einkommensteuer erhebliche Zinsvorteile. Mehr Gleichmäßigkeit der Besteuerung würde durch eine Verzinsung der Steuerbeträge erreicht werden. Jedoch zeigt das Gezeter um die Vollverzinsung ab 15 Monaten nach Ablauf des Kalenderjahres, in dem die Steuer entstanden ist (§ 233 a AO 1990), wie stark politisch solche Zinsvorteile gewichtet werden.

Weitaus schwerwiegendere Verstöße gegen Entscheidungsneutralität folgen aus dem **Einkommensteuertarif**. Zunächst ist zu beachten, daß der Einkommensteuertarif nicht auf Einkünfte, sondern auf das zu versteuernde Einkommen anzuwenden ist (S. 252). Daneben ist zu beachten, daß der Einkommensteuertarif auf außerordentliche Einkünfte, z.B. bestimmte Veräußerungsgewinne, nur in einer ermäßigten Form angewandt wird (S. 335 f.).

Der Einkommensteuertarif ist in zwei Tabellen, der Grundtabelle und der Splitting-Tabelle wiedergegeben (Anlage zu § 32 a Abs. 4 und 5 EStG). Die Splitting-Tabelle gilt bei Zusammenveranlagung von Ehegatten. Beide Tabellen zeigen die zu zahlende Steuer für unterschiedliche zu versteuernde Einkommensbeträge an. Dividieren wir die zu zahlende Steuer durch den Einkommensbetrag, erhalten wir einen *Durchschnittssteuersatz*.

Nach der Grundtabelle seit 1990 sind z.B. für 20.000 DM zu versteuerndes Einkommen 2.943 DM Einkommensteuer zu zahlen, also beträgt der Durchschnittssteuersatz 14,7%.

Der Betrag von 2.943 DM gilt für die Einkommensstufe von 19.980 bis 20.033 DM. Für die nächste Stufe von 20.034 bis 20.087 sind 2.955 DM Einkommensteuer zu zahlen. Vergleichen wir Stufenanfang 19.980 mit Stufenanfang 20.034, so entstehen für 54 DM zusätzliches Einkommen 12 DM mehr Einkommensteuer. Der Steuersatz für das zusätzliche Einkommen einer Stufe beträgt damit 22,2%. Der Steuersatz für eine (nicht infinitesimal kleine) Spanne zusätzlichen Einkommens heißt *Tarif-Grenzsteuersatz*.

Tarif-Grenzsteuersätze und Durchschnittssteuersätze entwickeln sich seit 1990 nach der folgenden Tabelle. Darin bedeutet SZ: mit 7,5% Solidaritätszuschlag, der vom 1.7.1991 bis 30.6.1992 erhoben wird, praktisch aber eine Erhöhung der Einkommen- (und Körperschaft-)steuersätze um 3,75% für die Jahre 1991 und 1992 bedeutet:

Der *Solidaritätszuschlag* von angeblich 7,5% der Einkommen- und Körperschaftsteuerschuld für ein Jahr ist hinsichtlich der Belastungswirkungen allgemein und den Entscheidungswirkungen für Investitionen im besonderen eine *zweijährige und nachträglich seit 01.01.1991 in Kraft getretene Erhöhung der Einkommen- bzw. Körperschaftsteuerschuld um jährlich 3,75%*. In dieser Weise trifft er alle Gewerbebetriebe, freien Berufe, zur Einkommensteuer veranlagten Arbeitnehmer usw. und Körperschaften. Es ist wirtschaftlich falsch, von einem einjährigen (01.07.1991 bis 30.06.1992) laufenden Zuschlag zu reden und dies mit Vor-Erhebungsformen der Einkommensteuer (Lohnsteuer, Kapitalertragsteuer, Vorauszahlungen) zu begründen[53]; denn über Belastungs- und Entscheidungswirkungen einer zusätzlichen Steuer geben die *endgültigen Bemessungsgrundlagen nicht die Vor-Erhebungsformen*, den Ausschlag.

Grundtabelle	Grenz-steuersatz	SZ	Durchschnitts-steuersatz	SZ
1. Ein zu versteuerndes Einkommen bis 5.615 DM ist steuerfrei, und in der Tarifklasse 5.616 bis 5.669 beträgt der Steuersatz	0%	0%	0%	0%
2. von 5.670 bis 8.153 DM gerundet	19%	19,7%	0,2 – 5,8%	0,2% – 6%
3. von 8.154 bis 120.041 DM (linearer Anstieg)	19 – 53%	19,7 – 55%	5,8 – 34,0%	6 – 35,3%
4. ab 120.042 DM	53%	55%	34,0 – fast 53%	35,3 – fast 55%

Die Einkommensteuerschuld berechnet sich jedoch nicht einfach als Steuerbetrag für das zu versteuernde Einkommen. Auf die Abweichungen sei nicht näher eingegangen bis auf die einem ermäßigten Steuersatz unterliegenden außerordentlichen Einkünfte (S. 335 f.) und den Tariffreibetrag für Einkommensteuerpflichtige in den neuen Bundesländern

---

53 Vgl. Bundestags-Drucksache 12/220 vom 11.03.91, S. 8.

(gültig vorerst bis einschließlich 1993). Der Tariffreibetrag wirkt für allein Veranlagte (600 DM) jährlich so:

zu versteuerndes Einkommen	10.000	20.000	40.000	100.000 DM
Steuerminderzahlung	116	134	170	278 DM

Die Mehrzahl derjenigen, die erwägen, vom Beitrittsgebiet ins Altbundesgebiet mit seinen häufig um über 70% höheren Löhnen zu wechseln (z.B. ein jüngerer Facharbeiter), wird damit zum „teilweisen Ausgleich von Nachteilen, die dabei noch für eine Übergangszeit in Kauf genommen werden müssen"[54] unter 170 DM jährlich erhalten. Weniger als 15 DM monatlich sind ein Betrag, der für den Verzicht auf einen Wohnortswechsel bedeutungslos ist. Der Tariffreibetrag wirkt deshalb bestenfalls als Kosmetik, ja wegen der Progressionswirkung droht der Vorwurf einer zusätzlichen sozialen Verwerfung, weil z.B. eine mittlere Führungskraft mit 100.000 DM Einkommen, die aus dem Altbundesgebiet zeitweise ins Beitrittsgebiet delegiert wird, 278 DM spart.

bb) Gewerbeertragsteuer

Gewerbesteuerpflicht besteht
1. für die gewerbliche Tätigkeit, z.B. als Einzelkaufmann, Vollhafter oder Kommanditist in einer Personengesellschaft ("Mitunternehmer"),
2. für Gewerbebetriebe kraft Rechtsform (dazu zählen sämtliche Kapitalgesellschaften),
3. für Gewerbebetriebe kraft wirtschaftlichen Geschäftsbetriebs bei sonstigen juristischen Personen des Privatrechts, dazu zählt z.B. die Kantine eines Schützenvereins.
Bemessungsgrundlagen für die Gewerbesteuer sind der Gewerbeertrag und das Gewerbekapital. Die Gewerbekapitalsteuer gehört zur Besteuerung des Gesamtbestands an Unternehmensmitteln. Hier beschäftigt uns nur die Gewerbeertragsteuer.
Der größte Teil des Aufkommens der Gewerbesteuer entstammt der Steuer auf den Gewerbeertrag. Gewerbeertrag ist der Gewinn aus dem Gewerbebetrieb nach Einkommen- bzw. Körperschaftsteuerrecht, vermehrt um 9 Hinzurechnungen (§ 8 GewStG) und vermindert um 11 Kürzungen (§ 9 GewStG).
Hinzurechnungen sind insbesondere:
a) Die Hälfte der Zinsen auf Dauerschulden. Dauerschulden sind Verbindlichkeiten, die wirtschaftlich mit der Gründung, dem Erwerb, mit der Erweiterung oder der Verbesserung des Betriebs zusammenhängen, und die nicht nur eine vorübergehende Stärkung des Betriebskapitals sind (§ 8 Nr. 1 GewStG). Schulden, die zum laufenden Geschäftsverkehr zählen (Warenschulden, Wechselschulden, Zollkredite), sind grundsätzlich keine Dauerschulden, können es aber unter Umständen werden. So sind Kontokorrentkredite im allgemeinen laufende Schulden; es sei denn, daß aus dem Geschäftsverhältnis ge-

---
54 Bundestags-Drucksache 12/219 vom 11.03.1991, S. 21.

schlossen werden muß, ein bestimmter Mindestkredit sei dem Unternehmen dauerhaft gegeben.

Beispiel: Eine Unternehmung hat einen Kontokorrentkredit, der im Jahr zwischen 50.000 und 150.000 DM schwankt. In diesem Fall werden 50.000 DM als Dauerschulden angesehen. Ist der niedrigste Saldo von 50.000 DM aber nur an 7 Tagen erreicht worden, und beträgt der nächsthöhere Schuldbetrag z.B. 60.000 DM, werden 60.000 DM zugrunde gelegt (Abschnitt 47 Abs. 8 GewStR). Schulden, die nicht zum laufenden Geschäftsverkehr zählen, sind grundsätzlich dann Dauerschulden, wenn sie nicht binnen 12 Monaten getilgt werden.

b) Die Hälfte der Miet- und Pachtzinsen der nicht aus Grundbesitz bestehenden Wirtschaftsgüter des Anlagevermögens. Wenn jedoch diese Wirtschaftsgüter bereits beim Eigentümer der Gewerbesteuer unterliegen, sind die Miet- und Pachtzinsen nur dann anzusetzen, wenn ein Betrieb oder Teilbetrieb als Ganzes vermietet wurde und der Jahresbetrag 250.000 DM übersteigt. Beispiele:

(1) Eine KG mietet bei einer Leasing-GmbH Anlagegüter für 300.000 DM jährliche Mietzahlung. Die Mietzinsen erhöhen nicht den Gewerbeertrag, denn die Leasing-Gesellschaft unterliegt der Gewerbesteuer, und es ist auch kein Teilbetrieb als Ganzes vermietet worden. Werden hingegen die Güter bei einem Privatmann gemietet, dann ist die Hälfte der Miet- und Pachtzinsen in den Gewerbeertrag der KG einzurechnen.

(2) Eine KG mietet von einer GmbH ein Zweigwerk für jährlich 200.000 DM. Die Miet- und Pachtzinsen sind nicht anzusetzen, weil die GmbH Gewerbesteuer auf den Teilbetrieb zu zahlen hat. Zwar ist ein Teilbetrieb als Ganzes vermietet worden, aber der Jahresbetrag liegt unter 250.000 DM.

Zu den *Kürzungen* zählen insbesondere:

a) 1,2% des Einheitswerts der Grundstücke, weil Grundstücke schon der Grundsteuer unterliegen.

b) Der Gewerbeverlustabzug (§ 10 a GewStG). Negative Gewerbeerträge aus den vorausgegangenen fünf Jahren mindern den Gewerbeertrag entsprechend dem Verlustabzug bei der Einkommen- und Körperschaftsteuer. Der Verlustrücktrag gilt bei der Gewerbesteuer nicht.

Der Gewerbeertrag ist auf 100 DM abzurunden. Dieser ist bei natürlichen Personen und Personengesellschaften um einen Freibetrag von 48.000 DM, höchstens jedoch in Höhe des Gewerbeertrags, zu kürzen. Für Gewerbeerträge von 48.000 - 72.000 DM gilt ein Steuermeßbetrag von 1%, von 72.001 - 96.000 DM 2%, von 96.001 - 120.000 DM 3%, 120.001 - 144.000 DM 4% und ab 144.001 DM 5%.

Der Gewerbeertrag wird mit der Steuermeßzahl des Gewerbeertrags multipliziert. Dieser Steuermeßbetrag des Gewerbeertrags wird mit dem Steuermeßbetrag des Gewerbekapitals zu einem einheitlichen Steuermeßbetrag zusammengefaßt (§ 14 GewStG). Der Steuermeßbetrag wird mit einem Hebesatz der jeweiligen Gemeinde vervielfacht. Das Produkt ergibt die Gewerbesteuer. Der Hebesatz ist in den einzelnen Gemeinden unterschiedlich hoch. Für die Mehrzahl der Großstädte liegt der Hebesatz heute zwischen

400% und 480%, nur das subventionierte Berlin liegt mit (1992) 200% erheblich günstiger. Im Bundesdurchschnitt beträgt der Hebesatz rund 360%.

Aus didaktischen Gründen wird im folgenden die Berechnung für die Gewerbeertragsteuer gesondert durchgeführt. Wer die Belastung mit Gewerbeertragsteuer errechnen will, muß beachten, daß die Gewerbeertragsteuer bei der Berechnung des einkommen- bzw. körperschaftsteuerpflichtigen Gewinns abzugsfähig ist. Die Gewerbesteuer mindert also ihre eigene Bemessungsgrundlage, denn der Gewerbeertrag geht vom einkommen- bzw. körperschaftsteuerpflichtigen Gewinn aus. Daraus entsteht eine kleine rechnerische Schwierigkeit: Um die Einkünfte aus Gewerbebetrieb zu ermitteln, muß die Gewerbesteuer abgezogen werden. Um die Gewerbesteuer zu berechnen, braucht man aber die Kenntnis der Einkünfte aus Gewerbebetrieb. Da diese einfache mathematische Abhängigkeit vermutlich einzelne Juristen im Finanzministerium überfordert hat, wird das Problem so gelöst: Man bildet Gewerbesteuerrückstellungen und stellt 90% des Betrages an Gewerbesteuer in die Rückstellungen ein, der sich ohne Berücksichtigung der Gewerbeertragsteuer als Betriebsausgabe ergäbe (Abschnitt 22 Abs. 2 EStR). Diese Rückstellung stimmt mit der genauen Rechnung nur bei einem Hebesatz von 222% überein. Bei niedrigeren Hebesätzen ist die Rückstellung zu gering, bei höheren Hebesätzen zu hoch. Die genaue Rechnung führt zu folgendem Ergebnis:

Nachdem bei natürlichen Personen und Personengesellschaften der Freibetrag bzw. die Eingangsstaffelung berücksichtigt ist, beträgt die Gewerbeertragsteuer 5 H % des (auf volle 100 DM abgerundeten) Gewerbeertrags, wobei H den Hebesatz bezeichnet. Dieser Prozentsatz ist anzuwenden auf den Gewerbeertrag nach Abzug der Gewerbeertragsteuer. GSt bezeichnet die Gewerbeertragsteuer und G den Gewerbeertrag vor Abzug der Gewerbeertragsteuer, jedoch nach Abzug des Freibetrages bzw. der Gewerbeertragsteuer aus der Eingangsstaffelung. Für Gewerbeerträge, die mit 5% Steuermeßzahl belegt sind, gilt:

$$GSt = (G - GSt) H \times 5\% \quad \text{bzw.} \quad GSt = \frac{5H}{100 + 5H} G. \tag{26}$$

Bei einem Hebesatz von H = 220% entspricht die Gewerbeertragsteuer rund 10% von G, also des Gewerbeertrags vor Abzug der Gewerbeertragsteuer (und nach Freibetrag bzw. Eingangsstaffelung). Bei einem Hebesatz von 400% errechnet sich

$$GSt = \frac{20}{120} = 16{,}67\% \text{ des Gewerbeertrags.} \tag{26a}$$

Bei dem Satz von 480% errechnet sich GSt = 19,35% des Gewerbeertrags.

cc) Grenzsteuersatz aus Einkommen-, Kirchen- und Gewerbeertragsteuer

Für die Berechnung der rechtlichen Belastung aus Einkommen- und Gewerbeertragsteuer ist zu beachten:

Die Gewerbeertragsteuer baut auf den Bemessungsgrundlagen der Einkommensteuer auf. Die Hinzurechnungen und Kürzungen werden sich aber in der Wirklichkeit fast nie ausgleichen, so daß nur im Einzelfall (wenn man die Höhe der Hinzurechnungen und Kürzungen kennt) genaue rechtliche Steuerbelastungsvergleiche erstellt werden können. Im Regelfall werden die Hinzurechnungen die Kürzungen übersteigen (vor allem wegen der 50% an Dauerschuldzinsen). Deshalb geben Belastungsvergleiche, die von der Annahme ausgehen, Hinzurechnungen und Kürzungen gleichen sich aus, regelmäßig ein zu günstiges Bild von der Steuerbelastung eines Gewerbebetriebs. Doch um überhaupt allgemeine Aussagen ableiten zu können, müssen wir vereinfachen. Deshalb sei für das weitere angenommen:

1. Die Hinzurechnungen entsprechen den Kürzungen zuzüglich des Freibetrags und der Wirkung der Eingangsstaffelung, so daß der zu versteuernde Gewerbeertrag den Einkünften aus Gewerbebetrieb gleicht.
2. Nur Einkünfte aus Gewerbebetrieb fallen an.
3. Sonderausgaben und alle weiteren Abweichungen zwischen den Einkünften aus Gewerbebetrieb und dem zu versteuernden Einkommen seien für den Vergleich ohne Bedeutung.

Unter diesen Vereinfachungen können wir die Bemessungsgrundlagen der Gewerbeertragsteuer gleich der Bemessungsgrundlage der Einkommensteuer setzen und ausrechnen, um wieviel die Gewerbeertragsteuer die Einkünfte aus dem Gewerbebetrieb mindert. Für einen Hebesatz von 480% ergibt sich die in folgender Tabelle errechnete Spitzensteuerbelastung.

	ohne SZ	mit SZ
steuerpflichtiger „Gewinn" (= Einkünfte aus Gewerbebetrieb vor Gewerbeertragsteuer)	100,00	100,00
abzüglich Gewerbeertragsteuer	19,35	19,35
abzüglich Einkommensteuer auf (100-19,35)=80,65	<u>42,74</u>	<u>44,35</u>
gesamte Gewinnsteuerbelastung	62,09	63,70
mit 9% Kirchensteuer beträgt die Spitzenbelastung[a]	63,82	65,35

[a] Bemessungsgrundlage für den Solidaritätszuschlag ist die Einkommensteuerschuld, die wegen der abzugsfähigen Kirchensteuer gemindert wurde. Die anteilige Einkommensteuer errechnet sich damit als $s_p : (1+0,09)$ des steuerpflichtigen Einkommens vor Abzug der Kirchensteuer. Zu s_p s. S. 279.

Die **Kirchensteuer** mindert ähnlich der Gewerbeertragsteuer ihre eigene Bemessungsgrundlage, weil die in einem Jahr tatsächlich gezahlte Kirchensteuer als Sonderausgabe das zu versteuernde Einkommen verringert. Die Kirchensteuerzahlung KS bestimmt sich als Prozentsatz k (meistens 9%) der Einkommensteuer. Mit s_e als Grenzeinkommensteuersatz, E als zu versteuerndes Einkommen vor Kirchensteuer beträgt somit die Kirchensteuerzahlung KS

$$KS = k \cdot s_e (E - KS) \text{, oder umgeformt } KS = \frac{ks_e}{1 + ks_e} \cdot E. \tag{27}$$

Wird die Kirchensteuer in die Bemessungsgrundlage für die Einkommensteuer einbezogen, folgt als Einkommensteuerzahlung ESt = s_e (E-KS) bzw. als persönlicher Satz für Einkommen- und Kirchensteuer s_p für E = 100%.

$$s_p = \frac{1+k}{1+ks_e} - s_e \text{ bzw. bei k = 9\% und s = 53\%:}$$

$$\frac{1{,}09}{1 + 0{,}09 \cdot 0{,}53} \cdot 0{,}53 = 55{,}14\%. \tag{28}$$

dd) Körperschaftsteuer der Kapitalgesellschaften

Ob und wann Unternehmungen als Institutionen selbständig steuerpflichtig sein sollen, ist in den Steuerwissenschaften umstritten. Die Vorstellungen reichen von einer selbständigen Steuerpflicht aller „Betriebe" bzw. Unternehmungen als Institutionen, und zwar gleichgültig, in welcher Rechtsform sie geführt werden (Betriebsteuer), bis zur praktischen Steuerfreiheit aller Unternehmungen als Institutionen (Vorschläge zur Cash-flow-Besteuerung im Rahmen einer persönlichen Konsumausgabensteuer wollen Unternehmungen nur noch als Quellensteuerzahler behandeln). Selbst die Körperschaftsteuer als „Einkommensteuer" juristischer Personen und ihnen steuerrechtlich gleichgestellter nicht selbständiger Personenvereinigungen und Vermögensmassen kennt in den einzelnen Ländern einen unterschiedlich weiten Kreis von Steuerpflichtigen.

Im deutschen Körperschaftsteuerrecht sind folgende Körperschaften, Personenvereinigungen und Vermögensmassen, die ihre Geschäftsleitung oder ihren Sitz im Inland haben, selbständig körperschaftsteuerpflichtig:
1. Kapitalgesellschaften,
2. Erwerbs- und Wirtschaftsgenossenschaften,
3. Versicherungsvereine auf Gegenseitigkeit,
4. sonstige juristische Personen des privaten Rechts,
5. nicht rechtsfähige Vereine, Anstalten und Stiftungen und andere Zweckvermögen des privaten Rechts,
6. Betriebe gewerblicher Art von juristischen Personen des öffentlichen Rechts, insbesondere soweit der Jahresumsatz 60.000 DM nachhaltig übersteigt. Dazu zählen vor allem öffentlich-rechtliche Banken und Sparkassen, Versicherungsanstalten, aber auch Klosterbrauereien, nicht jedoch ein Bullenhaltungszweckverband einer Gemeinde.

Zahlreiche Institutionen sind jedoch von der Körperschaftsteuer befreit, z.B. Bundesbank, Bundespost (im einzelnen § 5 KStG).

Die Körperschaftsteuer bemißt sich nach dem sog. *körperschaftsteuerpflichtigen Einkommen*. Das Einkommen im Sinne des Körperschaftsteuerrechts kann alle Einkunftsarten aus der Einkommensteuer umfassen außer den Einkünften aus nichtselbständiger Arbeit. Bei Vereinen treten z.B. häufig Einkünfte aus Kapitalvermögen oder aus Vermietung und Verpachtung auf.

Bei Kapitalgesellschaften gelten alle Einkünfte als Einkünfte aus Gewerbebetrieb (§ 8 Abs. 2 KStG). Das hat zur Folge, daß sie neben der Körperschaftsteuer zugleich der Gewerbesteuer unterliegen.

Das körperschaftsteuerpflichtige Einkommen einer Kapitalgesellschaft berechnet sich als Ergebnis der Steuerbilanz, also des Vermögensvergleichs gemäß § 5 EStG. Dieser Gewinn bzw. Verlust wird korrigiert um Abweichungen des körperschaftsteuerpflichtigen Einkommens vom einkommensteuerpflichtigen Einkommen. Und dieser Saldo wird gegebenenfalls um einen Verlustabzug gekürzt.

Als Abweichungen des körperschaftsteuerpflichtigen Einkommens vom einkommensteuerpflichtigen Einkommen sind bei Kapitalgesellschaften insbesondere folgende Einzelheiten zu beachten:

1. Als *verdeckte Gewinnausschüttung* gilt jeder Vorteil, der einem Gesellschafter oder einer ihm nahestehenden Person außerhalb der gesellschaftsrechtlichen Gewinnverteilung gewährt wird, falls er einem Nichtgesellschafter unter sonst gleichen Umständen nicht gewährt würde.

Hauptanwendungsfälle der verdeckten Gewinnausschüttung sind

a) ein Alleingesellschafter einer GmbH, der zugleich Geschäftsführer ist, gewährt sich selbst ein Gehalt, das weit über dem liegt, das ein Nicht-Gesellschafter bekäme;

b) ein Gesellschafter vermietet Grundstücke an die Gesellschaft zu überhöhten Preisen (mietet unter den ortsüblichen Preisen);

c) ein Gesellschafter gewährt Darlehen zu überhöhten Zinssätzen (verschuldet sich mit Zinsvorteilen).

2. *Organerträge* fließen bei Organschaft dem Organträger zu. Organschaft ist der Name für eine bestimmte steuerrechtliche Konzernbeziehung: Eine Kapitalgesellschaft kann derart einer anderen Unternehmung untergeordnet sein, daß sie nur noch ausführendes Organ des beherrschenden Unternehmens ist. Das beherrschende Unternehmen heißt Organträger, die beherrschte Kapitalgesellschaft heißt Organgesellschaft, und das Verhältnis beider zueinander nennt man Organschaft (§ 14 KStG). Bei Organschaft werden Gewinne und Verluste der Organgesellschaft dem Organträger zugerechnet. Damit wird u.a. eine Doppelbesteuerung mit Körperschaftsteuer vermieden. Darüber hinaus können Gewerbesteuervorteile, gelegentlich auch -nachteile entstehen.

3. Aus den 10 sonstigen Abweichungen sei hier nur erwähnt, daß die Hälfte der Aufsichtsratsvergütung nicht den Gewinn mindert.

Bei den **Körperschaftsteuersätzen** ist zwischen der Tarifbelastung und der Ausschüttungsbelastung zu unterscheiden.

Die **Tarifbelastung** mit Körperschaftsteuer beträgt für Kapitalgesellschaften 50%. Eine abweichende Tarifbelastung kennen u.a. öffentlich-rechtliche Kreditinstitute (z.B.

Sparkassen, Versicherungsvereine auf Gegenseitigkeit und Stiftungen) mit 46%; weitere Sonderfälle sind: Werbeeinnahmen des ZDF (7,4% des Umsatzes) und 25% auf ausländische Einkünfte aus dem internationalen Betrieb von Handelsschiffen (§ 26 Abs. 6 KStG).

Die **Ausschüttungsbelastung** gilt für auszuschüttende Beträge aus einem für *Ausschüttungen verwendbaren Eigenkapital* und beläuft sich auf 36% des auszuschüttenden Gewinns vor Körperschaftsteuer.

In Höhe der Ausschüttungsbelastung von 36% KSt erhält der inländische Empfänger einen Anspruch auf Anrechnung bzw. Erstattung bei seiner Einkommensteuerveranlagung. Insoweit wirkt die Ausschüttungsbelastung für den inländischen Empfänger nur als Einkommensteuervorauszahlung, vergleichbar der Kapitalertragsteuer (steuerrechtlich gilt der Anrechnungsbetrag nicht als Vorauszahlung der Einkommensteuer, vgl. Beschluß des BFH vom 9.2.1982, BStBl. II 1982, S. 401).

Aus 100 DM körperschaftsteuerpflichtigem Gewinn werden bei Vollausschüttung 36 DM Ausschüttungsbelastung und 64 DM Dividende. Von der Dividende werden 25% Kapitalertragsteuer = 16 DM abgezogen. Einer Bardividende von 48 DM entsprechen somit 100 DM Erhöhung des zu versteuernden Einkommens mit 36 + 16 = 52 DM auf die Einkommensteuerschuld anzurechnenden Steuerbeträgen.

Für ausländische Anteilseigner ist die Steuergutschrift nicht auf die persönliche Einkommensteuerschuld anrechenbar, die Ausschüttungsbelastung wird damit zur „Definitivsteuer". Dennoch ergeben sich für ausländische Konzerne wegen des „internationalen Schachtelprivilegs" Vorteile: Die Gesamtbelastung der einer ausländischen Muttergesellschaft zufließenden Beteiligungserträge beträgt im Regelfall 39,2% (36% KSt + 5% Kapitalertragsteuer auf 64).

Da inländischen Anteilseignern in Höhe der Ausschüttungsbelastung ein Anrechnungsanspruch auf die Einkommensteuerschuld entsteht, muß sichergestellt werden, daß alle Ausschüttungsbeträge gleichmäßig mit 36% Ausschüttungsbelastung versteuert worden sind. Bei den auszuschüttenden Beträgen kann es sich aber im einzelnen um ganz unterschiedlich versteuerte Beträge handeln.

Folgende Arten des für Ausschüttungen verwendbaren Eigenkapitals (EK) sind zu unterscheiden und in der angegebenen Reihenfolge für Ausschüttungen heranzuziehen:

a) EK_{56}: Versteuertes körperschaftsteuerpflichtiges Einkommen der Jahre 1977 bis einschließlich 1989, soweit es der Tarifbelastung von 56% unterlegen hat.

b) EK_{50}: Versteuertes körperschaftsteuerliches Einkommen nach 1990 unterliegt im Regelfall einer Tarifbelastung von 50%. Bis Ende 1995 werden EK_{56} und EK_{50} nebeneinander ausgewiesen. Dann wird der Bestand an EK_{56} in Höhe von 56/44 dem Bestand an EK_{50} hinzugerechnet: 1 Mio. DM EK_{56} wird folglich als 1.272.727 DM EK_{50} geführt. In Höhe von 12/44 (also im Beispiel um 272.727 DM) ist gleichzeitig der Betrag des EK_{02} zu kürzen (§ 54 Abs. 9 KStG), der dabei auch negativ werden kann.

c) EK_{36}: Versteuertes körperschaftsteuerpflichtiges Einkommen der Jahre 1977 und später, das einer Körperschaftsteuer von 36% unterlegen hat, ergibt sich aus der Aufteilung ermäßigt belasteter Eigenkapitalanteile (§ 32 Abs. 2 KStG). Eine ermäßigte Körperschaftsteuerbelastung entsteht z.B. aufgrund der Steuersatzvergünstigung für ausländische Einkünfte aus dem Betrieb von Handelsschiffen (Steuersatz 25%, § 26 Abs. 6 KStG). Die Aufteilung erfolgt so, daß

(1) ein Eigenkapitalanteil, dessen Belastung mit Körperschaftsteuer niedriger ist als 36%, in einen mit 36% und in einen nicht mit Körperschaftsteuer belasteten Teilbetrag zu zerlegen ist;

(2) ein Eigenkapitalanteil, dessen Belastung mit Körperschaftsteuer höher ist als 36%, in einen mit 36% und in einen mit 50% belasteten Teilbetrag aufgeteilt wird.

d) EK_0: Beträge, die nicht mit deutscher Körperschaftsteuer nach der Körperschaftsteuerreform 1977 belastet sind. Dieses „nicht belastete Eigenkapital" EK_0 ist in folgender Reihenfolge zur Ausschüttung zu verwenden:

(1) EK_{01}: Eigenkapitalanteile aus ausländischen Einkünften seit 1977, z.B. Beteiligungserträge, die aufgrund des sog. internationalen Schachtelprivilegs in Deutschland steuerbefreit sind.

(2) EK_{02}: Dazu zählen alle nicht unter EK_{01}, EK_{03} und EK_{04} fallenden körperschaftsteuerbefreiten Einkünfte, z.B. Investitionszulagen. Vom EK_{02} sind auch Verluste abzuziehen (§ 33 KStG, Beispiele Abschnitt 89 KStR).

Erstes Beispiel: Beträgt das EK_{02} am Ende des Jahres 1 null, so ändert ein Verlust im Jahre 2 von 50.000 DM den Betrag des EK_{02} auf -50.000 DM. Wird im Jahre 3 der Verlustvortrag gegen Gewinn aus dem Jahre 3 verrechnet, mindert sich der Gewinn um 50.000 DM und das EK_{02} erhöht sich um 50.000 DM auf einen Saldo von null.

Zweites Beispiel: Besteht im Jahre 1 ein Einkommen von 100.000 DM und wird ein Verlust im Jahre 2 von 50.000 DM zurückgetragen, so wird nachträglich vom Einkommen 100.000 DM im Jahr 1 ein Betrag von 50.000 DM „steuerfrei" gestellt. Im EK_{02} des Jahres 1 schlägt sich dies so nieder: +50.000 DM durch Verlustrücktrag ./. 25.000 DM wegen abzuziehender 50% an Körperschaftsteuer, Bestand an EK_{02} + 25.000 DM. Die zu erstattende Körperschaftsteuer erhöht das verwendbare Eigenkapital erst am Ende des Jahres 2, so daß dann 25.000 DM + 25.000 DM = 50.000 DM an EK_{02} vorhanden sind, das gegen den Verlust im Jahre 2 verrechnet wird und im Saldo null ergibt.

Reicht für Ausschüttungen das verwendbare Eigenkapital nicht aus, dann ist die Körperschaftsteuer um 36/64 des Fehlbetrages zu erhöhen. Fehlbetrag und Körperschaftsteuererhöhung sind vom EK_{02} zu kürzen (§ 35 KStG).

(3) EK_{03}: Rücklagen, die vor 1977 (vor der Körperschaftsteuerreform) gebildet wurden.

(4) EK_{04}: Einlagen der Gesellschafter nach der Körperschaftsteuerreform, soweit sie für Ausschüttungen verwendbares Eigenkapital bilden.

Damit alle ausgeschütteten Beträge gleichmäßig mit 36% Ausschüttungsbelastung versteuert werden, sind (außer bei der Verwendung von EK_{04}!) die höher besteuerten Ausschüttungsbeträge zu entlasten, niedriger besteuerte zu belasten. Dabei nimmt das Gesetz an, daß die Ausschüttungen zunächst das „ungemildert belastete Eigenkapital", EK_{56}, dann das EK_{50} mindern, es entsteht also ein Erstattungsanspruch. Wenn eine Gesellschaft kein ungemildert belastetes Eigenkapital mehr besitzt, gilt das mit 36% Körperschaftsteuer belastete Eigenkapital als ausgeschüttet, und erst wenn kein ermäßigt belastetes Eigenkapital mehr vorhanden ist, wird nicht belastetes Eigenkapital zur Ausschüttung herangezogen (§§ 28 Abs. 3, 30 KStG).

ee) Rechtliche Belastung mit Körperschaftsteuer und Gewerbeertragsteuer

Die folgenden Rechnungen treffen nur auf einen vereinfachten Fall zu: Keine Einkünfte aus Westberlin oder aus dem Ausland, keine Tarifvergünstigungen bei der Körperschaftsteuer (wie z.B. bei Sparkassen), Hinzurechnungen und Kürzungen bei der Gewerbeertragsteuer gleichen sich aus (für Kapitalgesellschaften entfällt der Freibetrag von 36.000 DM und die Eingangsstaffelung), der Gewerbesteuerhebesatz betrage alternativ 360% oder 480%.

Die Wirklichkeit weicht durchweg an irgendeiner Stelle von diesen Voraussetzungen ab; deshalb hat es wenig Sinn, bis auf 3 oder noch mehr Stellen hinter dem Komma derartige Steuersätze zu berechnen oder auswendig zu lernen. Solche Steuersätze können wegen der erforderlichen Vereinfachungen nur Richtgrößen sein.

Verglichen werden die Steuersätze bei Zurückbehaltung und bei Ausschüttung des Gewinns in der Kapitalgesellschaft (die Auswirkungen des Solidaritätszuschlags für 1991/ 1992 seien vernachlässigt).

		Selbstfinanzierung			Ausschüttung		
Gewinn vor Steuern		100,00		100,00	100,00		100,00
Gewerbeertragsteuer Hebesatz	480%	−19,35	360%	−15,25	480% −19,35	360%	−15,25
Gewinn vor Körperschaftsteuer		80,65		84,75	80,65		84,75
Körperschaftsteuer	50%	−40,33	50%	−42,38	36% −29,03	36%	−30,51
Steuerbelastung		59,68		57,63	48,38		45,76
Gewinn nach Steuern		40,32		42,37	51,62		54,24

Bei diesen Annahmen sind bei einem Hebesatz von 480% 100/40,32 = 2,48 DM Gewinn vor Steuern zu verdienen, damit 1 DM zur Selbstfinanzierung bleibt und 100:51,62 = 1,94 DM Gewinn vor Steuern, damit 1 DM ausgeschüttet werden kann.

Im Regelfall wird weder der Gewinn voll zurückbehalten, noch voll ausgeschüttet, so daß die durchschnittliche Steuerbelastung bei 480% Gewerbesteuerhebesatz vor Abzug der aus dem versteuerten Gewinn zu zahlenden Vermögensteuer zwischen (19,35 + 40,33) = 59,68% und (19,35 + 29,03) = 48,38% liegen wird. Dies gilt, wohlgemerkt, nur unter obigen Voraussetzungen, also z.B. für eine Kapitalgesellschaft ohne ausländische Einkünfte.

Das Verhältnis von 50:50 (ab 1990) kennzeichnet die Körperschaftsteuerbelastung für eine DM zurückbehaltenen Gewinn (Selbstfinanzierung), sofern nicht die Ausnahmefälle abweichender Steuersätze gegeben sind. Im einzelnen errechnen sich folgende *Be- oder Entlastungswirkungen im Verhältnis von zurückbehaltenem zu ausgeschüttetem Gewinn:*

a) Wird eine DM Gewinn zurückbehalten (bzw. entsteht eine DM an nicht abzugsfähigen Ausgaben), so errechnet sich daraufhin folgende Minderung der Ausschüttungen: Aus 100 DM Gewinn vor Körperschaftsteuer werden entweder 50 DM an Selbstfinanzierung (bzw. an nicht abzugsfähigen Ausgaben) oder 64 DM an Ausschüttungen. Jede DM, die zusätzlich an Gewinn zurückbehalten (bzw. für nicht abzugsfähige Ausgaben verwandt) wird, bedeutet deshalb einen Verzicht auf 64:50 oder 1,28 DM an Ausschüttung.

b) Möchte die Kapitalgesellschaft eine DM mehr ausschütten, so mindert diese Ausschüttung den zurückbehaltenen Gewinn nur um 50:64 oder 0,78125 DM.

c) Die Einkommenserhöhung beim inländischen Anteilseigner durch die Körperschaftsteuergutschrift (die Ausschüttungsbelastung) beträgt je DM Dividende 36:64 = 56,25%. Eine DM Dividende führt also zu 1,5625 DM zu versteuerndem Einkommen.

d) Innerhalb der Unternehmung ergibt sich durch eine DM zusätzliche Ausschüttung eine Steuerminderung (Ausschüttungsentlastung) von 50%-36% = 14%, bezogen pro DM Dividende also 14:64 = 21,875%. Bezogen pro DM für die Ausschüttung verwendetes EK_{50} beträgt die Ausschüttungsentlastung 14:50 = 28%.

Bei der Frage nach den Auswirkungen einer Ausschüttungsänderung werden die unterschiedlichen Verhältniszahlen leicht verwechselt. Der Leser beachte deshalb genau die Fragestellung, insbesondere, ob sich die Verhältniszahlen auf den Gewinn vor Steuern oder den versteuerten einbehaltenen Gewinn oder den ausgeschütteten Gewinn beziehen.

Für die derzeitige Gewerbesteuerspitzenbelastung mit einem Hebesatz H von 480% und dem durchschnittlichen Hebesatz in den Altbundesländern von rund 360%, errechnen sich unter der Annahme, daß die Hinzurechnungen bei der Gewerbertragsteuer den Kürzungen entsprechen und bei Vernachlässigung der Gewerbekapital- und Vermögensteuer folgende Belastungszahlen:

1. Für die Selbstfinanzierung einer Kapitalgesellschaft:

	Hebesatz 480%	Hebesatz 360%
Gewinn vor Steuern	100,00	100,00
Gewerbeertragsteuer	−19,35	−15,25
Körperschaftsteuerpflichtiges Einkommen	80,65	84,75
Tarifbelastung (50%)	−40,33	−42,38
Selbstfinanzierung (Zuführung EK_{50})	40,33	42,38
Solidaritätszuschlag 3,75% auf die Tarifbelastung 1991/92:	− 1,51	− 1,59
Selbstfinanzierungsbetrag (Zuführung EK_{50})	38,81	40,78

2. Für den Anteilseigner errechnet sich für 100 DM Gewinn vor Steuern mit Anrechnung der Körperschaftsteuergutschrift und der Kapitalertragsteuer bei dessen voller Ausschüttung beim Spitzensteuersatz der Einkommensteuer:

	Hebesatz 480%	Hebesatz 360%
Gewinn der Kapitalgesellschaft vor Steuern	100,00	100,00
Gewerbeertragsteuer	−19,35	−15,25
Körperschaftsteuerpflichtiges Einkommen = zu versteuernde Einnahme des Anteilseigners	80,65	84,75
53% Einkommensteuer + 9% Kirchensteuer = 55,14%	−44,47	−46,73
Versteuertes zusätzliches Einkommen	36,18	38,02

ff) Belastungsfolgen nicht abzugsfähiger Ausgaben

Bei der steuerlichen Gewinnermittlung zählen zu den nicht abzugsfähigen Ausgaben (§ 12 EStG) neben Lebenshaltungsausgaben und freiwilligen Zuwendungen an eine unterhaltsberechtigte Person vor allem:
— Vermögensteuerzahlungen (§ 12 Nr.3 EStG, § 10 Nr. 2 KStG),
— eine Hälfte der Aufsichtsratsvergütungen (§ 10 Nr. 4 KStG),
— unter Betriebsausgaben versteckte Lebenshaltungskosten für Jagden, Yachten, einschließlich der dafür zu entrichtenden Umsatzsteuer, nicht abziehbare Teile von Bewirtungsspesen und andere Anwendungsfälle von § 4 Abs. 5 EStG,
— nicht abziehbare Spenden und Zuwendungen an Pensions- und Unterstützungskassen (§ 9 Nr. 3 KStG, § 4 c, d EStG, § 160 AO),
— Geldstrafen (§ 12 Nr. 3 EStG, § 10 Nr. 3 KStG).

Nicht abzugsfähige Ausgaben sind bei Kapitalgesellschaften aus dem EK_{56} bzw. EK_{50} zu bestreiten. Ist dafür nicht genug ungemildert belastetes Eigenkapital vorhanden, wird das EK_{56} bzw. EK_{50} negativ. Beispiel: Eine Bau-GmbH hat 150.000 DM an EK_{50}, das Kartellamt legt ihr ein Bußgeld wegen verbotener Preisabsprachen von 200.000 DM auf. Buchungssatz: EK_{50} an Bank, mit der Folge, daß ein negatives EK_{50} von 50.000 DM verbleibt. Die Bau-GmbH benötigt die nächsten 100.000 DM Gewinn vor Körperschaftsteuer in den folgenden Jahren, um dieses negative EK_{50} auszugleichen. Die Körperschaftsteuerbelastung, die auf nicht abzugsfähige Ausgaben entfällt, ist die gleiche, die für zurückbehaltene Gewinne in Kauf genommen werden muß. Damit sind im Normalfall 50 DM Körperschaftsteuer zu zahlen, um 50 DM nicht abzugsfähige Ausgaben decken zu können.

Fragen nach den Belastungsfolgen nicht-abzugsfähiger Ausgaben werden leicht falsch beantwortet:
a) Eine Prüfungsfrage, die viele verwirrt, lautet: 100 DM abzugsfähige Ausgaben (z.B. die eine Hälfte der Aufsichtsratstantiemen, § 10 Nr. 3 KStG) mindern bei einem Grenz-

steuersatz von 50% den versteuerten Gewinn nur um 50 DM. Um 100 DM nicht abzugsfähige Ausgaben (z.B. Vermögensteuer oder die zweite Hälfte der Aufsichtsratsvergütungen) zahlen zu können, muß die Unternehmung bei einem Grenzsteuersatz s aber das 1 : (1-s)-fache, hier = 200 DM, verdienen. Ist es richtig, daß die Nichtabzugsfähigkeit dazu führt, daß die zweite Hälfte der Aufsichtsratsvergütung 200:50, also viermal so teuer ist, wie die erste Hälfte?

Es ist natürlich nicht richtig, sondern hier sind zwei Bezugsgrößen miteinander vermengt worden: eine nominale Steuerbelastung mit einer Mindestrenditenerhöhung. Wenn 200 DM vor Steuern verdient sind, dann können daraus gezahlt werden entweder 200 DM abzugsfähige Ausgaben (also 200 DM für die abzugsfähige Hälfte der Aufsichtsratsvergütungen) oder bei einem Steuersatz von 50% 100 DM nicht abzugsfähige Ausgaben. Damit bleiben 100 DM versteuertes Einkommen übrig, die dann zur Begleichung der steuerlich nicht abzugsfähigen Hälfte der Aufsichtsratsvergütungen herangezogen werden können. Wenn die Frage: Um wieviel teurer ist eine nicht abzugsfähige Ausgabe gegenüber einer abzugsfähigen Ausgabe in gleicher Höhe? überhaupt sinnvoll ist, dann lautet die richtige Antwort: Nicht abzugsfähige Ausgaben sind 1 : (1-s)-mal teurer.

Entweder vergleicht man nämlich das erforderliche Einkommen, um eine nicht abzugsfähige Ausgabe zahlen zu können (200 DM) mit dem erforderlichen Einkommen, um eine abzugsfähige Ausgabe zu leisten (100 DM) oder man vergleicht die Minderung des versteuerten Einkommens aufgrund einer zusätzlichen nicht abzugsfähigen Ausgabe (100 DM) mit der Minderung des versteuerten Einkommens aufgrund einer zusätzlichen abzugsfähigen Ausgabe (50 DM). Beide Male ist die Mehrbelastung das 1 : (1-s)-fache.

b) Ein von der Bundesregierung bestelltes Gutachten behauptet[55]: „Bei natürlichen Personen" werden nicht abziehbare Aufwendungen „mit dem durchschnittlichen persönlichen Einkommensteuersatz belastet, dem das Einkommen unterliegt". Danach wäre bei einem Alleinveranlagten mit etwa 122.000 DM zu versteuerndem Einkommen (ohne Kirchensteuer und Solidaritätszuschlag) 1.000 DM Vermögensteuerzahlung mit seinem Durchschnittssteuersatz von 34,3%, also 343 DM belastet. Tatsächlich braucht dieser Steuerpflichtige aber das 1 : (1-Grenzsteuersatz)-fache. Dies wären 1000 : (1-0,53) = 2.127 DM seines zu versteuernden Einkommens, um 1.000 DM Vermögensteuer zahlen zu können. Hierbei ist jedoch noch nicht die Staffelung in der Grundtabelle berücksichtigt. Danach sind 122.000 DM - 119.825 DM, also 2.175 DM, nötig, um 1.002 DM nach Steuern zu erhalten. Die Einkommensteuerbelastung seiner nicht abziehbaren Aufwendungen von 1.000 DM beträgt nicht 343 DM, sondern rund 1.170 DM, also das Dreieinhalbfache.

Bei dieser Rechnung wurde der Bedarf an zu versteuerndem Einkommen, um nichtabzugsfähige Ausgaben ohne Einbuße an Anfangsvermögen bezahlen zu können, nach dem Grenzsteuersatz bemessen, also die Belastungsfolge vom „letzten" verdienten Zusatzeinkommen abgezogen. Dagegen könnte eingewandt werden: Müßte nicht mit

---

55 *Gutachten der Kommission zur Verbesserung der steuerlichen Bedingungen für Investitionen und Arbeitsplätze*, Randziffer 431.

1 : (1-Durchschnittssteuersatz) das benötigte zu versteuernde Einkommen ermittelt werden, da es sich hier um die Frage nach einer Verteilungsfolge handelt? Nein, wenn steuerlich nicht-abzugsfähige Ausgaben vorliegen, die zugleich das verfügbare Einkommen mindern, darf der Durchschnittssteuersatz erst dann benutzt werden, wenn aus dem (hier: gesuchten) zu versteuernden Einkommen keine Zahlungen mehr zu leisten sind, die das verfügbare Einkommen kürzen - außer der Einkommensteuerzahlung selbst (bzw. unter Einschluß von Gewerbeertrag- und Kirchensteuer). Deshalb ist es richtig, das Vor-Steuer-Einkommen, das zur Vermögenseinbuße-freien Begleichung nicht-abzugsfähiger Ausgaben benötigt wird, nach dem 1 : (1-Grenzsteuersatz)-fachen zu bemessen.

c) Die Belastung mit nicht-abziehbaren Aufwendungen einer Kapitalgesellschaft bei einem Einkommensteuerpflichtigen (der selbst keine Vermögensteuer zahlen möge) verlangt eine Abwandlung der Berechnung:

Der erforderliche Gewinn vor Steuern (die „Mindestrenditenerhöhung") M, um ohne Verlust nicht-abziehbare Ausgaben V (z.B. Vermögensteuer) zu zahlen, beläuft sich auf M = V : (1-s), mit s als Grenzsteuersatz in der Kapitalgesellschaft. Dieser erforderliche Mehrgewinn in der Unternehmung darf jedoch nicht gleich dem aus der Sicht der Anteilseigner konsumierbaren Einkommen gesetzt werden, falls der Mehrgewinn alternativ ausgeschüttet würde; denn durch die nicht-abziehbaren Ausgaben und die darauf lastende Körperschaft- und Gewerbeertragsteuer mindert sich das maximal zu versteuernde Einkommen der Anteilseigner. In Höhe dieser Minderung erspart der Anteilseigner persönliche Einkommen- und Kirchensteuer. Durch die persönliche Besteuerung wird also der Nachteil aus der Mindestgewinnerhöhung durch nicht-abziehbare Ausgaben in der Kapitalgesellschaft abgeschwächt. Wenn C den möglichen Konsumbetrag aus Sicht der Anteilseigner angibt, V die nicht-abzugsfähigen Ausgaben, s_g die Gewerbeertragsteuerbelastung und s_t den Grenzsteuersatz in der Kapitalgesellschaft sowie s_p den persönlichen Grenzeinkommen- und Kirchensteuersatz, so gilt:

$$C = V \frac{(1 - s_g)(1 - s_p)}{1 - s_t}. \tag{29}$$

Bei 480 % Hebesatz der Gewerbeertragsteuer und damit einem Grenzsteuersatz der Kapitalgesellschaft von maximal 59,68% (S. 283) entspricht also 1 DM nicht-abzugsfähige Ausgaben nur dann (1 - 0,1935) : (1 - 0,5968) = 2 DM an alternativen Konsummöglichkeiten, wenn der persönliche Grenzsteuersatz der Gewinnempfänger null beträgt.

Beim höchsten persönlichen Grenzsteuersatz aus 53% Einkommensteuer zuzüglich 9% Kirchensteuer = 55,14% (S. 279), belasten hierbei 1 DM nicht-abzugsfähige Ausgaben das konsumierbare Einkommen mit

$$C = \frac{(1 - 0,1935)(1 - 0,5514)}{1 - 0,5968} = 0,9 \text{ DM}. \tag{29a}$$

2. Gewinnsteuereinflüsse auf die Ausschüttungspolitik beim körperschaftsteuerlichen Anrechnungsverfahren

Bei der Wahl zwischen Beteiligungsfinanzierung und Selbstfinanzierung stellt sich die Frage: Führt das Zurückhalten von versteuerten Gewinnen in der Kapitalgesellschaft zu einer niedrigeren Steuerbelastung als eine Ausschüttung mit nachfolgender Kapitalerhöhung, bekannt unter dem Namen „Schütt-aus-hol-zurück-Politik"?

Ob aus steuerlichen Gründen Selbstfinanzierung oder Ausschüttung mit nachfolgender Kapitalerhöhung vorteilhaft ist, hängt davon ab,
– wie der Kapitalmarkt bzw. potentielle Erwerber von Anteilen an der Kapitalgesellschaft Selbstfinanzierung oder Ausschüttung unter Berücksichtigung ihrer persönlichen Grenzsteuersätze bewerten – darauf wird unter dd) eingegangen,
– ob die Leitung der Kapitalgesellschaft ausschließlich im Interesse der Anteilseigner handelt oder ob die Unternehmungsleitung andere Ziele als die Anteilseigner verfolgt.

Kapitalgesellschaften, die mit ihren Anteilseignern eine wirtschaftliche Einheit bilden und die damit ihre Investitions- und Finanzierungsentscheidungen ausschließlich im Einkommens- bzw. Vermögensinteresse der Anteilseigner treffen werden, sind dann anzunehmen, wenn die Anteilseigner die Unternehmungsleitung in der Kapitalgesellschaft selbst ausüben. Das ist der Fall bei der Ein-Mann-GmbH oder Ein-Mann-AG und der Mehrzahl der von Gesellschafter-Geschäftsführern geleiteten Kapitalgesellschaften, soweit es das Verhältnis Gesellschafter-Geschäftsführer zu Kapitalgesellschaft betrifft. Von einer solchen personenbezogenen Unternehmung, das eine Kapitalgesellschaft einschließt, sei zunächst ausgegangen.

Die Kapitalzuführung durch die Gesellschafter kann entweder in Form von Gesellschafterdarlehen oder durch eine Kapitalerhöhung erfolgen.

aa) Selbstfinanzierung oder Schütt-aus-hol-zurück-Politik über Gesellschafterdarlehen

Bei Gesellschafterdarlehen entfallen die Kosten der Kapitalerhöhung und im Falle einer Insolvenz verbleibt eine bessere Absicherung, sofern das Gesellschafterdarlehen nicht rechtlich als „eigenkapitalersetzend" einzustufen ist (S. 56). Eine Doppelbelastung mit Vermögensteuer bei der Kapitalgesellschaft und beim Anteilseigner entfällt. Diesen Vorteilen steht der Nachteil gegenüber, daß im Falle eines Konflikts zwischen den Gesellschaftern durch die Kündigung von Gesellschafterdarlehen zusätzliche finanzielle Schwierigkeiten für die Kapitalgesellschaft und ihre verbleibenden Gesellschafter hervorgerufen werden können.

Wird das Wahlproblem Selbstfinanzierung oder Gewinnausschüttung an die Gesellschafter mit nachfolgendem Gesellschafterdarlehen allein unter dem Gesichtspunkt der Steuerbelastung betrachtet, so ist ein kritischer Grenzsteuersatz zu berechnen. Über diesem ist Selbstfinanzierung in der Gesellschaft günstiger und unter diesem ist Gewinnausschüttung mit Einkommensbesteuerung beim Gesellschafter und Wiedereinlage als Gesellschafterdarlehen zu empfehlen.

Bei Selbstfinanzierung fallen an Steuerzahlungen an:
1. einmalig im Zeitpunkt der Zurückbehaltung: Gewerbeertrag- und Körperschaftsteuer, so daß von 100 DM Gewinn vor Steuern bei einem Hebesatz von 400% nur 41,67 DM zur Selbstfinanzierung zur Verfügung stehen;
2. jährlich Vermögensteuerzahlungen auf den Einheitswert des Betriebsvermögens, das durch zurückbehaltene Gewinne geschaffen wird, zuzüglich jährlicher Gewerbekapitalsteuerzahlungen auf das entsprechende Gewerbekapital.

Bei Gewinnausschüttung mit nachfolgender Einlage von Gesellschafterdarlehen entstehen:
1. einmalig im Zeitpunkt der Gewinnausschüttung mit sofortiger Wiedereinlage als Gesellschafterdarlehen Einkommen- und Kirchensteuer auf Seiten der Gesellschafter für die Einkommenserhöhung durch maximale Ausschüttung aus 100 DM Gewinn vor Steuern; bei einem Hebesatz von 400% beträgt die Einkommenserhöhung beim Gesellschafter durch Dividende plus Kapitalertragsteuergutschrift plus anrechenbare Körperschaftsteuer 83,33 DM;
2. jährlich 50% der Gewerbekapitalsteuer auf das Gesellschafterdarlehen, weil Dauerschulden zur Hälfte das Gewerbekapital erhöhen (analog zur Gewerbeertragsteuer, S. 275). Es entfällt die Vermögensteuer in der Gesellschaft.

Daraus folgt: Selbstfinanzierung scheint steuerlich wegen der laufenden Vermögen- und Gewerbekapitalsteuerzahlungen eindeutig der Finanzierung durch Gesellschafterdarlehen unterlegen. Jedoch ist bei mehrperiodiger Planung zu beachten, daß die Zinsen aus Gesellschafterdarlehen dem Spitzensatz (mit KiSt) von 55,14% unterliegen können, während bei Selbstfinanzierung die körperschaftsteuerliche Tarifbelastung von 50% anfällt. Unter Berücksichtigung der laufenden Vermögen- und höheren Gewerbekapitalsteuerzahlungen bei Selbstfinanzierung gilt dennoch in vielen Umweltbedingungen (für unterschiedliche Zinssätze bzw. Restausschüttungen bei Liquidation an verschiedenen Planungshorizonten), daß der kritische Grenzsteuersatz für die Einkommensteuer über deren Spitzensatz liegt. Selbst für Nicht-Kirchensteuerpflichtige ist wegen der Spreizung zwischen Tarifbelastung der Körperschaftsteuer (50%) und Spitzensatz der Einkommensteuer (53%) Vollausschüttung mit Wiedereinlage nicht in allen Fällen vorzuziehen[56].

bb) Selbstfinanzierung oder Schütt-aus-hol-zurück-Politik über Kapitalerhöhungen bei personenbezogenen Unternehmen

Damit ein Vorteilsvergleich zwischen „Schütt-aus-hol-zurück-Politik" und Selbstfinanzierung nicht beeinträchtigt wird, sei angenommen, daß die Gesellschafter, die zugleich Geschäftsführer sind, mehr als den Selbstfinanzierungsbetrag einzahlen, so daß die Emissionskosten aus dem Einzahlungsbetrag gedeckt werden können. Bei 1% Emissionsko-

---

56 Vgl. *Theodor Siegel*: Die Schütt-aus-hol-zurück-Politik unter Berücksichtigung der Finanzierungs-Aneutralität der Besteuerung. In: WISU, Jg. 17 (1988), I. Teil S. 603-608, II. Teil S. 670-675, bes. S. 672.

sten (für Notariatsgebühren etc.) müßten 1 im Hundert des Selbstfinanzierungsbetrages abzüglich der Steuerentlastung durch die Abzugsfähigkeit der Emissionskosten mehr einzahlt werden. Also hat im Nenner der Formel zur Berechnung des kritischen Grenzsteuersatzes 1 minus der Belastung mit Emissionskosten nach Gewerbeertrag- und Körperschaftsteuer zu stehen. Die Gewerbeertragsteuerbelastung sei mit s_g, die körperschaftsteuerliche Tarifbelastung mit s_t, bezeichnet. Im Zähler steht die körperschaftsteuerliche Tarifbelastung abzüglich der Emissionskosten e die um den Gewerbeertrag- und Körperschaftsteuersatz entlastet sind.

Der kritische Einkommen- und Kirchensteuersatz y errechnet sich als

$$y = \frac{s_t - (1 - s_g)(1 - s_t) e}{1 - (1 - s_g)(1 - s_t) e}. \tag{30}$$

Wenn 1% die Emissionskosten vor Steuern e, 50% die Tarifbelastung mit Körperschaftsteuer s_t und 16,67% die Gewerbeertragsteuerbelastung s_g betragen, gilt: y = 49,8%.

Die 49,8% dürfen nicht als kritischer Einkommensteuersatz gedeutet werden. Darin sind alle persönlichen Steuerzahlungen enthalten: Einkommensteuer, Kirchensteuer und bei Beteiligungen unter 10% an einer Kapitalgesellschaft zusätzlich die Gewerbeertragsteuer, falls die Beteiligung im Betriebsvermögen eines Einzelkaufmanns oder einer Personengesellschaft erscheint. Bei Beteiligungen über 10% (sog. Schachtelbeteiligungen) unterbleibt die mehrfache Gewerbeertragsteuerbelastung. Sehen wir davon ab, beträgt für einen aus der Kirche ausgetretenen alleinveranlagten Steuerpflichtigen die kritische Einkommenshöhe in diesem Beispiel etwa 107.000 DM, für einen Kirchensteuerpflichtigen errechnet sich nach der Formel S. 279 für E 100% ein Grenzeinkommensteuersatz von 47,6%, der beim Alleinveranlagten bei rund 102.000 DM zu versteuerndem Einkommen erreicht wird.

Praktisch heißt das: In all den Fällen, in denen beachtliche Beträge zur Eigenkapitalbildung erwirtschaftet werden können, bleibt die Selbstfinanzierung günstiger als eine Eigenfinanzierung durch Kapitalerhöhung, wenngleich ungünstiger als eine Wiedereinlage über Gesellschafterdarlehen.

Die Berechnung des kritischen Einkommen- und Kirchensteuersatzes ging von der Wahl aus, zu einem Zeitpunkt entweder auszuschütten und wieder einzulegen oder selbstzufinanzieren. Umständlicher wird die Berechnung, wenn über mehrere Perioden hinweg geplant und spätestens am Planungshorizont die Ausschüttung sämtlicher Selbstfinanzierungsbeträge angenommen wird. In diesem Fall wird das „Parken" des für Ausschüttungen verwendbaren Eigenkapitals spätestens am Planungshorizont aufgehoben. Dann wird die Steuerentlastung durch die abzugsfähigen Emissionskosten nicht mehr durch die körperschaftsteuerliche Tarifbelastung, sondern ausschließlich durch die Gewerbeertrag-, Einkommen- und Kirchensteuersätze beeinflußt[57]. Dabei ist zu beachten,

---

57 Vgl. *Hans Dirrigl:* Die Bewertung von Beteiligungen an Kapitalgesellschaften – Betriebswirtschaftliche Methoden und steuerlicher Einfluß. Hamburg 1988, S. 344-347; *Hans Dirrigl, Wolfgang Schaum:* Ausschüttungsplanung nach der Steuerreform 1990. In: ZfB, Jg. 59 (1989), S. 291-309.

daß ein Vorteil der Selbstfinanzierung in den Augen privater Anteilseigner darin besteht, daß Selbstfinanzierung rentabler Investitionen in der Kapitalgesellschaft zu späteren Veräußerungsgewinnen für die Anteile führt, die (sofern die Anteile im Privatvermögen gehalten werden) im Regelfall steuerfrei vereinnahmt werden können (zu Ausnahmen S. 335).

cc) Leg-ein-hol-zurück-Verfahren

Läßt eine schlechte gegenwärtige Ertragslage einer Kapitalgesellschaft die Wahl zwischen Selbstfinanzierung und Schütt-aus-hol-zurück-Politik nicht zu, so mag eine Kapitalerhöhung dennoch steuerlich aus folgendem Grund erwägenswert sein. Hat eine Kapitalgesellschaft aus früheren Jahren für Ausschüttungen verwendbares Eigenkapital EK_{56} oder EK_{50} bzw. EK_{36}, aber zugleich als Folge von Verlusten ein negatives verwendbares Eigenkapital (im Unterkonto EK_{02}) z.B. in gleicher Höhe, so droht die Körperschaftsteuer zur Definitivbelastung zu werden; denn dann kann die anrechenbare Körperschaftsteuer im EK_{56}/EK_{50} und im EK_{36} nicht über Ausschüttungen zu persönlichem Einkommen der Gesellschafter werden, weil der Saldo des für Ausschüttungen verwendbaren Eigenkapitals null ist.

Diesem drohenden Nachteil läßt sich auf folgende Weise begegnen: Durch eine Kapitalerhöhung mit Aufgeld wird der Gesamtbetrag des für Ausschüttungen verwendbaren Eigenkapitals erhöht. Das Agio wird in das Unterkonto EK_{04} eingestellt. Bewirkt der Zufluß an Kapitalrücklage im EK_{04} einen positiven Saldo des verwendbaren Eigenkapitals, dann wird rechtlich eine Ausschüttung des EK_{56}/EK_{50} und anschließend des EK_{36} möglich (§ 28 KStG), so daß die Ausschüttung zu einer Steuergutschrift beim Anteilseigner führt[58]. Dieses „Leg-ein-hol-zurück-Verfahren" lohnt sich besonders in Jahren, in denen wegen Verlusten bei einzelnen Einkunftsquellen der Grenzsteuersatz des Anteilseigners aus Einkommen- und Kirchensteuer gering ist. Zugleich kann eine Kapitalerhöhung mit der Folge „Leg-ein-hol-zurück" sinnvoll sein, um über die so ausgeschütteten Beträge kapitalkostengünstige Gesellschafterdarlehen dem Unternehmen zur Verfügung zu stellen.

dd) Erschwernisse einer Schütt-aus-hol-zurück-Politik bei Publikumsgesellschaften

Kapitalgesellschaften, die mit ihren Anteilseignern keine wirtschaftliche Einheit bilden, müssen bei der Überlegung, ob sie selbstfinanzieren oder Dividenden ausschütten, um Beträge durch Kapitalerhöhung wiederzubekommen, mindestens drei Gesichtspunkte zusätzlich beachten:

a) Die Emissionskosten reichen über die Notariatskosten hinaus: Kosten des Aktiendrucks und der Börseneinführung, Bankprovisionen. Insgesamt ist mit etwa 5% Emissionskosten zu rechnen, die aus der Kapitalerhöhung zu decken sind. Damit sinkt der

---

58 Vgl. *Norbert Herzig:* Das Leg-ein-Hol-zurück-Verfahren bei der Liquidation von Kapitalgesellschaften. In: BFuP, Jg. 31 (1979), S. 325-339.

kritische Einkommen- und Kirchensteuersatz bei 400% Hebesatz (Gewerbeertragsteuerzahlung 16,67%) auf:

$$y_{50} = \frac{0,5 - (1 - 0,1667)(1 - 0,5) \, 0,05}{1 - (1 - 0,1667)(1 - 0,5) \, 0,05} = 48,9\%. \qquad (30a)$$

Um bei 100 DM Gewinn vor Steuern den Selbstfinanzierungsbetrag von 41,67 DM über den Weg der Ausschüttung und Kapitalerhöhung als Eigenkapital zu erhalten, haben die Aktionäre damit 41,67 DM · (1 + 0,4167 · 0,05) = 42,54 DM einzuzahlen. Von dem Zuwachs des Aktionärseinkommens von 100 abzüglich Gewerbeertragsteuer = 83,33 stehen somit nur 83,33 - 42,54 = 40,79 DM zur Einkommen- und Kirchensteuerzahlung bereit. Das entspricht vor Herausrechnung von 9% Kirchensteuer einem kritischen Grenzeinkommensteuersatz von 48,9% und danach einem von 46,7%. Daraus errechnet sich ein zu versteuerndes Einkommen, bei dem sich für den Anteilseigner eine „Schütt-aus-hol-zurück-Politik" lohnt, zwischen 98.000 und 104.000 DM bei Alleinveranlagten, 196.000-208.000 DM beim Splittingverfahren.

Vorstände und Aufsichtsräte besitzen im Regelfall Aktien der Kapitalgesellschaft, die sie leiten bzw. kontrollieren, und ihr zu versteuerndes Einkommen liegt über den gerade errechneten kritischen Beträgen, wenn sie nicht bei einzelnen Einkunftsarten Verluste geltend machen. Vorstände und Aufsichtsräte müssen also gegen ihre eigenen Einkommensinteressen handeln, wenn sie für eine „Schütt-aus-hol-zurück-Politik" und gegen Selbstfinanzierung sprechen, was eine Verstärkung von Ausschüttungen zumindest nicht erleichtert. Davon abgesehen werden je nach ihren persönlichen Grenzsteuersätzen einzelne Aktionäre eine Schütt-aus-hol-zurück-Politik befürworten oder befehden. Wie weit sich nach einer Entscheidung für (mehr) Selbstfinanzierung oder (mehr) Ausschüttung durch Käufe und Verkäufe steuerbedingte Aktionärs-"Klientel" bilden, ist an anderer Stelle zu erörtern (S. 559-562).

b) Körperschaftsteuer- und Kapitalertragsteuergutschrift werden praktisch erst ein Jahr nach der Dividendenzahlung oder noch später liquiditätswirksam. Die Berechnung des kritischen Grenzeinkommensteuersatzes beim Gesellschafter, der mit der Kapitalgesellschaft eine wirtschaftliche Einheit bildet, stand unter der Annahme, daß die Kapitalerhöhung unabhängig vom tatsächlichen Bargeldzufluß durch Dividendenzahlungen gelingen wird. Eine solche Annahme ist zumindest bei Publikumsgesellschaften nicht immer aufrechtzuerhalten. Für Publikumsaktionäre muß zwischen der Mehrung des zu versteuernden Einkommens und dem tatsächlichen Bargeldzufluß unterschieden werden.

Vermutlich werden die Banken, darum besorgt, daß die von ihnen technisch betreute Emission auch gelingt, Druck auf die Verwaltung der Kapitalgesellschaften ausüben, damit der Gesichtspunkt der „Liquidität" der Aktionäre berücksichtigt wird.

Wenn von 100 DM Gewinn vor Steuern alles ausgeschüttet wird, erhält der Aktionär bei 400 % Hebesatz

(1) eine Körperschaftsteuergutschrift in Höhe von 36% auf 83,33 DM zu versteuerndes
 Einkommen (Gewinn nach Gewerbeertragsteuer) = 30,00

(2) eine Kapitalertragsteuergutschrift von 25%
auf die verbleibende Bruttodividende von 53,33 = 13,33
(3) eine auszuzahlende Dividende von = 40,00

Die einbehaltene Kapitalertragsteuer und die körperschaftsteuerliche Gutschrift der Ausschüttungsbelastung stellen nach obiger Liquiditätszuflußüberlegung keine Quellen dar, auf denen eine „Hol-zurück-Politik" aufbauen kann. Damit wird die auf eine Ausschüttung folgende Kapitalerhöhung unter 40 DM liegen müssen. Die Kapitalerhöhung erbrächte vermutlich weniger als 42,54 DM, die einzuzahlen sind, damit der Kapitalgesellschaft über die Kapitalerhöhung nach Abzug der Emissionskosten jenes zusätzliche Eigenkapital zufließt, das sich bei Zurückbehalten der Gewinne ergeben hätte.

Gegen diese Behauptung läßt sich einwenden, daß nach einer Verzögerung von einem Jahr oder mehr zumindest ein Teil der Körperschaft- oder Kapitalertragsteuergutschrift zur Wiederanlage bereit steht, also doch mehr Eigenkapital als bei Selbstfinanzierung dem Unternehmen zufließen wird. Das Gegenargument aus der Praxis lautet, daß jede Kapitalerhöhung dem Unternehmen zusätzliche Dividendenverpflichtungen auferlegt und schon deshalb der Selbstfinanzierung der Vorrang vor der „Schütt-aus-hol-zurück-Politik" gebühre. Dies ist zwar eine bloße Schutzbehauptung derjenigen, die den Aktionären den vollen Gewinn vorenthalten wollen. Doch gegen solche Verhaltensmuster der in der Praxis über die Ausschüttungspolitik Entscheidenden ist auch unter der Herrschaft des körperschaftsteuerlichen Anrechnungsverfahrens wenig auszurichten. Deshalb hat die „Schütt-aus-hol-zurück-Politik" keine weite Verbreitung erfahren.

c) Die Berechnung des kritischen Grenzsteuersatzes, bis zu dem „Schütt-aus-Hol-zurück-Politik" überlegen bleibt, baut auf der Voraussetzung auf, daß Zurückbehalten von Gewinnen und Ausschüttung mit nachfolgender Kapitalerhöhung dieselben Rückwirkungen auf die Börsenkurse auslösen. Die Wahl zwischen Selbstfinanzierung und „Schütt-aus-hol-zurück-Politik" wurde bisher allein unter dem Blickwinkel untersucht, bei welchem Vorgehen mehr Eigenkapital der Unternehmung gewidmet wird. Für die Nachfrage nach Aktien, die Aktienkursbildung und damit auch für die Beteiligungsfinanzierung der Kapitalgesellschaften ist aber ein Eigenkapitalzuwachs in Höhe der entgangenen Selbstfinanzierung nur dann entscheidend, wenn die Ausschüttungspolitik einer Aktiengesellschaft keinen Einfluß auf die Höhe der Börsenkurse nimmt (S. 532 ff., 637 ff.).

Für die unvollkommenen Kapitalmärkte der Wirklichkeit ist die Dividendenpolitik nicht irrelevant. Vielmehr ist anzunehmen, daß die Ausschüttungspolitik die Börsenkurse und damit den Marktwert der Aktiengesellschaft mitbestimmen. Dadurch verschieben sich zugleich die kritischen Grenzeinkommensteuersätze für die Wahl zwischen Selbstfinanzierung oder „Schütt-aus-hol-zurück-Politik". Zwei Verhaltensweisen des Börsenpublikums sind denkbar:

(1) Die Nachfrager nach Aktien honorieren eine „Schütt-aus-hol-zurück-Politik" besser als eine Selbstfinanzierungspolitik. In diesem Fall wird ein Anteil an z.B. einer Aktiengesellschaft, die Ausschüttungsmaximierung betreibt, höher bewertet als derselbe Anteil an einer anderen Aktiengesellschaft mit gleichen Gewinnerwartungen und gleichem

Risiko, die der Selbstfinanzierung den Vorzug gibt. Bei einem solchen Käuferverhalten würde es sich auch für die gut verdienenden Vorstände und Aufsichtsratsmitglieder lohnen, der „Schütt-aus-hol-zurück-Politik" zuzustimmen, weil der persönliche steuerliche Nachteil dieser Politik nur scheinbar ist: Er kann durch Realisieren von Kursgewinnen u.U. ausgeglichen, wenn nicht überspielt werden.

(2) Die Nachfrager nach Aktien honorieren Selbstfinanzierung stärker als hohe Ausschüttungen mit ständig nachfolgender Kapitalerhöhung, z.B. weil sie Veräußerungsgewinne steuerfrei vereinnahmen können. In diesem Fall würde es sogar für Kleinaktionäre mit mäßigem Grenzeinkommensteuersatz vorteilhaft werden, wenn statt einer „Schütt-aus-hol-zurück-Politik" Selbstfinanzierung gewählt würde.

Man kann vermuten, daß der Masse des Börsenpublikums der Spatz in der Hand lieber ist als die Taube auf dem Dache und daß deshalb verstärkte Ausschüttungen sich eher in den Börsenkursen niederschlagen als höhere Selbstfinanzierungsraten. Aber das theoretisch gesicherte Wissen über die Börsenkursbildung ist so gering, daß dies eben eine Vermutung, eine bislang nicht bestätigte Hypothese, bleibt.

ee) Steuererstattung durch ausschüttungsbedingte Teilwertabschreibung

Eine Unternehmung kauft eine Beteiligung von 100% an einer inländischen Kapitalgesellschaft zum Preis von 4 Mrd. DM. In der Steuerbilanz der Kapitalgesellschaft steht 1 Mrd. DM für Ausschüttungen verwendbares EK_{50} (in der Handelsbilanz ist dieser Betrag nicht zu erkennen, sondern Teil der Gewinnrücklagen und in stillen Rücklagen verborgen). Die erwerbende Unternehmung veranlaßt die Leitung der Kapitalgesellschaft, das EK_{50} voll an sie auszuschütten.

1 Mrd. DM EK_{50} bedeuten 64:50 davon als Dividende = 1,28 Mrd. DM und eine anrechenbare Körperschaftsteuergutschrift von 36:64 auf die Dividende = 720 Mio. DM, also insgesamt eine Erhöhung des auszuschüttenden EK_{50} auf ein zu versteuerndes Einkommen von 2 Mrd. DM. Die 2 Mrd. DM erhöhen den steuerpflichtigen Gewinn des Erwerbers. Gleichzeitig wird er so gestellt, als hätte er darauf 720 Mio. DM an eigener Körperschaft- oder Einkommensteuer vorausbezahlt (in Form der Körperschaftsteuer) und zuzüglich 25% der Dividende von 1,28 Mrd. DM = 320 Mio DM als Kapitalertragsteuer.

Damit sind aber die einkommen- bzw. körperschaftsteuerlichen Folgen des Erwerbs der Kapitalgesellschaft und der Vollausschüttung des bei ihr angesammelten EK_{50} noch nicht vollständig beschrieben; denn nach der Ausschüttung ist die Beteiligung weniger wert geworden. Die Beteiligung ist nach Vollausschüttung zum Teilwert zu bewerten. Gewinnausschüttungen können den Teilwert zumindest dann senken, wenn der Substanzwert dadurch verändert wird und diese Wertminderung nicht durch den Ertragswert der Beteiligung für den Erwerber ausgeglichen wird[59].

---

59 Vgl. zu den Rechtsauffassungen hierzu *Dirrigl*, S. 84-89; zur Berechnung des Teilwerts dort S. 369-392.

Über die Höhe der Teilwertminderung für die Beteiligung können verschiedene Vermutungen angestellt werden: Im Regelfall wird die Teilwertverringerung höchstens gleich der Erhöhung des zu versteuernden Einkommens als Ergebnis der Vollausschüttung anzusetzen sein und mindestens gleich der Minderung des EK_{50}. Aus der gesetzlichen Teilwertdefinition (der Betrag, den der Erwerber des gesamten Betriebes ansetzen würde, unter der Voraussetzung, daß er seinen Betrieb fortführt,) läßt sich für eine Teilwertminderung in Höhe des Zuflusses an zu versteuerndem Einkommen = 2 Mrd. DM sprechen. Von dieser Annahme sei im weiteren ausgegangen.

Gleicht die ausschüttungsbedingte Teilwertabschreibung auf die Beteiligung dem Zufluß an zu versteuerndem Einkommen, so bleibt nach Ausschüttung des gesamten EK_{50} an den Erwerber dessen zu versteuernder Gewinn von der Ausschüttung an ihn unberührt. Der Erwerber erhält somit einen körperschaftsteuerlichen Erstattungsanspruch und einen Anspruch auf Erstattung der Kapitalertragsteuer, falls er im Erwerbszeitpunkt keinen steuerpflichtigen Gewinn ausweist oder allgemeiner: Seine Einkommen- oder Körperschaftsteuerschuld verringert sich in diesem Jahr um 1 Mrd. DM.

Diese Konsequenz hat einen Landesfinanzminister veranlaßt, von einer Gesetzeslücke zu sprechen, die beseitigt werden müsse. Hier liegt jedoch keine Gesetzeslücke vor, soweit der Erwerber ein inländisches Unternehmen ist. Schließlich ist die anrechenbare Körperschaftsteuer von der Kapitalgesellschaft vorausgezahlt worden, um für Ausschüttungen verwendbares Eigenkapital zu parken. Zu einer einseitigen Begünstigung könnte es nur dann kommen, wenn ein inländisches Unternehmen Anteile an einer inländischen Kapitalgesellschaft von einem nichtanrechnungsberechtigten (z.B. einem ausländischen) Anteilseigner erwirbt und nach Ausschüttung eine ausschüttungsbedingte Teilwertabschreibung vornimmt (dies verhindert § 50 c EStG). Eine andere Begünstigung entstünde, wenn Gewinnanteile von einer ausländischen Gesellschaft ausgeschüttet werden, die nach einem Doppelbesteuerungsabkommen beim inländischen Empfänger befreit oder begünstigt sind, und nach dem Zufluß dieser Ausschüttungen der inländische Unternehmer eine ausschüttungsbedingte Teilwertabschreibung vornehmen will. Dies läßt § 26 Abs. 8 KStG 1990 nicht mehr zu.

Zu beachten ist hierbei, daß bei der Gewerbeertragsteuer Gewinnminderungen als Folge ausschüttungsbedingter Teilwertabschreibungen über eine Hinzurechnung wieder rückgängig gemacht werden (§ 8 Nr. 10 GewStG).

ff) Ausländereffekt

Inländische Kapitalgesellschaften, an denen ausländische Kapitalgesellschaften wesentlich beteiligt sind, erzielen gegenüber inländischen Kapitalgesellschaften im Inlandsbesitz einen Steuervorteil bei der Finanzierung, den sogenannten „Ausländereffekt". Voraussetzung dafür ist, daß die ausländische Muttergesellschaft das „internationale Schachtelprivileg" beanspruchen kann, das in Doppelbesteuerungsabkommen eine Mehrfachbelastung mit Körperschaftsteuer verschiedener Länder verhindert.

Obwohl dem ausländischen Anteilseigner das körperschaftsteuerliche Anrechnungsverfahren versagt ist, empfiehlt es sich für ausländische Konzernmuttergesellschaften, auf eine Vollausschüttung der Gewinne ihrer deutschen Tochterunternehmungen zu drängen; auch dann, wenn die Mittel dem deutschen Tochterunternehmen wieder über Gesellschafterdarlehen oder eine Kapitalerhöhung zur Verfügung gestellt werden sollen.

Bei einer Schütt-aus-hol-über-Kapitalerhöhungen-zurück-Politik errechnet sich für Kapitalgesellschaften, an denen ausländische Unternehmen wesentlich beteiligt sind, folgende Steuerbelastung:

Gewinn vor Steuern		100,00
Gewerbeertragsteuer (Hebesatz 480%)		−19,35
körperschaftsteuerpflichtiges Einkommen		80,65
36% Körperschaftsteuer		−29,03
Dividende		51,62
Kapitalertragsteuer, aufgrund der Doppelbesteuerungsabkommen mit USA, Schweiz, den EG-Partnern zugesagt, 5%	−2,58	
in anderen Fällen 10%		−5,16
Eigenkapitalzuführung	49,04	46,46

Gegenüber 40,32 Selbstfinanzierung einer Kapitalgesellschaft im deutschen Besitz sind das 6,14 bzw. 8,72 Prozentpunkte oder bis zu 21,6% mehr.

Der Ausländereffekt wird weiter steigen, falls ab 1996 die Kapitalertragsteuer in Doppelbesteuerungsabkommen entfällt.

Diese steuerrechtsbedingte Wettbewerbsverzerrung zugunsten ausländischer Konzernobergesellschaften und zu Lasten ihrer deutschen selbstfinanzierenden Konkurrenten wird mitunter mit dem Einwand bemäntelt, daß der Ausländereffekt nur unter der wenig realistischen Annahme entstehe, daß die von der inländischen Untergesellschaft empfangenen Dividenden nicht weiter ausgeschüttet werden[60]. Dieser Einwand trifft hinsichtlich des „wenig realistisch" nicht zu, weil ausländische Konzerne wie deutsche in weitem Maße Selbstfinanzierung betreiben. Der Einwand geht zudem methodisch fehl, weil er unterschiedliche Fragestellungen vermengt:

Der Ausländereffekt besteht als steuerrechtsbedingte Wettbewerbsverzerrung hinsichtlich der Eigenkapitalzuführung aus erwirtschafteten Gewinnen bei deutschen Kapitalgesellschaften im ausländischen Mehrheitsbesitz gegenüber deutschen Kapitalgesellschaften, die nicht Untergesellschaften ausländischer Konzerne sind. Bei der ganz anderen Frage nach der Ausschüttung von Gewinnen an die Anteilseigner müssen sowohl bei der deutschen Kapitalgesellschaft, die nicht Untergesellschaft eines ausländischen Konzerns ist, als auch bei der ausländischen Konzern-Muttergesellschaft die effektive Steuerbela-

---

60 Vgl. *Günter Wöhe:* Betriebswirtschaftliche Steuerlehre. Bd. I, 1. Halbband, 6. Aufl., München 1988, S. 295 f.

3. Einzelfragen der Zinsbesteuerung

aa) Investitionsneutrale Zinsbesteuerung und steuerbedingte Änderungen der Zinsstruktur

Am Kapitalmarkt ist häufig eine steigende oder fallende Zinsstruktur (S. 110) zu beobachten. Diese Markt-Zinsstruktur wird jeder Investor für sich aufgrund seiner Besteuerung modifizieren müssen. Steuerzahlungen ändern die Zinsstruktur nach Steuern nur dann nicht, wenn die Besteuerung von Zinseinkünften investitionsneutral erfolgen würde. Das bedeutet: Steuerpflichtige Einkünfte aus Kapitalvermögen dürften gemäß dem Standardmodell nur in Höhe des kapitaltheoretischen Gewinns einer Finanzanlage entstehen. Von Zinseinnahmen wären Ertragswertabschreibungen abzusetzen, oder Ertragswertzuschreibungen hätten die steuerpflichtigen Einkünfte aus Kapitalvermögen zu erhöhen. Danach würde für die Anleihen A bis D (S. 111-113) gelten:

1. Bei der einjährigen Anleihe D mit dem Zahlungsstrom t_0: -100, t_1: +107 betragen die Kapitaleinkünfte genau 7% des Investitionsbetrages im Zeitpunkt t_1. Sie gleichen also dem „ökonomischen" Gewinn, wenn 7% der Konkurrenzgleichgewichtszins ist.

2. Für den zweijährigen Zerobond C mit dem Zahlungsstrom t_0: -100, t_1: 0, t_2: +115 beträgt der ökonomische Gewinn im ersten Jahr Konkurrenzgleichgewichtszins für t_1 (= 7%) mal Ertragswert des Zerobonds C in t_0. Dieser Ertragswert läßt sich erst berechnen, wenn wir den Konkurrenzgleichgewichtszins in t_2 kennen. Wenn der Ausgabebetrag des Zerobonds C seinem Konkurrenzgleichgewichtspreis entspricht, läßt sich der Zins für t_2 berechnen als 115:107-1 = 7,48%. Damit beträgt für C der Ertragswert in t_0 100 und der ökonomische Gewinn in t_1 7 DM je 100 DM. Da C keine Einnahmen in t_1 abwirft, errechnen sich die steuerpflichtigen Einkünfte aus C in t_1 allein aus der Ertragswertzuschreibung von 7 DM je 100 DM Kapitaleinsatz.

3. Um den Ertragswert der Anlage B mit dem Zahlungsstrom: t_0: -93,25, t_1 und t_2: +5, t_3: +115 auszurechnen, muß zusätzlich der Konkurrenzgleichgewichtszins von t_2 bis t_3 bekannt sein. Wenn B zu seinem Konkurrenzgleichgewichtspreis = Ertragswert bewertet ist, zinsen sich die 93,25 bis t_1 mit 7% und bis t_2 mit 7,48% auf den Betrag 107,24 auf, davon ist der Endwert der Zinsen in t_2 5 · 1,0748 + 5 = 10,37 abzuziehen. Die verbleibenden 96,87 bilden den rechnerischen Anschaffungsbetrag in t_2, der in t_3 105 an Einnahmen erbringt. Folglich beträgt der Marktzins von t_2 bis t_3 105:96,87 -1 = 8,39%. Werden die Zahlungen von B in t_3 mit 8,39%, in t_2 mit 7,48% und in t_1 mit 7% abgezinst, gleicht der Barwert dem Kurs von 93,25.

Der investitionsneutrale Gewinn von B beträgt in t_1 also 7% · 93,25 = 6,53, so daß zu den Zinseinnahmen von 5 eine Ertragswertzuschreibung von 1,53 DM treten muß.

4. Bei der Anlage A t_0: -106,50, t_1 und t_2: +10, t_3: +110 errechnet sich bei den Zinssätzen für t_1 = 7%, t_2 = 7,48%, t_3 = 8,39% ein Ertragswert von 106,29 DM (A wird, wie

wir S. 113 sahen, vom Markt überbewertet). Der ökonomische Gewinn beträgt in t_1 0,07 · 106,29 = 7,44 DM. Damit ist in t_1 von den Zinseinnahmen von 10 eine Ertragswertabschreibung von 2,56 DM abzusetzen, um in t_1 die investitionsneutralen steuerpflichtigen Einkünfte aus Kapitalvermögen bei der Anlage A von 7,44 DM zu ermitteln. Die Überbewertung: Marktpreis 106, 50 - Ertragswert 106,29 = 0,21 stellt einen steuerlich *unbeachtlichen* Kapitalverlust innerhalb einer entscheidungsneutralen Gewinnbesteuerung dar (S. 228).

Diese Beispiele sollen den Tatbestand verdeutlichen, daß bei Finanzanlagen ebenso wie bei anderen Investitionen Investitionsneutralität bei steuersatzabhängigem Kalkulationszinsfuß nur über eine Ertragswertabschreibung oder Ertragswertzuschreibung zu erreichen ist. Sobald die Zinsstruktur steigt oder fällt, weicht die effektive Grenzsteuerbelastung vom Grenzsteuersatz für eine Finanzanlage ab, die einen festen Jahreszins gewährt und während der Laufzeit nicht getilgt wird.

Da das geltende Steuerrecht für Finanzanlagen keine Berücksichtigung dieses Sachverhaltes kennt, sind *steuerbedingte Investitionsverzerrungen bei steigender oder fallender Zinsstruktur erzwungen.*

Steuerrechtlich werden Agio- und Disagiobeträge wie folgt behandelt:

a) In der Gewinnermittlung nach § 5 EStG werden beim Erwerber die Nennwerte aktiviert, und ein Agio als Rechnungsabgrenzungsposten wird passiviert. Der Schuldner passiviert den Rückzahlungsbetrag und ein Disagio als aktiver Rechnungsabgrenzungsposten stellt die Gleichheit mit dem Geldzufluß her. Agio bzw. Disagio sind gleichmäßig über die Laufzeit zu verteilen. Dieses Vorgehen nähert sich bis auf die Zinseszinsberechnung der kapitaltheoretischen Gewinnberechnung an, wenn als Marktzins jeweils die Rendite der Finanzanlage angesetzt werden darf. Eine Ausnahme hiervon bildet die Passivierung zum Ausgabebetrag mit jährlicher Erhöhung um aufgelaufene Zinsen (sog. Nettomethode) bei Zerobonds (S. 223). Die bilanzrechtliche Behandlung deckt sich im Prinzip mit einer investitionsneutralen Bewertung.

Im einzelnen können sich neben der ungenauen Periodisierung weitere, durch die Zinsbesteuerung bedingte rechtlich zulässige Steuerausweichhandlungen (Steuerarbitragen) ergeben. So werden nach einer Senkung des Kapitalmarktzinses Schuldtitel, die eine Unternehmung früher mit einer höheren Verzinsung ausgegeben hat, über dem Rückzahlungsbetrag notieren. Die Unternehmung kann diese Schuldtitel unter Zuzahlung eines Agios zurückkaufen, diese hochverzinsliche Schuld tilgen und den Rückkauf durch Ausgabe neuer Schuldtitel mit der gleichen Restlaufzeit finanzieren. Das Agio bei Rückkauf mit Tilgung der hochverzinslichen Schuldtitel ist steuerlich sofort absetzbar. Dafür büßt die Unternehmung die Abzugsfähigkeit des Zinsmehrs über die Restlaufzeit hinweg ein. Selbst auf einem Kapitalmarkt im Konkurrenzgleichgewicht würde daraus ein die „Irrelevanz der Kapitalstruktur" (S. 552 ff.) beeinträchtigender Effekt zugunsten der Anteilseigner entstehen[61].

---

61 Vgl. *David C. Mauer, Wilbur C. Lewellen:* Debt Management under Corporate and Personal Taxation. In: The Journal of Finance, Vol. 42 (1987), S. 1275-1291.

b) Der nichtbilanzierende Erwerber einer Anleihe vereinnahmt den Abschlag vom Nennbetrag seiner Forderung unter den Einkünften aus Kapitalvermögen im Zeitpunkt des Zuflusses; wenn er den Festbetragsanspruch bis zur Rückzahlung hält, also erst im Rückzahlungszeitpunkt[62]. Ein Agio bei Darlehensvergaben kann in gleicher Weise erfaßt werden. Aus Vereinfachungsgründen verzichtet die Finanzverwaltung bei nominell unterverzinslichen Finanzanlagen auf die steuerliche Erfassung eines Emissionsdisagios, wenn für jeweils zwei Jahre Laufzeit der Abschlag 1% nicht übersteigt und für 10 Jahre nicht über 6% hinausgeht[63]. Besteht ein vorzeitiges Kündigungsrecht und damit die Möglichkeit einer vorzeitigen Verfügung über die Zinsen, geht die Finanzverwaltung vom Zufluß am Jahresende aus.

c) Bei Beziehern von Einkünften aus Kapitalvermögen gelten die rechnerischen Zinsen eines Zerobonds, die der Rendite im Ausgabezeitpunkt entsprechen, erst mit Einlösung der Finanzanlage als zugeflossen. Bei der Möglichkeit vorzeitiger Kündigung wird ein Zufluß am Jahresende angenommen[64]. Die Tatsache, daß die auflaufenden Zinsen aus einem Zerobond bei Nichtbilanzierenden erst am Ende der Laufzeit oder bei Veräußerung zu besteuern sind, ändert steuerbedingt die Zinsstruktur für den Inhaber durch drei Effekte[65]:

(1) Gegenüber einer entscheidungsneutralen Zinsbesteuerung mittels Ertragswertabschreibung entsteht ein Steuerstundungseffekt. Diese Zinsstrukturänderung durch Steueraufschub wird umso größer, je länger die Laufzeit ist.

(2) Durch Wahl einer längeren Laufzeit kann die Fälligkeit oder Veräußerung in einen Zeitraum verlagert werden, in dem voraussichtlich niedrige persönliche Grenzsteuersätze bestehen, also insbesondere ins Rentenalter. Hier ändert sich die Zinsstruktur durch einen Progressionsvermeidungseffekt.

(3) Da die als Emissionsrendite vereinbarten Zinsen im Veräußerungszeitpunkt das Einkommen erhöhen, kann eine Veräußerung von Zerobonds in Verlustjahren oder in Jahren mit sehr niedrigen Grenzsteuersätzen dazu benutzt werden, über mehrere Jahre hinweg die Steuerbelastung zu glätten. Die Zinsstruktur ändert sich hier durch einen Progressionsausgleichseffekt.

Dabei öffnen sich z.B. folgende Steuergestaltungsmöglichkeiten:

1. Eine GmbH nimmt bei ihren Gesellschaftern anstelle eines normalverzinslichen Gesellschafterdarlehens Geld durch Ausgabe von Namens- und Inhaberschuldverschreibungen in Form von Zerobonds auf. Die rechnerischen Zinsen gehen jährlich in die Erfolgsrechnung als Aufwand ein. Insoweit ergeben sich keine Abweichungen gegenüber einer normalverzinslichen Kreditaufnahme. Jedoch unterbleibt eine einkommensteuerliche

---

62 Vgl. Urteil des BFH vom 13.10.1987. In: Der Betrieb, Jg. 42 (1988), S. 478-481, hier S. 480 f.
63 Vgl. Schreiben des BMF vom 24.11.1986, BStBl. I 1986, S. 539 f.
64 Vgl. Schreiben des BMF vom 24.1.1985, BStBl. I 1985, S. 77-81, hier S. 78.
65 Vgl. näher *Franz W. Wagner, Ekkehard Wenger, Gabriele Gender:* Zero-Bonds. 2. Auflage Wiesbaden 1991; *Günter Pfleger:* Ein Steuersparmodell mit Zerobonds für mittelständische Unternehmer. In: Deutsches Steuerrecht, Jg. 25 (1987), S. 453-458.

Mehrbelastung der Gesellschafter bis zur Einlösung oder Veräußerung der Zerobondanteile.

2. An die Stelle einer unmittelbaren Kreditaufnahme einer GmbH bei einem Kreditinstitut kann eine Kreditaufnahme durch die Gesellschafter treten, die das aufgenommene Geld gegen Zerobonds an die GmbH weiterleiten. Hierbei ist zu beachten, daß nach der Rechtsprechung[66] Schuldzinsen, die Gesellschafter zahlen, in vollem Umfang Werbungskosten innerhalb ihrer Einkünfte aus Kapitalvermögen sind, wenn sie zur Anschaffung von Kapitalvermögen (hier den Zerobonds) dienen und auf Dauer ein Überschuß der Einnahmen über die Ausgaben erwartet werden kann. Dies tritt dann ein, wenn die Emissionsrendite des Zerobonds über der Effektivverzinsung des Bankdarlehens liegt. Dabei kann eine rechtliche Einstufung der Mehrrendite als verdeckte Gewinnausschüttung dadurch vermieden werden, daß diese Mehrrendite als Entgelt für Sicherheiten (z.B. anstelle einer Bürgschaft bei unmittelbarer Kreditaufnahme) begründet wird.

3. Wer Anteile eines Rentenfonds einer Kapitalanlagegesellschaft zeichnet, bei dem Zins- und andere Einnahmen nicht ausgeschüttet, sondern reinvestiert werden, erzielt steuerpflichtige Einkünfte aus Kapitalvermögen erst am Jahresende[67]. Bleibt der Kapitalmarktzins unverändert, wird der Kurswert des Rentenfonds wegen der Einbehaltung und Wiederanlage von Zinsen steigen.

Veräußerungsgewinne bei solchen Kapitalmarktanlagen sind nach Ablauf eines halben Jahres (Spekulationsfrist) einkommensteuerfrei. Rechnerische Einkünfte aus Kapitalvermögen entstehen bei solchen Rentenfonds erst am Jahresende. Eine Besteuerung dieser Einkünfte läßt sich durch Verkauf der Anteile am Rentenfonds vor dem Jahresende vermeiden. Mehrere Großbanken vermarkten diese „Steuerersparnisinvestition" seit Jahren, wobei sie kräftig an der Spanne zwischen Ausgabe- und Rücknahmekurs der Fondsanteile (meistens 3%) verdienen. Verschwiegen wird bei der Empfehlung für diese Anlageform gemeinhin das Risiko eines Kursverfalls durch eine Erhöhung des Marktzinssatzes für festverzinsliche Werte. Während den mehrjährigen Anleger Schwankungen des Marktzinssatzes für die Schuldverschreibungen „erster Adressen" wenig berühren, muß bei dieser Steuerersparnisinvestition nach einer Marktzinserhöhung ein steuerlich nicht berücksichtigungsfähiger Verlust in Kauf genommen werden, um eine Steuerzahlung auf rechnerische Zinseinkünfte zu vermeiden.

Die steuerliche Behandlung von *Optionsanleihen* ist derzeit noch in einigen Punkten umstritten. Bei Optionsanleihen wird neben einem häufig niedrigen Nominalzins ein Wahlrecht gewährt, innerhalb eines begrenzten Zeitraums eine bestimmte Anzahl Aktien desselben Unternehmens zu einem im voraus bekannten Kurs zu erwerben. Das Op-

---

66 Vgl. z.B. BFH-Urteile vom 21.7.1981, BStBl. II 1982, S. 36, 37, 40.
67 Nicht zur Ausschüttung kommende Überschüsse im Wertpapier-Sondervermögen von Kapitalanlagegesellschaften gelten für den Fondsbesitzer nach § 39 Abs. 1 Satz 2 KAGG beim Ablauf des Wirtschaftsjahres der Investmentgesellschaft einkommensteuerlich als zugeflossen, in dem sie von ihr vereinnahmt worden sind. Veräußerungsgewinne im Sondervermögen bleiben steuerfrei, es sei denn, die Investmentfonds werden von einem Unternehmer im Betriebsvermögen gehalten.

tionsrecht ist über einen getrennten Optionsschein handelbar, kann also bereits nach Erwerb der Optionsanleihe veräußert werden.

a) Zunächst soll die steuerliche Behandlung bei der Aktiengesellschaft erläutert werden, die eine geringverzinsliche Optionsanleihe ausgibt. Nach vorherrschender Meinung[68] ist der bei der Ausgabe einer Optionsanleihe empfangene Betrag in einen Teilbetrag aufzuspalten, der für die Schuldverschreibung gezahlt wird, und in einen Restbetrag, für den der Optionsschein erworben wird. Beispiel:

Bei einem Kapitalmarktzins von 7% wird eine Optionsanleihe mit 10-jähriger Laufzeit und einem Jahreszins von 3% zu 100 ausgegeben. Um 7% Rendite zu erzielen, hätte eine dreiprozentige Verzinsung einen Ausgabekurs von 71,9 verlangt. Damit sind rechnerisch 28,1 für das Optionsrecht bezahlt worden.

Der Nennwert der Verbindlichkeit aus der Schuldverschreibung beträgt gleichwohl 100. Die Verbindlichkeit ist mit dem Nennwert von 100 zu passivieren und die Differenz zum rechnerischen Ausgabekurs von 71,9, also 28,1, sind als Disagio zu aktivieren und während der Laufzeit als Aufwand zu verrechnen.

Die Aktiengesellschaft hat 100 erhalten und über die Bilanzierung der Schuldverschreibung und des Disagios 71,9 erfolgsneutral verbucht. Der Betrag für das Optionsrecht von 28,1 stellt keinen zu versteuernden Gewinn dar, sondern verkörpert einen Verzicht der Altaktionäre auf einen Teil der ihnen sonst zustehenden Bezugsrechte. Da der Betrag handelsrechtlich in die Kapitalrücklage einzustellen ist, wird er auch steuerrechtlich als Einlage angesehen. Damit ändert sich der steuerliche Gewinn als Folge der Ausgabe einer Optionsanleihe nur durch die Zinszahlung und die Auflösung des Disagios.

b) Ein bilanzierender Erwerber einer Optionsanleihe erhält zwei getrennt zu aktivierende Wirtschaftsgüter: ein Optionsrecht, dessen Anschaffungskosten 28,1 betragen, und eine Schuldverschreibung. Die Schuldverschreibung ist zu ihrem Nennwert von 100 zu aktivieren. Da aber nur 71,9 aufgewandt wurden, ist ein Agio als passiver Rechnungsabgrenzungsposten in Höhe von 28,1 gegenzubuchen. Diese Vorgehensweise bewirkt, daß gewinnerhöhend jährlich die Zinsen und die Laufzeit-anteilige Auflösung des Agios wirken.

Die Auffassung, es sei von vornherein ein Anschaffungsbetrag der Schuldverschreibung von 71,9 anzusetzen und folglich erst im Rückzahlungszeitpunkt der Optionsanleihe das dann bar zufließende Agio zu versteuern[69], übersieht, daß Forderungen eben nicht zu den tatsächlichen Anschaffungskosten, sondern zum Nennwert aktiviert werden, wobei die Unterverzinslichkeit über einen passiven Rechnungsabgrenzungsposten ausgeglichen wird.

---

68 Vgl. *Walther Busse von Colbe:* Handelsrechtliche Bilanzierung von Optionsanleihen und Optionsentgelten aus betriebswirtschaftlicher Sicht. In: Bilanzierung von Optionsanleihen im Handelsrecht, hrsg. von J.F. Baur u.a., Heidelberg 1987, S. 47-82; sowie die Literaturübersicht bei *Hans-Wolfgang Arndt, Manfred Muhler:* Optionsanleihen im Ertragsteuerrecht. In: Der Betrieb, Jg. 41 (1988), S. 2167-2173.
69 So *Brigitte Knobbe-Keuk:* Steuerrechtliche Fragen der Optionsanleihen. In: ZGR, Jg. 16 (1987), S. 312-323, hier S. 321.

Wird das Optionsrecht ausgeübt, geht der Buchwert des Optionsrechts in die Anschaffungskosten der neuen Aktien ein. Läßt der Erwerber die Option verfallen, ist der Anschaffungsbetrag oder ihr inzwischen niedriger Teilwert als Aufwand auszubuchen.

c) Ein nichtbilanzierender Erwerber (Bezieher von Einkünften aus Kapitalvermögen) versteuert nach bisheriger Praxis der Finanzverwaltung nur die niedrigen laufenden Zinsen[70]. Das Optionsrecht wird danach nicht zu den Einkünften aus Kapitalvermögen gezählt, weil es Spekulationszwecken diene. Insoweit wird ein nichtbilanzierender Erwerber günstiger als der Erwerber eines Zerobonds gestellt, da er das bei Einlösung empfangene „Agio" aus der Schuldverschreibung nicht zu versteuern braucht[71]. Eine zweite Auffassung behauptet hingegen, daß das Optionsrecht ein geldwerter Vorteil (im Sinne von § 20 Abs. 2 Nr. 1 EStG) sei, der bereits im Zeitpunkt der Ausgabe einer Optionsanleihe zufließe und versteuert werden müsse[72]. Hiernach würde der nicht bilanzierende Erwerber schlechter als der Erwerber eines Zerobonds gestellt. Eine endgültige Regelung steht zur Zeit noch aus.

Beide Auffassungen führen für den Zweiterwerber der Schuldverschreibung, der diese ohne Optionsrecht erwirbt, zum Ergebnis, daß das Agio steuerfrei vereinnahmt werden kann.

bb) Lösungswege für das verfassungsrechtliche Gebot zur gleichmäßigen Besteuerung von Zinseinkünften

Zinseinnahmen innerhalb der Einkünfte aus Kapitalvermögen werden in der Bundesrepublik Deutschland bis 1992 in weitem Maße hinterzogen. Über das Ausmaß der Steuersetbefreiung durch Verschweigen von Zinseinkünften in den Einkommensteuererklärungen liegen unterschiedliche Schätzungen vor. Eine Stichprobenuntersuchung des Bundesrechnungshofs 1984/85 ergab, daß durchschnittlich nur ein Viertel der Kapitalerträge (mit einer Schwankungsbreite von 3,7% bis 47,7%) deklariert worden war[73]. Der Stichprobe lagen 827 Erbfälle zugrunde, die zu Kontrollmitteilungen der Kreditinstitute an die Finanzämter führten. Erst im Todesfall sind Kreditinstitute verpflichtet, Konten- und Depotbestände dem Finanzamt mitzuteilen. Dort können die vermutlich angefallenen Zinsen aus diesen Beständen mit den in den letzten Einkommensteuererklärungen deklarierten verglichen, Nachzahlungen verlangt werden.

---

70 Vgl. Erlaß des Finanzministeriums Nordrhein-Westfalen vom 27.4.1977. In: Der Betrieb, Jg. 30 (1977), S. 889 f.
71 Vgl. dazu die Vorteilsberechnungen bei *Ulrich Schreiber, Karl-F. Kaupp, Frank Krebok:* Ein entscheidungsunterstützendes EDV-System für Investitionen in festverzinsliche Wertpapiere. In: Der Betrieb, Jg. 42 (1989), S. 789-796.
72 Vgl. *Arndt, Muhler,* S. 2172 f.; zur Kritik hieran aus steuerjuristischer Sicht vgl. *Gerold Loos:* Nochmals: Optionsanleihen im Ertragsteuerrecht. In: Der Betrieb, Jg. 42 (1989), S. 552 f.
73 Vgl. dazu und zu einer rechtlichen Würdigung *Klaus Tipke:* Die rechtliche Misere der Zinsbesteuerung. In: Betriebs-Berater, Jg. 44 (1989), S. 157-159.

Das Bundesverfassungsgericht hat das bislang praktizierte Besteuerungsverfahren für Zinseinkünfte für verfassungswidrig erklärt und der Bundesregierung bis Ende 1992 eine Frist zur Änderung eingeräumt. Bei Abfassung dieser Auflage lag die endgültige Neuregelung noch nicht vor[74]. Wahrscheinlich ist die Einführung einer Zinsabschlagsteuer von 30%, für Zinsscheine aus nicht in einem Depot verwahrten effektiven Stücken 35%; denn beim sogenannten „Mantelkauf" solcher Wertpapiere wird bei Inländern der Name des Käufers vom verkaufenden Kreditinstitut nicht festgehalten. Gleichzeitig wird der Sparerfreibetrag auf 6.000 DM (bzw. 12.000 DM bei gemeinsamer Veranlagung, S. 198) angehoben.

Die Zinsabschlagsteuer entspricht praktisch der Kapitalertragsteuer (der Name Kapitalertragsteuer wird deshalb vermieden, weil mit einer sogenannten „kleinen Kapitalertragsteuer" von 10% die Bundesregierung 1989 eine politische Pleite erlebte).

Die Begründung des Steuerreformgesetzes 1990[75] behauptete mit einer Blauäugigkeit, die Terence Hill verblassen läßt, die kleine Kapitalertragsteuer solle wirksam an die Deklarationspflicht für Zinseinkünfte erinnern. Dies wird auch durch die Zinsabschlagsteuer nicht erreicht:

Ein Entdecktwerden der Steuerhinterziehungen von Zinseinkünften steht nach wie vor nicht zu befürchten, solange der „Bankenerlaß" (eine Verwaltungsvorschrift, die eine Feststellung von Zinseinkünften verbietet, wenn eine Steuerprüfung von Kreditinstituten erfolgt, § 30 a AO) gilt. Nur wenn aus anderem Anlaß staatsanwaltschaftliche Ermittlungen wegen Steuerhinterziehungen eingeleitet werden, wird vom Staatsanwalt (und nicht vom Finanzamt) nach hinterzogenen Zinseinkünften geforscht werden.

Die geplante Zinsabschlagsteuer bietet Steuerunehrlichen hauptsächlich folgende Möglichkeiten:

a) Sie können den Zinsabschlag in Kauf nehmen und das Risiko hinnehmen, daß vermutlich erst im Erbfall diese Steuerhinterziehung entdeckt wird, sofern es sich um Zinseinkünfte aus Bankeinlagen oder im Wertpapierdepot gehaltenen Schuldtiteln handelt.

b) Die Zinscoupons aus solchen privat verwahrten Wertpapieren können an Banken mit Sitz im Ausland, z.B. derzeit in Luxemburg, wenige Tage vor Fälligkeit verkauft werden. Die Gebühren dürften erheblich unter dem Zinsabschlag liegen. Zwar ist vorgesehen, daß ausländische Kreditinstitute Zinsen ohne Zinsabschlag nur ausgezahlt erhalten, wenn sie dem auszahlenden inländischen Kreditinstitut mitteilen, daß diese Erträge aus seinen Eigenbeständen an Wertpapieren oder aus Beständen von Steuerausländern stammen. Aber dem inländischen Kreditinstitut fehlt (außer bei Tochterunternehmungen) die Möglichkeit, eine solche Erklärung auf ihre Richtigkeit hin zu überprüfen.

c) Bei Abfassung der Neuauflage ist noch nicht klar, ob aufgelaufene Zinsen bei halbjährlicher oder jährlicher Zinszahlung vor einem Zahlungstermin (Stückzinsen) wegen

---

[74] Zugrunde gelegt wird der Entwurf eines Gesetzes zur Neuregelung der Zinsbesteuerung (Zinsabschlaggesetz), Bundestags-Drucksache 12/2501 vom 30.4.1992, sowie Zeitungsmeldungen über die Ergebnisse im Vermittlungsausschuß.

[75] Vgl. Entwurf eines Steuerreformgesetzes 1990. Bundestags-Drucksache 11/2157, vom 19.4.1988, S. 117 f.

des Verwaltungsaufwands von der Zinsabschlagsteuer ausgenommen bleiben. Damit eröffnet sich die Möglichkeit, vor einem Zinstermin die Wertpapiere zu verkaufen und sie danach zurückzukaufen. Die An- und Verkaufsspesen liegen derzeit mit rund 1% unter dem Zinsabschlag, der bei einer Nominalverzinsung von 8% das Doppelte beträgt. Dieser Weg bietet sich auch im Fall b) an.

Steuerehrlichkeit bei Zinseinkünften läßt sich entweder durch hohen Verwaltungsaufwand (Kontrollmitteilungen durch die Kreditinstitute an die Finanzämter, wie in strenger Form z.B. in den USA üblich) erreichen, oder auf eine mit der Marktwirtschaft konforme Weise durch Regelungen, die den Steuerpflichtigen veranlassen, aus Eigennutz steuerehrlich zu sein. Dies ließe sich nur durch eine Kapitalertragsteuer verwirklichen, die über dem Spitzensatz der Einkommensteuer einschließlich der Kirchensteuer liegt. Der Kapitalertragsteuersatz wäre nach oben aufzurunden wegen einer eventuellen Vermögensteuerpflicht. Er müßte also ab 1993 bei rund 60% liegen und wäre mit einer Verzinsung dieser Vorauszahlung bis zur Einkommensteuerfälligkeit zu verknüpfen. Eine solche Maßnahme würde zwar Gezeter wegen einer vermeintlichen Kapitalflucht ins Ausland auslösen. Ganz von der Hand zu weisen sind solche Befürchtungen nicht; denn als „Ankündigungseffekt" der kleinen Kapitalertragsteuer ließ sich 1988 beobachten, daß auf den internationalen Finanzmärkten DM-Anleihen ein viertel bis ein halbes Prozent mehr bieten mußten als z.B. solche Portugals oder aus der damals noch bestehenden Sowjetunion.

Für eine volkswirtschaftliche Kosten-Nutzen-Rechnung sind zusätzlich die Verwaltungskosten bei den Kreditinstituten und die Erhebungskosten beim Fiskus zu berücksichtigen. Für die Kreditinstitute werden die Verwaltungskosten mit rund 550 Mio. DM geschätzt. Diese sind steuerlich abzugsfähig und mindern darüber das Körperschaft- und Gewerbesteueraufkommen. Zu beachten sind weiter die Kosten von Freistellungs- und Nicht-Veranlagungs-Bescheinigungen für Steuerpflichtige mit niedrigen Einkünften. Hier wurden in der öffentlichen Anhörung des Finanzausschusses des Deutschen Bundestages zur „kleinen" Kapitalertragsteuer 27 DM je Veranlagungsbescheinigung genannt[76].

Für steuerehrliche Inhaber zinstragender Finanzanlagen wird eine Zinsabschlag- bzw. Kapitalertragsteuer deswegen als nicht belastend eingestuft, weil sie wegen ihrer Anrechenbarkeit auf die spätere Einkommen und Körperschaftsteuerschuld nur als eine Art Vorauszahlung anzusehen sei. Dies trifft selbst dann nur begrenzt zu, wenn Steuerpflichtige Einkommen- und Körperschaftsteuervorauszahlungen zu leisten haben[77].

Für die einzelne, nicht wiederholte Finanzinvestition gilt, daß gegenüber dem Rechtszustand vor Erlaß einer Kapitalertragsteuer wegen der erst im Durchschnitt über ein Jahr späteren Anrechnung auf die Einkommen- oder Körperschaftsteuerschuld eine Belastung

---

76 Vgl. *Deutscher Bundestag:* Öffentliche Anhörung des Finanzausschusses. 11. Wahlperiode – 7. Ausschuß – Az.: 2450, Protokoll Nr. 21, S. 176.

77 Vgl. näher *Rudolf Federmann:* Zulässigkeit und Vorteilhaftigkeit einer quellensteuerbedingten Herabsetzung der Einkommen- und Körperschaftsteuer-Vorauszahlungen. In: Der Betrieb, Jg. 42 (1989), S. 439-443.

in Höhe des Zinsverlustes auf jeden Quellensteuerbetrag bis zum Zeitpunkt seiner Anrechnung entsteht. Darüber hinaus ist zu beachten, daß für Investoren, die Geld in quellensteuerpflichtige Finanzanlagen anlegen, eine Kapitalertragsteuer während ihres gesamten Planungs- bzw. Handlungszeitraums ihre Einnahmen um ein Jahr oder mehr früher mindert als ihre Steuerzahlungen wegen einer Anrechnung der Kapitalertragsteuer. Ein vereinfachtes Beispiel verdeutlicht diesen Zusammenhang:

Nach dem erstmaligen Fälligwerden der Kapitalertragsteuer bei einem Investor mögen für jedes weitere Jahr die Minderungen aus abgezogener Quellensteuer den Minderausgaben aus der Anrechnung früher einbehaltener Quellensteuer gleichen. Für den gesamten Zeitraum, in dem quellensteuerpflichtige Finanzanlagen gehalten werden, errechnet sich dann folgende Änderung des Zahlungsstroms: Im ersten Jahr mindern sich die Einnahmen gegenüber dem quellensteuerfreien Rechtszustand. Investitionsrechnerisch gleicht dies einer zusätzlichen Ausgabe. In den folgenden Jahren beträgt der quellensteuerbedingte Zahlungssaldo jeweils Null, weil sich annahmegemäß anzurechnende und einzubehaltende Quellensteuer entsprechen. Eine Verminderung der Steuerzahlungen (rechnerisch: eine Einnahme) entsteht erst dann, nachdem keine Zinszahlungen aus quellensteuerpflichtigen Finanzinvestitionen mehr erfolgen. Das geschieht bei fortlaufenden Finanzinvestitionen und nicht begrenzter Rechtsgültigkeit der Kapitalertragsteuer auf Zinsen erst im Jahre des Jüngsten Gerichts. Und dann ist diese Anrechnung nichts mehr wert.

c) Rechtliche Gewinn- und Substanzsteuerbelastung in Unternehmungen

1. Rechtliche Gewinn- und Substanzsteuerbelastung bei Außenfinanzierung

aa) Doppelbelastung mit Vermögensteuer und ihre Verteuerung der Beteiligungsfinanzierung

Die *Vermögensteuer* bemißt sich bei den Unternehmungen nach dem steuerrechtlichen „Einheitswert des Betriebsvermögens" (einer in Details abgewandelten Steuerbilanz; jedoch sind nach dem Steueränderungsgesetz 1992 die Wertansätze aus der Steuerbilanz zu übernehmen). Vermögensteuer ist aus versteuertem Gewinn bzw. im Verlustfall aus dem Vermögen (der Substanz) zu zahlen.

Die *Gewerbekapitalsteuer* bemißt sich nach einem um Hinzurechnungen und Kürzungen (analog zur Gewerbeertragsteuer) korrigierten Einheitswert des Betriebsvermögens. Sie wird aus dem Gewinn vor Gewinnsteuern bezahlt, ist also bei der Ermittlung des einkommen- oder körperschaftsteuerpflichtigen Gewinns bzw. des Gewerbeertrags abzugsfähig.

In den neuen Bundesländern wird bis 1994 Vermögensteuer und Gewerbekapitalsteuer nicht erhoben (§ 24c VStG; § 37 GewStG).

Zu einer Doppelbelastung mit Vermögensteuer kommt es dann, wenn eine Unternehmung selbständig (vermögen-) steuerpflichtig ist und daneben eine natürliche (vermögensteuerpflichtige) Person Anteile an der Kapitalgesellschaft oder Genossenschaft besitzt. Kapitalgesellschaften als Besitzer von Anteilen an anderen Kapitalgesellschaften können eine doppelte Vermögensteuerbelastung dann vermeiden, wenn die Voraussetzungen des vermögensteuerlichen Schachtelprivilegs (§ 102 BewG) erfüllt sind, z.B. eine Beteiligung ab 10%. Die Höhe der Doppelbelastung berechnet sich so:

Eine Kapitalgesellschaft zahlt am 1.1.1992 0,6% Vermögensteuer auf 75% des Einheitswertes des Betriebsvermögens, soweit der Freibetrag von 500.000 DM überschritten wird. Der Anteilseigner zahlt (von Freibeträgen einmal abgesehen) 0,5% Vermögensteuer auf den gemeinen Wert seines Anteils. Obwohl es sich um eine einzige Steuer handelt, liegen zwei verschiedene Bemessungsgrundlagen vor, denn der auf einen Anteilseigner entfallende Einheitswert des Betriebsvermögens wird sich nur zufällig mit dem gemeinen Wert seines Anteils (dem Börsenkurs am Stichtag bzw. dem Wert des nichtnotierten Anteils) decken.

Um eine Steuerbelastungsziffer zu erhalten, wäre diese Steuerzahlung auf das Vermögen des GmbH-Inhabers zu beziehen. Doch damit beginnen die Probleme: Ist dieses Vermögen gleich dem Einheitswert des Betriebsvermögens zu setzen oder gleich dem gemeinen Wert der nichtnotierten Anteile? Oder müßte nicht eine wirtschaftlich sinnvollere Vermögensgröße als die durch mehr oder weniger sinnlose steuerrechtliche Details verzerrten Maßstäbe Einheitswert bzw. gemeiner Wert der nichtnotierten Anteile errechnet werden? Die Wahl der Bezugsgröße hängt von der Fragestellung ab, für welche die Steuerbelastungsziffer errechnet wird.

Wie stark verteuert die Vermögensteuer die Eigenfinanzierung von Kapitalgesellschaften? Eine Kapitalgesellschaft zahlt Vermögensteuer auf den Einheitswert ihres Betriebsvermögens und Körperschaftsteuer auf ihren Gewinn. Zwischen dem Einheitswert des Betriebsvermögens als Bemessungsgrundlage der Vermögensteuer und dem Gewinn als Bemessungsgrundlage der Körperschaftsteuer besteht kein unmittelbarer Zusammenhang.

Der Vorstand einer Aktiengesellschaft möge sich überlegen, ob zusätzliche Investitionen mit zusätzlichem Eigenkapital (durch Kapitalerhöhung) finanziert werden sollen oder mit zusätzlichem Fremdkapital. Bei dieser Fragestellung lautet ein Teilproblem: Wie entwickelt sich die Steuerbelastung der künftigen Gewinne bei Eigenfinanzierung und bei Fremdfinanzierung durch die Vermögensteuer?

Fremdfinanzierung der Investitionen löst keine Vermögensteuerzahlungen aus. Eigenfinanzierung erhöht den Einheitswert des Betriebsvermögens und führt zu zusätzlichen Vermögensteuerzahlungen. Die Vermögensteuer mindert den körperschaftsteuerpflichtigen Gewinn nicht, das heißt: 1992 hat eine Kapitalgesellschaft zurückbehaltenen Gewinn bei einem Gewerbesteuerhebesatz von 480% mit insgesamt 59,68% zu versteuern (Körperschaftsteuer und Gewerbeertragsteuer, vgl. S. 283, vor Solidaritätszuschlag). Daraus folgt: Um eine DM Vermögensteuer zu zahlen, sind 2,48 DM Gewinn vor Steuern nötig (S. 284).

Der Vermögensteuersatz von 0,6% für Kapitalgesellschaften bedeutet also, daß die Kapitalgesellschaft 2,48 · 0,6% · 75% = 1,116% des Einheitswertes des Betriebsvermögens als Gewinn vor Steuern verdient haben muß, damit sie überhaupt ohne Verlust im betriebswirtschaftlichen Sinne abschließt.

Der Leser achte bei jedem Steuerbelastungsvergleich auf die Bezugsgrößen: Die Vermögensteuer erhöht nicht die Gewinnsteuerbelastung von 59,7 um 1,1% auf 60,8%, denn die 60,8% sind auf den steuerpflichtigen Gewinn der Kapitalgesellschaft bezogen. Der Vermögensteuersatz von 0,6% bezieht sich jedoch auf 75% des Einheitswertes des Betriebsvermögens und deshalb beträgt die Gesamtsteuerbelastung durch die Vermögensteuer (nach Freibeträgen) 1,116% des Einheitswertes des Betriebsvermögens. Wieviel das vom steuerpflichtigen Gewinn ausmacht, kann erst errechnet werden, wenn wir wissen, in welchem Verhältnis Einheitswert des Betriebsvermögens und steuerpflichtiger Gewinn eines Jahres zueinander stehen!

bb) Mindestrenditenerhöhung durch die Gewerbekapital- und Vermögensteuer bei Fremd- und Beteiligungsfinanzierung

Hat eine Kapitalgesellschaft einem Darlehensgeber jährlich z.B. 8% Effektivverzinsung (Zinsen einschließlich verrenteter Gebühren, Provisionen und Disagio) zu zahlen, so muß sie vor Steuern einiges mehr verdienen, damit sie diese Finanzquelle ohne Verlust nutzen kann. Körperschaftsteuer und Vermögensteuer bleiben hierbei außer Betracht, denn

a) die Anleihezinsen mindern den körperschaftsteuerpflichtigen Gewinn (in den Darlehenszinsen sei das verrentete Disagio enthalten, von Feinheiten der Periodenverteilung des Disagios und der Steuerzahlungstermine sei abgesehen);

b) der Darlehensbetrag selbst mindert das steuerpflichtige Vermögen (in der Vermögensaufstellung ist ein Disagio nicht anzusetzen).

Zu berücksichtigen hat die Kapitalgesellschaft jedoch

(1) die Gewerbeertragsteuer, denn die Darlehenszinsen sind Zinsen auf Dauerschulden und erhöhen den Gewerbeertrag mit der Hälfte ihres Betrages, sowie

(2) die Gewerbekapitalsteuer, denn Darlehen sind Dauerschulden, die das Gewerbekapital ebenfalls um die Hälfte des Darlehens vermehren. Dabei ist vorausgesetzt, daß das Geld in Investitionen fließt, die bei der Einheitsbewertung des Betriebsvermögens nicht anders als der Geldbetrag bewertet werden.

Für ein Beispiel sei von 400% Hebesatz der Gemeinde für die Gewerbesteuer ausgegangen (5% ist die Steuermeßzahl des Gewerbeertrages, 0,2% die des Gewerbekapitals), so daß $0,5 \cdot 5\% \cdot 400\% = 10\%$ Gewerbeertragsteuer auf die Darlehenszinsen und $0,5 \cdot 0,2\% \cdot 400\% = 0,4\%$ des Gewerbekapitals an Gewerbekapitalsteuer zu zahlen sind. Bei der Berechnung einer Mindestrenditenerhöhung ist hinsichtlich der Gewerbeertrag- und Gewerbekapitalsteuer „brutto" (im Hundert) zu rechnen. Im Unterschied zur Berechnung der Gewinnsteuerbelastung unter Einschluß der Gewerbeertragsteuer spielt hier die Abzugsfähigkeit der Gewerbesteuer von ihrer eigenen Bemessungsgrundlage keine Rolle. Folglich ist die Hälfte von 20% als Gewerbeertragsteuer anzusetzen und nicht, wie bei der Gewinnsteuerbelastung (S. 277), 20:120.

Danach berechnen sich die Kapitalkosten für je 100 DM Darlehen wie folgt:

Effektivverzinsung vor Steuern	8,00 DM
Gewerbeertragsteuer auf die Darlehenszinsen 10%	0,80 DM
Gewerbekapitalsteuer 0,4% auf den Darlehensbetrag	0,40 DM
Kapitalkosten	9,20 DM

Will eine Kapitalgesellschaft Anteilseignern für 100 DM Kapitaleinsatz ein jährliches (zu versteuerndes) Einkommen von 8 DM bieten, so dürfen die 8 DM nicht mit einem Ausschüttungssatz von 8% gleichgesetzt werden: 8 DM Einkommen eines inländischen GmbH-Gesellschafters bestehen aus 5,12 DM Ausschüttung (einschließlich Kapitalertragsteuer) zuzüglich der Körperschaftsteuergutschrift von (36/64 von 5,12 DM =) 2,88 DM. Die Kapitalgesellschaft kosten 8% jährliche Vergütung für Anteilseigner einiges mehr:

a) Um 8% an Anteilseigner zahlen zu können, hat die Kapitalgesellschaft auf diesen Betrag zunächst zusätzlich Gewerbeertragsteuer zu rechnen, im Beispiel 5% · 400% = 20% des Zuwachses an zu versteuerndem Einkommen beim Anteilseigner.

b) Die Gewerbekapitalsteuer von 0,2% · 400% = 0,8% sei vereinfachend auf den Betrag der Kapitalerhöhung bezogen. Das ist deshalb eine Vereinfachung, weil das zusätzliche Eigenkapital in Investitionen fließen wird, die ganz unterschiedlich steuerrechtlich bewertet werden, z.B. Grundstücke mit den Einheitswerten. Nach Erhebungen in der Finanzverwaltung[78] betragen ab Mitte der achtziger Jahre die Einheitswerte in % der jeweiligen Marktpreise (Verkehrswerte):

- für forstwirtschaftliche Grundstücke	0,4%
- für landwirtschaftliche Grundstücke	3,5%
- für unbebaute Grundstücke	10%
- für Einfamilienhäuser zwischen (1990 in Heidelberg nurmehr 14,4% für Bauten ab 1949 und 6,5% für Bauten davor)	13-30%
- für Geschäftsgrundstücke, gebaut ab 1949 (Heidelberg 1990)	30,9%

c) Erhöht eine Kapitalgesellschaft ihr gezeichnetes Kapital mit oder ohne Aufgeld (das in die Kapitalrücklagen einzustellen ist), fallen Emissionskosten an.

d) Bei einer Kapitalerhöhung ist die Vermögensteuerzahlung zu berücksichtigen. Im folgenden sei vereinfachend der Einheitswert des Betriebsvermögens gleich dem Betrag der Kapitalerhöhung gesetzt. Die Vermögensteuer ist aus zurückgehaltenem Gewinn zu bestreiten. Dieser unterliegt im Beispiel 5% · 400% : (1+5% · 400%) = 16,67% Gewerbeertragsteuer und der Tarifbelastung mit Körperschaftsteuer von 50% auf (100 -

---

[78] Vgl. *Gutachten der Kommission zur Verbesserung der steuerlichen Bedingungen für Investitionen und Arbeitsplätze*, Randziffern 156-166.

16,67%), also 41,67%. Zusammen ergibt sich eine Steuerbelastung von 58,33%. Um 1 DM an Vermögensteuer zu zahlen, werden 1 : (1-0,5833) = 2,40 DM an unversteuertem Gewinn benötigt.

Bei diesen Annahmen berechnen sich die jährlichen Kapitalkosten für 100 DM wie folgt:

8% Rendite (einschließlich Körperschaftsteuergutschrift)	8,00 DM
Gewerbeertragsteuer 20% hiervon	1,60 DM
Gewerbekapitalsteuer 0,8% der Kapitalzuführung von 100 DM	0,80 DM
Emissionskosten 5%, verrentet als ewige Rente mit 8%, also 0,08 x 5% =	0,40 DM
Vermögensteuer 0,6%, zuzüglich Körperschaftsteuer und Gewerbeertragsteuer auf die Vermögensteuer insgesamt $\dfrac{0,75 \times 0,6\%}{1-0,5883}$	1,08 DM
Kapitalkosten	11,88 DM

Dieser Satz ändert sich mit anderen Annahmen über die Gewerbesteuer und die Emissionskosten. Die steuerliche Verteuerung gegenüber der Fremdfinanzierung entsteht vor allem daraus, daß die Kapitalgesellschaft Vermögensteuer auf eigenfinanzierte Investitionen zu zahlen hat und die Vermögensteuer aus versteuertem Gewinn zu leisten ist. Hieraus folgt: Wenn die Wahl zwischen Darlehensaufnahme und Kapitalerhöhung besteht, muß die Rendite auf gezeichnete Gesellschaftsanteile gegenüber der Verzinsung des Darlehens deutlich gesenkt werden, damit die Kapitalkosten beider Finanzierungsformen gleich werden.

2. Rechtliche Gewinn- und Substanzsteuerbelastung bei Selbstfinanzierung

aa) Gewinn- und Substanzsteuerbelastung über 66% als Messung von Verteilungsfolgen?

Eine weitverbreitete Steuerbelastungsrechnung ermittelt die Gewinn- und Substanzsteuerbelastung bei Unternehmungen so[79] (ohne Solidaritätszuschlag für 1991/92):

Bei einer angenommenen Eigenkapitalrendite von 10% vor Steuern und einem Hebesatz der Gewerbesteuer von 400% errechnet sich bei voller Einbehaltung des Gewinns nach Steuern für 100,- DM Gewinn vor Steuern:

---

[79] Vgl. *Institut der deutschen Wirtschaft* (Hrsg): iw-trends Jg. 15 (2/1988), S. 84; eine ähnliche Rechnung im *Gutachten der Kommission zur Verbesserung der steuerlichen Bedingurgen für Investitionen und Arbeitsplätze*, Randziffer 91 geht von 12 % „Vermögensrendite" aus und endet bei einer Belastung von 65 %.

Vermögensteuer 75% des Einheitswerts des Betriebsvermögens (gleich Eigenkapital von 1.000 gesetzt) x 0,6% Vermögensteuer	4,50 DM
Gewerbekapitalsteuer 0,2% des Gewerbekapitals (gleich Eigenkapital von 1.000 gesetzt) x 400% Hebesatz	8,00 DM
Gewerbeertragsteuer 20/120 auf 100 DM minus Gewerbekapitalsteuer	15,33 DM
Körperschaftsteuer 50% auf 100 DM minus Gewerbeertrag-, minus Gewerbekapitalsteuer	38,34 DM
Gewinnsteuerbelastung	66,17 DM

Welche Aussagefähigkeit besitzen derartige Steuerbelastungsrechnungen?

Jeder Steuerbelastungsvergleich verlangt vier Vorentscheidungen: Für a) welchen Zweck werden bei b) welcher Wirtschaftseinheit für c) welche Maßgröße d) welche Steuerzahlungen als belastend angesehen?

a) Zweck der Steuerbelastungsrechnung kann entweder die Messung der Ex-post-Verteilungsfolgen eines Steuerrechts sein oder die Messung der Ex-ante-Rentabilitätswirkungen. Bei den politisch-vermarkteten sog. Steuerbelastungsvergleichen werden ex-post-Verteilungsfolgen und ex-ante-Entscheidungswirkungen überwiegend nicht getrennt. Im folgenden wird zunächst als Ziel Messung der Verteilungsfolgen gesetzt.

b) Als Wirtschaftseinheit kann zum einen eine Unternehmung als Institution, getrennt von ihren Gewinnempfängern, betrachtet werden. Berechnet wird hier ein Unternehmungssteuerkeil als absolute Abweichung zwischen der Rendite einer Unternehmung vor Steuern und einer Rendite nach Steuern, wobei lediglich jene Steuerzahlungen zu kürzen sind, die von der Unternehmung zu zahlen sind.

Zum anderen kann als Wirtschaftseinheit ein Geldgeber (z.B. Anteilseigner) der Unternehmung angesehen werden. Dann ist die Steuerbelastung von Investitionen in der Unternehmung und über den Kapitalmarkt hinweg bis zu dem Geldgeber der Unternehmung zu berechnen. Bei der Berechnung eines solchen Kapitalmarktsteuerkeils ist der Unternehmungssteuerkeil eine Zwischengröße.

Sowohl bei der Berechnung eines Unternehmungssteuerkeils als auch eines Kapitalmarktsteuerkeils ist bei körperschaftsteuerpflichtigen Unternehmungen eine Annahme über die Gewinnverwendung zu treffen, weil davon die Höhe des anzuwendenden Körperschaftsteuersatzes abhängt. Dabei gilt:

Eine Kapitalgesellschaft wird sich vor allem dann für den Unternehmungssteuerkeil interessieren, wenn sie nicht im Interesse jener Anteilseigner handelt, denen sie Ausschüttungen zu leisten hat (z.B. weil sie auch bei stark gestiegenen Gewinnen nur eine Standarddividende zahlt). Hierbei betrachtet sie Ausschüttungen wirtschaftlich als „Kosten", d.h. als Minderungen ihrer Zielgröße: Selbstfinanzierung. In diesem Fall geht in die Steuerbelastung für auszuschüttende Gewinne die körperschaftsteuerliche Ausschüttungsbelastung unter Ausklammerung der Steuerbelastung der Anteilseigner ein. Für die

Berechnung eines solchen Unternehmungssteuerkeils ist die Anrechenbarkeit der Körperschaftsteuergutschrift für Inländer zu vernachlässigen.

Die Anteilseigner einer Kapitalgesellschaft oder deren Management, das im Ausschüttungsinteresse (einzelner) ihrer inländischen Anteilseigner handelt, werden einen Kapitalmarktsteuerkeil berechnen. Der durch die Besteuerung bewirkte Keil zwischen der Rendite in der Unternehmung und der Rendite nach Steuern, wie sie sich für den Geldeinsatz dieser Anteilseigner nach Berücksichtigung ihrer persönlichen Steuerzahlungen ergibt, entsteht aus Steuerzahlungen in der Unternehmung und zusätzlich durch von den Geldgebern zu zahlenden Steuern auf ihre Einkünfte aus dem Geldeinsatz in der Unternehmung. Dabei sind anrechenbare Quellensteuern, wie die Kapitalertragsteuer und die Körperschaftsteuergutschrift, zu saldieren. Bei exakter Rechnung sind hierbei Zinsen wegen der im allgemeinen erst über ein Jahr späteren Anrechenbarkeit der Körperschaftsteuergutschrift auf die Einkommensteuerschuld zu berücksichtigen.

Falsch ist deshalb die Berechnung einer Ausschüttungsbelastung mit 20,6% (S. 184, Fn. 4), weil hier nur die Gewerbe- und Vermögensteuer beachtet wird, während die Ausschüttungsbelastung durch die Körperschaftsteuer mit dem Hinweis ausgeklammert bleibt, dafür erhalten die inländischen Anteilseigner eine anrechenbare Gutschrift auf ihre Einkommensteuerschuld. Diese Rechnung vernachlässigt die persönliche Grenzeinkommensteuerbelastung inländischer Anteilseigner (und erst recht ausländischer), wenn über den Kapitalmarkt hinweg die Gewinnsteuerbelastung für ausgeschüttete Gewinne ermittelt wird. Sie unterschlägt die Körperschaftsteuerzahlung auf ausgeschüttete Gewinne durch die Unternehmung, wenn die Ausschüttung als „Kosten" der Unternehmung, d.h. als Einbußen an Selbstfinanzierung, betrachtet werden.

c) Als Maßgröße für die Steuerbelastung ist in der Tabelle der Gewinn vor Steuerzahlungen von 100 eine *Modellvorstellung,* bei der von zahlreichen Sachverhalten abgesehen wird, die das Steuerrecht unterschiedlich regelt. So werden Hinzurechnungen und Kürzungen bei der Gewerbeertragsteuer als gleich hoch unterstellt, damit die Bemessungsgrundlage der Gewerbeertragsteuer dem körperschaftsteuerpflichtigen Gewinn vor Abzug der Gewerbeertragsteuer gleicht. Von westberliner Einkünften bis 1994 und ausländischen Einkünften mit ihren abweichenden Steuerbelastungen wird abgesehen. Insbesondere werden stillschweigend die steuerrechtlichen Bemessungsgrundlagen für einen Gewinn vor Körperschaft- und Gewerbesteuer als wirtschaftlich sinnvolle Messung eines Einkommens betrachtet. Diese Steuerbelastungsrechnung unterstellt also, daß Entlastungs- oder zusätzliche Belastungswirkungen aufgrund von Steuerbemessungsgrundlagen nicht bestehen.

d) Als Steuerzahlungen, die den nach steuerrechtlichen Bemessungsgrundlagen ermittelten „Gewinn" belasten, sind einzurechnen:

(1) Steuerzahlungen, die den gewählten Gewinnbegriff vor Steuern unmittelbar oder mittelbar zur Steuerbemessungsgrundlage haben. Den Gewinn als unmittelbare Steuerbemessungsgrundlage kennen Steuern, die sich mit dem tariflichen Grenzsteuersatz erhöhen, wenn der Gewinn um eine Tarifeinheit (eine der laufenden Nummern der tariflichen Einkommensteuer bzw. bei einem Formeltarif um eine DM) steigt. Den Gewinn

als mittelbare Bemessungsgrundlage benutzen Steuerarten, deren Steuersätze sich auf eine Bemessungsgrundlage „Gewinn" (oder ähnlich benannt, wie „Gewerbeertrag") beziehen, wobei diese Steuerzahlung ihre eigene Bemessungsgrundlage mindert. Hierbei ist ein Durchschnitts- oder Grenzsteuersatz erst nach einer Umrechnung des tariflichen Steuersatzes bekannt: Aus 400% · 5% = 20% auf den Gewerbeertrag vor Abzug der Gewerbeertragsteuer werden 20 : 120 (S. 277).

(2) Steuerzahlungen, die den gewählten Gewinnbegriff vor Steuern nicht als unmittelbare oder mittelbare Steuerbemessungsgrundlage verwenden, aber diese Bemessungsgrundlage steuerrechtlich nicht mindern dürfen (wie eine Vermögensteuerzahlung), belasten, weil ihre Einrechnung erforderlich ist, um eine Antwort über den nach Steuern „frei verfügbaren" Gewinn zu erhalten. Wäre hingegen die Vermögensteuer bei der Ermittlung des steuerrechtlichen Gewinns abzugsfähig, dann würde sie nicht diesen Gewinn als Maßgröße steuerlicher Leistungsfähigkeit belasten, weil für die Messung von Verteilungsfolgen ein erzielter Gewinn erst nach Abzug der Vermögensteuer (wie heute bei der Gewerbekapitalsteuer) vorläge.

Um die Frage nach dem „frei verfügbaren" (also z.B. konsumierbaren) Gewinn zu beantworten, ist der *absolute* Betrag an Vermögensteuerzahlungen vom Gewinn nach Einkommen- bzw. Körperschaft- und Gewerbeertragsteuer abzusetzen. Eine *prozentuale Belastung des Gewinns durch Vermögensteuerzahlungen sagt bei der Messung von Verteilungsfolgen nichts aus,* weil die Vermögensteuerzahlung eines Jahres nicht Folge der erzielten Gewinne dieses Jahres ist. Beispiel:

Bei einer GmbH mit einer 1 DM Gewinn im Jahre 1 entfalle wegen einer Vereinfachungsvorschrift (Abschnitt 104 KStR) die Körperschaftsteuer und wenn diese GmbH 1.000 DM Vermögensteuerzahlung leistet, hat sie 999 DM an Substanz verloren. Diese absolute Zahl gibt Sinn. Eine prozentuale Steuerbelastung des Gewinns der GmbH von 100.000% auszurechnen, ist Unfug und nur als schlechter Scherz zu verwenden, weil schon bei 2 DM Gewinn sich der Belastungssatz halbiert. Belastungsverhältnisse als Bezug auf eine Einheit einer Bemessungsgrundlage liefern nur dann eine Information, wenn für mehr als einen einzigen absoluten Betrag der Bemessungsgrundlage der Belastungsprozentsatz zutrifft. Aus zurückbehaltenen Gewinnen des Jahres fallen Vermögensteuerzahlungen erst im Jahre 2 an. Diese sind bei der Messung von Entscheidungswirkungen (Selbstfinanzierung von Investitionen), nicht bei der Messung von Verteilungsfolgen zu beachten.

(3) Die Gewerbekapitalsteuer ist nicht einzurechnen, wenn nach den Verteilungsfolgen gefragt wird. Insoweit ist ein methodischer Fehler in der Eingangstabelle gemacht worden. Entweder mißt man eine Steuerbelastung, die auf einem steuerrechtlich ermittelten Gewinn beruht, dann belasten nur die Steuern, die aus dem Gewinn zu leisten sind. Oder man berechnet eine Belastung des in Gewerbebetrieben investierten Eigenkapitals, dann sind Gewerbekapitalsteuer und Vermögensteuer, aber auch die Grundsteuer zu berücksichtigen, nicht jedoch die Gewerbeertrag- und Einkommen- bzw. Körperschaftsteuer; denn diese Steuern haben nicht das in Gewerbebetrieben investierte Eigenkapital (soweit es den Einheitswert des Betriebsvermögens bzw. der Grundstücke erhöht)

zur Bemessungsgrundlage, und sie mindern diese Bemessungsgrundlage, soweit sie bis zum Feststellungszeitpunkt fällig geworden sind (§ 105 BewG).

Wer bei der Messung von Verteilungsfolgen die Gewerbekapitalsteuer einbeziehen wollte, dürfte die Grundsteuer nicht ausklammern. Schließlich werden der Gewerbeertrag um 1,2% des Einheitswerts der Betriebsgrundstücke und das Gewerbekapital um diesen Einheitswert gekürzt, weil Grundstücke der Grundsteuer unterliegen (§ 9 Abs. 1 Ziffer 1, § 12 Abs. 3 Ziffer 1 GewStG). Wird die Grundsteuer eingerechnet, erhebt sich die Frage, warum dann z.B. in einer Brauerei Biersteuer, Umsatzsteuer usw. nicht berücksichtigt werden. Mit einer über die aus dem Gewinn zu leistenden Steuerzahlungen hinausgehende Einbeziehung von Steuerzahlungen ermittelt man keine Gewinnsteuerbelastung, sondern eine Steuerbelastung auf einen Teilbetrag der Umsatzeinnahmen eines Jahres, der in seiner betriebswirtschaftlichen Aussagefähigkeit als Verteilungs-Maßgröße erst noch zu begründen wäre. Als Messung der Verteilungsfolgen sind deshalb das Ergebnis der Tabelle 66,17%, S. 310, falsch.

bb) Unterstellungen bei der Messung von Entscheidungswirkungen für selbstfinanzierte Investitionen

Die Berechnung der Gewinn- und Substanzbesteuerung in der Tabelle mit 66,17% entspricht dem Vorgehen, nach dem das Schrifttum in Steuerplanungsrechnungen den Kalkulationszinsfuß nach Abzug der Gewinn- und Substanzsteuern berechnet.

Im folgenden bezeichnen

i = Marktzins bzw. Eigenkapitalrendite vor Steuern,
i_s = Marktzins bzw. Eigenkapitalrendite nach Steuern,
s_g = Gewerbeertragsteuersatz,
s_t = Tarifsteuersatz der Körperschaftsteuer für zurückbehaltene Gewinne,
m = nominale Substanzsteuerbelastung als sog. substanzsteuerlicher Multifaktor, der im Text erläutert wird,
s_v = Vermögensteuersatz für eine Kapitalgesellschaft, gewichtet mit 75% des Einheitswertes des Betriebsvermögens (§ 117 a Abs. 1 Satz 2 BewG); der Freibetrag von 500.000 DM (§ 117 a Abs. 1 Satz 1 BewG) sei durch frühere Investitionen bereits ausgenutzt,
s_k = Gewerbekapitalsteuersatz.

Nach dem Schrifttum[80] berechnet sich der Kalkulationszinsfuß nach Steuern i_s für eine selbstfinanzierte Investition aus jener Eigenkapitalrendite vor Steuern (i), die für die gerade zu prüfende Investition oder eine Alternativanlage anzusetzen wäre. Dabei treten der Gewerbeertragsteuerfaktor $(1-s_g)$ und ein Körperschaftsteuerfaktor für die Tarifbelastung

---

80 Vgl. z.B. *Wagner, Dirrigl*, S. 62; *Theodor Siegel*: Steuerwirkungen und Steuerpolitik in der Unternehmung. Würzburg – Wien 1982, S. 72; *Winfried Mellwig*: Investition und Besteuerung. Wiesbaden 1985, S. 11; *Georgi*, S. 27.

(1-s_t) als Multiplikatoren auf und ein „substanzsteuerlicher Multifaktor" m ist abzuziehen:

$$i_s = i(1-s_g)(1-s_t) - m. \tag{31}$$

Der substanzsteuerliche Multifaktor wird berechnet als Summe aus Vermögensteuersatz, korrigiert um die 75%-Gewichtung des Einheitswerts des Betriebsvermögens, s_v, und einem Belastungssatz für die Gewerbekapitalsteuer s_k aus Gewerbekapitalsteuersatz. Letzterer ist wegen der gewinnsteuerlichen Abzugsfähigkeit mit dem Versteuerungsfaktor für die Gewerbeertrag- und Körperschaftsteuer zu multiplizieren, also

$$m = s_v + s_k(1-s_g)(1-s_t). \tag{32}$$

Unter Benutzung der Zahlen aus der Tabelle S. 310 beträgt m = 0,0045 + 0,008 (1 - 0,1667) (1 - 0,50) = 0,00783. Damit wird aus 10% Kalkulationszinsfuß vor Steuern ein gewinn- und substanzversteuerter Kalkulationszinsfuß von

$$0,1(1-0,1667)(1-0,5) - 0,00783 = 3,38\%. \tag{33}$$

Die Steuerbelastung beträgt hierbei 66,17% der Vorsteuer-Rendite und entspricht damit der in der Tabelle S. 310 ermittelten.

Bei dieser Berechnung wird die Vermögen- und Gewerbekapitalsteuerzahlung im Jahre der Gewinnerzielung gleichgesetzt mit der Substanzsteuerlast einer selbstfinanzierten Investition, die aus zurückbehaltenen Gewinnen dieses Jahres finanziert wird. Es erfolgt also stillschweigend eine Kapitalisierung künftiger Substanzsteuern als Folge der selbstfinanzierten Investitionen auf das Jahr der Erzielung und Gewinnversteuerung des zurückbehaltenen Gewinns, aus dem die Investition selbstfinanziert wird.

Unter welchen Voraussetzungen ist die Kapitalisierung künftiger Substanzsteuerzahlungen bei der Berechnung in der Tabelle bzw. dem sinngleichen Abzug des substanzsteuerlichen Multifaktors im Kalkulationszinsfuß zulässig? Dies wird aus einer Umstellung der rechten Seite von Gleichung (31) ersichtlich:

$$i(1-s_g)(1-s_t) - m = i\left(1 - \frac{m}{(1-s_g)(1-s_t)i}\right)(1-s_g)(1-s_t). \tag{31a}$$

Hierin verkörpert der Bruch die über eine ewige Rente kapitalisierte Substanzsteuerlast in vom Hundert des Selbstfinanzierungsbetrages. Die Kapitalisierung wird dabei mit einem Kalkulationszinsfuß vorgenommen, der lediglich um die Gewinnsteuerfaktoren verkürzt ist. Der Abzug eines substanzsteuerlichen Multifaktors im Kalkulationszinsfuß gemäß Gleichung (31) = (31a) kann folglich nur dann zutreffen, wenn die den Kalkulationszinsfuß bestimmende alternative Finanzanlage nicht den Einheitswert des Betriebsvermögens erhöht.

Um für die unbegrenzt geplante Unternehmung die einfache Formel für die ewige Rente zur Kapitalisierung einer Substanzsteuerlast anwenden zu können, muß unterstellt werden, im Zeitpunkt eines Zurückbehaltens von Gewinn erhöhe sich einmalig, aber auf Dauer, der Einheitswert des Betriebsvermögens und zwar um den Betrag dieser einmaligen Eigenkapitalzuführung. Vermögenszuwächse aus einer selbstfinanzierten Investition würden ausgeschüttet und konsumiert. Wegen dieser Annahme eines im Zeitablauf gleichbleibenden Einheitswertes des Betriebsvermögens bleibt die aus einer selbstfinanzierten Investition folgende künftige jährliche Substanzsteuerzahlung während des gesamten Planungszeitraumes konstant.

Würden Verluste oder Gewinnausschüttungen die Erhöhung des Einheitswertes des Betriebsvermögens bereits im Jahre n abbauen, errechnet sich nach der Summenformel für die geometrische Reihe ein Barwert der künftigen, n-periodigen Substanzsteuerlast B_n in vom Hundert des Selbstfinanzierungsbetrages:

$$B_n = \frac{m}{(1-s_g)(1-s_t)i}\left[1 - \left(\frac{1}{1+(1-s_g)(1-s_t)i}\right)^n\right]. \quad (33)$$

Natürlich steigt die Höhe der kapitalisierten Substanzsteuerlast mit der Länge des Planungszeitraums. Dies besagt zugleich, daß für alle endlichen Planungszeiträume die Substanzsteuerbelastung in der Tabelle (S. 310) zu hoch angesetzt ist.

Die Gleichsetzung einer Vermögensteuerzahlung im Jahr der Gewinnerzielung mit einer Vermögensteuerlast einer selbstfinanzierten Investition (wie es in der Tabelle S. 310 geschieht), ist also nur dann zulässig, wenn

1. eine selbstfinanzierte Investition den Einheitswert des Betriebsvermögens um den Selbstfinanzierungsbetrag erhöht;

2. die Rendite der Alternativanlage vor Steuern, nach der sich die Höhe des Kalkulationszinssatzes berechnet, der Eigenkapitalrendite der zu prüfenden Investition gleicht, und diese Alternative den Einheitswert des Betriebsvermögens nicht steigert;

3. der Planungszeitraum sich bis ins Unendliche erstreckt;

4. die jährliche Vermögensteuerzahlung während dieses Planungszeitraumes gleichbleibt.

5. Obwohl Vermögenszuwächse aus der selbstfinanzierten Investition damit sofort entnommen und konsumiert werden, lösen sie keine Ausschüttungsentlastung aus! Diese Implikation ist mit dem körperschaftsteuerlichen Anrechnungsverfahren unvereinbar.

Aufgrund dieser stillschweigenden Unterstellung erscheint die Gewinnsteuerbelastung gemäß S. 310 als Musterbeispiel für die Messung der Rentabilitätswirkung von Gewinn- und Substanzsteuern bei selbstfinanzierten Investitionen nicht geeignet.

Die in der Unternehmens- bzw. Verbandspraxis bisher gängige Berechnung einer Gewinnsteuerbelastung unter Einschluß von Substanzsteuern erweist sich somit selbst dann als verfehlt, wenn die durch Bemessungsgrundlagen und sog. Subventionstatbestände verursachten Entlastungen oder Zusatzbelastungen ausgeklammert bleiben. Ehe dieses schiefe Bild von den Rentabilitätswirkungen der Steuerzahlungen korrigiert wird, soll das Für und Wider einer Substanzsteuerkapitalisierung erörtert werden.

cc) Zusatzannahmen, um Substanzsteuern in einen Unternehmungssteuerkeil einzubeziehen

Bei der Messung von Entscheidungswirkungen ist als wirtschaftliche Zielgröße der Nettoeinnahmenstrom alternativer Investitionen während eines Planungszeitraums anzusehen. Sämtliche zusätzlichen Steuerzahlungen mindern die verbleibenden Einnahmenüberschüsse.

Nur Einkommen- bzw. Körperschaftsteuer, Gewerbe- und Vermögensteuer zu berücksichtigen, setzt voraus, daß alle anderen von einer Unternehmung zu zahlenden Steuern (von der Umsatzsteuer bis zur Hundesteuer) die Investitionsrendite vor und nach Steuern nicht beeinflussen. Umsatzsteuer, Verbrauchsteuern, Grundsteuer usw. dürfen bei der Messung von Entscheidungswirkungen nur dann außer Acht gelassen werden, wenn diese Steuerzahlungen „voll überwälzt" werden können. Dies besagt im Klartext, daß die Rendite einer Investition vor und nach diesen Steuern gleich ist. Von dieser Annahme sei im weiteren ausgegangen.

Die nominale Steuerbelastung aus Einkommen- und Gewerbeertragsteuer bzw. Körperschaft- und Gewerbeertragsteuer sind S. 278, 283 errechnet worden, ebenso die Vermögensteuerbelastung, bezogen auf den Einheitswert des Betriebsvermögens. Nunmehr ist zu untersuchen, unter welchen Voraussetzungen die Substanzsteuerbelastung einer selbstfinanzierten Investition als Steuerbelastung des zurückbehaltenen Gewinns eingerechnet werden darf.

Substanzsteuern lassen sich nur unter ausdrücklich gesetzten Zusatzannahmen in eine Steuerbelastungszahl für den Gewinn einrechnen. Diese Zusatzannahmen sind Standardisierungen, über die diese oder jene Übereinkunft getroffen werden kann. Verzichtet man auf solche Standardisierungen, wird nicht nur jeder internationale Steuerbelastungsvergleich falsch mit Ländern, die keine oder eine andere Art und Höhe der Substanzsteuern kennen. Bei einer Vernachlässigung der Vermögensteuer würden auch Verzerrungen durch die Doppelbelastung mit Vermögensteuer bei Investitionen in Kapitalgesellschaften und zusätzlich der Anteile an Kapitalgesellschaften in der Hand natürlicher Personen unterschlagen.

Zur Vereinfachung bleiben Überlegungen zu einem Kapitalmarktsteuerkeil (und damit ein Einbeziehen der Doppelbelastung aus betrieblicher und privater Vermögensteuer) außer Betracht. Lediglich in einem Unternehmungssteuerkeil sei die Substanzsteuerbelastung aus Vermögensteuer der Kapitalgesellschaft und Gewerbekapitalsteuer zu berechnen. Für die Gewerbekapitalsteuer sei vereinfachend angenommen, Hinzurechnungen und Kürzungen glichen sich aus. Somit kann als Bemessungsgrundlage sowohl der Vermögensteuer als auch der Gewerbekapitalsteuer der Einheitswert des Betriebsvermögens bzw. bei einer zusätzlichen Investition die durch diese Investition bewirkte Änderung des Einheitswertes des Betriebsvermögens angesetzt werden.

Zu beantworten bleibt die Frage: Wie hoch ist bei der Ermittlung des Ertragswerts einer selbstfinanzierten Investition die Substanzsteuerlast anzusetzen?

Wenn ein repräsentatives Musterbeispiel für die Belastung von Investitionen durch künftige Gewinn- und Substanzsteuerzahlungen erarbeitet werden soll, sind Standardisierungen als Antworten auf folgende zwei Fragen unerläßlich:

a) In welchem Verhältnis steht die hier vereinfachend für die Vermögen- und Gewerbekapitalsteuer gleichgesetzte Bemessungsgrundlage des Einheitswertes des Betriebsvermögens zum zurückbehaltenen Gewinn bzw. allgemeiner: zum investierten Eigenkapitalbetrag? Stillschweigend den Einheitswert des Betriebsvermögens gleich der Eigenkapitalzuführung aus zurückbehaltenen Gewinnen zu setzen, dies führt zu einer zu hohen Belastungsfolge aus der Vermögen- und Gewerbekapitalsteuer; denn je nach der Art der Investitionen weicht der Einheitswert mehr oder weniger stark vom investierten Eigenkapitalbetrag nach unten ab. *Beispiele:*

(1) Investitionen in Schachtelbeteiligungen (S. 290) ändern im Regelfall den Einheitswert des Betriebsvermögens nicht.

(2) Bei einer Grundstücksinvestition ist unter Saldierung der dazugehörenden Fremdfinanzierung die Einheitswertänderung regelmäßig negativ: Bei einer Grundstücksinvestition betrage der Einheitswert z.B. 20% (S. 309) der Anschaffungs- oder Herstellungskosten. Sobald der Anteil der Fremdfinanzierung für diese Grundstücksinvestitionen über 20% ausmacht, wird die Änderung des Einheitswertes des Betriebsvermögens durch diese Grundstücksinvestition negativ. Das hat zur Folge, daß die Substanzsteuerzahlungen der Unternehmung insgesamt durch eine solche zusätzliche Grundstücksinvestition sinken.

b) In welchem Verhältnis steht die auf das investierte Eigenkapital umgerechnete Substanzsteuerbelastung zum Gewinn? Hier ist eine Annahme über die Eigenkapitalrendite der Unternehmung bzw. einer Investition erforderlich.

Für ein standardisiertes Musterbeispiel zur Gewinn- und Substanzsteuerbelastung erscheinen 10 - 20% Rendite vor Steuern deshalb plausibel, weil zahlreiche Unternehmungen solche Sätze als Mindestverzinsung für ihre Investitionen fordern. Anstelle einer einzigen Annahme über die Eigenkapitalrendite spricht viel dafür, alternativ mit 10 oder 20% oder einem anderen Satz der Eigenkapitalrendite vor Steuern zu rechnen, um zugleich einen Eindruck von der Empfindlichkeit der Rendite nach Steuern wegen der standardisierten Annahmen über die Belastungsfolgen aus der Vermögensteuer zu erhalten. Im folgenden wird aus Bequemlichkeit von 10% Rendite vor Steuern ausgegangen.

dd) Der Kalkulationszinsfuß bei der Kapitalisierung künftiger Substanzsteuern

Betriebswirtschaftlich sinnvoll erscheint es, die Frage „Wie hoch werden künftige Substanzsteuerzahlungen im Planungszeitpunkt bewertet?" auf folgende Weise zu beantworten: Gesucht wird die Höhe einer Marktbewertung künftiger Substanzsteuerzahlungen, wie sie z.B. der Erwerber des Unternehmens bzw. einer über ein als Tochterunternehmen verselbständigten selbstfinanzierten Investition errechnen wird. Wie hoch wäre also eine gedachte „Abstandszahlung" an den Fiskus oder einen Dritten, durch die sich die Kapitalgesellschaft bereits in t_0 der Vermögensteuerschuld in $t_1, t_2, ..., t_n$ entledigen könnte.

Künftige Substanzsteuerzahlungen lassen sich ebenso als zu kapitalisierende Last ansehen, wie es beim Grundstückswert mit Reallasten in Form von Leibrenten oder Erbbaurechten anderer geschieht.

Der Einfachheit wegen wird zunächst von der Annahme eines going concern abgegangen und unterstellt, eine Kapitalgesellschaft lege einen Selbstfinanzierungsbetrag innerbetrieblich an, ohne etwas zu entnehmen, so daß der Einheitswert des Betriebsvermögens und damit die jährliche Substanzsteuerbelastung wachsen. Ein Selbstfinanzierungsbetrag B wächst im ersten Jahr auf B $(1+i_s)$. Unter Verwendung der Zahlen von S. 314 werden aus 1.000 DM in t_0 zurückbehaltenem Gewinn 1.033,82 DM. Darin sind 4,50 DM Vermögensteuerzahlung und 8 DM Gewerbekapitalsteuerzahlung bereits abgezogen. Wegen der gewinnsteuerlichen Abzugsfähigkeit der Gewerbekapitalsteuer beläuft sich in t_1 die Substanzsteuerbelastung nur auf 7,83 DM.

Wie hoch wird die Substanzsteuerbelastung in t_1 von 7,83 DM und jede weitere in t_2 ff. im Zeitpunkt t_0 bewertet? Zwei Antworten sind zu prüfen:

Die Anhänger eines Kalkulationzinsfußes, der um einen Substanzsteuerfaktor gekürzt ist, sagen: Eine alternative Finanzanlage erbringe auch nur eine Rendite nach Steuern von i_s = 3,38%, und deshalb sei mit diesem Satz der Gegenwartswert jeder künftigen Zahlung zu berechnen. Sie übersehen, daß dieses Vorgehen dann auch für eine Substanzsteuerzahlung anzuwenden wäre und hierbei aus drei Gründen ins betriebswirtschaftliche Abseits führt:

a) Wenn beim Modellieren mit Kalkulationszinsfüßen außerhalb der strengen Voraussetzungen, die das Modell des Kapitalmarkts im Konkurrenzgleichgewicht verlangt, gedankliche Schwierigkeiten entstehen, empfiehlt es sich, einen vollständigen Finanzplan mit sämtlichen Zahlungen für ein einfaches mehrjähriges Beispiel aufzustellen. In einem vollständigen Finanzplan saldieren sich sowohl für die zu prüfende Investition als auch ihre Vergleichsalternative bei gleichem Einheitswert die Substanzsteuerzahlungen und können insoweit überhaupt nicht entscheidungswirksam sein, solange Ungewißheit ausgeklammert bleibt.

b) Wird sowohl bei der zu prüfenden Investition als auch bei der ihre Vorteilhaftigkeit messenden Alternativanlage Nichtentnahme von Vermögenszuwächsen unterstellt, dann berechnet sich der Gegenwartswert für die kapitalisierte Substanzsteuerzahlung V über n Jahre (V_n), wenn m und i_s gemäß den Gleichungen (31) und (32), S. 314, verstanden werden und B den Selbstfinanzierungs- = Investitionsbetrag bezeichnet, als

$$V_n = \frac{mB}{1+i_s} + \frac{mB(1+i_s)}{(1+i_s)^2} + \ldots + \frac{mB(1+i_s)^{n-1}}{(1+i_s)^n} = n\frac{mB}{1+i_s}. \quad (34)$$

Damit steigt für eine unbegrenzt geplante Unternehmung der Gegenwartswert der Substanzsteuerbelastung einer selbstfinanzierten Investition mit wachsender Lebensdauer der Unternehmung über jedes Maß. Modellansätze, die zu unendlich hohen Gegenwartswerten = gedachten Marktpreisen führen, belegen ökonomisch unverträgliche Annahmen.

c) Wird hingegen lediglich der Kalkulationszinsfuß als interne Wachstumsrate eines Vermögen bis zum Planungshorizont gedeutet, wird für die zu prüfende Investition ein Kalkulationszinsfuß als Entscheidungshilfe irrelevant, weil ein Zahlungsstrom immer nur an einem anderen Zahlungsstrom (hier zusammengepreßt in einem Kalkulationszinsfuß) in seiner Vorteilhaftigkeit beurteilt werden kann.

Die Kapitalisierung einer künftigen Substanzsteuerlast auf investierte Gewinne ist mit jener Eigenkapitalrendite nach Steuern vorzunehmen, welche eine alternativ zur gerade zu prüfenden Investition erwogene selbstfinanzierte Investition erbrächte. Welche Steuern sind von der Eigenkapitalrendite abzuziehen? Zwei Antworten sind abzuwägen:

(1) Wird die Alternativanlage des Eigenkapitals in Anlagen gesehen, die *nicht* den Einheitswert des Betriebsvermögens erhöhen (z.B. Schachtelbeteiligungen), dann ist die beispielhaft gewählte Rendite von 10% vor Steuern nur um die Tarifbelastung mit Gewerbeertrag- und Körperschaftsteuer zu kürzen.

(2) Wird berücksichtigt, daß die Alternative zu der gerade zu prüfenden Investition auch den Einheitswert des Betriebsvermögens erhöht, dann wäre zu fragen, ob abweichend von (1) die Kapitalisierung mit einem Kalkulationszinsfuß zu erfolgen hat, der nicht nur um die Gewinnsteuerbelastung gekürzt ist, sondern zusätzlich um die Vermögensteuer- und Gewerbekapitalsteuerlast.

Die Antwort auf die Frage (2) liegt auf der Hand: Da die Abstandszahlung V eine selbstfinanzierte Investition B von einer künftigen Substanzsteuerschuld freistellt, kann der Betrag B − V zu einem internen Zinssatz angelegt werden, der nur noch Gewinnsteuern unterworfen ist. Deshalb gilt als Barwert für das erste Jahr (auf die Erweiterung für n Jahre sei verzichtet):

$$(B - V_1)\,[1 + (1 - s_g)(1 - s_t)\,i] = B\,[1 + (1 - s_g)(1 - s_t)\,i - m] \quad \text{oder} \quad (35)$$

$$V_1 = \frac{mB}{1 + (1 - s_g)(1 - s_t)\,i}. \quad (35a)$$

Nachdem somit die Kapitalisierung künftiger Substanzsteuerzahlungen mit einem Kalkulationszinsfuß zu geschehen hat, der nicht um einen substanzsteuerlichen Multifaktor zu verkürzen ist, folgt: Es führt in einen Widerspruch, den Kalkulationszinsfuß um einen substanzsteuerlichen Multifaktor zu kürzen, wenn für die zu prüfende Investition und die den Kalkulationszinsfuß bestimmende alternative Finanzanlage angenommen wird, beide erhöhen den Einheitswert des Betriebsvermögens zum den investierten Selbstfinanzierungsbetrag.

IV. Einzelprobleme der effektiven Steuerbelastung von Investition und Finanzierung

a) Der Einfluß einzelner „Steuervergünstigungen" auf die Vorteilhaftigkeit von Investitionen

1. Steuerbegünstigte Kapitalanlagen

aa) Ursachen für Irrtümer über angeblich steuerbegünstigte Kapitalanlagen

Steuerausweichhandlungen zielen darauf ab, jene Handlungsmöglichkeiten zu verwirklichen, die nach Steuern das höchste verfügbare Einkommen oder Endvermögen zum Planungshorizont bieten. Jedoch erfolgen Anpassungshandlungen an Steuerrechtsetzungen, wie die Erfahrung mit Milliardenpleiten bei zahlreichen sogenannten steuerbegünstigten Kapitalanlagen in den letzten Jahrzehnten lehrt, nicht immer mit der Sorgfalt und Entscheidungsrationalität, wie sie sonst üblich ist. Offenbar besteht folgende finanzpsychologische Einstellung: Mit wachsendem Einkommen verdrängt die Hoffnung, durch bestimmte Kapitalanlagen Steuern jetzt nicht zu zahlen, immer stärker das Bewußtsein für daraus folgende weit höhere künftige Einnahmenminderungen oder Ausgaben, einschließlich der Gefahr späterer Steuernachzahlungen.

Im Hinblick auf behauptete Steuervorteile oder angepriesene steuerbegünstigte Kapitalanlagen scheinen viele Steuerpflichtige ihre Entscheidungsrationalität zu verringern, mitunter sogar auszublenden. Diese finanzpsychologische Einstellung wird durch ein Steuerrecht gestützt, wenn nicht verursacht, das in vermeidbarem Ausmaß entscheidungsverzerrend abgefaßt ist. Zu den wichtigsten Verzerrungen neben den bereits behandelten zählen, daß Veräußerungsgewinne und Verluste im Betriebsvermögen und im Privatvermögen unterschiedlich behandelt werden[81]. Hinzu treten inexakte Rechtsetzungen und mangelhafte Rechtsdurchsetzung in einzelnen Bereichen und ein so kompliziertes Steuerrecht, daß viele Steuerpflichtige auf sogenannte Tips hereinfallen, ohne die Konsequenzen im einzelnen überblicken zu können.

Ob im Einzelfall ein behaupteter „Steuervorteil" oder eine „Steuervergünstigung" vorliegt, läßt sich erst nach einer genauen Investitionsrechnung beurteilen. Sie muß auf Zahlungsströmen aufbauen, die für den gesamten Planungszeitraum unter Berücksichtigung der Steuerzahlungen aufgestellt worden sind. Wie schwierig im Einzelfall ein Urteil über „Steuervorteile" sein kann, wird an einem Beispiel aufgrund von Prospektangaben dargestellt. Lernziel ist dabei, den Blick zu schulen für unvollständige Angaben und verborgene Unterstellungen in den vorgelegten Vorteilsberechnungen. Der Leser soll ein Störge-

---

81 Vgl. dazu näher *Jochen Sigloch:* Grundfragen steuerbegünstigter Kapitalanlagen – dargestellt am Beispiel der Kommanditbeteiligungen. In: Unternehmung und Steuer, hrsg. von L. Fischer. Wiesbaden 1983, S. 221-251, bes. S. 251.

fühl gegen wohlklingende Versprechungen von „Steuervorteilen", „Liquiditätsvorteilen", „Steuerersparnis" usw. entwickeln.

Im praktischen Fall ist das Überprüfen der Zahlenangaben und vor allem der steuerrechtlichen Bedingungen sehr zeitraubend. Ohne eine solche Prüfung läßt sich keine verläßliche Vorteilsberechnung durchführen. Die rechtliche Korrektheit der Angaben und Steuerzahlungen ist keineswegs immer gegeben; und selbst wenn, so sichert sie noch nicht die Verläßlichkeit einer Behauptung über einen Steuervorteil: Seit der ersten Auflage dieses Buches, also seit über 20 Jahren, werden regelmäßig sogenannte Steuerersparnisinvestitionen, häufig auf Glanzpapierprospekten abgedruckt, überprüft. Noch in keiner fand sich eine betriebswirtschaftlich fehlerfreie Vorteilsberechnung.

bb) Steuerersparnismodell Immobilienerwerb: „Hotelappartement"

(1) Sachverhalt: Von einer Wohnungsbauunternehmung wird ein Hotel erstellt und vermietet. Die Mieteinnahmen sind mit dem Pächter (einer Hotel-Betriebs-GmbH) fest vereinbart und werden für 5 Jahre vom Vertreiber dieses Steuerersparnismodells garantiert. Die einzelnen Hotelzimmer sollen an Hochbesteuerte verkauft werden. Geworben wird mit dem Argument:

„Kapitalanlagen in Immobilien am richtigen Standort sind Vermögensanlagen, die sich bisher als sicher und langfristig ertragreich bewährt haben, denn sie bieten Inflationsschutz und gleichzeitig Wertzuwachs oder zumindest Werterhalt ... Finanzierung bzw. Rückfluß des eingesetzten Kapitals durch sofort steuerlich abzugsfähige Werbungs- und andere Kosten von ca. 230% bezogen auf 10% Eigenkapital".

Ein auf S. 324 angeführtes Berechnungsbeispiel geht von der Annahme aus, „daß es sich beim Erwerber um einen Kleinunternehmer (gemäß § 19 Abs. 1 UStG) handelt, der hinsichtlich der Pachteinnahmen etc. regelmäßig zur Mehrwertsteuer optiert". Das Berechnungsbeispiel besteht in der „Darstellung der 5 jährigen Garantiezeit - ohne Berücksichtigung der Finanzierungslaufzeit pro Jahr". Dazu muß man wissen: „Kleinunternehmer" mit einer geringen Umsatzhöhe werden zunächst von der Umsatzbesteuerung ausgenommen. Ihnen steht jedoch eine Option zur Umsatzsteuer zu, die zusätzlich auf die (grundsätzlich befreiten) Umsätze aus Vermietung auszudehnen ist. Dies ermöglicht hier, Umsatzsteuerbeträge vom Fiskus erstattet zu bekommen, die dem Erwerber eines Hotelappartements in Rechnung gestellt wurden (sog. Vorsteuerabzug). Der Kleinunternehmer ist aber im Gegenzug verpflichtet, Umsatzsteuer auf seine Einnahmen aus dem Appartement abzuführen[82].

Lohnt sich das Objekt unter den Annahmen, daß die vorgenannten Zahlen alle Ausgaben und Einnahmen vor Steuern zutreffend wiedergeben und am Planungshorizont nach 5 Jahren ein Netto-Verkaufserlös in Höhe des Gesamtaufwands von 153.000 DM zu erzielen sei? Dazu wird im einzelnen folgende Rechnung vorgelegt:

---

82 Zu den Wirkungen von Umsatzsteuerbefreiungen vgl. *Schneider:* Grundzüge, S. 188-190.

Sondereigentum an einem Hotelappartement von rund 21 qm zuzüglich 8 qm anteiliges Gemeinschaftseigentum:

Gesamtaufwand:	153.000 DM	
Eigenkapital 10%	15.300 DM	
Kreditaufnahme: 153.000 DM (Auszahlung 90%, 4% Jahreszins für 4 Jahre), Auszahlung	137.700 DM	
Kapitaleinsatz	153.000 DM	
Grundstücksanteil	13.994 DM	
Gebäudeanteil	113.552 DM	
steuerlich abzugsfähige Kosten	19.636 DM	darin enthaltene Mehrwertsteuer: 1.541 DM
steuerlich nicht abzugsfähige Kosten	3.267 DM	
Grunderwerbsteuer	2.551 DM	
	153.000 DM	
steuerlich abzugsfähige Werbungskosten: Damnum der Kreditaufnahme	15.300 DM	
sonstige steuerlich abzugsfähige Kosten	19.636 DM	
Summe		34.963 DM

Bezogen auf den Eigenkapitaleinsatz von 15.300 DM sind die 34.963 DM 228%.

(2) Drei Lösungsschritte sind bei der Prüfung einer sog. Steuerersparnisinvestition auf ihre Vorteilhaftigkeit hin zu trennen:

a) *Prüfung der Verläßlichkeit der Zahlenangaben vor Steuern.* Dabei ist genau darauf zu achten, inwieweit die Zahlungen als verbindlich gelten können und welchen Wert eine Garantieerklärung oder ein Prüfungsvermerk durch einen Wirtschaftsprüfer oder Steuerberater hat - nämlich im Regelfall dann, wenn die Steuerersparnisinvestition schief geht: gar keinen. Nicht enthalten ist z.B. in diesen Berechnungen folgende, beim Studium der Vertragstexte erst auffallende Ausgabe: Vertriebsbeauftragte sind berechtigt, ein Agio in Höhe von 3% zuzüglich gesetzlicher Mehrwertsteuer geltend zu machen. Diese Kosten sind nicht im Gesamtaufwand enthalten und vom Erwerber gesondert zu bezahlen. Nicht gesagt wird, was die Berechnungsgrundlage für die 3,42% sind, vermutlich der Gesamtaufwand.

Die praktisch zeitraubende Aufgabe der Prüfung der Verläßlichkeit der Zahlenangaben vor Steuern gilt im folgenden als gelöst. Die im Prospekt enthaltenen Ausgaben und Einnahmen seien alle Zahlungen, die zu beachten sind und in ihrem zeitlichen Anfall bzw. bei Einnahmen: in ihrer Höhe als sicher angesehen werden können.

b) *Prüfung der Steuerzahlungen.* Hierbei ist zunächst die steuerrechtliche Zulässigkeit der rechtlichen Konstruktion und der Einzelangaben zu beurteilen. Dabei sind regelmäßig Änderungen gegenüber den angegebenen Beispielrechnungen erforderlich. Häufige steuerrechtliche Unkorrektheiten oder jedenfalls nicht immer abgesicherte Angaben sind:

Berechnungsbeispiel:

		MwSt
A) I. Einnahmen		
1. garantierte Pacht	6.816,21 DM	
2. zzgl. 15% MwSt (1993)	<u>1.022,43 DM</u>	(+1.022,43)
3. Pachteinnahmen brutto	7.838,64 DM	
II. Ausgaben		
1. Zins 4% bei Auszahlung 90% für 4 Jahre (tilgungsfrei, Effektivverzinsung 7,1%)	6.120,00 DM	
2. Verwaltungskosten (inkl. MwSt)	273,60 DM	(–35,69)
3. Pachtpoolverwaltung (inkl. MwSt)	78,39 DM	(–10,22)
4. Reparaturrücklage (gemeint sein müssen: Reparaturausgaben)	228,88 DM	
5. MwSt	976,52 DM	
	7.677,39 DM	<u>(+976,52)</u>
B) Unterdeckung aus Vermietung		
Pachteinnahmen brutto		7.838,64 DM
Ausgaben	–7.677,39 DM	
AfA 2%	–2.316,45 DM	<u>–9.993,84 DM</u>
C) Steuerlicher Verlust aus Vermietung		<u>–2.155,20 DM</u>
bei Steuerprogression		50%
Steuervorteil durch Werbungskosten		<u>1.077,60 DM</u>
D) Liquidität bei Steuerprogression:		
Zufluß:		
1. garantierte Pachteinnahme (netto)		6.816,21 DM
2. Steuervorteil durch Werbungskosten		<u>1.077,60 DM</u>
Abfluß: Ausgaben II (ohne Position 5 MwSt)		<u>–6.700,87 DM</u>
E) Verfügbare Liquidität p.a.		+1.192,94 DM
F) Verfügbare Liquidität nach 5 Jahren (Liquidität) p.a. x 5 Jahre)		<u>+5.964,70 DM</u>

(1) Die Zwischenvermietung wird von der Finanzverwaltung dann als Steuerumgehungstatbestand (§ 42 AO) eingestuft, wenn erhebliche Zahlungen an den Zwischenvermieter geleistet werden. Bei Mietgarantien wird üblicherweise die Grenze bei 4 Monatsmieten angesetzt. Im Beispiel sind 6 Monatsmieten genannt. Dies kann von der Finanzverwaltung in diesem Fall akzeptiert worden sein, da in den 6 Monatsmieten auch die Kosten der Erstvermietung mit abgegolten sind. Wird eine Zwischenvermietung als Steuerumgehungstatbestand angesehen, so ist eine Option für die Mehrwertsteuer (die einen erheblichen Teil des berechneten „Vorteils" ausmacht) nicht möglich[83].

(2) Die Steuerminderausgabe wird in dem Rechenbeispiel für einen mittleren Zahlungszeitpunkt des Jahres angesetzt, in dem der Verlust aus Vermietung und Verpachtung entsteht. Zu beachten ist jedoch, daß Verluste aus Vermietung und Verpachtung bei einem Antrag auf Ermäßigung der Einkommensteuervorauszahlung frühestens in dem Jahr berücksichtigt werden, das der Fertigstellung oder der Anschaffung folgt (§ 37 Abs. 3 Satz 6 EStG).

(3) Ob die einzelnen unter Werbungskosten zusammengefaßten Posten als steuerlich abzugsfähig anerkannt werden, muß jeweils anhand der neuesten Rechtslage geprüft werden, weil hier durch Schreiben des Bundesministers der Finanzen häufig Änderungen eintreten. So ist z.B. die Anerkennung des Damnums in Höhe von 10% nicht gesichert, da grundsätzlich nur ein Damnum bis 6% von den Finanzämtern akzeptiert wird, darüber hinaus nur, wenn die Marktüblichkeit nachgewiesen ist[84].

(4) Der hier ausgewählte Prospekt und viele andere weisen nicht daraufhin, daß die erstattete Mehrwertsteuer das steuerpflichtige Einkommen erhöht, so daß von dem sogenannten Mehrwertsteuervorteil in vielen Fällen rund die Hälfte oder gar mehr an den Fiskus abzuführen ist, was die Rentabilität erheblich mindert.

c) Erstellen eines betriebswirtschaftlich richtigen Vergleichs. Die in Prospekten bzw. Berechnungsbeispielen genannten Vorteilskriterien sagen im Regelfall betriebswirtschaftlich entweder gar nichts aus oder sind unvollständig und unzureichend.

Gar nichts sagt z.B. das Kriterium aus „Finanzierung aus Steuervorteilen" bzw. „...durch sofort steuerlich abzugsfähige Werbungs- und andere Kosten von ca. 230% bezogen auf 10% Eigenkapital". Dieser „Steuervorteil" besteht aus Ausgaben, die steuerlich Werbungskosten darstellen und die hier auf 10% des Gesamtkapitaleinsatzes bezogen werden. Der „Steuervorteil" ist also keineswegs einer Steuerersparnis gleich, denn das wäre allenfalls der Betrag aus Grenzsteuersatz mal steuerlich abzugsfähigen Werbungskosten.

---

83 Vgl. zu Einzelfragen *Werner Goldbeck, Werner Uhde:* Das Bauherrenmodell in Recht und Praxis. Neuwied-Darmstadt 1984, hier bes. S. 474; *Karl-Heinz Schmider:* Einzelprobleme bei der Prüfung von Bauherrengemeinschaften. In: Praxis der Steuerbegünstigten Kapitalanlagen, Bd. 11, hrsg. von A. Kellermann u.a., Köln 1984, S. 35-106.

84 Vgl. Schreiben des BMF vom 13.8.1981 (Dritter Bauherrenerlaß), BStB. I 1981, S. 604-607, hier S. 605, in Verbindung mit Rundverfügung der OFD Berlin vom 29.6.1982, St 412 – S2253a – 1/81, kommentiert in *Günther Felix, Dieter Carlé:* Steuererlasse in Karteiform. Köln 1961/84, § 21 EStG, Nr. 123.

Unvollständig und unzureichend ist das Kriterium „verfügbare Liquidität" jährlich bzw. nach 5 Jahren. Ein solcher Posten zeigt lediglich an, wieviel die sogenannte Steuerersparnisinvestition zur Deckung nicht im Berechnungsbeispiel enthaltener Ausgaben (wie der Kredittilgung) und zur Abdeckung einer Verkaufspreisminderung erwirtschaftet. Über die Vorteilhaftigkeit sagt dieser Betrag gar nichts, weil dazu eine ausdrückliche Annahme über die Länge der Investitionsdauer, den Veräußerungserlös am Ende der Investitionsdauer und zusätzlich noch über die Höhe des Zinsfußes (nach Steuern) zu machen ist, mit dem zwischenzeitliche Einnahmenüberschüsse angelegt und Ausgabenüberhänge finanziert werden können.

Ein betriebswirtschaftlich richtiger Vorteilsvergleich beginnt mit einer Zusammenstellung eines Finanzplanes. Hier wird dafür jene Investitionsdauer ausgewählt, für die eine Mieteinnahmengarantie gegeben ist und auf die sich die Berechnungsbeispiele mit ihren ungenauen Durchschnittswerten beziehen. Der Finanzplan zwingt dazu, eine Annahme über den Verkaufserlös (nach Abzug aller Veräußerungskosten) zu machen. Der Zwang zu Zusatzannahmen läßt zugleich das Risiko der Investition erkennen.

Der betriebswirtschaftlich richtige Vergleich erfordert neben der Vorteilsberechnung eine Risikoanalyse. Von der Höhe des Verkaufserlöses nach 5 Jahren hängt ausschlaggebend ab, ob die Steuerersparnisinvestition sich als Verlustgeschäft erweist oder nicht. Nur bei erheblichen Verkaufspreissteigerungen für den Erwerb eines solchen Appartements trifft die Behauptung vom „Inflationsschutz und gleichzeitigen Wertzuwachs" zu. Häufig waren bisher selbst in Jahren mit beachtlicher Inflationsrate Eigentumswohnungen nur sehr schwierig und mit schmerzlichen Preisnachlässen zu verkaufen.

(3) *Der Finanzplan* für das Beispiel geht von der (nach der Erfahrung der letzten Jahrzehnte eher zu optimistischen) *Zusatzannahme* aus, daß der Gesamtaufwand dem Nettoveräußerungserlös nach 5 Jahren entspricht. Nach dieser Annahme muß der Zweiterwerber – nach 5 Jahren – bereit sein, mehr Gesamtaufwand als der Ersterwerber in Kauf zu nehmen. Dem Zweiterwerber entstehen zu dem Kaufpreis weitere Ausgaben wie Grunderwerbsteuer, möglicherweise Gebühren für die Finanzierung des Kaufpreises, Notar- und Grundbuchausgaben und Ausgaben für Renovierung. Der Finanzplan (S. 327) weist die jährlichen Zahlungen in vollen DM-Beträgen aus, sieht von Rundungsdifferenzen ab und läßt sich so erläutern:

	t_0	t_1	t_2 bis t_4	t_5	Verkauf t_5
Einnahmen	137.700	7.839	7.839	7.839	153.000
	(Darlehen, netto)	(t_1 bis t_5: garantierte Pacht mit USt)			
Steuerminderausgaben		1.078	1.078	3.449	10.094
		+8.229			
		(aus Erwerbsvorgang in t_0)			
USt-Erstattungs-	16.636				
anspruch	191*				
	<u>1.651</u>				
	18.478				
Zwischensumme	156.178	17.146	8.917	11.288	163.094
Ausgaben	13.994	6.120	6.120	10.863	153.000
	(GrdSt.)	(t_1 bis t_5: Zins)			(Tilgung)
	113.552				
	(Gebäude)				
	22.903	274	274	274	
	(Werbungskosten, nicht absetzbare Aufwendungen)	(t_1 bis t_5: Verwaltungskosten mit USt)			
	2.551	78	78	78	
	(Grunderwerbsteuer)	(t_1 bis t_5: Poolverwaltung mit USt)			
	153.000	229	229	229	
	(Gesamtaufwand)	(t_1 bis t_5: Reparatur)			
USt-Zahllast		977	977	977	19.957*
					230*
Zwischensumme	153.000	7.678	7.678	12.421	173.187
Einnahmenüberschüsse	3.178	9.468	1.239	−1.113	−10.093
Zahlungsstrom für Renditenberechnung	−137.700	9.468	1.239	−1.113	+127.607
Endwert der Einnahmenüberschüsse als Risikoprämie					7.059

* 0,15 · ½ Grunderwerbsteuer

1. Einnahmen und Ausgaben in t_0

Übernommen werden die Beträge der Einnahme aus Kreditaufnahme von 137.700 DM und 153.000 DM „Gesamtaufwand" bei den Ausgaben.

Zur Berechnung des USt-Erstattungsbetrages ist es notwendig zu wissen, ob der Verkäufer für den Grundstücks- und Gebäudeanteil gesondert USt ausgewiesen hat. Nur dann ist diese als Vorsteuer vom Käufer absetzbar. Da Umsätze, die mit der Grunderwerbsteuer in Verbindung stehen, steuerfrei sind (§ 4 Nr. 9 a UStG), muß hierzu der Verkäufer für die USt optiert haben (§ 9 UStG). Im Prospekt-Berechnungsbeispiel ist keine USt bei der Aufzählung der Komponenten des Gesamtaufwands ausgewiesen worden. Nur für die Position „steuerlich abzugsfähige Kosten" und „steuerlich nicht abzugsfähige Kosten" (19.636+3.267 DM) ist in einer Beilage zum Prospekt 1.651 DM als Vorsteuer gesondert aufgeführt.

Für die weitere Rechnung wird als *Zusatzannahme* die für die Rendite günstigste Alternative unterstellt: Der Verkäufer hat optiert und in dem Grundstücksanteil und Gebäudeanteil (13.994+113.552 DM) sind 15:(100+15) USt in Höhe von insgesamt 16.636 DM enthalten. Zusätzlich ist die Hälfte der Grunderwerbsteuer umsatzsteuerpflichtig, wenn der Verkäufer optiert hat und der Käufer die Grunderwerbsteuer in voller Höhe zahlt[85]. Unter dieser Annahme stellt der Verkäufer 16.636+1.651+191 (Anteil Grunderwerbsteuer) = 18.478 DM in Rechnung, die der Käufer als Vorsteuer absetzen kann.

Im Investitionszeitpunkt ergibt sich daraus ein Liquiditätsvorteil und eine Renditeverbesserung, da der Vorsteuererstattung in t_0 keine weiteren Ausgaben oder Mindereinnahmen gegenüberstehen. Wäre bei dem Kauf in t_0 die Umsatzsteuer nicht gesondert ausgewiesen worden, hätte man nur 1.651 DM, die auf Renovierungsausgaben u.ä. entfallen, als Vorsteuer absetzen können!

Gemindert wird dieser Vorsteuer-Vorteil durch die Gewinnbesteuerung. Die Vorsteuererstattung (18.478) ist als steuerpflichtige Einnahme zu berücksichtigen. Dadurch kürzen sich die im Berechnungsbeispiel angegebenen 34.936 DM Werbungskosten auf netto 16.458 DM. Das entspricht einer Steuerminderausgabe von 8.229 DM in t_1 (§ 37 Abs. 3 Satz 6 EStG).

2. Einnahmen und Ausgaben t_1 bis t_5

Gegenüber dem Berechnungsbeispiel sind die Ausgaben und Einnahmen für t_1 um die gerade erörterte Steuerminderausgabe zu korrigieren. Davon abgesehen errechnet sich die Steuerminderausgabe ab t_1 aus dem Verlust aus Vermietung (B, C) multipliziert mit dem Grenzsteuersatz als $2.155 \cdot 0,5 = 1.078$ DM.

Für t_5 steigen darüber hinaus die Zinsausgaben, da das Berechnungsbeispiel „ohne Berücksichtigung der Finanzierungslaufzeit" aufgestellt ist; dort entfällt die Berücksichtigung des Damnums. Laut Kreditvertrag sind 153.000 DM nach 4 Jahren zurückzuzahlen. Als *Zusatzannahme* wird für den Finanzplan unterstellt, daß die Tilgung sich durch Zwischenfinanzierung von t_4 auf t_5 verschieben läßt. Dabei soll der Effektivzins für den einjährigen Kredit dem bisherigen Effektivzins von 7,1% entsprechen.

---

85 Vgl. BFH-Urteil vom 10.7.1980, BStBl. II 1980, S. 620.

Diese Zinszahlung verändert die Steuerminderausgaben in t_5. Die Steuerminderausgabe von 1.078 DM (wie t_4) wächst um 50% der Zinsausgabenerhöhung von 10.863 - 6.120 auf 1.078+0,5 (10.863 -6.120) = 3.449 DM.

3. Einnahmen und Ausgaben durch den Verkauf in t_5

Aus der Vorgabe, der Kaufpreis entspreche dem Gesamtaufwand in t_0 153.000 DM, folgt eine Einnahme von 153.000 DM, die noch um Steuerzahlungen zu ergänzen ist. Außerdem wird in dieser Spalte auch die Kredittilgung in Höhe von 153.000 DM erfaßt.

Da der Verkauf in t_5 ein Umsatz ist, der mit Grunderwerbsteuer in Verbindung steht, ist er grundsätzlich umsatzsteuerbefreit. Würde der Verkäufer für diesen Umsatz nicht optieren, so könnte er auch die Umsatzsteuer nicht gesondert ausweisen. Er müßte damit rechnen, daß ein umsatzsteuerpflichtiger Käufer, weil er keine Vorsteuer absetzen kann, sein Preisangebot reduzieren würde. Ein umsatzsteuerpflichtiger Käufer ist indifferent zwischen den Alternativen 153.000 DM Kaufpreis und darin enthaltener USt in Höhe von 19.957 DM, gesondert ausgewiesen, und einem Kaufpreis von 133.043 DM ohne Anspruch auf Vorsteuererstattung. Außerdem müßte der Verkäufer, der für Umsätze aus Vermietung optiert hat und innerhalb von 10 Jahren für andere steuerfreie Umsätze keine Option ausübt, damit rechnen, Anteile der früher angerechneten Vorsteuer zurückzahlen zu müssen (§ 15a UStG).

Deshalb folgt die *Zusatzannahme*, daß der Verkäufer auch für diesen Umsatz optiert, und daß in den 153.000 DM die gesamte USt enthalten ist. Zusätzlich wird wie beim Kauf in t_0 unterstellt, daß der Käufer die Grunderwerbsteuer in voller Höhe trägt (3.060 DM = 2% vom Kaufpreis). Dadurch erweitert sich die USt-Bemessungsgrundlage um 0,5 · 3.060 und die Zahllast durch den Verkauf in t_5 erhöht sich von 19.957 um 230 auf 20.187 DM. Da diese Zahllast einkommensteuerlich abzugsfähig ist, ergibt sich eine Steuerminderausgabe von 10.094 DM.

Als weitere *Zusatzannahme* wird für die jährlichen Einnahmenüberschüsse eine Wiederanlageverzinsung von 6% vor Steuern und damit 3% nach Steuern (ohne Berücksichtigung von Substanzsteuern) gewählt. Der Endwert des Einnahmenüberschusses beläuft sich auf 7.059 DM. Da kein Eigenkapitalzinssatz im Vergleich zum Verzicht auf diese Investition erfolgt, kann dieser Betrag als erwarteter Totalgewinn vor Abzug einer Risikoprämie gedeutet werden. Ob dieser Betrag als erwartete Risikoprämie für die Gefahr eines Nichteintretens der hier unterstellten günstigen Zusatzannahmen und für „Ex-post-Überraschungen" aus dem Nichteintreten der Prospektangaben ausreicht, muß jeder Investor für sich entscheiden.

(4) Für den Vorteilsvergleich eine Rendite zu berechnen, ist fragwürdig, da sich ein Eigenkapitaleinsatz gegenüber der Alternative „Verzicht auf den Immobilienerwerb Hotelappartement" streng genommen nicht bestimmen läßt. Folgender Ansatz erlaubt einen Vergleich zu anderen fremdfinanzierten Geldanlagen.

Als Anfangskapitaleinsatz gilt das gegenüber der Alternative „Verzicht auf diese Investition" zusätzlich benötigte Finanzierungsvolumen von 137.000 DM. Der Einnahmenüberschuß in t_0 von 3.178 wird als ertragbringend in den zu berechnenden Endwert einbezogen, desgleichen für t_1 bis t_4 der Einnahmenüberschuß im Finanzplan, während für t₅ der Einnahmenüberschuß um die Tilgung, aber ohne Damnum (also um das ursprüngliche zusätzliche Finanzierungsvolumen von 137.000) auf +127.607 DM zu erhöhen ist.

Der Endwert beträgt $3.178 \cdot 1{,}03^5 + 9.468 \cdot 1{,}03^4 + 1.239 \cdot (1{,}03^3+1{,}03^2+1{,}03) - 1.133 + 127.607 = 144.759$ DM.

Dem zusätzlichen Kapitaleinsatz von 137.700 DM entspricht ein Barwert dieses Endwerts, wenn die Abzinsung mit r = 1,01% erfolgt.

Unter den jeweils günstigsten Zusatzannahmen beträgt der Renditenüberschuß nach Finanzierungskosten und Steuern rund 1%. Dieses Ergebnis ist aber an die Vorgabe gebunden, daß nach 5 Jahren der Gesamtaufwand erlöst wird und die weiteren Zusatzannahmen eintreten (über den Verkaufspreis, keine höheren als die angegebenen Reparaturausgaben, günstigste Annahmen über die im Kaufpreis enthaltenen Vorsteuern).

Einen ersten Schritt zur Risikoanalyse dieses Investitions- (bzw.: Finanzierungs-) Vorhabens bildet eine Berechnung des kritischen Verkaufserlöses in t_5. Wie stark darf der Wiederverkaufspreis sinken, ohne daß die Investition zu Verlusten führt?

Als verlustfrei wird eine Investition angesehen, wenn der Endwert der aufgezinsten Zahlungssalden gerade die Tilgung des Darlehens in t_5 ermöglicht. Wird mit x der Zahlungsüberschuß durch den Verkauf unter Berücksichtigung der Steuerwirkungen bezeichnet, so folgt: $+3.178 \cdot 1{,}03^5 + 9.468 \cdot 1{,}03^4 + 1.239 \cdot (1{,}03^3+1{,}03^2+1{,}03) - 1.133 + x = 153.000$, x = 135.848.

Der Betrag x gleicht jedoch noch nicht dem erforderlichen, Verlustfreiheit garantierenden Verkaufspreis. Der Betrag x entspricht vielmehr dem Verkaufspreis (p) - Umsatzsteuer + Gewinnminderung durch die USt. Die Umsatzsteuer berechnet sich als 15:115p zuzüglich der Umsatzsteuer auf die halbe Grunderwerbsteuer, wenn diese der Erwerber trägt, also 0,15 · 0,5 · 0,02p, so daß

$$x = p - (1 - s)(0{,}1304p + 0{,}0015p), \text{ für } s = 0{,}5 \text{ folgt}$$
$$p = 1{,}0706x. \qquad (36)$$

Für x = 135.848 ergibt sich p = 145.439 DM.

Schon bei einem Verkaufspreis von 145.439 DM (also 5% weniger als vorgegeben), würde der Endwert der Zahlungssalden nicht mehr ausreichen, verlustfrei zu tilgen, und dies, obwohl sonst die renditegünstigsten Annahmen getroffen wurden.

cc) *Negatives Kapitalkonto eines Kommanditisten in Westberlin und Tilgungsaussetzungsdarlehen mit kapitalbildender Lebensversicherung*

1. Der Kommanditist als nur mit seiner Einlage haftender Personengesellschafter hat nur einen Anspruch auf Auszahlung des Gewinnanteils, der zu seinem Kapitalanteil hinzukommt. Die Auszahlung des Jahresgewinns kann der Kommanditist solange nicht fordern, solange sein Kapitalanteil durch eine Zurechnung von Verlusten aus früheren Jahren noch gemindert ist (§ 169 HGB). „An dem Verluste nimmt der Kommanditist nur

bis zum Betrage seines Kapitalanteils und seiner noch rückständigen Einlage teil" (§ 167 Abs. 3 HGB).

Durch vertragliche Vereinbarung können jedoch die gesetzlichen Vorschriften abbedungen werden. Dies führt häufig aus steuerlichen Gründen in Westberliner Gesellschaftsverträgen zu der Vereinbarung, daß dem Kommanditisten Verluste über seine Einlage hinaus zugerechnet werden. Dadurch entsteht ein „negatives Kapitalkonto" des Kommanditisten. Dessen steuerlicher Anerkennung verdanken zahlreiche sogenannte Verlustzuweisungsgesellschaften ihre Existenz. Stammt der Verlust aus einem Mitunternehmeranteil an einem Westberliner Unternehmen, so daß die Voraussetzungen von § 15 a BerlinFG erfüllt sind, kann ein Kommanditist einen solchen Verlust gegen andere steuerpflichtige Einkünfte aufrechnen und damit seine Steuerzahlung mindern (innerhalb des restlichen Bundesgebiets, also auch für Ostberlin, ist die steuerliche Verlustverrechnung eines negativen Kapitalkontos wegen § 15 a EStG nicht zulässig). Die Möglichkeit, Westberliner Verluste aus einem negativen Kapitalkonto steuerlich zu verrechnen, läßt sich wie folgt ausnutzen:

Ein gut verdienender Arzt im Bundesgebiet ärgert sich, daß er für die letzten 100.000 DM zu versteuerndes Einkommen im Jahr 1993 53.000 DM Einkommensteuer zu zahlen hat (für 1992 wäre zusätzlich der Solidaritätszuschlag von 3,75% zu beachten), Kirchensteuer falle nicht an. Deshalb folgt er folgender Annonce: „Verlustzuweisungen von 333 % noch in diesem Jahr bei Kommanditanteilen ab 30.000 DM an einer Berlinförderungs-GmbH & Co KG, die durch gewerbliche Investitionen die Vorteile des Berlinförderungs-Gesetzes in Anspruch nimmt".

Der Steuerberater des Arztes überprüft die Angaben und stellt fest: Rechtlich sind die Versprechungen in Ordnung, so daß

a) die Verlustzuweisung noch in diesem Jahr rechtswirksam erfolgt,

b) in den drei folgenden Jahren verbleiben die Wirtschaftsgüter noch in einer Westberliner Betriebsstätte (das ist eine der steuerrechtlichen Voraussetzungen für Westberlin-Vergünstigungen),

c) die Finanzverwaltung kann die Anerkennung der Verlustverrechnung weder von vornherein wegen erwarteter Unrentabilität verweigern, wobei sie sich auf den Beschluß des BFH vom 10.11.1977 (BStBl 1978 II, S. 15-21) stützen würde, noch die Investition als steuerlich nicht abzugsfähige Liebhaberei einstufen.

Gleichwohl kann nicht ausgeschlossen werden, daß die Gesellschaft nach drei Jahren wegen hoffnungsloser Unrentabilität Konkurs macht. Zur Vereinfachung sei angenommen, in den Jahren 1993 bis 1997 träten keine weiteren Verluste auf und 1997 gehe die Berlinförderungs-GmbH & Co. KG in Konkurs. Diese Vereinfachung erfolgt nur, um das Beispiel zu verkürzen.

Die Empfehlung des Steuerberaters an seinen Mandanten lautet hierbei: Zeichnen Sie sofort den Kommanditanteil! Denn gerade wegen des Konkurses macht der Mandant unter diesen Bedingungen ein glänzendes Geschäft, wie der Vergleich der Handlungsmöglichkeiten zeigt.

Handelsrechtlich gilt: Bei 30.000 DM Kommanditanteil und einer Verlustzurechnung von 100.000 DM wird das Kapitalkonto des Kommanditisten mit 70.000 DM negativ. Der Kommanditist haftet aber nur mit seiner Einlage von 30.000 DM. Welchen Sinn hat eine solche Verlustzurechnung, die zu einem negativen Kapitalkonto führt?

Handelsrechtlich wird damit lediglich eine Änderung der Gewinnverteilung zwischen Vollhaftern und Kommanditisten erreicht. Verluste, die den Vollhafter getroffen hätten, stehen jetzt auf dem negativen Kapitalkonto des Kommanditisten und müssen durch künftige Gewinngutschriften ausgeglichen werden, ehe der Kommanditist durch weitere Gewinngutschriften seine Einlage auffüllen und danach wieder Gewinne entnehmen kann. Die handelsrechtliche Wirkung ist also ein Aufschieben künftiger Gewinneinnahmen durch den Kommanditisten.

1. Einkommensteuervorauszahlung zum 10.12.1993 für 100.000 DM zusätzliches Einkommen im letzten Quartal	−53.000 DM
2. Zeichnung des Kommanditanteils von 30.000 DM im November, so daß die Einkommensteuervorauszahlung wegen der Verlustbescheinigung über 100.000 DM vermieden werden kann, weil das zusätzliche Einkommen von 100.000 DM gegen zusätzlich erwarteten Verlust aufgerechnet wird	−30.000 DM
3. Differenz der Handlungsmöglichkeiten 1993	+23.000 DM

Voraussetzungsgemäß entstehen weitere Zahlungen erst 1997, nach einem Konkurs der GmbH & Co KG. Die Konkursabwicklung wird steuerrechtlich als Aufgabe eines Gewerbebetriebes durch einen Mitunternehmer angesehen. Das bedeutet: Weil zu Beginn der Kommanditbeteiligung ein steuerwirksamer Verlust entstanden ist und bei Beendigung des Unternehmens ein Liquidationserlös von 0 für den Kommanditanteil bleibt, muß die Differenz: −70.000 DM negatives Kapitalkonto und Liquidationswert des Anteils 0, also +70.000 DM, steuerrechtlich als Veräußerungsgewinn betrachtet werden. Mit dieser Regelung eines fiktiven Veräußerungsgewinns wird die frühere steuerrechtliche Verlustberücksichtigung wieder rückgängig gemacht.

Aus einem solchen Veräußerungsgewinn für einen Mitunternehmeranteil entstehen folgende Steuerzahlungen:

a) Der zu versteuernde fiktive Veräußerungsgewinn mindert sich um einen Freibetrag bei Aufgabe des Gewerbebetriebs. Dieser Freibetrag von 30.000 DM bzw. bei über 55-jährigen von 120.000 DM wird für den gesamten Gewerbebetrieb gewährt und verteilt sich deshalb auf sämtliche Mitunternehmer auf. Beträgt das ursprüngliche Gesamtkapital 1 Mio. DM, so entfallen auf den Arzt vom Freibetrag also nur 3% = 900 DM. Der Freibetrag sei hier vernachlässigt, er vergünstigt die Investition zusätzlich.

b) Veräußerungsgewinne aus Mitunternehmeranteilen gelten als außerordentliche Einkünfte, die einem ermäßigten Steuersatz unterliegen. Dieser ermäßigte Steuersatz beträgt bei dieser Höhe des Veräußerungsgewinns die Hälfte des Durchschnittssteuersatzes. Der Durchschnittssteuersatz des Arztes für 1997 sei mit 48% angenommen (zu versteuerndes Jahreseinkommen bei Alleinveranlagung rund 460.000 DM). Damit beläuft sich der ermäßigte Steuersatz für Veräußerungsgewinne auf 24% von 70.000 DM = 16.800 DM Steuerzahlung.

Durch den Erwerb des Kommanditanteils der von vornherein konkursreifen Berlinförderungs-GmbH & Co KG verwirklicht der Arzt also folgende Finanzierungsvorhaben:

t_0 (1993): + 23.000 DM; t_4 (1997): - 16.800 DM

Dies ist unter Vernachlässigung von Zinsen ein Einnahmenüberschuß von 6.200 DM und bei Berücksichtigung von 4% Zinsen nach Steuern ein Vermögensmehr in t_0 von rund 8.639 DM (bis 1994 – Auslaufen der Steuerermäßigung für Westberlin – liegt das Vermögensmehr noch höher).

Das deutsche Steuerrecht bietet also die Chance zu Steuervergünstigungen, die selbst im voraussehbaren Konkurs noch einen beträchtlichen Gewinn verschaffen. Allerdings ist das nicht der Regelfall bei solchen Anteilen an Verlustzuweisungsgesellschaften. Viele haben sich in den letzten Jahren schon deshalb als Millionenpleiten erwiesen, weil die steuerrechtlichen Voraussetzungen nicht genau beachtet wurden.

2. Um den Verkauf kapitalbildender Lebensversicherung zu fördern, kommt ein Versicherungsvertreter auf folgende Idee: Die Investitionsfinanzierung bei einer GmbH mit Gesellschafter-Geschäftsführer soll statt über Darlehen mit regelmäßiger Tilgung durch ein Darlehen ohne Tilgung (Tilgungsaussetzungsdarlehen) erfolgen, zu dessen Rückzahlung eine kapitalbildende Lebensversicherung abgeschlossen wird. Dabei soll die GmbH Alleinbegünstigte für die Versicherung des leitenden Mitarbeiters „Gesellschafter-Geschäftsführer" sein. Schließt eine GmbH auf das Risiko eines Ausscheidens eines leitenden Angestellten eine Versicherung ab, so sind die Versicherungsprämien Betriebsausgaben; andererseits ist der Teilwert des Versicherungsanspruchs jährlich zu aktivieren.

Die Überlegung des Versicherungsvertreters lautet: Beim Tilgungsdarlehen seien die Tilgungen aus versteuertem Gewinn oder erneuter Kreditaufnahme zu leisten, während bei dem Tilgungsaussetzungsdarlehen, verbunden mit einer kapitalbildenden Lebensversicherung, Lebensversicherungsbeiträge (und damit die Ansparung der Rückzahlung) Betriebsausgaben darstellen. Dies faßt der Versicherungsvertreter zu dem Schlagwort zusammen: Statt Tilgung aus versteuertem Gewinn Tilgung über Betriebsausgaben (aus Gewinn vor Steuern).

Die Gegenüberstellung: Ein Annuitätendarlehen erfordere zur Tilgung Gewinn nach Steuern, ein Tilgungsaussetzungsdarlehen mit kapitalbildender Lebensversicherung erlaube eine „Tilgung aus Gewinn vor Steuern" ist betriebswirtschaftlich nicht jedoch in dieser Weise zu sehen:

a) Erfolgt eine zu finanzierende Investition nicht in abnutzbaren Anlagen und ist deshalb nicht AfA-fähig (z.B. eine Investition in unbebauten Grundstücken oder Beteiligungen), kann die Tilgung aus dem Veräußerungserlös erfolgen, der in Höhe der Anschaffungsausgaben erfolgsneutral bleibt und folglich keinen versteuerten Gewinn beansprucht.

b) Erfolgt die zu finanzierende Investition in abnutzbaren Anlagen und ist deshalb AfA-fähig, so ist eine Tilgung insoweit erfolgsneutral, wie die Tilgungsraten den jährlichen AfA-Beträgen entsprechen.

c) Einer Tilgung aus versteuertem Gewinn bedarf es nur dann, wenn die Investition aus nicht abnutzbaren Anlagen nicht veräußert bzw. eine AfA-fähige Investition nach Ablauf ihrer wirtschaftlichen Nutzungsdauer ersatzbeschafft wird und in beiden Fällen das ursprünglich zur Finanzierung aufgenommene Fremdkapital durch selbstfinanziertes Eigenkapital ersetzt werden soll.

Betriebswirtschaftlich richtig wäre das Problem also so zu formulieren:

Eine Investition wird zunächst über Kredit finanziert, und dieser Kredit soll nach seiner Laufzeit durch Eigenkapital ersetzt sein. Welches ist der vorteilhaftere Weg: ein banktibliches Annuitätendarlehen oder ein Tilgungsaussetzungsdarlehen mit Ansparung der Rückzahlung über eine kapitalbildende Lebensversicherung?

Ausschlaggebend für den Vorteilsvergleich alternativer Formen der Investitionsfinanzierung ist der Gesamtbetrag der Zahlungen in jedem Jahr der Laufzeit. Dabei zeigte sich bei den bislang gängigen Lebensversicherungsverträgen: Gegenüber einem banktiblichen Annuitätendarlehen war die Finanzierungsform eines Tilgungsaussetzungsdarlehens mit kapitalbildender Lebensversicherung betriebswirtschaftlich-steuerlich unvorteilhaft, weil

(1) bereits der Zahlungsüberschuß vor Steuern wegen des Erfordernisses der Finanzierung der Ausgabenüberhänge aufgrund der höheren Zinsausgaben und der Lebensversicherungsprämie negativ wurde;

(2) unter Berücksichtigung der Besteuerung zusätzliche Ausgaben anfallen: zwar minderte sich die Gewerbeertrag- und Körperschaftsteuer wegen der höheren Zinszahlungen beim Tilgungsaussetzungsdarlehen, aber (bis auf das erste Jahr) überstieg die jährliche Aktivierung des Zuwachses an Teilwert für die Lebensversicherung die jährliche Lebensversicherungsprämie. Damit ist der Überlegung in der Einleitung, daß einer Darlehenstilgung aus versteuertem Gewinn eine Rückzahlung durch Ansparung aus Betriebsausgaben (Gewinn vor Steuern) gegenübergestellt werden könne, die Grundlage entzogen.

Eine Tilgungsaussetzung mittels kapitalbildender Lebensversicherung kann indessen vorteilhaft werden, wenn deren Überschüsse steuerfrei bleiben. Dies wird erreicht, wenn die Versicherungsansprüche nicht der Kapitalgesellschaft, sondern dem Gesellschafter zustehen, bzw. bei Personengesellschaften oder Einzelunternehmungen steuerrechtlich dem Privatvermögen zugehören[86]. Überschüsse aus kapitalbildenden Lebensversicherungen ab einer Vertragsdauer von zwölf Jahren sind für private Versicherungsnehmer steuerfrei. Das Steueränderungsgesetz 1992 hat inzwischen die Kombinierbarkeit von Schuldverträgen mit steuerlich abzugsfähigen Zinsen und steuerbegünstigten Kapitallebensversicherungen auf die Finanzierung von Sachanlagevermögen, Existenzgründungen und des Wohnungsbaus eingeschränkt (§ 20 Abs. 1 EStG).

---

86 Vgl. *Thomas Dommermuth:* Unternehmensfinanzierung durch Tilgungsversicherung. Wiesbaden 1991, S. 308-364, zur wirtschaftlichen Zugehörigkeit S. 50-56.

2. Steuervergünstigungen bei Veräußerungsgewinnen auf Investitionen

aa) Überblick

a) Veräußerungsgewinne sind bei den Einkünften aus nichtselbständiger Arbeit, Kapitalvermögen, Vermietung und Verpachtung steuerfrei und bei den sonstigen Einkünften dann, soweit die Spekulationsfristen überschritten sind. Einkünfte aus Spekulationsgeschäften liegen vor,

(1) wenn verkauft wird, bevor man das Verkaufte besitzt,

(2) der Zeitraum zwischen Anschaffung und Verkauf nicht mehr beträgt als bei Grundstücken 2 Jahre und bei anderen Wirtschaftsgütern (insbesondere Wertpapieren) 6 Monate; Kursgewinne aus dem Verkauf inländischer festverzinslicher Wertpapiere führen nicht zu Spekulationseinkünften.

Gewinne aus Spekulationsgeschäften bleiben steuerfrei, wenn der Jahresgewinn weniger als 1.000 DM beträgt (Freigrenze). Verluste dürfen nur bis zur Höhe der Spekulationsgewinne im gleichen Kalenderjahr abgesetzt werden.

b) Veräußerungsgewinne bei Anlagevermögen sind innerhalb der Einkünfte aus selbständiger Arbeit und Gewerbebetrieb zur Hälfte, bei Einkünften aus Land- und Forstwirtschaft zum Teil sogar vollständig zeitweise bis dauerhaft von der Besteuerung befreit, soweit die Veräußerungsgewinne auf bestimmte Ersatzwirtschaftsgüter vorgetragen werden: Rücklage nach § 6 b EStG bzw. bei Land- und Forstwirten § 6 c EStG sowie die Rücklage für Ersatzbeschaffung (S. 261).

c) Veräußerungsgewinne bei Einkünften aus Land- und Forstwirtschaft, selbständiger Tätigkeit und Gewerbebetrieb sind steuerbegünstigt, wenn es sich um außerordentliche Einkünfte handelt. Zu den außerordentlichen Einkünften zählen neben Entschädigungen und Einkünften aus mehrjähriger Tätigkeit Veräußerungsgewinne bei der Veräußerung eines land- und forstwirtschaftlichen Betriebs, eines Gewerbebetriebs oder des Betriebes eines Selbständigen, also z.B. einer freiberuflichen Praxis. Zu den Einkünften aus Gewerbebetrieb gehört auch der Gewinn aus der Veräußerung einer wesentlichen Beteiligung an einer Kapitalgesellschaft, wenn die wesentliche Beteiligung innerhalb der letzten fünf Jahre bestand und im Veranlagungsjahr mehr als 1% des Kapitals der Gesellschaft veräußert wurde (§ 17 Abs. 1 EStG). Eine wesentliche Beteiligung erfordert hier noch 25% der Anteile, nicht wie beim Schachtelprivileg 10%. Die Veräußerungsgewinne führen erst zu Steuerzahlungen, nachdem Freibeträge überschritten sind, und unterliegen dann einem ermäßigten Steuersatz:

(1) Die Freibeträge belaufen sich bei Land- und Forstwirten auf 120.000 DM, wenn es sich um eine Erbfolge handelt (§ 14 a EStG mit zahlreichen Einzelheiten), bei der Veräußerung eines Gewerbebetriebs oder des Betriebes eines Selbständigen (§ 16 Abs. 4, 18 Abs. 3 EStG) auf 30.000 DM. Wird ein Teilbetrieb, ein Mitunternehmeranteil (z.B. ein Kommanditanteil) oder der Anteil eines Vollhafters an einer KGaA verkauft, sinkt der Freibetrag auf den Teil von 30.000 DM, der dem Anteil am Betrieb entspricht, der veräußert wurde.

Ein Freibetrag ermäßigt sich um den Betrag, um den der Veräußerungsgewinn bei Veräußerung des gesamten Betriebes 100.000 DM übersteigt. An die Stelle der 30.000 DM treten 120.000 DM, und an die Stelle der Grenze 100.000 DM treten 300.000 DM, wenn der Steuerpflichtige nach Vollendung des 55. Lebensjahres oder wegen dauernder Berufsunfähigkeit seinen Gewerbebetrieb aufgibt (§ 16 Abs. 4 EStG).

Bei der Veräußerung einer wesentlichen Beteiligung an einer Kapitalgesellschaft sinkt der Freibetrag auf 20.000 DM, die Freigrenze endet bei 80.000 DM (§ 17 Abs. 3 EStG).

(2) Der ermäßigte Steuersatz für Veräußerungsgewinne aus der Aufgabe eines Gewerbebetriebs oder Teilbetriebs oder eines wesentlichen Anteils an einer Kapitalgesellschaft beträgt die Hälfte des durchschnittlichen Steuersatzes, der sich ergeben würde, wenn die tarifliche Einkommensteuer zu berechnen wäre nach dem gesamten zu versteuernden Einkommen zuzüglich ausländischer Einkünfte, die wegen eines Doppelbesteuerungsabkommens in Deutschland freigestellt sind. Dabei darf auf die außerordentlichen Einkünfte § 6 b oder 6 c EStG nicht angewandt werden. Diese Vergünstigung endet bei 30 Mio. DM Veräußerungsgewinn (§ 34 Abs. 1 EStG).

bb) Die Wirkung der Besteuerung auf Nutzungsdauer und Ersatzzeitpunkt:
Einschließungs- und Veräußerungseffekt

Die *wirtschaftliche Nutzungsdauer* einer Anlage ist dann beendet, wenn der Kapitalwert im Zeitablauf sein Maximum erreicht. Das zeitliche Kapitalwertmaximum liegt in jenem Zahlungszeitpunkt, in welchem der zeitliche Grenzgewinn Null wird, vorausgesetzt, der zeitliche Grenzgewinn ist vorher stets positiv, danach stets negativ (vgl. S. 103 f.). Diese Voraussetzung soll im folgenden erfüllt sein. Im Optimum gleicht der Grenzgewinn im Zeitpunkt n (G_n) dem Periodenüberschuß (Q_n) zuzüglich des Restverkaufserlöses im Zeitpunkt n (R_n) und abzüglich des aufgezinsten Restverkaufserlöses im Zeitpunkt n-1 (R_{n-1}) also

$$G_n = Q_n + R_n - (1+i) R_{n-1} = 0. \tag{37}$$

Um die Wirkung der Steuern zu erfassen, müssen wir den versteuerten zeitlichen Grenzgewinn errechnen. Der versteuerte zeitliche Grenzgewinn G_{sn} besteht aus:

a) dem versteuerten Betriebsgewinn des Jahres n: Der versteuerte Betriebsgewinn errechnet sich aus Periodenüberschuß minus Gewinnsteuerzahlung. Für die steuerliche Abschreibung des Jahres n schreiben wir jetzt $W_{n-1}-W_n$, also die Differenz der Restbuchwerte zweier benachbarter Zahlungszeitpunkte:

$$Q_n - s[Q_n - W_{n-1} + W_n] = (1-s)Q_n + s(W_{n-1} - W_n). \tag{38}$$

b) Hinzuzufügen ist der versteuerte Restverkaufserlös des Jahres n: $R_n - s[R_n - W_n]$.

c) Abzuziehen ist der versteuerte Restverkaufserlös am Ende des Vorjahres, und (4) abzuziehen sind ferner die Zinsen auf den versteuerten Restverkaufserlös des Vorjahres.

b) und c) ergeben:

$$-(1+i-is)\,[R_{n-1}-s\,(R_{n-1}-W_{n-1})]\,. \tag{39}$$

Fassen wir die einzelnen Glieder des versteuerten zeitlichen Grenzgewinns zusammen, so errechnet sich nach Kürzung der zeitliche Grenzgewinn nach Steuern, G_{sn}, als

$$G_{sn} = (1-s)\,[Q_n - R_n - (1+i)\,R_{n-1}] + (1-s)\,is\,[R_{n-1} - W_{n-1}] \tag{40}$$

$$G_{sn} = (1-s)\,G_n + (1-s)\,is\,[R_{n-1} - W_{n-1}]\,. \tag{40a}$$

Der zeitliche Grenzgewinn nach Steuern gleicht dem versteuerten Grenzgewinn (vor Steuern) zuzüglich den versteuerten Zinsen auf die ersparte Steuerzahlung, die bei einer Veräußerung im Vorjahr wegen des Veräußerungsgewinns angefallen wäre.

Wird der versteuerte zeitliche Grenzgewinn G_{sn} gleich Null gesetzt, so ergibt sich für G_n

$$G_n = -is\,[R_{n-1} - W_{n-1}]\,. \tag{41}$$

Im steuerlichen Optimum unterscheidet sich der versteuerte Grenzgewinn vom unversteuerten durch die Zinsen auf die ersparte Steuerzahlung, die bei einer Veräußerung im Vorjahr wegen des Veräußerungsgewinns angefallen wäre.

Daraus läßt sich der Einfluß der Besteuerung auf die Nutzungsdauer erkennen. Wenn wir voraussetzen, daß mit steigender Nutzungsdauer Periodenüberschüsse, Restverkaufserlöse und Restbuchwerte fallen, dann folgt:

(1) Die Besteuerung hat keinen Einfluß auf die wirtschaftliche Nutzungsdauer, wenn sich Restverkaufserlös am Ende des Vorjahres und Restbuchwert am Ende des Vorjahres decken; denn dann entstehen durch den Verkauf der Anlage keine steuerpflichtigen Erträge bzw. keine steuermindernden Veräußerungsverluste (Nutzungsdauerneutralität der einmaligen Investition, d.h. $G_{sn} = G_n = 0$).

(2) Ist der Restverkaufserlös des Vorjahres höher als der Restbuchwert, wären aus dem Verkauf der Anlage im Vorjahr steuerpflichtige Veräußerungsgewinne und damit zusätzliche Steuerzahlungen entstanden. Um dies zu vermeiden, kann es sich lohnen, die Nutzungsdauer zu verlängern. Wäre ohne Berücksichtigung der Steuern die Nutzungsdauer im Jahre (n-1) beendet worden, so wird mit Berücksichtigung der Steuern die Anlage länger genutzt, da hier die Zinsen auf das noch in der Anlage gebundene Kapital geringer sind. Eine Erhöhung der Steuersätze verlängert also hier die Nutzungsdauer.

(3) Ist der Restverkaufserlös im Vorjahr kleiner als der Restbuchwert, entstünden durch den Verkauf der Anlage im Vorjahr Veräußerungsverluste. Ist ein sofortiger Verlustausgleich möglich, so mindern diese Aufwendungen die Steuerzahlungen der Unternehmung. Eine Erhöhung der Steuersätze führt hier somit zu einer Kürzung der Nutzungsdauer.

Bei Erhöhungen des Steuersatzes lassen Veräußerungsgewinne eine längere Nutzungsdauer, Veräußerungsverluste eine kürzere Nutzungsdauer vorteilhaft erscheinen. Bei Steuersatzsenkungen verlängern Veräußerungsverluste die Nutzungsdauer, Veräußerungsgewinne verkürzen sie. Dies gilt für die einmalige Investition, d.h. unter der Annahme, daß sich sonst nur Investitionsvorhaben bieten, die sich zum Kalkulationszinsfuß verzinsen.

Der *zielentsprechende Ersatzzeitpunkt* ist dann erreicht, wenn der Grenzgewinn der alten Anlage G_n gleich dem Durchschnittsgewinn der neuen Anlage ist, vorausgesetzt, der Grenzgewinn liegt zuvor stets über, danach stets unter dem Durchschnittsgewinn. Der Durchschnittsgewinn ist dabei als Annuität (Kapitalwert der einmaligen Investition K mal Wiedergewinnungsfaktor w) zu verstehen (S. 106).

Ohne Berücksichtigung der Steuern lohnt sich der Ersatz, sobald (S. 109)

$$G_n = wK. \qquad (42)$$

Entsprechend gilt für den Steuerfall

$$G_{sn} = w_s K_s, \qquad (43)$$

wobei w_s den Wiedergewinnungsfaktor für den Zinssatz i_s bedeutet und K_s der Kapitalwert der einmaligen Investition im Steuerfall ist. Setzen wir (40a) in (43) ein und formen die Gleichung um, so ist der optimale Ersatzzeitpunkt dann erreicht, wenn

$$G_n = -is[R_{n-1} - W_{n-1}] + \frac{w_s}{1-s} K_s. \qquad (44)$$

Daraus folgt:

(1) Selbst wenn Nutzungsdauerneutralität für die einmalige Investition gewahrt ist (der Restverkaufserlös am Ende der Vorperiode dem Restbuchwert am Ende der Vorperiode gleicht), beeinflußt die Besteuerung den Ersatzzeitpunkt.

(2) Im Regelfall gilt:

$$wK < \frac{w_s}{1-s} K_s \qquad (45)$$

Bei fallenden Grenzgewinnen und Gleichheit von Restverkaufserlös und Restbuchwert bewirkt damit im Regelfall die Besteuerung gegenüber einer Nichtbesteuerung kein Hinausschieben des Ersatzzeitpunktes.

(3) Im Ausnahmefall kann gelten:

$$wK > \frac{w_s}{1-s} K_s \qquad (45a)$$

dann wird bei Nutzungsdauerneutralität für die einmalige Investition der optimale Ersatzzeitpunkt durch die Besteuerung verzögert.

Im Regelfall ist damit kein „Einschließungseffekt" (lock-in-Effekt) für Anlagen durch die Besteuerung sowohl der laufenden Einnahmenüberschüsse als auch des einmaligen Veräußerungsgewinns zu erwarten.

Der *Einschließungseffekt (lock-in-Effekt)* besagt:
Eine Besteuerung von Veräußerungsgewinnen bei Grundstücken, Wertpapieren und anderen Anlagegegenständen hindere die Eigentümer an einem Verkauf, weil sie ihnen einen Teil des Verkaufserlöses wegnehme. Da die Besteuerung der Veräußerungsgewinne gewissermaßen die Eigentümer in ihre Investitionen einschließe, vermindere sich das Angebot an Grundstücken, Wertpapieren, sonstigen Anlagegegenständen mit unerwünschten Folgen: Das niedrigere Angebot treibe die Preise in die Höhe, verstärke Preisschwankungen, erschwere die wirtschaftlich beste Verteilung von Produktionsfaktoren[87].

Bei dieser Behauptung ist offenbar nur an die einmalige Investition, (Fall 2, S. 337) gedacht worden. Zusätzlich ist zu beachten, daß die Vergleichsalternative hier eine Nichtbesteuerung von laufenden Gewinnen und einmaligen Veräußerungsgewinnen bildet. Das Modell sagt noch nichts über die Wirkung einer Nichtbesteuerung von Veräußerungsgewinnen bei Besteuerung laufender Gewinne. Darauf wird jetzt eingegangen.

cc) Der Einfluß von § 6 b EStG auf den Veräußerungszeitpunkt von Investitionen

Auf Argumenten, die dem Einschließungseffekt entsprechen, baut die politische Begründung des § 6 b EStG auf: „Der Zugriff der Gewinnsteuern auf die Veräußerungsgewinne hat zu einer weitgehenden Stagnation des Veräußerungsverkehrs nicht nur von Grundstücken, sondern auch von Beteiligungen und sonstigen Anlagen mit langfristiger Anlagedauer geführt". Der Einschließungseffekt lieferte auch die Rechtfertigung dafür, daß bei einer Reform des Einkommensteuergesetzes (1973) die Besteuerung von Veräußerungsgewinnen nicht ausgedehnt wurde: „Die Beschränkung der Besteuerung auf Gewinne aus der Veräußerung bestimmter privater Wirtschaftsgüter ... hat sich bewährt und wird deshalb beibehalten", insbesondere würde ein „stärkerer steuerlicher Zugriff auf Einkünfte aus ... Grundstücksgeschäften ... – angesichts der Tatsache, daß sich die Geschäfte auf nicht vermehrbare Wirtschaftsgüter beziehen – zu einer Erstarrung des

---

87 Vgl. *Harold M. Somers:* An Economic Analysis of the Capital Gains Tax. In: National Tax Journal, Vol. 1 (1948), S. 226-232; ders.: Reconsideration of the Capital Gains Tax. In: National Tax Journal, Vol. 13 (1960), S. 289-309; *Charles C. Holt, John P. Shelton:* The Implications of the Capital Gains Tax for Investment Decisions. In: The Journal of Finance, Vol. 16 (1961), S. 559-580; *dies.:* The Lock-in-Effect of the Capital Gains Tax. In: National Tax Journal, Vol. 15 (1962), S. 337-352; *Beryl W. Sprinkel, B. Kenneth West:* Effects of Capital Gains Taxes on Investment Decisions. In: The Journal of Business, Vol. 35 (1962), S. 122-134; *Richard Goode:* The Individual Income Tax. Washington 1964, S. 207-210; *Henry C. Wallich:* Taxation of Capital Gains in the Light of recent Economic Developments. In: National Tax Journal, Vol. 18 (1965), S. 133-150; *William F. Beazer:* Expected Income Changes and the Lock-in-Effect of the Capital Gains Tax. In: National Tax Journal, Vol. 19 (1966), S. 308-318; *Richard E. Slitor:* The Carter Proposals on Capital Gains: Economic Effects and Policy Implications for the United States. In: National Tax Journal, Vol. 22 (1969), S. 66-78.

Grundstücksverkehrs und nicht zu einem Sinken der Bodenpreise führen"[88]. Die Einschränkung der Übertragbarkeit auf inzwischen 50% der Veräußerungsgewinne stellt freilich die Gültigkeit früherer Gesetzesbegründungen in Frage. Untersuchen wir deshalb den Einfluß eines Hinausschiebens des Steuerzahlungszeitpunkts für Veräußerungsgewinne auf den Veräußerungszeitpunkt näher.

Ob die Eigentümer von Anlagen wegen der Besteuerung der Veräußerungsgewinne eine Verkaufsentscheidung hinausschieben oder ganz auf den Verkauf verzichten, hängt davon ab, ob und für welchen Zweck sie Bargeld brauchen. Die vielfältigen Wünsche, die Anlaß zu der Überlegung geben, ein Anlagegut zu verkaufen, lassen sich zwei Gruppen zuordnen:

a) Der Eigentümer will konsumieren: Er will z.B. eine Weltreise machen oder die Tochter aussteuern, und deshalb erwägt er, Grundstücke oder Wertpapiere zu verkaufen.

b) Der Eigentümer will sein Vermögen mehren und prüft deshalb den Verkauf bisher gehaltener Anlagen, um ertragreichere und/oder risikoärmere zu wählen. Der Aktienbesitzer überlegt, ob er von einer Aktie auf eine andere oder auf Grundstücke umsteigen soll; der Grundstücksbesitzer erwägt einen Verkauf, weil er sich von Aktien mehr Reichtum verspricht. Ein Unternehmer prüft, ob er einen Zweigbetrieb im Stadtkern veräußern soll, um am Stadtrand einen größeren zu errichten.

Auf den Fall der Reinvestition hat das Schrifttum den Einschließungseffekt abgestellt. Aber deshalb darf der Fall eines Konsumziels nicht übersehen werden. Bei Konsumzielen ist nur unter sehr engen Voraussetzungen ein Einschließungseffekt zu erwarten: wenn die Eigentümer keinen anderweitigen Finanzierungsspielraum besitzen, für ihren Konsum einen vorgegebenen Betrag benötigen, gleichwohl anpassungsfähig sind hinsichtlich des Zeitpunkts ihres Konsums und keinen Wechsel der Anlageform während ihres Zwecksparens vornehmen wollen. Löst man eine dieser engen Voraussetzungen auf, so empfiehlt es sich für den Eigentümer durchweg, bei einer Besteuerung von Veräußerungsgewinnen früher und nicht später zu verkaufen als im Fall der Steuerfreiheit. Es entsteht ein Veräußerungseffekt („Anti-lock-in-Effekt").

Im Fall der Reinvestition hängt das Auftreten eines Einschließungs- oder Veräußerungseffektes als Folge von § 6 b EStG von den Annahmen im einzelnen ab[89].

Wird die Ungewißheit der Zukunft ausdrücklich berücksichtigt, so kann selbst dann, wenn der Vorteilsvergleich einen „lock-in-Effekt" belegt, dieser durch das Einbeziehen von Risikoüberlegungen hinfällig werden. Dies beruht darauf, daß bei Risikoabneigung höhere (unversteuerte) künftige Veräußerungsgewinne heute um so niedriger eingeschätzt werden, je höher ein alternativ dazu heute fast sicher zu erlangender (unversteuerter) Veräußerungsgewinn ist.

---

[88] Bundestags-Drucksache IV/2400 vom 19.06.1964, S. 46; Begründung zum EStG 1975, Bundesrats-Drucksache 700/73 vom 8.11.1973, S. 278.

[89] Vgl. *Dieter Schneider:* Besteuerung von Veräußerungsgewinnen und Verkaufsbereitschaft: der fragwürdige „lock-in-Effekt". In: StuW, Jg. 53 (1976), S. 197-210, hier S. 199, sowie *Dirrigl,* S. 548-562.

Bei Konsumzielen und bei Reinvestitionszielen (Vermögensstreben), wenn das Investitionsvolumen variabel ist (für das Optimum also Grenzrendite gleich Kalkulationszinsfuß gilt) gibt eine Besteuerung von Veräußerungsgewinnen den Investoren keinen Anlaß, ihre Verkaufsbereitschaft zu mindern: Selbst in dem Sonderfall einer vorgegebenen Anlagenkapazität, in dem die alte und die neue Anlage sich gegenseitig ausschließen, kommt bei Risikoabneigung der Einschließungseffekt im Regelfall nicht zum Tragen.

Natürlich ist es den Eigentümern sehr viel angenehmer, wenn Veräußerungsgewinne nicht besteuert werden. Die Eigentümer von Grundstücken und Wertpapieren werden es auch begrüßen, wenn ihre Interessenvertreter für die Steuerfreiheit mit dem Argument sprechen können: Durch eine Besteuerung von Veräußerungsgewinnen würde der Grundstücksmarkt, der Kapitalmarkt, vielleicht die Wirtschaft insgesamt, schweren Schaden erleiden. Richtig daran ist aber lediglich, daß die Steuerfreiheit von Veräußerungsgewinnen den Besitzern solcher Anlagen mehr verfügbare Mittel verschafft, wenn sie verkaufen, und mehr verfügbare Mittel erleichtern höhere Neuinvestitionen. Aber dieser „Investitionsanreiz" geht schließlich von jeder Steuersenkung, ja sogar von jeder Preissenkung aus. Die triviale Folgerung, daß weniger Ausgaben an anderer Stelle finanziellen Spielraum für Investitionen schaffen, ist kein stichhaltiges Argument für die Steuerfreiheit von Veräußerungsgewinnen.

3. Investitionszulagen, Investitionszuschüsse und Sonderabschreibungen im Vergleich

aa) Steuerliche Investitionsförderung in den neuen Bundesländern

Neben Bilanzansatz- und Bewertungsvergünstigungen (z.B. Sonderabschreibungen) sowie steuerfreien Rücklagen sind als staatliche Maßnahmen zur Investitionsförderung vier weitere Instrumente zu nennen:

1. **Investitionszulagen** berechnen sich nach einem Prozentsatz von den Anschaffungs- oder Herstellungskosten einer Investition. Sie sind beim zuständigen Finanzamt zu beantragen. Investitionszulagen erhält auch ein Unternehmer, der in einem Jahr Verluste ausweist. Investitionszulagen führen zu steuerfreien Betriebseinnahmen und beeinträchtigen die Abschreibungsmöglichkeiten nicht: Abschreibungen werden von den ursprünglichen Anschaffungs- oder Herstellungskosten berechnet.

2. **Investitionszuschüsse** unterscheiden sich von Investitionszulagen zum einen, daß der Kreis geförderter Investitionen anders eingegrenzt wird, und sie ein Instrument aus der Gemeinschaftsaufgabe „Verbesserung der regionalen Wirtschaftsstruktur"[90] sind. Zum anderen stellen sie keine steuerfreien Betriebseinnahmen dar, sondern sind zu versteuern. Investitionszuschüsse erhöhen als Betriebseinnahmen entweder den steuerpflichtigen Gewinn des Empfangsjahres, oder sie sind als Minderung des Abschreibungsaus-

---

90 Artikel 28 Einigungsvertrag, BGBl II 1990, S. 898 f. i.V.m. dem Gesetz über die Gemeinschaftsaufgabe „Verbesserung der regionalen Wirtschaftsstruktur", BGBl I 1969, S. 1861, sowie Bundestags-Drucksachen 12/219 und 12/220 vom 11.3.1991.

gangsbetrages zu verbuchen[91]. Einen Investitionzuschuß als Erhöhung des steuerpflichtigen Gewinns im Empfangsjahr zu behandeln, empfiehlt sich für ein Unternehmen nur dann, wenn für die folgenden Jahre mit höheren Grenzsteuersätzen zu rechnen ist.

3. **Abzüge von der Steuerschuld** bemessen sich nach einem Prozentsatz von den Anschaffungs- oder Herstellungskosten einer Investition und mindern die persönliche Steuerschuld des Investors. Zahlt der Investor im Jahre der Investition keine Steuern, z.B. weil er Verluste erlitten hat, dann nützt ihm die Gewährung des Abzugs von der Steuerschuld nichts. Der Abzug von der Steuerschuld beeinträchtigt die Abschreibungsmöglichkeiten nicht: Abschreibungen werden von den ursprünglichen Anschaffungs- oder Herstellungskosten berechnet.

Abzüge von der Steuerschuld sieht z.B. das Stabilitätsgesetz vor[92], das freilich in den letzten zwei Jahrzehnten nicht mehr angewandt wurde. Danach kann die Bundesregierung veranlassen, daß unter bestimmten Voraussetzungen bis zu 7,5% der Anschaffungs- oder Herstellungskosten von abnutzbaren Anlagegütern von der Einkommen- bzw. Körperschaftsteuer des Veranlagungszeitraums abgezogen werden.

4. Hinzu treten als indirekte Investitionsförderung **Verbilligungen bei der Investitionsfinanzierung**, z.B. zinslose oder zinsgünstige Kredite oder das Eigenkapitalhilfeprogramm innerhalb der Gemeinschaftsaufgabe „Verbesserung der regionalen Wirtschaftsstruktur". Zinsverbilligungen begünstigen nur mit einer um die Besteuerung verkürzten Zinsentlastung, bei der die halbe Hinzurechnung der Dauerschuldzinsen zum Gewerbeertrag noch zu beachten ist. Zinsverbilligte Kredite erhöhen keineswegs immer den Finanzierungsspielraum (z. B. weil bei ERP-Krediten die Hausbank für die Sicherheit des zinsverbilligten Kredits bürgen muß).

Aus der Fülle der Investitionsförderungsmaßnahmen für die neuen Bundesländer (genauer: das Beitrittsgebiet zum Grundgesetz) seien im folgenden Investitionszuschüsse, Sonderabschreibungen und Investitionszulagen in ihren Liquiditäts-, Risiko- und Renditewirkungen untersucht.

a) *Investitionszuschüsse* können auf Antrag für Investitionen zur Errichtung gewerblicher Unternehmungen (einschließlich des Erwerbs einer stillgelegten oder von der Stillegung bedrohten Betriebsstätte) mit höchstens 23%, für Erweiterungsinvestitionen mit höchstens 20%, sowie zur Umstellung und grundlegenden Rationalisierung mit bis zu 15% gewährt werden[93].

Investitionszuschüsse dürfen mit den Investitionszulagen und Sonderabschreibungen, wie sie das Steueränderungsgesetz 1991 vorsieht, gekoppelt werden. In Verhandlungen mit der EG hat die Bundesregierung erreicht, daß gesamtwirtschaftlich eine Förderung

---

91 Vgl. Abschnitt 34 Abs. 3 Satz 1-4 EStR.
92 Vgl. Gesetz zur Förderung der Stabilität und des Wachstums der Wirtschaft vom 8. Juni 1967 (BGBl. 1967 I, S. 582-589), § 26 Nr. 3 a bzw. § 27 Nr. 2 k; entsprechend § 51 Abs. 1 Ziff. 2 EStG.
93 Dies gilt mindestens für eine Übergangszeit von fünf Jahren, in denen die neuen Bundesländer einen Sonderstatus im Rahmen der Gemeinschaftsaufgabe „Verbesserung der regionalen Wirtschaftsstruktur" erhalten (Ziff. 2.1. des 20. Rahmenplans der Gemeinschaftsaufgabe „Verbesserung der regionalen Wirtschaftsstruktur", Bundestags-Drucksache 12/895) vom 3.7.91, S. 4 f.

von bis zu 35% zugestanden worden ist, in der die Sonderabschreibungen mit 2,6% eingehen und die Investitionszulage von 12% (z.Z. bis 30.6. 1992) nicht voll einzurechnen ist, weil sie nur für bewegliche Wirtschaftsgüter des Anlagevermögens gewährt wird.

Für Unternehmungen aus dem Beitrittsgebiet zum Grundgesetz dürften die Liquiditäts- und Risikowirkungen vor den Renditewirkungen steuerlicher Investitionsförderung den Ausschlag geben. Für Unternehmungen aus dem Altbundesgebiet und dem Ausland, die im Beitrittsgebiet investieren wollen, werden die Liquiditätswirkungen weniger von Belang sein, Risiko- und Renditewirkungen in den Vordergrund treten.

(1) Im Hinblick auf die Liquidität der Unternehmungen sind alle mit behördlichen Antragsverfahren verbundenen Investitionsförderungsmaßnahmen mit dem Nachteil behaftet, daß sie wegen der Langsamkeit des Verwaltungshandelns nicht rasch Liquidität herbeischaffen. Was nützt einfallsreichen, aber kleinen Unternehmen in den neuen Bundesländern, daß in den Länderhaushalten Milliardenbeträge bereitgestellt worden sind, wenn die erst im Aufbau befindliche Verwaltung dieser Länder nicht in der Lage ist, in wenigen Monaten über einen Antrag zu entscheiden und die Auszahlung zu veranlassen?

(2) Bei den Risikowirkungen ist zwischen einer möglichen Rechtsunsicherheit und den wirtschaftlichen Risikowirkungen auf die Investitionen zu unterscheiden. Als Mangel im staatlichen Handeln erweisen sich inexakte Rechtsetzungen und zeitraubende Rechtsprechungswege; denn der Teufel wohnt stets im Detail der Ausführungsbestimmungen und ihrer Spätfolgen, z.B., wenn Gerichte entscheiden müssen, ob eine Subvention zu Recht verweigert oder zu Unrecht gewährt wurde. Bei dem mühevollen Weg durch die deutsche Rechtsprechung ist ein Warten auf Gerechtigkeit nicht selten belastender als das Hinnehmen einer anfechtbaren Verwaltungsentscheidung.

Hinsichtlich der wirtschaftlichen Risikowirkungen sind Folgen für das Investitionsvolumen von Folgen für die Investitionsstruktur zu unterscheiden. Im Gegensatz etwa zu Sonderabschreibungen, die das versteuerte Einkommen mindern, erleichtert ein Investitionszuschuß das Beibehalten bisherigen Konsums und kann eine zusätzliche Verschuldung mit ihren Risiken vermeiden. Nicht eindeutig ist die Wirkung auf die Investitionsstruktur. Da Investitionszuschüsse gleich teure risikoreiche (innovative) und risikoarme Investitionen mit demselben Betrag entlasten, wird je nach der Art der Risikoabneigung die Risikoübernahme behindert oder gefördert (S. 682 f.).

(3) Um die Renditewirkungen eines Investitionszuschusses zu beurteilen, darf nicht von dem nominalen Förderungssatz von 23%, 20% oder 15% ausgegangen werden. Vielmehr hängt die Renditewirkung eines Investitionszuschusses von drei Einflußgrößen ab:

(a) vom Zeitpunkt der Auszahlung, denn eine Auszahlung im Investitionsjahr ist wegen des Antragsverfahrens keinesfalls die Regel;

(b) von den künftigen Grenzsteuersätzen, denen eine rentable Investition unterliegt, und

(c) von dem Renditenzuwachs, die der Investitionszuschuß selbst erbringt und der durch Steuermehrzahlungen in den Folgejahren aufgrund der niedrigeren Abschreibungen geschmälert wird.

Ein Investitionszuschuß von 20% stellt selbst bei Auszahlung im Investitionszeitpunkt nur dann eine Subvention der Anschaffungs oder Herstellungskosten von 20% dar, wenn über die gesamte Nutzungsdauer der Investition hinweg keine Gewinnsteuerzahlungen anfallen. Erwirtschaftet das Unternehmen Gewinne (was schließlich im Sinne staatlicher Investitionsförderung liegt), dann sinkt der effektive Investitionszuschuß mit steigendem Grenzsteuersatz.

Im folgenden Beispiel wird eine Kapitalgesellschaft unterstellt, die Gewinne zurückbehält. Der Gewerbesteuerhebesatz gleicht dem Durchschnitt im Altbundesgebiet von 360% und führt unter der Annahme, daß gewerbesteuerliche Hinzurechnungen und Kürzungen sich saldieren, zu einem Grenzsteuersatz von 57,63% (S. 283).

Das Beispiel geht von einer Investition aus, die 100.000 DM kostet und im ersten Nutzungsjahr Anlaufverluste gerade vermeidet, dann zu jährlich gleich hohen Einnahmenüberschüssen und zusätzlich im letzten Nutzungsjahr zu einem Restverkaufserlös führt. Eine sofortige Verlustverrechnung ist möglich. Die Rendite dieser das Investitionsprogramm begrenzenden Investition (S. 243) sei 10%; demzufolge werden rückfließende Gelder aus der Investition zu 10% vor Steuern, also mit (1 - 0,5763)10% = 4,237% nach Steuern wieder angelegt. Diese Annahme erfolgt, um die Renditewirkungen der Investitionsförderungsmaßnahme unverzerrt zu erkennen. Eine Wiederanlage rückfließender Gelder zum internen Zinsfuß der Investition nach Steuern würde z.B. eine stets wiederholte Anwendung der Investitionsfördermaßnahme unterstellen.

Ohne staatliche Investitionsförderung errechnet sich bei degressiver AfA mit Übergang zur linearen nach 5 Jahren:
(Spalte A = Zahlungen vor Steuern, Spalte B = Abschreibung, Spalte C = steuerpflichtiger Gewinn, Spalte D = Steuerzahlung, Spalte E = Zahlungsstrom nach Steuerzahlung bzw. steuerlichem Verlustausgleich)

Jahr	A	B	C	D	E
	−100.000	0	0	0	−100.000
1	0	30.000	−30.000	−17.289	17.289
2	20.000	21.000	− 1.000	− 576	20.576
3	20.000	14.700	5.300	3.054	16.946
4	20.000	10.290	9.710	5.596	14.404
5	20.000	7.203	12.797	7.375	12.625
6	20.000	5.602	14.398	8.298	11.702
7	20.000	5.602	14.398	8.298	11.702
8	44.615	5.603	39.012	22.483	22.132

Der Endwert der Einnahmen nach Steuern beträgt bei Wiederanlage zu 4,237% nach Steuern 148.713 DM; daraus folgt eine Rendite nach Steuern von 5,086%. Die effektive Grenzsteuerbelastung errechnet sich als Vorsteuerrendite minus Nachsteuerrendite, wobei diese Differenz auf die Vorsteuerrendite bezogen wird. Hier ergeben sich 49,14% effektive Grenzsteuerbelastung der Investition, also gegenüber einer Kapitalmarktanlage, die dem Grenzsteuersatz von 57,63% unterläge, eine AfA-bedingte Vergünstigung von 8,49 Prozentpunkten.

Bei 20% Investitionszuschuß mit verringertem Abschreibungsausgangsbetrag von 80.000 DM folgt, daß die 20.000 DM Zuschuß zu einer steuerfreien Einnahme werden. Die Auszahlung soll Ende des ersten Jahres erfolgen. Um die Steuerfreiheit zu kennzeichnen, sind die 20.000 DM in eckige Klammern gesetzt. Verluste sollen mit anderen Einkünften im selben Jahr verrechnet werden können, so daß der Verlustausgleich für 24.000 DM Abschreibung zu einer Steuerminderzahlung der Unternehmung führt.

Jahr	A	B	C	D	E
	−100.000	0	0	0	−100.000
1	[20.0000]	24.000	−24.000	−13.831	33.831
2	20.000	16.800	3.200	1.844	18.156
3	20.000	11.760	8.240	4.749	15.251
4	20.000	8.232	11.768	6.782	13.218
5	20.000	5.762	14.238	8.205	11.795
6	20.000	4.482	15.518	8.943	11.057
7	20.000	4.482	15.518	8.943	11.057
8	44.615	4.482	40.133	23.129	21.486

Der Endwert der Einnahmen nach Steuern beträgt bei Wiederanlage zu 4,237% nach Steuern 161.280 DM; daraus folgt eine Rendite nach Steuern von 6,157%. Die effektive Grenzsteuerbelastung fällt auf 38,43%. Damit verbessert hier ein Investitionszuschuß von 20% die Rendite nach Steuern um 6,157 - 5,086 = 1,071 Prozentpunkte und die effektive Grenzsteuerbelastung um 49,14% - 38,43% = 10,71 Prozentpunkte. Aus der Differenz des Endwerts bei Investitionszuschuß (161.280 DM) und dem Endwert ohne Investitionszuschuß (148.713 DM) folgt die Vergünstigung im Endwert durch den Investitionszuschuß von 12.567 DM. Bei dem hier gewählten Zinssatz nach Steuern gleicht das einem Barwert im Investitionszeitpunkt von 9.017 DM. Dies bedeutet: Der nominale (rechtliche) Investitionszuschuß von 20% sinkt auf einen *effektiven Investitionszuschuß von 9%*[94].

In die Höchstsätze zur Regionalförderung nach EG-Recht gehen bisher die nominalen Förderungsraten ein. Da für die Unternehmen, deren Investitionspolitik zu künftigen Steuerzahlungen führt, der effektive Investitionszuschuß mit dem Steuersatz sinkt, im

---

94 Ähnliche Berechnungen bei teilweise anderer Rechtslage sind wiedergegeben bei *Jochen Sigloch, Christian Garhammer*: Investitionszulage, Investitionszuschuß und Vorzugsdarlehen – Instrumente direkter Investitionsförderung im Zonenrandgebiet im wirtschaftlichen Vergleich. In: Mittelstand und Betriebswirtschaft, Bd. 4, Bayreuth 1987, S. 155-189, hier S. 166 f.

Beispiel auf weniger als die Hälfte des nominalen Förderungssatzes, schöpfen 20% Investitionszuschüsse den zulässigen EG-Regionalförderungsmaßnahmen zu fast 2/3 aus, wirken aber bei den Unternehmen im Regelfall renditemäßig schlechter als 10% Investitionszulage für von beiden Maßnahmen geförderte Investitionen. Im Hinblick auf die bisherige Auslegung der EG-Höchstgrenzen zur Regionalförderung sind deshalb Investitionszuschüsse ein sehr unzweckmäßiges Instrument, verglichen z.B. mit Investitionszulagen.

Hinzu tritt, daß die Unsicherheiten über künftige Grenzsteuersätze, Rendite- bzw. Zinsänderungen bei Investitionszuschüssen stärker als bei Investitionszulagen zu Buche schlagen. Die Differenzierung der nominalen Förderungssätze zwischen Errichtungs-, Erweiterungs- und Rationalisierungsinvestitionen verursacht Abgrenzungsschwierigkeiten mit erheblichem Verwaltungsermessen und droht Rechtsstreitigkeiten heraufzubeschwören. Sinn der Differenzierung dürfte die Erhaltung oder Vermehrung von Arbeitsplätzen sein. Hierbei handelt es sich um eine etwas kurzsichtige Überlegung, denn nichts sichert auf lange Sicht Arbeitsplätze im internationalen Wettbewerb so wie durchgreifende Rationalisierungsinvestitionen. Den gewiß schwerwiegenden Arbeitsplatzsorgen in den neuen Bundesländern für 1992 und später kommt man nicht mit Differenzierung von Investitionszuschüssen bei.

b) *Befristete Sonderabschreibungen* für Betriebsgebäude und Ausrüstungsinvestitionen von 50% können wie (bis vorerst der 1994) im ehemaligen Zonenrandgebiet und in den neuen Bundesländern *neben der linearen Abschreibung* verrechnet werden, und zwar für Investitionen in beweglichen Wirtschaftsgütern des Anlagevermögens (außer Luftfahrzeugen, Handelsschiffen) und in unbewegliche Wirtschaftsgüter sowie Ausbauten an Gebäuden, die Wohn- und Betriebszwecken dienen, einschließlich nachträglicher Herstellungskosten bei Modernisierungsmaßnahmen. Die Sonderabschreibung kann auf 5 Jahre verteilt werden. Wirtschaftlichen Sinn gibt diese Verteilungsmöglichkeit allenfalls dann, wenn für die Zukunft höhere Grenzsteuersätze erwartet werden oder auf Kosten der steuerlichen Vorteilhaftigkeit nicht zu niedrige handelsrechtliche Gewinne ausgewiesen werden sollen.

Das Weiterlaufen dieser Sonderabschreibungen für Berlin und das ehemalige Zonenrandgebiet erlaubt diesen regionalen Einigungsgewinnern, eine Steuerstundung weiter vor sich herzuschieben, so daß sie 1991/92 teilweise dem Solidaritätszuschlag ausweichen und über Zinsgewinne oder bei künftig fallenden Grenzsteuersätzen auf endgültige Steuerersparnisse hoffen können. Für Investoren aus den neuen Bundesländern gilt:

(1) Liquidität bringen Sonderabschreibungen durch ersparte Steuerzahlungen und Gewinnausschüttungen, also dann, wenn Gewinn erzielt wird. Das ist für viele Unternehmen aus dem Beitrittsgebiet nicht der Fall. Schon deshalb sind für neugegründete oder sanierungsfähige Unternehmen aus dem Beitrittsgebiet Sonderabschreibungen ein verfehlter Weg zur Investitionsförderung.

(2) Sonderabschreibungen erhöhen im Investitionsjahr die Risikobereitschaft zu mehr Investitionen kaum, da sie weder das Zurückschrauben von Konsum heute veranlassen werden noch eine zusätzliche Verschuldung vermeiden. Für künftige Jahre, in denen

Sonderabschreibungen ausgenutzt werden und zu einer Steuerstundung führen, hängen die Risikowirkungen davon ab, worin die gestundeten Steuerzahlungen investiert werden.

Sonderabschreibungen fördern die Risikobereitschaft im Hinblick auf die Investitionsstruktur, wenn sie z.B. die Gleichschätzung einer risikoarmen mit einer risikoreichen (innovativen) Investition vor Steuern in eine Bevorzugung der risikoreichen Investition nach Steuern umwandeln. Berechnungen im einzelnen zeigen jedoch, daß Abschreibungsvergünstigungen die Risikobereitschaft sowohl behindern als auch fördern können (S. 687 ff.). Sonderabschreibungen sind kein nützliches Instrument zur Förderung der Risikobereitschaft.

(3) Die Wirkungen von Sonderabschreibungen auf die Rendite von Ausrüstungsinvestitionen (abnutzbaren beweglichen Gütern) beschränken sich auf Unternehmungen mit entsprechenden Gewinnen und bei unveränderten Steuersätzen auf bescheidene Zinseffekte. Dies wird deutlich durch den Vergleich der Renditewirkung von degressiver AfA und von 50% Sonderabschreibung bei der für den Investitionszuschuß gewählten Beispielsinvestition. Bei Sonderabschreibung von 50% im ersten Jahr neben der linearen Abschreibung errechnet sich:

Jahr	A	B	C	D	E
	−100.000	0	0	0	−100.000
1	0	62.500	−62.500	−36.019	36.019
2	20.000	12.500	7.500	4.322	15.678
3	20.000	12.500	7.500	4.322	15.678
4	20.000	12.500	7.500	4.322	15.678
5	20.000	0	20.000	11.526	8.474
6	20.000	0	20.000	11.526	8.474
7	20.000	0	20.000	11.526	8.474
8	44.615	0	44.615	25.712	18.903

Der Endwert der Einnahmen nach Steuern beträgt bei Wiederanlage zu 4,237% nach Steuern 152.612 DM; daraus folgt eine Rendite nach Steuern von 5,426%. Die effektive Grenzsteuerbelastung beträgt 45,74%. Die Sonderabschreibung erhöht die Rendite nach Steuern um 0,34 Prozentpunkte; d.h. die effektive Grenzsteuerbelastung der Investition verbessert sich nur um 3,4 Prozentpunkte.

(4) Die Wirkungen von Sonderabschreibungen auf die Rendite von Betriebsgebäuden sind etwas spürbarer, weil die degressive AfA hier nur 10 % beträgt. Da neue Betriebsgebäude allein keine Arbeitsplätze schaffen, fragt es sich, ob diese isolierte Förderung nötig ist. Falls sie für nötig erachtet wird, wäre statt einer Sonderabschreibung eine Investitionszulage (z.B. die Hälfte der für bewegliche abnutzbare Wirtschaftsgüter gewährten Zulage) wirksamer. Allerdings müßten hierfür auch die Investitionszuschüsse im Rahmen

der Gemeinschaftsaufgabe „Verbesserung der regionalen Wirtschaftsstruktur" ausreichen.

(5) 50% Sonderabschreibungen für Ausrüstungsinvestitionen wirken auf die Rendite nach Steuern bescheiden, auf das Risiko ambivalent und hinsichtlich der Liquidität nützen sie nur gewinnerzielenden Unternehmungen. Auf Sonderabschreibungen hätte verzichtet werden können, zumal eine ihrer Folgen darin besteht, teilweise vor dem Solidaritätszuschlag ausweichen zu können. Es ist zu vermuten, daß Wirtschaftsverbände Sonderabschreibungen vor allem deshalb so nachdrücklich fordern, weil ihre Klientel das Nachversteuern der Steuerstundungen aus früheren Abschreibungsvergünstigungen vermeiden möchte, gleichzeitig Ausschüttungsansprüche von Gewinnberechtigten abwehren kann, aber nicht den Mut zu erheblich mehr risikobehafteten Sachinvestitionen mit der Folge steigenden AfA-Volumens aufbringt.

c) Eine *Investitionszulage* von 12% erhalten Investitionen in neue abnutzbare bewegliche Wirtschaftsgüter, die zum Anlagevermögen eines Betriebes oder einer Betriebsstätte in den neuen Bundesländern gehören und nicht mehr als 10% privat genutzt werden, wenn sie (vorerst) bis Ende Juni 1992 (danach 8% bis Ende 1994) abgeschlossen werden. Die Investitionszulage stellt eine steuerfreie Betriebseinnahme dar und mindert den Abschreibungsausgangsbetrag nicht. Sie entfällt für geringwertige Wirtschaftsgüter des Anlagevermögens und für Personenkraftwagen. Eine Koppelung von Investitionstzulagen mit Sonderabschreibungen und Investitionszuschüssen ist zulässig.

Investitionszulagen sind ein richtiger Weg zur Investitionsförderung im Beitrittsgebiet. Vermutlich ist aber die Investitionszulage mit 12% zu niedrig und ihre Befristung zu knapp bemessen (hier drohen die Verzögerungen bei den Grundeigentums-Fragen zurückzuwirken). Ein Verzicht auf Sonderabschreibungen und stattdessen eine Erhöhung der Invesitionszulagen hätten eine wesentlich bessere Investitionsförderung versprochen und den Staatshaushalt 1991-94 weniger belastet, wie S. 354 gezeigt werden wird. Für die gegenüber dem Beitrittsgebiet bei weitem nicht so verbesserungsbedürftige Industriestruktur Westberlins wurden früher teilweise und zeitweise höhere Investitionszulagen gewährt, ganz abgesehen von der Kumulierung von Investitionszulagen bis um 50%, die für die Stahlindustrie nach 1983 zeitweise möglich war. Ging es Jahrzehnte der Westberliner Wirtschaft und um 1983 der Stahlindustrie um ein Mehrfaches schlechter als dem Durchschnitt der Industrie in den neuen Bundesländern ab 1991? Für Investitionszulagen spricht:

(1) Investitionszulagen bringen auch neugegründeten und sanierungsbedürftigen Nicht-Gewinnbetrieben im Beitrittsgebiet Liquidität. Allerdings sind die Liquiditätswirkungen von Investitionszulagen durch § 7 InvZulG 1991 in einer Weise eingeengt, die ihre Nützlichkeit für Unternehmen aus dem Beitrittsgebiet in Frage stellen. Die Investionszulage wird erst nach Ablauf des Wirtschaftsjahres der Investition festgesetzt und ist innerhalb von drei Monaten nach *Bekanntgabe des Bescheides* auszuzahlen. Deshalb steht zu befürchten, daß bei der erst im Aufbau befindlichen Finanzverwaltung im Fördergebiet viele Monate vergehen, bis ein Bescheid ergeht. Ein Unternehmen, das im November 1992 investiert, muß folglich damit rechnen, erst 1994 die Investitionszulage ausge-

zahlt zu bekommen. Für Unternehmen aus dem Fördergebiet kann diese Verzögerung des Liquiditätszuflusses verheerend sein.

Selbst auf die Gefahr von Mißbräuchen hin wäre geboten: Die Investitionszulage kann im Investitionsjahr von der Einkommen- bzw. Körperschaftssteuerschuld, ja sogar von der abzuführenden Lohnsteuer oder Umsatzsteuer abgezogen werden, natürlich unter Einreichung von Belegen über die verwirklichten Investitionen, aber ohne das zeitraubende Antragsverfahren abzuwarten. Vorsorglich könnte für solche Unternehmen eine Betriebsprüfungs-„Feuerwehr" aus erfahrenen Beamten der Altbundesländer gebildet werden, die zumindest bei neugegründeten Unternehmen nicht nur Mißbräuche unterbände, sondern durch ihre Betriebsprüfung zugleich Verbesserungsvorschläge für ein steuerrechtlich sauberes Rechnungswesen einbringen könnten.

(2) Steuerfreie Betriebseinnahmen aus Investitionszulagen mindern das Investitionsrisiko unter mehr Umweltbedingungen als Sonderabschreibungen (S. 684-689). Allerdings ist zu beachten: Besteht die Wahl zwischen risikoarmen und risikoreichen (innovativen) Investitionen, so erleichtern Investitionszulagen (wie fast alle anderen steuerlichen Investitionsförderungsmaßnahmen, insbesondere auch Sonderabschreibungen) Mitnahmeeffekte der auch ohne Förderungsmaßnahmen Investierenden. Eine der wenigen Ausnahmen wäre ein Verlustrücktrag bei der Gewerbeertragsteuer.

(3) Investitionszulagen erhöhen die Rendite nach Steuern. Dabei senken sie die effektive Grenzsteuerbelastung für Investitionen beachtlich. Ohne auf investitionsrechnerische Komplikationen einzugehen, sei das bisherige Beispiel weitergeführt.

Berechnet werden die Renditewirkungen einer Investitionszulage von 12% bei AfA oder bei Sonderabschreibung und die daraus folgenden Minderungen der effektiven Grenzsteuerbelastung. Die Investitionszulage möge am Ende des ersten Jahres ausgezahlt werden und diese steuerfreie Einnahme werde zu 4,237% nach Steuern reinvestiert. Diese Annahme vermeidet die Unterstellung, daß die Wiederanlage in Investitionszulagen- oder Sonderabschreibungen-geförderte Investitionen erfolgt. Ist dies oder eine Wiederanlage in höher rentierenden Anlagen möglich, steigt die Vorteilswirkung der Investitionszulage. Im Beispiel wächst der Endwert der Investition um 12.000 · $1{,}04237^7$ bei degressiver AfA von 148.713 DM auf 164.757 DM. Die Rendite nach Steuern steigt auf 6,44%. Die effektive Grenzsteuerbelastung der Investition sinkt auf 35,60%. Gegenüber 49,14% ohne Investitionszulage sind dies 13,54 Prozentpunkte weniger.

Im Fall der 50% Sonderabschreibung wächst der Endwert der Einnahmen von 152.612 DM auf 168.657 DM. Die Rendite nach Steuern beträgt 6,752%. Die effektive Grenzsteuerbelastung sinkt auf 32,48%. Gegenüber 45,74% ohne Investitionszulage sind dies 13,26 Prozentpunkte mehr Entlastung.

Während 12% Investitionszulage allein (bei degressiver AfA) die effektive Grenzsteuerbelastung um 49,14% - 35,60% = 13,54 Prozentpunkte mindern, die 50% Sonderabschreibung allein eine Verringerung von 3,4 Prozentpunkten bewirkten, läßt die Kopplung die effektive Grenzsteuerbelastung nur mehr um 35,60% - 32,48% = 3,12 Prozentpunkte sinken.

Um die Renditewirkung einer Verbindung von 20% Investitionszuschuß, 12% Investitionszulage und 50% Sonderabschreibung im Beispiel zu bestimmen, sind im ersten Jahr der Investitionszuschuß von 20.000 DM und die Investitionszulage von 12.000 DM als steuerfreie Einnahme anzusetzen, sowie von 80.000 DM Abschreibungsausgangsbetrag 50% Sonderabschreibung und 12,5% lineare AfA, also zusammen 50.000 DM abzusetzen.

Jahr	A	B	C	D	E
	–100.000	0	0	0	–100.000
1	[32.0000]	50.000	–50.000	–28.815	60.815
2	20.000	10.000	10.000	5.763	14.237
3	20.000	10.000	10.000	5.763	14.237
4	20.000	10.000	10.000	5.763	14.237
5	20.000	0	20.000	11.526	8.474
6	20.000	0	20.000	11.526	8.474
7	20.000	0	20.000	11.526	8.474
8	44.615	0	44.615	25.712	18.903

Der Endwert der Einnahmen nach Steuern beträgt bei Wiederanlage zu 4,237% nach Steuern 180.444 DM, daraus folgt eine Rendite nach Steuern von 7,657%. Die effektive Grenzsteuerbelastung fällt auf 23,43%. Aus der Differenz des Endwerts bei Kopplung dieser drei Investitionsförderungsmaßnahmen (180.444 DM) und dem Endwert ohne Förderung (148.713 DM) folgt eine Vergünstigung im Endwert von 31.731 DM. Dies entspricht einem Subventionsbarwert von $31.731:1,04237^8 = 22.767$ DM.

Die drei Förderungsmaßnahmen bewirken zusammen eine Subventionierung der Investition von 22,77%.

Ein Verzicht auf die 50% Sonderabschreibung bewirkt einen Endwert von 177.325 DM; daraus folgt eine Rendite nach Steuern von 7,423% und eine effektive Grenzsteuerbelastung von 25,77%. Das bedeutet: Die effektive Steuerermäßigung durch 50% Sonderabschreibungen wird mit dieser Koppelung der Fördermaßnahmen geringer. Sie sinkt von 3,12 Prozentpunkten (Investitionszulage mit Sonderabschreibung) auf nunmehr 25,77% - 23,43% = 2,34 Prozentpunkte. Nach einem Verzicht auf die 50% Sonderabschreibung bleibt ein Subventionsbarwert von $(177.325 - 148.713):1,04237^8 = 20.529$ DM.

Die Liquiditäts-, Risiko- und Renditeunterschiede zwischen Investitionszulagen und Sonderabschreibungen zwingen zu dem Schluß, daß die in der Gesetzesbegründung[95] mit 7,8 Mrd. DM (1991-94) angesetzten Steuermindereinnahmen als Folge des Gesetzes über Sonderabschreibungen im Fördergebiet wirkungsarm bleiben. Die Steuermindereinnahmen aus Investitionszulagen sind für 1992-1994 mit 3,4 Mrd. DM geschätzt[96]. Ei-

---
95 Vgl. Bundestags-Drucksache 12/219, S. 29.

ne Erhöhung der Investitionszulage von 12% auf 20% erbrächte (ohne Erhöhung des geschätzten Investitionsvolumens) Steuermindereinnahmen von rund 6,2 Mrd.DM. Selbst wenn probeweise 10% Mißbrauchsfälle hinzugerechnet werden, überstiege zwar die Haushaltsbelastung die sich aus den Sonderabschreibungen (mit anderem Anwendungsbereich) ergebenden 7,8 Mrd. DM. Aus dem Saldo 7,8 Mrd. DM + 3,4 Mrd. DM − 6,2 Mrd. DM = 5 Mrd. DM könnten erheblich mehr Investitionen gefördert werden, ehe eine Haushaltsmehrbelastung in den Jahren bis 1994 entstünde. Der Einwand, daß Sonderabschreibungen bei konstanten Grenzsteuersätzen nur eine Steuerstundung darstellten, also ab 1995 höhere Staatseinnahmen bewirken, ist nur bedingt richtig: Er setzt bei den Unternehmen, die Sonderabschreibungen nutzen, Gewinne in der Folgejahren voraus, unterschlägt Betriebsgebäude, in denen wegen der verringerten Buchwerte erhöhte Veräußerungsgewinne wegen § 6b EStG zu 50% weiter vorgetragen werden können und vernachlässigt vor allem Gewinnsteuerzahlungen aus den bis 1994 mit Investitionszulagen zusätzlich verwirklichten Investitionen.

bb) Steuersatzsenkungen, die einen Abbau von Investitionszulagen renditemäßig ausgleichen

Investitionszulagen wurden oben als das wirksamste Mittel steuerlicher Investitionsförderung bezeichnet. Demgegenüber werden in Teilen der politischen Diskussion vor allem Senkungen der Gewinnsteuersätze als Mittel zur Investitionssteigerung empfohlen: „Eine Senkung der Steuersätze ist wirkungsvoller als die Gewährung von Sondervergünstigungen (z. B. Abschreibungsverbesserungen, Rücklagen, Zulagen, Zuschüsse, Begünstigung des nicht entnommenen Gewinns usw.)"[97]. Ohne Angabe der Höhe der Steuersatzsenkung und der Höhe der Sondervergünstigung ist eine solche Aussage unhaltbar: Wohl jeder Investor zöge 100% Investitionszuschuß einer 1% Senkung der Gewinnsteuersätze vor. Gleichwohl weist das zitierte Fehlurteil auf folgende Frage hin: Wie hoch muß eine Senkung der Gewinnsteuersätze sein, um den Wegfall einer Investitionszulage von x% renditemäßig auszugleichen? Da auch gutverdienende Nichtunternehmer von einer Senkung der Spitzensätze der Einkommensteuer profitieren (z. B. Verbandsfunktionäre, Professoren in Gutachtergremien) entsteht der Verdacht, daß mit der Forderung nach Senkung der Einkommensteuersätze zum Zwecke der Investitionsförderung zugleich das Eigeninteresse der nicht investierenden Gutachter gefördert werden soll. Ein solcher Verdacht läßt sich erst entkräften, nachdem geprüft ist, welche Senkung der Gewinnsteuersätze ausreicht, um den Abbau von Investitionszulagen auszugleichen, wie ihn das Steuerreformgesetz 1990 vorsah (und der durch das Steuerreformgesetz 1991 für die neuen Bundesländer in anderer Höhe wieder rückgängig gemacht wurde).

Der Vergleich Steuersatzsenkung gegen Investitionszulage beschränkt sich im folgenden auf die Rentabilitätswirkungen. Dazu wird die effektive Grenzsteuerbelastung für In-

---

96 Vgl. ebenda.
97 *Gutachten der Kommission zur Verbesserung der steuerlichen Bedingungen für Investition und Arbeitsplätze*. Bonn im Juni 1991, Randziffer 16.

vestitionen als Unternehmungssteuerkeil, also unter Vernachlässigung der Finanzierung, berechnet.

Unter der Annahme, als ob ein einheitlicher Marktpreis zur Überlassung von Geld für Investitionszwecke bestünde, wird ein Gegenwartswert berechnet für die Minderung an Steuerzahlungen durch Bewertungsvorschriften, die von den Zahlungsströmen abweichen (z.B. Summe der Barwerte aus Steuersatz mal steuerlichen Abschreibungen). Ohne die Hilfsannahme, man kenne entscheidungsneutrale Abschreibungen, lassen sich die Entlastungswirkungen von steuerpflichtigen Investitionszuschüssen, steuerfreien Investitionszulagen (bzw. der früheren investment tax credits in den USA usw.) nicht berechnen[98]. Da praktisch nur durch Zufall die steuerrechtliche Abschreibung der Ertragswertabschreibung gleicht, lassen sich keine einfachen, allgemeingültigen Aussagen darüber treffen, welche Steuersatzsenkung welchen Wegfall einer Investitionszulage gerade ausgleicht. An einem Beispiel aus der Steuerreform 1990: Senkung der körperschaftsteuerlichen Tarifbelastung von 56% auf 50% und Wegfall einer Investitionszulage für bestimmte Investitionen in bestimmten Gebieten von 8,75% sei das Problem „Kompensierung des Wegfalls einer Investitionszulage durch Senkung der Gewinnsteuersätze" erläutert. Im ersten Schritt werden die Renditewirkungen der Anlagenabschreibungen ausgeklammert.

Eine Investitionszulage von 8,75% läßt bei einer achtjährigen Nutzungsdauer der Investition und bei einer Auszahlung ein Jahr nach den Anschaffungsausgaben der Investition deren Rendite steigen. Wie stark die Rendite durch eine Investitionszulage wächst, läßt sich erst berechnen, wenn ein Kalkulationszinsfuß bekannt ist, mit dem die Investitionszulage um ein Jahr abgezinst und über die Nutzungsdauer hinweg verrentet wird. Der Kalkulationszinsfuß soll hier der versteuerten Rendite gleichen. Wählen wir als Rendite vor Steuern 10%, einen Gewerbesteuerhebesatz von 360% und die Tarifbelastung zur Körperschaftsteuer vor 1990 von 56%, so beträgt die versteuerte Rendite r_s = (1 - 0,1525) (1 - 0,56) · 10% = 3,73%. Durch die Investitionszulage steigt somit die Rendite nach Steuern um 1,24 Prozentpunkte auf rund 5%. Diese eine Abweichung von sonst entscheidungsneutralen Steuerbemessungsgrundlagen bewirkt, daß die effektive Grenzsteuerbelastung von rund 63% auf rund 50% sinkt.

Nach Senkung des Körperschaftsteuersatzes von 56% auf 50% für selbstfinanzierte Investitionen und Wegfall der Investitionszulage steigt für diese Beispielsinvestition die effektive Grenzsteuerbelastung von 50% auf 15,25 % + (1 - 0,1525) · 50% = 57,63%.

Anders gewendet: Das Streichen einer Investitionszulage von 8,75% der Anschaffungsausgaben würde die effektive Grenzsteuerbelastung der Beispielsinvestition nur dann nicht erhöhen, wenn der Körperschaftsteuersatz für zurückbehaltene Gewinne auf rund 41% sänke; denn 15,25% Gewerbeertragsteuer ergeben mit den 41% auf die Differenz 100% - 15,25% einen Grenzsteuersatz von 50%. Ein Ausgleich der Rentabilitäts-

---

[98] Vgl. im *einzelnen David F. Bradford:* Tax Neutrality and the Investment Tax Credit. In: The Economics of Taxation ed. by H.J. Aaron, M.J. Boskin, Washington, D.C. 1980, S. 281-298; *Arnold C. Harberger:* Tax Neutrality in Investment Incentives. Ebenda, S. 299-313.

wirkungen des Investitionszulagengesetzes in diesem sehr einfachen Fall hätte eine Steuersatzermäßigung für zurückbehaltene Gewinne um mehr als das Doppelte als die verwirklichte Senkung von 56% (1989) auf 50% (1990) erfordert.

Im zweiten Schritt werden nun Anlagenabschreibungen einbezogen. Durch das Streichen einer Investitionszulage entfällt die Wirkung, daß der Abschreibungsausgangsbetrag höher als die effektiven, um die Investitionszulage gekürzten Investitionsausgaben liegt. Wegen dieser entfallenden Abschreibung steigt oder fällt die als Kompensation erforderliche Senkung der Tarifbelastung. Wieviel diese kompensatorische Senkung betragen müßte, läßt sich allgemein nicht ausrechnen, weil die Höhe vom Verhältnis: Verlauf der Einnahmenüberschüsse einer Investition zu steuerlichem Abschreibungsverlauf (also von den Abweichungen der Ertragswertabschreibung von den steuerlichen Abschreibungen), abhängt. Der Wegfall einer Investitionszulage wandelt Höhe und Verlauf der investitionsneutralen Ertragswertabschreibung ab und die zum Ausgleich der Renditewirkungen nötige Steuersatzänderung verändert den versteuerten Kalkulationszinsfuß.

Um Rechenkomplikationen aus dem Weg zu gehen, wird für das folgende Beispiel vereinfachend angenommen, die Einnahmenüberschüsse verlaufen so, daß die Ertragswertabschreibung kapitalwertgleich der steuerrechtlich degressiven AfA mit Übergang zur linearen AfA ist. Dies bedeutet, daß die effektive Grenzsteuerbelastung ohne Investitionszulage dem Grenzsteuersatz gleicht. Bei folgenden plausiblen Zahlen errechnet sich:

Spalte A = Zahlungen vor Steuern, Spalte B = degressive AfA mit Übergang zur linearen nach dem fünften Jahr, Spalte C = steuerpflichtiger Gewinn, Spalte D = Steuerzahlung, Spalte E = Zahlungsstrom nach Steuerzahlungen ohne Investitionszulage. Die Investitionszulage erhöht in t_1 die Zahlung um 8.750 auf 42.479; t_0 bis t_8 = Jahre.

Jahr	A	B	C	D	E	
	−100.000	0	0	0	−100.000	
1	40.000	30.000	10.000	6.271	33.729	[42.479]
2	28.000	21.000	7.000	4.389	23.611	
3	20.000	14.700	5.300	3.324	16.676	
4	14.000	10.290	3.710	2.326	11.674	
5	10.000	7.203	2.797	1.754	8.246	
6	6.000	5.602	398	249	5.751	
7	6.000	5.602	398	249	5.751	
8	6.900	5.603	1.297	813	6.081	

Überschlägig und ohne jede Finanzmathematik läßt sich schon erkennen, daß die Investitionszulage von 8.750 DM nahe an die Hälfte der Summe der Steuerzahlungen von 19.375 DM heranreicht, so daß die effektive Grenzsteuerbelastung etwa bei der Hälfte des Grenzsteuersatzes, also um 30%, vermutet werden kann. Jedoch ist wegen des Einflusses, den unterschiedliche Wiederanlagemöglichkeiten von Investitionsrückflüssen und Investitionszulagen auf die effektive Steuerbelastung nehmen, eine genauere Investitionsrechnung geboten. Sie zeigt, daß mit Investitionszulage die Rendite nach Steuern 6,88% beträgt, wenn angenommen wird, die Wiederanlage von Rückflüssen in t_1 ff. erfolge in Investitionen mit gleicher Rendite, für die ebenfalls diese Investitionszulage gewährt wird. Bei 10% Rendite vor Steuern bedeuten 6,88% Rendite nach Steuern eine effektive Grenzsteuerbelastung von 31,2%.

Ein zweites Beispiel wandelt das obige in der Weise ab, daß die Rückflüsse Investitionen mit 10% Rendite vor Steuern, aber ohne Gewährung weiterer Investitionszulagen, finanzieren, also sich die ursprüngliche Investition und die Investitionszulage in t_1 ff. nur mit 3,73% nach Steuern verzinsen. Die Rendite nach Steuern wächst hier nur auf 4,78%, die effektive Steuerbelastung beträgt 52,2%.

Um eine Nachsteuerrendite von 6,88% bzw. 4,78% auch bei Wegfall der Investitionszulage zu erhalten, darf der Gewinn in Spalte C nur mit 31,2% bzw. 52,2% belastet werden. Aus den Grenzsteuerbelastungen sind bei 360% Hebesatz 15,25% an Gewerbeertragsteuer herauszurechnen, so daß für die gesuchte Körperschaftsteuertarifbelastung x verbleibt: $(100 - 15{,}25) \cdot x = 31{,}2$ bzw. 52,2; also $x = 18{,}8\%$ bzw. 43,6%. Im ersten Beispiel müßte also die Tarifbelastung der Körperschaftsteuer je nach den Wiederanlagemöglichkeiten auf rund 19% (also den Eingangssatz der Einkommensteuer) gesenkt werden, um den Wegfall einer Investitionszulage von 8,75% hinsichtlich der Ertragserwartungen auszugleichen.

Die Streichung des Investitionszulagengesetzes wurde im Regierungsentwurf eines Steuerreformgesetzes 1990 vor allem unter dem Gesichtspunkt „Steuervereinfachung" begründet. Diese Beurteilung unterschlägt die Renditefolgen der Streichung. Sie war deshalb völlig unangemessen angesichts der Zielsetzung, daß die Steuerreform „im Mittelpunkt einer offensiven Wirtschafts- und Finanzpolitik für mehr Wachstum und Beschäftigung" stehe.

Das Vorstehende offenbart die Unhaltbarkeit folgender Aussagen: „Bei der steuerfreien Zulage richtet sich (bei gleicher Nutzungsdauer der Investitionen) der Umfang der Entlastung allein nach der Höhe des Zulagensatzes"[99] und der Ergänzung (ohne Nutzungsdauerhinweis): „Ob und in welcher Höhe ein Gewinn oder Verlust erwirtschaftet wird, ist unerheblich"[100]. Da eine z.B. 12%-ige Investitionszulage (wie sie 1992 für die neuen Bundesländer gilt) wegen des Antragsverfahrens günstigstenfalls ein halbes, eher ein Jahr nach Ablauf des Investitionsjahres ausgezahlt wird, richtet sich der Umfang der Entlastung vielmehr

1. nach der Höhe des Zulagensatzes,
2. nach der Zeitspanne bis zur Auszahlung. Darüber hinaus nimmt

---

99 *Wissenschaftlicher Beirat beim Bundesministerium der Finanzen:* Gutachten zur Reform der Unternehmensbesteuerung. BMF Schriftenreihe, Heft 43. Bonn 1990, Textziffer 44.

100 *Gutachten der Kommission zur Verbesserung der steuerlichen Bedingungen für Investitionen und Arbeitsplätze,* Randziffer 379.

3. natürlich die Höhe der Gewinne oder Verluste Einfluß auf die Steuerentlastung, weil von der Höhe der Gewinne und Verluste der Grenzsteuersatz der Unternehmung abhängt, der den Kalkulationszinsfuß für die Abzinsung mitbestimmt;

4. hängt die Entlastung vom Verhältnis des Barwerts der steuerlichen Abschreibungen zum Barwert der Ertragswertabschreibungen ab, also vom Zahlungsstrom der Investition (den „Gewinnen und Verlusten") und dem um den Grenzsteuersatz der Gewinne korrigierten Abzinsungssatz. Insbesondere ist für die Höhe der Entlastungswirkung

5. die versteuerte Rendite bei Wiederanlage der Beträge aus der Investitionszulage ausschlaggebend.

Um dies zu verdeutlichen, und um die Behauptung des Beirats zu widerlegen: „Wegen der Einkommensteuerprogression bedeutet dies freilich, daß die steuerfreie Zulage für Investoren mit hohem Einkommen relativ mehr wert ist als für Investoren mit niedrigerem Einkommen", sei die Wirkung der Investitionszulage berechnet zum einen für den Fall, daß über 8 Jahre hinweg ein konstanter Grenzsteuersatz von 57,63% gilt (z.B. Gewerbesteuerhebesatz 360%, Hinzurechnungen = Kürzungen und Freibetrag, Grenzeinkommensteuersatz 50%, weil neben der hier zu prüfenden Investition noch andere Einkünfte vorliegen), und zum anderen bei einem Grenzsteuersatz von 45% (davon 35,1% für die Einkommensteuer).

Das Beispiel geht von der Investition aus (S. 344), deren Endwert der Einnahmen nach Steuern bei Wiederanlage zu 4,237% nach Steuern 148.713 DM beträgt und zu einer effektiven Grenzsteuerbelastung von 49,14% führt. Wird für diese Investition eine Investitionszulage von 12% im Jahr 1 ausbezahlt und wird die Investitionszulage mit dem hier angenommenen Marktzinssatz nach Steuern wieder angelegt, so beträgt ihr Endwert $12.000 \cdot 1,04237^7 = 16.045$ DM. Aus $148.713 + 16.045 = 164.758$ DM Endvermögen in t_8 folgt eine Rendite nach Steuern von 6,44%. Der effektive Grenzsteuersatz sinkt auf 35,6%.

Bei 45% Grenzsteuersatz beträgt der Kalkulationszinssatz nach Steuern 5,5%, die Rendite ohne Investitionszulage 6,323% und mit Investitionszulage 7,681%. Der effektive Grenzsteuersatz sinkt von 36,77% auf 23,19%.

Wird das „für Investoren mit hohen Einkommen relativ mehr wert" der Investitionszulage an der Erhöhung der Rendite nach Steuern bzw. der Minderung der effektiven Grenzsteuerbelastung gemessen, so beträgt die Änderung der letzteren bei einem Grenzsteuersatz von 57,63% 13,54 Prozentpunkte, bei einem Grenzsteuersatz von 45% 13,58 Prozentpunkte. Das ist nicht allzu viel mehr, widerlegt aber die Behauptung, daß Investitionszulagen für Investoren mit hohem Einkommen relativ mehr wert sind.

b) Innenfinanzierung über Pensionsrückstellungen

Die steuerlich anerkannten Pensionsrückstellungen dürften zu Beginn 1992 um 225 Mrd. DM betragen, die handelsrechtlich ausgewiesenen weit mehr als 300 Mrd. DM[101]. Aus dieser betriebs- und volkswirtschaftlich bedeutsamen Kapitalbildung werden freilich gegensätzliche Folgerungen gezogen:
- Den einen erscheint „es zweckmäßig, für die Unternehmen durch eine verstärkte steuerliche Förderung Anreize dafür zu schaffen, eine betriebliche Altersversorgung neu einzuführen bzw. auszubauen"[102].
- Andere sehen darin eine „steuerfreie Kapitalbildung in dreistelliger Milliardenhöhe"[103] oder folgern: Aus dem Aufbau der Pensionsrückstellungen zu Lasten des steuerpflichtigen Gewinns ergebe „sich ein erheblicher zinsloser Steuerkredit zugunsten des Unternehmens. Der Vorteil aus diesem Steuerkredit kann so weit gehen, daß der Wert des Unternehmens durch die Pensionszusage nicht sinkt, sondern sogar wächst"[104].

Stellen demnach unmittelbare betriebliche Versorgungszusagen zu Arbeitsverträgen, die eine Innenfinanzierung über Pensionsrückstellungen ermöglichen, einen zinslosen Steuerkredit in dreistelliger Milliardenhöhe dar, deren Nichtbilden sogar die Eigentümerinteressen verletzt? Oder ist die steuerlich höchstzulässige Zuführung zur Pensionsrückstellung wenigstens im Grundsatz mit einer entscheidungsneutralen Gewinnermittlung vereinbar? Der allgemeine Begriff der Entscheidungsneutralität der Besteuerung wird hier gewählt, da Pensionsrückstellungen als Finanzierungsmaßnahme wirken und deshalb der

---

101 Der Pensions-Sicherungs-Verein geht von einer Bemessungsgrundlage zur Beitragserhebung für das Jahr 1991 von 257 Mrd. DM aus. Davon entfallen auf unmittelbare Versorgungszusagen rund 226 Mrd. DM (vgl. *Pensions-Sicherungs-Verein:* Bericht über das Geschäftsjahr 1991, S. 6 f.). Zu diesem Betrag wären noch steuerlich anerkannte, jedoch nicht versicherte Versorgungszusagen an Gesellschafter von Unternehmungen zu addieren. Für 1986 weist die Veranlagungsstatistik zur Körperschaftsteuer nur 104 Mrd. DM und die zur Einkommensteuer nur 7,1 Mrd. DM aus (vgl. *Statistisches Bundesamt:* Fachserie 14: Finanzen und Steuern. Reihe 7.1 Einkommensteuer 1986, S. 181 und S. 248, Reihe 7.2 Körperschaftsteuer 1986, S. 46, Stuttgart – Mainz 1991). Neuere amtliche Zahlen liegen nicht vor.

Die Schätzung eines handelsrechtlichen Größenordnung von 300 Mrd. DM bei *Reinhold Höfer:* Betriebliche Altersversorgung nach dem Bilanzrichtlinien-Gesetz/Bilanzierung und Bewertung. In: Bilanzanalyse und Bilanzpolitik, hrsg. von J. Baetge, Düsseldorf 1989, S. 203-213, hier S. 205.

102 *Klaus-Dirk Henke:* Die betriebliche Altersversorgung aus einkommensteuersystematischer Sicht: In: Finanzarchiv, NF, Bd. 46 (1988), S. 268-282, hier S. 281, unter Verweis auf die *Arbeitsgemeinschaft für betriebliche Altersversorgung e. V.:* Anträge zur Steuerreform in der kommenden Legislaturperiode, 15.5.1986.

103 *Ekkehard Wenger:* Besteuerung und Kapitalbildung als intertemporales Optimierungsproblem. In: Zeitaspekte in betriebwirtschaftlicher Theorie und Praxis, hrsg. von H. Hax u.a., Stuttgart 1988, S. 279-295, hier S. 289.

104 *Günter Franke, Herbert Hax:* Finanzwirtschaft des Unternehmens und Kapitalmarkt. 2. Aufl., Berlin u.a. 1990, S. 465: ähnlich *Lutz Haegert, Helmut Schwab:* Die Subventionierung direkter Pensionszusagen nach geltendem Recht im Vergleich zu einer neutralen Besteuerung. In: Die Betriebswirtschaft, Jg. 50 (1990), S. 85-102, sowie die Diskussion hierüber in: Die Betriebswirtschaft, Jg. 50 (1990), S. 402-421.

Begriff Investitionsneutralität schlecht paßt und Kapitalkostenneutralität auf die steuerliche Gleichbehandlung von Fremd-, Beteiligungs-, und Selbstfinanzierung eingeengt wurde (S. 204).

Die im folgenden erörterten Fragen der Steuerwirkungen betrieblicher Versorgungszusagen sind zu trennen von denen der *betriebswirtschaftlichen Vorteilhaftigkeit* von Angeboten zur betrieblichen Altersversorgung, wenn dadurch in Arbeitsvertragsverhandlungen der Arbeitnehmer ein geringeres Gehalt akzeptiert. In die Berechnung des Gehaltsabschlags, der einer bestimmten unmittelbaren Versorgungszusage äquivalent ist, sind dabei die steuerlichen Wirkungen der Versorgungszusage einzubeziehen.

Gesamtwirtschaftlich ist dieser Fall anders zu sehen: Zusätzliche Gehaltszahlungen eines Arbeitgebers mindern das Steueraufkommen proportional zu dessen Grenzsteuersatz und erhöhen es im gleichen Jahr proportional zum regelmäßig niedrigeren Grenzsteuersatz des Arbeitnehmers (von Verzerrungen durch Vorauszahlungen und Veranlagungszeiten sei abgesehen). Unmittelbare Versorgungszusagen mindern im Zeitraum der Rückstellungsbildung die Steuereinnahmen und führen erst im Zeitraum der Rentenzahlung zu Steuereinnahmen, wobei der Rentenempfänger regelmäßig dann einem niedrigeren Grenzsteuersatz unterliegt als während seines Arbeitszeitraums.

Um Entscheidungsneutralität der Besteuerung für die Ansparung von Rentenzahlungen abzuleiten, sei zunächst vereinfachend angenommen, daß in allen Perioden das Unternehmen, das die Pensionszusage gibt, demselben konstanten Einkommensteuersatz unterliege wie der Arbeitnehmer (Pensionsempfänger). So bleiben Steuersatzvorteile des den Aufwand verrechnenden Unternehmens vorerst ausgeklammert. Am Schluß des 5. Abschnitts wird diese Vereinfachung aufgehoben.

1. Steuerrechtliche Berechnung von Pensionsrückstellungen

Eine betriebliche Altersversorgung jenseits der gesetzlichen kann erfolgen

a) als Direktversicherung durch den Arbeitgeber bei einem Versicherungsunternehmen bzw. als Zuführung von Mitteln an eine Pensions- oder Unterstützungskasse (fortan *mittelbare Versorgungszusage* genannt) oder

b) als unmittelbare Versorgungszusage des Arbeitgebers. Diese stellt die häufigste Form betrieblicher Altersversorgung dar. Wenn die arbeitgebende Unternehmung selbst die künftigen Pensionszahlungen für Mitarbeiter aufbringen will, muß sie Vermögen dafür bereithalten. Pensionsrückstellungen dienen dem Zweck einer bilanzrechtlichen Vermögensreservierung für die Pensionsansprüche von Mitarbeitern aus *unmittelbaren Versorgungszusagen*.

Steuerrechtlich sind Pensionsrückstellungen nur zulässig, wenn eine Reihe von Voraussetzungen erfüllt ist (§ 6a Abs. 1 EStG), die hier nicht dargestellt werden. Die Höhe der Pensionsrückstellungen bestimmt sich nach einer Reihe von Einzelvorschriften, von denen in diesem Abschnitt interessieren:

„Eine Pensionsrückstellung darf höchstens mit dem Teilwert der Pensionsverpflichtung angesetzt werden. Als Teilwert einer Pensionsverpflichtung gilt .. vor Beendigung des Dienstverhältnisses des Pensionsberechtigten der Barwert der künftigen Pensionsleistungen am Schluß des Wirtschaftsjahres abzüglich des sich auf denselben Zeitpunkt ergebenden Barwerts betragsmäßig gleichbleibender Jahresbeträge ... Bei der Berechnung des Teilwerts der Pensionsverpflichtung sind ein Rechnungszinsfuß von 6 vom Hundert und die anerkannten Regeln der Versicherungsmathematik anzuwenden" (§ 6a Abs. 3 EStG). „Eine Pensionsrückstellung darf in einem Wirtschaftsjahr höchstens um den Unterschied zwischen dem Teilwert der Pensionsverpflichtung am Schluß des Wirtschaftsjahrs und am Schluß des vorangegangenen Wirtschaftsjahrs erhöht werden" (§ 6a Abs. 4 S. 1 EStG).

Die aus einer unmittelbaren Versorgungszusage folgenden Zahlungsströme im Zeitablauf setzen sich für die Berechnung der Pensionsrückstellungen aus folgenden Posten zusammen:

a) Verwaltungskosten bei Erteilung der Pensionszusagen. Dazu zählen etwa die Zahlungen für das versicherungsmathematische Gutachten, das zur Berechnung der Pensionsrückstellungen erforderlich ist.

b) Laufende Beiträge zur Insolvenzversicherung der Pensionszusagen (§ 10 Abs. 1, 3 des Gesetzes zur Verbesserung der betrieblichen Altersversorgung-BetrAVG).

c) Rentenzahlungen nach Ablauf der Beschäftigungszeit im Unternehmen.

Ein einfaches Beispiel erläutert die Berechnung einer Pensionsrückstellung. Um von versicherungsmathematischen (wahrscheinlichkeitsrechnerischen) Verästelungen absehen zu können, sei davon ausgegangen, daß eine jährliche Rente von 1 DM ab dem Zeitpunkt n+1 z.B. 5, für m, z.B. 6, Jahre nachschüssig gezahlt wird. Gefragt wird nach der steuerlich höchstzulässigen jährlichen Zuführung zur Pensionsrückstellung Z_t in den Jahren 1 bis n. Die Zeitreihe von Zahlungen lautet dabei wie folgt, wobei hier und später Verwaltungskosten und Beiträge zur Insolvenzsicherung vernachlässigt werden:

				(n)	(n+1)	(n+2)				
0	1	2	3	4	5	6	7	8	9	10
X	X	X	X	X	−1	−1	−1	−1	−1	−1

Die Finanzierungsbeiträge werden als Einnahmen eines zinsbringenden Fonds gedacht, aus dem die Rentenzahlungen ab dem Jahre n+1 (= 5) zu begleichen ist. Bei Pensionszusagen wird dabei unterstellt, die Einnahmen des Fonds seien eine Art nicht ausgezahlter Lohn für die Tätigkeit jenes Arbeitnehmers, dessen Altersversorgung angespart werden soll. Da die Pensionszusage als Lohnbestandteil für den Arbeitnehmer betrachtet wird, gilt steuerrechtlich für die arbeitgebende Unternehmung sowohl die Zuführung zur Pensionsrückstellung (die gedachte Einnahme des Fonds) als auch die Aufzinsung der Fondsbeiträge als Aufwand.

Drei Schritte sind nötig, um die steuerrechtlich höchstzulässige Zuführung zu einer Pensionsrückstellung zu berechnen:

1. Schritt: Errechnung des notwendigen Jahresbetrages X. „Die Jahresbeträge sind so zu bemessen, daß am Beginn des Wirtschaftsjahrs, in dem das Dienstverhältnis begonnen hat, ihr Barwert gleich dem Barwert der künftigen Pensionsleistungen ist" (§ 6a Abs. 3 Nr. 1 S. 2 EStG).
Der Barwert B_0 der Rentenzahlung von 1 DM ab n+1 bis m beträgt im Zeitpunkt 0:

$$B_0 = \frac{(1+i)^m - 1}{i(1+i)^m} \cdot \frac{1}{(1+i)^n}. \tag{46}$$

Der Barwert P_0 der Jahresbeträge X in den Zuführungsjahren 1 bis n, beläuft sich im Zeitpunkt 0 auf:

$$P_0 = X \cdot \frac{(1+i)^n - 1}{i(1+i)^n}. \tag{47}$$

Da die Barwerte B_0 und P_0 gleich zu sein haben (§ 6a Abs. 3 Nr. 1 S. 2 EStG), errechnet sich:

$$X = \frac{(1+i)^m - 1}{(1+i)^m [(1+i)^n - 1]}. \tag{48}$$

Mit i = 6% beträgt X für 1 DM Rentenzahlung

$$X = \frac{1,06^6 - 1}{1,06^6 [1,06^4 - 1]} = 1,1241 \text{ DM}. \tag{48a}$$

Jede DM Rente ab t_5 bis t_{10} erfordert also eine Zuführung von 1,1241 DM in den Jahren t_1 bis t_4.

2. Schritt: Errechnung des Teilwerts der Pensionsrückstellung in einem Zeitpunkt t.
Mit der Ermittlung der Jahresbeträge während der Dienstverhältnisse (hier t_1 bis t_n) ist noch nicht die Höhe des Teilwertes der Pensionsrückstellung in einem Jahr t ≤ n bestimmt. Der Teilwert der Jahre t, T_1, berechnet sich aus der Differenz: Barwert der künftigen Pensionsleistungen B_t abzüglich Barwert der Jahresbeträge P_t am Schluß des Wirtschaftsjahrs t (§ 6a Abs. 3 Nr. 1 Satz 1 EStG). Da $T_t = B_t - P_t$ ist, folgt nach einigen Umformungen der Gleichungen (46) und (47) als Teilwert der Pensionsrückstellungen für 1 DM Rente:

$$T_t = \frac{(1+i)^m - 1}{i(1+i)^m} \cdot \frac{(1+i)^t - 1}{(1+i)^n - 1}. \tag{49}$$

3. Schritt: Errechnung der steuerlich höchstzulässigen Zuführung zu einer Pensionsrückstellung.

Die steuerlich höchstzulässige Zuführung zu einer Pensionsrückstellung Z_t gleicht am Ende eines jeden Jahres der Differenz Teilwert am Ende des Jahres abzüglich Teilwert zu Beginn des Jahres, also $Z_t = T_t - T_{t-1}$. Durch Einsetzen des Ergebnisses aus dem zweiten Schritt und Umformung folgt $Z_t = X \cdot (1+i)^{t-1}$ für jede DM Rentenzahlung, also

$Z_1 = \qquad\qquad\qquad = 1{,}1241$
$Z_2 = \qquad 1{,}1241 \cdot 1{,}06 \ = 1{,}1915$
$Z_3 = \qquad 1{,}1241 \cdot 1{,}06^2 = 1{,}2630$
$Z_4 = \qquad 1{,}1241 \cdot 1{,}06^3 = 1{,}3388$

Der Endwert der Pensionsrückstellung im Zeitpunkt 4 gleicht der Summe der vier Zuführungen Z_1 bis Z_4, also 4,9175 DM.

2. Das Problem entscheidungsneutraler Aufwandsverrechnung für Versorgungszusagen

aa) Kapitalwertgleiche Umperiodisierung künftiger Zahlungen bei steuersatzabhängigem Kalkulationszinssatz und nomineller Kapitalerhaltung

Die heute verwirklichte Rentenbesteuerung verstößt in Vielem gegen Entscheidungsneutralität[105]. Gleichwohl lassen sich die zwei Grundformen der Rentenbesteuerung auf Modelle entscheidungsneutraler Gewinnbesteuerung zurückführen:

a) Die Ansparbeträge, über die der Barwert künftiger Rentenzahlungen als Vermögen unmittelbar vor Beginn einer Rentenzahlung zu reservieren ist, werden aus versteuertem Einkommen gespart. Dies ist z.B. bei einer mittelbaren Versorgungszusage durch den Arbeitgeber der Fall, weil dessen Zahlungen an Versicherungsbeiträgen gleichzeitig als geldwerter Vorteil das Einkommen des Arbeitnehmers erhöhen (§ 2 Abs. 3 LStDV); für den Arbeitnehmer ergibt sich hier dennoch eine Steuervergünstigung durch die Lohnsteuerpauschalierung mit 15% bis zu 3000 DM Beitrag (§ 40b EStG).

Sieht man von dieser beabsichtigten Vergünstigung durch den Gesetzgeber ab, so gilt „im Prinzip": Sobald der Rentenzahlungsfonds (der Barwert der Rentenzahlungen unmittelbar vor deren Beginn) aus versteuertem Einkommen angespart wird, ist es folgerichtig, den Barwert der künftigen Rentenzahlung wie den Ertragswert im Modell des kapitaltheoretischen Gewinns (S. 218) steuerfrei zu stellen[106]. Demzufolge sind beim Rentenempfänger nur die Zinsen auf den Ertragswert (den Barwert des Rentenzahlungsfonds – das „Rentenstammrecht") zu besteuern, also das, was investitionstheoretisch kapital-

---

105 Auf die vielfältigen Einzelverstöße in der Besteuerung der Altersversorgung sei hier nicht eingegangen, vgl. den Überblick bei *Henke*, vgl. auch *Wissenschaftlicher Beirat beim Bundesministerium der Finanzen:* Gutachten zur einkommensteuerlichen Behandlung von Alterseinkünften. BMF-Schriftenreihe, Heft 38, Bonn 1986.

theoretischer Gewinn heißt. Die Rente abzüglich der Ertragswertabschreibung auf das Rentenstammrecht wird dabei als Ertragsanteil bezeichnet (vgl. § 22 Nr. 1 Satz 3 Buchst. a) Satz 3 EStG). Der Jahresbetrag, der beim Rentenempfänger steuerpflichtig ist, muß beim Rentenzahler abzugsfähige Betriebsausgabe sein.

b) Die Ansparbeträge, um unmittelbar vor Beginn der Rentenzahlungen den Barwert dieser Rentenzahlungen als Vermögen zu reservieren, mindern das steuerpflichtige Einkommen des ansparenden Arbeitgebers, ohne *gleichzeitig* das steuerpflichtige Einkommen des Arbeitnehmers zu erhöhen. Verringern die Ansparbeträge allein das steuerpflichtige Einkommen des Arbeitgebers, so wird die Ansparung von Rentenzahlungen finanzmathematisch gleichbedeutend mit folgendem Sachverhalt:

An die Stelle der Anspar-Annuitäten trete ein einmaliger Aufwand in Höhe des Barwertes der künftigen Rentenzahlungen unmittelbar vor deren Beginn. Es werden gewissermaßen „Anschaffungsausgaben" für einen Rentenzahlungsfonds geleistet, der die künftigen Rentenzahlungen speist. Bei der einmaligen Zahlung für den Rentenzahlungsfonds sind dessen Anschaffungsausgaben im Zeitpunkt der Ausgabe steuerlich abzugsfähig. Wegen dieser „Sofortabschreibung" der Anfangsinvestitionsausgabe „Rentenzahlungsfonds" (Rentenstammrecht) liegt eine Analogie zur Cash-flow-Besteuerung vor mit der Folge, daß die gesamten späteren Einnahmenüberschüsse (Rentenzahlungen) zu versteuern sind. Eine volle Besteuerung der Bezüge aus unmittelbaren Versorgungszusagen beim Empfänger sieht auch § 19 Abs. 1 Nr. 2 EStG mit § 2 Abs. 2 Nr. 2 LStDV vor.

c) Die Analogie zur Cash-flow-Besteuerung klärt die entscheidungsneutrale Aufwandsverrechnung für die Zuführung zu Pensionsrückstellungen nur bis zu einer Zwischenstufe:

(1) Zum einen geht eine Cash-flow-Besteuerung von einem steuersatzunabhängigen Kalkulationszinsfuß = Rechnungszins aus. Gegenüber dem geltenden Steuerrecht ist also noch nicht berücksichtigt, daß Zinsaufwand den steuerpflichtigen Gewinn der ansparenden Unternehmung mindert.

(2) Zum anderen bezieht sich die Analogie „Sofortabschreibung der Anfangsinvestitionsausgabe für einen Rentenzahlungsfonds" auf den Zeitpunkt unmittelbar vor Beginn der Rentenzahlungen. Damit ist noch nicht eine entscheidungsneutrale Aufwandsverrechnung für den Zeitraum zwischen Zusage einer unmittelbaren betrieblichen Altersversorgung und Beginn der Rentenzahlungen bestimmt, also für den Zeitraum der Ansparung der Pensionsrückstellungen über jährliche Aufwandsverrechnung.

Um ab dem Zeitpunkt der Versorgungszusage eine entscheidungsneutrale Aufwandshöhe für die Bildung von Pensionsrückstellungen zu berechnen, muß auf eine dritte Erscheinungsform entscheidungsneutraler Gewinnermittlung zurückgegriffen werden (S. 234 f.): eine kapitalwertgleiche Umperiodisierung der Zahlungsströme, wobei zusätzlich steuerliche Abzugsfähigkeit von Zinsaufwand zu berücksichtigen ist. Aus Gründen

---

106 Vgl. *Rudolf Apel*: Gerechte Besteuerung von Leibrenten. In: Neumanns Zeitschrift für Versicherungswesen, Jg. 61 (1938), S. 692-693, 807-808; darauf aufbauend und weiterführend die Kritik an der gegenwärtigen Rentenbesteuerung bei *Wolfram F. Richter*: Neutrale Ertragsanteilbesteuerung von Renten. In: Deutsche Rentenversicherung 1987, S. 662-685.

sprachlicher Vereinfachung wird im folgenden der Zeitpunkt der ersten Rentenzahlung (in dem der Barwert der künftigen Rentenzahlungen als Rentenzahlungsfonds angesammelt sein muß) als „Rentenzahlungszeitpunkt" bezeichnet. In modellmäßiger Vereinfachung gehen wir also davon aus, als ob im Zeitpunkt der ersten Rentenzahlung eine einzige Abfindungs-Rentenzahlung erfolgen würde.

In einer für Rechnungswecke errichteten Modellwelt, in der ein Konkurrenzgleichgewichtszins auf dem Kapitalmarkt besteht, ist es ökonomisch unerheblich, ob
– eine Steuerbemessungsgrundlage Zahlungssaldo gewählt wird (der steuerliche Aufwand gleicht der Ausgabe im „Rentenzahlungszeitpunkt") oder ob
– stattdessen einmalig der Barwert der Ausgabe zu einem früheren Zeitpunkt oder der aufgezinste Endwert zu einem späteren Zeitpunkt als Aufwand verrechnet wird.

Eine solche Umperiodisierung weist jedoch zwei Eigenschaften auf, die dem geltenden Bilanzrecht widersprechen:

a) Sie berücksichtigt nicht die Abzugsfähigkeit von Zinsen in der Bemessungsgrundlage.

b) Sie verstößt gegen nominelle Kapitalerhaltung: Wenn statt einer Ausgabe in irgendeinem $t_n>0$ der Barwert der Ausgabe in t_0 angesetzt wird und in t_1 kein weiterer Aufwand hierfür, dann gilt nicht mehr, daß die Summe der Periodengewinne von t_0 bis t_n gleich dem Totalgewinn im Sinne eines Zahlungssaldos ist.

Um beiden Eigenschaften bei der Inhaltsbestimmung jener Gewinnermittlung Rechnung zu tragen, bietet sich folgende Überlegung an:

Im Zeitpunkt t_0 entstehe die rechtliche Verpflichtung zu einer Ausgabe in t_1. Da somit die Ausgabe in t_1 bereits in t_0 „verursacht" ist, muß im Zeitpunkt t_0 die aus der künftigen Ausgabe folgende Reinvermögensänderung durch Aufwand berücksichtigt werden. Vor Steuern ist bei einem Konkurrenzgleichgewichtszinssatz i eine Ausgabe Z in t_1 ökonomisch gleichwertig dem Barwert dieser Zahlung in t_0, also Z : (1+i).

Gleichmäßigkeit und Entscheidungneutralität der Besteuerung im Zeitablauf seien so definiert, daß die Indifferenz in der Bewertung des Aufwands in Höhe des Barwerts der Ausgabe in t_0 und des Aufwands in Höhe der Ausgabe t_1 auch nach Steuern eingehalten wird. Die Kürzung der Steuerzahlungen in t_1 entspricht dem Steuersatz s in t_1 : sZ. Die Kürzung der Steuerzahlung in t_0 gleicht vor Berücksichtigung der Abzugsfähigkeit von Zinsen bei Aufwandsverrechnung im Zeitpunkt der Reinvermögensänderung s Z : (1+i)

Sobald die Konkurrenzgleichgewichtszinsen i in die Steuerbemessungsgrundlage eingehen, sinkt der Zinssatz vor Steuern i auf den Zinssatz nach Steuern i_s = (1−s)i = i−is. Dies bedeutet, daß die Innenfinanzierung aus einer DM, bestehend aus einem Steueranteil s und einer verringerten Ausschüttung oder Selbstfinanzierung (1−s), nicht mehr jährlich i, sondern nur noch um i−is wächst. Folglich ist in t_0 ein verrechneter Aufwand in Höhe des Barwerts einer Ausgabe Z : (1+i) im Zeitpunkt t_1 ökonomisch gleichwertig lediglich dem Betrag

$$\frac{Z(1+i-is)}{1+i}. \qquad (50)$$

Es fehlt zur Aufrechterhaltung der Indifferenz zwischen den Alternativen:
(1) Aufwandsverrechnung entweder nur im Zeitpunkt der Zahlung t_1 oder
(2) Aufwandsvorwegnahme im Zeitpunkt t_0

ein Innenfinanzierungsbetrag x aus steuerlicher Gewinnminderung, der in t_1 die Höhe von

$$x = Z - Z\frac{1+i-is}{1+i} = si\frac{Z}{1+i} \qquad (51)$$

erreicht. Um Gleichmäßigkeit und Entscheidungsneutralität der Besteuerung zu wahren, ist in t_1 zusätzlich die Innenfinanzierung um x zu erhöhen, also um das Produkt Steuersatz mal Zinssatz (vor Steuern) mal Barwert der Ausgabe in t_0 (berechnet mit dem Zinssatz vor Steuern). Wohlgemerkt: Im Hinblick auf die Vermögensmehrung durch Innenfinanzierung bedarf es in t_1 der zusätzlichen Steuerminderzahlung $si \cdot Z : (1+i)$, damit die Innenfinanzierung aus Aufwandsverrechnung in t_0 zu demselben Betrag führt, wie bei „Sofortabschreibung" einer Anschaffungsausgabe Z für den Rentenzahlungsfonds in t_1. Der hinter dieser entscheidungsneutralen Innenfinanzierung stehende Aufwand berechnet sich als Summe aus $Z : (1+i)$ in t_0 und $i \cdot Z : (1+i)$ in t_1. Die Summe gleicht der Rentenzahlung Z.

Was soeben für den einfachsten Fall abgeleitet wurde, daß die Reinvermögensänderung eine Periode vor der Zahlung „verursacht" wurde, gilt in mathematischer Induktion auch für eine zweite und jede weitere Periode. Der Fehlbetrag an steuerlich absetzbarem Aufwand gleicht für jede zusätzliche Periode den Zinsen (vor Steuern) auf den Barwert der Ausgabe am Ende der Vorperiode, wobei dieser dem aufgezinsten Barwert der Vor-Vorperiode gleicht usw.

Gleichmäßigkeit und Entscheidungsneutralität der Besteuerung im Zeitablauf verlangen also bei nomineller Kapitalerhaltung und Einbeziehung von Konkurrenzgleichgewichtszinsen in die Bemessungsgrundlage ab dem Zeitpunkt der rechtlichen Entstehung einer künftigen Ausgabe folgende Berechnung des steuerpflichtigen Einkommens (verstanden als Reinvermögenszugang):

1. Im Zeitpunkt der Reinvermögensänderung t_0 ist der Barwert der künftigen Ausgabe mit dem Zinssatz vor Steuern zu bestimmen und als Aufwand anzusetzen.

2. In jedem späteren Bilanzierungszeitpunkt einschließlich des Ausgabezeitpunktes sind zusätzlich die Zinsen vor Steuern auf den Barwert der künftigen Ausgabe, berechnet zum Ende der Vorperiode, als Aufwand zu verrechnen.

Ohne zusätzliche Verrechnung von Aufwand wäre die ökonomische Gleichwertigkeit der steuerbedingten Innenfinanzierung über „Sofortabschreibung" des Rentenzahlungsfonds unmittelbar vor Beginn der Rentenzahlung mit der Innenfinanzierung durch Aufwandsverrechnung ab dem Zeitpunkt der Versorgungszusage verletzt.

Folgendes Beispiel einer modellmäßig vereinfachten Versorgungszusage verdeutlicht die Überlegung. Zu vergleichen seinen:

a) Eine einmalige Zahlung für eine mittelbare Versorgungszusage (Direktversicherung) von 10.000 DM in t_0 mit Auszahlung von 11.236 DM an den Arbeitnehmer in t_2 oder

b) Einräumung einer unmittelbaren Versorgungszusage mit einer einmaligen Rentenzahlung von 11.236 DM in t_2.

Vor Steuern sind bei 6% Konkurrenzgleichgewichtspreis auf dem Kapitalmarkt die Alternativen „Direktversicherung" und „Einräumen einer unmittelbaren Versorgungszusage" gleichwertig.

Bei einem konstanten Grenzsteuersatz von 50% beträgt die Gewinnminderung nach Steuern bei der Alternative „Direktversicherung" 5.000 DM in t_0. Das Einräumen einer unmittelbaren Versorgungszusage ändert die Steuerbemessungsgrundlagen wie folgt, wenn zunächst (entgegen dem geltenden Steuerrecht) der Barwert der Rentenzahlung in t_0 als Rückstellung gebildet wird: In t_0 sind 11.236 : $1,06^2$ = 10.000 DM der Pensionsrückstellung zuzuführen. In t_1 ist diese Rückstellung um 600 DM Zinsen auf den Rückstellungsbestand von 10.000 DM in t_0 zu erhöhen. In t_2 ist die Rückstellung um 636 DM (6% Zinsen auf 10.600 DM Rückstellungsbestand in t_1) aufzustocken, so daß nach dieser Rückstellungsbildung die aus der Pensionszahlung folgenden Ausgaben in t_2 von 11.236 DM erfolgsneutral verrechnet werden. Hier und im folgenden wird vernachlässigt, daß im Zeitpunkt einer Datenänderung (z.B. Lohnerhöhung) die Berechnung des Barwerts und der Zinsen auf den jeweiligen Barwert korrigiert werden muß.

Danach ändert sich der Zahlungsstrom so:

	t_0	t_1	t_2
Zahlungsstrom vor Steuern	0	0	−11.236
Aufwand	10.000	600	636
Steuerminderzahlung bei 50%	5.000	300	318
Zahlungsstrom nach Steuern	+5.000	+300	−10.918

Bei einem konstanten Grenzsteuersatz von 50% sinkt der Kalkulationszinsfuß von 6% auf 3% und der Barwert der Alternative „Einräumen einer Versorgungszusage" gleicht nach Steuern dem der „Direktversicherung".

Diese *entscheidungsneutrale Aufwandsverrechnung für* Zuführungen zu Pensionsrückstellungen *deckt sich nicht mit der steuerrechtlichen Ansparung über Annuitäten*. Um die Folgen dieser Abweichung zu erläutern, werden nunmehr entsprechend dem geltenden Steuerrecht für das vereinfachte Beispiel einer einmaligen Rentenzahlung in t_2

a) Pensionsrückstellungen als Annuitäten in t_0 und t_1 gebildet und

b) jährlich der Bestand an Pensionsrückstellungen mit dem Rechnungszins aufgezinst.

Um für die modellmäßig einmalige Rentenzahlung von 11.236 DM in t_2 die Zuführung zu Pensionsrückstellungen als Annuität bei 6% in t_0 und t_1 zu berechnen, ist der

Barwert in t_{-1} zu bilden, also 11.236 : $1,06^3$ = 9.433,96 DM. Dieser Barwert von 9.433,96 DM ist mit dem Annuitätenfaktor für 6% bei einer zweijährigen Rente von 0,545437 zu multiplizieren, was 5.145,63 DM ergibt. Demgemäß ändern sich Steuerbemessungsgrundlagen und Zahlungen so:

	t_0	t_1	t_2
Annuität	5.145,63	5.145,63	
6% Zinsen auf den Rückstellungsbestand des Vorjahres		308,74	636
Aufwand	5.145,63	5.454,37	636
Steuerminderzahlung bei 50%	2.572,82	2.727,19	318
Zahlungsstrom nach Steuern	+2.572,82	+2.727,19	−10.918

Dieser Zahlungsstrom ergibt bei 3% Kalkulationszinsfuß nach Steuern einen Kapitalwert von −5.070,68 DM. Die dem geltenden Recht entsprechende Bildung der Pensionsrückstellungen in Form von Annuitäten führt **zum Gegenteil einer Steuerersparnis**. Sie benachteiligt die Einräumung einer unmittelbaren Versorgungszusage gegenüber einer vor Steuern gleichwertigen einmaligen Direktversicherung in t_0.

Laufende, jährlich gleichbleibende Prämienzahlungen bei mittelbaren Versorgungszusagen (also einem Aufwand von 5.145,63 DM in t_0 und t_1) sind den höheren Aufwendungen bei Bildung der Pensionsrückstellung gleichwertig. Aber dabei ist zu beachten, daß bei einer mehrjährigen Verpflichtung die steuerliche Abzugsfähigkeit der laufenden Prämienzahlungen keineswegs Entscheidungsneutralität wahrt, sondern zu derselben steuerlichen Benachteiligung (Kapitalwertverböserung um 70,68 DM) führt, wie die Bildung der Pensionsrückstellungen. Es darf also nicht behauptet werden: Beim Vergleich einer laufenden Prämienzahlung für mittelbare Versorgungszusagen mit einer unmittelbaren Versorgungszusage halte § 6a EStG Entscheidungsneutralität ein. Beide Alternativen verletzen sie im Hinblick auf die Gewinnermittlung (Reinvermögensminderung) durch die eingegangene Verpflichtung. Nur wer eine dem Barwert- bzw. Reinvermögenszugangs-Denken fremde Sicht wählt und laufende Prämienzahlungen bzw. periodische Aufwandsverrechnung der laufenden Gehaltszahlung gedanklich zuordnet, kann eine Benachteiligung bestreiten.

Woraus folgt diese steuerliche Benachteiligung? Für jede kapitalwertgleiche Umperiodisierung ist die Bedingung einzuhalten, daß der Barwert sämtlicher steuerlicher Aufwendungen dem Barwert der entscheidungsneutralen Umperiodisierungen entspricht. Dabei ist der Zinssatz nach Steuern zu wählen, weil ein Vorauseilen oder Zurückbleiben des steuerlich zulässigen Aufwandes gegenüber dem entscheidungsneutralen Aufwand nur mit dem versteuerten Zinssatz i_s = (1-s)i ausgeglichen werden kann.

Bei dieser Vorgehensweise kann eine Verständnisschwierigkeit entstehen: Für die entscheidungsneutrale Umperiodisierung von Zahlungen in Periodenaufwand und -ertrag muß der Konkurrenzgleichgewichtszins vor Steuern gewählt werden, weil es hier um die

Ermittlung von Periodengewinn in einem Vermögensvergleich geht, der mit den Zahlungen äquivalent ist (S. 363). Für den zweiten Schritt einer Kompensation von Abweichungen der steuerrechtlichen Aufwands- und Ertragsverrechnung zur entscheidungsneutralen ist jedoch der Zinssatz nach Steuern anzusetzen, weil bei steuersatzabhängigem Kalkulationszinsfuß 1 DM mehr an Steuerzahlung in einem Jahr ausgeglichen wird durch eine Minderzahlung im nächsten Jahr, die um den versteuerten Zinssatz über der 1 DM vorgezogene Zahlung liegt.

Die Bedingung, daß der Barwert der steuerlichen Aufwandsverrechnung gleich dem Barwert der entscheidungsneutralen Aufwendungen zu sein hat, wird durch die steuerliche Rückstellungsbildung über Annuitäten nicht erfüllt. Bei der unmittelbaren Versorgungszusage des Beispiels betragen die entscheidungsneutralen Aufwendungen t_0: 10.000; t_1: 600; t_2: 636 DM. Ihr Barwert (berechnet zu versteuerten 3%) in t_0 gleicht 11.182 DM. Demgegenüber errechnet sich der Barwert der steuerlichen Aufwendungen durch Ansparung von Pensionsrückstellungen (t_0: 5.145,63; t_1: 5.454,37; t_2: 636) als 11.041 DM. Obwohl die Summe der zeitlich vorverlagerten Aufwendungen beide Male bis zum Rentenzahlungszeitpunkt die Höhe der Ausgaben erreicht, ist die zeitliche Vorverlagerung durch § 6a EStG im Beispiel schlechter als es Entscheidungsneutralität der Besteuerung verlangt. Daraus folgt die oben berechnete steuerliche Benachteiligung der unmittelbaren Versorgungszusage.

bb) Bewirkt die Aufwandsverrechnung über Annuitäten eine „Steuerersparnis"?

Eine Simulationsstudie endet mit der These: „Bei sicheren Anlagemöglichkeiten zu einem Zinsfuß von ca. 2,6% nach Abzug aller Steuern können Festrenten aus unmittelbaren Versorgungszusagen an Arbeitnehmer bis zu 35 Jahren im Durchschnitt vollständig oder zumindest im wesentlichen aus Steuereffekten finanziert werden ... Die Rentenlasten aus unmittelbaren Versorgungszusagen werden" in diesen Fällen „im wesentlichen vom Fiskus und damit von der Allgemeinheit getragen, weil der steuerlich bedingten Entlastung der Arbeitgeber keine oder nur geringe Steuerzahlungen der Versorgungsempfänger gegenüberstehen. Eine Unternehmensführung, die Pensionsrückstellungen aus Gründen der ‚Bilanzpolitik' bisher nicht in der steuerlich zulässigen Höhe gebildet hat, hat damit die Interessen der Eigentümer verletzt"[107]. „§ 6a EStG ist daher unter dem Gesichtspunkt der Neutralität und Gleichmäßigkeit der Besteuerung überflüssig." Anstatt Aufwand = Ausgabe im Rentenzahlungszeitpunkt zu setzen, folge durch die Vorverlagerung des Aufwands über Zuführungen zu Pensionsrückstellungen für die Unternehmung eine „Steuerersparnis", weil der Gesamtbetrag der Rentenzahlung überwiegend vor

---

[107] *Lutz Haegert:* Besteuerung, Unternehmensfinanzierung und betriebliche Altersversorgung. In: Kapitalmarkt und Finanzierung, hrsg. von D. Schneider, Berlin 1987, S. 155-168, hier S. 168; das folgende Zitat bei *Haegert, Schwab,* S. 100; sinngleich *Franke, Hax,* S. 465 f.

dem Zahlungszeitpunkt zu Aufwand werde. Eine Wiederanlage der Steuerminderzahlung (des angeblich „zinslosen Steuerkredits" aus Grenzsteuersatz mal Aufwand vor dem Rentenzahlungszeitpunkt) zu einem Zinssatz über null, aber unter dem Rechnungszins, bewirke schon eine „Steuerersparnis".

Eine solche Sichtweise versäumt, offenzulegen und zu begründen, wann eine **Steuerersparnis** eintrete. Von Steuerersparnis zu sprechen, setzt eine Antwort auf die Frage voraus: Weniger Steuerzahlung gegenüber welchem Fall? Erst ein Vergleich einer zu beurteilenden Steuerrechtsetzung (hier § 6a EStG) gegenüber einer als „richtig" angesehenen Besteuerung verleiht der Redeweise „Steuerersparnis" Sinn.

Der Inhalt einer Vorstellung von „richtiger" Besteuerung bestimmt den Eichstrich für ein Urteil, ob und wann eine „Steuerersparnis" vorliegt. Dieser Eichstrich wird üblicherweise hinsichtlich der **Verteilungsfolgen** der Besteuerung aus der Norm Gleichmäßigkeit der Besteuerung und hinsichtlich der **Entscheidungswirkungen** der Besteuerung aus dem Referenzmodell einer Entscheidungsneutralität der Besteuerung hergeleitet.

Wer als „richtige" Steuerbemessungsgrundlage ausschließlich die Zahlungssalden in jedem Besteuerungszeitpunkt betrachtet, wird folgern: Da der Gesamtbetrag der Auszahlung in t_2 als Aufwand verrechnet ist, aber dieser Aufwand zum größten Teil bereits in die Jahre t_0 und t_1 vorverlagert wurde, entsteht bei konstantem Steuersatz im Zeitablauf eine „Steuerersparnis", weil schon bei einem Zinssatz von 0% für t_0 bis t_2 dieselbe Gewinnminderung nach Steuern erreicht wird wie bei Aufwand = Ausgabe in t_2. Jeder positive Zinssatz senkt die Gewinnminderung der Unternehmung bei Wiederanlage der Steuerminderzahlungen in t_0 und t_1.

Ein erster Einwand hiergegen lautet: Für die Berechnung eines Einkommens als Reinvermögenszugang (also den bilanzmäßigen Vermögensvergleich) ist eine Gewinnermittlung nach der Regel „Aufwand zeit- und größengleich Ausgabe" falsch, da man Bilanzen für die Gewinnermittlung deshalb braucht, weil Ausgabe und Aufwand (Einnahme und Ertrag) gerade nicht zeitlich immer zusammenfallen.

Wer den Eichstrich für das Vorliegen einer „Steuerersparnis" darin sieht, daß Gleichmäßigkeit der Besteuerung eine Minimierung von Steuerausweichhandlungen voraussetzt und hinsichtlich der Entscheidungswirkungen der Besteuerung steuerbedingte Änderungen in der Allokation knapper Mittel vermieden werden sollen, wird die Bezugsgröße einer „richtigen" Steuerbemessungsgrundlage an Entscheidungsneutralität der Besteuerung ausrichten: Wenn zwei Handlungsweisen vor Steuern in ihren Gewinnwirkungen gleich erscheinen, so soll diese Indifferenz auch nach Steuerzahlungen erhalten bleiben. Die im Beispiel S. 363 f. vorgenommene Vorwegnahme des Aufwands durch Rückstellungsbildung vor der Rentenzahlung wirkt entscheidungsneutral und verursacht deshalb *keine Steuerersparnis, sondern lediglich eine steuerbedingte entscheidungsneutrale Innenfinanzierung.*

Demgegenüber verstößt eine Gewinnermittlungsregel, Aufwand sei nur im Zeitpunkt der Ausgabe zu verrechnen, gegen Entscheidungsneutralität, weil dann die Nach-Steuer-Zahlung (Gewinnminderung) bei unmittelbarer Versorgungszusage von $0{,}5 \cdot 11.236 =$ 5.618 DM in t_2 bei 3% Kalkulationszinsfuß nach Steuern zu einem Barwert von 5.295

DM in t_0 führt und damit nach Steuern der „Direktversicherung" unterlegen ist. Eine Gewinnermittlungsregel Ausgabe = Aufwand benachteiligt steuerlich die unmittelbare Versorgungszusage gegenüber der einmaligen Zahlung für eine „Direktversicherung" in t_0.

Daraus folgt ein zweiter Einwand gegen die verfehlte Sichtweise in Teilen des Schrifttums: Wer allein den Zahlungssaldo als nicht-Steuerersparnis-bringende Bemessungsgrundlage ansieht, für den ist nicht mehr zu beurteilen, ob Ausgaben für eine mittelbare Versorgungszusage (z.B. eine einmalige Zahlung für eine Direktversicherung) vor dem Rentenzahlungszeitpunkt und unmittelbare Versorgungszusagen steuerlich gleichbehandelt werden oder nicht. Das Verständnis von „Steuerersparnis" bei Vorwegnahme von Aufwand vor die Zahlung negiert also das Problem der Gleichmäßigkeit bzw. Entscheidungsneutralität der Besteuerung *im Zeitablauf* (die intertemporale Gleichmäßigkeit bzw. Entscheidungsneutralität); denn ein solcher Vergleich setzt das Umrechnen von Zahlungen zu verschiedenen Zeitpunkten auf einen Vergleichszeitpunkt voraus.

Es trifft nicht zu, aus der Zuführung zu Pensionsrückstellungen ergäbe sich ein „zinsloser Steuerkredit"[108]; denn der „Steuerkredit" kostet den Rechnungszins, also im derzeitigen Steuerrecht 6%. Wenn der Einfachheit halber Rentenzahlungen, Neuzusagen und die Annuitätsberechnung ausgeklammert werden, so wächst der Bestand an Pensionsrückstellungen von Jahresbeginn bis Jahresende um 6%. Diesen 6% Teilwerterhöhung entspricht Aufwand in der Gewinn- und Verlustrechnung. Diesem Aufwand muß ein Ertrag in gleicher Höhe gegenüberstehen, damit aus dieser Zuführung zu Pensionsrückstellungen keine Steuermehr- oder -minderzahlungen folgen. Gegen diesen Schluß sticht der Einwand nicht: Dieser Zinsaufwand sei steuerlich abzugsfähig; denn auch steuerlich abzugsfähigem Aufwand muß Ertrag in gleicher Höhe gegenüberstehen, um den Gewinn und die Gewinnsteuerzahlungen nicht zu ändern. Im Beispiel S. 364: Erst wenn die aus der Pensionsrückstellung von 10.000 DM in t_0 innenfinanzierte Investition in t_1 600 DM Ertrag abwirft, ist der zusätzliche Aufwand von 600 DM in t_1 gedeckt, die resultierende Steuerzahlung null. Erst wenn der Rückstellungsbestand von 10.600 DM in t_1 für t_2 636 DM Ertrag erwirtschaftet, ist der zusätzliche Aufwand von 636 DM in t_2 ausgeglichen. Vernachlässigen wir aus didaktischen Gründen den Sachverhalt, daß einzelne Finanzierungen selten einzelnen Investitionen zugerechnet werden können, so gilt: Die über Pensionsrückstellungen innenfinanzierten Investitionen müssen eine Rendite vor Steuern in Höhe des Rechnungszinsfußes erwirtschaften, damit der Gewinn des Unternehmens nach Steuern weder verringert noch erhöht wird.

Gegenüber diesem Sachverhalt, daß Innenfinanzierung aus Pensionsrückstellungen 6% vor Steuern verdienen muß, damit der Gewinn der Unternehmung nach Steuern unberührt bleibt, enthält folgende Aussage einen Fehlschluß[109]: „Unternehmer mit langfristigen sicheren Anlagemöglichkeiten, die sich zu ca. 2,6% nach Abzug vor Steuern verzinsen", könnten „betriebliche Festrenten vollständig oder nahezu vollständig aus den

---

108 *Franke, Hax*, S. 465; *Haegert, Schwab*, S. 91.
109 *Haegert*, S. 164 f., 168.

Zinsvorteilen und den Substanzsteuerersparnissen bezahlen, die mit der Bildung von Pensionsrückstellungen ... verbunden sind". Dabei wird „die sichere Verzinsung in Zinskostenersparnissen für getilgtes Fremdkapital" von brutto 8% gesehen, also ein Steuersatz des Unternehmens von (8-2,6):8 = 67,5% unterstellt.

Für den Vergleich zweier Alternativen des Fremdkapitaleinsatzes: z.B. zinsforderndes Schuldscheindarlehen oder Pensionsrückstellung, ist es betriebswirtschaftlich falsch, Kapitalkosten nach Abzug von Gewinn- und Substanzsteuern zu berechnen, da bei der einen Alternative (Schuldscheindarlehen) die unversteuerten Zinsen zuzüglich Gewerbesteuerzahlungen aus hinzugerechneten Dauerschuldzinsen bzw. Dauerschulden das Unternehmen verlassen. Vielmehr ist nach der steuerbedingten Mindestrenditenerhöhung in der Unternehmung zu fragen, also: Wieviel muß verdient werden, damit ohne Verlust entweder Fremdkapitalzinsen gezahlt werden können oder der Rechnungszins für Pensionsrückstellungen erwirtschaftet wird?

Können die Innenfinanzierungsmittel aus Pensionsrückstellungen zu mehr als 6% angelegt werden, so entsteht ein Renditenhebel (Verschuldungshebel bzw. leverage effect), wie er auch bei Kreditaufnahmen auftritt, wenn die interne Verzinsung über dem Fremdkapitalzins liegt (S. 546). Folgen daraus Mehrgewinne in einer Höhe, daß nach Jahrzehnten die anfängliche Schuld getilgt werden kann, spricht niemand davon, daß hier die Kreditgeber die Kredittilgung selbst tragen. Entsprechend verfehlt ist die Aussage, daß „der Fiskus letztlich allein die Pension bezahlt" (Fn. 107). Genau das Gegenteil trifft zu: Wenn wegen höherer Unternehmensrenditen die Gewinnminderung der Unternehmung vom Zeitpunkt der Aufwandsverrechnung bis zum Zeitpunkt der Rentenzahlung sinkt, nimmt der Fiskus in diesem Zeitraum zusätzliche Steuern ein, bezahlt also gerade nicht die Pension. Die Folge daraus ist, daß die effektive Grenzsteuerbelastung so finanzierter Investitionen sinkt.

Bei der Behauptung, „Festrenten aus unmittelbaren Versorgungszusagen" würden „vollständig oder zumindest im wesentlichen aus Steuereffekten finanziert" (Fn. 107), dürfte übersehen worden sein, daß Wirtschaften mit Gewinnerzielung im Zeitablauf kein Nullsummenspiel ist, bei dem der Vorteil des einen (die verringerte Gewinnminderung der Unternehmung) zum Nachteil des anderen (hier des Fiskus) wird.

Weshalb Ökonomen allerdings vernachlässigen konnten, daß Gewinnerzielung genau das Gegenteil des Nullsummenspiels ist, um daraufhin leichtfertige Behauptungen darüber zu verbreiten, daß der Fiskus Pensionszusagen bezahle, bleibt ein klärungsbedürftiger Tatbestand. Das Nichtbeachten der Anwendungsvoraussetzungen von Konkurrenzgleichgewichtsmodellen für den Kapitalmarkt (auf denen Barwertberechnungen beruhen und deren Pareto-Optimalität eine Nullsummenspiel-Eigenschaft impliziert) mag ein Grund sein. Ein weiterer folgt vermutlich aus einer Fehldeutung, was Berechnungen mit Investitionsrenditen über dem Kapitalkostensatz (hier: Rechnungszins) inhaltlich besagen.

Demgegenüber ist festzuhalten:

(1) Aus einer verringerten Gewinnminderung für die rückstellende Unternehmung im Zeitablauf darf nicht auf ein Tragen betrieblicher Rentenlasten durch Fiskus und Allgemeinheit oder einen „zinslosen Steuerkredit" geschlossen werden.

(2) Anstatt unklar von einer „durchschnittlichen Belastung durch eine Versorgungszusage" zu reden[110], muß sorgfältig unterschieden werden zwischen

(a) der Belastung der Unternehmung in Form einer Gewinnminderung im Zeitpunkt der rechtlichen Entstehung der Versorgungszusage und der ersten Aufwandsverrechnung und

(b) einer Änderung ihrer Gewinnminderung bis zum Zeitpunkt der Rentenzahlung.

Diese Änderung entsteht durch Investitionsrenditen, die vom Rechnungszins abweichen. Höhere Investitionsrenditen haben zur Folge, daß gegenüber dem Grenzsteuersatz im Zeitpunkt der Aufwandsverrechnung die effektive Grenzsteuerbelastung für Investitionen bis zum Zeitpunkt der Rentenzahlung sinkt.

Das, was bislang unbegründet als „Steuerersparnis" bei Pensionsrückstellungen (d.h. bei unmittelbaren Versorgungszusagen) bezeichnet worden ist, setzt sich aus verschiedenen, teils gegenläufig wirkenden Sachverhalten zusammen:

Werden „vorsichtige" versicherungsmathematische Berechnungseinzelheiten beiseite gelassen, so benachteiligt § 6a EStG eine Unternehmung unter der Modellannahme, der Rechnungszins gleiche dem Konkurrenzgleichgewichtspreis auf dem Kapitalmarkt, wenn

a) die Aufwandsverrechnung in Verlustjahren nicht Steuerzahlungen kürzt und dann, wenn

b) die Reinvermögensminderung nach Steuern (als Barwert entscheidungsneutraler Aufwendungen) für unmittelbare Versorgungszusagen höher ist als der Barwert der Zuführungen zu Pensionsrückstellungen, wobei die Barwerte zum Konkurrenzgleichgewichtszinssatz nach Steuern zu berechnen sind. Dies gilt z.B. für den Sachverhalt, daß auszuzahlende Betriebsrenten alle drei Jahre an die Geldentwertung anzupassen sind (§ 16 BetrAVG), jedoch eine entsprechende Erhöhung der Pensionsrückstellungen unzulässig ist, wie bislang im Steuerrecht.

---

110 Z.B. sieht *Haegert*, S. 158, in den Barwerten den „Ausdruck der effektiven durchschnittlichen Belastung durch eine Versorgungszusage", mit deren Hilfe u.a. „Änderungen des Rechnungszinsfußes" verglichen werden sollen. Dies geht jedoch nicht, weil ein Barwert nur für jeweils einen von außen vorgegebenen Zinsfuß definiert ist.

Schon in den Fünfziger Jahren wurde behauptet, daß bei entsprechend hohem Wiederanlagezins die Zukunftssicherung der Belegschaft aufhöre, „ein Kostenproblem zu sein" (*Walter Endres*: Die Zukunftssicherung der Belegschaft vom betriebswirtschaftlichen Standpunkt. In: ZfhF, NF, Jg. 9 (1957), S. 23-53, hier S. 34). Gegen solche Behauptungen wurde zu Recht geltend gemacht, daß Erträge zwar Kosten decken, aber nicht mindern bzw. beseitigen können, vgl. *Reinhold Höfer*: Betriebliche Altersversorgung – steuerliche und finanzielle Wirkungen. Wiesbaden 1973, S. 29; vgl. auch *Theodor Siegel*: Steuerwirkungen und Steuerpolitik in der Unternehmung. Würzburg – Wien 1982, S. 120 f.; sowie *Drukarczyk*: Finanzierung, S. 260-270.

Die versicherungsmathematischen Berechnungseinzelheiten des geltenden Steuerrechts und die Wiederanlagerenditen weichen im Regelfall von den modellmäßig idealisierten Voraussetzungen ab, in denen die steuerrechtliche Benachteiligung des Unternehmens bei unmittelbaren Versorgungszusagen gegenüber einer vor Steuern gleichwertigen Direktversicherung auftritt. Dann entstehen bei Unternehmungen, die Pensionsrückstellungen bilden, Vorteile. *Diese Vorteile sind zweizuteilen in*
- steuerrechtliche Gewinnvergünstigungen und in
- faktische Zinsverbilligungen für den Fremdkapitaleinsatz als einer Form von Subventionen.

Die steuerlichen Gewinnvergünstigungen führen zu Bestandteilen des Risikokapitals in Pensionsrückstellungen. Die faktischen Zinsverbilligungen folgen daraus, daß der Rechnungszins unter der Mindestrendite vor Steuern liegt, die verdient werden muß, damit ohne Verlust Zinsen für Fremdkapital gleicher Laufzeit an Kapitalmarktteilnehmer gezahlt werden können.

Steuerersparnisse in Form von Gewinnvergünstigungen sind aus zwei Gründen von der faktischen Zinsverbilligung gegenüber außenfinanziertem Fremdkapitaleinsatz zu trennen:

(1) Eine solche Zinsverbilligung läßt sich nur durch Anpassung des Rechnungszinses an den jeweiligen Konkurrenzgleichgewichtspreis auf dem Kapitalmarkt zuzüglich gewerbesteuerlicher Mindestrenditenerhöhungen (S. 308) beseitigen.

(2) Zinsverbilligungen als eine Wettbewerbsverzerrung zu Lasten der Fremdfinanzierung über Finanzmärkte sind von Systemverstößen des Steuerrechts zu unterscheiden, die weniger Steuerzahlungen („Steuerersparnisse") auslösen gegenüber einem Bezugs-Modellsteuerrecht, das Gleichmäßigkeit oder Entscheidungsneutralität der Bemessungsgrundlage bei vor Steuern gleichwertigen Sachverhaltsgestaltungen (wie Direktversicherung gegen unmittelbare Versorgungszusagen) wahrt.

3. Bestandteile des Risikokapitals in Pensionsrückstellungen

aa) Ermessensrücklagen in Pensionsrückstellungen

Bei Lebensversicherungsunternehmen werden (mit amtlicher Billigung) regelmäßig „vorsichtige" Sterbetafeln der versicherungsmathematischen Berechnung zugrundegelegt. Das hat zur Folge, daß „Sterblichkeitsgewinne" in der internen Erfolgsrechnung der Lebensversicherungsunternehmen entstehen. Die der Berechnung von Pensionsrückstellungen zugrundegelegten Richttafeln sind in ähnlicher Weise „vorsichtig" aufgebaut[111]. Sie bewirken durch dieses Ermessen, daß die Wahrscheinlichkeiten zu hoch angesetzt sind, mit denen künftige Rentenzahlungen gewichtet werden. Hinzu tritt, daß bei einem Ar-

---

111 In den Kommentierungen wird dies gern heruntergespielt, vgl. z.B. *Reinhold Höfer, Oskar Abt*: Gesetz zur Verbesserung der betrieblichen Altersversorgung, Kommentar, Bd. 2, 2. Aufl., München 1984, § 6a EStG Randnr. 392-397.

beitsplatzwechsel eines Arbeitnehmers (Fluktuation) mitunter der Versorgungsanspruch entfällt. In den Tafeln sind Fluktuationswahrscheinlichkeiten nicht enthalten.

Soweit aus der Anwendung von Wahrscheinlichkeitsverteilungen versicherungstechnische Überschätzungen der tatsächlich zu erwartenden künftigen Rentenzahlungen entstehen, werden in den Zuführungen zu Pensionsrückstellungen Ermessensrücklagen gebildet. Ihre steuerrechtliche Anerkennung führt zu Gewinnvergünstigungen.

bb) Zweckgebundenes Risikokapital durch Aufwandsvorwegnahme

Die Verbindlichkeit aus einer unwiderruflichen unmittelbaren Versorgungszusage entsteht im Zeitpunkt der Erteilung dieser Zusage. Ab diesem Versorgungs-Vertragszeitpunkt wären in einer marktwirtschaftlichen Ordnung die künftigen ungewissen Verbindlichkeiten aus der Pensionszusage im Vermögensvergleich zu berücksichtigen. Aus kollektivistischem Betriebsgemeinschafts-Denken, unterstützt von Interessenverbänden der Wirtschaft, hat jedoch der Gesetzgeber 1975[112] für die Berechnung von Pensionsrückstellungen nicht mehr den Vertragszeitpunkt vorgesehen (sog. Gegenwartsverfahren). Vielmehr wird für den Zeitpunkt der Pensionszusage die Höhe der Zuführungen zu den Pensionsrückstellungen so berechnet, als ob mit dem Beginn des Dienstverhältnisses (frühestens aber im Wirtschaftsjahr, bis zu dessen Mitte das 30. Lebensjahr vollendet ist) die Pensionszusage erteilt worden wäre.

Dieses sogenannte Teilwertverfahren bewirkt am Beispiel: Ein Arbeitnehmer beginne mit 20 Jahren ein Dienstverhältnis und erhalte mit 40 Jahren eine Pensionszusage, die ab Erreichen des 65. Lebensjahres zu leisten ist. Für diesen Arbeitnehmer werden die Zuführungen zu den Pensionsrückstellungen so berechnet, als ob die Pensionszusage bereits zum Alter 30 erteilt worden wäre, so daß insgesamt 35 Jahresbeträge zurückzustellen sind. Da die Pensionszusage aber erst im 40. Lebensjahr gegeben wird, sind zu diesem Zeitpunkt 10 der berechneten 35 Jahresbeträge auf einmal den Pensionsrückstellungen zuzuführen. Gegenüber diesem Teilwertverfahren wäre beim Gegenwartsverfahren im Jahr der Pensionszusage nur ein Jahresbetrag einzustellen. Der einzelne Jahresbetrag hätte allerdings über dem Jahresbetrag des Teilwertverfahrens gelegen, weil insgesamt nur 25 Jahresbeträge zum Ansparen des gleichen Endbetrages im Alter 65 zurückzustellen wären.

Da Zuführungen zu Pensionsrückstellungen bei Lohnverbesserungen ebenfalls nach dem sogenannten Teilwertverfahren ab Beginn des Dienstverhältnisses bzw. nach dem 30. Lebensjahr zu berechnen sind, folgen daraus allein schon Zuführungen zu Pensionsrückstellungen, die anfänglich häufig um 30 bis 40% über denen des sogenannten Gegenwartsverfahrens liegen[113]. Ähnlich dem Sachverhalt einer Sonderabschreibung im

---

112 § 6a Abs. 3 Nr. 1 ab Satz 2 EStG, eingeführt mit dem Gesetz zur Verbesserung der betrieblichen Altersversorgung (BetrAVG) vom 19.12.1974, BGBl. I 1974, S. 3610-3625; zur Begründung vgl. *Bundestags-Drucksachen* 7/1281 vom 26.11.73 und 7/2843 vom 22.11.74.

113 Vgl. *Carl Herrmann, Gerhard Heuer, Arndt Raupach:* Einkommen- und Körperschaftsteuergesetz mit Nebengesetzen. Kommentar, 19. Aufl., Köln 1950/1982, § 6a EStG, Anm. 7.

Vergleich zur nur linearen AfA bringt über die Laufzeit hinweg das Teilwertverfahren zunächst mehr, dann weniger Aufwand. Diese Aufwandsvorwegnahme läßt sich analog zu einer Drohverlustrückstellung als zweckgebundenes innenfinanziertes Risikokapital einordnen (S. 62). So weit Aufwand gegenüber einer entscheidungsneutralen Ansparung ab dem Zusagezeitpunkt vorweggenommen ist, entsteht eine steuerliche Gewinnvergünstigung.

cc) Erneuerungs- und Wachstumseffekt als versteckte Selbstfinanzierung?

Durch eine entscheidungsneutrale Berechnung der Pensionsrückstellungen für den einzelnen Arbeitnehmer wird eine steuerlich entscheidungsneutrale Innenfinanzierung angesammelt und mit Beginn der Rentenzahlung nach und nach abgebaut. Dieser Abbau tritt nicht ein, falls an die Stelle des in den Ruhestand tretenden Arbeitnehmers ein anderer tritt, für den Pensionsrückstellungen neu gebildet werden. Die steuerlich entscheidungsneutrale Innenfinanzierung aus der ersten Pensionsrückstellung bleibt der Unternehmung dauerhaft erhalten, wenn der Abgang aus der Pensionsrückstellung wegen Zahlung einer Rente im gleichen Zeitpunkt und in gleicher Höhe durch eine Zuführung zu Pensionsrückstellungen ausgeglichen wird (und zusätzlich der Steuersatz und der Rechnungszins unverändert bleiben und die zurückbehaltenen Mittel mindestens zum Rechnungszins angelegt werden können).

Aus der Erneuerung einer über Rentenzahlungen abgebauten Pensionsrückstellung durch Zuführung für eine neue Versorgungszusage wird ein Wachstum der Innenfinanzierungsbeträge, solange die Zahl der Arbeitnehmer steigt, denen unmittelbare Versorgungszusagen erteilt werden. Selbst wenn die Zahl der Arbeitnehmer unverändert bleibt, aber sich ihr Durchschnittsalter verjüngt, ihre Lebenserwartung oder ihre Gehälter steigen, kann der Bestand an Innenfinanzierungsmitteln aus Pensionsrückstellungen wachsen.

Dieser Erneuerungs- und Wachstumseffekt verringert das Ausmaß zusätzlicher Mittel, das bei gegebenem Investitionsprogramm und gegebener anderweitiger Innenfinanzierung auf dem Kapitalmarkt aufgenommen werden muß. Darin liegt die unternehmenspolitische Bedeutung des Erneuerungs- und Wachstumseffekt für eine langfristige Finanzplanung.

Da begrifflich der Erneuerungs- und Wachstumseffekt auf das Ausmaß an Pensionsrückstellungen beschränkt wurde, das einer steuerlich entscheidungsneutralen Innenfinanzierung entspricht, folgt eine Gewinnvergünstigung daraus nicht. Der Erneuerungs- und Wachstumseffekt schafft insoweit keine versteckte Selbstfinanzierung, sondern entspricht einer Revolvierung von Krediten bzw. einer Umschuldung oder Neuverschuldung mit längeren Laufzeiten. Nur soweit ein Erneuerungs- und Wachstumsprozeß bei den Pensionsrückstellungen sich auf Ermessensrücklagen und zweckgebundenes Risikokapital erstreckt, werden beide verlängert bzw. erweitert.

dd) Substanzsteuerersparnisse?

Die Behauptung, unmittelbare Versorgungszusagen seien „Steuerersparnisse", stützt sich nicht auf die bisher erörterten Sachverhalte. Statt dessen werden als ein Grund für die Finanzierung der Rentenzahlungen aus angeblichen Steuereffekten Minderzahlungen bei der Vermögen- und Gewerbekapitalsteuer genannt, weil Pensionsrückstellungen den Einheitswert des Betriebsvermögens kürzen (§ 104 BewG).

Ob aus Substanzsteuerminderzahlungen tatsächlich eine steuerfreie Kapitalbildung entsteht, läßt sich nur beantworten, wenn die Alternativen klar formuliert sind:

a) Wird nach den substanzsteuerbedingten Finanzierungswirkungen gefragt bei der Wahl, ob eine betriebliche Versorgungszusage gegeben wird oder nicht, oder

b) wird bei gegebener Versorgungszusage nach substanzsteuerbedingten Finanzierungswirkungen gefragt bei der Wahl, ob eine unmittelbare oder mittelbare Versorgungszusage verwirklicht werden soll.

Vom Schrifttum wird regelmäßig nur die erste Frage nach den Finanzierungswirkungen bei den Alternativen Erteilung oder Verweigerung einer betrieblichen Versorgungszusage beantwortet[114]. Aber damit wird nur berechnet, wie teuer das Eingehen dieser zusätzlichen Verpflichtung kommt.

Die Bezugsbasis für eine Berechnung der Höhe interner Finanzierung durch unmittelbare Versorgungszusagen ist nicht der Verzicht auf Pensionszusagen; denn bei Verzicht bleibt ein höherer Gewinn vor und nach Steuern in den Jahren der Bildung von Pensionsrückstellungen. Auf die Höhe des Mehrgewinns nimmt Einfluß, ob und inwieweit dann zusätzliche Lohnerhöhungen in Tarifverhandlungen durchgesetzt werden.

Um die Finanzierungswirkungen von Pensionsrückstellungen zu erkennen, muß der Sachverhalt einer Gewährung betrieblicher Versorgungsrenten vorgegeben werden und der Vergleich zwischen den Alternativen unmittelbare gegen mittelbare Versorgungszusage erfolgen. Wenn eine Pensionszusage als Teil eines Arbeitsvertrages erteilt wird, dann geht die Unternehmung eine Verpflichtung ein, die sie auf zwei Wegen erfüllen kann: entweder durch unmittelbare Versorgungszusage (Bildung einer Pensionsrückstellung) oder durch eine mittelbare Versorgungszusage (z.B. Direktversicherung) des Arbeitnehmers. Gesetzt den Fall, der Aufwand sei für beide Alternativen gleich, dann mindert der Aufwand für die mittelbare Versorgungszusage den Einheitswert des Betriebsvermögens in gleicher Höhe wie die Aufwandsverrechnung bei Bildung von Pensionsrückstellungen. Insoweit entsteht keine Substanzsteuervergünstigung. Substanzsteuervorteile ergeben sich lediglich aus den Ermessensrücklagen bzw. aus -zweckgebundenem Risikokapital in den Pensionsrückstellungen.

---

114 Vgl. *Günter Wöhe, Jürgen Bilstein:* Grundzüge der Unternehmensfinanzierung. 5. Aufl., München 1988, S. 289-298; *Drukarczyk:* Finanzierung, S. 260-270.

Bei mittelbarer Versorgungszusage fließt in Höhe der Beiträge Geld ab (die Bilanz wird jährlich um die Beiträge verkürzt), bei Pensionsrückstellungen um die Netto-Zuführungen demgegenüber verlängert. Soweit über den Erneuerungs- und Wachstumseffekt die Innenfinanzierung über Pensionsrückstellungen dauerhaft ist, besteht kein Unterschied zwischen einem Finanzierungseffekt bei Gewinn- oder Substanzsteuern. Insoweit trifft nicht zu, daß im Hinblick auf die Gewinnbesteuerung zeitweise Finanzierungsmittel freigesetzt würden, während im Hinblick auf die Substanzbesteuerung der Finanzierungseffekt von Dauer sei[115].

4. Reformüberlegungen zur Besteuerung unmittelbarer Versorgungszusagen

Wie könnte das Steuerrecht zur betrieblichen Altersversorgung an die Merkmale für eine entscheidungsneutrale Besteuerung angenähert werden?

aa) Unternehmensbesteuerung

a) Wahrscheinlichkeitsbedingte Gewinnvergünstigungen lassen sich durch möglichst gegenwartsnahe Richttafeln und einen Fluktuationsabschlag auf ein praktisch kaum vermeidbares Mindestmaß begrenzen.

b) Aufwandsvorwegnahmen durch das kollektivistische Teilwertverfahren sind mit einer marktwirtschaftlichen Ordnung nicht vereinbar; allerdings mildern sie praktisch die Benachteiligung aus dem Annuitäten-Ansparverfahren. Hier wäre aus Gründen der Gleichmäßigkeit der Besteuerung und eines Vermeidens steuerrechtsbedingter Wettbewerbsverzerrungen gegenüber anderen Verschuldungsmöglichkeiten eine entscheidungsneutrale Berechnungsweise einzuführen.

c) Die Normierung des Rechnungszinses kann im Zeitablauf sowohl zu steuerlichen Nachteilen als auch zu Vergünstigungen führen. Eine steuerliche Mehrbelastung entsteht, wenn die Gewinnminderung nach Steuern im Zeitpunkt der Aufwandsverrechnung bis zur Rentenzahlung anwächst, weil die Unternehmensrendite unter dem Rechnungszins liegt und die steuerliche Verlustverrechnung nachteiliger als ein sofortiger Verlustausgleich ist oder im Zeitablauf die Grenzsteuersätze steigen. Eine Vergünstigung folgt, wenn die Gewinnminderung im Zeitablauf schrumpft, also die effektive Grenzsteuerbelastung für Investitionen, die über Pensionsrückstellungen innenfinanziert werden, bis zur Rentenzahlung unter den Grenzsteuersatz im Zeitpunkt der Aufwandsverrechnung sinkt.

Aufgrund der Annahmen, die Investitionsrechnungen innewohnen, ändert sich die effektive Steuerbe- oder -entlastung der Unternehmung zwischen dem Zeitpunkt der Aufwandsverrechnung und der Rentenzahlung nur dann nicht, wenn der Rechnungszins in jedem Steuerjahr dem Konkurrenzgleichgewichtspreis für die einjährige Geldüberlassung gleicht. Da für kein Steuerjahr im voraus solche konkurrenzgleichgewichtigen Marktzins-

---
115 Entgegen *Höfer:* Betriebliche Altersversorgung, S. 22.

sätze bekannt sind, läßt sich praktisch nicht vermeiden, daß bei der gesetzlichen Normierung eines Rechnungszinses eine Unternehmung mit höheren internen Renditen in den Genuß einer Entlastung kommt. Ebenso steigt in einer Unternehmung mit einer niedrigeren Rendite im Durchschnitt der folgende Jahrzehnte die effektive Gewinnminderung über das durch den Grenzsteuersatz vorgegebene Maß, sofern der steuerliche Verlustausgleich nicht einem sofortigen Verlustausgleich renditemäßig gleichkommt.

Da einerseits eine Normierung des Rechnungszinses praktisch unumgänglich ist, andererseits die zu erwirtschaftende Mindestrendite für sehr langfristige Schuldaufnahmen nicht Jahrzehnte im voraus bekannt ist, bleibt der Spielraum begrenzt, um die zeitablaufbedingten Zusatzbelastungen oder -entlastungen der Gewinne nach Steuern zu verringern. Gleichwohl gilt es, die steuerrechtsbedingten Wettbewerbsverzerrungen gegenüber einer Verschuldung auf dem Kapitalmarkt zu erkennen. Die Umlaufrendite öffentlicher Anleihen mit mindestens zehnjähriger Laufzeit betrug im Frühjahr 1992 rund 8,2%. Die Spannweite lag in den letzten zehn Jahren zwischen 5,8% und 9,8%[116]. Unter Berücksichtigung der Gewerbesteuer (360% Hebesatz im Durchschnitt) errechnet sich eine Mindestrenditenanforderung von rund 9,5%, also gegenüber 6% Rechnungszins ein Nachteil von über der Hälfte. Zeitweise stieg der Nachteil bis auf das Doppelte (Rechnungszins 5,5% bei 11% Fremdkapitalkosten einschl. Gewerbesteuer im Januar 1982).

Sollte im Rahmen einer Reform der Unternehmensbesteuerung die Gewerbesteuer fallen, böte sich zum Abbau der kapitalmarktfeindlichen Begünstigung der Innenfinanzierung über Pensionsrückstellungen eine Anhebung des Rechnungszinses in die Nähe des dann geltenden Kapitalmarktzinses für über zehnjährige Laufzeiten an. Solange die Gewerbesteuer besteht, wären daneben Pensionsrückstellungen den Dauerschulden (und die darin enthaltenen Ermessensrücklagen dem Eigenkapital) gleichzustellen, um steuerrechtsbedingte Wettbewerbsverzerrungen abzubauen.

Um steuerrechtsbedingte Wettbewerbsverzerrungen zwischen einer Innenfinanzierung über Pensionsrückstellungen und der Außenfinanzierung zu verringern, bleibt also eine Anpassung des Rechnungszinses an einen Kapitalmarktzins über zehnjährige Laufzeiten zu erwägen. Dabei müßte bei Zinssteigerungen, die ein Auflösen eines Teils der Pensionsrückstellungen bedingen, eine Milderungsregelung vorgesehen werden (Verteilung der Auflösung auf mehrere Jahre, wobei allerdings 12 Jahre wie bei der Erhöhung des Rechnungszinses von 5,5% auf 6% zu weit gehen, § 52 Abs. 8 Satz 4 EStG). Die Folge wären sehr häufige Korrekturen mit Verwaltungsaufwand für ständige Neuberechnungen. Eine Anpassung des Rechnungszinses an den jeweiligen Kapitalmarktzins für z.B. mindestens zehnjährige Laufzeiten in einem Zeitraum unter 5 Jahren erscheint wenig praktikabel.

---

116 Vgl. *Statistische Beihefte zu den Monatsberichten der Deutschen Bundesbank.* Reihe 2, Wertpapierstatistik. Januar 1982, Oktober 1991.

d) Das Problem der Innenfinanzierung über Pensionsrückstellungen entfiele durch ein steuerliches Nichtanerkennen von Pensionsrückstellungen (wie in den USA, Großbritannien, Frankreich). Dadurch entstünde bei unmittelbaren Versorgungszusagen Aufwand erst im Zeitpunkt der Rentenzahlung. Ein solches Vorgehen würde verlangen, Zuführungen zu Pensionsrückstellungen aus von der Unternehmung versteuerten Gewinnen vorzunehmen. Unmittelbare Versorgungszusagen wären danach beim Empfänger wie mittelbare, also nur mit dem Ertragsanteil, zu besteuern. Aber auch hier ist praktisch Entscheidungsneutralität nicht zu wahren, weil Wiederanlagerenditen und Konkurrenzgleichgewichtspreis für die Geldüberlassung nicht zusammenfallen. Hinzu träte, daß mit dem Verbot der Aufwandsverrechnung für Zuführungen zu Pensionsrückstellungen die Maßgeblichkeit der handelsrechtlichen GoB für die steuerliche Gewinnermittlung aufgegeben werden müßte. Sowohl Unternehmungen und ihre Verbände als auch Gewerkschaften dürften gegen Absichten, Pensionsrückstellungen als steuerrechtlich unzulässig zu erklären, Sturm laufen.

Wenn betriebliche Altersversorgung nur über mittelbare Versorgungszusagen erfolgen dürfte, wäre eine ordnungspolitische Entscheidung getroffen, die das Ausmaß an Innenfinanzierung in den bisher Pensionsrückstellungen bildenden Unternehmungen verringerte und z.B. die Kapitalbildung bei (steuerrechtlich bislang sehr begünstigten) Lebensversicherungsunternehmungen verstärkte. Ein solches Verbot zur Innenfinanzierung ist jedoch mit einer Wettbewerbsordnung nicht vereinbar, da bei unmittelbaren Versorgungszusagen im Unterschied zu mittelbaren nicht von kriminellen Handlungen geredet werden kann, die allein ein Verbot einer solchen Sachverhaltsgestaltung rechtfertigen.

bb) Besteuerung der Arbeitnehmer

Von der Beurteilung von Pensionsrückstellungen zu trennen ist das Argument, daß die Rentenlasten deshalb im wesentlichen vom Fiskus getragen werden, „weil der steuerlich bedingten Entlastung der Arbeitgeber keine oder nur eine geringe Steuerzahlung der Versorgungsempfänger gegenüberstehen" (Fn. 107). Hier sind zwei Sachverhalte auseinanderzuhalten:

a) Steuersatzunterschiede im Zeitpunkt der Aufwandsverrechnung zwischen der Unternehmung, die Aufwand verrechnet, und dem Arbeitnehmer, der gleichzeitig einen geldwerten Vorteil (den Rentenanspruch) erwirbt, und

b) Steuersatzunterschiede beim Arbeitnehmer zwischen der Zeit seiner Erwerbstätigkeit und seines Rentenalters.

Bei einer Aufwandsverrechnung durch die Unternehmung erst im Zeitpunkt der Pensionszahlung entsteht eine Steuermindereinnahme aus einer Steuersatzdifferenz: 1 DM Rentenzahlung entlastet den Arbeitgeber bei einem Grenzsteuersatz von 60% um diesen Satz. Wenn der Rentenempfänger nur einem Grenzsteuersatz von 30% unterliegt, so büßt der Fiskus wegen der unterschiedlichen Grenzsteuersätze 60% - 30% = 30% der Rentenzahlung als Steuereinnahme ein. Diese Wirkung unterschiedlicher Grenzsteuersätze gilt für jede Zahlung, die bei einem hoch besteuerten Steuerpflichtigen zu einer abzugsfähigen Betriebsausgabe führt und bei einem niedriger Besteuerten zu steuerpflichtigen Einnahmen.

Dieses Steuersatzgefälle zwischen Anbietern und Nachfragern auf Arbeits-, Finanz-, aber auch Gütermärkten bietet Anlaß zu Steuerarbitrage-Überlegungen und zu Institutionen für Steuerausweichhandlungen, wofür Arbeits- und Pensionsverträge mit Familienangehörigen oder zwischen der Institution Kapitalgesellschaft und Gesellschafter-Geschäftsführern nur ein Beispiel sind. Solche Arbitragen zum Ausnutzen eines Steuersatzgefälles zwischen Vertrags-(= Markt-)parteien nutzen Verstöße eines bestehenden Steuerrechts gegenüber einem entscheidungsneutralen zur gemeinsamen Steuerersparnis der Vertragspartner und damit zu Lasten des Fiskus aus.

Ursache dieser Steuerausfälle sind zum einen Steuern, die Unternehmungen gegenüber anderen Steuerpflichtigen diskriminieren (wie die Gewerbesteuer), und zum anderen die politische Umverteilungsabsicht, die zu einer progressiven Einkommensbesteuerung Anlaß gibt. Aus der Tarifgestaltung bei der Einkommensteuer folgende geringere Steuerzahlungen des Einkommensempfängers gegenüber den dadurch ersparten Steuerzahlungen des Unternehmens haben nichts mit der Art der betrieblichen Altersversorgung zu tun.

Zu erwägen wäre jedoch, bei unverfallbaren Pensionszusagen die Zuführung zu den Pensionsrückstellungen im Zeitpunkt der Aufwandsverrechnung als geldwerten Vorteil dem lohnsteuerpflichtigen Einkommen hinzuzurechnen, wie es bei mittelbaren Versorgungszusagen geltendes Recht ist. Folglich wäre bei der späteren Rentenzahlung nur noch der Ertragsanteil der Rente zu besteuern. Damit würde eine Steuerbegünstigung der Arbeitnehmer vermieden, die aus den Steuersatzunterschieden zwischen den Jahren der Erwerbstätigkeit und dem Rentenalter folgt. Diese Steuerbegünstigung der Arbeitnehmer stellt eine Subvention des Fiskus und damit eine Belastung der Allgemeinheit dar.

5. Schädigt das Nichtbilden steuerlich zulässiger Pensionsrückstellungen die Eigentümer?

Verletzt eine Unternehmensführung, die Pensionsrückstellungen „bisher nicht in der steuerlich zulässigen Höhe gebildet hat, ... damit die Interessen der Eigentümer" (Fn. 107)? Um die Frage zu beantworten, sind zwei Fälle zu unterscheiden: Im ersten Fall hat eine Unternehmensführung bislang keine Pensionszusagen erteilt. Wegen dieser Sachverhaltsgestaltung verzichtet sie von vornherein auf die Möglichkeit zur Bildung von Pensionsrückstellungen. Im zweiten Fall hat eine Unternehmensführung Pensionszusagen gegeben und das Bilanzierungswahlrecht so ausgenutzt, daß sie eine Passivierung unterläßt (Das Wahlrecht besteht für Pensionszusagen vor dem 1.1.1987 fort).

Eine Unternehmensleitung, die auf eine Pensionszusage verzichtet, verletzt damit nicht die Interessen der Eigentümer; denn im Zusagezeitpunkt werden die Ausschüttungs- oder Selbstfinanzierungsinteressen der Eigentümer in Höhe des Betrages Zuführung zur Pensionsrückstellung mal Versteuerungsfaktor (1 − Grenzsteuersatz) geschmälert. Ob über Jahrzehnte hinweg eine um so viel über 6% liegende Rendite erwirtschaftet wird, daß die Steuerminderzahlung zusätzliches Vermögen erwirtschaftet, damit im Zeitpunkt der Rentenzahlung keine Vermögenseinbuße für die Anteilseigner mehr resultiert, ist zumindest im Zeitpunkt der Pensionszusage ungewiß. Hinzu tritt, daß nicht selten nur jenen Unternehmensleitungen keine Pensionszusagen geben werden, für die mangels Gewinnen dieser steuerliche Aufwand nicht zu Steuerminderzahlungen führt. Es ist kein eigentümerschädigendes Verhalten, in Verlustjahren auf das Eingehen zusätzlicher künftiger Verpflichtungen zu verzichten.

Anders sieht die Beurteilung aus, wenn die Sachverhaltsgestaltung der Pensionszusage getroffen ist und nur noch über die Ausübung des steuerlichen Passivierungswahlrechts entschieden wird.

Die Nichtausübung des Passivierungswahlrechts schädigt die Interessen der Eigentümer dann, wenn Gewinne erzielt werden oder ein Verlustrücktrag möglich ist. Da ab 1990 ein zeitlich unbeschränkter Verlustvortrag zulässig ist, gilt diese Schädigung bis auf den Ausnahmefall, daß die Steuersätze bis zum Eintritt der Rentenzahlung erheblich steigen (Bei Beginn der Rentenzahlung dürfen bisher unterlassene Pensionsrückstellungen nachgeholt werden, § 6a Abs. 4 Satz 4 EStG). Nur wenn abzusehen ist, daß zum Beginn einer Rentenzahlung die Gewinnsteuersätze höher liegen als der Endwert der aufgezinsten heutigen Steuersätze, liegt ein Verzicht auf die Passivierung einer gegebenen Pensionszusage im Interesse der Eigentümer. Bis auf diesen praktisch zu vernachlässigenden Fall liegt in der Nichtpassivierung der steuerlich höchstzulässigen Pensionsrückstellungen ein die Interessen der Eigentümer schädigendes Verhalten der Unternehmungsleitung vor.

Aber dies ist keine Besonderheit bei Pensionsrückstellungen, soweit noch ein Wahlrecht für ihre Passivierung besteht. Für alle Fälle des Nichtausnutzens steuerlicher Wahlrechte, also auch für Sonderabschreibungen und andere Bewertungsvergünstigungen, gilt: Eine Geschäftsleitung schädigt die Interessen der Eigentümer, wenn sie Steuermehrzahlungen hinnimmt; es sei denn, daß Steuersatzerhöhungen angekündigt sind, welche die Zinsgewinne aus der Aufwandsvorwegnahme überkompensieren.

c) Inflation, Besteuerung und Vorteilhaftigkeit von Investitions- und Finanzierungsvorhaben

1. Anwendungsbedingungen für Investitionsmodelle bei Inflation

aa) Investitionsplanung mit Hilfe realer Renditen?

Private Sparer, aber auch institutionelle Geldanleger fordern bei inflationärer Entwicklung, daß die Kaufkraft ihres investierten Geldes erhalten bleiben soll. Deshalb wird in zahlreichen amerikanischen und manchen deutschen Unternehmen die Auffassung vertreten: Es sei notwendig, die Investitionsentscheidungen an die reale, kaufkraftorientierte Rendite eines Investitionsvorhabens zu knüpfen, statt nominale Renditen bzw. Kapitalwerte zu berechnen. Nach kaufkraftbereinigten Investitionskalkülen sollten die einzelnen Geschäftsbereiche des Unternehmens ihre Investitionsvorschläge bewerten.

Diese Überlegung kann bei gleichbleibender Inflationsrate nicht zutreffen; denn für den realen Abzinsungsfaktor 1+r gilt definitionsgemäß die Beziehung: Nominaler Abzinsungsfaktor 1+n dividiert durch Inflationsfaktor 1+p:

$$1 + r = \frac{1+n}{1+p}, \quad n = r + p + rp. \tag{52}$$

Die Beziehung: nominale Rendite n gleich realer Rendite r zuzüglich der Inflationsrate p zuzüglich des Realzinses auf die Inflationsrate r · p, werden wir bei einer Gleichsetzung von Rendite mit Kapitalmarktzins als „Fisher-Effekt" wiederfinden (S. 391).

Daraus folgt: Solange in der Investitionsplanung mit einer im Zeitablauf unveränderten Inflationsrate gerechnet wird, macht sich der Planer mit der Berechnung der realen Rendite unnütze Arbeit; denn reale Rendite und nominale Rendite stehen im selben Verhältnis zueinander wie die Temperaturmessung nach Celsius oder Fahrenheit (mathematisch ist die reale Rendite lediglich eine lineare Transformation der nominalen Rendite). Genausowenig, wie sich durch Anwendung eines Celsius- oder Fahrenheitthermometers eine Änderung der Wärme eines Zimmers herbeiführen läßt, kann somit die Rangordnung von Investitions- und Finanzierungsvorhaben sich ändern, wenn reale statt nominale Renditen berechnet werden.

Dies gilt jedoch nicht mehr, wenn im Zeitablauf die Inflationsraten schwanken. In diesem, der Wirklichkeit entsprechenden Fall können Investitionsentscheidungen aufgrund eines Vergleichs realer Renditen anders ausfallen als aufgrund eines Vergleichs nominaler Renditen, wie folgendes Beispiel offenbart.

Zwei Investitionen A und B konkurrieren miteinander bei gleicher nominaler Rendite n:

	t_0	t_1	t_2	
A	− 1.000	0	+ 1.440	$n_A = 20\%$.
B	− 1.000	+ 800	+ 480	$n_B = 20\%$.

Angenommen, die nominale Rendite sei entstanden, weil in der ersten Periode eine Inflationsrate von 5% und in der zweiten eine von 10% herrscht, dann sehen die realen Zahlungsströme so aus:

	t_0	t_1	t_2	
p		5%	10%	
A	− 1.000	0	+ 1.246,8	$r_A = 11,7\%$.
B	− 1.000	+ 761,9	+ 415,6	$r_B = 13,0\%$.

Die reale Rendite von B liegt nunmehr über der von A. Steigende Inflationsraten im Zeitablauf lassen also in einer Realrechnung jene Investitionsraten, deren Einnahmenüberschüsse früher anfallen, günstiger erscheinen.

Drehen wir den Spieß um: In der ersten Periode herrsche jetzt eine Inflationsrate von 10%, in der zweiten eine von 5%.

	t_0	t_1	t_2	
p		10%	5%	
A	– 1.000	0	+ 1.246,8	$r_A = 11{,}7\%$.
B	– 1.000	+ 727,3	+ 415,6	$r_B = 10{,}4\%$.

Aus den sich ergebenden kaufkraftbereinigten Zahlungsströmen folgt, daß jetzt die reale Rendite von A über der von B liegt. Fallende Inflationsraten im Zeitablauf lassen in einer Realrechnung jene Investitionen ungünstiger erscheinen, deren Einnahmenüberschüsse früher anfallen.

Damit entsteht die Frage: Welche Rendite ist der zutreffende Vorteilsmaßstab: die nominale oder die reale?

Die Frage beantwortet sich sofort, wenn auf die Anwendungsvoraussetzungen geachtet wird, wann der interne Zinsfuß, also mathematisch eine n-te Wurzel, ökonomisch als Rendite interpretiert werden darf. Hinreichende Voraussetzung dafür, daß der interne Zinsfuß ökonomisch als Rendite gedeutet werden darf, ist, daß der Geldeinsatz im Zeitablauf für alle Kapitalanlagen gleich hoch bleibt. Wir müssen deshalb eine ausdrückliche Wiederanlage einplanen bzw. banktechnisch gesprochen: Im Kalkül muß berücksichtigt werden, ob von einer flachen, steigenden oder fallenden Zinsstruktur ausgegangen wird. Ohne eine solche ausdrückliche Annahme unterstellt die Berechnung des internen Zinsfußes eine bestimmte Form flacher Zinsstruktur: Wiederanlage zum berechneten internen Zinsfuß.

Wenn im Beispiel eine Wiederanlage nur zu 10% möglich ist, dann lautet der Vergleich nominal so, daß bei B die Rückflüsse von 800 in t_1 für eine Periode ausgeliehen werden und in t_2 dafür 880 eingehen.

	t_0	t_1	t_2
A	– 1.000	0	+ 1.440
B	– 1.000	+ 800	+ 480
		– 800	+ 880
		0	+ 1.360

Damit ist offensichtlich, daß A die überlegene Investition ist, und daß nominale und reale Rendite zu derselben Rangordnung führen müssen.

Unterschiedliche Entscheidungen beim Vergleich von realer und nominaler Rendite ergeben sich also nur dann, wenn die Anwendungsvoraussetzungen für die Deutung des internen Zinsfußes als Rendite nicht beachtet worden sind, also wenn das Investitionskalkül auf einem inhaltlichen Fehler beruht. Deshalb ist die Berechnung kaufkraftäquivalenter, realer Renditen nicht nur überflüssig, sondern kann zu fehlerhaften Investitionsentscheidungen verleiten.

bb) Investitionsrechnung bei Auslandsinvestitionen in Ländern mit unterschiedlichen Inflationsraten und unterschiedlicher Entwicklung der Wechselkurse

Wie ist der Vorteilsvergleich für sich gegenseitig ausschließende Investitionen in Ländern mit unterschiedlicher Inflationsrate (USA, Brasilien) und bei Wechselkursen durchzuführen, in denen sich erfahrungsgemäß die unterschiedlichen Inflationsraten nur sehr unvollkommen niederschlagen?

Bei einer Reihe von Großunternehmen hat sich folgende Übung zur Beurteilung der Vorteilhaftigkeit inflationsgefährdeter Auslandsinvestitionen gefunden: Die Berechnung der Rendite für die einzelnen Investitionsvorhaben im Ausland und Inland erfolgt in der jeweiligen Landeswährung. Aber um die Projekte in Ländern mit unterschiedlichen Preissteigerungsraten vergleichbar zu machen, werden die nominellen Zahlungsströme mit den voraussichtlichen Preissteigerungsraten des betreffenden Landes in Realwerte umgerechnet. Gewählt werden diejenigen Investitionen, die, gemessen in den Realwerten in Landeswährung, die höchste Rendite versprechen.

Damit wollen diese Unternehmungen wohl weniger unterstellen, daß in der realen Rendite die unterschiedliche Entwicklung der Wechselkurse eingefangen sei. Die Unternehmensphilosophie scheint eher darauf zu zielen, daß der Realwert des Unternehmensvermögens dann am sichersten gesteigert werde, wenn aus Gründen der Risikostreuung in Ländern mit unterschiedlicher Inflationsrate investiert werde. Dabei dürfe das Geld nur in jene Investitionsvorhaben fließen, die in der jeweiligen Landeswährung eine maximale Kaufkraft versprächen.

Doch bei dieser auf den ersten Blick plausiblen Entscheidungsregel sind Fehlentscheidungen vorprogrammiert. Dies sei an einem Beispiel erläutert, in dem bewußt Vergangenheitsdaten gewählt werden, um Risikoüberlegungen im Hinblick auf die Ertragslage, die Inflation und den Wechselkurs auszuklammern. Aus Gründen der Übersichtlichkeit gelten Steuerzahlungen als bereits abgesetzt.

Zu vergleichen seien für einen deutschen Investor eine Auslandsinvestition A in Dollar mit einer Inlandsinvestition B in DM. Sämtliche zwischenzeitlichen Zahlungssalden mögen durch ausdrückliche Anlage- bzw. Refinanzierungsmaßnahmen ausgeschaltet sein, so daß der berechnete interne Zinsfuß eine ökonomisch sinnvolle Rendite widerspiegelt. Die Inflationsraten und Wechselkurse sind, um bequeme Zahlen zu erhalten, gerundet.

Das Unternehmen bewerte die Amerika-Investition so: nominale Rendite in Dollar 17,9%, reale Rendite in Dollar 14,5%. Würde dieselbe Auslandsinvestition in DM gerechnet, entstünden aufgrund der von der Inflationsrate abweichenden Wechselkursentwicklung andere Zahlungsströme mit der nominalen DM-Rendite -6,0% und der realen DM-Rendite -6,3%. Die Zahlungsströme und Renditen der konkurrierenden Inlandsinvestition B betragen nominal in DM 13,9% und real in DM 13,5% bzw. nominal in Dollar 42,8%, jedoch real in Dollar 38,7%.

Das Unternehmen treffe die Auswahl der Investitionsvorhaben nach der realen Rendite im jeweiligen Investitionsland und stelle folglich für die Auslandsinvestition A 14,5%

der Inlandsinvestition B mit 13,5% gegenüber und entscheide sich für die Auslandsinvestition A.

Dollarkurs:	März1985: 3,3090 DM; März 1988: 1,6780 DM		
Kaufkraft:	1,09 $	(März 1988)=1,00 $ (März 1985)	
	1,01 DM	(März 1988)=1,00 DM (März 1985)	
Investition	März 1985	März 1988	
A, $, nominal	−100	164	n = 17,9%
A, $, real	−100	150	r = 14,5%
A, DM, nominal	−331	275	n = −6,0%
A, DM, real	−331	272	r = −6,3%
B, DM, nominal	−331	489	n = 13,9%
B, DM, real	−331	484	r = 13,5%
B, $, nominal	−100	291	n = 42,8%
B, $, real	−100	267	r = 38,7%

Tatsächlich bringt aber B sowohl mehr nominelle DM als auch mehr nominelle Dollar in die Kasse. Das Unternehmen entscheidet falsch. Wo liegt der Fehler?

Inflation heißt zunächst, daß der Erwerb von Konsumgütern in Zukunft teurer ist als heute. Deshalb wird Inflation zum Problem bei der Frage: Konsum heute zu niedrigeren Preisen oder Konsum morgen zu höheren Preisen. Wenn ein Investor erwartet, daß die zu beschaffenden Güter morgen im Durchschnitt teurer sein werden als heute, dann stehen ihm grundsätzlich zwei Verhaltensweisen offen:

a) Der Investor kauft heute und nicht morgen. Im Zweifel legt er sich ein Lager an und verschuldet sich, so weit wie ihm sinnvoll erscheint.

b) Der Investor verzichtet auf die Beschaffung der künftig teureren Güter heute, z.B. wegen geringerer Lagerfähigkeit, der Gefahr technischen Veraltens, den Risiken zusätzlicher Verschuldung. Dann aber empfiehlt es sich für ihn, in das nominal am besten rentierende Investitionsvorhaben einzusteigen. Nur wer heute die nominal rentabelste Kapitalanlage wählt, verfügt morgen über das meiste Geld, um den teurer gewordenen Beschaffungsvorgang zu finanzieren.

Daraus folgt ein Kernsatz zum Einfluß der Inflation auf die Investitionen: Nur für den, der nicht investieren, sondern konsumieren will oder muß, ist die Inflation ein Problem. Der künftige Konsument muß wissen, zu welchem Zeitpunkt und in welcher Währung er konsumieren will. *Kaufkrafterhaltung interessiert allein den Konsumenten, nicht den Investor!* Im Grunde impliziert diese Aussage ein Todesurteil für alle Vorstellungen über **reale Kapitalerhaltung in Steuerbemessungsgrundlagen für Unternehmungen**. Nur für die Besteuerung von Konsumenten ist die Berücksichtigung von Kaufkraftänderungen bei der Besteuerung ein Gesichtspunkt, der bei seiner Einkommensverwendung und bei der Verwirklichung von Gleichmäßigkeit der Besteuerung zu beachten ist.

Wenn Investitionsrechenverfahren eine sinnvolle Entscheidungshilfe geben sollen, dann muß das Konsumproblem vom Investitionsproblem trennbar sein, und es muß festgelegt sein, in welchem Land konsumiert werden soll. Dann aber wird die richtige Lösung ganz einfach: Das Land, in dem konsumiert werden soll, bestimmt die Währung, in der gerechnet wird. Nominale und reale Rendite führen wieder zu derselben Investitionsentscheidung.

Ein investierendes Unternehmen schützt sich am besten gegen die Inflation, wenn es die nominal bestrentierende Investition wählt, berechnet in der Währung, in der es Konsumzahlungen, sprich Gewinnausschüttungen, zu leisten hat. Für investierende Industrieunternehmen, aber auch für Banken, Versicherungen und andere Kapitalsammelstellen, sind Überlegungen zur Kaufkrafterhaltung ihrer Investitionen deshalb nur Relikte ungenauen Denkens.

2. Inflation, Besteuerung und Innenfinanzierung

Um wieviel wären die Absatzpreise einer Unternehmung zu erhöhen, damit Beschaffungspreissteigerungen aufgefangen würden, ohne die Ertragslage der Unternehmung zu schmälern? Die Antwort auf die Frage offenbart einen Einfluß der Inflation über die Besteuerung auf die Innenfinanzierung der Unternehmung.

Eine 10%-ige Preissteigerung bei allen Beschaffungspreisen wird keineswegs durch eine gleichzeitige 10%-ige Absatzpreissteigerung in ihrer Ertragswirkung ausgeglichen; denn das Steuerrecht berücksichtigt die Inflation nicht. Steuerrechtlich wird der Aufwand grundsätzlich nach den Anschaffungsausgaben, nicht nach den Wiederbeschaffungsausgaben, bewertet. Aus dieser fehlenden Aufwandsverrechnung „Wiederbeschaffungsausgaben minus Anschaffungsausgaben" entstehen nach dem Sprachgebrauch der Praxis **Scheingewinne**. Eine Besteuerung von Scheingewinnen könne zu einem „Substanzverzehr" führen. Mit solchen Argumenten sind jahrzehntelang steuerrechtliche Gewinnvergünstigungen gefordert und durchgesetzt worden; ein jüngeres Beispiel bildet die allgemeine Zulässigkeit des Lifoverfahrens (§ 6 Abs. 1 Nr. 2a EStG 1990). Die Argumentation mit Scheingewinnen und Substanzverzehr in Zeiten von Preissteigerungen ist in mehrfacher Hinsicht fragwürdig:

a) Von Scheingewinn zu reden, setzt eine klare Vorstellung von einem scheingewinnlosen Gewinn voraus. Der scheingewinnlose Gewinn kann bei einer Preissteigerungsrate von 0% nicht der steuerrechtliche Gewinn sein. Alles, was über Gewinnvergünstigungen und Gewinnverböserungen ausgeführt wurde (S. 252 ff.), spricht dagegen. Erst recht ist als scheingewinnloser Gewinn nicht jener, über stille Reserven manipulierbare Jahresüberschuß gemeint, den das Handelsrecht auszuweisen gestattet.

b) Der Ausdruck „Substanzverzehr" ist eine Fehlbezeichnung, wenn mit Substanz irgendwelche Mengen gemeint sind. Die Besteuerung nomineller Gewinne in Zeiten steigender Preise verzehrt keine Substanz, sondern sie kann bei der Absicht zur Ersatzbe-

Einzelprobleme der effektiven Steuerbelastung von Investition und Finanzierung 385

schaffung verbrauchter Produktionsfaktoren eine Lücke bei der Innenfinanzierung aus verrechnetem Aufwand für die verbrauchten Faktoren hervorrufen.

Eine solche **inflatorische Finanzierungslücke** ist durch zurückbehaltene Gewinne oder durch zusätzliche Außenfinanzierung zu decken, wenn der Ersatz verbrauchter Faktoren nicht beeinträchtigt werden soll. *Bei mehrperiodiger Investitionsplanung äußert sich eine inflatorische Finanzierungslücke in einer Ertrags- bzw. Kapitalwertminderung. Allerdings führt keineswegs immer in Zeiten steigender Preise eine Gewinnermittlung nach geltendem Bilanzrecht zu inflatorischen Finanzierungslücken bzw. Ertrags- = Unternehmenswertminderungen.*

Wenn dieselbe Gütermenge zu gestiegenen Preisen wiederbeschafft werden soll, reichen die Umsatzeinnahmen nach Steuerzahlungen vielfach nicht aus, um die teurere Wiederbeschaffung über den Weg der Innenfinanzierung aus verrechnetem Aufwand zu finanzieren. *Die Besteuerung von sog. Scheingewinnen verursacht inflatorische Finanzierungslücken,* die durch zusätzliche Finanzmittel geschlossen werden müssen.

Inflatorische Finanzierungslücken entstehen selbst dann, wenn es gelingt, die Absatzpreise zeitgleich und größengleich den Steigerungen der Beschaffungspreise anzupassen. Wie sich bei veränderlicher Inflationsrate trotz gleichbleibender Umsatzrendite vor Steuern inflatorische Finanzierungslücken entwickeln, sei an mehreren vereinfachten Beispielen verdeutlicht. Die Beispiele unterstellen eine wiederholte einperiodige Investition, um das Problem der steuerlich entscheidungsneutralen Periodisierung vorerst auszuklammern.

Im ersten Beispiel produziere eine Industrieunternehmung ein einziges Produkt. Dabei seien sämtliche Anlagen gemietet; Löhne, Material und Anlagenmiete werden jeweils am Jahresanfang bezahlt, und am Jahresende wird das Produkt gegen bar verkauft. In der ersten Periode sei die Preisänderung null; in der zweiten und dritten 10%, in der vierten 5%, der fünften null. Am Ende der fünften Periode werde die Unternehmung liquidiert.

	t_0	t_1	t_2	t_3	t_4	t_5
Inflationsrate		0%	10%	10%	5%	0%
Beschaffungsausgaben	10.000	10.000	11.000	12.100	12.705	
Umsatzeinnahmen (Anfangskapital)	(10.000)	11.000	12.100	13.310	13.976	13.976
Gewinn vor Steuern		1.000	2.100	2.310	1.876	1.271
Steuerzahlung		600	1.260	1.386	1.126	763
Einnahmenüberschuß vor Steuern (und Absetzung des Anfangskapitals in t_4)		1.000	1.100	1.210	1.271	3.976
Einnahmenüberschuß nach Steuerzahlung		+400	−160	−176	+145	+3.213

Der Gewinnsteuersatz betrage 60%, und die Steuerzahlung ist am jeweiligen Periodenende zu leisten. Die Beschaffungsausgaben betragen in t_0 10.000 DM, der Verkaufspreis am Jahresende t_1 11.000 DM. Es gelinge der Unternehmung, die Preissteigerungsrate bei den Beschaffungsausgaben voll und unverzüglich in den Absatzpreisen weiterzugeben. Gemäß geltendem Bilanzrecht wird der Gewinn in t_n hier als Umsatzeinnahme in t_n abzüglich Beschaffungsausgabe in t_{n-1} berechnet („nominelle Kapitalerhaltung").

Die Tabelle enthält zunächst den Finanzplan vor Steuern, dann die steuerliche Gewinnermittlung (Ertrag in t_1 = Umsatzeinnahmen in t_1 = 11.000; Aufwand in t_1 = Beschaffungsausgabe in t_0 = 10.000; entsprechend Ertrag t_2 = 12.100, Aufwand in t_2 = Ausgabe in t_1 = 10.000).

Im ersten Jahr, dem Jahr ohne Preissteigerung, bleibt ein versteuerter Gewinn von 400, der ausgeschüttet oder zur Selbstfinanzierung verwandt werden kann. Im zweiten Jahr fehlen trotz sofortiger und voller Überwälzung der Beschaffungspreissteigerung in den Absatzpreisen 160 zur Ersatzbeschaffung der verbrauchten Faktoren, weil die Steuerzahlung (60% auf den nominellen Gewinn von 2.100) 1.260 DM beträgt und damit über dem Einnahmenüberschuß von 1.100 liegt. Hier entsteht eine inflatorische Finanzierungslücke in Höhe dieser 160. Nach Abzug der gewinnabhängigen Zwangsausgaben von den Umsatzeinnahmen reicht trotz nomineller Gewinne der Einnahmenüberschuß nicht mehr aus, um die Ersatzbeschaffung zu finanzieren. Der negative Einnahmenüberschuß nach Steuerzahlung in t_2 und t_3 muß durch zusätzliche Außenfinanzierung gedeckt werden.

Im einzelnen zeigt das Beispiel, daß die inflatorische Finanzierungslücke von der Inflationsrate, dem Steuersatz und der ursprünglichen Gewinnhöhe wie folgt abhängt:

a) Steigt die Inflationsrate gegenüber dem letzten Bilanzstichtag (t_2 gegenüber t_1,), wachsen Buchgewinne von 1.000 auf 2.100 und damit Gewinnsteuerbelastungen erheblich stärker als die Inflationsrate. Im Beispiel bewirken 10% Preissteigerung mehr als eine Verdoppelung der Buchgewinne und der Steuerzahlung. Die inflatorische Finanzierungslücke explodiert gewissermaßen bei steigenden Inflationsraten.

b) Bleibt die Inflationsrate gegenüber dem letzten Bilanzstichtag unverändert (t_3 verglichen mit t_2), wachsen Buchgewinne, Gewinnsteuerzahlung und inflatorische Finanzierungslücke nur noch mit der Inflationsrate. Gleichbleibende Preissteigerungsraten verstetigen die Erhöhung der inflatorischen Finanzierungslücke.

c) Fällt die Inflationsrate gegenüber dem letzten Bilanzstichtag (t_4 gegenüber t_3), sinken Buchgewinne und Gewinnsteuerbelastung. Die inflatorische Finanzierungslücke wandelt sich im Beispiel in einen Finanzierungsvorteil (Einnahmenüberschuß) um. Allgemein gilt: Sinkende Inflationsraten reduzieren bzw. vernichten inflatorische Finanzierungslücken, vorausgesetzt, die Absatzpreise werden zeit- und größengleich den Beschaffungspreisänderungen angepaßt.

Da trotz zeitgleicher und größengleicher Steigerung der Absatzpreise mit den Beschaffungspreisen in keinem der Inflationsjahre auch nur der nominelle Gewinn nach Steuern des ersten Jahres von +400 wieder erreicht wird, treten verminderte Selbstfinanzierungsmöglichkeiten in der Inflation ein. Dies gilt selbst dann schon, falls es der Unternehmung gelingt, Beschaffungspreissteigerungen unverzüglich und in gleichem Umfang in den Absatzpreisen weiterzugeben. Inflatorische Finanzierungslücken entstehen nach Steuern für eine Unternehmung also auch, wenn es gelingt, die Umsatzrendite bzw. Gewinnspanne vor Steuern zu halten.

Vielfach lassen sich aber auf der Mehrzahl der Märkte Beschaffungspreissteigerungen nicht zeitgleich und größengleich in Absatzpreiserhöhungen durchsetzen. Die von Jahr zu Jahr und von Land zu Land schwankende Inflation ist auf der Mehrzahl der Märkte von einer gesunkenen Gewinnspanne vor Steuern begleitet. Bei gleichbleibenden oder verminderten Ertragschancen der Unternehmung vor Steuern sinkt in der Inflation also die Möglichkeit, Eigenkapitalausstattung durch Zurückhalten von Gewinnen selbst zu bilden. Umso wichtiger wird der Einfluß von steuerlichen Förderungsmaßnahmen bzw. Gewinnvergünstigungen für Investitionen, wenn die Inflation nicht verhindert werden kann.

Steuerliche Förderungsmaßnahmen in Form von Sonderabschreibungen oder steuerfreien Rücklagen sind keine Steuergeschenke, sondern bei unveränderten Steuersätzen lediglich Steuerstundungen. Sie wirken wirtschaftlich wie zinslose Kredite durch den Fiskus. Allerdings sollte man von zinslosen Steuerkrediten nur bei Gewinnvergünstigungen gegenüber einem steuerlich entscheidungsneutralen Gewinnbegriff sprechen. Wie dieser in einer Inflation aussehen müßte, wird erst später (S. 403 f.) entwickelt. Probeweise legen wir vorerst den entscheidungsneutralen Gewinn für eine Welt ohne Inflation für das Vorliegen zinsloser Steuerkredite zugrunde. Das folgende Beispiel belegt die Wirkung so verstandener zinsloser Steuerkredite in der Inflation. Das gleiche Ergebnis wird durch Fremdfinanzierung auf dem Kapitalmarkt erreicht, falls zur Vereinfachung die Zinszahlungen außer acht bleiben.

Aufgrund eines zinslosen Steuerkredits wird die Beschaffungsausgabe in t_0 erst zu einer Ausgabe in t_1, die gestiegene Beschaffungsausgabe in t_2 vom 11.000 DM wird erst in t_3 zu einer Ausgabe. Der zinslose Steuerkredit bewirkt also, daß der Einnahmenüberschuß in jedem Zahlungszeitpunkt genau gleich dem nominellen Gewinn vor Steuern wird:

	t_0	t_1	t_2	t_3	t_4	t_5
Inflationsrate	0%	10%	10%	5%	0%	
Beschaffungsausgaben		10.000	10.000	11.100	12.100	12.705
Umsatzeinnahmen		11.000	12.100	13.310	13.976	13.976
Zahlungssaldo		1.000	2.100	2.310	1.876	1.271
Gewinn vor Steuern		1.000	2.100	2.310	1.876	1.271

Damit verschwindet jede inflatorische Finanzierungslücke, weil eine solche aus der Berechnung des Aufwands nach den Anschaffungsausgaben entsteht. Der Grund hierfür ist, daß Ausgabe und steuerlicher Aufwand zeitgleich und größengleich anfallen (und von mehrperiodig wirkenden Zahlungen, die Periodisierungen erfordern, abgesehen wurde).

Aus dem Vergleich des ersten und zweiten Beispiels folgt: Inflatorische Finanzierungslücken aufgrund der Gewinnbesteuerung entstehen durch das Auseinanderklaffen von steuerpflichtigem Gewinn und Einnahmenüberschuß (solange vom Erfordernis entscheidungsneutraler Periodisierungen abgesehen werden kann). Insoweit bilden inflatorische Finanzierungslücken ein liquiditätsmäßiges Pendant zu einer steuerrechtlichen Gewinnverböserung.

Wie wichtig der Satz ist, daß inflatorische Finanzierungslücken durch das zeitliche und größenmäßige Auseinanderklaffen von Bilanzgewinn und entscheidungsneutralem Gewinn (hier gleich Einnahmenüberschuß) entstehen, verdeutlicht das folgende Beispiel, in dem das Steuerrecht eine Aufwandsbewertung zu Wiederbeschaffungspreisen für einperiodige Vorratsinvestitionen zulasse. Die Aufwandsbewertung zu Wiederbeschaffungspreisen beseitigt allein noch keineswegs die inflatorische Finanzierungslücke, denn neben der durch die Aufwandsverrechnung bedingten inflatorischen Finanzierungslücke existiert eine durch die Ertragsverrechnung bedingte inflatorische Finanzierungslücke. Sie wird offenkundig, wenn das Industrieunternehmen seinen Kunden ein Zahlungsziel gewähren muß. Die Forderungen mögen dabei genau eine Periode später eingehen. Um den Absatz zu finanzieren, betrage jetzt das Anfangskapital in t_0 und t_1 je 10.000 DM.

Gegenüber den früheren Beispielen fließen jetzt die Umsatzeinnahmen eine Periode später zu. Damit entstehen Finanzierungslücken in Höhe der Steuerzahlungen. Im einzelnen sei vorausgesetzt:

a) Die Aufwandsverrechnung erfolgt zu Wiederbeschaffungspreisen, Gewinnermittlung also nach einer Methode „reproduktiver" Substanzerhaltung, nicht nach nomineller Kapitalerhaltung wie im geltenden Steuerrecht.

b) Der Ertrag entsteht wie im ersten Beispiel, er wird jedoch wegen der Kreditgewährung erst ein Jahr später zur Bareinnahme. Deshalb wird in t_1 unter Umsatzeinnahmen nur der Klammerzusatz: Anfangskapital angesetzt. Der steuerpflichtige Gewinn beträgt in t_1 11.000 Ertrag - 10.000 Aufwand = 1.000 und die Steuerzahlung deshalb 600. In t_2 errechnet sich der Gewinn wie folgt: Ertrag 12.100 wie im ersten Beispiel, Aufwand gemäß der Bewertung zu Wiederbeschaffungspreisen also 11.000, folglich beläuft sich der steuerpflichtige Gewinn auf 1.100, davon 60% Steuern ergibt 660. Für t_3 usw. ist entsprechend zu rechnen.

c) In diesem Beispiel erfolgt also die Ertragsverrechnung wegen der Kreditgewährung an den Kunden eine Periode vor der Umsatzeinnahme. Dies bewirkt, daß trotz Aufwandsverrechnung zu Wiederbeschaffungspreisen inflatorische Finanzierungslücken entstehen, weil die Forderung erst eine Periode später eingeht.

Die durch *die Ertragsverrechnung bedingte Finanzierungslücke* kommt dadurch zustande, daß steuerpflichtiger Ertrag bereits im Zeitpunkt der Forderungsentstehung anfällt und nicht erst im Zeitpunkt des Einnahmenzuflusses. Bei einperiodigen Investitionen wird jedes zeit- oder größenmäßige Voraneilen des Ertrags vor der Einnahme, jedes Nachhinken des Aufwands gegenüber der Ausgabe Finanzierungslücken aufgrund gewinnabhängiger Zahlungen erzeugen.

	t_0	t_1	t_2	t_3	t_4	t_5	t_6
Inflationsrate		0%	10%	10%	5%	0%	
Finanzrechnung Beschaffungsausgaben	10.000	10.000	11.000	12.100	12.705		
Umsatzeinnahmen (Anfangskapital)	(10.000)	(10.000)	11.000	12.100	13.310	13.976	13.976
Steuerzahlung bei Aufwandsbewertung zu Wiederbeschaffungspreisen		600	660	726	763	763	
Zahlungssaldo (nach Abzug des Anfangskapitals in t_5 und t_6)	0	−600	−660	−726	−158	+3.213	+3.976
Erfolgsrechnung Ertrag		11.000	12.100	13.310	13.976	13.976	
Aufwand zu Wiederbeschaffungspreisen		10.000	11.000	12.100	12.705	12.705	
sog. „Substanzgewinn"		1.000	1.100	1.210	1.271	1.271	

Bereits an diesem einfachen Beispiel wird die These verständlich: *Nicht die Inflation verursacht inflatorische Finanzierungslücken, sondern die Maßgeblichkeit der handelsrechtlichen Grundsätze ordnungsmäßiger Buchführung für die steuerliche Gewinnermittlung.* Diese tritt hier an die Stelle einer Einnahmenüberschußrechnung, die bei einperiodigen Investitionen investitionsneutral wirken würde. Deshalb entsteht bei Bilanzierung eine inflatorische Finanzierungslücke durch Scheingewinnbesteuerung.

Die These ist bisher nur für einperiodige, wenngleich wiederholte Investitionen belegt worden. In dem bisherigen Modell gibt es also keine abschreibungsfähigen Anlagegüter. Die These wird in den folgenden Abschnitten auf mehrperiodige Investitionen erweitert.

3. Inflation und Kalkulationszinsfuß

aa) Volle Überwälzung der Inflation im Kalkulationszinsfuß vor Steuern: der Fisher-Effekt

Ehe jemand anfängt, Zahlungsströme für Investitions- und Finanzierungsvorhaben miteinander zu vergleichen, muß klargelegt sein, was die Zahlen inhaltlich aussagen. Geben die Zahlen ein Abbild der tatsächlichen künftig beobachtbaren Zahlungen, also nominelle Geldbeträge Z_t wieder, und beziehen wir die Anschaffungsausgaben für den Zeitpunkt t_0 in den Zahlungsstrom ein, so beträgt der Kapitalwert K, wenn i den Zinssatz auf einem konkurrenzgleichgewichtigen Kapitalmarkt in der Inflation bezeichnet:

$$K = \sum \frac{Z_t}{(1+i)^t}. \qquad (53)$$

Bei dieser Modellbildung erübrigt sich jede Inflationsberücksichtigung, weil die Inflation in den Zahlungen und dem Marktzins bereits enthalten ist.

Modelle, welche Inflationsraten beim Vorteilhaftigkeitsvergleich ausdrücklich berücksichtigen, gehen davon aus, daß zunächst die Zahlungen einer Investition vorausgeschätzt werden unter der Vereinfachung, es erfolge in Zukunft keinerlei Preisänderung. Anschließend wird eine pauschale Annahme über die künftige Preisentwicklung eingeführt. Anstatt die dann tatsächlich erwarteten künftigen Zahlungen Z_t hinzuschreiben, wird der Einnahmenüberschuß im Zeitablauf vor Berücksichtigung der Preisänderung (Q_t) geschätzt und dann mit der erwarteten, hier im Zeitablauf gleichbleibenden Preissteigerungsrate (p) inflationiert. Für jeden Zahlungszeitpunkt t errechnet sich damit $Q_t (1+p)^t$. Die Kapitalwertgleichung lautet hierbei:

$$K = \sum \frac{Q_t (1+p)^t}{(1+i)^t}. \qquad (53a)$$

Nun ist aber unplausibel, daß der Kalkulationszinssatz, der ja auch einen Preis für den einperiodigen Konsumverzicht verkörpert, unter einer Inflation derselbe sein wird wie bei Preissteigerungsraten von null. Für Modellüberlegungen liegt es nahe, den Abzinsungsfaktor $(1+i)^t$ wie die nominellen Zahlungen aufzuspalten in einen Zinsfaktor für den Realzins = Konkurrenzgleichgewichtszins im Zeitpunkt $t_0 = (1+i_0)$ und in einen Inflationsfaktor $(1+p)$. Die Kapitalwertgleichung lautet dann:

$$K = \sum \frac{Q_t (1+p)^t}{(1+i_0)^t (1+p)^t} \quad \text{bzw.} \quad K = \frac{Q_t}{(1+i_0)^t}. \qquad (53b)$$

Ein Abzinsungsfaktor $(1+i) = (1+i_0)(1+p)$ für ein Jahr besagt für den Konkurrenzgleichgewichtszins in der Inflation i:

$$i = i_0 + p + p i_0. \qquad (54)$$

Die Gleichung (54) stellt eine rein definitorische Beziehung zwischen dem Konkurrenzgleichgewichtszins bei jährlicher Inflationsrate p und dem Konkurrenzgleichgewichtszins im Fall ohne Inflation i_0 her. Da der Kalkulationszinsfuß die Stellvertreterrolle für einen Konkurrenzgleichgewichtszins auf den Finanzmärkten übernimmt, ist nach den Gleichungen (53) bis (54) eine Inflationsberücksichtigung in der Investitionsrechnung abwegig!

Zu dem angenommenen Kalkulationszinsfuß (mag er sich von Jahr zu Jahr aufgrund unterschiedlicher Inflationsraten ändern oder nicht) muß für die betreffende Abrechnungsperiode Geld in beliebiger Höhe angelegt oder aufgenommen werden können. Eine Investition, die bei dieser Vorteilsberechnung mehr erwirtschaftet als eine andere, ist überlegen, gleichgültig, ob Inflation herrscht oder nicht und wie stark sie galoppiert. Man darf nie aus den Augen verlieren, daß die Anwendung finanzmathematischer Vorteilsmaßstäbe (Kapitalwert, Annuität) davon ausgeht, daß Investitionsentscheidungen und Konsumentscheidungen für jeden Planenden voneinander trennbar sind, weil modellmäßig ein vollkommener Kapitalmarkt im Konkurrenzgleichgewicht unterstellt ist.

Der Kaufkraftschwund aufgrund der Inflation betrifft nur die Konsumentscheidungen (insbesondere die Frage: Konsum heute oder zu höheren Preisen morgen). Wer meint, daß die Investitionsentscheidung nicht losgelöst von der Konsumentscheidung (und damit dem Kaufkraftschwund durch die Inflation) betrachtet werden kann, der darf nicht mit Kapitalwerten und Annuitäten rechnen. Er muß die Investitions- und Finanzierungsentscheidung mit nutzentheoretischen Überlegungen begründen: Wenn er die Zahlungsströme nominal plant, hat er dann zeitliche Indifferenzkurven so zu zeichnen, daß sie eine reale Konsumpräferenz ausdrücken.

Es führt also zu einem Mißbrauch der herkömmlichen Investitionsmodelle, wenn für die praktische Investitionsplanung Inflationsraten zusätzlich zu nominellen Zahlungsströmen und zum Kalkulationszinsfuß vorgegeben werden. Seinen Anfang nahm dieser Theorienmißbrauch, als eine Implikation für die Höhe des Konkurrenzgleichgewichtszinses in einem von Irving Fisher entwickelten Bezugsmodell unter der Bezeichnung „Fisher-Effekt" ohne weiteres Nachdenken auf Planungsüberlegungen (Probleme einer gestaltenden Theorie bzw. Theorie der Unternehmungspolitik) übertragen wurde. Irving Fisher ging ausdrücklich von der Existenz eines Kapitalmarktes im Konkurrenzgleichgewicht aus, leitete die definitorische Beziehung (54) ab und deutete sie um: Bei diesem Marktzins besäße als Verhaltensweise kein Kapitalmarktteilnehmer „Geldillusion"[117].

Wenn die Marktteilnehmer keine Geldillusion haben (sofort hinter den Geldschleier auf die realen Güterpreisverhältnisse blicken), werden sie ihre zeitliche Konsumpräferenz (das „Agio", zu dem sie bereit sind, heute auf Konsum zu verzichten) um die Inflationsrate erhöhen. Weil alle dies tun, herrscht dann auf einem vollkommenen Kapitalmarkt als Konkurrenzgleichgewichtszins in der Inflation i ein Betrag in Höhe von Realzins i_0 zuzüglich Inflationsrate p und dem Produkt von Realzins und Inflationsrate: $i = i_0 + p + p i_0$.

In Modellen, die von einer Momentanverzinsung ausgehen, in denen also die einzelnen Zahlungszeitpunkte stetig aufeinanderfolgen, verschwindet der Faktor Inflationsrate mal Realzins. Die Momentanverzinsung (Verzinsungsenergie) für den Fisher-Effekt gleicht Realzinsenergie plus (Momentan-)Inflationsrate[118]. Solche Modelle dienen aber

---

117 Vgl. *Irving Fisher:* Appreciation and Interest. In: Publications of the American Economic Association, Vol. 11, No. 4 (August 1896), S. 13 f., 30, 43, 66, 88; *ders.:* The Theory of Interest. New York 1930, reprinted 1965, S. 36-44; *ders.:* The Rate of Interest. New York 1907, Kap. V., VII.
118 Dieses Vorgehen ist im angelsächsischen Schrifttum üblich, vgl. z.B. *Martin Feldstein:* Capital Taxation. Cambridge, Mass.– London 1983, S. 449 f.; *David F. Bradford:* Issues in the Design of Savings and Investment Incentives. In: Depreciation, Inflation and the Taxation of Income from Capital, ed. by C.R. Hulten, S. 13-47, hier S. 34.

nur der mathematischen Bequemlichkeit. Bezugsmodelle, die eine Erklärung beobachteter Sachverhalte ermöglichen wollen, und erst recht Planungsmodelle, müssen von endlichen Abständen zwischen den Zahlungszeitpunkten ausgehen. Dann darf der Faktor Inflationsrate mal Realzins nicht mehr vernachlässigt werden.

Warum? Um den Konkurrenzgleichgewichtszinssatz in der Inflation zu berechnen, darf man Realzins i_0 und Inflationsrate nicht addieren, denn dann bleibt unberücksichtigt, daß der dem Realzins heute entsprechende Zinsertrag in einem Jahr auch der Geldentwertung unterliegt. Beispiel: Wie hoch ist der Gegenwartswert einer Zahlung von 1.144 DM nach einem Jahr, wenn der Realzins in t_0 = 4% beträgt und die Inflationsrate p = 10%? Die Antwort analog Fn. 118 mit i = 4% + 10%, also 1+i= 1,14, folglich 1144 : 1,14 = 1.003,5 wäre falsch. Richtig ist zu rechnen:

$$\frac{1144}{(1+i_0)\,(1+p)} = \frac{1144}{1{,}144} = 1.000 \text{ DM.} \qquad (55)$$

Je höher die Anzahl der Jahre, um die abzuzinsen ist, um so gewichtiger wird der Unterschied des zwischen Momentanverzinsung und dem für einen endlichen Zeitraum geltenden Marktzinssatz in der Inflation bei fehlender Geldillusion.

Von fehlender Geldillusion, streng rationalem Verhalten von Sparern und anderen, aus dem Kapitalmarkt im Konkurrenzgleichgewicht folgenden Voraussetzungen des Fisher-Effekts kann in der Realität nicht die Rede sein. Deshalb empfiehlt sich schon für ein Referenzmodell zur Untersuchung des Zusammenhangs von Investition, Inflation und Besteuerung eine Modellerweiterung. Dazu sei angenommen, daß der Zahlungsstrom zu bewertender Investitionen (Q_t) jährlich um den Faktor (1+p), der Abzinsungssatz um (1+ap) wachse. Der Abzinsungsfaktor gehorcht also dem Ausdruck $(1+i_0)^t (1+ap)^t$. Der Konkurrenzgleichgewichtszinssatz in der Inflation i beträgt damit

$$i = i_0 + ap + i_0 ap. \qquad (56)$$

Für a = 1 liegt der Fisher-Effekt vor: Die Inflationsrate wird voll auf den Marktzinssatz abgewälzt. Der untere Grenzfall wäre a = 0: Der Konkurrenzgleichgewichtszinssatz ändert sich aufgrund der Inflation gar nicht. Eine obere Grenze besteht theoretisch nicht. Im für die Besteuerung „modifizierten Fisher-Effekt" werden wir eine Überwälzungsannahme über den Fisher-Effekt hinaus, also a > 1, kennenlernen.

Es ist zu beachten, daß im Zeitablauf der Zinssatz konstant bleibt, solange sich der Realzins i_0 die Inflationsrate p und der Überwälzungsfaktor a nicht ändern. *Bei Inflation mit einer gleichbleibenden Rate und unveränderter Überwälzung steigt also der Marktzinssatz nur einmal:* zwischen t_0 und t_1 von i_0 auf i_0+ap+i_0ap. Die weiteren Inflationswirkungen sind Zinseszinsfolgen aufgrund des einmalig erhöhten Marktzinssatzes. Steigen also die Zahlungsströme mit der Inflationsrate, so ist den Voraussetzungen für Investitionsneutralität einer Gewinnsteuer mit steuersatzunabhängigem Kalkulationszinsfuß (S. 216 f.) der Fisher-Effekt hinzuzufügen.

Steigen die Zinsen mit einem Faktor a der Inflationsrate p, reicht eine jährliche Preissteigerung von a · p aus, um Investitionsneutralität bei einer bestimmten Art von Investition zu wahren (für den Durchschnitt aller Investitions- und Konsumgüter zusammen kann wegen der Definition der Inflationsrate als durchschnittlicher Preissteigerungsrate a nicht von 1 abweichen). Wenn für die Gruppe der zur Wahl stehenden Investition die jährliche Preissteigerung ap beträgt, wird Investitionsneutralität für diese Gruppe von Investitionsgütern auch dann gewahrt, wenn nicht der Fisher-Effekt gilt, sondern der Abzinsungsfaktor um (1+ap) steigt.

Demnach lautet der Kapitalwert im Steuerfall bei Inflation K_{si} für die Bemessungsgrundlage Einnahmenüberschuß

$$K_{si} = (1-s) \sum_{t=1}^{n} \frac{Q_t (1+p)^t}{(1+i_0)^t (1+ap)^t} - I + sI. \tag{57}$$

Für den Fisher-Effekt (a = 1) kürzt sich der Inflationsfaktor $(1+p)^t$ weg, so daß K_{si} dem versteuerten Kapitalwert ohne Preissteigerungen K_s in Gleichung 1 (S. 217) gleicht.

Wenn die Zahlungssalden der Investition mit dem Inflationsfaktor (1+p) steigen, im Marktzinssatz aber nur ein Teil a < 1 der Inflationsrate p überwälzt wird, dann wächst der Kapitalwert der Investition und damit der Gesamtwert (Marktwert) der Unternehmung durch die Inflation. Eine investitionsneutrale Gewinnbesteuerung ändert daran nichts. *Unternehmungen werden nach einer nominellen, investitionsneutralen Gewinnbesteuerung Inflationsgewinner, sofern die Inflationsrate über der Steigerungsrate des Marktzinssatzes liegt.* Zu einer „Scheingewinnbesteuerung", die zu einer „Substanzauszehrung" in den Unternehmen führe, kann es erst dann kommen, wenn der Ertragswert als Folge der Inflation sinkt. Dies tritt erst dann ein, wenn a > 1 wird, also die Steigerungsrate bei den Einnahmenüberschüssen unter der Steigerungsrate im Kalkulationszinsfuß bleibt. Dies ist z. B. beim für die Besteuerung modifizierten Fisher-Effekt der Fall, wenn die Güterpreissteigerung p% beträgt.

bb) Der Kalkulationszinsfuß beim für die Besteuerung modifizierten Fisher-Effekt

Steigt der Marktzins gemäß dem Fisher-Effekt, dann müßte bei 4% Realverzinsung und 10% Inflation der Marktzinssatz 14,4% betragen. Doch diese „Vor-Steuern-Geldillusions-lose" Erhöhung des Marktzinssatzes beläßt dem Investor nicht die versteuerte Realverzinsung aus der Modellwelt ohne Inflation. Für einen Steuersatz von 50% bleibt dann 7,2% versteuerte Rendite bei 10% Kaufkraftverlust, also 2,8% Realvermögensminderung statt 2% Realvermögenszuwachs.

Soll gesichert sein, daß der Geldgeber auch in der Inflation die versteuerte Realverzinsung erwirtschaftet, dann muß der Marktzins um mehr steigen als es der Fisher-Effekt verlangt. Um wieviel?

Damit nach Steuern in einer Inflation dem Geldgeber die versteuerte Realverzinsung verbleibt, haben sich seine Investitionen mindestens zu einem Zinssatz zu rentieren, der um die Inflationsrate p zuzüglich der versteuerten, um den Inflationsfaktor erhöhten Realverzinsung i_0 über dieser Realverzinsung liegt. Der Konkurrenzgleichgewichtszins in der Inflation mit Erhaltung der versteuerten Realverzinsung sei mit i_r bezeichnet. Für ihn muß bei Besteuerung gelten[119]:

$$(1-s)\, i_r = (1-s)\,(1+p)\, i_0 + p \text{ oder} \qquad (58)$$

$$i_r = i_0 + p i_0 + \frac{p}{1-s}. \qquad (58a)$$

Bei 4% Realzins, 10% Inflation und 50 % Steuersatz errechnet sich beim modifizierten Fisher-Effekt:

$$i_r = 1{,}1 \times 4\% + \frac{10\%}{1-0{,}5} = 24{,}4\%. \qquad (58b)$$

Nach Abzug von 50% Steuern bleiben 12,2%, woraus nach 10% Inflationsrate und 10% · 2% = 0,2% Inflationsrate auf den versteuerten Realzins 2% Realzins verbleiben. Der *inflations- und steuerneutrale Abzinsungsfaktor* lautet also

$$(1+i_r-s i_r)^t = (1+i_s)^t (1+p)^t. \qquad (59)$$

Zur Verkürzung der Schreibweise setzen wir $(1+i_s)^t (1+p)^t = (1+q_m)^t$; q_m steht hierbei für den Konkurrenzgleichgewichtszins, der dem modifizierten Fisher-Effekt entspricht.

Zu den Bedingungen für die Investitionsneutralität der Besteuerung tritt somit bei Inflation und einem steuersatzabhängigen Kalkulationszinsfuß eine Bedingung hinzu:

Die Zahlungsströme sämtlicher Investitionsvorhaben müssen mit dem Faktor $(1+p)^t$ inflationieren, durch den sich der Konkurrenzgleichgewichtszinssatz in der Inflation erhöht. Dieser hat sich bei steuersatzabhängigem Kalkulationszinsfuß gemäß dem modifizierten Fisher-Effekt zu verändern. Es ist also zu beachten: *Der modifizierte Fisher-Effekt ist für einen steuersatzabhängigen Kalkulationszinsfuß einzuhalten. Demgegenüber reicht bei einem*

---

[119] Das Schrifttum untersucht dieses Problem nur für die Momentanverzinsung und nennt die Bedingung

$$i_r = i_0 + \frac{p}{1-s}$$

„modifiziertes Fisher-Gesetz" bzw. Darby- bzw. Darby-Wielens-Effekt; vgl. zur Bezeichnung Darby-Effekt *Mervyn A. King, Don Fullerton* (eds.): The Taxation of Income from Capital. Chicago – London 1984, S. 292; *Hans-Werner Sinn*: Inflation, Scheingewinnbesteuerung und Kapitalallokation. In: Kapitalmarkt und Finanzierung, hrsg. von D. Schneider, Berlin 1987, S. 187-210, hier S. 205; die Originalquellen sind *Hans Wielens*: Inflation kein Alptraum. Herford 1971, S. 94; *Michael R. Darby*: The Financial and Tax Effects of Monetary Policy on Interest Rates. In: Economic Inquiry, Vol. 13 (1975), S. 266-276; vgl. auch *Feldstein*: Capital Taxation, S. 450.

steuersatzunabhängigen Kalkulationszinsfuß (Cash-flow-Besteuerung) eine Steigerung des Kalkulationszinsfußes gemäß dem Fisher-Effekt aus.

4. Inflatorische Unternehmenswertänderungen aufgrund der Maßgeblichkeit des Bilanzgewinns für die steuerliche Gewinnermittlung bei einperiodiger Investition und Finanzierung

aa) Vorratsvermögen

Bilanzierung unterscheidet sich von einer Einnahmenüberschußrechnung insbesondere dadurch, daß die Ausgaben für das Vorratsvermögen nicht sofort als Aufwand verrechnet werden. Die Ausgaben für Handelswaren werden aktiviert, also bis zum Zeitpunkt des Verkaufs der Waren erfolgsneutral behandelt.

Die erste Beispielrechnung geht davon aus, daß Vorräte (allgemeiner: irgendwelche Produktionsfaktoren) im Zeitpunkt t beschafft und bezahlt werden, jedoch erst in t+1 als Aufwand verrechnet werden dürfen, weil in t+1 das mit diesen Produktionsfaktoren erstellte Erzeugnis verkauft und vom Kunden bar bezahlt wird.

V_t bezeichnet die Ausgaben für Vorräte in den einzelnen Zahlungszeitpunkten t, beginnend mit der anfänglichen Vorratsinvestition in t_0. Z_t steht für die Netto-Einnahmenreihe aus Umsatzeinnahmen abzüglich sonstiger aufwandsgleicher Ausgaben in den einzelnen Zahlungszeitpunkten, beginnend mit dem Verkauf des Anfangsvorrats in t_1. In jedem Zahlungszeitpunkt seien die Einnahmen Z_t aus dem Verkauf der im letzten Zahlungszeitpunkt beschafften Vorräte saldiert mit den Ausgaben für die erneute Vorratsbeschaffung V_t. Der Saldo Z_t-V_t unterstellt also nicht, daß in t gekaufte Vorräte bereits in t veräußert werden[120]. Damit die Unternehmenswertänderung aufgrund der Aktivierung des Vorratsvermögens unverfälscht zum Ausdruck kommt, wird für alle mehrperiodig wirkenden Zahlungen entscheidungsneutrale Verrechnung unterstellt und die Zahlungen für solche Anlagegüter werden aus den folgenden Kapitalwertdefinitionen ausgeklammert.

Da die Ausgaben für Vorräte in t wegen der Aktivierung der Vorräte (bzw. ihrer Aktivierung als Teil der Herstellungskosten) bis zum Verkaufszeitpunkt erst in t+1 zu steuerlichem Aufwand werden, ist die Steuerrückerstattung aufgrund der Aufwandsverrechnung der Vorräte sV_t jeweils um t+1 Jahre abzuzinsen. Demgegenüber erhöht der Zahlungssaldo Z_t im Zahlungszeitpunkt den zu versteuernden Gewinn. Z_t ist um t Jahre abzuzinsen. Als Kalkulationszinsfuß wird die Standardannahme $i_s = (1-s)i$ gewählt. Der Kapitalwert für dieses Vorratsbeispiel (K_v) lautet dann vor Inflation:

---

[120] Entgegen einem Mißverständnis bei *Peter Swoboda:* Die Eignung des Gewinns als Besteuerungsgrundlage in der neueren betriebswirtschaftlichen Diskussion. In: Beiträge zur neueren Steuertheorie, hrsg. von D. Bös u.a., Berlin u.a. 1984, S. 239-261, hier S. 251, Fn. 26.

$$K_V = \sum \frac{Z_t - V_t}{(1 + i_s)^t} - s \sum \frac{Z_t}{(1 + i_s)^t} + s \sum \frac{V_t}{(1 + i_s)^{t+1}}. \tag{60}$$

Wenn wir zur Abkürzung den Kapitalwert im Steuerfall, aber ohne eine Gewinnverböserung, wie es die Aktivierung der Vorratsausgaben darstellt, mit K_s bezeichnen:

$$K_s = (1 - s) \sum \frac{Z_t - V_t}{(1 + i_s)^t}. \tag{60a}$$

erhalten wir

$$K_V = K_s - \frac{s \cdot i_s}{1 + i_s} \sum \frac{V_t}{(1 + i_s)^t}. \tag{60b}$$

Die Gewinnverböserung aufgrund der Aktivierung der Vorratsausgaben schlägt sich in einer Unternehmenswertminderung bereits bei konstanten Preisen in Höhe des abzuziehenden Gliedes nieder. *Jede Gewinnermittlung, die Zahlungen anders als entscheidungsneutral „periodisiert", verstößt gegen die Investitionsneutralität der Gewinnbesteuerung und gegen die Gleichmäßigkeit der Besteuerung, und zwar gleichgültig, ob Inflation herrscht oder die Preise konstant bleiben.*

Im Fall einer Inflation möge eine gleichmäßige Preissteigerungsrate von p% während der Investitionsdauer bestehen. Der Abzinsungsfaktor betrage $(1+q)^t$ mit

$$q = (1 - s)(i_0 + ap + api_0). \tag{61}$$

Für den modifizierten Fisher-Effekt gilt dabei gemäß (58), S. 394, $q_m = (1 - s)i_r = (1-s)(i_0+pi_0) + p$ und als Abzinsungsfaktor:

$$q = (1 - s)(i_0 + ap + api_0). \tag{62}$$

Für den Fisher-Effekt ist der ausmultiplizierte Abzinsungsfaktor in jeder Periode um -sp, also die Steuern auf die Inflationsrate, niedriger.

Aus (61) folgt, daß q auf i_s schrumpft, wenn die Inflation im Zins nicht überwälzt werden kann (a = 0), und nicht nur dann, wenn die Inflationsrate p = 0 ist. Bei a = 0 steigt offensichtlich der Konkurrenzgleichgewichtspreis der Unternehmung, und dadurch wird sich im Modell der Investitionsumfang erhöhen, während bei a = 1 (Fisher-Effekt) Investitionsneutralität erfüllt ist[121].

---

121 Unterschiedliche Aussagen über die Wirkung der Besteuerung auf Investitionsentscheidungen in der Inflation beruhen im wesentlichen auf unterschiedlichen Annahmen über den Kalkulationszinsfuß. *Sven-Erik Johansson:* Income Taxes and Investment Decisions. In: The Swedish Journal of Economics, Vol. 71 (1969), S. 104-110, hier S. 108 f., entwickelte mit dem ökonomischen Gewinn in der Inflation für den Fisher-Effekt den ersten Bedingungsrahmen für Steuerneutralität in der Inflation.

Der Kapitalwert im Inflationsfall K_{Vi} errechnet sich dann als

$$K_{Vi} = \sum \frac{(Z_t - V_t)(1+p)^t}{(1+q)^t} - s \sum \frac{Z_t(1+p)^t}{(1+q)^t} + s \sum \frac{V_t(1+p)^t}{(1+q)^{t+1}} \qquad (63)$$

$$K_{Vi} = (1-s) \sum \frac{(Z_t - V_t)(1+p)^t}{(1+q)^t} - \frac{sq}{1+q} \sum \frac{V_t(1+p)^t}{(1+q)^t}. \qquad (63a)$$

Die inflationsbedingte Unternehmenswertänderung $K_{vi} - K_v$ kann positiv oder negativ sein; denn einem regelmäßig den Unternehmenswert erhöhenden Glied

$$+ (1-s) \left[\sum \frac{(Z_t - V_t)(1+p)^t}{(1+q)^t} - \sum \frac{Z_t - V_t}{(1+i_s)^t} \right] \qquad (63b)$$

steht ein regelmäßig den Unternehmenswert minderndes Glied gegenüber

$$- \left[\frac{sq}{1+q} \sum \frac{V_t(1+p)^t}{(1+q)^t} - \frac{si_s}{1+i_s} \sum \frac{V_t}{(1+i_s)^t} \right]. \qquad (63c)$$

Selbst für den modifizierten Fisher-Effekt verschwindet die inflationsbedingte Unternehmenswertänderung nicht. Da dann $(1+q)^t = (1+i_s)(1+p)^t$ wird, entfällt zwar das den Unternehmenswert erhöhende Glied, nicht jedoch das regelmäßig den Unternehmenswert mindernde Glied.

Bisher erfolgte die Vorratsbewertung nach einem (auf das Modell angepaßten) First-in-first-outVerfahren (Fifo): Vorräte, die in t bezahlt werden, gelten bei der steuerlichen Gewinnermittlung als in t+1 verbraucht. Demgegenüber wird mit dem ab 1990 steuerrechtlich allgemein zulässigen Lifo-Verfahren näherungsweise eine Aufwandsverrechnung zu den Wiederbeschaffungspreisen am Umsatztag erreicht (S. 384).

Das *Lifo-Verfahren* wirkt unter den Modellvereinfachungen hinsichtlich der Zahlungszeitpunkte (also bei einperiodiger Lagerung und konstanten Lagerbeständen) so: Die im Zeitpunkt t angeschafften Vorräte werden im Zeitpunkt t_1 zu Preisen von t_1 als Aufwand verrechnet und wiederbeschafft. Die Anfangsbestände bleiben mit den Beschaffungspreisen zu Beginn der Unternehmung bewertet. Praktisch bewertet das Modellunternehmen fortlaufend den Vorratsbestand zu einem „Festwert".

Damit entsteht bei Ausbleiben einer Preissteigerung eine aktivierungsbedingte Unternehmenswertminderung, wie sie Gleichung (60b), S. 396, wiedergibt. Dieser „Substanzverzehr" entsteht deshalb, weil bei den hier unterstellten wiederholten einperiodigen Investitionen nur eine Einnahmenüberschußrechnung eine steuerneutrale Gewinnermitt-

lung sichert. Bei Preissteigerungen mit der Rate p erreicht das *Lifo-Verfahren nur in zwei Sonderfällen, daß Scheingewinne verschwinden:*
  1. Das Lifo-Verfahren beseitigt die inflationsbedingte Unternehmenswertänderung nur dann, wenn der modifizierte Fisher-Effekt gilt; dann kürzt sich der Inflationsfaktor $(1+p)^t$ für die Absatz- und Beschaffungspreise über dem Bruchstrich weg.
  2. Eine tatsächliche Neutralität, die auch den aktivierungsbedingten Nachteil beseitigt, wäre nur zu verwirklichen, wenn die Inflationsrate dem versteuerten Kalkulationszinsfuß im modifizierten Fisher-Effekt, also q_m gemäß S. 396, nach Gleichung (61) entspräche, was nur für die unsinnige Setzung p = -1 zutrifft. Für den nicht-modifizierten Fisher-Effekt verschwindet die inflationsbedingte Unternehmenswertänderung nicht, die aktivierungsbedingte nur dann, wenn

$$p = \frac{(1-s)\,i_0}{s-(1-s)\,i_0}, \tag{64}$$

also müßte bei i_0 = 4%, s = 50% p = 4,167% betragen.

Sobald p > q, also *die Preissteigerungsrate über dem versteuerten Marktzins liegt, bewirkt das Lifo-Verfahren eine Unternehmenswerterhöhung.* Diese kürzt zunächst den Aktivierungsnachteil im Fall ohne Inflation und schlägt bei weiter steigendem p in eine steuer- und inflationsbedingte Unternehmenswertsteigerung um. Je höher bei gegebener Inflationsrate der Grenzsteuersatz (und damit umso niedriger der versteuerte Marktzinssatz), umso stärker wird in dem praktisch zu beobachtenden Regelfall p > q das Lifo-Verfahren zu einer den Unternehmenswert steigernden Steuervergünstigung.

Im Hinblick auf Gleichmäßigkeit der Besteuerung hat zumindest früher der Wissenschaftliche Beirat beim BFM sich gegen eine steuerliche Anerkennung von Substanzerhaltungsmethoden ausgesprochen[122]. Selbst wer dem widerspricht und der vorherrschenden betriebswirtschaftlichen Lehre einer Nettosubstanzerhaltung folgt (Aufwandsverrechnung zu gestiegenen Wiederbeschaffungspreisen, allerdings nur für den eigenfinanzierten Teil des Betriebsvermögens), kann ein uneingeschränktes Lifo nicht befürworten; denn dieser Anwendungsfall einer Bruttosubstanzerhaltung erhöht den Ertragswert einer Unternehmung in der Inflation dann, wenn Vorratsvermögen fremdfinanziert wird, sofern (der Realität entsprechend) die Fremdkapitalzinssätze in Zeiten allgemeiner Preissteigerungen weit unter dem Zinssatz liegen, der eine versteuerte Realverzinsung wie im Modellfall ohne Preissteigerungen sichert (modifizierter Fisher-Effekt). Die Ertragswertsteigerung bei Unternehmungen, die nach Lifo ihren Vorratsverbrauch bewerten, stehen Kaufkraftverluste von Gläubigern in der Inflation gegenüber. Dafür ist freilich nicht primär das Steuerrecht verantwortlich, sondern das Schuldrecht, das eine Indexierung nicht vorsieht bzw. das Wirtschaftsrecht, das sie verbietet. Daneben existiert offenkundig eine

---

[122] Vgl. *Wissenschaftlicher Beirat beim Bundesministerium der Finanzen:* Gutachten zur Reform der direkten Steuern (Einkommensteuer, Körperschaftsteuer, Vermögensteuer und Erbschaftsteuer) in der Bundesrepublik Deutschland. Bonn 1967, S. 18 f.

auch durch jahrzehntelange schlechte Erfahrungen nicht zu beseitigende Geldillusion bei Sparern.

bb) Finanzierung durch Lieferanten und Kunden

Investitionsneutralität wird bei Bilanzierung (Aktivierung der Vorräte) auch dann erreicht, wenn eine zinslose Fremdfinanzierung (z.B. durch Lieferantenkredite) bis zum Zeitpunkt der erfolgsneutralen Verrechnung der Vorräte möglich ist. Hierbei fallen Zeitpunkt der Zahlung und Zeitpunkt der Aufwandsverrechnung zusammen, und die Vorbedingungen für Investitionsneutralität bei wiederholten einperiodigen Investitionen sind erfüllt: Zeit- und Größengleichheit von Zahlungs- und Erfolgsgrößen.

In Höhe von Anzahlungen finanzieren die Kunden die produzierende Unternehmung. Dabei ist es für die folgenden Überlegungen ohne Belang, ob die Anzahlungen zu einer Endpreisminderung in Höhe der ersparten Zinsen für den Kunden führen oder nicht; denn beurteilt wird im folgenden nicht eine Wahl „Anzahlung oder Zahlung bei Lieferung", sondern es sind die steuerlichen Wirkungen einer Vorfinanzierung durch Kunden beim Produzenten bei inflatorischer Entwicklung zu erkunden. Erfolgswirksam werden die Anzahlungen erst im Zeitpunkt der Lieferung der Erzeugnisse. Welche Unternehmenswertänderungen durch die Passivierung von Kundenanzahlungen entstehen, ist nunmehr zu untersuchen.

Um den Symbolaufwand in Grenzen zu halten, mögen alle Umsätze durch eine einjährige Vorauszahlung von den Kunden finanziert werden. Auf der Ausgabenseite (für Vorräte, Löhne, gemietete Anlagen) gelte: Ausgabe = Aufwand für jede Abrechnungsperiode.

Die Kundenanzahlungen bewirken hier, daß die Gewinnsteuerzahlungen auf die Einnahmen erst ein Jahr später anfallen; hingegen wird die Gewinnsteuerminderung aufgrund der Aufwandsverrechnung im Zeitpunkt der Ausgabe fällig. Damit lautet der Kapitalwert bei Anzahlungen K_A vor Inflation, wenn Z_t die Einnahmen im Zeitablauf und B_t die Betriebsausgaben bezeichnet

$$K_A = \sum \frac{Z_t - B_t}{(1+i_s)^t} - s \sum \frac{Z_t}{(1+i_s)^{t+1}} + s \sum \frac{B_t}{(1+i_s)^t}. \tag{65}$$

$$K_A = K_s + \frac{s \cdot i_s}{1+i_s} \sum \frac{Z_t}{(1+i_s)^t}. \tag{65a}$$

Die Passivierung von Kundenanzahlungen anstelle ihrer sofortigen erfolgswirksamen Verrechnung, wie in einer steuerneutralen Rechnung notwendig, führt bereits bei konstanten Preisen im Zeitverlauf zu einer Unternehmenswertsteigerung in Höhe des zweiten Summanden.

Bei Inflation entwickelt sich diese Gewinnvergünstigung, die in der Passivierung von Kundenanzahlungen liegt, so:

$$K_{Ai} = \sum \frac{(Z_t - B_t)(1+p)^t}{(1+q)^t} - s \sum \frac{Z_t(1+p)^t}{(1+q)^{t+1}} + s \sum \frac{B_t(1+p)^t}{(1+q)^t}. \quad (66)$$

$$K_{Ai} = (1-s) \sum \frac{(Z_t - B_t)(1+p)^t}{(1+q)^t} + \frac{sq}{1+q} \sum \frac{Z_t(1+p)^t}{(1+q)^t}. \quad (66a)$$

Während in den Fällen „Ausgabe, noch nicht Aufwand" (entwickelt am Beispiel der Aktivierung von Vorratsausgaben nach dem Fifo-Verfahren) ein steuerlicher „Substanzverlust" als Kapitalwertminderung existiert, der mit der Inflationsrate wächst, entsteht in den Fällen „Einnahme, noch nicht Ertrag" (wie der Passivierung von Kundenanzahlungen) ein steuerlicher „Substanzgewinn". Diese Unternehmenswertsteigerung wächst mit der Inflationsrate. Nur wenn der versteuerte Marktzinssatz in der Inflation q sich gemäß dem modifizierten Fisher-Effekt bildet, reduziert sich die inflatorische Unternehmenswertsteigerung (65a), analog zur Wirkung des Lifo-Verfahrens.

Schon wegen Kundenanzahlungen treffen pauschale Behauptungen nicht zu, Inflationsverluste im Anlagevermögen seien „verhältnismäßig geringfügig gegenüber den Verlusten, die Inflation beim Umlaufvermögen verursacht"[123].

cc) Forderungen

Muß eine Unternehmung Zahlungsziel gewähren, so führt die Aktivierung von Forderungen zu einer steuerlichen Gewinnverböserung und damit zu einer Unternehmenswertminderung. Die Höhe des steuerlichen „Substanzverlustes" aufgrund der Aktivierung von Forderungen berechnen wir für den Fall, daß sämtliche Umsatzeinnahmen in t eingehen, jedoch die bilanzielle Gewinnverwirklichung bereits in t-1 stattfand. Für alle Ausgaben möge die Zeit- und Größengleichheit von Ausgaben und Aufwand gelten.

Der Kapitalwert einer Unternehmung, die Zahlungsziel gewähren muß, K_F, lautet dann vor Inflation

$$K_F = \sum \frac{Z_t - B_t}{(1+i_s)^t} - s \sum \frac{Z_t}{(1+i_s)^{t-1}} + s \sum \frac{B_t}{(1+i_s)^t}. \quad (67)$$

---

[123] O.H. Poensgen, H. Straub: Inflation und Investitionsentscheidung. In: ZfB, Jg. 44 (1974), S. 785-810, hier S. 808.

$$K_F = K_s - s \cdot i_s \sum \frac{Z_t}{(1+i_s)^t}. \qquad (67a)$$

Die Unternehmenswertminderung aufgrund der Forderungsaktivierung wird durch das negative Glied festgelegt.

In der Inflation bestimmt sich der Kapitalwert einer Absatzfinanzierung gewährenden Unternehmung K_{Fi} als

$$K_{Fi} = \sum \frac{(Z_t - B_t)(1+p)^t}{(1+q)^t} - s \sum \frac{Z_t(1+p)^t}{(1+q)^{t-1}} + s \sum \frac{B_t(1+p)^t}{(1+q)^t} \qquad (68)$$

$$K_{Fi} = (1-s) \sum \frac{(Z_t - B_t)(1+p)^t}{(1+q)^t} - s \cdot q \sum \frac{Z_t(1+p)^t}{(1+q)^t} \qquad (68a)$$

Wie sich der Unternehmenswert in der Inflation bei Absatzfinanzierung ändert, läßt sich aus dem Vergleich von (67a) mit (68a) errechnen. Eine Inflationswirkung verschwindet nur dann, wenn der modifizierte Fisher-Effekt gilt. Sobald der Kalkulationszinsfuß nach Steuern in der Inflation q darunter liegt, ist der Abzinsungsfaktor niedriger als der Preissteigerungsfaktor. Das kann eine mit der Inflationsrate steigende Unternehmenswertminderung als Folge der ertragsbedingten inflatorischen Finanzierungslücke[124] bewirken. Es ist aber auch möglich, daß diese Unternehmenswertminderung, ausgedrückt in der Differenz zwischen negativem Glied in (68a) und dem negativen Glied in (67a), überkompensiert wird durch die Kapitalwertsteigerung im positiven Glied von (68a), weil dort gegenüber dem K_s in (67a) der Preissteigerungsfaktor über dem Abzinsungsfaktor liegt.

Für einperiodige Investitionen und Finanzierungen läßt sich aa) bis dd) so zusammenfassen:

Durch den steuerrechtlichen Vermögensvergleich (anstelle einer entscheidungsneutralen Gewinnermittlung) entstehen ohne Inflation (bei einer Preissteigerungsrate von null) steuerliche „Substanzverluste" (Unternehmenswertminderungen) dann, wenn „Ausgabe, noch nicht Aufwand" und „Ertrag, noch nicht Einnahme" gegeben ist, also insbesondere bei jeder Aktivierung erfolgswirksamer Posten in der Bilanz. Steuerliche „Substanzgewinne" kommen dann zustande, wenn „Aufwand, noch nicht Ausgabe" und „Einnahmen, noch nicht Ertrag" vorliegt, also insbesondere bei jeder Passivierung erfolgswirksamer Posten in der Bilanz.

Bei einer gleichbleibenden Preissteigerungsrate hängt die Unternehmenswertänderung vom Verhältnis Preissteigerungsrate zu Kalkulationszinsfuß nach Steuern ab. Bleibt der

---

[124] Vgl. *Dieter Schneider:* Bestimmungsgründe des Substanzverzehrs durch Scheingewinnbesteuerung. In: Der Betrieb, Jg. 27 (1974), S. 1073-1078; ders.: Steuerbilanzen. Wiesbaden 1978, S. 86 f.

versteuerte Marktzinsfuß unter dem Marktzins, der die versteuerte Realverzinsung erhält, wie ihn der modifizierte Fisher-Effekt angibt, werden steuerliche Gewinnverböserungen in der Inflation abgebaut, steuerliche Gewinnvergünstigungen verstärkt.

Die Maßgeblichkeit des Vermögensvergleichs für die steuerliche Gewinnermittlung führt bereits vor einer Inflation und erst recht in einer Inflation Unternehmenswertänderungen in unterschiedlichem Ausmaß herbei. Damit beeinträchtigt die Gewinnbesteuerung die Verteilung knapper Produktionsfaktoren und verletzt Gleichmäßigkeit der Besteuerung. Die Maßgeblichkeit der handelsrechtlichen GoB für die Gewinnsteuerbemessungsgrundlage verursacht bereits vor der Inflation und erst recht in einer Inflation sowohl Unternehmenswertminderungen als auch Unternehmenswertsteigerungen.

5. Investitionsneutralität in der Inflation und Anlagenabschreibung

aa) Neutralitätsbedingungen für mehrperiodige Investitionen

Der Kapitalwert nach Steuern lautet im Fall ohne Preissteigerungen gemäß (9a), S. 224, wenn $i_s = (1-s) i_0$, als versteuerte Realverzinsung, verstanden wird

$$K_s = (1-s) \sum \frac{Z_t}{(1+i_s)^t} - I + s \sum \frac{A_t}{(1+i_s)^t}. \tag{69}$$

Der Kapitalwert nach Steuern gleicht dem vor Steuern, sobald die steuerrechtliche Abschreibung A_t der Ertragswertabschreibung D_t gleicht. Unter der Annahme einer gleichbleibenden Preissteigerungsrate p wird Investitionsneutralität durch einen Konkurrenzgleichgewichtszinssatz gemäß dem modifizierten Fisher-Effekt erreicht. Da hierbei der Abzinsungsfaktor um den Inflationsfaktor erweitert wird (S. 395), wäre Investitionsneutralität in der Inflation durch die Besteuerung dann gewahrt, wenn für den Kapitalwert nach Steuern in der Inflation K_{ps} gälte:

$$K_{ps} = \sum \frac{Z_t (1+p)^t}{(1+i_s)^t (1+p)^t} - I + s \sum \frac{D_t (1+p)^t}{(1+i_s)^t (1+p)^t} \quad ; \tag{70}$$

denn dann kürzt sich der Inflationsfaktor weg. Voraussetzung dafür ist, daß die steuerrechtliche Abschreibung zu $A_t = D_t (1+p)^t$ wird. Die steuerrechtliche Abschreibung hätte in jedem Jahr der inflationierten realen Ertragswertabschreibung zu gleichen.

Bleibt die steuerliche Abschreibung auf die reale Ertragswertabschreibung beschränkt, oder erhöht sie sich nur mit den anteilig inflationierten Anschaffungsausgaben (Abschreibung vom jeweiligen Wiederbeschaffungsbetrag) oder bleibt gar der Gesamtbetrag der steuerlichen Abschreibungen auf Anschaffungs- oder Herstellungskosten abzüglich Restverkaufserlös beschränkt, *dann ergäbe sich in der Inflation eine steuerbedingte Investitions-*

behinderung, falls der Marktzins auf das Niveau gemäß des modifizierten Fisher-Effektes stiege.

Besteht jedoch bei den Geldgebern Geldillusion hinsichtlich der Steuerwirkungen in der Inflation, so daß der Marktzins unter jenem Zins liegt, der dem modifizierten Fisher-Effekt entspräche, und bleibt der Gesamtbetrag der steuerlichen Abschreibung wie in geltendem Steuerrecht auf die Anschaffungs- und Herstellungskosten begrenzt, so entstehen zwei gegenläufige Effekte:

1. Die Inflationierung der Zahlungsströme bewirkt eine Ertragswerterhöhung,
2. die Nichtanpassung der steuerlichen Abschreibungen verursacht eine Ertragswertminderung dann, wenn der Marktzins in der Inflation i bei unveränderten Grenzsteuersätzen höher liegt als der Marktzins im Fall ohne Preissteigerungen, also höher als der Realzins i_0.

Wenn angenommen wird, daß der gewünschte Realzins der Geldgeber (ihre subjektive zeitliche Konsumpräferenzrate) im Zeitablauf konstant bleibt - und dies ist eine Setzung, kein empirisch erwiesener Sachverhalt - dann liegt mit steigender Inflationsrate der Marktzins regelmäßig unter dem Niveau, das der modifizierte Fisher-Effekt verlangt. Im allgemeinen überwiegt dann für rentable Investitionen der den Ertragswert erhöhende Effekt, so daß Unternehmungen als Institutionen selbst unter Berücksichtigung von Steuern zu „Inflationsgewinnern", ihre Geldgeber, soweit sie Festbetragsansprüche geben, zu „Inflationsverlierern" werden. Zugleich ändert sich unter diesen Bedingungen das steuerneutrale Abschreibungsverfahren.

Im folgenden ist vorausgesetzt, daß gemäß geltendem Steuerrecht die Abschreibung nach dem nominellen Betrag, also nicht inflationiert, erfolgt. Der zu versteuernde Periodenüberschuß steigt um die Inflationsrate p, während an die Stelle der versteuerten Kapitalmarktzinsen i_s hier die versteuerten Kapitalmarktzinsen q treten, wie sie sich in der Inflation ergeben, wobei $q < q_m$ unterstellt sei.

Vor Steuern und ohne Inflation besteht zwischen dem Ertragswert einer Investition im Zahlungszeitpunkt t und ihrem Ertragswert im davor liegenden Zahlungszeitpunkt t-1 die Beziehung (6) von S. 220.

$$E_t = (1 + i_0) E_{t-1} - Q_t. \qquad (71)$$

Vor Steuern, aber bei inflatorischer Entwicklung bestimmt sich der Ertragswert in der Inflation im Zeitpunkt E_{pt} bei einer allgemeinen Preissteigerungsrate p, die sich mit dem Faktor a im Marktzinssatz niederschlägt, als:

$$E_{pt} = (1 + i_0)(1 + ap) E_{pt-1} - Q_t (1 + p)^t. \qquad (71a)$$

Nach Abzug einer allgemeinen Gewinnsteuer, aber ohne Inflation, stehen der versteuerte Ertragswert t und der versteuerte Ertragswert t-1 in der Beziehung (12), S. 226 zueinander, die hier etwas bequemer geschrieben wird:

$$E_{st} = (1 + i_s) E_{st-1} - (1-s) Q_t - sA_t.$$ (72)

Unter Berücksichtigung der Inflation gleicht der versteuerte Ertragswert in der Inflation im Zeitpunkt t E_{spt}

$$E_{spt} = (1 + q) E_{spt-1} - (1-s) Q_t (1+p)^t - sA_{pt}.$$ (72a)

A_{pt} ist die steuerliche Abschreibung in der Inflation.

Die steuerneutrale periodische Abschreibungshöhe berechnen wir dadurch, daß wir den inflationierten Ertragswert vor Steuern mit dem versteuerten inflationierten Ertragswert im Zeitpunkt t gleichsetzen ($E_{pt} = E_{spt}$) und entsprechend für den Zeitpunkt t-1 verfahren ($E_{pt-1} = E_{spt-1}$):

$$(1 + i_0)(1 + ap) E_{pt-1} - Q_t (1+p)^t = (1+q) E_{spt-1} - (1-s) Q_t (1+p)^t - sA_{pt}.$$ (73)

Die Ausrechnung ergibt nach einigem algebraischen Hin und Her:

$$A_{pt} = Q_t (1+p)^t - (i_0 + ap + i_0 ap) E_{pt-1} = D_{pt}.$$ (73a)

Die zur Investitionsneutralität erforderliche Abschreibung einer Periode gleicht dem inflationierten (also nominellen) Periodenüberschuß abzüglich des Produktes aus Marktzins in der Inflation mal Ertragswert in der Inflation zu Beginn der Abrechnungsperiode. Das Produkt entspricht dem kapitaltheoretischen Gewinn in der Inflation und die Differenz können wir als Ertragswertabschreibung in der Inflation (D_{pt}) bezeichnen.

bb) Das Erfordernis einer inflationsbedingten steuerlichen Abschreibungsverböserung trotz Ertragswertsenkung

In welchem Verhältnis stehen steuerneutrale Abschreibung (Ertragswertabschreibung) ohne Inflation und steuerneutrale Abschreibung (Ertragswertabschreibung) in der Inflation zueinander?

Aus den beiden Definitionsgleichungen

ohne Inflation: $\quad A_t = Q_t - i_0 E_{t-1}$ (74)

mit Inflation: $\quad A_{pt} = Q_t (1+p)^t - (i_0 + ap + i_0 ap) E_{pt-1}$ (74a)

folgt, daß Vergleichsaussagen nur möglich sind, wenn das Größenverhältnis von Ertragswert ohne Inflation zu Beginn der Abrechnungsperiode (E_{t-1}) zum Ertragswert in der Inflation zu Beginn der Abrechnungsperiode (E_{pt-1}) bekannt ist.

(1) Für den Fisher-Effekt (a = 1) gilt, daß im Zeitpunkt t_0 der nicht versteuerte Ertragswert im Fall ohne Preissteigerung dem nicht versteuerten Ertragswert in der Inflation entspricht. Um Zuschreibungen zur Sicherung von Investitionsneutralität auszu-

schließen, sei der Zahlungssaldo Q_1 größer als die Zinsen auf den Ertragswert i_0E_0 gesetzt. Damit erhalten wir für die erste Abrechnungsperiode

$$A_1 = Q_1 - i_0E_0$$
$$A_{p1} = Q_1(1+p) - (i_0 + p + i_0p)E_0 \qquad (75)$$

und als Differenz beider

$$A_{p1} - A_1 = pQ_1 - p(1+i_0)E_0. \qquad (75a)$$

Zu Beginn eines Inflationsschubs ist damit bei voller Überwälzung der Inflationsrate im Marktzinssatz die zur Steuerneutralität erforderliche Abschreibung kleiner als ohne Inflation, soweit in den Folgeperioden Einnahmen entstehen (ein Steigen der Abschreibung in t_1 wäre nur dann denkbar, wenn in t_2 eine Ausgabe folgte).

In der Inflation wird nicht in jeder Abrechnungsperiode die investitionsneutrale Abschreibung kleiner sein als die investitionsneutrale Abschreibung ohne Inflation. Schließlich muß die Summe der Abschreibungen beide Male dem Ertragswert entsprechen, der im Fisher-Fall ohne und mit Inflation gleich hoch ist. Gegen Ende der Nutzungsdauer ist durch die niedrigere Ertragswertabschreibung D_{pt} der Ertragswert in der Inflation so gestiegen, daß aus dem Abweichen von E_{t-1} und E_{pt-1} eine höhere steuerliche erforderliche Abschreibung resultiert. Die Investition

t_0	t_1	t_2	t_3
− 3.000	+ 1.150	+ 1.100	+ 1.050

führt ohne Inflation und vor Steuern zu einer Rendite von 5%, die dem Marktzins i_0 gleichen soll. Bei linearer steuerlicher Abschreibung und allgemeiner proportionaler Gewinnbesteuerung sinkt die Rendite r_s auf $r_s = (1-s)r$ (bei s = 50% also auf 2,5%); denn die Ertragswertabschreibung verläuft hier linear: Periodenüberschuß 1.150 minus 5% Zinsen auf den Ertragswert (hier gleich Anschaffungsausgaben 3.000) ergibt 1.000 an erforderlicher steuerlicher Abschreibung in t_1, usw.

In der Inflation mit p = 10% verkörpert dieselbe Investition den Zahlungsstrom

t_0	t_1	t_2	t_3
− 3.000	+ 1.265	+ 1.331	+ 1.397,55

Der Marktzinssatz steigt von i_0 = 5% ab t_0 auf (i_0+p+i_0p) = 15,5%, falls der Fisher-Effekt herrscht. Die nominelle Rendite dieser Investition beträgt 15,5%. Sie sinkt bei 50% Gewinnsteuern und linearer Abschreibung jedoch nicht auf die Hälfte (7,75%), sondern nur auf rund 8%, weil die ohne Inflation steuerneutrale lineare Abschreibung in der Inflation zu einer steuerlichen Gewinnvergünstigung geworden ist.

Die steuerneutrale Abschreibung in der Inflation berechnet sich gemäß der Definition der Ertragswertabschreibung in der Inflation als

Abschreibung:	Restbuchwert:
Ap_1: 1.265,00 − 0,155 × 3.000 = 800;	3.000 − 800 = 2.200
Ap_2: 1.331,00 − 0,155 × 2.200 = 990;	2.200 − 990 = 1.210
Ap_3: 1.397,55 − 0,155 × 1.210 = 1.210;	1.210 − 1.210 = 0

Die steuerneutrale lineare Abschreibung wird in der Inflation zu einer nach hinten verlagerten, hier also progressiven Abschreibung. Investitionsneutralität verlangt in der Inflation ungünstigere Abschreibungsverfahren und nicht etwa Abschreibungen während der Nutzungsdauer vom jeweiligen oder einem geschätzten künftigen Wiederbeschaffungspreis! Dieser Sachverhalt besteht unabhängig davon, daß im Beispiel der Ertragswert, also regelmäßig mehr als die Anschaffungs- oder Herstellungskosten, abgeschrieben werden müßten.

(2) Für den modifizierten Fisher-Effekt gilt, daß der Kalkulationszinsfuß nach Steuern über dem Kalkulationszinsfuß liegt, der im Fall des Fisher-Effekts ohne und bei Inflation zu demselben Ertragswert führt. Folglich sinkt für den durch die Besteuerung modifizierten Fisher-Effekt der Ertragswert einer Investition sowohl gegenüber dem Vor-Steuer-Fall ohne und mit Inflation als auch gegenüber dem Steuerfall ohne Inflation, solange eine Anpassung der steuerrechtlichen Abschreibung an die inflationierte reale Ertragswertabschreibung unterbleibt.

Von dieser Ertragswert-senkenden Wirkung eines Konkurrenzgleichgewichtszinses, der die versteuerte Realverzinsung erhält, ist die Frage nach dem Abschreibungsverlauf in der Inflation zu trennen: Mit steigender Inflationsrate und gegebenem Steuersatz verlagert sich auch hier die Ertragswertabschreibung nach hinten und zwar wegen des erhöhten Konkurrenzgleichgewichtszinses. Beispiel: Die Investition

t_0	t_1	t_2
− 1.000	+ 600	+ 550

führt bei i = 10% (ihrer Rendite) zu einer linearen Ertragswertabschreibung, bei einem Realzins i_0 = 4% beträgt der Ertragswert rund 1.085 und die Ertragswertabschreibung verläuft degressiv (t_1: 600 − 0,04 · 1085 = 557; t_2: 528).

Bei 5% Inflation wandelt sich der Zahlungsstrom zu

t_0	t_1	t_2
− 1.000	+ 630	+ 606,375

Im Fall eines modifizierten Fisher-Effekts mit i_0 = 4%, p = 5%, s = 50% wird i_r = 14,2 %. Der Ertragswert sinkt auf 1.017 und die Ertragswertabschreibung ist progressiv (t_1: 486; t_2: 531).

Im Hinblick auf den Abschreibungsverlauf verlangt Investitionsneutralität keine steuerlichen Abschreibungsvergünstigungen, sondern steuerliche „Abschreibungsverböserungen". Nur im Hinblick auf den Abschreibungsausgangsbetrag wäre eine über den Anschaffungs- und Herstellungskosten liegende Ertragswertabschreibung geboten. Dieser Weg wäre rechtssicher zu gestalten. Um ein aus dem modifizierten Fisher-Effekt folgendes Investitionshemmnis (gesunkener Ertragswert wegen eines gestiegenen Kalkulationszinsfußes) aufzufangen, reicht eine Sofortabschreibung nicht aus. Einen Ausweg könnten hier Investitionszulagen als steuerfreie Betriebseinnahmen bieten. Sie wirken freilich pauschal und können Verzerrungen bestenfalls mildern. Das Mittel der Wahl bleibt deshalb auch für die Beseitigung von Investitionshemmnissen die Inflationsbekämpfung.

Falsch ist die Aussage, Sofortabschreibung „böte im Prinzip eine vollständige Entlastung der Anlageinvestitionen; insoweit entfiele auch das Problem der Scheingewinnbesteuerung"[125]. Vollständige Entlastung einer Anlageinvestition läßt sich daran messen, daß der Ertragswert vor Steuern dem Ertragswert nach Steuern gleicht. Dies wird nicht durch Sofortabschreibung der Anschaffungs- oder Herstellungskosten erreicht, solange Zinsen und andere Kapitaleinkünfte besteuert werden (und bei deren Steuerfreiheit erst recht nicht, von dem Trivialfall eines Kapitalwertes von null abgesehen).

Der Kapitalwert nach Steuern K_s lautet hier, bei Z_t für die Zahlungssalden nach der Anschaffungsausgabe und I für die Anschaffungsausgabe:

$$K_s = (1-s) \left[\sum_{t=0}^{n} Z_t : (1+i-is)^t - I \right]. \tag{76}$$

Wegen der steuerbedingten Änderung des Abzinsungssatzes kann ohne Inflation der Kapitalwert bei Sofortabschreibung sowohl über als auch unter dem Kapitalwert bei einem Steuersatz von null liegen; er entlastet vollständig nur in seltenen Einzelfällen.

Natürlich entfällt mit der Sofortabschreibung nicht „das Problem der Scheingewinnbesteuerung". Nur wenn für alle Zahlungen eine identische Preissteigerungsrate p angenommen wird und der Marktzins in der Inflation i_r gemäß dem um die Steuerwirkungen modifizierten Fisher-Effekt über dem Marktzinssatz liegt, entsteht derselbe verzerrende Effekt wie in der Modellwelt ohne Preissteigerungen; denn dann kürzt sich der Inflationsfaktor bei Zahlungen und Zinssatz weg. Dies gilt auch dann, wenn aufeinanderfolgende Investitionsketten mit Wiederbeschaffungsausgaben der Anlage betrachtet werden, die im Ersatzzeitpunkt n auf $I(1+p)^n$ gestiegen sind; denn der Kapitalwert einer solchen Anschlußinvestition im Zeitpunkt n ist mit $(1+i-is)^n (1+p)^n$ auf den Kalkulationszeitpunkt t=0 abzuzinsen.

---

[125] *Wissenschaftlicher Beirat beim Bundesministerium der Finanzen*, Tz. 46; ähnlich die *Kommission zur Verbesserung der steuerlichen Bedingungen für Investitionen und Arbeitsplätze*, Rz. 380.

Bei jedem anderen Verhältnis zwischen Marktzinssatz in der Modellwelt ohne Preissteigerungen und dem Marktzins in der Inflation, bei unterschiedlichen Preissteigerungsraten zwischen Absatzpreisen und laufenden Ausgaben sowie den Wiederbeschaffungsausgaben der Anlagen entstehen zusätzliche, inflationsbedingte Verzerrungen, die man unter „Scheingewinnbesteuerung" zusammenfassen kann. Dabei wird häufig die Scheingewinnbesteuerung negativ werden, also in einer inflationsbedingten Marktwertsteigerung für die Investition enden.

cc) Der Streit um Abschreibungsverlauf und Höhe der Kapitalkosten in der Inflation

Im Hinblick auf den Abschreibungsverlauf verlangt Investitionsneutralität in der Inflation keine steuerlichen Abschreibungsvergünstigungen, sondern steuerliche „Abschreibungsverböserungen"! Der Ruf nach Vergünstigungen im Abschreibungsverlauf wegen einer Inflation ist eine bloße Interessenbehauptung im Verteilungskampf.

Dieser Schluß ist sorgsam von zwei anderen Aussagen zu trennen:

a) Die Abschreibung nach geltendem Steuerrecht wirkt auch ohne Inflation investitionshemmend, weil das steuerlich zulässige Abschreibungsverfahren auf die Anschaffungsausgaben beschränkt ist und vielleicht zusätzlich in den ersten Perioden zu Abschreibungen führt, die unter der Ertragswertabschreibung liegen. Auch ohne Preissteigerungen verzerrt eine „nominelle" (auf die Anschaffungs- bzw. Herstellungskosten beschränkte) steuerliche Abschreibung die Rentabilität von Investitionsvorhaben.

b) Investitionshemmend wirkt die Gewinnbesteuerung in der Inflation vor allem dann, wenn für den Kalkulationszinsfuß angenommen wird, seine Höhe folge dem modifizierten FisherEffekt, d.h. Finanzmittel für Investitionen würden nur bereitgestellt, wenn Geldgeber die versteuerte Realverzinsung aus der (sonst gleichen) Welt ohne Inflation erhalten. Eine solche Annahme mag für eine Ersparnisbildung durch Konsumverzicht plausibel sein. Sie ist es nicht, sobald Finanzmittel auch über Notenbankpolitik und Kreditschöpfung bereitgestellt werden.

Die Behauptung, daß eine Inflation auch den Ertragswert von Unternehmungen erhöhen kann und somit wegen der Inflation eine Verlagerung des steuerlichen Abschreibungsverlaufs „nach hinten" geboten wäre, ist bestritten worden mit dem Argument: „Ein Land mit Abschreibungsregeln auf der Basis historischer Anschaffungswerte muß bei einem langfristigen und allgemein erwarteten Anstieg seiner Inflationsrate mit einer Kapitalabwanderung und einem Erlahmen der privaten Kapitalbildung rechnen"[126], wobei aus dem zugrundegelegten Modell eine Inflationsüberwälzung im Marktzins bei Momentanverzinsung von mindestens 100% folgt, also a ≥ 1. Die Abweichungen zu dem vor diesem Abschnitt Abgeleiteten werden dabei als langfristige Wirkungen betrachtet, „die von konjunkturellen Phänomenen völlig abstrahieren und eine antizipierte dauerhafte Inflation unterstellen". Diese Gegenposition erscheint nicht haltbar:

---

126 *Sinn:* Inflation, S. 204.

(1) Unhaltbar ist der Verweis auf die langfristigen Wirkungen, da in den Modellen in den Abschnitten aa) bis cc) für die Inflation keine zeitliche Begrenzung angenommen wurde.

(2) Wenn ein Land ungünstigere Abschreibungsregelungen als ein anderes Land hat (bei sonst gleichen Grenzsteuersätzen und Bemessungsgrundlagen), wird unter modellmäßiger Sicherheit stets mit Kapitalabwanderung zu rechnen sein. Dieser Sachverhalt ist unabhängig von der Inflation.

(3) Nicht der Anstieg allein der Inflationsrate läßt Investitionen abwandern, sondern erst der Tatbestand, daß aus dem Zusammenwirken von Inflation, Marktzins und Besteuerung bei angenommener Planungssicherheit die Rendite nach Steuern von Investitionen in diesem Land unter der in anderen Ländern liegt. Dieser Sachverhalt hat aber nichts mit der Aussage zu tun, daß unter sonst gleichen Bedingungen ein entscheidungsneutrales Abschreibungsverfahren in der Inflation Abschreibungsverböserungen verlangt, der Ruf nach Abschreibungsvergünstigungen wegen einer Inflation also eine bloße Interessenbehauptung im Verteilungskampf ist.

(4) Inwieweit in der Inflation die Kapitalbildung erlahmt, läßt sich nicht anhand von Investitionsmodellen beurteilen, die einen vollkommenen und vollständigen Kapitalmarkt im Konkurrenzgleichgewicht voraussetzen. Kapitalbildung im Sinne von Finanzierung bzw. Finanzierbarkeit von Investitionen ist auf einem Kapitalmarkt im Konkurrenzgleichgewicht überhaupt kein Problem. Kapitalbildung im Sinne eines Konsumverzichts ist in diesen Modellen für die Investition irrelevant bis auf den Tatbestand, daß der Marktzins über Änderungen des gewünschten zeitlichen Verlaufs des Konsums beeinflußt wird.

Ausschlaggebend für den Investitionsumfang ist allerdings in der Inflation, welche Annahmen über die Entwicklung des Marktzinses gesetzt werden:

a) Bleibt der Marktzins hinter dem Fisher-Effekt zurück (a < 1), während die realwirtschaftlichen Zahlungsströme der alternativ zur Wahl stehenden Investitionen mit der Inflationsrate steigen, wächst der Ertragswert der Investitionen. Dies hat zur Folge, daß der Investitionsumfang sich ausweitet, weil unter sonst gleichen Bedingungen, aber ohne Inflation, unrentable Investitionen nunmehr in ihrer Rendite über den Marktzins steigen. Einzelne Untersuchungen behaupten, daß der Marktzins in der Inflation, wenn überhaupt, dann höchstens mit der Inflationsrate steige[127]. Ein Blick auf die Zinsentwicklung in Inflationszeiten bestätigt dies und verleitet zu dem Schluß, daß der Fisher-Effekt oder gar a > 1 widerlegt sei, weil sonst in Inflationszeiten zum erheblichen Teil Investitionen mit negativer Realverzinsung unter Berücksichtigung der Besteuerung durchgeführt worden wären.

Aber diese „Widerlegung durch den Augenschein" steht auf unsicheren Füßen: Die Empirie liefert eine Fülle unterschiedlicher Zinssätze für eine Fülle von Finanzmärkten, die sämtlich in jedem Zeitpunkt im Ungleichgewicht sind, weil die Voraussetzungen für

---

127 Vgl. z.B. *Lawrence H. Summers:* The Nonadjustment of Nominal Interest Rates: A Study of the Fisher Effect. In: Macroeconomics, Prices, and Quantities, ed. by J. Tobin, Oxford 1983, S. 201-244.

ein Konkurrenzgleichgewicht nicht erfüllt sind und nicht erfüllt sein können: z.B. daß keiner, also auch nicht die Bundesbank, Einfluß auf den Zins habe; es herrsche nur versicherbare Unsicherheit, keine asymmetrische Informationsverteilung usw. Was aus den empirischen Untersuchungen über Zinsentwicklungen in der Inflation gefolgert werden darf, ist deshalb lediglich die Ungeeignetheit von Kapitalmarktgleichgewichtsmodellen als vereinfachte, aber adäquate Abbilder der Welt, wie sie ist: *Der Fisher-Effekt ist keine erfahrungswissenschaftliche Hypothese, sondern lediglich eine Implikation eines Gleichgewichtsmodells.* Der Fisher-Effekt ist weder zu bestätigen noch zu widerlegen, weil er eine mit dem Gleichgewichtsmodell verbundene Definition darstellt, die als Hypothese behauptet wird. Eine solche Hypothese ist nur dann zu testen, sofern für die anderen, in den Annahmen des Konkurrenzgleichgewichts verborgenen Hypothesen die empirische Gültigkeit erwiesen ist (vgl. näher S. 526 ff.).

b) Eine Modellannahme, der Marktzins steige über den Fisher-Effekt hinaus (a > 1), während die realwirtschaftlichen Zahlungsströme der alternativ zur Wahl stehenden Investitionsvorhaben nur mit der Inflationsrate wachsen, läßt den Ertragswert von Investitionen unter Sicherheit sinken. Der Investitionsumfang verringert sich, weil unter sonst gleichen Bedingungen vor Steuern rentable Investitionen nunmehr in ihrer nominellen Rendite unter den Marktzins fallen.

Einzelne empirische Untersuchungen behaupten ein solches Steigen des Marktzinses in der Inflation[128]. Die Argumentation stützt sich dabei jedoch hauptsächlich auf eine Implikation des Kapitalmarktgleichgewichtsmodells, z.B.: Für eine geschlossene Wirtschaft könne erwartet werden, daß der Marktzins um mehr als die Inflationsrate steige, damit eine konstante Realverzinsung nach Steuern den Geldgebern verbleibe, sonst würden diese nicht mehr sparen[129].

Übersehen wird bei dieser Argumentation: Wenn die Wirtschaftenden bis zu ihrem Planungshorizont eine bestimmte Inflationsrate erwarten, jedoch vor Investitionsvorhaben stehen, deren Rendite bei dem erwarteten Marktzins in der Inflation nicht die gewünschte Realverzinsung erbringt, dann müssen die Wirtschaftenden die absolute Höhe ihres Konsums heute zurückschrauben, um den gewünschten künftigen Konsum zu sichern. Vermutlich werden sie zugleich ihre bisher gewünschte Realverzinsung (die zeitliche Austauschrate zwischen Konsum heute und morgen) korrigieren, um nicht heute am Hungertuch zu nagen. Die nominell ertragreichste Investition in einer Inflation ist nämlich stets die auch real beste, weil sie die Kaufkraft des Geldes für Investitionszwecke in dem Maße erhält, in dem es die Umstände zulassen.

---

128 Vgl *Barbara M. Fraumeni, Dale W. Jorgenson:* The Role of Capital in U.S. Economic Growth, 1948-1976. In: Capital, Efficiency, and Growth, ed. by G.M. von Furstenberg, Cambridge, Mass. 1980, S. 9-250; *King, Fullerton,* S. 292, schlagen diese Untersuchung und die dem widersprechende durch Summers über einen Leisten. Beide „empirischen" Ergebnisse könnten zum Fisher-Effekt zusammengefaßt werden!

129 Vgl. *David Bradford, Charles Stuart:* Issues in the Measurement and Interpretation of Effective Tax Rates. In: National Tax Journal, Vol. 39 (1986), S. 307-316, hier S. 311.

Das Setzen einer konstanten versteuerten Realverzinsung in der Inflation, wie es der modifizierte Fisher-Effekt unterstellt, greift deshalb zu kurz, weil relativ mehr Konsum heute zu Lasten der Ersparnis den Hunger morgen nicht zu stillen vermag.

c) Der Investitionsumfang wird nicht nur durch Änderungen des Marktzinses im Verhältnis zur Steigerungsrate der realwirtschaftlichen Zahlungssalden von Investitionsvorhaben beeinflußt. Daneben wurde auf „einen positiven Effekt der Inflation auf den Unternehmungswert" hingewiesen, der „aus der Abzugsfähigkeit der im Zinssatz enthaltenen Inflationsprämie von der Steuerbemessungsgrundlage" bestehe[130]. Bei dieser Überlegung ist allerdings noch nicht die Besteuerung der Zinseinnahmen beim Empfänger berücksichtigt: Der positive Effekt auf den Unternehmenswert aus der Abzugsfähigkeit der im Zinssatz enthaltenen Inflationsprämie in der Unternehmung verschwindet dann, wenn der Grenzsteuersatz des Zinsempfängers dem Grenzsteuersatz des Zinszahlenden gleicht. Jedoch ist häufig der Grenzsteuersatz des Zinszahlenden höher, z.B. in Deutschland wegen der halben Abzugsfähigkeit der Fremdkapitalzinsen bei der Gewerbeertragsteuer, der private Sparer nicht unterliegen.

Übersteigt die Grenzsteuerbelastung des Zinszahlenden die Grenzsteuerbelastung des Zinsempfängers, wird die steuerliche Abzugsfähigkeit der Fremdkapitalzinsen zu einer steuerlichen Subvention der Verschuldung[131]. Die Abweichung zwischen der Grenzsteuerbelastung des Zinszahlenden und der des Zinsempfängers wird besonders drastisch bei steuerbefreiten oder steuerbegünstigten Geldanlegern, wie Lebensversicherungen, Gewerkschaften, Kirchen, oder bei jenen Sparern, die im Hinblick auf ihre Zinseinkünfte steuerunehrlich bleiben.

Als Ergebnis bleibt angesichts der Vielfalt der Finanzmärkte und ihrer Zinsbildungen und der Steuerrechtsregelungen im Detail nur die eher resignierende Feststellung, daß ein quälendes Problem für die Untersuchung von Steuerwirkungen das Fehlen eines adäquaten Modells für Finanzmärkte ist[132].

d) Die Aussagefähigkeit internationaler Steuerbelastungsvergleiche mit Hilfe effektiver Grenzsteuerbelastungen für Investitionen

1. Effektive Grenzsteuerbelastungen von Investitionen als modellgestützter Mustervergleich

Die folgenden Berechnungen effektiver Grenzsteuerbelastungen für Investitionen legen ein gesamtwirtschaftliches Investitionsmodell zugrunde[133]. Hierfür erfolgen *beispielhaft* für die gewählten Handlungsmöglichkeiten und Umweltbedingungen Aussagen über das

---

130 *Peter Swoboda:* Auswirkungen einer Inflation auf den Unternehmungswert. In: ZfbF, Jg. 29 (1977), S. 667-688, hier S. 673 (im Original z.T. kursiv).
131 Vgl. *Martin Feldstein, Lawrence Summers:* Inflation and the Taxation of Capital Income in the Corporate Sector. In: National Tax Journal, Vol. 32 (1979), S. 445-470; *Jane G. Gravelle:* Inflation and the Taxation of Capital Income in the Corporate Sector: A Comment. In: National Tax Journal, Vol. 33 (1980), S. 473-483.
132 Vgl. *Bradford, Stuart,* S. 308.

Ausmaß, durch das über steuerrechtliche Bemessungsgrundlagen und sog. Subventionstatbestände nominale Steuerbelastungen abbauen oder verschärfen. Drei Schritte sind bei dieser modellmäßigen Berechnung effektiver Grenzsteuerbelastungen erforderlich:

Im ersten Schritt werden die Investitionen einer Unternehmung und ihre Besteuerung bzw. Subventionierung getrennt von der Finanzierung untersucht. Damit wird vorläufig der schwierige Teilbereich der Steuerwirkungen auf die Finanzierung und den Kapitalmarkt ausgeklammert. Im zweiten Schritt werden die Steuerwirkungen auf der Finanzierungsseite bzw. die Besteuerung der Finanzanlagen jener Personen, die Gelder für Investitionszwecke bereitstellen, gemessen. Im dritten Schritt sind die Steuerwirkungen auf der Investitionsseite und die Steuerwirkungen auf der Finanzierungs- bzw. Kapitalmarktseite zusammenzufassen. Dazu bedarf es eines Bezugspunkts, an dem abgelesen werden kann, ob irgendeine Steuer- oder Subventionsrechtsetzung als Vergünstigung oder Benachteiligung der Rendite nach Steuern wirkt. Den Bezugspunkt bildet eine gedachte Steuerbemessungsgrundlage, die Investitionsneutralität mit Kapitalkostenneutralität koppelt: der kapitaltheoretische Gewinn. Nur für diesen gleicht bei der Investition, die im Gleichgewichtsmodell unter Planungssicherheit das Investitionsprogramm begrenzt, eine effektive Grenzsteuerbelastung dem Grenzsteuersatz, der auf eine steuerrechtliche Bemessungsgrundlage „Gewinn" erhoben wird.

Die Werkzeuge für die Berechnung der effektiven Grenzsteuerbelastung von Investitionen werden an einem Beispiel S. 421 dargestellt. Die Aussagefähigkeit der Berechnungen ist begrenzt sowohl wegen der fraglichen Aussagefähigkeit des zugrunde gelegten gesamtwirtschaftlichen Investitionsmodells als auch wegen der nur teilweisen Erfassung der steuerrechtlichen Bemessungsgrundlagen und von sog. Subventionstatbeständen. Eine Kurzdarstellung dieses internationalen Belastungsvergleichs und eine Erörterung der vielfältigen Unterstellungen verdeutlichen jedoch die Schwierigkeiten internationaler Steuerbelastungsvergleiche. Diese lehren vor allem eines: *Das in der öffentlichen (politischen) Diskussion gängige Vergleichen von Spitzensteuersätzen verfälscht nur, informiert über die effektiven Steuerbelastungen nicht.*

Wegen der Vielfalt steuerrechtlicher Belastungs- und Entlastungswirkungen ist es nicht sinnvoll, nach einer einzigen Gewinnsteuerbelastung der Kapitalgesellschaften oder personenbezogener Unternehmen in einem Land zu fragen. Vielmehr muß innerhalb ei-

---

133 Vgl. *Robert E. Hall, Dale W. Jorgenson:* Tax Policy and Investment Behavior. In: American Economic Review, Vol. 57 (1967), S. 391-414, deren Kapitalkostenformeln ab 1981 benutzt wurden, um effektive Grenzsteuerbelastungen zu berechnen, vgl. *David F. Bradford, Don Fullerton:* Pitfalls in the Construction and Use of Effective Tax Rates. In: Depreciation, Inflation, and the Taxation of Income from Capital, ed. by C.R. Hulten, Washington, D.C. 1981, S. 251-278, hier S. 252, zum Formelapparat ab S. 254. *Mervyn A. King, Don Fullerton* (eds.): The Taxation of Income from Capital. Chicago – London 1984, S. 7-30, und die Würdigung der Ergebnisse S. 268-311; eine verkürzte Wiedergabe der Formeln findet sich auch bei *Leibfritz, Meurer,* S. 249-251. Eine didaktisch gute Darstellung bieten *Boadway, Bruce, Mintz:* Taxes on Capital Income, S. 42-60. Das Folgende baut auf *Dieter Schneider:* Hochsteuerland Bundesrepublik Deutschland: Die Spannweite effektiver Grenzsteuerbelastungen. In: Wpg, Jg. 41 (1988), S. 328-338, auf.

nes Landes, einer Region, einer Branche nach den steuerrechtlich unterschiedlich behandelten Investitions- und Finanzierungsvorhaben differenziert werden.

Der bisher umfassendste internationale Steuerbelastungsvergleich auf der Grundlage effektiver Grenzsteuerbelastungen durch King und Fullerton[134] fächert 81 Kombinationsfälle auf. Unterschieden werden
- drei Arten von Investitionen: Maschinen, Gebäude, Vorräte;
- drei Arten von Gewerbezweigen: verarbeitendes Gewerbe, Handel (nicht finanzielle Dienstleistungen) und sonstige Erzeugung (z.B. Bau, Transport, Kommunikation); nicht einbezogen sind Landwirtschaft und Urproduktion, öffentliche Verwaltung und das Kreditgewerbe;
- drei Arten von Finanzierungsquellen: Fremdfinanzierung, Beteiligungsfinanzierung, Selbstfinanzierung;
- drei Arten von Geldgebern über den Kapitalmarkt: private Haushalte, steuerbefreite Institutionen, Versicherungsgesellschaften.

Solche effektiven Grenzsteuerbelastungen übernehmen die Aufgabe, die bislang überwiegend Grenzsteuersätzen (bezogenen auf steuerrechtliche Bemessungsgrundlagen) zugemutet wird: über die Minderung der (Grenz-) Rendite durch die Besteuerung für eine den Investitionsumfang begrenzende, also gerade noch die versteuerten Kapitalkosten deckende Investition zu unterrichten. Da effektive Grenzsteuerbelastungen Unterschiede bei den Bemessungsgrundlagen in einzelnen Ländern berücksichtigen, ergeben sich von den Grenzsteuersätzen stark abweichende Prozentsätze.

Die im folgenden ausgewählten wenigen Beispielszahlen gehen von einer mit 10% vorgegebenen Rendite vor Steuern in der Unternehmung aus. Eine solche Ausgangsbasis mag für manche Branchen in manchen Jahren zu hoch oder zu niedrig sein. Aufgrund einer solchen Renditeannahme berechnete Zahlen bilden also nur Musterbeispiele ab. Dennoch unterrichten effektive Grenzsteuerbelastungen über 100% und negative Belastungsprozentsätze (Nettosubventionen) über die Vielschichtigkeit der Steuerrechtswirkungen auf die Rentabilität. Die folgenden Zahlen beruhen auf tatsächlichen Inflationsraten sowie auf einer durchschnittlichen Kapitalstruktur der Unternehmungen des jeweiligen Landes (und zumindest für die Bundesrepublik Deutschland auf einer Reihe korrekturbedürftiger Einzelannahmen). Danach betrugen die durchschnittlichen effektiven Grenzsteuerbelastungen 1980:

	Durchschnitt A	Durchschnitt B	Fremdfinanzierung	Selbstfinanzierung
Großbritannien	3,7	18,9	− 100,6	+ 30,6
Schweden	35,6	52,6	+ 5,0	+ 68,2
USA	37,2	37,2	− 16,3	+ 62,4
Bundesrepublik	48,1	52,6	− 3,1	+ 90,2

---

134 Vgl. *King, Fullerton*, S. 6, 13 f. und später.

Der Durchschnitt A ist aus dem Steuerrecht des jeweiligen Landes und den wirtschaftlichen Gegebenheiten dieses Landes berechnet. Der Durchschnitt B wendet das Steuerrecht des jeweiligen Landes auf die wirtschaftlichen Gegebenheiten (wie Kapitalstruktur usw.) in den USA an und stellt somit einen besseren Vergleichsmaßstab für die Wirkungen eines Steuerrechts dar, weil für die restlichen wirtschaftlichen Daten eine ceteris-paribus-Annahme gesetzt wurde.

Die effektive Grenzsteuerbelastung für Fremdfinanzierung wurde ausgewählt, weil hier in der Mehrzahl der Länder eine steuerliche Subvention gegeben ist, die aufgrund der Modellannahmen vor allem mit der Höhe der Inflationsrate steigt.

Die Zahlen für die Selbstfinanzierung sind genannt, um den Unterschied zwischen Grenzsteuersätzen aufgrund des steuerrechtlich ermittelten Gewinns vor Steuern und der effektiven Grenzsteuerbelastung zu verdeutlichen. Hier verursacht insbesondere in Zeiten steigender Preise die sog. Scheingewinnbesteuerung bei Vorräten die Erhöhung auf 90% gegenüber dem Grenzsteuersatz, der je nach den Annahmen über den Hebesätzen der Gewerbesteuer unter Ausklammerung der Substanzbesteuerung vor 1990 zwischen 60-65% lag.

Die Behauptung vom „Hochsteuerland Bundesrepublik" (S. 184) wird durch effektive Grenzsteuerbelastungen für den Durchschnitt aller 81 Kombinationsfälle von Investitionen bestätigt. Ein solcher Durchschnitt schließt jedoch steuerliche Entlastungen bis hin zu Renditesteigerungen nach Steuern, die über der vorausgesetzten Rendite vor Steuern von 10% liegen, in keinem Lande aus! Zu den hier ausgewählten effektiven Grenzsteuerbelastungen ist im einzelnen zu sagen:

Wichtiger als diese Durchschnittszahlen und einzelne Zahlen für die Fremd- und Selbstfinanzierung ist die Spannweite der effektiven Grenzsteuerbelastungen für die 81 Kombinationsfälle von Investitionen und deren Finanzierung. So betrug z.B. für Großbritannien 1980 bei einem Durchschnitt A von nur 3,7% die Spannweite -312% (für fremdfinanzierte industrielle Anlagen, wenn die Schuldtitel von steuerbefreiten Institutionen gehalten werden) bis zu +130% (für selbstfinanzierte Gebäude im Transportgewerbe, wenn die Anteilsrechte bei privaten Haushalten lagen). Die britische Spannweite ist aufgrund zahlreicher Steuerrechtsänderungen ab 1984 erheblich geschrumpft[135].

Für die Bundesrepublik wurde eine Spannweite errechnet zwischen
- 59% (industrielle Gebäude, durch Schulden finanziert, deren Titel von steuerbefreiten Institutionen, wie Gewerkschaften, Stiftungen usw. gehalten werden, vgl. die Erläuterung S. 245); bei dieser Berechnung sind allerdings unplausible und für den Vergleich inkonsistente Annahmen gemacht worden, vgl. die Neuberechnung für 1992 S. 421 ff.; und
+ 102% (aus zurückbehaltenen Gewinnen finanzierte Vorratsinvestitionen, wobei die Anteilsrechte bei privaten Haushalten liegen). Grund für die effektive Grenzsteuerbela-

---

135 Vgl. *Mervyn King:* Tax Reform in the UK and US. In: Economic Policy, November 1985, S. 220-238.

stung über 100% ist hauptsächlich die Scheingewinnbesteuerung bei Eigenkapitaleinsatz und einer Inflationsrate von damals über 4%.

Wie weit effektive Grenzsteuerbelastungen zu streuen pflegen, bestätigen (bei teilweise anderen Annahmen) Untersuchungen über die Auswirkungen der amerikanischen Steuerreform von 1986[136], in welcher der Körperschaftsteuersatz von 46% (Bundessteuer, einschließlich ausgewählter lokaler Steuern 49,5%) auf 34% (Bundessteuer, einschließlich lokaler Steuern 38,3%) gesenkt wurde. Unter der Annahme, daß die von den Geldgebern gewünschte Realverzinsung 4%, die Inflationsrate 5% beträgt und bereits am Markt eingeführte Unternehmen sich zu rund einem Drittel verschulden (die Beteiligungsfinanzierung aber nur 5% ausmacht), ergab sich allein für die unter Hochtechnologie einzuordnenden Branchen eine Spannweite der effektiven Grenzsteuerbelastung vor der Steuerreform 1986 zwischen -17% (Medizintechnik) und +56% (Computerzubehör), wobei Patente als Investitionen jeweils ausgeklammert sind. Für Stahlspezialitäten betrug z.B. die effektive Grenzsteuerbelastung +67%.

Nach der Reform 1986 lag die Spannweite zwischen +11% und +53% im Hochtechnologiebereich, und sie war für Stahlspezialitäten auf +65,1% gesunken. Für den Hochtechnologiebereich verschlechterte sich die effektive Grenzsteuerbelastung zwischen 19 und 28 Prozentpunkten. Jedoch für Computerzubehör errechnete sich eine Verbesserung von 2,5 Prozentpunkten.

Die Senkung des Körperschaftsteuersatzes in den USA um rund ein Viertel hat hierbei zur Folge, daß die effektive Grenzsteuerbelastung im Durchschnitt um rund ein Viertel steigt! Sinkende Grenzsteuersätze mindern die Vorteile von Vergünstigungen und die Nachteile von Verböserungen in den Bemessungsgrundlagen. Ein Abbau von Investitionszuschüssen (investment tax credits) und „Verbreiterungen" der Bemessungsgrundlagen bedingen zusätzlich dieses Ergebnis. Daß trotz Senkung der Grenzsteuersätze die effektive Grenzsteuerbelastung steigt, belegt vor allem eines: wie irreführend bei Steuerreformdiskussionen der Blick auf die Steuertarife und Grenzsteuersätze (bezogen auf einen Gewinn vor Steuern, berechnet nach steuerrechtlichen Bemessungsgrundlagen) sein kann.

2. Aussagefähigkeit effektiver Grenzsteuerbelastungen für Investitionen in der Bundesrepublik Deutschland

Gegen die Berechnung effektiver Grenzsteuerbelastungen für die Bundesrepublik Deutschland durch King und Fullerton sind vier empirische Vorbehalte anzuzeigen:

a) Außer acht gelassen worden sind in diesen Berechnungen die niedrigen Kapitalkosten aus steuerbedingter Innenfinanzierung hinsichtlich der Pensionsrückstellungen, Rückstellungen für drohende Verluste und anderer Verlustvorwegnahmen über Teilwert-

---

136 Vgl. *Joseph J. Cordes, Harry S. Watson, Scott Hauger:* Effects of Tax Reform on High Technology Firms. In: National Tax Journal, Vol. 40 (1987), S. 373-391, hier S. 385 f.

abschreibungen, sowie zahlreiche weitere in Einzelfällen wirksame Gewinnvergünstigungen und Gewinnverböserungen.

b) Die Selbstfinanzierung ist trotz des Anrechnungsverfahrens nicht als „Parken" künftiger Ausschüttungen gedeutet, Kursänderungen für Anteilsrechte wegen Selbstfinanzierung sind nur bedingt (über Annahmen geänderte Kurse) berücksichtigt worden. Für die Grenzeinkommensteuerbelastung privater Haushalte sind nicht sehr aussagefähige Durchschnittswerte angesetzt worden (S. 424).

c) Regionale Subventionstatbestände (z.B. Investitionszulagen) sind zwar erfaßt, Investitionszuschüsse, aber auch Zinsverbilligungen, wie sie insbesondere bei der Mittelstandsförderung üblich sind, bleiben außerhalb der Rechnung; manche Förderungsmaßnahmen sind pauschal angesetzt und werden dadurch überschätzt, das geltende Steuerrecht nicht immer richtig in die Formeln umgesetzt (S. 423).

d) Seit 1980 eingetretene Änderungen des Steuerrechts verschieben die einzelnen Berechnungen: So ist seit 1980 im Durchschnitt die Belastung mit Gewerbesteuer in Großstädten häufig um etwa 15% gestiegen (in Essen z.B. von 375% auf 430%). Die durchschnittliche Einkommensteuerbelastung wurde ab 1986 gesenkt. Der Höchstsatz degressiver Abschreibung wurde seither von 20 auf 30% erhöht, die Gebäudeabschreibung erhöht (S. 422).

Die Berechnung von King und Fullerton bietet damit vor der Steuerreform 1990 nicht mehr als einen ersten Anhaltspunkt für die Spannweite der effektiven Grenzsteuerbelastung für Investitionen in Deutschland.

Für die Beurteilung der Aussagefähigkeit gewichtiger als die vier empirischen Vorbehalte sind jene Einschränkungen, die aus dem methodisch erzwungenen Rückgriff auf ein Bezugsmodell des Kapitalmarktgleichgewichts mit investitions- und kapitalkostenneutralen Steuerbemessungsgrundlagen folgen. Methodisch erzwungen sind diese Einschränkungen, weil bisher eben nur dadurch quantitative Messungen der effektiven Steuerbelastung möglich werden.

Die methodenbedingten Einschränkungen für die Aussagefähigkeit effektiver Grenzsteuerbelastungen sind:

a) Als Schwachstelle erscheint das Abstellen auf die marginale, den Investitionsumfang im neoklassischen Modell begrenzende Investition (S. 243). Unter Unsicherheit (also in der Realität) sind die Verzerrungen bei rentablen ("intramarginalen") Investitionen wichtiger. Nur solche rentabel erscheinenden Investitionen werden tatsächlich durchgeführt werden. Demgegenüber bleibt die marginale Investition ein theoretisches Konstrukt, das nur dann etwas über die Wirklichkeit besagen würde, falls die Investitions- und Finanzierungsentscheidungen so erfolgten, als ob der Kapitalmarkt im Konkurrenzgleichgewicht wäre.

b) Anfechtbar bleibt für Erklärungen der Wirklichkeit die Vorgabe von investitionsneutralen Ertragswertabschreibungen. Nur für einfache (Planungsunsicherheiten nur unzureichend berücksichtigende) Entscheidungsmodelle lassen sich diese inhaltlich bestimmen. Unter reichlich waghalsigen Annahmen sind für die amerikanische Wirtschaft Ertragswertabschreibungen geschätzt worden[137].

c) Bei der Ermittlung der steuerbedingten Kapitalkosten treten zwei Schwierigkeiten auf, denen die gegenwärtige Finanzierungstheorie mit ihren Kapitalmarktgleichgewichtsmodellen noch nicht befriedigend Herr wird[138]:

(1) Wie schlagen sich unterschiedliche Steuerbelastungen in der Marktbewertung von Schuldtiteln und Anteilsrechten (also in einer Kursbildung) nieder? Beantwortet wird diese Frage durch eine Gleichgewichtsannahme: Die versteuerten Grenzkapitalkosten werden für die einzelnen Kombinationsfälle ermittelt aufgrund einer für typisch erachteten und aufrechtzuerhaltenden Kapitalstruktur und dann der versteuerten Grenzrendite des Investitionsprogramms einer Unternehmung gleichgesetzt.

(2) Wie beeinflussen Inflationsraten (die im internationalen Vergleich nicht vernachlässigt werden dürfen) Marktzinssätze vor und nach Steuern und darüber die Kapitalbildung?

Empirisch gesicherte Aussagen über Abhängigkeiten zwischen Kapitalmarktzins und Inflationsraten bestehen nicht. Ein Grund hierfür ist, daß alle Testversuche von Modellergebnissen ausgehen, die gar nicht selbständig testbar sind, sondern als „verbundene" Hypothesen nur bei empirischer Gültigkeit der zugrunde gelegten Gleichgewichtsmodelle gelten können (vgl. näher S. 409-411).

d) Da Steuereinflüsse auf Investition und Finanzierung nur für die das Investitions- und Finanzierungsvolumen begrenzenden Vorhaben verknüpft werden, wird für alle sich besser rentierenden Vorhaben (die „intramarginalen") die Investitionsrendite als unabhängig von der Art der Finanzierung angesehen. Dies trifft für die Realität wegen der Fülle steuerrechtlicher Gewinnvergünstigungen und -verböserungen nicht zu.

Die Gleichgewichtsannahme: Die Grenzrendite nach Steuern entspreche den Grenzkapitalkosten nach Steuern, wird damit gerechtfertigt, daß

(a) bei Vernachlässigung von Unsicherheiten ein Gleichwerden fallender Grenzrenditen mit nicht fallenden Grenzkapitalkosten den Investitionsumfang bestimmt;

(b) die Probleme der Wiederanlageverzinsung von Einnahmenüberschüssen (die zu den bekannten Einwänden gegen die Berechnung interner Zinsfüße führen) „gelöst" erscheinen;

(c) die Einflüsse der entscheidungsneutralen Ertragswertabschreibung auf das Ergebnis entschärft werden; denn nur für eine Grenzinvestition gilt, daß der Ertragswert gleich den Anschaffungsausgaben ist und folglich die Summe der Ertragswertabschreibung dem derzeit geltenden steuerrechtlichen Abschreibungsausgangsbetrag „Anschaffungskosten" in etwa gleicht. Für selbsterstellte Anlagen trifft selbst das nicht zu, weil die steuerrechtlichen Herstellungskosten erheblich von den für die Selbsterstellung anfallenden Zahlungen abweichen.

---

137 Vgl. *Charles R. Hulten, Frank C. Wykoff:* The Measurement of Economic Depreciation. In: Depreciation, Inflation, and the Taxation of Income from Capital, ed. by C.R. Hulten. Washington DC. 1981, S. 81-125; darauf wird bei Berechnung effektiver Grenzsteuerbelastungen mehrfach Bezug genommen, vgl. z.B. *Bradford, Fullerton,* S. 252; *Don Fullerton:* The Use of Effective Tax Rates in Tax Policy. In: National Tax Journal, Vol. 39 (1986), S. 285-292, hier S. 286.

138 Vgl. *Bradford, Stuart,* S. 307-311.

Die Gleichgewichtsannahme beeinflußt die Aussagefähigkeit effektiver Grenzsteuerbelastungen:

(1) Da effektive Grenzsteuerbelastungen nur für eine Grenzinvestition und unter Modellvereinfachungen errechnet werden können, bilden effektive Grenzsteuerbelastungen keine Entscheidungshilfe. Sie ersetzen nicht die betriebswirtschaftliche Planung steuerbedingter Renditenverzerrungen. Da Liquiditäts- und Unsicherheitswirkungen ausgeklammert sind, ist mit effektiven Grenzsteuerbelastungen keine unmittelbare Prognose über unternehmerisches Investitionsverhalten zulässig.

(2) Schon wegen der Empfindlichkeit der effektiven Grenzsteuerbelastungen bezüglich eines unvollständigen Verlustausgleichs und der Zinsentwicklung in der Inflation[139], aber auch wegen der Unterstellungen, die ein entscheidungsneutrales Abschreibungsverfahren verlangt, erlaubt die Berechnung effektiver Grenzsteuerbelastungen keine auf die Wirklichkeit übertragbare „Erklärung" von Steuerwirkungen. Sie bieten nur eine bessere Einsicht in die Problemstruktur[140]. Effektive Grenzsteuerbelastungen sind Musterbeispiele für modellgestützte Beschreibungen, wie die Fülle an unterschiedlichen Steuerrechtsetzungen für Investitionsvorhaben in verschiedenen Branchen, Regionen, Staaten auf die Vorteilhaftigkeit wirkt. Sie erklären vor allem, warum Änderungen in den Tarifsteuersätzen einer Steuerart, aber auch veränderte Grenzsteuersätze über mehrere Steuerarten hinweg, so wenig über die tatsächliche Belastung aussagen.

(3) Die Unterstellungen, welche die Gleichgewichtsannahme nötig macht, lassen sich nicht über Berechnungen der effektiven Durchschnittssteuerbelastung vermeiden. Effektive Durchschnittssteuerbelastungen scheinen zwar verläßlicher ermittelt, aber sie unterrichten bestenfalls über Verteilungsfolgen, nicht über Entscheidungswirkungen. Der effektiven Grenzsteuerbelastung für die USA von 37,2% steht eine Untersuchung gegenüber, die zu einer Durchschnittssteuerbelastung von 66% kommt[141]. Effektive Durchschnittssteuerbelastungen sind keine brauchbare Schätzung für effektive Grenzsteuerbelastungen. Aus einer Fülle effektiver Durchschnitts- und Grenzsteuerbelastungen ergab sich ein Korrelationskoeffizient zwischen 0 und 0,3. Dies zeigt eine weitreichende statistische Unabhängigkeit an.

Die wichtigsten Gründe für die Abweichungen zwischen effektiver Durchschnittssteuerbelastung und effektiver Grenzsteuerbelastung sind:

---

139 Vgl. zum Einfluß der Verlustverrechnung *Alan J. Auerbach, James M. Poterba:* Tax-Loss Carryforwards and Corporate Tax Incentives. In: The Effects of Taxation on Capital Accumulation, ed. by M. Feldstein. Chicago – London 1987, S. 305-338; *Robin W. Boadway:* The Theory and Measurement of Effective Tax Rates. In: Impact of Taxation on Business Activity, ed. by J.M. Mintz, D. Purvis. Kingston 1987, S. 60-98, bes. S. 86-89; zur Zinsbildung in der Inflation *Bradford, Stuart,* S. 309; *King, Fullerton,* S. 291-295.

140 Vgl. *Robert S. Chirinko*: Business Investment and Tax Policy: A Perspective on Existing Models and Empirical Results. In: National Tax Journal, Vol. 39 (1986), S. 137-155, bes. S. 137 f., sowie dort die Zitate von *Eisner* und *Feldstein,* S. 137.

141 Vgl. *Feldstein, Summers,* hier S. 457-460; dazu auch *Fullerton:* Which Effective Tax Rate, S. 33 f.; dort S. 28 auch das Folgende.

a) Tarifliche Grenzsteuersätze und Durchschnittssteuersätze bei den einzelnen Steuerarten fallen auseinander. So ist z.B. der häufige Hinweis, daß nur noch ein Bruchteil der Unternehmungen Gewerbesteuer zahlt, für die Beurteilung des Gewerbesteuereinflusses auf Investitionen praktisch belanglos; denn diese Aussage bezieht sich auf die Gesamtheit aller Gewerbetreibenden, einschließlich zehntausender von Kleinstgewerbetreibenden (wie Kioskbesitzern), aber auch auf Verlustbetriebe bzw. fast gewinnlose, nur Geschäftsführeraufgaben wahrnehmende Komplementär-GmbHs. Wer investiert, wird sich einen Gewinn versprechen, der sehr rasch die Freigrenze von 36.000 DM und jene Kürzungen übersteigt, die über die Hinzurechnungen hinausgehen.

b) Bei einer sorgfältigen Planung der Entscheidungswirkungen von Steuerzahlungen werden zumindest für die Zukunftslagen mit hohem Gewinn sämtliche steuerlichen Vorteile in den Bemessungsgrundlagen ausgenutzt, während die Durchschnittssteuerbelastung sich aufgrund unter Umständen niedrigerer Gewinne errechnet, bei denen ein Aufschieben des Ausnutzens von steuerlichen Wahlrechten vorteilhaft gewesen sein kann.

c) Hohe Anfangsabschreibungen mindern die Grenzsteuerbelastung, bezogen auf die finanzielle Zielgröße bei Investitionen. Die Durchschnittssteuerbelastung steigt hingegen bei einem Anlagenbestand mit unterschiedlichem Alter, soweit wegen hoher Abschreibungen im Investitionsjahr später nur noch niedrigere Abschreibungen zu verrechnen sind. Erst recht senken steuerfreie Investitionszulagen die effektive Grenzsteuerbelastung. Die Durchschnittssteuerbelastung steigt dann, wenn Investitionszulagen und Investitionszuschüsse bei steigendem Durchschnittsalter der Anlagen nur noch im verhältnismäßig geringen Umfang der Neuinvestitionen anfallen.

d) Ein hoher Anteil von Investitionen in Forschung und Entwicklung und anderen selbsterstellten immateriellen Gütern mindert wegen der Nichtaktivierung die effektive Grenzsteuerbelastung für das gesamte Investitionsprogramm. Die Durchschnittssteuerbelastung der finanziellen Zielgröße steigt hingegen, je niedriger das Wachstum bei nicht zu aktivierenden Investitionen ist.

e) Die effektive Grenzsteuerbelastung für Investitionen sinkt regelmäßig unter die Durchschnittssteuerbelastung, wenn zusätzliche Investitionen fremdfinanziert werden. Andererseits beeinflußt eine Standarddividende und deren Besteuerung im Vergleich zur Zurückbehaltung von Gewinnen regelmäßig nur die Durchschnittssteuerbelastung, nicht die Grenzsteuerbelastung; denn bei Ausschüttung einer konstanten Dividende wandern Investitionsmehrgewinne in die Selbstfinanzierung.

Aus diesen Gründen für ein Abweichen effektiver Durchschnittssteuerbelastungen von effektiven Grenzsteuerbelastungen wird deutlich, daß nicht selten eine effektive Grenzsteuerbelastung unter der dazu gehörenden effektiven Durchschnittssteuerbelastung liegen wird[142]. Dies widerspricht der gängigen Anschauung, die im Hinterkopf steuerrechtliche Bemessungsgrundlagen und den progressiven Einkommensteuertarif bzw. den steigenden Anteil der Selbstfinanzierung aus Investitionsgewinnen bei konstanten Dividen-

---

142 Vgl. *Jane G. Gravelle:* „Which Effective Tax Rate?" A Comment and Extension. In: National Tax Journal, Vol. 38 (1985), S. 103-108, hier S. 104 f., 107 f.

den hat. Falsch wäre es jedoch, aus der Berechnung von effektiven Grenzsteuerbelastungen auf eine „ungerecht" hohe oder niedrige Besteuerung einzelner Investitionsarten, Branchen usw. zu schließen[143], weil „ungerecht" eine Aussage über Verteilungsfolgen, nicht über Entscheidungswirkungen der Besteuerung darstellt.

Die Berechnung effektiver Grenzsteuerbelastungen lehrt an Musterbeispielen, wie stark ein geltendes oder geplantes Steuerrecht im einzelnen die Vorteilhaftigkeit von Investitionen und damit steuerbedingt den Wettbewerb zwischen Branchen, Regionen usw. verzerrt. Die Spannweite effektiver Grenzsteuerbelastungen für Investitionen zeigt, wie vordergründig, ja weithin falsch das der öffentlichen Diskussion über Steuerreformen zugrunde liegende Wissen über Steuerwirkungen ist. Die Spannweite verdeutlicht, wie wenig Steuersatzsenkungen in Verbindung mit „Verbreiterungen der Bemessungsgrundlagen" oder einem Abbau sog. „Steuervergünstigungen" zu einem Investitionsanreiz über verbesserte Renditen nach Steuern führen.

Die Aussagefähigkeit effektiver Grenzsteuerbelastungen beschränkt sich darauf: Gegenüber Schlußfolgerungen aus Grenzsteuersätzen wird eine Beschreibung von Rentabilitätswirkungen aus Steuerzahlungen möglich, die wenigstens einen Teil der Bemessungsgrundlagen berücksichtigt. Wenngleich in ein anfechtbares Modell einbezogen, kann damit den Vorurteilen über Steuerwirkungen, die z.B. bislang deutsche Steuerreformdiskussionen prägen, ein Sachzwang entgegengestellt werden:

Entweder wird versucht, aus Steuersätzen, Steuerbemessungsgrundlagen und sog. Subventionstatbeständen folgende Belastungs- und Entlastungswirkungen in einen Steuerbelastungsvergleich einzubeziehen, dann sind Standardisierungen und Modellannahmen über einen entscheidungsneutralen Gewinn und über steuerbedingte Kapitalkosten unerläßlich. Solche Berechnungen effektiver Grenzsteuerbelastungen schulen zumindest zur Vorsicht vor leichtfertigen Schlüssen. Darüber hinaus erlauben sie zusammen mit Argumenten zu den Liquiditäts- und Risikowirkungen von Steuerrechtsänderungen Rangordnungen über alternativ erwogene Steuerrechtsetzungen wenigstens teilweise (d.h. unter Einschränkungen) zu begründen. Mehr kann heute eine wissenschaftliche Politikberatung (Beratung staatlicher Finanzpolitik oder Unternehmenspolitik) nicht leisten.

Oder man verzichtet auf ausdrückliche modellgestützte Musterbeispiele, dann hält man stillschweigend irgendeinen Gewinn vor Steuern, wie er sich nach geltendem Steuerrecht errechnet, wider besseren Wissens für „entscheidungsneutral". Zwangsläufig treten damit Vorurteile über Belastungs- oder Entlastungswirkungen aus Bemessungsgrundlagen und sog. Subventionsrechtsetzungen an die Stelle des Bemühens, wirtschaftlich begründete Schlüsse darüber zu erarbeiten, was im Steuerrecht als Vergünstigung und Benachteiligung wirkt.

---

[143] Vgl. dazu *Fullerton:* The Use of Effective Tax Rates, S. 287 f., 291.

3. Neuberechnung von Eckwerten effektiver Grenzsteuerbelastungen für Investitionen 1992

Dieser Abschnitt dient zur Erläuterung der Vorgehensweise bei der Berechnung effektiver Grenzsteuerbelastungen auf der Grundlage eines neoklassischen Investitionsmodells, wie es King, Fullerton (S. 413) verwenden.

Ausgangspunkt bildet eine, das Investitionsvolumen begrenzende Investition. Die Anschaffungsausgaben dieser Grenzinvestition werden 1 gesetzt, eine Vorsteuerrendite r_1 von 10% sei erzielbar. Schrittweise werden der unternehmungsinterne Kalkulationszinsfuß nach Steuern r_u, der (nominale) Marktzins i sowie schließlich die Rendite der Kapitalgeber nach Steuern r_e berechnet. Aus r_1 und r_e folgt die effektive Grenzsteuerbelastung.

Zur Bestimmung des unternehmungsinternen Kalkulationszinsfußes wird der Barwert der Einzahlungsüberschüsse den Anschaffungsausgaben gleichgesetzt. Das bereitet wegen des Einbeziehens der investitionsneutralen Abschreibung, der Steuern und der Inflation einige Schwierigkeiten. Am ehesten interpretierbar erscheint folgende Schreibweise der Optimumbedingung[144]

$$(1-s)(r_1 + d) - m - shp = (1-A)(r_u + d - p) \qquad (77)$$

mit:
s Gewinnsteuersatz der Unternehmung
r_1 Unternehmungsrendite vor Steuern
d Rate der investitionsneutralen Abschreibung
m Substanzsteuersatz der Unternehmung
h Anteil der Vorräte, die zu Anschaffungskosten bewertet werden,
p Inflationsrate
A Barwert der steuerlichen Abschreibung einschließlich Investitionsförderung
r_u unternehmungsinterner Kalkulationszinsfuß.

Betrachtet man die Gleichung von links nach rechts, so fällt zunächst auf, daß Gewinnsteuern auf die Vorsteuerrendite zuzüglich der investitionsneutralen Abschreibung erhoben werden. Damit ist rechnerisch eine Gewinnbesteuerung der Einnahmenüberschüsse allein, also vor dem Kapitalverzehr unterstellt. Davon abzuziehen sind die Substanzsteuern m der Unternehmung (die dabei in Kauf genommenen Unterstellungen sind S. 315 ff. erörtert). Ausschließlich für Vorratsinvestitionen dient der letzte Ausdruck auf der linken Seite. Das Produkt aus Gewinnsteuersatz s, dem Anteil der zu Anschaffungskosten bewerteten Vorräte h und der Inflationsrate p soll die Scheingewinnbesteuerung in den Vorräten ausdrücken. Die linke Seite mißt also die auf Anschaffungsausgaben von 1 normierte Rate der Einnahmenüberschüsse nach Steuern.

Auf der rechten Seite steht in der ersten Klammer die Differenz aus 1 DM Anschaffungsausgaben und dem Barwert der steuerlichen Abschreibung einschließlich der Inve-

---
144 Die Gleichung ist eine Umstellung von (2.23) bei *King, Fullerton*, S. 21; dort und in den Quellen der Fn. 133 finden sich die investitionstheoretischen Prämissen, um die Formel herzuleiten.

stitionsförderung. In die Berechnung dieses Barwertes geht der Kalkulationszinsfuß ein. Deshalb ist es nicht möglich, durch Division weiter nach r_u aufzulösen. Diese Differenz beschreibt also einen modellmäßigen Grenz-Kapitaleinsatz. Die zweite Klammer enthält den gesuchten unternehmungsinternen Kalkulationszinsfuß zuzüglich der Rate der entscheidungsneutralen Abschreibung sowie die Inflationsrate. Die rechte Seite mißt die Rate der modellmäßigen Bruttokapitalkosten in der Unternehmung.

Für die einzelnen Variablen legen King, Fullerton Werte fest, die im folgenden (soweit erforderlich) korrigiert und auf das deutsche Steuerrecht 1992 bezogen werden:

a) Zum Steuersatz für nicht ausgeschüttete Gewinne für Kapitalgesellschaften von (1980) 56% wurde die Gewerbeertragsteuer mit dem durchschnittlichen Hebesatz für 1979 von 325% hinzuaddiert; damit ergab sich ein Gewinnsteuersatz s von 62%. Für 1992 sei ein durchschnittlicher Gewerbesteuerhebesatz von 364% unterstellt[145]. Bei 50% Tarifbelastung aus der Körperschaftsteuer beläuft sich der Gewinnsteuersatz unter Einschluß der Gewerbeertragsteuer auf 57,7%. Der 1992 auslaufende Solidaritätszuschlag wird in den Berechnungen vernachlässigt.

Neben der Gewerbekapitalsteuer sind in den Substanzsteuersatz m die Vermögensteuer sowie die Grundsteuer für Gebäude einbezogen. Für die Grundsteuer wird angenommen, daß der Einheitswert ein Viertel des Marktpreises betrage. Die Grundsteuer hat sich durch geänderte Hebesätze erhöht[146]. Der aus Vermögensteuer, Gewerbekapitalsteuer und Grundsteuer gebildete Substanzsteuersatz wird mit 0,56% angesetzt.

b) Für Gebäude ist zur steuerlichen Abschreibung eine Investitionsförderung addiert, die mit 2,1% für industrielle Gebäude des verarbeitenden Gewerbes veranschlagt wird[147]. Irrtümlich verwenden King, Fullerton jedoch hier einen Satz von 7,6%. Für 1992 wird die Investitionsförderung im Altbundesgebiet mit null angesetzt, für die neuen Bundesländern sind bei den einzelnen Kombinationsfällen die höchsten Fördersätze unterstellt.

Nach den Modellannahmen streben die Unternehmen danach, die jeweils höchste steuerrechtliche Abschreibung vorzunehmen. Für Gebäude war dies 1980 die lineare Abschreibung. Da die Optimumbedingungen in kontinuierlicher Form geschrieben sind, lautet die Abschreibungsfunktion hierfür:

---

[145] Durchschnittlicher Hebesatz im Alt-Bundesgebiet für 1990, dem letzten verfügbaren Jahr. Vgl. *Statistisches Bundesamt:* Fachserie 14: Finanzen und Steuern, Reihe 10.1: Realsteuervergleich 1990. Stuttgart 1992, S. 12. Erhöhungen in den Altbundesländern stehen Hebesätzen von regelmäßig 300 - 350% in den neuen Bundesländern gegenüber.

[146] Der durchschnittliche Hebesatz der Grundsteuer B stieg von 275% (1979) auf 306% (1990), vgl. *Statistisches Bundesamt:* Realsteuervergleich 1990, S. 12.

[147] King, Fullerton beziehen sich auf *Stephan Teschner:* Sektorale Besteuerung der Produktion: Ungünstige Struktureffekte offensichtlich. In: ifo-Schnelldienst, Jg. 34, 16-17/1981, S. 44-60, hier S. 48-49. Dieser nimmt an, daß im verarbeitenden Gewerbe lediglich die Mittel der Regionalpolitik und der Berlinförderung, die auf ein Viertel des Satzes von 8,5% = 2,1% veranschlagt werden, generell jeder Investition zuzurechen sind. Eine Begründung für die Annahmen über die Höhe der einzelnen Sätze fehlt.

$$A_d = s \frac{1}{r_u L} [1 - e^{-r_u L}]. \tag{78}$$

Die Abschreibungsdauer L wird (vermutlich als Mittelwert aus § 7 Abs. 4 EStG) für 1980 auf 30 Jahre angesetzt. Seit 1986 ist jedoch eine eingeschränkt degressive Abschreibung zulässig (§ 7 Abs. 5 EStG), so daß die Abschreibungsfunktion nunmehr lautet:

$$A_d = \frac{s}{r_u} [0{,}1 - 0{,}05 e^{-4r_u} - 0{,}025 (e^{-7r_u} + e^{-25r_u})]. \tag{78a}$$

Zur Berechnung der entscheidungsneutralen Gebäudeabschreibung schätzen King, Fullerton eine Nutzungsdauer von 43,9 Jahren und unterstellen hierfür eine bestimmte geometrische Abschreibung. Um das auf einer linearen Abschreibung basierende offizielle Datenmaterial verwenden zu können, wird die entscheidungsneutrale Abschreibung durch die Näherung 2 dividiert durch Nutzungsdauer bestimmt. Damit ergibt sich für Gebäude eine Rate von 0,0456. King, Fullerton legen für 1980 eine Inflationsrate von 4,2% zu Grunde. Für 1992 werden hier 4% angenommen.

c) Vorräte unterliegen bei den benutzten Vereinfachungen (Konstanz des Realwertes sowie ein kontinuierlicher und vollständiger Verbrauch)[148] keiner Abschreibung. Betrachtet wird lediglich die steuerliche Wirkung unterschiedlicher Verbrauchsfolgeverfahren. Dabei ist für 1980 der Anteil h, der zu Anschaffungskosten bewerteten Vorräte auf 50% gesetzt (Prinzip der durchschnittlichen Anschaffungskosten). Für 1992 wird die Anwendung der Lifo-Methode unterstellt. Die Berechnung geht zur Vereinfachung (entgegen S. 398) von einer vollständigen Inflationsneutralität des Lifo-Verfahrens aus.

d) Aus Sicht der Kapitalgeber muß der unternehmungsinterne Kalkulationszinsfuß mindestens die Verzinsung einer alternativen (Finanz-) Anlage erreichen, die ihnen offensteht. In einem zweiten Modellschritt wird deshalb für jede der drei alternativen Finanzierungsformen Fremd-, Beteiligungs- und Selbstfinanzierung berechnet, welchem unternehmungsinternen Kalkulationszinsfuß r_u welcher nominale Marktzins i entspricht. Für Fremdkapital geschieht dies bei King, Fullerton durch die folgende Gleichung:

$$r_u = i(1-s), \tag{79}$$

was für die damalige volle Hinzurechnung von Dauerschuldzinsen nicht korrekt ist, weil s den Grenzsteuersatz aus Gewerbeertrag- und Körperschaftsteuer bezeichnet, d.h. mit s_t als Tarifbelastung der Körperschaftsteuer und s_g der Belastung mit Gewerbeertragsteuer gilt:

$$s = s_t + s_g(1 - s_t). \tag{80}$$

Da 1980 Dauerschuldzinsen den Gewerbeertrag nicht gemindert haben, muß aber mit r_u = i (1-s_t) gerechnet werden. Für 1992 ist die 50%-ige Zurechnung der Dauerschuldzin-

---
148 Vgl. *King, Fullerton*, S. 165.

sen zum Gewerbeertrag zu berücksichtigen, d.h. $s_{92} = s_t + 0{,}5\, s_g\, (1-s_t)^{149}$. Demnach gilt für r_u bei Fremdfinanzierung

$$r_u = i\,(1 - s_t - 0{,}5\,s_g + 0{,}5\,s_g s_t)\,. \tag{81}$$

e) Im Hinblick auf eine Finanzierung über einbehaltene Gewinne wird unterstellt, daß dadurch Kurssteigerungen ausgelöst werden, die in der Bundesrepublik Deutschland unter bestimmten Bedingungen (S. 335 f.) steuerfrei realisiert werden können. Insoweit konkurriert der unternehmungsinterne Kalkulationszinsfuß mit dem Nominalzins, der auf Seiten des Kapitalgebers der Einkommenbesteuerung zum Satz s_e unterliegt. Im Gleichgewicht muß gelten

$$r_u = i\,(1 - s_e)\,. \tag{82}$$

King, Fullerton wählen für s_e bei den privaten Haushalten 48% als einen mit der Einkommensverteilung gewichteten durchschnittlichen Steuersatz aller Einkommensklassen. Unter Abwandlung der letzten verfügbaren Zahlen[150] errechnen sich als durchschnittlicher Grenzeinkommensteuersatz aller Steuerpflichtigen 42,0%. Diese Abweichung erklärt sich zum Teil durch die Senkung der Steuersätze und die Linearisierung der Progression im Zuge der Steuerreform 1990. Darüber hinaus unterlassen King, Fullerton eine getrennte Rechnung für Grund- und Splittingtabelle und unterstellen stattdessen pauschal einen Ausgleich von inflationären Progressionsnachteilen und Splittingvorteilen. Der Einkommensteuersatz für Zinserträge gemeinnütziger Institutionen wird von King, Fullerton mit 0% veranschlagt, für 1992 wird dies beibehalten.

f) Nachdem auf diese Weise ein Marktzinssatz ermittelt ist, wird im letzten Schritt die Rendite nach Steuern r_e für die Kapitalgeber berechnet. Da die nominalen Kapitaleinkünfte der Einkommensteuer unterliegen, wird der versteuerte Marktzins um die Inflationsrate vermindert (was der Anwendung des modifizierten Fisher-Effekts, S. 394, gleichkommt). Außerdem wird ein Vermögensteuersatz der Kapitalgeber v abgezogen, so daß sich für die Rendite der Kapitalgeber diese Gleichung ergibt:

$$r_e = (1 - s_e)\,i - p - v\,. \tag{83}$$

Die niedrigste effektive Grenzsteuerbelastung bei King, Fullerton mit -59% für Gebäudeinvestitionen im verarbeitenden Gewerbe, die mittels Fremdkapital gemeinnütziger Institutionen finanziert werden, beruht (wie erwähnt) auf einer, der Vorgabe zuwiderlaufenden Investitionsförderung von 7,6%. Nach der Aktualisierung ergibt sich bei einer Inflationsrate von p = 4% ohne Investitionsförderung ein Grenzsteuersatz von -42,0% im Altbundesgebiet.

---

149 Vgl. zur Ableitung z.B. *Georgi*, S. 27.
150 Zuletzt für 1986, vgl. *Statistisches Bundesamt:* Fachserie 14: Finanzen und Steuern. Reihe 7.1. Einkommensteuer 1986. Stuttgart 1991, S. 42-45.

Den höchsten effektiven Grenzsteuersatz errechneten King, Fullerton mit rund 102% für Vorratsinvestitionen, die von privaten Haushalten über einbehaltene Gewinne finanziert wurden. Unter den aktualisierten Bedingungen sinkt die Belastung auf 70,3%, wofür vor allem die Zulässigkeit des Lifo-Verfahrens den Ausschlag gibt.

Die Korrekturberechnungen unterrichten über die Spannweite effektiver Grenzsteuerbelastungen, die sich aus einer Aktualisierung der Untersuchung durch King, Fullerton ergibt. Durch die in unterschiedlicher Weise zulässige Kumulation von Investitionsfördermaßnahmen ergibt sich für die *neuen Bundesländer* der untere Eckwert bei einem anderen Investitionsprojekt.

a) Für den unteren Eckwert bei King, Fullerton (industrielle Gebäude, durch Schulden finanziert, deren Titel von steuerbefreiten Institutionen gehalten werden) ist
(1) die Aussetzung der Vermögen- und Gewerbekapitalsteuer zu beachten; im Gegensatz dazu wird die Grundsteuer erhoben.
(2) Die Sonderabschreibung von 50% neben der linearen Gebäudeabschreibung kürzt den Abschreibungsausgangsbetrag; die Abschreibungsdauer bleibt unverändert. Die Abschreibungsfunktion A_d wandelt sich zu

$$A_{dn} = 0,5s \frac{(1 - e^{-r_u L})}{r_u L} + 0,5s. \tag{84}$$

(3) Für industrielle Gebäude kommen keine Investitionszulagen, wohl aber 20% Investitionszuschüsse in Frage (S. 342).

Bei diesen Annahmen beträgt die effektive Grenzsteuerbelastung einer durch Fremdkapital finanzierten Gebäudeinvestition im verarbeitenden Gewerbe der neuen Bundesländer -112,9%.

b) Wegen der 12% Investitionszulage erweisen sich in den neuen Bundesländern jedoch Maschineninvestitionen im verarbeitenden Gewerbe als noch stärker gefördert. Unter den zusätzlichen Annahmen von 20% Investitionszuschuß, 50% Sonderabschreibung und Fremdfinanzierung durch gemeinnützige Investitionen errechnet sich eine effektive Grenzsteuerbelastung von -274%. Dies bedeutet, daß aus der Vorsteuerrendite von 10% eine Nachsteuerrendite von 37,4% wird!

c) Für den oberen Eckwert bei King, Fullerton (aus zurückbehaltenen Gewinnen finanzierte Vorratsinvestitionen, wobei die Anteilsrechte bei privaten Haushalten liegen) kommt als Steuervergünstigung nur das Aussetzen der Substanzsteuern infrage. Die effektive Grenzsteuerbelastung sinkt unter den Modellannahmen gegenüber dem Altbundesgebiet (70,3%) auf 62,7%.

In die tatsächliche Spannweite müßten neben anderen Kombinationen von Investition und Finanzierung und genaueren steuerrechtlichen Annahmen auch die Spitzensätze, nicht durchschnittliche Grenzeinkommensteuersätze eingehen. Wegen der Fülle angreifbarer Unterstellungen dieses internationalen Steuerbelastungsvergleichs auf der Grundlage effektiver Grenzsteuerbelastungen liefern zusätzliche, genauere Berechnungen wenig zusätzlichen Informationsgehalt.

Die vorstehende Auflistung der Voraussetzungen und Datenerfassungsprobleme für internationale Steuerbelastungsvergleiche verdeutlicht, daß quantitative Urteile durch eindeutige Zahlen zur Steuerbelastung „der" Unternehmungen und zum Einfluß der Besteuerung auf die internationale Wettbewerbsfähigkeit nicht erreichbar sind. Wegen der Fülle einschränkender Annahmen und der Vielfalt steuerrechtlicher Kasuistik lassen sich nur Musterbeispiele für Vergleichsaussagen erarbeiten. Sie lassen allenfalls unter Einschränkungen Rangordnungsaussagen über die Steuerbelastung zu. Einer wissenschaftlichen Beratung der Steuerpolitik werden deshalb nicht zuletzt durch den Stand der Theorie der Steuerbelastung und ihrer Messung Grenzen gesetzt. Für die steuerpolitische Diskussion bleiben drei wichtige Erkenntnisse:

1. Die Behauptung von einem „Hochsteuerland Bundesrepublik Deutschland" ist für die Substanzbesteuerung (Vermögen-, Gewerbekapitalsteuer) zutreffend, im Hinblick auf die Grenzsteuerbelastung für Gewinne aus Investitionen nur im Durchschnitt richtig. Sie gilt keineswegs für jeden Einzelfall der Kombination von Investitions- und Finanzierungsvorhaben.

2. Der Wunsch, die Steuerbelastung deutscher Unternehmungen im Vergleich zu ihren internationalen Konkurrenten in wenigen Zahlen handlich zu quantifizieren, ist nicht zu erfüllen. Angesichts der von allen bisherigen Bundesregierungen, von Bundestag und Bundesrat seit Bestehen der Bundesrepublik Deutschland zu verantwortenden Unübersichtlichkeit und mangelnden Systemhaftigkeit des deutschen Steuerrechts und angesichts des im Ausland kaum besseren Steuerrechts kann nichts anderes herauskommen als eine erschreckend breite Spannweite unterschiedlicher Unternehmenssteuerbelastungen. Auf diese nehmen Standort, Branche, Investitionsart, Rechtsform und Finanzierungsweise, Vertragsgestaltungen zwischen unternehmerisch tätigen Gesellschaftern und Unternehmung Einfluß, sowie hinsichtlich der Entscheidungswirkungen zusätzlich Erwartungen über Gewinne, Zinssätze und Inflationsraten.

3. Sehen wir bei allen Vorbehalten die berechneten effektiven Grenzsteuerbelastungen für einen Augenblick als repräsentativ an, so fällt auf: Negative effektive Grenzsteuerbelastungen sind ordnungspolitisch besonders fragwürdige Auswüchse von Steuervergünstigungen. Sie treten bei der wirtschaftlichen Betätigung von Kollektiven auf, die politische Mehrheiten für gemeinnützig erklärt haben. Entgegen allen Lippenbekenntnissen zur Marktwirtschaft begünstigen durch ihr politisches Handeln Parlamentarier jedweder Couleur offenkundig Kollektive um ein Vielfaches im Vergleich zu Menschen, die sich im Wettbewerb behaupten müssen.

C. Investitionsrisiken, Kapitalstruktur und Finanzierungsverträge

I. Anwendungsvoraussetzungen der Entscheidungslogik unter Ungewißheit

a) Erscheinungsformen von Unsicherheit und Meßbarkeitserfordernisse für Wahrscheinlichkeiten

1. Unvollkommene Information, inexakte Entscheidungsprobleme und Entscheidungen unter Ungewißheit

Umgangssprachlich wird der Begriff „Risiko" benutzt im Sinne eines mangelnden Beherrschens dessen, was künftig eintreten mag. An die Stelle eines derart vagen Verständnisses von „Risiko" sollen jetzt wissenschaftlich eingegrenzte, genauere Begriffe treten. Dazu wird „Risiko" zunächst durch „unvollkommene Information" abgelöst.

Unvollkommene Information besteht in einer mangelnden Kenntnis künftiger Entwicklung, die zum einen vollkommene Voraussicht ausschließt (S. 35 f.) und zum anderen ein Mindestwissen voraussetzt, das nötig ist, um Entscheidungen als „vernünftig" (mit Vernunftgründen nachvollziehbar) einzustufen.

Das Mindestwissen, um von vernünftigen Entscheidungen bei unvollkommener Information zu sprechen, besteht in vier Merkmalen:

a) Exakte Problembeschreibung. Es wird in klaren, eindeutigen Begriffen darüber geredet, worin ein Wahlproblem besteht, das vernünftig gelöst werden soll. Eine inexakte Problembeschreibung wäre gegeben, wenn Begriffe nicht eindeutig sind[1]. Zum einen weisen manche Begriffe ausdrückliche Freiheitsgrade auf, z.B. ist der „handelsrechtliche Gewinn" durch eine Reihe von Ansatz- und Bewertungswahlrechten gekennzeichnet. Zum anderen kann ein Begriff sachliche Unklarheiten enthalten. Das ist heute schon fast der Regelfall bei Begriffen in Gesetzestexten. Bei einer solchen unklaren Normensetzung können Jahre vergehen, bis Gerichte verbindlich entschieden haben, ob z.B. Verlustzuweisungen, die eine in Konkurs gegangene Kommanditgesellschaft ihren Kommanditisten zur Verringerung von deren Einkommensteuerschulden zugewiesen hat, rechtens waren oder wieder rückgängig gemacht werden müssen. Im letzten Fall müssen Gewinnsteuern in Höhe des jeweiligen Steuersatzes mal der zugewiesenen Verluste von den Kommanditisten nachgezahlt werden, obwohl schon ihre Anteile durch den Konkurs wertlos geworden sind.

Bei inexakter Problembeschreibung liegt keine mangelnde Kenntnis über empirische Tatbestände vor, sondern es besteht eine mangelnde Kenntnis darüber, wie über empiri-

---

1 Vgl. *Olaf Helmer, Nicholas Rescher:* On the Epistemology of the Inexact Sciences. In: Management Science, Vol. 6 (1960), S. 25–52; *Stephan Körner:* Erfahrung und Theorie. Frankfurt 1970, S. 225–235.

sche Sachverhalte geredet, wie sie gemessen oder begrifflich eingeordnet werden sollen. Solche aus der Redeweise (einschließlich Normensetzungen) über empirische Sachverhalte folgenden („meta-sprachlichen") Wissenslücken sind von jenen („objektsprachlichen") über künftige empirische Sachverhalte zu trennen. Vernünftige Entscheidungen setzen voraus, daß das zu lösende Problem klar beschrieben ist.

Eine inexakte Problembeschreibung wird als eine erste Erscheinungsform unvollkommener Information bezeichnet. Sie läßt eine als vernünftig (rational) zu benennende Entscheidung nur bedingt zu: Unklare Begriffe bzw. Normen sind erst durch alternative Auslegungen in eindeutige Unterbegriffe aufzugliedern, ehe begründet werden kann, was bei dieser oder jener Auslegung folgt.

b) Klarheit über die Ziele des Entscheidenden. Vernünftig entscheiden soll heißen: eine zielentsprechende Handlungsweise wählen. Wer überhaupt nicht weiß, was er will (keine Kenntnis über die eigenen Ziele hat), kann damit schon aus logischen Gründen (aufgrund der vorausgesetzten Sprachregelung) nicht vernünftig = zielentsprechend handeln.

Ohne eine klar abgegrenzte Vorstellung über das anzustrebende Sachziel sind die Handlungsmöglichkeiten nicht zu vergleichen. Beispiel: Jemand hat die Wahl, Schlafmittel zu nehmen oder Bohnenkaffee zu trinken, der ihn erfahrungsgemäß wach hält. Hier vom Entscheidenden eine allgemeingültige Aussage zu fordern, was er vorzieht, ist Unsinn. Erst muß der Entscheidende wissen, was er im Augenblick will: schlafen oder wach werden.

Jedoch wird in der Realität die Kenntnis auch der eigenen Ziele oft lückenhaft sein, bzw. Entscheidende werden sprunghaft ihre Zielsetzungen wechseln. Dieser Zustand mangelnden Bewußtseins über die eigenen „Präferenzen" und deren mangelnde Nachhaltigkeit wird hier als zweite Erscheinungsform unvollkommener Information bezeichnet. Sie läßt eine als vernünftig (rational) zu benennende Entscheidung nur bedingt zu: für die gerade berücksichtigten Zielgrößen.

c) Kenntnis mindestens zweier sich gegenseitig ausschließender Handlungsmöglichkeiten. Wer zwar seine Ziele kennt, aber überhaupt nicht weiß, was er zu deren Verwirklichung tun soll, der hat keine Wahl. Wer nicht wählen kann, braucht nicht zu entscheiden. Entscheiden setzt voraus, daß zumindest zwei Handlungsmöglichkeiten gegeben sind (z.B. etwas zu tun oder dies zu unterlassen). Aber aus mangelndem Wissen oder Dummheit kann der Entscheidende in der Realität Handlungsmöglichkeiten übersehen. Die mangelnde Kenntnis von Handlungsmöglichkeiten wird hier als dritte Erscheinungsform unvollkommener Information bezeichnet. Sie läßt eine als vernünftig (rational) zu benennende Entscheidung nur bedingt zu: für die gerade bekannten Handlungsmöglichkeiten.

d) Mindestens teilweise Kenntnis der künftigen Zustände der Welt, welche die Höhe der Zielbeiträge für die alternativen Handlungsmöglichkeiten bestimmen. Für jeden dieser künftigen Zustände der Welt wird vorausgesetzt, daß die Beiträge der einzelnen Handlungsmöglichkeiten zur Verwirklichung der angestrebten Ziele mindestens in einem paarweisen Vergleich in ihrem Rang geordnet werden können, z.B.: Handlungsmöglichkeit A ist im Hinblick auf ein erstes Ziel besser oder schlechter als oder gleichwertig der Handlungsmöglichkeit B; im Hinblick auf ein zweites Ziel mag sich die Rangordnung umkehren. Ein künftiger Zustand der Welt, für den die Zielbeiträge benannt sind, sei als **Zukunftslage** bezeichnet.

Eine mangelnde Kenntnis von Zukunftslagen wird hier als vierte Erscheinungsform unvollkommener Information bezeichnet. Sie läßt eine als vernünftig (rational) zu benennende Entscheidung ebenfalls nur bedingt zu: für die gerade aufgelisteten künftigen Zustände der Welt, für die bei jedem Sachziel die Zielbeiträge für jede Handlungsmöglichkeit genannt werden können.

Unvollkommene Information ist also ein theoretischer Begriff, in dessen Rahmen als vernünftig zu bezeichnende Entscheidungen gesucht werden sollen. Er verlangt folgendes Mindestwissen: eine Beschreibung eines Wahlproblems durch eindeutige Begriffe bei Kenntnis der eigenen Zielgrößen über den gesamten Handlungszeitraum hinweg und Kenntnis mindestens zweier Handlungsmöglichkeiten und einer teilweisen Kenntnis der Zukunftslagen bis zum Planungshorizont.

Setzen wir bei unvollkommener Information eines Unternehmers eine exakte Problembeschreibung, Kenntnis der eigenen Ziele, der eigenen Handlungsmöglichkeiten und Mittel voraus, dann bleibt ein unvollständiges Wissen über die Zukunftslagen. Dieser Unterfall unvollkommener Information sei als Unsicherheit bezeichnet.

Unsicherheit, verstanden als unvollständiges Wissen über die Zukunftslagen, sei in drei Teilmengen untergliedert (S. 36-38):

(1) den Grenzfall vorläufig angenommener Planungssicherheit als Prognose eines künftigen Zustandes der Welt, wobei andere denkbare Zukunftslagen zunächst zurückgestellt werden.

(2) Entscheidungsprobleme unter Ungewißheit liegen vor, wenn die Gesamtheit der geplanten Zukunftslagen als praktisch vollständig angenommen wird. Mit einer logisch vollständigen Auflistung sämtlicher denkbaren künftigen Zustände der Welt sind Ex-post-Überraschungen ausgeschlossen. Das spätere Ist (beschrieben durch einen Zielbeitrag) deckt sich mit *einem* der geplanten künftigen Zuständen der Welt. In diesem Fall sind Entscheidungsmodelle unter Ungewißheit anwendbar, die ein Planungsoptimum bestimmen.

(3) Entscheidungsprobleme mit Informationsrisiken sind gegeben, sobald man nicht sicher ist, alle künftigen Zustände der Welt (beschrieben durch ihre Zielbeiträge) aufgelistet zu haben, die bei Verwirklichen oder Unterlassen einer Handlung eintreten können[2]. Entscheidungsmodelle aus der Entscheidungslogik zur Optimumbestimmung müssen hier ersetzt werden durch andere Wege zu einer Verringerung von Einkommensunsicherheiten: durch Institutionenbildungen und die Suche nach zufriedenstellenden Lösungen.

Ein Entscheidungsproblem unter Ungewißheit ist also kein Abbild für in der Wirklichkeit beobachtbare Wahlhandlungen, sondern ein theoretischer Begriff für eine stark vereinfachte

---

[2] Vgl. *G.L.S. Shackle:* Epistemics and Economics. Cambridge 1972, S. 365-367.

(idealisierte) Wahlsituation. Im einzelnen setzen **Entscheidungen unter Ungewißheit** voraus:

(a) Der Entscheidende weiß, was er will. Er steht vor einer mehrfachen Zielvorschrift: vor Sachzielen und einer Verhaltensweise gegenüber der Ungewißheit. Diese zweite Zielgröße nennen wir Sicherheitsstreben bzw. Risikoneigung. Aus Gründen der einfacheren Darstellung beschränkt sich das Folgende auf eine einzige finanzielle Zielgröße: Endvermögen oder Einkommen oder zur Vereinfachung auch Renditen.

(b) Der Entscheidende kennt seine verfügbaren Mittel und mindestens zwei beim Wissensstand im Planungszeitpunkt realisierbare Handlungsmöglichkeiten.

(c) Der Entscheidende glaubt, künftige Zustände der Welt vollständig zu kennen, und er kann die Beiträge der einzelnen Handlungsmöglichkeiten zur Verwirklichung seiner Ziele quantitativ oder in Rangordnungs-Zahlen bestimmen. Eine der so geplanten Zukunftslagen wird Wirklichkeit. Nachträgliche Überraschungen in Form des Eintretens eines nicht vorausgeplanten Zustands der Welt (also Informationsrisiken, S. 38) sind bei dem Modellbegriff der Entscheidungen unter Ungewißheit unwahrscheinlicher als jede geplante Einzelannahme oder gar logisch ausgeschlossen.

2. Meßbarkeitsstufen von Wahrscheinlichkeiten

Glaubt ein Entscheidender, für ein Wahlproblem Zukunftslagen benennen zu können, so wird er im Regelfall einzelne für glaubwürdiger einschätzen als andere. *Wahrscheinlichkeiten heißen vernünftige Einschätzungen des Für-Wahr-Haltens von Prognosen*: Einschätzungen der Glaubwürdigkeit von Zukunftslagen.

Der hier benutzte entscheidungslogische Begriff von „Wahrscheinlichkeit als vernünftige Einschätzung des Für-Wahr-Haltens einer Prognose" muß sorgsam von „Wahrscheinlichkeit" im Sinne der mathematischen Theorie der Wahrscheinlichkeitsrechnung unterschieden werden.

In der Theorie der mathematischen Wahrscheinlichkeit ist „Wahrscheinlichkeit" durch Eigenschaften (Axiome) und ihre logischen oder mathematischen Verknüpfungen gekennzeichnet, ohne daß den dabei benutzten Symbolen eine inhaltliche, anwendungsbezogene Bedeutung beigelegt wird. Darüber hinaus gibt es mehrere Wahrscheinlichkeitsrechnungen, je nach dem im Einzelfall gewählten Axiomensystem. Zu den Rechenregeln der herkömmlichen Wahrscheinlichkeitsrechnung (Axiomatik nach *Kolmogoroff*) sind inzwischen andere Wahrscheinlichkeitsrechnungen mit anderen Axiomen getreten[3]. *Die Theorie der mathematischen Wahrscheinlichkeit sagt nur, wie man aus vorgegebenen Wahrscheinlichkeiten andere ableitet. Sie klärt nicht, wie man Wahrscheinlichkeiten gewinnt, also für Planungen etwas über sie erfährt.*

---

3   Vgl. *A. Kolmogoroff*: Grundbegriffe der Wahrscheinlichkeitsrechnung. Berlin 1933, S. 2; *A. Rényi*: Wahrscheinlichkeitsrechnung mit einem Anhang über Informationstheorie. 2. Aufl., Berlin 1966, ab S. 24; *R.J. Solomonoff*: A Formal Theory of Inductive Inference. In: Information and Control, Vol. 7 (1964), S. 1-22, 224-254.

Ob eine dieser Wahrscheinlichkeitsrechnungen auf irgendein Problem der Wirklichkeit sinnvoll angewandt werden kann, bedarf in jedem Fall einer zusätzlichen Prüfung durch die zuständige Realwissenschaft. So kennt die Physik vor allem zwei Anwendungen der Wahrscheinlichkeitsrechnung:

a) Die statistische Mechanik, z.B. um das „durchschnittliche" Verhalten von Molekülen in Gasen zu beschreiben. Hier hat sich die herkömmliche Wahrscheinlichkeitsrechnung bewährt, weil es sich um relativ problemlose Massenerscheinungen handelt, deren Einzeleigenschaften bekannt sind[4].

b) Die Quantenphysik kann hingegen die herkömmliche Wahrscheinlichkeitsrechnung nicht anwenden, weil eines ihrer Axiome (daß die Ereignisse einen Mengenkörper bilden) empirisch nicht gilt[5].

Wenn schon in der Physik mit ihren gegenüber den Wirtschaftswissenschaften sehr viel besser gelösten Meßbarkeitsproblemen die herkömmliche Wahrscheinlichkeitsrechnung keineswegs immer anzuwenden ist, wieviel mehr Sorgfalt erfordert die Anwendung der Wahrscheinlichkeitsrechnung bei wirtschaftlichen Problemen!

In der betriebswirtschaftlichen und statistischen Literatur zur Entscheidungstheorie wird die Frage, wie man Kenntnis über Wahrscheinlichkeit erlangt, kaum behandelt. Die Anwendungsbedingungen wurden demgegenüber sorgfältig in der Wissenschaftstheorie untersucht. Dort ist heute

(1) nicht mehr bestritten, daß eine Interpretation von Wahrscheinlichkeit als „Grenzwert relativer Häufigkeiten" („objektive Wahrscheinlichkeitslehre") zu logischen Widersprüchen führt[6];

(2) unbestritten, daß die Wahrscheinlichkeit als Grad des vernünftigen persönlichen Für-Wahr-Haltens[7] eine logisch einwandfreie Wahrscheinlichkeitsinterpretation darstellt (Lehre von den subjektiven, besser: personalen Wahrscheinlichkeiten); fraglich ist, inwie-

---

4 Vgl. *Terrence L. Fine:* Theories of Probability. New York-London 1973, S. 242 f. und seine Schlußfolgerung: „The hypothesis or assumption as to the choice of equally probable cases ... has no other basis for belief than the agreement between calculation and observation ... Such an analytical view ... is of no value for the analyses of inductive reasoning and rational decision-making".

5 Vgl. *Patrick Suppes:* The Probabilistic Argument for a Non-Classical Logic of Quantum Mechanics. In: Philosophy of Science, Vol. 33 (1966), S. 14-21; *David H. Krantz, R. Duncan Luce, Patrick Suppes, Amos Tversky:* Foundations of Measurement, Vol. 1, New York 1971, S. 214 f., 217 f.

6 Vgl. *Wolfgang Stegmüller:* Personelle und Statistische Wahrscheinlichkeit. Zweiter Halbband, Berlin u.a. 1973, S. 32-41; *Fine:* Theories, S. 85-116.

7 Diese Lehre wurde entwickelt von *Frank Plumpton Ramsey:* Truth and Probability. In: The Foundations of Mathematics and other Logical Essays, ed. by R.B. Braithwaite. New York 1931, reprinted London 1965, S. 156-198, bes. S. 166-184; *Bruno de Finetti:* La prévision: ses lois logiques, ses sources subjectives. In: Annales de l'Institut Henri Poincaré, 1937, S. 1-68. Ferner vor allem *Leonard J. Savage:* The Foundations of Statistics. New York-London 1954. Die englische Übersetzung der Arbeit von de Finetti, ein weiterer Wiederabdruck des Beitrages von Ramsey sowie anderer grundlegender Arbeiten zur Frage der Wahrscheinlichkeitsinterpretation finden sich in *Henry E. Kyburg, jr., Howard E. Smokler* (eds): Studies in Subjective Probability. New York u.a. 1964. Vgl. ferner *Wolfgang Stegmüller:* Personelle und Statistische Wahrscheinlichkeit. Erster Halbband. Berlin u.a. 1973.

weit deren Grundannahmen verschärft werden können, um interpersonal vergleichbare Grade des Für-Wahr-Haltens („logische" Wahrscheinlichkeiten) zu erarbeiten;

(3) vorherrschende Meinung, daß man mit dem Begriff der subjektiven Wahrscheinlichkeiten allein nicht auskommt. Im Hinblick auf die Naturwissenschaften halten Wissenschaftstheoretiker einen „objektiven" Wahrscheinlichkeitsbegriff für unentbehrlich, sehen aber keine Möglichkeit, ihn an Beobachtungsgrößen zu definieren, sondern führen den Begriff der Wahrscheinlichkeit als „theoretischen" Begriff ein[8]. Für Einzelentscheidungen unter Ungewißheit und damit die unternehmerische Planung erscheint dieser Weg ungangbar. Für die unternehmerische Planung besteht keine bewährte Theorie, die das Einführen von „Wahrscheinlichkeit" als „theoretischen" Begriff rechtfertigen könnte.

Die Feststellung, daß die Lehre von den subjektiven Wahrscheinlichkeitsziffern logisch geschlossen und empirisch interpretierbar ist, besagt freilich noch nicht, daß sie in jedem Falle praktischer Entscheidungen unter Ungewißheit eine Hilfe bedeutet.

Zwei Blickrichtungen sind hinsichtlich der Meßbarkeit von persönlichen Einschätzungen über das Für-Wahr-Halten künftiger Zustände der Welt zu trennen: Zum einen kann man versuchen, die tatsächliche Einschätzung einer Ungewißheitssituation durch einzelne Entscheidende zu erfassen. Die Messung solcher „rein subjektiver" Wahrscheinlichkeiten ist ein Forschungsgebiet der Psychologie. Zum anderen kann man versuchen, die vernünftige Einschätzung einer Ungewißheitssituation durch einzelne Entscheidende in Zahlen abzubilden. Die Messung solcher „vernünftiger subjektiver" bzw. „personaler" Wahrscheinlichkeiten gehört zur Anwendung der Entscheidungslogik und ist Hilfswissenschaft zur bzw. Teilbereich der Betriebswirtschaftslehre.

Das Folgende weist nach, daß ein Entscheidender, der sich um vernünftige Entscheidungen bemüht, dennoch kaum in der Lage sein wird, Glaubwürdigkeitsschätzungen in personalen quantitativen Wahrscheinlichkeiten zu messen. *Da bei gegebenem Wissensstand und exakter Problembeschreibung nicht immer subjektive Wahrscheinlichkeiten existieren, die das Anwenden der Wahrscheinlichkeitsrechnung erlauben, deshalb sind mehrere Erscheinungsformen der Ungewißheit zu unterscheiden. Als Unterscheidungsmerkmal dienen verschiedene Meßbarkeitsstufen.* Meßbarkeitsstufen hinsichtlich der Ungewißheit sind als Klassen des Für-wahr-Haltens von Prognosen zu verstehen.

(0) Entscheidungen unter modellmäßiger Sicherheit:

Als erster Schritt in einer Planung wird nur eine einzige Zukunftslage betrachtet. Alle weiteren Zukunftslagen werden vorerst vernachlässigt (S. 36).

(1) Entscheidungen bei quantitativen Wahrscheinlichkeiten:

Eine abgeschlossene Menge an Zukunftslagen gilt als sicher, und hierfür sind die Anwendungsbedingungen der Wahrscheinlichkeitsrechnung erfüllt. Die Meßbarkeitserfordernisse verlangen als notwendige (noch nicht hinreichende) Voraussetzung, daß das Ausmaß des persönlichen Für-Wahr-Haltens von Prognosen auf einer Intervallskala (S.

---

[8] Vgl. *Karl Raimund Popper:* The Propensity Interpretation of Probability. In: The British Journal for the Philosophy of Science, Vol. 10 (1959), S. 25-42; *ders.:* Quantum Mechanics without the „Observer". In: Quantum Theory and Reality, ed. by M. Bunge. Berlin u.a. 1967, S. 7-44; *Stegmüller:* 1. Halbband, S. 66-69; *ders.:* 2. Halbband, S. 245-258.

444) meßbar ist. Damit ist die Maß- bzw. Nutzenfunktion bestimmt bis auf einen multiplikativen Faktor und ein additives Glied. Insoweit gleichen die Meßbarkeitsanforderungen für quantitative Wahrscheinlichkeiten denen für die persönliche Einschätzung etwa des Einkommens- bzw. Vermögensnutzens.

Hinzu kommt durch die Anwendung der Wahrscheinlichkeitsrechnung, daß alle nicht berücksichtigten Zukunftslagen (also ein im Gedankenmodell „logisch unmögliches Ereignis") die Wahrscheinlichkeit null erhalten. Damit ist das additive Glied der Maß- bzw. Nutzenfunktion festgelegt. Nach dieser Festlegung ist dann das Ausmaß des persönlichen Für-Wahr-Haltens von Prognosen eindeutig bis auf die Skaleneinheit; es ist Meßbarkeit auf einer Verhältnisskala gegeben. Durch eine zusätzliche Normierung der Gesamtzahl aller in der Planung berücksichtigten Zukunftslagen (als des „sicheren Ereignisses") mit der Zahl „1" sind die Voraussetzungen für die Anwendung der Wahrscheinlichkeitsrechnung erfüllt.

In den folgenden Erscheinungsformen der Ungewißheit werden die Meßbarkeitsanforderungen abgeschwächt. Aber diese Erweiterung der Anwendungsbedingungen kostet einen (theoretisch) hohen Preis: Es muß in Kauf genommen werden, daß (bislang) keine eindeutige Empfehlung über vernünftiges Verhalten mehr ausgesprochen werden kann. Der Preis ist jedoch nur theoretisch hoch: *Dem Praktiker nützen Entscheidungsmodelle, deren Datenanforderungen er nicht erfüllen kann, von vornherein nichts.* Dem praktisch Entscheidenden ist mehr damit gedient, wenn er auf die Anwendungsvoraussetzungen aufmerksam gemacht wird. Er bleibt so vor Täuschungen und Enttäuschungen durch die Wissenschaft bewahrt.

(2) Entscheidungen bei Intervallwahrscheinlichkeiten:

Hier ist das Ausmaß des persönlichen Für-Wahr-Haltens von Prognosen durch Abstandsvergleiche meßbar, also auf einer „hyperordinalen Skala" (S. 443), und die Gesamtheit der nicht berücksichtigten Zukunftslagen erhält die Wahrscheinlichkeit Null; ab (3) unterbleibt diese Festlegung einer Nullstelle. Bei Intervallwahrscheinlichkeiten lassen sich nur Ober- und Untergrenzen für Glaubwürdigkeitsziffern (Wahrscheinlichkeitsspannen) nennen.

(3) Entscheidungen bei ordinal gemessenen („qualitativen") Wahrscheinlichkeiten:

Das Ausmaß des persönlichen Für-Wahr-Haltens von Prognosen ist in einer durchgehenden Rangordnung meßbar, also auf einer Ordinalskala. Die Abbildung der künftigen Wirklichkeit in Zahlen ist eindeutig bis auf eine monotone Transformation, d.h. bei der Maß- bzw. Nutzenfunktion ist nur das Vorzeichen der ersten Ableitung festgelegt, alle anderen Exponenten, multiplikativen Faktoren oder additiven Glieder sind frei wählbar.

(4) Entscheidungen bei prä-ordinalen Wahrscheinlichkeiten:

Nur über die Glaubwürdigkeit einzelner, nicht aller Zukunftslagen sind Rangordnungsaussagen möglich. Zwar können immer noch sämtliche Zukunftslagen aufgezählt werden, und zwischen einigen sind paarweise Vergleiche (Rangordnungsaussagen) möglich, aber dies gilt nicht für alle Zukunftslagen. Manche sind im Hinblick auf die Glaubwürdigkeit untereinander unvergleichbar. Der Entscheidende ist dann nicht in der Lage zu sagen: „Dies halte ich für mehr, weniger oder gleich glaubwürdig als jenes".

(5) Entscheidungen bei nominalen Wahrscheinlichkeiten:
Obwohl der Entscheidende glaubt, sämtliche Zukunftslagen aufzählen zu können, vermag er keine zwei Zukunftslagen im Rang ihrer Glaubwürdigkeit zuordnen. Die Wahrscheinlichkeitszahlen übernehmen eine ähnliche Rolle wie die Durchnummerierung von Würfelseiten oder den Spielern einer Fußballmannschaft: Eine höhere oder niedrigere Zahl bedeutet noch nicht ein im Rang Vorziehen im Hinblick auf die anstehende Entscheidung. Hier und nur hier können spieltheoretische Entscheidungsregeln, wie das Minimax-Prinzip, Anspruch erheben, vernünftig zu sein (S. 453).
(6) Entscheidungen bei Informationsrisiken:
Der Entscheidende ist nicht in der Lage, sämtliche Zukunftslagen aufzuzählen. Es besteht also keine Gewißheit darüber, daß die in der Planung berücksichtigten Zukunftslagen den tatsächlichen künftigen Zustand der Welt enthalten (vorwegnehmen). *Hier liegt der Regelfall praktischer Entscheidungsprobleme vor.*

Die folgende Darstellung der Anwendungsbedingungen für „Wahrscheinlichkeiten" klammert (6) und damit Informationsrisiken aus und schreitet von (5), den schwächsten Meßbarkeitserfordernissen, zu den stärkeren fort.

3. Meßbarkeitserfordernisse für nominale Wahrscheinlichkeiten

Das erste und noch keineswegs hinreichende Axiom der Wahrscheinlichkeitsrechnung lautet:

a) Es gibt „elementare Ereignisse" A, und M „heißt eine Menge von Elementen, welche man elementare Ereignisse nennt"[9]. Inhaltlich noch nichtssagender ist diese Definition in einer logischen Sprache, wie

$$\exists A : A \in M \tag{1}$$

wobei $\exists$ das logische Kürzel für „es gibt ein" ist, und $\in$ die Eigenschaft „Element einer Menge" bezeichnet.

Der Vorteil der logischen Sprache (formale Eindeutigkeit ohne inhaltliche Interpretationsschwierigkeiten) wird zur Arbeitserschwernis, ja zum Fluch, für denjenigen, der eine so definierte „Rechnung" anwenden will: All das, was der Mathematiker um der Allgemeingültigkeit seiner Aussage willen wegabstrahiert hat, muß vom Anwender wieder hinzugefügt werden, mit der Gefahr, daß sich dabei Fehler einschleichen.

Gerade um den Lernenden einzuhämmern, daß logische *Existenzbedingungen von Kalkülen für alle Anwendungsfälle erfüllt sein müssen, soll das Kalkül eine Entscheidungshilfe sein,* werden im folgenden die einzelnen Meßbarkeitserfordernisse erläutert, und zwar sowohl für Glaubwürdigkeiten (der Konstruktion von Wahrscheinlichkeiten) als auch für den Risikonutzen des Einkommens bzw. Vermögens.

---

9 *Kolmogoroff*, S. 2. Auch die Erläuterungen bei *Krantz, Luce, Suppes, Tversky*, S. 199, der nominale Wahrscheinlichkeitsraum (sample space) sei „intended to represent all possible observations that one make in particular situations", ist alles andere als befriedigend.

Der Betriebswirt kann nicht wie der Mathematiker davon ausgehen, daß „Elementarereignisse" vom Himmel fallen. Für den betriebswirtschaftlichen Planer bedarf der Begriff „Elementarereignisse" einer sehr sorgfältigen Klärung, welche Tatbestände der Wirklichkeit hierunter zu fassen sind. Der wahrscheinlichkeitstheoretische Begriff des Elementarereignisses entspricht betriebswirtschaftlich dem Begriff der Zukunftslage. Worauf es dabei ankommt, soll ein Beispiel verdeutlichen:

Der tatsächliche Zustand der Welt in 5 Jahren auf dem Markt für Mikroprozessoren wird durch den augenblicklichen Zustand der Welt, durch künftige menschliche Handlungen und Naturereignisse aufgrund der bekannten Naturgesetze zum Teil festgelegt. Zusätzlich möge er auch durch eine nicht vorhersehbare, zufällige Entdeckung bestimmt werden. Der klügste Planer, der über ein Gedächtnis (oder Hilfsmittel hierfür) verfügt, das alles bis heute überlieferte Wissen dieser Welt verarbeitet hat, könnte diese Entdeckung nicht vorhersehen. Auch in die Planung des klügsten Planers werden deshalb nicht alle, für das Wahlproblem wichtigen Merkmale des tatsächlichen Zustandes der Welt in 5 Jahren eingehen. Diese aus Informationsrisiken folgende Abweichung zwischen der planbaren Welt von morgen und dem tatsächlichen Zustand der Welt von morgen ist für Menschen unvermeidbar. Das, was menschliche Planung bestenfalls erreichen kann, ist heute ein „planbares sicheres Ereignis" vorauszusehen. Im „planbaren sicheren Ereignis" für eine künftige Zeitspanne sind alle Informationen verarbeitet, die bis zu einem Planungs(-schluß-)zeitpunkt überhaupt zu erlangen sind, ohne Rücksicht auf die Kosten, die ihre Beschaffung und Auswertung im Einzelfall verhindern können.

Die Menge aller planbaren Zukunftsmerkmale ist endlich, weil das menschliche Wissen stets begrenzt bleibt, und sie enthält zahlreiche sich gegenseitig ausschließende Merkmale (z.B. Konkurrent X wird aus dem Markt gedrängt und derselbe Konkurrent behält, verdoppelt usw. seinen Marktanteil). Eine planbare „sichere" Vorhersage des künftigen Zustands der Welt muß gerade solche sich gegenseitig ausschließende Merkmale aufnehmen, denn eines davon wird eintreten.

Das „planbar sichere Ereignis" wird sehr viel mehr denkbare künftige Zustände der Welt umfassen als sie ein praktisch Planender beachten kann, weil er die Kosten und den Zeitbedarf für die Beschaffung und Auswertung eines vorhandenen bzw. zu erwerbenden Wissens in Rechnung stellen muß. Nach diesen Erläuterungen werden drei weitere Axiome (neben dem „es gibt eine Menge an Elementarereignissen" = Zukunftslagen) verständlich, die schon eine nominale (klassifikatorische) Wahrscheinlichkeitsmessung voraussetzen muß:

1. Es gibt Elemente, genannt „Zukunftslagen", und „planbar sicheres Ereignis" heißt eine Menge von Elementen, die man Zukunftslagen nennt[10].
2. Jede Zukunftslage ist mindestens so glaubwürdig wie das im Modell „unmögliche Ereignis", d.h. das Eintreten irgendeiner im Entscheidungsmodell nicht enthaltenen Zu-

---

10 Dies ist eine Übersetzung des ersten Axioms der Wahrscheinlichkeitsrechnung bei *Kolmogoroff*: Grundbegriffe, S. 2, zu den weiteren Axiomen vgl. bes. *Peter Walley, Terrence L. Fine*: Varieties of Modal (Classificatory) and Comparative Probability. In: Synthese, Vol. 41 (1979), S. 321-374, hier S. 340, 354.

kunftslage. Zu diesem Axiom der Unwahrscheinlichkeit des für das Entscheidungsmodell unmöglichen (d.h. nicht darin aufgenommenen) Ereignisses tritt:

3. Jede Zusammenfassung von Zukunftslagen ist mindestens so glaubwürdig wie jede einzelne darin enthaltene Zukunftslage, und
4. die Gesamtheit aller im Entscheidungsmodell enthaltenen Zukunftslagen ist strikt glaubwürdiger als das im Entscheidungsmodell unmögliche Ereignis.

Das 4. Axiom verlangt für eine vernünftige Planung unter Ungewißheit das Wissen, daß alle überhaupt denkbaren Zukunftslagen, die nicht in das Entscheidungsmodell aufgenommen sind, weniger glaubwürdig sind als das Prognostizierte. Entscheidungsmodelle mit nominalen (oder auch qualitativen) Wahrscheinlichkeiten schließen das Eintreten von Ex-post-Überraschungen nicht aus. Sie behaupten nur: Die Gesamtheit denkbarer Ex-post-Überraschungen ist höchstens so glaubwürdig wie die unglaubwürdigste geplante Zukunftslage (2. Axiom) und weniger glaubwürdig als die geplanten Zukunftslagen zusammen (4. Axiom).

4. Meßbarkeitserfordernisse für Rangstufen der Glaubwürdigkeit (ordinale Wahrscheinlichkeiten)

aa) Das Prinzip vom mangelnden Grunde und das Problem der Gleichschätzung (Indifferenz)

Wer nach Aufheben des Skats einen Grand mit dem dritten und vierten Jungen spielen will, wird überlegen, wie hoch die Wahrscheinlichkeit ist, daß Kreuz-Bube und Pik-Bube nicht in einer Hand sitzen. Wenn der Verlauf des „Reizens" darüber keine Aufschlüsse erlaubt, lautet die übliche Antwort: Entweder sitzen die Jungen zusammen oder nicht. Die Wahrscheinlichkeit, daß die Jungen auseinandersitzen, betrage 50%.

Aus der Tatsache zweier sich gegenseitig ausschließender Zukunftslagen („entweder die Jungen sitzen zusammen oder nicht") wird hier gefolgert: Beide Zukunftslagen seien gleich glaubwürdig (wahrscheinlich). Der Schluß: Wenn man nichts Näheres wisse, seien alle denkbaren Zukunftslagen als gleich wahrscheinlich anzusehen, geht auf die Anfänge der Wahrscheinlichkeitstheorie zurück. Man nennt ihn das „Prinzip vom mangelnden Grunde".

Wann ist die Anwendung des Prinzips vom mangelnden (oder: unzureichenden) Grunde zulässig und wann nicht?

Gegen die Folgerung im Skatspiel, die Wahrscheinlichkeit, daß die beiden Jungen auseinandersitzen, sei 50%, könnte man einwenden: Entweder sitzen die beiden Jungen beim ersten Gegenspieler oder beim zweiten Gegenspieler oder jeder hat einen Jungen. Es bestehen drei alternative Zukunftslagen und die Wahrscheinlichkeit, daß die beiden Jungen auseinander sind, beträgt nur ein Drittel!

Gegen diese zweite Antwort läßt sich wiederum sagen: Kreuz- und Pik-Bube können beim ersten Gegenspieler oder beim zweiten Gegenspieler sein, weiter kann der Kreuz-Bube beim ersten, der Pik-Bube beim zweiten und umgekehrt der Pik-Bube beim ersten, der Kreuz-Bube beim zweiten Gegenspieler liegen. Es bestehen vier Zukunftslagen, von denen in zweien jeweils die Jungen auseinander sitzen. Die Wahrscheinlichkeit beträgt also doch 50%. Welche Ansicht ist richtig?

Nur die letzte Aussage zählt alle denkbaren Fälle auf. Nur sie enthält eine erschöpfende Aufzählung der Zukunftslagen, aus der sich Schlüsse über die Gleichmöglichkeit und damit die Glaubwürdigkeit des Eintretens ziehen lassen. Die zweite Antwort enthält einen Denkfehler. Die Kennzeichnung der dritten Zukunftslage „Jeder hat einen Jungen" ist verfehlt, weil sie zwei mögliche Fälle zusammenfaßt: Der erste Gegenspieler hat den Kreuz-Buben (der zweite den Pik-Buben), und der erste Gegenspieler hat den Pik-Buben (der zweite den Kreuz-Buben). Wenn aber vier statt drei Zukunftslagen bestehen, ist es falsch, daraus drei gleichwahrscheinliche Fälle zu machen.

Wir lernen daraus, daß die Anwendung des Prinzips vom mangelnden Grunde nur zulässig ist, wenn „die Zahl der Fälle im voraus bekannt" ist, also vollständige Gewißheit über die Ungewißheit herrscht und alle Fälle (Zukunftslagen) untereinander vergleichbar sind: Nur dann darf Gleichwahrscheinlichkeit für alle Zukunftslagen angenommen werden, sofern keine Glaubwürdigkeitsdifferenz für oder gegen eine Zukunftslage besteht. Unzulässig wäre, aus Nichtwissen auf Gleichwahrscheinlichkeit zu schließen.

bb) Die zusätzlichen Axiome für ordinale Wahrscheinlichkeiten

Das Ausmaß des persönlichen Für-Wahr-Haltens von Prognosen ist in einer durchgehenden Rangordnung für die einzelnen Zukunftslagen meßbar, also auf einer Ordinalskala. Das zahlenmäßige Abbild bezeichnet hier Rangstellen: höchste, zweithöchste usw. Glaubwürdigkeit. Entscheidungslogisch sind für ordinal gemessene („qualitative") Wahrscheinlichkeiten folgende Axiome zusätzlich zu denen nominaler Wahrscheinlichkeiten nötig[11]:

5. Jede Zukunftslage ist entweder glaubwürdiger oder weniger glaubwürdig als jede einzelne andere Zukunftslage, allenfalls sind sie gleich glaubwürdig. Es gibt hinsichtlich der Eigenschaft „Glaubwürdigkeit des künftigen Eintretens" keine unvergleichbaren Zukunftslagen.
6. Wenn eine erste Zukunftslage (oder eine Zusammenfassung von Zukunftslagen) im Hinblick auf ihre Glaubwürdigkeit einer zweiten vorgezogen wird und diese einer dritten, dann wird auch die erste der dritten vorgezogen, d.h. die Rangordnung ist *transitiv*.

Psychologen haben in Experimenten häufig Verstöße gegen eine durchgehende Rangordnung über alle Alternativen (gegen die Transitivitätsbedingung) festgestellt. Aber aus tatsächlichem Verhalten läßt sich kein Einwand herleiten gegen das Rangordnungsprinzip als Vorbedingung vernünftigen Verhaltens. Niemand verhält sich in Wirklichkeit fehler-

---

11 Vgl. *Fine:* Theories, S. 16-21; *Krantz, Luce, Suppes, Tversky:* Foundations, S. 202-205. Das von beiden erwähnte Archimedische Prinzip ist für die Rangordnung allein entbehrlich, weil hier keine Verhältnisziffern gebildet werden.

frei, und oft erreicht man widerspruchsfreies Verhalten erst durch gründliches Nachdenken.

7. Das Hinzutreten oder Wegfallen einer Zukunftslage mit gleichem Zielbeitrag und gleicher Glaubwürdigkeit für alle Handlungsmöglichkeiten darf die Rangordnung der Handlungsmöglichkeiten nicht ändern.

Dieses sog. *Unabhängigkeitsprinzip* setzt voraus, daß der Entscheidende weder Spielfreude noch Spielabneigung empfindet. Der Leser stellt sich zwei Glücksspiele vor, welche die gleichen Gewinnchancen bieten. Das erste Spiel gebe das Ergebnis bereits nach einem Zug bekannt. Im zweiten Spiel bleibe der Kitzel, ob man etwas gewinnt, über zwanzig Züge erhalten. Das Unabhängigkeitsprinzip fordert: Beide Spiele müssen vom Entscheidenden gleichgeschätzt werden, weil die Gewinnchancen gleich sind. Spielfreude darf die Wertschätzung der Spiele nicht beeinflussen.

Nun besteht aber häufig Spielfreude. Ist damit das Unabhängigkeitsprinzip durch die Wirklichkeit widerlegt? Keineswegs! Wenn neben das Sachziel „Gewinnstreben" ein zweites, „Spielfreude", tritt, dann ist die Rangordnung der Spiele für jede der Zielgrößen aufzustellen. Für jede einzelne Zielgröße darf das Hinzutreten oder Wegfallen einer Zukunftslage mit gleichem Zielbeitrag und gleicher Glaubwürdigkeit die Rangordnung der Handlungsmöglichkeiten bei diesem einen Ziel nicht ändern.

Umstritten ist, ob man für die Wirklichkeit behaupten darf, ein vernünftiger Mensch wird eine unter angenommener Sicherheit gewählte Rangordnung auch unter Ungewißheit beibehalten. Hierbei sind zwei Deutungen des Unabhängigkeitsprinzips auseinanderzuhalten:

(1) Wenn beim Würfeln 6 glaubwürdiger (gleich, weniger glaubwürdig) als 1 erscheint, dann wird auch das Würfeln von 6 oder 5 für glaubwürdiger (gleich, weniger glaubwürdig) als das von 1 oder 5 gehalten.

Diese Fassung des Unabhängigkeitsprinzips geht von einer gegebenen Anzahl von Zukunftslagen aus und besteht im Grunde nur in einer Anwendung des Rangordnungsprinzips auf einzelne Kombinationen unter den Zukunftslagen. Damit ist das Unabhängigkeitsprinzip nur eine andere Umschreibung für den Tatbestand, daß sich die einzelnen Zukunftslagen gegenseitig ausschließen. Nur in dieser Auslegung ist das Unabhängigkeitsprinzip ein „reines Rationalitätsaxiom"[12].

Aber diese Interpretation liegt nicht den Einwänden gegen das Unabhängigkeitsprinzip zugrunde[13]. Dort wird eine weite Auslegung des Unabhängigkeitsprinzips unterstellt:

---

12 Vgl. *Patrick Suppes:* The Measurement of Belief. In: Journal of the Royal Statistical Society, Series B, Vol. 36 (1974), S. 160-191 (einschließlich Diskussion), hier S. 163.

13 Vgl. *Daniel Ellsberg:* Risk, Ambiguity, and the Savage Axioms. In: The Quarterly Journal of Economics, Vol. 75 (1961), S. 643-669, hier S. 653 f.; vgl. auch *Howard Raiffa:* Risk, Ambiguity, and the Savage Axioms: Comment. Ebenda, S. 690-694, bes. S. 693 f.; ferner *M. Allais:* Le Comportement del'Homme Rationnell devant le Risque: Critique des Postulats et Axiomes de l'Ecole Américaine. In: Econometrica, Vol. 21 (1953) S. 503-546, hier S. 527; kritisch setzt sich damit auseinander vor allem *Savage:* Foundations, S. 102 f.

(2) Wenn jemand eine Zukunftslage A für glaubwürdiger hält als eine Zukunftslage B, falls Zukunftslage C besteht, und A auch dann für glaubwürdiger hält, falls C nicht eintreten kann, dann ist *immer* Zukunftslage A glaubwürdiger als B. Die Betonung liegt auf „immer": Für die Rangordnung der Glaubwürdigkeiten ist es also gleichgültig, was sonst in der Welt noch passiert. Gelegentlich ist diese Fassung des Unabhängigkeitsprinzips auch als „Prinzip der Unabhängigkeit von irrelevanten Alternativen"[14] bezeichnet worden. Die Bezeichnung verschleiert den Sachverhalt: Irrelevante Alternativen sind durch Definition unabhängig von der betrachteten Rangordnung. Gemeint ist jedoch: Ist es vernünftig, Rangordnungsaussagen beizubehalten, sobald sich der Wissensstand um sich gegenseitig ausschließende alternative Zukunftslagen vergrößert.

Fassung (2) enthält einen Erweiterungsschluß von den Rangordnungen innerhalb einer gegebenen Menge auf Rangordnungen innerhalb jeder x-beliebigen Menge. Der Erweiterungsschluß kann logisch nur gelten, wenn die Schnittmenge zwischen der Menge {A, B} und allen Elementen der erweiterten Menge leer ist. Ob aber die Schnittmenge leer oder nicht leer ist, das ist eine empirische Frage. In vielen Fällen gilt in der Realität nicht, daß das Hinzufügen einer dritten Zukunftslage (also einer neuen, alternativen Umweltgegebenheit) zu zwei bisher beachteten die Rangordnung der Glaubwürdigkeit zwischen erster und zweiter unverändert läßt. So bestehe z.B. die Einschätzung, wenn ein Konkurrent in eine unserer Marktnischen eindringe, sei im nächsten Monat ein Preiskampf wahrscheinlicher als ein Nicht-Preiskampf. Diese Rangordnung mag sich umkehren, sobald die Nachricht eintrifft, der Konkurrent sei bereit, seine Geschäftstätigkeit in diesem Markt an uns oder andere zu verkaufen. Die Aussage: Eine Rangordnung zwischen A und B sei beizubehalten, wenn die Anzahl der Zukunftslagen sich vergrößert, ist kein reines Rationalitätsaxiom, wie in der Fassung (1). Vielmehr handelt es sich um eine Behauptung, wie man sich zu verhalten habe, falls neue Informationen auftreten! Das ist aber eine Tatfrage, die ein Rationalitätsaxiom nicht zu beantworten vermag.

5. Meßbarkeitserfordernisse für quantitative Wahrscheinlichkeiten

aa) Die Bedingung eines Mengenkörpers

Quantitative Wahrscheinlichkeiten und damit die Anwendungsvoraussetzungen der Wahrscheinlichkeitsrechnung erfordern vier weitere Axiome über die qualitativer Wahrscheinlichkeiten hinaus:

8. Für die Menge „planbar sicheres Ereignis" existiert ein Mengenkörper, d.h. zu jeder Teilmenge ist auch ihr Komplement (Gegenteil) vorhanden, und in die Rangordnung einzubeziehen sind für mehrere Teilmengen deren logische Vereinigungen[15].

Am Beispiel wird dieses Axiom einsichtig:

---

14 Vgl. R. *Duncan Luce, Howard Raiffa:* Games and Decisions. New York-London 1957, S. 288-290; über den unterschiedlichen Inhalt dieses Axioms bei verschiedenen Autoren vgl. *Paramesh Ray:* Independence of Irrelevant Alternatives. In: Econometrica, Vol. 41 (1973), S. 987-991.

Für die Frage, ob ein Zweigwerk errichtet werden soll oder nicht, spiele eine Rolle, ob die Konkurrenz bei den gleichen Produkten nicht investiert und ob die Regierung eine Subvention gewährt. Damit sind vier Zukunftslagen zu unterscheiden:

I: Die Konkurrenz investiert nicht, und die Regierung subventioniert. Diese Zukunftslage kann als Schnittmenge zweier Mengen von künftigen Zuständen der Welt geschrieben werden, nämlich der Menge A (sämtliche künftigen Zustände der Welt mit der Zukunftseigenschaft „die Konkurrenz investiert nicht") und der Menge B (sämtliche künftigen Zustände der Welt mit der Zukunftseigenschaft „die Regierung subventioniert"):

I   = A ∩ B.

Die anderen Zukunftslagen sind:

II = A ∩ ¬B: Die Konkurrenz investiert nicht und die Regierung subventioniert nicht.
III = ¬A ∩ B: Die Konkurrenz investiert und die Regierung subventioniert.
IV = ¬A ∩ ¬B: Die Konkurrenz investiert und die Regierung subventioniert nicht.

Die Gesamtheit aller vier Zukunftslagen mag ein Planender als „sicheres Ereignis" M betrachten. M bedeutet jene Menge, die aus allen in der Planung unterschiedenen Zukunftslagen gemeinsam gebildet wird. Die Planung geht also davon aus, daß eine der vier in M enthaltenen Zukunftslagen eintreten wird, man weiß nur nicht welche. Wohlgemerkt: Nur für die Planung ist M „sicher"; in der späteren Wirklichkeit kann ein Zustand eintreten, der überhaupt nicht in M enthalten war. Dann verwirklicht sich ein im Entscheidungsmodell „unmögliches Ereignis" als Ex-post-Überraschung.

Die vier Zukunftslagen innerhalb des für die Planung sicheren Ereignisses M können, obwohl sie sich gegenseitig ausschließen, gleichwohl gemeinsam hinsichtlich ihrer Glaubwürdigkeit analysiert werden. Daraus entstehen folgende Kombinationsfälle:

Fall 1: Alle vier alternativen Zukunftslagen werden zugleich betrachtet. Die Menge aller sich gegenseitig ausschließenden Zukunftslagen ist das „sichere Ereignis" M, und bei der Quantifizierung erhält diese Menge die Wahrscheinlichkeit 1.

Fall 2–5: Jeweils drei alternativen Zukunftslagen werden gemeinsam hinsichtlich ihrer Glaubwürdigkeit untersucht. So kann man die Glaubwürdigkeit von jeweils drei Zukunftslagen mit der Einzelwürdigkeit der gerade ausgeschlossenen vierten Zukunftslage vergleichen.

Fall 6–11: Jeweils zwei Zukunftslagen werden gemeinsam in ihrer Glaubwürdigkeit gegen die beiden gerade ausgeschlossenen Zukunftslagen abgewogen.

Fall 12–15: Die einzelnen sich ausschließenden Zukunftslagen werden hinsichtlich ihrer Glaubwürdigkeit beurteilt.

---

15 *Kolmogoroff:* Grundbegriffe, S. 2. Anstelle von „Mengenkörper" sind auch die Ausdrücke „Boolesche Algebra" oder „Boolescher Verband" gebräuchlich, vgl. z.B. *Peter C. Fishburn:* Utility Theory for Decision Making. New York u.a. 1970, S. 130 f. Ansätze, um die Menge an zu verarbeitenden Informationen zu beschränken, sind in der Theorie der conditional expected utility entworfen worden, vgl. *Krantz, Luce, Suppes, Tversky:* Foundations, Chapter 8, und *Peter C. Fishburn:* A Mixture-Set Axiomatization of Conditional Subjective Expected Utility. In: Econometrica, Vol. 41 (1973), S. 1-25.

Fall 16: Hier wird die Glaubwürdigkeit aller nicht in das Entscheidungsmodell aufgenommenen Zukunftslagen betrachtet. Die Glaubwürdigkeit für dieses „unmögliche Ereignis" wird bei der Quantifizierung mit 0 angesetzt.

Aus vier Zukunftslagen entstehen also $2^4 = 16$ Kombinationsfälle. Die Bedingung „Existenz eines Mengenkörpers" besagt, daß der Entscheidende in der Lage sein muß, alle 2^n Kombinationsfälle zu unterscheiden und im Hinblick auf ihre Glaubwürdigkeit zu beurteilen. Man unterschätze nicht die Beanspruchung, welche diese Existenzbedingung an die Kapazität des Planenden zur Informationsverarbeitung stellt. Aus 3 Ausprägungen von Zukunftsmerkmalen für die Konjunkturentwicklung, 2 für die Währungspolitik und 4 für die Preispolitik der Konkurrenten, die aufgrund der Planung die Höhe des Gewinns eines Unternehmens im nächsten Jahr beeinflussen (und das sind im Regelfall sicher noch zu wenige Eigenschaften), werden 24 Zukunftslagen und 2^{24}, also über 16 Mio. Kombinationsfälle.

Hier liegt folgender Einwand nahe: Nur die Glaubwürdigkeit der 24 Zukunftslagen sei zu schätzen, die Wahrscheinlichkeit der Kombinationsfälle ergebe sich ganz einfach aus dem Rechnen mit Wahrscheinlichkeiten. Leider zieht dieser Einwand nicht: Die Wahrscheinlichkeitsrechnung darf erst dann angewandt werden, wenn quantitative Wahrscheinlichkeiten vorliegen, also die vollständige Ereignisalgebra und die anderen Axiome erfüllt sind.

bb) Die Unmöglichkeit, Rangordnungen stets zu beziffern

Das nächste Meßbarkeitserfordernis, um die Wahrscheinlichkeitsrechnung anwenden zu können, lautet:

9. Für die Rangordnung der Zukunftslagen, ihrer Teilmengen und Komplemente, lassen sich addierbare Wahrscheinlichkeiten finden, die der Rangordnung nicht widersprechen, zugleich sei vorausgesetzt, daß Verhältnisse aus zwei Wahrscheinlichkeiten stets endlich sind[16].

Rangordnungen können nicht immer in addierbaren Zahlen widerspruchsfrei abgebildet werden, wie folgendes Beispiel lehrt.

In der Planung eines Unternehmens werde mit 5 alternativen Absatzentwicklungen gerechnet. A sei gute Konjunktur (Umsatzwachstum etwa 10%), B sei Stagnation (keine Umsatzänderung), C sei schlechte Konjunktur (Umsatzminderung etwa 10%), D sei sehr gute Konjunktur (Umsatzwachstum etwa 20%) und E sei sehr schlechte Konjunktur (Umsatzminderung etwa 20%).

Die Auswertung der vorhandenen Informationen habe zu folgender Rangordnung über die Glaubwürdigkeit der einzelnen Absatzentwicklungen geführt:

---

[16] Der empirische Gehalt dieses sog. „archimedischen Prinzips" ist bescheiden, vgl. *Ernest W. Adams, Robert F. Fagot, Richard E. Robinson:* On the Empirical Status of Axioms in Theories of Fundamental Measurement. In: Journal of Mathematical Psychology, Vol. 7 (1970), S. 379–409, hier S. 406.

$$A \succ B \succ C \succ D \succ E. \tag{2}$$

In Worten: gute Konjunktur ist glaubwürdiger als Stagnation, beides glaubwürdiger als schlechte Konjunktur, dies glaubwürdiger als sehr gute Konjunktur und am wenigsten wahrscheinlich sei sehr schlechte Konjunktur.

Der Entscheidende möge folgende Aussagen über die Rangordnung von gedanklichen Zusammenfassungen der einzelnen Zukunftslagen machen:

a) Stagnation sei glaubwürdiger als Umsatzminderung (schlechte und sehr schlechte Konjunktur zusammengefaßt): $B \succ C \cup E$.

b) Sehr gute Konjunktur und schlechte Konjunktur gemeinsam betrachtet erscheinen glaubwürdiger als sehr schlechte Konjunktur und Stagnation zusammengenommen: $D \cup C \succ E \cup B$.

c) Sehr schlechte Konjunktur und gute Konjunktur erscheinen glaubwürdiger als schlechte Konjunktur und Stagnation vereint gesehen: $E \cup A \succ C \cup B$.

d) Kein Umsatzwachstum (Stagnation, schlechte und sehr schlechte Konjunktur gemeinsam betrachtet) erscheint glaubwürdiger als Umsatzwachstum (gute und sehr gute Konjunktur vereinigt): $B \cup C \cup E \succ A \cup D$.

Damit sind noch nicht alle Kombinationsmöglichkeiten (und A allein) in eine Rangordnung gebracht. Doch reichen die bisherigen Informationen für den Nachweis aus, daß es unmöglich ist, eine solche Rangordnung zu beziffern[17].

Die Rangordnung besteht nunmehr aus:

1.	2.	3.	4.
$E < D < C\ \ < C \cup E < B$	$<\ \ E \cup B < D \cup C$	$<\ \ C \cup B < E \cup A$	$<\ \ A \cup D < B \cup C \cup E$

Würden für die einzelnen Zukunftslagen Wahrscheinlichkeitsziffern bestehen, dann müßten die einzelnen Wahrscheinlichkeitsziffern addiert werden können, ohne einen Widerspruch in der vorgegebenen Rangordnung zu erzeugen. Es müßte gelten:

a) $\qquad\qquad\qquad p(B) > p(C) + p(E)$
b) $\qquad\qquad\qquad p(D) + p(C) > p(E) + p(B)$
c) $\qquad\qquad\qquad p(E) + p(A) > p(C) + p(B)$

Durch Addition der drei Ungleichungen folgt:

$$p(A) + p(B) + p(C) + p(D) + p(E) > 2[p(B) + p(C) + p(E)]. \tag{3}$$

Zieht man davon die Wahrscheinlichkeiten der auf der rechten Seite doppelt vorkommenden Zukunftslagen B, C, E ab, verbleibt

$$p(A) + p(D) > p(B) + p(C) + p(E). \tag{4}$$

Dies widerspricht jedoch der tatsächlichen Rangordnung d).

---

17 Vgl. *Charles H. Kraft, John W. Pratt, A. Seidenberg:* Intuitive Probabilities on Finite Sets. In: The Annals of Mathematical Statistics, Vol. 30 (1959), S. 408–419, hier S. 414 f.

Rangordnungen wie die obige können also nicht durch addierbare Wahrscheinlichkeiten wiedergegeben werden. Damit ist bewiesen, daß in einer erklärenden (deskriptiven) Theorie qualitative Wahrscheinlichkeiten nicht immer in quantitativen abgebildet werden können. Denn wer das tatsächliche Verhalten beschreiben will, kann nicht ausschließen, daß solche Rangordnungen auftreten werden.

Eine Theorie vernünftigen Handelns (eine normative bzw. präskriptive Theorie) kann sich hingegen durch die Aussage retten: Wer solche nicht-addierbaren Rangordnungen aufstellt, handele unvernünftig. Für eine normative Theorie besagt das Beispiel lediglich: Eine Messung qualitativer Wahrscheinlichkeiten in quantitativen ist nur dann möglich, wenn zusätzlich zur durchgehenden Rangordnung noch weitere Anforderungen erfüllt sind!

cc) Intervallwahrscheinlichkeiten und Stetigkeitsprinzip

Selbst wenn eine addierbare zahlenmäßige Wiedergabe von Wahrscheinlichkeiten existiert, ist noch lange nicht gewährleistet, daß diese Wahrscheinlichkeitsziffern eindeutig sind.

Das Befragen, probeweise Setzen, Kontrollbefragen, Korrigieren der Erstschätzung kann zu einer Selbsttäuschung beim Befragten und auch beim befragenden Beurteiler führen. Die Selbsttäuschung besteht darin, daß den Präferenzen auch genügende Wahrscheinlichkeitsziffern mit den Präferenzen *allein* genügenden verwechselt werden. Dies geschieht, wenn die Präferenzen (Glaubwürdigkeiten) nur so untereinander abgestuft sind, daß nicht mehr als Glaubwürdigkeitsunterschiede gemessen werden können. Das letzte Beispiel wird im folgenden vereinfacht: Sehr gute und sehr schlechte Konjunktur (D und E) mögen entfallen. Es bleibt die Rangordnung A ‹ B ‹ C. A_B (bzw. B_C) soll den Glaubwürdigkeitsunterschied zwischen den benachbarten Zukunftslagen A und B (bzw. B und C) kennzeichnen. Existieren quantitative Wahrscheinlichkeiten, so folgt aus A_B ‹ B_C: $p(A) - p(B) > p(B) - p(C)$ oder, was dasselbe bedeutet:

$$\frac{p(A) - p(B)}{p(B) - p(C)} > 1. \tag{5}$$

Die Wahrscheinlichkeitsrechnung wäre aber erst anwendbar, wenn der Planende eine Zahl k nennen kann, für die gilt:

$$\frac{p(A) - p(B)}{p(B) - p(C)} = k. \tag{5a}$$

Doch selbst wenn es praktisch möglich wäre, Rangordnungen für Abstände von Abständen beliebig oft anzugeben, wäre noch nicht gesichert, daß stets eine genaue Bezifferung von Wahrscheinlichkeiten gelingt[18].

---

18 Vgl. *Fishburn:* Decision, S. 114 f.

Ein praktisch Planender wird vermutlich Wahrscheinlichkeitsintervalle nicht übermäßig tragisch nehmen. Schließlich kann über das Durchrechnen alternativer Wahrscheinlichkeitsverläufe innerhalb der Intervalle überprüft werden, ob sich überhaupt die optimale Entscheidung ändert. Falls sie sich ändert, vermag das Schrifttum wenigstens einige ergänzende Bedingungen für vernünftiges Verhalten über die Grundsätze bei Vorliegen eindeutiger Wahrscheinlichkeitsziffern hinaus zu nennen (vgl. S. 467).

Der kritische Punkt ist ein anderer: Die Existenz von Wahrscheinlichkeitsintervallen setzt voraus, daß sich der Planende zu Aussagen über eine Rangordnung bei den Glaubwürdigkeitsunterschieden zwischen zwei Zukunftslagen durchringen kann. Wäre ein solcher Abstandsvergleich immer möglich, dann gäbe es das Problem der „Nutzenmessung" nicht. Denn um z.B. das „Gesetz vom abnehmenden Grenznutzen" im Einzelfall zu bestätigen oder zu widerlegen, genügt eine Rangordnung über Nutzenunterschiede. Der Abstandsvergleich besagt in Worten nichts anderes, als daß die „Präferenzänderung" beim Übergang von A zu B größer ist als beim Übergang von B zu C[19], wobei A, B, C alternative Güterbündel, Arbeitsplätze oder Zukunftslagen sein können.

Um ein empirisches „Gesetz vom abnehmenden Grenznutzen" im Einzelfalle zu prüfen, reicht Messung der Nutzenunterschiede (hyperordinale Messung) aus. Die exakte Bezifferung der relativen Nutzenunterschiede (Messung auf einer *Intervallskala*) ist nur dann erforderlich, wenn man „abnehmenden Grenznutzen" gleichsetzt der Bedingung: Es existiert eine Nutzenfunktion N, die mindestens zweimal differenzierbar ist. Dabei ist die erste Ableitung $N' > 0$ und die zweite $N'' < 0$. Differenzierbarkeit setzt „Stetigkeit" voraus, und Stetigkeit ist eine Vorbedingung für die Meßbarkeit auf einer Verhältnisskala, die eine der zusätzlichen Voraussetzungen für die Anwendung der Wahrscheinlichkeitsrechnung ist.

Sind persönliche Einschätzungen nur auf einer Intervallskala meßbar, *dann gibt nicht etwa eine Verhältnisziffer aus einzelnen Meßwerten einen Sinn, sondern nur das Verhältnis aus den Differenzen zweier Einschätzungen*. Am Beispiel der Temperaturmessung wird das verständlich:

Wenn ein Europäer behauptet, kochendes Wasser sei viermal so heiß wie das Wasser in einem Schwimmbad mit 25°C(elsius), so wird ein Amerikaner dies leugnen, denn 212°F(ahrenheit) sind nicht das Vierfache von 77°F, die er auf seinem Thermometer abliest. Wohl aber werden sich beide verständigen, daß die Differenz der Temperaturen zwischen kochendem Wasser und diesem Badewasser dreimal so groß ist wie die Differenz zwischen Badewasser und gefrierendem Wasser.

In diesem Beispiel bildet die Wärme des jeweiligen Wassers eine empirische Struktur. Die „Meßmodelle", in denen die empirische Struktur abgebildet werden soll, sind die Skalen und ihre theoretische Begründung für die Meßinstrumente C-Thermometer (erste Meß- oder „Nutzen"-Funktion) und das F-Thermometer (zweite Meß- oder „Nutzen"-Funktion). Die beiden Meßfunktionen (Nutzenfunktionen) unterscheiden sich in

---

19 Vgl. *Oskar Lange:* The Determinateness of the Utility Function. In: The Review of Economic Studies, Vol. 1 (1933/34), S. 218-225, hier S. 219-221; vgl. auch *Krantz, Luce, Suppes, Tversky,* S. 141f.

der Wahl des Nullpunktes (dem Gefrierpunkt des Wassers bei Celsius, der bei Fahrenheit +32° entspricht) und der Skaleneinheit (100 bzw. 212 Teile vom jeweiligen Nullpunkt bis zum Siedepunkt des Wassers in Meereshöhe). Celsius-Nutzenfunktion und Fahrenheit-Nutzenfunktion können über eine lineare Gleichung ineinander umgerechnet werden: C = 5/9 (F − 32)

Die Wärmemessung in Celsius oder Fahrenheit ist also identisch bis auf eine „lineare Transformation": eben den willkürlich gewählten Nullpunkt und die Skaleneinheit.

Die schärfere Meßbarkeit auf einer **Verhältnisskala** wird erst dann verwirklicht, wenn auch der Nullpunkt durch die Existenzbedingungen einer strukturgleichen Abbildung festgelegt wird, so daß nur mehr die Skaleneinheit willkürlich gewählt werden kann. Eine strukturgleiche Abbildung beobachtbarer Sachverhalt in Zahlen, die zugleich den Nullpunkt festlegt, wäre bei der Temperaturmessung dann gegeben, wenn die Wärme in absoluten (Kelvin-)Graden abgebildet wird; denn die diese Messung begründenden Theorien (das Gesetzesbündel der Thermodynamik) bedingen eine logische Untergrenze für die Temperatur. Erst wenn irgendeine empirische Struktur auf einer Verhältnisskala meßbar ist, erhält das Verhältnis zweier gemessener Größen zueinander Sinn: In Kelvin-Graden ausgedrückt ist kochendes Wasser (373,16°K) zu obigem Badewasser (298,16°K) um rund ein Viertel heißer und nicht viermal so heiß, wie bei dem fehlerhaften Vergleich der Celsius-Grade. *Nur bei einer Messung auf einer Verhältnisskala erlangen Verhältniszahlen aus den gemessenen Einzelwerten Sinn (empirischen „Informationsgehalt").* Für eine Messung auf einer Verhältnisskala ist aber neben dem archimedischen Prinzip (S. 441) ein weiteres Axiom einzuhalten.

10. Für jede Wahrscheinlichkeitsverteilung aus zwei Zukunftslagen (A und C) existiert ein „Sicherheitsäquivalent" (B)[20].

Ein Sicherheitsäquivalent ist ein sicheres Einkommen, das einer Wahrscheinlichkeitsverteilung aus niedrigerem und höherem Einkommen gleichgeschätzt wird. Dieses Stetigkeitsprinzip verlangt vom Entscheidenden nur, daß er ein Sicherheitsäquivalent nennen kann für eine Wahrscheinlichkeitsverteilung aus zwei Einzelwerten. Würde gefordert werden, daß für beliebig große Wahrscheinlichkeitsverteilungen ein Sicherheitsäquivalent anzugeben sei, dann wäre das Entscheidungsproblem sofort gelöst: Die Entscheidung fiele für die Handlungsmöglichkeit mit dem höchsten Sicherheitsäquivalent.

dd) Vollständige Gewißheit über die Ungewißheit als Voraussetzung für die Messung einer Verhältnisskala

Das letzte Axiom lautet:
11. Es besteht vollständige Gewißheit über die Ungewißheit.

Im Entscheidungsmodell logisch unmögliche Ereignisse (Ex-post-Überraschungen) sind in Entscheidungsmodellen mit nominalen oder qualitativen Wahrscheinlichkeiten

---

20 Vgl. zu einer Axiomatisierung *Kraft, Pratt, Seidenberg:* Intuitive, S. 418; *Krantz, Luce, Suppes, Tversky:* Foundations, S. 206-208; *Fine:* Theories, S. 23-27.

logisch nicht ausgeschlossen, sondern nur als höchstens so glaubwürdig wie die unwahrscheinlichste geplante Zukunftslage und unwahrscheinlicher als die Gesamtheit aller Zukunftslagen eingestuft. Für Entscheidungsmodelle mit quantitativen Wahrscheinlichkeiten wird diese Bedingung verschärft: Die Gesamtheit aller geplanten Zukunftslagen gilt als sicher, es besteht (um ein Wortspiel zu verwenden) *vollständige Gewißheit über die Ungewißheit. Das im Entscheidungsmodell logisch unmögliche Ereignis (irgendeine Ex-post-Überraschung) wird zum empirisch unmöglichen Ereignis erklärt.*

Der Weg, um zwingend und mit beliebiger Genauigkeit aus der Rangordnung eine Bezifferung von Glaubwürdigkeiten zu konstruieren, verläuft über die Einführung von Zusatzwetten und die Deutung quantitativer Wahrscheinlichkeiten als rationale Wettquotienten[21].

Als Wettquotient ist dabei das Verhältnis von Auszahlungen zu Einsatz zu verstehen. Wer mit einer Wahrscheinlichkeit von 50% an ein Ereignis glaubt, wird, so sagt man, auch bereit sein, eine Wette abzuschließen, bei der er mit einer Mark Einsatz zwei Mark Auszahlung bekommt. Der Wettquotient beträgt hier 2:1 und sein reziproker Wert entspricht der subjektiven Wahrscheinlichkeit.

Das Einschalten zusätzlicher Wetten dient dazu, die Präferenzaussagen des Entscheidenden zu präzisieren, die sich bisher nur in einer Rangordnung niedergeschlagen haben. Die Präzisierung erreicht man über eine einfache Kontrollmöglichkeit, ob die vom Entscheidenden genannten Wettquotienten mit seiner vorher geäußerten Rangordnung verträglich und insgesamt vernünftig sind: Als vernünftig gilt ein Wettverhalten dann, wenn der Wettende bei einer Systemwette sichere Verluste vermeidet, sich also „kohärent" verhält.

Am Beispiel wird das klar: Wer bei dem nächsten Weltmeisterschaftskampf im Schwergewichtsboxen mit einer Quote von 2:1 auf den Sieg des Weltmeisters wettet und zugleich mit 3:2 auf den Sieg des Herausforderers, handelt unvernünftig. Denn bei einem Einsatz von drei Mark für den Sieg des Weltmeisters kann er sechs Mark verdienen. Bei einem Einsatz von vier Mark auf den Sieg des Herausforderers kann er ebenfalls sechs Mark verdienen. Da entweder der bisherige Weltmeister seinen Titel behält, oder der Herausforderer Weltmeister wird, stehen sichere 6 Mark Einnahmen gegen 3 + 4 = 7 Mark Wetteinsatz. Ein solches Wettsystem ist unvernünftig. Umgekehrt: Würden die Wettquotienten 2:1 und 3:1 lauten, wäre der Wettende immer Gewinner und der Buchmacher Verlierer, weil bei drei Mark Einsatz auf Sieg des Weltmeisters und zwei Mark Einsatz auf den Sieg des Herausforderers sechs Mark sichere Einnahmen bei fünf Mark Wetteinsatz entstehen. Ein sicherer Verlust eines Wettenden, ein sogenanntes Dutch-book, wird dann und nur dann ausgeschlossen, wenn auf alle sich gegenseitig aus-

---

21 Vgl. *Bruno de Finetti:* Theory of Probability. Vol. 1, London u.a. 1974, S. 185-191; *Robert L. Winkler:* The Quantification of Judgement: Some Methodological Suggestions. In: Investment Portfolio Decision-Making, ed. by J.S. Bicksler, P.A. Samuelson, Lexington u.a. 1974, S. 121-139, hier S. 126-129; *Krantz, Luce, Suppes, Tversky:* Foundations, S. 400 f.; *D.A. Gillies:* The Subjective Theory of Probability. In: The British Journal for the Philosophy of Science, Vol. 23 (1972), S. 138-157, hier S. 140-142.

schließenden Ereignisse gewettet wird und die Summe der reziproken Wettquotienten, also die Summe der subjektiven Wahrscheinlichkeiten, genau 100% beträgt.

Keine der bisherigen Formulierungen des Stetigkeitsprinzips kann indes vermeiden, daß unendlich viele Zusatzwetten benötigt werden[22]. Solange nicht ausgeschlossen werden kann, daß unendlich viele Wettquotienten zur Bezifferung von Wahrscheinlichkeiten benötigt werden, ist diese Konstruktionsmethode aber nicht „konstruktiv". Deshalb lassen sich eine Fülle von Einwänden gegen praktische Konstruierbarkeit und damit Anwendbarkeit personaler (subjektiv-rationaler) quantitativer Wahrscheinlichkeiten erheben:

Heilbar erscheinen acht Einwände durch eine zusätzliche methodologische Vorentscheidung:

(1) Zusatzwetten erweitern die Menge aller in die Planung einbezogenen Zukunftslagen. Das Berücksichtigen neuer Zukunftslagen kann die Rangordnung der bisherigen Zukunftslagen verändern, also das „Unabhängigkeitsprinzip" (S. 438) verletzen.

(2) Bei Befragungen über Wettquotienten muß nicht nur mit falschen Antworten gerechnet werden. Geheimniskrämerei (Publizitätsscheu), Sympathie und Antipathie können dem Gefragten den Verlust von Wetteinsätzen wert sein.

(3) Der Wettende kann Fehler gemacht oder, durch Spielfreude beeinflußt, nicht jene Einschätzung wiedergegeben haben, die er in unbeobachtetem Zustand hätte[23].

(4) Erfragte, bloß hypothetische Wetten sind unverbindlich. Bei tatsächlich durchgeführten Wetten kann der Wettbetrag zu klein sein, um den Entscheidenden ernstlich zu interessieren, oder so groß, daß ein abnehmender Grenznutzen des Geldes die Aussage beeinflußt.

(5) Der Wettende versteht den Sinn einzelner Fragen nicht, sieht Fallen, wo keine sind, oder gibt Antworten, die er nach Einübung selbst als falsch erkennen würde.

(6) Wer wettet, will gewinnen, er wird deshalb nicht für und gegen ein Ereignis wetten. Die Konstruktionsvorschrift zur Quantifizierung von Glaubwürdigkeiten verlangt aber gerade solche Systemwetten[24].

(7) Nach der Konstruktionsvorschrift müsse der Wetter von vornherein seine Preisuntergrenze für den Abschluß der Wette nennen. Das widerspräche dem Sinn einer Wette.

(8) Ob ein bestimmter Wetteinsatz akzeptiert wird, hängt nicht nur vom Wetteinsatz, sondern von zahlreichen anderen Einflüssen, z. B. von der Augenblicksstimmung, ab. Das Konzipieren einer Wette bringe deshalb noch keine hinreichende Begründung für einen rationalen Glaubensgrad.

Diese Einwände sind zu beheben, weil sie nicht den Kern der Konstruktionsbedingung für das Stetigkeitsprinzip treffen. Die „rationalen Wettquotienten innerhalb einer Systemwette" sind nur eine Umschreibung eines elementaren wirtschaftstheoretischen Gedankens: der Existenz eines vom Entscheidenden nicht beeinflußbaren Marktpreises

---

22 Vgl. *Krantz, Luce, Suppes, Tversky:* Foundations, S. 208.
23 Vgl. zu 6-8 *Robert L. Winkler:* The Quantification of Judgment, S. 131 f.
24 Vgl. zu 9-11 *Patricia Baillie:* Confirmation and the Dutch Book Argument. In: The British Journal for the Philosophy of Science, Vol. 24 (1973), S. 393-397, hier S. 395 f.

für die Risikoübernahme. Der rationale Wettquotient läßt sich als Konkurrenzgleichgewichtspreis für Wetten deuten. Die Existenz eines solchen Preises erledigt Einwand (4), sichert die Unabhängigkeit gegenüber zusätzlichem Angebot: Einwand (1), verlangt rationales Gewinnstreben als Ziel, so daß die Einwände (2), (7), (8) entfallen, setzt keine Fehlinformation voraus: Einwände (3), (5). Aber die Annahme eines Konkurrenzgleichgewichts ist keine empirisch erfüllbare Bedingung. Sie ist keine Hypothese über die Wirklichkeit, sondern eine methodologische Vorentscheidung, wie über die Wirklichkeit in einer Wissenschaftssprache vernünftigerweise geredet werden kann: *Rationale Wettquotienten sind eine Imitation konkurrenzgleichgewichtiger Wetteinsätze und als solche ein Anwendungsfall des Leitbilds von der Trennbarkeit gegenseitiger Abhängigkeiten über Separationstheoreme* (S. 505). Mit einer solchen methodologischen Vorentscheidung läßt sich zwar in einer erklärenden Theorie arbeiten, um in erster Annäherung „Nullpunkte" gegenseitiger Abhängigkeiten zu erkennen (S. 193). Aber mit einer methodologischen Vorentscheidung lassen sich Meßbarkeitsprobleme bei der Begründung von Handlungsempfehlungen schwerlich bewältigen. Deshalb kann die Entscheidungstheorie zur Zeit zwar Denkschulung betreiben, aber nur für wenige Fälle handliche Entscheidungstechniken für die Planung unter Ungewißheit lehren; denn es bleiben noch drei vermutlich „unheilbare" Einwände:

(9) Wetten läßt sich nur auf Behauptungen, deren Richtigkeit oder Falschheit beurteilt werden kann (*de Finetti* fordert ausdrücklich, daß die Wetten in einer endlichen Zeit entschieden werden). Eine von vornherein vorhersehbare Nichtentscheidbarkeit der Wettmerkmale ist bei Wetten auf die Gültigkeit von Naturgesetzen gegeben[25]. Eine Wette darauf, ob die Lichtgeschwindigkeit die höchstmögliche Geschwindigkeit ist, erscheint sinnlos; ebensowenig Sinn hat es, auf historische Ereignisse zu wetten, die sich nicht mehr aufklären lassen. Hier muß man sich mit einer Aufzählung von Argumenten und einer persönlichen Rangordnung ihres Gewichts begnügen.

(10) Kein Entscheidender kann gezwungen werden, zusätzliche Wetten abzuschließen, um seine Glaubwürdigkeitsschätzungen zu quantifizieren. Wer bereit ist zu wetten, der ist bei der Wahl einer Systemwette vernünftigerweise gebunden, nur solche ohne sichere Verluste abzuschließen. Aber wer nicht bereit ist zu wetten, kann nicht als unvernünftig Handelnder eingestuft werden.

(11) Das Verfahren kann nur funktionieren, wenn die geplante Menge an Zukunftslagen im Modell alle empirisch überhaupt denkbaren Zukunftslagen erfaßt. Wenn Prognosen auf mehreren Merkmalen zugleich beruhen (was praktisch durchweg der Fall ist), lassen sich quantitative Wahrscheinlichkeiten dann nicht über rationale Wettquotienten ermitteln, wenn über den Wahrheitsgehalt einzelner Merkmale nicht entschieden werden kann[26].

Diese Behauptung sei durch folgendes Beispiel einer Sportwette verdeutlicht. Wettmerkmale (Eigenschaften der künftigen Welt) sind:

---

25 Vgl. *Stegmüller:* Zweiter Halbband, S. 232, 397; *Brian Ellis:* The Logic of Subjective Probability. In: The British Journal for the Philosophy of Science, Vol. 24 (1973), S. 125-152, hier S. 137 f.
26 Vgl. *Ellis:* The Logic, S. 127 f.

A besagt, der bisherige Weltmeister im Schwergewichtsboxen behält den Titel über den 1.9. hinaus nur, wenn er ihn bis dahin erfolgreich verteidigt hat.
B besagt, der für den 31.8. angesetzte Wettkampf wird durch k.o. entschieden.
Es werde nur auf beide Merkmale zugleich gewettet, so daß folgende alternative Zukunftslagen (Wettarten) zu unterscheiden sind:
(1) A ∩ B: Der bisherige Weltmeister gewinnt durch k.o. Der Wettquotient beim Buchmacher lautet 3:1.
(2) A ∩ ¬B: Der bisherige Weltmeister gewinnt, aber er schlägt den Gegner nicht k.o., Wettquotient 4:1.
(3) ¬A ∩ B: Der Herausforderer gewinnt durch k.o., Wettquotient 4:1.
(4) ¬A ∩ ¬B: Der Herausforderer gewinnt nicht durch k.o., Wettquotient 6:1.

Dieses System von vier Wetten erscheint logisch geschlossen, denn die reziproken Werte der Wettquotienten addieren sich zu 1. Ein Systemwetter müßte, um in jedem Fall ohne Verluste abzuschließen, folgende Einsätze wählen: 4 Mark auf die erste Wette, 3 Mark auf die zweite und dritte und 2 Mark auf die vierte Wette, insgesamt also 12 Mark (oder ein Vielfaches davon).

Doch was passiert, wenn am 1.9., an dem die Wettgewinne ausgezahlt werden müssen, nicht entschieden werden kann, ob A bzw. B wahr sind? So kann der bisherige Weltmeister Weltmeister bleiben, obwohl er den Kampf weder durch k.o. noch durch Nichtk.o. gewonnen hat, weil der Herausforderer überhaupt nicht antritt, oder der Kampf findet statt, und dennoch steht nicht fest, wer Weltmeister ist. Dieser Fall tritt ein, wenn der allein entscheidungsbefugte Ringrichter vor Verkündigung des Urteils stirbt oder der k.o.-siegende Weltmeister nach dem Kampf wegen Dopings disqualifiziert wird. Hier liegt ein Fall der Teilentscheidbarkeit vor: Für ein Wettmerkmal ist entschieden, ob es wahr ist. Die Wahrheit des zweiten ist nicht entscheidbar.

Kohärente Wetten, die zugleich fair sind, aber den Verlierern ihre Einsätze nicht zurückgeben, werden unmöglich, sobald eine von mehreren Bedingungen der Wette unentscheidbar wird. Die Teilentscheidbarkeit einer Prognose (Zukunftslage) ruiniert die Kohärenz eines Wettsystems. Immer dann, wenn teilentscheidbare Zukunftslagen denkbar sind, lassen sich zwar Wettquotienten bilden, aber diese Wettquotienten dürfen nicht mehr als Wahrscheinlichkeiten gedeutet werden, denn die Kohärenzbedingung ist nicht erfüllt.

Die Bedeutung dieses Beispiels für die Quantifizierung von Wahrscheinlichkeiten liegt nicht darin, daß bei wirtschaftlichen Entscheidungen „teilentscheidbare" Zukunftslagen auftreten werden. Es wird ja nicht gewettet und dann abgewartet, welches Ereignis eintritt, um die Wetten auszuzahlen. Rationale Wettquotienten sind nur ein Hilfsmittel, um persönliche Einschätzungen genauer (statt auf einer Ordinalskala auf einer Verhältnisskala) messen zu können. Die Bedeutung des Beispiels besteht darin, daß selbst ein Wetten auf alle Zukunftslagen in einem logisch geschlossenen System noch nicht dazu führt, sichere Verluste zu vermeiden: Logische Geschlossenheit der Zukunftslagen sichert also keine „Wahrscheinlichkeit von 1"! Das Boxwettsystem verstößt gegen die Kohärenzbedingung, weil es trotz logischer Vollständigkeit zwei empirisch denkbare Zustände der

Welt nicht enthält: den Fall „Es wird nach dem Kampf kein Weltmeister gekrönt" und den Fall „Es findet überhaupt kein Kampf statt". Anders ausgedrückt: Das „logisch unmögliche Ereignis" (jene Teilmenge des Mengenkörpers, die durch die leere Menge, also das Nichtvorhandensein der vier Zukunftslagen gekennzeichnet wird) trat als Ex-post-Überraschung ein. Ein Wettsystem ist dann, aber eben nur dann, kohärent, sobald auf alle empirisch überhaupt denkbaren Fälle gewettet wird.

In konstruierten Entscheidungssituationen, z.B. Glücksspielen, können durch Spielregeln (Geschäftsbedingungen) solche „unerwarteten" Fälle, wie die Nichtentscheidbarkeit, ausgeschaltet werden (z. B. durch die Vereinbarung: Nichtentscheidbarkeit eines Wettmerkmals führt zur Annulierung des ganzen Systems). Im Regelfall unternehmerischer Entscheidungen gibt es jedoch keine Rückversicherung gegen unvorhergesehene Fälle. Das bedeutet: Wer bei der Planung unter Ungewißheit vereinfacht, z.B. einzelne denkbare Zukunftslagen vernachlässigt, und gleichwohl versucht, die verbleibende Rangordnung von Zukunftslagen zu quantifizieren, kann die Kohärenz des Wettsystems genausowenig erfüllen wie der Systemwetter bei der Boxwette. Deshalb wird für die Anwendung der Wahrscheinlichkeitsrechnung eine weiteres Axiom nötig: *Ex-post-Überraschungen werden als empirisch unmöglich erklärt.*

Im Entscheidungsmodell nicht aufgenommene Zukunftslagen (also darin logisch „unmögliche Ereignisse") sind in Entscheidungsmodellen mit nominalen oder qualitativen Wahrscheinlichkeiten logisch nicht ausgeschlossen (S. 436, 445 f.). Für Entscheidungsmodelle mit quantitativen Wahrscheinlichkeiten wird diese Bedingung verschärft: Die Gesamtheit aller geplanten Zukunftslagen gilt als sicher, obwohl Ex-post-Überraschungen eine alltägliche Erfahrung sind. Die blauäugige Annahme „vollständiger Gewißheit über die Ungewißheit", der die alltägliche Erfahrung entgegen steht, schränkt den Anwendungsbereich der Wahrscheinlichkeitsrechnung grundlegend ein.

Daraus folgt: *Die Notwendigkeit, vor der Sterbliche stehen, bei wirtschaftlichen Entscheidungen unter Ungewißheit zu vereinfachen, vernichtet zugleich die Möglichkeit, Glaubwürdigkeitsurteile zu quantifizieren!* Gegen diesen Schluß könnte vorgebracht werden: Vereinfachen müsse man auf jeden Fall. Auch für die Quantifizierung von Wahrscheinlichkeiten genüge es, die Kohärenz von gedachten Wetten wenigstens „ungefähr" zu wahren. Aber das heißt doch nicht mehr und nicht weniger, als sich bei den Meßvorschriften für Präferenzaussagen über die logisch notwendigen Voraussetzungen einfach hinwegzusetzen. Was soll denn das Bemühen um Widerspruchsfreiheit, die gesamte Formalisierung, wenn bei der Anwendung dann doch nicht auf die logisch notwendigen Voraussetzungen geachtet wird? Die Antwort ist einfach: Wer Rangordnungen quantifiziert, ohne die dafür logisch erforderlichen Existenzbedingungen einzuhalten, erhält zwar Zahlen, die er als „Wahrscheinlichkeiten" bezeichnen kann. Doch was trennt solche Wahrscheinlichkeiten noch vom Aberglauben?

Die Anwendungsvoraussetzung „vollständige Gewißheit über die Ungewißheit" ist so streng, daß sie kaum jemals zu erfüllen ist. Wer sie im Anwendungsfall nicht erfüllen kann, hat zwei Wahlmöglichkeiten:

1. Er nimmt die Anwendungsbedingungen nicht zur Kenntnis und gibt sich damit einer Selbsttäuschung hin. Er bildet sich ein, seiner, die Wahrscheinlichkeitsrechnung benutzenden Planung komme ein empirischer „Wahrheitsanspruch" zu. *Eine solche Selbsttäuschung versuchen jene Betriebswirtschaftler und Unternehmensforscher den praktisch Planenden einzureden, welche die Anwendungsvoraussetzungen in ihren aus Entscheidungsmodellen abgeleiteten Handlungsempfehlungen (z.B. „Frühwarnsystemen") nicht diskutieren, sondern (kurz gesagt) in der Entscheidungstheorie das „Rechnen"* (z.B. mit Insolvenzindikatoren, Risikoprofilen, Streuungen) vor *das „Nachdenken" über die Anwendungsvoraussetzungen stellen.*

2. Er nimmt die Anwendungsschwierigkeiten zur Kenntnis, behält dennoch die Wahrscheinlichkeitsrechnung als Planungstechnik bei und schraubt den „Wahrheitsanspruch" seiner Planungen herunter. Planungswahrheit reduziert sich von der Suche nach empirischer Wahrheit auf das Bewahren logischer Wahrheiten in einem Planungsmodell.

Damit ist der Schwarze Peter (die Aussage, was dem praktisch Planenden ein solches Entscheidungsmodell nützen kann) von der Wissenschaft auf die Praxis abgewälzt worden. Die Wissenschaft sagt dann nur noch: Wir zeigen Euch, wie Ihr logische Wahrheit bei Planungen sichern könnt; ob Euch logische Wahrheiten etwas helfen, müßt Ihr selbst entscheiden.

Dennoch hat dieser zweite Weg gegenüber dem ersten einen durchschlagenden Vorzug: Er sagt ehrlich, was eine Wissenschaft von der Planung leisten kann und was nicht. Im Verkehr zwischen gesellschaftlichen Gruppen (hier Wissenschaft und Praxis) erscheint das Verhindern fahrlässiger oder vorsätzlicher Täuschungen das wichtigste Erfordernis für eine Zusammenarbeit überhaupt.

Das Ergebnis eines solchen Planungsmodells ist dann eine **relativierte mehrwertige Prognose**. Damit ist gemeint, daß eine Reihe von Zukunftsmerkmalen als hypothetisch für die Planung gültig vorausgesetzt wird. Ausgeklammert bleibt, wie die künftigen Zustände der Welt aussehen, falls diese hypothetisch gesetzten Zukunftsmerkmale nicht eintreten (was keineswegs ausgeschlossen werden kann). Im praktischen Sprachgebrauch beschränkt man sich auf „nach vernünftigem kaufmännischem Ermessen" zu erwartende Zukunftslagen. Auf diese Weise entsteht eine Planung, die zweierlei Eigenschaften aufweist:

a) Die Prognose von Zielbeiträgen in den einzelnen Zukunftslagen ist relativiert, d.h., sie gilt nur dann, wenn ein Kranz von hypothetisch als gültig angenommenen Merkmalen in der künftigen Wirklichkeit tatsächlich auftritt.

b) Die Prognose insgesamt ist mehrwertig: Sie beschränkt sich nicht auf eine Zukunftslage, sondern erklärt mehrere für glaubwürdig.

Der Wahrheitsanspruch einer solchen relativierten mehrwertigen Prognose ist immer an die Vorbedingung geknüpft, daß die hypothetisch gesetzten Zukunftsmerkmale sich bewahrheiten. Selbst wenn eine Planung von zahlreichen Zukunftslagen ausgeht, stellt sie deshalb nur ein Rechenmuster dar. Dieses Muster liefert auf Vergangenheitsdaten gestützte logische Folgerungen über denkmögliche künftige Zustände der Welt bei hypothetisch vorausgesetzten Zukunftsmerkmalen. *Mehr kann Planung nicht erreichen. Nur ein Gott kann mehr und nur ein Mensch, der leichtfertig ist oder täuschen will, verspricht mehr.*

Die Schwierigkeiten, die einer Anwendung der Wahrscheinlichkeitsrechnung in der betriebswirtschaftlichen Planung entgegenstehen, wurden hervorgehoben, um ein Störgefühl gegen leichtfertige Konstruktionen bzw. Simulationen von Wahrscheinlichkeitsverteilungen zu erzeugen. Nachdem dieses Störgefühl geweckt worden ist, wollen wir jene Schwierigkeiten erörtern, die sich einer vernünftigen Entscheidung unter Ungewißheit entgegenstellen, falls der glückliche Umstand einmal eintritt, daß Wahrscheinlichkeitsverteilungen gegeben sind, also die Wahrscheinlichkeitsrechnung anwendbar ist.

b) Entscheidungsregeln unter Ungewißheit

1. Dominanzprinzip und Minimaxprinzip

Entscheidungen unter Ungewißheit fallen unter einer mehrfachen Zielvorschrift: mindestens einem Sachziel (im folgenden Einkommensstreben) und der persönlichen Risikoneigung (Sicherheitsstreben). Für mehrfache Zielvorschriften gibt es zwei vernünftige Lösungswege: die Einzelanordnung nach einem Vorrang unter den Zielgrößen (lexikographischer Nutzen) und die Formulierung eines übergeordneten Ziels (einer substitutionalen Nutzenfunktion). Der zweite Weg setzt die Existenz quantitativer Wahrscheinlichkeiten voraus. Den ersten Weg beschreibt die Entscheidungsregel des Dominanzprinzips.

Das **Dominanzprinzip** beschreibt eine vernünftige Entscheidung für Wahlprobleme, ohne daß es der Voraussetzung bedarf, Sachziel und Risikoneigung seien gegenseitig in Grenzen austauschbar, also bei lexikographischem Nutzen. Das Dominanzprinzip erscheint in mehreren Formen, die sich in den Annahmen über die Meßbarkeit von Wahrscheinlichkeiten unterscheiden. Bereits für nominale Wahrscheinlichkeiten ist das *Nutzendominanzprinzip* anwendbar. Es besagt:

Jene Handlungsmöglichkeit ist überlegen, die bei einer Zukunftslage eine Zielgröße besser als, bei allen anderen Zukunftslagen diese und alle anderen Zielgrößen mindestens gleich gut erfüllt wie die konkurrierenden Handlungsmöglichkeiten.

Ein Beispiel für *Nutzendominanz* einer Zielgröße zeigt folgender Fall:

1. Fall	Zukunftslagen:	A	B	C
Handlungsmöglichkeit I	Einkommen	10	50	100
Handlungsmöglichkeit II	Einkommen	10	50	90
offensichtlich ist I › II				

Ist das Dominanzprinzip empirisch gehaltvoll? Man hat versucht, Ausnahmefälle zu konstruieren, in denen dagegen verstoßen wird, z.B.:

Ein Bergsteiger erwägt die Besteigung der Eiger-Nordwand. A steht für Leben, B für Tod. Offensichtlich ist A › B. Die Besteigung der Eiger-Nordwand bringt nun ein nicht unbeträchtliches Todesrisiko. Die Handlungsmöglichkeit „Besteigung der Eiger-Nordwand" können wir so schreiben: Es besteht eine Wahrscheinlichkeit von, sagen wir, 80% zum Überleben und 20% zum Sterben. Entschließt sich der Bergsteiger für die Besteigung, dann gilt für ihn

$$\{0{,}8\, A;\, 0{,}2\, B\} \succ A \succ B, \tag{6}$$

was dem Dominanzprinzip widerspricht. Die Mehrzahl der Flachlandbewohner wird schließen: Wer die Eiger-Nordwand besteigt, handelt unvernünftig; das müsse dem Dominanzprinzip widersprechen. Aber so einfach ist das Problem nicht. Wenn wir von der riskanten Eiger-Nordwand zu dem noch nicht ganz so riskanten deutschen Autobahnverkehr zur Urlaubszeit übergehen, stehen wir vor einer ähnlichen Tatsache. Offenbar wird das risikoreiche Unternehmen „Urlaubsreise über deutsche Autobahnen" dem sicheren Leben auf dem heimischen Sofa vorgezogen. Die Urlaubsreise werden die meisten Menschen nicht als unvernünftig ansehen. Kann man darin einen Widerspruch zum Dominanzprinzip sehen? Nein, denn in diesem Beispiel ist das Wahlproblem nicht richtig formuliert. Es liegen folgende Handlungsmöglichkeiten vor: Sicheres, aber langweiliges Leben oder interessantes Leben (Bergbesteigung, Urlaubsreise). Die Kombination: Wahrscheinlichkeit des Lebens und Wahrscheinlichkeit des Todes ist in der Präferenzordnung des Entscheidenden nicht gleichzusetzen der Handlungsmöglichkeit „interessantes Leben". Erst eine genaue Untersuchung der Wünsche und Handlungsmöglichkeiten des Entscheidenden erlaubt die Aussage, ob bei einer Entscheidung das Dominanzprinzip beachtet worden ist. Schon deshalb ist das Dominanzprinzip keineswegs eine Trivialität oder Leerformel.

Eine zweite Entscheidungsregel bei nominalen Wahrscheinlichkeiten nennt das **Minimaxprinzip**: Entscheide für jene Handlungsweise, die den höchsten Zielbeitrag bei der schlechtesten Zukunftslage anzeigt. Gegen diese und ähnliche Regeln spricht, daß rationales Verhalten die Auswertung aller vorhandenen Zukunftslagen voraussetzt. Das Minimaxprinzip beachtet jedoch praktisch nur eine einzige (die schlechteste) Zukunftslage für jede Handlungsalternative. Damit kann das Minimaxprinzip gegen das Dominanzprinzip verstoßen. Man betrachte folgendes Beispiel mit den Zukunftslagen A und B und den Handlungsmöglichkeiten I und II:

	A	B
Handlungsmöglichkeit I	10	100
Handlungsmöglichkeit II	10	11

Nach dem Minimaxprinzip ist strenggenommen I gleichwertig II, was dem Dominanzprinzip widerspricht[27]. Das Minimaxprinzip ist die bevorzugte Entscheidungsregel in der

---

27 Zu anderen Entscheidungsregeln vgl. z.B. *Luce, Raiffa:* Games, S. 278-286; *Wilhelm Krelle* unter Mitarbeit von *Dieter Coenen:* Präferenz- und Entscheidungstheorie. Tübingen 1968, S. 185-193.

Spieltheorie, wenn ein „allwissender" Gegenspieler unterstellt wird[28]. Doch dann gibt eine Entscheidungsmatrix, wie die obige, kein strukturgleiches Abbild der realisierbaren Zukunftslagen wieder und ist deshalb als Entscheidungsmodell verfehlt.

Sind quantitative Wahrscheinlichkeiten gegeben, so treten neben die Nutzendominanz mehrere Fälle stochastischer Dominanz.

Stochastische Dominanz kann vom ersten, zweiten und von noch mehr Graden auftreten. Mit stochastischer Dominanz vom ersten Grade ist z.B. folgender Fall gemeint:

	Einkommen	10	50	100
Handlungsmöglichkeit I	Wahrscheinlichkeit	0,2	0,5	0,3
Handlungsmöglichkeit II	Wahrscheinlichkeit	0,4	0,3	0,3

Um hier zu erkennen, daß I > II, empfiehlt sich eine Umformung. Wir fragen: Mit welcher Wahrscheinlichkeit m wird ein bestimmtes Mindesteinkommen erreicht?

	m	
Einkommen	I	II
mindestens 10	1,0	1,0
mindestens 50	0,8	0,6
mindestens 100	0,3	0,3

Das Einkommen von mindestens 10 ist bei beiden sicher, das Einkommen 100 für beide Alternativen gleich wahrscheinlich; das Einkommen von mindestens 50 ist für I wahrscheinlicher.

Stochastische Dominanz vom zweiten Grade liegt vor bei:

	Einkommen	10	50	100
Handlungsmöglichkeit I	Wahrscheinlichkeit	0,2	0,5	0,3
Handlungsmöglichkeit II	Wahrscheinlichkeit	0,5		0,5

Hier steht gegenüber dem Mindesteinkommen ein Mehreinkommen von 40 mit 30% bei I (Erwartungswertsteigerung 0,3·40=12), während das Mehreinkommen von 100-50=50 bei II nur mit 20% zu gewichten ist (Erwartungswertsteigerung 0,2·50=10).

Ein Planender entscheidet risikoneutral, wenn er nach dem Erwartungswert der Zielbeiträge entscheidet, d.h. nach der Summe der mit ihren Wahrscheinlichkeiten gewichteten Zielbeiträge. Ein risikoabgeneigter Planer gewichtet hingegen bei gleicher Wahrscheinlichkeit niedrige Gewinnchancen stärker als höhere. Für jeden risikoneutralen Planer und für jeden dem Risiko Abgeneigten ist insgesamt I > II.

Der Anwendungsbereich solcher Risikoprofil-Berechnungen ist überaus bescheiden[29]:

---

28 Vgl. *Abraham Wald:* Statistical Decision Functions. New York-London 1980, S. 18.

1. Es müssen quantitative Wahrscheinlichkeiten gegeben sein.
2. Die quantitativen Wahrscheinlichkeiten müssen bei allen Handlungsmöglichkeiten so gelagert sein, daß im Hinblick auf das Mindesteinkommen bei gegebener Wahrscheinlichkeit bzw. die Mindestwahrscheinlichkeit bei gegebenem Einkommen stets eine Wahlmöglichkeit allen anderen vorzuziehen ist.

Selbst wenn die erste Bedingung erfüllt sein sollte, so wird dann nur ganz selten die zweite Bedingung zugleich erfüllt sein (sofern man sich nicht einer Selbsttäuschung hingibt).

2. Theorie des Risikonutzens (Bernoulli-Prinzip)

aa) Endvermögen oder Einkommen als Bezugsgröße des Risikonutzens?

Für den Fall, daß

a) das Ausmaß persönlichen Für-Wahr-Haltens von Zukunftslagen in quantitativen Wahrscheinlichkeiten festgelegt werden kann, und

b) die Bedingung der jederzeitigen Austauschbarkeit von Sachzielen und Risikoneigung erfüllt ist (das Stetigkeitsprinzip in Form eines Sicherheitsäquivalents für die Einkommenschancen gilt), gibt es eine Regel für vernünftige Entscheidungen unter Ungewißheit: *Maximiere den Erwartungswert des Risikonutzens!* (Entscheidung nach dem Bernoulli-Prinzip).

Wer die Theorie des Risikonutzens anwendet, hat genau darauf zu achten, für welche finanzielle Zielgröße (oder für welches sonstige Sachziel) der Risikonutzen definiert ist. Im Schrifttum ist es üblich geworden, den Risikonutzen auf das Gesamtvermögen einer Person zu einem Zeitpunkt zu beziehen[30]. Der Grund hierfür liegt darin, daß nur eine Gesamtbetrachtung des vorhandenen Vermögens und des Gesamtprogramms an Handlungsmöglichkeiten es erlaubt, *die wirtschaftlichen Bestimmungsgründe für die Höhe des Unternehmensrisikos zu erfassen;* denn

1. Optimale Entscheidungen sind – auch unter Sicherheit – nur dann zu finden, wenn die Unternehmung als eine Einheit betrachtet wird. Über die Vorteilhaftigkeit einer einzelnen Handlungsmöglichkeit kann nur entschieden werden nach dem Zielbeitrag (z.B. dem Einkommens- bzw. Vermögenszuwachs), der daraus für die Unternehmung insgesamt entsteht. Daran kann sich nichts ändern, wenn die Ungewißheit ausdrücklich berücksichtigt wird.

2. Die Risikobereitschaft des Entscheidenden wird durch eine Mischung der verschiedenen risikobehafteten Handlungsmöglichkeiten mitbestimmt, die zum bestehenden Vermögen hinzutreten.

---

29 Vgl. *Haim Levy, Yoram Kroll:* Stochastic Dominance with Riskless Assets. In: Journal of Financial and Quantitative Analysis, Vol. 11 (1976), S. 743-777; *R.G. Vickson, M. Altmann:* On the Relative Effectiveness of Stochastic Dominance Rules: Extension to Decreasingly Risk-Averse Utility Functions. In: Journal of Financial and Quantitative Analysis, Vol. 12 (1977), S. 73-84. Grundlegend ist noch immer *Fishburn:* Decision and Value Theory, Kap. 6 und 7.

30 Man folgt hier *Kenneth J. Arrow:* Aspects of the Theory of Risk Bearing. Helsinki 1965, S. 33; vgl. auch *ders.:* Essays in the Theory of Risk-Bearing. Amsterdam-London 1970, S. 92-94.

3. Eine Aufgabe der ökonomischen Theorie ist es, die Preisbildung bei risikotragenden Anlagen (z.B. Aktien) zu erklären bzw. Gesichtspunkte für die Höhe einer Angebots-Preisuntergrenze (Nachfrage-Preisobergrenze) zu erarbeiten. Eine Theorie der Preisbestimmung für risikotragende Anlagen setzt voraus, daß Käufer und Verkäufer vor alternative Wohlstandslagen, vor alternative Gesamtvermögenshöhen, gestellt werden[31].

Dem stehen jedoch drei Gesichtspunkte entgegen:

a) Die Vorstellung vom Risikonutzen in Abhängigkeit vom Gesamtvermögen entzieht sich der empirischen Überprüfung. Um die Probleme der Vermögensbewertung zu irgendeinem Zeitpunkt innerhalb des Planungszeitraums in den Griff zu bekommen, unterstellt z.B. Arrow, daß entweder das Gesamtvermögen aus einem einzigen Gegenstand besteht oder daß die Summe aller Marktpreise für die einzelnen Güter das Gesamtvermögen ausmache. „There is no loss in generality under perfect competition so long as prices remain constant". Dummerweise besteht in der Realität weder ein Konkurrenzgleichgewicht noch bleiben die Preise konstant. Vielmehr existiert hier der einzige theoretisch akzeptable Weg, um das Gesamtvermögen zu einem Zeitpunkt zu bestimmen, darin, das Gesamtvermögen als Barwert künftiger Einnahmen (Konsumentnahmen)-Ströme zu definieren. Indes führt unter Ungewißheit diese Bewertungsvorstellung zu unlösbaren Schwierigkeiten:

(1) Wir kennen nicht den geeigneten Diskontierungsfaktor, weil es in der Realität keine ein Konkurrenzgleichgewichte unter Ungewißheit gibt (vgl. S. 569-573).

(2) Jeder Nutzenindex in der Risikonutzenfunktion muß einem einzigen Betrag des Endvermögens zugeordnet werden. Doch wie soll das Endvermögen eindeutig gemessen werden, wenn das Endvermögen als Gegenwartswert künftiger Wahrscheinlichkeitsverteilungen von Zahlungen verstanden wird, die mit einem Zinssatz diskontiert werden müssen, der nicht beobachtbar ist, weil er zu jedem Zeitpunkt dem Konkurrenzgleichgewichtspreis auf einem Kapitalmarkt zu entsprechen hätte?

b) Nur für einperiodige Entscheidungsprobleme, nicht für mehrperiodige, bei denen die Konsumentnahmen ungewiß sind, existiert immer eine Risikonutzenfunktion, bezogen auf das Endvermögen[32]. Investitions- und Finanzierungsentscheidungen sind aber durchgängig mehrperiodig.

---

31 Der Versuch, das Risikoverhalten durch die Gesamtbetrachtung (zunächst in einer Tauschwirtschaft) zu erklären, geht zurück auf Arrow, vgl. *K.J. Arrow:* The Role of Securities in the Optimal Allocation of Risk-bearing. In: Review of Economic Studies, Vol. 31 (1964), S. 91-96, eine frühere Fassung erschien bereits 1953; vgl. auch *Gérard Debreu:* Theory of Value. New York-London 1959, S. 98-102; Jack Hirshleifer nennt diesen Ansatz (time-)„*state-preference-approach*", ergibt eine ausführliche Begründung für die Notwendigkeit dieser Betrachtungsweise und erkennt deutlich, daß nur auf diesem Weg die Anforderungen an rationales Verhalten präzisiert werden können. Auf die m.E. noch wichtigeren Probleme der Erfassung der wirtschaftlichen Bestimmungsgründe der Risikoneigung geht er jedoch nicht ein; vgl. *J. Hirshleifer:* Investment Decision under Uncertainty: Choice-Theoretic Approaches. In: The Quarterly Journal of Economics, Vol. 79 (1965), S. 509-536; *ders.:* Investment Decision under Uncertainty: Applications of the State-Preference Approach. In: The Quarterly Journal of Economics, Vol. 80 (1966), S. 252-277.

32 Vgl. *Jan Mossin:* Theory of Financial Markets. Englewood Cliffs 1973, S. 29-32.

c) Um Einzelfolgerungen zu ziehen (z.B. hinsichtlich des Einflusses der Gewinnbesteuerung auf die Risikobereitschaft zu Investitionen), empfiehlt es sich schon aus didaktischen Gründen, den Risikonutzen nicht auf das Gesamtvermögen, sondern auf den Gewinn zu beziehen. Allerdings ist dazu die Unterstellung nötig, daß Verluste in keiner Zukunftslage entstehen, weil die Maße für Risikoabneigung nicht auf negative Risikonutzengrößen übertragbar sind.

bb) Quantitative subjektive Wahrscheinlichkeiten, Risikonutzen und Erscheinungsformen der Risikoneigung

Dieselben formallogischen Erfordernisse, welche die Existenz von personalen Wahrscheinlichkeitsziffern gewährleisten, sind auch erforderlich, um die Existenz von Risikonutzenzahlen zu sichern, mit deren Hilfe der Erwartungswert des Risikonutzens einer jeden Handlungsmöglichkeit berechnet werden kann. Die Existenz quantitativer subjektiver (personaler) Wahrscheinlichkeiten und die Existenz des Risikonutzens sind also „simultan" bestimmt[33].

Der Tatbestand, daß die Theorie des Risikonutzens die Existenz eines Sicherheitsäquivalents voraussetzt, erlaubt, den umgangssprachlichen Begriffen Risikoneutralität, Risikoabneigung (Risikoscheu) und Risikofreude als drei Erscheinungsformen von Risikoneigung einen präzisen, weil modellgestützten Sinn zu geben.

Für die Trennung von Risikoneutralität, Risikoabneigung und Risikofreude bietet sich das Verhältnis von Sicherheitsäquivalent und Erwartungswert an[34]. Dabei ist zu beachten, daß sich die Formen der Risikoneigung als Ausdrücke menschlichen Verhaltens auf die *gesamte* vorliegende Wahrscheinlichkeitsverteilung beziehen (und nicht nur auf einzelne Intervalle der Wahrscheinlichkeitsverteilung).

Risikoneutralität ist gegeben, wenn Sicherheitsäquivalent und Erwartungswert übereinstimmen. Wer 20.000 DM sicheres Einkommen gleichschätzt dem Spiel mit Wahrscheinlichkeiten von 8/9 10.000 DM oder 1/9 100.000 DM zu verdienen (Erwartungswert 20.000), der handelt risikoneutral.

Risikoabneigung (Risikoscheu) liegt vor, wenn das Sicherheitsäquivalent kleiner ist als der Erwartungswert: z.B. wenn ein Unternehmer 20.000 DM riskiert, um mit je 50% Wahrscheinlichkeit 10.000 DM oder 100.000 DM zu erhalten (Erwartungswert 55.000 DM).

---

33 So axiomatisiert *Savage*, S. 6-104, personelle Wahrscheinlichkeiten und Risikonutzen in einem Zuge, vgl. ferner die Rekonstruktion bei *Fishburn:* Utility Theory, Chapter 14; vgl. auch *Stegmüller:* 1. Halbband, S. 306-323; oder *Krantz, Luce, Suppes, Tversky,* Chapter 8. Die ursprüngliche Quelle ist *Daniel Bernoulli:* Specimen Theoriae Novae de Mensura Sortis. In: Commentarii academicae scientiarum imperialis Petropolitanae, Jg. 5 (1738), S. 175-192; deutsche Übersetzung durch *Alfred Pringsheim:* Versuch einer neuen Theorie der Wertbestimmung von Glücksfällen. Leipzig 1896. Eine leichter zugängliche englische Übersetzung findet sich in der Econometrica, Vol. 22 (1954), S. 23-36.
34 Vgl. z.B. *Hans Schneeweiß:* Entscheidungskriterien bei Risiko. Berlin u.a. 1967, S. 45.

Risikozuneigung (Risikofreude) tritt auf, wenn das Sicherheitsäquivalent über dem Erwartungswert liegt: z.B. wenn ein Unternehmer die Chance, mit 10% Wahrscheinlichkeit 100.000 DM verdienen oder mit 90% Wahrscheinlichkeit 10.000 DM (Erwartungswert 19.000), gleichschätzt dem sicheren Einkommen von 20.000 DM. Jeder, der sich an Lotto, Toto und anderen Glücksspielen beteiligt, handelt dabei dem Risiko zugeneigt, denn bei allen diesen Glücksspielen wird nur ein Teil der Summe aller Einsätze ausgeschüttet. Der Erwartungswert liegt deshalb unter dem Sicherheitsäquivalent. (Solange nur ein bescheidener Bruchteil des Vermögens verspielt wird, können wir Sicherheitsäquivalent und Einsatz gleichsetzen).

Es ist zu beachten, daß die Begriffe Risikofreude und Risikoscheu, so wie sie hier definiert wurden, jeweils einen sehr breiten Verhaltensbereich einschließen.

Risikoscheu ist z.B. auch ein Spekulant mit riskanten Neigungen, der z.B. bei 1/8 Wahrscheinlichkeit für 100.000 DM und 7/8 für 10.000 DM auf die 20.000 DM zu verzichten bereit wäre. Es kann sich jedoch auch um einen ängstlichen Zauderer handeln, der selbst bei 98% Wahrscheinlichkeit für die 100.000 DM die 20.000 DM sicheres Einkommen nicht aufzugeben bereit ist.

Sind Risikofreude, Risikoneutralität und Risikoscheu rationale Verhaltensweisen bei Programmentscheidungen?

Im allgemeinen wird Risikoabneigung als vernünftige Verhaltensweise empfunden werden. Für sehr hohe Einkommenschancen folgt Risikoabneigung schon aus dem Stetigkeitsprinzip, falls (um unsinnige Implikationen zu vermeiden) die Risikonutzenfunktion ein Maximum im Endlichen haben soll; denn dann muß die Kurve nach und nach abflachen, wenn sie stetig verläuft.

Wie sieht es bei geringen Einkommenshöhen aus? In der Literatur finden sich hierzu zahlreiche Vermutungen, z.B.: Es bestehe zunächst ein Bereich der Risikoabneigung, dann folge eine Zone der Risikofreude, und schließlich sei der Entscheidende bei hohem Einkommen dem Risiko wiederum abgeneigt[35]. Aussagen über die empirische Vorherrschaft von Risikoabneigung bleiben schon deshalb Vermutung, weil die Risikonutzentheorie (auf der die Definition von Risikoabneigung beruht) inzwischen selbst für Wahlprobleme zwischen Lotterien als empirisch widerlegt, zumindest aber als zweifelhaft gilt[36]. Gleichwohl bleibt die Entscheidungsregel nach dem Erwartungswert des Risikonutzens nützlich, um ein Bezugsmodell (einen Referenzpunkt) zu gewinnen, wie rationale Entscheidungen unter Unsicherheit aussehen können. An einem solchen Bezugsmo-

---

35 Vgl. dazu *Milton Friedman, L.J. Savage:* The Utility Analysis of Choices Involving Risk. In: The Journal of Political Economy, Vol. 56 (1948), S. 279-304, hier S. 295; zur Kritik vgl. *Hirshleifer:* Applications of the StatePreference Approach, S. 258-264.
36 Vgl. *Paul J.H. Schoemaker:* The Expected Utility Model: Its Variants, Purposes, Evidence and Limitations. In: Journal of Economic Literature, Vol. 20 (1982), S. 529-563, hier S. 541-556; *Bernd Schauenberg:* Jenseits von Logik und Empirie – Anmerkungen zur Pragmatik betriebswirtschaftlicher Entscheidungstheorie. In: Information und Produktion, hrsg. von S. Stöppler, Stuttgart 1985, S. 277-292, hier S. 283-292; *Amos Tversky, Daniel Kahneman:* Rational Choice and the Framing of Decisions. In: The Journal of Business, Vol. 59 (1986), S. S251-S278, bes. S. S252.

dell kann geprüft werden, ob Aussagen aus Modellen unter angenommener Sicherheit uneingeschränkt übernommen werden dürfen, oder ob einzelne Behauptungen, z.B. Steuersatzsenkungen fördern die Bereitschaft, Investitionsrisiken zusätzlich zu übernehmen (S. 665 f.), überhaupt gelten *können*. Die Entscheidungsregel nach dem Erwartungswert des Risikonutzens bietet eine Grundlage, um unzulässige Verallgemeinerungen aus Modellen unter Sicherheit oder in nicht modellgestützten Praktiker-Behauptungen zu erkennen.

cc) Ein Beispiel für eine Entscheidung nach dem Erwartungswert des Risikonutzens

Ein Unternehmer hat die Wahl, seine Kapazitäten durch Aufnahme von Lohnfertigung auszulasten oder durch Eröffnung des Preiskampfes bei einem Produkt. Handlungsprogramm A zeigt die alternativen Einkommenshöhen beim Ausweichen auf Lohnfertigung. Die Ungewißheit folgt hier aus unterschiedlichen Preis- und Mengenerwartungen hinsichtlich der Lohnaufträge. Handlungsprogramm B zeigt die Lage der Unternehmung nach dem Preiskampf: Schlagen alle Konkurrenten zurück, bleiben nur 11.000 DM durch die nicht im Preis umkämpften Erzeugnisse. Reagieren nur wenige Konkurrenten, bleiben 30.000 DM. 70.000 DM fallen an, wenn kein Konkurrent reagiert.
Welches Handlungsprogramm ist vorzuziehen?

	Z	p		Z	p
A:	20.000	0,1	B:	11.000	0,4
	30.000	0,3		30.000	0,2
	40.000	0,5		70.000	0,4
	50.000	0,1			

Zunächst ist die Risikoneigung des Unternehmens zu erfragen. Um die Risikoneigung des Unternehmers zu erkunden, wird der Unternehmer vor ein drittes Handlungsprogramm gestellt. Bei dem dritten Handlungsprogramm kann er entweder ein sehr niedriges Einkommen (z.B. das Existenzminimum) erzielen oder ein sehr hohes Einkommen. Das Existenzminimum betrage 10.000 DM, das hohe Einkommen 100.000 DM. Der Unternehmer wird nun gefragt: Mit welcher Wahrscheinlichkeit muß ihm das hohe Einkommen 100.000 DM, mit welcher Restwahrscheinlichkeit das Existenzminimum 10.000 DM geboten werden, damit er diese Einkommenschancen gleichschätzt einem festen Einkommen von 11.000, 20.000, 30.000 DM usw. Im einzelnen: Angenommen, bei Handlungsprogramm A würden sich 20.000 DM realisieren, welche Wahrscheinlichkeit für 100.000 DM, welche Restwahrscheinlichkeit für 10.000 DM müßte geboten werden, damit die 20.000 DM gleichbewertet werden den Einkommenschancen von 100.000 DM oder 10.000 DM?

Gefragt wird also nach den Wahrscheinlichkeiten, mit denen das hohe Einkommen mindestens eintreten muß, damit auf ein festes Einkommen verzichtet wird. Wir wollen die zu erfragenden Wahrscheinlichkeiten „Präferenzwahrscheinlichkeiten" nennen.

Es ist zweckmäßig, die Präferenzwahrscheinlichkeiten von den Glaubwürdigkeiten für die einzelnen Zukunftslagen zu trennen: Die Wahrscheinlichkeit von 10%, daß bei A ein Einkommen von 20.000 DM erzielt wird, ist Ausdruck der Glaubwürdigkeit für ganz bestimmte Umweltbedingungen. Die Präferenzwahrscheinlichkeit, daß 20% für 100.000 DM sprechen müssen (80% für 10.000 DM), um auf 20.000 DM festes Einkommen zu verzichten, ist hingegen Ausdruck der unternehmerischen Risikoneigung. Präferenzwahrscheinlichkeiten beschreiben das persönliche Verhalten gegenüber der Ungewißheit, nicht die Glaubwürdigkeit für bestimmte künftige Zustände der Umwelt.

Die Befragung möge folgendes Ergebnis erbracht haben:

festes Einkommen	Präferenzwahrscheinlichkeit für 100.000 DM	Restwahrscheinlichkeit für 10.000 DM
11.000	2%	98%
20.000	21%	79%
30.000	40%	60%
40.000	56%	44%
50.000	70%	30%
70.000	90%	10%

Aus dem Befragungsergebnis läßt sich rasch erkennen, ob der Unternehmer risikofreudig oder risikoscheu ist. Wir errechnen den Erwartungswert der Einkommenschancen und vergleichen ihn mit dem sicheren Einkommen (dem „Sicherheitsäquivalent"):

Sicherheitsäquivalent in TDM	Erwartungswert in TDM	Abweichung in TDM
11	12	1
20	29	9
30	46	16
40	60	20
50	73	23
70	91	21

Die Abweichung kann als „Risikoabschlag" gedeutet werden. Aus dem Wachstum des Risikoabschlages läßt sich erkennen, daß der hier befragte Unternehmer mit wachsendem Einkommen immer weniger bereit ist, das Risiko einzugehen, auf das Existenzminimum zurückzufallen; er verhält sich also (bis auf den letzten Wert) zunehmend risikoscheu.

Für das Weitere beschränken wir uns auf die Untersuchung des Handlungsprogramms A. Der Leser sollte die Rechnungen für B selbst nachvollziehen.

Handlungsprogramm A kennt vier alternative Zukunftslagen. Für jede alternative Zukunftslage wird mit einem einzigen, einem „festen" Einkommen gerechnet. Nach dem Stetigkeitsprinzip können wir jederzeit eine Wahrscheinlichkeitsverteilung durch ihr Sicherheitsäquivalent (das feste Einkommen) austauschen. Hier ersetzen wir umgekehrt festes Einkommen durch eine Wahrscheinlichkeitsverteilung. Wir wechseln das feste Einkommen von 20.000 DM in der ersten Zukunftslage aus gegen die Wahrscheinlichkeitsverteilung der Einkommenschancen: 20% für 100.000 und 80% für 10.000 DM. In gleicher Weise wird das feste Einkommen von 30.000 DM, das die zweite Zukunftslage verspricht, gegen eine Wahrscheinlichkeitsverteilung der Einkommenschancen ausgetauscht: 40% für 100.000 und 60% für 10.000 DM usw. Dadurch wandelt sich Handlungsprogramm A in folgende Verteilung um (u = Präferenzwahrscheinlichkeit, p = Glaubwürdigkeit der Zukunftslage, die Einkommensziffern stehen für je 1.000 DM):

m	1–u	p
20 ~ 0,21 · 100;	0,79 · 10	mit 10%
30 ~ 0,4 · 100;	0,60 · 10	mit 30%
40 ~ 0,56 · 100;	0,44 · 10	mit 50%
50 ~ 0,73 · 100;	0,27 · 10	mit 10%

Da die Voraussetzungen für die Anwendbarkeit der Wahrscheinlichkeitsrechnung erfüllt sind, können wir ohne Bedenken die Wahrscheinlichkeiten der einzelnen Zukunftslagen ausmultiplizieren und zusammenzählen und erhalten folgende Präferenzwahrscheinlichkeiten für das hohe Einkommen: 0,02 + 0,12 + 0,28 + 0,07 = 0,49.

Handlungsprogramm A wird damit gleichgeschätzt einer Präferenzwahrscheinlichkeit von 49% für 100.000 DM und einer Restwahrscheinlichkeit von 51% für 10.000 DM.

Handlungsprogramm B wird demgegenüber gleichbewertet einer Präferenzwahrscheinlichkeit von 46% für 100.000 DM und einer Restwahrscheinlichkeit von 54% für 10.000 DM. Die „Entscheidungsregel", mit der hier die Entscheidung unter Ungewißheit gefunden wurde, lautet also „Maximiere die Präferenzwahrscheinlichkeit für das hohe Einkommen". Die Präferenzwahrscheinlichkeiten sind der erfragte Ausdruck der Nutzenschätzung von Einkommenschancen, der erfragte Ausdruck für den Risikonutzen.

Der Grundgedanke, mit Hilfe der Theorie des Risikonutzens eine vernünftige Entscheidung unter Ungewißheit herzuleiten, ist einfach: Um zwischen den Handlungsprogrammen A und B zu entscheiden, sind die einzelnen Zukunftslagen mit ihren Wahrscheinlichkeiten auf eine vergleichbare Grundlage zu stellen. Die einfachste Umrechnung bestünde darin, den Erwartungswert von A und B auszurechnen, also das Einkommen je Zukunftslage mit seiner Wahrscheinlichkeit zu multiplizieren und die Produkte zu addieren. Nur, dieses Vorgehen hat einen Pferdefuß: 1 Mio. DM mit 1% Wahrscheinlichkeit wird genauso gewertet wie 10.000 DM mit Sicherheit. Die Taube auf dem Dach ist aber etwas anderes als der Spatz in der Hand. Um dem Rechnung zu tragen, muß für die Umrechnung nicht das Einkommen selbst gewählt werden, sondern eine Ersatzgröße, welche die persönliche Wertschätzung der Einkommenschance von z.B. 1 Mio. DM ausdrückt. Diese Ersatzgröße nennt man unglücklicherweise „Nutzen" bzw. „Risikonutzen" und die Zuordnung der Ersatzgröße zu alternativen Einkommenschancen „Risikonutzenfunktion". Wie wir gesehen haben, braucht man die Risikonutzenfunktion gar nicht unmittelbar, es genügt ihr mittelbarer Ausdruck in Form der Präferenzwahrscheinlichkeiten, um das optimale Programm zu bestimmen. Trotzdem ist es nützlich, davon auszugehen, die Risikonutzenfunktion wäre als algebraische Funktion bekannt: Damit lassen sich das Verhältnis des Risikonutzens zu den Präferenzwahrscheinlichkeiten, zu einzelnen Risikomaßen und die Vorstellung von Risikoindifferenzkurven besser verdeutlichen. Solche werden in der Theorie der Wertpapiermischung benutzt, und wir benötigen sie auch, um die umgangssprachliche Unterscheidung zwischen „risikoreicheren" und „risikoärmeren" Investitionen entscheidungslogisch zu präzisieren.

3. Entscheidung nach Erwartungswert und Streuung der Gewinne und die entscheidungslogische Präzisierung von „Risikograden"

Einzelne algebraische Funktionen für den Risikonutzen können keine Allgemeingültigkeit beanspruchen. Aber sie sind nützlich, um die Zusammenhänge zu verdeutlichen. Eine einfache und besonders beliebte Nutzenfunktion ist eine quadratische Funktion.

Wir nehmen an, ein Unternehmer messe seinen Risikonutzen durch folgende Funktion (N steht für Risikonutzen, E für Tausendmarkscheine an Einkommen):

$$N = -E^2 + 200E - 1900. \tag{7}$$

Die Funktion sei nur betrachtet im Bereich $10 \leq E \leq 100$. Das Existenzminimum sei E = 10 (d.h. 10.000 DM); es hat den Nutzenindex 0. Das Maximum des Risikonutzens liegt hier bei E = 100 (d.h. 100.000 DM) und beträgt 8.100 „Nutzeneinheiten", wie sich leicht errechnen läßt. Das Nutzenmaximum bereits bei 100 Tausendmarkscheinen anzusetzen, ist sicher nicht wirklichkeitsnah (aber didaktisch zweckmäßig, um handliche Zahlen zu erhalten). Der Grenzrisikonutzen des Einkommens sinkt:
dN/dE = - 2 E + 200. Daß er linear fällt, ist als erste Annäherung brauchbar. Für diese Funktion rechnen wir aus, daß 20 Tausendmarkscheine einen Risikonutzen von 1.700 Einheiten gewähren; 30 Scheine einen solchen von 3.200 Einheiten ergeben.

Wir fragen nun: Welche Wahrscheinlichkeitsverteilung der Einkommenschancen, 10.000 oder 100.000 DM zu erhalten, gewährt den gleichen Risikonutzen von 1.700 Einheiten? Die Rechnung ist leicht: Da der Risikonutzen des Einkommens von 10.000 DM = 0 ist und der von 100.000 DM sich mit 8.100 Einheiten berechnet, muß gelten:

$$1700 = 8100 u_1; \quad u_1 = 0{,}21, \text{ d.h. } 21\%. \tag{8a}$$

In ähnlicher Weise errechnet sich für 30.000 DM Einkommen:

$$3200 = 8100 u_2; \quad u_2 = \text{rund } 40\%. \tag{8b}$$

(Natürlich wurden die Präferenzwahrscheinlichkeiten des Unternehmers im Beispiel S. 460 so gewählt, daß sie gerundet mit den Werten übereinstimmen, die sich aus dieser Nutzenfunktion errechnen). Wir sehen: Die Präferenzwahrscheinlichkeiten für die Einkommenschancen 10.000 oder 100.000 DM sind nichts anderes als Ausdruck eines bestimmten Risikonutzens.

Bei Kenntnis der Risikonutzenfunktion ist es leicht, für jede Handlungsmöglichkeit den Risikonutzen auszurechnen. 20.000 DM Einkommen verkörpern bei der hier gewählten Funktion einen Nutzen von 1.700, 30.000 DM einen von 3.200 usw., und so können wir für die Handlungsmöglichkeit A sehr einfach den Erwartungswert des Risikonutzens berechnen als

$$0{,}1 \cdot 1700 + 0{,}3 \cdot 3200 + 0{,}5 \cdot 4500 + 0{,}1 \cdot 5600 = 3940. \tag{9}$$

Für B errechnet sich entsprechend knapp 3.600.

Der Unternehmer wird danach streben, den Erwartungswert des Risikonutzens zu maximieren, und folglich A wählen.

Bei der Berechnung des Risikonutzens ist immer auf eines zu achten: Die Nutzenziffern verkörpern keineswegs den „Nutzen" des Einkommens schlechthin, sondern lediglich den Nutzen von Einkommenschancen: 20.000 DM Einkommen gewähren im Beispiel einen Risikonutzen von 1.700; denn die 20.000 DM sind für diese Zukunftslage „sicher". Die Zukunftslage selbst ist jedoch unsicher, nur zu 10% wahrscheinlich. Die 20.000 DM stellen also nur eine Einkommenschance dar. Der Risikonutzen ist also keineswegs mit dem Einkommensnutzen bzw. mit dem Güternutzen identisch, er beruht auf einer ganz anderen Fragestellung. Beim Nutzen des Einkommens wird z.B. gefragt: Werden 80.000 DM jährlich bei 50 Stunden wöchentlicher Arbeitszeit gleichgeschätzt 60.000 DM bei 40 Stunden wöchentlicher Arbeitszeit? Entsprechend beim Güternutzen in der Haushaltstheorie: Sind Ihnen drei Äpfel oder zwei Birnen lieber? Es werden also die Mengen verschiedenartiger „Güter" gegeneinander abgewogen: Mehr Einkommen gegen mehr Arbeit, Äpfel gegen Birnen. Beim Risikonutzen geht es demgegenüber um die Bewertung alternativer, sich ausschließender Mengen ein und desselben Gutes: Die Chance, 100.000 DM oder nur 10.000 DM zu verdienen, wird verglichen mit dem festen Gehalt von 30.000 DM. Weil sich der Risikonutzen lediglich auf das Abwägen alternativer Mengen ein und desselben Gutes bezieht, deshalb ist auch die Behauptung von Neumann-Morgenstern fraglich, ihr Risikonutzen liefere zugleich eine Methode, den Güternutzen kardinal zu messen[37].

---

37 Vgl. *John von Neumann, Oskar Morgenstern:* Spieltheorie und wirtschaftliches Verhalten. 2. Aufl., Würzburg 1967, S. 18; zur Kritik *William J. Baumol:* The Cardinal Utility which is Ordinal. In: The Economic Journal. Vol. 68 (1958), S. 665-672, hier S. 669; *Tapas Majumdar:* Behaviourist Cardinalism in Utility Theory. In: Economica, New Series, Vol. 25 (1958), S. 26-33, hier S. 32 f.

Entscheidungen unter Ungewißheit löst man graphisch mit Hilfe von Risikoindifferenzkurven. Eine Risikoindifferenzkurve zeigt alle Kombinationen von Einkommenserwartungen (oder Erwartungswerten des Vermögens bzw. der Rendite) und Risiko, die einem Unternehmer gleichwertig erscheinen. Nun ist die Vorstellung einer Substitution von Einkommen gegen Risiko reichlich schief, einfach deshalb, weil Risiko kein Gut ist. Es werden vielmehr Wahrscheinlichkeitsverteilungen mit unterschiedlichen Einkommenschancen gegeneinander ausgetauscht. Aber für eine vereinfachende Betrachtung von Wahlproblemen bei der Wertpapiermischung als einem Anwendungsfall der Zusammenstellung eines Investitionsprogramms aus risikobehafteten Einzelinvestitionen (S. 508) haben sich Risikoindifferenzkurven eingebürgert.

Wenn Indifferenzkurven zwischen Einkommen und Risiko aufgestellt werden sollen, dann muß das Risiko in einer einzigen Größe gemessen werden. Wir können dazu nicht mehr „Risiko" bzw. Ungewißheit bei einer Handlungsalternative gleich „gesamte Wahrscheinlichkeitsverteilung" setzen, sondern müssen die Wahrscheinlichkeitsverteilung auf ein Risikomaß zusammenpressen. Ein übliches Maß für das Risiko ist die Standardabweichung vom Erwartungswert. Meist wird sie vergröbernd *Streuung* genannt.

Für denjenigen, der die statistischen Details vergessen hat: Die Abstände der Einzelwerte einer Wahrscheinlichkeitsverteilung vom Erwartungswert werden ins Quadrat erhoben und anschließend mit den Wahrscheinlichkeiten der Einzelwerte gewichtet. Die Summe aller dieser gewichteten, quadrierten Abstände heißt Varianz. Die Wurzel aus der Varianz ist die Standardabweichung.

Beispiel: 20% für 100; 80% für 10 ergibt einen Erwartungswert $\mu = 28$. Die Standardabweichung dieser Verteilung errechnet sich als

$$\sigma = \sqrt{0{,}2\,(100-28)^2 + 0{,}8\,(10-28)^2} = 36. \tag{10}$$

Wer Statistik sorgfältig studiert hat, wird sich an dieser Stelle mit Grausen abwenden: Eine Verteilung aus zwei Werten, 100 bzw. 10, wird hier ausgedrückt durch einen Mittelwert von 28 und eine Streuung von 36. Das erscheint mehr als dubios. Diese Gleichsetzung ist unter bestimmten Annahmen über die Risikoneigung jedoch tatsächlich zulässig. Die Erwartungswert-Streuungsregel (μ,σ-Regel) widerspricht den Axiomen der Theorie des Risikonutzens dann nicht, wenn[38]

a) die Wahrscheinlichkeitsverteilung einer Handlungsmöglichkeit eine bestimmte Form aufweist, z.B. bei der $\mu\sigma$-Regel eine Normalverteilung ist, oder

b) die Risikonutzenfunktion eine bestimmte algebraische Gestalt hat, z.B. bei der $\mu\sigma$-Regel eine quadratische Funktion ist; dann darf die Wahrscheinlichkeit beliebig sein.

Risikoindifferenzkurven bezeichnen die Abhängigkeit zwischen dem Erwartungswert des Einkommens (oder der Rendite usw.) und dem Risiko für einen gegebenen Index des Risikonutzens. Die Abhängigkeit des Risikonutzens vom Erwartungswert des Einkommens und vom Risiko nennen wir *Risikopräferenzfunktion*. Wenn N den Risikonutzen bezeich-

---

[38] Vgl. *Schneeweiß*, S. 46-61.

net, μ den Erwartungswert des Einkommens und σ die Streuung, läßt sich die Risikopräferenzfunktion schreiben als N = N (μ, σ).

In welchem Verhältnis stehen Risikopräferenzfunktion und Risikonutzenfunktion? In der Risikonutzenfunktion hängt der Risikonutzen von den Zielbeiträgen in allen Zukunftslagen und deren jeweiliger quantitativer Wahrscheinlichkeit ab. Die Risikonutzenfunktion wird auf die ursprüngliche, volle Wahrscheinlichkeitsverteilung angewendet. In der Risikopräferenzfunktion hängt der Risikonutzen nicht mehr von den Zielbeiträgen und quantitativen Wahrscheinlichkeiten der alternativen Zukunftslagen ab, sondern von Ersatzgrößen: *dem Erwartungswert des Einkommens und einem Risikomaß*, z.B. der Streuung. Entscheiden nach der Risikopräferenzfunktion, das ist ein qualitativer Unterschied ähnlich dem vom Trinken euterfrischer Kuhmilch im Vergleich zu Trockenmilch mit Leitungswasser. Die Qualitätsminderung folgt aus den zusätzlichen Anwendungsvoraussetzungen, welche die Erwartungswert-Streuungsregel gegenüber einer Risikonutzenfunktion unterstellt. Solche müssen wir aber schon hinnehmen, um den umgangssprachlichen Redewendungen „risikoreicher", „risikoärmer" bzw. „ungewisser", „weniger ungewiß" einen entscheidungslogischen Sinn zu geben. *Erst wenn in einer Risikopräferenzfunktion ein Risikomaß als selbständige Variable eingeführt wird, läßt sich innerhalb der Risikonutzentheorie der umgangssprachliche Ausdruck „risikoreicher" (risikoärmer) entscheidungslogisch quantifizieren:* als **Risikograd** *bzw. Risikoklasse* (S. 552).

Es bedarf keiner Begründung, daß bei ausdrücklich in der Planung berücksichtigten Informationsrisiken der Ausdruck „mehr oder weniger ungewiß" entscheidungslogisch nicht als Rangordnung rekonstruiert werden kann; denn, wenn die Gesamtheit aller nicht in das Entscheidungsmodell aufgenommenen Zukunftslagen
- glaubwürdiger sind als die am wenigsten glaubwürdige Zukunftslage, deren Folgen in der Planung bedacht werden (Verstoß gegen das 2. Axiom, S. 435) oder gar
- mindestens so glaubwürdig sind, wie die Gesamtheit aller Zukunftslagen im Entscheidungsmodell (Verstoß gegen das 4. Axiom, S. 436),

läßt sich keine Rangordnung über mehr oder weniger Ungewißheit unter den Handlungsalternativen innerhalb des Entscheidungsmodells bilden. Bei Informationsrisiken kann man über Verringerung von Einkommensunsicherheiten bei einzelnen Handlungsalternativen nur noch mittels klassifikatorischer Begriffe reden, z.B. eine Alternative ist keinem Tilgungsrisiko, keinem Zinsänderungsrisiko usw. ausgesetzt. Eine Aussage, eine Alternative sei weniger unsicher („risikoärmer") als eine andere stützt sich hier also auf eine geringe Anzahl von denkbaren Unsicherheitsursachen bzw. -quellen. Eine Zusammenfassung aller Unsicherheitsquellen zu einer Rangordnung der Unsicherheit (einem Risikograd) für mehrere Handlungsalternativen erscheint nicht möglich. Insofern bleibt hier Verringerung von Einkommensunsicherheiten ein entscheidungslogisch uninterpretierter Begriff, der lediglich ein Forschungsziel umschreibt: Suche nach Wegen, um den Wissensstand über Tatsachen, Theorien, Erwartungen über Fremdereignisse und Neigungen (Handlungsziele) zu verbessern.

Bei „Entscheidungen unter Ungewißheit" bestehen Maße für eine geringere Einkommensungewißheit einer Handlungsalternative gegenüber anderen. Allerdings sind zusätzliche Annahmen erforderlich, um die Aussagefähigkeit solcher Maße zu beurteilen. Um in die Probleme der Messung von „mehr oder weniger Einkommensungewißheit" einzuführen, beginnen wir mit einigen elementaren Beispielen:

1. Besteht die Wahl zwischen einer für sicher gehaltenen Alternative I (Einkommen 5) und einer risikobehafteten Alternative II mit den nur nominal meßbaren Einkommenschancen 1 oder 9, so ist eindeutig II risikoreicher. Daraus ließe sich probeweise folgern: Merkmal für „mehr an Ungewißheit" (also für einen *höheren Risikograd*) sei die Anzahl der Zukunftslagen.

2. Das Merkmal: Je mehr Zukunftslagen eine Handlungsalternative aufweist, um so mehr Ungewißheit verkörpert sie, läßt sich freilich nicht halten. Alternative III verkörpere drei Zukunftslagen: entweder 1 oder 9 oder 10, ohne daß Unterschiede in der Glaubwürdigkeit für die einzelnen Zukunftslagen angegeben werden können. Nach dem Nutzendominanzprinzip ist III der Alternative II überlegen, trotz größerer Anzahl an Zukunftslagen. Bei dominanten Entscheidungen gibt es keinen Sinn, eine Alternative als „risikoreicher" einzustufen. Dies gilt sowohl für Nutzendominanz als auch für die Fälle stochastischer Dominanz, wenn quantitative Wahrscheinlichkeiten vorliegen.

Daraus ließe sich probeweise folgern: Ist keine Alternative gegenüber anderen dominant, so weist jene Handlungsalternative mehr Ungewißheit auf, bei der die Spannweite der Zielbeiträge zwischen der besten und schlechtesten Zukunftslage größer ist.

3. Das Merkmal: Mehr Ungewißheit wird an der Spannweite der Zielbeiträge zwischen den äußersten Zukunftslagen gemessen, ist allerdings genau so wenig brauchbar. Alternative IV stehe jetzt mit 0 oder 7 gegen II mit 1 oder 9. IV, mit der Gefahr gar nichts zu verdienen, kann nicht als risikoärmer gegenüber II angesehen werden.

Probeweise wäre daraus zu schließen: Eine Alternative weist mehr Ungewißheit gegenüber einer zweiten auf, wenn bei gleichem Mindesteinkommen die Spannweite der Zielbeiträge kleiner ist, weil dann weniger gute Einkommenschancen bestehen.

4. Gegen diese Kennzeichnung von „mehr Ungewißheit" liegen Gegenbeispiele auf der Hand, sobald quantitative Wahrscheinlichkeiten gegeben sind, z.B:
V: mit 99% Wahrscheinlichkeit ein Einkommen von 1, mit 1% ein Einkommen von 100;
VI: mit 1% ein Einkommen von 1 und mit 99% ein Einkommen von 99.
Der Unterschied zwischen V und VI reduziert sich auf 98% für ein Einkommen 1 und 1% für ein Einkommen 100 gegenüber 99% für ein Einkommen von 99. Es ist sehr unplausibel, VI als risikoreicher anzusehen, weil hier mit sehr hoher Wahrscheinlichkeit ein geringfügig niedrigeres Höchsteinkommen erreicht wird. Von der Risikonutzenfunktion des Entscheidenden hängt es hier ab, welche Alternative er vorzieht.

Diese Beispiele erleichtern das Verständnis für folgende Überlegungen:

a) Akzeptiert der Handelnde eine Entscheidungsregel unter Ungewißheit, dann trifft er seine Entscheidung nach dieser Entscheidungsregel. Sobald eine Alternative vorziehenswert erscheint, wird die Frage irrelevant, welche Alternative risikoreicher ist. Nur wenn mehrere Alternativen die Entscheidungsregel in gleichem Maße erfüllen, könnte die Frage belangvoll sein, welche der gleichwertigen Alternativen risikoreicher als die anderen ist. Diese Folgerung belegt das erste Beispiel (I: 5, II: 1 oder 9), wenn ergänzend angenommen wird, entschieden werde nach dem Erwartungswert der Gewinne und die Zukunftslagen 1 oder 9 bei II seien gleichwahrscheinlich. Indes: Wenn der Handelnde der Abbildung seines Wahlprobleme in einem Entscheidungsmodell und seiner Entscheidungsregel vertraut, hat die Kennzeichnung von II als „risikoreicher" noch immer keinen entscheidungsbestimmenden Gehalt.

b) Wird „mehr oder weniger unsicher" nicht als psychische Einschätzung vom Entscheidenden gesetzt bzw. von außen vorgegeben, sondern rational rekonstruiert, dann ist zunächst ein fester Bezugspunkt zu suchen, auf den die Aussage „mehr oder weniger ungewiß" bezogen wird. Als Bezugspunkt dient die Gleichschätzung mehrerer Handlungen, z.B. wenn zwei Alternativen mit gleichem Erwartungswert der Gewinne oder gleichem Erwartungswert des Risikonutzens des Vermögens sich als beste herausstellen. Nur in diesem Fall gleichgeschätzter Alternativen ist ein allgemeines Urteil über „mehr oder weniger ungewiß" möglich, weil hier die Aussage über den Risikograd von der persönlichen Einschätzung der Einkommenschancen (oder eines anderen Sachziels) trennbar ist. Allerdings ist ein Urteil über „mehr oder weniger ungewiß" auch in diesem Fall nur dann möglich, wenn mindestens die Erscheinungsform der (absoluten oder relativen, S. 493 f.) Risikoabneigung oder gar die Risikonutzenfunktion des Entscheidenden bekannt ist[39]. Die Frage nach einem höheren Risikograd (einer anderen Risikoklasse) gewinnt freilich bei entscheidungslogischer Gleichschätzung von Handlungsalternativen erst Bedeutung, wenn der Entscheidende an der Abbildung seines Wahlproblems in seinem Entscheidungsmodell zweifelt. Dies ist z.B. dann der Fall, wenn er sich bewußt ist, daß seine quantitativen Wahrscheinlichkeiten nicht exakt sind, sondern nur in Intervallen geschätzt werden könne. In diesem Fall läßt sich begründen, daß zusätzliche Risikoscheu bei äquivalent erscheinenden Alternativen vernünftig ist[40].

c) Entscheidungsbestimmend würde ein Urteil über „mehr oder weniger ungewiß" dann, wenn der Entscheidende nicht weiß, welche Entscheidungsregel vernünftigerweise für sein Entscheidungsproblem anzuwenden ist. Aber bei Unkenntnis oder Nichtakzeptanz einer Regel für rationale Entscheidungen unter Ungewißheit kann er auch keine vernünftige Begründung für die Einschätzung „mehr oder weniger ungewiß" herleiten. Vermag andererseits der Entscheidende für jede Handlungsalternative eine subjektive Wahrscheinlichkeitsverteilung rational zu begründen, ist es zugleich vernünftig, die Entscheidungsregel „Maximiere den Erwartungswert des Risikonutzens" anzuwenden, weil jene Axiome, die zur Konstruktion personaler Wahrscheinlichkeiten ausreichen, zugleich die Entscheidungsregel des Bernoulli-Prinzips herzuleiten erlauben.

d) Nur wenn eine Rangordnung über die Ungewißheit einer Alternative unabhängig von den Sachzielen des Entscheidenden vernünftig begründet werden kann, entsteht das Problem, einen höheren Risikograd mit mehr Einkommen bei einzelnen Alternativen ab-

---
39 Vgl. *Peter A. Diamond, Joseph E. Stiglitz*: Increases in Risk and in Risk Aversion. In: Journal of Economic Theory, Vol. 8 (1974), S. 334-360, hier S. 345.
40 Vgl. *Isaac Levi*: On Indeterminate Probabilities. In: The Journal of Philosophy, Vol. 71 (1974), S. 391-418, hier S. 409-412.

zuwägen gegen weniger Einkommen bei anderen Alternativen in einer niedrigeren Risikoklasse. Wenn Indifferenzkurven zwischen Einkommen und Risiko aufgestellt werden sollen, dann wird das Risiko in einer einzigen Größe gemessen. Wir können dazu nicht mehr „Risiko" bzw. Ungewißheit bei einer Handlungsalternative gleich „gesamte Wahrscheinlichkeitsverteilung" setzen, sondern müssen die Wahrscheinlichkeitsverteilung auf ein Risikomaß zusammenpressen. Ein übliches Maß für das Risiko ist die „Streuung", genauer die Standardabweichung vom Erwartungswert. Nur für diesen Fall gewinnt die umgangssprachliche Einschätzung einer Alternative als „risikoreicher" einen rational rekonstruierbaren Sinn.

c) Was nützt Entscheidungslogik bei Informationsrisiken?

Ohne Einholen zusätzlichen Wissens zu entscheiden, kann sehr unvernünftig sein. Nehmen wir an, zwei Studenten stehen Anfang Juli vor der Frage, ob sie in einer Woche an einer Übungsklausur teilnehmen oder statt dessen gleich ans Meer fahren sollen. Sie wollen an der Klausur teilnehmen, solange das Durchfallrisiko erträglich erscheint. Beide Studenten sehen ihr gegenwärtiges Wissen als zu gering und damit das Durchfallrisiko als überwältigend an. Der erste beschließt, lieber gleich ans Meer zu fahren. Der zweite meint, durch Einholen zusätzlicher „Informationen", z.B. Lesen der Übungsunterlagen in der verbleibenden Woche, das Durchfallrisiko auf ein erträgliches Ausmaß mindern zu können. Er folgert: Vorbereitung auf die Klausur und Schreiben sei besser, als gleich ans Meer zu fahren. Wer von beiden handelt vernünftig?

Nach unserem bisherigen Vorgehen müssen wir auch das Gleich-ans-Meer-Fahren als vernünftig bezeichnen, denn Schwimmen ist sicher besser als Klausur schreiben und mit hoher Wahrscheinlichkeit Durchfallen. Der Fehler des ersten Studenten liegt jedoch darin, daß er sich das falsche Problem gestellt hat. Er durfte in diesem Fall die Möglichkeit, seinen Wissensstand zu verbessern, nicht außer acht lassen. Erst wenn er nach Berücksichtigung des Lernleides zu der Erkenntnis kommt, ans Meer fahren sei besser als Lernleid, Klausurleid und möglicher Durchfallärger, erst dann ist seine Entscheidung, ans Meer zu fahren, zielentsprechend. Aber diese Planung setzt voraus, daß der Student die zusätzliche Handlungsmöglichkeit erkennt, durch Lernen das Risiko der Zielerreichung zu mindern. Im Erkennen zusätzlicher Handlungsmöglichkeiten, einschließlich der Vermehrung von Wissen, unterscheiden sich kluge Leute von Dummköpfen.

Im folgenden wird der Begriff **Information** eingegrenzt auf das *Wissen über Tatsachen, Theorien, Erwartungen über Fremdereignisse und persönliche Neigungen, das ein vorgegebenes Entscheidungsmodell für seine Anwendung voraussetzt.* Dementsprechend kennzeichnet Informationsrisiko die Vermutung, daß die Anwendung des gewählten Entscheidungsmodells sich als unzureichend erweisen kann, falls nach dem Handlungszeitpunkt Wissen zugeht, welches dem Wissen widerspricht, das der Anwendung des Entscheidungsmodells zugrunde gelegt wurde. Den Begriff der Information an die Anwendungsvoraussetzungen eines vorgegebenen Entscheidungsmodells anzubinden, erscheint aus drei Gründen zweckmäßig:

a) Information wird damit auf empirisch gehaltvolle und eindeutige Nachrichten über Sachverhalte eingegrenzt, die ein Entscheidungsmodell konkretisieren (darin als Parameter eingesetzt werden können). Empirisch gehaltvolle Nachrichten erscheinen zwar im Planungszeitpunkt glaubhaft, stellen sich jedoch erst im nachhinein als richtig oder falsch oder sogar als in Täuschungsabsicht verbreitet heraus. Die begriffliche Trennung zwischen Information als Entscheidungsmodell-konkretisierender Nachricht von Behauptungen, Ankündigungen schlechthin (Information im umgangssprachlichen Sinne) ist deshalb erforderlich, weil über Vergangenes durchweg nur Wissen zu erlangen ist, das mit Beobachtungs- und Meßfehlern verschiedenster Art verzerrt bleibt[41]. Darüber hinaus entsteht noch die viel heiklere Aufgabe, mit Hilfe von Theorien bedingte Prognosen über die Zukunft zu stellen. Ein drittes Problem ist, in welchem Ausmaß Nachrichten Spielräume für Tatsachen lassen (weil ungenaue Aussagen verwandt werden) oder welche Fehldeutungen hinter eindeutig erscheinenden Zahlenangaben verborgen sind. Diese Aufgaben gelten hier als erfüllt, ehe von Information gesprochen wird. Offen bleibt, ob der Inhalt der Nachricht zutrifft, sich als empirisch wahr erweist.

b) Der Begriff Information klammert den psychischen Tatbestand aus, daß manche Leute vieles nicht wahrhaben wollen, was ihre Illusionen oder Vorurteile zerstören könnte. Unbestreitbar handeln nicht wenige Menschen nach bloßem Wunschdenken. Dies ändert nur nichts daran, daß es auch eine Aufgabe der Wirtschaftstheorie ist, Traumtänzereien oder noch schlimmer: Vorgaukeleien, daß Wunschdenken erreichbar sei, gegenüber unkritischen oder in der Sache weniger beschlagenen Hörern bloßzustellen. Dies geschieht dadurch, daß solchen Selbst- oder Fremdtäuschungen logische Schlüsse aus empirisch nachprüfbaren Sachverhalten entgegengestellt und durch Anwendung von Entscheidungsmodellen die engen Voraussetzungen für das Erreichen beabsichtigter Ziele und die Fülle an nicht beabsichtigten Nebenwirkungen herausgearbeitet werden.

c) Informationen an die Anwendungsvoraussetzungen eines Entscheidungsmodells anzubinden, vermeidet den Stolperstein, anzunehmen, daß jeder Zugang an Wissen über z.B. Tatsachen oder erwartete Fremdereignisse nützlich sei, der „Wert" einer Information nicht negativ sein könne.

Eine solche Behauptung[42] setzt zunächst voraus, daß der Begriff Informationswert inhaltlich bestimmt wird: Ist damit gemeint, jeder Zugang an Tatsachenwissen oder an verläßlichen Erwartungen über Fremdereignisse sei eine Ausgabe oder zusätzlichen Arbeitseinsatz wert? Ein solches Verständnis von Informationswert als Verringerung von Unsicherheit, z.B. durch Entfallen bisher denkbarer Zukunftslagen, wäre unbrauchbar: Jede Nachricht, wie man selbst sicher sterben kann, hätte dann einen positiven Informationswert, und zwar auch für den, der Selbstmord nicht beabsichtigt. Verringerung von Unsicherheit an sich, völlig unverbunden neben erstrebenswerten Zielen, hat keinen „Wert".

---

41 Vgl. *Oskar Morgenstern:* Über die Genauigkeit wirtschaftlicher Beobachtungen. 2. Aufl., Wien-Würzburg 1965, vor allem bis S. 98.

42 Diese Auffassung vertritt z.B. *Jacob Marschak:* Towards an Economic Theory of Organization and Information. In: Decision Processes, ed. by R.M. Thrall u.a., New York-London 1954, S. 187-220, hier S. 201 f.

Deshalb kann ein sinnvoller Begriff des Informationswerts nur im Hinblick auf die in einem Entscheidungsmodell enthaltenen Ziele des Planenden definiert werden.

Wird der Begriff Informationswert innerhalb eines Entscheidungsmodells z.B. durch die Änderung des Erwartungswertes des Risikonutzens der besten Alternative gemessen, weil ein Wissensstand über Mitteleinsatz und Zukunftslagen an die Stelle eines anderen tritt, dann kann der Informationswert jedoch positiv oder negativ sein. Die Behauptung vom nicht negativen Informationswert trifft dann zu, wenn aufgrund der zusätzlichen Information die bisher schlechteste Zielerreichung (z.B. der höchste befürchtete Verlust) bei der besten Handlungsmöglichkeit gestrichen werden kann.

Die Behauptung vom nicht negativen Informationswert gilt schon dann nicht mehr, wenn der Entscheidende dem Risiko abgeneigt ist und bei einem ersten Wissensstand für die beste Handlungsmöglichkeit 10 gleichwahrscheinliche Gewinnhöhen möglich erscheinen, bei einem zweiten, verbesserten für die dann beste Handlungsmöglichkeit nurmehr 1 oder 10 mit gleicher Wahrscheinlichkeit übrig bleiben. Dadurch hat sich zwar das „Entscheidungsfeld" verkleinert (weniger Zukunftslagen mit erhöhter Wahrscheinlichkeit) und der Erwartungswert der Gewinne bleibt unverändert. Aber Personen, die dem Risiko abgeneigt sind, werden den Wegfall z.B. der niedrigeren Erwartung von 2 für sich als nachteiliger (risikoerhöhender) gewichtigen als den gleichzeitigen Wegfall der hohen Gewinnerwartung von 9, wenn beide von gleicher Wahrscheinlichkeit waren (und entsprechend für 3 und 8 usw.). Mißt man Risikoabneigung durch einen Risikonutzen, der mit alternativ steigender Gewinnchance (bzw. Endvermögenschance) abnimmt, so sinkt dieser Risikonutzen aufgrund des Wissenszugangs trotz unverändert bester Handlungsmöglichkeit. Ein Informationswert, gemessen an der Differenz zweier Risikonutzen für die jeweils beste Handlungsmöglichkeit bei unterschiedlichen Daten in einem Entscheidungsmodell, wird negativ.

Was lehrt das Vorstehende zum Informationswert? Wenn vor und nach dem Wissenszugang die gleiche Alternative als beste erscheint, ist es unnütz, darüber nachzudenken, ob z.B. neues Tatsachenwissen den Risikonutzen erhöht oder senkt; denn der Risikonutzen erlaubt nur ein Urteil darüber, welche Alternativen in einem vereinfachten Entscheidungsmodell unter Ungewißheit vorziehenswert erscheinen. Er sagt nichts über eine tatsächlich erreichbare Bedürfnisbefriedigung.

Der Begriff Informationswert hat nur dann Sinn für die Entscheidungsfindung, wenn
(1) der Inhalt einer Information bekannt ist (wie die Qualität einer Zahnpasta vor einem „rationalen" Kauf bekannt sein müßte);
(2) trotz Kenntnis des Inhalts der Information erst über sie verfügt werden kann, nachdem sie erworben wurde;
(3) durch das Erwerben der Information sich die Entscheidung ändert.

Unter diesen Bedingungen zeigt der Informationswert den Höchstpreis an, der für das Erwerben der Information gezahlt werden darf. **Informationswert** ist also nicht der „Wert" einer Information schlechthin, sondern *bezeichnet den Kaufpreis für Wissen, ob eine Nachricht zutrifft, deren Inhalt bereits bekannt ist.*

Gemessen wird der Informationswert durch die Abweichung an Zielerreichung, wenn in ein und demselben Entscheidungsmodell ein angenommenes Datenbündel aus Mitteleinsatz, Handlungsalternativen und Zukunftslagen gegen ein zweites ausgetauscht und die beim ersten Datenbündel beste Alternative beim zweiten Datenbündel unterlegen wird; dabei ist die Abweichung an Zielerreichung nach dem zweiten Datenbündel zu berechnen. Wenn unter angenommener Planungssicherheit und mit Gewinn als Zielgröße bei einem ersten Datenbündel die beste Handlungsmöglichkeit 110 an Gewinn ausweist, bei einem veränderten Wissensstand die dann beste 80, die beim ersten Wissensstand zu wählende Alternative jedoch nur 70, dann sinkt zwar die Zielerreichung insgesamt. Dennoch errechnet sich ein positiver Informationswert, denn beim ersten, falschen Wissensstand hätte die dann gewählte Alternative beim zweiten Wissensstand nur 70 erbracht, die beim zweiten Wissensstand optimale verwirklicht jedoch 80. Der Informationswert beträgt damit +10; denn es lohnt sich, bis zu 10 Mark auszugeben, um zu erfahren, ob das zweite Datenbündel eintritt. Ausschlaggebend für eine solche Anwendung des Informationswerts ist, daß der Inhalt der zu erwerbenden Information bereits bekannt ist. Nur ob der Inhalt „zutreffend" ist oder nicht, ist vor Erwerb der Information noch unbekannt.

Würde sich beim zweiten Wissensstand die Entscheidung nicht ändern, berechnet sich der Informationswert als null, d.h. es lohnt sich nicht, für den Erwerb des Wissens (ob z.B. jemand einen Auftrag erteilen wird oder nicht) etwas aufzuwenden.

Im Regelfall der Wirklichkeit stellt sich allerdings das Problem der Informationsbeschaffung anders: *Vor dem Erwerb eines Wissens, weiß man durchweg nicht, was inhaltlich an verläßlichem Wissen erlangt wird.* Zu was dieses Wissen nützt, läßt sich nicht im voraus erkennen, weil ohne dieses Wissen nicht festgestellt werden kann, ob das zusätzlich zu erwerbende Wissen die eigenen Handlungen verändert. Ist der Inhalt der Information nicht bekannt, versagt der Begriff des Informationswertes, da er ein entscheidungslogisches Konstrukt darstellt. Wieviel man ausgeben soll, um eine vielleicht bessere Abbildungstreue eines Wahlproblems bei unvollständigem Wissen zu erreichen, läßt sich entscheidungslogisch nicht bestimmen, weil die Anwendung von Entscheidungsmodellen bekanntes Wissen voraussetzt. Darüber hinaus ist zum einen gezeigt worden, daß selbst Informationen, die nichts kosten, unter bestimmten Bedingungen im Marktzusammenhang Allokationseffizienz verhindern[43]. Zum anderen gilt für Informationen, die etwas kosten, daß hier kein Konkurrenzgleichgewicht möglich ist, auf dem alle Wissensvorteile durch Arbitragehandlungen weggeschwemmt würden[44].

---

43 Vgl. *Jack Hirshleifer:* The Private and Social Value of Information and the Reward to Inventive Activity. In: The American Economic Review, Vol. 61 (1971), S. 561-574; *Nils H. Hakansson, J. Gregory Kunkel, James A. Ohlson:* Sufficient and Necessary Conditions for Information to have Social Value in Pure Exchange. In: The Journal of Finance, Vol. 37 (1982), S. 1169-1181, bes. S. 1180 f.

44 Vgl. *Sanford J. Grossman, Joseph E. Stiglitz:* Information and Competitive Price Systems. In: The American Economic Review, Vol. 66 (1976), Papers and Proceedings, S. 246-253; *dies.:* On the Impossibility of Informationally Efficient Markets. In: The American Economic Review, Vol. 70 (1980), S. 393-408.

Die Bindung des Begriffs Information an ein vorgegebenes Entscheidungsmodell klammert somit eine Frage aus: Welche Art von Entscheidungsmodellen soll gewählt werden? Praktisch bedeutsam wird dieses Problem vor allem bei einer *Planung von Anpassungsfähigkeit*. Bei dieser Planung von Anpassungsfähigkeit bzw. Flexibilität geht es um die Festlegung des Entscheidungsspielraums, welchen die gegenwärtigen Handlungsmöglichkeiten für die Zukunft belassen, z.B.: Wenn die Konjunktur gut ist, wird in t_1 eine zweite Maschine gekauft; dies unterbleibt, wenn die Konjunktur schlecht ist. Darstellungstechnisch wird dann gern ein *Entscheidungsbaum* gezeichnet, dessen Wurzel im Planungszeitpunkt t_0 liegt, dessen Stamm eine Handlungsmöglichkeit abbildet, wobei in jedem künftigen Zahlungszeitpunkt t_1, t_2 usw. Äste sich gabeln, weil für künftige Zahlungszeitpunkte alternative Zukunftslagen erwartet werden.

„Flexible" Planung im Sinne eines Treffens bedingter Entscheidungen für künftige Zahlungszeitpunkte ist einer sog. starren Planung (ohne bedingte Entscheidungen, die Planänderungen in künftigen Zeitpunkten ausschließt) logischerweise überlegen, solange man die Planungskosten (insbesondere die Kosten der Informationssammlung und -auswertung) nicht ausdrücklich beachtet; denn dabei fällt die Entscheidung über die Weite des künftigen Entscheidungsspielraums zusammen mit der Entscheidung über das zielentsprechende Handlungsprogramm.

Planung von Anpassungsfähigkeit wird erst dann zum Problem, wenn die Planungskosten ausdrücklich berücksichtigt werden. Dann sind die Mehrkosten für eine Planerweiterung durch das Einbeziehen bedingter Entscheidungen abzuwägen mit den denkbaren Vorteilen aus einer Entscheidung heute, die trotz gegenwärtig unvollkommenem Wissensstand auf einer detaillierten Planung aufbaut. Allerdings gilt hierbei: Der heutige Wissensstand wird nicht derjenige sein, bei dem in Zukunft die heute als bedingte Entscheidungen eingeplanten Handlungen zu verwirklichen sind oder nicht. Weil man heute nicht weiß, von welchem Wissensstand man morgen, übermorgen, ausgehen muß, deshalb handelt es sich bei der Planung von Anpassungsfähigkeit um ein Teilproblem der Suche nach einem „Informationsoptimum". Aus der Logik von Entscheidungsmodellen heraus ist ein solches Optimum allerdings undefinierbar, weil Nachdenken über die Kosten des Nachdenkens zwangsläufig in Widersprüche führt[45]. Für das Teilproblem, welche Planungsverfeinerungen durch komplexere Entscheidungsmodelle gewählt werden sollen, erfand man zunächst einen sehr wissenschaftlich klingenden Namen: den des „optimalen Komplexionsgrades". Dabei ist es dann auch geblieben; denn bei unvollständigem, ungleich verteiltem Wissen läßt sich weder ein „Komplexionsgrad" quantitativ oder in Rangordnungen interpersonell nachprüfbar messen noch kann ein sinnvolles Optimum für die Wahl zwischen mehr oder weniger komplexen Entscheidungsmodellen gefunden werden, wenn der Inhalt der Informationen vor ihrem Erwerb nicht bekannt ist, den die Anwendung eines komplexeren oder einfacheren Entscheidungsmodells voraussetzt.

---

45 Vgl. *Leonard J. Savage:* Difficulties in the Theory of Personal Probability. In: Philosophy of Science, Vol. 34 (1967), S. 305-310, hier S. 307 f.; *I.J. Good:* On the Principle of Total Evidence. In: The British Journal for the Philosophy of Science, Vol. 17 (1966/67), S. 319-321.

II. Risikominderung durch Investitionsmischung und die Probleme der Kapitalkosten und Kapitalstruktur

a) Bestimmungsgründe für das Risiko in Investitionsprogrammen

1. Die Theorie der Wertpapiermischung

aa) Voraussetzungen und näherungsweise Bestimmung guter Handlungsprogramme

Der wesentliche Unterschied zwischen Investitionen in Finanzanlagen (in diesem Abschnitt abweichend vom Rechtssinne als Wertpapiere bezeichnet) und Investitionen in Sachanlagen besteht darin, daß Wertpapiere in höherem Maße teilbar sind. Da die Theorie im ersten Anlauf stets die Teilbarkeit der Handlungsmöglichkeiten voraussetzt, soll hier die Theorie der Wertpapiermischung als erster Ansatz dienen, um die Probleme der Mischung von Investitionsvorhaben unter Risikogesichtspunkten zu behandeln. Die Theorie der Wertpapiermischung will Handlungsempfehlungen für eine Kapitalanlageplanung bzw. (Wertpapier-)Portefeuilleplanung geben.

Manche Geldanlagen sind kaum risikobehaftet, z.B. die Geldanlage auf dem Sparbuch; andere bringen Verlustgefahren und versprechen aber bei etwas Glück hohe Erträge, z.B. Anlage in Aktien von Unternehmen, die in öden Wüsten nach Erdöl bohren, oder von kleineren Gesellschaften, die unter dem Verdacht stehen, bald von einem Großen geschluckt zu werden, und deren Kurse solange in die Höhe getrieben werden, bis der Aufkäufer die gewünschte Mehrheit besitzt oder sein Interesse an der Gesellschaft verliert. In solchen Wertpapieren tummeln sich die Spekulanten. Daneben gibt es zahlreiche solide Anlagewerte, die einen angemessenen Ertrag bei erträglichem Risiko abwerfen, und Mauerblümchen, deren verborgene Reize nur von Liebhabern rechtzeitig entdeckt werden.

Wer sein Geld in Wertpapieren anlegt, kann verschiedene Ziele verfolgen: Einer kann einen Vermögensteil bewußt zum Zwecke der Spekulation einsetzen. Er sagt sich, auf die Dauer ist es spannender an der Börse zu spekulieren, als sein Glück in Monte Carlo zu versuchen, und die Gewinnchancen sind höher. Ein anderer sucht sicheren Zinsertrag und ruhiges Leben, und ein dritter nimmt in Grenzen Risiko in Kauf, um höhere Gewinne zu erzielen. Jeder der drei „Kapitalisten" wird sich einen anderen Wertpapierbestand zulegen. Die Zusammensetzung des Wertpapierportefeuilles hängt von der persönlichen Risikoneigung ab. Aber die Zusammensetzung des Wertpapierbestandes wird nicht nur durch persönliche Risikoneigung bestimmt. Soll der Spekulant nur risikoreiche Erdölaktien kaufen? Der Ängstliche nur Staatsanleihen? Soll jeder nur Wertpapiere einer Art halten oder seine Anlagen mischen? Lassen sich gute und weniger gute Portefeuilles trennen, ohne daß auf die persönliche Risikoneigung des Entscheidenden zurückgegriffen werden muß? Das sind Fragen, auf die wir hier eine Antwort suchen.

Die Theorie der Wertpapiermischung setzt voraus[46]:

a) Die Vorteilhaftigkeit eines jeden Wertpapiers wird durch den Erwartungswert des Vermögenszuwachses (Einkommens) am Ende des Planungszeitraumes gekennzeichnet, mitunter auch durch die Rendite.

b) Das Risiko eines jeden Wertpapiers wird durch die Standardabweichung einer als bekannt vorausgesetzten Wahrscheinlichkeitsverteilung für die gewählte finanzielle Zielgröße gemessen.

c) Jedes Wertpapier sei beliebig teilbar bzw. der anzulegende Geldbetrag sei hinreichend groß, so daß Mindestkaufbeträge die Suche nach einem Optimum nicht erschweren.

Zur Vereinfachung wählen wir sieben Wertpapiere aus. Zwischen ihnen fällt die Entscheidung. Zunächst wird angenommen, daß die gesamten Geldmittel in jeweils einer Anlagemöglichkeit investiert werden. Um einfacher rechnen zu können, wurden die Werte schematisiert. Der Gewinnerwartungswert $g_A = 10$ steht z.B. für einen Vermögenszuwachs, wenn der gesamte Geldbetrag in Wertpapier A fließt. Die Standardabweichung zeigt entsprechend die Schwankungsbreite des Vermögenszuwachses an. Sie sei bei A Null. Über die sieben Anlagemöglichkeiten bestehen folgende Erwartungen eines Investors:

A sei die Anlage auf dem Sparbuch bei einem Kreditinstitut, dessen Einlagen als sicher gelten. A habe die Werte $g_A = 10$ und $\sigma_A = 0$, da ein finanzielles Risiko ausgeschaltet ist. Dies ist eine Vereinfachung; denn die Gefahr einer Inflation und damit einer Kaufkraftverschlechterung besteht bei jeder Investition.

B sei ein festverzinsliches Wertpapier, z.B. eine Bundesanleihe. Der Gewinnwert betrage $g_B = 20$, der Risikowert $\sigma_B = 10$. Das Risiko ist bei festverzinslichen Papieren nicht null. Angenommen, die Bundesanleihe mit zehnjähriger Laufzeit erbringe beim Erwerb eine Rendite von 6%; nach zwei Jahren, im Verkaufszeitpunkt, sei der Kapitalmarktzins auf über 9% gestiegen, und der Kurs der Anleihe ist von 100% auf vielleicht 86 gesunken. Wer nach zwei Jahren verkauft, hat 12 Mark an Zinsen verdient, verliert aber 14 Mark beim Verkauf.

C besteht aus Aktien eines Versorgungsunternehmens. Versorgungsunternehmen besitzen das Monopol der Stromversorgung für einzelne Gebiete. Monopolisten pflegen gut zu verdienen und ein ruhiges Leben zu führen. Die Großaktionäre sind meistens Gemeinden, Landschaftsverbände und ähnliche bürokratische Einrichtungen, die der Preispolitik dieser Gesellschaften Grenzen auferlegen, gelegentlich leider auch den unternehmerischen Erfindungsgeist der Vorstände in Schranken halten. Die Gewinnchancen sind ziemlich sicher, aber nicht zu groß: Der Erwartungswert des Vermögenszuwachses, wenn

---

[46] Zur Theorie der Wertpapiermischung vgl. besonders *Harry M. Markowitz:* Portfolio Selection. New York-London 1959. Eine klare Darstellung und Weiterführung im Hinblick auf die Folgerungen für die partielle Gleichgewichtsanalyse auf Anlagemärkten findet sich bei *William F. Sharpe:* Capital Asset Prices: A Theory of Market Equilibrium under Conditions of Risk. In: The Journal of Finance, Vol. 19 (1964), S. 425-442, und bei *James Tobin:* The Theory of Portfolio Selection. In: The Theory of Interest Rates, ed. by F.H. Hahn, F.P.R. Brechling, London 1965, S. 3-51.

der gesamte Geldbetrag in C fließt, beträgt 40, die mögliche Abweichung 20: $g_C = 40$; $\sigma_C = 20$.

D ist eine Stahlaktie. Langfristig werden der Stahlindustrie nicht sehr rosige Zukunftsaussichten eingeräumt; doch die Ertragslage gilt bis auf weiteres als zufriedenstellend. Hier steigt der Erwartungswert des Vermögenszuwachses: $g_D = 60$; $\sigma_D = 40$.

E ist eine Autoaktie. Hier rechnet man mit Wachstumschancen (Kursgewinnen), vorausgesetzt, die Konjunktur bleibt gut: $g_E = 90$; $\sigma_E = 70$.

F ist die Aktie eines Chemiekonzerns, dem sehr gute Zukunftsaussichten unterstellt werden, es bestehen aber auch erhebliche Konjunktur- und Konkurrenzrisiken: $g_F = 100$; $\sigma_F = 70$.

G sei schließlich eine Außenseiteraktie. Es handele sich um ein dahinsiechendes Textilunternehmen mit Großgrundbesitz in einem Gebiet mit hoher Arbeitslosigkeit. Hier wird spekuliert: Wird der Betrieb liquidiert, dann entstehen hohe Liquidationserlöse. Siecht der Betrieb weiter dahin, weil in dieser Region Arbeitsplätze erhalten bleiben sollen, dann war die Investition sehr unvorteilhaft: $g_G = 110$; $\sigma_G = 100$.

Zusammengefaßt zeigen die sieben Wertpapiere folgende Eigenschaften:

	g	σ		g	σ
A	10	0	E	90	70
B	20	10	F	100	70
C	40	20	G	110	100
D	60	40			

Das Beispiel geht davon aus, daß die Preisbildung für die einzelnen Wertpapiere auf Finanzmärkten erfolgt, die nicht „im Gleichgewicht" sind. Die Erwartungen über Rendite und Risiko des Investors weichen insbesondere von denen anderer Kapitalmarktteilnehmer ab, die den Kurs im Planungszeitpunkt und daraus folgend den erwarteten Vermögenszuwachs, und die Markteinschätzung des Risikos hauptsächlich bestimmen.

Unter den sieben Werten ist E von vornherein unterlegen, denn F zeigt bei gleichem Risiko einen höheren Gewinnwert. Die verbleibenden sechs Wertpapiere liegen auf einer Kurve guter Handlungsmöglichkeiten (S. 124), solange keine Wertpapiermischung erwogen wird.

Durch das Mischen verschiedener Wertpapiere läßt sich das Risiko vermindern, allerdings auf Kosten der Gewinne. Wir prüfen als erstes: Enthält ein optimales Portefeuille alle sechs verbleibenden Wertpapiere? Oder sind für die Wertpapiermischung einige Wertpapiere von vornherein unterlegen?

Folgende Überlegung drängt sich auf: Investieren wir in A und C je die Hälfte des Kapitals, dann wird die Mischung M einen Gewinn g_M erzielen von

$$g_M = 0{,}5 \cdot 10 + 0{,}5 \cdot 40 = 25. \tag{11}$$

Wenn wir annehmen, das Risiko der Mischung entspricht dem Durchschnitt der Risiken von A (σ_A = null) und C (σ_C = 20), dann beträgt das Risiko der Mischung 10. Daraus folgt: Eine Mischung aus ½ A + ½ C ist dem Wertpapier B überlegen, denn die Mischung erbringt bei gleichem Risiko einen höheren Gewinn. Damit ist B schlechter als eine Mischung von A und C. In einem guten Wertpapierportefeuille ist deshalb B nicht enthalten.

Der Gewinn der Mischung gleicht hier dem mit dem Anteil gewogenen arithmetischen Mittel aus den Einzelgewinnen der Wertpapiere. Gilt diese Durchschnittsbildung auch für das Risiko, gemessen durch die Streuung?

Entspricht das Risiko der Mischung der Wertpapiere dem mit den Anteilen gewichteten arithmetischen Mittel aus den Risikomaßen der einzelnen Wertpapiere, werden in der grafischen Darstellung der Abbildung 1 sämtliche Gewinne und Risikowerte einer Mischung aus A und C auf der Geraden zwischen A und C liegen. Die gleiche Überlegung läßt sich für Mischungen aus C und F anstellen. Mehrere Mischungen aus C und F erscheinen der Aktie D überlegen.

Wir erhalten das Zwischenergebnis: Ein guter Wertpapierbestand enthält weder Wertpapier E noch Wertpapiere B und D. Gute Anlagemöglichkeiten sind allein A, C, F, G. Ihre Verbindung gibt die Kurve guter Handlungsmöglichkeiten wieder.

Dieses Ergebnis nennt noch nicht die endgültige Lösung. Wäre dies die endgültige Lösung, dann könnte ein guter Wertpapierbestand stets nur aus höchstens zwei Wertpapieren bestehen: Wessen Risikoindifferenzkurven die Kurve guter Handlungsmöglichkeiten zwischen A und G berührt, wählt eine Mischung nur aus A und C, entsprechend aus C und F, F und G.

Jeder Eckpunkt der Kurve enthält nur ein Wertpapier, und Mischungen, die diese Kurve verkörpern, enthalten lediglich zwei benachbarte Wertpapiere. Das ist ein Ergebnis, das der Alltagserfahrung widerspricht. Schon deshalb wird das Risiko einer Wertpapiermischung im allgemeinen nicht durch das arithmetische Mittel der Einzelrisiken gekennzeichnet werden können.

Im vorliegenden Modell wird das Risiko durch die Standardabweichung ausgedrückt; das verlangt, die Varianz der Summe zweier zufallsabhängiger Größen zu berechnen. In der Statistik wird gelehrt: Die Varianz einer Summe gleicht der mit ihren Anteilen gewichteten Summe der Einzelvarianzen, vorausgesetzt, die einzelnen Wertpapiere sind im Risiko vollständig voneinander unabhängig. Unabhängig heißt: Die Gründe, die den Kurs eines Wertpapiers steigern, haben keinen Einfluß auf die Kursentwicklung anderer Wertpapiere. In der Praxis sind allerdings die Kurse der meisten Papiere voneinander abhängig. Sind die Einzelgrößen voneinander abhängig, dann ist ein Korrelationskoeffizient zu berücksichtigen. Für die Standardabweichungen σ_M einer Mischung zweier abhängiger Anlagewerte A und C gilt dann die Gleichung

$$\sigma_M = \sqrt{\alpha^2 \sigma_A^2 + (1-\alpha)^2 \sigma_C^2 + 2k_{AC}\alpha(1-\alpha)\sigma_A\sigma_C}. \tag{12}$$

Hierbei bedeuten: σ_M = Risiko (Standardabweichung) der Mischung aus den Wertpapieren A und C; α = Anteil des Wertpapiers A, $(1-\alpha)$ = Anteil des Wertpapiers C; σ_A = Risiko von A; σ_C = Risiko von C; k_{AC} = Korrelationskoeffizient zwischen A und C[47].

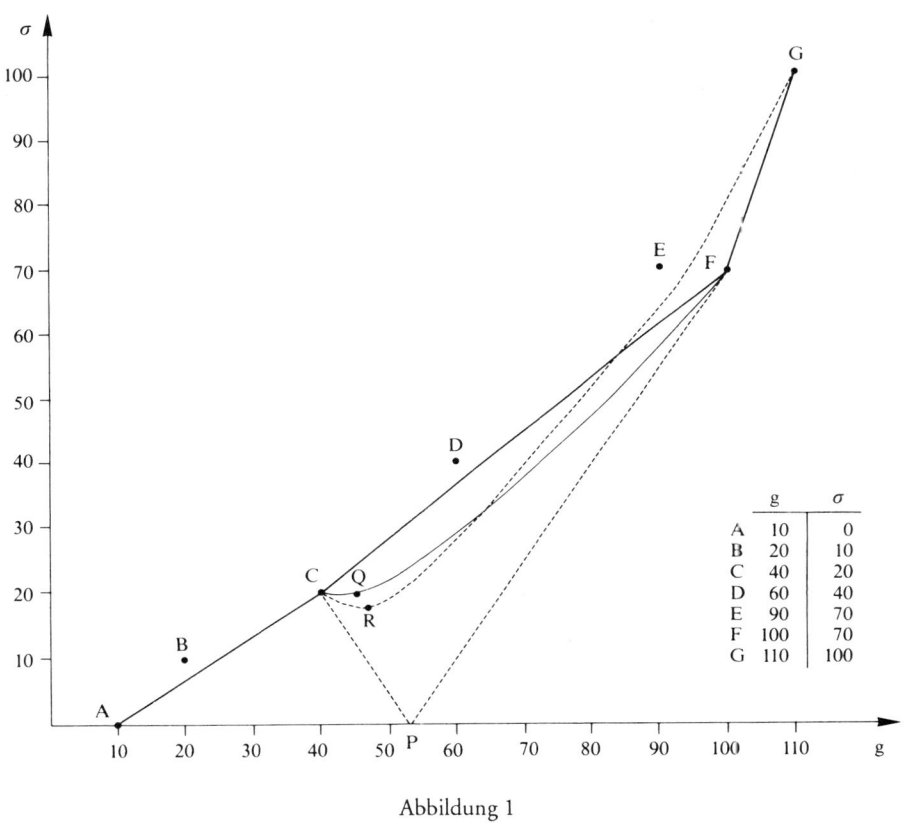

Abbildung 1

---

[47] In statistischen Lehrbüchern wird die Varianz einer Summe abhängiger Einzelgrößen meistens mit Hilfe der sog. Kovarianzen ausgedrückt. Die Varianz einer Summe von Zufallsvariablen gleicht dann

$$\sigma_M^2 = \alpha^2 \sigma_A^2 + (1-\alpha)^2 \sigma_C^2 + 2 k_{AC} \alpha (1-\alpha) \sigma_A \sigma_C$$

Zwischen der Kovarianz σ_{AC} und dem Korrelationskoeffizienten k_{AC} besteht folgende Beziehung:

$$k_{AC} = \frac{\sigma_{AC}}{\sigma_A \cdot \sigma_C}$$

Deshalb läßt sich der Begriff Kovarianz leicht vermeiden und durch den bekannteren Korrelationskoeffizienten ersetzen; Markowitz arbeitet mit Kovarianzen; die im Text gewählte Darstellung findet sich bei *Sharpe:* Capital Asset Prices S. 430, und *Tobin:* The Theory of Portfolio Selection, S. 24 f.

Der Korrelationskoeffizient ist ein Maß für die lineare (!) Abhängigkeit zwischen zwei Größen. Der Korrelationskoeffizient liegt zwischen -1 und +1. Beträgt der Korrelationskoeffizient +1, verlaufen die beiden Größen (z.B. die Kurse der Wertpapiere) stets in gleicher Richtung. Beträgt der Korrelationskoeffizient -1, verlaufen die beiden Kurse strikt entgegengesetzt. Sind zwei Wertpapiere voneinander unabhängig, dann ist ihr Korrelationskoeffizient null. Aber nicht immer, wenn der Korrelationskoeffizient null ist, sind die Sachverhalte unabhängig voneinander, aus denen die Unsicherheitseinschätzung hervorgeht. In bezug auf die allgemeine Nachfrage nach Kunststoffen oder Arzneimitteln weisen z.B. zwei chemische Werke eine hohe positive Korrelation auf. Bei Hochkonjunktur werden beide gut verdienen, in der Depression beide wenig. Die allgemeine Konjunktur ist jedoch nur eine Bestimmungsgröße des Gewinns. Schließlich konkurrieren die beiden Chemiekonzerne. Den Marktanteil, den ein Konzern gewinnt, jagt er wenigstens teilweise dem anderen Konzern ab. In bezug auf die Konkurrenzlage ist die Korrelation negativ. Wenn wir die Kursentwicklung bei den Chemieaktien vergleichen, werden wir vermutlich feststellen: In Zeiten guter Konjunktur ist die Korrelation stark positiv, in Zeiten nachlassender Konjunktur (verstärkter Konkurrenz) ist es denkbar, daß die Korrelation gegenläufig wird, wenn eine Unternehmung sich besser behauptet als eine andere. Im Saldo aus verschiedenen denkbaren künftigen Zuständen der Welt ergibt sich möglicherweise eine schwache, kaum aussagefähige Korrelation, vielleicht sogar eine Korrelation von null. Die Korrelation zwischen den Kursen zweier Chemieaktien kann also null sein, obwohl beide Unternehmen Konkurrenten sind.

Mit Hilfe der Formel für das Risiko der Wertpapiermischung stellen wir fest: Da A ein Risiko von null besitzt, liegen alle Mischungen, die A enthalten, auf einer Geraden. Um das nachzuweisen, brauchen wir nur in der Formel für σ_A den Wert null einzusetzen, und wir erhalten

$$\sigma_M = \sqrt{(1-\alpha)^2 \sigma_C^2} = (1-\alpha)\sigma_C. \tag{13}$$

Betrachten wir jetzt die Extremfälle gegenseitiger Abhängigkeit:

(1) Setzen wir den Korrelationskoeffizienten zwischen zwei Wertpapieren = +1, dann erhalten wir für das Risiko der Mischung folgenden Ausdruck:

$$\begin{aligned}\sigma_M &= \sqrt{\alpha^2 \sigma_C^2 + (1-\alpha)^2 \sigma_F^2 + 2\alpha(1-\alpha)\sigma_C \sigma_F} \text{ bzw.} \\ \sigma_M &= \alpha \sigma_C + (1-\alpha)\sigma_F.\end{aligned} \tag{14}$$

Bei einer Korrelation zwischen zwei Wertpapieren von +1 gleicht das Risiko der Mischung dem mit den Anteilen gewogenen Durchschnitt der Einzelrisiken. Die Gewinn- und Risikowerte der Mischung werden durch eine Gerade wiedergegeben. Das ist der Fall, den wir eingangs unterstellt hatten. Nun ist offenbar die vollständige positive Korrelation der ungünstigste Fall, der eintreten kann, denn sie bedeutet: Geht es einer Unternehmung schlecht, dann geht es der anderen aus den gleichen Gründen schlecht.

(2) Der Korrelationskoeffizient beträgt -1. Es ist schwer, dafür ein vernünftiges Beispiel zu finden. Am deutlichsten wird eine solche negative Korrelation an einem makabren Beispiel: Die Investition in einer Textilfabrik in einem afrikanischen Staat verspreche einen Gewinn von 10, wenn Frieden bleibt. Sie bringt einen Verlust von 6, wenn ein Bürgerkrieg entsteht. Bleibt Frieden, erwirtschaftet eine Waffenfabrik einen Gewinn von 2, bricht der Bürgerkrieg aus, wächst der Gewinn auf 20. Der weltfremde Menschheitsfreund wird in die Textilfabrik investieren und entwerd 10 gewinnen oder 6 verlieren. Der zynische Menschenverächter wird in die Waffenfabrik investieren und mindestens 2, vielleicht sogar 20 gewinnen. Der vorsichtige Geldanleger hingegen wird (z.B.) zur Hälfte auf Frieden spekulieren (Aktien der Textilfabrik erwerben), zur anderen Hälfte auf Krieg und folglich im Frieden 6 verdienen, im Krieg 7. Sicher wird mancher Leser eine solche Anlagenpolitik als unmoralisch verwerfen. Indes: Moral ist oft nur das, was man an Leuten vermißt, die Ziele erfolgreicher verwirklichen als man selbst. Der Vater, der seine Kinder versorgen will, wird vernünftigerweise so investieren, daß im Frieden wie im Krieg der Wohlstand gesichert bleibt.

Bei einer Korrelation von -1 zwischen z.B. C und F errechnet sich:

$$\sigma_M = |\alpha\sigma_C - (1-\alpha)\sigma_F|. \qquad (15)$$

(Bisher konnten wir das Minuszeichen bei der Wurzelauflösung vernachlässigen, weil die Streuung nur als positiver Wert definiert ist; hier ist zu berücksichtigen, daß Minus mal Minus zu positiven Werten führt). Durch Einsetzen des Wertes von z.B. $\alpha = 7/9$ erkennen wir die merkwürdige Form, welche die Risiko-Gewinn-Werte der Mischung hier annehmen. Die Kurve der Risiko-Gewinn-Mischung in Abb. 1 entartet zu einem Dreieck, das beim Aufteilungsverhältnis 7/9 für C und 2/9 für F zu einem Risiko von Null führt und einen Gewinn von 53⅓ sichert (Punkt P)[48]. Diese Mischungskurve hat einen ineffizienten Teil: die Strecke CP. Alle Mischungen, die mehr als 7/9 an C enthalten, zeigen bei gleichem Risiko einen geringeren Gewinn als diejenigen, die zwischen 7/9 und 5/9 aus C bestehen. Z.B. verkörpert die Mischung 8 Teile C, 1 Teil F, ein Risiko von $\sigma = 10$, mit einem Gewinn von 46⅔. Die Mischung von zwei Teilen C und einem Teil F führt zu demselben Risiko mit einem Gewinn von 60. Das Mischungsverhältnis fünf Teile C, vier Teile F enthält dasselbe Risiko wie Wertpapier C allein, verspricht aber einen Gewinn von 66⅔ gegenüber 40 bei C.

Vollständig gegensätzliche Entwicklung (Korrelation -1) ist ein abstruser Sonderfall. Er lehrt aber eines : Bestehen negative Korrelationen, dann kann das Risiko einer Mischung aus zwei gegensätzlichen Wertpapieren das Einzelrisiko des risikoärmsten Wertpapiers erheblich unterschreiten.

(3) Es besteht Unabhängigkeit zwischen den Gewinnen beider Firmen. Wir kehren zum ersten Beispiel zurück. C ist das norddeutsche Versorgungsunternehmen, F der süddeutsche Chemiekonzern. Das Risiko in der Gewinnentwicklung ist in Ursachen begründet, die für beide Unternehmen verschieden liegen. Unter dieser Annahme ist es sinnvoll,

---

48 Vgl. hierzu näher *Tobin:* The Theory of Portfolio Selection, S. 25.

von Unabhängigkeit der Gewinnentwicklung auszugehen, und d.h. einen Korrelationskoeffizienten von null anzusetzen. Wir errechnen

$$\sigma_M = \sqrt{\alpha^2 \sigma_C^2 + (1-\alpha)^2 \sigma_F^2}. \tag{16}$$

Für die Mischung C = 9 Teile, F = 1 Teil erhalten wir z.B. einen Gewinn von 46 und ein Risiko von $\sigma = (0{,}81 \cdot 400 + 0{,}01 \cdot 4.900)^{1/2}$, d.h. ungefähr 19,3, vgl. Punkt Q in Abb. 1, S. 477. Auch bei voneinander unabhängigen Wertpapieren kann das Risiko einer Mischung unter das Einzelrisiko des risikoärmsten Wertpapiers sinken. Die Mischung aus 9 Teilen C und 1 Teil F bringt ein geringeres Risiko bei höherem Gewinn als C allein. Daraus folgt: Ein optimales Portefeuille kann bei unabhängiger Gewinnentwicklung der guten Einzelwertpapiere nie aus dem risikoärmsten unter den risikobehafteten Wertpapieren allein bestehen. Die Verbindungskurve CQF zeigt die Risiko-Gewinn-Werte sämtlicher Mischungen aus C und F bei unabhängiger Gewinnentwicklung von C und F. Dabei sind die Mischungen auf der Strecke CQ ineffizient.

Das Sinken des Risikos einer Mischung unter das Einzelrisiko der risikoärmsten Anlage C tritt sogar noch bei positiver Korrelation ein. Selbst wenn die Gewinnentwicklung zweier Wertpapiere teilweise gleichgerichtet ist, kann eine Mischung aus beiden Papieren zu einem geringeren Risiko führen als die Anlage im risikoärmsten Papier allein. Bei der Mischung 9 Teile C, 1 Teil F kann der Korrelationskoeffizient z.B. +0,1 betragen, damit das Risiko der Mischung (bei höherem Gewinn) etwas unter dem Einzelrisiko von C liegt. Bei einem Mischungsverhältnis von 99 Teilen C und 1 Teil F kann der Korrelationskoeffizient sogar +0,2 betragen, und das Risiko der Mischung liegt (bei höherem Gewinn) etwas unter dem Einzelrisiko von C.

Nachdem die Risikoeigenschaft einer Wertpapiermischung im einzelnen beschrieben sind, sind die vielen denkbaren Mischungen daraufhin zu untersuchen: Welche sind entweder im erwarteten Vermögenszuwachs bei gleicher Streuung oder in einer niedrigeren Streuung bei mindestens gleichem Erwartungswert des Vermögenszuwachses anderen überlegen? Dazu ist jeweils die Kenntnis der Korrelationskoeffizienten untereinander erforderlich. Die Suche nach denjenigen Investitionsmischungen, die auf der Kurve guter Handlungsmöglichkeiten liegen, ist ein sehr zeitraubendes Geschäft[49].

bb) Zusatzannahmen für die Kurve guter Handlungsprogramme

Allgemein läßt sich der Verlauf der Kurve der guten Handlungsprogramme dann bestimmen, wenn drei zusätzliche Modellannahmen eingeführt werden:

a) Alle Wertpapiere sind risikobehaftet, d.h. die risikolose Geldanlage (oder Kreditaufnahme) auf dem Kapitalmarkt bleibt ausgeklammert, ebenso wird von einer Korrelation von -1 zwischen Wertpapieren abgesehen.

---

[49] Vgl. dazu *Markowicz*, Appendix B, S. 330-332; eine allgemeine Darstellung der Lösungsmethoden bringt *Hadley*, insbes. Kap. 7.

b) Keine Mischung aus Wertpapieren führt zu einem Risiko, das dem mit den Anteilen gewogenen Durchschnitt der Einzelrisiken der in der Mischung einbezogenen Wertpapiere entspricht (die Korrelation von +1 ist ausgeschlossen).

c) Von beschränkter Teilbarkeit wird abgesehen, „Leerverkäufe" seien zulässig, so daß die Anteile eines Wertpapiers in der Mischung auch negativ werden dürfen: Es werden Verpflichtungen zu späterer Lieferung dieser Wertpapiere eingegangen (vgl. S. 494 f.).

Unter diesen Annahmen wird aus dem nichtlinearen Programmierungsproblem eine Aufgabe, die mit Hilfe Lagrangescher Multiplikatoren gelöst werden kann. Dabei zeigt sich[50]:

(1) Die Kurve der guten Handlungsmöglichkeiten aus den risikobehafteten Anlagen stellt eine Hyperbel dar, wenn das Risiko als Standardabweichung gemessen wird (eine Parabel, wenn das Risiko als Varianz erscheint).

(2) Die Kurve der guten Handlungsmöglichkeiten unter Einschluß der risikolosen Geldanlage (oder Kreditaufnahme) verläuft bis zum Berührungspunkt mit der Hyperbel für die risikobehafteten Anlagen allein als Gerade (erscheint das Risiko als Varianz, tritt an die Stelle der Geraden von Anfang an eine Parabel).

(3) Das Portefeuille unter Einschluß der risikolosen Geldanlage (oder Kreditaufnahme) ist nur dann eine Mischung aus risikoloser Anlage und risikobehaftetem Teilportefeuille, wenn der risikolose Kapitalmarktzins kleiner ist als der Erwartungswert der Rendite des risikogünstigsten Portefeuilles aus den risikobehafteten Anlagen allein. Ist der risikolose Kapitalmarktzins größer, dann ist eine Trennung des investierten Geldes in risikolose Anlage (Finanzierung) und risikobehaftete Wertpapiermischung nicht mehr möglich; vielmehr enthält dann jedes einzelne Teilportefeuille aus risikobehafteten Anlagen von Anfang an auch die risikolose Handlungsmöglichkeit, wobei der Anteil der risikolosen Handlungsmöglichkeit in jedem Teilportefeuille wechseln wird.

Mit der Kenntnis der Kurve der guten Handlungsmöglichkeiten ist das Problem der optimalen Wertpapiermischung nicht gelöst. Es sind nur schlechte Investitionsmischungen von guten getrennt worden. Welche der guten Wertpapiermischungen optimal ist, das hängt von der Risikoneigung des Entscheidenden ab.

Jeder Wertpapierkäufer, ob Hasardeur oder Hasenfuß, wird ein Portefeuille auf der Kurve der guten Handlungsmöglichkeiten wählen. Welches er wählt, hängt von seiner Risikoneigung ab, die durch Indifferenzkurven mit unterschiedlichen Berührungspunkten an der Kurve guter Handlungsmöglichkeiten ($AP_1 T P_2 S P_3 G$) abgebildet werden könnte (S. 508). In Abb. 2 wird nur der Berührungspunkt (das Optimum) für vier Wertpapierkäufer eingezeichnet:

(a) Der extrem risikoscheue Anleger wird gar kein Risiko eingehen wollen. Er kann nur dadurch sein Vermögen maximieren, daß er das Geld auf dem Sparbuch festlegt (A

---

50 Vgl. *Robert C. Merton:* An Analytic Derivation of the Efficient Portfolio Frontier. In: The Journal of Financial and Quantitative Analysis, Vol. 7 (1972), S. 1851-1872, bes. S. 1854, 1865; *Richard Roll:* A Critique of the Asset Pricing Theory's Tests. Part I: On Past and Potential Testability of the Theory. In: The Journal of Financial Economics, Vol. 4 (1977), S. 129-176, hier ab S. 158.

in Abb. 2). Dem extrem risikoscheuen Investor helfen die Überlegungen zur Wertpapiermischung nicht.

(b) Der vorsichtige Anleger geht, so wollen wir annehmen, höchstens ein Risiko von σ = 10 ein. Er hätte also Bundesanleihen gekauft, bevor er an die Wertpapiermischung dachte. Für diesen Anleger sind unsere Überlegungen nützlich. Der vorsichtige Anleger hätte bei Bundesanleihen einen Gewinn von 20 erzielt. Wählt er statt dessen das mit gleichem Risiko behaftete Portefeuille P_1 (Abb. 2), so erzielt er einen Gewinn von 36. Er hat also durch die Investitionsmischung bei gleichem Risiko seinen Gewinn fast verdoppelt.

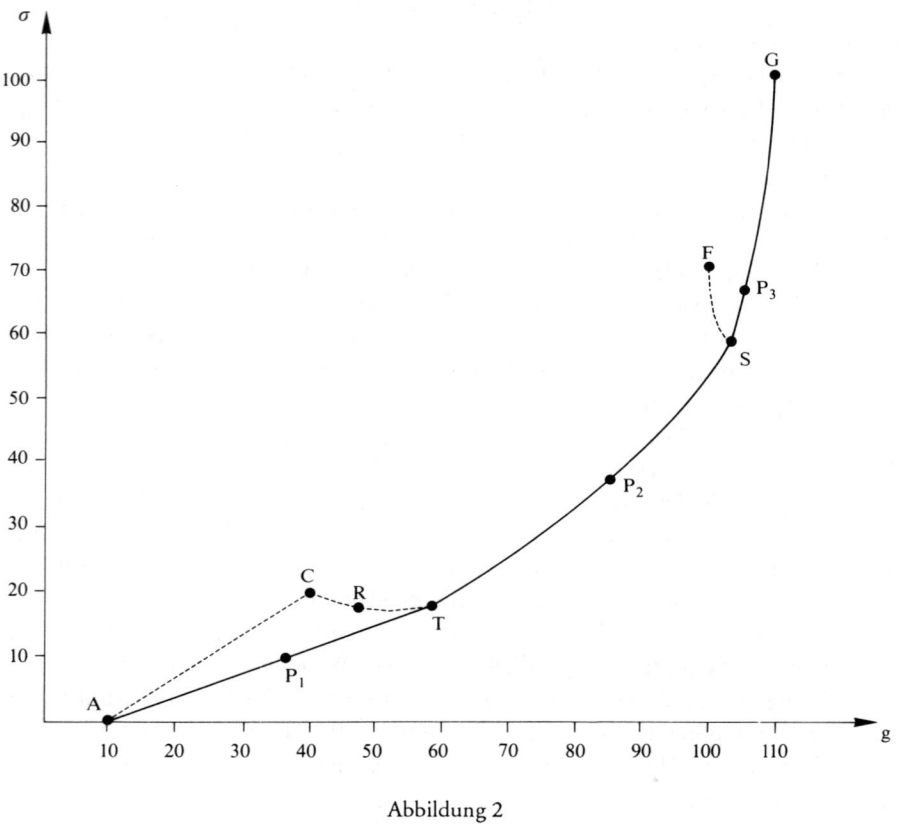

Abbildung 2

Wie sieht das Portefeuille P_1 aus? Portefeuille P_1 zeigt als g-, σ-Werte: 36;10. Da es aus A (10; 0) und T (58,2; 18,3) besteht, errechnet sich für P_1 ein Anteil von ca. 54% T und 46% A. Da wir hier schon in Teilbarkeitsschwierigkeiten kommen, lassen wir das optimale Portefeuille zur Hälfte aus A und zur Hälfte aus T bestehen. T besteht bei bestimmten Annahmen über die Korrelation zwischen den Wertpapieren z.B. aus

50% Spareinlagen,
36% in der Versorgungsaktie C,
5% in der Chemieaktie F,
9% in der liquidationsreifen Textilfabrik G.

Welcher vorsichtige Anleger unter den Lesern hätte bewußt unter Risikogesichtspunkten sein Wertpapierportefeuille auf verschiedene, darunter stark risikobehaftete Anlagen aufgeteilt? Die Mehrzahl der vorsichtigen Anleger wird ihr Geld nur auf dem Sparbuch oder in Bundesanleihen oder auf dem Sparbuch und in Rentenwerten und vielleicht einer risikoarmen Aktie halten.

(c) Ein wenig ängstlicher Anleger mag insgesamt ein Risiko von $\sigma = 40$ in Kauf nehmen und neigt, bevor er die Wertpapiermischung erwägt, zu der Stahlaktie D. Er hätte dann einen Gewinn von 60 erzielt. Durch ein gut gemischtes Wertpapierportefeuille ist er hingegen bei gleichem Risiko in der Lage, einen Gewinn von über 80 zu erzielen. Dieser Anleger wählt ein Portefeuille P_2 aus z.B. gerundet
30% C,
50% F,
20% G.

(d) Der risikofreudige Anleger mag insgesamt ein Risiko von 70 für tragbar halten. Er hätte, bevor er die Mischung erwogen hat, in der Chemieaktie investiert und einen Gewinn von 100 erzielt. Für ihn lohnt sich, wie wir wissen, jedoch eher eine Mischung aus dem Spekulationspapier G und der Chemieaktie, falls beide Wertpapiere völlig unabhängig voneinander sind ($\sigma = 0$). Sein Portefeuille P_3 besteht z.B. aus
der liquidationsreifen Textilfabrik 60%,
der Chemieunternehmung F 40%.

Vergleichen wir die vier Investoren, dann zeigt sich, daß der vorsichtige Anleger den größten Nutzen aus der Wertpapiermischung zieht.

cc) Die Bedeutung der Risikonutzenfunktion für die Bestimmung guter Handlungsprogramme

In der Theorie der Wertpapiermischung wird jede Handlungsmöglichkeit durch Erwartungswert und Streuung beschrieben. Auf dieser Grundlage läßt sich das Ergebnis ableiten, daß im allgemeinen das Risiko einer Mischung mehrerer risikobehafteter Wertpapiere unter dem Mittelwert der Einzelrisiken liegt, ja, daß das Risiko der Mischung sogar unter das Einzelrisiko der risikoärmsten unter den risikobehafteten Handlungsmöglichkeiten sinkt. Die Zusammenstellung der Kurve guter Handlungsmöglichkeiten baut auf diesem Effekt der Risikominderung durch Investitionsmischungen auf. Dabei ist es von der Theorie her gleichgültig, ob Wertpapiere im Rechtssinne, Finanzanlagen, Sachanlagen, Forschungs- oder andere Investitionen für ein Investitionsprogramm beurteilt werden sollen.

Die Einwände gegen die Theorie der Wertpapiermischung beginnen mit Bedenken gegen die Entscheidungsregel nach Erwartungswert und Streuung; denn die Aussage: Alle Handlungsmöglichkeiten mit demselben Erwartungswert und derselben Streuung sind gleichwertig, gilt nur dann, wenn (S. 464):

a) die Risikonutzenfunktion quadratisch ist (dann dürfen die Wahrscheinlichkeitsverteilungen beliebige Formen annehmen). Diese Annahme impliziert eine psychische Risikoneigung mit der Folge, daß mit steigendem Erwartungswert des Endvermögens (als Bezugsgröße des Risikonutzens) sowohl relativ als auch absolut weniger in risikoreichere Anlagen investiert wird (S. 490);

b) die Wahrscheinlichkeitsverteilung der Gewinnerwartungen sämtlicher Handlungsmöglichkeiten Normalverteilungen sind (dann darf die Risikonutzenfunktion beliebige Formen annehmen).

Die Annahme einer Normalverteilung besitzt für alle wichtigen wirtschaftlichen Entscheidungen keinen entscheidungsbestimmenden Gehalt; denn die Festlegung der Zukunftslagen und ihrer Glaubwürdigkeiten beruht auf zahlreichen „Entweder-Oder"-Argumenten: Senkt die Konkurrenz ihre Preise, oder senkt sie sie nicht? Erfolgt ein Importstopp, oder erfolgt er nicht? usw. Aus der Abschätzung einzelner „Alternativentwicklungen" folgt regelmäßig keine Normalverteilung. Für Nebenprobleme (Qualitätskontrollen, stichprobenhafte Inventuraufnahmen) mag die Annahme einer Normalverteilung haltbar sein. Für alle „strategischen" Unternehmensentscheidungen (z.B. Investition und Finanzierung, Forschung und Entwicklung, Preispolitik) ist die Annahme einer Normalverteilung nicht berechtigt. Selbst wenn eine einzelne Entscheidung sich später wiederholt (z.B. Ersatz einer Anlage), dann fällt die neue Entscheidung regelmäßig unter veränderten Umweltbedingungen.

Für die Investitionsplanung Finanzanlagen an der Börse erscheint die Annahme einer Normalverteilung schon im Ansatz verfehlt, denn sie unterstellt:

(1) Endvermögenschancen von $-\infty$ bis $+\infty$. Alle negativen Endvermögenshöhen sind aber ökonomisch sinnlos; denn mehr als das eingesetzte Kapital kann ein Aktionär nicht verlieren. Logarithmische Normalverteilungen vermeiden diese sinnlose Folge: Sie beginnen bei Null. Aber diese erlauben nicht, ein Marktgleichgewicht für endlich lange Abrechnungsperioden abzuleiten[51].

(2) Unendlich viele Zukunftslagen; die praktische Planung muß sich aber auf das Durchrechnen einiger weniger repräsentativer Zukunftslagen beschränken.

(3) Kenntnis der kontinuierlichen Verteilung. Kontinuierliche Wahrscheinlichkeitsverteilungen fallen nur in Lehrbüchern, nicht in der Wirklichkeit vom Himmel. Empirischen Gehalt erlangen sie allenfalls als mathematische Glättungen von Vergangenheitsdaten. Nur unter Zusatzannahmen lassen sich aus Kursbewegungen von Aktien, Dividendenzahlungen usw. der Vergangenheit Erwartungswerte der Rendite und Streuungen als Risikomaß berechnen (S. 538 f.).

Es ist deshalb zu prüfen, inwieweit die Aussagen über die risikomindernde Wirkung einer Investitionsmischung aufrechterhalten bleiben, wenn die Zukunftslagen jeder

---

51 Vgl. *Robert C. Merton:* An Intertemporal Capital Asset Pricing Model. In: Econometrica, Vol. 41 (1973), S. 867-887.

Handlungsmöglichkeit und ihre Glaubwürdigkeitsziffern nicht auf zwei Parameter (Erwartungswert, Standardabweichung) reduziert, sondern wenn bei jeder Handlungsmöglichkeit sämtliche Zukunftslagen und ihre Glaubwürdigkeitsziffern – die gesamte Wahrscheinlichkeitsverteilung also – unmittelbar betrachtet werden.

Drei Aktien x, y, z mögen z. B. folgende Zukunftslagen zeigen (g = Vermögenszuwachs, p = Wahrscheinlichkeit):

	g_1	p_1	g_2	p_2	g_3	p_3
x	10	2/9	40	5/9	70	2/9
y	0	1/3	150	2/3	–	–
z	20	1/2	100	1/2	–	–

Der Vermögenszuwachs bei x hänge von der Binnenkonjunktur ab; bei y entscheide die Auslandsnachfrage, bei z die Höhe des Verteidigungsetats. Die Unabhängigkeit der einzelnen Zukunftslagen entspricht einer Korrelation von null bei einer Mischung der Wertpapiere. Die Mischung aus zwei Teilen x und einem Teil y ergibt folgende Wahrscheinlichkeitsverteilung für die Mischung M:
20/3 mit p = 2/27; 80/3 mit 5/27; 140/3 mit 2/27;
170/3 mit 4/27; 230/3 mit 10/27; 290/3 mit 4/27.

Die Aktie z bringt mit Sicherheit einen Gewinn von mindestens 20. In der Mischung M wird ein Gewinn von mindestens 20 nur mit einer Wahrscheinlichkeit von rund 93% (25/27) erreicht. Niemand wird deshalb von vornherein behaupten dürfen, daß die Mischung M der Aktie z überlegen sei. Erst wenn Einzelannahmen über die Risikoneigung (die Risikonutzenfunktion) erfolgen, läßt sich somit entscheiden, ob die Mischung aus Aktien x und y besser ist als die Aktie z. Sobald sämtliche Zukunftslagen und ihre Glaubwürdigkeitsziffern (sobald die gesamte Wahrscheinlichkeitsverteilung) einer Handlungsmöglichkeit betrachtet werden, ist es (abgesehen von den seltenen Dominanzfällen, S. 452 ff.) kaum mehr möglich, gute und schlechte Handlungsmöglichkeiten zu trennen, wenn nicht zugleich Unterstellungen über die Risikonutzenfunktion getroffen werden.

dd) Der Risikoverbund in Investitionsmischungen

Die wesentliche praktische Aufgabe bei Zusammenstellung eines Investitionsprogramms besteht darin, sich im Gewinn und im Risiko begünstigende Vorhaben zu finden und sie zu koppeln. Das Sich-Begünstigen oder -Behindern von Investitionsvorhaben hat vielfältige Gründe. Für unsere Zwecke genügt es, zwischen Gewinnverbund und Risikoverbund von Handlungsmöglichkeiten zu trennen.

Gewinnverbund heißt: Der finanzielle Zielbeitrag zweier Handlungsmöglichkeiten, gemeinsam verwirklicht, weicht von der Summe der Zielbeiträge ab, die sich bei Einzelverwirklichung ergeben. Zwei Investitionsvorhaben begünstigen sich in einer Zukunftslage, wenn ihr Einnahmenüberschuß über der Summe der Einnahmenüberschüsse liegt, die sich bei Einzelverwirklichung errechnen würden. Der Gewinnverbund von Investitionsvorhaben ist durch Ersparnisse bei den Anschaffungsausgaben, den Betriebskosten oder im Absatzverbund einzelner Erzeugnisse begründet. Er wird häufig großspurig Synergie-Effekt genannt.

Der *Risikoverbund* betrifft die Risikomehrung oder -minderung, wenn mehrere Vorhaben gemeinsam durchgeführt werden und dabei sämtliche Zukunftslagen mit ihren Glaubwürdigkeitsziffern betrachtet werden. Um den Risikoverbund näher zu beschreiben, müssen wir sämtliche Zukunftslagen nach den Anlässen ordnen, die zur Unterscheidung der einzelnen Zukunftslagen führen. Die Anordnung der Zukunftslagen erfolgt z.B. nach dem Schema: Preisverfall im Inland, Preisverfall im Ausland, kein Preisverfall. Wir nehmen dabei die Anordnung der einzelnen Zukunftslagen stets nach der Höhe der Einkommensbeträge vor, also z.B.

	Preisverfall Inland	Preisverfall Ausland	Kein Preisverfall
Investitionsvorhaben I	10	40	70

Sind die Anlässe für die Anordnung der Zukunftslagen bei den Handlungsmöglichkeiten dieselben, liegt eine einfache Ordnung der Zielbeiträge vor. Sind die Anlässe für die Anordnung der Zukunftslagen bei den Handlungsmöglichkeiten verschieden, liegt eine mehrfache Ordnung der Zielbeiträge vor.

Bei einfacher Ordnung der Zielbeiträge sind drei Fälle des Risikoverbundes denkbar:

a) Die Ordnungen der Zielbeiträge aller Handlungsmöglichkeiten sind gleichgerichtet. Das ist der Fall des „Risikogleichlaufs". Er entspricht im Wertpapierbeispiel einem Korrelationskoeffizienten von +1.

b) Die Ordnungen der Zielbeiträge aller Handlungsmöglichkeiten sind nur teilweise gleichgerichtet, teilweise laufen sie entgegengesetzt. Das ist der Fall der „Risikominderung". Er entspricht dem Korrelationskoeffizienten von unter +1 aber über -1.

c) Die Ordnungen der Zielbeiträge der Handlungsmöglichkeiten verlaufen strikt entgegengesetzt. Das ist der Fall, der zum „Risikoausgleich" (zu Mischungssicherheit) führt. Er deckt sich mit dem Korrelationskoeffizienten von -1.

Eine mehrfache Ordnung der Zielbeiträge folgt aus unterschiedlichen Ursachen für Unsicherheitsursachen. Diese können voneinander unabhängig oder untereinander abhängig sein.

Unabhängigkeit der Unsicherheitsursachen sei durch folgendes Beispiel erläutert. Für Investition I mit den alternativen Zielbeiträgen 10, 40, 70 mag die Preisentwicklung entscheidend sein, für Investition 11 aber nicht die Preisentwicklung, sondern die Frage: Sind keine qualifizierten Arbeitskräfte zu bekommen (Zielbeitrag 0), kann die Hälfte der Stellen besetzt werden (Zielbeitrag 50), oder gelingt es, alle Stellen zu belegen (Zielbeitrag 100)? In einem solchen Fall zerflattert die Wahrscheinlichkeitsverteilung der Mischung. Es kann dann jede Zukunftslage von 1 mit jeder Zukunftslage von 11 zusammentreffen, also z.B. „Preisverfall Inland" zusammen mit „keinen neuen Arbeitskräften", „mit halber Besetzung", „mit voller Belegschaft" usw.

I:		10			40			70	
II:	0	50	100	0	50	100	0	50	100
	5	30	55	20	45	70	35	60	85
geordnet	5	20	30	35	45	55	60	70	85

Nur wenn die Anlässe für das Anordnen der Zukunftslagen (Preisentwicklung, Entwicklung am Arbeitsmarkt) voneinander gänzlich unabhängig sind, errechnen sich die Wahrscheinlichkeiten der neuen Zukunftslagen aus dem Produkt der jeweiligen Einzelwahrscheinlichkeiten.

Bei einer Mischung von Investitionen wird jedoch eine solche „statistische Unabhängigkeit" kaum jemals gegeben sein. Fast alle Vorhaben sind konjunkturempfindlich (in bezug auf diese Unsicherheitsursache besteht weitgehend Risikogleichlauf). Sie können jedoch gegenüber anderen Einflußgrößen, z.B. Konkurrenzlage, Beschaffungsschwierigkeiten, unabhängig sein oder sich teilweise begünstigen.

Abhängigkeiten zwischen Unsicherheitsursachen wären in unserem Beispiel durch folgende Fragen zu erkunden: Treten Preisverfall im Inland und entspannter Arbeitsmarkt gemeinsam auf, oder ist Preisverfall auch bei angespanntem Arbeitsmarkt denkbar? Hat ein Preisverfall im Ausland Rückwirkungen auf die inländische Arbeitsmarktlage während des Planungszeitraums? An diesen Fragen wird deutlich, daß die ausschlaggebenden Probleme für die Erfassung des Risikoverbundes in der Untersuchung der gegenseitigen Abhängigkeiten bestehen, die zwischen den Unsicherheitsursachen liegen.

Die Wahrscheinlichkeit für einzelne Zukunftslagen läßt sich bei Abhängigkeit der Unsicherheitsursachen nicht mehr durch Ausmultiplizieren der Einzelwahrscheinlichkeiten wie im Fall statistischer Unabhängigkeiten errechnen. Vielmehr muß an die Stelle des Ausmultiplizierens von Wahrscheinlichkeiten eine Neuschätzung der Glaubwürdigkeiten auf Grund der gegenseitigen Abhängigkeiten der Unsicherheitsursachen treten. Bei „Abhängigkeit" kann damit gerechnet werden, daß einige der Mischungs-Zukunftslagen, die bei Unabhängigkeit zu beachten gewesen wären, hier mit der Glaubwürdigkeit Null zu belegen sind und damit entfallen. Abhängigkeit unter den Unsicherheitsursachen unterscheidet sich von der Unabhängigkeit durch eine „dichtere" Wahrscheinlichkeitsverteilung.

Zu den Problemen, wie Glaubwürdigkeiten von Zukunftslagen bei Investitionsmischungen unter Risikoverbund neu zu schätzen sind, treten technische Probleme in der Planung von Investitionsmischungen. Wenn wir z.B. fünf Investitionsvorhaben betrachten, für den ersten Zahlungszeitpunkt fünf Zukunftslagen bei jedem Vorhaben unterscheiden und für jedes der fünf Investitionsvorhaben fünf unterschiedliche Anlässe für das Unterteilen der Zukunftslagen annehmen, so ergeben sich für den ersten Zahlungszeitpunkt schon $5^3 = 125$ alternative Mischungszukunftslagen. Da für jeden späteren

Zahlungszeitpunkt mit einer weiteren Verästelung gerechnet werden muß, ist man vermutlich im dritten Jahr in den Millionen.

Es bleibt praktisch nichts anderes übrig, als Tausende von denkbaren Zukunftslagen zu einigen wenigen repräsentativen Zukunftslagen zusammenzufassen mit der Gefahr, daß zusätzliche Fehlerquellen entstehen. Die Hauptschwierigkeit von Entscheidungen unter Ungewißheit liegt bereits im Anordnen der Zukunftslagen. Selbst wenn diese Schwierigkeit bewältigt ist, gilt: Um den Bereich „guter" Wahlmöglichkeiten zu erkennen, müssen Annahmen über die Risikonutzenfunktion erfolgen; ohne sie ist nicht einmal eine brauchbare Entscheidungsvorbereitung möglich. Die Entscheidung unter den vorab ausgewählten guten Handlungsmöglichkeiten kann immer nur bei Kenntnis der persönlichen Risikoneigung fallen.

Wohlgemerkt: Selbst wenn eine zweifelsfreie quantitative Wahrscheinlichkeitsverteilung besteht, können ohne Rückgriff auf die Risikonutzenfunktion kaum noch gute von weniger guten Handlungsprogrammen getrennt werden. Aber wieviel Vorwissen gehört dazu, überhaupt quantitative subjektive Wahrscheinlichkeiten für die Planung von Investitions- und Finanzierungsprogrammen zu ermitteln!

An diesen Wissensanforderungen wird verständlich, daß die Suche nach einem optimalen Finanzplan durch kombinatorische Modelle mittels einer stochastischen linearen Programmierung[52] oder einer Optimumbestimmung für unter Risikogrenzen hinreichend zulässige Programme (Chance-constrained Programming)[53] in einer Sackgasse geendet haben.

Nachdem bisher Entscheidungsmodelle unter Ungewißheit für die Investitionsplanung nicht weiterführen, bietet sich ein anderer Versuch an: Im folgenden wird nach den Bedingungen gesucht, wann bei Risikoabneigung die Aufteilung des Investitionsprogramms in risikolose und risikobehaftete Investitionen von der Höhe des Vermögens bzw. Finanzierungsspielraums abhängt und ob die Zusammensetzung eines risikobehafteten Investitionsprogramms sich mit dem Finanzierungsspielraum ändert.

Hierbei wird rationales Verhalten im Sinne der Risikonutzentheorie unterstellt. Damit wird nicht behauptet, das tatsächliche Verhalten bei der Planung von Investitionspro-

---

52 Vgl. *G. Tintner:* Stochastic Linear Programming with Applications to Agricultural Economics. In: Proceedings of the Second Symposium in Linear Programming, Vol. 1, ed. by H.A. Antosiewicz, Washington 1955, S. 197-228; zur Kritik vgl. *Bertil Näslund:* A Model of Capital Budgeting under Risk. In: The Journal of Business, Vol. 39 (1966), S. 257-271, hier S. 259.
53 Vgl. *Albert Madansky:* Linear Programming under Uncertainty. In: Recent Advances in Mathematical Programming, ed. by R.L. Graves and P. Wolfe, New York u.a. 1963, S. 103-110; zur Kritik vgl. *Bertil Näslund, Andrew Whinston:* A Model of Multi-Period Investment under Uncertainty. In: Management Science, Vol. 8 (1962), S. 183-200, bes. S. 184 f.; *Veikko Jääskeläinen:* Optimal Financing and Tax Policy of the Corporation. Helsinki 1966, S. 159 f. Mit dem Vorgehen Madanskys deckt sich die „flexible Planung" mit Hilfe der linearen oder dynamischen Programmierung im Sinne von Hax und Laux, vgl. *Herbert Hax, Helmut Laux:* Flexible Planung – Verfahrensregeln und Entscheidungsmodelle für die Planung bei Ungewißheit. In: ZfbF, Jg. 24 (1972), S. 318-340; siehe dazu auch *Dieter Schneider:* „Flexible Planung als Lösung der Entscheidungsprobleme unter Ungewißheit?" in der Diskussion. In: ZfbF, Jg. 24 (1972), S. 456-476, bes. S. 461-466, 471 f.

grammen zu beschreiben. Vielmehr wird ein Referenzmodell, ein Ausgangspunkt, erarbeitet, wann in einer vereinfacht beschriebenen Entscheidungssituation die Art der Investitionsmischung unabhängig von der Höhe des Finanzierungsspielraums bzw. Anfangsvermögens ist. Eine Anwendung finden diese Modellüberlegungen vor allem bei der späteren Untersuchung, wie z.B. Steuersatzsenkungen und andere Steuerrechtssachverhalte die Höhe der Innenfinanzierung beeinflussen und die Risikobereitschaft zu Investitionen verändern können.

2. Risikobereitschaft in Abhängigkeit vom Vermögen (Finanzierungsspielraum)

aa) Aufteilung zwischen risikolosen und risikobehafteten Investitionen und das Problem der „Leerverkäufe"

Die Beziehungen zwischen Formen der Risikoabneigung, Höhe des Finanzierungsspielraums und Aufteilung des Investitionsprogramms in risikolose und risikobehaftete Investitionen lassen sich leicht veranschaulichen, wenn nur eine einzige risikobehaftete Anlage betrachtet wird und nur zwei Zukunftslagen für das Endvermögen am Planungshorizont zu beachten sind. Die risikobehaftete Investition kann auch aus einem Investitionsprogramm bestehen, z.B. aus dem Marktportefeuille, S. 510. Risikolose und risikobehaftete Investitionen seien beliebig teilbar, so daß jede Mischung aus Teilen der risikolosen und der risikobehafteten Investition sich ebenfalls verwirklichen läßt. Graphisch läßt sich dieses Modell so darstellen[54]:

Auf der Ordinate der Abbildung 3 ist das Endvermögen in der schlechten Zukunftslage V_s abgetragen, auf der Abszisse das Endvermögen in der guten Zukunftslage V_g. Die sichere Geldanlage ist für wachsende Finanzierungsspielräume auf der 45°-Linie durch den Ursprung wiedergegeben, denn eine sichere Investition führt in der guten und schlechten Zukunftslage zu einem gleichen Endvermögen.

Wird das niedrigere Anfangsvermögen allein in der risikobehafteten Anlage investiert, entsteht der Punkt U. In der Zeichnung bringt er für die schlechte Zukunftslage nur das halbe Endvermögen der sicheren Anlage, jedoch das doppelte Endvermögen der guten Zukunftslage. Die Linie vom Ursprung durch U und U' zeigt die Endvermögenschancen, wenn allein in die risikobehaftete Anlage investiert wird.

---

54 Vgl. *J.E. Stiglitz:* The Effects of Income, Wealth, and Capital Gains Taxation on Risk-Taking. In: The Quarterly Journal of Economics, Vol. 83 (1969), S. 263-283, hier S. 266-268; zum folgenden vgl. auch *M.J. Brennan, A. Kraus:* The Geometry of Separation and Myopia. In: The Journal of Financial and Quantitative Analysis, Vol. 11 (1976), S. 171-193, hier S. 176-179, 181-184.

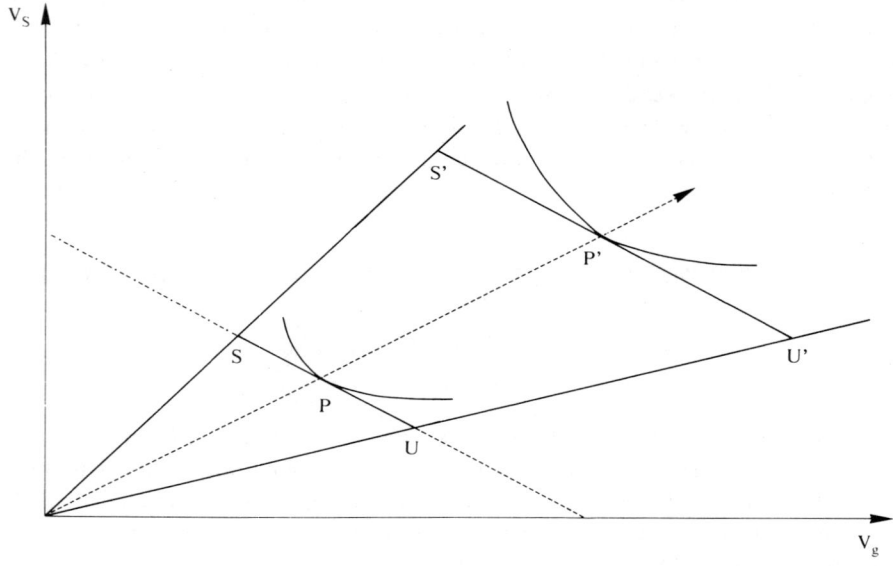

Abbildung 3

Sämtliche Investitionsmischungen zwischen risikoloser und risikobehafteter Anlage sind in ihrem Endvermögen auf der Verbindungsgeraden $\overline{SU}$ zu finden: Sie zeigen gegenüber der alleinigen risikolosen Geldanlage weniger Endvermögen in der schlechten Zukunftslage und mehr in der guten bzw. gegenüber der alleinigen Investition in der risikobehafteten Anlage mehr Endvermögen in der schlechten Zukunftslage und weniger in der guten.

Risikoabneigung läßt sich innerhalb der Theorie des Risikonutzens durch einen abnehmenden Grenznutzen von Endvermögenschancen kennzeichnen. Graphisch führt eine solche Risikonutzenfunktion zu Indifferenzkurven. Solche sind in der Abbildung 3 für den Berührungspunkt P der Investitionsmischung mit einem Endvermögen nach Steuern und dem Berührungspunkt P' derselben Investitionsmischung mit einem Endvermögen vor Steuern eingezeichnet. In der Abbildung wird der Investor von seinem Anfangsvermögen das Verhältnis der Strecken $\overline{PU} : \overline{SU}$ risikolos investieren und das Verhältnis der Strecken $\overline{SP} : \overline{SU}$ in der risikobehafteten Anlage.

Die Verbindung der Optima P und P' sei *Risikopfad* genannt. Ein solcher Risikopfad zeigt das Verhältnis zwischen den Anteilen an, die risikolos und risikobehaftet investiert werden, wenn der Finanzierungsspielraum und damit das erwartete Endvermögen erhöht oder verringert wird. Ein besonderer Anwendungsfall hierfür ist gegeben, wenn bei sonst investitionsneutralem Steuerrecht der Steuersatz (hier in bezug auf das Endvermögen) gesenkt wird (bei Bewegung von P in Richtung P') oder wenn der Steuersatz erhöht wird (Bewegung von P in Richtung Koordinatenursprung). In der Abbildung ändert sich das

Aufteilungsverhältnis zwischen risikoloser und risikobehafteter Investition bei Änderung des Steuersatzes nicht. Abgebildet wird also eine Form von Risikoabneigung, in dem eine Änderung eines konstanten Vermögensteuersatzes keinen Einfluß auf die Risikobereitschaft hat.

Wird auf den Achsen der Abbildung 3 nicht das Endvermögen abgetragen, sondern der Vermögenszuwachs (Gewinn), dann zeigt das Modell einen Fall von Risikoabneigung, für den eine Senkung der Gewinnsteuersätze die unternehmerische Risikobereitschaft zu Investitionen weder fördert noch beeinträchtigt.

In der Abbildung sind nur Kombinationen zwischen Endvermögenshöhen in beiden Zukunftslagen möglich, die zwischen den Koordinaten von S und U liegen. Die gestrichelte Fortsetzung der Linie $\overline{SU}$ in Richtung auf die Abszisse zeigt eine Erhöhung des Vermögens in der guten Zukunftslage auf Kosten des Vermögens in der schlechten Zukunftslage an: Der Entscheidende, der auf dem gestrichelten Teil sein Optimum findet, wird ein Mehrfaches der risikobehafteten Anlage kaufen und sich zu diesem Zweck verschulden. Im äußersten Fall (Schnittpunkt der gestrichelten Linie mit der Abszisse) würde die Kreditzurückzahlung am Planungshorizont das Endvermögen in der schlechten Zukunftslage V_s auf null drücken. Investitionsprogramme auf der gestrichelten Linie sind also möglich, sobald zu ein und demselben sicheren Zinssatz nach Belieben Geld aufgenommen und angelegt werden kann.

Die strich-punktierte Fortsetzung der Strecke $\overline{SU}$ in Richtung auf die Ordinate zeigt eine Erhöhung des Vermögens in der schlechten Zukunftslage auf Kosten des Vermögens in der guten an. In der Kapitalmarktgleichgewichtstheorie wird hier von „Leerverkäufen" risikobehafteter Investitionen (Wertpapiere) geredet.

Leerverkäufe (short-selling) bezeichnet den mathematischen Trick, durch negative Anteile eines risikobehafteten Wertpapiers zu einem höheren Endvermögen in der schlechten Zukunftslage zu kommen, als es eine risikolose Investition bietet.

Negative Anteile eines Wertpapiers in einer Mischung aus miteinander korrelierten Wertpapieren bewirken rechnerisch, daß das Vorzeichen des Korrelationskoeffizienten wechselt. Leerverkäufe einzelner Wertpapiere, die zu anderen Wertpapieren in einer Korrelation von +1 stehen, führen deshalb rechnerisch zu einer Korrelation von -1.

Die Annahme von Leerverkäufen (negativen Anteilen) muß kein fauler Trick sein, denn auf Waren- und Devisenterminmärkten gibt es Gegengeschäfte, durch die mit Hilfe zweier entgegengesetzter risikobehafteter Investitionen eine risikolose Gesamtposition erreicht werden kann (hedging). Um so wichtiger ist zu erkennen, welche empirischen Tatbestände mit den Leerverkäufen im Kapitalmarktmodell gemeint sind.

Leerverkäufe im Sinne der Kapitalmarkttheorie sind als Ausgabe von Aktien bzw. als Leihe von Aktien von ihren Eigentümern mit sofortigem Verkauf erläutert worden (also eine Art Termingeschäft)[55]. Dieser Vergleich trifft nicht. Der theoretische Begriff des Leerverkaufs ist zunächst nur ein anderer Name für den mathematischen Trick, mit negativen Anteilssätzen der am Markt vorhandenen Wertpapiere rechnen zu können. Im

---

[55] Vgl. *Eugene F. Fama:* Foundations of Finance. New York 1976, S. 224-226.

Kapitalmarktmodell bleibt der Gesamtbestand an handelbaren Wertpapieren (Investitionen) unverändert. Es findet keine Ausgabe junger Aktien statt.

Ebensowenig ist der Leerverkauf mit dem empirischen Tatbestand eines Termingeschäftes identisch. In folgendem Beispiel ist zur Vereinfachung von Provisionen und Mindesteinsätzen bei Termingeschäften abgesehen worden. Ein Investor verfügt in t_0 über 100 DM Kasse, und er plant bis t_1. Kauft er ganz normal („kassa") im Zeitpunkt t_0 ein Wertpapier für 100 DM, möge er in t_1 entweder 50 oder 200 DM dafür erlösen. Kauft er im Zeitpunkt t_0 ein Wertpapier für 100 DM auf Termin, zahlt er in t_1 100 DM und erhält das Wertpapier, das er in t_1 auf dem Kassamarkt zu entweder 50 oder 200 DM verkauft. Beim Terminverkauf veräußert er im Zeitpunkt t_0 ein Wertpapier für 100 DM, das er noch gar nicht besitzt. Er erhält in t_1 100 DM an Einnahmen und muß das Wertpapier liefern, das er dann in t_1 auf dem Kassamarkt entweder zu 50 oder 200 DM kaufen muß.

Wer hingegen einen Leerverkauf im Sinne der Kapitalmarkttheorie tätigt, verwirklicht die Zahlungen des Wertpapier-Kassakaufs, multipliziert mit -1: Er erhält in t_0 100 DM und muß in t_1 entweder 50 oder 200 DM an Ausgaben leisten. Der Leerverkauf führt damit in t_1 zu demselben Ergebnis wie ein Terminverkauf in t_0; für t_0 unterscheiden sich aber die Zahlungen bei Terminverkauf und Leerverkauf.

Folgende Tabelle verdeutlicht die Zusammenhänge:

Geschäfts-vorfall	t_0		schlechte Zukunftslage in t_1			gute Zukunftslage in t_1		
	Kasse	Zahlung	Kasse	Erlös	Saldo	Kasse	Erlös	Saldo
Kassakauf	(+100)	−100	−	+ 50	+ 50	−	+200	+200
Termin-kauf	(+100)	−	+100	+ 50 −100	+ 50	+100	+200 −100	+200
Termin-verkauf	(+100)	−	+100	− 50 +100	+150	+100	−200 +100	0
Leer-verkauf	(+100)	+100	+200	− 50	+150	+200	−200	0

Werden beliebige Teilbarkeit und unbeschränkte Leerverkaufs- und Wiederanlagemöglichkeit der zufließenden Finanzmittel in t_0 vorausgesetzt, kann für t_1 in beiden Zukunftslagen das gleiche Endvermögen erzielt werden.

Die ökonomische Aufgabe der Leerverkäufe besteht also darin, daß sie eine unbeschränkte risikobehaftete Finanzierungsmöglichkeit zu fingieren erlauben: Ein nicht auf dem Markt handelbares, aber von allen Marktteilnehmern akzeptiertes Versprechen, gegen Bargeld in t_0 gewinnabhängige Zahlungen in t_1 zu leisten.

Im Extremfall kann durch Leerverkäufe der Ordinatenwert erreicht werden: Nur Endvermögen in der schlechten Zukunftslage, keines in der guten.

Wenn weder Leerverkäufe noch Verschuldung möglich sind, werden jene Entscheidenden, deren Indifferenzkurven die $\overline{SU}$-Linie im strich-punktierten oder gestrichelten Bereich berühren würden, den nächsten Eckpunkt S bzw. U verwirklichen, also entweder nur risikolos oder nur risikobehaftet investieren. Sie investieren dann eben so risikoarm bzw. risikoreich, wie es ihre Handlungsmöglichkeiten gerade zulassen.

bb) Erscheinungsformen der Risikoabneigung und ihre Risikopfade in Abhängigkeit vom Endvermögen

Wird Risikoabneigung innerhalb der Risikonutzentheorie definiert, so lassen sich zwei Grundformen, absolute Risikoabneigung und relative Risikoabneigung, unterscheiden[56]:

Die Risikonutzenfunktion in Abhängigkeit vom Vermögen wird mit N(V) bezeichnet, N'(V) bedeutet die erste Ableitung der Risikonutzenfunktion in bezug auf das Vermögen und N''(V) die zweite Ableitung.

Die absolute Risikoabneigung R_a ist dann definiert als

$$R_a = - \frac{N''(V)}{N'(V)}; \qquad (17)$$

die relative Risikoabneigung wird gegeben durch R_r

$$R_r = - \frac{N''(V)}{N'(V)} \cdot V. \qquad (17a)$$

Da die relative Risikoabneigung der mit dem erwarteten Vermögen gewichteten absoluten Risikoabneigung gleicht, gilt:
a) Gleichbleibende relative Risikoabneigung bei wachsendem erwarteten Vermögen ist nur mit sinkender absoluter Risikoabneigung vereinbar.
b) Sinkende relative Risikoabneigung setzt erst recht sinkende absolute Risikoabneigung voraus.
c) Steigende relative Risikoabneigung ist jedoch sowohl mit gleichbleibender, sinkender und steigender absoluter Risikoabneigung verträglich.

Die *absolute Risikoabneigung* erlaubt eine Aussage über den absoluten Betrag, der bei variablem erwarteten Endvermögen in risikobehaftete Anlagen investiert wird. Wenn angenommen wird, das erwartete Endvermögen sei proportional zum Finanzierungsspielraum, zeigen die drei Formen absoluter Risikoabneigung an, wie sich bei variablem Finanzierungsspielraum der absolute Betrag ändert, der in risikobehaftete Investitionen fließt.

---

56 Vgl. *John W. Pratt*: Risk Aversion in the Small and in the Large. In: Econometrica, Vol. 32 (1964), S. 122-136; *Arrow*: Aspects of the Theory of Risk Bearing, S. 33; ders.: Essays in the Theory of Risk-Bearing, S. 94; zum Einfluß auf den Finanzierungsspielraum vgl. *Peter A. Diamond, Joseph E. Stiglitz*: Increases in Risk and in Risk Aversion. In: Journal of Economic Theory, Vol. 8 (1974), S. 334-360, hier S. 355 f.

(1) Gleichbleibende absolute Risikoabneigung besagt: Der Entscheidende investiert unabhängig von der Höhe seines Finanzierungsspielraums stets den gleichen absoluten Betrag in risikobehafteten Investitionen. Dies ist allein der Fall für $N(V) = -e^{-xV}$ für $x > 0$ und deren lineare Transformation.

(2) Sinkende absolute Risikoabneigung heißt: Der Entscheidende erhöht mit wachsendem Finanzierungsspielraum den Betrag, den er risikobehaftet investiert.

(3) Steigende absolute Risikoabneigung besagt: Der Entscheidende vermindert mit wachsendem Finanzierungsspielraum den Betrag, den er risikobehaftet investiert.

Die *relative Risikoabneigung* erlaubt eine Aussage über den Anteil des in risikobehafteten Anlagen investierten Betrages am erwarteten Endvermögen. Wenn das erwartete Endvermögen proportional zum Finanzierungsspielraum ist, so zeigen die drei Formen der relativen Risikoabneigung an, wie sich bei variablem Finanzierungsspielraum der Anteil ändert, der risikobehaftet investiert wird:

(1) Gleichbleibende relative Risikoabneigung heißt: Der Entscheidende investiert mit wachsendem Finanzierungsspielraum stets den gleichen Prozentsatz in risikobehafteten Anlagen. Neben der Bernoulli-Funktion $N = \ln V$ trifft dies zu für $N = V^x$, wenn $0 < x < 1$, und für $N(V) = -V^{-y}$ für $y > 0$ und deren lineare Funktionen.

(2) Sinkende relative Risikoabneigung besagt: Der Entscheidende investiert mit wachsendem Finanzierungsspielraum einen steigenden Prozentsatz in risikobehafteten Anlagen. Ein Beispiel ist $N(V) = \ln(V-c)$ mit c als positiver Konstante.

(3) Steigende relative Risikoabneigung heißt: Der Entscheidende investiert mit wachsendem Finanzierungsspielraum einen geringeren Prozentsatz in risikobehafteten Anlagen. Dabei kann der absolute Betrag unverändert bleiben (absolut gleichbleibende Risikoabneigung) steigen (z.B. bei $N(V) = \ln(V+c)$ mit c als positiver Konstante), oder fallen, z.B. für $N(V) = aV - V^2$ mit $a > 0$ und deren jeweilige lineare Transformationen. Diese Risikonutzenfunktion führt bei beliebiger Wahrscheinlichkeitsverteilung zu denselben Entscheidungen wie die Entscheidungsregel nach Erwartungswert und Streuung (Varianz), die in Modellen zur Wertpapiermischung vorzugsweise benutzt wird.

Diese Folgerungen über Betrag und Anteil, der risikobehaftet investiert wird, gelten nur für die Wahl zwischen einer risikolosen und einer risikobehafteten Anlage, wobei deren Risiko sich nicht mit dem investierten Betrag ändern darf. Die Aussagen gelten nicht notwendigerweise, wenn mehr als eine risikobehaftete Anlage nachgefragt wird.

Die Abhängigkeit zwischen den Formen der Risikoabneigung und dem Umfang risikobehafteter Investitionen besteht nur dann, wenn die Formen der Risikoabneigung in bezug auf das Endvermögen gemessen werden. Die Abhängigkeit besteht nicht mehr in derselben Form, wenn die Formen der Risikoabneigung auf das Einkommen bezogen werden, jedoch der gesamte Finanzierungsspielraum (Anfangsvermögen zuzüglich Verschuldungsmöglichkeiten) variiert.

Für die einzelnen Formen von Risikoabneigung verlaufen die Risikopfade bei wachsendem Endvermögen unterschiedlich. In der Abbildung 4 sind die Risikopfade als Geraden eingezeichnet, Verschuldung und Leerverkäufe (S. 489) werden berücksichtigt:

Risikominderung durch Investitionsmischung und Probleme der Kapitalkosten und -struktur 495

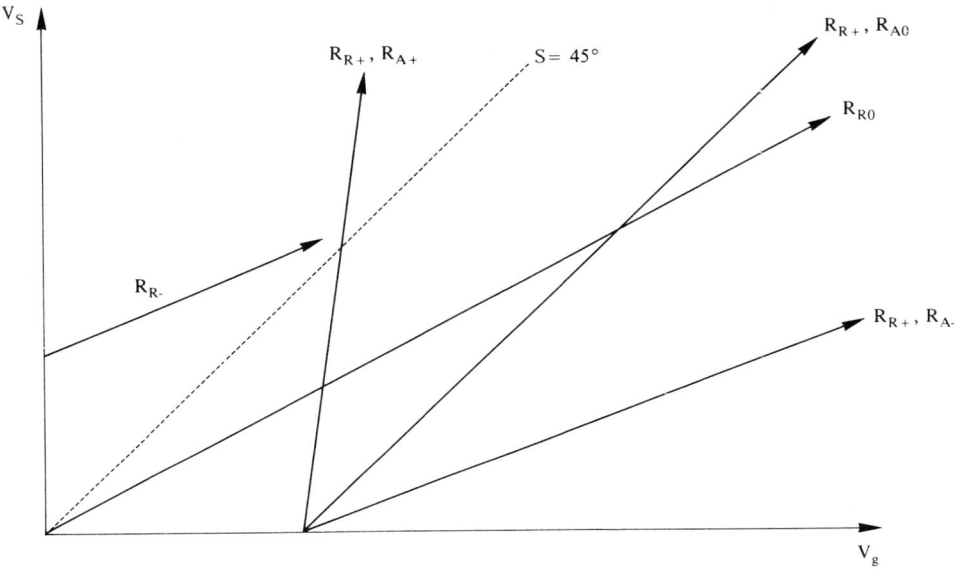

Abbildung 4

Der Risikopfad bei gleichbleibender relativer Risikoabneigung R_{R0} ist immer eine Gerade, die im Ursprung beginnt und unterhalb der Linie sicheren Endvermögens (der S = 45°-Linie) verläuft.

Der Risikopfad bei sinkender relativer Risikoabneigung R_{R-} beginnt bei einem positiven Ordinatenwert (positivem Endvermögen in der schlechten Zukunftslage) und kann (muß aber nicht) eine Gerade sein.

Der Risikopfad bei steigender relativer Risikoabneigung R_{R+} beginnt bei einem positiven Abszissenwert (positiven Endvermögen in der guten Zukunftslage):
a) Bei gleichbleibender absoluter Risikoabneigung verläuft der Risikopfad parallel zur 45°-Linie: R_{R+}, R_{A0}. Er ist eine Gerade.
b) Bei sinkender absoluter Risikoabneigung verläuft der Risikopfad flacher als die Parallele zur 45°-Linie, und er kann (muß aber nicht) eine Gerade sein: R_{F+}, R_{A-}.
c) Bei steigender absoluter Risikoabneigung verläuft der Risikopfad steiler als die Parallele zur 45°-Linie, und er kann (muß aber nicht) eine Gerade sein: R_{F+}, R_{A+}.

Auf lineare Risikopfade wird deshalb so viel Nachdruck gelegt, weil nur bei linearem Risikopfad gilt, daß ein Investor bei jeder Höhe seines Anfangsvermögens die Mischung innerhalb seiner risikobehafteten Wertpapiere nicht ändert. Für alle linearen Risikopfade bei gleichbleibender, sinkender oder steigender Risikoabneigung gilt, daß die Zusammensetzung des Investitionsprogramms aus einzelnen risikobehafteten Investitionen mit steigendem Finanzierungsspielraum unverändert bleibt. Unabhängigkeit der Zusammensetzung des optimalen risikobehafteten Investitionsprogramms vom Anfangsvermögen heißt: Gleichgültig, wieviel der Entscheidende von seinem anfänglichen Finanzierungsspielraum für Konsumzwecke entnimmt, das optimale Mischungsverhältnis seiner risikobehafteten Investition bleibt unverändert (Tobin-Separation)[57].

Solche linearen Risikopfade treten dann und nur dann auf, wenn die Risikonutzenfunktionen **H**yperbolische, **A**bsolute **R**isiko-**A**bneigung zeigen, also HARA-Funktionen in bezug auf das Vermögen sind[58].

HARA-Funktionen sind jedoch nur ein bescheidener Teil aller Risikonutzenfunktionen. Unabhängigkeit der Investitionsplanung unter Ungewißheit von der Finanzplanung (Konsumentscheidung) existiert selbst bei einperiodiger Planung mit risikoloser Geldaufnahme- und Verschuldungsmöglichkeit nur dann für einen einzelnen Investor, wenn seine Risikonutzenfunktion eine HARA-Funktion ist.

cc) Unabhängigkeit der Zusammensetzung des Investitionsprogramms vom Finanzierungsspielraum bei mehrperiodiger Planung

Bei mehrperiodiger Planung in der Praxis werden regelmäßig nach der dritten, spätestens fünften Periode die Erwartungen der Umweltbedingungen unverändert fortgeschrieben. In Einzelfällen mag es vorkommen, daß von vornherein für jede Periode identische (stationäre) Erwartungen bestehen. Der Schluß liegt nahe, daß bei stationären Erwartungen auch ein stationäres Portefeuille optimal sei: Das für die nächste Periode aus diesen Erwartungen ausgewählte Investitionsprogramm könne für alle Perioden identischer Wiederholung der Erwartungen als gültig angenommen werden.

Doch ein solcher Schluß wäre voreilig: Selbst bei stationären Erwartungen ist ein im Zeitablauf unverändertes Portefeuille nur dann optimal, wenn in einem mehrperiodigen Planungszeitraum die Planung der nächsten Periode durch die Umweltbedingungen der späteren nicht beeinflußt wird. Daß dies nicht allgemein gilt, haben wir schon bei Vernachlässigung der Ungewißheit gesehen: im Fall der identisch wiederholten Investitionen (S. 104 f.). Selbst bei stationären Erwartungen im Zeitablauf ist also ein und dasselbe Investitionsprogramm nur dann optimal, wenn gesondert nachgewiesen wird, daß eine einperiodige Planung auch im mehrperiodigen Zusammenhang optimal bleibt.

Die Bedingungen, wann eine einperiodige Planung innerhalb eines mehrperiodigen Planungszeitraums hinreichend ist, wurde unter dem Schlagwort der „kurzsichtigen InvestitionsmischungsPolitik" (myopic portfolio policy)[59] erörtert.

---

57 Vgl. *James Tobin:* Liquidity Preference as Behavior towards Risk. In: The Review of Economic Studies, Vol. 25 (1957/58), S. 65-86.
58 Der Beweis findet sich erstmals bei *David Cass, Joseph E. Stiglitz:* The Structure of Investor Preferences and Asset Returns, and Separability in Portfolio Allocation: A Contribution to the Pure Theory of Mutual Funds. In: The Journal of Economic Theory, Vol. 2 (1970), S. 122-160, hier S. 135; die Bezeichnung bei *Robert C. Merton:* Optimum Consumption and Portfolio Rules in a Continuous-Time Model. In: The Journal of Economic Theory, Vol. 3 (1971), S. 373-413, hier S. 389-391. Mossin verwendet den Kehrwert der absoluten Risikoabneigung und spricht von linearer Risikotoleranz, vgl. *Jan Mossin:* Optimal Multiperiod Portfolio Policies. In: The Journal of Business, Vol. 41 (1968), S. 215-229, hier S. 226 f.

Bei mehrperiodiger Planung ist der Finanzierungsspielraum (das zu investierende Anfangsvermögen) nur in t_0 bekannt. Die Höhe des Finanzierungsspielraums in t_1, t_2, ... t_{n-1} (falls t_n den Planungshorizont bezeichnet) ist in t_0 ungewiß. Bestenfalls besteht über seine Höhe eine Wahrscheinlichkeitsverteilung. Die Voraussetzungen für die Unabhängigkeit der Zusammensetzung des risikobehafteten Investitionsprogramms vom Finanzierungsspielraum lauten bei einperiodiger Planung:

a) Bei beliebiger Verschuldungsmöglichkeit ist die Zusammensetzung des risikobehafteten Investitionsprogramms unabhängig von der Höhe des Finanzierungsspielraums (Anfangsvermögens), wenn der Risikopfad linear verläuft, die Risikonutzenfunktion des Entscheidenden also zu den HARA-Funktionen gehört und keine Transaktionskosten (Verkaufsspesen, Anschaffungsnebenkosten) auftreten[60].

b) Bei beschränkter Verschuldungsmöglichkeit (keine Leerverkäufe, Kreditgrenzen) ist die Zusammensetzung des risikobehafteten Investitionsprogramms zusätzlich nur innerhalb bestimmter Finanzierungs-(Vermögens-)Intervalle unabhängig vom Finanzierungsspielraum, und das auch nur, wenn HARA-Funktionen vorliegen. Nur wenn der Entscheidende relativ gleichbleibend dem Risiko abgeneigt ist, kann bei einperiodiger Planung die Zusammensetzung des risikobehafteten Investitionsprogramms unabhängig vom Finanzierungsspielraum festgelegt werden.

Diese Bedingungen für die Unabhängigkeit bei einperiodiger Planung können im Mehrperiodenzusammenhang nur dann gelten, wenn auch für den Mehrperiodenfall der Finanzierungsspielraum zu Beginn einer jeden zu planenden Periode bekannt ist. Das tritt nur ein, wenn zusätzlich zur risikolosen Geldanlagemöglichkeit zwei Voraussetzungen zugleich erfüllt sind:

(1) Es besteht eine beliebige Verschuldungsmöglichkeit zum Marktzinssatz, und dessen Höhe ist für alle zu planenden Perioden im voraus bekannt.

(2) Die Wahrscheinlichkeitsverteilungen der Endvermögenschancen für alle Investitionsmöglichkeiten sind zeitlich voneinander unabhängig. Es besteht kein zeitlicher Risikoverbund.

Unter diesen Voraussetzungen ist die Zusammensetzung des risikobehafteten Investitionsprogramms unabhängig vom Finanzierungsspielraum, wenn der Investor mehrperiodig plant und seine Risikoabneigung zu einem linearen Risikopfad führt.

Besteht kein zeitlicher Risikoverbund und Sicherheit über den risikolosen Marktzinssatz im Zeitablauf, müssen jedoch Verschuldungsgrenzen beachtet werden, dann hängt

---

59 Das folgende stützt sich auf *Mossin:* Optimal, S. 227 f., und *Nils H. Hakansson:* On Optimal Myopic Portfolio Policies, with and without Serial Correlation of Yields. In: The Journal of Business, Vol. 44 (1971), S. 324-334.

60 Transaktionskosten beeinträchtigen die Abhängigkeiten zwischen der Bereitschaft, risikobehaftet zu investieren und den Formen der Risikoabneigung, vgl. dazu z.B. *Edward Zabel:* Consumer Choice, Portfolio Decisions, and Transaction Costs. In: Econometrica. Vol. 41 (1973), S. 321-335; *George M. Constantinides:* Optimal Portfolio Revision with Proportional Transaction Costs: Extension to HARA Utility Functions and Exogenous Deterministic Income. In: Management Science, Vol. 22 (1976), S. 921-923.

der Bereich der zulässigen Risikonutzenfunktionen, die eine „kurzsichtige" Politik erlauben, von den Umweltbedingungen im einzelnen ab. Erhalten bleibt bei prozentualer Verschuldungsgrenze vom Anfangsvermögen die Aussage, daß gleichbleibende relative Risikoabneigung die Unabhängigkeit der Zusammensetzung des Investitionsprogramms vom Finanzierungsspielraum wahrt.

Ist die Höhe des risikolosen Marktzinssatzes für die künftigen Perioden nur in Form einer Wahrscheinlichkeitsverteilung bekannt, dann schrumpft der Bereich von Risikonutzenfunktionen, der eine „kurzsichtige" Politik erlaubt, von vornherein auf die Fälle gleichbleibender relativer Risikoabneigung zusammen. Das gilt unabhängig davon, ob Verschuldungsgrenzen gegeben sind oder nicht.

Besteht darüber hinaus noch ein zeitlicher Risikoverbund, so daß die Wahrscheinlichkeitsverteilungen der einzelnen Investitionsvorhaben zeitlich voneinander abhängen, dann ist nur noch für einen Fall der gleichbleibenden relativen Risikoabneigung eine kurzsichtige Politik möglich:

Nur ein Entscheidender, dessen Risikoneigung der Bernoulli-Funktion $N = \ln V$ gehorcht, wird dann bei mehrperiodiger Planung die Zusammensetzung seines Investitionsprogramms unabhängig vom Finanzierungsspielraum optimal festlegen können[61]. Dieses Ergebnis ist wichtig, weil hier eine der engen Voraussetzungen für Kapitalmarktgleichgewichtsmodelle deutlich wird, die eine Unabhängigkeit des Investitionsprogramms vom Finanzierungsprogramm voraussetzen.

3. Minderung von Zinsänderungsrisiken

aa) Zinsänderungsrisiken, Informationsrisiken und Finanzinnovationen

Unter den Bestimmungsgründen für das Risiko in Investitionsmischungen ist bisher einer nicht erörtert worden: daß der Marktzinssatz für sonst als risikolos geltende Finanzanlagen sich nach dem Investitionszeitpunkt ändern kann. Einen sehr einfachen Fall eines solchen Zinsänderungsrisikos zeigt das Beispiel S. 37:

Eine Finanzanlage, die nach der Anschaffungsausgabe erst am Rückzahlungszeitpunkt eine im Betrag festliegende Einnahme bringt (also ein Zerobond), wird am Tage ihrer Ausgabe eine Rendite versprechen, die dem am Ausgabetag herrschenden Marktzinssatz für Anlagen dieser Laufzeit gleicht (Emissionsrendite). Wenn der Marktzinssatz an einem Markttag während der Laufzeit der Finanzanlage von ihrer Emissionsrendite abweicht, wird sie zu Kursen gehandelt werden, die über oder unter ihren mit der Emissionsrendite aufgezinsten Anschaffungsausgaben liegen. Marktpreisschwankungen für Zahlungsansprüche, die in Betrag und Zeitpunkt festliegen, sind eine erste beobachtbare Folge des Zinsänderungsrisikos.

Für eine Finanzanlage, die bereits während ihrer Laufzeit Einnahmen in Form von Zinsen oder Tilgungen abwirft, verursacht das Zinsänderungsrisiko einen zweiten Beob-

---

[61] Vgl. *Hakansson:* On Optimal Myopic, S. 331 f. in Verbindung mit 325.

achtungstatbestand: niedrigere oder höhere Erträge aus der Wiederanlage der freigesetzten Mittel.

Umgangssprachlich wird mit dem Zinsänderungsrisiko das Nichtwissen bezeichnet, wie sich der Marktzinssatz nach dem Planungszeitpunkt entwickelt, wobei nicht zwischen risikolosen und risikobehafteten zinstragenden Papieren unterschieden wird. Ein so vages Verständnis von Zinsänderungsrisiko ist unzweckmäßig. Deshalb wird Zinsänderungsrisiko hier im engeren Sinne verstanden:

Zinsänderungsrisiko heißt die Gefahr, daß für Finanzanlagen, bei denen Höhe und Zeitpunkt von Zahlungen vertraglich festliegen und die als sicher gelten, eine andere Zinsstruktur eintritt als sie im Planungszeitpunkt beobachtet wird. Änderungen in der erwarteten Zinsstruktur für als sicher geltende Finanzanlagen werden auf die Kurse risikobehafteter Anlagen zurückwirken. Im einzelnen:

a) Von einem Zinsänderungsrisiko wird hier nur hinsichtlich der Marktzinsentwicklung für „risikolose" Festbetragsansprüche gesprochen. Was im einzelnen als risikolos gilt, ist auch eine Frage der Ausklammerung von Einflüssen. So mögen öffentliche Anleihen als risikolos bezeichnet werden, obwohl sie einem Kaufkraftrisiko und Kursänderungen unterliegen, die z.B. außenwirtschaftlich bedingt sind. Die Beschränkung auf Anleihen, die als risikolos gelten, ist zweckmäßig, damit Schwankungen von Risikoprämien in den Marktzinssätzen risikobehafteter Finanzanlagen außerhalb des Begriffs des Zinsänderungsrisikos bleiben. Das Untersuchen der Höhe und der Änderung von Risikoprämien für risikobehaftete Verfügungsrechte erfordert andere Methoden, als sie für Überlegungen zur Minderung von Zinsänderungsrisiken bei risikolosen Papieren benötigt werden; (vgl. dazu als ersten Ansatz die Ausführungen über Kapitalkosten unter Ungewißheit, S. 515-519).

b) Zinsänderungen werden gemessen in Änderungen der finanziellen Zielgröße (z.B. Endvermögen oder vereinfacht: Rendite) für jeden Zahlungszeitpunkt, für den eine Liquidation des Vermögens bzw. einzelner Finanzanlagen erwogen wird. Das Zinsänderungsrisiko wäre als Änderung der Glaubwürdigkeitsverteilung des Endvermögens zu einem Zahlungszeitpunkt gegenüber vorangehenden zu erfassen. Ob dabei das Zinsänderungsrisiko über eine Wahrscheinlichkeitsverteilung von Endvermögenshöhen quantitativ gemessen werden kann, ist ein zusätzliches Problem. Selbst wenn die Meßbarkeitserfordernisse hierfür erfüllt wären: Der Arbeitsanfall für eine quantitative Messung des Zinsänderungsrisikos in zahlreichen alternativen Portefeuillewechsel-Zeitpunkten ist offensichtlich. Wer einen solchen Arbeitsanfall nicht zur Kenntnis nimmt oder ihm ausweicht, vermeidet ein Zinsänderungsrisiko nicht. Er steckt lediglich vor dem Zinsänderungsrisiko den Kopf in den Sand.

c) Zinsänderungsrisiken beschränken sich auf in der Planung berücksichtigte „mehrwertige" Zinsstrukturen. Wenn ein Geldanleger in seiner Planung von einer steigenden Zinsstruktur ausgeht, obwohl im Planungszeitpunkt auf den Finanzmärkten eine flache Zinsstruktur herrscht, dann ist er ein Zinsänderungsrisiko eingegangen, vielleicht ohne es zu merken.

Änderungen von Zinsstrukturen in künftigen Zahlungszeitpunkten, die nicht in der Planung berücksichtigt werden, bleiben aus dem Begriff des Zinsänderungsrisikos ausgeschlossen. Wer solche Informationsrisiken mindern will, wird sich durch kurze Laufzeiten an die Marktzinsentwicklung anpassen. Aber hierbei ist zu beachten, daß ein Vermeiden von Zinsänderungsrisiken sowohl Verlustgefahren als auch Gewinnchancen entfallen läßt: Wer eine lange Laufzeit mit fester Verzinsung wählt, z.B. einen Zerobond mit vielleicht 20- oder 30-jähriger Laufzeit, hat für diesen Zeitraum sich zwar Zinsänderungsrisiken ausgesetzt, falls er früher verkaufen will, aber wenn sein Planungshorizont mit dem Laufzeitende zusammenfällt, erzielt er einen vertraglich sicheren Vermögenszuwachs. Wer kurze Laufzeiten wählt, vermeidet für kürzere Liquidationszeitpunkte zwar Kursschwankungen seiner Festbetragsansprüche. Aber er wird jenen Schwankungen des Vermögenszuwachses ausgesetzt, die aus den sich im Zeitablauf ändernden Renditen der Wiederanlagemöglichkeiten folgen. *Deshalb ist für die Beurteilung von Zinsänderungsrisiken die Wahl des Zeitpunktes der Vermögensliquidation (Desinvestition) von ausschlaggebender Bedeutung.*

Über die Erfindung zahlreicher „Finanzinnovationen" ist in den letzten Jahren versucht worden, geldsuchenden Unternehmungen sehr unterschiedliche Zahlungsstromverläufe anzubieten. Dabei wurden mehrjährige Festzinsvereinbarungen einerseits durch Geldmarkt-nahe (und im Regelfall zinsgünstig erscheinende) Titel ersetzt, für die eine Garantie zur Erneuerung (Revolvierung) von Kreditinstituten übernommen wurde. *Allerdings setzt sich eine über solche Finanzinnovationen finanzierende Unternehmung regelmäßig einem zusätzlichen Informationsrisiko hinsichtlich der Änderungen der Zinssätze für kurzlaufende Geldmarktpapiere aus.* Auf der Finanzierungsseite wird also z.B. darauf verzichtet, einen Buchkredit oder ein Schuldscheindarlehen von 5 Jahren Laufzeit aufzunehmen. Stattdessen werden von emissionsfähigen Industrie- und Handelsunternehmen Geldmarktpapiere mit gleichem Gesamtbetrag und einer Laufzeit von z.B. 6 Monaten zehnmal hintereinander ausgegeben, wobei ein oder mehrere Kreditinstitute die Verkaufsgarantie übernehmen. Zeitweise ist geradezu ein finanzinnovatorischer Tiermarkt durch Handeln von TIGERs, LIONs, CATs und ZEBRAs als Spielarten von Festzinsanleihen zustande gekommen, die „gestrippt" (d.h. durch Aufteilung in Zerobonds umgewandelt) wurden[62].

Eines der Musterbeispiele einer Finanzinnovation in Form einer sogenannten Euronotes-Fazilität bildete Ende Juni 1985 die auf dem Londoner Euromarkt begebene 50 Mio. Dollar-Revolving-Euronote-Issuance-Facility für die niederländische Finanzierungsgesellschaft von Klöckner & Co. GmbH, bei der ein Konsortium internationaler Banken für 5 Jahre eine Rahmenkreditlinie zur Verfügung stellte, die in verschiedener Form (Schuldscheine, Bankakzepte, Terminkredite) und in verschiedener Währung revolvierend in Anspruch genommen werden konnte. Die Verzinsung richtete sich nach dem Londoner Geldmarktzins (LIBOR = London Interbank Offered Rate) zuzüglich eines

---

62 Vgl. dazu *Claus Köhler:* Innovation im Bankgeschäft als geld- und währungspolitisches Problem. In: Deutsche Bundesbank, Auszüge aus Presseartikel Nr. 9, 3. Februar 1986, S. 1-7, hier S. 5.

Zuschlags. Variabel war auch der in Anspruch genommene Betrag. Solche Finanzinnovationen mischen Altbekanntes auf neue Weise: hier Bestandteile aus Aval- und Konsortialkrediten sowie Geldmarktgeschäften zu neuen Bündeln an Verfügungsrechten. Die für die Finanzplanung ausschlaggebenden Sachverhalte sind neben Provisionen usw. zum einen die im Planungszeitpunkt niedrigeren Zinsen, zum anderen aber die gegenüber „langfristigen" Krediten auftretende *Neuverteilung von Zinsänderungsrisiken zwischen Geldgeber und Kreditnehmer*.

bb) Eine Immunisierungsstrategie gegen planbare Zinsänderungsrisiken

Für die praktische Kapitalanlageplanung steht das ungefähre In-den-Griff-bekommen von Informationsrisiken im Vordergrund. Entscheidungslogische Verfahren zur Verringerung von Zinsänderungsrisiken spielen wegen der Enge ihrer Anwendungsvoraussetzungen nur eine bescheidene Rolle. Gleichwohl erscheint es nützlich, eine der entscheidungslogischen Techniken zu erläutern, wie Zinsänderungsrisiken verringert werden können. An dieser Technik wird zugleich deutlich, wie Steuerzahlungen die Risikoeinschätzung aufgrund denkbarer Zinsänderungen beeinflussen können.

Im Planungszeitpunkt t_0 bestehe für einen zweijährigen Planungszeitraum die Wahl zwischen einem Zerobond A und zwei Anleihen mit dreijähriger Laufzeit (also über den Planungshorizont hinaus), wobei Anleihe B jährlich Zinsen trägt und Anleihe C die jährliche Zinszahlung mit der Tilgung eines Drittels des Nennbetrags in jedem Jahr koppelt. Bei 300.000 DM Kapitaleinsatz lautet der Zahlungsstrom, wenn alle drei Anleihen 8% Rendite erbringen:

	t_0	t_1	t_2	t_3
A	−300.000	−	+349.000	−
B	−300.000	+ 24.000	+ 24.000	+324.000
C	−300.000	+124.000	+116.000	+108.000

Im Hinblick auf den Einfluß, den Zinsänderungen in t_1 auf das Risiko der Anleihe B und C nehmen, geben die Zahlungsströme den Ausschlag, sobald der Veräußerungszeitpunkt (hier t_2) festliegt. Ist der Veräußerungszeitpunkt im voraus bekannt, so läßt sich die Zinsänderungs-Empfindlichkeit des Vermögensendwerts durch eine „Durchschnittsdauer des Zahlungsstroms" messen. Diese Durchschnittsdauer des Zahlungsstroms wird regelmäßig mit dem englischen Namen „duration" belegt[63]. Das folgende wählt die einfachste (Macaulay)-Messung.

Die Durchschnittsdauer des Zahlungsstroms einer Finanzanlage, deren Zahlungen in Betrag und Zeitpunkt genau festliegen, berechnet sich als Summe der Barwerte der Zahlungen, die mit den Zahlungszeitpunkten gewichtet und auf den Ertragswert im Planungszeitpunkt bezogen werden. Wenn d die Durchschnittsdauer des Zahlungsstroms bezeichnet, t die Abfolge der Zahlungszeitpunkte 0, 1, 2, 3 ..., n, Z(t) die jeweilige Zahlung und i den Marktzinssatz sowie E_0 den Ertragswert im Planungszeitpunkt, so gilt

$$D = \sum \frac{t \cdot Z(t)}{E_0 (1 + i)^t} \qquad (18)$$

Für den Zerobond A beträgt die Durchschnittsdauer des Zahlungsstroms d_A natürlich zwei Jahre. Für die Anleihen B und C berechnen sich

$$D_B = \frac{24.000}{300.000 \cdot 1{,}08} + \frac{2 \cdot 24.000}{300.000 \cdot 1{,}08^2} + \frac{3 \cdot 324.000}{300.000 \cdot 1{,}08^3} = 2{,}7833 \text{ Jahre}, \quad (18a)$$

$$D_C = \frac{124.000}{300.000 \cdot 1{,}08} + \frac{2 \cdot 116.000}{300.000 \cdot 1{,}08^2} + \frac{3 \cdot 108.000}{300.000 \cdot 1{,}08^3} = 1{,}9031 \text{ Jahre}. \quad (18b)$$

Während die Anlage B eine längere Durchschnittsdauer des Zahlungsstroms hat als der Zerobond A, ist wegen der Teiltilgung in t_1 die Durchschnittsdauer des Zahlungsstroms der Anlage C kürzer. Bezogen auf den Planungshorizont t_2 ist der Zerobond A mit seiner Durchschnittsdauer des Zahlungsstroms von zwei Jahren gegen das Risiko einer Zinsänderung in t_1 gefeit: In t_1 fallen für A keine Zahlungen an, und das Endvermögen zum Zeitpunkt t_2 steht fest.

Werden auf dem Markt Anleihen gehandelt, die teilweise eine längere, teilweise eine kürzere Durchschnittsdauer des Zahlungsstroms haben, so läßt sich aus diesen Anleihen (hier B und C) eine Wertpapiermischung aufbauen, die gegen Zinsänderungen in t_1 „immunisiert" ist. Mit dieser Immunisierung wird erreicht, daß durch eine Kapitalanlagenmischung mindestens das gleiche Endvermögen in t_2 erreicht wird wie durch den Zerobond A. Um das Mischungsverhältnis zu berechnen, ist das Portefeuille so aus B und C zusammenzustellen, daß die mit den Anteilen der Wertpapiere B und C gewichteten Durchschnittsdauern ihres Zahlungsstroms gleich der Durchschnittsdauer des Zahlungsstroms von A werden. Der Anteil von B sei mit b bezeichnet, der von C gleicht (1-b). Damit gilt für das immunisierende Portefeuille:

b · 2,7833 + (1-b) · 1,9031 = 2, also b = 11%, hier in absoluten Beträgen 33.000 DM.

---

63 Erste Beschreibungen finden sich bei *Frederick R. Macaulay:* Some Theoretical Problems suggested by the Movements of Interest Rates, Bond Yields and Stock Prices in the United States since 1856. New York 1938, S. 44; *Hicks,* S. 186; vgl. näher *Bernd Rudolph:* Eine Strategie zur Immunisierung der Portfeuilleentnahmen gegen Zinsänderungsrisiken. In: ZfbF, Jg. 33 (1981), S. 22-35; *Wolfgang Bühler:* Anlagestrategien zur Begrenzung des Zinsänderungsrisikos von Portefeuilles aus festverzinslichen Titeln. In: Kapitalanlageplanung mit Hilfe der Finanzierungstheorie bei Versicherungen und Bausparkassen, hrsg. von P. Gessner u.a., Sonderheft 16/1983 der ZfbF, Wiesbaden 1983, S. 82-137; *Helmut Uhlir, Peter Steiner:* Wertpapieranalyse. Heidelberg-Wien 1986, S. 46-95; *Robert A. Haugen:* Modern Investment Theory. Englewood Cliffs 1986, S. 332-347.

Um zu prüfen, ob mit der Gleichsetzung der Durchschnittsdauer des Zahlungsstroms für die Anlagenmischung aus B und C ein Zinsänderungsrisiko in t_1 wie bei A vermieden ist, nehmen wir an, daß in t_1 der Zinssatz sowohl auf 6% fallen als auch auf 9% steigen kann. Unter der Voraussetzung, daß die Börsenkurse von B und C dem Barwert ihrer Zahlungen für den Zeitpunkt t_2 gleichen (berechnet einmal zu 6%, das andere Mal zu 9%), so folgt bei der Zinsänderung in t_1 auf 6% ein Vermögensendwert in t_2 von

$$B: \quad 24.000 \cdot 1{,}06 + 24.000 + \frac{324.000}{1{,}06} = 355.000,$$

$$C: \quad 124.000 \cdot 1{,}06 + 116.000 + \frac{108.000}{1{,}06} = 349.327. \qquad (19)$$

und damit für die Mischung aus 11% B und 89% C = 349.962, also mehr als bei A. Die entsprechende Rechnung für 9% ergibt 349.931, also wiederum mehr als bei A.

Diese Rechnung ist allerdings nur anwendbar bei einem Zinsänderungsrisiko in Form einer einmaligen Verschiebung einer flachen Zinskurve nach oben bzw. nach unten. Für steigende und fallende Zinskurven und für Zinsänderungsrisiken in mehreren Zahlungszeitpunkten ist die Berechnungsweise ebenso abzuwandeln wie im Fall, daß eine Teilimmunisierung angestrebt wird. Bei einer Teilimmunisierung wird eine Vermögensminderung durch eine Zinssenkung hingenommen, um bei einer Zinserhöhung mehr zu verdienen[64].

Eine Immunisierung ist nur möglich, wenn Finanzanlagen, deren Zahlungen in Betrag und Zeitpunkt festliegen, mit unterschiedlichen Laufzeiten existieren. Zusätzlich muß der Planungshorizont, bis zu dem das Zinsänderungsrisiko vermieden werden soll, kürzer als die Laufzeit der Anleihen sein. Gerade diese Bedingung ist aber in einer Unternehmung auf Dauer nur ausnahmsweise erfüllt, z.B. wenn zu einem Zeitpunkt t_2 ein Großkredit getilgt oder eine andere beträchtliche Desinvestition geplant wird. Immunisierungsstrategien gegen Zinsänderungsrisiken lösen nicht das Problem, wie bei Unsicherheit über die Marktzinsentwicklung (also die künftigen Zinsstrukturen) ein möglichst hohes dauerhaftes Vermögenswachstum sichergestellt wird.

Aus Bequemlichkeit wurde hier die Immunisierung gegen Zinsänderungsrisiken am Beispiel von Zahlungen ohne Steuerberücksichtigung dargestellt. Da die Besteuerung von Zinseinkünften aber praktisch nicht investitionsneutral erfolgt (S. 297 ff.), läßt sich eine Kapitalanlagenmischung, die gegen im Planungszeitpunkt bekannte Zinsänderungsrisiken immunisiert, nur aus nach-Steuer-Zahlungsströmen berechnen

Sobald die Besteuerung berücksichtigt wird, ist zu untersuchen, ob die Höhe der Steuerzahlungen durch die Bewertung von Finanzanlagen während ihrer Laufzeit beeinflußt wird. Während Kurssteigerungen als Folge einer Zinsänderung keine zusätzlichen Gewinnsteuern auslösen, ist bei Marktzinserhöhungen mit der Folge eines Kursrückganges

---
[64] Vgl. *Bühler:* Anlagestrategien, S. 132 f.; *Bernd Rudolph:* Teilimmunisierung von Festzinsanlagen gegen Zinsänderungsrisiken. In: Kapitalmarkt und Finanzierung, hrsg. von D. Schneider, Berlin 1987, S. 213-224, und die dort genannten Quellen.

zu prüfen, ob eine Teilwertabschreibung möglich ist, die bis zum Einlösungszeitpunkt der Anleihe nicht rückgängig gemacht zu werden braucht (§ 6 Abs. 1 Nr. 2 Satz 2 EStG).

Aus Gründen der Jahresabschlußoptik (um Ausschüttungsinteressen einzelner Anteilseigner entgegenzukommen) bzw. bei Lebensversicherungen (wegen der Kontinuität der Überschußbeteiligung) wird allerdings in der Praxis nicht selten versucht, einen Abschreibungsbedarf bei Finanzanlagen zu vermeiden durch entsprechende Vertragsgestaltungen, wie das Umstempeln von Inhaberpapieren in Namenspapiere oder die Vornahme von Pensionsgeschäften.

Steuerzahlungen und verminderte Steuerzahlungen durch Ausnutzen der Teilwertvorschrift beeinflussen die Auswahl des Portefeuilles, das zu einer (Teil-)Immunisierung herangezogen wird. Deshalb verändern nicht nur Unterschiede in den Grenzsteuersätzen zwischen Marktpartnern die Kurse von Wertpapieren. Ein Mehr oder Weniger an Nachfrage oder Angebot entsteht auch aufgrund von Investitionsmischungen, die sich aus Strategien zur Minderung von Zinsänderungsrisiken unter Berücksichtigung von Steuern errechnen.

b) Das Problem der Kapitalkosten unter Ungewißheit

1. Zwecke und Voraussetzungen der Kapitalmarktgleichgewichtstheorie

Die sich derzeit „modern" nennende Finanzierungstheorie ergeht sich im angelsächsischen Schrifttum des letzten Vierteljahrhunderts, im deutschsprachigen Schrifttum des letzten Dutzend Jahre in der Analyse von „Kapitalmarktgleichgewichtsmodellen" und daraus abgeleiteten „Kapitalkosten unter Ungewißheit".

Die Theorie des Kapitalmarktgleichgewichts entstand als Übertragung der Theorie der Wertpapiermischung auf konkurrenzgleichgewichtige Märkte[65]. Eine solche Modellbildung versucht, die Preise auf dem Kapitalmarkt allgemein, die Kursentwicklung von Aktien, Anleihen, Optionen usw. im besonderen, durch das Zusammenwirken von rationalen Entscheidungen von Geldanlegern und Geldnachfragern nachzuvollziehen.

Modelle des Konkurrenzgleichgewichts für einen Kapitalmarkt unter Ungewißheit sind darüber hinaus als Grundlage einer gestaltenden Theorie der Unternehmenspolitik verwandt worden. Hierbei werden Handlungsempfehlungen abzuleiten gesucht. Der Kern dieser Überlegungen gipfelt in dem Satz: *Investitionsvorhaben können auch unter Ungewißheit nach dem Kapitalwert beurteilt werden, wobei der anzusetzende Kalkulationszinsfuß dem risikolosen Marktzinssatz zuzüglich einer Risikoprämie gleicht („Kapitalkosten unter Ungewißheit").* Mit Kapitalkosten unter Ungewißheit ist im folgenden stets ein Prozentsatz gemeint. Die Darstellung dieser gestaltenden Theorie erfolgt im 4. Abschnitt.

---

65 Vgl. *Sharpe:* Capital Asset Prices, S. 433-442; *John Lintner:* The Valuation of Risk Assets and the Selection of Risky Investments in Stock Portfolios and Capital Budgets. In: The Review of Economics and Statistics. Vol. 47 (1965), S. 13-37, bes. S. 25-27; *Jan Mossin:* Equilibrium in a Capital Asset Market. In: Econometrica, Vol. 34 (1966), S. 768-783, hier S. 769-773.

Die Theorie des Konkurrenzgleichgewichts für einen Kapitalmarkt unter Ungewißheit kann auch für ein drittes, sehr viel bescheideneres Wissenschaftsziel herangezogen werden: Sie dient als Referenzpunkt, als Ausgangsmodell, für Meßbarkeits-(Metrisierungs-) überlegungen. Die Theorie des Kapitalmarktgleichgewichts zeigt hierbei, was allein schon aus logischen Gründen erfüllt sein muß, damit „Kapitalkosten unter Ungewißheit" ein vertrauenswürdiges Maß für die Bewertung einzelner Investitions- und Finanzierungsvorhaben bilden. Die genaue Kenntnis der logischen Existenzbedingungen für Kapitalkosten unter Ungewißheit ist bei praktischem Handeln deshalb so wichtig, weil der Entscheidende wissen muß, auf was er sich einläßt, wenn er bestimmte Werkzeuge, wie einen Kalkulationszinsfuß als Summe aus z.B. Anleiheverzinsung und einem Risikozuschlag, benutzt.

Das Rechnen mit dem Kapitalwert unterstellt, daß die Investitionsplanung unabhängig von der Finanzplanung erfolgen kann: Für alle Spielarten finanzieller Zielsetzungen und damit zugleich für alle Formen der persönlichen Konsumpräferenz im Zeitablauf sieht die Entscheidung über die Zusammensetzung des Investitionsprogramms gleich aus. Wird die Kapitalwertmethode unter Ungewißheit angewandt, dann wird ebenfalls postuliert, daß die Entscheidung über die Zusammensetzung des Investitionsprogramms unabhängig von der Art der finanziellen Zielsetzung und damit der persönlichen Konsumpräferenz ist. Das bedeutet zugleich, daß eine unbeschränkte Verschuldungsmöglichkeit gegeben sein muß, sonst nimmt die Finanzierungs- (und Gewinnausschüttungs-) Politik Einfluß auf die Entscheidungen unter Ungewißheit.

Aber diese Bedingung ist unter Ungewißheit für die Unabhängigkeit der Investitionsplanung von der Finanzplanung noch nicht hinreichend. *Unter Ungewißheit kann die Entscheidung über die Zusammensetzung des Investitionsprogramms erst dann unabhängig von der Finanzplanung erfolgen, wenn neben dem Einfluß der persönlichen Konsumneigung auch der Einfluß der persönlichen Risikoneigung des Entscheidenden durch modellmäßige „Marktdaten" ausgeschaltet wird.* Es muß also für die Risikoübernahme in gleicher Weise ein Konkurrenzgleichgewicht bestehen wie für die Geldanlage und Kreditaufnahme. Die logischen Existenzbedingungen für solche, von Einzelausprägungen persönlicher Konsum- und Risikopräferenzen unabhängigen Entscheidungen werden unter dem Namen **„Separationstheoreme"** zusammengefaßt, weil sie eine Trennung der Investitionsentscheidung von der Finanzplanung (und damit der Gewinnausschüttungspolitik, der persönlichen Konsumentscheidung) ermöglichen. Die notwendigen Voraussetzungen bei Vernachlässigung der Ungewißheit werden als Fisher-Separationstheorem bezeichnet (S. 118 f.). Die hier abzuleitenden Voraussetzungen, wann unter Ungewißheit im Fall normalverteilter Renditeerwartungen die Investitionsentscheidung unabhängig von der Finanzplanung erfolgen kann, heißt Tobin-Separation (S. 496).

Jedes dieser Separationstheoreme nennt Existenzvoraussetzungen für einen „Kalkulationszinsfuß", der es erlaubt, die Investitionsentscheidung ohne gleichzeitige simultane Finanzplanung optimal zu gestalten. Nur dann, wenn solche Kapitalkosten unter Ungewißheit existieren, sind die Investitionsentscheidungen des Unternehmens unabhängig von der Art der finanziellen Zielsetzung (der persönlichen Konsumpräferenz) und der

Form der persönlichen Risikoneigung der einzelnen Unternehmungsleitung und ihrer Geldgeber. Nur dann, wenn die Voraussetzungen für die Existenz solcher Kapitalkosten unter Ungewißheit in der Wirklichkeit gegeben wären, könnte eine Aktiengesellschaft eine Investitionspolitik im Interesse ihrer Anteilseigner betreiben, ohne deren finanzielle Zielvorstellung und persönliche Risikoneigung zu kennen. Nur dann entspricht das Ziel „Maximierung des Marktwertes eigener Aktien" (Vermögensmaximierung) den Zielen der einzelnen Anteilseigner. Nur dann ist es für eine Unternehmung unbedenklich, die Investitionsplanung, oder Teile hiervon, auf Mitarbeiter zu delegieren.

2. Kapitalmarktkosten unter Ungewißheit: das Modell der Kapitalmarktlinie

Die Theorie des Kapitalmarktgleichgewichts setzt bei der Ableitung von Kapitalmarktkosten unter Ungewißheit voraus[66]:

a) Alle Nachfrager und Anbieter von Investitions- und Finanzierungsvorhaben (im folgenden kurz „Wertpapiere" genannt) sind dem Risiko abgeneigt und streben danach, den Erwartungswert des Risikonutzens ihres Endvermögens zum Ende einer Abrechnungsperiode zu maximieren (einperiodige Planung). Üblicherweise beschränkt sich das Schrifttum auf die Entscheidungsregel nach Erwartungswert und Streuung. Durch diese (μ,σ)-Regel ist für die Wahrscheinlichkeitsverteilung entweder eine Normalverteilung unterstellt (was für Finanzanlagen mit „beschränkter Haftung" Unfug ist, S. 484) oder eine quadratische Risikonutzenfunktion, also eine Verhaltensweise, bei der mit wachsendem Finanzierungsspielraum absolut weniger risikobehaftet investiert wird.

b) Alle Nachfrager und Anbieter haben dieselben Erwartungen über die Wahrscheinlichkeitsverteilungen der Renditen der einzelnen Wertpapiere, wobei Korrelationen von +1 und -1 zwischen den einzelnen Wertpapieren ausgeschlossen bleiben. Da die Planung nur einperiodig erfolgt, kann für die Berechnung effizienter Portefeuilles bei gegebenem Anfangsvermögen der Erwartungswert des Endvermögens durch den Erwartungswert der Rendite ersetzt werden.

c) Nachfrager und Anbieter sehen den Marktpreis jedes „Wertpapiers" als Datum an, das sie nicht beeinflussen können. Der Kapitalmarkt ist also atomistisch. Zusätzlich ist er vollkommen in dem Sinne, daß der Marktpreis nur durch die ausdrücklich ins Modell aufgenommenen Einflußgrößen (wie die Rendite und ihre Streuung bei jeder risikobehafteten Handlungsmöglichkeit) bestimmt wird. Kein Marktteilnehmer und kein einzelnes „Wertpapier" wird also durch Steuern, Gesetze oder Präferenzen anderer Marktteilnehmer begünstigt oder benachteiligt. Transaktionskosten (z.B. Börsenspesen) fallen nicht an.

d) Alle Investitions- und Finanzierungsvorhaben werden auf dem Markt gehandelt, ihre Gesamtmenge ist vorgegeben, und sie sind beliebig teilbar. Wenn man diese sehr weit-

---

66 Vgl. *Michael C. Jensen:* The Foundations and Current State of Capital Market Theory. In: Studies in the Theory of Capital Markets, ed. by M.C. Jensen, New York u.a. 1972, S. 3-43, hier S. 5; *Thomas E. Copeland, J. Fred Weston:* Financial Theory and Corporate Policy, 3rd ed., Reading u.a. 1988, S. 194, sowie *Merton:* An Analytic Derivation, S. 1868.

reichende Annahme vermeiden will, muß ersatzweise unterstellt werden: Nur Wertpapiere werden gehandelt; die sonstigen Investitions- und Finanzierungsentscheidungen finden auf anderen, vom Wertpapiermarkt völlig getrennten Märkten statt, die sich aber auch im Konkurrenzgleichgewicht befinden, damit zwischen diesen Märkten ein Separationstheorem gilt.

e) Der Kapitalmarkt insgesamt besteht aus dem Teilmarkt für risikobehaftete Wertpapiere und dem einer unbeschränkten und risikolosen Geldanlage- und Geldaufnahmemöglichkeit, deren Verzinsung unter dem Erwartungswert der Rendite der risikogünstigsten Mischung aus den Wertpapieren liegt.

Das Modell des Kapitalmarktgleichgewichts unter Ungewißheit beschäftigt sich zunächst mit der Herleitung des Konkurrenzgleichgewichtspreises für eine gute Mischung aus allen risikotragenden Kapitalmarkttiteln. Diese Vorstufe der Kapitalmarkttheorie führt zu einer **Kapitalmarktlinie** (capital-market-line). Die Kapitalmarktlinie spiegelt die Abhängigkeit der Renditenerwartung für eine gute Wertpapiermischung von einem Risikomaß wider.

Die Endstufe des Modells des Kapitalmarktgleichgewichts leitet aus dem Modell der Kapitalmarktlinie im Modell der Wertpapierlinie die wertpapierindividuellen Kapitalkosten unter Ungewißheit ab. Die **Wertpapierlinie** (security-market-line) zeigt die Abhängigkeit der Renditeerwartung eines einzelnen Wertpapiers (oder einer Mischung) von einem anderen Risikomaß als dem der Kapitalmarktlinie.

Die aus dem Englischen übernommenen Bezeichnungen Kapitalmarktlinie und Wertpapierlinie[67] sind wenig glücklich und können leicht verwechselt werden. Um die Verwechslungsgefahr zu verringern, wurde hier schon von Wertpapier-, und nicht wie sonst im Schrifttum üblich, von Wertpapiermarktlinie gesprochen. Vorstufe (Modell der Kapitalmarktlinie) und Endstufe (Modell der Wertpapierlinie) sind sorgfältig auseinanderzuhalten, weil sie ein unterschiedliches Risikomaß enthalten.

Zunächst seien in Abbildung 5 nur die risikobehafteten Wertpapiere allein betrachtet, die Kurve von T durch P_A, M, P_B, G; G ist das ertrag- und risikoreichste Investitionsvorhaben auf dem Markt, entsprechend Abb. 1 (S. 477), 2 (S. 482); T sei die risikominimale Wertpapiermischung. Jeder einzelne Marktteilnehmer (Investor) plant mit dieser Kurve, weil alle die gleichen Erwartungen hegen. Jeder mag aber eine andere persönliche Risikoneigung haben, die sich in dem unterschiedlichen Verlauf von Indifferenzkurven (wie A, B) niederschlägt. So wird der besonders risikoscheue Investor A das Portefeuille P_A mit geringem Erwartungswert der Rendite und geringem Risiko wählen, der weniger dem Risiko abgeneigte Investor B hingegen das Portefeuille P_B mit höherem Erwartungswert der Rendite und höherem Risiko.

Beide Investoren werden im Planungszeitpunkt dieses im voraus geplante „Soll"-Portefeuille mit ihrem gegenwärtigen Wertpapierbestand (dem Ist-Portefeuille) vergleichen

---

67 Die Begriffsbildung geht zurück auf *Sharpe:* Capital Asset Prices, S. 425; *ders.:* Portfolio Theory and Capital Markets. New York u.a. 1970, S. 83-91.

und daraufhin in der Planperiode als Nachfrager oder Anbieter einzelner Wertpapiere auf den Markt treten.

Wird die risikolose Geldanlage und Kreditaufnahmemöglichkeit in die Planung einbezogen, entsteht eine neue Kurve guter Handlungsmöglichkeiten: Jene Gerade, die im Punkt S vom risikolosen Zinssatz i ausgeht und die Kurve der guten risikobehafteten Wertpapiermischung in M berührt.

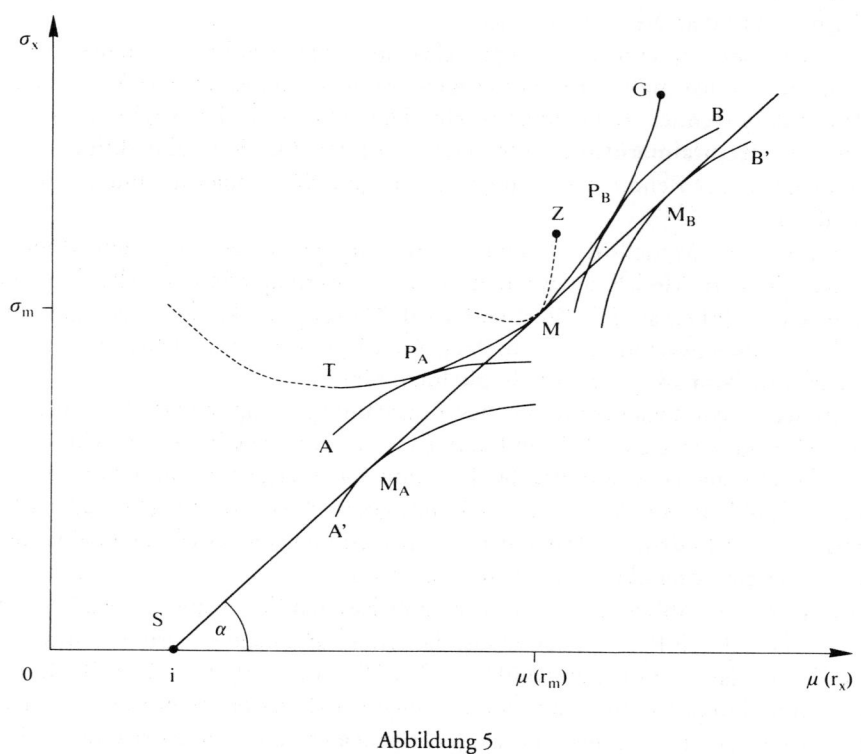

Abbildung 5

Bei Berücksichtigung der risikolosen Geldanlage und Kreditaufnahmemöglichkeit erreicht der sehr risikoscheue Investor A das Nutzenniveau A' und verwirklicht das Portefeuille M_A. Der weniger risikoscheue Investor verwirklicht das Nutzenniveau B' und wählt die Risiko-Gewinn-Mischung M_B.

Welche Eigenschaften haben die Portefeuilles M_A und M_B?

Beide Marktteilnehmer planen ein Investitions- und Finanzierungsprogramm, das aus der risikobehafteten Wertpapiermischung M besteht und daneben die risikolose Geldanlage oder Kreditaufnahme beansprucht.

Dabei wird der risikoscheue Investor A sein Anfangsvermögen (Eigenkapital) zum Teil in der risikobehafteten Mischung M investieren und den anderen Teil risikolos anlegen.

Deshalb zeigt das von ihm endgültig bevorzugte Portefeuille M_A einen geringeren Erwartungswert der Rendite und ein geringeres Risiko als die Mischung der risikobehafteten Wertpapiere M. Das Anfangsvermögen des Investors A können wir an der Strecke $\overline{SM}$ = 100% messen. Der Streckenzug $\overline{SM_A}$ zeigt dann, in das Verhältnis zu $\overline{SM}$ gesetzt, den Anteil seines Anfangsvermögens an, den A risikobehaftet investiert. Der Streckenzug $\overline{MM_A}$, ins Verhältnis zu $\overline{SM}$ gesetzt, zeigt den risikolos investierten Teil seines Anfangsvermögens.

Der weniger risikoscheue Investor B entscheidet sich endgültig für das Portefeuille M_B das bei gleichem Anfangsvermögen (Eigenkapital) wie bei A zu einem höheren Erwartungswert der Rendite und damit zu einem höheren erwarteten Endvermögen führt als die Mischung der risikobehafteten Wertpapiere M. Das ist nur dadurch möglich, daß B mehr als sein Eigenkapital investiert. B verschuldet sich auf dem risikolosen Teil-Kapitalmarkt. Der gesamte Investitionsumfang des B kann gemessen werden durch die Strecke $\overline{SM_B}$, ins Verhältnis zu $\overline{SM}$ gesetzt, wobei das Verhältnis der Strecken $\overline{MM_B}$ zu $\overline{SM_B}$ den Verschuldungsgrad (Verhältnis Fremdkapital zu Gesamtkapital) anzeigt, den B für optimal hält.

Die Kurve der guten Handlungsmöglichkeiten unter Einfluß der risikolosen Geldanlagen und Kreditaufnahme (also die Gerade durch die Punkte S, M_A, M und M_B) wird Kapitalmarktlinie genannt.

Aus dem Modell der *Kapitalmarktlinie* folgt:

(1) Alle Marktteilnehmer halten zwei Gattungen von Anlagen: Risikolose Investitions- und Finanzierungsvorhaben und daneben ein und dieselbe Mischung risikobehafteter Wertpapiere M („two-fund-theorem"). Wieviel der einzelne Investor in die risikobehaftete Wertpapiermischung investiert, das hängt von seiner persönlichen Risikoneigung ab: Ob er nur einen Teil seines Eigenkapitals in M investiert, wie A, oder ob er ein Mehrfaches seines Eigenkapitals darin investiert und sich dazu verschuldet, wie B.

(2) Die Existenz einer risikolosen und unbeschränkten Geldanlage- und Kreditaufnahmemöglichkeit erhöht den Nutzen fast aller Marktteilnehmer, sowohl des besonders risikoscheuen A als auch des weniger risikoscheuen B. Nur jene Investoren, die aufgrund ihrer persönlichen Risikoneigung von vornherein das Portefeuille M wählen, erhöhen ihr Nutzenniveau durch die Existenz eines risikolosen Restkapitalmarktes nicht.

(3) Aufgrund der Voraussetzung d) werden alle risikobehafteten Investitions- und Finanzierungsvorhaben auf diesem einen Markt für risikotragende Titel gehandelt. Nach der Voraussetzung b) haben alle Marktteilnehmer dieselben Erwartungen und wählen deshalb M. M schließt damit alle überhaupt gehandelten Wertpapiere ein. Für jeden einzelnen Investor verkörpert M das „risikoeffiziente Marktportefeuille".

In einem Marktportefeuille zu einem Zeitpunkt sind die risikotragenden Wertpapiere jeder Unternehmung entsprechend ihrem Anteil am Gesamtwert aller Wertpapiere enthalten. Der Marktwert eines einzelnen Unternehmens entspricht dem Produkt aus Börsenkursen mal Stückzahl ihrer Wertpapiere bzw. bei Aktien mit einem Nennwert von 100 dem Produkt aus Börsenkurs mal Grundkapital dividiert durch 100. Diese Definition des Marktportefeuilles und des Anteils eines Wertpapiers am Marktportefeuille gilt für die Wirklichkeit ebenso wie für irgendeine theoretische Modellwelt.

Das „risikoeffiziente" Marktportefeuille ist demgegenüber ein nur theoretischer Begriff: Aufgrund der Voraussetzung des Modells der Kapitalmarktlinie folgt, daß das Marktportefeuille auf der Linie guter Handlungsmöglichkeiten liegt. Sobald wir die Voraussetzung identischer Erwartungen für alle Marktteilnehmer aufheben, muß das selbst bei Gültigkeit der sonstigen Voraussetzungen nicht mehr erfüllt sein. Es gilt natürlich erst recht nicht für die Kapitalmärkte der Wirklichkeit, daß das Marktportefeuille zwangsläufig zugleich effizient ist im Sinne einer risikominimalen Wertpapiermischung bei gegebenen Gewinnerwartungen.

Falls Wertpapierkurse unverzüglich auf Datenänderungen (neue Informationen) reagieren, spricht das Schrifttum von einem „informationseffizienten" Kapitalmarkt. Leider wird in der Kapitalmarkttheorie von „effizienten" Kapitalmärkten auch dann geredet, wenn eine „risikoeffiziente" Wertpapiermischung gemeint ist.

Im Kapitalmarktmodell sind Informationseffizienz und Risikoeffizienz logisch miteinander verknüpft, aber keineswegs identisch. Informationseffizienz (unverzügliche Anpassung der Preise an Datenänderungen) ist eine von mehreren Voraussetzungen für ein Konkurrenzgleichgewicht. Nur auf einem derart vollkommenen Kapitalmarkt kann bei zusätzlichen Umweltbedingungen erwartet werden, daß alle Investoren ein und dieselbe risikoeffiziente Mischung aus allen auf dem Markt gehandelten Wertpapieren wählen: das „risikoeffiziente Marktportefeuillle".

Gerade um die Frage zu beantworten, was das Kapitalmarktmodell von der Wirklichkeit zu erklären vermag, ist es notwendig, *sorgfältig zwischen Risikoeffizienz im Modell bzw. der Realität und Informationseffizienz im Modell bzw. der Realität zu unterscheiden.*

(4) Da M zugleich das Marktportefeuille widerspiegelt, folgt, daß jeder Marktteilnehmer alle überhaupt gehandelten risikotragenden Wertpapiere in seinem Portefeuille hält. Diese Folgerung ist extrem wirklichkeitsfremd: Wohl kein Investor besitzt Stücke von allen auf einem Markt zugleich gehandelten Wertpapieren. Schon das ist ein Indiz dafür, daß das Modell des Kapitalmarktgleichgewichts nicht das tatsächliche Verhalten an Kapitalmärkten erklären kann. Vielmehr geht es in dem Modell des Kapitalmarktgleichgewichts (wie in jeder Gleichgewichtstheorie) um rein entscheidungslogische Untersuchungen, wann die Investitionsplanung unter Ungewißheit allgemein, die Börsenkursbildung im besonderen, unabhängig von bestimmten persönlichen Präferenzen ist.

Dem Erwartungswert der Rendite des Marktportefeuilles geben wir den Namen „Kapitalmarktkosten unter Ungewißheit". Die Kapitalmarktkosten unter Ungewißheit übernehmen auf Märkten für risikotragende Titel dieselbe Aufgabe, welche der Konkurrenzgleichgewichtspreis für einperiodige Geldüberlassung für sichere Kapitalmarkttitel erfüllt.

(5) Weil alle Investoren dasselbe risikobehaftete Wertpapierportefeuille M wählen, und sie zu ein und demselben risikolosen Zinssatz Geld anlegen bzw. sich verschulden, deshalb besteht ein Marktpreis für die Risikoübernahme schlechthin.

Dieser **Marktpreis für die Risikoübernahme** gleicht der Differenz zwischen den Kapitalmarktkosten unter Ungewißheit und dem risikolosen Marktzinssatz. In Abbildung 5 gleicht der Marktpreis der Risikoübernahme der Differenz der Abszissenwerte von M und S. Der Marktpreis der Risikoübernahme wird als Prozentsatz bestimmt: $\mu(r_M)-i$ in Abbildung 5. Vom Marktpreis für die Risikoübernahme auf dem Kapitalmarkt ist der Marktpreis für die Risikoänderung um eine Risikoeinheit zu unterscheiden. In Abbildung 5 entspricht der Marktpreis für die Risikoänderung um eine Risikoeinheit dem Kehrwert der Steigung der Kapitalmarktlinie: ctg α. Hierbei ist die Einheit der Risikoänderung in σ (der Standardabweichung = der Wurzel der „Renditenstreuungsgefahr") gemessen. Der Marktpreis für die Risikoänderung pro Risikoeinheit ist keine sehr anschauliche Größe. Wir benötigen diesen Ausdruck aber für die weiteren Überlegungen. Dazu seien als Gedächtnisstütze die hierzu verwandten Begriffe mit ihren Symbolen wiederholt:

Kapitalmarktkosten unter Ungewißheit = Erwartungswert der Rendite des Marktportefeuilles M: $\mu(r_M)$.

Marktpreis für die Risikoübernahme = Kapitalmarktkosten unter Ungewißheit abzüglich risikoloser Marktzinsfuß: $\mu(r_M) - i$.

Marktpreis für die Risikoänderung um eine Risikoeinheit = Kehrwert der Steigung der Kapitalmarktlinie: Vom Kehrwert der Steigung sprechen wir deshalb, weil hier das Verhältnis von Ankathete (Abszisse) zu Gegenkathete ausgedrückt wird, also

$$\operatorname{ctg} \alpha = \frac{\mu(r_M) - i}{\sigma_M}. \tag{20}$$

Damit entspricht die Kapitalmarktlinie einer Gleichung zwischen Erwartungswert der Rendite eines Wertpapierportefeuilles γ, also $\mu(r_\gamma)$ und dem risikolosen Marktzinssatz i als absolutem Glied sowie dem Marktpreis für die Risikoänderung um eine Risikoeinheit als Steigung ctg α für die Risikomenge des Wertpapierportefeuilles, gemessen durch σ_γ:

$$\mu(r_\gamma) = i + \frac{\mu(r_M) - i}{\sigma_M} \cdot \sigma_\gamma. \tag{21}$$

3. Das Modell der Wertpapierlinie (Capital Asset Pricing Model)

Das Modell der Kapitalmarktlinie sagt noch nichts über den Marktwert (Börsenkurs) eines einzelnen Wertpapiers innerhalb des Marktportefeuilles M. Den Marktwert eines einzelnen Wertpapiers bestimmt erst die Endstufe der Theorie des Kapitalmarktgleichgewichts, das Modell der Wertpapierlinie (Capital Asset Pricing Model = CAPM).

Ein Gleichgewichtspreis zwischen zwei Gütern ist bekanntlich dann erreicht, wenn die Grenzrate der Substitution des ersten Gutes durch das zweite dem Verhältnis „Preis des zweiten zu Preis des ersten" gleicht. In unserem Fall sind die beiden „Güter" als Eigenschaften risikobehafteter Wertpapiere zu verstehen: Rendite und Risiko. Das Preisverhältnis zwischen diesen beiden Gütern kennen wir durch die Steigung der Kapitalmarktlinie: Es ist der Marktpreis für die Risikoänderung um eine Risikoeinheit.

Wie läßt sich die Grenzrate der Substitution zwischen Rendite und Risikoänderung beim Marktportefeuille und bei jedem beliebigen Wertpapier innerhalb des Marktportefeuilles bestimmen? Dazu bietet sich folgende Überlegung an[68]:

Das Marktportefeuille M unterscheidet sich von irgendeinem benachbarten dadurch, daß darin von einem risikobehafteten Wertpapier x marginal mehr (oder weniger) enthalten ist. Dieses nicht zum Marktgleichgewicht führende Nachbarportefeuille sei in Abbildung 5 mit Z bezeichnet (und mit mehr als „marginalem" Abstand eingezeichnet).

Die Wertpapiermischung Z aus dem Anteil a des risikobehafteten Wertpapiers x und (1-a) aus der Mischung M zeigt folgenden Erwartungswert der Rendite $\mu(r_z)$, wobei $\mu(r_x)$ der Erwartungswert der Rendite des Wertpapiers x und (r_M) der Erwartungswert der Rendite des Programms M sind:

$$\mu(r_z) = a\mu(r_x) + (1-a)\mu(r_M). \tag{22}$$

Die Änderung des Erwartungswertes der Rendite im Hinblick auf eine marginale Änderung des Anteils a des Wertpapiers i in diesem Portefeuille errechnet sich als

$$\frac{\delta\mu(r_z)}{\delta a} = \mu(r_z) - \mu(r_M), \tag{23}$$

ist also unabhängig vom Anteil a des Wertpapiers x.

Die Standardabweichung des neuen Programms Z wird mit σ_z bezeichnet, die des Wertpapiers x mit σ_x, die des Programms M mit σ_M und die Kovarianz des Wertpapiers x zum Marktportefeuille mit σ_{xM}. Dann gilt:

$$\sigma_z = \sqrt{a^2\sigma^2 + (1-a)^2\sigma_M^2 + 2a(1-a)\sigma_{xM}}. \tag{24}$$

Die Änderung des Risikos im Hinblick auf eine marginale Änderung des Anteils a des Wertpapiers x beträgt:

$$\frac{\delta\sigma_z}{\delta a} = \frac{1}{2}[a^2\sigma_x^2 + (1-a)^2\sigma_M^2 + 2a(1-a)\sigma_{xM}]^{-0,5}$$
$$\cdot [2a\sigma_x^2 - 2\sigma_M^2 + 2a\sigma_M^2 + 2\sigma_{xM} - 4a\sigma_{xM}] \tag{25}$$

Das Optimum (bzw. das Konkurrenzgleichgewicht) ist durch das Portefeuille M gegeben. Die Aufnahme eines zusätzlichen Anteils a des Wertpapiers x in das Portefeuille Z führt also vom Optimum weg. Deshalb muß für das Marktgleichgewicht a gleich Null

---

[68] Vgl. *Sharpe:* Capital Asset Prices, S. 438, Fußnote 22; *Eugene F. Fama:* Risk, Return and Equilibrium: Some Clarifying Comments. In: The Journal of Finance, Vol. 23 (1968), S. 29-40, hier S. 31-35.

gesetzt werden. In diesem Fall verkürzt sich der Ausdruck für die Änderung des Risikos auf

$$\frac{\delta \sigma_z}{\delta a} \text{ (für } a = 0\text{)} = \frac{1}{2} [\sigma_M^2]^{-0,5} \cdot [-2\sigma_M^2 + 2\sigma_{xM}] = \frac{\sigma_{xM} - \sigma_M^2}{\sigma_M}. \tag{26}$$

Das marginale Austauschverhältnis von Renditeerwartung und Risiko im Punkt M gleicht dann dem Verhältnis

$$\frac{\dfrac{\delta \mu (r_Z)}{\delta a}}{\dfrac{\delta \sigma_Z}{\delta a}} \text{ (für } a = 0\text{)} = \frac{\mu (r_x) - \mu (r_M)}{\sigma_{xM} - \sigma_M^2} \sigma_M. \tag{27}$$

Diese gerade abgeleitete Grenzrate der Substitution zwischen Risiko und Renditenerwartung in Punkt M muß im Gleichgewicht dem Kehrwert der Steigung der Kapitalmarktlinie entsprechen.

Setzen wir die Grenzrate der Substitution zwischen Risiko und Renditenerwartung gleich dem Kehrwert der Steigung der Kapitalmarktlinie, so folgt

$$\frac{\mu (r_x) - \mu (r_M)}{\sigma_{xM} - \sigma_M^2} \sigma_M = \frac{\mu (r_M) - i}{\sigma_M} \tag{28}$$

und nach Umformung

$$\mu (r_x) = i + [\mu (r_M) - i] \frac{\sigma_{xM}}{\sigma_M^2}. \tag{29}$$

Dies ist die Gleichung der „Wertpapierlinie" (des Kerns des CAPM). Sie lautet in Worten: *Der Erwartungswert der Rendite eines einzelnen Wertpapiers x setzt sich im Kapitalmarktgleichgewicht zusammen aus dem Zinssatz für risikolose Geldanlagen bzw. Kreditaufnahmen und einer Risikoprämie. Die Risikoprämie gleicht dem Marktpreis für die Risikoübernahme auf dem Kapitalmarkt, multipliziert mit der marktbezogenen Risikohöhe des einzelnen Wertpapiers x.*

Die marktbezogene Höhe des Risikos wird dabei im Schrifttum als β des Wertpapiers x bezeichnet:

$$\beta_x = \frac{\sigma_{xM}}{\sigma_M^2}. \tag{30}$$

Da β_x nichts anderes ist als das Verhältnis der Kovarianz des Wertpapiers x zum Marktportefeuille M, bezogen auf die Varianz des Marktportefeuilles, läßt sich die Risikohöhe β_x unter Zuhilfenahme der Beziehung aus Fußnote 47, S. 477, auch wiedergeben durch

$$\beta_x = \frac{\sigma_{xM}}{\sigma_M^2} = k_{xM} \cdot \frac{\sigma_x}{\sigma_M}. \tag{31}$$

Die marktbezogene Risikohöhe β_x des Wertpapiers x gleicht damit dem Korrelationskoeffizienten zwischen dem Wertpapier x und dem Marktportefeuille, multipliziert mit dem Verhältnis aus der Standardabweichung des Wertpapiers x und der Standardabweichung des Marktportefeuilles.

β_x kennzeichnet nur die „marktbezogene" Risikohöhe des Wertpapiers x, nicht die Höhe des Risikos, wenn das Wertpapier außerhalb des Marktzusammenhangs betrachtet wird. Das Risiko eines Unternehmens, das Stammaktien ausgibt, ist, außerhalb des Marktzusammenhangs betrachtet, höher als das marktbezogene Risiko seiner Aktien; denn durch eine gute Wertpapiermischung läßt sich ein Teil des individuellen Unternehmens- bzw. Wertpapierrisikos vermeiden („wegdiversifizieren"). Im Schrifttum hat man dies durch die Trennung der Begriffe „systematisches" und „unsystematisches" Risiko zu umschreiben gesucht.

β_x nennt das „systematische" Risiko des Wertpapiers x: Jenes Risiko, das auch durch eine effiziente Mischung mit anderen Wertpapieren nicht vermieden werden kann[69]. Zu dem systematischen Risiko tritt ein unsystematisches Risiko, wenn die Anteile an einer Unternehmung für sich allein betrachtet oder in einem nicht effizienten Portefeuille gehalten werden bzw. der Kapitalmarkt selbst nicht effizient ist. β ist eine Maßgröße für das Risiko, wie Celsius-Grade die Wärme messen. Als Nullpunkt des Risikos wird der risikolose Marktzinssatz gewählt. Als Skaleneinheit 1 dient das β des Marktportefeuilles.

Kapitalmarktlinie und Wertpapierlinie unterscheiden sich dadurch, daß sie den Erwartungswert der Rendite irgendeines zum Gleichgewichtskurs gehandelten Portefeuilles bzw. Wertpapiers zu zwei verschiedenen Maßausdrücken für das Risiko in Beziehung setzen. Das folgt aus der Gegenüberstellung von Gleichung (21) für die Kapitalmarktlinie mit der Gleichung (29) für die Wertpapierlinie, wobei β_x durch den oben in (30) wiedergegebenen Ausdruck mit dem Korrelationskoeffizienten zwischen dem Wertpapier x und dem Marktportefeuille M ersetzt ist:

$$\mu(r_\gamma) = i + [\mu(r_M) - i] \cdot \frac{\sigma_\gamma}{\sigma_M} \tag{21}$$

---

69 Vgl. z.B. *Sharpe:* Capital Asset Prices, S. 436, 438 f.; bei *Sharpe:* Portfolio Theory, S. 96, wird $\beta_i \cdot \sigma_M$, also $\sigma_{iM} : \sigma_M$ als systematisches Risiko bezeichnet.

$$\mu(r_x) = i + [\mu(r_M) - i] \cdot \frac{\sigma_x}{\sigma_M} \cdot k_{xM}. \qquad (29)$$

Aus der Gegenüberstellung ist ersichtlich, daß Kapitalmarktlinie und Wertpapierlinie zusammenfallen, wenn $\sigma_\gamma = \sigma_x$ ist, und der Korrelationskoeffizient des Wertpapiers x zum Marktportefeuille M 1 beträgt.

$\mu(r_M)$, der Erwartungswert der Rendite des Marktportefeuilles, wurde S. 510 mit dem Namen Kapitalmarktkosten unter Ungewißheit belegt. Entsprechend heißt $\mu(r_x)$ Kapitalkosten unter Ungewißheit für das Wertpapier x. Hält ein Investor das Marktportefeuille (gemäß den Annahmen im Modell der Kapitalmarktlinie), dann sind Kapitalmarktkosten und Kapitalkosten unter Ungewißheit identisch. Gelegentlich können auch für ein einzelnes Wertpapier Kapitalmarktkosten und Kapitalkosten unter Ungewißheit zusammenfallen (dann, wenn $k_{xM}=1$ und $\sigma_\gamma=\sigma_x$). Im Regelfall weichen die Kapitalkosten unter Ungewißheit für ein einzelnes Wertpapier nach oben oder unten von den Kapitalmarktkosten ab.

Die Höhe der individuellen Risikoprämie eines Wertpapiers x gegenüber den Kapitalmarktkosten unter Ungewißheit errechnet sich als Differenz zwischen $\mu(r_x)$ und $\mu(r_M)$. Um die Differenz in Gleichung (31) auszudrücken, sei die Wertpapierlinie (29) unter Verwendung von (30a) umgeschrieben zu

$$\mu(r_x) = i + [\mu(r_M) - i] \beta_x. \qquad (29a)$$

Die Abweichung der Risikoprämie des Wertpapiers bzw. Wertpapierportefeuilles x, A_x gegenüber den Kapitalmarktkosten unter Ungewißheit $\mu(r_M)$ beträgt dazu

$$A_x = i + [\mu(r_M) - i]\beta_x - \mu(r_M) \qquad (31)$$

$$A_x = [\mu(r_M) - i][\beta_x - 1]. \qquad (31a)$$

A_x entspricht dem Produkt aus Preis für die Risikoübernahme auf dem Kapitalmarkt mal dem um 1 verminderten systematischen Risiko des Wertpapiers x. Falls (β_x-1) negativ wird, ergibt sich ein individueller Risikoabschlag.

4. Kapitalkosten unter Ungewißheit als Entscheidungshilfe?

aa) Investitionsplanung mit Hilfe einperiodiger Kapitalkosten unter Ungewißheit

Die Kapitalkosten unter Ungewißheit übernehmen für das einzelne Unternehmen dieselbe Aufgabe, welche der Konkurrenzgleichgewichtspreis für die einperiodige Geldüberlassung im Modell unter Sicherheit erfüllt: Sie dienen als Mindestverzinsung, nach der einzelne Investitionsvorhaben beurteilt werden und die den Investitionsumfang begrenzen.

Jeder Einnahmenüberschuß ist im Modell des Kapitalmarktgleichgewichts durch Kauf eigener Aktien zu den Kapitalkosten unter Ungewißheit anlegbar: Er läßt also ex ante eine Rendite erwarten, die dem risikolosen Marktzinssatz zuzüglich dem Marktpreis für das Risiko zuzüglich bzw. abzüglich der unternehmensindividuellen Risikoprämie entspricht. Und das heißt: Der Vorstand einer Aktiengesellschaft wird nur dann investieren, wenn er damit eine Rendite erzielt, die mindestens gleich der in der Gegenwart erwarteten Aktienrendite seiner Unternehmung ist. Das ist nur dann der Fall, wenn Datenänderungen (neue Informationen) auftreten.

Jeder Ausgabenüberhang ist im Modell durch Neuausgabe eigener Aktien finanzierbar, wobei den bisherigen Anteilseignern Renditen entgehen genau in Höhe der Kapitalkosten unter Ungewißheit. Dabei handelt es sich nur um einen erwarteten Gewinnentgang. Ex post kann weniger oder mehr verdient worden sein, der derzeitige Aktienkurs sich halbiert oder verdoppelt haben.

Wird das Modell der Wertpapierlinie akzeptiert, erscheint demnach die Investitionsplanung unter Ungewißheit wenigstens für den Einperiodenfall als Kinderspiel: Für jedes Investitionsvorhaben ist nur der Erwartungswert der Rendite und das systematische Risiko abzuschätzen und der Marktpreis des Risikos zu bestimmen. Dann läßt sich sofort erkennen, ob ein Investitionsvorhaben durchgeführt werden soll oder nicht.

Wenn V_0 den gegenwärtigen Kurs einer Aktie bezeichnet (bzw. die Anschaffungsausgaben irgendeiner sonstigen Investition), $\mu(V_1)$ den Erwartungswert des Vermögens am Ende der Planperiode (= Abrechnungsperiode), dann errechnet sich der Erwartungswert der Rendite $\mu(r_x)$ dieser Investition als

$$\mu(r_x) = \frac{\mu(V_1) - V_0}{V_0}. \tag{32}$$

Im Marktgleichgewicht entspricht der Erwartungswert der Rendite den Kapitalkosten unter Ungewißheit (der gewünschten Mindestverzinsung).

Wird dieser Ausdruck in die Gleichung 29a der Wertpapierlinie (S. 515) eingesetzt und diese nach V_0 aufgelöst, folgt

$$V_0 = \frac{\mu(V_1)}{1 + \mu(r_x)} = \frac{\mu(V_1)}{1 + i + [\mu(r_M) - i]\beta_x}. \tag{33}$$

In Worten lautet (33):

Der Gegenwartskurs einer Aktie auf einem Kapitalmarkt im Konkurrenzgleichgewicht für risikobehaftete Titel (bzw. der Barwert irgendeiner sonstigen Investition) gleicht dem Barwert des Erwartungswerts des Endvermögens am Ende der Planperiode, diskontiert mit einem Kalkulationszinsfuß, der um den Risikozuschlag für diese Investition über dem risikolosen Marktzinssatz liegt; $\mu(r_x)$ bezeichne dabei die einperiodigen Kapitalkosten unter Ungewißheit einer unverschuldeten Kapitalgesellschaft. Die Verschuldung und ihre steuerlichen Wirkungen werden anschließend in die Modellüberlegungen eingebaut.

Weicht das systematische Risiko einer geplanten Investition von dem β ab, welches das Unternehmen bisher verwirklicht hat, so zeigt die Wertpapierlinie an, wie hoch der Risikozuschlag zu bemessen ist, um die erforderliche Mindestverzinsung zu berechnen.

Das Modell der Wertpapierlinie gibt also eine einfache, oder wie es im angelsächsischen Schrifttum üblich geworden ist, zu sagen: eine „robuste" Entscheidungshilfe an. Allerdings wird hierbei rechnerische Einfachheit mit vielfacher Anwendbarkeit in der Wirklichkeit (Robustheit) verwechselt[70].

bb) Voraussetzungen mehrperiodiger Kapitalkosten unter Ungewißheit

Die Kapitalkosten unter Ungewißheit, wie sie das Modell der Wertpapierlinie ableitet, sind nur für eine einperiodige Planung definiert: Für eine einzige Abrechnungsperiode besteht ein Konkurrenzgleichgewichtspreis für die Risikoübernahme. Nur für diese eine Abrechnungsperiode liegt eine Normalverteilung über die Renditen vor, aus der sich das systematische Risiko β_x eines Wertpapiers x (seine marktbezogene individuelle Risikohöhe) errechnen läßt.

Daraus folgt, daß eine Unternehmungsleitung zunächst nur für einperiodige Investitionsvorhaben die Kapitalkosten unter Ungewißheit als zu fordernde Mindestverzinsung wählen darf. In Wirklichkeit erstrecken sich aber die meisten Investitionen über einen längeren Zeitraum. Selbst wenn eine Abrechnungsperiode gleich einem Jahr gesetzt wird, muß der Vorstand einer Aktiengesellschaft Investitionsentscheidungen für 5, 10 oder noch mehr Jahre treffen.

Wann können die einperiodigen Kapitalkosten unter Ungewißheit als Mindestverzinsung für mehrperiodige Investitionsentscheidungen dienen?

Mit dieser Frage prüfen wir, unter welchen Voraussetzungen die Formel (33), erweitert für beliebige Planperioden t = 1, 2, ..., n in Formel (34), angewandt werden darf:

$$V = \sum_{t=1}^{n} \frac{\mu(Z_t)}{[1+\mu(r_x)]^t}, \qquad (34)$$

worin V den Vermögenswert (Ertragswert), $\mu(Z_t)$ den Erwartungswert der Zahlungen in jedem Zeitpunkt t bezeichnet. Der Zinssatz unter dem Bruchstrich entspricht den einperiodigen Kapitalkosten.

Die Formel (34) setzt voraus, daß die Kapitalkosten unter Ungewißheit im Zeitablauf unverändert bleiben. Damit ist unterstellt:

---

70 Vgl. zur Kritik *Stewart C. Myers:* Interactions of Corporate Financing and Investment Decisions – Implications for Capital Budgeting. In: The Journal of Finance, Vol. 29 (1974), S. 1-25, hier S. 13-19.

a) Im Zeitablauf schwanke der risikolose Marktzinssatz nicht. Mit dieser Vereinfachung arbeitet regelmäßig die Kapitalwertformel unter Sicherheit. Nur ist bei Vernachlässigung der Ungewißheit diese Annahme harmlos. Es führt zu keinen neuen inhaltlichen Problemen, wenn ein von Jahr zu Jahr wechselnder Kalkulationszinssatz gewählt wird (S. 297).

Unter Ungewißheit ist diese Annahme nicht mehr inhaltlich bedeutungslos. Es kann für jede Abrechnungsperiode ein risikoloser Zinssatz bestehen, z.B. die Verzinsung von Kassenobligationen des Bundes und der Länder mit einjähriger Laufzeit. Aber der sichere Marktzinssatz für einperiodige Festlegung von Geld ist für t_2 bis t_n durchaus nicht im voraus bekannt. Im besten Fall der Meßbarkeit von Erwartungen besteht hierüber eine Wahrscheinlichkeitsverteilung.

b) Im Zeitablauf ändere sich der Marktpreis für die Risikoübernahme auf dem Kapitalmarkt nicht. Eine solche Voraussetzung besagt, daß unabhängig von der jeweiligen politischen oder wirtschaftlichen Entwicklung die Risikoübernahme vom Markt gleich hoch bewertet wird. Das bedeutet: Der Börsenindex aller Wertpapiere, bezogen auf einen Vergleichsmaßstab, der als sicher gilt, müßte unverändert bleiben. Tatsächlich schwankt der Börsenindex, wenn nicht gerade von Tag zu Tag, so doch von Monat zu Monat. Es bedeutet also schon eine grobe Vereinfachung, wenn wir die Abrechnungsperiode gleich einem Jahr setzen und für ein Jahr annehmen, daß innerhalb des Jahres der Marktpreis für die Risikoübernahme unverändert sei. Für eine mehrperiodige Investitionsplanung erscheint die Konstanz des Marktpreises für die Risikoübernahme endgültig als zu pauschal.

c) Im Zeitablauf variiere das systematische Risiko eines Investitionsvorhabens nicht. Daraus folgt, daß regelmäßig nur unter „stationären" Annahmen über die Zukunft (Fortschreibung der Bedingungen der ersten Abrechnungsperiode für alle weiteren) die einperiodigen Kapitalkosten unter Ungewißheit als Mindestverzinsung für mehrperiodige Investitionen verwandt werden können. Bei Normalverteilungen der Renditen in den einzelnen Abrechnungsperioden und Gültigkeit der Voraussetzungen des Modells der Wertpapierlinie (CAPM) ist eine Ungewißheit über die Höhe der künftigen Risikoprämie und des risikolosen Marktzinssatzes allerdings ausgeschlossen. Lediglich sicher vorhersehbare Schwankungen des risikolosen Marktzinssatzes sind mit den Annahmen einer mehrperiodigen CAPM-Welt vereinbar[71].

Wenn wir nicht so weitgehende Annahmen über den Informationsstand aller Marktteilnehmer setzen, sondern nur für eine einperiodige Planung (für die jeweils nächste Abrechnungsperiode) die Voraussetzungen des Modells der Wertpapierlinie als gegeben ansehen, lassen sich mehrperiodige Kapitalkosten unter Ungewißheit wie folgt berechnen:

Die mehrperiodigen Kapitalkosten unter Ungewißheit unterscheiden sich von den einperiodigen durch eine Auffächerung in zahlreiche Risikoprämien. Unter den Voraussetzungen des Modells der Wertpapierlinie bestehen bei einperiodiger Planung (zwei

---

71 Vgl. *Eugene F. Fama:* Risk-Adjusted Discount Rates and Capital Budgeting under Uncertainty. In: The Journal of Financial Economics, Vol. 5 (1977), S. 3-24, z.B. S. 4, 16, 22.

Zahlungszeitpunkten) die Kapitalkosten unter Ungewißheit aus dem risikolosen Marktzinssatz zuzüglich zweier Risikoprämien:

(1) der Risikoprämie des Kapitalmarkts: dem Konkurrenzgleichgewichtspreis für die Risikoübernahme auf dem Kapitalmarkt,

(2) der investitionsindividuellen Risikoprämie: dem Produkt aus Konkurrenzgleichgewichtspreis für die Risikoübernahme auf dem Kapitalmarkt multipliziert mit dem Mehr oder Weniger an systematischem Risiko der einzelnen Investitionen gegenüber dem Marktportefeuille, vgl. 515.

Unter den Voraussetzungen des Modells der Wertpapierlinie für die jeweils nächste Abrechnungsperiode bestehen bei zweiperiodiger Planung (drei Zahlungszeitpunkten) die Kapitalkosten unter Ungewißheit aus den Kapitalmarktkosten bei einperiodiger Planung zuzüglich dreier zusätzlicher Risikoprämien:

(3) einer Risikoprämie für die Gefahr von Schwankungen des risikolosen Marktzinssatzes zwischen erster und zweiter Abrechnungsperiode,

(4) einer Risikoprämie für die Gefahr von Schwankungen des Marktpreises für die Risikoübernahme auf dem Kapitalmarkt zwischen erster und zweiter Abrechnungsperiode,

(5) einer Risikoprämie für die Gefahr von Schwankungen des systematischen Risikos der einzelnen Investitionen in bezug auf das Kapitalmarktrisiko zwischen erster und zweiter Periode.

Aus der Annahme, daß nur für jeweils die nächste Abrechnungsperiode die Voraussetzungen des Modells der Wertpapierlinie gelten, folgt, daß eine sichere Geldanlage- und Kreditaufnahmemöglichkeit nur für jeweils eine Abrechnungsperiode besteht. Zu welchem Zinssatz das Geld risikolos in der zweiten Abrechnungsperiode verfügbar ist, kann erst in t_1 festgestellt werden. Wenn die Zinsstruktur auf den Geld- und Kapitalmärkten der Realität untersucht werden soll, müssen zusätzlich sichere Geldanlagen bzw. Verschuldungen für mehrere Abrechnungsperioden berücksichtigt werden. Auf dem Geldmarkt können z.B. die Zinssätze für Tagesgeld oder Einmonatsgelder über denen für Zwei- oder Drei-Monatsgelder liegen. Bei der Kursbildung als sicher geltender öffentlicher Anleihen ist die Zeit der Unkündbarkeit der Anleihe durch den Anleihegläubiger zu beachten: Eine Unkündbarkeit über die gesamte Laufzeit einer als sicher geltenden Anleihe mit 10 Jahren Laufzeit sichert z.B. einen hohen Zinssatz für die doppelte Zeitspanne als die (oft vernachlässigte) Klausel „frühestens nach 5 Jahren vom Schuldner kündbar".

Bei dreiperiodiger Planung (vier Zahlungszeitpunkten) wären dann drei zusätzliche Risikoprämien zu beachten für die Schwankungen des risikolosen Marktzinssatzes zwischen zweiter und dritter Abrechnungsperiode, für Schwankungen des Marktpreises für die Risikoübernahme zwischen zweiter und dritter Abrechnungsperiode und für entsprechende Schwankungen des systematischen Risikos. Entsprechend vervielfacht sich die Zahl der Risikoprämien bei mehrperiodiger Planung.

Daraus darf aber nicht geschlossen werden, daß mit wachsender Nutzungsdauer die mehrperiodigen Kapitalkosten unter Ungewißheit notwendigerweise immer höher werden. Die einzelnen Risikoprämien enthalten Kovarianzen, die auch negativ werden können[72].

cc) Das Problem des Risikozuschlags zum Kalkulationszinsfuß in der Unternehmensbewertung

Als ein Lehrstuhlbewerber in Freiburg einmal vorrechnete, wie der Ertragswert eines Unternehmens festzustellen sei, bemerkte von Hayek mit vernichtender Ironie, bisher habe er geglaubt, für diesen Zweck sei die Börse entwickelt worden[73]. Das beste Bewertungsinstrument für die Zukunft, über das unsere unsichere Welt verfügt, wäre ein effizienter Kapitalmarkt, weil er jenes Wissen verwertet, das der einzelne praktisch nicht haben kann, aber über das die Gesamtheit aller Kapitalmarktteilnehmer verfügt. Die beste, derzeit verwirklichte Annäherung an das Ideal eines effizienten Kapitalmarktes ist eine Wertpapierbörse mit breitem Angebot und breiter Nachfrage. Wie stark tagtäglich z.B. die New York-Stock-Exchange ihre Unternehmensbewertungen zu korrigieren genötigt ist, kann jeder Zeitungsleser feststellen.

Es ist ein Irrtum zu glauben, daß ein Bewertungsverfahren nach dem Ertragswert (und erst recht eines nach dem Substanzwert oder einem sonstigen Wert) besser mit der unvermeidbaren Unsicherheit der Zukunft fertig wird als der Kapitalmarkt selbst. Hierbei wird nämlich übersehen, daß eine Ertragswertrechnung nichts anderes ist als eine modellmäßige Nachbildung eines fingierten Kapitalmarktes, für den in Gedanken
1. Vollkommenheit des Marktes bei atomistischer Struktur der Anbieter und Nachfrager und Existenz eines Konkurrenzgleichgewichtspreises für die ein- und mehrperiodige Geldüberlassung und
2. eine Konkurrenzgleichgewichtsbestimmung für alle Risiken, auch für im versicherungstechnischen Sinne nicht versicherbare Risiken, d.h. Vollständigkeit des Marktes, angenommen wird.

Für die Abschätzung der Unsicherheit der Zukunft kennen wir also augenscheinlich nur eine sehr unvollkommene Therapie: eine funktionsfähige Wertpapierbörse. Deshalb ist vor der Auffassung zu warnen, es sei mit hinreichender Verläßlichkeit möglich, bei Unternehmensbewertungen „Ertragsbandbreite samt Wahrscheinlichkeitsabstufungen" und einen „sicherheitsäquivalenten Ertrag" zu erkennen bzw. man könne sich, wenn man auf eine Wahrscheinlichkeitsabstufung verzichten müsse, „mit einer (einzigen) Bandbreite gleich wahrscheinlicher Erträge begnügen"[74]. Auch die Gleichwahrscheinlichkeit ist eine quantitative Wahrscheinlichkeit. Es ist logisch unzulässig, Nichtwissen darüber, wie unsicher alternative Erträge sind, als „quantitativ gleichwahrscheinliche" Erträge einzustufen (S. 436 ff.).

---

72 Vgl. zu den aufwendigen Rechenproblemen für die Bestimmung solcher Risikoprämien *Marcus C. Bogue, Richard Roll:* Capital Budgeting of Risky Projects with „Imperfect" Markets for Physical Capital. In: The Journal of Finance, Vol. 29 (1974), S. 601-613, sowie die 5. Aufl. dieses Buches, S. 574-583.
73 Vgl. *Erich Streissler:* Introduction. In: Roads to Freedom. Essays in Honour of Friedrich A. von Hayek, ed. by E. Streissler u.a., London 1969, S. XVII.
74 *Adolf Moxter:* Grundsätze ordnungsmäßiger Unternehmensbewertung. 2. Aufl., Wiesbaden 1983, S. 112, 146 f., dort auch das folgende Zitat.

Wenn Anteile von Unternehmungen nicht gehandelt werden, fehlt zunächst einmal jede erfahrungsmäßige (statistisch auswertbare) Angabe über Marktpreise bzw. Dividenden und andere Ertragsteile. In einem solchen Fall, wie er z.B. bei der Bewertung stiller Beteiligungen gegeben ist, existiert also keine Häufigkeitsverteilung von Ertragsdaten aus der Vergangenheit, die bei einigem Mut als Grundlage für die in Zukunft repräsentative Wahrscheinlichkeitsverteilung gedeutet werden könnte (zu den Voraussetzungen, damit dieser Mut nicht zu Leichtsinn wird, S. 538 f.).

Es bleibt damit nichts anderes übrig, als zu versuchen, die Glaubwürdigkeit möglicher künftiger Zahlungseingänge entscheidungslogisch abzuleiten, wenn Willkür vermieden werden soll. Das Problem beginnt dabei auf der Stufe, über die sich Lehrtexte zur Unternehmensbewertung ausschweigen: Wie können quantitative Wahrscheinlichkeiten begründet werden? Die überaus begrenzten Möglichkeiten hierzu wurden S. 450 dargestellt.

In der einführenden Schulung von Studienanfängern in Unternehmensbewertung räumen folgende Sätze mehrere Wagenladungen ungelöster Probleme beiseite: Die Unsicherheitsdimension der Ertragserwartungen sei auf die geringere Unsicherheitsdimension des als quasi sicher angesehenen Kapitalmarktzinses zurückzuführen. „Das geschieht, indem man die Ertragserwartungen aus dem zu bewertenden Unternehmen durch ihren „sicherheitsäquivalenten Ertrag" ausdrückt. Der sicherheitsäquivalente Ertrag bildet jene innerhalb der Ertragsbandbreite gelegene Ertragsgröße, für die gilt, daß das Risiko niedrigerer Erträge gerade aufgewogen wird durch die Chance höherer Erträge".

Selbst wenn die Annahme einmal als erfüllt vorausgesetzt wird, es existiere ein „Band gleichwahrscheinlicher Erträge", dann verlangt das Ausdrücken der Ertragserwartungen durch ihren „sicherheitsäquivalenten Ertrag" zusätzlich, daß eine subjektive Risikoneigung quantifiziert wird. Um die Umwandlung eines Bandes „gleichwahrscheinlicher Erträge" in ein Sicherheitsäquivalent wenigstens in einfachen Beispielen nachvollziehen zu können, müssen Risikonutzenfunktionen herangezogen werden. Von dieser immer noch sehr weit reichenden Lehrbuchvereinfachung (= Abstraktion von der Wirklichkeit), daß Entscheidungen unter Unsicherheit mit Hilfe der Risikonutzentheorie getroffen werden können, geht sowohl die Lehre vom „sicherheitsäquivalenten Ertrag" als auch die Risikozuschlagsmethode aus.

Zunächst trifft nicht zu, daß die Risikozuschlagsmethode unbedenklich sei, wenn der „nachhaltige Ertrag" (d.h. ein ermittelter Durchschnittsertrag, verrentet mit dem Rückzahlungsbetrag) als Erwartungswert der Ertragsbandbreite verstanden werde[75]. Selbst wenn in zwei Fällen der gleiche Erwartungswert (z.B. +5) bei gleicher Ertragsbandbreite (z.B. +1 bis +9) mit Gleichwahrscheinlichkeit aller denkbaren Einzelerträge gegeben ist (z.B. im ersten Fall nur 1 oder 9, im zweiten 1, 2, ... bis 9), verkörpern diese Verteilungen keine gleiche Unsicherheitsdimension; denn jeder dem Risiko Abgeneigte wird für die gleichwahrscheinliche Verteilung entweder 1 oder 9 ein niedrigeres Sicherheitsäquivalent

---

75 *Moxter*, S. 155, das folgende Zitat S. 157.

ansetzen, als für eine gleichwahrscheinliche Verteilung aus den neun denkbaren Einzelwerten 1 bis 9.

Sogar die eingeschränkte Behauptung: „die Risikozuschlagsmethode ist nur zulässig, wenn ihre Ergebnisse mit denen der Sicherheitsäquivalenzmethode übereinstimmen", ist nicht haltbar; denn sie setzt das als bekannt voraus, weshalb überhaupt eine Unternehmensbewertung zum Problem wird: nämlich das Sicherheitsäquivalent des nachhaltigen Ertrages zu bestimmen.

Wenn die Risikozuschlagsmethode berechtigt sein soll, dann müßte sie aus der Risikoneigung (hier quantifiziert durch die Risikonutzenfunktion eines Bewertenden) hergeleitet werden können, ohne daß die Problemlösung (der sicherheitsäquivalente Ertrag) schon bekannt ist. Wer eine Risikonutzenfunktion kennt, kennt aber auch den sicherheitsäquivalenten Ertrag. Dieser zusammen mit einem risikolosen Zinssatz enthält die gleiche empirische Information wie der Ertragswert selbst. *Ertragswert ist nur ein anderer Name für das Wissen um einen sicherheitsäquivalenten Ertrag und einen risikolosen Zinssatz.* Ertragswert, sicherheitsäquivalenter Ertrag und risikoloser Zinssatz stehen in einem tautologischen, also empirisch informationslosen Zusammenhang zueinander. *Die Risikozuschlagsmethode hat, wenn überhaupt, nur dann einen Sinn, falls jemand ein Sicherheitsäquivalent nicht nennen (seine Risikoneigung also nicht quantifizieren) kann.*

Das Vorstehende lehrt dreierlei:

(1) Es besteht noch keine erklärende Theorie der Börsenkursbildung mit empirisch teilweise bestätigten Hypothesen, und damit auch keine schlüssige Theorie der Bewertung von Anteilen an Unternehmungen, und erst recht keine für deren „Gesamtbewertung".

(2) Das Beschäftigen mit der Theorie rationaler Entscheidungen unter Ungewißheit und ihren Anwendungen, wie der Verringerung von planbaren Einkommensunsicherheiten durch Investitionsmischungen, kann keine Empfehlungen zur Optimierung für praktische Entscheidungen geben. Vielmehr dient diese Beschäftigung nur als Entscheidungshilfe in dem Sinne, durch Offenlegen stillschweigender Unterstellungen in praktischen Vorgehensweisen, deren Anwendungsvoraussetzungen zu erkennen und so Fehler zu vermeiden.

(3) Die in der Praxis benutzten Verfahren für finanzielle Vorteilsvergleiche gehen von Planungssicherheit bei Investitionsrechnungen aus und wenden Risikoabschläge bei den geschätzten Zahlungen an oder Risikozuschläge für den Kalkulationszinsfuß. Dieses Vorgehen unterstellt dann, wenn widerspruchsfrei argumentiert werden soll, stillschweigend „Modelle", deren Voraussetzungen zu recht das helle Entsetzen derjenigen hervorrufen, die solche Regeln bzw. Techniken anzuwenden gewohnt sind.

Bereits bei einperiodiger Planung anhand des einen Risikozuschlag als Preis für die Risikoübernahme definierenden CAPM besteht der Risikozuschlag zu dem als risikoloses angesehenes Kapitalmarktzins aus zwei Teilrisikozuschlägen, wenn das einfachste (und folglich arg „wirklichkeitsferne") Modell des CAPM zur Begründung für die Höhe des Risikozuschlags herangezogen wird:

(a) einem Risikozuschlag des Kapitalmarktes (S. 511);

(b) einem Wertpapier- bzw. Unternehmungs-individuellen Risikozuschlag. Dieser errechnet sich als Produkt aus dem Marktpreis für die Risikoübernahme auf dem Kapitalmarkt, multipliziert mit der Abweichung des Wertpapier-individuellen systematischen Risikos (den Wertpapier-β, S. 515) gegenüber dem systematischen Risiko des Marktportefeuilles.

Bei mehrperiodiger Planung treten weitere Risikozuschlags- oder Risikoabschlagskomponenten hinzu, z.B. weil sich dann auch der einperiodig risikolose Zinssatz ändern kann. Ausschlaggebend ist hierbei, daß eine Investitionsmischung über den regelmäßigen *Handel von Rechtstiteln* erfüllt sein muß, ehe Einkommensunsicherheiten quantifiziert werden können. Der Grund liegt darin, daß nur ein beobachtbarer Marktpreis, zu dem z.B. eine Aktie heute verkauft werden kann, ein potentiell realisierbares Sicherheitsäquivalent verkörpert: Zu diesem Preis könnte aus dem Risiko, das die Investition verkörpert, ausgestiegen werden, selbst wenn der Verkauf in Wirklichkeit unterbleibt. Fehlt der regelmäßige Handel, wie bei GmbH- oder Kommanditanteilen, so besteht schon deshalb keine Basis für eine willkürfreie, interpersonell nachprüfbare Quantifizierung von Risikozu- oder -abschlägen und damit von „Ertragswerten".

Der Risikozuschlag aus dem Modell einer einperiodigen Planung läßt sich dennoch bei einem der Wirklichkeit angenäherten Fall anwenden: Bestehen Kreditbeschränkungen für die einzelne Unternehmung, die Wertpapiere ausgibt, und Risikoverbund zwischen einzelnen Perioden für einen beliebig langen Planungszeitraum, dann muß der Planende nach der klassischen logarithmischen Bernoulli-Nutzenfunktionen entscheiden (S. 498). Dies bedeutet: Handelt ein Bewertender nach der Risikozuschlagsmethode, weil er glaubt, seine Risikoneigung nicht im einzelnen quantifizieren zu können, dann implizieren Umweltbedingungen, die der Wirklichkeit angenähert sind, zusammen mit der Forderung nach Widerspruchsfreiheit eines Rechenverfahrens, erneut die Überflüssigkeit der Risikozuschlagsmethode; denn dann bleibt von allen denkbaren Verläufen der Risikoneigung nur noch eine als logisch zulässig übrig, so daß wiederum ein Sicherheitsäquivalent unterstellt ist.

Damit verwendet der Bewertende implizit ein, aber nicht „sein" Sicherheitsäquivalent (weil bei Nichtfähigkeit zur Quantifizierung ein solches nicht existiert). Der Bewertende hat durch die Wahl der Risikozuschlagsmethode (gleichgültig, wie hoch er den Zuschlag wählt) eine Risikoneigung angewandt, die gar nicht seiner Risikoneigung entspricht. Damit täuscht eine Anwendung der Risikozuschlagsmethode den Bewertenden über seine Einschätzung des zu bewertenden Unternehmens.

5. Die Fragwürdigkeit der Kapitalkostenvorstellung

Für drei Zwecke wird das Konzept der „Kapitalkosten" bei Handeln im Interesse der Kapitalgeber empfohlen[76]:

---

76 Vgl. *Charles W. Haley, Lawrence D. Schall:* Problems with the Concept of the Cost of Capital. In: The Journal of Financial and Quantitative Analysis, Vol. 13 (1978), S. 847-870, bes. S. 847 f., 850.

a) Als Beurteilungsmaßstab für die Investitionsentscheidungen. Hierbei wird die Mindestverzinsung, die ein einzelnes Investitionsvorhaben zu erwirtschaften hat, als Kapitalkosten bezeichnet.

b) Als Beurteilungsmaßstab für Finanzierungsentscheidungen. Hierbei wird jene Mischung aus den verschiedensten Finanzierungsquellen, die den Marktpreis des Unternehmens maximiert, als die Mischung bezeichnet, welche die „durchschnittlichen Kapitalkosten minimiert".

c) Als Bindeglied zwischen Investitions- und Finanzierungsentscheidungen. Hierbei wird jene Mindestverzinsung, die den optimalen Investitionsumfang begrenzt, bestimmt durch die Mindestverzinsung, welche die Geldgeber der Unternehmung (Kapitalmarktteilnehmer) wünschen.

Als *Beurteilungsmaßstab für Investitionsentscheidungen*, insbesondere für die Bestimmung des optimalen Investitionsprogramms, ist der Name „Kapitalkosten" nicht mehr als eine schlechte Begriffsbildung; denn damit kann zweierlei gemeint sein: Entweder eine persönlich gewünschte Mindestverzinsung – und dann ist der Name „Mindestverzinsung" besser – oder eine durch die Umweltbedingungen auf dem Kapitalmarkt wenigstens teilweise ökonomisch bestimmte Größe – und dann wird diesen „Kapitalkosten" der dritte Zweck gegeben.

Als *Beurteilungsmaßstab für Finanzierungsentscheidungen* ist das Konzept schlicht überfordert. Entweder besteht eine gegenseitige Abhängigkeit zwischen Investitions- und Finanzierungsentscheidungen, dann ist die Suche nach den durchschnittlichen minimalen Kapitalkosten identisch mit der dritten Aufgabe. Oder es besteht keine gegenseitige Abhängigkeit zwischen Investitions- und Finanzierungsentscheidungen, dann müssen die Kapitalkosten nach Verwendung der liquiden Mittel der Unternehmung zu einem Planungszeitpunkt aus Kapitalmarktgegebenheiten abgeleitet werden. Indes gibt es keine einheitlichen Kapitalkosten, ohne vorab den Investitionsumfang und damit zugleich den Marktpreis des Unternehmens festzulegen. Im einzelnen:

(1) Die Vorstellung, für vorhandene liquide Mittel (interne Finanzierung) Kapitalkosten über null anzunehmen, enthält einen ökonomischen Denkfehler: Für Innenfinanzierung aus verrechnetem Aufwand sind die Kapitalkosten jenseits steuerrechtlicher Sachverhalte stets null (S. 134 f.). Wer sie als „Opportunitätskosten" (entgangene Gewinne) begreift, vernachlässigt, daß erst nach Lösung des Investitionsproblems feststeht, welcher „Gewinn entgangen ist" durch die Entscheidung für ein bestimmtes Investitionsprogramm.

(2) Wer Kapitalkosten für ausschüttungsfähige Gewinne ansetzt, übersieht, daß bei Handeln im Interesse der Geldgeber die Ausschüttungen Zielgröße des Handelns sind und damit ausdrücklich keine Minderung der Zielgröße, was schließlich der Sin26n eines jeden „Kosten"-Begriffs ist. Bei Handeln im Interesse der Anteilseigner sind also Kapitalkosten für die Ausschüttungen ein verfehlter, den Lernenden nur verwirrender Sprachgebrauch. Bei firmeneigenen Zielsetzungen gibt es hingegen Kapitalkosten für die Ausschüttung, S. 144, 309; hierbei ist Zielgröße regelmäßig das Gegenteil von Ausschüttung: die Maximierung der Selbstfinanzierung.

(3) Kapitalkosten für Kapitalerhöhungen und Verschuldung anzusetzen, führt bei Handeln im Interesse der Anteilseigner zu einer entweder zirkulären oder überflüssigen Begriffsbildung; denn das Ziel des Handelns ist dann die Maximierung des Marktpreises für das Unternehmen insgesamt bzw. für das eingesetzte Eigenkapital. Um gewogene durchschnittliche Kapitalkosten berechnen zu können, muß zunächst der Marktpreis eines Unternehmens bekannt sein. Erst wenn man den Marktpreis eines Unternehmens in Abhängigkeit vom Verschuldungsgrad kennt, läßt sich das Minimum der durchschnittlichen Kapitalkosten berechnen. Kennt man aber den Marktpreis des Unternehmens in Abhängigkeit von alternativen Verschuldungsgraden, plant man doch den optimalen Verschuldungsgrad viel einfacher dadurch, daß man gleich den höchsten Marktwert des Unternehmens in Abhängigkeit vom Verschuldungsgrad heraussucht, statt erst durchschnittliche Kapitalkosten zu berechnen.

Als *Bindeglied für Investitions- und Finanzierungsentscheidungen* existieren schon aus rein logischen Gründen Kapitalkosten dann und nur dann, wenn ein Separationstheorem gilt[77]. Nur dann lassen sich die Investitionsentscheidungen planen, ohne die persönlichen Konsumpräferenzen und die persönliche Risikoneigung derjenigen zu kennen, über deren Gelder disponiert wird. Unter welch engen Annahmen über die Umwelt und/oder über die persönlichen Präferenzen eine solche Separation möglich ist, wurde S. 489 bis 498 dargelegt. Unter häufig der Realität entsprechenden Umständen existieren danach Kapitalkosten unter Ungewißheit nur, wenn die Risikonutzenfunktion eine einzige Form annimmt, den Spezialfall konstanter relativer Risikoabneigung, $N(V) = \ln V$, also gerade nicht ein Fall, für den die (μ,σ)-Regel stehen könnte. Verzichtet man auf mehrperiodige Planung mit zeitlichem Risikoverbund und sieht man von beschränkter Verschuldungsmöglichkeit ab, dann ist die Zusammensetzung des risikobehafteten Investitionsprogramms unabhängig von der Höhe des Finanzierungsspielraums dann zu planen, wenn der Risikopfad linear verläuft (die Risikonutzenfunktion zu den HARA-Funktionen gehört; darin ist die (μ,σ)-Regel eingeschlossen).

Aber wo in der Wirklichkeit kann von unbeschränktem Finanzierungsspielraum ausgegangen werden? Und wo werden Investitions- und Finanzierungsentscheidungen von einem einzigen Entscheidenden (einer Gruppe von Entscheidenden) getroffen, für die so enge Verhaltensannahmen gelten? Schließlich setzen sämtliche Separationstheoreme voraus, daß die Wahlprobleme selbst „exakt" beschrieben sind: daß also die Meßbarkeitsvoraussetzungen für subjektive Wahrscheinlichkeiten erfüllt werden können (die Risikonutzentheorie angewandt werden darf).

Sind die Voraussetzungen nicht erfüllt, dann ist eine zielentsprechende (vernünftige) Investitions- und Finanzierungsentscheidung eben nicht unabhängig von der persönlichen Konsumpräferenz und Risikoneigung zu treffen. Wer dennoch mit Kapitalkosten unter Ungewißheit plant, begeht einen systematischen Fehler. Demgegenüber ist es we-

---

77 „Without the separation property much of what is taught in capital budgeting would go out the window", *Weingartner:* Capital Rationing, S. 1405.

niger falsch, mit einem risikolosen Marktzinssatz allein zu rechnen und einen persönlichen Risikoabschlag vom Erwartungswert der Zahlungsströme zu machen.

Wenn deshalb der Entscheidungshilfen suchende Leser zum Abschluß der Erörterungen über „Kapitalkosten unter Ungewißheit" zu der Folgerung kommt: Viel Lärm um nichts!, so kann ihm kaum widersprochen werden. Die Erörterung der „Kapitalkosten unter Ungewißheit" rechtfertigt sich vor allem dadurch, daß man manchmal Lärm machen muß, damit erkennbar wird, daß etwas weithin Empfohlenes nichts Empfehlenswertes ist.

Angesichts dieser engen Voraussetzungen, unter denen Kapitalkosten ihrem Zweck entsprechend konstruiert werden können, erscheint jede Ausdehnung dieses Begriffs auf nicht quantitativ meßbare Größen, wie das Einbeziehen von Nebenforderungen (Ausbedingen von Geschäftszuweisungen, das Stellen von Sicherheiten, Verlangen nach Einflußnahme auf die Geschäftspolitik)[78], verfehlt. Denn hier wird unterstellt, man könne bei realistischer Formulierung des Entscheidungsproblems zusätzlich die Fragen unvollständiger Information und fehlender eindeutiger Meßbarkeit, also inexakter Problembeschreibungen, in einem einzigen quantitativen Betrag: den Kapitalkosten, erfassen.

In der Wissenschaft besteht zwar die Freiheit der Begriffswahl. Es gibt aber Begriffe, die zweckmäßigerweise eine Theorie der Unternehmens- bzw. Finanzierungspolitik, wenn sie nicht den Blick vor der Wirklichkeit verschließt, vermeidet wie der Engel die Sünde oder der Teufel die Tugend. Der Begriff der Kapitalkosten bei Handeln im Interesse der Geldgeber gehört hierzu.

c) Kapitalmarktgleichgewichtsmodelle als vereinfachte Erklärung der Börsenkursbildung?

1. Modellkern und Randbedingungen des Kapitalmarktgleichgewichtsmodells

Das Modell der Wertpapierlinie beruht auf sehr wirklichkeitsfremden Annahmen. Um zu beurteilen, wie weit es dennoch bei der Suche nach empirischen Gesetzmäßigkeiten nützlich sein kann, muß untersucht werden, ob alle gemachten Voraussetzungen für die Modellfolgerung zwingend sind, oder ob sie teilweise durch andere Bedingungen ersetzt werden können.

Jene Modellannahmen, die unverzichtbar sind für die Modellaussagen, seien Modellkern genannt. Jene Modellannahmen, die durch andere ersetzt werden können und die Modellaussagen unverändert lassen, heißen Randbedingungen. Randbedingungen lassen sich abwandeln, und sie werden regelmäßig nur aus didaktischen Gründen so wirklichkeitsfremd gewählt.

Wären alle 5 Voraussetzungen (S. 506 f.) logisch zwingend, könnte ein empirischer Test die mit dem Modell gewählte Forschungsmethode nur als Ganzes bestätigen oder widerlegen. Einige der 5 Voraussetzungen sind so hanebüchen wirklichkeitsfremd, daß es

---

78 Man spricht von „impliziten Kapitalkosten", vgl. dazu näher *Süchting*, S. 418 f.

keines empirischen Tests bedarf: Das Modell wäre allein durch den Augenschein zu verwerfen.

Zählen jedoch nicht alle 5 Voraussetzungen zum Modellkern, sondern sind einige durch andere Annahmen ersetzbar, ohne die Modellfolgerung zu beeinträchtigen, dann können diese Randbedingungen die Stellung von vereinfachenden „Als-ob-Annahmen" übernehmen. Das Kapitalmarktmodell geht dann davon aus, als ob alle risikobehafteten Handlungsmöglichkeiten auf einem einzigen Markt gehandelt würden, als ob ein risikoloser Marktzinssatz bestünde usw.

Für einen empirischen Test sind Modellannahmen einzuhalten. Wenn bei einem empirischen Test Randbedingungen verletzt werden, so ruiniert ein empirischer Test, der das Modell nicht bestätigt, noch nicht die Forschungsmethode, sondern besagt nur: Einzelne Annahmen des Modells waren zu wirklichkeitsfremd. Es sei notwendig, das Modell abzuwandeln. Randbedingungen erlauben also einen Theorieausbau. Werden Bedingungen für den Modellkern nicht eingehalten, wird durch den Test nicht die Modellaussage empirisch überprüft. Der empirische Test geht dann ins Leere.

Von den fünf Voraussetzungen des Kapitalmarktmodells (S. 506 f.) gehört unstreitig zum Modellkern: Der Markt für risikotragende Titel (Handlungsmöglichkeiten) ist atomistisch und vollkommen in dem Sinne, daß nur die ausdrücklich in das Modell aufgenommenen Einflußgrößen den Marktpreis bestimmen, und es kommt ein Gleichgewicht zustande: Beobachtete, in einen Test aufgenommene Börsenkurse, Renditen usw. müssen Gleichgewichtspreise sein. Das heißt zugleich, daß weder überhängiges Angebot (das zum geltenden Marktpreis nicht abgesetzt werden kann) noch Überschußnachfrage (die zum geltenden Marktpreis nicht befriedigt werden kann) besteht und bei dem herrschenden Preis kein Marktteilnehmer zu einer Revision seiner Pläne veranlaßt wird.

Zum Modellkern zählt hingegen nicht die (μ,σ)-Entscheidungsregel. Die (μ,σ)-Entscheidungsregel ist deshalb verzichtbar, weil sich der linearen Wertpapierlinie gleichartige Aussagen auch aus anderen Vereinfachungen der Risikonutzenfunktion bzw. der Umweltbedingungen herleiten lassen (z.B. wenn statt der Normalverteilung nur zwei Zukunftslagen für alle risikobehafteten Anlagen bestehen und alle Marktteilnehmer ihren Risikonutzen als Logarithmus des Endvermögens messen; dann können sogar beschränkte Finanzierungsmöglichkeiten in Kauf genommen werden, dazu näher S. 498).

Zwingend für den Kern eines Gleichgewichtsmodells sind lediglich bestimmte Kombinationen aus Umweltbedingungen und Risikoneigung. Zur ersten Modellkernannahme (atomistischer und vollkommener Markt) tritt also als zweite Modellkernannahme eine Gesamtheit alternativer Randbedingungen, aus der nur drei genannt seien: entweder Normalverteilung der Zukunftslagen und beliebige Risikonutzenfunktion (oder beliebige Wahrscheinlichkeitsverteilung und quadratische Risikonutzenfunktion als zweite „Randbedingung" für die Anwendbarkeit der Erwartungswert-Streuungs-Regel) oder: nur zwei Zukunftslagen, Bernoulli-Funktion und beschränkte Finanzierungsmöglichkeit.

Zu prüfen bleibt, ob für die Aussage: „Der Kurs eines jeden Wertpapiers steht über das systematische Risiko in linearer Abhängigkeit zum Marktwert des risikoeffizienten Marktportefeuilles" wirklich notwendig ist, daß

– eine unbeschränkte und risikolose Geldanlage und Verschuldungsmöglichkeit zu einem einzigen Zinssatz besteht, ohne (wie bei der Erläuterung der zweiten Modellkernannahme) Einschränkungen bei den Verhaltensannahmen zu erzwingen,
– alle Investitions- und Finanzierungsvorhaben auf dem Markt gehandelt werden.

Besteht zwischen dem Kurs eines Wertpapiers (seiner Rendite) und dem Marktwert des risikoeffienten Marktportefeuilles (seiner Rendite) eine lineare Abhängigkeit auch dann, wenn die Voraussetzung aufgehoben wird, daß zu ein und demselben Zinssatz nach Belieben Geld angelegt und aufgenommen werden kann?

Angeblich bleibt die lineare Abhängigkeit im CAPM erhalten, β sei immer noch das geeignete Maß für das systematische Risiko[79]. Die lineare Wertpapierlinie existiert hier ohne Kapitalmarktlinie und kommt nur mit Hilfe des mathematischen Tricks der „Leerverkäufe" (S. 491) zustande. Natürlich ist ein solcher mathematischer Trick logisch zulässig, aber dadurch werden einige scheinbar harmlose Voraussetzungen zu schweren, vermutlich nicht übersteigbaren Hürden bei der Überprüfung, so daß schon deshalb das Black-Modell nicht mehr testbar (falsifizierbar) wird. Für Planungszwecke (als Teil einer Theorie der Unternehmenspolitik) ist das Modell der Wertpapierlinie ohne die Kapitalmarktlinie von vornherein inhaltlich ruiniert, weil die Trennbarkeit von Investitionsplanung und Finanzplanung, also der ökonomische Sinn eines Kalkulationszinsfußes (von Kapitalkosten unter Ungewißheit), entfällt.

Bleibt die Aussage erhalten, daß zwischen der Rendite eines einzelnen Wertpapiers und der des risikoeffizienten Marktportefeuilles eine lineare Beziehung besteht, wenn nicht mehr alle risikotragenden Investitionen auf diesem Markt gehandelt werden?

Das Schrifttum[80] behauptet:

a) Das Modell der Wertpapierlinie bleibe bei einer Marktaufspaltung erhalten, vorausgesetzt, man erweitert die Maßgröße für die Risikohöhe entsprechend: An die Stelle des systematischen Risikos β trete ein Ausdruck, der zugleich die Kovarianz zwischen der erwarteten Rendite auf diesem Markt und der erwarteten Rendite auf den anderen Märkten enthält.

b) Die Marktaufspaltung stellt eine Annäherung an die Wirklichkeit dar, z.B. folge aus dieser Modellerweiterung, daß die einzelnen Marktteilnehmer durchaus unterschiedliche persönliche Portefeuilles halten können, im Unterschied zum Modell der Kapitalmarktlinie, in dem jeder Marktteilnehmer Anteile eines jeden gehandelten risikobehafteten Titels besitzt.

---

79 Vgl. *Fischer Black:* Capital Market Equilibrium with Restricted Borrowing. In: The Journal of Business, Vol. 45 (1972), S. 444-455, hier S. 450-452; *Eugene F. Fama:* Foundations of Finance. New York 1976, S. 278-292; *Copeland, Weston,* S. 205-208, kritisch dazu die 6. Aufl. dieses Buches S.441-446.

80 Vgl. *David Mayers:* Nonmarketable Assets and Capital Market Equilibrium under Uncertainty. In: Studies in the Theory of Capital Markets, ed. by M.C. Jensen, New York 1972, S. 223-248; einen Test dieses Modells versuchen *Eugene F. Fama, William Schwert:* Human Capital and Capital Market Equilibrium. In: The Journal of Financial Economics, Vol. 4 (1977), S. 95-125; ferner *Copeland, Weston,* S. 209 f.; auf eine Marktaufspaltung stellt besonders *Bernd Rudolph:* Kapitalkosten bei unsicheren Erwartungen. Berlin u.a. 1979, nach S. 182, ab.

Aber dabei wird ein schwerwiegender Nachteil der Marktaufspaltung übersehen: Es ändert sich die Definition des risikoeffizienten Marktportefeuilles in jedem einzelnen Markt, weil ein anderes Risikomaß eingeführt wird. Nur wenn die einzelnen Märkte im Risiko völlig gleichlaufen (so daß der Korrelationskoeffizient zwischen jeweils zwei verschiedenen Teil-Marktportefeuilles stets 1 beträgt), ändert sich die Definition des risikoeffizienten Marktportefeuilles auf dem Aktienmarkt nicht durch die Marktaufspaltung. Zusätzlich müssen auch die Renditeerwartungen auf den einzelnen Märkten voneinander unabhängig sein. Denn eine „Separation" von Teilmärkten schafft nur dann keine zusätzlichen Probleme zu den auf dem Gesamtmarkt schon bestehenden (sondern verringert durch diese Zerlegung die anfallende Planungsarbeit), wenn die Risikonutzenfunktionen sämtlicher Marktteilnehmer additiv sind, d.h. wenn der Risikonutzen eines jeden Investors entsteht aus dem Risikonutzen der Investition auf dem Aktienmarkt plus dem Risikonutzen der Investitionen auf dem Rentenmarkt plus ... Daraus folgt:

(1) Zum Modellkern gehört die Gesamtheit folgender Randbedingungen: entweder die Annahme „einheitlicher Markt für alle risikotragenden Handlungen" oder die Annahmenkombination „additive Risikonutzenfunktion über alle Teilmärkte für risikotragende Vorhaben".

(2) Jede Anwendung der linearen Abhängigkeit, z.B. in den Kapitalkosten unter Ungewißheit als Beurteilungsmaßstab für einzelne Investitionsvorhaben, steht unter der Vorbedingung eines Risikogleichlaufs zwischen dem Kapitalmarkt, auf dem der risikolose Marktzins besteht und der Marktpreis für die Risikoübernahme bestimmt wird, und den einzelnen anderen risikobehafteten Märkten. Ohne diese Vorbedingung ist das Modell der Wertpapierlinie als Entscheidungshilfe ruiniert.

(3) Als Erklärungsmodell für ein Marktgleichgewicht wird das Modell der Wertpapierlinie noch nicht ruiniert, wenn die Risikonutzenfunktionen nicht additiv sind, weil zum Erarbeiten von testbaren Modellimplikationen auf einem Teilmarkt so getan werden kann, „als ob" die Risikoverbindung zu den anderen Teilmärkten keine Rolle spielten.

Jedoch werden wir später sehen, daß der Verzicht auf eine Betrachtung des Gesamtmarkts risikotragender Titel bzw. der Verzicht auf die Forderung nach additiven Risikonutzenfunktionen bei einer Marktaufspaltung die selbständige Testbarkeit der Modellaussage zu vernichten droht (S. 540 f.).

2. Risikolose Portefeuilles durch Wertpapieroptionen?

Optionen sind Rechte auf künftige Käufe oder Verkäufe von Wertpapieren zu vorab vereinbarten Preisen (Basispreisen), wobei auf die Ausübung des Rechts auch verzichtet werden kann. In diesem Verzicht auf die Ausübung des Rechts (so daß das „Recht" nicht zur Verpflichtung wird) liegt der Pfiff von Optionsgeschäften gegenüber Wertpapiertermingeschäften.

Für das folgende werden die Annahmen über den Optionshandel vereinfacht, um die Darstellung der Optionspreisbildung zu erleichtern. Die Optionen können nur zu einem einzigen Zeitpunkt (Fälligkeitstag) ausgenutzt werden (European options im Unterschied zu American options, bei denen ein Zeitraum für die Ausnutzung besteht). Der Fälligkeitstag möge genau ein Jahr nach dem Ausstellungstag der Option liegen, so daß mit jährlichen Zinsen gerechnet werden kann. Der vereinbarte Preis (Basispreis) sei zunächst gleich dem Kassakurs des Wertpapiers am Ausstellungstag der Option, und eine Option erstrecke sich jeweils nur auf eine Aktie (von höheren „Mindestschlüssen", wie sie die Realität kennt, sowie von Gewinnsteuern und Transaktionskosten sei abgesehen).

Zwei Arten von Optionen (Kaufoptionen und Verkaufsoptionen) sind auseinanderzuhalten, und bei jeder ist zwischen Kauf und Verkauf dieser Option zu unterscheiden. Um die Eigenarten von Optionsgeschäften zu verstehen, empfiehlt es sich, sie mit Kassakäufen von Wertpapieren in t_0 (Ausstellungstag der Option) und Verkäufen in t_1 (Fälligkeitstag) und mit Termingeschäften (S. 492) zu vergleichen.

Beim Wertpapierkassageschäft in t_0 wird in t_0 zum Preis von P_0 gekauft und in t_1 zum Preis P_1 verkauft. Demgegenüber gilt für Optionsgeschäfte:

a) Der Käufer einer *Kaufoption* (call option) zahlt im Zeitpunkt t_0 einen Preis (den Optionspreis der Kaufoption O_K) für das Recht, am Fälligkeitstag t_1 die Wahl zu haben, entweder zum Basispreis (vereinbarungsgemäß: dem Kassakurs in t_0, also P_0) eine Aktie zu erwerben oder auf die Ausübung dieses Rechts zu verzichten.

b) Der Verkäufer einer Kaufoption empfängt im Zeitpunkt t_0 den Optionspreis O_K für die Verpflichtung, am Fälligkeitstag t_1 zum Preis P_0 eine Aktie zu liefern, falls dies der Erwerber der Kaufoption wünscht.

c) Der Käufer einer *Verkaufsoption* (put option) zahlt im Zeitpunkt t_0 den Optionspreis für die Verkaufsoption O_V für das Recht, am Fälligkeitstag t_1 die Wahl zu haben, entweder zum Preis P_0 eine Aktie zu verkaufen oder auf die Ausübung dieses Rechts zu verzichten.

d) Der Verkäufer einer Verkaufsoption empfängt im Zeitpunkt t_0 den Optionspreis O_V für die Verpflichtung, am Fälligkeitstag t_1 zum Preis P_0 die Aktie vom Käufer der Verkaufsoption zu übernehmen, falls dieser es wünscht.

Beim Kassageschäft entsteht für den Investor im Zeitpunkt t_1 als Zahlungssaldo

$$Z = -P_0(1+i) + P_1, \qquad (35)$$

wobei i den Zinssatz für eine risikolose und unbeschränkte Geldanlage und Verschuldungsmöglichkeit bezeichnet.

a) Für den Erwerber einer Kaufoption ergeben sich folgende Zahlungssalden in t_1:

(1) Wenn die Kurse gestiegen sind, also $P_0 < P_1$ wird der Erwerber der Kaufoption diese ausnutzen, und da sein Planungshorizont voraussetzungsgemäß in t_1 endet, die zu P_0 erworbene Aktie im Kassageschäft zum Preis P_1 verkaufen. Der Zahlungssaldo beträgt also:

$$Z_{a1} = -O_K(1+i) - P_0 + P_1. \qquad (36)$$

(2) Wenn die Kurse gefallen sind, also $P_0 > P_1$ wird der Erwerber der Kaufoption auf sein Recht zum inzwischen zu hohen Preis P_0 zu kaufen, gern verzichten. Zahlungssaldo:

$$Z_{a2} = -O_K(1+i).\tag{36a}$$

b) Für den Verkäufer einer Kaufoption ergeben sich folgende Zahlungssalden in t_1:
(1) Wenn die Kurse gestiegen sind, wird der Verkäufer der Kaufoption an den Erwerber zum Preis von P_0 liefern müssen, und dazu muß er, falls er diese Aktie noch nicht besitzt, zum höheren Preis P_1 kassa kaufen. Zahlungssaldo:

$$Z_{b1} = +O_K(1+i) - P_1 + P_0.\tag{37}$$

(2) Wenn die Kurse gefallen sind, wird der Verkäufer einer Kaufoption nicht zu liefern brauchen, weil der Erwerber auf sein Recht verzichtet. Zahlungssaldo:

$$Z_{b2} = +O_K(1+i).\tag{37a}$$

c) Für den Erwerber einer Verkaufsoption ergeben sich folgende Zahlungssalden in t_1:
(1) Wenn die Kurse gestiegen sind, wird er auf sein Recht, zum inzwischen zu niedrigen Preis P_0 verkaufen zu können gern verzichten. Zahlungssaldo:

$$Z_{c1} = -O_V(1+i).\tag{38}$$

(2) Wenn die Kurse gefallen sind, wird der Erwerber der Verkaufsoption hingegen sein Recht ausnutzen und zum inzwischen zu hohen Preis P_0 verkaufen. Falls er noch keine Aktie besitzt, wird er sie kassa zum niedrigeren Preis P_1 kaufen. Zahlungssaldo:

$$Z_{c2} = -O_V(1+i) - P_1 + P_0.\tag{38a}$$

d) Für den Verkäufer einer Verkaufsoption ergeben sich folgende Zahlungssalden in t_1:
(1) Wenn die Kurse gestiegen sind, wird er seine Verpflichtung, zum inzwischen zu niedrigen Preis P_0 vom Erwerber der Verkaufsoption eine Aktie übernehmen zu müssen, nicht zu erfüllen brauchen. Zahlungssaldo:

$$Z_{d1} = +O_V(1+i).\tag{39}$$

(2) Wenn die Kurse gefallen sind, wird er hingegen seine Verpflichtung, zum inzwischen zu hohen Preis P_0 vom Erwerber der Verkaufsoption eine Aktie übernehmen zu müssen, zu erfüllen haben. Da sein Planungshorizont in t_1 endet, wird er die erworbene Aktie sofort kassa zu P_1 verkaufen. Zahlungssaldo:

$$Z_{d2} = +O_V(1+i) - P_0 + P_1.\tag{39a}$$

Die Finanzierungstheorie beschäftigt sich mit Wertpapieroptionen zum einen deshalb, um die Preisbildung für diese Art von Verfügungsrechten zu erklären und um Handlungsempfehlungen zu geben, wie man am Optionshandel vielleicht verdienen kann. Zum anderen ist die Hoffnung verbreitet worden, mit Hilfe des Modells der Optionspreisbildung (OPM) tiefere Einsichten in Finanzierungszusammenhänge zu gewinnen[81]. Drei Gesichtspunkte sind hierzu zu nennen:

(a) Durch eine Mischung aus Kassa-Geschäften und Optionsgeschäften kann (bis auf den Verlust von Transaktionskosten) ein risikoloses Portefeuille zusammengestellt und in der Regel durch Zukäufe und Verkäufe im Zeitablauf gehalten werden.

(b) Wenn durch eine Mischung aus Kassa-Geschäften und Optionsgeschäften ein risikoloses Portefeuille erreicht werden kann, dann existiert für Kassa- und Optionsgeschäfte zugleich eine risikolose und unbeschränkte Geldanlage- und Finanzierungsmöglichkeit. Damit nennen die Gleichgewichtsbedingungen für Optionspreise die logischen Existenzvoraussetzungen für Marktpreise der Risikoübernahme im Zeitablauf.

(c) Unter vereinfachten Umweltbedingungen läßt sich das Eigenkapital einer verschuldeten Kapitalgesellschaft als Kaufoption für die Aktiven dieser Kapitalgesellschaft ansehen. Denn wenn eine Kapitalgesellschaft sich verschuldet, so erlangen die Gläubiger das Recht, über den Konkurs der Kapitalgesellschaft die Aktiva zu liquidieren. Deshalb kann man sagen, daß bei der Schuldaufnahme die Anteilseigner der Kapitalgesellschaft gewissermaßen ihr Recht an den Aktiva der Kapitalgesellschaft an die Gläubiger zu einem festen Preis (den Einnahmen aus den Schulden abzüglich der Zinsen) verkaufen und dafür eine Kaufoption erhalten: Bei Fälligkeit der Schulden erwerben sie zu einem festen Preis (Begleichung der Schulden) das Recht, die Aktiva uneingeschränkt zurückzuwerben (was die Anteilseigner nur erwägen werden, wenn die Aktiva im Wert über den Schulden liegen) oder auf die Ausnutzung dieser Kaufoption zu verzichten (also die Kapitalgesellschaft konkurs gehen zu lassen; dies werden die Anteilseigner erwägen, wenn die Aktiva der Unternehmung im Wert unter die Schulden gefallen sind).

So gesehen lassen sich die Marktpreise der Anteilsrechte an einer verschuldeten Kapitalgesellschaft, und damit ihre Kapitalkosten bei Eigenfinanzierung, als Optionspreise einer Kaufoption auf die Aktiva der Kapitalgesellschaft betrachten. Mit Hilfe einer solchen Modellierung läßt sich zeigen: Selbst wenn das systematische Risiko der Kapitalgesellschaft insgesamt im Zeitablauf konstant ist, kann das momentane systematische Risiko des Eigenkapitals nicht gleich bleiben. Es wird mit der Kapitalstruktur schwanken, sofern risikobehaftete Schulden auftreten und zugleich der Anteil finanzieller Aktiva am Gesamtvermögen sich ändert[82].

Wie kommt durch eine Mischung aus Wertpapierkassageschäften und Optionsgeschäften ein risikoloses Portefeuille zustande? Der einfachste Fall ist folgender[83]:

---

81 Vgl. *Fisher Black, Myron Scholes:* The Pricing of Options and Corporate Liabilities. In: The Journal of Political Economy, Vol. 81 (1973), S. 637-654, hier S. 649. Einen guten Überblick über die Optionspreistheorie bieten *Brealy, Myers*, Chapter 20, und S. 483-485, sowie *Uhlir, Steiner*, S. 174-250; *Otto Loistl:* Computergestütztes Wertpapiermanagement. München - Wien 1989, S. 285-361.
82 Vgl. *Dan Galai, Ronald W. Masulis:* The Option Pricing Model and the Risk Factor of Stock. In: The Journal of Financial Economics, Vol. 3 (1976), S. 53-81, hier S. 58 f.
83 Vgl. zu Einzelheiten der Zusammenstellung risikoloser Portefeuilles *Mark B. Garman:* An Algebra for Evaluating Hedge Portfolios. In: The Journal of Financial Economics, Vol. 3 (1976), S. 403-427.

Ein Investor erwirbt eine Aktie am Kassamarkt sowie zugleich eine Verkaufsoption und verkauft eine Kaufoption. Wenn der Preis einer Kaufoption gleich dem einer Verkaufsoption ist, dann erreicht der Investor ein risikoloses Portefeuille bis auf den Verlust der Transaktionskosten, d.h. bis af die Differenz zwischen zu zahlendem Bruttoverkaufsoptionspreis und dem eingehenden Nettoerlös aus dem Verkauf der Kaufoption. Der Beweis ist einfach:

a) Falls bis zum Fälligkeitstag der Kassakurs gestiegen ist, wird am Fälligkeitstag der Investor die erworbene Verkaufsoption nicht ausnutzen. Andererseits wird er die Verpflichtung aus der veräußerten Kaufoption erfüllen müssen. Dafür gibt er das in t_0 kassa erworbene Wertpapier hin. Damit ist in t_1 sein Wertpapierbestand null und die Ausgabe für die erworbene Kaufoption wird durch die Einnahme aus der veräußerten Verkaufsoption ausgeglichen. Der Investor hält damit in t_1 kein risikobehaftetes Wertpapier mehr, und er hat nichts verloren.

b) Falls bis zum Fälligkeitstag der Kassakurs gefallen ist, wird der Investor am Fälligkeitstag die erworbene Verkaufsoption ausnutzen: Er verkauft das zu P_0 erworbene Wertpapier zum selben Preis. Andererseits wird er die Verpflichtung aus der verkauften Kaufoption nicht zu erfüllen brauchen, weil der Erwerber der Kaufoption billiger zum Preis P_1 auf dem Kassamarkt kaufen kann. Auch in dieser Zukunftslage ist sein Bestand an risikobehafteten Wertpapieren in t_1 null, und die Ausgabe für den Erwerb der Verkaufsoption wird durch die Einnahme aus der Veräußerung der Kaufoption gerade ausgeglichen, solange der Preis der Verkaufsoption dem Preis der Kaufoption entspricht.

Damit wird zur entscheidenden Frage: Wie bestimmen sich die Höhe der Preise für Kaufoptionen und Verkaufsoptionen?

Das Gleichgewichtsmodell der Optionspreisbildung geht von den Voraussetzungen des Modells der Kapitalmarktlinie aus (S. 511), wandelt diese hinsichtlich der Zielvorstellungen ab, denn hier wird ein dynamisches Gleichgewicht im Zeitablauf gesucht, und erweitert die Voraussetzungen hinsichtlich der Bedingungen des Optionshandels[84]. Die Gleichgewichtsbedingungen werden hier nicht dargestellt, weil sie wegen der folgenden Voraussetzungen kaum einen Erklärungsanspruch erfüllen.

(1) An die Stelle der einperiodigen Planung tritt eine stetige Planung im Zeitablauf, wobei an jedem Tag, ja in jeder Sekunde Optionen fällig werden können. Alle Nachfrager und Anbieter wünschen den Erwartungswert des Risikonutzens zu maximieren (aufgrund der späteren Voraussetzungen existiert in jedem Zeitpunkt eine Kapitalmarktlinie, so daß die Einzelausprägungen für die Risikoabneigung der Kapitalmarktteilnehmer keinen Einfluß auf den Optionspreis nehmen).

(2) Der Kassamarkt und der Optionsmarkt für Wertpapiere sind atomistisch und vollkommen in dem Sinne, daß weder verzerrende Steuern oder andere gesetzliche Vorschriften noch Transaktionskosten die Preisbildung beeinträchtigen.

(3) Entweder werden alle risikotragenden Titel auf dem Kassa- und Optionsmarkt gehandelt oder beide Kapitalmärkte sind völlig unabhängig von allen anderen Märkten (es

---

84 Vgl. *Black, Scholes:* The Pricing, S. 640.

bestehen additive Risikonutzenfunktionen der Marktteilnehmer gegenüber den verschiedenen Märkten); Wertpapiere und Optionen sind beliebig teilbar.

(4) Der Kapitalmarkt besteht aus dem Kassa- und Optionsmarkt für risikobehaftete Wertpapiere und einer risikolosen und unbeschränkten Geldanlage- und Verschuldungsmöglichkeit.

(5) Alle Marktteilnehmer haben dieselben Erwartungen über die Wahrscheinlichkeitsverteilungen der Wertpapierkurse; diesmal jedoch in Form einer logarithmischen Normalverteilung. Damit folgen die Wertpapierkurse einem Zufallspfad in Form einer sogenannten geometrischen Brown'schen Bewegung. Im einzelnen heißt das, daß die Wahrscheinlichkeitsverteilung der relativen Kursänderungen unabhängig von der Kurshöhe ist und daß die Varianz der relativen Preisänderungen im Zeitablauf konstant bleibt.

(6) Der Optionshandel wird dadurch vereinfacht, daß

a) die Wertpapiere keine zwischenzeitlichen Zahlungen verursachen (keine Dividenden, Bezugsrechtserlöse oder Kapitalerhöhungen).

b) Optionen können nur am Fälligkeitstage ausgenutzt werden, aber für jeden Fälligkeitstag (genauer: für jede Fälligkeitssekunde) kann eine andere Option abgeschlossen werden;

c) nur Kaufoptionen werden betrachtet;

d) für Wertpapiere und Kaufoptionen besteht eine unbeschränkte Möglichkeit zu Leerverkäufen ohne Transaktionskosten.

Mit der unbeschränkten Leerverkaufsmöglichkeit ist zusätzlich zur unbeschränkten risikolosen Verschuldung eine unbeschränkte risikobehaftete Verschuldungsmöglichkeit eingeführt. Zugleich ist damit das Insolvenzrisiko für jeden Kapitalmarktteilnehmer ausgeschaltet. Unter diesen Voraussetzungen läßt sich ein risikoloses Portefeuille bilden aus Kauf eines Wertpapieres und Leerverkauf von Kaufoptionen. Dies scheint der Aussage im vorigen Kapitel zu widersprechen, wo ein risikoloses Portefeuille durch Wertpapierkauf zuzüglich Kauf einer Verkaufsoption zuzüglich Erwerb einer Kaufoption zustandekam. Der Widerspruch ist nur scheinbar: Wegen der Annahme unbeschränkter Leerkäufe benötigen wir Verkaufsoptionen nicht, um ein risikoloses Portefeuille herzustellen; denn eine Verkaufsoption ist identisch mit folgendem Handlungsbündel[85]: Leerverkauf eines Wertpapiers zuzüglich risikoloser Geldanlage des dadurch empfangenen Geldes zuzüglich Erwerb einer Kaufoption (entsprechend ließe sich auch eine Kaufoption durch Leerverkäufe und Erwerb einer Verkaufsoption ausdrücken). Der Beweis ist einfach:

Ein risikoloses Portefeuille entsteht, wie wir wissen, aus Kassakauf, Erwerb einer Verkaufsoption und Verkauf einer Kaufoption. Ersetzen wir die Verkaufsoption durch Leerverkauf des Wertpapiers zuzüglich risikoloser Geldanlage zuzüglich Erwerb einer Kaufoption, dann folgt: Der Kauf eines Wertpapiers wird durch den Leerverkauf desselben Wertpapiers neutralisiert, ebenso der Verkauf einer Kaufoption durch den Erwerb einer solchen. Es bleibt die risikolose Geldanlage übrig.

---

85 Vgl. *Robert C. Merton:* Theory of Rational Option Pricing. In: The Bell Journal of Economics and Management Science, Vol. 4 (1973), S. 141-183, hier S. 157; *Clifford W. Smith:* Option Pricing, A Review. In: The Journal of Financial Economics, Vol. 3 (1976), S. 3-51, hier S. 32.

Diese Überlegung zeigt zugleich, wie unerläßlich die Voraussetzung fehlender Transaktionskosten ist; denn sobald irgendwelche Börsenspesen, Porto- oder Versicherungsgebühren auftreten oder auch Soll- und Habenzinsen auseinanderklaffen, besteht das risikolose Portefeuille nicht mehr. An seine Stelle tritt ein Verlust, dessen Höhe von der Häufigkeit und Größe der Portefeuilleumschichtungen abhängt, also durch die Kursbewegungen (das Risiko) mitbestimmt ist. Ein Verlust wird auch zustande kommen, sobald die Sollzinsen über den Habenzinsen liegen.

Um den Gleichgewichts-Optionspreis zu errechnen, werden benötigt: der Aktienpreis, die risikolose Momentanverzinsung, der Zeitraum bis zum Fälligkeitstag, der Basispreis und die Momentanvarianz der Rendite σ^2. Durchweg betont das Schrifttum, daß die Größen unmittelbar zu beobachten seien und „aus der Zeitreihe der Aktienkurse der Vergangenheit ... σ^2 ohne Schwierigkeiten geschätzt werden kann"[85]. Hinter einer solchen Aussage steckt der Aberglaube, es existiere eine „objektive", naturgesetzliche stationäre Wahrscheinlichkeitsverteilung für jedes Wertpapier aus der Vergangenheit bis in alle Zukunft (S. 538).

Zu harmlosen Randbedingungen im Optionspreismodell zählen die Vereinfachungen: keine Dividendenzahlung, Beschränkung auf einen Fälligkeitstag (European option) und die spezielle Annahme für den stetigen Zufallspfad (geometrische Brown'sche Bewegung); hier sind inzwischen Modellerweiterungen erarbeitet worden[87].

Schwer wiegt hingegen die Annahme, daß ein kontinuierlicher Optionshandel und ein stetiger Zufallspfad vorliegen müssen. Sobald Kurssprünge zugelassen werden und/oder die Wertpapierkurse und Optionspreise sich nicht mehr jede Sekunde bilden (Sprünge in der Handelszeit auftreten, wie Sonntagsruhe), läßt sich im Zeitablauf nicht mehr ein risikoloses Portefeuille aufrechterhalten[88].

Da Transaktionskosten das risikolose Portefeuille im Zeitablauf ruinieren, scheitert auch der Versuch, mit Hilfe der Theorie der Optionspreise „Marktpreise für die Risiko-

---

86 *Peter Swoboda, Margherita Kamschal:* Die Bewertung deutscher Wandelanleihen und die Optimierung des Umwandlungstermins bei steigenden Zuzahlungen (unter Anwendung der Black-Scholes-Methode). In: ZfbF, Jg. 31 (1979), S. 295-321, hier S. 312; *Clifford Smith,* S. 4; noch mehr spielen Cox und Ross die entscheidende Datenanforderung herunter, bei denen das „complete option pricing model only on observable variables" beruht, *John C. Cox, Stephen A. Ross:* The Valuation of Options for Alternative Stochastic Processes. In: The Journal of Financial Economics, Vol. 3 (1976), S. 145-166, hier S. 145.
Zu empirischen Testversuchen der Optionspreistheorie vgl. *Robert Geske, Siegfried Trautmann:* Option Valuation: Theory and Empirical Evidence. In: Capital Market Equilibria, ed. by G. Bamberg, K. Spremann, Berlin u.a. 1986, S. 79-133; *Siegfried Trautmann:* Die Bewertung von Aktienoptionen am deutschen Kapitalmarkt – Eine empirische Überprüfung der Informationseffizienzhypothese. In: Kapitalmarkt und Finanzierung, hrsg. von D. Schneider, Berlin 1987, S. 311-327.
87 Vgl. den Überblick bei *Clifford Smith,* ab S. 25; *Geske, Trautmann,* S. 89; *Uhlir, Steiner,* S. 203-212.
88 Vgl. *Robert C. Merton:* Option Pricing when Underlying Stock Returns are Discontinuous. In: The Journal of Financial Economics, Vol. 3 (1976), S. 125-144, hier S. 126, 131.

übernahme in jeder einzelnen Zukunftslage" (prices for state-contingent claims) abzuleiten[89].

3. Risikoeffizientes Marktportefeuille und Informationseffizienz realer Kapitalmärkte

aa) Was ist am Kapitalmarktgleichgewichtsmodell überhaupt empirisch prüfbar?

Modelle werden nur dann mehr als eine Einübung von Rechentechniken, wenn aus ihnen Hypothesen abgeleitet werden, deren Anwendungsgrenzen in der Wirklichkeit überprüfbar sind. Überprüfbar ist eine Modellaussage dann, wenn die in ihr vorkommenden logischen Zeichen (Namen, Symbole) in Begriffe für beobachtbare (meßbare) Sachverhalte übersetzt, daraufhin Musterbeispiele für die übersetzte Modellaussage gefunden und erweiternd eine empirische „Gesetzmäßigkeit" behauptet wird.

Die Modellaussage der Wertpapierlinie erscheint leicht empirisch überprüfbar zu sein, mehr noch: Durch bloßen Augenschein droht die Modellaussage widerlegt zu werden; denn sie scheint offensichtlich unverträglich der Beobachtung, daß die Rendite risikoloser öffentlicher Anleihen zeitweise über der Dividenden-Rendite risikobehafteter Aktien liegt.

Ein solcher Widerlegungsversuch nach dem Augenschein wäre jedoch aus drei Gründen verfehlt:

a) Der Widerlegungsversuch setzt den risikolosen Marktzinssatz gleich der gegenwärtigen Effektivverzinsung öffentlicher Anleihen. Korrekt wird der Vergleich erst, wenn ein bestimmter Planungszeitraum unterstellt wird, z.B. ein Jahr. Selbst dann kann nur bei öffentlichen Anleihen mit einer Restlaufzeit von einem Jahr bzw. für Kassenobligationen (die nach einem Jahr zum Nennwert zurückgezahlt werden) von der künftigen Entwicklung des Zinssatzes für öffentliche Anleihen abgesehen werden.

b) Der Widerlegungsversuch vergleicht die Ex-post-Rendite von öffentlichen Anleihen und Aktien. Das Kapitalmarktmodell behauptet eine Beziehung zwischen dem Erwartungswert der Rendite des einzelnen Wertpapiers und dem Erwartungswert der Rendite des Marktportefeuilles minus dem risikolosen Zinssatz (Marktpreis der Risikoübernahme).

Die Dividendenrendite errechnet sich aus dem Verhältnis letztjähriger Dividende zu Börsenkurs des letzten Tages. In die Berechnung des Erwartungswerts der Aktienrendite müssen aber die erwarteten Dividenden zuzüglich der erwarteten periodischen Kursänderungsraten eingehen: alle künftigen Einnahmen und Ausgaben, zurückgerechnet auf den Planungszeitpunkt. Nicht mit dem Augenschein, sondern allenfalls durch aufwendige statistische Techniken kann überhaupt die empirische Überprüfung der Modellaussage in Angriff genommen werden.

---

[89] Vgl. *Rolf W. Banz, Merton H. Miller:* Prices for State-contingent Claims: Some Estimates and Applications. In: The Journal of Business, Vol. 51 (1978), S. 653-672; *Douglas T. Breeden, Robert H. Litzenberger:* Prices of State-contingent Claims Implicit in Option Prices. In: The Journal of Business, Vol. 51 (1978), S. 621-651.

c) Neben den „empirisch-statistischen" Schwierigkeiten besteht ein grundsätzlicher Einwand: Ist denn die Modellfolgerung „Der Kurs eines Wertpapiers steht in einer linearen Abhängigkeit zum Marktwert des risikoeffizienten Marktportefeuilles" überhaupt eine testbare Hypothese? Offensichtlich nicht, denn die Modellfolgerung ist unter den gesetzten Voraussetzungen allein schon aus logischen Gründen wahr. Logische Wahrheiten gelten „immer und ewig", sie bedürfen keiner Überprüfung an der Wirklichkeit.

Herrschen aber in der Wirklichkeit andere Voraussetzungen, als sie das Modell unterstellt, dann sagt der empirische Test, der das Modell nicht bestätigt, auch nichts über die Gültigkeit des Modells aus, denn das Modell behauptet nur einen Zusammenhang unter den ausdrücklich genannten Voraussetzungen.

Damit sitzen wir in der Mausefalle: Unter den gesetzten Voraussetzungen bedarf das Modell keiner empirischen Überprüfung, und für abweichende Voraussetzungen behauptet das Modell nichts, kann also erst recht nicht empirisch widerlegt werden.

Die Mausefalle schnappte deshalb zu, weil wir bisher den einzigen ökonomischen Gehalt, der einer (Erklärungs-)Modellüberlegung innewohnen kann, überhaupt noch nicht genannt haben: Das ist die testbare Hypothese, die aus einem „Modell" genannten logischen Bedingungsrahmen durch Übersetzung in Begriffe für beobachtbare (meßbare) Sachverhalte abgeleitet werden kann.

Ein Modell ist zunächst nur ein logischer Folgerungszusammenhang aus Definitionen oder *die Anwendung bestimmter Rechentechniken (logischer Operationen) auf bestimmte Definitionen.* Sprachregelungen und Rechentechniken sagen noch nichts über die Wirklichkeit: Nur durch die leichtfertige beispielhafte Verwendung empirisch klingender Namen (Wertpapiere, Kurse, Marktportefeuille) wird ein solcher Eindruck vorgetäuscht.

Viel Verwirrung bei Studierenden würde vermieden werden, wenn mit dem Namen „Erklärungsmodell" nur verknüpft würde der üblicherweise Modell genannte logische Bedingungsrahmen *plus einer daraus abgeleiteten testbaren Hypothese. Erst die Hypothese bietet eine modellgestützte Aussage über die Wirklichkeit.*

Die Suche nach der testbaren Hypothese am Ende einer Modellüberlegung ist gar keine leichte Aufgabe (deshalb werden so oft Modelle vorgestellt, ohne testbare Hypothesen auszusprechen), denn die Modellfolgerung selbst ist nicht testbar: Sie ist ja schon aus logischen Gründen wahr (und wenn sie nicht aus logischen Gründen wahr ist, enthält das Modell einen Denkfehler und taugt vor Ausmerzung des Denkfehlers nicht einmal zur Einübung von Rechentechniken).

Eine testbare Hypothese finden wir im Modell der Wertpapierlinie erst, wenn wir uns fragen: Welche Probleme will das CAPM lösen? Eines dieser Probleme sei näher betrachtet: Reagieren Börsenkurse unverzüglich auf Datenänderungen (neue Informationen)? Diese scheinbar klare Frage ist allerdings schon deshalb nicht leicht zu beantworten, weil hier ein Problem höchst inexakt beschrieben worden ist: Was heißt denn Datenänderung bzw. „neue Informationen"?

Die erwartete Rendite und ihre Streuung sind das einzige „erwartete" Datum im CAPM. Alle anderen Voraussetzungen gelten im Modell als sicher. Deshalb sind neue Informationen (Datenänderungen) auf Änderungen der erwarteten Rendite und ihrer

Streuung für jedes risikobehaftete Wertpapier zu beschränken. Diese Erwartungen über die künftige Rendite und ihre Streuung für ein jedes Wertpapier (und die gegenseitigen Kovarianzen bzw. Korrelationskoeffizienten zwischen den Wertpapieren) sind gemäß Voraussetzung b), S. 506, für alle Kapitalmarktteilnehmer identisch. Jenseits des Modells der Wertpapierlinie stehen damit alle Probleme, welche Ereignisse in der Wirklichkeit in welcher Weise sich auf die erwartete Rendite und ihre Streuung auswirken.

Wenn ein schurkischer Bankvorstand im Jahre 1 Betrügereien begeht, die Ende des Jahres 2 vom Aufsichtsrat entdeckt werden, aber erst am Gründonnerstag des Jahres 3 abends veröffentlicht werden und erst am Dienstag nach Ostern Verkaufs- oder Kaufaufträge über Aktien dieser Bank auslösen, wobei sich die Kurse am Dienstag so bilden, daß alle Folgen dieser Tatsache darin berücksichtigt sind, dann war gleichwohl der Kapitalmarkt informationseffizient.

„Unverzügliches Reagieren auf Datenänderungen" (also die „unendliche Anpassungsgeschwindigkeit" als Voraussetzung für einen vollkommenen Markt) heißt hier nur: Bei einer vorgegebenen Änderung der erwarteten Rendite und ihrer Streuung passen sich die Kurse schlagartig an diese neue Einschätzung der Gewinnchancen und Risiken eines Wertpapiers an. *Mit Informationseffizienz ist also nicht gemeint*
– *die Art der und die Zeit für Informationsbeschaffung,*
– *die Art der und die Zeit für Informationsauswertung,*
sondern lediglich: daß keine Zeit vergeht von der Änderung der Erwartungen über Rendite und Risiko bis zu ihrer Berücksichtigung im Börsenkurs. Niemand vermag durch rascheres Erteilen von Börsenaufträgen Mehrgewinne (niedrigere Verluste) zu erzielen aufgrund der geänderten Daten, die von allen Marktteilnehmern gleich beurteilt werden und zu identischen Änderungen ihrer Erwartungen (Wahrscheinlichkeitsverteilungen) führen.

Wie kann empirisch geprüft werden, ob sich Änderungen der erwarteten Rendite und ihrer Streuung unverzüglich in den Börsenkursen niederschlagen?

Dazu müßte man die an jedem Börsentag bestehenden Wahrscheinlichkeitsverteilungen über die Renditen der einzelnen Wertpapiere beobachten. Indes lassen sich zwar bei jedem Wertpapier Renditen und deren Häufigkeitsverteilungen mit ihrer Streuung für mehr oder weniger lange Vergangenheitszeiträume errechnen, aber keine Wahrscheinlichkeitsverteilungen.

Um dennoch aus solchen Vergangenheitsdaten eine Wahrscheinlichkeitsverteilung zu konstruieren, sind drei Voraussetzungen notwendig:

(1) *Der Glaube an ein „Naturgesetz", daß beobachtete Streuungen tatsächlicher Börsenrenditen in der Vergangenheit für Entscheidungen verwendbare Streuungen künftiger Renditen erzeugen,* ebenso wie Naturgesetze für das jährliche Kreisen der Erde um die Sonne sorgen. Hinter allen statistischen Tests von Kapitalmarktmodellen (und hinter zahllosen anderen statistischen Tests) steckt der Glaube, ohne Kenntnis von Gesetzmäßigkeiten aus der Vergangenheit auf die Zukunft schließen zu dürfen. Dieser Glaube ist ein Aberglaube; denn hier wird unterstellt, aus Nichtwissen ließe sich (zufallsabhängiges) Wissen erzeugen.

Eine Abhängigkeit vom „Zufall" ist aber nur dann gegeben, wenn erwiesenermaßen keine Ursachen für eine Erscheinung in der Wirklichkeit vorhanden sind. Deshalb darf von „Zufall" nicht gesprochen werden, wenn verschiedene Ursachen aufgezählt, aber nicht in ihrem Zusammenwirken durchschaut werden: Nur das Werfen einer „fairen" (also von allen Ursachen, die „Zahl" oder „Wappen" begünstigen könnten, befreiten) Münze sichert einen Zufallspfad der Wurfergebnisse! Die Börsenkurse werden aber sicher durch Konjunkturen, politische Krisen, die Notenbankpolitik, Streiks usw. beeinflußt und sind damit ganz gewiß nicht zufallsabhängig.

Vielleicht ist der Aberglaube, aus Marktpreisen der Vergangenheit könne eine Wahrscheinlichkeitsverteilung künftiger Marktpreise abgeleitet werden, der bestmögliche Aberglaube, zu dem planende Menschen fähig sind. Das ändert aber nichts daran, daß es sich hier lediglich um ein aus Nichtwissen erzeugtes „probeweise-so-tun-als-ob" handelt. Deshalb ist bei der Anwendung bzw. Auslegung von Rechenergebnissen aufgrund eines solchen „probeweise-so-tun-alsob" äußerste Zurückhaltung angebracht. Genau das wird von „empirisch Forschenden", die mit ihrem Handwerk klappern wollen, zu häufig nicht beachtet.

(2) *Die einzelnen beobachteten Börsenrenditen in der Vergangenheit müssen voneinander unabhängig zustande gekommen sein (stochastische Unabhängigkeit).* Die gesuchte Wahrscheinlichkeitsverteilung für ein Wertpapier bezieht sich auf ein einperiodiges Modell (zwei Zahlungszeitpunkte). Das Beobachtungsmaterial über Börsenrenditen der Vergangenheit erstreckt sich über Kalenderjahre: Für jeden einzelnen, kleineren oder größeren Zeitabschnitt gibt es nur eine einzige beobachtete Börsenrendite.

Damit das zukunftsbezogene einperiodige Modell durch Vergangenheitsdaten aus vielen Perioden getestet werden kann, muß vorausgesetzt werden, daß die Rendite einer Aktie im Jahre 2 nicht durch die Rendite im Jahre 1 beeinflußt ist und umgekehrt.

Die Voraussetzung stochastischer Unabhängigkeit hat weitreichende Folgen. So unterstellt sie z.B. die Bedeutungslosigkeit einer Politik der stillen Reserven (von Bilanzierungswahlrechten allgemein) für die Börsenrendite. Denn die Rendite des Jahres 2 ist nur dann unabhängig von der im Jahre 1, wenn das Verstecken von Gewinnen ohne Bedeutung ist für den Gewinnausweis (bzw. die Dividendenhöhe) im Jahre 2 oder einem späteren Jahr, obwohl aus buchhalterisch zwingenden Gründen Unterbewertungen heute zu höherem Gewinnausweis morgen führen müssen.

(3) *Die behauptete Wahrscheinlichkeitsverteilung darf sich im Zeitablauf nicht ändern (Stationarität der Wahrscheinlichkeitsverteilung).* Eine mit Hilfe der Annahme stochastischer Unabhängigkeit zustandegekommene Häufigkeitsverteilung von Renditen in der Vergangenheit darf noch nicht als Wahrscheinlichkeitsverteilung für den Beobachtungszeitraum verstanden werden. Denn die Rendite eines Wertpapiers von 5% im Jahre 1 könnte die Zufallsausprägung einer ersten vor der im Jahre 2 geltenden Wahrscheinlichkeitsverteilung sein; die Rendite desselben Wertpapiers von 7% im Jahre 2 hingegen eine Zufallsausprägung einer neuen, für die Jahre ab 2 geltenden Wahrscheinlichkeitsverteilung. Damit eine Häufigkeitsverteilung der Vergangenheit als eine Wahrscheinlichkeitsverteilung für den Beobachtungszeitraum gedeutet werden darf, muß vielmehr zusätzlich

angenommen werden, daß für den gesamten betrachteten Vergangenheitszeitraum ein und dieselbe Wahrscheinlichkeitsverteilung gilt.

Unter den Voraussetzungen (2) stochastischer Unabhängigkeit und (3) Stationarität kann eine große Stichprobe aus Vergangenheitsdaten als Realisierung von Zufallsausprägungen ein und derselben Wahrscheinlichkeitsverteilung gedeutet werden[90]. Aber ob überhaupt eine Wahrscheinlichkeitsverteilung existiert, ist gerade nicht erwiesen. Erst die Glaubensannahme (1) erlaubt es, eine Häufigkeitsverteilung aus der Vergangenheit als gute Annäherung an eine Wahrscheinlichkeitsverteilung anzusehen. Die Glaubensannahme (1) enthält eine Behauptung über ein vermeintliches „Naturgesetz": daß die für einen Vergangenheitszeitraum behauptete Wahrscheinlichkeitsverteilung eine „objektive", auch für die Zukunft geltende sei.

Zahlreiche angelsächsische empirische Tests bemühten sich mit Hilfe aufwendiger statistischer Techniken um den Nachweis, daß Querschnittsuntersuchungen der Aktienkurse (insbesondere für die New Yorker Börse) das CAPM bestätigen oder widerlegen. Allerdings wurden dabei die Schwierigkeiten unterschätzt, die Modellbegriffe in Begriffe für beobachtbare Sachverhalte zu übersetzen, so daß Fama schließlich zu der Folgerung kam, „that the literature has not yet produced a meaningful test"[91]. Dieses Urteil über rund zehnjährige Testbemühungen einiger hundert Wissenschaftler wurde in verheerender Weise verstärkt, als Roll[92] nachwies:

(a) Die Modellaussage der Wertpapierlinie ist überhaupt nicht selbständig testbar; denn die Linearität besteht in bezug auf das risikoeffiziente Marktportefeuille. Beobachtbar ist aber nur das tatsächliche Marktportefeuille, und dem empirischen Test kann immer nur ein Teil des Marktportefeuilles zugrunde liegen; demgegenüber müßte das risikoeffiziente Marktportefeuille alle risikobehafteten Investitionen (auch Ausgaben für persönliche Ausbildung, Grundstücke, Forschung und Entwicklung) mit enthalten.

(b) Wenn das bei einem Test gewählte Teilportefeuille des Marktes risikoeffizient ist, dann liegen schon aus logischen Gründen alle Wertpapiere auf der Wertpapierlinie. Falls der beobachtete Teil des Marktportefeuilles risikoeffizient ist, erlaubt das Kapitalmarktmodell keine Überprüfung (keine Falsifizierung) der Informationseffizienz: Kurse (Renditen) einzelner Wertpapiere, die nicht auf der Wertpapierlinie ruhen, sind dann aus logischen Gründen ausgeschlossen.

(c) Wenn das bei einem Test gewählte Teilportefeuille des Marktes nicht risikoeffizient ist, dann können zwar die Renditen einzelner Wertpapiere auf die Wertpapierlinie fallen (die Informationseffizienz realer Kapitalmärkte scheinbar bestätigen) oder auch davon entfernt sein (die Informationseffizienz realer Kapitalmärkte scheinbar widerlegen), aber ob die erwarteten Renditen einzelner Wertpapiere von der Wertpapierlinie entfernt liegen oder nicht, hängt von dem ineffizienten Teilportefeuille ab, auf welchem der stati-

---

90 Vgl. *Günter Franke:* Kapitalmarkt – Theorie und Empirie. Gesamtkurs der Fernuniversität Hagen 1980, S. 141.
91 *Fama:* Foundations, S. 370.
92 Vgl. *Roll,* insb. S. 129-131, 114 f.; vgl. auch *Stephen A. Ross:* The Current Status of the Capital Asset Pricing Model (CAPM). In: The Journal of Finance, Vol. 33 (1978), S. 885-901, hier S. 892 f.

stische Test aufbaut. Ein anderes Teilportefeuille kann ganz andere Ergebnisse zeigen. Wenn dem allgemeinen Börsenindex als Maß für den Erwartungswert der Rendite des Marktportefeuilles einmal 200 ausgewählte Aktien, das andere Mal 250 Aktien zugrunde gelegt werden, kann selbst dann, wenn der Börsenindex sich dadurch nicht ändert, das eine Mal Informationseffizienz bewiesen werden, das andere Mal das Gegenteil davon.

Roll[93] folgert, daß nicht die Modellaussage der Wertpapierlinie als testbare Hypothese gelten könne. Die einzig selbständig testbare Hypothese des Kapitalmarktmodells bestehe darin, ob das Marktportefeuille selbst risikoeffizient im Sinne der (μ,σ)-Entscheidungsregel sei oder nicht.

Jetzt erkennen wir die Fragwürdigkeit der Marktaufspaltung als angebliche Annäherung an die Wirklichkeit. Jede isolierte Betrachtung eines Teilmarktes wirkt wie eine Stichprobe aus dem Gesamtmarkt, und zwar auch dann noch, wenn sämtliche risikobehafteten Titel dieses Teilmarktes in den empirischen Test eingehen. *Marktaufspaltung allein ist noch keine Annäherung an die Wirklichkeit, sondern lediglich ein Trick, um die Schwierigkeiten der Analyse genereller Abhängigkeiten zu vermeiden – um den Preis der Unfruchtbarkeit des Modellansatzes: des Ruins der selbständigen Testbarkeit einzelner Hypothesen.*

Damit bleibt nur eins: *Kapitalmarktmodell und Informationseffizienz sind als verbundene Hypothesen zu betrachten.* Falls wir eine empirisch gestützte Aussage über die Informationseffizienz realer Kapitalmärkte mit Hilfe des Modells der Wertpapierlinie erhalten wollen, müssen wir die Richtigkeit des Kapitalmarktmodells als methodologische Vorentscheidung annehmen, auf deutsch: das CAPM als ein in diesem Zusammenhang nicht bestreitbares Glaubensdogma ansehen.

bb) Der empirische Gehalt der drei Formen von Informationseffizienz

Die These von der unverzüglichen Anpassung der Börsenkurse an Datenänderungen (Informationseffizienz) wird in drei Spielarten vorgetragen[94].

(1) Strenge Informationseffizienz: Auf Kapitalmärkten gebe es keinen Informationsvorteil für irgendeinen Marktteilnehmer. Der Vorstandsvorsitzende einer Erdölgesellschaft,

---

93 Vgl. *Roll*, S. 130.
Die hier angedeutete Testproblematik hofften Ross, Roll mit Hilfe einer Faktor-Arbitrage-Preistheorie zu überwinden. Darin tritt an die Stelle der erklärenden Preisbildungslogik des CAPM eine statistische Abweichungsanalyse durch verschiedene, zunächst inhaltlich nicht definierte Faktoren. Vgl. *Stephen A. Ross:* The Arbitrage Theory of Capital Assets Pricing. In: The Journal of Economic Theory, Vol. 13 (1976), S. 341-360; *Richard Roll, Stephen A. Ross:* An Empirical Investigation of the Arbitrage Pricing Theory. In: The Journal of Finance, Vol. 35 (1980), S. 1073-1103.
Inzwischen hat sich herausgestellt, daß auch die Arbitrage-Pricing-Theorie nicht testbar ist, vgl. *G. Franke:* On Tests of the Arbitrage Pricing Theory. In: OR Spektrum, Jg. 6 (1984), S. 109-117; *Jay Shanken:* Multi-Beta CAPM or Equilibrium – APT?: A Reply. In: The Journal of Finance, Vol. 40 (1985), S. 1189-1196. Vgl. zu einer ausführlichen Darstellung *Haugen*, S. 207-225.
94 Vgl. *Eugene F. Fama:* Efficient Capital Markets: A Review of Theory and Empirical Work. In: The Journal of Finance, Vol. 25 (1970), S. 383, 417, hier S. 383; *ders.:* Foundations, S. 136.

der als erster von einer fündigen Erdölbohrung eines seiner Bohrtrupps erfährt, kann nicht mehr an diesem Wissen verdienen als der taube Opa, der erst ein Vierteljahr später im Einwickelpapier eines Krämers hierüber liest. Denn die Kurse passen sich augenblicklich an die neuen Tatbestände an.

Die Bedingung, daß weder Informationsbeschaffung noch Informationsauswertung Einfluß auf die vernünftigerweise zu erwartenden Renditen und ihre Streuung nehmen, wird in den empirischen Kapitalmarkttests als „strenge Random-Walk-Hypothese" bezeichnet. Ein Random Walk ist eine Zeitreihe von Beobachtungen, bei der nach einem Ausgangswert die Folgewerte allein durch den Zufall bestimmt werden. Die Verteilung von Zahl und Wappen beim wiederholten Werfen einer fairen Münze folgt einem solchen Zufallspfad.

Übertragen auf die Aktienkurse verlangt ein strenger Zufallspfad, daß die gesamte Wahrscheinlichkeitsverteilung für eine Kursänderung in t_1 gegenüber t_0 unabhängig davon ist, was vor t_1 passiert (an Informationen eingeht). Zusätzlich muß der Erwartungswert dieser Wahrscheinlichkeitsverteilung für die Kursänderung null sein.

Strenge Informationseffizienz darf nicht mit einem strengen Zufallspfad der Kursänderungen verwechselt werden: Aufgrund des Ölfundes schnellt der Kurs der Aktien in die Höhe. Dieser Kurssprung ist durch die Datenänderung verursacht und nicht zufallsabhängig. Lediglich das Wissen um die Datenänderung läßt sich bei strenger Informationseffizienz von niemandem an der Börse gewinnbringend ausnützen. Als empirische Hypothese ist die strenge Informationseffizienz sicher falsch.

(2) Schwache Informationseffizienz: Es lohnt nicht, sich über die zeitlichen Bewegungen von Kursen (und Dividendenzahlungen) in der Vergangenheit zu unterrichten. Die Kursänderung von heute auf morgen ist unabhängig von den Kursänderungen in der Vergangenheit. Die praktische Folge aus schwacher Informationseffizienz lautet: Die systematische Aufzeichnung von Kursbewegungen aus der Vergangenheit und ihre Auswertung in Aktientrends erlaubt keine überdurchschnittlichen Gewinne auf dem Aktienmarkt. Technische Aktienanalysen (chart analysis) sind nutzlos, für solche Börsendienste Geld zu bezahlen, Unfug.

Natürlich hat eine solche Folgerung den Widerspruch derjenigen bewirkt, die ihren Lebensunterhalt bei solchen Börsendiensten finden. Nur dann, wenn Kapitalmärkte nicht in schwachem Sinne informationseffizient sind, lassen sich durch Aktienkursanalysen „systematisch unterbewertete" Mauerblümchen oder „systematisch überbewertete" Modegecken unter den Aktien finden, durch deren Käufe oder Verkäufe überdurchschnittliche Gewinne zu erzielen wären.

Die bisher vorgelegten statistischen Tests scheinen eine schwache Informationseffizienz zu bestätigen, gegen die technischen Analysen zu sprechen[95].

Bei der Würdigung dieser Tests ist zu beachten, daß für die Prüfung schwacher Informationseffizienz das Kapitalmarktmodell regelmäßig nicht benutzt wurde und auch gar nicht benötigt wird. Die Frage, ob schwache Informationseffizienz besteht oder nicht, hat nichts mit dem Erklärungsmodell für ein Kapitalmarktgleichgewicht zu tun. Das ist leicht einzusehen: Das Testergebnis (es gebe keine statistische Begründung für die Annahme, daß eine Prognose von Kursänderungen aufgrund der Vergangenheitsentwicklung möglich sei) besteht schließlich nur in einem Aufzeigen einer Nicht-Abhängigkeit. „Erklärt" wird dabei gar nichts.

Wer hingegen für technische Börsenanalysen spricht, müßte zumindest ansatzweise ein Erklärungsmodell liefern können, warum das Studium von Vergangenheitskursen eine Prognose von Kursänderungen begünstigt. Deshalb spricht nicht die bisherige empirische Bestätigung, sondern ein viel stärkeres erkenntnistheoretisches Argument gegen technische Analysen (für die schwache Informationseffizienz): Wer einen Kausalzusammenhang behauptet, muß eine logisch zwingende Folgerung aussprechen, die zudem eine testbare Hypothese erlaubt, sonst ist der behauptete Kausalzusammenhang nur ein pseudo-religiöses Dogma, keine Aussage, die den Anspruch auf wissenschaftliche Erkenntnis erheben kann.

Gegen die Abhängigkeit der Kursänderungen von Vergangenheitskursen gibt es hingegen Argumente. Ein sehr einfaches lautet: Wertpapiere sind keine verderblichen Waren (nicht unmittelbar konsumierbar), so daß keine naturgegebene Abhängigkeit der Preise morgen von den Preisen heute zu erwarten ist. Das Argument ist nicht ganz so dumm, wie es auf den ersten Blick erscheint. Daraus folgt z.B.: In den Fällen, in denen eine Aktie etwas „Konsumierbares" morgen abwirft (z.B. die Dividende), wird nach dem Fruchtabwurf ceteris paribus der Kurs sinken. Natürlich ist dieses Argument für die zeitliche Unabhängigkeit der Kursänderungen ziemlich schwach; aber gibt es denn wenigstens ein gleich starkes Argument für die zeitliche Abhängigkeit?

(3) Halbstrenge Informationseffizienz: Alle öffentlich zugänglichen Informationen spiegeln sich unverzüglich in den Kursen wider. Die Kursänderung von heute auf morgen ist nicht nur unabhängig von den Kursen (Dividenden, Bezugsrechten) gestern und vorgestern, sondern im Kurs von heute ist bereits alles öffentlich zugängliche Wissen über Politik und Wirtschaft im allgemeinen, das zu bewertende Unternehmen im besonderen, voll berücksichtigt. Gilt halbstrenge Informationseffizienz, dann sei (so wird behauptet) die Auswertung von Jahresabschlüssen, Pressemitteilungen und auch die betriebswirtschaftliche Bilanzanalyse und Unternehmensbewertung (die „Fundamentalanalyse" von Aktien) nutzlos.

Allerdings leidet der Begriff der halbstrengen Informationseffizienz unter der Unklarheit, was hier „Information" heißen soll. Bei der schwachen Informationseffizienz ist der Inhalt von „Informationen" eindeutig: Börsentatsachen (Kurse, Dividenden, Bezugsrechte) aus der Vergangenheit. Bei der strengen Informationseffizienz ist der Inhalt von „Informationen" belanglos, weil die Bedeutungslosigkeit jeden Wissens behauptet wird; und damit ist es gleichgültig, was im einzelnen unter Information verstanden wird.

---

95 Vgl. *Eugene F. Fama, Lawrence Fisher, Michael C. Jensen, Richard Roll:* The Adjustment of Stock Prices to New Information. In: The International Economic Review, Vol. 10 (1969), S. 1-21, hier S. 12, 16 f.; *Franke:* Kapitalmarkt, S. 174 f.; *Reinhard H. Schmidt:* Aktienkursprognose. Wiesbaden 1976. Zweifel an der Aussagefähigkeit der bisherigen Tests zur Effizienz äußert *Lawrence H. Summers:* Does the Stock Market Rationally Reflect Fundamental Values? In: The Journal of Finance, Vol. 41 (1986), S. 591-601.

Bei der halbstrengen Informationseffizienz müssen jedoch „öffentlich zugängliche" von „nicht öffentlich zugänglichen" Informationen getrennt werden. Nur für die erste Teilmenge wird eine Bedeutungslosigkeit für die Kursprognose behauptet. Um eine solche Teilmenge bedeutungsloser Informationen abzusondern, müssen die Elemente der Teilmenge „öffentlich zugängliche Informationen" aufgezählt werden. Halbstrenge Informationseffizienz verlangt also eine inhaltliche Festlegung, was zu den „öffentlich zugänglichen Informationen" zählt. Erst wenn das erfolgt ist, kann mit Hilfe eines Kapitalmarktmodells getestet werden, ob für die vor dem Test genau bezeichnete „öffentlich zugängliche Information" die Aussage gilt, daß Wissen hierüber keine bessere Prognose von Kursänderungen erlaubt als das Nicht-zur-Kenntnis-Nehmen.

Solange keine inhaltliche Festlegung erfolgt, was im einzelnen zu den „öffentlich zugänglichen Informationen" zählt, ist die These von der halbstrengen Informationseffizienz nicht mehr als Theoriegefasel. Das kommt schon in der zirkelhaften Definition *Famas* zum Ausdruck, daß „alle relevanten Informationen unverzüglich in den Preisen reflektiert werden"; denn relevant kann eigentlich nur das sein, was die Kurse beeinflußt hat.

Dieser viel zu inexakte Informationsbegriff vernachlässigt, daß bei Anwendungen der Wahrscheinlichkeitsrechnung neue Informationen nur bedeuten: Teile der ursprünglich erwarteten Ergebnisverteilung lassen sich als aufgrund neuen Wissens empirisch belanglos abschneiden. Die Wahrscheinlichkeit für den Restbestand denkbarer Ergebnisse erhöht sich, weil die Summe aller Wahrscheinlichkeiten stets 1 gleichen muß.

Halbstrenge Informationseffizienz heißt deshalb nicht mehr als: Zwischen t_0 und t_1 tritt für alle Marktteilnehmer neues Wissen *ausschließlich* in der Form auf, daß in der (für alle gleichen) Wahrscheinlichkeitsverteilung, die für jede Aktie besteht, ein Teil der Elementarereignisse als empirisch belanglos gestrichen wird. Die Kurse bilden sich dann in t_1 unverzüglich dieser neuen Wahrscheinlichkeitsverteilung entsprechend.

Neue Information heißt im Modell der Wertpapierlinie also nicht: Nachrichten über einen politischen Umsturz, Gewinnprognosen in einem Börseneinführungsprospekt oder ein versteckter Hinweis in einem Geschäftsbericht, daß die Abschreibungsmethoden geändert wurden. Bei diesem alltäglichen Verständnis von Information besteht ja die Hauptaufgabe darin, diese Nachricht erst einmal in zielentsprechendes Wissen umzudeuten, z.B. in eine Wahrscheinlichkeitsverteilung für die Rendite. Ob und wie rasch Nachrichten über politische Krisen, Erdölfunde, Tarifabschlüsse usw. in Kauf- und Verkaufsaufträge an der Börse umgewandelt werden, darüber sagt die These von der (richtig interpretierten) halbstrengen Informationseffizienz nichts, aber auch gar nichts.

Mit halbstrenger Informationseffizienz ist also vereinbar, daß ein Wertpapierkäufer zutreffendere Schlüsse aus einer Veränderung zieht (mehr politisches Fingerspitzengefühl, besseres wirtschaftliches Sachwissen hat, schärfer denken kann), als ein anderer. Da er zu einer Wahrscheinlichkeitsverteilung kommt, welche die denkbare künftige Realität besser abbildet, mag er deshalb überdurchschnittliche Gewinne an der Börse erzielen; denn halbstrenge Informationseffizienz besagt lediglich: Falls eine bestimmte Änderung der Wahrscheinlichkeitsverteilung über die Rendite bei allen Marktteilnehmern in gleicher Weise eintritt, kann der einzelne aufgrund dieses Wissens keine überdurchschnittlichen Gewinne erzielen. Halbstrenge Informationseffizienz besagt nicht: Herr Meier zieht aus einer politischen Nachricht oder einer Änderung der Abschreibungsmethoden im Jahresabschluß dieselben Schlüsse über die künftige Rendite und das Risiko dieser Aktie wie Herr Müller oder Herr Schulze. Die Überlegungen der Herren Meier, Müller, Schulze führen nämlich zu heterogenen Erwartungen: zu unterschiedlichen Wahrscheinlichkeitsverteilungen. Halbstrenge Informationseffizienz muß aber so verstanden werden: Vorausgesetzt, alle Marktteilnehmer bilden aufgrund öffentlich zugänglichen Wissens dieselbe Wahrscheinlichkeitsverteilung, dann passen sich die Kurse unverzüglich an diese Wahrscheinlichkeitsverteilung an.

Für einen empirischen Test halbstrenger Informationseffizienz muß als methodologische Vorentscheidung (als Glaubenssatz) die Gültigkeit a) irgendeines Kapitalmarktmodells und b) irgendeiner Informationsauswertungsbeziehung vorausgesetzt werden.

a) Wird als Kapitalmarktmodell das CAPM gewählt, dann folgt aus einer seiner Modellkernannahmen („gleiche Erwartungen über Rendite und Risiko") schon aus logischen Gründen: Unabhängig davon, ob Herr Meier und Herr Müller eine Änderung der Abschreibungsmethoden im Jahresabschluß zur Kenntnis nehmen oder nicht, planen beide mit der gleichen Wahrscheinlichkeitsverteilung. Bestätigt z.B. ein Test Informationseffizienz des Kapitalmarkts in bezug auf einen Wechsel der Abschreibungsmethode, so ist damit nur die Bedeutungslosigkeit des Wechsels der Abschreibungsmethode gezeigt unter der Voraussetzung, das CAPM ist empirisch gültig. Widerlegt ein Test Informationseffizienz des Kapitalmarkts in bezug auf einen Wechsel der Abschreibungsmethode, so ist nur der Schluß zulässig: Der Methodenwechsel sei nicht bedeutungslos, falls das CAPM empirisch gilt. Der Test einer verbundenen Hypothese erlaubt keinen Rückschluß auf die Gültigkeit einer unverbundenen Hypothese.

b) Die Informationsauswertungsbeziehung unterstellt einen Zusammenhang zwischen einer Nachricht (z.B. einer Änderung der Abschreibungsmethoden im Jahresabschluß) und einer bestimmten Wahrscheinlichkeitsverteilung der künftigen Renditen. Wird als Kapitalmarktmodell das CAPM gewählt, muß dieser Begründungszusammenhang zwischen Nachricht und Änderung der Wahrscheinlichkeitsverteilung künftiger Renditen als dritte verbundene Hypothese zu den verbundenen Hypothesen des CAPM treten (nämlich, daß das beobachtete Marktportefeuille risikoeffizient sei und eine lineare Abhängigkeit zwischen Erwartungswert der Rendite und Risikomaß gemäß der Wertpapierlinie gelte).

Empirische Tests über den Zusammenhang zwischen z.B. Jahresabschlußinformation und Kursprognose erfordern deshalb zwei nicht überprüfbare methodologische (Glaubens-)Vorentscheidungen: Das dem Test zugrunde liegende Kapitalmarktmodell ist empirisch wahr und die dem Test stillschweigend unterstellte Informationsauswertungs-Beziehung zwischen Nachricht und Wahrscheinlichkeitsverteilung der Renditen ist empirisch wahr.

d) Das Problem der Kapitalstruktur in Kapitalmarktgleichgewichtsmodellen

1. Optimum oder Irrelevanz der Kapitalstruktur für den Marktpreis einer Unternehmung?

aa) Verschuldungshebel und Insolvenzrisiko der Eigentümer

Unter Vernachlässigung der Ungewißheit lassen sich die Bedingungen für das Optimum an Fremdfinanzierung unmittelbar aus den Optima für Eigen- und Selbstfinanzierung ablesen: Bei einem Kapitalmarkt im Konkurrenzgleichgewicht ist die Kapitalstruktur für den Unternehmungswert ohne Bedeutung; es gibt kein Optimum. Fallen Soll- und Habenzins auseinander, entscheidet über das Optimum an Fremdfinanzierung das Verhältnis von marginalen Fremdkapitalkosten (Sollzins) zu marginalem Habenzins. Liegt der Habenzins über dem Sollzins, wird nur Fremdkapital aufgenommen, und zwar bis die Grenzrendite des Investitionsprogramms dem Sollzins gleicht. Liegt der Sollzins über dem Habenzins, wird nur selbst- oder eigenfinanziert. Erst ein Steuerrecht, das Kapitalkostenneutralität verletzt, erschwert diesen einfachen Grundsatz.

Solange es sich lohnt, Festbetragsansprüche dem Kapitalmarkt anzubieten (Fremdkapital aufzunehmen) gilt unter modellmäßiger Sicherheit: Mit wachsender Verschuldung steigt der Gewinn der Anteilseigner und damit die Rentabilität des Eigenkapitals. Eine Unternehmung verdiene bei 1 Mio. DM Eigenkapital 100.000 DM jährlich. Die Rendite des Eigenkapitals dieser unverschuldeten Unternehmung ist 10%. Der Unternehmung bieten sich weitere Investitionen mit 10% Rendite, Fremdkapital koste 8%. Investiert die Unternehmung eine zusätzliche Million, erzielt sie 100.000 + 100.000 − 80.000 = 120.000 DM Gewinn. Die Rendite des Eigenkapitals ist auf 12% gestiegen. Investiert die Unternehmung eine dritte Mio. DM, so verdient die dritte Mio. DM: 10% − 8% = 2% zusätzlich. Die Rendite des Eigenkapitals steigt auf 14% usw. Für diesen Zusammenhang läßt sich eine einfache Formel gewinnen[96]. r_E bezeichnet die Rendite des Eigenkapitals, r die Rendite der Investitionen (Konstanz der Grenzrendite vorausgesetzt), i die Fremdkapitalzinsen und E das Eigenkapital, F das Fremdkapital. Dann gilt für den Gewinn G

$$G = r \cdot E + (r - i) F, \qquad (40)$$

und da $r_E = \dfrac{G}{E}$ ist, folgt

$$r_E = r + (r - i) \frac{F}{E}. \qquad (40a)$$

Diese gewinnsteigernde Wirkung der Fremdfinanzierung bei lukrativen Investitionen wird in der angelsächsischen Literatur als „leverage"-Effekt bezeichnet, *als Hebelwirkung wachsender Verschuldung auf die Eigenkapitalrentabilität.*

---

96 Vgl. z.B. *Ezra Solomon:* The Theory of Financial Management. New York – London 1963, S. 73; *Gutenberg*, S. 184-186.

Sinkt die Grenzrendite mit wachsendem Investitionsvolumen, dann schwächt sich die Hebelwirkung nach und nach ab. Das Optimum an Fremdfinanzierung ist erreicht, wenn die Grenzrendite dem marginalen Sollzins gleicht. Der Hebeleffekt wird durch fallende Grenzrenditen oder durch steigende Sollzinssätze für die Unternehmung begrenzt.

Ein weiterer Grund für das Ende des Verschuldungshebels wird im wachsenden Risiko gesehen, das ein hoher Verschuldungsgrad mit sich bringt. Ein Verschuldungs- bzw. Kapitalstrukturrisiko erhöhe den Kalkulationszinsfuß, den die Anteilseigner bzw. eine in ihrem Interesse handelnde Unternehmungsleitung anwenden. Trotz Sollzinsen, die unter konstanten Grenzrenditen liegen, verzichte die Unternehmungsleitung auf zusätzliche Investitionen, weil bei weiter steigendem Verschuldungsgrad den Eigentümern das *Insolvenzrisiko* zu hoch werde. Das Insolvenzrisiko wird aus der Sicht des Managements einer Unternehmung anders beurteilt werden als aus der Sicht der Eigentümer oder der Gläubiger. Hier sei nur das Insolvenzrisiko aus der Sicht von Eigentümern erläutert, die zugleich die Geschäfte führen (Verfügungsmacht ausüben).

Das Insolvenzrisiko setzt sich aus drei Bestandteilen zusammen:

a) Das *leistungswirtschaftliche Risiko* (Geschäftsrisiko). Als leistungswirtschaftliches Risiko zu einem Planungszeitpunkt sei die Gefahr des Vermögensverlustes bezeichnet, wenn in diesem Planungszeitpunkt die Unternehmung ohne Schulden arbeitet. Es wäre falsch zu folgern, ein Insolvenzrisiko verschwindet bei vollständiger Eigenfinanzierung. Bei einem solchen Schluß würde übersehen, daß eine im Planungszeitpunkt unverschuldete Unternehmung dies nicht bis zum Planungshorizont bleibt, wenn in künftigen Zahlungszeitpunkten Ausgabenüberhänge eintreten. Ein neuer Anteilseigner oder ein potentieller Gläubiger kann sich also auch bei einer Investition (Einlage, Kreditgewährung) in eine zuvor unverschuldete Unternehmung einem hohen Insolvenzrisiko aussetzen, wenn er drohende Verluste übersieht, die schlagartig die Eigenkapitalausstattung dieser Unternehmen aufzehren.

b) Das *Kapitalstrukturrisiko*. Kapitalstrukturrisiko heißt das *zusätzliche* Insolvenzrisiko, das bei *gegebenem* leistungswirtschaftlichen Risiko dann entsteht, wenn eine Unternehmung im Planungszeitpunkt verschuldet ist oder in der Investitions- und Finanzplanung das Eingehen weiterer Festbetragsansprüche vorsieht. Die Meßprobleme des Kapitalstrukturrisikos werden bis S. 592 zurückgestellt.

c) Das *Eigenfinanzierungsrisiko*. Eigenfinanzierungsrisiko heißt das *zusätzliche* Insolvenzrisiko, das bei *gegebenem* leistungswirtschaftlichen Risiko und bei *gegebenem* Kapitalstrukturrisiko dadurch entsteht, daß eine Eigenkapitalausstattung ihre Aufgabe einbüßen kann als Verlustpuffer zu wirken. Dies ist der Fall, soweit Eigenkapitalausstattung „risikoärmer" als Verschuldung wird, weil (S. 52 f.)

(1) durch Kündigung von Kommanditeinlagen, durch Tod eines Vollhafters, aber auch durch Privatentnahmen Eigenkapitalausstattung unplanmäßig der Unternehmung entzogen wird;

(2) einzelne Eigentümer sich vertragswidrig verhalten (von betrügerischem Bankrott bis zu zeitweisem Verfälschen der Risikokapitalbildung durch Aufwandsverrechnung);

(3) nicht planbare Ex-post-Verluste auftreten, so daß trotz Einhalten von Bilanzrechtsnormen die Eigentümer aufgrund ausgeschütteter Gewinne weniger verlieren als die Gläubiger.

Aussagen über ein Optimum der Kapitalstruktur beruhen auf der Annahme, mit steigender Verschuldung wachse das Insolvenzrisiko, insbesondere: Es bestehe ein Kapitalstrukturrisiko. An einem einfachen Beispiel mit drei Zukunftslagen I - III sei die Annahme eines steigenden Kapitalstrukturrisikos mit wachsender Verschuldung erläutert. Es besteht eine Wahrscheinlichkeitsverteilung p, der Renditen r, z.B.

	I	II	III
p	0,2	0,6	0,2
r	4%	10%	16%

Diese Wahrscheinlichkeitsverteilung soll auch für Erweiterungsinvestitionen gelten. Die Kreditkosten betragen hingegen mit Sicherheit 8%. Erweitert eine zunächst schuldenfreie Unternehmung ihr Investitionsvolumen von bisher 1 Mio. DM auf 2 Mio. DM, dann wählt sie als Kapitalstruktur ein Verhältnis von Eigenkapital zu Fremdkapital von 1:1. Ihr Verschuldungsgrad beträgt 50%, denn **Verschuldungsgrad** *heißt das Verhältnis von Fremdkapital zum Gesamtkapital.* Für den Verschuldungsgrad von 50% ist nun die Rendite bei den drei möglichen Zukunftslagen zu errechnen. Im schlechtesten Fall beträgt die interne Verzinsung 4%, die Rendite des Eigenkapitals nach der Formel (1), folglich null.

In der folgenden Tabelle sind die Renditen der Unternehmung bei den drei Zukunftslagen zusammengestellt, und zwar für die Investitionsvorhaben 1 Mio. DM (nur Eigenfinanzierung, Verschuldungsgrad 0%); 2 Mio. DM (Verschuldungsgrad 50%); 3 Mio. DM (Verschuldungsgrad 67%); 10 Mio. DM (Verschuldungsgrad 90%), V = Verschuldungsgrad.

V	I	II	III
0%:	+ 4	+ 10	+ 16
50%:	0	+ 12	+ 24
67%:	− 4	+ 14	+ 32
90%:	− 32	+ 28	+ 88

Mit wachsender Verschuldung streuen die Renditen immer stärker. Die Hebelwirkung zeigt sich bei allen drei Zukunftslagen: Bei den günstigen Umweltbedingungen in der gewohnten Weise, daß mit wachsender Verschuldung die Rendite steigt. Bei der ungünstigen Zukunftslage (die interne Verzinsung liegt unter dem Sollzins) drückt der Hebel nach unten. Diesen Tatbestand benutzen wir, um bei einperiodiger Betrachtung das Kapitalstrukturrisiko zu messen: *Das Kapitalstrukturrisiko äußert sich in den Zahlungssalden und Glaubwürdigkeitsziffern jener Zukunftslagen, für die der Verschuldungsgrad nach unten drückt.*

Sobald mindestens eine Zukunftslage besteht, deren Rendite geringer ist als der Sollzinssatz (wie in Zukunftslage I), steigt das Kapitalstrukturrisiko mit wachsendem Verschuldungsgrad. Sein Ausmaß hängt von der Rendite der Investition in ungünstigen Zukunftslagen und von der Höhe des Sollzinssatzes ab.

Nehmen wir an, der effektive Sollzins betrage nur 4% (8% vor Steuern bei einem Steuersatz von 50%, die Renditen seien Renditen nach Steuern), dann errechnet sich folgende Tabelle:

V	I	II	III
0%:	4	10	16
50%:	4	16	28
67%:	4	22	40
90%:	4	64	124

Die Streuung der Renditen nimmt auch hier zu. Aber für die schlechteste Zukunftslage bleibt ein Mindestgewinn unabhängig vom Verschuldungsgrad gesichert. In günstigeren Zukunftslagen steigt die Rendite. Von einem Kapitalstrukturrisiko kann nicht mehr gesprochen werden, im Gegenteil: Nach dem Dominanzprinzip ist hier ein höherer Verschuldungsgrad stets einem geringeren vorzuziehen! Daraus folgt:

a) Ein wachsender Verschuldungsgrad führt nur dann zu einem Kapitalstrukturrisiko, wenn für mindestens eine Zukunftslage die interne Verzinsung geringer ist als der Sollzins (allgemeiner: die Einnahmenüberschüsse geringer sind als die Fremdfinanzierungsausgaben des betreffenden Zahlungszeitpunktes).

b) Wie stark das Kapitalstrukturrisiko mit wachsendem Verschuldungsgrad steigt, hängt von der Wahrscheinlichkeitsverteilung der Renditen und von der Höhe des Zinssatzes ab (bzw. im allgemeinen Fall: von der Wahrscheinlichkeitsverteilung der Sollzinssätze).

Die Höhe der Sollzinsen wirkt bei wachsendem Verschuldungsgrad auf das Unternehmensrisiko in doppelter Weise: Einmal senken die Zinszahlungen die verbleibenden Einnahmenüberschüsse bei jeder Zukunftslage; das kann Risikomaße, wie die Streuung, verändern. Zum anderen können steigende Zinssätze verursachen, daß in einzelnen Zukunftslagen der Verschuldungshebel nach unten umschlägt. Erst dadurch steigt das Kapitalstrukturrisiko[97].

---

97 *Gutenberg*, S. 190-192, weist mit einer ähnlichen Rechnung nach, daß das Risiko mit wachsendem Verschuldungsgrad ständig steige und unabhängig vom Fremdkapitalzinsfuß sei. Er mißt dabei das Risiko in der Streuung der Renditen. Eine Abhängigkeit des Kapitalstrukturrisikos vom Zinssatz zeige sich erst, wenn ein anderes Risikomaß (z.B. das Verhältnis Streuung zu Erwartungswert) gewählt werde. Gutenberg übersieht dabei den Fall, daß der Hebel bei steigenden Zinssätzen in einer wachsenden Zahl von Zukunftslagen umschlagen wird. Darauf beruht das Kapitalstrukturrisiko. Die Streuung der Renditen ist keineswegs immer ein sinnvolles Risikomaß.

bb) Ein Optimum der Kapitalstruktur aus Verschuldungshebel und Kapitalstrukturrisiko

Die herkömmliche Ansicht über den Einfluß des Verschuldungsgrades auf den Gesamtwert einer Unternehmung geht von folgender Überlegung aus[98]. Beginnt eine zunächst eigenfinanzierte Unternehmung mit Verschuldung, so steigt der Marktpreis ihrer Anteilsrechte, also z.B. der Börsenkurs, wegen der Hebelwirkung der Verschuldung. Es sei jedoch nicht damit zu rechnen, daß der Kurswert der Aktien mit wachsendem Verschuldungsgrad ständig steige. Dann wäre tatsächlich ein Verschuldungsgrad von Unendlich (totale Fremdfinanzierung) optimal. Die Aktionäre sähen vielmehr in einer wachsenden Verschuldung zusätzliche Insolvenzrisiken. Sobald der Verschuldungsgrad eine kritische Schwelle überschritten habe, würden die Aktionäre diese Unternehmung gegenüber einer gleichen Unternehmung mit geringerem Verschuldungsgrad als risikoreicher einstufen. Das bedeutet: Sie würden den Bewertungssatz (die gewünschte Alternativrendite) für diese Unternehmung erhöhen, weil durch den hohen Verschuldungsgrad die Unternehmung in eine andere Risikoklasse abgerutscht sei. Die Aktionäre erhöhen also den „Habenzins" um einen Risikozuschlag.

Ein Beispiel: Eine Aktiengesellschaft mit 1 Mio. DM Eigenkapital verdiene bei einem Verschuldungsgrad von 50% 200.000 DM auf 2 Mio. DM eingesetztes Kapital. Abzüglich 6% Sollzinsen auf 1 Mio. DM Fremdkapital = 60.000 DM errechnen sich eine Eigenkapitalrendite von 14%, und bei 8% Kalkulationszinsfuß der Anteilseigner beträgt der Kurswert 1,75 Mio. DM. Übersteigt der Verschuldungsgrad 50%, dann empfänden die Aktionäre ein Kapitalstrukturrisiko. Das höhere Risiko seien sie nur zu tragen bereit, wenn der Kapitalisierungszinsfuß von 8% auf z.B. 9% steige. Weise die Gesellschaft in diesem Jahr 1 Mio. Eigenkapital und 1,5 Mio. Fremdkapital aus (Verschuldungsgrad 60%) und verdiene sie brutto 250.000 DM bei 90.000 DM Fremdkapitalzinsen, so bleiben 160.000 DM Gewinn. Die Rendite des Eigenkapitals beträgt also 16%. Bei einem Kapitalisierungssatz von 8% müßte der Kurswert der Aktien 2 Mio. DM betragen. Da die Aktionäre in dem Verschuldungsgrad von 60% ein zusätzliches finanzielles Risiko sehen, kapitalisieren sie zu 9%, und der Kurswert der Aktien liegt bei 160.000 : 0,09 = rund 1,78 Mio. DM. Der Kurswert hat sich also gegenüber dem Verschuldungsgrad von 50% kaum verändert. Wächst der Verschuldungsgrad auf 70%, so möge die Kapitalisierungsrate auf 12% steigen; der Kurswert sinkt auf 1,6 Mio. DM.

Die gegenläufige Entwicklung von Verschuldungshebel und steigendem Kalkulationszinsfuß der Anteilseigner als Folge einer wachsenden Risikoprämie wegen des Kapitalstrukturrisikos definiert somit einen maximalen Unternehmenswert und damit eine optimale Kapitalstruktur, gemessen in Marktpreisen (nicht anhand der Bilanz).

Allerdings stellt die Literatur bei der Erörterung des optimalen Verschuldungsgrades nicht in erster Linie auf den Kurswert der Unternehmung (Marktwert der Aktien) ab, sondern auf die „durchschnittlichen Kapitalkosten". Die durchschnittlichen Kapitalko-

---

98 Vgl. hierzu vor allem *Solomon:* The Theory, S. 81-98, mit weiteren Quellen hinweisen. Einen Überblick über die Diskussion geben **Andrew H. Chen, E. Han Kim:** Theories of Corporate Debt Policy: A Synthesis. In: The Journal of Finance, Vol. 34 (1979), S. 371-384.

sten entsprechen dem Verhältnis aus Gewinn zuzüglich Zinszahlungen der Unternehmung zu Gesamtwert des Vermögens (Marktwert der Aktien und Marktwert der Schulden). Die durchschnittlichen Kapitalkosten gleichen einer Art von „Gesamtkapitalrentabilität". Üblicherweise berechnet man die Rentabilität des Gesamtkapitals als Gewinn plus Zinsen, bezogen auf den Nominalwert des eingesetzten Kapitals. Bei der Berechnung der „durchschnittlichen Kapitalkosten" steht jedoch der Marktwert des Kapitals (Kurswert der Aktien und der Anleihen) im Nenner.

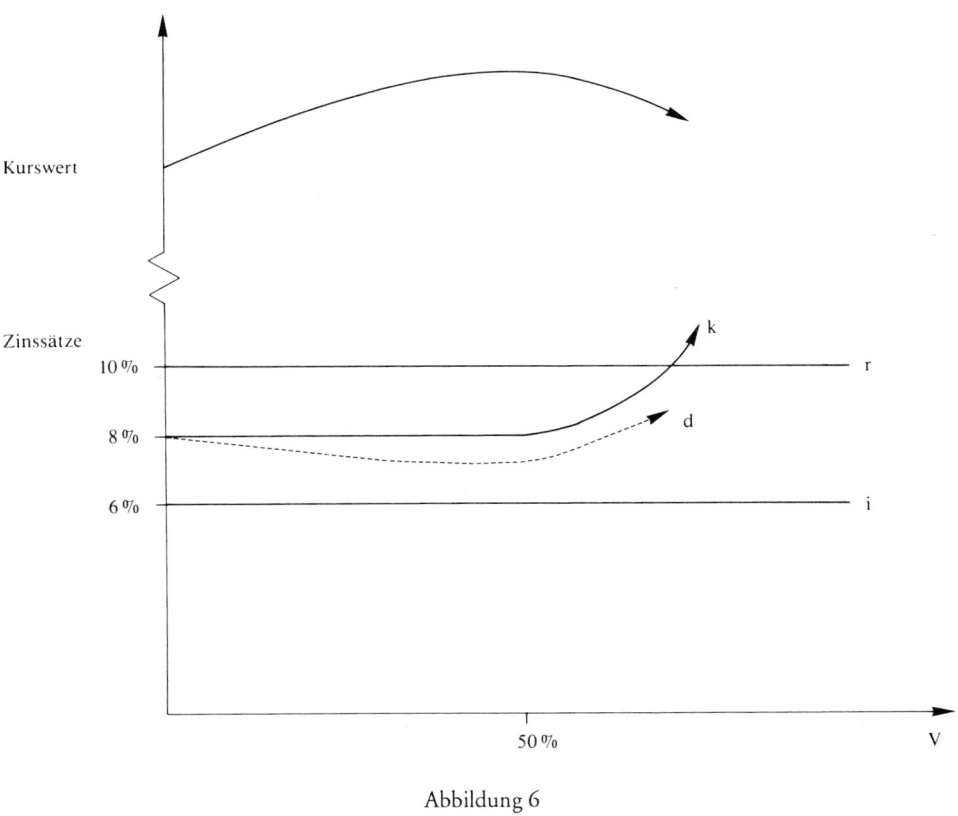

Abbildung 6

Kurswert der Unternehmung und „durchschnittliche Kapitalkosten" entwickeln sich gegenläufig: Steigender Kurswert bedeutet sinkende „durchschnittliche Kapitalkosten". So gesehen, besteht das Ziel der Finanzierungspolitik darin, das Minimum der durchschnittlichen Kapitalkosten zu erreichen. Grafisch läßt sich die herkömmliche Ansicht in Abb. 6 verdeutlichen[99]: r ist die Rendite der Investitionen; d sind die durchschnittlichen Kapi-

---

99 Vgl. *Solomon:* The Theory, S. 96, der allerdings steigende Sollzinsen annimmt.

talkosten; i ist der Sollzins; k ist die Kapitalisierungsrate der Aktionäre, V der Verschuldungsgrad.

cc) Die These von der Irrelevanz der Kapitalstruktur und der Ausschüttungspolitik

Die Gegenthese zur herkömmlichen Ansicht haben Modigliani und Miller aufgestellt[100]. Sie behaupten: Sehe man einen Kapitalmarkt im Konkurrenzgleichgewicht als vereinfachtes Abbild der Welt an, so wie sie ist, dann habe *die Kapitalstruktur keinen Einfluß auf den Kurswert einer Unternehmung*. Wenn die Art der Finanzierung den Gesamtwert einer Unternehmung nicht beeinflußt, muß es ein Denkfehler sein, daß Fremdkapital billiger oder teurer sein könne als Eigenkapital!

Die These von der Irrelevanz der Kapitalstruktur für den Konkurrenzgleichgewichtspreis einer Unternehmung wird begleitet von einer These über die Irrelevanz der Ausschüttungspolitik für den Konkurrenzgleichgewichtspreis einer Unternehmung[101]. Beide Thesen gehören zusammen (obwohl sie meistens in gähnender Breite gesondert bewiesen werden): Sobald die Kapitalstruktur irrelevant für den Konkurrenzgleichgewichtspreis einer Unternehmung ist, ist es auch jeder Teilbetrag der Eigenkapitalausstattung, z.B. die Höhe der Selbstfinanzierung, und damit ihr Gegenstück: die Dividenden bei vorgegebenen Gewinnen.

Bei der Würdigung dieser Irrelevanzthesen sind zwei Fälle streng zu trennen: Ist die Modigliani-Miller-These als Modellergebnis über die logischen Folgen in einem Konkurrenzgleichgewicht aufzufassen oder als Hypothese über die Wirklichkeit bei Vernachlässigung verzerrender Steuerwirkungen?

Bei Ausklammerung der Ungewißheit ist die These von Modigliani-Miller in einem Konkurrenzgleichgewicht trivialerweise richtig: Dort kann nur ein einziger Preis für ein Gut (hier Finanzierungstitel) herrschen. Unter Ungewißheit wird ihre These üblicherweise über eine Ausnutzung *gewinnträchtiger Arbitragemöglichkeiten* durch einzelne Wertpapierkäufer bewiesen.

Zwei „Produktarten" werden auf diesem Kapitalmarkt gehandelt: Risikolose Schuldtitel und risikobehaftete Beteiligungspapiere. Die Annahme risikoloser Schuldtitel darf nicht als extrem wirklichkeitsfremd gebrandmarkt werden; denn alle Konkurrenzgleichgewichtsmodelle sind Modelle einer Plankoordination, in denen die Vertragserfüllung als sicher gilt. Schuldtitel als Vertragsinhalte über Festbetragsansprüche kennen per Definition keine vertraglich unsicheren Zahlungen. Die Unsicherheit der Zahlungen ist vertraglich den Restbetragsansprüchen vorbehalten, die arg vergröbernd als „Aktien" bezeichnet werden.

Alle diese Aktien liegen seien in gleicher Weise mit ungewissen künftigen Einnahmen ausgestattet (sie liegen in einer „Risikoklasse"), so daß gegenseitige Abhängigkeiten zwischen den risikobehafteten Aktien, wie sie die Theorie der Wertpapiermischung zu erfas-

---

100 Vgl. *Franco Modigliani, Merton H. Miller:* The Cost of Capital, Corporation Finance, and the Theory of Investment. In: The American Economic Review, Vol. 48 (1958), S. 261-297.
101 Vgl. *dies.:* Dividend Policy, S. 411-433.

sen und abzubauen sucht, nicht entstehen können. Von Gewinnsteuern, Börsenspesen beim Kauf und Verkauf usw. wird abgesehen. Kein Marktteilnehmer kann von sich aus den Preis beeinflussen. Alle sind gleich gut informiert und handeln streng nach finanziellen Zielen.

Wenn sämtliche Schulden risikolos sind, dann mag zwar 10% Rendite einer zusätzlichen Investition von 1 Mio. DM, die eine Kapitalgesellschaft mit Fremdkapital zu 8% finanziert, ihre bisherige Rendite von 10% aus alleinigem Eigenkapitaleinsatz von 1 Mio. DM auf 10% + (10% - 8%) = 12% Eigenkapitalrendite steigern. Bei einem von 0% auf 50% gestiegenem Verschuldungsgrad erhöht die Hebelwirkung wachsender Verschuldung die Eigenkapitalrentabilität (= leverage Effekt) und müßte damit zu einem höheren Marktpreis (Börsenkurs) führen. Doch sobald der Marktpreis einer verschuldeten Unternehmung von dem einer unverschuldeten abweicht, werden Eigentümer die Aktien der höher bewerteten, verschuldeten Unternehmung verkaufen, um Gewinne zu verwirklichen. Daraus folge eine Tendenz zur Preissenkung für die höher bewerteten Aktien jener Unternehmung, welche die Hebelwirkung wachsender Verschuldung ausgenutzt hat.

Zugleich können diese oder andere Kapitalmarktteilnehmer Aktien der niedriger bewerteten, unverschuldeten Unternehmung kaufen, falls sie sich privat verschulden. Da Schuldtitel in diesem Modell als risikolos gelten, ändert sich der Risikograd bei den Kapitalmarktteilnehmern nicht, wenn private („häusliche") Verschuldung an die Stelle der Schulden tritt, die auf den Anteil eines Aktionärs an einer verschuldeten Unternehmung entfallen. Daraus folge eine Tendenz zur Preiserhöhung für die niedriger bewerteten Aktien jener Unternehmung, die auf das Ausnutzen der Hebelwirkung wachsender Verschuldung verzichtet hat.

Im Ergebnis könnten die einzelnen Nachfrager die Hebelwirkung wachsender Verschuldung auch durch private Verschuldung erreichen, weil jegliche Verschuldung als risikolos vorausgesetzt wurde. Mögliche Mehrgewinne aus der Hebelwirkung wachsender Verschuldung würden also durch einen Arbitrageprozeß weggeschwemmt. Ein entsprechender Arbitrageprozeß komme in Gang, sobald wegen wachsender Verschuldung eine Unternehmung gegenüber einer weniger verschuldeten niedriger bewertet wird. Daraus folgt aber, daß die marktmäßige (nicht die aus dem Jahresabschluß erkennbare bilanzrechtliche) Kapitalstruktur, d.h. das Verhältnis von Marktpreis des Eigenkapitals zum Marktpreis der Schulden einer Unternehmung, *für die Höhe des Marktpreises sämtlicher Schuldtitel und Anteilsrechte an einer Unternehmung (Gesamtwertes) bedeutungslos sei.* Damit ist zugleich das Verhältnis von Marktpreis der Schulden zum Marktpreis der Unternehmung insgesamt, also *der Verschuldungsgrad* für den Marktpreis einer Unternehmung irrelevant.

Was für die Verschuldung zutreffe, gelte entsprechend für die *Wahl zwischen Ausschüttung oder Zurückbehaltung von Periodengewinnen (Selbstfinanzierung).* Auch sie sei für die Höhe des Marktpreises von Kapitalgesellschaften bedeutungslos; denn falls eine mehr ausschüttende (oder selbstfinanzierende) Unternehmung höher (oder niedriger) bewertet werde, komme ein entsprechender Arbitrageprozeß in Gang.

Das Theorem von der Irrelevanz sowohl der Ausschüttungspolitik als auch der Verschuldungspolitik für den Marktpreis der Finanzierungstitel einer Unternehmung wird nicht über einen strengen Konvergenzbeweis im Zeitablauf bewiesen. Ein solcher müßte zeigen: Wenn von einem Marktungleichgewicht ausgegangen wird, also von Preisen, hinter denen eine Nichtkoordination der Pläne von Marktteilnehmern steht, so beginnt durch Arbitragehandlungen eine Tendenz zum Gleichgewicht, die in einem Konkurrenzgleichgewichtszustand endet. Vielmehr bildet für den Beweis der Irrelevanztheoreme der Bezug auf Arbitrageprozesse nur schmückendes Beiwerk. Die Logik der Beweisführung baut auf der vorausgesetzten Existenz eines Konkurrenzgleichgewichts im Kapitalmarkt auf und benutzt damit dessen „Gesetz" von der Unterschiedslosigkeit der Preise eines Gutes im Konkurrenzgleichgewicht.

Das wäre ohne Bedeutung, wenn Modigliani-Miller nur eine Modellaussage beabsichtigten. Indes versuchen sie mit ihrem Modell eine Hypothese über das tatsächliche Geschehen zu geben. Hier beginnt jedoch die Problematik, die im Schrifttum in vier Richtungen erörtert worden ist:

a) Der Irrelevanzthese wird durch Erweiterung der ursprünglich engen Modellannahmen der Anschein eines weiten empirischen Geltungsbereichs gegeben. Warum dieser Schein trügt, wird nach Aufzählung der vier Richtungen erörtert.

b) Die Irrelevanzthese wird bei Aufrechterhalten einzelner Voraussetzungen eines vollkommenen Marktes (insbesondere Gleichverteilung des Wissens unter den Marktteilnehmern und atomistischer Konkurrenz) widerlegt durch Aufheben anderer Voraussetzungen, insbesondere durch den Verweis auf steuerbedingte Kapitalkostenvorteile einerseits und eines Insolvenzrisikos für die Gläubiger andererseits. Darauf wird im folgenden 2. Unterabschnitt eingegangen.

c) Die Irrelevanzthese wird in ihrem methodischen Anspruch, als Hypothese erfahrungswissenschaftlich etwas zu erklären, aufgrund nicht lösbarer Meß- und damit Testprobleme verworfen. Diese erfahrungswissenschaftliche Irrelevanz der Irrelevanzthese erläutert der 3. Unterabschnitt.

d) Die Irrelevanzthese wird als Bezugsmodell, als Nullpunkt für den Beginn einer erklärenden Theorie für Finanzierungsverträge, betrachtet. Durch Aufheben der Voraussetzung gleichverteilten Wissens unter den Anbietern und Nachfragern für Investitons- und Finanzierungsvorhaben wird dabei versucht, den Inhalt von Finanzierungsverträgen zu erklären, deren Existenz allein schon gegen den erfahrungswissenschaftlichen Gehalt der Irrelevanzthese spricht. Dies ist Gegenstand des Kapitels III.

Zu a): Das angelsächsische Schrifttum quoll bis Ende der Siebziger Jahre über in immer allgemeineren „Beweisen", daß die Finanzierungspolitik bedeutungslos sei für den Wohlstand ihrer Geldgeber. Damit wuchs die Gefahr, daß diese logischen Folgerungen aus Sprachregelungen für empirisch gültige Aussagen genommen werden.

Indes beruhen diese Beweise für die „Irrelevanz" der Kapitalstruktur bzw. Dividendenpolitik und damit der Finanzierungspolitik allgemein auf zwei Voraussetzungen, deren empirische Gültigkeit überhaupt nicht getestet worden ist (ja im Rahmen dieses Modellansatzes überhaupt nicht selbständig getestet werden kann):

(1) Die Konsumentscheidung eines jeden Marktteilnehmers ist gänzlich losgelöst von seinen Investitionsentscheidungen in Kapitalmarkttiteln (Aktien, Schuldverschreibungen). Sobald das Konsumproblem durch die Voraussetzung eines konkurrenzgleichgewichtigen Kapitalmarkts, auch für häusliche Verschuldung, ausgeschlossen wird, und die anderen Voraussetzungen erfüllt sind (z.B. Handeln der Unternehmensleitung im Interesse der Anteilseigner, keine verzerrenden Unternehmenssteuern, keine Transaktionskosten), interessiert sich natürlich kein Mensch mehr für Bardividenden. Selbstfinanzierung ist ihm genauso recht, weil aufgrund der Modellvoraussetzungen dem Betrag entgehender Bardividende Kurssteigerungen gegenüberstehen, die kostenlos in Bargeld gleicher Höhe umgewandelt werden können.

(2) Die Investitionsentscheidung einer jeden einzelnen Unternehmung wird ausdrücklich als unabhängig von der Finanzierung vorausgesetzt. Damit kann natürlich die Finanzierungspolitik keinen Einfluß auf die Höhe der künftigen Unternehmenserträge nehmen. Und die These von der „Irrelevanz" der Finanzierungspolitik für den Marktpreis der Unternehmung sagt deshalb nicht mehr als: „Wenn die Unternehmensgewinne nicht durch die Art der Finanzierung gesteigert werden können, dann nimmt die Art der Finanzierung keinen Einfluß auf den Marktpreis der Unternehmung", was mehr als trivial ist, solange rational gehandelt wird.

Welcher Mißbrauch mit ökonomischem Modelldenken hier getrieben wird, belegt besonders deutlich eine oft zitierte Untersuchung von Stiglitz[102], in der die Irrelevanz der Finanzierungspolitik einer Unternehmung bewiesen wird allein aus Definitionen für das Marktgleichgewicht. Annahmen über das Verhalten der Unternehmensleitungen, Aktionäre, Gläubiger werden dadurch vermieden, daß zunächst ein allgemeines Gleichgewicht vorausgesetzt wird und dann Änderungen der Finanzierungspolitik betrachtet werden, die weder die Investitionen noch die Menge der Konsummöglichkeiten der Haushalte (Aktionäre, Gläubiger, Manager usw.) beeinflussen. Rein aus Gleichgewichtsdefinitionen die Bedeutungslosigkeit der Finanzierungspolitik einer Unternehmung auch für den Fall eines Insolvenzrisikos abzuleiten, solange von allen Verhaltensannahmen (also insbesondere einer Empfindlichkeit gegenüber dem Insolvenzrisiko) abgesehen wird, erscheint als recht billige Erkenntnis. *Fama*[103] argumentiert sorgfältiger, indem er herausarbeitet, daß die Konkursgefahr zu einer Enteignung einzelner Anteilseigner führen könne, jedoch hätten wegen der Voraussetzung „homogener" Erwartungen alle Marktteilnehmer den gleichen Wissensstand und würden deshalb in den voll anpassungsfähigen Marktpreisen für die Schuldverschreibungen und Aktien diese Gefahr durch zielentsprechende Risikoabschläge berücksichtigen. Hier wird wenigstens deutlich, daß Gläubigersicherheiten in erster Linie Informationsrisiken einschränken sollen, wenngleich in Famas Modell ihr Einfluß durch zusätzlichen Handel mit solchen Verfügungsrechten wegarbitriert wird.

---

102 Vgl. *Joseph E. Stiglitz:* On the Irrelevance of Corporate Financial Policy. In: The American Economic Review, Vol. 64 (1974), S. 851-866, bes. S. 864 f.

103 Vgl. *Eugene F. Fama:* The Effects of a Firm's Investment and Financing Decisions on the Welfare of its Security Holders. In: The American Economic Review, Vol. 68 (1978), S. 272-284, bes. S. 278-280.

2. Modellergebnisse zu Kapitalstruktur und Besteuerung

aa) Optimale Kapitalstruktur aus Steuerbegünstigung der Verschuldung und Insolvenzrisiko

Der ursprüngliche Beweis für eine Irrelevanz der Kapitalstruktur bei einer Konkurrenzgleichgewichtsbewertung der Unternehmung durch Modigliani/Miller vernachlässigt die Gewinn- und Substanzbesteuerung. Inwieweit die Besteuerung die Irrelevanz der Kapitalstruktur in Konkurrenzgleichgewichtsmodellen vernichtet, war lange Zeit eine der umstrittenen Fragen der Finanzierungstheorie. Dieses Problem hat freilich nur dann einiges Gewicht, wenn man an Konkurrenzgleichgewichtsmodelle als zwar vereinfachte, aber adäquate Erklärungen für die Wirklichkeit des Börsengeschehens glaubt. Die Argumente gegen diese Auffassung werden im 3. Abschnitt vorgetragen. Hier sind die wichtigsten Überlegungen zu skizzieren, die für und wider eine optimale Kapitalstruktur aufgrund der Besteuerung in Konkurrenzgleichgewichtsmodellen vorgetragen wurden.

Die Beweise für die Irrelevanz der Kapitalstruktur für den Konkurrenzgleichgewichtspreis einer Unternehmung unterstellen stets, daß die Investitionsentscheidungen in der Unternehmung von deren Finanzierungsentscheidungen strikt getrennt sind. Über die Investitionen ist gewissermaßen vorab entschieden, gesucht wird nur noch die in den Augen der Anteilseigner optimale Finanzierungsart.

Mit der strikten Trennung von Investitionsentscheidung und Finanzierungsentscheidung ist stillschweigend unterstellt, daß die *steuerliche Gewinnermittlung zu einer entscheidungsneutralen Innenfinanzierung führt*. Das Steuerrecht wahrt also Investitionsneutralität und zwar, weil in diesem Modell Einkünfte aus Kapitalvermögen (Zinsen und Dividenden) steuerpflichtig sind: Investitionsneutralität im Sinne des kapitaltheoretischen Gewinns. *Gewinnvergünstigungen oder Gewinnverböserungen machen wegen ihrer Auswirkungen auf die Innenfinanzierung die Trennbarkeit der Investitionsentscheidungen von den Finanzierungsentscheidungen hinfällig.*

Während also Investitionsneutralität der Besteuerung stillschweigend vorausgesetzt wird, muß Kapitalkostenneutralität verletzt sein, wenn die Besteuerung eine bestimmte Kapitalstruktur begünstigen soll. Die Verletzung der Kapitalkostenneutralität wird dabei nur in unterschiedlichen Steuersätzen gesehen. Die Bemessungsgrundlagen für die Berechnung von steuerlich abzugsfähigem Finanzierungsaufwand und für die Besteuerung von Einkünften aus Kapitalvermögen werden als entscheidungsneutral geregelt unterstellt.

Modigliani/Miller[104] führen folgendes Modellsteuersystem in ihre Kapitalmarktgleichgewichtsüberlegungen ein: Unternehmungsgewinne werden besteuert, Fremdkapitalzinsen sind steuerlich abzugsfähig, eine persönliche Besteuerung der Geldgeber bleibt ausgeklammert. Aufgrund dieser Annahmen ist der Unternehmungssteuerkeil für zurückbehaltene oder ausgeschüttete Gewinne gleich dem Kapitalmarktsteuerkeil. Der Un-

---

[104] Vgl. *Modigliani, Miller:* Corporate Income Taxes; zu einer Analyse des körperschaftsteuerlichen Anrechnungsverfahrens und der Substanzbesteuerung in diesem Modell vgl. die 5. Auflage dieses Buches S. 572-576.

ternehmungssteuerkeil und damit zugleich der Kapitalmarktsteuerkeil für Fremdfinanzierung ist null.

Da Schuldtitel im Modell als risikolos angesehen werden und die Aktien verschiedener Unternehmungen in derselben Risikoklasse angesiedelt sind, wird im Konkurrenzgleichgewicht das steuerlich „billige" Fremdkapital das steuerlich „teure" Eigenkapital verdrängt haben. Die optimale Kapitalstruktur ist durch ein Verschuldungsgrad von 100% gekennzeichnet.

An diesem Modellergebnis ist nicht zu bemängeln, daß es dem Augenschein widerspricht. Dem Augenschein widersprechen Modelleinsichten häufig selbst dann, wenn sie in statistisch sinnvollen Tests nicht widerlegt, sondern vorläufig bestätigt worden sind.

An diesem Modellergebnis ist auszusetzen, daß es in folgenden Widerspruch führt: Wie soll der Marktwert von Aktien einer Unternehmung maximiert werden, wenn der optimale Verschuldungsgrad 100% beträgt? Hierbei werden doch gar keine Anteilsrechte ausgegeben, die eine ergebnisabhängige Vergütung erbringen. Wie soll sich ein Konkurrenzgleichgewichtspreis für Restbetragsansprüche bilden, ohne daß Restbetragsansprüche als Marktgegenstand des Kapitalmarkts existieren?

Die Vorgabe einer rechtlichen Mindesteigenkapitalausstattung macht diesen Einwand nicht hinfällig: Eine ökonomische Theorie sucht nach wirtschaftlichen Bestimmungsgründen für das Erreichen bestimmter Ziele, hier die Maximierung des Marktwerts von Aktien. Die Suche erfolgt zunächst unabhängig von Schranken des geltenden Rechts, weil die Rechtspolitik ein Problem der Wirtschaftsordnung ist, zu deren Gestaltung es Einsichten der Wirtschaftstheorie bedarf. Modellimplikationen, wie die eines Verzichts auf ergebnisabhängige Finanzierung (Eigenkapitalausstattung) führen zu wirtschaftlich unsinnigen Schlußfolgerungen. Sie sind in einer theoretischen Untersuchung nur als Zwischenschritt nützlich, weil sie dazu zwingen, einzelne der Modellannahmen aufzugeben, um ein nicht sinnloses Ergebnis zu erhalten. Im Unterschied zu dem Ergebnis eines optimalen Verschuldungsgrads von 100% ist die Irrelevanzthese nicht sinnlos; denn die Einsicht, daß jeder Verschuldungsgrad den Marktwert der Aktien maximiert, läßt schließlich Eigenfinanzierung zu.

Ein erstes Optimum der Kapitalstruktur kann über die Annahme hergeleitet werden, daß die Transaktionskosten nicht null sind: Für Käufe und Verkäufe, wie sie das Wegarbitragieren von Verschuldungsvorteilen in der Unternehmung durch häusliche Verschuldung erfordern, entstehen Kosten, so daß schon deshalb eine Irrelevanz nicht mehr aufrecht zu erhalten ist[105].

Ein Optimum der Kapitalstruktur über Transaktionskosten zu bestimmen, bleibt jedoch ein schwaches Argument. Transaktionskosten verhindern lediglich, daß in bestehenden Unternehmungen die Steuervorteile aus Verschuldung nicht vollständig genutzt werden können. Transaktionskosten als Begrenzung der Verschuldung versagen in dem Fall, für den Gleichgewichtsmodelle eigentlich gedacht sind: ein Planungsoptimum zu

---

105 Vgl. *William J. Baumol, Burton G. Malkiel:* The Firm's Optimal Debt-Equity Combination and the Cost of Capital. In: The Quarterly Journal of Economics, Vol. 81 (1967), S. 547-578.

definieren für eine Modellwelt, in der noch keine Unternehmung mit einer von außen vorgegebenen Kapitalstruktur existiert. In neu zu errichtenden Unternehmungen wird wegen der Steuerbegünstigung der Verschuldung von vornherein ein Verschuldungsgrad von 100% geplant werden. Und damit tritt der Widerspruch zutage, daß eine Marktwertmaximierung für Anteilsrechte an einer Unternehmung nicht möglich ist, weil für alle erst zu errichtende Unternehmungen keine Anteilsrechte ausgegeben werden.

Ein zweites Optimum läßt sich herleiten durch Preisgabe der Voraussetzung, daß Schuldtitel risikolos sind. Der Verzicht auf die Voraussetzung risikoloser Schuldtitel stellt eine Annäherung an die Wirklichkeit dar. Er sichert die Existenz eines Marktgegenstands „Restbetragsansprüche", weil die Erwerber von Schuldtiteln dann einen Verlustpuffer wünschen.

Wenn in den Augen der Gläubiger ein Insolvenzrisiko besteht, werden sie eine Risikoprämie in Form steigender Zinssätze mit wachsendem Verschuldungsgrad fordern. In den Augen der Anteilseigner wächst wegen der Insolvenzgefahr ebenfalls die verlangte Risikoprämie. Mit wachsender Verschuldung steigende Sollzinssätze und steigende Risikoprämien, wie sie die Anteilseigner fordern, werden für irgendeinen Verschuldungsgrad unter 100% die steuerbedingten Kostenvorteile der Fremdfinanzierung ausgleichen[106].

Die Lehre von der optimalen Kapitalstruktur aus Steuervergünstigung der Verschuldung und steigendem Insolvenzrisiko bei wachsendem Verschuldungsgrad präzisiert freilich nur wenig die vage Hypothese von den erst sinkenden, dann steigenden durchschnittlichen Kapitalkosten (S. 551). Sie erscheint zudem für die Modellannahmen eines konkurrenzgleichgewichtigen Kapitalmarkts nicht zu Ende gedacht, weil sie die folgenden Arbitrageüberlegungen nicht berücksichtigt.

bb) Arbitrageargumente gegen eine optimale Kapitalstruktur aus Steuerbegünstigung für Verschuldung und Insolvenzrisiko

Sobald einerseits Steuerbegünstigungen bei Verschuldung und andererseits Insolvenzrisiken bestehen, die zu erwarteten Konkurskosten führen, bieten sich sowohl hinsichtlich der Steuerbegünstigung durch Verschuldung als auch hinsichtlich des Insolvenzrisikos Arbitragemöglichkeiten. Diese sind auf einem Kapitalmarkt im Konkurrenzgleichgewicht ausgenutzt (weggeschwemmt), so daß das gerade definierte Optimum der Kapitalstruktur wieder hinfällig werden kann.

a) Eine *Arbitragemöglichkeit hinsichtlich der Steuervergünstigung bei Verschuldung* bietet sich an, wenn die Voraussetzung aufgehoben wird, daß die Geldgeber Zinsen ohne per-

---

106 Vgl. *David P. Baron:* Default Risk and the Modigliani-Miller Theorem. A Synthesis. In: The American Economic Review, Vol. 66 (1976), S. 204-212; *James H. Scott,* Jr.: Bankruptcy, Secured Debt, and Optimal Capital Structure. In: The Journal of Finance, Vol. 32 (1977), S. 1-19; *M.J. Brennan and E.S. Schwartz:* Corporate Income Taxes, Valuation, and the Problem of Optimal Capital Structure. In: The Journal of Business, Vol. 51 (1978), S. 103-114; *Roger H. Gordon:* Interest Rates, Inflation, and Corporate Financial Policy. In: Brookings Papers on Economic Activity, 1982, S. 461-488, hier, S. 463-475.

sönliche Steuerzahlung empfangen können[107]. Die anderen Modellvoraussetzungen bleiben unverändert. Insbesondere gilt also Investitionsneutralität für die Gewinnbesteuerung in der Unternehmung.

Selbstfinanzierung werde mit einem Gewinnsteuersatz in der Unternehmung belastet, führe in Höhe der versteuerten Gewinne zu Kurssteigerungen, die über Gratisaktien (Stockdividenden) von den Geldgebern steuerfrei vereinnahmt werden sollen. Damit gleicht der Unternehmungssteuerkeil für zurückbehaltene Gewinne zugleich dem Kapitalmarktsteuerkeil für Gratisaktien, die anstelle von Dividenden den Geldgebern Bargeld im Bedarfsfalle verschaffen können.

Fremdkapitalzinsen sind bei der Gewinnbesteuerung in der Unternehmung abzugsfähig; für sie ist der Unternehmungssteuerkeil null. Beim Geldgeber unterliegen die Zinseinnahmen jedoch der persönlichen Einkommensteuer. Für Fremdkapitalzinsen entspricht der Kapitalmarktsteuerkeil dem persönlichen Grenzsteuersatz des einzelnen Aktionärs. Dabei wird eine progressive Einkommensteuer unterstellt, deren Spitzensatz über den Gewinnsteuersatz der Unternehmung hinausreicht.

In diesem Modellsteuersystem steht also ein konstanter Kapitalmarktsteuerkeil für Eigenkapitalausstattung (Selbstfinanzierung mit Gratisaktienausgabe) einem progressiven Kapitalmarktsteuerkeil für Verschuldung gegenüber.

Ein solches Modellsteuersystem paßt für das körperschaftsteuerliche Anrechnungsverfahren in der Bundesrepublik Deutschland nicht, weil für inländische Anteilseigner Selbstfinanzierungsbeträge zugleich geparkte Ausschüttungen darstellen (S. 281). Aber für die Körperschaftsteuer in den USA kann das Modellsteuersystem als erste Annäherung angesehen werden.

Für die Ableitung eines Optimums der Kapitalstruktur wird angenommen, daß sämtliche Unternehmungen derselben Risikoklasse angehören und damit dem gleichen Insolvenzrisiko unterliegen. Damit wird für die Gesamtheit der Unternehmungen eine optimale Kapitalstruktur zustandekommen; denn die Steuervergünstigung durch Verschuldung wird durch das steigende Insolvenzrisiko vor Verdrängen jeglicher Eigenkapitalausstattung ausgeglichen.

Nach diesem Zugeständnis an die herkömmliche Lehre von der Abhängigkeit des Konkurrenzgleichgewichtspreises der Unternehmung vom Verschuldungsgrad, behauptet Miller jedoch eine Irrelevanz der Kapitalstruktur für die einzelne Kapitalgesellschaft. Die Irrelevanz der Kapitalstruktur bei Steuerbegünstigung der Verschuldung und einem Insolvenzrisiko für die einzelne Unternehmung beruht darauf, daß Arbitragen für jede Unternehmung ein bestimmtes **Klientel an Geldgebern** (Aktionären und Gläubigern)

---

107 Vgl. *Merton H. Miller:* Debt and Taxes. In: The Journal of Finance, Vol. 32 (1977), S. 261-275.

zustande brächten, wobei ein Klientel der Unternehmungsleitung genauso lieb sei wie irgendein anderes[108].

Im einfachsten Fall (nur Selbstfinanzierung mit steuerfreien Kursgewinnen oder Fremdfinanzierung) verläuft die Arbitrageüberlegung wie folgt: Zwei Unternehmungen mögen denselben Bruttogewinn vor Zinszahlungen und Steuern verdienen. Eine Unternehmungsleitung verfolge eine Kaum-Verschuldungs-Strategie, das heißt: Sie leitet ihre Gewinne kaum über Zinsen an die Geldgeber weiter, sondern betreibt Selbstfinanzierung und gebe (zur Erleichterung der Handelbarkeit) hierfür Gratisaktien aus. Eine zweite Unternehmungsleitung verfolge eine Hochverschuldungsstrategie. Ihr Bruttogewinn fließt überwiegend als Zinsen an die Geldgeber ab, wodurch Steuerzahlungen in der Unternehmung vermieden werden.

Die Stammaktien der Unternehmung, die eine Kaum-Verschuldungs-Strategie verfolgt, werden von jenen Kapitalmarktteilnehmern nachgefragt, deren persönlicher Grenzsteuersatz über dem Gewinnsteuersatz der Unternehmung liegt. Jene Kapitalmarktteilnehmer, deren persönlicher Grenzsteuersatz unter dem Gewinnsteuersatz der Unternehmung bleibt, werden hingegen Schuldtitel der Unternehmung nachfragen, die eine Hochverschuldungsstrategie betreibt; denn sie ziehen es vor, steuerpflichtige Zinsen zu erhalten, die ihrem niedrigen Grenzsteuersatz unterworfen sind. Bei Gratisaktien, die eine Unternehmung mit dem höheren Gewinnsteuersatz versteuern müßte, würden sie einen steuerlichen Nachteil in Kauf nehmen.

Im Gleichgewicht werden Steuerarbitragegewinne für die Kapitalmarktteilnehmer mit hohen Grenzsteuersätzen und für jene mit niedrigeren Grenzsteuersätzen verschwunden sein. Gleichgültig, ob eine Unternehmungsleitung eine Kaum-Verschuldungs-Strategie oder eine Hoch-Verschuldungs-Strategie verfolgt: Sie findet ein Klientel an Geldgebern, das sich durch die persönlichen Grenzsteuersätze unterscheidet. Da ein Klientel so gut wie ein anderes ist, gibt es im Gleichgewicht keine optimale Kapitalstruktur für die einzelne Unternehmung.

Gegen diese Argumentation schlägt der Einwand nicht durch, bei dieser Steuerarbitrage sei eine Reihe von Einflüssen nicht beachtet, wie sie aus Konkurskosten, einer nicht investitionsneutrale Unternehmensbesteuerung oder aus principal-agent-Überlegungen folgen[109]. Ausschlaggebend sind vielmehr zwei andere Einwände:

---

108 Eine erste Analyse von Steuerklientels unter den Geldgebern bei Unterschieden zwischen der Unternehmungsbesteuerung und der progressiven Einkommensteuer der Geldgeber trugen *Donald E. Farrar, Lee L. Selwyn:* Taxes, corporate financial policy, and return to investors. In: National Tax Journal, Vol. 20 (1967), S. 444-454, vor. Genauer als bei *Miller:* Debt and Taxes, wird das Zustandekommen eines Steuerklientels beschrieben bei *E. Han Kim, Wilbur C. Lewellen and John McConnell:* Financial Leverage Clienteles, Theory and Evidence. In: Journal of Financial Economics, Vol. 7 (1979), S. 83-109. Empirische Belege für einen Klientel-Effekt bringen *Edwin J. Elton, Martin J. Gruber:* Marginal Stockholder Tax Rates and the Clientele Effect. In: The Review of Economics and Statistics, Vol. 52 (1970), S. 68-74.
109 So z. B. *Franco Modigliani:* Debt, Dividend Policy, Taxes, Inflation, and Market Valuation. In: The Journal of Finance, Vol. 37 (1982), S. 255-273, bes. S. 255 f.

(1) Es ist keineswegs gesichert, daß über solche Arbitragen Gleichgewichtspreise zustande kommen. Das ist nur der Fall in einer Modellwelt, in der alle Risiken durch bedingte Ansprüche konkurrenzgleichgewichtig versichert werden können. In einer solchen Modellwelt mit sogenannten Arrow-Debreu-Märkten (S. 573) reduzieren sich die Gleichgewichtsbedingungen unter Ungewißheit praktisch auf die unter Sicherheit. Außerhalb einer solchen Modellwelt mit im Hinblick auf die Versicherbarkeit von Risiken vollständigen Märkten, zeigt sich, daß im allgemeinen Marktwertmaximierung nicht mehr optimal ist[110].

Wird dabei die Existenz eines Gleichgewichts vorausgesetzt, werden die Geldgeber entweder nur Aktionäre oder nur Gläubiger sein. Marktwertmaximierung als Bedingung für ein Gleichgewicht widerspricht insoweit dem Tatbestand, daß Geldgeber sowohl Aktien als auch Schuldtitel halten. Hinzu tritt, daß sowohl die Gewinnbesteuerung in der Unternehmung als auch die persönlichen Einkommensteuersätze die Konkurrenzgleichgewichtspreise für Aktien und Schuldtitel und darüber die Zusammensetzung eines Marktportefeuilles und des optimalen Portefeuilles des einzelnen Investors verändern. Welche Kapitalstruktur eine Unternehmungsleitung auch wählt (eine Kaum-Verschuldungs-Strategie oder eine Hoch-Verschuldungs-Strategie): Wegen der Steuerbelastung, aber auch wegen anderen Beschränkungen (z.B. keine Leerverkäufe, weil negative Anteile praktisch die Haftungsbeschränkung aufheben, S. 491) werden damit nicht alle Geldgeber einverstanden sein. Während für die Irrelevanzthese in einer Welt ohne Steuern Leerverkäufe zugelassen werden müssen, damit alle Geldgeber häusliche Verschuldung durchführen können, werden in einer Welt mit Steuern Beschränkungen wirksam[111].

Bei progressiver Besteuerung sind zudem die Bedingungen für ein allgemeines Gleichgewicht nicht mehr zu erfüllen, in dem die relativen Preise der Marktgegenstände zueinander die Grenzraten der Substitution für alle Marktteilnehmer zugleich widerspiegeln. Ließe man unbeschränkte Leerverkäufe zu, ergeben sich (sofern nicht andere Beschränkungen eingeführt werden) unendlich hohe Gewinne aus Steuerarbitragen[112]. Damit wird die Modellierung in dieser Form sinnlos.

(2) Zu den diffizilen gleichgewichtstheoretischen Einwänden tritt ein weiterer, methodischer: Bei Handeln im Interesse der Anteilseigner kann es keine Unternehmungsleitung geben, die vorab eine Verschuldungsstrategie festlegt und damit die Kapitalstruktur wählt. Hat die Unternehmungsleitung für irgendeine Kapitalstruktur einen vernünftigen Grund, so ist ihr das dann zustandekommende Klientel ihrer Geldgeber nicht mehr genauso lieb wie jedes andere.

Da Kapitalmarktgleichgewichtsmodelle zunächst einmal als Planungsgleichgewichtsmodelle für den einzelnen Geldgeber zu deuten sind, ist die Arbitrageüberlegung über

---

110 Vgl. *Robert A. Taggart*, Jr.: Taxes and Corporate Capital Structure in an Incomplete Market. In: The Journal of Finance, Vol. 35 (1980), S. 645-659.
111 Vgl. *Alan J. Auerbach, Mervyn A. King*: Taxation, Portfolio Choice, and Debt-Equity Ratios: A General Equilibrium Model. In: The Quarterly Journal of Economics, Vol. 98 (1983), S. 587-609.
112 Vgl. *Robert M. Dammen and Richard C. Green*: Tax Arbitrage and the Existence of Equilibrium Prices for Financial Assets. In: The Journal of Finance, Vol 42 (1987), S. 1143-1166.

Steuerklientels ungeeignet für den Nachweis, daß ein Marktgleichgewicht über Arbitragehandlungen aus einem zunächst gegebenen Ungleichgewicht errichtet werden kann: Welche Verschuldungsstrategie und damit welche Kapitalstruktur soll das Management wählen, wenn es in ein Noch-Nicht-Gleichgewicht hineingestellt wird? Und nur für ein solches Ungleichgewicht entsteht überhaupt Handlungsbedarf auf Märkten, ist also ein Management nötig.

Tiefer in die Verästelungen des Für und Wider einer angeblichen Irrelevanz der Kapitalstruktur wegen Steuerklientels einzudringen, lohnt nicht, weil Konkurrenzgleichgewichtsmodelle von vornherein als Erklärungsmodelle ungeeignet erscheinen (S. 567).

b) Eine *Arbitragemöglichkeit durch ein Klientel an Geldgebern bietet sich hinsichtlich des Insolvenzrisikos an*. Das Klientel ist hier kein Steuerklientel, sondern eine neue Zusammensetzung von Anteilseignern und Gläubigern.

Insolvenzrisiken und daraus folgende Konkurskosten heben die Steuerbegünstigung der Verschuldung nur dann auf und definieren eine Optimum der Kapitalstruktur, wenn die Konkurskosten mit wachsender Verschuldung steigen. Ob mit steigendem Verschuldungsgrad das Insolvenzrisiko und damit die Konkurskosten wachsen, läßt sich jedoch durch folgende Arbitrageüberlegung bezweifeln[113]:

Eine nicht verschuldete, also nur eigenfinanzierte Unternehmung wird von ihren Anteilseignern dann liquidiert, sobald der Liquidationserlös über dem Ertragswert bei Fortführung des Unternehmens liegt. Fortführung des Unternehmens oder Liquidation sind aber Investitions- bzw. Desinvestitionsentscheidungen. Auf einem Kapitalmarkt im Konkurrenzgleichgewicht ist jedoch die Investitionsentscheidung von der Finanzierungsentscheidung getrennt. Damit kann im Gleichgewicht der Verschuldungsgrad keinen Einfluß auf die Fortführung oder Liquidation der Unternehmung haben.

Dies hat zur Folge, daß auch in einer hoch verschuldeten Unternehmung alle Geldgeber (Schuldner wie Anteilseigner) durch eine Fortführung des Unternehmens sich besser stellen als durch eine Liquidation (durch einen Konkurs), wenn der Ertragswert bei Fortführung über dem Liquidationserlös liegt, der schließlich noch um die direkten Konkurskosten verringert wird.

Die bisher behandelten Konkurrenzgleichgewichtsmodelle setzen Gleichverteilung des Wissens unter allen Kapitalmarktteilnehmern voraus. Deswegen wird allen Anteilseignern und Gläubigern bekannt sein, ob der Ertragswert bei Fortführung über dem Liquidationswert liegt. Genauer müßte hier formuliert werden: Die Wahrscheinlichkeitsverteilung der Ertragswerte bei Fortführung bewirkt bei einer Reihe von Geldgebern einen höheren Risikonutzen als die Wahrscheinlichkeitsverteilung der Liquidationserlöse.

In einem solchen Fall werden jene Geldgeber, die sich von der Fortführung der Unternehmung einen höheren Risikonutzen versprechen, entweder Einlagen leisten, um die Kapitalstruktur zu verbessern, oder jenen Gläubigern, deren Risikonutzen bei Fortführung unter dem bei Konkurs liegt, ihre Schuldtitel zu einem entsprechend niedrigen Kurs

---

[113] Vgl. *Robert A. Haugen, Lemma W. Senbet:* The Insignificance of Bankruptcy Costs to the Theory of Optimal Capital Structure. In: The Journal of Finance, Vol. 33 (1978), S. 383-393; dazu auch *Peter Swoboda:* Betriebliche Finanzierung. 2. Aufl., Würzburg 1991, S. 232-238.

abkaufen. Dadurch ändert sich das Gesellschafter- und Gläubigerklientel der hoch verschuldeten Unternehmung. Anteilsrechte und Schuldtitel hoch verschuldeter Unternehmungen wandern zu Investoren, in deren Planungen der Risikonutzen des Ertragswerts bei Fortführung über dem eines Liquidationserlöses liegt.

Das Kapitalstrukturrisiko kann durch Arbitragehandlungen (Abkaufen der Festbetragsansprüche, Einlagen an Risikokapital) abgefangen werden. Wegen der Bildung eines Klientels an Anteilseignern und Gläubigern, die in einer Fortführung oder Liquidation vor Eintritt einer Insolvenz ihre Interessen gewahrt sehen, besteht hier deshalb kein Zusammenhang zwischen Kapitalstruktur und Insolvenzrisiko.

Die Aussagen, daß der „Markt" sowohl Steuerbegünstigungen aus Verschuldung als auch Insolvenzrisiken und damit Konkurskostennachteile „wegarbitragiere", sind neben anderem an die Annahme gebunden, daß die Investitions- bzw. Desinvestitionsentscheidungen von Finanzierungsentscheidungen getrennt sind. Die wichtigste Vorbedingung für eine solche Separation ist die Annahme eines gleich verteilten Wissens zwischen Unternehmungsleitung und den verschiedenen Geldgebern. Die Trennbarkeit von Investition und Finanzierung kann aber auch durch Steuervergünstigungen und -verböserungen bei der steuerlichen Gewinnermittlung für Investitionen vernichtet werden. Diesem Einfluß wenden wir uns nun zu.

cc) Verbund von Investition und Finanzierung durch steuerrechtliche Gewinnvergünstigungen und Gewinnverböserungen

Wird die Voraussetzung eines investitionsneutralen Gewinnermittlungsrechts aufgehoben, läßt sich wie folgt argumentieren: Selbst wenn die Irrelevanz der Kapitalstruktur aufgrund eines Steuerklientels eintrete, würde diese Irrelevanz durch Abschreibungsvergünstigungen, Investitionszulagen und andere Investitionsförderungsmaßnahmen vernichtet werden, weil

a) solche Steuerkredite oder Subventionen teils steuerbegünstigte Verschuldung ersetzen und

b) wegen des mit der Verschuldung steigenden Insolvenzrisikos die Gefahr wachse, daß diese Steuerkredite nicht mehr voll ausgenutzt werden können, z.B. weil steuerlicher Aufwand im Konkurs nicht mehr zu geringeren Steuerzahlungen führe[114].

Daraus wird die Hypothese abgeleitet, daß eine Verringerung der Steuerkredite den optimalen Verschuldungsgrad anwachsen lasse. Obwohl der Gedanke zutrifft, daß Verletzungen der Investitionsneutralität der Besteuerung die Irrelevanz der Kapitalstruktur vernichten, bleibt die hier vorgetragene Hypothese fraglich: Steuerbedingte Innenfinanzierung stellt Bestandskapital dar, das reinvestiert wird, bevor die Aufnahme von Zusatzkapital (Außenfinanzierung) erwogen wird. Deshalb ist die steuerbedingte Innenfinanzie-

---
114 Vgl. *Harry DeAngelo, Ronald W. Masulis:* Optimal Capital Structure under Corporate and Personal Taxation. In: Journal of Financial Economics, Vol. 8 (1980), S. 3–29.

rung auch kein Anlaß für eine Änderung des Verhältnisses von Eigen- zu Fremdkapitalausstattung innerhalb der Außenfinanzierung.

Darüber hinaus erscheint die Beschränkung der steuerlichen Aufwandsverrechnung im Falle des Eintritts eines Konkurses etwas an den Haaren herbei gezogen, um ein Optimum der Kapitalstruktur zu begründen: Praktisch stehen dem z.B. Teilwertabschreibungen auf nachhaltig unrentable Beteiligungen entgegen. Zusätzlich leuchtet die Behauptung nicht ein, daß eine Erhöhung der Steuerkredite durch steigende Steuersätze (also eine Minderung der Renditen nach Steuern) den Verschuldungsgrad anwachsen lasse. Eine verringerte Rendite nach Steuern zieht unter sonst gleichen Bedingungen eine Kürzung des Investitionsvolumens nach sich. Dadurch wird innenfinanziertes Risikokapital aus steuerlicher Aufwandsverrechnung verringert. Aber in die Kapitalstruktur geht dieses durch Aufwandsverrechnung gebildete Risikokapital nicht ein, weil die Kapitalstruktur sich auf Außenfinanzierung und zurückbehaltene Gewinne beschränkt. Damit der Verschuldungsgrad wächst, müßte als Folge einer Verringerung des Investitionsumfangs und des innenfinanzierten Risikokapitals die Eigenkapitalausstattung stärker abgebaut werden als die Verschuldung. Dafür fehlt eine Begründung.

Zutreffender dürfte eine andere Sichtweise sein: Gewinnvergünstigungen bei den Steuerbemessungsgrundlagen für Investitionen erzeugen eine Innenfinanzierung, die über ein entscheidungsneutrales Maß hinausgeht, Gewinnverböserungen eine dahinter zurückbleibende Innenfinanzierung. Weil damit Entscheidungsneutralität des Steuerrechts in bezug auf die Innenfinanzierung verletzt ist, besteht keine Trennbarkeit zwischen Investition und Finanzierung mehr. Sobald die Trennbarkeit zwischen Investition und Finanzierung nicht erfüllt ist, kann die Kapitalstruktur nicht mehr irrelevant sein[115].

Unter Ungewißheit ist Entscheidungsneutralität der Besteuerung für den einzelnen Investor zwar gelegentlich erreichbar (S. 669), aber für die Gesamtheit der Investoren mit ihren unterschiedlichen Risikonutzenfunktionen ist dies ausgeschlossen. Deshalb bedarf es für den Nachweis, daß unter Ungewißheit die Irrelevanz der Kapitalstruktur aufgrund von Steuerklientels nicht gelten kann, gar nicht eines Heranziehens von Aufwandsposten, die im Falle eines Konkurses nicht mehr die Steuerzahlungen mindern. Der Tatbestand der Ungewißheit allein reicht aus, um die Irrelevanz der Kapitalstruktur aufgrund von Steuerklientels zu widerlegen.

Wenn die Planung unter Ungewißheit eingeschränkt wird auf eine Entscheidung nach der Erwartungswert/Streuungsregel, damit das CAPM angewandt werden kann, und wenn die Gewinnbesteuerung nicht mehr investitionsneutral ist, verschiebt die Besteue-

---

115 *Gailen L. Hite:* Leverage, Output Effects, and the M-M Theorems. In: Journal of Financial Economics, Vol. 4 (1977), S. 177-202, modifiziert die 100% Verschuldungsgrad-These durch Berücksichtigen eines Einflusses der Verschuldung auf Produktions- und damit Investitionsentscheidungen. *Robert M. Dammen, Lemma W. Senbet:* The Effect of Taxes and Depreciation on Corporate Investment and Financial Leverage. In: The Journal of Finance, Vol. 43 (1988), S. 357-373, hier S. 357, weisen auf die Bedeutung der Trennbarkeitsannahme hin, obwohl sie wie DeAngelo/Masulis von einem Substitutions- und einem Einkommenseffekt zwischen „Steuerkrediten" und Verschuldung ausgehen.

rung die Investitionsrenditen in den einzelnen Zukunftslagen unterschiedlich. Dadurch verändert sich die Streuung der Investitionsrenditen und folglich das systematische Risiko. Sobald das systematische Risiko durch die Besteuerung beeinflußt wird, kann die Kapitalstruktur wegen dieses Steuereffektes nicht mehr irrelevant bleiben[116]. Allerdings kann auch hier wieder eine Steuerarbitragegelegenheit erdacht werden: Wenn durch entsprechende Rechtskonstruktionen die mit einzelnen Investitionen verbundenen steuerlichen Gewinnvergünstigungen als selbständige Verfügungsrechte handelbar gemacht werden, verschwindet dieser die Kapitalstruktur bestimmende Einfluß.

Die vorstehende Darstellung der Irrelevanzthesen und ihrer Kritik läßt sich so zusammenfassen: *Sobald die Besteuerung weder investitionsneutral noch kapitalkostenneutral geregelt ist, kann unter Ungewißheit die Kapitalstruktur und damit zugleich die Ausschüttungspolitik für den Konkurrenzgleichgewichtspreis einer Unternehmung nicht mehr bedeutungslos sein,* selbst wenn alle weiteren Voraussetzungen des Modells eines Kapitalmarkts im Konkurrenzgleichgewicht erfüllt werden.

3. Die Irrelevanz der Irrelevanztheoreme zur Kapitalstruktur und Ausschüttungspolitik

aa) Die Rolle des Kapitalstrukturrisikos in Kapitalmarktgleichgewichtsmodellen

Um empirisch vorgefundene Kapitalstrukturen zu erklären, benutzt die Finanzierungstheorie, soweit sie mit Kapitalmarktgleichgewichtsmodellen arbeitet, zwei angenommene, gegenläufige Kostenabhängigkeiten. Die gegenläufigen Kostenabhängigkeiten sind:

a) Mit wachsendem Verschuldungsgrad sinken die steuerbedingten Kapitalkosten einer Unternehmung. Diese behauptete Kostenabhängigkeit beruht auf der Annahme, daß bei Festbetragsansprüchen niedrigere steuerbedingte Kapitalkosten bestehen als bei Restbetragsansprüchen.

b) Mit wachsendem Verschuldungsgrad steigen Risikoprämien für die Hinnahme eines Insolvenzrisikos in den Kapitalkosten. Diese behauptete Kostenabhängigkeit beruht erstens auf der Annahme, daß das Insolvenzrisiko wächst, wenn unter den Finanzierungsmitteln einer Unternehmung mehr Festbetragsansprüche alternativ weniger Restbetragsansprüchen gegenüberstehen. Zweitens ist vorausgesetzt, daß dieses Insolvenzrisiko in einer Risikoprämie, einem Zuschlag zu den Kapitalkosten, für alle alternativen Verschuldungsgrade quantifiziert werden kann.

Für das Problem, empirisch vorgefundene Kapitalstrukturen zu erklären, erscheint eine Modellvereinfachung auf zwei gegenläufige Kostenabhängigkeiten als unbefriedigende Theorienbildung; denn für Wahlprobleme zwischen Institutionen (z.B. Kapitalgesellschaft gegen Kommanditgesellschaft auf Aktien oder Personengesellschaft) oder zwischen institutionellen Gegebenheiten, die sich in zusätzlichen Verfügungsrechtschöpfungen

---

116 Vgl. *Stephen A. Ross:* Debt and Taxes and Uncertainty. In: The Journal of Finance, Vol. 40 (1985), S. 637-657.

niederschlagen (Stamm- oder Vorzugsaktien oder Wandelschuldverschreibungen, Hypotheken-, Schuldscheindarlehen) sind Kostenunterschiede aus drei Gründen kein hinreichender Erklärungsansatz:

(1) Kostenunterschiede müssen sich in einem Marktgleichgewichtsmodell als Marktpreise mal Mengen quantifizieren lassen. Selbst wenn der Nachweis hierfür gelingt, geben Kostenunterschiede den Ausschlag nur bei gegebenen Erträgen (unveränderten Einnahmen) und unveränderter Unsicherheit.

(2) Eine höhere oder niedrigere Eigenkapitalausstattung kann aus zwei Gründen die Höhe der erwarteten Einnahmenüberschüsse verändern, selbst wenn die Unsicherheit unverändert bleibt. Die Eigenkapitalausstattung ändert die erwarteten Einnahmenüberschüsse dann, wenn

(a) die Behauptung stimmt, daß eine steigende Eigenkapitalausstattung Voraussetzung für risikoreiche Investitionen sei,

(b) Investition und Finanzierung nicht strikt voneinander trennbar sind (entgegen Beweisen für die Irrelevanz der Kapitalstruktur oder Ausschüttungspolitik). Im Planungsgleichgewicht einer Unternehmung fehlt es an der Separation von Investitions- und Finanzierungsentscheidungen schon dann, wenn das Steuerrecht nicht entscheidungsneutral ist. Und das ist praktisch immer der Fall.

(3) Einzelne Kapitalmarktteilnehmer wünschen eine höhere Eigenkapitalausstattung als Verlustpuffer vor allem deshalb, weil sie wissen, daß nicht alle möglichen künftigen Zustände der Welt vorausgeplant und erst recht nicht quantifiziert werden können. Ein zwingender Grund für eine teilweise Finanzierung durch Eigenkapitalausstattung lautet: Zur Verringerung von Einkommensunsicherheiten während des gesamten Planungszeitraums muß für den Fall nicht planbarer Ex-post-Überraschungen Vermögen vorgehalten werden, das durch seine Desinvestition für einen bestimmten Anpassungszeitraum das Eintreten einer Zahlungsunfähigkeit verhindert. Um Zahlungsunfähigkeit zu verhindern, darf die Bereitstellung dieses Vermögens zumindest innerhalb des Anpassungszeitraums keine Festbetragsansprüche auslösen. Das Einschränken der Gefahr einer Zahlungsunfähigkeit für einen Anpassungszeitraum kennzeichnet die betriebswirtschaftliche Funktion eines Verlustpuffers in Form einer Eigenkapitalausstattung (S. 43).

Ein Erklärungsmodell, das über gegenläufige Kostenabhängigkeiten empirisch vorgefundene Kapitalstrukturen situationslogisch erklären will, versagt, weil gerade durch die Annahme, es existierten Kostenabhängigkeiten in Bezug auf die Kapitalstruktur, der Erklärungsanspruch dieser Modellierung hinfällig wird:

Wenn ein Insolvenzrisiko über eine Risikoprämie als Zuschlag zu einem Konkurrenzgleichgewichtspreis für die ein- oder mehrperiodige Geldüberlassung in Modellüberlegungen eingeht, so entsteht die Aufgabe zu sagen, wie eine solche Insolvenzrisikoprämie zustandekommt. Ein Modellschreiner kann zwar die Existenz eines Kapitalkostenzuschlags für die Hinnahme eines Insolvenzrisikos von außen vorgeben. Aber damit flieht er vor der Lösung seines Problems, die Existenz eines Marktgleichgewichts unter Ungewißheit für den Fall zu beweisen, daß ein Insolvenzrisiko besteht; denn es muß gezeigt werden, wie für das Insolvenzrisiko eine Insolvenzrisikoprämie als Zuschlag zu einem risikolosen Konkurrenzgleichgewichtspreis für die ein- oder mehrperiodige Geldüberlassung zustande kommt.

In Kapitalmarktgleichgewichtsmodellen ist die Insolvenzrisikoprämie als Konkurrenzgleichgewichtspreis für Risikoübernahmen bzw. Versicherungen in Form bedingter Ansprüche oder Optionen zu verstehen. Der Kapitalmarkt als Inbegriff sämtlicher Finanzmärkte muß damit nicht nur für jeden einzelnen Finanzmarktgegenstand vollkommen und im Gleichgewicht sein, sondern auch vollständig im Hinblick auf die handelbaren Titel, die eine Versicherbarkeit gegen Risiken jeglicher Art gewährleisten. Sobald der Kapitalmarkt nicht nur vollkommen, sondern auch vollständig ist, lassen sich aber auch über die Sachverhalte, welche die Kapitalstruktur beeinflussen (Steuervorteile, Insolvenzrisiko), gesonderte Verfügungsrechte schaffen und handeln. In dieser Modellwelt werden Gewinnmöglichkeiten im Hinblick auf steuerbedingte Fremdfinanzierungsvorteile und im Hinblick auf die erwarteten Konkurskosten „wegarbitragiert" (S. 558 ff.). Damit wären bei einem Steuerrecht mit Belastungsvorteilen für die Fremdfinanzierung und einem als Konkurskosten quantifizierbaren Insolvenzrisiko diese beiden denkbaren Bestimmungsgründe für die Wahl der Kapitalstruktur der einzelnen Unternehmung irrelevant. Aus dieser Überlegung folgt, daß empirisch beobachtete Kapitalstrukturen durch relative Steuervorteile der Fremdfinanzierung und Insolvenzrisikoprämien situationslogisch gerade nicht erklärt werden.

Kapitalmarktgleichgewichtsmodelle mit dem Ergebnis der Irrelevanz bestimmter Sachverhalte, wie der Kapitalstruktur oder der Dividendenpolitik, können deshalb nicht als Erklärungsmodelle für die Beobachtungstatbestände bestimmter Kapitalstrukturen oder Ausschüttungspolitiken dienen. Sie *nützen bestenfalls als Referenzmodell für eine logische Möglichkeitsanalyse:* Falls diese Bedingungen zusammentreffen, dann existiert keine Abhängigkeit zwischen Marktpreisen von Restbetragsansprüchen und Festbetragsansprüchen an eine Unternehmung und dem Verhältnis der Restbetrags- und Festbetragsansprüchen untereinander.

Warum die Finanzierungstheorie bisher über logische Möglichkeitsanalysen wie die Irrelevanztheoreme oder nicht zu Ende gedachte Behauptungen, wie die Behauptung einer optimalen Kapitalstruktur aus sinkenden steuerbedingten und steigenden insolvenzbedingten Kapitalkostenteilen nicht hinausgekommen ist, kann verschiedene Gründe haben. Ein Grund ist darin zu sehen, daß nicht deutlich getrennt worden ist zwischen

a) einzelwirtschaftlichen Hypothesen, die in die Planungsgleichgewichte des einzelnen Kapitalmarktteilnehmers eingehen müssen, und deren empirischer Gehalt getestet werden muß, und

b) zusätzlichen Annahmen über den Marktprozeß, aus dem sich Marktgleichgewichtspreise bei vorgegebenen Ausgangs-Planungsgleichgewichten der Kapitalmarktteilnehmer bilden.

Zu den Marktprozeßbedingungen gehört die Frage, ob und wann von wem Arbitragegelegenheiten gesehen oder durch handelbare Verfügungsrechte neu geschaffen werden. Dies ist vor allem ein Problem der Organisation der Preisbildung über Makler, Auktionen, Marktzutritts- und Marktaustrittsbedingungen.

Zu den einzelwirtschaftlichen Hypothesen, die Voraussetzung für das Aufstellen einzelwirtschaftlicher Planungsgleichgewichte sind, gehört unter anderem die Antwort auf die Frage, wie sich die Besteuerung auf Rendite und Finanzierung in einer Unternehmung auswirkt und daneben, ob das Insolvenzrisiko mit steigender Eigenkapitalausstattung sinkt, also ob diese „Kapitalstrukturrisikothese" gilt oder nicht gilt.

In Testversuchen für Kapitalmarktgleichgewichtsmodelle wird dabei *die Eigenkapitalquote bzw. der Verschuldungsgrad als Verhältnis der Marktpreise für Beteiligungstitel bzw. Schuldtitel zum Marktwert der Unternehmung* als der Summe der Marktpreise für Beteiligungs- und Schuldtitel gemessen. Für einen empirischen Test der Kapitalstrukturrisikothese ist die Messung der Eigenkapitalquote oder des Verschuldungsgrades in Marktwerten jedoch aus zwei Gründen ungeeignet:

Zum einen lassen sich, jedenfalls für deutsche Unternehmen, nur für weniger als 1% der Unternehmungen Marktwerte des Eigenkapitals beobachten, nämlich nur für die wenigen Aktiengesellschaften. Jedoch sind deren Börsenkurse keine Konkurrenzgleichgewichtspreise. Für praktisch kein Unternehmen lassen sich die Konkurrenzgleichgewichtspreise für sämtliche ihrer Schuldtitel beobachten.

Zum anderen führt ein empirischer Test der Kapitalstrukturrisikothese anhand von beobachteten Marktpreisen für Beteiligungs- und Schuldtitel zum Test einer verbundenen Hypothese. Der Test sagt für die Gültigkeit der Kapitalstrukturrisikothese nur dann etwas aus, wenn das zugrunde gelegte Kapitalmarktgleichgewichtsmodell empirisch gültig ist. Genau das kann unter Unsicherheit mit Ex-post-Überraschungen nicht der Fall sein.

bb) Der mangelnde Erklärungsgehalt von Kapitalmarktgleichgewichtsmodellen

Der ausschlaggebende Mangel solcher Modelle für generelle und partielle Konkurrenzgleichgewichte liegt in der Interpretation, sie als eine zwar vereinfachte, aber im Grundsatz adäquate Erklärung der Welt anzusehen, so wie sie ist[117].

Ein gängiger Einwand lautet, derartige Irrelevanztheoreme beruhen auf den völlig „unrealistischen" Voraussetzungen des Konkurrenzgleichgewichts. Indes besagt der Verweis auf „unrealistische" Modellannahmen nicht mehr, als daß die Mehrzahl der Voraussetzungen keine unmittelbar beobachtbaren Sachverhalte darstellen, sondern selbst auf erklärungsbedürftigen Zusammenhängen beruhen („theoretische" Begriffe verwenden). Ein solcher Verweis belegt *für* die Gültigkeit der Irrelevanzthesen als vereinfachte, aber im Grundsatz adäquate Erklärung beobachtbarer Finanzmärkte überhaupt nichts. Der Verweis auf „unrealistische" Annahmen ist aber auch *gegen* die Irrelevanztheoreme als Aussagen in erklärenden Theorien methodologisch nicht stichhaltig, weil

---

117 Vgl. bes. *Melvin W. Reder:* Chicago Economics: Permanence and Change. In: The Journal of Economic Literature, Vol. 20 (1982), S. 1-38; *Frank Hahn:* Equilibrium and Macroeconomics. Oxford 1984, S. 307.

a) das, was gemeinhin als praktische Erfahrungen Modellergebnissen entgegengehalten wird, selbst theoriebeladene Aussagen mit mehr oder weniger vielen ungenannten Voraussetzungen und meist noch mehr unklar verwandten Begriffen sind, und

b) eine logisch geschlossene Gedankenfolge, welche die Voraussetzungen einer Problemlösung nennt, als Strukturkern das Weiterarbeiten durch Abwandeln der Voraussetzungen, Suchen nach Musterbeispielen, probeweises Setzen von Hypothesen ermöglicht. Ein solches Modell bietet wenigstens einen Ausgangspunkt für eine Theorienbildung, solange wir über keine bessere Erklärung aufgrund weniger einengender Annahmen verfügen.

In einer erklärenden Theorie dient Prämissenkritik nur dazu, die Bedeutung eines Modellergebnisses als angeblicher Problemlösung nicht zu überschätzen[118]. *Nur in einer auf das Erarbeiten von Handlungsempfehlungen gerichteten, „gestaltenden" Theorie ist Prämissenkritik tödlich*, denn Entscheidungsmodelle lösen Wahlprobleme in der Praxis nur, wenn ihre Prämissen den ausschlaggebenden Einflußgrößen entsprechen, die im praktischen Fall zu beachten sind. Die erfahrungswissenschaftliche Irrelevanz der Irrelevanztheoreme wird hier nicht mit angeblich unrealistischen Modellvoraussetzungen begründet, sondern durch Einwände gegen die Methode der Gleichgewichtsanalyse selbst, d.h. gegen die Semantik in diesem Strukturkern.

Wenn man an den Satz aus der Wohlfahrtsökonomie denkt, daß jedes Konkurrenzgleichgewicht allokationseffizient ist, lautet eine Folgerung aus der behaupteten Irrelevanz des Verschuldungsgrades (der Kapitalstruktur) für den „Gesamtwert" (Marktpreis) einer Unternehmung: Es bestehe keine gesamtwirtschaftlich effiziente Eigenkapitalausstattung, solange allokationsverzerrende Rechtsetzungen fehlen. Die Unvollkommenheiten empirischer Finanzmärkte seien durch effizienzverzerrende Rechtsetzungen herbeigeführt, z.B. eine Körperschaftsteuer ohne Integrationsverfahren, eine Gewerbe- und Vermögensteuer oder das derzeitige Insolvenzrecht mit seinen hohen Konkurskosten, das Kreditwesengesetz mit seinen Markteintrittsbeschränkungen. Damit liegt die Antwort nahe, es gebe nach Abbau allokationsverzerrender Rechtsetzungen keine allokationseffiziente Eigenkapitalausstattung.

Doch zu einer solchen Antwort drängt sich auf, Wittgenstein analog zu zitieren: „Das Bestehen der ... [Gleichgewichts-] Methode läßt uns glauben, wir hätten die Mittel, die Probleme, die uns beunruhigen, loszuwerden; obgleich Problem [hier der Eigenkapitalausstattung] und Methode [hier der Gleichgewichtsanalyse] windschief aneinander vorbeilaufen"[119]. Dies aus folgenden Gründen:

(a) Niemals ist ein Marktgleichgewicht, wie es die Modelle verlangen, beobachtbar. Selbst wenn an einem Börsentag alle Wertpapiere „bezahlt" notieren, zeigen die Kurse lediglich an, daß die an diesem Tag an diesem Ort zu diesem Preis angebotene Menge auf

---

118 Darauf verwies bereits *Felix Kaufmann:* Methodenlehre der Sozialwissenschaften. Wien 1936, S. 288. Vgl. auch *Tjalling C. Koopmans:* Three Essays on the State of Economic Science. New York u.a. 1957, S. 147.

119 *Ludwig Wittgenstein:* Philosophische Untersuchungen. In: Schriften I. Frankfurt 1960, Nachdruck 1963, S. 279-544, hier S. 543, XIV.

eine gleich große Nachfrage stieß: Der Markt „Börse" wird geräumt bei einer vorgegebenen Marktzufuhr. Der Begriff des allokationseffizienten Marktgleichgewichts schließt jedoch gerade die Entscheidungen über eine Marktzufuhr ein, wie sie bei Kenntnis des jeweiligen Marktpreises durch sämtliche denkbaren Marktteilnehmer in einer Gemeinschaft von Menschen zustande gekommen wäre, und zwar für „den" Kapitalmarkt als Inbegriff sämtlicher Finanzmärkte. Kein beobachtbarer Marktpreis kann den Anspruch erheben, um deretwillen die Theorie Gleichgewichtspreise herleitet: daß zu diesem Preis keine Wirtschaftseinheit in einer Volkswirtschaft Anlaß hat, seinen Wirtschaftsplan zu ändern! Es ist gerade die Annahme eines einheitlichen (symmetrischen) Wissensstandes, der mit Rivalität unter Marktteilnehmern (Wettbewerb) logisch unvereinbar ist.

(b) Jeder Marktteilnehmer, der sein Planungsgleichgewicht aufstellen will, hat unter Unsicherheit rational zu handeln. Bisher ist aber die Entscheidungstheorie nur in der Lage, für ein sehr enges, vereinfachtes Verständnis von Ungewißheit anzugeben, wie eine rationale Entscheidung aussehen müßte, und heute gilt die dazu überwiegend benutzte Theorie der Risikonutzens als empirisch widerlegt, zumindest aber als fragwürdig (S. 458).

(c) Damit aus Planungsgleichgewichten ein Marktgleichgewicht zustande kommt, muß ein „Auktionator" kostenlos und unparteiisch den einzigen Preis, zu dem ausgetauscht wird, festlegen. Dazu müssen ihm sämtliche Einzelwirtschaftspläne (Planungsgleichgewichte der Wirtschaftssubjekte) bekannt sein. Ausschließlich zum vom Auktionator festgestellten Gleichgewichtspreis = Austauschverhältnis dürfen Markthandlungen durchgeführt werden, weil jeder Tausch zu einem anderen Preis die verbleibende Angebots- und Nachfragemenge verändert und damit den Gleichgewichtspreis beeinflussen kann.

Der Ausschluß von Markthandlungen zu Ungleichgewichtspreisen wird seit Jahrzehnten deshalb als schwerwiegender Einwand gegen Marktgleichgewichtsmodelle angesehen, weil damit Markthandlungen im Wettbewerb wie Arbitragen bzw. Spekulationen logisch unvereinbar sind; also gerade jene Markthandlungen, die zu Gewinnen (über Residualrenten hinaus) und Verlusten führen und damit unerläßlich für eine „Auslese" durch Wettbewerb sind.

(d) Sobald ein Marktgegenstand ein Verfügungsrecht verkörpert, das auch in künftigen Zeitpunkten „bewertet" werden muß (wie insbesondere Aktien oder andere Unternehmensanteile), kann ein jeder Marktteilnehmer sein Optimum an Käufen oder Verkäufen bei alternativen Preisen (sein persönliches Planungsgleichgewicht) heute erst errechnen, wenn er Erwartungen über die Konkurrenzgleichgewichtspreise zu allen Zeitpunkten bildet, an denen für ihn ein Verkauf oder Kauf in Frage kommt. Eine Koordination dieser einzelwirtschaftlichen Planungen durch ein Konkurrenzgleichgewicht heute kann folglich erst dann beginnen, wenn (1) sämtliche Marktteilnehmer ihre persönlichen Planungsgleichgewichte aufgestellt haben, und darin (2) die Wahrscheinlichkeitsverteilungen der künftigen Konkurrenzgleichgewichtspreise für jeden künftigen Handlungszeitpunkt von allen Marktteilnehmern gleich beurteilt werden[120].

Woher sollen aber die einzelnen Marktteilnehmer Wissen über die künftigen Konkurrenzgleichgewichtspreise nehmen, wenn (1) empirisch nie ein Konkurrenzgleichgewicht beobachtet werden kann, und (2) der heutige Konkurrenzgleichgewichtspreis und jeder denkbare künftige (der in eine Wahrscheinlichkeitsverteilung über künftige Konkurrenzgleichgewichtspreise eingeht) ein Wissen voraussetzt, über das heute erst *nach Aufstellen der einzelnen Planungsgleichgewichte der „Koordinator" des Marktes (Auktionator) verfügt*: das Wissen über den heutigen Konkurrenzgleichgewichtspreis, der auf Finanzmärkten zugleich ein intertemporales Gleichgewicht abbilden muß? Die Ausrede bekannter Nationalökonomen, unter Unsicherheit sei ökonomisches Nachdenken ohne Wert[121], löst dieses Problem nicht. Sie ist bestenfalls als Mißverständnis von ökonomischem Denken einzustufen, als sei dieses auf Entscheidungslogik mit rationalen Erwartungen bzw. vom Himmel gefallenen quantitativen Wahrscheinlichkeiten gottgegebenermaßen beschränkt.

(e) Märkte, in denen ein Konkurrenzgleichgewicht wenigstens als Denkmöglichkeit existieren soll, müssen nicht nur vollkommen und atomistisch sein, sondern auch vollständig im Hinblick auf eine Versicherbarkeit von Risiken. Selbst überzeugte Anhänger der allgemeinen Gleichgewichtstheorie betonen inzwischen, daß das Modell vom vollkommenen und vollständigen Markt im Konkurrenzgleichgewicht nicht auf Geldmärkte und Aktienmärkte angewandt werden darf[122]. Wenn aber Währungsgeld nur unter einer verbleibenden Restunsicherheit (bei nicht vollständigen Zukunftsmärkten, die ein Kapitalmarktgleichgewicht ausschließen) zum ökonomischen Problem wird[123], Institutionen auf Finanzmärkten (Notenbank, Kreditinstitute, Versicherungsunternehmen, ja sogar letztlich die zu bewertenden Anteilsrechte einer Unternehmung) jenseits dessen liegen bleiben, was eine Kapitalmarktgleichgewichtstheorie erklären kann: Was bietet sie dann zur Erklärung beobachteten Markthandelns und zur Gestaltung einer Wettbewerbsordnung in Finanzmärkten?

(f) Die im jüngeren Schrifttum so häufig herangezogenen „Arbitragefreiheits-Bedingungen"[124] täuschen darüber hinweg, daß eine Theorie der Arbitragehandlungen und der Errichtung eines arbitrage-freien Zustandes in Marktgleichgewichtsmodellen gerade

---

120 Als Bedingung für „rationale Erwartungen", vgl. im einzelnen *John F. Muth:* Rational Expectations and the Theory of Price Movements. In: Econometrica, Vol. 29 (1961), S. 315-335, hier S. 316 f.; vgl. auch den Überblick bei *James S. Jordan, Roy Radner:* Rational Expectations in Microeconomic Models: An Overview. In: Journal of Economic Theory, Vol. 26 (1982), S. 201-223.

121 Vgl. *Robert E. Lucas:* Studies in Business-Cycle Theory. Oxford 1981, S. 224; ähnlich *Kenneth J. Arrow:* Alternative Approaches to the Theory of Choice in Risk-Taking Situations. In: Econometrica, Vol. 19 (1951), S. 404-437, hier S. 417.

122 Während *Kenneth J. Arrow, F.A. Hahn:* General Competitive Analysis. San Francisco – Edinburgh 1971, S. 141-146, noch einen sogenannten Aktienmarkt in ihre sichere Modellwelt einzuführen suchen, erklärt Hahn, S. 308 f., „the Arrow-Debreu equilibrium ... could not account for money or a stock exchange".

123 So ganz deutlich schon *Ludwig von Mises:* Human Action. London u.a. 1949, S. 250, 415 f.

124 Vgl. neben den in den Abschnitten 1. und 2. genannten Quellen z.B. *Günter Franke, Herbert Hax:* Finanzwirtschaft des Unternehmens und Kapitalmarkt. 2. Aufl., Berlin u.a. 1990, S. 295-297.

nicht geboten wird. Vielmehr unterschlagen Arbitragefreiheits-Bedingungen den Sachverhalt, daß unter Ungewißheit eine Klasse wichtiger Fälle existiert, in denen das Herstellen von Arbitragefreiheit unmöglich ist[125]. Schließlich beweisen Arbitragefreiheitsbedingungen lediglich die logische Möglichkeit (d.h. die mathematische Existenz im Sinne einer Nicht-Widersprüchlichkeit) einer Plankoordination mit der Eigenschaft eines Pareto-Optimums, sofern jegliches Markthandeln zu den Plankoordinations-Austauschverhältnissen erfolgt.

(g) Selbst wenn Marktgleichgewichtsmodelle als vereinfachter, aber im Grundsatz adäquater Erklärungsansatz angesehen werden, beweisen sie eine Irrelevanz der Kapitalstruktur nur für den „Zeitpunkt" *eines bereits erreichten Marktgleichgewichts, nicht aber für einen Zeit beanspruchenden Marktprozeß, in dem sich angeblich eine empirische Tendenz vom Ungleichgewicht zum Gleichgewicht verwirklicht.*

Wenn aber der erfahrungswissenschaftliche Sinn von Marktgleichgewichtsmodellen darin liegt, das Endergebnis von Arbitrage- bzw. Spekulationsprozessen zu beschreiben, über die sich eine empirische Tendenz zum Gleichgewicht verwirkliche, dann reichen mathematische Beweise für die Existenz und die Stabilität eines Gleichgewichts als Strukturkern für diese behauptete empirische Gesetzmäßigkeit nicht aus. An ihre Stelle hätte der Nachweis zu treten, *wie von einem beliebigen Ungleichgewicht von Marktpreisen, Produktions- und Nachfragemengen ausgehend, ein Gleichgewichtszustand unter Unsicherheit errichtet werden kann*[126]. Dieses Problem ist im wesentlichen ungelöst. Meistens wird nur die Behauptung in den Raum gestellt, Arbitragegewinne („abnormal profits") würden durch die Konkurrenz nach und nach weggeschwemmt.

Begründet wird diese Behauptung häufig so: Wären empirische Märkte nicht tendenziell („auf lange Sicht") im Gleichgewicht, ließen sich über Arbitragen dauerhaft Überrenditen (abnormal profits) auf Finanzmärkten verdienen. Das Argument ist hinsichtlich des „auf lange Sicht" Faselei, weil die Gleichgewichtsmodelle aus der Finanzierungstheorie (die Irrelevanztheoreme, das Capital Asset Pricing Model, auch das Optionspreismodell u.ä.) keine Zeitfolge modellieren. Davon abgesehen, wäre das Argument nur in einer Modellwelt unter Sicherheit schlüssig. Finanzmärkte sind wie alle Märkte mit Wettbewerb durch Unsicherheit und Ungleichverteilung des Wissens gekennzeichnet. Deshalb ist es ein Theoriemißbrauch, ein Austauschverhältnis, berechnet zur Koordination vieler einzelwirtschaftlicher Planungen durch einen über diese Planungen vollständig informierten Auktionator, mit einem beobachteten Marktpreis gleichzusetzen. Bei Ungleichverteilung des Wissens unter den Planenden wird zumindest für einzelne Planende das spätere Ist mit Ex-post-Überraschungen verbunden sein.

---

[125] Vgl. *Benoit B. Mandelbrot:* When can price be arbitraged efficiently? A limit to the validity of the random walk and martingale models. In: Review of Economics and Statistics, Vol. 53 (1971), S. 225-236.

[126] Vgl. näher *Ulrich Witt:* Marktprozesse. Königstein 1980; *Dieter Schneider:* Aufstieg und Niedergang eines Forschungsprogramms: allgemeine Gleichgewichtsanalyse. In: Studien zur Entwicklung der ökonomischen Therorie IX, hrsg. von H. Scherf. Berlin 1990, S. 95-125, hier S. 104-111, 119-121.

Unter Ungewißheit sieht sich jede Arbitrageüberlegung dem Einwand gegenüber, daß eine Tendenz zum Gleichgewicht auch Unternehmerverluste wegschwemmen müßte. Unternehmer benötigen während eines Marktprozesses zum Gleichgewicht hin für alle Zukunftslagen, in denen sie nicht wegen Insolvenz als Marktteilnehmer ausscheiden wollen, eine Mindesteigenkapitalausstattung als Insolvenzpuffer. Bei Unternehmungen mit hohem leistungswirtschaftlichen Risiko in Forschung und Entwicklung, Qualitätsmängeln in der Produktion, Streikgefahren usw. kann ein Ausgangs-Marktungleichgewicht mitunter zur Folge haben, daß überhaupt keine Verschuldung möglich wird. Wie dann jemals der Weg zum Gleichgewicht mit Irrelevanz der Kapitalstruktur durchschritten werden soll, ist unbeantwortet.

Davon abgesehen hat sich die Behauptung eines Nach-und-nach-Wegschwemmens von Unternehmergewinnen auf dem Weg zu einem Gleichgewicht unter Ungewißheit folgender Schwierigkeit zu stellen: In erster Vereinfachung läßt sich eine Mindesteigenkapitalausstattung mit dem Halten einer Vorsichtskasse gleichsetzen, um einzelne überraschende Verluste ausgleichen zu können. Bargeld ist nötig, damit Arbitragechancen unverzüglich genutzt und Risiken durch Gegengeschäfte auf Termin- und Optionsmärkten bestmöglich reduziert werden können. Schon Schumpeter hat aus der Arbitragefunktion (dem „indirekten Tausch") die „Unentbehrlichkeit ... eines Geldgutes für den Mechanismus des Marktes" gefolgert[127].

Aber im Endzustand des Gleichgewichts vollkommener und im Hinblick auf eine Versicherung von Risiken vollständiger Märkte für bedingte Ansprüche[128] ist die Existenz dieses Geldes nicht mehr vorstellbar: Zum einen entfällt im Gleichgewicht vollständiger Zukunftsmärkte jegliche Liquiditätsvorliebe als Folge der Motive zur Kassenhaltung. Zum anderen legt auf einem konkurrenzgleichgewichtigen Markt jedermann sein Geld zum jeweiligen Marktzinssatz an, so daß im Gleichgewicht in niemandes Vermögen dieses Geld vorhanden sein kann, die Wirtschaftssubjekte Kreditinstitute und Notenbank eingeschlossen (falls sie auf gleichgewichtigen Märkten existieren sollten).

Wer Marktgleichgewichtsmodelle als Erklärungsansatz für die Realität ansieht, hat also das Problem zu lösen, warum auf dem Weg von irgendeinem beobachtbaren Güter- und Finanzmarkt-Ungleichgewicht zum Gleichgewicht mit dem Nach-und-nach-Wegschwemmen von Arbitrage- bzw. Spekulationsgewinnen und Spekulationsverlusten Geld und damit eine Mindesteigenkapitalausstattung notwendigerweise mitverschwinden, vergleichbar etwa dem Zusammenfallen physikalischer Massen in einem „schwarzen Loch" der Astrophysik. Denkbar erscheint, das Verschwinden des Geldes und der Mindesteigenkapitalausstattung auf dem Weg zum Güter- und Kapitalmarktgleichgewicht mit Hilfe der mathematischen Katastrophentheorie zu modellieren. Methodologisch überzeugender erscheint mir freilich, den Erklärungsanspruch zumindest der walrasianischen Gleichgewichtsanalyse und der darauf beruhenden partiellen Gleichgewichtstheorie

---

127 *Joseph Schumpeter:* Das Wesen und der Hauptinhalt der theoretischen Nationalökonomie. (1908) 2. Aufl., Berlin 1970, S. 282 in Verbindung mit S. 273-275.

128 Vgl. *Kenneth J. Arrow:* The Role of Securities in the Optimal Allocation of Risk-bearing. In: The Review of Economic Studies, Vol. 31 (1964), S. 91-96; *Debreu*, The Theory of Value, Kap. 7.

selbst zur Katastrophe zu erklären. Wer dem folgt, wird den größten Teil der heutigen, auf Kapitalmarktgleichgewichtsmodellen aufbauenden Finanzierungstheorie streichen müssen.

4. Die Unplanbarkeit einer gesamtwirtschaftlich effizienten Eigenkapitalausstattung

Kann beim heutigen Stand der Theorie eine gesamtwirtschaftlich effiziente (pareto-optimale) Eigenkapitalausstattung und damit ein Optimum der Kapitalstruktur begründet werden? Ein erster Versuch könnte lauten:

Finanzmärkte sind Zukunftsmärkte, und ihr System kann insbesondere dann nicht vollständig sein, wenn Wettbewerb als Verwertung von Wissen verstanden wird, über das in einer Gesellschaft kein einzelner in seiner Gesamtheit verfügt[129]. Wenn die Wirtschaftspläne einzelner jeweils nur einen Teil des Gesamtwissens in einer Gesellschaft berücksichtigen, besteht keinerlei Gewähr, daß alle zur gesellschaftlichen Risikominimierung erforderlichen Zukunftsmärkte zustandekommen. Soweit eine marktmäßige Versicherbarkeit von Risiken wegen Unvollständigkeit des Systems der Zukunftsmärkte nicht gegeben ist, bleibt nur die „Selbstversicherung" in Form eines Verlustpuffers durch Eigenkapitalausstattung, um ein der Planung vorzugebendes Kapitalstrukturrisiko nicht zu überschreiten.

Versuchsweise bietet sich hier die Behauptung an, die Mindesteigenkapitalausstattung müsse umso höher sein, je unvollständiger das System der Finanzmärkte ist, weil dann umso mehr Risiken durch eine Eigenkapitalausstattung „selbstversichert" werden müssen. Leider hilft eine solche probeweise Hypothese aus zwei Gründen nicht weiter:

Zum einen stört die Modellerkenntnis, daß nicht jede Marktvervollständigung eine Annäherung an das Ziel Allokationseffizienz unter Ungewißheit darstellt[130]. Damit sinkt eine gesamtwirtschaftlich effiziente Eigenkapitalausstattung von Unternehmen keineswegs zwingend mit zunehmender Marktvervollständigung. Zum anderen erscheint der Grad an Unvollständigkeit eines Marktsystems nicht einmal durchgehend in Rangordnungsaussagen, geschweige denn quantitativ, meßbar.

Aus beiden Gründen folgt, daß die aus der Unvollständigkeit des Marktsystems erzwungene Mindesteigenkapitalausstattung derzeit quantitativ noch nicht zu bestimmen ist.

Selbst wenn Kapitalmarktgleichgewichtsmodelle als das betrachtet werden, was sie entgegen Chicagoer Schule und angelsächsischer Finanzierungstheorie tatsächlich leisten können, nämlich nur Allokationseffizienz als gesamtwirtschaftliches Ziel und damit *Planungsoptima für bestimmte Markthandlungen des einzelnen mit Rücksicht auf die Optima*

---

129 Vgl. *F.A. Hayek:* The Use of Knowledge in Society. In: The American Economic Review, Vol. 35 (1945), S. 519-530, hier S. 524 f.

130 Vgl. *Oliver D. Hart:* On the Optimality of Equilibrium when the Market Structure is Incomplete. In: Journal of Economic Theory, Vol. 11 (1975), S. 418-433; *Joseph E. Stiglitz:* The Inefficiency of Stock Market Equilibrium. In: Review of Economic Studies, Vol. 49 (1982), S. 241-261.

anderer Planender formal zu definieren, modellieren diese Kapitalmarktgleichgewichtsmodelle an dem Erfordernis einer Eigenkapitalausstattung vorbei.

Der Grund hierfür liegt darin, daß ein allokationseffizientes Marktgleichgewicht unter Ungewißheit, z.B. in einer Arrow-Debreu-Welt, nicht mehr beschreibt als eine *einmalige Koordination persönlicher Planungsoptima bei sämtlichen Anbietern und Nachfragern. Selbst wenn die Gesamtheit dieser einzelwirtschaftlichen Planungen und ihre Koordination zu einem Planungszeitpunkt von einem Wissenstand über die Wirklichkeit ausgehen, der sich in vollkommenen und vollständigen Märkten abbilden läßt, so sind Irrtümer gegenüber dem Ex-post-Zustand noch nicht ausgeschlossen.*

Abweichungen zwischen Ex-ante-Plankoordination und Ex-post-Verwirklichung wären erst dann beseitigt, wenn bewiesen werden könnte, daß *bei Zeit beanspruchender Leistungserstellung zwischen Plankoordination und Vollzug der geplanten Produktions- und Markthandlungen kein neues Wissen zugeht.* Ein solcher Beweis ist deshalb nicht zu führen, weil Menschen schon aus logischen Gründen nicht wissen können, welches Wissen ihnen künftig zugehen wird (S. 36). Folglich werden Ex-post-Überraschungen vernünftigerweise von keinem Planenden ausgeschlossen werden, auch wenn er ihre Gründe und Höhe nicht vorauszuplanen mag.

Gerade das Wissen, nicht alle Verlustgefahren vorausplanen zu können, verlangt eine Eigenkapitalausstattung als Verlustpuffer selbst dann, wenn der Wissensstand im Planungszeitpunkt die Annahme vollkommener und vollständiger Kapitalmärkte nahelegt und somit die Plankoordination zum Gleichgewicht zugleich (Ex-ante-)Allokationseffizienz sichert.

Die Mindesteigenkapitalausstattung zum Abfangen nicht planbarer Ex-post- Verluste ist allerdings weder heute noch in Zukunft jemals rational planbar und erst recht nicht zu quantifizieren, weil Menschen nicht wissen können, welches Wissen ihnen zwischen ihrer Planung, der Plankoordination und dem Vollzug der Markthandlungen zugeht.

Für diesen Fall kann die Anzahl der künftigen Zustände der Welt in der Planung nicht vollständig erfaßt werden. Damit entfällt sowohl die Möglichkeit, das leistungswirtschaftliche Risiko als vorgegeben zu betrachten, als auch daraufhin Änderungen des Kapitalstrukturrisikos zu bestimmen. Dies bedeutet: Spätestens dann, wenn wegen der Möglichkeit von Ex-post-Überraschungen eine Eigenkapitalausstattung nötig erscheint, – und d.h. für die Realität: fast immer –, läßt sich nichts mehr darüber aussagen, ob ein sinkender Verschuldungsgrad das Kapitalstrukturrisiko mindert.

Insgesamt folgt: Selbstverständlich ist für das Verwirklichen von Allokationseffizienz eine Eigenkapitalausstattung relevant, sie läßt sich nur nicht quantifizieren, weil eine Eigenkapitalausstattung auf Finanzmärkten hauptsächlich dem Vorbeugen von Ex-post-Überraschungen dient.

Für das Verwirklichen von Allokationseffizienz und als vereinfachtes Erklärungsmodell für die Wirklichkeit irrelevant sind nur die Irrelevanztheoreme der Finanzierungstheorie, weil

a) eine Mindesteigenkapitalausstattung schon auf dem Weg vom Ungleichgewicht zum Gleichgewicht nötig erschiene, falls es eine Tendenz zum Gleichgewicht als empirische Gesetzmäßigkeit gäbe;

b) der Kapitalmarkt, verstanden als System aller Finanzmärkte, nicht vollständig sein kann, und Allokationseffizienz definierende Gleichgewichtsmodelle unter Ungewißheit nur eine Ex-ante-Plankoordination abbilden, die Ex-post-Überraschungen in der Realität nicht ausschließen.

c) Gerade deshalb, weil ein vernünftig Planender weiß, daß er nicht alle Verlustgefahren vorausplanen kann, wird er eine Mindesteigenkapitalausstattung als Verlustpuffer für nötig halten, obwohl sie in ihrer Höhe nicht rational planbar ist.

Das Zurückweisen des Erklärungsanspruchs von Kapitalmarktgleichgewichtsmodellen und damit der These von der Irrelevanz der Kapitalstruktur und der Dividendenpolitik heißt jedoch nicht, daß eine optimale Kapitalstruktur bestehen muß, also die herkömmliche These von der Abhängigkeit des Unternehmenswertes vom Verschuldungsgrad empirischen Gehalt habe. Ein Optimum der Kapitalstruktur ist an quantitative Abhängigkeiten geknüpft: Kostenvorteile und quantifizierbare Risiken. An der Quantifizierbarkeit fehlt es dann, sobald Informationsrisiken auftreten oder wenn unter Ungewißheit von der Art ist, daß keine quantitativen Entscheidungsregeln existieren. Doch selbst dann, wenn die Voraussetzungen einmal erfüllt wären, um die Theorie des Risikonutzens anzuwenden, läßt sich ein Optimum der Kapitalstruktur deshalb nicht berechnen, weil die Meßschwierigkeiten für die Eigenkapitalquote (den Verschuldungsgrad) und das Insolvenzrisiko nicht befriedigend gelöst werden können (S. 592-614).

Damit erweist sich die Suche nach einem Optimum der Kapitalstruktur als wissenschaftlich verfehlte Fragestellung: Nicht einem Optimum der Kapitalstruktur ist nachzuhecheln, sondern Institutionen zur Eingrenzung von Unsicherheiten bei Investition und Finanzierung sind zu erklären. Dabei stellt sich die Frage, inwieweit Geldgeber oder investierende Unternehmungsleitung in Finanzierungsverträgen auf das Einhalten bestimmter Kapitalstrukturen achten werden. Erste Ansätze dazu stellt Kapitel III. vor.

III. Finanzierungsverträge und Kapitalmarktregulierung

a) Finanzierungsregeln als Richtschnur für Finanzierungsverträge?

1. Kapitalbindungs- und Kapitalstrukturregeln

aa) Ein Beispiel für die fragliche Aussagefähigkeit von Kapitalbindungs- und Kapitalstrukturregeln

Zwei Arten sog. Finanzierungsregeln bestimmen das Denken der Praxis:

a) *Regeln zur Kapitalbindung*: Kapital müsse so langfristig zur Verfügung gestellt werden, wie es in den Investitionsobjekten gebunden sei. Dieses Prinzip der „Fristenkongruenz" zwischen den Zahlungen der Finanzierungsart und den Zahlungen des Investitionsobjektes läßt sich auf die sogenannte „Goldene Bankregel" (Goldene Bilanzregel) zurückführen. Sie besagt, daß kurzfristig aufgenommene Gelder grundsätzlich nur kurzfristig ausgeliehen (investiert) werden dürfen, für langfristige Ausleihungen (Investitionen) müssen langfristige Mittel zur Verfügung stehen.

Die goldene Bankregel und ihre Abkömmlinge zielen ab auf das Verhältnis einzelner Aktivposten (Investitionen) in der Bilanz zu einzelnen Passivposten (Finanzierungsquellen). Solche Bindungsregeln setzen also Bilanzvermögen als Abbild von Investitionen und Bilanzkapital als Abbild von Finanzierungen zueinander in Beziehung.

b) *Regeln zur Kapitalstruktur* beziehen sich auf die Größenordnung einzelner Finanzierungsarten zueinander, gemessen z.B. durch das Verhältnis von bilanziellem Eigenkapital zu Fremdkapital. So werden Regeln für das Verhältnis von Eigenkapital zu Fremdkapital genannt, die eine Beziehung von 1:1 oder 1:2 fordern oder bei Banken von 1:20. Solche Kapitalstrukturregeln handeln von Aussagen über die (bilanzmäßige) Kapitalstruktur.

Finanzierungsregeln (Finanzierungsgrundsätze) erscheinen also in Form von Bindungsregeln und Kapitalstrukturregeln.

Die Fragwürdigkeit solcher Finanzierungsregeln zeigt ein Beispiel. Es werde gefordert, das Anlagevermögen sei durch langfristige Mittel, das Umlaufvermögen (die „kurzfristigen" Investitionen) durch kurzfristige Mittel zu finanzieren (Goldene Bilanzregel). Weiterhin solle die Kapitalstruktur (eigene Mittel zu fremden Mitteln) mindestens 1:1 betragen. Eine Unternehmung weise dazu folgende Bilanz auf:

Anlagen	500	Eigenkapital	300
Vorräte	400	Anleihe	300
Kasse	100	Bank	200
		Lieferanten	200
	1.000		1.000

Die Unternehmung erfüllt also die gewünschte Bindungsregel, denn zu den langfristigen Mitteln zählen das Eigenkapital und die Anleihe. Das Verhältnis von Anlagen zu langfristigen Mitteln beträgt 5:6; es sind also mehr langfristige Mittel vorhanden, als der Finanzierungsgrundsatz verlangt. Das Vorratsvermögen gilt als kurzfristige Investition. Das Verhältnis von kurzfristiger Investition zu kurzfristigen Mitteln (Bankkredite, Lieferantenkredite) beträgt 5:4, ein Teil der kurzfristigen Investitionen ist also mit langfristigen Mitteln finanziert worden.

Die Unternehmung genügt jedoch nicht der Kapitalstrukturregel. Das Verhältnis Eigenkapital zu Fremdkapital beträgt nicht 1:1, sondern nur 3:7. Daraus könnte man folgern, die Unternehmung habe eine unsolide Finanzierungspolitik betrieben. Ist das tatsächlich der Fall?

Betrachten wir zunächst die Berechnung der Bindungsregel etwas genauer: Unter den Anlagen können sich Posten befinden, die sehr rasch ohne Verlust verkauft werden können und insofern kurzfristig in liquide Mittel umgewandelt werden können, z.B. börsengängige Wertpapiere, Reservegrundstücke in guter Lage. Der Marktwert beider kann das Fünf- oder Zehnfache des Bilanzansatzes betragen. Daneben ist ein Teil der Vorräte langfristig gebunden, denn in einer arbeitenden Unternehmung muß stets ein Mindestbestand an Vorräten vorhanden sein. Auf der anderen Seite braucht Eigenkapital keineswegs langfristig zur Verfügung zu stehen. Zum ersten kann es kurzfristig durch Verluste aufgezehrt werden; zum zweiten sind Gesellschaftereinlagen kündbar. Eine Kommanditeinlage muß nach Kündigung im allgemeinen nach einem halben Jahr ausbezahlt werden. Weiter: Die Anleihe kann bereits im nächsten Monat fällig werden oder erst in 10 Jahren. Die Bankkredite sind zwar meistens formell kurzfristig, werden aber im allgemeinen stillschweigend verlängert, so daß sie mindestens teilweise langfristig zur Verfügung stehen. Ähnliches gilt für die Lieferantenkredite. Sie müssen zwar kurzfristig zurückgezahlt werden, lassen sich aber durch neue Werkstoffkäufe wieder erneuern.

Aufgrund dieser Umstände erscheint die Aussagefähigkeit der Finanzierungsgrundsätze fragwürdig. Aber es sind noch weitere Einwände zu erheben. Die Liquiditätslage ist aus der Bilanz nur recht dürftig abzulesen: Lohn- und Gehaltszahlungen, fällige Steuerzahlungen und andere Aufwandsposten, die rasch zu Ausgaben werden, treten nicht in Erscheinung. Anlagen können gemietet worden sein (Leasing); sie erscheinen im Regelfall nicht „über dem Strich" in der Handelsbilanz, führen aber zu beträchtlichen laufenden Mietausgaben. Aus der Gewinn- und Verlustrechnung ist zwar die Höhe derartiger Aufwendungen für das vergangene Jahr zu erkennen, aber nicht ihre künftige Höhe und vor allem kein Zahlungstermin. Auf der anderen Seite werden auch die künftigen Einnahmen nicht beachtet.

Ferner: Wen stört der geringe Eigenkapitalanteil, wenn die Unternehmung voll beschäftigt ist, Lieferfristen von einem Jahr setzen muß und sogar Vorauszahlung verlangen kann? Was nützt andererseits ein Eigenkapitalanteil von 70% einer Unternehmung, die hohe Jahresverluste zu erwarten hat und deren Aktiva bei sofortiger Liquidation weniger als die Hälfte der Buchwerte erbringen?

Solche Gesichtspunkte haben die betriebswirtschaftliche Kritik an den herkömmlichen Finanzierungsregeln hervorgerufen.

Damit stehen wir vor dem Tatbestand, daß die Praxis auf Kennzahlen aus Jahresabschlüssen über das Verhältnis bestimmter Investitionen zu bestimmten Finanzierungsarten und über das Verhältnis der Finanzierungsarten zueinander achtet, diese Kennzahlen aber wissenschaftlich als nicht begründet erscheinen; denn die Modellüberlegungen zu einer optimalen Kapitalstruktur endeten mit dem resignierenden Ergebnis ihrer quantitativen Unplanbarkeit.

Wenn eine bestimmte Praxis der Theorie widerspricht, kann man mit einer von Hegel stammenden Arroganz antworten „um so schlimmer für die Wirklichkeit" oder bescheidener über die bisherigen wissenschaftlichen Leistungen urteilen „schlimm für die Wissenschaft". Welche Antwort richtig ist, hängt von den Maßstäben und Zielen ab, die an wissenschaftliches Arbeiten angelegt werden.

bb) Warum besteht noch keine befriedigende betriebswirtschaftliche Theorie für Kapitalbindungs- und Kapitalstrukturregeln?

a) Die Kritik an Kapitalbindungs- und Kapitalstrukturregeln stammt zum einen aus der Bilanzanalyse. Sie gründet sich also auf Meßschwierigkeiten für die tatsächliche Kapitalbindung und Kapitalstruktur. Diese Kritik ist berechtigt. Sie setzt aber den Sinn von Kapitalbindungs- und Kapitalstrukturregeln als gegeben voraus. Ob Kapitalbindungs- und Kapitalstrukturregeln etwas aussagen und was sie aussagen: Das ist die entscheidende, offene Frage.

b) Die Kritik an Kapitalbindungs- und Kapitalstrukturregeln folgt zum anderen aus Modellergebnissen in Entscheidungsmodellen. Dabei werden die Modellergebnisse als Handlungsempfehlungen für die Praxis verstanden: als das, was eine anwendungsbezogene Wissenschaft bieten soll, um über Beratung der Praxis deren Ansehen und Geld zu verdienen. Wer Modellergebnisse aus Entscheidungsmodellen den Kapitalbindungs- und Kapitalstrukturregeln entgegenhält, kommt zu dem Schluß:

Da Änderungen der Investitionsvorhaben und der Finanzierungsmöglichkeiten, der Zinssätze, Steuerrechtssachverhalte und Risikoeinschätzungen jeweils andere optimale Finanzpläne erzeugen, lassen sich keine allgemeingültigen Finanzierungsregeln aufstellen. Als Entscheidungshilfe für den planenden Unternehmer sind weder Kapitalbindungs- noch Kapitalstrukturregeln theoretisch zu rechtfertigen. Weder ist es sinnvoll, einzelne Investitionen einzelnen Finanzierungen zuzuordnen (soweit sie nicht vertraglich aneinander gekoppelt sind, wie z.B. beim Finanzierungsleasing) noch bestimmte Verhältnisse zwischen eigenen und fremden Mitteln zu verlangen. Ausschlaggebend ist allein ein mehrjähriger Finanzplan, der zu keinem Zeitpunkt die Zahlungsfähigkeit verletzt, und daß dieser Finanzplan sich verwirklichen läßt.

Diese aus Entscheidungsmodellen stammende Kritik an Kapitalbindungs- und Kapitalstrukturregeln ist unzweifelhaft richtig. Aber sie löst das falsche Problem, genauer: Sie beantwortet eine Frage, die sich für die Praxis so nicht stellt.

c) Praktiker, die bei ihren Investitionsentscheidungen (und dazu gehört aus der Sicht einer Bank auch die Kreditvergabeentscheidung) und bei ihren Finanzierungsentscheidungen auf Kapitalbindungs- und Kapitalstrukturregeln achten, verstehen diese Regeln in erster Linie als Normen, die sie von anderen einzuhalten wünschen oder denen sie genügen, weil andere Kapitalmarktpartner deren Einhaltung von ihnen fordern. Damit sind diese Finanzierungsregeln methodisch *nicht als Handlungsempfehlung für die eigene Entscheidung,* als Entscheidungshilfe, zu verstehen. Vielmehr verkörpern Finanzierungsregeln eine **Prognosehilfe** in Form einer umgangssprachlichen Umschreibung von Wenn-dann-Aussagen für Abhängigkeiten zwischen Investition und Finanzierung: als vage formulierte Stellvertreter für fehlende wissenschaftlich begründete „Finanzierungshypothesen". *Solche Finanzierungsheuristiken sind Aussagen, die ersatzweise benutzt werden, weil keine wissenschaftlich begründeten Hypothesen verfügbar sind.* Finanzierungsheuristiken dienen zusammen mit den Meßergebnissen, wie sie Jahresabschlüsse bieten, als Beruhigungsdroge: Wer solche Finanzierungsregeln einhält, bewegt sich in Bahnen, in denen er nicht auffällt: Er erfüllt einen weithin akzeptierten, wenngleich wissenschaftlich nicht begründeten Anspruch, „solide" finanziert zu sein.

Soweit Finanzierungsregeln als Heuristiken eine Prognosehilfe für sich oder andere bilden, und nicht als Handlungsempfehlungen mit rationalem Begründungsanspruch benutzt werden, verdient eine Kritik an Finanzierungsregeln auf der Grundlage von Entscheidungsmodellen die Beurteilung „schlimm für die Wissenschaft"; denn Handlungsempfehlungen, die über das Sammeln vorhandener Praktiken hinausreichen, kann wissenschaftliches Arbeiten erst geben, wenn

(1) die Aufgaben einer erklärenden Theorie gelöst sind, also Hypothesen gebildet und vorläufig bestätigt sind, und

(2) die bei der Bildung erklärender Theorien immer auftretenden „theoretischen" Begriffe über metrisierende Theorien in strukturgleiche zahlenmäßige Abbilder (Meßziele) übersetzt worden sind.

Für die Wissenschaft besteht die Aufgabe, als praktische Übung vorgefundene Finanzierungsheuristiken entweder als Fehlinformationen zurückzuweisen oder als Informationshilfe zu begründen. Letzteres geschieht dadurch, daß versucht wird, an die Stelle der vage formulierten Finanzierungsregeln modellmäßig gestützte und über Musterbeispiele mit empirischem Gehalt versehene Finanzierungshypothesen zu erarbeiten. Was hierbei zu beachten ist, wird im folgenden erläutert.

Zum Inhalt einer wissenschaftlich begründeten Prognosehilfe, wie sie Kapitalbindungs- und Kapitalstrukturregeln darstellen sollten, gehören

(a) gesetzesartige Wenn-dann-Aussagen, hier Finanzierungshypothesen als Ergebnisse erklärender Theorien, und

(b) Kenntnisse über die Anfangsbedingungen, also Vergangenheitsaussagen, um zu beurteilen, ob der Bedingungsteil einer Hypothese (die Wenn-Komponente) erfüllt ist und damit die Hypothese zur Prognose in einem praktischen Fall angewandt werden darf.

Diese beiden Voraussetzungen für den Inhalt einer Informationshilfe werden verständlich, wenn sie am Beispiel des einfachen wissenschaftstheoretischen Formalschemas für Erklärungen erläutert werden[131]:

Aus einer *gesetzesartigen Wenn-dann-Aussage*, z.B. der Hypothese „Wenn bei einer gedachten Liquidation am letzten Bilanzstichtag die Schulden gedeckt sind, dann ist für das folgende Jahr das Insolvenzrisiko für die Gläubiger hinreichend begrenzt" und der *Anfangsbedingung als Beobachtungssachverhalt (Meßergebnis)* „Bei Unternehmung x ist durch Rechnungslegung erwiesen, daß bei gedachter Liquidation am Bilanzstichtag die Schulden gedeckt waren" folgt die *Erklärung bzw. Prognose* „dann ist bei Unternehmung x für das folgende Jahr das Insolvenzrisiko für die Gläubiger hinreichend begrenzt".

Ob eine solche Behauptung betriebswirtschaftlich gilt, sei hier nicht untersucht. Die hier behauptete Finanzierungshypothese dient nur didaktischen Zwecken. Um sie zu begründen, bedürfte es eines Erklärungsmodells. Dessen Ergebnis wäre in eine wissenschaftliche Beobachtungssprache zu übersetzen. Es müßte durch Musterbeispiele empirisch teilweise bestätigt sein. Erst eine Verallgemeinerung dieser modellgestützten Beobachtungsaussagen führt zu einer Hypothese. Durch diese wird behauptet, daß es noch nicht aufgefundene Musterbeispiele (Anwendungsfälle) für das Modellergebnis gibt.

Der Folgerungsteil der Beispiel-Hypothese (die Dann-Komponente) wurde zur Verkürzung des Beispiels nur vage umschrieben. Eine Aussage „hinreichend begrenzt" setzt eine quantitative Messung des Insolvenzrisikos und das Festlegen einer Risiko-Toleranzgrenze voraus. Eine Begründung für beides ist nicht erbracht. Im allgemeinen läßt sich das Insolvenzrisiko nicht einmal ordinal messen, geschweige denn quantitativ (S. 599).

Der Bedingungsteil (die Wenn-Komponente) beruht auf der Fiktion, eine gedachte Liquidation am Ende der Vorperiode sei eine hinreichende Begründung, um die Zahlungsfähigkeit in der Planperiode zu prognostizieren. Die Fiktion einer gedachten Liquidation widerspricht dem geltenden Bilanzrecht. Ihr didaktischer Vorteil besteht aber darin, daß damit die Meßprobleme für die Anfangsbedingungen vereinfacht werden: Nur Marktpreise für sämtliche einzelnen Vermögensgegenstände und Schulden der Unternehmung zu einem Zeitpunkt werden gesucht.

Demgegenüber geht das geltende Bilanzrecht von einer Fortführung der Unternehmung aus. Da die Unternehmung tatsächlich nach dem Bilanzstichtag noch besteht, erscheint diese Annahme allein wirklichkeitsentsprechend. Aber die anscheinende Wirklichkeitsnähe der Annahme, daß die Unternehmung am letzten Bilanzstichtag nicht liquidiert worden ist, muß erkauft werden durch eine zusätzliche Entfernung von der Wirklichkeit an anderer Stelle: Die Stelle beobachtbarer Marktpreise zum letzten Bilanz-

---

131 Vgl. *Carl G. Hempel, Paul Oppenheim:* Studies in the logic of explanation. In: Philosophy of Science, Vol. 15 (1948), S. 135-175, hier S. 137 f; *Wolfgang Stegmüller:* Probleme und Resultate der Wissenschaftstheorie und Analytischen Philosophie. Band 1, Wissenschaftliche Erklärung und Begründung. Berlin u.a. 1969, S. 86.
Daß es für einen Schluß von Vergangenheitswissen auf eine Prognose der Formulierung einer Theorie (Hypothese) bedürfe, erläutern auch *Clive W.J. Granger, Oskar Morgenstern:* Predictability of Stock Market Prices. Lexington 1970, S. 23-25.

stichtag übernehmen nun Modellannahmen über die wirtschaftliche Umwelt der Unternehmung in der Zukunft, weil die Annahme einer Unternehmensfortführung Zukunftsprognosen verlangt. Damit ist der Bedingungsteil der Hypothese nicht mehr in Begriffen für beobachtbare Sachverhalte ausgedrückt, sondern in Begriffen, die selbst wiederum die Gültigkeit (anderer) Investitions- und Finanzierungshypothesen voraussetzen, damit ihnen ein Erklärungs- oder Prognosegehalt zukommt. Werden z.B. die Vermögensgegenstände höchstens zum niedrigeren Betrag aus entweder den Anschaffungs- bzw. Herstellungskosten oder dem niedrigeren Börsen- bzw. Marktpreis am Bilanzstichtag bewertet, so wird bei der Messung, ob ein so bewertetes Vermögen die Schulden deckt, folgendes unterstellt: In irgendeinem künftigen Zahlungszeitpunkt geht bei Desinvestition ein Geldbetrag mindestens in dieser Höhe ein, um eine fällige Zahlung zu begleichen. *Im Jahresabschluß messen wir also nicht die betriebliche Wirklichkeit in Begriffen für beobachtbare Sachverhalte, sondern wir messen theoretische Begriffe (wie z.B. eine „künftige Wiedergeldwerdung") anhand von Aufzeichnungen (Beobachtungen) über die Vergangenheit.*

Diese Erläuterung soll Verständnis wecken für die Schwierigkeiten, die einer betriebswirtschaftlichen Erklärung von Finanzierungsregeln als Informationshilfe entgegenstehen. Um die Schwierigkeiten zu verdeutlichen, sei folgende begriffliche Unterscheidung eingeführt:

a) Finanzierungshypothesen für eine Erklärung und damit eine Prognose mittels Kapitalbindungen seien *Kapitalbindungshypothesen* genannt.

b) Finanzierungshypothesen für eine Prognose mittels Kapitalstrukturen heißen *Kapitalstrukturhypothesen.*

c) Finanzierungshypothesen, welche eine Rechnungslegung unter der Annahme der Unternehmensfortführung unterstellt, seien *Wiedergeldwerdungshypothesen* genannt. Hierbei ist es eine bilanztheoretische Annahme, keine bilanzrechtliche Tatbestandsbeschreibung, daß der Rechnungslegung die Wiedergeldwerdungshypothese innewohnt.

Eine Kapitalbindungshypothese unter der Annahme der Unternehmensfortführung könnte z.B. lauten: Immer dann, wenn ergebnisabhängige Ausgaben nur erfolgen, solange das als Haftungsmasse eingelegte Geld der Eigentümer (das gezeichnete Kapital) als Saldo des Vermögens über die Schulden in einem Bilanzstichtag noch vorhanden ist, dann ist für die anschließende Abrechnungsperiode das Insolvenzrisiko der Gläubiger hinreichend begrenzt.

Diese Kapitalbindungshypothese „nominelle Kapitalerhaltung" liegt stillschweigend dem geltenden Bilanzrecht zugrunde. Hierbei wird der Jahresabschluß als Ausschüttungssperrbilanz verstanden. Nach nomineller Kapitalerhaltung können ergebnisabhängige Auszahlungen erfolgen, weil unterstellt wird: Bei diesem Meßergebnis sei das Insolvenzrisiko so gering, daß ein (nicht erläuterter) „hinreichender" Gläubigerschutz gewährleistet sei.

Eine Prüfung, ob eine solche Kapitalbindungshypothese empirisch gilt oder nicht, ist z.B. erforderlich für ein Urteil, ob das Insolvenzrisiko der Gläubiger dabei klein genug ist, um dem unpräzise ausgesprochenen Werturteil des Gesetzgebers mit dem Namen „Gläubigerschutz" zu genügen. Das Wissen, ob diese Kapitalbindungshypothese empirisch gilt oder nicht, benötigt man auch für die Antwort auf die Frage, ob über eine Gewinnermittlung zur Ausschüttungssperre nach dem Grundsatz nomineller Kapitalerhaltung hinaus zusätzliche Gewinne zurückzubehalten sind (z.B. in welcher Höhe gesetzliche Rücklagen zu verlangen, satzungsmäßige und freie Rücklagen zum Schutz der Interessen von Anteilseignern u.U. zu verbieten sind) oder ob den Inhabern ergebnisabhängige Auszahlungsansprüche, Kapitalentzugsrechte über den Gewinn hinaus zugesprochen werden sollten.

Erst wenn die Kapitalbindungshypothese „nominelle Kapitalerhaltung" als empirisch hinreichend bestätigt gilt, gewinnt das Feststellen von Anfangsbedingungen Informationsgehalt, z.B. die Behauptung: Da gegenüber dem Vorjahr der Anteil der Restbetragsansprüche gegenüber dem nominell zu erhaltenden Kapital gestiegen ist, sei das Insolvenzrisiko gesunken.

Hinter jeder Kapitalbindungsregel verbirgt sich eine Kapitalbindungshypothese und hinter jeder Kapitalstrukturregel steht eine Kapitalstrukturhypothese. Der Bedingungsteil (die WennKomponente) einer jeden Kapitalbindungs- oder Kapitalstrukturhypothese müßte in Begriffen für beobachtbare Sachverhalte formuliert sein, damit die Hypothese mit der empirischen Anfangsbedingung verglichen werden kann, um daraus eine Prognose herzuleiten.

Sobald die Wenn-Komponente nicht mehr in Marktpreisen als Begriffen für beobachtbare Sachverhalte ausgedrückt ist, sondern Begriffe des Bilanzrechts benutzt, die auf der Annahme einer Unternehmensfortführung beruhen, wird der Bedingungsteil einer Kapitalbindungs- oder Kapitalstrukturhypothese selbst zu einer theoretischen (Hypothesen enthaltenden) Aussage. Der Bedingungsteil der Kapitalbindungs- oder Kapitalstrukturhypothese informiert nur dann über die Wirklichkeit, wenn die der Rechnungslegung zugrunde liegenden „Wiedergeldwerdungshypothesen" zutreffen; also andere Finanzierungshypothesen zusätzlich gelten. Damit stehen wir vor einer neuen Variante des Problems verbundener Hypothesen.

Der Folgerungsteil (die Dann-Komponente) einer Kapitalbindungs- oder Kapitalstrukturhypothese gilt folglich nur, wenn sämtliche Finanzierungshypothesen (Kapitalbindungs- oder Kapitalstrukturhypothesen und die der Rechnungslegung eigenen Wiedergeldwerdungshypothesen) zutreffen.

Zusätzliche Probleme türmen sich dadurch auf, daß dem Bilanzrecht keine klar formulierten Zwecke und damit zugleich Wiedergeldwerdungshypothesen innewohnen. Vielmehr sind Rechnungslegungszwecke (das, was über die Vermögens-, Finanz- und Ertragslage als empirischer Sachverhalt gesagt werden soll) und Rechnungslegungsziele (das, was von Beobachtetem zusammenfassend abgebildet und z.B. als Jahresergebnis ausgewiesen wird) nicht strukturgleich aufeinander abgestimmt. Dies erschwert es, Modellergebnissen durch Musterbeispiele ersten empirischen Gehalt zu geben. Hypothesen entstehen aus Musterbeispielen für Erklärungsmodelle und deren Verallgemeinerungen. Hypothesen über die Kapitalbindung und Kapitalstruktur zu finden, setzt also voraus, daß die Betriebswirtschaftslehre über Erklärungsmodelle hierzu verfügen würde. Das ist aber bisher nicht der Fall:

(1) Die ältere praktisch ausgerichtete Finanzierungslehre liefert keine ausformulierten testbaren Hypothesen, ja nicht einmal Erklärungsmodelle hierfür.

(2) Die auf Kapitalmarktgleichgewichtsmodellen beruhende Finanzierungstheorie bietet nur logische Möglichkeitsanalysen. Diese definieren einen Nullpunkt (ein Referenzmodell); z.B. die Irrelevanz der Kapitalstruktur für den Gesamtwert der Unternehmung und damit für den Marktpreis ihrer Anteilsrechte und Schuldtitel.

(3) Die von Kapitalmarktgleichgewichtsmodellen ausgehende jüngere Theorie hat eine Anzahl möglicher Bestimmungsgründe für die Kapitalstruktur herausgearbeitet, die Bestandteile von Finanzierungsverträgen werden können. Darauf wird im folgenden eingegangen[132].

Die vorstehenden methodischen Ausführungen sollten verständlich machen, warum die Betriebswirtschaftslehre Kapitalbindungs- und Kapitalstrukturregeln als Informationshilfe bisher nicht befriedigend zu erklären vermag. Wer darin ein Versagen der Betriebswirtschaftslehre sehen will, mag dies tun. Ein solches Urteil kommt jedoch über ein Vorurteil aus Hochmut erst dann hinaus, wenn eine bessere Erklärung für den Beobachtungssachverhalt gefunden wird, daß in der Praxis auf regelmäßig nur vage formulierte Kapitalbindungs- und Kapitalstrukturregeln geachtet wird. Ein Bannspruch: Praktiker, die auf Kapitalbindungs- und Kapitalstrukturverhältnisse achten, handeln unvernünftig, reicht jedenfalls nicht aus; es sei denn, es könnte begründet werden, warum es unvernünftig ist, Erfahrungswissen in Kapitalbindungen und Kapitalstrukturen zu komprimieren und mit diesem Wissenskondensat nach modellgestützten Finanzierungshypothesen zu suchen.

Zur Zeit besteht noch keine Klarheit, hinter welchen der Kapitalbindungs- und Kapitalstrukturregeln welche Finanzierungshypothesen stehen. Dieser Sachverhalt wird im folgenden zweiten Abschnitt belegt anhand einer fragwürdigen Kapitalbindungshypothese und im dritten anhand der gemeinhin als gültig angesehenen Kapitalstrukturhypothese, daß eine steigende Eigenkapitalquote das Insolvenzrisiko mindere. Abschnitt 4 beschäftigt sich mit den Versuchen, durch Messungen ohne Finanzierungshypothesen (also allein durch statistische Analysen von Jahresabschlußzahlen als „Anfangsbedingungen") Prognosen über Insolvenzgefährdung auszusprechen.

2. Eine fragwürdige Kapitalbindungshypothese: Bedingen risikoreiche Investitionen zusätzliche Eigenkapitalausstattung?

aa) Klagelieder über eine „Eigenkapitallücke" und die ihr zugrunde liegenden Hypothesen

Klagelieder über eine „Eigenkapitallücke" deutscher Unternehmungen schwellen in Zeiten zeitweiliger Ertragsschwäche an und werden bei verbesserter Ertragslage wieder zu einer Pflichtübung herabgestimmt[133]. Ein Kanon von der Verbesserungsbedürftigkeit der

---

132 Einen Überblick über die verschiedenen Modelle bieten *Milton Harris and Artur Raviv:* The Theory of Capital Structure. In: Journal of Finance, Vol. 46 (1991), S. 297-355.

Eigenkapitalausstattung begleitet zudem Begründungen zu Gesetzentwürfen, die über neue Organisationsformen mehr „Risikokapital" sammeln wollen[134].

Die Behauptung von einer „Eigenkapitallücke" entstand als Kürzel für eine mehrfach wiederholte Behauptung des Sachverständigenrats: Zwischen der relativen Höhe des Eigenkapitalbedarfs und der Notwendigkeit einer Verlagerung von „nachfrageinduzierten" (verhältnismäßig risikoarmen) Investitionen zu „autonomen", d.h. wachstumsfördernden und damit regelmäßig risikoreichen Investitionen bestehe ein enger Zusammenhang[135]. Dieser Zusammenhang ist im einzelnen so erläutert worden:

„Eine niedrige Eigenkapitalausstattung der Wirtschaft ist sowohl unter gesamtwirtschaftlichen als auch unter einzelwirtschaftlichen Gesichtspunkten ein höchst bedrohlicher Zustand: Zum einen hemmt eine unzureichende Eigenkapitalausstattung notwendige Investitionen und damit gesamtwirtschaftliches Wachstum, zum anderen vermindert sie die einzelbetriebliche Leistungs- und Wettbewerbsfähigkeit und erhöht die Insolvenzanfälligkeit des betroffenen Unternehmens". „Bei fehlendem Risikokapital unterbleiben mithin Investitionen in zukunftsträchtige Technologien, weil die Risiken neuer Technologien für Fremdkapitalgeber zu schwer abschätzbar sind". „Fremdkapital kann zur Finanzierung risikoreicher Investitionen nur aufgenommen werden, wenn bereits genügend Risikokapital in Form von eigenen Mitteln vorhanden ist. Ist dies nach den Vorstellungen der institutionellen Fremdkapitalgeber nicht der Fall, unterbleiben risikoreiche Investitionen wegen mangelnder Eigenkapitalausstattung, solange kein zusätzliches Risikokapital dem Unternehmen zufließt"[136].

Wenn die Bezeichnungen „zukunftsträchtige bzw. neue Technologien", risikoreiche und „autonome Investitionen" im folgenden auf „risikoreiche Investitionen" vereinfacht

---

133 Vgl. *Wolfram Gruhler:* Eigenkapitalausstattung – Bestandsaufnahme und Folgerungen. Beiträge zur Wirtschafts- und Sozialpolitik, Institut der deutschen Wirtschaft, Nr. 34, Köln 1976; *Ulrich Fritsch:* Die Eigenkapitallücke in der Bundesrepublik. Köln 1981; *Wolfgang Stützel:* Die Eigenkapitalknappheit in der Wirtschaft. In: Zeitschrift für das gesamte Kreditwesen, Jg. 36 (1983), S. 1087-1094; *Kronberger Kreis* (verfaßt von Paul Pütz und Hans Willgerodt): Mehr Beteiligungskapital. Bad Homburg 1983, S. 10; *Albach und Mitarbeiter, Horst Albach:* Kapitalausstattung und Entwicklung der Wirtschaft. In: Finanzierung deutscher Unternehmen heute, hrsg. von M. Bierich, Schmidt, Stuttgart 1984, S. 1-28, insbes. S. 6; *Paul Pütz, Hans Willgerodt:* Gleiches Recht für Beteiligungskapital. Baden-Baden 1985, S. 125 ; Beschlußempfehlung und Bericht des Ausschusses für Wirtschaft: Förderung der Bildung von Risikokapital, Bundestagsdrucksache 10/1315 vom 13.4.1984 und die Antwort der Bundesregierung, Bundestagsdrucksache 10/2881 vom 21.2.1985.

134 Vgl. Entwurf eines Gesetzes über Unternehmensbeteiligungsgesellschaften (UBGG), Bundestagsdrucksache 10/4551 vom 12.12.1985; Entwurf eines Zweiten Gesetzes zur Förderung der Vermögensbildung der Arbeitnehmer durch Kapitalbeteiligungen (Zweites Vermögensbildungsgesetz). Bundestagsdrucksache 10/5981 vom 8.9.1986, S. 1; Stellungnahme des Bundesrates hierzu, Bundesratsdrucksache 370/86 vom 15.8.1986.

135 Vgl. *Sachverständigenrat zur Begutachtung der gesamtwirtschaftlichen Entwicklung:* Wachstum und Währung, Jahresgutachten 1978/79. Stuttgart-Mainz 1978, Tz. 380; *ders.:* Herausforderung von Außen, Jahresgutachten 1979/80. Stuttgart-Mainz 1979, Tz. 351, 355-358.

136 *Albach und Mitarbeiter,* S. 51 f., 7, 19 (Hervorhebung im Original).

werden, schälen sich drei Hypothesen heraus, die einen Anspruch auf Erklärung der Wirklichkeit erheben:

1. Risikoreiche Investitionen unterbleiben, sobald die Eigenkapitalausstattung einer Unternehmung nicht erhöht wird.
2. Eine geringe Eigenkapitalausstattung erhöht die Insolvenzanfälligkeit der Unternehmen (Kapitalstrukturrisikothese).
3. Investitionsrisiken sind für Fremdkapitalgeber schwer abschätzbar und veranlassen institutionelle Fremdkapitalgeber, Kredite zu verweigern bis die Eigenkapitalausstattung erhöht ist. Auf diese Behauptung wird eingangs des Abschnitts 3 eingegangen.

Gegen die Behauptung vom Bestehen einer „Eigenkapitallücke" werden zwei Argumente vorgetragen: Eine Gruppe von Autoren wendet sich gegen die Meßmethoden beim Nachweis einer gesunkenen Eigenkapitalquote im letzten Jahrzehnt[137]. Eine zweite Gruppe wendet sich gegen die theoretische Schlüssigkeit[138]. Bezweifelt wird (mit teilweise anderen Argumenten, wie sie hier folgen) z.B., daß die Behauptung einer Eigenkapitallücke deutscher Unternehmen besser belegt sei als eine Behauptung, die Eigenkapitalausstattung amerikanischer Unternehmen wäre zu hoch.

bb) Unterbleiben risikoreiche Investitionen ohne zusätzliche Eigenkapitalausstattung?

Wenn „Fremdkapital ... nur aufgenommen werden" kann, falls bereits „genügend Risikokapital in Form von eigenen Mitteln" vorhanden ist (Fn. 136), ist zwar der Finanzierungsspielraum für Investitionen begrenzt. Aber damit wird noch kein Zusammenhang zwischen Eigenkapitalquote und risikoreichen Investitionen aufgedeckt.

Risikoreiche Investitionen unterbleiben keineswegs, soweit die Eigenkapitalausstattung nicht vermehrt wird. Schließlich stehen unabhängig von Kreditaufnahmen auch Mittel aus Innenfinanzierung aufgrund von Gewinnermittlungsregeln zur Verfügung, deren bekannteste Beispiele die Finanzierung aus Abschreibungen und aus Rückstellun-

---

137 Vgl. *Ingrid Scheibe-Lange, Gert Volkmann, Rudolf Weizmüller:* Die Eigenkapitalquote der Unternehmen in der Bundesrepublik Deutschland. WSI-Arbeitsmaterialien Nr. 3, Düsseldorf 1983; *Thies Thormählen, Jürgen Michalk:* Leiden die deutschen Unternehmen an mangelnder Eigenkapitalausstattung? In: Wirtschaftsdienst, Jg. 63 (1983), S. 87-95; *Theodor Siegel:* Besteuerung und Kapitalstruktur. In: BFuP, Jg. 36 (1984), S. 223-242; *Norbert Irsch:* Die Eigenkapitalausstattung mittelständischer Unternehmen. In: Wirtschaftsdienst, Jg. 65 (1985), S. 525-530; ders.: Erträge, Eigenkapitalausstattung und Investitionsneigung. In: Konjunkturpolitik, Jg. 31 (1985), S. 319-335. Zahlen über internationale Eigenkapitalquoten mit weiteren Quellenverweisen u.a. bei *Dieter Reuter:* Welche Maßnahmen empfehlen sich, insbesondere im Gesellschafts- und Kapitalmarktrecht, um die Eigenkapitalausstattung der Unternehmen langfristig zu verbessern? In: Verhandlungen des Fünfundfünfzigsten Deutschen Juristentages, Bd. I (Gutachten). München 1984, B 1-B 122, hier B 7-B 11.
138 Vgl. *Jan Pieter Krahnen:* Kapitalmarkt und Kreditbank. Berlin 1985, S. 13 und 129; *Jochen Drukarczyk:* Korrekturen in der Kapitalstruktur und Eigentümerinteressen. In: Betriebswirtschaftslehre und ökonomische Krise, hrsg. von W.H. Staehle, E. Stoll, Wiesbaden 1984, S. 41-62, S. 41; *Friedrich Kübler, Reinhardt H. Schmidt:* Gesellschaftsrecht und Konzentration. Frankfurt/M. 1988, S. 107-152.

gen sind. Es wäre übervereinfacht, davon auszugehen, daß diese Mittel in nicht risikoreiche Investitionen fließen. In welchem Ausmaß bei gegebenem, wenngleich geringem Finanzierungsspielraum risikoreich oder risikoarm investiert wird, hängt neben anderem vor allem davon ab, in welchem Verhältnis die erwartete Rendite zum Risiko bei den verschiedenen Investitionsvorhaben steht. Das Verhältnis von Rendite und Risiko bei einer Investition ist nicht notwendigerweise von der Höhe des zu investierenden Betrages abhängig.

Eine Aussage, daß risikoreiche Investitionen wegen mangelnder Eigenkapitalausstattung unterbleiben, kann wohl als praxisnahe Ausdrucksweise für folgende behauptete Abhängigkeit von risikoreichen Investitionen und Eigenkapitalausstattung betrachtet werden: Wenn der Anteil der Eigenkapitalausstattung wächst, steigt der Anteil der mit einem bestimmten Risiko belasteten Investitionen gegenüber dem Anteil risikoärmerer.

Im folgenden sei der Umfang der Investitionen als gegeben betrachtet und geprüft, wie sich dann bei alternativ steigenden Eigenkapitalquoten der Anteil risikoreicher Investitionen innerhalb des Investitionsprogramms verändern wird. Zusätzlich wird vorausgesetzt, der Investor beachte bei der Entscheidung über die Zusammensetzung des Investitionsprogramms nur die Risiken für das (sein) Eigenkapital.

Für Investitionsprogramme im ganzen und auch für einzelne existenzbestimmende Investitionen wird Risikoabneigung für die Mehrzahl der Unternehmer typisch sein. Risikoabneigung sei dabei im Sinne der Risikonutzentheorie gemessen. Wenn hierfür schon die These nicht zutrifft, kann sie für ein weiteres, umgangssprachliches Verständnis von Risikoabneigung (das niedrigere Meßbarkeitsstufen von Wahrscheinlichkeiten einschließt als die Risikonutzentheorie) nicht richtig werden, solange keine zusätzlichen Argumente genannt werden.

Unter den Spielarten von Risikoabneigung (S. 493) trifft die Hypothese „Eine wachsende Eigenkapitalquote steigert den Anteil risikoreicher Investitionen" nur für eine Teilklasse zu: Mit wachsender Eigenkapitalquote wächst der Anteil risikobehafteter Investitionen nur bei sinkender relativer Risikoneigung in Bezug auf den Finanzierungsspielraum, wenn dieser proportional zum erwarteten Endvermögen bei einperiodiger Betrachtung ist.

Innerhalb der Erscheinungsformen von Risikoabneigung erfaßt die Teilklasse sinkender relativer Risikoabneigung nur einen Fall. Gleichbleibende relative Risikoabneigung (unveränderter Anteil der risikobehafteten Investitionen bei steigendem Kapitaleinsatz), besonders aber steigende relative Risikoabneigung (sinkender Anteil der risikobehafteten Investitionen) können nicht von vornherein ausgeschlossen werden.

Der Sachverhalt, daß die Hypothese „Eine wachsende Eigenkapitalquote steigert den Anteil risikoreicher Investitionen" an eine von mehreren Erscheinungsformen von Risikoabneigung geknüpft ist, schränkt ihre Gültigkeit für die Wirklichkeit erheblich ein. Hinzu tritt, daß nur unter Vereinfachungen für die Risikonutzentheorie (bei Risikopräferenzfunktionen, wie der Erwartungswert-Streuungsregel, S. 465) die Aussage, ein Investitionsprogramm sei risikoreicher als ein anderes, einen entscheidungslogisch nachvollziehbaren Sinn erhält. Daraus folgt: Die Kapitalbindungshypothese „risikoreichere Investitionen erfordern höhere Eigenkapitalausstattung" ist für die Wirklichkeit (bei Vorliegen von Informationsrisiken) nicht testbar und damit erfahrungswissenschaftlich wertlos.

Darüber hinaus läßt sich folgende Ungereimtheit aufdecken: Empirische Kapitalmarkttests, aber auch Simulationsstudien, die einen „Zusammenhang zwischen Eigenkapitalausstattung und Konkurswahrscheinlichkeit" veranschaulichen wollen[139], beurteilen Investitionsrisiken nach der Erwartungswert-Streuungs-Regel. Dabei gehen sie meistens von einer Normalverteilung der Wahrscheinlichkeiten aus, d.h. die Endvermögenschancen erstrecken sich von minus unendlich bis plus unendlich.

Negative Endvermögenshöhen sind (zumindest bei Haftungsbeschränkung) ökonomisch sinnlos, denn mehr als das eingesetzte Kapital kann man nicht verlieren. Deshalb ist das Rechnen mit Normalverteilungen und hier mit Erwartungswert und Streuung nur als rechentechnische Bequemlichkeit zu verstehen, die statt der eher realistischen, aber für die Modellierung umständlicheren Annahme einer endlichen Anzahl verschieden gewichteter künftiger Zustände der Welt gewählt wird. Dann jedoch steht die Erwartungswert-Streuungs-Regel nurmehr für eine Erscheinungsform steigender relativer und steigender absoluter Risikoabneigung (nämlich für eine quadratische Risikonutzenfunktion, S. 494). Dabei sinkt sowohl der Anteil als auch der absolute Betrag, der risikobehaftet investiert wird, mit wachsender Eigenkapitalausstattung. Solche empirischen „Tests" bzw. Simulationsstudien unterstellen also gerade das Gegenteil dessen, was mit der „Eigenkapitallücke" bewiesen werden soll: Mit steigender Eigenkapitalquote sinkt hier der Anteil und der absolute Betrag risikoreicher Investitionen!

3. Eine fragwürdige Kapitalstrukturhypothese: Mindert eine steigende Eigenkapitalquote das Insolvenzrisiko?

aa) Entscheidungslogische Vorbedingungen für Rangordnungsaussagen zum Insolvenzrisiko

Wessen Unsicherheit ändert sich, wenn die Eigenkapitalquote erhöht wird? Ein personell von den Anteilseignern getrenntes Management wird das Insolvenzrisiko sowohl aus seiner Zielsetzung heraus (z.B. nicht durch eine Insolvenz des Unternehmens Arbeitsplatz und Ansehen, nicht jedoch das Privatvermögen, zu verlieren) als auch aus seinem unternehmensinternen Wissensstand heraus anders beurteilen als ein vollhaftender Gesellschafter, der über den gleichen unternehmensinternen Wissensstand verfügt, aber sowohl Arbeitsplatz, Ansehen und Vermögen verlieren kann. Wiederum anders werden das Insolvenzrisiko nicht geschäftsführende Anteilseigner, Gläubiger, die in Aufsichtsräten vertreten sind, und andere Gläubiger, die nur auf veröffentlichte Informationen angewiesen sind, beurteilen. Die Ungleichverteilung des Wissens bleibt in diesem Abschnitt ausgeschlossen; deshalb wird hier nur das Insolvenzrisiko aus der Sicht von Eigentümern erläutert, die zugleich Geschäfte führen (Verfügungsmacht ausüben). Bei Eintritt einer Insol-

---

[139] *Manfred Perlitz, Herbert Küpper:* Die Eigenkapitalausstattung von Unternehmen. In: WiSt, Jg. 14. (1985), S. 505-512, Zitat S. 506.

venz muß die Verfügungsmacht an die Gläubiger (bzw. einen Konkurs- oder Vergleichsverwalter als deren Rechtsvertreter) abgetreten werden. Dadurch verlieren die Eigentümer ihr Vermögen: Soweit ihre Haftung rechtlich beschränkt ist, ihr investiertes Vermögen; soweit sie unbeschränkt haften, ihr Gesamtvermögen.

Eine Aussage über das Insolvenzrisiko ist nur für einen bestimmten Planungszeitraum möglich und hierbei nur dann, wenn für alle denkbaren künftigen Zustände der Welt die Zahlungssalden zu den einzelnen Zahlungszeitpunkten vorausgeschätzt sind. Eine solche Finanzplanung für alternative Zukunftslagen mißt das Risiko der Kapitalanlage „Unternehmung" für den gewählten Planungszeitraum insgesamt. Innerhalb dieses Investitionsrisikos für die Unternehmung bezeichnet das Insolvenzrisiko des geschäftsführenden Gesellschafters jene Teilmenge an Zahlungssalden, für die sein Vermögen in der Gesellschaft null oder (bei Vollhaftern) negativ wird. Mit dieser Einschränkung wird die Verlustgefahr für Teile des Vermögens vom Insolvenzrisiko getrennt. Ein erweiterter Inhalt des Begriffs Insolvenzrisiko, der auch Verluste aus dem Sachverhalt einschließt, daß fällige Zinsen und Tilgungen nicht bezahlt werden, dadurch Geschäfte entgehen usw., ist unzweckmäßig, weil die Schwierigkeiten erhöht werden, zu einem begründeten Wahrscheinlichkeitsurteil über ein denkbares Insolvenzrisiko zu kommen.

Wird Insolvenzrisiko als Verlustgefahr für das gesamte Vermögen verstanden, das vom geschäftsführenden Gesellschafter in die Unternehmung investiert wurde, so folgt:

(1) Besteht keine vollständige Unternehmensplanung in dem Sinne, daß für den gesamten Planungszeitraum Finanzpläne für alternative Zukunftslagen gegeben sind, gibt es keinen entscheidungslogisch nachvollziehbaren Sinn, von einem Insolvenzrisiko zu reden. Ohne Bezug auf einen vorgegebenen Finanzplan mit sich gegenseitig ausschließenden alternativen künftigen Zuständen der Welt ist ein Satz „Ein Insolvenzrisiko kann nicht in jedem Fall ausgeschlossen werden" nur eine andere Wortwahl für die Umschreibung des Begriffs Insolvenzrisiko als „Gefahr des nicht Einhaltens von in Betrag und Zeitpunkt festliegenden Auszahlungsansprüchen".

Von einer Insolvenzprognose soll nur dann gesprochen werden, wenn ein entscheidungslogisch haltbares Urteil gefällt wird, mit welcher Glaubwürdigkeit der Tatbestand der Insolvenz bis zum Ende des Planungszeitraums (Prognosezeitraums) eintreten wird. Das setzt Finanzplanung unter alternativen Zukunftslagen und eine mindestens nominale Wahrscheinlichkeitsmessung voraus.

(2) Damit irgendein geplanter Finanzplan für alternative Zukunftslagen bis zu einem Planungshorizont Grundlage für eine entscheidungslogische haltbare Beurteilung eines Insolvenzrisikos werden kann, müssen zunächst die beiden Axiome für klassifikatorische Wahrscheinlichkeitsurteile erfüllt sein.

Zum einen muß die Vereinigungsmenge aller in der Planung beachteten künftigen Zustände der Welt strikt glaubwürdiger sein als die in das Planungsmodell nicht aufgenommenen (also darin „unmöglichen") Ereignisse. Zum anderen hat jede einzelne in der Planung eingehende Zukunftslage mindestens so glaubwürdig zu sein wie jede darin nicht aufgenommene (S. 435 f.).

Die beiden Axiome schließen den wichtigsten Fall aus, weshalb eine Eigenkapitalausstattung als Verlustpuffer gehalten wird: daß aufgrund von nicht planbaren Ex-post-Überraschungen unvorhergesehener Zahlungsbedarf entsteht. Eine solche Ex-post-Überraschung ist z.B. der Tod eines Vollhafters, der die rechtliche Liquidation der Unternehmung erzwingt, oder eine Umweltkatastrophe, so daß eine Konservenfabrik Obst und Gemüse aus ihrem Anbaugebiet nicht mehr verwerten kann, oder ein Lebensmittelskandal im Ausland, der von einem Importeur gelagerte Lebensmittel unverkäuflich macht.

(3) Gesetzt den Fall, die Axiome für klassifikatorische Wahrscheinlichkeitsurteile sind erfüllt, dann ist nur eine Aussage zulässig, daß in dem betrachteten Anwendungsfall ein Insolvenzrisiko existiert. Daraus folgt keine Aussage, ob das Insolvenzrisiko für eine Unternehmung höher ist als für eine andere. An zwei vereinfachten *Beispielen* sei dieser Schluß verdeutlicht:

	Zukunftslagen		
Stahlkonzern:	ohne Subvention		mit Subvention
nächster Zahlungssaldo:	-1		$+1$
Brauerei:	kühler Sommer	mäßiger Sommer	heißer Sommer
nächster Zahlungssaldo:	-1	0	$+10$

Das erste Beispiel erlaubt nur das Urteil: Falls die Zukunftslage mit -1 eintritt, ist Insolvenz gegeben. Das ist lediglich eine Aussage über eine Aufzählung denkbarer künftiger Zustände der Welt, ohne Rangordnung ihrer Glaubwürdigkeit.

Ein Urteil, daß das Insolvenzrisiko beim Stahlkonzern größer oder kleiner als bei der Brauerei ist, läßt sich erst treffen, wenn eine Rangordnung über die Glaubwürdigkeit der Zukunftslagen besteht. Dabei reicht eine subjektive Beurteilung der Glaubwürdigkeit des Falls „ohne Subvention" gegen den Fall „kühler Sommer" nicht aus. Die Rangordnung für die Glaubwürdigkeit muß vielmehr zunächst für ein und dieselbe Alternative aufgestellt werden.

Hierbei sei der Fall ohne Subvention als weniger glaubwürdig angesehen als die Zukunftslage mit Subvention. Entsprechend wird ein kühler Sommer für weniger glaubwürdig als ein heißer Sommer gehalten:

	Zukunftslagen		
Stahlkonzern:	ohne Subvention	‹	mit Subvention
	-1		$+1$
Brauerei:	kühler Sommer ‹	mäßiger Sommer ‹	heißer Sommer
	-1	0	$+10$

Eine Rangordnungsaussage darüber, ob der Stahlkonzern ein höheres Insolvenzrisiko als die Brauerei hat, ist bei diesem Wissensstand noch nicht möglich. Um die Rangordnungen über die Insolvenzgefährdung beider Unternehmungen miteinander zu vergleichen, müssen mehr Informationen als bisher gegeben sein, z.B. wären die Zukunftslagen ohne/ mit Subvention und die der drei Sommerarten zu kombinieren und die „glaubwürdiger als"-Urteile auf alle Kombinationsfälle zu erweitern, ehe die Insolvenzgefährdung beider Unternehmen untereinander verglichen werden kann (analog S. 486 f.). Doch selbst dann ist ein Vergleich noch nicht immer möglich, wie (4) lehrt.

(4) Erst wenn in dem Beispiel quantitative Wahrscheinlichkeiten die Rangordnungsaussagen ersetzen, erscheint die Insolvenzgefährdung bei beiden Beispielunternehmungen vergleichbar. Allerdings gilt auch diese Aussage nur unter Vorbehalten. *Beispiel:*
Wenn für den Stahlkonzern die Zukunftslage mit -1 zu 10% wahrscheinlich ist, die für die Brauerei zu 20%, dann erscheint die höhere Insolvenzgefährdung der Brauerei eindeutig. Aber das gilt nur für das hier aufgestellte Entscheidungsmodell, nicht für die Art von Prognosen über die finanzielle Gefährdung, wie sie die Praxis wünscht und tagtäglich benutzt. Die Zahlen im Beispiel betreffen nur die Erwartungen für den nächsten Zahlungszeitpunkt. Auf längere Sicht darf nicht ausgeschlossen werden, daß die Brauerei vielleicht ihre finanzielle Lage entscheidend verbessern kann, während diese Aussichten beim Stahlkonzern in diesem Beispiel fehlen mögen. Neben diesem Vorbehalt, der aus der Vorgabe eines Planungszeitraums folgt, ist zu beachten:

(5) Werden Finanzinvestitionen in einem Portefeuille gehalten, dann kann über eine Investitionsmischung das Gesamtrisiko eines Portefeuilles unter die Summe der Einzelrisiken der verschiedenen Investitionen gedrückt werden. In das Investitionsrisiko, dem sich ein Investor gegenübersieht, der in Portefeuilles plant, geht das Insolvenzrisiko einer Einzelinvestition gar nicht ein, selbst wenn es zweifelsfrei berechnet werden kann.

Als Ergebnis folgt damit: Es fehlt an einer objektivierbaren Inhaltsbestimmung, ob und wann ein Insolvenzrisiko sinkt. Im Hinblick auf eine Eigenkapitalausstattung, die Insolvenzgefahren begrenzen soll, erscheinen Rangordnungsaussagen zur Insolvenzgefährdung (also ordinale Messungen des Insolvenzrisikos) entscheidungslogisch nicht nachprüfbar möglich. Schon deshalb ist eine Hypothese „Eine steigende Eigenkapitalquote mindert das Insolvenzrisiko" empirisch gar nicht überprüfbar (testbar).

Verfechter der Eigenkapitallücken-These beherzigen solche methodischen Skrupel bisher nicht, sondern scheinen Insolvenzhäufigkeiten aus der Vergangenheit für einzelne Rechtsformen oder Branchen von Unternehmungen einer künftigen Insolvenzanfälligkeit von Kunden, Lieferanten, Konkurrenten) gleichzusetzen[140]. Indes ist ein Schluß von Vergangenheitshäufigkeiten auf Zukunftsereignisse logisch nur zulässig, falls „Immer- und-überall"-geltende empirische Gesetzmäßigkeiten bestehen, als deren Einzelausprägungen die gemessenen Vergangenheitshäufigkeiten erscheinen. Doch gerade an einer solchen vorläufig gut bestätigten Finanzierungshypothese, die einen Zusammenhang zwi-

---

140 Vgl. *Wolfram Gruhler:* Insolvenzen im Konjunkturaufschwung. In: iw-trends, Jg. 13 (3/1986), S. 12, das folgende Zitat S. 16.

schen Eigenkapitalausstattung und Insolvenzanfälligkeit aufdeckt, fehlt es. Deshalb bleibt eine Aussage „Die Eigenkapitalschwäche der deutschen Unternehmen im allgemeinen ... erhöht das Insolvenzrisiko zwangsläufig" eine unbewiesene Behauptung, die Plausibilität nur durch pejorative Wortwahl („Eigenkapitalschwäche", statt „derzeitige Eigenkapitalausstattung") gewinnt.

bb) Meßbarkeitsvoraussetzungen für das Kapitalstrukturrisiko

Will man die Beziehung zwischen Kapitalstruktur und Insolvenzrisiko untersuchen, dann muß das Kapitalstrukturrisiko genau eingegrenzt werden. Zu diesem Zweck wurde zwischen dem allgemeinen leistungswirtschaftlichen Risiko, dem speziellen Kapitalstrukturrisiko und dem hier zunächst ausgeklammerten Eigenfinanzierungsrisiko unterschieden (S. 547).

Das leistungswirtschaftliche Risiko erfaßt alle Unsicherheiten aus dem Leistungsprozeß der Unternehmung, gemessen z.B. durch die Wahrscheinlichkeitsverteilung der Zahlungsströme (bzw. vereinfacht: der Renditen), die aus den Entscheidungen im Beschaffungs-, Produktions- und Absatzbereich folgen. Das leistungswirtschaftliche Risiko schließt zugleich die Verlustgefahr aus einer möglichen zwischenzeitlichen Anlage von Einnahmenüberschüssen ein. Es besteht also bei jeder Kapitalstruktur, auch bei vollständiger Finanzierung über ausschließliche Restbetragsansprüche (bei reiner Eigenkapitalausstattung). Das Kapitalstrukturrisiko entsteht zusätzlich, sobald ein Festbetragsanspruch (Fremdkapital) aufgenommen wird.

Wie schwierig die Trennung von leistungswirtschaftlichem und Kapitalstrukturrisiko ist, zeigt ein einfaches Beispiel. Dabei sei von allen zwischen reiner Eigenkapitalausstattung (ausschließlich Restbetragsansprüchen) und reiner Verschuldung (ausschließlichen Festbetragsansprüchen) siedelnden Finanzierungsverträgen abgesehen. Ein Unternehmer erwäge eine Investition mit folgender Wahrscheinlichkeitsverteilung der Zahlungsströme:

Verteilung 1						
t_0		t_1		t_2		
p	z	p	z	p	z	
1	− 1.000	0,1	− 100	0,1	+ 800	
		0,8	0	0,3	+ 1.100	
		0,1	+ 100	0,4	+ 1.200	
				0,2	+ 1.600	

Rechnet man mit Erwartungswerten für jeden Zahlungszeitpunkt, dann verkörpert diese Investition eine Rendite von 10%. In dieser Wahrscheinlichkeitsverteilung müßte sich das leistungswirtschaftliche Risiko äußern. Das ist aber nicht der Fall:

Bei Eigenfinanzierung ist voraussetzungsgemäß das Kapitalstrukturrisiko null. Indes ändert sich bei Eigenfinanzierung die Verteilung, und zwar aus zwei Gründen: Zum ersten ist das Handlungsprogramm vollständig zu formulieren, es werden also Differenzinvestitionen bzw. Zusatzfinanzierungen notwendig, und zum zweiten müßten eigentlich die gewinnabhängigen Ausgaben (Steuerzahlungen, Gewinnausschüttungen) sowie ein Eigenfinanzierungsrisiko berücksichtigt werden; davon sei hier abgesehen.

Der Unternehmer muß mindestens 1.000 DM Eigenkapital in t_0 und 100 DM zusätzlich in t_1 besitzen, sonst kann er die Handlungsmöglichkeit nicht eigenfinanzieren. Mit 90% Wahrscheinlichkeit braucht er dabei die 100 DM in t_1 nicht. Wir nehmen für einen solchen Fall an, das Geld könne sicher zu 10% bis t_2 angelegt werden. Im allgemeinen bestehen auch für die Wiederanlagemöglichkeiten Wahrscheinlichkeitsverteilungen; das erschwert die Rechnung, führt jedoch nicht zu neuen Einsichten. Deshalb gehen wir von sicherer Reinvestition aus. Aufgrund der Wiederanlage ändern sich die Zahlungen in t_2, und zwar bleiben sie mit 10% Wahrscheinlichkeit unverändert, mit 80% Wahrscheinlichkeit sind in jeder Zukunftslage in t_2 110 DM zuzuzählen, mit 10% Wahrscheinlichkeit in jeder Zukunftslage in t_2 220 DM (nämlich für den Fall, daß in t_1 100 DM Überschuß entstehen). Wir erhalten damit folgendes vollständig formuliertes Handlungsprogramm

Verteilung 2

t_0		t_1		t_2							
				Ausgangswerte		Ergänzung		Endwerte		Neuschätzung	
p	z	p	z	p	z	p	z	p	z	p	z
1	−1.000	1	−100			0,1	0	0,01	830		
				0,1	800	0,8	110	0,08	910	0,1	910
						0,1	220	0,01	1020		
						0,1	0	0,03	1100		
				0,3	1100	0,8	110	0,24	1210	0,3	1210
						0,1	220	0,03	1320		
						0,1	0	0,04	1200		
				0,4	1200	0,8	110	0,32	1310	0,4	1310
						0,1	220	0,04	1420		
						0,1	0	0,02	1600		
				0,2	1600	0,8	110	0,16	1710	0,2	1710
						0,1	220	0,02	1820		

Bei dieser Tabelle wurde vorausgesetzt, daß die Zukunftslagen in t_1 unabhängig von denen in t sind. Diese Voraussetzung ist praktisch nicht immer erfüllt. Im Gegenteil: Wenn in t_1 die Konjunktur schlecht war, dann wächst die Wahrscheinlichkeit, daß sie auch in

t_2 noch nicht gut ist. Es muß also zunächst beachtet werden, ob zwischen dem Risiko verschiedener Perioden irgendwelche Abhängigkeiten bestehen.

Da in der zusammengefaßten Tabelle Glaubwürdigkeitsziffern bis auf 1% genau angegeben werden, wurde diese Tabelle in einer Neuschätzung vereinfacht.

Die Verteilung 2 läßt sich bei vollständiger Eigenfinanzierung (reiner Eigenkapitalausstattung) als Ausdruck des leistungswirtschaftlichen Risikos auffassen. Mit ihrer Hilfe den Einfluß des Verschuldungsgrades zu untersuchen, enthält eine zusätzliche Unterstellung: Bei Eigenfinanzierung muß in t_1 von 100 DM zusätzlichem Kapital ausgegangen werden. Bei Fremdfinanzierung wird man jedoch nicht in jedem Fall noch einmal 100 DM aufnehmen, um sie anzulegen. Damit das leistungswirtschaftliche Risiko unverändert bleibt, müssen wir unterstellen, bei Fremdfinanzierung werde auch die Zusatzinvestition von 100 DM durchgeführt. Diese Unterstellung erscheint allerdings tragbar: Wenn wir Fremdkapitalaufnahme und Investition auch der 100 DM in t_1 unterstellen, setzen wir zugleich voraus, durch diese Differenzinvestition werde das Unternehmensrisiko nicht wesentlich berührt.

Wie sieht die Glaubwürdigkeitsverteilung der Zahlungen aus, wenn ein bestimmter Verschuldungsgrad gewählt wird? Um das Kapitalstrukturrisiko bei einem Verschuldungsgrad von 50% zu untersuchen, könnten wir von dem Investitionsvolumen 1.000 in t_0 ausgehen und unterstellen, in t_0 seien 500, in t_1 50 fremdfinanziert worden. In diesem Fall tritt aber sofort die Frage auf: Was geschieht mit den eingesparten eigenen Mitteln von 500 in t_0 und 50 in t_1? Sie werden anderweitig angelegt. Aber diese anderweitige Anlage kann zu einem anderen leistungswirtschaftlichen Risiko führen, z.B. dann, wenn wir unterstellen, das Geld würde zu 10% mit Sicherheit angelegt werden. Exakt wird die Aussage über das Kapitalstrukturrisiko nur, wenn die frei werdenden eigenen Mittel in Investitionen mit derselben Wahrscheinlichkeitsverteilung investiert werden. Es erscheint deshalb zweckmäßig, von vornherein von einem gegebenen, investierten Eigenkapitalbetrag auszugehen und die Risikowirkungen der Verschuldung anhand von fremdfinanzierten Erweiterungsinvestitionen im Planungszeitpunkt zu untersuchen.

Wir nehmen an, zu der eigenfinanzierten Investition von 1.000 DM in t_0 trete eine gleichartige hinzu, die vollständig fremdfinanziert werde. Die Sollzinsen betragen mit Sicherheit 6%, Zinszahlung und Tilgung des Kredits erfolgen in t_2. 1.000 DM Kredit werden in t_0 100 DM in t_1 aufgenommen und evtl. wieder angelegt. Es entstehen dann in t_2 rund 1.230 DM an Tilgungs- und Zinsausgaben. Der Zahlungssaldo der Handlungsmöglichkeit (Investition mit Finanzierungszahlungen) ergibt dann in t_2 folgende Wahrscheinlichkeitsverteilung:

Verteilung 3	p	z
	0,1	910 – 1.230 = – 320
	0,3	1.210 – 1.230 = – 20
	0,4	1.310 – 1.230 = + 80
	0,2	1.710 – 1.230 = + 480

Im allgemeinen Fall wird es auch für die Zins- und Tilgungszahlungen eine Wahrscheinlichkeitsverteilung geben. Die Wahrscheinlichkeitsverteilung der Zinszahlungen ist ein zahlenmäßiger Niederschlag des Zinsänderungsrisikos (S. 498). Die Wahrscheinlichkeitsverteilung der Tilgungszahlungen folgt aus vorzeitigen Kündigungen wegen eingetretener Zinsänderungen oder auch im mehrperiodigen Zusammenhang wegen eines verstärkt empfundenen Insolvenzrisikos der Gläubiger, nach dem einzelne schlechte Zukunftslagen sich verwirklicht haben. So ist es denkbar, daß bis t_1 ein Zins von 6% herrscht, von t_1 bis t_2 mit 20% Glaubwürdigkeit der Zins auf 5% sinkt, mit 60% bei 6% bleibt und mit 20% auf 7% steigt. In einem solchen Fall ist zu prüfen, welche Zinssatz-Zukunftslage mit welcher leistungswirtschaftlichen Zukunftslage zusammenfallen wird. Es ist der Risikoverbund zwischen Investitionszahlungen und Finanzierungszahlungen zu untersuchen.

Für das Weitere gehen wir der Einfachheit halber von sicheren Zins- und Tilgungszahlungen aus; die Sollzinsen mögen 6% betragen. In der folgenden Tabelle sind die möglichen Zahlungen in t_2 zusammengestellt, und zwar für die Verschuldungsgrade V = 33⅓%, 50% und 75%. Bei 33⅓% Verschuldung besteht eine Investitionssumme von 1.500 DM in t_0 von der 500 fremdfinanziert sind; bei 50 % Verschuldung eine Investitionssumme von 2.000 DM in t_0 davon 1.000 fremdfinanziert; bei 75%iger Verschuldung sind 4.000 DM in t_0 investiert und davon 3.000 fremdfinanziert worden. Es ergeben sich für die fremdfinanzierten Investitionen folgende Verteilungen für den Zahlungssaldo in t_2:

Verteilung 4			
p	V = 33⅓%	V = 50%	V = 75%
0,1	− 160	− 320	− 960
0,3	− 10	− 20	− 60
0,4	+ 40	+ 80	+ 240
0,2	+ 240	+ 480	+ 1.440
	µ = 45	µ = 90	

Der steigende Erwartungswert µ zeigt die durchschnittliche Hebelwirkung an. Im Druck des Verschuldungshebels nach unten bei den ungünstigen Zukunftslagen äußert sich das Kapitalstrukturrisiko. Werden eigenfinanzierte und fremdfinanzierte Investitionen zusammengefaßt, errechnen sich folgende Zahlungssalden in t_2:

Verteilung 5				
p	V = 0%	V = 33⅓%	V = 50%	V = 75%
0,1	910	750	590	− 50
0,3	1.210	1.200	1.190	1.150
0,4	1.310	1.350	1.390	1.550
0,2	1.710	1.950	2.190	3.150

Angenommen sei, für ein personenbezogenes Unternehmen verkörpere diese Tabelle die gesamte Vermögenslage. Bei einem Verschuldungsgrad von 75% muß der Unternehmer also mit 10% Glaubwürdigkeit damit rechnen, daß er Konkurs anmelden muß. Den Verschuldungsgrad 75% wird er vermutlich kaum als zulässige Handlungsmöglichkeit ansehen. Für welchen Verschuldungsgrad der Erwartungswert des Risikonutzens des Unternehmers maximal ist, läßt sich ausrechnen, wenn die Risikonutzenfunktion bekannt ist.

Der optimale Verschuldungsgrad eines personenbezogenen Unternehmens wird also bestimmt durch

a) das leistungswirtschaftliche Risiko,

b) die Zins- und Tilgungszahlungen als Folge von Festbetragsansprüchen (bzw. deren Wahrscheinlichkeitsverteilung, sofern in den Finanzierungsverträgen Zinsanpassungen und Kündigungen vorgegeben sind) und

c) die persönliche Risikoneigung (die Risikonutzenfunktion).

Vom leistungswirtschaftlichen Risiko und von den Zins- und Tilgungszahlungen (der Wahrscheinlichkeitsverteilung von Festbetragsansprüchen) hängt es dabei ab, für welche Zukunftslagen der Verschuldungshebel nach unten drückt. Das Kapitalstrukturrisiko ist erst zu bestimmen, wenn das leistungswirtschaftliche Risiko gegeben ist. Ein allgemeines Verschuldungs-(Kapitalstruktur) Risiko, unabhängig von den Besonderheiten der gewählten Investitionen (dem leistungswirtschaftlichen Risiko), gibt es nicht.

Schon für ein personenbezogenes Unternehmen, also bei einem Zusammenfallen von Eigentum und Verfügungsmacht, besteht praktisch kaum die Möglichkeit, das Kapitalstrukturrisiko zu messen. Für Kapitalmarktbeziehungen, die durch eine Trennung von Eigentum und Verfügungsmacht gekennzeichnet sind, erhöhen sich die Schwierigkeiten, das Kapitalstrukturrisiko zu erfassen. Ob für Kapitalmarktbeziehungen (Anteilseigner zu Management der Unternehmung, Gläubiger zu Management) das Kapitalstrukturrisiko isoliert werden kann, hängt zusätzlich davon ab, ob ein Eigenfinanzierungsrisiko beachtet werden muß.

Die begriffliche Zerlegung des Insolvenzrisikos in ein leistungswirtschaftliches, ein Kapitalstruktur- und ein Eigenfinanzierungsrisiko verdeutlicht, daß die Kapitalstrukturrisikothese nur gelten kann, wenn das leistungswirtschaftliche Risiko nicht zugleich steigt und ein Eigenfinanzierungsrisiko nicht besteht oder falls vorhanden: mit der zusätzlichen Eigenkapitalausstattung sinkt.

Existieren nur Zukunftslagen, in denen ein sinkender Verschuldungsgrad einen Ausgabenüberhang nicht auf Null reduziert oder in einen Einnahmenüberschuß umwandelt, wird damit die Kapitalstrukturrisikothese schon aus logischen Gründen falsch.

Empirisch wird sie zusätzlich dann hinfällig, wenn mit wachsendem Verschuldungsgrad Sanierungsmaßnahmen greifen, die ein Insolvenzrisiko verringern, z.B. staatliche Stützungsaktionen wegen Gefährdung zahlreicher Arbeitsplätze.

Es bedarf also sowohl eines nicht steigenden leistungswirtschaftlichen Risikos als auch eines nicht vorhandenen oder sinkenden Eigenfinanzierungsrisikos, sowie der Kenntnis der Zahlungssalden für alle denkbaren alternativen Zukunftslagen bis zum Planungshorizont und dabei des Umschlagens von einzelnen Ausgabenüberhängen in einen Zahlungssaldo von mindestens null, damit durch eine steigende Eigenkapitalquote ein Sinken des Insolvenzrisikos eintreten wird. Dies vorausgesetzt, ist nunmehr zu prüfen, wann eine steigende Eigenkapitalquote die Anzahl der Zukunftslagen mit Ausgabenüberhängen verringern wird.

cc) Bedingungen für ein Verringern des Kapitalstrukturrisikos durch eine steigende Eigenkapitalquote

Nachdem die steigende Eigenkapitalquote über Jahresabschlüsse gemessen werden muß, sind zunächst die vier Wege zu betrachten, um optisch die Kapitalstruktur zu verbessern:

a) *Buchtechnische Manipulationen,* wie Auflösung stiller Reserven. Ein Auflösen stiller Rücklagen, sofern es keine zusätzlichen gewinnabhängigen Ausgaben auslöst, ändert finanziell nichts. Das Kapitalstrukturrisiko bleibt damit unverändert. Bleibt das Auflösen stiller Rücklagen unerkannt, weil dadurch Verluste an anderer Stelle ausgebügelt werden, dann steigt durch das Auflösen stiller Reserven sogar das Kapitalstrukturrisiko für die Gläubiger, weil sie über die Vermögenslage getäuscht werden.

b) *Realisierung von Gewinnen,* z.B. weil in einzelnen Grundstücken hohe unrealisierte Gewinne verborgen sind. Die Gewinnrealisierung führt zusätzlich Gelder zu. Soweit diese nicht als ergebnisabhängige Steuerzahlungen oder Ausschüttungen abfließen, sinkt das Kapitalstrukturrisiko, vorausgesetzt, die liquiden Mittel fließen nicht in Investitionen mit höherem Risiko als der Durchschnitt der noch laufenden Investitionen.

c) *Abbau von Schulden.* Werden Kredite getilgt, schrumpft Aktiv- und Passivseite und die Kapitalstruktur verbessert sich. Für die Höhe des Kapitalstrukturrisikos ausschlaggebend ist hier, wie der Abfluß liquider Mittel das verbleibende Insolvenzrisiko beeinflußt. Daneben ist zu beachten, daß durch Tilgung von fälligen Schulden das Kapitalstrukturrisiko nicht für alle Kapitalmarktteilnehmer sinkt: das Rückzahlen von Gesellschafterdarlehen, denen im Konkursfall möglicherweise eine „eigenkapitalersetzende" Aufgabe zukäme (z.B. nach § 32 a GmbHGesetz) mindert das Kapitalstrukturrisiko anderer Gläubiger nicht.

d) *Zuführen zusätzlicher Eigenkapitalausstattung.* Wiederum sinkt das Insolvenzrisiko nur dann, wenn die Gelder nicht in Investitionen fließen, die das leistungswirtschaftliche Risiko erhöhen und die Eigenkapital Gebenden nicht Eigenfinanzierungsrisiken auslösen.

Diese vier elementaren Sachverhalte der Bilanzanalyse lassen sich so zusammenfassen: *Durch eine steigende Eigenkapitalquote sinkt das Insolvenzrisiko nur dann, wenn die steigende Eigenkapitalquote auf Liquiditäts- oder Vermögensmehrung beruht, dabei das leistungswirtschaftliche Risiko und ein Eigenfinanzierungsrisiko zusammen weniger steigen als das Kapitalstrukturrisiko sinkt.*

Für einen empirischen Test der Kapitalstrukturrisikothese reicht die Einschränkung auf derart bedingte, vermögenswirksame Verbesserungen der bilanziellen Eigenkapitalquote noch nicht aus. Um das Insolvenzrisiko sowohl für Anteilseigner als auch für Gläubiger zu messen, muß vielmehr die Vielfalt empirischer Finanzierungsverträge mit Sicherheiten, Kündigungs- und Kontrollrechten beachtet werden. Die Vielfalt der Finanzierungsverträge läßt sich auf einer Skala ordnen, die von zwei Grenzfällen bzw. Grundformen ausgeht und die verschiedene Finanzierungsverträge dazwischen einstuft.

Dabei ist es ökonomisch nur dann gleichgültig, ob die Zahlungen als Zinsen oder Tilgungen bezeichnet werden, solange von steuerrechtlichen und privatrechtlichen Einzelvorschriften abgesehen wird. Für die Beurteilung der Rendite und ihrer Streuung bzw. eines allgemeinen Risikomaßes spielen Höhe und Zeitpunkt der Steuerzahlungen eine Rolle. Diese werden dadurch beeinflußt, ob rechtlich eine Zahlung als erfolgsneutrale Tilgung oder als Zinszahlung eingestuft wird[141]. Privatrechtlich hängt die Höhe der vertraglich festgelegten Effektivverzinsung davon ab, wann welche Zahlung als Tilgung oder als Zins gilt – die mit dem Hypothekenzinsurteil des Bundesgerichtshofs[142] aufgeworfenen Fragen hängen hiermit zusammen.

Für die beiden Grundformen einer reinen Eigenkapitalausstattung und einer reinen Verschuldung (S. 50) läßt sich die **Kapitalstrukturrisikothese** genauer so aussprechen: Immer dann, wenn der Anteil ausschließlicher Restbetragsansprüche steigt, verringert sich die Unsicherheit, daß in Betrag und Zeitpunkt vertraglich und gesetzlich festliegende Auszahlungsansprüche nicht eingehalten werden.

Diese Präzisierung der Kapitalstrukturrisikothese trifft jedoch hinsichtlich der ausschließlichen Restbetragsansprüche wiederum nur auf einen vereinfachten Fall zu: auf den Zeitpunkt der Errichtung einer Unternehmung. Nur in der Gründungsphase läßt sich der Verlustpuffer durch das Eigenkapital im Sinne des Bilanzrechts messen. Während des Bestehens einer Unternehmung, also nach dem Vorliegen von Jahresabschlüssen, und dann, wenn unterschiedlich gesicherte Fremdfinanzierungsarten berücksichtigt werden, reicht es für die Formulierung der Kapitalstrukturrisikothese nicht aus, den Verlustpuffer für die Schuldtitel der bilanziell ausgewiesenen Eigenkapitalquote zu messen.

Um in einer bestehenden Unternehmung die Höhe des Verlustpuffers zu erkennen, empfiehlt es sich, den Begriff des Eigenkapitals bzw. der Restbetragsansprüche durch den Begriff des Risikokapitals zu ersetzen (S. 51 ff.). Folglich ist statt einer Eigenkapitalquote eine **Risikokapitalquote** zu messen. Da Risikokapital nicht für eine Unternehmung als Ganzes definiert ist, sondern für den beteiligten Geldgeber der Unternehmung, wird die Risikokapitalquote für Anteilseigner aus dem Risikokapital erster und zweiter Ordnung gebildet, soweit ihre Ansprüche nicht teilweise in das Risikokapital dritter Ordnung gehören (S. 55 f.). Für solche Ansprüche ist das Risikokapital dritter Ordnung gemäß der Voraussetzung im Insolvenzfall zusätzlich zu unterteilen. Entsprechend ist bei Ansprüchen zu verfahren, die zu Risikokapital vierter Ordnung führen.

Die Aufgliederung in vier Erscheinungsformen des Risikokapitals schränkt die Gültigkeit der Kapitalstrukturrisikothese zusätzlich ein: Selbst wenn der Anteil des Eigenkapitals (also

---

141 Vgl. *Josef Zechner, Peter Swoboda:* The Critical Implicit Tax Rate and Capital Structure. In: Journal of Banking and Finance, Vol. 10 (1986), S. 327-341.
142 Vgl. Bundesgerichtshof-Urteil vom 24.11.1988. In: Betriebs-Berater, Jg. 43 (1988), S. 2410.

des Risikokapitals zweiter Ordnung) ansteigt, kann das Kapitalstrukturrisiko wachsen, weil zugleich das Risikokapital insgesamt (z.B. das erster Ordnung oder für manche Gläubiger auch das Risikokapital dritter und vierter Ordnung) sich verringert.

Zusammengefaßt ist die Behauptung, eine steigende Eigenkapitalquote mindere das Insolvenzrisiko, an folgende Anwendungsvoraussetzungen geknüpft:

(1) Verläßliche Rangordnungsaussagen über mehr oder weniger Insolvenzrisiko bei einer zu beurteilenden Unternehmung sind möglich.

(2) Leistungswirtschaftliches Risiko, Kapitalstrukturrisiko und Eigenfinanzierungsrisiko lassen sich trennen, Änderungen im leistungswirtschaftlichen und Eigenfinanzierungsrisiko gegen Änderungen des Kapitalstrukturrisikos abwägen.

(3) Die Finanzplanung ist mehrjährig ausgebaut und zeigt, welche Steigung der Eigenkapitalquote erforderlich ist, um einen Insolvenz auslösenden Ausgabenüberhang in einigen künftigen Zuständen der Welt zu beseitigen und daß ohne die Zuführung einer Eigenkapitalausstattung die Insolvenz nicht verhindert würde.

(4) Die steigende Eigenkapitalquote beruht auf einer Liquiditäts- oder Vermögensmehrung, wobei die zusätzlichen Eigenmittel nicht in Investitionen fließen, die das leistungswirtschaftliche Risiko stärker wachsen lassen als das Kapitalstrukturrisiko sinkt.

(5) Mit der Eigenkapitalzuführung muß ein Eigenfinanzierungsrisiko sinken oder null bleiben.

(6) Die liquiditäts- oder vermögenswirksame Erhöhung der Eigenkapitalquote wird nicht durch eine Verringerung des Risikokapitals aus Gewinnermittlungen oder des den einzelnen Geldgeber schützenden Risikokapitals dritter und vierter Ordnung unterlaufen.

(7) Ein externer Jahresabschlußleser kann verläßliches Wissen über die Bedingungen (1) bis (6) erlangen.

dd) Relativierung des Insolvenzrisikos in Investitionsprogrammen

Gegen die Gültigkeit der Hypothese „Eine steigende Eigenkapitalquote mindert das Insolvenzrisiko" sprechen die Schwierigkeiten bei der ordinalen Messung des Insolvenzrisikos, die Probleme bei der Isolierung des Kapitalstrukturrisikos und die Vorbehalte gegen eine Behauptung, daß eine höhere Eigenkapitalquote ein Insolvenzrisiko mindere. Damit erscheint es für Kapitalmarktteilnehmer kaum begründet, dem Verschuldungsgrad (der Eigenkapitalquote) Gewicht bei der Beurteilung ihres Investitionsrisikos einzuräumen. Als Entscheidungshilfe für Kapitalmarktteilnehmer sind Urteile über das Insolvenzrisiko noch weiter zu relativieren, weil das Insolvenzrisiko nur einen Teil des Investitionsrisikos umfaßt und von diesem kaum trennbar erscheint.

Wie schwierig Investitionsrisiken abschätzbar sind, ist zum ersten ein Problem der Risikobeurteilung bei gegebenem Wissensstand desjenigen, der die Investitionsentscheidung trifft. Die Schwierigkeiten in der Beurteilung der alternativen Zahlungsströme und ihrer Glaubwürdigkeiten ein und derselben Investition bestehen für jeden Investor unabhängig davon, ob er eigene Ersparnisse oder über den Kapitalmarkt erworbene Mittel aus Beteiligungsfinanzierung oder Fremdfinanzierung einsetzt.

Das Problem der Risikobeurteilung einer Investition durch den Investor selbst ist zu trennen von dem zusätzlichen Informationsproblem der Geldgeber, die über den Kapitalmarkt von einem investierenden Manager getrennt sind. Der Manager einer Unternehmung hat kraft technischer Vorbildung, als berufsmäßiger Kenner von Märkten, aber auch der Organisation der Unternehmung, ein höheres Wissen als jene Geldgeber, die über Finanzmärkte einer Unternehmung Geld zur Verfügung stellen. Das zusätzliche Informationsproblem für die Geldgeber besteht in der Frage: Werden wir so unterrichtet, daß der Wissensvorsprung des investierenden (oder Investitionschancen versäumenden) Managers nicht zu unserem Nachteil ausschlägt. Dieses besondere Informationsproblem eines „Schwer-abschätzen-Könnens" von Investitionsrisiken wird in der heutigen betriebswirtschaftlichen Theorie unter dem Stichwort **Principal-Agent-Beziehungen** erörtert. Darauf bauen die Abschnitte b) 3. und c) auf.

Das Problem eines Wissensvorsprungs durch einen investierenden Manager im Auftrage seiner Geld gebenden Principals (Anteilseigner und Gläubiger) betrifft die Eigenkapitalausstattung über den Markt (Beteiligungsfinanzierung) in gleicher Weise wie die Verschuldung. Im Gegenteil: Marktmächtige institutionelle Fremdkapitalgeber werden ihre Kreditgewährung von Informationen abhängig machen, die sonst nur Insidern zugänglich sind. Sie können dank der zusätzlichen Informationen aufgrund ihrer Marktmacht und kraft ihrer Bankiererfahrung Investitionsrisiken besser abschätzen als es durchgängig nicht-geschäftsführenden Anteilseignern möglich ist, vom Kleinaktionär bis zu vielen Kommanditisten.

Auf Kapitalmärkten kommt hinzu, daß Eigenkapitalgeber wie Fremdkapitalgeber zwar das Risiko jeder einzelnen Investition schätzen müssen. Aber ihr Urteil, mit welchem Risiko der Erwerb von Schuldtiteln oder Anteilsrechten an einer Unternehmung verbunden ist, werden sie nicht nach dem Risiko der einzelnen Investitionen ausrichten. Die Geldgeber entscheiden vernünftigerweise nicht einmal nach dem Unternehmungsrisiko insgesamt, sondern (weil sie ihre Finanzinvestitionen auf Kapitalmärkten streuen) nur nach dem verbleibenden, nicht über Märkte wegzudiversifizierenden Risiko der Schuldtitel oder Anteilsrechte innerhalb eines Portefeuilles (S. 514).

Beachtet man, daß die Abschätzung des Investitionsrisikos eines Kapitalmarkttitels nicht isoliert von dem gewünschten Portefeuille an Finanzanlagen erfolgt, so wird es außerordentlich schwierig, überhaupt einen Zusammenhang zwischen dem Risiko einzelner Unternehmensinvestitionen und dem vernünftigen Verhalten von Fremdkapitalgebern herzuleiten, jedenfalls soweit sie handelbare (kapitalmarktgängige) Titel erhalten haben. Als Faustregel dürfte jedoch gelten: Je marktgängiger die Schuldtitel oder Anteilsrechte einer Unternehmung sind, umso besser ist das Risiko zu begrenzen, schon deshalb, weil man sich jederzeit (wenngleich mitunter nur mit Verlusten) von dieser Kapitalanlage trennen kann.

Warum werden dennoch mit Verhandlungsmacht ausgestattete Fremdkapitalgeber auf eine Erhöhung der Eigenkapitalausstattung drängen?

Vernünftigerweise wird jeder, der Verhandlungsmacht besitzt, seine Risiken solange zu mindern suchen, wie seine Gewinnchancen dadurch nicht beeinträchtigt werden. Banken, Versicherungsunternehmen und andere institutionelle Fremdkapitalgeber werden also ihre Marktmacht benutzen, um Kreditsicherheiten, Informations-, Kündigungs- und unter Umständen Mitentscheidungs-Rechte durchzusetzen. Daneben oder ersatzweise werden sie eine höhere Eigenkapitalausstattung als Voraussetzung einer oder weiterer Kreditgewährung verlangen, solange sie nicht ausschließen können, daß im Regelfall dann das Insolvenzrisiko sinkt. *Damit Geldgeber mit Verhandlungsmacht eine höhere Eigenkapitalquote fordern, braucht also nicht die Kapitalstrukturrisikothese als empirische Gesetzmäßigkeit zu gelten. Dazu reicht es aus, daß ihre Gültigkeit im Einzelfall nicht mit Sicherheit ausgeschlossen werden kann.* Dies ist der Fall, solange die Kapitalstrukturrisikothese weder bestätigt noch widerlegt ist.

4. Eine Warnung vor Frühwarnsystemen zur finanziellen Gefährdung der Unternehmung

aa) Die Risikobeurteilung über rating-Skalen bei Risikoanleihen (junk bonds)

Zur Beurteilung der finanziellen Lage von Unternehmungen allgemein, ihrer Bonität als Schuldner im besonderen, wird in den letzten zwei Jahrzehnten versucht, finanzielle Güteklassen von Unternehmungen durch sog. rating-Skalen aufzustellen. Am bekanntesten dürfte die Einstufung nach triple A (AAA) als beste finanzielle Güteklasse, AA+ als zweitbeste usw. bis D durch die Agentur „Standard & Poors" sein oder der ähnliche Index von Moodys, der von Aaa, Aa1 usw. bis C reicht.

Von der Einstufung in eine solche finanzielle Güteklasse hängt zum einen die Höhe der Effektivverzinsung ab, genauer: die Höhe der Risikoprämie im Zinssatz. Zum anderen folgen der Einstufung früherer Emissionen in finanzielle Güteklassen die Anforderungen an Zusatzinformationen und die Wünsche nach vorzeitigen Kündigungs- und vertragliche Eingriffsrechten für die Ausstattung einer Neuemission von Schuldtiteln.

Die Einstufung in finanzielle Güteklassen bezieht sich unmittelbar nur auf eine Emission von Geldmarktpapieren oder mehrjährigen Schuldverschreibungen. Somit können verschiedene Emissionen einer Unternehmung unterschiedliche ratings erhalten, wenn z.B. jede Emission mit unterschiedlichen Kreditsicherheiten ausgestattet ist. Die Beurteilungskriterien, die einem „rating" zugrunde liegen, richten sich u.a. danach, ob der Schuldner ein unabhängiger Staat, eine vom Staat gestützte Einrichtung, Bank oder Industrieunternehmen ist. Für internationale Konzerne wird z.B. zur Ermittlung des leistungswirtschaftlichen Risikos (business risk) eine umfangreiche Analyse des gesellschaftlichen und wirtschaftlichen Umfelds der Unternehmung durchgeführt. Dabei werden Länderrisiko, Branchenrisiko, Marktstellung und andere zentrale Erfolgsfaktoren, wie die Kostenstruktur, aber auch die Qualität des Managements berücksichtigt. Die Gewichtung der einzelnen Faktoren ist nicht von vornherein festgelegt, sondern kann fallweise abgeändert werden. Das zu beurteilende Unternehmen kann die Veröffentlichung eines ratings hinausschieben, um durch zusätzliche Informationen sein rating positiv zu beeinflussen.

Besondere Bedeutung besitzt die Einstufung in finanzielle Güteklassen in den USA, weil von dem rating der fünf für unabhängig geltenden Finanzanalyse-Agenturen u.a. abhängt, ob eine neu zu emittierende Anleihe als Risikoanleihe, als sog. junk bond, eingeordnet wird. Damit fällt sie aus dem Kapitalanlagekatalog der commercial banks heraus, und Sparbanken sind seit 1989 gehalten, ihre Investitionen in junk bonds aufzulösen. Junk bonds haben in den letzten Jahren eine beachtliche Rolle bei fremdfinanzierten Unternehmenskäufen, dem sog. *leveraged-buy-out*, gespielt.

Der Markt für junk bonds wird nach bestimmten (Schein-)Lösungen zur Messung finanzieller Güteklassen von Unternehmungen eingegrenzt. Als junk bonds gelten Anleihen (unter Ausschluß von Wandelanleihen und anderen Mischformen), die in der Einstufung ihrer finanziellen Güteklasse durch mindestens eine der 5 als unabhängig geltenden amerikanischen Finanzanalyse-Agenturen zu den nicht den Kapitalanlagevorschriften für verschiedene Finanzinstitute genügenden, sondern spekulativen Finanzanlagen gehören: Zu den junk bonds gehören nach der rating-Skala von Moody's Einstufungen niedriger als Baa (also ab Ba1), bei Standard & Poors niedriger als BBB– (also ab BB)[143].

Wegen der bisher nicht gelösten Probleme der Messung eines Insolvenzrisikos allgemein, des Kapitalstrukturrisikos im besonderen, verwundert nicht, daß z.B. unter den einzelnen Rating-Agenturen die Zuordnung einzelner Anleiheemissionen zu den junk bonds schwankt. Für 1978 bis 1985 ergab sich eine abweichende Einstufung immerhin für rund ⅛ aller junk bonds (mit einem Emissionsbetrag von 5,5 Mrd.$). Als Folge der unterschiedlichen Einstufung in finanzielle Güteklassen finden sich im Schrifttum verschiedene Angaben über die Höhe der Emissionen an junk bonds[144].

Wie unzuverlässig die Einstufung von Anleihen als junk bonds gemäß den rating-Skalen war, zeigt sich daran, daß die tatsächliche Ausfallquote bei junk bonds bis 1987 bei weniger als der Hälfte jener der Bankkredite lag[145].

Durch vertikale Finanzmarktaufspaltungen, d.h. Bildung von Wertpapierfonds über Wertpapierfonds, gelingt es, bei einer geschickten Risikomischung entsprechend den Einsichten der Theorie der Wertpapiermischung aus risikoreichen (aber in ihren Risikoquellen nicht gleichlaufenden) Finanzanlagen erheblich risikoärmere Portefeuilles zu bil-

---

143 Ab 1990, zur früheren Einstufung und zu Einzelheiten vgl. *Louis H. Ederington, Jess B. Yawitz:* The Bond Rating Process. In: Handbook of Financial Markets and Institutions, ed. by E.I. Altman, 6th ed., New York usw. 1987, chapter 23.

144 Innerhalb der Gesamtverschuldung amerikanischer Unternehmen stieg der Anteil der junk bonds 1988 auf 159 Mrd. US$ = 9%, vgl. *United States General Accounting Office:* High Yield Bonds: Issues Concerning Thrift Investments in High Yield Bonds. GAO/GGD-89-48. Washington 1989, S. 15.

145 2-2,3% nach *Edward I. Altman:* The Anatomy of the High-Yield Bond Market. In: Financial Analysts Journal, Vol. 43 (1987), Heft 4, S. 12-25, hier S. 20., gegenüber 5% bei Bankkrediten nach *United States General Accounting Office:* High Yield Bonds: Nature of the Market and Effect on Federally Insured Institutions. GAO/GGD-88-75, Washington 1988, S. 232, das folgende S. 195.

den. So erreichte 1987 eine Schuldverschreibung, die durch ein Wertpapier-Portefeuille aus junk bonds besichert war, erstmals die höchste Einstufung AAA.

Infolge gescheiterter Unternehmensübernahmen und mehrer spektakulärer Pleiten (bei denen gelegentlich der Verdacht einer bankpolitischen Steuerung laut wurde) wuchs die Risikoeinschätzung auf diesem Teilmarkt erheblich, ohne daß dies zuvor in rating-Skalierungen zum Ausdruck kam.

Die Hauptursache für die Ausweitung des Marktsegments der junk bonds-finanzierten Unternehmensübernahmen dürfte zum einen in der Suche nach Arbitrage- bzw. Spekulationsgewinnen bei Anbietern und Nachfragern liegen. Das Angebot durch investment-banks stieß auf Nachfrager, die

a) einerseits aus der bis dahin geringen Zahl tatsächlich notleidender junk bonds weiterhin ein geringes Risiko erwarteten, das besondere Risiko fremdfinanzierter Unternehmensaufkäufe unterschätzten;

b) an Wertpapiermischungstechniken und statistische finanzanalytische Methoden mit rating-Skalen glaubten. Anbietende investment-banker und nachfragende Anleger sind überwiegend akademisch geschult und folgen in angelsächsischer „Anmaßung von Wissen" ihrer Theory of Finance kritiklos, weil ihnen an ihren Hochschulen die überaus engen Anwendungsvoraussetzungen der auf Konkurrenzgleichgewichten aufbauenden Theory of Finance und die Fragwürdigkeit der statistischen Tests überwiegend verschwiegen wurden.

bb) Kennzahlen aus Jahresabschlüssen als Frühwarnsysteme

Frühwarnsysteme zur finanziellen Gefährdung von Unternehmungen werden seit Jahren in Amerika vermarktet. In Deutschland gewinnen sie nur langsam an Boden. Aber die zeitweise steigende Zahl an Insolvenzen und Finanzinnovationen, die Risiken verstärkt auf Geldgeber zu verlagern versuchen, fördern den Wunsch nach neuen Wegen zur Risikomessung für das Risikokapital und lassen Bedarf nach Frühwarnsystemen über die finanzielle Gefährdung von Unternehmungen wachsen.

Als Frühwarnsysteme dienen vor allem statistische Jahresabschlußanalysen. Mit ihnen sollen Indikatoren für eine Insolvenzprognose abgeleitet bzw. finanzielle Güteklassen (Gefährdungsklassen) für Unternehmungen voneinander getrennt werden. Das bekannteste Beispiel hierfür sind die insbesondere in den USA benutzten rating-Skalen.

Eine Warnung vor solchen Frühwarnsystemen erscheint um so mehr geboten, als der Aberglaube noch immer weit verbreitet erscheint, *mittels statistischer Techniken und EDV-gestützter Programme lasse sich Nichtwissen über Finanzierungshypothesen ersetzen und eine Prognose aufbauen, die quantitative Wahrscheinlichkeiten benutzt.* Das gläubige Vertrauen auf statistische Techniken droht dabei die einzige tatsächlich gesichert erscheinende Erkenntnis über die Zukunft zurückzudrängen: das Wissen, daß *die mathematisch-logisch erzwungenen Voraussetzungen für eine Anwendung der Wahrscheinlichkeitsrechnung auf Einzelentscheidungen empirisch nicht zu erfüllen sind* (S. 451).

In Informations- und Entscheidungsnot befindliche Praktiker sehnen sich natürlich nach verläßlichen Prognosen. Getrieben von dem verständlichen Ehrgeiz, Wissenschaftler sollten in erster Linie Entscheidungshelfer für die Praxis sein, werden „Informationssysteme" und „Entscheidungshilfen" ohne Theorienstützung (d.h. ohne Kenntnis von Gesetzmäßigkeiten) angeboten, allein aufbauend auf der mathematisch-statistischen Aufbereitung von Vergangenheitszahlen, wie Jahresabschlußkennzahlen. *Es gilt zu erkennen, daß solche „Informationssysteme" nicht eine bessere Problembewältigung begründen können, sondern unmittelbar nur als Dompteursprache, als Beruhigungsdroge, wirken.* Darin liegt nichts Abwertendes: Dompteursprachen erfüllen menschliche Bedürfnisse. Schamanen beschwören so die Ängste der Krieger wilder Stämme, die Mutter durch Märchen-Erzählen die Ängste des Kindes vor der dunklen Nacht.

Indes besteht die gesellschaftliche Aufgabe wissenschaftlicher Betriebswirtschaftslehre nicht im Entwerfen neuer Informationssysteme, die durch ihre Prognoseversprechungen dazu verführen können, das Problembewußtsein der praktisch Entscheidenden einzuschläfern, so als Dompteursprache zu wirken. Sondern die gesellschaftliche Funktion einer Wissenschaft besteht darin, die Kritikfähigkeit gegenüber dem Phrasenhaften zu schulen (auch und gerade wenn es im mathematisch-statistischen Gewande einherschreitet). Zu *den Aufgaben einer anwendungsbezogenen Wissenschaft gehört an erster Stelle, die Nichtswürdigkeit unbegründeter Schlüsse von der Vergangenheit auf die Zukunft bloßzustellen.*

Dabei sind die ungelösten Anwendungsvoraussetzungen herauszuarbeiten, die Frühwarnsystemen aufgrund von statistischen Jahresabschlußanalysen innewohnen.

In den letzten zwei Jahrzehnten ist die altbekannte Bilanzanalyse durch die Anwendung statistischer Techniken verfeinert und mit neuem Erkenntnisanspruch versehen worden: Mathematisch-statistisch aufbereitete Jahresabschlußkennzahlen werden zu einem Indikator zusammengefaßt, der insolvenzgefährdete Unternehmen, die deshalb bei Kreditanträgen oder -verlängerungen schärfer als routinemäßig zu prüfen sind, auszusondern erlaubt.

Um aus Jahresabschlüssen einen einzigen Indikator für die Insolvenzgefährdung zu errechnen, benutzen statistische Jahresabschlußanalysen folgendes Vorgehen: Man wählt eine Gruppe von Unternehmen, die in den letzten Jahren Konkurs anmelden mußten, und bestimmt aus ihren Jahresabschlüssen, z.B. der letzten 5 Jahre, eine Fülle von denkbaren Jahresabschlußkennzahlen. Dieser Gruppe von Konkursunternehmen stellt man eine Gruppe bis heute finanziell lebensfähiger Unternehmen gegenüber und errechnet für die jeweiligen Jahre deren entsprechende Jahresabschlußkennzahlen. Natürlich werden unter den lebensfähigen Unternehmen und unter den Konkursunternehmen die einzelnen Jahresabschlußkennzahlen wie Rendite, Kapitalstruktur usw. streuen.

Diese Abweichungen in den einzelnen Jahresabschlußkennzahlen zwischen den Konkursunternehmen einerseits und den gesunden Unternehmen andererseits werden u.a. mit einer statistischen Technik, der sog. multivariaten Diskriminanzanalyse, daraufhin untersucht, für welche Kombination und Gewichtung der Kennzahlen die Abweichung zwischen den Konkursunternehmen und den lebensfähigen Unternehmen möglichst groß ist. Es werden Kennzahlen mit möglichst signifikanten Unterschieden zwischen Konkursunternehmen und lebensfähigen Unternehmen gesucht. Verminderungen der ausgewählten Kennzahlen von einem Jahresabschluß zum nächsten werden als Indiz für eine gestiegene Insolvenzgefährdung gedeutet.

Welche Jahresabschlußkennzahlen lassen sich zu einer signifikanten Trennung zwischen Konkursunternehmen und lebensfähigen Unternehmen verwenden? Die Antwort lautet nach den bisher vorgelegten statistischen Untersuchungen recht verschieden: William Beaver[146], einer der führenden Bilanztheoretiker Amerikas, setzte bei der Gewichtung der Kennzahlen an die erste Stelle das Verhältnis von bilanziellem Cash-flow zu den Gesamtschulden, an die zweite Stelle die Nettorendite und an die dritte Stelle die Kapitalstruktur. Edward Altman[147] baut 1977 mit seinen Mitarbeitern eine Punktbewertung aus sieben Kennzahlen auf, dem sog. Zeta-Score, wobei an die erste Stelle das Verhältnis zurückbehaltene Gewinne zu Gesamtvermögen rückt, an die zweite Stelle eine in der Praxis reichlich unbekannte Kennzahl, nämlich der Standardschätzfehler des Gewinns vor Zinsen und Steuern zu Gesamtvermögen ermittelt an einem Zehnjahrestrend, ehe er weitere Kennzahlen aufnimmt.

Das Verfahren der Bundesbank[148] für die Beurteilung von Unternehmen, deren Wechsel rediskontfähig sind, ist demgegenüber einfacher. Es verwendet als Kennzahlen für die Vermögens-, Finanz- und Ertragslage, die Eigenkapitalquote, eine Kapitalrückflußquote und die Umsatzrendite. Ein ähnliches Verfahren setzt an erster Stelle die Eigenkapitalquote an, danach eine Cashflow-Rendite und eine Cash-flow-Rückflußquote[149].

Keine der statistischen Jahresabschlußanalysen benutzt an den ersten Stellen Kennzahlen für die Kapitalbindung, wie sie z.B. in den Anlagekriterien für die Zuführung zum gebundenen Vermögen gemäß § 54 a Abs. 1 VAG genannt werden: Eigenkapital zu Fremdkapital, Eigenkapital im v.H. des langfristig gebundenen Vermögens, kurzfristig realisierbares Umlaufvermögen im v.H. des kurzfristigen Fremdkapitals und Umlaufver-

---

146 Vgl. *William H. Beaver:* Financial Ratios as Predictors of Failure. In: Empirical Resrach in Accounting: Selected Studies, 1966, Journal of Accounting Research, Supplement to Vol. 4 (1967), S. 71-111.
147 Vgl. *Edward I. Altman, Robert G. Haldeman, P. Narayanan:* ZETA Analysis: A new model to identify bankruptcy risk of corporations. In: Journal of Banking and Finance, Vol. 1 (1977), S. 29-54; *Edward I. Altman, Robert B. Avery, Robert A. Eisenbeis, Joseph F. Sinkey jr.:* Application of Classification Techniques in Business, Banking and Finance. Greenwich 1981.
Vgl. aus dem deutschen Schrifttum in diesem Zusammenhang: *Günther Gebhardt:* Insolvenzprognosen aus aktienrechtlichen Jahresabschlüssen. Wiesbaden 1980; *Jörg Baetge:* Prüfung der Vermögens- und Finanzlage. In: Handwörterbuch der Revision, hrsg. v. A.G. Coenenberg und K. v. Wysocki. Stuttgart 1983, Sp. 1641-1662.
148 Vgl. *Karl Thomas:* Erkenntnisse aus dem Jahresabschluß für die Bonität von Wirtschaftsunternehmen. In: Der Jahresabschluß im Widerstreit der Interessen, hrsg. v. J. Baetge, Düsseldorf 1983, S. 69-84, hier S. 80 f.
149 Vgl. *Jörg Baetge, Hans-Jürgen Niehaus:* Moderne Verfahren der Jahresabschlußanalyse. In: Bilanzanalyse und Bilanzpolitik, hrsg.v. J. Baetge, Düsseldorf 1989, S. 139-174, hier S. 153 f.

mögen insgesamt im v.H. des kurzfristigen Fremdkapitals. Die zumindest für Rechtsnormen hauptsächlich noch gängigen Bilanzkennzahlen sind ohne Bezug zu Daten aus der Gewinn- und Verlustrechnung und scheinen als Indikatoren für eine Insolvenzgefährdung bzw. Nichtgefährdung nach den bisherigen statistischen Untersuchungen nicht besonders signifikant zu sein. Die fehlende statistische Signifikanz der gängigen Kennzahlen zur Vermögens-, Finanz- und Ertragslage sollte beachtet, allerdings nicht überschätzt werden, weil die ökonomische Aussagefähigkeit von Signifikanztests zweifelhaft ist; darauf wird unter bb) eingegangen werden.

Gelingt mit den neueren statistischen Methoden eine handliche Verdichtung des Informationsgehalts eines voll ausgewerteten Jahresabschlusses auf eine Gesamtkennzahl ohne Verlust an Prognosefähigkeit? Diese Frage läßt sich durch folgende Überlegungen beantworten:

Auf einem konkurrenzgleichgewichtigen, im Hinblick auf die Möglichkeiten zur Risikodiversifizierung vollständigen Kapitalmarkt bildet der Marktpreis für Anteilsrechte und Schuldtitel einer Unternehmung selbst die beste Risikomessung und Prognose; denn über die Gleichgewichtsannahme bündelt der Marktpreis das bei jedem Kapitalmarktteilnehmer nur teilweise vorhandene und ungleich verteilte Wissen. Auf diese Weise spiegelt der Marktpreis das gesamte Wissen und die Erwartungen über die Zukunft durch die Gesamtheit aller Marktteilnehmer wider. Daraufhin wird eine „Signalfunktion" der Preise[150] behauptet. Diese Signalfunktion hat zur Folge, daß Rechnungslegung und darauf aufbauende Bilanzanalysen überflüssig werden; denn niemand kann hoffen, durch das Studium von Jahresabschlüssen mehr zu verdienen oder weniger Verluste zu erleiden, wenn im jeweiligen Kurs das gesamte Wissen der Marktteilnehmer über die Zukunft sich bereits widerspiegelt.

Bilanzanalysen brauchen Kapitalmarktteilnehmer erst dann, wenn die Marktpreise für Anteilsrechte und Schuldtitel kein verläßliches Signal für die allgemeine Einschätzung der künftigen Erträge und ihrer Schwankungsbreite liefern. Ein solches Informationsdefizit für Investitions- oder Desinvestitionsentscheidungen tritt in zwei Fällen auf:

a) Wenn überhaupt keine Marktpreise für bestimmte Verfügungsrechte bestehen. Das ist praktisch der Fall für die Anteile an Personengesellschaften und GmbH's und für die überwiegende Zahl aller Schuldtitel.

b) Wenn zwar Marktpreise existieren, diese Marktpreise aber auf den heutigen unvollkommenen und unvollständigen Märkten zustande kommen; denn dann erfüllen diese Marktpreise nur unzureichend die Aufgabe, zugleich die bestmögliche Prognose für die künftige Entwicklung zu liefern.

Jahresabschlußanalysen bedarf es, um aus der Rechnungslegung modellmäßig jene Informationen zu simulieren, welche die Marktpreise in der Realität nicht bieten, weil die wenigen und durch Marktunvollkommenheiten beeinflußten Kapitalmarktpreise gerade nicht die bestmögliche Prognose der künftigen Preis- und Risikoentwicklung sind. Für eine Simulation der

---

150 Vgl. *F.A. Hayek:* The Use of Knowledge in Society. In: The American Economic Review, Vol. 35 (1945), S. 519-530, hier S. 527.

Signalfunktion braucht man Wissen aus der Vergangenheit, also Jahresabschlußzahlen, um mit Hilfe gesetzesartiger Wenn-Dann-Aussagen begründete Erwartungen über die Zukunft zu bilden.

Der Informationsgehalt der einzelnen absoluten Jahresabschlußzahlen sei einmal als gegeben vorausgesetzt. Dann ist folgendes zu beachten: Jede Berechnung einer Kennzahl mindert für sich allein den Informationsgehalt einzelner Jahresabschlußzahlen. Eine Ausgangsinformation, z.B. Fremdkapital 300 und Eigenkapital 100, sagt natürlich mehr über das zu beurteilenden Unternehmens als die verkürzte Information Eigenkapitalquote 25%. Jede Kennzahl stellt eine Normierung zu einer Basiseinheit dar, wobei Wissen über das zu beurteilende Unternehmen unterdrückt wird.

Der dadurch hervorgerufene Verlust an empirischem Wissen ist allerdings dann gerechtfertigt, wenn die Prognosefähigkeit mit Hilfe der Kennzahl erhöht wird. Das ist nur dann der Fall, wenn eine Prognose-Gesetzmäßigkeit bewiesen werden kann. Die Prognose-Gesetzmäßigkeit muß in dem hier zu erörternden Zusammenhang eine Finanzierungshypothese sein, die etwas über die Insolvenzgefährdung einer Unternehmung aussagt.

In heroischer Vereinfachung sei für das weitere ohne Kenntnis solcher Finanzierungsgesetzmäßigkeiten vorausgesetzt, daß jede Kennzahl einen höheren Informationsgehalt hat, als ihn die entsprechenden absoluten Jahresabschlußzahlen gemeinsam hätten. Die Aussagefähigkeit einzelner Jahresabschlußkennzahlen wird nicht diskutiert. Es bleibt im folgenden also ausgeklammert, ob Veränderungen der Kapitalstruktur mehr als Veränderungen irgendeines bilanzmäßigen Cash-flows bessere Indikatoren für die Insolvenzgefährdung einer Unternehmung liefern. Das Wissen über den Informationsgehalt einer jeden Kennzahl gelte als gegeben.

Erst nach solchen Voraussetzungen läßt sich das Anliegen der statistischen Jahresabschlußanalysen diskutieren, nämlich die Informationsverdichtung des Wissens aus Jahresabschlüssen mit Hilfe einer Gesamtkennzahl, wobei diese Gesamtkennzahl einen Indikator für eine gestiegene oder gesunkene Insolvenzgefährdung darstellen soll.

Nachdem S. 591 festgestellt wurde, daß es an einer objektiven (von anderen nachprüfbaren) Inhaltsbestimmung von Rangordnungsaussagen über das Insolvenzrisiko fehlt, entsteht die Frage: *Wie begründen Kennzahlensysteme ihren Anspruch auf eine Prognose finanzieller Gefährdungen?*

Die Antwort ist einfach: *gar nicht; denn es wird einfach totgeschwiegen, daß es der Kenntnis empirischer Gesetzmäßigkeit bedarf, um von Zahlen aus der Vergangenheit auf eine Prognose der Zukunft zu schließen.* Wer Zahlen aus einer Bilanzanalyse Informationsgehalt über künftiges beilegt, ohne ausdrücklich dazu gesetzesartige Wenn-Dann-Aussagen zu benutzen, unterstellt stillschweigend die Gültigkeit derartiger Gesetzmäßigkeiten, ohne sich über deren Inhalt und Grenzen Rechenschaft zu geben.

So wie eine Ausdehnung des Quecksilbers auf der Längenskala eines Thermometers anzeigt, daß in unmittelbarer Vergangenheit die Temperatur im Zimmer gestiegen ist, man also vermutlich bald nicht mehr frieren wird, genauso sollen Jahresabschlußkennzahlen ein zahlenmäßiges Abbild aus Vergangenheitstatbeständen für die Glaubwürdigkeit eines Insolvenzereignisses in der Zukunft sein. Zwischen der Wärmemessung und der Messung einer Konkurswahrscheinlichkeit zum Zwecke der Insolvenzprognose besteht eine Analogie: Die Rolle des Meßinstruments Thermometer übernehmen Jahresabschlüsse und ihre Auswertung.

Der grundlegende Unterschied zwischen der Wärmemessung und der Messung einer Insolvenzgefährdung ist jedoch der, daß der Konstruktion des Meßinstruments Thermometer ein gut bestätigtes Naturgesetz zugrunde liegt: Flüssigkeiten, wie Quecksilber, Alkohol, dehnen sich bei Erwärmung aus. Bei der Messung einer Insolvenzgefährdung über Jahresabschlüsse und ihre Auswertung ist eine entsprechende Gesetzesaussage nicht bekannt, falls sie überhaupt existieren sollte.

Statt dessen liegen zwei Einwände gegen die Existenz einer solchen Gesetzesaussage auf der Hand: Es fehlt sowohl an einer hinreichenden Bestimmtheit der Prognose als auch an ihrem Tatsachengehalt.

(1) Der erste Einwand betrifft die Bestimmtheit der Prognose: Wenn einmal der Sachverhalt akzeptiert wird, daß Unsicherheit über die Folgen menschlichen Handelns unvermeidbar, der Mensch also im Nachhinein meistens klüger ist, dann kann eine Insolvenzprognose keine einwertige Gesetzesaussage sein, etwa in der Form „Wenn aus dem vorliegenden Jahresabschluß Überschuldung ersichtlich ist, dann wird bis zur fälligen Vorlage des nächsten Jahresabschlusses das Unternehmen nicht mehr bestehen".

Selbst wenn unterstellt wird, die Jahresabschlußinformation sei eindeutig und laute: „Die Kapitalgesellschaft ist überschuldet", kann keine einwertige Wenn-dann-Aussage über die Zukunft gefolgert werden, sondern nur eine Prognose, die (a) bedingt und (b) mehrwertig ist.

(a) Bedingt ist die Prognose, weil mindestens zwei Umweltannahmen für das Prognosejahr erfüllt sein müssen, damit der im letzten Jahresabschluß abgebildete Tatbestand „Die Kapitalgesellschaft ist überschuldet" zum Unternehmensende bis zum nächsten Bilanzstichtag führt.

Aus der Jahresabschlußinformation „Die Kapitalgesellschaft ist überschuldet" werden nur gesetzestreue Leiter einer Kapitalgesellschaft die Folgerung ziehen, den Konkurs anzumelden bzw. bei drohender Überschuldung den Jahresabschluß fristgerecht Abschlußprüfern und Aufsichtsrat zuzuleiten. Für einen erheblichen Teil der tatsächlichen Insolvenzfälle in Kapitalgesellschaften gilt, daß vor dem Zusammenbruch Bilanzrechtsdelikte begangen worden sind: sowohl von Vorstandsmitgliedern als auch Aufsichtsräten und mitunter auch mit Wissen von Wirtschaftsprüfern.

Die erste Umweltannahme für die Prognose lautet also: Im Prognosejahr tritt kein gesetzwidriges Verhalten der für die Rechnungslegung zuständigen Personen auf.

Die zweite Umweltannahme lautet: Die Abbildung einer drohenden Überschuldung oder Zahlungsunfähigkeit im Jahresabschluß löst keine erfolgreichen unternehmerischen Anpassungsmaßnahmen aus, z.B. Sanierungshandlungen. Manager werden aber gerade deshalb eingestellt, damit sie Unternehmerfunktionen ausüben, also sich etwas einfallen lassen, wenn eine finanzielle Gefährdung droht.

Theoretisch ließe sich zwar aus der Messung einer Insolvenzgefährdung über Jahresabschlußzahlen auch eine Prognose über den Erfolg unternehmenspolitischer Sanierungsbemühungen oder auch über die Gefahr von gesetzeswidrigen Handlungen konstruieren. Es wären dann handlungsabhängige Wahrscheinlichkeitsurteile zu erarbeiten. Die dabei zu bewältigenden praktischen Probleme liegen ebenso auf der Hand wie der Tatbestand, daß statistische Jahresabschlußanalysen derart bedingte Wahrscheinlichkeitsurteile ausklammern müssen.

(b) Mehrwertig ist jede Prognose hinsichtlich der Höhe, hier der Insolvenzverluste. Bekanntlich sind die gängigen Prognosen z.B. von Wirtschaftsforschungsinstituten etwa über die Inflations- oder Arbeitslosenrate, nicht besser als ein Schamanenkult, falls sie nicht angeben, welche Umweltbedingungen im einzelnen unterstellt worden sind, ob ein Erwartungswert oder Zentralwert genannt wurde, und warum diese Werte ohne Bandbreitenangabe veröffentlicht werden.

Jede Prognose, die den Anspruch auf Ernsthaftigkeit erhebt, muß denkbare künftige Zustände der Welt auflisten und die Genauigkeitsstufe erkennen lassen, auf der ein entscheidungslogisches Wahrscheinlichkeitsurteil ausgesprochen wird.

Von den verschiedenen Genauigkeitsstufen von Prognoseurteilen fällt hier die informationshaltigste, eine quantitative Prognose, aus; denn Häufigkeitszahlen aus der Vergangenheit, wie sie in statistischen Jahresabschlußanalysen eingehen, dürfen nur unter drei sehr engen Voraussetzungen als quantitative Wahrscheinlichkeitsurteile über die Zukunft gedeutet werden (S. 538 f.): wenn

1. die Existenz einer in Vergangenheit und Zukunft geltenden Wahrscheinlichkeitsverteilung bewiesen worden ist,
2. begründet werden kann, daß diese Verteilung stationär bleibt, also sich im Zeitablauf nicht ändert, und daß
3. stochastische Unabhängigkeit gilt, d.h. z.B.: Keine Insolvenz darf durch eine andere verursacht sein. Dies ist gerade nicht die Regel in der Praxis.

Die drei Voraussetzungen sind bei statistischen Jahresabschlußanalysen offensichtlich nicht zu erfüllen. Die Verfechter statistischer Jahresabschlußanalysen streben allerdings auch keine quantitativen Urteile zur Insolvenzprognose an, sondern Rangordnungsaussagen. Ein solches qualitatives Wahrscheinlichkeitsurteil stellt z.B. die Einstufung einer Unternehmung aufgrund von Jahresabschlußkennzahlen in Güte- oder Gefährdungsklassen dar. Doch über das Insolvenzrisiko sind wie über Investitionsrisiken allgemein Rangordnungsaussagen im Regelfall nur möglich, wenn quantitative Wahrscheinlichkeiten und eine Risikonutzenfunktion bekannt sind[151].

(2) Der zweite Einwand betrifft den Tatsachengehalt der Prognose (die Prognosekraft) bei einer Güteklasseneinstufung. Kritiker der statistischen Analysen von Jahresabschlußkennzahlen haben von Anfang an auf den Mangel hingewiesen, daß die Prognosekraft der ausgewählten Jahresabschlußkennzahlen nicht begründet sei. Statistische Jahresab-

---

151 Vgl. *Michael Rothschild, Joseph E. Stiglitz:* Increasing Risk I. A Definition. In: Journal of Economic Theory, Vol. 2 (1970), S. 225-243.

schlußkennzahlen zeigen lediglich, daß Unternehmungen, die später insolvent werden, und gesunde Unternehmungen verschiedene Jahresabschlußkennzahlen auswiesen. Aber das eigentliche Problem sei ein Schluß in eine ganz andere Richtung als ihn die statistische Diskriminanzanalyse zulasse, nämlich, daß Zufallsstichproben von Jahresabschlußkennzahlen Insolvenz oder Nicht-Insolvenz implizieren können.

Ein solcher Schluß erfordere ein Erklärungsmodell als logisches Verbindungsglied zwischen gegebenen Jahresabschlußkennzahlen einerseits und Konkursunternehmen bzw. gesunden Unternehmen andererseits. Ein Modell dieser Art fehle[152].

Ein solches Erklärungsmodell setzt hinreichend bestätigte Finanzierungshypothesen voraus, also heute noch fehlende Erkenntnisse der Finanzierungstheorie. Diese abstrakten Ausführungen lassen sich am Beispiel so verdeutlichen: Aus der Tatsache, daß im Jahre 1993 ein Überschuldungskonkurs eintritt, folgt ganz und gar nicht, daß die Verschlechterung des Verschuldungsgrades von 1991 = 70% auf 1992 = 80% in einem Sachzusammenhang mit dem späteren Konkurs steht. Das kann sein, weil aufgrund der verschlechterten Kapitalstruktur Gläubiger ihre Kredite kündigten. Der spätere Konkurs kann aber auch ganz andere Ursachen haben. Gegenbeispiele bieten z.B. die Insolvenz der Herstattbank (1974) oder die Schieflage der Schröder, Münchmeyer, Hengst-Bank (1983), für die schwerlich irgendwelche Jahresabschlußkennzahlen als Indikatoren heranzuziehen sind.

Statistische Analysen von Jahresabschlußzahlen können zwar dazu dienen, an Modellen erarbeitete Finanzierungshypothesen praktisch zu testen. Aber sie können sie nicht ersetzen oder begründen. Insbesondere geben statistische Jahresabschlußanalysen keine Rechtfertigung für eine Zusammenfassung von Kennzahlen, also das als Verdichtung gedachte Unterdrücken von Einzelinformationen aus dem Jahresabschluß.

Zu dem Gesichtspunkt der fehlenden Theoriegestütztheit statistischer Jahresabschlußanalysen tritt ein weiterer, nicht minder schwerer Einwand: Selbst wenn modellmäßig eine vermutete Gesetzmäßigkeit zwischen Jahresabschlußzahlen der Vergangenheit und Konkurswahrscheinlichkeit abgeleitet ist, wäre die Testbarkeit eines solchen Modellergebnisses erst zu beweisen, ehe von einer Finanzierungshypothese gesprochen werden darf, die mit statistischen Mitteln tatsächlich auf ihre empirische Gültigkeit hin getestet werden kann. Erst erfolgreiche Einzelbestätigungen solcher Hypothesen rechtfertigen das Weglassen empirischen Einzelwissens, wie es Gesamtkennzahlen aus statistischen Jahresabschlußanalysen als Mittel einer Informationsverdichtung darstellen.

Die Testbarkeit von Modellergebnissen der Finanzierungstheorie wird aus zwei Gründen zum Problem:

a) Statistische Jahresabschlußanalysen, zumindest die aus Amerika, benutzen hauptsächlich Zahlen von börsennotierten Gesellschaften. Für Unternehmungen, die auf einem organisierten Kapitalmarkt gehandelt werden, wird nun behauptet, daß dieser Kapitalmarkt näherungsweise „informationseffizient" in bezug auf öffentlich zugängliches

---

152 Vgl. *Craig G. Johnson:* Ratio Analysis and the Prediction of Firm Failure. In: The Journal of Finance, Vol. 25 (1970), S. 1166-1168, insbes. S. 1168.

Wissen sei (wie das aus Jahresabschlüssen), d.h. dieses Wissen schlage sich unverzüglich in der Kursentwicklung nieder (S. 543). Falls dies gilt, fehlt Jahresabschlußzahlen von vornherein eine Informationsfunktion: Alles Wissenswerte sagt dann bereits der Kurs, der zudem aktueller ist. Jahresabschlußkennzahlen können als Testmaterial für Finanzierungs- und damit Insolvenzhypothesen nur auf nicht derart „informationseffizienten" Kapitalmärkten dienen. Dafür liegen bislang keine testbaren Modellaussagen vor.

b) Ob testbare Hypothesen, die Schlüsse von der Vergangenheit auf die Zukunft rechtfertigen könnten, mit der derzeit vorherrschenden Kapitalmarktgleichgewichtstheorie gebildet werden können, ist inzwischen grundsätzlich in Frage zu stellen.

Bisher übergehen statistische Jahresabschlußanalysen diese Probleme, weil sie eine Theorienstützung ihrer Aussage vermeiden.

cc) Frühwarnsysteme als Prüfungssollobjekte für Sachverständigenurteile?

Gegen die bisherigen Vorhaltungen verteidigen sich die Verfechter statistischer Jahresabschlußanalysen wie folgt:

a) Die Praxis habe ein Bedürfnis nach Informationen über das Insolvenzrisiko, und etwas zu wissen sei besser als gar nicht zu wissen. – Aber ein nicht gesetzmäßiges, ja nicht einmal modellmäßig gestütztes „Wissen" täuscht nur „Erfahrungszusammenhänge" vor. Für die Entscheidungsfindung ist Selbsttäuschung nicht besser als die Einsicht, nichts zu wissen.

b) Gerade weil noch keine Finanzierungshypothesen begründet werden können, deshalb seien statistische Jahresabschlußanalysen geeignet, um so „forschungsstrategisch" vermutliche Abhängigkeiten zu erkennen. - Doch hier wird der Versuchs- und Irrtumspfad, den die Forschung nach empirischen Gesetzmäßigkeiten beschreiten muß, mit der Anwendung von Forschungsergebnissen verwechselt. Vermutete Abhängigkeiten, für die nicht einmal unter einfachen Bedingungen eine modellmäßige Stützung gefunden werden konnte, der Praxis zur Anwendung zu empfehlen, das heißt nichts anderes als: bewußt auf all das verzichten, was Wahrsagerei von wissenschaftlichem Arbeiten unterscheidet.

c) Der Jahresabschluß erlange „dann eine Indikatorfunktion ..., wenn sich die Abwärtsentwicklung... über eine Reihe von Jahren fortsetzt, weil dann die bilanzpolitische Manövriermasse abnimmt"[153]. – Dieses Argument stützt jedoch nur eine Lektüre und Analyse einer Abfolge von Jahresabschlüssen, nicht die Unterdrückung von Informationen durch die Auswahl einzelner Kennzahlen über eine Diskriminanzanalyse. Eine als besonders signifikant herausgehobene sinkende Eigenkapitalquote bei später insolventen Unternehmen bietet keine handliche Wissensverdichtung gegenüber der Analyse einer Abfolge von Jahresabschlüssen, weil Insolvenz durch den Verlust des Eigenkapitals (als

---

[153] *Baetge, Niehaus*, S. 145. Ein entsprechender Rechtfertigungsversuch ist schon von Altman gegen Johnson (Fn. 20) versucht worden, vgl. *Edward J. Altman:* A Reply to Craig G. Johnson. In: The Journal of Finance, Vol. 25 (1970), S. 1169-1172, hier S. 1169 f.

Potential für Desinvestitionen bei drohender Zahlungsunfähigkeit) gekennzeichnet ist. Durch die Definition von Insolvenz gilt, daß insolvente Unternehmen keine Eigenkapitalausstattung oder keinen positiven Cash-flow haben. Die Signifikanz einer sinkenden Eigenkapitalquote oder eines sinkenden Cash-flows ist in weitem Maße tautologisch und insoweit empirisch gehaltlos. Altmans und anderer Hoffnung (Fn. 147), bei einem analysierten Unternehmen ähnliche Struktur aufzudecken, wie bei in der Vergangenheit insolvent gewordenen, um rechtzeitig Gegenmaßnahmen einzuleiten, übersieht: Ähnliche Strukturen über ein Klassifikationsverfahren zu finden, setzen empirische Abhängigkeiten voraus. Wer also z.B. hofft, durch bestimmte Jahresabschlußkennzahlen Routine-Kreditverträge von besonders zu prüfenden Kreditanträgen trennen zu können, muß vorab erklären können, welche Kennzahlen warum die Zuordnung „routinemäßig" zu behandelnder Kreditanträge erlaubt. Solange Erklärungsmodelle und daraus entwickelte gesetzesartige Wenn-Dann-Aussagen fehlen, wird nur Pseudowissenschaft geliefert, mit der Ansprüche auf Eingriffsmacht von Kreditgebern in die Führung einer Unternehmung scheinbegründet werden.

Statistische Jahresabschlußanalysen werden insbesondere empfohlen, um Sollwerte für eine Bonitätsprüfung zu bilden. Der Jahresabschlußprüfer solle bei seinem Urteil über die Vermögens- und Finanzlage das Unternehmen in eine von vier oder fünf Gefährdungsklassen einstufen, die mittels statistischer Jahresabschlußanalysen gebildet werden[154]. Entsprechend sei bei Kreditwürdigkeitsprüfungen vorzugehen. Ganz allgemein werden „Frühwarnsysteme" unterschiedlicher Ausprägung empfohlen, die zugleich als Prüfungs-Sollobjekte für Sachverständigen-Urteile zur finanziellen Gefährdung einer Unternehmung dienen sollen.

Dagegen ist einzuwenden:

(1) Die Beziehung zwischen Sachverständigem und Urteilsempfänger ist ein typisches Verhältnis zwischen einem Auftraggeber (dem Principal), der einem Beauftragten (dem Agent) Arbeiten überträgt (hier die Prüfung der Vermögens- und Finanzlage). Auftraggeber ist bei der Jahresabschlußprüfung die Hauptversammlung, bei einer Kreditwürdigkeitsprüfung der Kapitalanleger. Beauftragter ist der Wirtschaftsprüfer oder ein anderer zur Beurteilung ausgewählter Sachverständiger. Ausschlaggebend ist, daß der Auftraggeber die Ausführung der Arbeiten nicht selbst beobachten kann, sondern der Beauftragte aufgrund seiner Ausbildung und seiner Tätigkeiten einen Wissensvorsprung hat.

Die Vorgabe eines Prüfungs-Sollobjekts in Form von Güteklassen für den Sachverständigen bezweckt, einer Täuschung des Auftraggebers vorzubeugen: An die Stelle eines subjektiven Ermessens soll eine zahlenmäßige Norm treten, die den Willkürspielraum des Sachverständigen einschränkt. Nehmen wir an: Ein Wirtschaftsprüfer handelt nach bestem Wissen. Was bewirkt hier eine zahlenmäßige Sollvorgabe für sein Urteil, soweit diese Sollvorgabe nicht auf theoriegestützten Gesetzmäßigkeiten beruht? Eine Sollvorgabe entbindet einen Beauftragten teilweise von seiner materiellen Verantwortung, weil er

---

[154] Vgl. z.B. *Baetge*, Sp. 1656-1661.

sich auf einen formellen Vergleich von Zahlen zurückziehen kann. An die Stelle der Abgabe eines verantwortlichen Urteils tritt das Abhaken von Zahlen.

Während bei einem subjektiven Urteil z.B. persönliche Vermutungen über die Gefahr eines rechtswidrigen oder leichtsinnigen Handelns durch die Geschäftsleitung eingehen können, und bei einem nach bestem Wissen handelnden Wirtschaftsprüfer eingehen werden, wird dies durch die Vorgabe eines Prüfungs-Sollobjekts „Einstufung in Güteklassen" eher behindert[155], wenn nicht verhindert. Bei Auftraggeber-Beauftragten-Problemen kann der Auftraggeber definitionsgemäß Sollvorgaben nicht rational planen, weil der Beauftragte mehr weiß als er. Deshalb erscheint das Urteil des Sachverständigen in eigener Verantwortung besser zu sein als eine gesetzliche oder berufsständische Vorgabe, Unternehmungen in eine Güte- oder Gefährdungsklasse einzustufen, solange diese Güteklassen nicht über Finanzierungsgesetzmäßigkeiten, sondern lediglich durch statistische Jahresabschlußanalysen gestützt sind.

(2) Ein zweiter, noch wichtigerer Einwand gegen Güte- oder Gefährdungsklassen mittels statistischer Jahresabschlußanalysen ist methodischer Art:

Entscheidend für die Prognosefähigkeit von Wissensständen aus der Vergangenheit, wie sie Jahresabschlüsse bieten, ist, daß sich bestimmte Befunde, z.B. Kapitalstrukturzahlen, bei ähnlichen, künftigen Umweltbedingungen von selbst reproduzieren. Reproduzierbarkeit und statistische Signifikanz sind aber voneinander unabhängig. Sind bestimmte Effekte reproduzierbar, so müssen sie noch lange nicht statistisch signifikant sein. In der Psychologie ist deshalb gefolgert worden, daß auf den statistischen Signifikanztest ruhig verzichtet werden könne, denn über die Güte vermuteter Gesetzmäßigkeiten sage er sowieso nichts aus[156].

Solange statistische Jahresabschlußanalysen Indikatoren zur Insolvenzprognose oder auch nur zur Einstufung eines Kreditsuchenden als Routine- oder Problemfall konstruieren, ohne sich auf modellgestützte Finanzierungshypothesen stützen zu können, gelten die aus der Signifikanztest-Kontroverse in der Psychologie bekannten Einwände, daß
— eine Vergrößerung des Stichprobenumfangs aus der Vergangenheit (aus Jahresabschlüssen) häufig Signifikanz nur vorgaukelt und zur Reproduzierbarkeit der Beobachtungen als Vorbedingung für eine Gesetzmäßigkeit nichts sagt, und
— die Ablehnung einer zunächst gesetzten Nullhypothese keine signifikante „Bewährung" der Alternativhypothese darstellt.

Von einer „Bewährung" statistischer Jahresabschlußanalysen und damit einer Rechtfertigung von Trennwerten für Gefährdungsklassen kann allein schon deshalb nicht gesprochen werden. Stattdessen ist an einen drastischen Vergleich zu erinnern: Wer glaube, mit

---

155 Vgl. *Hermann Clemm:* Die Jahresabschlußanalyse als Grundlage für die Lageberichtsprüfung und die Berichterstattung des Abschlußprüfers. In: Bilanzanalyse und Bilanzpolitik, hrsg. von J. Baetge, Düsseldorf 1989, S. 53-78.
156 Vgl. *Jochen Harnatt:* Der statistische Signifikanztest in kritischer Betrachtung. In: Psychologische Beiträge, Bd. 17 (1975), S. 595-612, hier S. 610; *ders.:* Nicht Rechtfertigung, sondern kritische Prüfung. Eine Erwiderung zu E. Witte (1977). In: Psychologische Beiträge, Bd. 21 (1979), S. 496-502, hier S. 501.

Signifikanztest und ähnlichen statistischen Verfahren empirische Forschung betreiben zu können, begebe sich in die Position eines zwar potenten, aber zeugungsunfähigen intellektuellen Wüstlings, der auf seinem vergnüglichen Forschungswege einen langen Zug geschändeter Mädchen, aber keinen lebensfähigen wissenschaftlichen Sprößling hinterläßt[157].

Für Frühwarnsysteme zur finanziellen Gefährdung von Unternehmen, insbesondere für die behauptete Informationsverdichtung, die statistische Jahresabschlußanalysen zu liefern versprechen, gilt, daß auch sie die erkenntnistheoretischen Voraussetzungen für Schlüsse von der Vergangenheit auf die Zukunft zu beachten haben. Für Einzelprognosen und Einzelentscheidungen liefern dabei statistische Techniken und die Wahrscheinlichkeitsrechnung sehr wenig begründete Hilfe. Karl Popper vermutet: Warum dennoch Medizinmänner und Gelehrte in unserer Zeit an die Wahrscheinlichkeitsrechnung appellieren, sei: „Sie macht die (mehr oder weniger) guten Induktionen oder Generalisationen wahrscheinlicher als die (mehr oder weniger) schlechten ... Aber das ist eben nicht wahr, es läßt sich sogar widerlegen"[158]. Bisher konnte für Prognosen über einzelne Unternehmungen jene Frage nicht stichhaltig zurückgewiesen werden, die in anderem Zusammenhang der Wissenschaftstheoretiker Imre Lakatos gestellt hat, nämlich, „ob die Funktion von statistischen Techniken in den Sozialwissenschaften nicht vor allem darin besteht, daß sie einen Mechanismus liefern, der Scheinbestätigungen und den Anschein ‚wissenschaftlichen Fortschritts' an Stellen produziert, wo sich in Wirklichkeit nur pseudointellektueller Mist anhäuft"[159].

b) Finanzierungsverträge bei ungleicher Wissensverteilung zwischen Unternehmer und Geldgeber

1. Finanzierungsverträge und Principal-Agent Beziehungen

aa) Finanzierungsverträge als gegenseitige einzelwirtschaftliche Planabstimmung und die Folgen ungleicher Wissensverteilung

Finanzierungsverträge betreffen die Überlassung von Geld (im weiteren Sinn auch von Sacheinlagen) gegen künftige Auszahlungsansprüche. Hierbei ist Vertrag nicht im Rechtssinne zu verstehen, sondern wirtschaftlich als beobachtbare Markthandlung: als gegenseitige Abstimmung der Wirtschaftspläne eines Anbieters und eines Nachfragers und ihre Verwirklichung. Durch einen Vertrag erfolgt die Koordination einzelwirtschaft-

---

[157] Vgl. *Paul E. Meehl:* Theory Testing in Psychology and Physics: A Methodological Paradox. In: The Significance Test Controversy, hrsg. v. D.E. Morrison, R.E. Henkel, London 1970, S. 252-266, hier S. 265.
[158] *Karl Popper:* Logik der Forschung. 8. Aufl., Tübingen 1984, S. 451 f.
[159] *Imre Lakatos:* Falsifikation und die Methodologie wissenschaftlicher Forschungsprogramme. In: Kritik und Erkenntnisfortschritt, hrsg. von I. Lakatos, A. Musgrave, Braunschweig 1974, S. 89-189, hier S. 170, Fn. 325.

licher Pläne über den Markt. Ein *Vertrag ist also wirtschaftstheoretisch eine von Anbieter und Nachfrager übereinstimmend geplante Abstimmung ihrer einzelwirtschaftlichen Pläne.* Verwirklicht wird diese Marktkoordination von Einzelwirtschaftsplänen durch den Tausch.

Die Verwirklichung der Marktkoordination zwischen Geldgeber und Geldnehmer erstreckt sich über einen mehr oder weniger ausgedehnten Zeitraum: den Investitionszeitraum aus der Sicht des Geldgebers, den Finanzierungszeitraum aus der Sicht des Geldnehmers. Nimmt der Tausch (die Vertragserfüllung) Zeit in Anspruch, weil die Leistung der einen Seite zu anderen Zeitpunkten erfolgt als die Gegenleistung der anderen, wird ein Tausch zugleich zu einer Investition (aus der Sicht dessen, der zunächst Ausgaben tätigt) oder einer Finanzierung (aus der Sicht dessen, der zunächst eine Einnahme empfängt). Selbst wenn, wie bei Zahlungsfristen oder Vorauszahlungen, die finanziellen Vereinbarungen nur eine Nebenleistung beim Absatz oder der Beschaffung darstellen, liegt betriebswirtschaftlich (wenngleich nicht rechtlich) ein Finanzierungsvertrag vor. Während des Finanzierungs- bzw. Investitionszeitraums wird sich der Wissensstand zwischen dem Zeitpunkt der Koordination der Pläne und dem Ende der Vertragsdurchführung ändern.

Welche Folgen hat das Wissen, daß der mögliche Marktpartner vor Vertragsabschluß einen Wissensvorsprung hat oder bei der Vertragsdurchführung einen Handlungsspielraum gewinnen kann, auf die gegenseitige Abstimmung der beiden einzelwirtschaftlichen Pläne, also auf den Inhalt der vertraglichen Vereinbarungen?

Das Wissen eines potentiellen Marktpartners, daß der andere bei Vertragsabschluß mehr weiß, wird Anlaß zu anderen vertraglichen Vereinbarungen geben als das Wissen, daß der mögliche Marktpartner bei der Vertragsdurchführung einen Wissensvorsprung mit Handlungsspielraum gewinnt, um seine Interessen zu verwirklichen.

a) Der Sachverhalt eines Wissensvorsprungs über die Eigenschaften eines Marktgegenstandes vor Vertragsabschluß läßt sich als verborgene Informationen bezeichnen. Ein Musterbeispiel hierfür ist die Vermutung des Nachfragers, daß der Verkäufer eines Gebrauchtwagens ihn deshalb verkaufen will, weil es sich um ein „Montagsauto" mit Qualitätsmängeln („lemon") handelt.

Wenn der Nachfrager vermutet, daß verborgene Qualitätsmängel dem Gebrauchtwagen innewohnen, obwohl der Wagen mängelfrei ist, wird der Nachfrager einen zu geringen Preis bieten, den der Verkäufer nicht akzeptieren wird. Die Folge kann sein, daß ein beide Seiten besser stellender Tausch nicht zustande kommt. Dieser Sachverhalt einer „adverse selection"[160] ist zur Erklärung von Kreditbeschränkungen herangezogen worden (S. 631). Für die Beseitigung tauschhemmender Wissensunterschiede vor Vertragsab-

---

160 Vgl. *George A. Akerlof:* The Market for „Lemons": Quality Uncertainty and the Market Mechanism. In: The Quarterly Journal of Economics, Vol. 84 (1970), S. 488-500; die Wortwahl verborgene Informationen und verborgene Handlungen folgt *Kenneth J. Arrow:* The Economics of Agency. In: Principals and Agents: The Structure of Business, ed. by J.W. Pratt, R.J. Zeckhauser, Boston 1985, S. 37-51, hier S. 38.

schluß in Form verborgener Informationen bieten sich zusätzliche vertrauenswürdige Informationen an:

(1) Unter *signaling* versteht man den Nachweis von Tatsachen, die bestimmte Erwartungen über künftige Produktqualitäten hervorrufen[161]: z.B. Zeugnisse, Qualitätssiegel. Zum signaling gehören auch Selbstbindungsklauseln wie z.B. die Verpflichtung, künftige Gläubiger nicht besser zu stellen als bisherige („me-first"-rules). Aber auch Änderungen in der Kapitalstruktur und Dividendenpolitik werden als solche Signale betrachtet (S. 640).

(2) Die Kehrseite des signaling heißt *screening*. Dazu zählt das Ausführen von Qualitätstests bei einem Nachfrager. Bei Finanzierungsverträgen gehört eine Kreditwürdigkeitsprüfung hierzu, aber auch eine Prüfung eines Börseneinführungsprospektes.

b) Der Sachverhalt eines Wissensvorsprungs und Handlungsspielraums während der Vertragsdurchführung kann Anlaß zu verborgenen Handlungen sein (moral hazard). Musterbeispiele hierfür sind, daß ein Versicherungsnehmer mit einer Kaskoversicherung sein Auto besonders leichtsinnig fährt oder daß Manager bei sich abzeichnender guter oder schlechter Entwicklung Insidergeschäfte an der Börse tätigen und dadurch möglicherweise die Anteilseigner oder Gläubiger schädigen[162].

Eine Befürchtung verborgener Handlungen während der Vertragsdurchführung wird ein potentieller Vertragspartner durch zwei Arten von Vereinbarungen zu begegnen suchen:

(1) Er wird durch eine unverfälschte Rechenschaft darauf drängen, über das unterrichtet zu werden, was bis zu einem Zeitpunkt tatsächlich geschehen ist. Bei diesem Rechenschafts- bzw. Kontrollproblem geht es um eine Ehrlichkeit der Wissensübertragung zwischen den Vertragsausführenden und seinem Vertragspartner.

(2) Ein Auftraggeber wird durch Einzelregelungen im Vertrag den möglichen Handlungsspielraum des Beauftragten während der Vertragsführung zu begrenzen suchen. Dazu wird er insbesondere

– Handlungen des Beauftragten von seiner Zustimmung abhängig zu machen suchen; hinzu treten in Gruppen Gleichberechtigter Regelungen für Gruppenentscheidungen, z.B. in bestimmten Fällen qualifizierte Mehrheiten;

– Informationsgebote und Mitberatungsrechte vor (nicht-zustimmungsbedürftigen) Handlungen verlangen;

---

[161] Vgl. *Michael Spence:* Job Market Signaling. In: The Quarterly Journal of Economics, Vol. 87 (1973), S. 355-374, hier S. 355 f.; *Hayne E. Leland:* Quacks, Lemons and Licensing, A Theory of Minimum Quality Standards. In: Journal of Political Economy, Vol. 87 (1979), S. 1328-1346.

[162] Allerdings ist bisher keineswegs erwiesen, wer durch einen moralisch anrüchig erscheinenden Insiderhandel geschädigt wird, vgl. dazu z.B. *Frank H. Easterbrook:* Insider Trading as an Agency Problem. In: Principals and Agents: The Structure of Business, ed. by J.W. Pratt, R.J. Zeckhauser, Boston 1985, S. 81-100; *Sanford J. Grossman:* An Analysis of the Role of „Insider Trading" on Futures Markets. In: Journal of Business, Vol. 59 (1986), S. S129-S146; *Mervyn King, Ailsa Roell:* Insider trading. In: Economic Policy, April 1988, S. 165-193; *Peter Schörner:* Gesetzliches Insiderhandelsverbot. Wiesbaden 1991.

– Vertragsbedingungen vorsehen, die „anreizverträglich" sind.
Anreizverträgliche Vertragsbedingungen sollen den Beauftragten dazu veranlassen, seinen Handlungsspielraum nicht zum Nachteil des Vertragspartners (Auftraggebers) auszunutzen, sondern sein Handeln auf die Interessen des Auftraggebers abstimmen.

Anreizverträglichkeit innerhalb von Vertragsgestaltungen, um der Gefahr verborgener Handlungen bei der Vertragsdurchführung zu begegnen, sind zu unterscheiden von verhaltenswissenschaftlichen Anreiz- Beitragsüberlegungen. Verhaltenswissenschaftliche Anreiz-Beitragsüberlegungen beabsichtigen, die psychische Disposition des Handelnden zu verändern, also insbesondere seine Zielgrößen. So soll z.B. das Versprechen von Aufstiegschancen diesen dazu stimulieren, länger, intensiver, sorgfältiger zu arbeiten. Das Wecken „schlafender Fähigkeiten" geht hier zu Lasten eines geistigen Büroschlafs. Solche verhaltenswissenschaftlichen Anreiz- Beitragssysteme zielen auf eine Substitution von Bequemlichkeit oder Freizeitnutzen gegen Sozialprestige ab.

Demgegenüber will Anreizverträglichkeit als Problem einer einzelwirtschaftlichen Plankoordination über den Markt nicht das Entscheidungsfeld des Beauftragten beeinflussen (seine Zielgrößen, Handlungsmöglichkeiten oder Mittel), sondern nur die Wahl unter den Handlungsmöglichkeiten, die einem Beauftragten bei seinen Zielgrößen mindestens in gleicher Weise zielentsprechend erscheinen, so verändern, daß die Interessen des Auftraggebers gewahrt bleiben. Anreizverträglichkeit bezweckt eine freiwillige Koordination von Wirtschaftsplänen ohne diesen Entscheidungsspielraum über psychische Beeinflussungen wieder einzuengen.

bb) Inwieweit sind in Finanzierungsverträgen Principal-Agent-Probleme zu lösen?

Unter der Überschrift Principal-Agent-Probleme erörtern weite Teile des Schrifttums den Einfluß beider Erscheinungsformen eines Wissensvorsprungs auf die gegenseitige Planabstimmung (den Vertragsinhalt): sowohl die Vermutung verborgener Informationen vor Vertragsabschluß als auch die Vermutung verborgener Handlungen bei der Vertragsdurchführung. In angelsächsischem Begriffsschlendrian liegt ein Principal-Agent-Verhältnis sogar immer dann vor, „whenever one individual depends on the action of another"[163]. Nimmt man dies wörtlich, dann wäre die Geburt eines Kindes eine Principal-Agent-Beziehung zwischen Baby und Vater. Die Kennzeichnung eines Principal-Agent-Problems unter Verweis auf die Beeinflussung des Nutzens des einen durch die Handlung des anderen[164] ist auch nicht besser: Jedes Anrempeln auf der Straße und natürlich jeder Diebstahl oder Kauf erfüllt diese Eigenschaft, und legt eine unsinnig weite Begriffsbildung bloß.

Unzweckmäßig erscheint auch, Principal-Agent-Probleme soweit zu fassen, daß Fragen, wie mehrere Gesellschafter-Geschäftsführer zusammenarbeiten (also Team-Proble-

---

163 *John W. Pratt, Richard J. Zeckhauser:* Principals and Agents: An Overview. In: Principals and Agents: The Structure of Business, ed. by J.W. Pratt, R.J. Zeckhauser, Boston 1985, S. 1-35, hier S. 2.
164 Vgl. *Arrow:* Economics of Agency, S. 37.

me unter Gleichberechtigten), hierunter fallen[165]. Die Regelungen in Entscheidungsgremien unter Gleichberechtigten (Gruppenentscheidungen) schaffen andere Probleme der Vertragsgestaltung als die Delegation von Aufgaben durch einen Auftraggeber an einen Beauftragten; denn hier entsteht eine „hierarchische" Beziehung, ein auf einzelne Aufgaben beschränktes Vorgesetzten-Untergebenen-Verhältnis. Der Sachverhalt verborgener Informationen vor Vertragsabschluß kann bei allen Marktprozessen wegen der Ungleichverteilung unvollständigen Wissens bestehen. Seinen ordnungspolitisch unerwünschten Folgen ist durch Regelungen für Marktverfassungen zu begegnen.

Der Sachverhalt verborgener Handlungen beim Vollzug von Tauschvereinbarungen betrifft Verstöße gegen „Treu und Glauben" bei Marktzufuhrtätigkeiten. Er verlangt andere Regelungen in Verträgen, Markt- und Unternehmungsverfassungen, weil hier durch die Tauschvereinbarung bereits gegenseitige Bindungen vorliegen: Innenbeziehungen in einer einzelwirtschaftlichen Institution.

Hier werden aus dem weiten Verständnis von Principal-Agent-Problemen, wie sie das Schrifttum versteht, Probleme verborgener Informationen vor Vertragsabschluß und Regelungen für Gruppenentscheidungen unter Gleichberechtigten herausgenommen. *Eine Auftraggeber-Beauftragten-Beziehung entsteht immer dann, wenn der Beauftragte einen Wissensvorsprung hat, der ihm zu Lasten des Auftraggebers verborgene Handlungen bei der Vertragsdurchführung erlaubt.* Bei einem solchen **Problem des Auftragshandelns** kann der Auftraggeber regelmäßig nicht beobachten, welche Handlungsmöglichkeiten sich in einem Zeitpunkt dem Beauftragten bieten, welche Gelegenheiten er versäumt. Häufig ist der Auftraggeber nicht einmal in der Lage, das Ergebnis des Handelns eines Beauftragten unverfälscht zu beobachten, z.B. wenn der Auftraggeber sein Wissen aus nur einem veröffentlichten Jahresabschluß entnehmen kann.

Probleme des Auftragshandelns lassen sich in ihren unerwünschten Folgen begrenzen durch eine inhaltliche Festlegung des Auftraggeber-Beauftragten-Verhältnisses, also durch gesetzliche Vorschriften (Regulierungen) und durch vertragliche Vereinbarungen zwischen Auftraggeber und Beauftragtem. Die freiwillige inhaltliche Gestaltung des Auftraggeber-Beauftragten-Verhältnisses erfolgt in Dienstverträgen (Arbeitsverträgen). Gesetzliche Regelungen begrenzen den Spielraum solcher Dienstvertragsinhalte (z.B. die des Vorstands im Aktiengesetz).

Aus der hier gewählten Begriffseinengung folgt: *Wissensvorsprünge vor Vertragsabschluß (verborgene Informationen) zählen nicht zu den Problemen des Auftragshandelns, wie sie bei einem Dienstvertrag auftreten.* Verborgene Informationen sind vielmehr ein Sachverhalt, der bei jedem Vertragsabschluß zu beachten ist: bei einem Dienstvertrag, Finanzierungsvertrag, bei Lebensmittelkauf oder Wohnungsmiete. *Probleme des Auftragshandelns erstrecken sich auf die Planabstimmungen zum Ausschluß von verborgenem Handeln (moral hazard) und auf Maßnahmen gegen eingetretenes verborgenes Handeln.*

---

165 So z.B. *Michael C. Jensen, William H. Meckling:* Theory of the Firm: Managerial Behavior, Agency Costs and Ownership Structure. In: Journal of Financial Economics, Vol. 3 (1976), S. 305-360, hier S. 308; *Amir Barnea, Robert A. Haugen, Lemma W. Senbet:* Agency Problems and Financial Contracting. Englewood Cliffs 1985, S. 25.

Der Sinn dieser Begriffseingrenzung besteht darin, unterschiedliche Fragestellungen nicht über einen Leisten zu scheren und durch eine sorgfältige Begriffswahl einer Überschätzung der Leistungsfähigkeit der bisherigen Lösungsansätze für Principal-Agent-Probleme vorzubeugen.

Sobald Principal-Agent-Probleme auf Auftraggeber-Beauftragten-Dienstverträge eingeengt werden, lassen sich Fragen der Finanzierungstheorie (wie das Kapitalstrukturproblem) nicht über eine Vernetzung einer Vielzahl von Principal-Agent-Beziehungen erklären[166]. Insbesondere trifft nicht zu, ein Teil des Kapitalstrukturproblems entstehe aus:

a) Einer Principal-Agent-Beziehung zwischen dem Fiskus auf der einen und der Unternehmung mit ihren Geldgebern auf der anderen Seite. Die Beziehungen zwischen Steuergesetzgeber und Steuerpflichtigen schlechthin als Principal-Agent-Problem einzustufen, übersieht die rein fiskalische Besteuerung zum Zwecke der Finanzierung öffentlicher Aufgaben. Dabei sind Steuern als Opfer ohne Anspruch auf Gegenleistung anzusehen (S. 174). Bei Principal-Agent-Beziehungen besteht aber ein Anspruch auf Gegenleistung; denn Principal-Agent-Verhältnisse beruhen auf Vertragsbeziehungen. Principal-Agent-Modelle können deshalb nur als Analogie benutzt werden für eine Erörterung der Zweckmäßigkeit bestimmter wirtschaftspolitisch bedingter Besteuerungsmaßnahmen von „Lenkungssteuern", die ein bestimmtes unternehmerisches Verhalten in Anpassung an Steuerrechtsetzungen bewirken wollen, wie z. B. im Investitionszulagengesetz oder bei Umweltschutzabgaben.

b) Einer Principal-Agent-Beziehung zwischen Konsumenten und Unternehmung, wobei behauptet wird, daß das Verhältnis Konsument und Unternehmung die Entscheidung im Insolvenzfall verzerren soll. Indes beruht eine Konsumenten-Unternehmung-Beziehung als Einflußgröße der Kapitalstruktur auf der Eigenschaft, daß Konsumenten zu Gläubigern der Unternehmung werden, soweit ihnen z.B. Garantieansprüche zustehen.

Demgegenüber entwickelt sich eine Principal-Agent-Beziehung zwischen Anteilseignern und Managern bzw. einem mitbestimmten Aufsichtsrat und Management, weil Anteilseigner oder Aufsichtsrat die Vertragspartner für Managerdienstverträge sind. Darüber hinaus kann es zu einer Principal-Agent-Beziehung zwischen Gläubigern und Managern oder geschäftsführenden Anteilseignern und Gläubigern kommen, wenn ein Kreditvertrag Regelungen enthält, die in die Geschäftsführung eingreifen.

Ebensowenig geeignet wie eine Erklärung von Finanzierungsverträgen über eine Vernetzung zahlreicher Principal-Agent-Beziehungen erscheint es, die Gesamtheit der Finanzierungsverträge als Risikoteilung („Partenteilung") und als „prekäre Partnerschaft" mit Anreizproblemen und vor allem mit Verteilungskämpfen zu betrachten[167]. Risikoteilung ist nur eine, hier sehr unbestimmt bleibende Folge von Finanzierungsverträgen. Die

---
166 Entgegen *Peter Swoboda:* Kapitalmarkt und Unternehmensfinanzierung – Zur Kapitalstruktur der Unternehmung. In: Kapitalmarkt und Finanzierung, hrsg. v. D. Schneider, Berlin 1987, S. 49-68, hier S. 49.
167 Vgl. *Reinhard H. Schmidt:* Grundzüge der Investitions- und Finanzierungstheorie. 2. Aufl., Wiesbaden 1986, S. 174-176.

Fragwürdigkeit dieser Kennzeichnung liegt vor allem in der Phrase „prekärer Partnerschaft" mit Verteilungskämpfen.

Während der Verhandlungen bis zu einer Plankoordination können „Verteilungskämpfe" sich nur auf den Einigungsbereich innerhalb der zulässigen Lösungen erstrecken, also z.B. zwischen der Preisuntergrenze des Anbieters und der Preisobergrenze des Nachfragers bewegen. Hierbei geht es darum, wieviel des gemeinsamen Mehrs als Folge eines Vertragsabschlusses der eine oder der andere erhält. Verteilungskämpfe erfolgen jenseits einer vertraglichen Plankoordination dann, wenn durch Ex-post-Überraschungen ein von beiden Marktpartnern unerwartetes, vor allem unerfreuliches Ergebnis eingetreten ist. Solche Verteilungskämpfe sind ein Kennzeichnen einer mangelhaften Vertragslösung (unzureichender Plankoordination) oder einer fehlenden gesetzlichen Regelung, die für solche Streitfälle kein kampffreies Schlichtungsverfahren vorsieht. Die Kennzeichnung von Finanzierung als „prekärer Partnerschaft" kommt somit über ein gefälliges Wortspiel nicht hinaus.

Einen besseren Erklärungsansatz dürfte folgendes Vorgehen versprechen: Der Beobachtungssachverhalt „Finanzierungsvertrag" ist betriebswirtschaftlich in aspektbezogene Teilsachverhalte aufzugliedern. Eine solche Gruppenbildung ist zumindest aus didaktischen Gründen nützlich:

Der erste Sachverhalt bezieht sich auf Vertragsbestandteile, auf die sich ein personenbezogenes Unternehmen mit „Einheit von Eigentum und Verfügungsmacht" beschränken kann, sofern die Geldgeber keinen Zweifel an der Erfüllung der vertraglichen Vereinbarungen hegen. In personenbezogenen Unternehmen entscheidet ein Unternehmer allein, wobei er über alle Restbetragsansprüche verfügt. Das personenbezogene Unternehmen ist eine didaktische Hilfsvorstellung, um in einem ersten Schritt gerade die Schwierigkeiten der Principal-Agent-Beziehungen auszuklammern. Bei der ersten Teilgruppe von Bestandteilen eines Finanzierungsvertrages handelt es sich um die *planmäßige Zahlungsverteilung* bei der Überlassung von Geld gegen künftige Auszahlungsansprüche.

Der zweite Sachverhalt erfaßt jene zusätzlichen Vertragsbedingungen, die Finanzierungsverträge eines personenbezogenen Unternehmens enthalten, wenn die Geldgeber sich gegen eine denkbare Nicht-Verwirklichung der vereinbarten Zahlungen sichern wollen. Bei dem zweiten Sachverhalt handelt es sich um die Unsicherheitsverringerung bei der Vertragsdurchführung: um *die Begrenzung des Investitionsrisikos des Geldgebers, soweit der Unternehmer keinen eigenen Handlungsspielraum während der Vertragsdurchführung besitzt, den er zum Nachteil des Geldgebers nutzen kann.*

Der dritte Sachverhalt umschließt jene zusätzlichen Vertragsbestandteile, die in Unternehmungen bei fehlender Einheit von Eigentum und Verfügungsmacht über die Vertragsbestandteile in einem Finanzierungsvertrag in einer personenbezogenen Unternehmung hinausreichen. Bei der dritten Aufgabe handelt es sich um *die Unsicherheitsverringerung bei der Durchführung eines Finanzierungsvertrages mit Verteilung der Verfügungsmacht sowohl zwischen zusammenarbeitenden Gesellschaftern als auch bei Auftraggeber-Beauftragten-Verhältnissen.*

a) *Planmäßige Zahlungsverteilungen.* Für ein personenbezogenes Unternehmen wird der Inhalt von Finanzierungsverträgen sich zunächst auf die Vereinbarung über die Zahlungen und ihre Risiken erstrecken: über die Höhe der Einlage, die dafür zu gewährenden künftigen Auszahlungsansprüche und ob die künftigen Auszahlungsansprüche in Betrag und Zeitpunkt festgeschrieben werden oder nicht.

Die erste Gruppe an Bestandteilen eines Finanzierungsvertrages erstreckt sich also auf die beiderseitige Planabstimmung zwischen investierendem Unternehmer und finanzierendem Geldgeber über eine Zahlungs- und Risikoverteilung im Zeitablauf. Im Hinblick auf die planmäßige Zahlungsverteilung kann ein Finanzierungsvertrag alternativ vorsehen:

(1) Planmäßig eine vollständige Abnahme des Risikos des Geldgebers durch den Unternehmer: Die Einlagen und die künftigen Auszahlungsansprüche werden in Betrag und Zeitpunkt eindeutig festgelegt (reine Verschuldung des geldaufnehmenden Unternehmens).

(2) Planmäßig eine vollständige Risikoteilung des Unternehmers mit dem Geldgeber: Die Einlagen und die künftigen Auszahlungsansprüche werden ausschließlich ergebnisabhängig berechnet (reine Eigenkapitalausstattung durch Beteiligungsfinanzierung der Unternehmung). Nach Verwirklichung einer Beteiligungsfinanzierung wird ein personenbezogenes Unternehmen zwangsläufig zu einer Unternehmung als Institution.

(3) Planmäßig eine beschränkte Risikoteilung des Unternehmers mit der Geldgeber: Die Einlagen (einschließlich eventueller Nachschüsse) und die künftigen Auszahlungsansprüche werden teilweise in Betrag und Zeitpunkt eindeutig festgelegt, teilweise wird der Zeitpunkt von Zahlungen durch Kündigungsmöglichkeiten offengelassen, teilweise der Betrag ergebnisabhängig bestimmt (gewinnabhängige Verzinsung mit festem Rückzahlungsbetrag oder auch feste Verzinsung mit Anteil am Unternehmenswert bei Ausscheiden). In dieser dritten Gruppe siedeln verschiedene Formen des gezeichneten Kapitals, wie Vorzugsaktien mit oder ohne Garantie einer Mindestrendite, aber auch Wandelschuldverschreibungen in unterschiedlicher Ausstattung; bei Einzelkaufleuten und Personengesellschaften z.B. Verträge mit typischen oder atypischen Gesellschaftern.

b) *Unsicherheitsverringerung bei Vertragsdurchführung.* Für ein personenbezogenes Unternehmen wird der Inhalt der Finanzierungsverträge über die planmäßige Zahlungsverteilung hinausreichen, sobald die Geldgeber Vorsorge für die Verwirklichung ihrer Auszahlungsansprüche treffen wollen. In der Planung des einzelnen wurde der Sachverhalt, nicht alles zu wissen und zu berücksichtigen, was spätere Ereignisse herbeiführt, als Informationsrisiko bezeichnet (S. 38). Wenn wir unterstellen, daß die Koordination der Einzelwirtschaftspläne durch einen exakten (nicht mehrdeutigen, auslegbaren) Vertragstext erfolgt, so können Informationsrisiken dennoch auf Seiten des Unternehmers wie auf Seiten des Geldgebers eintreten. Zur Vereinfachung sei angenommen, der Geldgeber habe als Verpflichtung nur eine gegenwärtige Einzahlung übernommen.

Dann lagern die Informationsrisiken einseitig beim Geldgeber. Gegen eine Vertragsverletzung wird sich der Geldgeber durch vier Maßnahmen abzusichern suchen. Er fordert:

(1) Das Bereitstellen und Beibehalten eines Mindestbetrages an Risikokapital als Verlustpuffer. Warum nicht immer Eigenkapital als Verlustpuffer wirkt und wie wenig sich der Mindestbetrag an Risikokapital bestimmen läßt, wurde S. 575 f., 599 erörtert.

(2) Das Verfügungsrecht über einzelne Vermögensbestandteile, sobald der Finanzierungsvertrag zu seinen Lasten verletzt wird. Auf dieses Problem der Kreditsicherheiten wird anschließend eingegangen.

(3) Eine Begrenzung seines maximalen Vermögensverlustes durch Kreditrationierung für die Unternehmung oder Einlagengewährung mit „beschränkter Haftung". Dieser Sachverhalt wird ab S. 632 erörtert.

(4) Eingriffsrechte in das Vermögen des Schuldners (Unternehmers) bis hin zur Übernahme der Vermögensverwaltung bei Insolvenz. Nur soweit Geldgeber dem Unternehmer Beschränkungen für seine Anordnungsrechte durch Vertrag auferlegen, verspricht eine Theorienbildung über anreizverträgliche Principal-Agent-Modelle zusätzliche Einsichten innerhalb der Finanzierungstheorie.

Diese vier Maßnahmen bezwecken eine Unsicherheitsminderung bei der Durchführung des Finanzierungsvertrags durch Begrenzung des Investitionsrisikos für den Geldgeber gegenüber einem Investor, der Eigentum und Verfügungsmacht in seiner Person vereinigt.

c) *Verteilung der Verfügungsmacht*. Für Unternehmungen als Organisationen ist die Einheit von Eigentum (genauer: Restbetragsansprüchen) und Verfügungsmacht (genauer: alleiniges Planungs- und Anordnungsrecht) nicht gewahrt. Dadurch entsteht die Notwendigkeit, in Finanzierungsverträgen eine weitere Gruppe von Regelungen vorzusehen: die Verteilung der Verfügungsmacht bzw. der Geschäftsführungsbefugnis. Die dritte Gruppe von Finanzierungsvertrags-Vereinbarungen umschließt:

(1) Die Regelung der gemeinsamen Geschäftsführungsbefugnis zwischen denjenigen, die Restbetragsansprüche halten. Das Musterbeispiel sind die Regelungen über die Geschäftsführung in einer Personengesellschaft. Ein ausschlaggebendes Problem bei solchen Gruppenentscheidungsproblemen ist, ob Einstimmigkeit verlangt wird (was häufig zu Handlungsunfähigkeit führt) bzw. für welche Entscheidungen welche Mehrheiten genügen und über welche Schutzrechte Minderheiten verfügen, deren Vermögensrisiken durch die Entscheidungen der anderen erhöht werden kann. Gruppenentscheidungsfragen bleiben hier ausgeklammert.

(2) Dienstverträge als Ausdruck von Principal-Agent-Beziehungen zwischen Geldgebern und Managern (Geschäftsführern), die im Auftrage von nicht an der Geschäftsführung beteiligten Risikokapitalgebern Geld verdienen sollen. Hier liegt eine bewußte Trennung von Eigentum (Restbetragsanspruch) und Verfügungsmacht (Planungs- und Anordnungsrecht) vor, gerade um die Vorteile einer Arbeitsteilung zu nutzen. Zum einen sollen durch Begabung und Ausbildung für das Ausüben von Unternehmerfunktionen befähigte Personen die Geschäfte führen. Zum anderen soll den Personen, die Geld planmäßig risikobehaftet investieren wollen, die Möglichkeit eröffnet werden, ohne eigenen Arbeitseinsatz Ertragschancen aus planmäßig risikobehafteten Investitionen zu verwirklichen. Das ausschlaggebende Hindernis bei der Verwirklichung einer Marktkoordi-

nation von Unternehmer- (Manager-)Fähigkeiten gegen Risikokapitalansprüche sind die aus dem Auftraggeber-Beauftragten-Verhältnis erwachsenden Probleme.

Principal-Agent-Überlegungen spielen also eine Rolle nur für einen von zwei Fällen der Verteilung von Verfügungsmacht als einer von drei Gruppen an vertraglichen Vereinbarungen in Finanzierungsverträgen. Daneben helfen sie bei der planmäßigen Zahlungsaufteilung und der Unsicherheitsverringerung der Vertragsdurchführung bei Einheit von Eigentum und Verfügungsmacht.

2. Finanzierungsverträge über Festbetragsansprüche

aa) Wann liegen Festbetragsansprüche im Interesse von Unternehmer und Geldgeber?

Im folgenden wird als Unternehmer der allein geschäftsführende Anteilseigner (Restanspruchsberechtigter mit alleiniger Verfügungsmacht) bezeichnet und als Gläubiger eine ausschließlich über Festbetragsansprüche verfügende Person oder Institution. Der Gläubiger gewährt Kredit durch Zahlung gegen Festbetragsansprüche.

Wer wünscht welche planmäße Zahlungsaufteilung? Eine erste Antwort lautet:
— Solange die Verfügungsmacht des Unternehmers nicht berührt wird, wünscht er Restbetragsansprüche auszugeben (insbesondere dann, wenn er bestimmen kann, wie der Gewinn ermittelt und das Ergebnis verwendet wird).
— Gerade um vertraglich Einkommensunsicherheiten zu verringern, wünscht ein Geldgeber Festbetragsansprüche zu erwerben neben Restbetragsansprüchen, die einen höheren Risikonutzen des Vermögens und/oder Einflußnahmen gewähren.

Selbst wenn von allen Informationsrisiken abgesehen und das Modell der Wertpapiermischung betrachtet wird, sind im optimalen Kapitalanlagenportefeuille durchweg vertraglich risikolose Finanzanlagen, also Festbetragsansprüche, enthalten.

Sind Fälle denkbar, in denen es auch im Interesse des Unternehmers als Geldsuchendem liegt, nur Festbetragsansprüche anzubieten? Die Antwort auf diese Frage darf nicht darauf verweisen, daß die Geldgeber bei Restbetragsansprüchen Einfluß auf seine Entscheidungen nehmen oder nur am Gewinn, nicht am Verlust teilhaben wollen. Solche aus einer Marktmacht der Geldgeber folgenden Zwänge zu bestimmten Vertragsgestaltungen sind keine Antwort auf die Frage, ob es im Interesse des Unternehmers als Geldsuchendem liegen kann, sich selbst durch in Höhe und Zeitpunkt festgeschriebene Finanzierungszahlungen zu binden.

Principal-Agent-Modelle, die Aufteilungsregeln für ein gemeinsam zu erzielendes unsicheres Einkommen bestimmen, geben eine Antwort, wann es im gemeinsamen Interesse von Unternehmer und Geldgeber sein kann, Festbetragsansprüche zu vereinbaren:

a) Wenn der Unternehmer als Agent risikoneutral ist, der Geldgeber jedoch dem Risiko abgeneigt, nimmt der Agent dem Principal die gesamte Einkommensunsicherheit ab.

Der Principal „Geldgeber" maximiert dann seinen Risikonutzen, wenn er eine feste, ergebnisabhängige Vergütung empfängt[168].

b) Wenn Unternehmer (Agent) und Geldgeber (Principal) risikoneutral sind, jedoch das Beobachten des Ergebnisses, das der Agent erzielt hat, für den Principal Kosten verursacht (z.B. Vermögenseinbußen bei einer Insolvenz), so liegt im einperiodigen Modell und unter einigen weiteren Vereinfachungen ein „Standardkreditvertrag" im beiderseitigen Interesse. Mit Standardkreditvertrag ist dabei gemeint, daß der Geldgeber einen festen Betrag erhält, solange der Unternehmer zahlungsfähig ist, und sobald der Festbetragsanspruch nicht erfüllt werden kann, eignet sich der Geldgeber so viel wie möglich von den restlichen Vermögensgegenständen des Agents an[169].

In solchen Erklärungsansätzen wird nicht einfach von außen vorgegeben: Es gibt Geldgeber, die Festbetragsansprüche wünschen, und Geldsuchende, die sie anbieten. Sondern hier wird zu begründen versucht, unter welchen Bedingungen Finanzierungsverträge als Festbetragsansprüche oder als Restbetragsansprüche oder in einer Mischform den geplanten Wohlstand beider Kapitalmarktparteien mehren. Allerdings steht die Forschung hier erst am Anfang, weshalb wir uns im weiteren Fragen zuwenden, die herkömmlicherweise für Verhandlungen über Festbetragsansprüche (Kreditverhandlungen) gestellt und beantwortet werden.

Der Kreditgewährung gehen Kreditverhandlungen voraus. In diesen Verhandlungen gilt es für den Gläubiger das Informationsrisiko zu minimieren und das Unternehmensrisiko des Unternehmers zu erkennen. Zweck einer jeden Kreditwürdigkeitsprüfung ist es, festzustellen, ob der Schuldner (Unternehmer) in der Lage sein wird, zu zahlen. Verläßliche Informationen können auch hier nur gründlich erarbeitete Finanzpläne für alternative Zukunftslagen geben. Ob ein Unternehmer bereit ist, den künftigen Gläubiger (z.B. die Bank) Einsicht nehmen zu lassen, ist eine Frage der Verhandlungsmacht. Für den Unternehmer entscheidet dabei die Beurteilung der Gefahren, welche aus einer möglichen Verbreitung der Pläne und einer späteren schärferen Kontrolle und Einflußnahme durch den Geldgeber erwachsen können.

Die Prüfung des Kreditantrages wird zu einer Glaubwürdigkeitsverteilung über die Rückzahlung des Kredites führen. Aufgrund dieser Wahrscheinlichkeitsverteilung über die Rückzahlung hat der Gläubiger zu entscheiden, ob er den Kredit gewährt, ablehnt oder an Bedingungen knüpft. Hier untersuchen wir zunächst, in welcher Weise die Glaubwürdigkeitsverteilung über die Rückzahlung eines Kredites durch Kreditsicherheiten beeinflußt werden kann.

---

168 Vgl. *Douglas W. Diamond:* Financial Intermediation and Delegated Monitoring. In: The Review of Economic Studies, Vol. 51 (1984), S. 393-414, hier S. 394; vgl. dazu auch S. 741.
169 Vgl. *Douglas Gale, Martin Hellwig:* Incentive – Compatible Debt Contracts: The One – Period Problem. In: The Review of Economic Studies, Vol. 52 (1985), S. 647-663, hier S. 648.

bb) Die Abhängigkeit des Kreditspielraums von den Kreditsicherheiten

Die Mehrzahl der Kredite werden gegen Sicherheiten gewährt. Wir können zwei Sicherungsformen im Hinblick auf künftige Auszahlungsansprüche unterscheiden:
a) Sachliche Sicherheiten: Verpfändung oder Übereignung von Vermögensgegenständen, Eigentumsvorbehalt von Warenlieferungen, Zession.
b) Persönliche Sicherheiten: Bürgschaften, Wechselindossierungen. Persönliche Sicherheiten werden oft von den Gesellschaftern einer GmbH verlangt, um die Haftungsbeschränkung der GmbH zu umgehen. Damit wird eine Rückgriffsmöglichkeit auf das Privatvermögen der Gesellschafter geschaffen.
Nicht unmittelbar auf künftige Zahlungsmittel gerichtete Pflichten des Schuldners oder Rechte der Gläubiger (wie Informations- oder Versicherungspflichten, Kündigungsrechte, Wechselstrenge) zählen hier nicht zu den Kreditsicherheiten.
Die betriebswirtschaftliche Bedeutung der rechtlichen Details bei den einzelnen Sicherungsformen liegt in ihren Auswirkungen auf die zeitliche Wiedergeldwerdung[170]. Im folgenden sei nur die allgemeine Wirkung von Sicherheiten auf das Kreditrisiko und damit den Kreditspielraum dargestellt.
Sicherheiten werden verlangt, um sie bei Zahlungsverzug des Schuldners verwerten zu können. Der Erlös von Vermögensgegenständen, die versteigert oder anderweitig rasch verkauft werden, ist aber auch ungewiß. Deshalb werden die Sicherheiten nur bis zu einer bestimmten Grenze beliehen. Für Beleihungsgrenzen gibt es Erfahrungssätze. Aber sich darauf zu verlassen, ist keine wirtschaftlich befriedigende Lösung. Im Grunde soll die Beleihungsgrenze den Erlös anzeigen, der bei Verwertung der Sicherheit nicht, oder nur mit einer „unbeachtlichen" Wahrscheinlichkeit (z.B. weniger als 5%) unterschritten wird.
Die Wirkung von Sicherheiten und Beleihungsgrenzen auf das Kreditrisiko sei an einem Beispiel erläutert. Nehmen wir an, zunächst sei über einen ungesicherten Kredit in Höhe von 1.000 für zwei Jahre zu 10% verhandelt worden. Nach Prüfung aller Unterlagen gelangt der Gläubiger, eine Bank, zu folgenden Glaubwürdigkeitsvorstellungen (p = Wahrscheinlichkeit, z = Rückzahlungsbetrag):

Zukunftslage	p	z
Konkurs des Schuldners	0,05	0
Vergleichsverfahren	0,05	500
Zahlungsaufschub (Stillhalteabkommen)	0,10	1.000
Glatte Abwicklung	0,80	1.210

Erwartungswert des Rückzahlungsbetrages = 1.093; erwartete Rendite folglich nur rund 4½%.

---
170 Vgl. dazu näher *Michael Adams:* Ökonomische Analyse der Sicherungsrechte. Königstein 1980.

Das erscheint einer Bank zu ungünstig. Sie verlangt Sicherheiten. Als Sicherheit werden der Bank langfristige Kundenforderungen abgetreten im Nennwert von 2.000 DM. Hält die Bank diese Zession als Sicherheit für den Rückzahlungsbetrag von 1.210 für ausreichend, dann wählt sie eine Beleihungsgrenze von rund 60% (1.210 : 2.000). Um die Wirkung einer Änderung der Beleihungsgrenzen zu untersuchen, betrachten wir daneben den Fall, daß 3.000 DM Forderungen zediert werden, die Beleihungsgrenze also auf etwa 40% zurückgenommen wird.

Bei den Forderungen mag mit folgenden Zukunftslagen gerechnet werden (die Zahlungen sind wieder auf t_2 bezogen):

	p	Beleihungsgrenze 60%	Beleihungsgrenze 40%
Forderungsnennwert		2.000	3.000
	0,2:	500	750
	0,4:	1.000	1.500
	0,4:	2.000	3.000

In diesem Beispiel scheint beide Male die Sicherheit schlecht, die Beleihungsgrenze viel zu hoch gegriffen; denn es besteht die sehr beachtliche Wahrscheinlichkeit von 60% bei der Zession von 2.000 DM, die von 20% bei der Zession von 3.000 DM, dafür, daß der Erlös der Sicherheit unter der Rückzahlungsforderung liegt. Es erscheint deshalb gewagt, Sicherheiten im Nennwert von 2.000 DM, ja sogar von 3.000 DM als ausreichend für einen Kredit mit einem Rückzahlungsbetrag von 1.210 anzusehen.

Indes läßt sich ein Urteil über den Wert der Sicherheit nur fällen, wenn die Wahrscheinlichkeitsverteilungen der Sicherheit und des Kredites zusammen betrachtet werden. Sobald zwei Wahrscheinlichkeitsverteilungen zusammenzufassen sind, ist zu prüfen, ob sie unabhängig voneinander sind oder ob ein Risikoverbund besteht. Wir nehmen hier zunächst an, es bestünde Risikogleichlauf. Der schlechteste Fall für den Schuldner (Konkurs) falle zusammen mit dem schlechtesten Erlös bei den Forderungen (eine Annahme, die sicher nicht ganz aus der Luft gegriffen ist). Dann ergibt sich für die Bank folgende Situation: Sie erhält mit einer Wahrscheinlichkeit von

p	m	Beleihungsgrenze 60%	Beleihungsgrenze 40%
0,05	1,00	500	750
0,05	0,95	1.000	1.210
0,90	0,90	1.210	1.210

(m ist die kumulierte Wahrscheinlichkeit, einen Betrag mindestens zu erhalten).

Ob aus den Sicherheiten mehr erlöst wird, als die Forderung beträgt, interessiert die Bank nicht.

Selbst wenn wir den ungünstigsten Fall des Risikogleichlaufs annehmen, wird durch die an sich recht zweifelhafte Sicherheit das Kreditrisiko entscheidend vermindert. Der

Erwartungswert des gesicherten Kredites bei einer Beleihungsgrenze von 60% (Abtretung von 2.000 DM Forderungen) beträgt 1.164 DM, d.h., die erwartete Rendite steigt auf knapp 8%. Bei der Beleihungsgrenze von 40% beträgt der Erwartungswert 1.187 DM, der Erwartungswert der Rendite rund 9%.

Für den ungünstigsten Fall des Risikogleichlaufs wird die Beleihungsgrenze von 40% ausreichen, um das Kreditrisiko bereits als tragbar erscheinen zu lassen: 95% Wahrscheinlichkeit stehen dafür, daß die vereinbarten Einnahmen eingehen, mit 5% Wahrscheinlichkeit muß damit gerechnet werden, daß nur rund 60% (750 DM) eingehen.

Nun braucht aber zwischen Kreditausfall und Erlös für die Sicherheiten keineswegs Risikogleichlauf zu bestehen. Nehmen wir an, beide Wahrscheinlichkeitsverteilungen sind voneinander unabhängig, dann können die Zukunftszahlungen Konkurs, Vergleich usw. mit jeder der drei Zukunftslagen für die Erlöse der Sicherheiten zusammentreffen. Bei der Zukunftslage „Konkurs" (Glaubwürdigkeit 5%) fließen dann zu 1/5 (p = 1%) 500 DM zurück, zu 2/5 1.000 DM, zu den restlichen 2/5 1.210 DM. Bei der Zukunftslage „Vergleich" fließen zu 1% 1.000 zu den restlichen 4% 1.210 DM zurück. Es entsteht folgende Verteilung:

p	m	Beleihungsgrenze 60%	Beleihungsgrenze 40%
0,01	1,00	500	750
0,03	0,99	1.000	1.210
0,96	0,96	1.210	1.210

Bei der Beleihungsgrenze 60% steigt der Erwartungswert auf 1.196,6; die erwartete Rendite auf knapp 9½%. Aber der Erwartungswert sagt wenig aus: Das Risiko, daß dieser gesicherte Kredit einen Zinsausfall oder gar einen Verlust einbringt, ist praktisch unter die Fühlbarkeitsschwelle gesunken. Für die Beleihungsgrenze von 40% sieht das Ergebnis noch günstiger aus.

Bankenvertreter und einige Betriebswirte[171] betonen, daß keine Sicherheiten beliehen, sondern Kredite an kreditwürdige Unternehmen gegeben werden. Das mag das Ziel sein. Es läßt sich jedoch nicht leugnen, daß Sicherheiten den Erwartungswert der Rendite entscheidend erhöhen, eben weil sie das Risiko erheblich vermindern. Die Steigerung der erwarteten Rendite und die Risikominderung sind um so größer, je geringer die Beleihungsgrenzen angesetzt werden. Für einen gut abgesicherten Kredit besteht praktisch kein Risiko mehr, und ein Bankier, der einen gut abgesicherten Kredit nicht gewährt, mit der Begründung, er beleihe keine Sicherheiten, handelt einfach unvernünftig: Er läßt sich sichere Gewinnchancen entgehen. Damit hängt der Kreditspielraum eines Unternehmens in folgender Weise von den Kreditsicherheiten ab:

Kreditsicherheiten, selbst wenn die Höhe ihrer Wiedergeldwerdung ungewiß ist, lassen die Mindestwahrscheinlichkeit steigen, daß die Festbetragsansprüche eingehen, und

---

171 Vgl. z.B. *Gutenberg*, S. 199; siehe auch *Jochen Wilhelm*: Die Bereitschaft der Banken zur Risikoübernahme im Kreditgeschäft. In: Kredit und Kapital, Jg. 15 (1982), S. 572-601.

sie erhöhen den Erwartungswert der Rendite dieser Finanzanlage. Ein besicherter Kredit wird eher in das Kapitalanlageportefeuille eines Geldgebers aufgenommen werden. Soweit Sicherheiten gegeben werden können, wird damit die Finanzierungsnachfrage und der Verschuldungsspielraum eines Unternehmens steigen.

Die Finanzierungsnachfrage steigt, weil Sicherheiten in den Augen der Geldgeber die „Risikoklasse" herabstufen, in die sie einen Kredit einordnen. Damit können die Mindestzinsforderungen, also für den Schuldner die Fremdfinanzierungskosten sinken[172]. Tendenziell steigt damit das Investitionsvolumen und deshalb die Finanzierungsnachfrage.

Der Verschuldungsspielraum wächst, soweit für gesicherte Gläubiger ihre „Nachrangigkeit" im Insolvenzverfahren als Folge von Aussonderungsrechten, Bürgschaften usw. unbeachtlich wird und daraufhin ihr Insolvenzrisiko sinkt. Daraus ist die These abgeleitet worden, daß eine Vollbesicherungspolitik einer Schuldnerunternehmung ihren Marktpreis maximiert[173].

Darüber hinaus vermehren zusätzliche Kreditsicherheiten die Konkursmasse und damit die möglichen Verluste des Schuldners. Dies hat bei ungleicher Wissensverteilung zwischen Schuldner und Geldgeber zur Folge, daß der Schuldner von besonders riskanten Investitionen Abstand halten wird. Besonders riskante Investitionen fördern bei Gelingen seinen Wohlstand. Ihr Mißlingen würde bei fehlenden Sicherheiten, beschränkter Haftung usw. die Gläubiger treffen, die deshalb Vorkehrungen gegen solche Investitionen des Schuldners zu treffen suchen. Eine solche Anreizfunktion von Kreditsicherheiten hat Rückwirkungen auf das Ausmaß der Kreditbeschränkung[174].

cc) Das Problem der Kreditbeschränkung

Im Schrifttum der letzten Jahre wird der Eindruck erweckt, Verschuldungsgrenzen (Kreditbeschränkungen, Kreditrationierung) seien ein Sachverhalt, dessen Erklärung erhebliche Schwierigkeiten bereitet. Erst über Principal-Agent-Modelle könne eine Erklärung für Kreditrationierung gefunden werden. Dieser Eindruck täuscht. Warum es zu Kreditbeschränkung und damit zu Verschuldungsgrenzen kommt, ist nach dem bisher ausgeführten bereits offenkundig. Der Principal-Agent-Modelle bedarf es lediglich für die Absicht, ein Kapitalmarktgleichgewicht mit Kreditbeschränkung zu beweisen, um darin eine mikroökonomische Grundlage für bestimmte makroökonomische geldtheoretische Überlegungen zu gewinnen.

---

172 Vgl. *Clifford W. Smith jr., Jerold B. Warner:* On Financial Contracting. An Analysis of Bond Covenants. In: Journal of Financial Economics, Vol. 7 (1979), S. 117-161, hier S. 127 f.
173 Vgl. *James H. Scott, jr.:* Bankruptcy, Secured Debt, and Optimal Capital Structure. In: The Journal of Finance, Vol. 32 (1977), S. 1-19; vgl. auch *Bernd Rudolph:* Kreditsicherheiten als Instrumente zur Umverteilung und Begrenzung von Kreditrisiken. In: ZfbF, Jg. 36 (1984), S. 16-43, hier S. 28-30.
174 Vgl. *Helmut Bester:* Die Anreizfunktion von Kreditsicherheiten. In: Kapitalmarkt und Finanzierung, hrsg. von D. Schneider, Berlin 1987, S. 225-236.

Was kennzeichnet Kreditbeschränkung? Kreditbeschränkung wird hier auf die Finanzierung von Investitionswünschen eines Unternehmers eingeengt, wobei ein Kredit suchender Unternehmer Investitionsrenditen glaubhaft machen kann, die über dem Marktpreis für die Geldüberlassung liegen. *Kreditbeschränkung liegt dann vor, wenn Geldgeber noch über Finanzierungsmittel verfügen, der Geld suchende Unternehmer risikobehaftete Investitionen erwägt, deren Erwartungswert der Rendite über dem Marktzins in dieser Risikoklasse liegt, und dennoch die Geldgeber nicht die Kreditwünsche des Unternehmers erfüllen*[175]. Die Einschränkung auf Unternehmer, die rentable Investitionen vorweisen, ist erforderlich; denn daß einem Verschwender, der bisher sich schon als säumiger Zahler erwiesen hat, Kredite verweigert werden, bedarf keiner Erklärung. Aus dem Begriff der Kreditbeschränkung ist auch der Fall auszuschließen, daß höhere Preise für die Geldüberlassung den Finanzierungsspielraum begrenzen. Schon im einfachsten Modell unter Sicherheit wird das Investitionsvolumen und damit die Verschuldungsgrenze durch die Gleichheit von fallenden Grenzrenditen mit nicht fallenden Zinssätzen bei variablem Finanzierungsspielraum bestimmt. Eine Begrenzung des Fremdfinanzierungsspielraums einer Unternehmung durch Marktpreise für die Geldüberlassung stellt keine Kreditrationierung dar. Daß Preise Angebots- und Nachfragemengen verändern und damit auch begrenzen, ist der Grundtatbestand, von dem eine Koordination von Einzelwirtschaftsplänen über den Markt ausgeht.

Was erklärt die Kreditbeschränkung gegenüber einem Unternehmer, der Investitionsrenditen über dem Marktpreis der Geldüberlassung glaubhaft machen kann? Zwei Gründe sind zu nennen:

a) Die Investitionsmischungspolitik des einzelnen Geldgebers erklärt den Höchstbetrag, mit dem sich ein Unternehmer bei einem Geldgeber verschulden kann. Immer dann, wenn Risikomischung Vorteile verspricht, wird ein Geldgeber aus zwei Gründen den Höchstbetrag begrenzen, für den er Festbetragsansprüche von einem Unternehmer erwirbt. Zum einen ist das Investitionsvolumen eines jeden Geldgebers beschränkt. Damit ist eine absolute Obergrenze vorgegeben. Zum anderen verlangt Risikomischung eine Stückelung der Finanzanlagen, weil die Finanzanlagen bei verschiedenen Unternehmern unterschiedliche Risiken tragen werden, die nicht alle in die gleiche Richtung laufen. Für die Erklärung einer Höchstkreditgrenze eines Unternehmers bei einem Geldgeber reichen unterschiedliche leistungswirtschaftliche Risiken des Unternehmers aus. Ob ein Kapitalstrukturrisiko oder ein Eigenfinanzierungsrisiko zusätzlich besteht, kann dahin gestellt bleiben[176].

Was für den einzelnen Geldgeber als Erklärung für das Zustandekommen seines Höchstkredits an einen Unternehmer ausreicht, begründet allerdings noch nicht, warum

---

175 Häufig wird zwischen Kreditrationierung vom Typ I (bei dem verlangten Zins entfaltet ein Unternehmer eine höhere Kreditnachfrage als ihm Kredit angeboten wird) und Kreditrationierung vom Typ II unterschieden (von mehreren Unternehmern, die dem Anschein nach in dieselbe Risikoklasse gehören, erhalten nur einzelne Kredit, andere erhalten ihn auch nicht bei einem höheren Zinsgebot), vgl. *William R. Keeton*: Equilibrium Credit Rationing. New York – London 1979, S. I-XIV, Kapitel I und III.

für den Unternehmer der Gesamtbetrag an Festbetragsansprüchen durch alle Geldgeber rationiert wird. Wer einem Unternehmer bisher noch keinen Kredit gegeben hat, mag in dessen Kreditantrag eine risikoreiche Finanzanlage für sich sehen. Aber eine risikoeffiziente Finanzanlagenmischung enthält auch risikoreiche Positionen, sofern ihre Risiken nicht mit denen anderer (schon verwirklichter) Investitionsvorhaben gleichlaufen. Um Kreditrationierung für den Unternehmer mit risikobehafteten rentablen Investitionen zu erklären, müssen deshalb Gründe genannt werden, die jenseits der Modellannahmen liegen, wie sie zur Bestimmung für eine risikoeffiziente Kapitalanlagenmischung benutzt werden. Solche Gründe werden Sachverhalte sein, die nicht bei der Planung unter Ungewißheit, z.B. in einer Wahrscheinlichkeitsverteilung künftiger Zahlungsströme, erfaßt werden können. Deshalb müssen die Gründe für Kreditrationierung in Informationsrisiken liegen.

b) Nach Abschluß eines Kreditvertrages beginnt ein häufig über Jahre sich erstreckender Zeitraum der Vertragserfüllung. Während des Zeitraums der Vertragsdurchführung besteht in den Augen der Geldgeber die Gefahr, daß der kreditnehmende Unternehmer so zum Schaden der Geldgeber handeln kann, daß die Festbetragsansprüche nicht erfüllt werden. Drei Schädigungsgründe sind zu nennen:

(1) Die Sachverhalte, die unter Eigenfinanzierungsrisiko zusammengefaßt wurden, also z.B. hohe Privatentnahmen, die das Risikokapital als Verlustpuffer aufzehren.

(2) Zusätzliche Kreditaufnahmen mit Bevorrechtigung der neuen Gläubiger gegenüber den Altgläubigern, einschließlich den derzeit die Kreditvergabe planenden Geldgebern. Um dem zu begegnen, finden sich häufig in Finanzierungsverträgen „Negativklauseln". Das sind Vereinbarungen, daß Altgläubiger nicht schlechter gestellt werden dürfen als künftige Geldgeber für Festbetragsansprüche.

(3) Eine riskante Investitionspolitik aus folgender Erwägung: Schlagen die risikoreichen Investitionen ein, fließen die Gewinne allein dem Unternehmer zu, gehen die Investitionen fehl, verliert der Unternehmer seine Einlagen (den Marktwert seiner Restbetragsansprüche), aber nicht mehr; je höher die Verluste sind, um so mehr fallen sie nur den Gläubigern zur Last[177].

Die Herleitung eines Kapitalmarktgleichgewichts aus ungleicher Wissensverteilung zwischen Unternehmer und Geldgeber wird teilweise als Problem des Wissensvorsprungs vor Vertragsabschluß (adverse selection), teilweise als Problem des Handlungsspielraums

---

176 Im Schrifttum ist es üblich, hier mit einem steigenden Insolvenzrisiko zu argumentieren, vgl. die Diskussion im Anschluß an *Donald R. Hodgman:* Credit Risk and Credit Rationing. In: The Quarterly Journal of Economics, Vol. 74 (1960), S. 258-278, in den Jahrgängen 1961, 1962, sowie *Marshall Freimer, Myron J. Gordon:* Why Bankers Ration Credit. In: The Quarterly Journal of Economics, Vol. 79 (1965), S. 397-416.

177 Vgl. *Vernon L. Smith:* The Borrower – Lender Contract under Uncertainty. In: Western Economic Journal, Vol. 9 (1971), S. 52-56; *ders.:* A Theory and Test of Credit Rationing: Some Generalizations. In: The American Economic Review, Vol. 62 (1972), S. 477-483; in Vorwegnahme von Argumenten, die gemeinhin *Jensen/Meckling*, S. 334-337 und *Smith/Warner*, S. 118 f. zugeschrieben werden; vgl. auch *Eva Terberger:* Der Kreditvertrag als Instrument zur Lösung von Anreizproblemen. Heidelberg 1987, S. 117-122.

nach Vertragsabschluß, bei Vertragsdurchführung (moral hazard) untersucht[178], ohne daß über Formalismen hinausführende Einsichten zu erkennen sind bis auf eine Verdeutlichung folgenden Gedankens: Verlangt ein Geldgeber bestimmte Vertragsbedingungen, wird der Unternehmer reagieren, und diese Reaktionen wird der Geldgeber in seinen Vertragsbedingungen vorwegzunehmen suchen. Ein durch einen ungleichen Wissensstand verursachtes „Mißtrauen" verhindert eine volle Ausnutzung der Vorteile aus einer marktmäßigen Koordination von Einzelwirtschaftsplänen, wie sie bei beiderseits besserem Wissensstand möglich wäre.

Diese Einsicht ist nicht gerade neu. Sie besitzt Anziehungskraft wohl für den, dessen Denken ausschließlich in den Scheuklappen der Marktgleichgewichtsmodelle zu laufen gelernt hat[179]. Wer sein einzelwirtschaftliches Denken nicht an Marktgleichgewichtsmodellen ausrichtet, sondern von dem Erfahrungstatbestand ausgeht, daß Unsicherheit unvermeidbar ist, wird den Weg genau entgegengesetzt beschreiten und nach Vertragsinhalten und damit Institutionenbildung suchen, die bestimmte Unsicherheiten abbauen können. Im Hinblick auf Vertragsgestaltungen zu Institutionen bildenden Steuerausweichhandlungen wird dies vertieft werden (S. 691 ff.).

Aus der Sicht einer betriebswirtschaftlichen Theorie der Institutionen liegt bei den Gleichgewichtsmodellen zur Kreditrationierung kein erfahrungswissenschaftlich belangvolles Problem vor, weil Kapitalmarktgleichgewichtsmodelle keine Beobachtungssachverhalte sein können. Welche Eignung Gleichgewichtsmodelle mit Kreditrationierung als Referenzmodelle für die Erklärung des Inhalts praktischer Finanzierungsverträge gewinnen können, ist derzeit eine noch unbeantwortete Frage.

3. Finanzierungsverträge über Restbetragsansprüche

aa) Marktmäßige Trennung von Eigentum und Verfügungsmacht und das Problem der beschränkten Haftung

In diesem Abschnitt wird von einer Trennung von Unternehmungsleitung (Management als Agent) und Geldgebern für Restbetragsansprüche (Anteilseigner als Principals) über den Markt ausgegangen. Unsicherheit und ungleiche Wissensverteilung zwischen Management und Anteilseigner sind zu berücksichtigen. Aufgeld und Emissionskurs bei einer

---

178 Vgl. *Dwight M. Jaffee, Thomas Russell*: Imperfect Information, Uncertainty, and Credit Rationing. In: The Quarterly Journal of Economics, Vol. 90 (1976), S. 651-666; *Keeton*, Kapitel I und III; *Joseph E. Stiglitz, Andrew Weiss*: Credit Rationing in Markets with Imperfect Information. In: The American Economic Review, Vol. 71 (1981), S. 393-410, hier S. 393-395; vgl. als Überblick auch *Ernst Baltensperger, Timothy M. Devinney*: Credit Rationing Theory: A Survey and Synthesis. In: Zeitschrift für die gesamte Staatswissenschaft, Bd. 141 (1985), S. 475-502, sowie den Überblick bei *Helmut Bester, Martin Hellwig*: Moral Hazard and Equilibrium Credit Rationing: An Overview. In: Agency Theory, Information and Incentives, ed. by G. Bamberg und K. Spremann, Berlin u.a. 1987, S. 135-166.

179 *Harold Demsetz*: Information and Efficiency: Another Viewpoint. In: The Journal of Law and Economics, Vol. 12 (1969), S. 1-22, hier S. 19 f., spricht von einem „nirvana approach".

Beteiligungsfinanzierung sind bei Vernachlässigung von Unsicherheit und Ungleichverteilung des Wissens S. 139-150 erörtert worden.

Offenkundig ist, daß ein Unternehmer (ein Management) die größte Entscheidungsfreiheit dann besitzt (und damit unter sonst gleichen Bedingungen seinen Nutzen maximiert), wenn dieser Unternehmer über den Inhalt seines Dienstvertrages allein entscheiden könnte, nur Restbetragsansprüche ausgibt und zugleich darüber befindet, wann Gewinn vorliegt und wie das Ergebnis verwendet wird.

Die Überlegungen, die einen Geldgeber den Erwerb von Festbetragsansprüchen eines Unternehmens begrenzen lassen (S. 629), gelten mit Erweiterungen auch für einen Geldgeber, der bereit ist, Restbetragsansprüche zu zeichnen oder bereits gezeichnete Restbetragsansprüche auf dem Kapitalmarkt zu erwerben. Die Erweiterung der Informationsrisiken, denen sich ein Erwerber von Restbetragsansprüchen gegenüber einem Gläubiger ausgesetzt sieht, folgt zum einen daraus, daß dem Anteilseigner vertraglich keine Einkommensunsicherheiten abgenommen sind und daß zum anderen Festbetragsanspruchsberechtigte Kontroll- und Eingriffsrechte vereinbart haben, welche die Vermögensrisiken aus Restbetragsansprüchen vermehren. Deshalb ist für Anteilseigner der Bedarf an Rechenschafts- und Kontrollrechten und der Bedarf an anreizverträglichen Regelungen in Dienstverträgen mit dem Management höher als bei Gläubigern.

Ob bei diesen Informationsrisiken vertragliche Vereinbarungen ohne gesetzliche Schutzrechte allein in der Lage sind, zu einer Verwertung von Wissen zu führen, die eine Nicht-Verschwendung knapper Mittel (Allokationseffizienz) fördert, wird im Abschnitt c) erörtert. Hier sind einzelne Aspekte in Finanzierungsverträgen über Restbetragsansprüche zu diskutieren. Eine umfassende ökonomische, ordnungspolitische Analyse von Finanzierungsverträgen über Restbetragsansprüche (also z.B. des 2. Buchs des HGB über Handelsgesellschaften und stille Gesellschaften und des 3. Buchs über Handelsbücher, das die Rechnungslegungsvorschriften enthält, sowie des Gesellschaftsrechts) ist beim gegenwärtigen Stand der Wirtschaftsordnungstheorie nur in ersten Ansätzen zu leisten; denn selbst für Festbetragsansprüche sind bisher nur unter überaus engen Voraussetzungen die Bedingungen für einen im beiderseitigen Interesse liegenden (in soweit paretooptimalen) Finanzierungsvertrag bekannt.

Nachdem für den Geldgeber aus Gründen der Risikomischung eine Höchstbetragsgrenze für den Erwerb von Festbetragsansprüchen besteht, liegt auf der Hand, daß im Regelfall eine schärfere Begrenzung des Höchstbetrages für risikoreichere Restbetragsansprüche in einer risikoeffizienten Kapitalanlagenmischung folgen wird (der Ausnahmefall kann eintreten, wenn Festbetragsansprüche in beiderseitiger Planabstimmung zwischen Geldgeber und Unternehmer nicht als risikolos gelten, Restbetragsansprüche gegen eine Unternehmung aber zu hohen negativen Korrelationen mit den Risiken aus Restbetragsansprüche gegenüber anderen Unternehmen führen). Mit der Höchstgrenze für den Erwerb von Restbetragsansprüchen eines Unternehmens einher geht der Wunsch, das Vermögensrisiko daraus zu beschränken. Damit stehen wir vor dem Problem der beschränkten Haftung für die Anteilseigner.

Der Ausdruck „beschränkte Haftung" bedarf der Klärung. Rechtlich bedeutet Haftung das persönliche Einstehenmüssen für Schulden. In diesem Sinne haftet der Anteilseigner einer Kapitalgesellschaft nicht. Der Aktionär, der GmbH-Gesellschafter, der Kommanditist und stille Gesellschafter haben sich durch die Zeichnung und Zahlung ihres Anteils von jeglicher persönlicher Haftung befreit. Ihr Verlustrisiko ist bei Zeichnung und Zahlung auf den Betrag ihrer Einlage beschränkt und steigt oder fällt später mit dem Marktpreis ihrer Anteile, soweit ein Marktpreis existiert. Dabei sei hier von rechtlichen Sonderregelungen (Zubußen oder dem rechtlich selten zulässigen Durchgriff durch die Kapitalgesellschaft) abgesehen, ebenso wie von dem Sachverhalt, daß Mehrheitsanteilseigner, Hausbanken und andere Großgläubiger mitunter wegen der Öffentlichkeitswirkung nicht umhin können, sich an Sanierungen zu beteiligen, also nachträglich Einlagen leisten zu müssen.

Der wirtschaftliche Sinn einer **Haftungsbeschränkung** besteht darin:

a) Der Informationsstand von Gläubigern steigt; denn sie erfahren, wieviel Geld der Unternehmung ursprünglich als Verlustpuffer überlassen wurde. Es trifft nicht zu, daß unbeschränkte Haftung eines Gesellschafters für die Gläubiger die Gefahr der Zahlungsunfähigkeit (ein Insolvenzrisiko) zwangsläufig mindert; denn der Hoffnung auf einen zusätzlichen Verlustpuffer durch das haftende Privatvermögen steht die zusätzliche Gefahr gegenüber, daß private Schulden existieren, die eine Insolvenz des Gesellschafters aus nicht zur Unternehmung gehörenden Schulden auslösen können mit der Folge, daß dadurch auch die Unternehmung insolvent wird.

b) Die bestehende Rechtsordnung knüpft bei beschränkter Haftung Entnahmen und Kapitalrückzahlungen an Bedingungen zur Voraus-Information der Schuldner. Im einzelnen ist dabei zu unterscheiden zwischen kündbaren Einlagen des einzelnen Geldgebers (z.B. Kommanditisten) und den von einzelnen Geldgebern nicht kündbaren Einlagen, wie sie z.B. die Vorschriften über eine Kapitalherabsetzung bei einer Aktiengesellschaft auszeichnen.

c) Das Ausmaß möglicher Vermögenseinbuße der „beschränkt haftenden" Anteilseigner wird verringert, weil der Höchstbetrag ihrer Verluste auf die Einlage bzw. deren Marktpreis begrenzt ist. Eine Aktie mag mitunter zwar keinen Preis mehr erzielen. Eine solche Vermögenseinbuße stellt aber keine Haftung dar; denn Marktpreise sind keine Sanktionen. Die Begrenzung der denkbaren Vermögenseinbuße auf einen Höchstbetrag erleichtert die Handelbarkeit, also die Trennung von dieser Investition als wichtigstes Mittel, Informationsrisiken zu begegnen (S. 40).

d) Die Begrenzung der möglichen Vermögenseinbuße auf eine Einlage bzw. deren Marktpreis erlaubt es, Kapitalgesellschaften zu einem „Kapitalsammelbecken" zu machen, mit der Folge, daß häufig erst dann risikoreiche innovative Investitionen durchgeführt werden können. Der Sachverhalt, daß „beschränkte Haftung" risikoreiche Investitionen stimuliert, darf dabei weder mit der Behauptung vermengt werden, daß risikoreiche Investitionen eine höhere Eigenkapitalausstattung voraussetzen (S. 586 f.), noch darf geschlossen werden, daß dadurch Risiken zwangsläufig auf die Gläubiger verlagert werden. Dies trifft nicht zu, wenn vor Abschluß eines Kreditvertrages die Gläubiger die Investitionsrisiken richtig beurteilen[180].

Aus diesem Grunde ist es irreführend, wenn das Verlustrisiko eines Geldgebers mit der Frage beschränkte oder unbeschränkte Haftung vermengt wird[181]. Zahlreiche Finanzierungsverträge über Restbetragsansprüche in der Praxis enthalten Klauseln, die einseitig Risiken zwischen Mehrheitsanteilseignern bzw. dem Management und Minderheitsanteilseignern zulasten der letzteren verlagern. Dies gilt z.B. für Namensaktien, insbesondere solche, deren Veräußerung an die Zustimmung von Verwaltungsorganen geknüpft ist. Gerechtfertigt werden solche Klauseln, ebenso wie Stimmrechtsbeschränkungen, mit der Gefahr einer Überfremdung. Urteile über solche Vertragsgestaltungen sind nur möglich, wenn die ordnungspolitischen Vorstellungen über die Machtverteilung zwischen Management und Risikokapitalgeber erörtert werden, was Fragen der Unternehmungsverfassung einschließlich der Mitbestimmungsrechte der Arbeitnehmer einschließt[182].

Gegen Haftungsbeschränkungen ist eingewandt worden, daß die Verfügungsmacht in einer Unternehmung an die „Eigenhaftung für die Erfüllung der übernommenen Vertragspflichten" zu knüpfen sei. Aktionären solle man kein Stimmrecht gewähren[183]. Dieser Gedanke wurde dahin erweitert, daß nurmehr Kommanditgesellschaften auf Aktien zugelassen werden sollten[184]. Dies bedeutet einen Verzicht auf Aktiengesellschaften, GmbHs und Personengesellschaften ohne natürliche Personen als Vollhafter, insbesondere also GmbH & Co. KGs. Ein gesetzliches Gebot, das Ausüben von Unternehmerfunktionen sei an das persönliche Einstehenmüssen für Geschäftsschulden zu binden, bezweckt zweierlei:

Zum einen sollen Konzentrationsprozesse durch Aufbau von Beteiligungsketten in verschachtelten Konzernen und durch Machtverstärkung einzelner Großaktionäre zu Lasten der Kleinaktionäre erschwert werden. Diese Hoffnung dürfte sich kaum bewahrheiten. Erstens lassen sich Beteiligungsketten auch über ein Dazwischenschalten von BGB-Gesellschaften aufbauen (auf diese Weise werden verschiedentlich die rechtlichen Grenzen für Industriebeteiligungen durch Banken und Versicherungen unterlaufen). Zwei-

---

180 Vgl. *Susan E. Woodward:* Limited Liability in the Theory of the Firm. In: Zeitschrift für die gesamte Staatswissenschaft, Bd. 141 (1985), S. 601-611, hier S. 601.
181 Z.B. bei *Barnea, Haugen, Senbet,* S. 40, Fn. 10: „When we go from risk neutrality to risk aversion, we naturally move from unlimited liability to limited liability". Ähnlich unscharf auch *Frank H. Easterbrook, Daniel R. Fischel:* Limited Liability and the Corporation. In: The University of Chicago Law Review, Vol. 52 (1985), S. 89-117, hier S. 89 f.
182 Vgl. dazu näher *Dieter Schneider:* Marktwirtschaftlicher Wille und planwirtschaftliches Können: 40 Jahre Betriebswirtschaftslehre im Spannungsfeld zur marktwirtschaftlichen Ordnung. In: ZfbF, Jg. 41 (1989), S. 11-43, hier S. 12-22.
183 *Franz Böhm:* Die Kapitalgesellschaft als Instrument der Unternehmenszusammenfassung. In: Wettbewerb im Wandel, hrsg. von H. Gutzler u.a., Baden-Baden 1976, S. 149-166, hier S. 156 f.
184 Vgl. *Ulrich Fehl, Peter Oberender:* Unternehmensverfassung, Kapitalmarktordnung und Wettbewerb: Zum Einfluß gesellschaftsrechtlicher Dimensionen der Kapitalmarktordnung auf den Wettbewerbsprozeß. In: Interdependenz von Unternehmens- und Wirtschaftsordnung, hrsg. von H. Leipold, A. Schüller, Stuttgart-New York 1986, S. 137-151, hier S. 145 f.

tens kann Vollhaftung auch durch Strohmänner übernommen werden, die Großaktionäre durch Verträge sehr eng an ihre Interessen binden können. Drittens werden Gläubiger ihre Anforderungen an Kreditsicherheiten usw. kaum wegen eines ihnen unbekannten Ausmaßes an Privatvermögen herabschrauben.

Zum anderen sollen Probleme aus dem Auftragshandeln verringert werden. Allerdings verläuft bei einem Gebot der Vollhaftung der Weg entgegengesetzt zu dem, Auftraggeber-Beauftragten-Probleme über anreizverträgliche Manager-Arbeitsverträge zu lösen: An die Stelle von Belohnungen, die eine Identifizierung mit den finanziellen Interessen der Erwerber von Restbetragsansprüchen auf dem Kapitalmarkt erleichtern, tritt der Zwang, dem persönlichen Ruin ausgesetzt zu sein. Da Unsicherheit und damit nicht planbare ex-post-Verluste unvermeidbar sind, wird hier in den Sanktionen ein Fehlschlagen von Investitionen mit einem Fehlverhalten gegenüber Vertragspartnern gleichgesetzt[185].

Wer ein gesetzliches Gebot empfiehlt, das Ausüben von Unternehmerfunktionen an Vollhaftung zu binden, bezweifelt, daß es möglich sei, über Manager-Arbeitsverträge und andere vertragliche oder gesetzliche Informations-, Selbstbindungs- und Überwachungsregelungen eine Marktlenkung von Risikokapital in effiziente Verwendungen zu sichern. Mit einem marktwirtschaftlichen Grundverständnis, das sonst auf eine gesamtwirtschaftlich nützliche Lenkungsfolge des Eigeninteresses vertraut, ist ein Zwang, sich dem persönlichen Ruin auszusetzen, schwer zu vereinbaren.

Die vermutlichen Folgen einer rechtlich erzwungenen persönlichen Haftung der Unternehmungsleitung wären:

a) eine verringerte Bereitschaft, Unternehmerfunktionen auszuüben, wenn damit stets das Risiko eines Verlustes des gesamten persönlichen Vermögens verbunden ist;

b) eine verstärkte Risikoabneigung, solange sich noch keine existenzgefährdenden Verluste abzeichnen und damit ein vielfach gegenüber Innovationen abwehrendes Verhalten;

c) eine verstärkte Neigung zu verborgenen Handlungen, sobald existenzgefährdende Verluste drohen; denn die Versuchung wächst, Privatvermögen dem Gläubigerzugriff rechtswidrig zu entziehen.

d) Die Führungsprobleme in Unternehmungen steigen, denn in Unternehmungen, die über die Größenmerkmale eines Kleinunternehmens hinauswachsen, müssen die Kompetenzen zur Unternehmungsleitung geteilt werden, schon um die Vorteile der Wissensspezialisierung zwischen z.B. Techniker, Verkaufs- und Finanzchef zu nutzen. Bei Vollhaftung der Geschäftsführenden sind alle drei Formen der Verteilung von Entscheidungskompetenzen mit Nachteilen belastet:

(1) Jeder einzelne darf verbindlich auch für die anderen handeln (§ 125 Abs. 1 HGB). Dadurch steigen die Risiken für die anderen Vollhafter und die restlichen Geldgeber.

(2) Führungsentscheidungen werden einstimmig getroffen. Daraus erwächst die Gefahr der Handlungsunfähigkeit.

---

185 Vgl. *Rainer Elschen:* Die getrennte Handelbarkeit von Aktienstimmrechten. In: ZfbF, Jg. 40 (1988), S. 1009-1036, hier S. 1012.

(3) Mehrheitsentscheidungen sind unter Vollhaftern viel schwerer von der Minderheit hinzunehmen als bei Haftungsbeschränkungen für Gesellschafter-Geschäftsführer oder für angestellte Manager.

Da bei Vollhaftung das disziplinierende Element der im Regelfall auf 5 Jahre beschränkten Manager-Dienstverträge fehlt, droht häufiger als in Kapitalgesellschaften eine Gefahr für das Weiterbestehen eines Unternehmens, wenn die Trennung von einem „lästigen Gesellschafter" vollzogen werden soll.

e) Die Informationsdefizite externer Geldgeber sind bei Unternehmungen mit Vollhaftung nicht notwendigerweise geringer als bei Unternehmen mit Haftungsbeschränkung (S. 633).

Im Hinblick auf die Bereitschaft, Unternehmerfunktionen auszuüben und damit zugleich Einkommensunsicherheiten durch Verträge von anderen abzunehmen, erscheint ein Gebot zum persönlichen Einstehenmüssen für Geschäftsschulden dann Haftungsbeschränkungen unterlegen, wenn anreizverträgliche Managerarbeitsverträge abgeschlossen werden, die verborgene Handlungen eindämmen und strenge Rechenschaftspflichten das Verbergen von Informationen weitgehend verhindern.

Gewichtiger als Vollhaftung erscheint der Sachverhalt, daß eine Lenkung jenes Kapitals, das eine Verlustpufferfunktion übernimmt, über den Markt erfolgt, um eine bessere gesamtwirtschaftliche Verwertung von Wissen zu erreichen. Für die Anteilseigner, die sich von persönlicher Haftung befreien, wird ihr Vermögensrisiko auf den Verlust der Einlage bzw. deren Marktpreis begrenzt. Diese Beschränkung erleichtert die Handelbarkeit und damit die Lösung aus dieser Investition als wichtigstes Mittel, um einen neuen Wissensstand durch Anpassungshandlungen zu verwerten.

bb) Selbstfinanzierung in Kompetenz der Unternehmungsleitung und Ausschüttungen als Signal an den Kapitalmarkt?

Modellüberlegungen zu einer Marktbewertung von Unternehmungen, gehen von der unrealistischen Annahme aus, Ziel der Unternehmungsleitung sei die Maximierung des Marktwertes von Anteilen[186]. Dieses Ziel entspricht der S. 143 beschriebenen Vermögensmaximierung für den Durchschnittsaktionär. Der Vorstand der Aktiengesellschaft muß sich hier fragen: Wächst das Vermögen der Aktionäre mehr, wenn Gewinne nicht ausgeschüttet werden (Selbstfinanzierung betrieben wird) oder wenn Dividenden gezahlt werden und die Aktionäre ihr Einkommen in anderen Investitionsobjekten anlegen?

Anteilswertmaximierung verlangt, daß die Firmenleitung nur dann Selbstfinanzierung betreibt, wenn dadurch das Vermögen des Aktionärs stärker wächst als bei Ausschüttung und anderweitiger Anlage. Anteilswertmaximierung entspricht der Maximierung des Börsenkurses, solange wir von der Ausgabe von Gratisaktien (Kapitalerhöhung aus Gesellschaftsmitteln) oder von der Umstellung der Börsennotiz von 100 DM auf 50 DM

---

[186] Vgl. z.B. *Diran Bodenhorn:* On the Problem of Capital Budgeting. In: The Journal of Finance, Vol. 14 (1959), S. 473-492, bes. S. 489; *Solomon* S. 15-25; *Fama:* Effects, hier S. 282.

Aktien absehen. Zugleich müssen die steuerlichen, bank- und börsentechnischen Umweltbedingungen so sein, daß Selbstfinanzierung geringere Kosten verursacht als eine Schütt-aus-Hol-zurück-Politik.

Wenn unter dieser Voraussetzung eine Unternehmungsleitung im Interesse der Anteilseigner handeln will, wird sie fragen: Schätzen die Aktionäre gegenwärtige Dividenden höher als Selbstfinanzierung mit der Möglichkeit steigender Ausschüttungen?

Da das Ziel Vermögensmaximierung von Principal-Agent-Problemen abstrahiert, ist es in erster Linie ein Idealziel, das der Vorstand verfolgen kann, wenn er im Interesse der Anteilseigner handeln will. Zugleich müssen die steuerlichen, bank- und börsentechnischen Umweltbedingungen so sein, daß Selbstfinanzierung geringere Kosten verursacht als eine Schütt-aus-Hol-zurück-Politik.

Dabei tritt das Problem auf, wie bisherige und potentielle Anteilseigner Selbstfinanzierung statt Ausschüttung bei ihren Preisgeboten auf dem Kapitalmarkt bewerten werden. Schätzen die Aktionäre gegenwärtige Dividenden höher als Selbstfinanzierung mit der Möglichkeit steigender Ausschüttungen?

Zwei Auffassungen stehen sich hierzu gegenüber[187]: Nach der Gewinnthese bestimmt sich der ertragsgerechte Börsenkurs W aus dem Verhältnis der jährlichen Unternehmensrendite r zur Alternativrendite h,

$$W = \frac{r}{h} \cdot 100. \tag{41}$$

Nach der Dividendenthese bestimmt sich der ertragsgerechte Kurswert nicht nach der Rendite in der Unternehmung, sondern nach dem Dividendensatz d als

$$W = \frac{d}{h} \cdot 100. \tag{41a}$$

Beide Thesen vernachlässigen die steuerlichen Wirkungen.

In ihrer starren Form sind weder Gewinnthese noch Dividendenthese haltbar. Falls nur der Gewinn, nicht die Höhe der Dividenden auf den Börsenkurs von Einfluß wäre, würde folgendes eintreten: Zwei Aktiengesellschaften verdienen jährlich 10 DM auf 100 DM Grundkapital. Die erste schütte die 10 DM aus, die Alternativrendite betrage 5%, der Kurs eines Anteils also 200. Die zweite schütte nichts aus, sondern lege die 10 DM in der Unternehmung mit einer Rendite von 5% wieder an. Der Kurs der Aktien der zweiten Unternehmung müßte (nach der Gewinnthese) ebenfalls 200 betragen, obwohl ihre heutigen Aktionäre, ja sogar noch deren Urenkel, nie eine Dividende sehen werden (und im Extremfall verhungern müßten, wenn sie nicht schleunigst die Aktien verkauften).

Die Dividendenthese andererseits unterschlägt die Erträge der Selbstfinanzierung: Der Kurs der Aktiengesellschaft, die 10 DM verdient und ausschüttet, beträgt 200 DM. Er

---

[187] Vgl. besonders *Solomon*, S. 58 f.; *Gutenberg*, S. 247-255; vgl. auch *Alexander A. Robichek, Stewart C. Myers:* Optimal Financing Decisions. Englewood Cliffs 1965, S. 54-56.

wäre danach genauso hoch wie der einer anderen Gesellschaft, die 500 DM verdient und gegenwärtig nur 10 DM ausschüttet.

Die richtige Antwort lautet: Unter Vernachlässigung der Ungewißheit, der ungleichen Wissensverteilung zwischen Management und Anteilseignern und der steuerlichen Einflüsse hängt der Kurs von allen Beträgen ab, die aus dem Anteilsrecht dem Aktionär während des Planungszeitraums zufließen: Es sind die künftigen Ausschüttungen, Bezugsrechtserlöse und der Verkaufserlös der Aktien zu jedem Zahlungszeitpunkt bis zum Planungshorizont zu schätzen. Wenn Selbstfinanzierung heute bewirkt, daß in Zukunft mehr ausgeschüttet werden kann, dann wird auch die Zurückhaltung von Gewinnen die Kurse steigern. Fraglich ist nur, ob Selbstfinanzierung heute den Kurs genauso steigen läßt wie höhere Ausschüttungen heute – das behauptet im Grunde die Gewinnthese – oder ob künftige Dividendenerhöhungen als Folge heutiger Selbstfinanzierung geringer eingeschätzt werden als gegenwärtige Ausschüttungen – das ist der Kern der Dividendenthese.

Die meisten Urteile über die Gewinn- und Dividendenthese laufen auf den Satz hinaus, der Spatz in der Hand (die Dividende heute) sei den Aktionären lieber als die Taube auf dem Dach[188]. Sicher werden zahlreiche Aktionäre so denken; aber sie denken falsch, weil das Wahlproblem so nicht vollständig formuliert ist. Nur bei Konsumzielen (Wohlstandsstreben) stellt sich die Frage: Konsum heute oder morgen? Bei Vermögensstreben lautet das Wahlproblem hingegen: Künftige Einnahmen über den Weg der Selbstfinanzierung oder künftige Einnahmen über den Weg Barausschüttung plus Wiederanlage durch den Aktionär? Wie Selbstfinanzierung auf den Börsenkurs wirkt, ist also

(1) eine Frage, wieweit die Aktionäre rational handeln (ob sie das Wahlproblem vollständig formulieren); bei rationalem Verhalten ist es

(2) eine Frage der Zielsetzung der Aktionäre (ob sie gegenwärtigen Konsum oder künftigen wünschen und wie sie dabei die Ungewißheit künftiger Ausschüttungen und Börsenkurse einschätzen), sowie

(3) der steuerlichen Wirkungen (Besteuerung von Dividenden bei der ausschüttenden Kapitalgesellschaft und dem empfangenden Anteilseigner, Besteuerung oder Steuerfreiheit von Veräußerungsgewinnen der Anteilsrechte usw.),

(4) eine Frage des Vertrauens in den Vorstand der selbstfinanzierenden Unternehmung, also, ob die Anteilseigner die Principal-Agent-Probleme als in ihrem Sinne gelöst ansehen.

Dieser vierte Gesichtspunkt ist besonders wichtig:

Sind die Aktionäre sicher, der Vorstand handele ausschließlich in ihrem Interesse, dann läßt sich auch bei Ungewißheit kein Grund ersehen, der gegen die Gewinnthese spräche, denn dann wird nur selbstfinanziert, wenn Selbstfinanzierung die beste Anlagemöglichkeit für die Aktionäre bedeutet.

---

188 Vgl. u.a. *M.J. Gordon:* Optimal Investment and Financing Policy. In: The Journal of Finance, Vol. 18 (1963), S. 264-272, hier S. 266-268.

Zweifeln die Aktionäre daran, daß der Vorstand ausschließlich in ihrem Interesse handelt, dann ist die Entscheidung nicht mehr eindeutig. Wird dem Vorstand firmeneigenes Vermögensstreben, aber sonst kluges, einfallsreiches Handeln unterstellt (wird also das Geld nicht in unsinnige Projekte gesteckt), dann bleibt im Regelfall die Gewinnthese richtig, denn firmeneigenes Vermögensstreben und Handeln im Vermögensinteresse der Aktionäre führt weitgehend zu denselben Entscheidungen.

Der Dividendenthese könnte der Vorrang dann einzuräumen sein, wenn der Verdacht besteht, daß Selbstfinanzierungsbeträge weniger wirtschaftlich angelegt werden als andere Mittel. Statistische Untersuchungen behaupten mehrfach, daß kein Zusammenhang zwischen Unternehmenswachstum und Selbstfinanzierung nachgewiesen werden kann[189], ja sogar, daß zurückbehaltene Gewinne auf mysteriöse Weise verschwinden[190]. Daß zurückbehaltene Mittel nur in sehr unwirtschaftlicher Weise verwandt werden, ist praktisch nicht auszuschließen, aber keineswegs zwingend. Statistische Untersuchungen müssen auf den veröffentlichten Jahresabschlüssen aufbauen. Solange Unterbewertungen möglich sind und solange nicht beachtet wird, daß es auch eine versteckte Selbstfinanzierung über nichtaktivierungspflichtige Investitionen gibt, ist das Ausmaß an Selbstfinanzierung nicht hinreichend genau zu bestimmen. Folglich bleiben Aussagen über die Vorteilhaftigkeit selbstfinanzierter Investitionen eine waghalsige Angelegenheit.

Die Möglichkeit, Gewinne in nicht aktivierungspflichtige Investitionen, wie Forschung und Werbung fließen zu lassen (versteckte Selbstfinanzierung), ist auch als Argument gegen die Zweckmäßigkeit offener Selbstfinanzierung eingewandt worden. So wurde behauptet[191]: Eine hohe Selbstfinanzierungsrate sei manchmal von sich aus schon ein Zeichen für unwirtschaftliche Verwendung finanzieller Mittel, weil Selbstfinanzierungsbeträge hohe Körperschaftsteuerzahlungen verursachten und diese durch rechtzeitige Investitionen vermieden werden könnten. Der Gewinn vor Steuern sei „Entscheidungsvariable", er sei durch nichtaktivierungspflichtige Investitionen zu beeinflussen. Hinzu trete, daß ein Außenstehender gar nicht unterscheiden könne, warum hohe Buchgewinne auftreten, z.B. ob die Unternehmung ihre Kapitalstruktur verbessern, Vorsorge für künftige Dividendenzahlungen treffen wolle, tatsächlich so viel verdient habe, daß ein hoher Gewinnausweis unumgänglich werde, oder ob nichtaktivierungspflichtige Investitionen übersehen worden seien.

Ein Kleinaktionär wäre hier wohl gut beraten, schon bei der ersten Vermutung in dieser Richtung diese Gesellschaft nicht nach dem Verhältnis Dividende zu Alternativanlage (übliche Aktienrendite dieser Risikoklasse) zu bewerten, sondern so rasch wie möglich den Anteil zu verkaufen, mindestens aber in der Hauptversammlung die Berufsopponenten zu unterstützen.

---

189 Vgl. *I.M.D. Little:* Higgledy Piggledy Growth. In: Bulletin of the Oxford University Institute of Statistics, Vol. 24 (1962), S. 387-412.

190 Vgl. *Ben C. Ball jr.:* The mysterious disappearance of retained earnings. In: Harvard Business Review, Vol. 65 (1987), S. 56-63.

191 Vgl. *Veikko Jääskeläinen:* Growth of Earnings and Dividend Distribution Policy. In: The Swedish Journal of Economics, Vol. 69 (1967), S. 184-195.

Die Gewinnthese gewinnt dann praktisches Gewicht, wenn einzelne Aktionäre einem niedrigeren Grenzsteuersatz unterliegen als andere und der Kapitalmarkt nicht so vollkommen ist, daß die Steuerbelastungsunterschiede in der Kursbildung durch einen „Klientel-Effekt" wegarbitragiert werden. Gewinnthese und Dividendenthese entpuppen sich somit als sehr vage, nicht theoriegestützte „Hypothesen". Beide erlauben keine stichhaltige Antwort auf die Frage, von welchen Umständen Selbstfinanzierung und Dividendenhöhe abhängen.

Die heute im Schrifttum vorherrschenden Erklärungsansätze für die Höhe der Dividenden beruhen neben der Erörterung steuerlicher Effekte (die in diesem Buch an anderer Stelle behandelt sind S. 288 ff., 306 f.) auf einer reichlich trivialen Vorstellung, die nur durch die Einbettung in Marktgleichgewichtsmodelle den Anschein wissenschaftlicher Ernsthaftigkeit gewinnt:

Änderungen der Dividendenhöhe werden als Signale verstanden, mit denen das Management Kapitalmarktteilnehmern über seine veränderten Erwartungen über die Ertragslage der Unternehmung unterrichten will[192]. Neben der Dividendenpolitik wird auch die Kapitalstruktur, insbesondere die Eigenkapitalquote, als Signal für die Vermögens-, Finanz- und Ertragslage gedeutet. Dabei wird der Eigenkapitalquote deshalb Gewicht beigelegt, weil höhere Restbetragsansprüche (in Händen des Managements) als Anreiz für das Management gesehen werden, um Schädigungen der Gläubiger, z.B. über eine riskante Investitionspolitik, zu verringern. Da eine solche Behauptung die Gültigkeit einer Hypothese „Eine steigende Eigenkapitalquote mindert das Insolvenzrisiko" voraussetzt (S. 588 ff.), braucht darauf nicht mehr eingegangen zu werden.

Der Gedanke hinter der Signalaufgabe von Dividenden ist, daß ein Management, dem die Kompetenz der Ergebnisverwendung weitestgehend überlassen ist, erfahrungsgemäß zu Dividendenkontinuität neigt, weil Dividendenkürzungen von Kapitalmarktteilnehmern, die keine Pressemitteilungen oder Jahresabschlüsse zur Kenntnis nehmen, als Verwirklichung schlechter Zukunftslagen, Dividendenerhöhungen als Verwirklichung guter Zukunftslagen betrachtet werden.

Dividendenkontinuität sichert Unauffälligkeit, womit schlechte Entwicklungen, die das Management zu verantworten hat oder die es auch bei bestem Können nicht vermeiden konnte, durch Ausschütten früher zurückbehaltener Gewinne ebenso verdeckt werden kann wie hohe versteckte oder zurückbehaltene Gewinne ein Polster schaffen, das künftige Fehler auszugleichen erlaubt.

Zu fragen ist jedoch: Wann sind Dividendenänderungen bei Entscheidungskompetenz des Managements über die Erfüllung von Restbetragsansprüchen ein geeignetes Mittel, um Anteilseigner über Änderungen der künftigen Ertragslage zu unterrichten? Aus-

---

192 Vgl. als Überblick z.B. *Sanford J. Grossman, Oliver D. Hart:* Corporate Financial Structure and Managerial Incentives. In: The Economics of Information and Uncertainty, ed. by J.J. McCall, Chicago-London 1982, S. 107-137, besonders S. 109 f.; *Günter Franke:* Costless Signalling in Financial Markets. In: The Journal of Finance, Vol. 42 (1987), S. 809-822; *Günter Niederhuber:* Ausschüttungsregelungen für Aktiengesellschaften Eine ökonomische Analyse. Hamburg 1988, S. 122-144.

schüttungsänderungen sind nur für jene Kapitalmarktteilnehmer ein Signal, die frühere oder ausführlichere Informationen nicht zur Kenntnis nehmen: Mitteilungen in der Presse, Zwischenberichte des Vorstands- und Rechenschaftsberichte auf einer Hauptversammlung sowie den Jahresabschluß mit Lagebericht. Wer auf die Signalaufgabe von Dividenden pocht, klammert insbesonders eine Informationsfunktion des Jahresabschlusses aus. So begrenzt die Aussagefähigkeit des Jahresabschlusses auch sein mag: Er bietet zusammen mit dem Lagebericht mehr Informationen als ein auf dem Ergebnis des Jahresabschlusses aufbauender Beschluß über die Ergebnisverwendung.

Die im angelsächsischen Schrifttum ausführlich erörterte Frage: Warum werden überhaupt Dividenden gezahlt?[193] gewinnt nur dann etwas Sinn, wenn an Kapitalmarktgleichgewichtsmodelle als zwar vereinfachtes, aber adäquates Abbild der Börsenwelt, wie sie ist, geglaubt wird. Selbst dann ist, die Irrelevanztheoreme im Hinterkopf, die Frage wenig sinnvoll; denn warum sollen bei Irrelevanz der Ausschüttung für den Konkurrenzgleichgewichtspreis einer Unternehmung keine Dividenden gezahlt werden?

Die Frage, warum Dividenden gezahlt werden, beantwortet sich vielmehr so: Ein Management handelt als Beauftragter der Anteilseigner, und hat Restbetragsansprüche ausgegeben. Deshalb stehen in Erfüllung der Finanzierungsverträge die Überschüsse den Restbetragsanspruchsberechtigten zu. Offen ist also nicht die Frage, warum Dividenden gezahlt werden, wenn von einer Marktkoordination von Einzelwirtschaftsplänen ausgegangen wird; denn ehrliche Menschen halten Verträge ein.

Die offenen Fragen sind:

a) Wann liegen in einer Unternehmung auf Dauer (in einem going concern) ausschüttungsfähige Gewinn vor? – Das Problem der Gewinnermittlung einschließlich der Kompetenz, wer darüber befindet, wann Gewinne vorliegen.

b) Ist der gesamte Gewinn auszuschütten? – Das Problem der Ergebnisverwendung, einschließlich der Kompetenz, wer darüber befindet, wann und aus welchen Gründen verwirklichte Restbetragsansprüche den Anspruchsberechtigten vorenthalten werden dürfen.

Die Kompetenz zur Gewinnermittlung und Ergebnisverwendung ist bei Kapitalgesellschaften nach den heutigen gesetzlichen Regelungen mit weitgehendem Ermessensspielraum bei den Agents angesiedelt. Aufgrund gesetzlicher Vorschriften können sie sich dieser Rechenschaft in erheblichem Maße und (z.B. nach § 58 AktG) der Auszahlung des Ergebnisses in nicht unerheblichem Maße entziehen.

Außerhalb der institutionsarmen Modellwelt der Marktwertmaximierung (in der auch die Gewinn- und Dividendenthese angesiedelt ist) ist deshalb die Ausschüttungs- und damit Selbstfinanzierungspolitik kein Problem der Unternehmenspolitik, die hier ein Opti-

---

[193] Vgl. z.B. *Fischer Black:* The Dividend Puzzle. In: Journal of Portfolio Management. Vol. 2 (1976), S. 5-8: *Merton H. Miller, Myron Scholes:* Dividend and Taxes. In: The Journal of Financial Economics, Vol. 6 (1978), S. 333-364; *Nils H. Hakansson:* To Pay or Not to Pay Dividend. In: The Journal of Finance, Vol. 27 (1982), S. 415-428; *Hersh M. Shefrin, Meir Statman:* Explaining Investor Preference for Cash Dividends. In: The Journal of Financial Economics, Vol. 13 (1984), S. 253-282, hier S. 253 f.

mum (für wessen Ziele?) zu suchen hat. Vielmehr ist die Frage: Ausschüttung oder Selbstfinanzierung? eine ordungspolitische Aufgabe: Soll eine Wirtschaftsordnung verwirklicht werden mit Marktlenkung von Risikokapital als der einer Wettbewerbsordnung gemäßen Verwertung von Wissen? Oder soll eine Räte- oder Funktionärs-Wirtschaftsordnung beibehalten werden, die jene, die den Verlustpuffer stellen und damit das Vermögensrisiko tragen, auch noch dem Wissens- und Handlungsvorsprung von Beauftragten aussetzt?

Da bisher die Eigenschaft von pareto-optimalen Dienstverträgen für Manager zur Lösung von Principal-Agent-Problemen nur in überaus engen Grenzen bekannt sind, ist schon für Geldgeber mit Festbetragsansprüchen und erst recht für Geldgeber mit Restbetragsansprüchen zu prüfen: Wie weit kann hier Vertragsfreiheit gehen? Wann sind gesetzliche Regelungen erforderlich, um die Gefahr einer Benachteiligung des Geldgebers Principals durch geschäftsführende Agents einzugrenzen? Ehe dieses Problem in c) erörtert wird, ist zu prüfen, inwieweit Märkte zur Unternehmungskontrolle geeignet sind, ein Handeln des Managements im Interesse der Anteilseigner sicherzustellen.

4. Märkte zur Unternehmungskontrolle

Auf **Märkten zur Unternehmungskontrolle** werden Rechte zur Änderung der Verfügungsmacht über die in einer Unternehmung zusammengefaßten Marktprozeß- und Marktzufuhrfähigkeiten gehandelt. Wird Unternehmungskontrolle als Verfügungsmacht über die in einer Unternehmung zusammengefaßten Ressourcen verstanden[194], so schließen *Märkte zur Unternehmungskontrolle alle Institutionen ein, in denen Markthandlungen über eine Änderung der Verfügungsmacht in einer Unternehmung* stattfinden: von der Übernahme einer freiberuflichen Praxis über die Umwandlung des Gewerbebetriebes eines Einzelkaufmanns in eine Kommanditgesellschaft, bei der sich der Kommanditist bestimmte Alleinbelieferungsrechte vorbehält, dem Kauf einer Schachtelbeteiligung in GmbH-Anteilen aus einer Erbengemeinschaft durch Mitarbeiter bis zum Erwerb einfacher oder satzungsändernder Stimmrechtsmehrheiten bei Aktiengesellschaften. Übernahmeangebote, wie sie im angelsächsischen Gesellschaftsrecht häufiger vorkommen, und die Konkurrenz alternativer Manager-Teams um das Recht, eine Unternehmung zu führen (management buy-out), sind nur einzelne Erscheinungsformen.

Nicht nur die Herrschaft durch Stimmenmehrheit, auch eine Teilnahme an der Verfügungsmacht gehören zur Unternehmungskontrolle, über die vertragliche Vereinbarungen und damit Markthandlungen zustande kommen. Für die Gläubiger einer Unternehmung bilden z.B. Markthandlungen zur Unternehmungskontrolle nicht nur der Erwerb von Anteilsrechten, um über die Zuführung neuer haftender Mittel oder durch den Aufkauf von Schuldtiteln eine Insolvenz abzuwenden[195], sondern auch das Ausüben von Marktmacht bei Kreditverhandlungen, um über das Zugeständnis eines Aufsichtsrats-

---

194 Vgl. *Michael C. Jensen, Richard S. Ruback:* The Market for Corporate Control. In: Journal of Financial Economics, Vol. 11 (1983), S. 5-50, hier S. 5 f.

mandats Informationsmöglichkeiten und Einfluß auf die Auswahl des Führungsteams und dessen Investitions- und Finanzierungspolitik zu gewinnen. Markthandlungen zur Unternehmungskontrolle stellen sogar die Kooperationsmöglichkeiten von Gläubigern dar, von sich aus ein Insolvenzverfahren zu beeinflussen (z.B. durch Abstimmung über einen Vergleichsvorschlag), weil als Folge eines Insolvenzverfahrens dem Gemeinschuldner Unternehmung die Verfügungsmacht über das restliche Vermögen genommen wird.

Modellüberlegungen zu einem Markt zur Unternehmungskontrolle[196] gehen davon aus, es bestünde eine hohe Korrelation zwischen der „Effizienz" der Unternehmungsleitung und den Aktienkursen. Handele eine Unternehmungsleitung nicht im Interesse der Anteilseigner, so liege der Marktwert der Unternehmung unter jenem, den ein im Interesse der Aktionäre wirkendes Management erreichen würde. Damit eröffnen sich für Aktionäre Chancen auf Arbitragegewinne, indem durch den Erwerb der Stimmrechtsmehrheit das bisherige Management gefeuert und durch ein in ihren Augen besseres ersetzt wird. Allein die drohende Übernahmegefahr diszipliniere das derzeitige Management dahingehend, Aktionärsinteressen zu beachten.

Dieses Modell ist jedoch unter seinen Voraussetzungen in sich widersprüchlich:

„Effizienz" der Unternehmungsleitung muß nach der Schlußfolgerung, daß ein Handeln im finanziellen Interesse der Aktionäre erreicht werde, mit dem Willen und dem Können zur Marktwertmaximierung der Anteilsrechte gleichgesetzt werden. Von einer Korrelation von plus 1 weicht die behauptete hohe Korrelation zwischen „Effizienz" der Unternehmungsleitung und Aktienkursen dann nur wegen Einflußgrößen auf die Kursbildung ab, die außerhalb der Handlungsmöglichkeiten einer Unternehmungsleitung liegen (Naturkatastrophen, Gesetzesänderungen, Notenbankpolitik usw.).

Wird aber Effizienz der Unternehmungsleitung mit dem Willen und Können zur Marktwertmaximierung gleichgesetzt, dann muß streng genommen der Aktienmarkt nicht nur vollkommen, sondern auch im Hinblick auf die Versicherbarkeit von Risiken vollständig und im Konkurrenzgleichgewicht sein; denn nur bei Irrelevanz der Kapitalstruktur und Ausschüttungspolitik für den Marktwert der Unternehmung, wie sie ein konkurrenzgleichgewichtiger Kapitalmarkt impliziert, erfüllt die Zielgröße Marktwertmaximierung für Anteilsrechte (und zusätzlich für Schuldtitel) die Bedingung, mit den unterschiedlichsten Zeitpräferenzen der Geldgeber für Konsum oder Vermögensmehrung verträglich zu sein. Nur bei vorgegebenen, einheitlichen Erwartungen und Risikoneigungen werden die Mitglieder einer Unternehmensleitung und ihre Geldgeber ein und dieselbe Geschäftspolitik als marktwertmaximierend für die Anteilsrechte und Schulden einer Unternehmung ansehen. Unverzichtbare Vorbedingung für eine einmü-

---

195 Vgl. *Haugen, Senbet*, S. 389; *Helmut Gröner:* Marktsystem, Unternehmenskontrollen und Insolvenzen: Volkswirtschaftliche Überlegungen zur Reform des Insolvenzrechts. In: Ordo, Bd. 35 (1984), S. 247-267, S. 251 f.

196 Vgl. *Henry G. Manne:* Some Theoretical Aspects of Share Voting. In: Columbia Law Review, Vol. 64 (1964), S. 1427-1445; *ders.:* Mergers and the Market for Corporate Control. In: Journal of Political Economy, Vol. 73 (1965), S. 110-120, hier S. 112.

tige Zustimmung zur Zielgröße „Marktwertmaximierung" ist damit, daß die Kapitalmarktteilnehmer dasselbe wissen wie die Unternehmungsleitung.

Dann aber ist zu fragen: Wie kann bei einer Gleichverteilung des Wissens unter allen Aktionären eine Aktionärsgruppe hoffen, die Stimmrechtsmehrheit aufzukaufen, um das bisherige Management durch ein besseres zu ersetzen und so Arbitragegewinne zu erzielen? Wenn jene Aktionäre, von denen die Anteile zur Sammlung der Stimmrechtsmehrheit gekauft werden sollen, dasselbe wissen, werden sie nicht zu einem Preis verkaufen, der unter dem künftigen Aktienkurs liegt, den das bessere Management erreichen kann. Bei gleichverteiltem Wissen zwischen allen Kapitalmarktteilnehmern und Gültigkeit der weiteren Voraussetzungen zur Trennbarkeit von Investitions- und Finanzierungspolitik kommt der Stimmrechtsmarkt zur Unternehmungskontrolle nicht zustande.

Ein Stimmrechtsmarkt zur Unternehmungskontrolle läßt sich deshalb nicht über ein Modell erklären, das auf konkurrenzgleichgewichtige Kapitalmärkte und damit auf Marktwertmaximierung als Ziel aller Kapitalmarktteilnehmer zurückgreift. Damit werden zugleich die zahlreichen empirischen Testversuche über steigende oder fallende Unternehmensrenditen nach Unternehmenszusammenschlüssen fragwürdig, soweit sie Kapitalmarktgleichgewichtsmodelle voraussetzen[197]. Bestenfalls werden hier verbundene Hypothesen getestet, die bei empirischer Fragwürdigkeit der einen Hypothese (effiziente Kapitalmärkte) schwerlich Schlüsse über die Realität zulassen.

Läßt man Gleichverteilung des Wissens unter allen Marktteilnehmern als Annahme bestehen und prüft weitere Voraussetzungen für die Trennbarkeit von Investitions- und Finanzierungsentscheidungen, so gilt z.B.: Schon wegen progressiver Einkommensteuern und steuerrechtlichen Gewinnvergünstigungen oder Gewinnverböserungen in den Bemessungsgrundlagen wird die Separation der Investitionsentscheidungen von den Finanzierungsentscheidungen in einer Unternehmung hinfällig. Ebensowenig sind die Voraussetzungen erfüllt, unter denen sich bestimmte Klientels an Geldgebern bilden (S. 559 f.).

Sind die Investitionsentscheidungen nicht mehr unabhängig von den Finanzierungsentscheidungen, *kann* eine Unternehmungsleitung nicht mehr im Interesse *aller* Aktionäre handeln. Ein Konkurrent, Lieferant, Kunde der Aktiengesellschaft, der Aktien in seinem Portefeuille aus Rendite-, Risikomischungs- oder Einflußnahmegründen hält, wird die Investitionspolitik der Unternehmungsleitung anders beurteilen als ein Kleinaktionär oder ein Investmentfonds, die keine Absatz- oder Beschaffungsmarktinteressen mit der Aktiengesellschaft verbinden. Folglich wird z.B. eine Gruppe von Aktionären Ausschüttung von Gewinnen, eine andere Selbstfinanzierung bevorzugen, eine Gruppe einen hohen Verschuldungsgrad bei der Planung ihrer Preisgebote oder Preisforderungen für eine Aktie anders einschätzen als eine andere.

---

197 Vgl. *Jensen, Ruback, Katherine Schipper, Rex Thompson:* Evidence on the Capitalized Value of Merger Activity for Acquiring Firms. In: Journal of Financial Economics, Vol. 11 (1983), S. 85-119; *Paul Asquith, Robert F. Bruner, David W. Mulins Jr.:* The Gains to Bidding Firms from Merger. In: Journal of Financial Economics, Vol. 11 (1983), S. 121-139; *Paul H. Malatesta, Rex Thompson:* Partially Anticipated Events. A Model of Stock Price Reactions with an Application to Corporate Acquisitions. In: Journal of Financial Economics, Vol. 14 (1985), S. 237-250.

Die Urteile darüber, ob eine Unternehmungsleitung „effizient" arbeitet, werden also schon bei Gleichverteilung des Wissens auseinanderfallen. Sobald Manager Entscheidungsregeln und Investitionsverhalten der Kapitalmarktteilnehmer fehleinschätzen, wird die Aufgabe von Kapitalmärkten, Manager zu einem Handeln im Interesse der Geldgeber zu disziplinieren, zusätzlich erschwert[198]. Bei ungleicher Wissensverteilung verstärken sich die Unterschiede in der Beurteilung einer Unternehmungsleitung und ihrer Finanzierungspolitik.

Von der Rücksichtnahme auf die Finanzierungspolitik frei zu sein scheint nur ein selbständiger Stimmrechtshandel, getrennt von dem Handel der Finanzierungstitel mit vertraglich ergebnisabhängiger Vergütung[199]. Allerdings ist bei einem selbständigen Stimmrechtshandel zu fragen: Welche Vorteile bringt der Erwerb einer Stimmrechtsmehrheit mit sich? Würde das bisherige Gesellschaftsrecht unverändert weiter gelten, liegt die Folgerung nahe[200], ein selbständiger Stimmrechtserwerb sei nur für jene Anteilseigner vorteilhaft, welche die Interessen anderer Anteilseigner verdünnen wollten. Selbst wenn diese Folgerung nicht generell zutreffen mag[201], so verdeutlicht dieses Argument zusammen mit den zuvor angestellten Überlegungen, daß Märkte für isolierte Stimmrechte *nicht unabhängig* von den Märkten für die Eigenkapitalausstattung einer Unternehmung in ihrer Zweckmäßigkeit beurteilt werden können. Damit tritt aber die Frage, wie ergebnisabhängige Vergütungen der Anteilseigner ermittelt und ermittelte Gewinne verwendet werden (S. 636 ff.), in den Mittelpunkt des Rechts der Kapitalmarktverfassung und damit eines wesentlichen Teils der Unternehmungsverfassung.

c) Kapitalmarktregulierung zum Gläubiger- und Anteilseignerschutz?

1. Gläubigerschutz durch vertragliche Vereinbarungen oder durch gesetzliche Regelungen?

Wessen Interessen sind aus welchen Gründen durch den Gesetzgeber schutzwürdig? Eine übliche Antwort lautet: Schutzwürdig ist jener, der geschädigt werden kann, und wenn zu wenig da ist, um alle vertraglichen Ansprüche zu erfüllen, gebe es höherrangige Ansprüche und geringerwertige. Dabei leitet sich der höhere Rang regelmäßig aus einem Vorurteil für Arbeitslohn und gegen Kapitalvergütung her.

---

198 Vgl. *Amin H. Amershi, Shyam Sunder:* Failure of Stock Prices to Discipline Managers in a Rational Expectations Economy. In: Journal of Accounting Research, Vol. 25 (1987), S. 177-195, hier S. 177.
199 Empfohlen z.B. von *Manne,* Some Theoretical Aspects of Share Voting; *Alfred Schüller:* Eigentumsrechte, Unternehmenskontrollen und Wettbewerbsordnung. In: Ordo, Bd. 30 (1979), S. 325-346; kritisch erörtert von *Robert Charles Clark:* Vote Buying and Corporate Law. In: Case Western Reserve Law Review, Vol. 29 (1979), S. 776-807; *Fehl, Oberender,* S. 14 f.
200 Vgl. *Frank H. Easterbrook, Daniel L. Fischel:* Voting in Corporate Law. In: Journal of Law and Economics, Vol. 26 (1983), S. 395-427, hier S. 411.
201 Vgl. *Elschen:* Die getrennte Handelbarkeit, S. 1021.

Übersehen wird bei solchen, im Gewande einer nicht näher erläuterten Ethik einherschreitenden Wertungen, daß Fragen einer Verteilungsgerechtigkeit nicht unabhängig neben den Fragen wirtschaftlicher Effizienz (den Entscheidungswirkungen) stehen. So läßt sich argumentieren: Erst muß der Kuchen des Volkseinkommens möglichst groß gemacht werden, ehe er gerecht verteilt werden kann. Ein zwar Verteilungsgerechtigkeit wahrendes Recht, das die Entscheidungswirkungen seiner Regelungen vernachlässigt (und damit den Kuchen kleiner hält, als er sein könnte), sei ein ungerechtes Recht, weil bei anderen Rechtsetzungen mit der Folge eines größeren Kuchens einzelne (insbesondere, die am schlechtesten Ausgestatteten) besser gestellt werden könnten, ohne andere zu schädigen.

Freilich wird häufig bei ethischen Wertungen über „Gerechtigkeit" der Blick nur deshalb auf die Verteilungsgerechtigkeit gelenkt und die Effizienz- bzw. Entscheidungswirkungen von Rechtsetzungen vernachlässigt, weil sich bei der Blickfeldverengung auf die Verteilung Sozialneidbeflissenheit unter dem Deckmantel der Gerechtigkeit leichter entfalten läßt.

Wer nicht unter dem Deckmantel der Ethik in Vorurteilen stecken bleiben will, wird für alternative Rechtsetzungen sowohl die Entscheidungswirkungen als auch die Verteilungsfolgen untersuchen. *Alternative Rechtsetzungen im Hinblick auf ihre Entscheidungswirkungen und Verteilungsfolgen zu erforschen, ist Gegenstand einer* **ökonomischen Analyse des Rechts**. Da der Ausdruck ökonomische Analyse des Rechts in unterschiedlichem Sinne benutzt wird, sind verschiedene Begriffsinhalte auseinanderzuhalten:

a) Ökonomische Analyse des Rechts wird auf die Untersuchung von Rechtsetzungen zur Verwirklichung von Allokationseffizienz bezogen. Verteilungsfolgen werden beiseite gelassen oder allein durch die Marktergebnisse bestimmt angesehen. Bei dieser „Chicagoer ökonomischen Analyse des Rechts" geht es darum, eine Verteilung von Rechten herzustellen, die eine größtmögliche Verwendung knapper Mittel (eben Allokationseffizienz) sichert. Wirtschaftstheoretische Richtschnur hierfür sind wohlfahrtsökonomische Überlegungen zur Pareto-Optimalität von Konkurrenzgleichgewichten[202].

b) Ökonomische Analyse des Rechts kann andererseits als Suche nach Rechtsetzungen verstanden werden, die eine Wettbewerbsordnung oder eine andere explizierte Wirtschaftsordnung nicht beeinträchtigen. In einer Wettbewerbsordnung sind Regeln gerechten Verhaltens zu beachten. In diesen dürfen Verteilungsfolgen nicht ausgeklammert werden[203]. Deshalb schließt z.B. eine ökonomische Analyse des Steuerrechts die Probleme gleichmäßiger Besteuerung (einer unterschiedslosen Besteuerung für gleich hoch gemessene steuerliche Leistungsfähigkeit) ein, sowie Fragen der unterschiedlichen Bela-

---

202 Vgl. grundlegend *R.H. Coase:* The Problem of Social Cost. In: The Journal of Law and Economics, Vol. 3 (1960), S. 1-44; *Richard A. Posner:* Economic Analysis of Law. 2nd ed., Boston – Toronto 1977.

203 Vgl. dazu unter Bezug auf die neuere ökonomische Theorie der Politik z.B. *Susan Rose-Ackerman:* Recht und Ökonomie: Paradigma, Politik und Philosophie. In: Allokationseffizienz in der Rechtsordnung, hrsg. von C. Ott, H.-B. Schäfer. Berlin usw. 1989. S. 269-292, bes. ab S. 280.

stung verschieden hoch gemessener steuerlicher Leistungsfähigkeit (soweit zu solchen Tariffragen wissenschaftlich nachprüfbare Aussagen derzeit möglich sind).

c) Als ökonomische Analyse des Rechts wird mitunter auch schon eine unternehmenskundliche Ermittlung der Zahlungsfolgen aus bestehenden Rechtsetzungen verstanden, z.B. bei der Suche nach einer „steuerminimalen" Rechtsform der Unternehmung. Hierbei wird „ökonomische Analyse" einfach als Benutzung wirtschaftswissenschaftlicher Kenntnisse auf die Folgen von Rechtsetzungen verstanden.

Die dritte Fassung bietet weder etwas Neues (solange wirtschaftswissenschaftlich gedacht worden ist, sind Rechtsetzungen auf ihre Zahlungsfolgen untersucht worden) noch erscheint hierfür ein besonderer Name nötig. Im folgenden wird die zweite Begriffsfassung zugrunde gelegt, die vielleicht besser „ökonomische Analyse der Rechtspolitik in einer Wettbewerbsordnung" genannt werden sollte.

Wer eine Wettbewerbsordnung verwirklichen oder auch nur theoretisch erklären möchte, welche Rechtsetzungen eine Wettbewerbsordnung erzwänge, mag im ersten Schritt dazu neigen, dem Verständnis einer freiheitlichen Gesellschaftsordnung entsprechend, Verbraucherschutz, Arbeitnehmerschutz, Gläubigerschutz, Anteilseignerschutz usw. allein vertraglichen Vereinbarungen zu überlassen. Aber dieser erste Schritt kann nicht der letzte sein. So wenig es eine Toleranz gegenüber der Intoleranz geben sollte, genausowenig reichen vertragliche Vereinbarungen allein aus, um eine Wettbewerbsordnung und darin Regeln gerechten Verhaltens zu sichern.

Drei Gründe sind für gesetzliche Regelungen anstelle vertraglicher Vereinbarungen zu nennen:

(1) Eine gesetzliche Regelung und zwar verbunden mit staatlicher Gewaltausübung bedarf es zumindest zum Einhalten von Verträgen, insbesondere zum Bestrafen krimineller Handlungen. Daß das Eigentum anderer, z.B durch Kreditaufnahme „uns zur Erreichung unserer Ziele dienen kann, verdanken wir hauptsächlich der Erzwingbarkeit von Verträgen"[204]. Zur Erzwingbarkeit von Verträgen sind in der Rechts- und Wirtschaftsgeschichte verschiedene Wege beschritten worden: den Schuldner in den Schuldturm stekken, bei betrügerischem Bankrott die Todesstrafe verhängen (so z.B. die Ordonnance de Commerce Ludwig XIV. 1673). Ob die Humanisierung der Strafzumessung bei der Erzwingbarkeit von Verträgen bis heute einer freiheitlichen Gesellschaftsordnung zum Nutzen gereicht hat, bleibe dahingestellt.

(2) Gesetzliche Regelungen ersparen Kosten bei Verhandlungen und insbesondere in einem späteren Streitfall bei unterschiedlicher Vertragsauslegung. Gesetzt den Fall, es bestünde allgemein anerkanntes Wissen darüber, daß bestimmte Bilanzstrukturen Gläubiger hinreichend vor Insolvenzrisiken zu schützen in der Lage sind, dann böte sich an, gesetzliche Vorschriften zur Einhaltung solcher Kapitalbindungs- und Kapitalstrukturregeln zu erlassen. Damit würde ein Standardmuster eines Finanzierungsvertrags vorgegeben, das ein Aushandeln erübrigt und damit Kosten spart.

---

204 *F.A. von Hayek:* Die Verfassung der Freiheit. Tübingen 1971, S. 170.

Viel stärker als die Ersparnis der Verhandlungskosten hat allerdings vernünftige Gesetzgeber interessiert, nachträgliche Streitkosten zu verringern und im Streitfall eine Rechtsprechung zu erleichtern, wenn in einem Vertrag bestimmte Sachverhalte nicht geregelt sind. Zahlreiche Vorschriften des Handelsrechts sind aus dem Gedanken entstanden, eine Regelung vorzusehen, was „im Zweifel" gilt, wenn Finanzierungsverträge (insbesondere Gesellschaftsverträge) keine ausdrücklichen Festlegungen enthalten. Musterbeispiel hierfür sind die Regelungen zu Gewinnermittlung und Gewinnverwendung, wie sie das preußische allgemeine Landrecht 1794 und das HGB ab 1897 für Personengesellschaften bieten.

Rechtsetzungen durch einen Gesetzgeber sind also für die Koordination von Einzelwirtschaftsplänen über Märkte sinnvoll, sobald sie Verhandlungskosten sparen, indem sie Vertragsinhalte standardisieren, und vor allem festlegen, was bei Vertragslücken rechtens ist. Eine solche „Transaktionskosten" sparende Standardisierung von Vertragsinhalten darf aber die Chancen zu einer gemeinsamen Verringerung von Einkommensunsicherheiten nicht beeinträchtigen. Deshalb lassen sich über eine derartige „Transaktionskostenersparnis" nur vertraglich abdingbare Gesetzesvorschriften rechtfertigen. Ein Musterbeispiel für solche vertraglich abdingbare Rechtsetzungen sind die sogenannten Normativbestimmungen, z.B kann in einem Gesellschaftsvertrag einer Kommanditgesellschaft entgegen § 169 HGB ein negatives Kapitalkonto des Kommanditisten vereinbart worden (S. 330 f.).

Zwingende Rechtsvorschriften folgen aus einer Transaktionskostenersparnis nicht; denn sie nehmen Vertragspartnern die Chance, eine für Anbieter und Nachfrager bessere Koordinationsform ihrer Wirtschaftspläne zu wählen.

(3) Sobald der Erfahrungstatbestand zur Kenntnis genommen wird, daß Wissen und Können unter den Menschen ungleich verteilt ist, reicht ein Verweis auf freiwillige Verträge nicht mehr zur Lösung von Problemen gesellschaftlichen Zusammenlebens aus. Nach Vertragsabschluß übt der jeweilige Agent durch seinen Wissensvorsprung und durch seine Verfügungsmacht über die Mittel, die der Principal bereitgestellt hat, Macht aus. Wie kann verhindert werden, daß jene, die durch Handlungen Macht ausüben, gegen die Interessen der sie Beauftragenden entscheiden?

Freiwillige Verträge stellen beide Vertragspartner zwar grundsätzlich besser als beide vor dem Vertragsabschluß waren. Aber dies gilt zwingend nur dann, wenn das Wissen unter beiden gleich verteilt ist. Bei ungleicher Wissensverteilung entsteht für einen Beauftragten die Versuchung, Wissen verborgen zu halten und Handlungen durchzuführen, die dem Auftraggeber verborgen bleiben. Gegen solche Folgen aus dem Auftragshandeln hilft die Erzwingbarkeit von Verträgen *allein* nicht: Erzwingbarkeit von Verträgen setzt nicht nur voraus, daß der Vertragsinhalt exakt umschrieben ist, sondern auch, daß der Vertrag keinen Handlungsspielraum enthält, der bei Vertragsabschluß nicht geregelt werden konnte. Das Ausschließen „unvollständiger" (impliziter) Vertragsbestandteile ist aber unter Unsicherheit und bei Wissensvorsprüngen eines Beauftragten gegenüber einem Auftraggeber nicht zu verwirklichen.

Soweit Verträge einen solchen Unbestimmtheitsbereich enthalten, bleibt zu prüfen, ob Schutzrechte durch gesetzliche Eingriffe den Wissensnachteil des Auftraggebers begrenzen sollen. Für eine Norm Ehrlichkeit in der Wissensübertragung bei Rechenschaft erscheint der Gesetzeseingriff durch eindeutige, Wahlrechts-freie Vorschriften geboten.

Dem entgegen ist behauptet worden, es könne vorteilhaft sein, „der Unternehmensleitung erhebliche Ansatz- und Bewertungswahlrechte einzuräumen ... Wenn der Principal bei der Bilanzinterpretation berücksichtigt, daß der Agent stets denjenigen Wertansatz wählt, der für ihn am vorteilhaftesten ist, wird der Principal nicht getäuscht, und der Informationsgehalt der Bilanz entspricht dem bei Verwendung eines eindeutigen Wertansatzes"[205]. Solchen Behauptungen liegt eine leichtfertige Übertragung der Ergebnisse von unter engen Voraussetzungen abgeleiteten Principal-Agent-Modellen auf die Realität mit Informationsrisiken und ungleicher Wissensverteilung zugrunde: Einem Principal nutzt das Wissen, daß der Agent stets die für ihn vorteilhafteste bilanzpolitische Bewertung wählt, überhaupt nichts, solange der Principal nicht *mindestens* so viel weiß, wie der Agent, insbesondere: ob der Agent Gewinne erzielt hat, die er zum Ausgleich denkbarer künftiger Verluste verstecken will, oder ob der Agent Verluste erwirtschaftet hat, die er vertuschen möchte. Gerade um wenigstens etwas an Tatsachen zu erfahren, bedarf es des Ausschlusses von Wahlrechten. Keinesfalls entspricht der Informationsgehalt einer wahlrechtsreichen Bilanz dem bei Verwendung eines eindeutigen Wertansatzes: Ein eindeutiger Wertansatz wäre z.B. für Finanzanlagen der Börsenkurs am Bilanzstichtag. Dieser eindeutige Wertansatz gibt das Wissen, wieviel Geld am Bilanzstichtag aus diesem Aktivposten zu erzielen gewesen wäre. Ein Wahlrecht, den z.B. fünfmal so hohen Anschaffungsbetrag beizubehalten oder teilweise oder vollständig auf den Börsenkurs abzuwerten, liefert hingegen einen weitaus geringeren Informationsgehalt, nämlich gerade nicht das Wissen, wieviel Geld in der Finanzanlage als Liquiditätspuffer am Bilanzstichtag enthalten gewesen ist.

Über gesetzliche Regelungen zur Erzwingbarkeit von Verträgen und Rechenschaft, sowie über vertraglich abdingbare Normativbestimmungen zur Verhandlungs- und Streitkostenersparnis hinaus, besteht bei der derzeitigen Theorie der Wirtschaftsordnung und des Auftragshandelns bei Auftragshandeln eine „Grauzone", in der die Vorziehenswürdigkeit vertraglicher Vereinbarungen vor gesetzlichen Zwangsregelungen weder bewiesen noch widerlegt werden kann.

Zwingende Gesetzesvorschriften, die dem Handeln in Institutionen (wie Märkten, Unternehmungen) Grenzen oder auch Wege vorschreiben, werden im folgenden Regulierungen genannt. **Regulierungen** als durch Gesetz und Rechtsprechung vorgegebene Zwänge können sowohl Verbote als auch Gebote umfassen. Kapitalmarktregulierung beschränkt sich also auf zwingende Rechtsetzungen, die Kapitalmarktteilnehmer zu beachten haben und denen sie legalerweise nur durch „Sachverhaltsgestaltungen" (häufig: neue Vertragsformen) ausweichen können.

---

205 *Thomas Hartmann-Wendels:* Rechnungslegung der Unternehmen und Kapitalmarkt aus informationsökonomischer Sicht. Heidelberg 1991, S. 345 f.

Inwieweit die heute bestehenden gesetzlichen Regelungen zum Gläubigerschutz im einzelnen begründet sind, kann hier nicht untersucht werden. Insbesondere bleibt die Diskussion um eine Reform des Insolvenzrechts ausgeklammert, weil dazu mehrere jüngere, den derzeitigen wirtschaftstheoretischen Wissensstand berücksichtigende Untersuchungen vorliegen[206]. Nur auf die für die Beurteilung des Problems der Kapitalstruktur besonders wichtige Frage der gesetzlichen Regelung von Mindesteigenkapitalausstattungen soll im folgenden näher eingegangen werden.

2. Mindestnormen zur Eigenkapitalausstattung

aa) Beispiele unbegründeter Kapitalmarktregulierungen im Hinblick auf eine Verringerung des Insolvenzrisikos

Unter dem Schlagwort „Gläubigerschutz" setzt das deutsche Handels- und Gesellschaftsrecht allgemein, das Wirtschaftsrecht der Kreditinstitute, Versicherungs- und sonstigen Finanzmarktunternehmungen im besonderen, eine Reihe von Mindestnormen zur Eigenkapitalausstattung von Unternehmungen.

Mindestnormen zur Eigenkapitalausstattung verlangt der deutsche Gesetzgeber derzeit
a) für den Markteintritt von Kreditinstituten, Versicherungs- und anderen Finanzmarktunternehmungen sowie von Kapitalgesellschaften; z.B. verlangt das Kreditwesengesetz „ein ausreichendes haftendes Eigenkapital" (§ 33 Abs. 1 Ziff. 1 KWG), das Versicherungsaufsichtsgesetz „freie unbelastete Eigenmittel mindestens in Höhe einer Solvabilitätsspanne" (§ 53 c Abs. 1 VAG); die Gründung einer Kapitalgesellschaft erfordert ein Mindestnennkapital (50.000 DM nach § 5 Abs. 1 GmbHG, 100.000 DM nach § 7 AktG);

b) zur Begrenzung von Unsicherheiten im Investitionsprogramm von Finanzmarktunternehmen, insbesondere in der sog. Eigenkapitalunterlegung, wie sie die §§ 10-20 KWG und die Grundsätze I und Ia des Bundesaufsichtsamtes für das Kreditwesen fordern und teilweise ähnlich die Kapitalanlagevorschriften für Versicherungsunternehmen, Bausparkassen und Kapitalanlagegesellschaften enthalten[207];

c) zur Einschränkung von Verlusten für Gläubiger bei steigender Verschuldung einer Unternehmung; z.B. durch die Inhaltsbestimmung, was bei Kreditinstituten zum haftenden Eigenkapital zählt (§ 10 Abs. 2-6 KWG) und bei Versicherungen zu den Eigenmitteln (§ 53c Abs. 3 VAG); ferner durch Ausschüttungssperrvorschriften in Form der bilanzrechtlich-nominellen Kapitalerhaltung (§§ 238-289 HGB und die Folgen aus der Maßgeblichkeit der Handelsbilanz für die Steuerbilanz nach § 5 Abs. 1 EStG), durch die Vorschriften zur Rücklagenbildung und Ergebnisverwendung (besonders §§ 58, 150 AktG), aber auch dadurch, daß ein gemessenes Eigenkapital unter null (also Überschul-

---

[206] Vgl. neben *M. Bitz, W. Hemmerde, W. Rausch:* Gesetzliche Regelungen und Reformvorschläge zum Gläubigerschutz. Berlin u.a. 1986, vor allem die Untersuchungen von *Jochen Drukarczyk:* Unternehmen und Insolvenz. Wiesbaden 1987, und *Norbert Schwieters:* Gläubigerschutz durch Insolvenzrecht als Problem der Wettbewerbsordnung. Bergisch-Gladbach-Köln 1989.

dung) Konkurs bei Rechtsformen ohne natürliche Personen als persönlich haftende Gesellschafter auslöst (§ 92 Abs. 2 AktG, §§ 207 Abs. 1, 209 Abs. 1 KO, § 63 Abs. 1 GmbHG, § 98 Abs. 1 GenG, §§ 130a, 177a HGB, § 42 Abs. 2 BGB).

Lassen sich solche, Gläubigerschutz durch Mindesteigenkapitalausstattungen bezweckende Kapitalmarktregulierungen im Hinblick auf das Ziel einer verbesserten Marktlenkung von Kapital begründen?

Mindestnormen zur Eigenkapitalausstattung heißen hier begründet dann, wenn solche Vorschriften bewirken, daß Kapitalfehlleitungen, insbesondere Kapitalverschwendungen durch Insolvenzen, verringert werden. Damit Mindestnormen zur Eigenkapitalausstattung dieses Ziel erreichen, müssen sie sich auf gesetzesartiges empirisches Wissen über Abhängigkeiten zwischen Eigenkapitalausstattung und Insolvenzgefahren stützen können. Mindestnormen zur Eigenkapitalausstattung sind Beispiele unbegründeter Kapitalmarktregulierung, wenn es an solchen empirisch gestützten Finanzierungshypothesen fehlt; denn dann stellen Mindestnormen zur Eigenkapitalausstattung nur eine politische oder bürokratische Anmaßung von Wissen dar. Verborgen unter dem Schlagwort Gläubigerschutz können dann Vorurteile gegen Wettbewerbsfreiheit verwirklicht werden, oder es erfolgt sogar eine „Gefangennahme" des Gesetzgebers und der Behörden durch Einzelgruppen von Finanzmarktunternehmungen zu deren Einkommenssicherung[208].

Mindestnormen zur Eigenkapitalausstattung schützen Gläubiger dann, falls als empirische Gesetzmäßigkeit gilt: „Eine steigende Eigenkapitalquote mindert das Insolvenzrisiko". Die Testbarkeit dieser Kapitalstrukturrisikothese ist nicht gegeben (S. 599). Nur wenn zusätzliche Unterstellungen akzeptiert werden, läßt sich einer These „Eine steigende Eigenkapitalquote mindert das Insolvenzrisiko" bedingter empirischer Gehalt zuerkennen:

Wer eine testbare Hypothese über die Abhängigkeit eines Insolvenzrisikos vom Verschuldungsgrad finden will, muß aus dem Begriff des Insolvenzrisikos zumindest jene Anlässe für das Nichteinhalten schuldrechtlicher Verträge ausklammern, die aus nicht planbaren Ex-post-Verlusten und der Unvollständigkeit des Systems der Zukunftsmärkte

---

207 Bekanntmachung Nr. 1/69 des Bundesaufsichtsamtes für das Kreditwesen betreffend Grundsätze über das Eigenkapital und die Liquidität der Kreditinstitute vom 20. Januar 1969 in der Fassung vom 23. September 1988. In: *Friedrich Reischauer, Joachim Kleinhans:* Kreditwesengesetz 2 (KWG). Loseblatt-Kommentar. Köln, Stand März 1989, Kennzahl 1985 und Anhang zu §§ 10, 11.
Für Versicherungsunternehmen: §§ 54-54d, 66 VAG in Verbindung mit dem Rundschreiben des Bundesaufsichtsamtes für das Versicherungswesen R 2/75 vom 11.3.1975. In: VerBAV, Jg. 24 (1975), S. 102-111, bes. Ziffer 12.311, S. 105, auch abgedruckt in *Prölss:* Versicherungsaufsichtsgesetz, Kommentar. 10. Aufl., München 1989, S. 530-541.
Für Bausparkassen: §§ 4-7 BausparkG, Bausparkassen-Verordnung vom 16.1.1973, BGBl. I, S. 41 f.; für Investmentgesellschaften: §§ 8, 17 KAGG; für Grundstückssondervermögen insbesondere §§ 27, 28 KAGG.
208 Vgl. zu dieser capture theory of regulation bes. *Sam Peltzman:* Toward a More General Theory of Regulation. In: The Journal of Law and Economics, Vol. 19 (1976), S. 211-240; *Rolf Kupitz:* Die Kreditwirtschaft als wettbewerbspolitischer Ausnahmebereich. Thun-Frankfurt/M. 1983, S. 246-256.

resultieren. Wer aber aus einer Hypothese über die Abhängigkeit eines Insolvenzrisikos vom Verschuldungsgrad die nicht planbaren Ex-post-Verluste und die Unvollständigkeit des Systems der Zukunftsmärkte ausschließt, beseitigt zugleich jene „rein wirtschaftlichen" Gründe für eine Eigenkapitalausstattung, die unabhängig von allokationsverzerrenden Rechtsetzungen bzw. Unvollkommenheiten und Unvollständigkeiten empirischer Finanzmärkte bestehen.

Ein solches begrifflich eingeengtes Insolvenzrisiko erscheint dann erstens als Funktion jener Unvollkommenheiten und Unvollständigkeiten empirischer Finanzmärkte, die durch das Kapitalmarktrecht bzw. durch die Wirtschafts- und Finanzpolitik allgemein verringert werden könnten. Zweitens hängt ein solcher eingeengter Begriff des Insolvenzrisikos von Planungsfehlern ab, die investierenden Managern bei einem Handeln im Auftrage geldgebender Principals unterlaufen. Drittens beeinflußt die Risikoneigung der Manager die Anzahl jener Zukunftslagen, in denen diese Agents bewußt als Folge risikoreicher Investitionen in Kauf nehmen, Zahlungsansprüche aus Verschuldung nicht erfüllen zu können.

Regulierungen zum Schutz geldgebender Principals (Gläubiger wie Anteilseigner) gegen Planungsfehler, zu hohe Risikoneigung und moral hazard bei Agents wären durch Hypothesen über Handeln im Auftrage und Interesse Dritter zu begründen, hier speziell über das Arbeitsverhalten investierender Agents gegenüber geldgebenden Principals.

Es sind nicht die Unsicherheiten auf den Finanzmärkten, die Regulierungen über vielfältig verflochtene Mindestnormen zur Eigenkapitalausstattung erzwingen. Vielmehr wiegen wissenschaftlich nicht begründbare Regulierungen Kapitalmarktteilnehmer in falsche Sicherheit, bauen deren Risikobewußtsein und Eigenverantwortlichkeit ab. Sie dienen oft nur der Einkommenssicherung einzelner Gruppen von Finanzmarktunternehmungen und ihrer Agents. Die Versicherungsaufsicht bietet hierzu eine Reihe von Beispielen, die seit 1980 diskutiert werden[209]. Von den unter der Regulierungsglocke gut gedeihenden Kreditinstituten dürfte die Gefahr eines Bankruns bisher auch erheblich übertrieben worden sein[210]. Solange ein Einlagensicherungsfonds und die Notenbank als „lender of the last resort" bereitstehen, wird mit dem Verweis auf die Gefahr eines Bankruns der Bankkundschaft ein Ausmaß an finanzieller Unvernunft unterstellt, das (falls begründet) die Bankenaufsicht auch nicht durch noch schärfere Mindestnormen zur Eigenkapitalausstattung verringern könnte.

---

209 Vgl. *Dieter Schneider:* Kapitalanlagevorschriften und Verbraucherschutz. In: Kapitalanlageplanung mit Hilfe der Finanzierungstheorie bei Versicherungen und Bausparkassen, hrsg. von P. Gessner u.a., Sonderheft 16/1983 der Zfbf, Wiesbaden 1983, S. 5-30; *Jörg Finsinger:* Versicherungsmärkte. Frankfurt/M.-New York 1983; *Hans Möller:* Wettbewerb auf den Versicherungsmärkten aus wirtschaftswissenschaftlicher Sicht. In: Zeitschrift für die gesamte Versicherungswirtschaft, Bd. 74 (1985), S. 169-199, bes. die S. 196 genannten Schriften.
210 Vgl. dazu auch *John H. Kareken:* Federal Bank Regulatory Policy: A Description and Some Observations. In: The Journal of Business, Vol. 59 (1986), S. 3-49, bes. S. 47.

Wenn Mindestnormen zur Eigenkapitalausstattung nicht durch empirische Gesetzmäßigkeiten gestützt werden können, verkörpert Regulierung eine Anmaßung von Wissen. Um diese abzubauen, empfiehlt sich: schrittweise nach und nach zu deregulieren.

Ein Zurückschrauben derzeit praktizierter Regulierung ist vor allem hinsichtlich der Markteintrittsbedingungen geboten.

Zwar erscheint ein Mindestgeschäftsvolumen aus Gründen der Risikomischung wünschenswert, und die Gründungskapital-Vorschriften im KAGG, Hypothekenbank- und einigen anderen Gesetzen können als politische Setzung hierfür angesehen werden. Aber dann bleibt die Auslegung von § 33 KWG durch das Bundesaufsichtsamt für das Kreditwesen, die weit über jene Gesetzesnormen hinausreicht – z.B. werden 4 Mio. DM Anfangseigenkapital bei Kapitalanlagegesellschaften verlangt, statt 500.000 DM nach § 2 Abs. 2 KAGG[211] –, als Beispiel unbegründeter Kapitalmarktregulierung einzustufen. Sie rechtfertigt sich allenfalls dadurch, daß eine geringere Anzahl von Kreditinstituten usw. dem Aufsichtsamt die Arbeit erleichtert.

Gegen einen Abbau der Mindesteigenkapitalausstattung bei Markteintritten von Finanzmarktunternehmungen könnte die sog. signaling-Wirkung eines Gründereigenkapitals eingewandt werden: Damit ist gemeint, daß durch einen hohen Anteil eines Gründers an der Eigenkapitalausstattung, gemessen an seinem Gesamtvermögen, potentielle Geldgeber von der Glaubwürdigkeit seiner Zukunftsschätzungen und von seinem Arbeitseifer überzeugt werden[212]. Anteilsrechte des Gründer-Agents dienen hier dazu, eine Gleichgerichtetheit seines Handelns mit seinen übernommenen Arbeitsaufgaben im Auftrage geldgebender Principals sicherzustellen.

Ob signaling in der behaupteten Weise wirkt, erscheint fraglich[213], denn solange der Gründerunternehmer einen Informationsvorsprung behält, schützt ein Anteil dieses Agents an der Eigenkapitalausstattung andere Geldgeber als Principals z.B. nicht davor, daß der Agent als Insider durch Sachverhaltsgestaltungen etwa Kursschwankungen erzeugen und früher als andere Kapitalmarktteilnehmer Anteilsrechte zukaufen oder verkaufen kann. Hinzu tritt: Eine gesetzlich erzwungene Mindesteigenkapitalausstattung verhindert eher, daß das Bereitstellen von Gründereigenkapital als vertrauensbildende Maßnahme betrachtet werden kann. Zudem knüpfen die bestehenden Mindestnormen gerade nicht am Vermögenseinsatz der Manager an, sondern verlangen eine Mindesteigenkapitalausstattung lediglich für die Institution Unternehmung.

Unabhängig davon, wie bestätigungsfähig die signaling-Hypothese für Unternehmungsgründungen, also Markteintritte, ist: Zur Rechtfertigung von Mindestnormen zur Eigenkapitalausstattung versagt sie dann, wenn Beteiligungskapital aufgenommen,

---

211 Vgl. im einzelnen *Reischauer/Kleinhans:* Kommentierung zu § 33, Tz. 6.
212 Vgl. *C.C. v. Weizsäcker:* Barriers to Entry. Berlin u.a. 1980, S. 129-136. Einen abweichenden signalling-Ansatz zur Kapitalstruktur vertritt *Stephen A. Ross:* The determination of financial structure: the incentive-signalling approach. In: The Bell Journal of Economics, Vol. 8 (1977), S. 23-40; dieser Ansatz wurde von *Peter Swoboda:* Heterogene Information und Kapitalstruktur der Unternehmung. In: ZfbF, Jg. 34 (1982), S. 705-727, hier S. 714 f., kritisiert.
213 Vgl. in diesem Zusammenhang *Bitz, Hemmerde, Rausch,* S. 143-149; *Niedernhuber,* S. 124-144.

Selbstfinanzierung betrieben, gesetzliche oder satzungsmäßige Ausschüttungssperren errichtet werden, damit über eine solche Eigenkapitalausstattung Unsicherheiten im Investitionsprogramm begrenzt bzw. Gläubigerverluste eingeschränkt werden sollen.

bb) Eigenkapitalbindungsregeln als behördliche Vermutungen über eine ausgewogene Investitionsmischung

Die Nichttestbarkeit der Hypothese „Eine steigende Eigenkapitalquote mindert das Insolvenzrisiko" läßt insbesondere am Sinn von Bindungsregeln zwischen Eigenkapital und einzelnen Klassen von Kapitalanlagen zweifeln, obwohl gerade manche dieser Strukturnormen intuitiv einleuchten; z.B., daß ein Großkredit im Sinne des §§ 1-3 KWG die Hälfte des haftenden Eigenkapitals eines Kreditinstituts nicht übersteigen darf. Bei Totalausfall eines solchen Großkredits solle noch mindestens die Hälfte eines nach bestimmten Konventionen als Haftungsmasse errechneten Betrages zum Ausgleich weiterer Verluste zur Verfügung stehen. Drohe ein solcher Totalausfall, bleibe das Kreditinstitut überlebensfähig, während z.B. gegen die frühere Begrenzung auf 75% eingewendet wird: Die Gefahr, daß gutes Geld schlecht gewordenem nachgeworfen werde, sei zu hoch, weil bei Eintritt eines solchen Ausfalls die eigene Insolvenz sowieso kaum vermieden werden könne.

Regulierungen, die Mindestnormen zur Eigenkapitalausstattung verschärfen, können nicht aus besserer Einsicht in Zusammenhänge hergeleitet werden, solange (wenigstens vorläufig) bestätigte Finanzierungshypothesen nicht bekannt sind. Bisher sind Regulierungen zur Mindesteigenkapitalausstattung durchgängig Überreaktionen des Gesetzgebers auf einzelne Strafrechtstatbestände (S. 661). Ein auslösender Mißstand für die neue Obergrenze eines Großkredits bei 50% des haftenden Eigenkapitals nach der KWG-Novelle 1984 war z.B. das inzwischen strafrechtlich geahndete Nichtbeachten der früheren Großkreditvorschriften durch Gesellschafter der Schröder-Münchmeyer-Hengst-Bank. Gegenüber Gesetzesverstößen, wie in diesem Fall, bleibt natürlich auch die neue Obergrenze von 50% des haftenden Eigenkapitals wirkungslos. Hinzu tritt, daß jeder Begründungsschritt fehlt, der die Absicht einer Begrenzung von Unsicherheiten aus einer schematisch gebildeten Risikoklasse, wie z.B. „Großkredite", gedanklich mit einer Verhältniszahl verknüpft aus zugesagtem Betrag für einen Großkredit, bezogen auf die Hälfte eines anfechtbar gemessenen haftenden Eigenkapitals.

Mindestnormen in Form von Eigenkapitalbindungsregeln können deshalb derzeit nur als Vorgaben theorieloser Meßergebnisse eingestuft werden. Die Eigenkapitalunterlegungen im KWG und in den Grundsätzen des Bundesaufsichtsamtes für das Kreditwesen erscheinen als Konventionen, die so, aber auch anders geregelt sein können, ohne daß eindeutige Richtungsaussagen über eine Veränderung des Insolvenzrisikos ableitbar sind.

Eine bessere Erklärung für Normen zur Eigenkapitalausstattung als sie der Verweis auf den Verlustpuffer gegenüber einem Insolvenzrisiko darstellt, bietet die Annahme, daß der Regulierung eine behördliche Vermutung über eine ausgewogene Investitionsmischung zugrunde liegt, wobei bestimmte Investitionen in einer festen Relation zum haftenden Eigenkapital bleiben sollen. Die Vermutung über eine ausgewogene Investitionsmischung besteht darin, daß

(1) durch die z.B. in den §§ 12, 13 KWG und in Grundsatz I des Bundesaufsichtsamtes für das Kreditwesen festgelegte Beanspruchung des Eigenkapitals schematische Risikoklassen von Investitionen gebildet werden, wobei neue Zuordnungen zu Risikoklassen (wie 1974 offene Währungspositionen, 1980 Edelmetallpositionen über den Grundsatz Ia, 1986 Finanzinnovationen in Form von Bankgarantien als „sonstige Gewährleistungen" im Sinne des § 19 Abs. 1 Nr. 4 KWG) nicht immer zugleich eine zusätzliche Eigenkapitalausstattung verlangen;

(2) eine Art lexikografische, also nicht substitutionale Risikoeinschätzung von Investitions- bzw. Kapitalanlageklassen eingeführt wird, wenn z.B. nur ein vom haftenden Eigenkapital unterschiedlich abhängiges Ausmaß an Nichtbankkrediten bzw. Investitionen in Grundstücken, Beteiligungen usw. zulässig ist.

Soweit die derzeitigen Strukturnormen für Kreditinstitute als behördliche Hinweise zur Investitionsmischung zu deuten sind, läßt sich jedoch aus ordnungspolitischen Gründen bestreiten, daß Kreditinstitute und Versicherungen Beteiligungen an Nicht-Finanzmarktunternehmungen (außer zur baldigen Plazierung an der Börse) halten. Aber an Beteiligungen zusammen mit einigem anderen, insbesondere Grundstücken, die volle Eigenkapitalunterlegung nach § 12 KWG zu knüpfen, erscheint verfehlt; zumal bei Grundstücken Ausweichhandlungen durch Sale-and-Lease-back-Verfahren (S. 693) und bei Beteiligungen durch Zwischenschalten von BGB-Gesellschaften, teilweisem Ausweis unter Wertpapieren usw. bestehen.

Selbst wenn als Wachstumsbremse für Kreditinstitute die Setzung einer Mindesteigenkapitalquote als politisch geboten angesehen wird, bleibt eine Deregulierung zumindest durch Vereinfachung der Normen zur Eigenkapitalunterlegung bei Kreditinstituten ebenso überfällig wie eine entsprechende Reform der Kapitalanlagevorschriften von Versicherungen und Kapitalanlagegesellschaften.

Dem steht freilich entgegen, daß Behörden und mitunter auch Unternehmenspraktiker gerade solche Eigenkapitalbindungsregeln als „bewährt" bezeichnen. Hier muß man fragen: Worin soll die Bewährung liegen? – außer in dem zufälligen Tatbestand, daß über längere Zeit kein Finanzskandal eingetreten ist, der eine politische Mehrheit gerade zur Änderung dieser und nicht einer anderen Regulierung veranlaßt.

Die Gewöhnung an eine Regulierung stellt noch keine Bewährung dar. Voraussetzung für eine begründete Regulierung von Eigenkapitalunterlegungen bleibt der Nachweis, daß Kapitalbindungsregeln das Ergebnis rationaler Entscheidungen unter Unsicherheit im Hinblick auf das Einhalten von Risikogrenzen wären. Wer reguliert, ohne zu wissen, wie durch rationale Entscheidungen Unsicherheiten begrenzt werden können, maßt sich lediglich Besserwissen an.

cc) Nachholbedarf an Regulierungen zur Gewinnermittlung und Ergebnisverwendung

Die Normen zur Inhaltsbestimmung des Eigenkapitals schließen die Vorschriften zur Gewinnermittlung und Ergebnisverwendung ein mit ihren zahlreichen Seitenproblemen, wie verdeckte Gewinnausschüttungen bei Konzessionsabgaben oder Ermittlung der Gewinnbeteiligung für Versicherungsunternehmer.

Jedoch trifft die vorherrschende Lehre, daß die derzeitigen handelsrechtlichen Vorschriften zur Gewinnermittlung Ausschüttungssperrvorschriften zum Gläubigerschutz seien, nur sehr eingeschränkt zu; denn das rechtlich für Nicht-Kapitalgesellschaften fast unbegrenzt zulässige Legen stiller Reserven und vor allem das stille Auflösen solcher Unterbewertungen in Verlustjahren erlauben, Gläubiger gesetzestreu zu täuschen. § 340 f. HGB gewährt dieses Täuschungsprivileg insbesondere Kreditinstituten. Bei einigem bilanztaktischen Geschick gelingt eine Verschleierung in gesetzlich zulässiger Weise auch bei Kapitalgesellschaften allgemein. Das dritte Buch des HGB als Folge des Bilanzrichtliniengesetzes vom 19.12.1985 hat zwar mehr Wissen für Konkurrenten, Gewerkschaften und sozialneidische Nachbarn mittelständischer GmbHs gebracht. Aber es hat im Hinblick auf jene Informationen, welche die Marktlenkung von Risikokapital verbessern würden, den Manipulationsspielraum bilanzieller Könner noch erweitert (z.B. durch § 249 Abs. 2 HGB), wie jeder Kenner des Bilanzrechts und der Bilanzierungspraxis bestätigen wird, wenn ihm seine beruflichen Interessen eine ehrliche Antwort erlauben.

Die Regulierungen zur Inhaltsbestimmung von Eigenkapital und Gewinn sowie zur Ergebnisverwendung stellen heute nur am Rande Ansprüche von Gläubigern gegenüber Ansprüchen von Anteilseignern besser. In der Hauptsache betreffen diese Regulierungen die Verteilung von Rechten und Pflichten zwischen Geld gebenden Anteilseignern und Gläubigern als Principals einerseits und jenen Agents als Aufsichtsratsfunktionären und Managern andererseits, die im Auftrage ihrer Geld oder Arbeitskraft einsetzenden Principals die Unternehmungsleitung übernommen haben.

Verschleiert wird diese im Grunde arbeitsrechtliche Machtverteilung zugunsten von Beauftragten und zu Lasten von Geldgebern teilweise dadurch, daß das Rechtsinstrument der Aktie Gewinn- und Aktienbezugsrechte mit Stimmrechten zur Bestellung und Abwahl von Agents (z.B. Aufsichtsräten und über diese Vorstände) koppelt. Eine solche Koppelung steht gegen eine Verbesserung der Allokation über Märkte: Arbeitsmärkte sind nun einmal nach anderen Einsichten zu regulieren oder zu deregulieren als Finanzmärkte. Dies gilt insbesondere für Manager-Arbeitsmärkte, bei denen die Arbeitsleistung hauptsächlich im Ausüben von Unternehmerfunktionen besteht.

Als gesellschaftsrechtliche Reformvorstellungen werden erwogen, Aktiengesellschaften Zwangsausschüttungen oder Kapitalentzugsrechte darüber hinaus aufzuerlegen, die Aktie in Kapitalentzugsrechte einerseits und Stimmrechte zur Bestellung der Unternehmungsleitung andererseits aufzuspalten[214].

Eine Zwangsausschüttung von Gewinnen bei Kapitalgesellschaften einzuführen und sei es nur für stimmrechtslose Vorzugsaktien[215], bleibt wegen der vielfältigen rechtsbedingten Kostenunterschiede zwischen Beteiligungsfinanzierung und Selbstfinanzierung fraglich, solange § 15 GmbHG neben einigem anderen nicht reformiert ist. Zu erwägen wäre für Aktiengesellschaften z.B. ein Bezugsrecht auf Ausschüttung des anteiligen festgestellten Jahresüberschusses, das bei Nichtausnutzen einen zusätzlichen handelbaren Anteil mit gegenüber heute herabgesetztem Mindestnennbetrag mit Auszahlung einer eventuellen Spitze gewährt.

Wer Möglichkeiten zur Täuschung über Geschehenes durch beauftragte Manager mit einer Kapitallenkung über den Markt und folglich mit einer Wettbewerbswirtschaft für unvereinbar hält, wird im geltenden Bilanzrecht und Recht der Ergebnisverwendung eine Gefangennahme staatlicher Regulierung durch die Interessen einzelner Kapitalnachfrager und ihrer Agents sehen. Erst eine Bilanzrechtsreform, die diesen Namen im Gegensatz zum Bilanzrichtlinien-Gesetz verdient, könnte Rechenschaft in Form von Ehrlichkeit in der Wissensübertragung über Geschehenes verwirklichen. Diese Ehrlichkeit in der Wissensübertragung und ein Recht der Anteilseigner auf Erfüllung ergebnisabhängiger Auszahlungsansprüche sind unerläßliche Voraussetzung dafür, daß die Kapitalallokation über Märkte verbessert werden kann. Hier neue Mindestnormen zur Eigenkapitalausstattung zu setzen, die einseitige Informations- und Ergebnisverteilungen zugunsten geschäftsführender Agents und zu Lasten geldgebender Principals abbauen, dürfte nach wie vor das gewichtigste Beispiel für eine derzeit noch fehlende, aber begründete Kapitalmarktregulierung sein.

*3. Die Vielfalt von Finanzierungsverträgen als Ausweichhandlungen
vor Kapitalmarktregulierungen?*

*aa) Verringerung von Einkommensunsicherheiten durch Gefangennahme staatlicher
Regulierungen und durch Arbitragen gegen Regulierungen*

Wirtschaftende pflegen Rechtsetzungen auszuweichen, die das Erreichen ihrer Ziele behindern. Sie passen sich an

---

214 Vgl. *F.A. Hayek:* The Corporation in a Democratic Society: In Whose Interest Ought It To and will It Be Run? In: *ders.:* Studies in Philosophy, Politics and Economics, Chicago 1967, S. 300-312, hier S. 309 f.; *Franz Böhm:* Die Kapitalgesellschaft als Instrument der Unternehmenszusammenfassung In: Wettbewerb im Wandel, hrsg. von H. Gutzler u.a., Baden-Baden 1976, S. 149-166, hier S. 154-156; *Alfred Schüller:* Eigentumsrechte, Unternehmenskontrollen und Wettbewerbsordnung. In: ORDO, Bd. 30 (1979), S. 325-346, hier S. 334-336; *Reuter:* B 1-B 122, bes. B 85 f.; *Paul Pütz, Hans Willgerodt:* Gleiches Recht für Beteiligungskapital. Baden-Baden 1985, z.B. S. 112-116; *Franz W. Wagner:* Ausschüttungszwang und Kapitalentzugsrechte als Instrumente marktgelenkter Unternehmenskontrolle? In: Kapitalmarkt und Finanzierung, hrsg. von D. Schneider, Berlin 1987, S. 409-425; *ders.:* Allokative und distributive Wirkungen der Ausschüttungskompetenzen von Hauptversammlung und Verwaltung einer Aktiengesellschaft. In: ZGR, Jg. 17 (1988), S. 210-239; *Niedernhuber,* S. 260-288; *Michael C. Jensen, Jerold B. Warner* (eds.): Symposium on the Distribution of Power Among Corporate Managers, Shareholders, and Directors. In: Journal of Financial Economics, Vol. 20 (1988), S. 1-507; *Elschen:* Die getrennte Handelbarkeit von Aktienstimmrechten, S. 1009-1036.
215 Vgl. dazu auch *Reuter,* B 86; *von Hayek:* The Corporation, S. 307 f.

a) in der angebotenen oder nachgefragten Menge bzw. Qualität von Sachen und Diensten oder ihren Preisforderungen (güterwirtschaftliche Ausweichhandlungen) und

b) durch Koalitionen untereinander. Soweit diese Kooperationen sich *nicht* in rechtlichen Gestaltungsformen niederschlagen (wie die verbundenen Unternehmungen im Sinne des § 15 AktG) läßt sich von institutionenbildenden Ausweichhandlungen sprechen, z.B. gegenseitige Beteiligungen unter 25% mit Einbringen weiterer Anteile in eine BGB-Gesellschaft, um der Vorschrift des § 19 Abs. 1 AktG auszuweichen. Institutionenbildende Ausweichhandlungen können zwischen einzelnen Anbietern bzw. zwischen einzelnen Nachfragern erfolgen, aber auch von einzelnen Anbietern mit Nachfragern entwickelt werden.

Rechtliche Gestaltungsformen für Kooperationen von einzelnen Anbietern mit einzelnen Nachfragern, die Geboten im Wettbewerbs-, Wirtschafts- und Gesellschafts-, Arbeits- und Steuerrecht und anderen Regulierungsbereichen mit beiderseitigem Vorteil ausweichen, verwirklichen Arbitragen gegen Regulierungen. *Arbitragen gegen Regulierungen verursachen, daß durch gemeinsames Handeln einzelner Anbieter mit einzelnen Nachfragern*

(1) Arbitragegewinne entstehen zu Lasten des Regulierenden (Musterbeispiel: Steuerausweichhandlungen durch Gebrauch rechtlicher Gestaltungsformen, z.B. Ausländereffekt (S. 296), Ausnutzen von Unterschieden bei der Zinsbesteuerung (S. 300) oder von Veräußerungsgewinnen (S. 335 f.);

(2) Unsicherheiten bei der Einkommenserzielung und Einkommensverwendung neu bestimmt und neu verteilt werden, weil die aus der Rechtsverwirklichung einer Regulierungsabsicht folgende Risikoallokation sowohl einzelnen Anbietern als auch einzelnen Nachfragern als korrekturbedürftig erscheint. Ältere Musterbeispiele sind die Entwicklung der Rechtsinstitute der Sicherungsübereignung oder der GmbH & Co. KG durch Nachfrager nach Kapital und Anbieter von Kapital; ein jüngeres: das Vordringen von Bankgarantien (Stand-by Letters of Credit) im angelsächsischen Rechtsbereich, in dem Eventualverbindlichkeiten nicht einmal unter dem Strich in der Rechnungslegung erscheinen: Umfang Ende 1984 bei den 15 größten amerikanischen Geschäftsbanken 930 Milliarden Dollar oder 109% ihrer Bilanzsumme.

Bei Arbitragen gegen Regulierungen wird also die Rechtsverwirklichung einer Regulierungsabsicht als gemeinsame Gelegenheit von einzelnen anbietenden und nachfragenden Unternehmern benutzt, um eine Verringerung von Einkommensunsicherheiten zu erreichen. Arbitragen gegen Regulierungen erlauben, Arbitragegewinne ohne Mitbewerber bzw. gegen weniger unmittelbare Mitanbieter oder Mitnachfrager zu erzielen. Solche Arbitragegewinne sind damit „risikoärmer" im Sinne einer geringen Anzahl von Unsicherheitsquellen, was eine Anpassungsträgheit der regulierenden Obrigkeit oft noch verstärkt. Arbitragen gegen Regulierungen setzen ein gegebenes Recht voraus.

Davon zu trennen ist die unternehmerische Findigkeit zur Verringerung von Einkommensunsicherheiten durch Veranlassen staatlicher Subventionen und das dezente Dahinwirken um deren Beibehaltung über Jahrzehnte (auch in Branchengewinnjahren, wie für die westdeutsche Werftindustrie 1991), sowie das Anstiften von Regulierungen, um vor mehr Wettbewerb geschützt zu bleiben. Zu Regulierungen dieser Art gehören z.B. Marktzugangsbeschränkungen (auf Finanzmärkten etwa ein begrenzter Börsenzutritt oder bis November 1985: Emissionskonsortien für D-Mark-Auslandsanleihen unter bundesbanklichem Ausschluß ausländischer Kreditinstitute). Das Schrifttum spricht von Anwendungsfällen einer „Gefangennahme" staatlicher Regulierungen durch die Interessen von „Produzenten"[216], genauer: von Anbietern oder Nachfragern jenseits der Masse nicht straff in Verbänden organisierter privater Haushalte.

Arbitragen gegen Regulierungen sind jedoch gemeinhin „risikoreicher" als Regulierungen zum Zwecke der Einkommenssicherung von Branchen und Berufsständen durch staatliche Subventionen und Marktzugangsbeschränkungen für Anbieter oder Marktabgangsbeschränkungen für Nachfrager.

Eine erste zusätzliche Unsicherheitsquelle folgt aus der inexakten Rechtsetzung bei den meisten Regulierungen, nach der die Grenzen rechtlich zulässiger und rechtswidriger Gestaltungsformen selten klar bezeichnet sind. Der Begriff der Arbitragen gegen Regulierungen soll hier auf rechtlich zulässige Gestaltungsformen beschränkt werden. Jenseits der Legalität liegende institutionenbildende Ausweichhandlungen von Regulierungen wären Erscheinungsformen einer **Schattenwirtschaft**. Sie bleiben ebenso ausgeklammert wie der oft breite Grenzstreifen, in dem rechtliche Unsicherheit über die Zulässigkeit einzelner Vertragsgestaltungen besteht; denn rechtswidrige und rechtsunsichere Vertragsgestaltungen betreffen das Durchsetzen von Regulierungen, nicht die hier zu erörternde Frage nach den legalen Ausweichhandlungen vor Regulierungen.

Eine zweite zusätzliche Unsicherheitsquelle sprudelt aus dem Nichtwissen über Folge-Regulierungen, wenn rechtliche Gestaltungsformen als „Umgehung" einer Regulierung durch die regulierende Behörde oder durch politische Interessengruppen verurteilt werden. Diese Unsicherheitsursache scheint mehrfach dazu zu führen, rechtlich-organisatorische Neuerungen in regulierten Märkten zu unterlassen oder sie nicht aggressiv durchzusetzen. Ein Beispiel dafür könnte die Koppelung einer reinen Risikoversicherung mit Sparverträgen eines Kreditinstituts sein. Die Arbitrage besteht hier gegen den versicherungsaufsichtsrechtlich bevorzugten Vertragstyp heutiger Kapital-Lebensversicherung. Diese Arbitragegelegenheit ist bis 1992 nicht mit Nachdruck betrieben worden. Sie könnte sowohl Finanzmärkte kräftig durchschütteln als auch den Wunsch nach Änderungen der steuerrechtlichen Behandlung von Zinserträgen bei Kreditinstituten und Lebensversicherungen (Ausmaß der Zuführungen zu versicherungstechnischen Rückstellungen) wecken. Einmal als Infragestellen der bisherigen Regulierung des Wettbewerbs zwischen Banken und Versicherungen erkannt, schüfe sie vermutlich neuen Regulierungsbedarf für den Wettbewerb zwischen zwei Branchen, die bislang vom Gesetz gegen Wettbewerbsbeschränkung (§ 102 GWB) weitgehend ausgenommen sind.

---

216 Vgl. *William A. Jordan:* Producer Protection, Prior Market Structure and the Effects of Government Regulation. In: The Journal of Law and Economics, Vol. 15 (1972), S. 152-176; *Richard A. Posner:* Theories of economic regulation. In: The Bell Journal of Economics and Management Science, Vol. 5 (1974), S. 335-358.

Wie vielschichtig Arbitragen gegen Regulierungen mittels rechtlicher Gestaltungsformen zur Kooperation von Anbietern mit Nachfragern sein können, belegt z.B. die Erfindung einer Personengesellschaft mit einer juristischen Person als Vollhafter und damit einer im Rechtssinne Personengesellschaft mit beschränkter Haftung. In den Jahren nach 1920 diente die Erfindung der GmbH & Co. KG dazu, Haftungsbeschränkung mit einem Minimum an Körperschaftsteuerzahlungen zu erreichen, also eine Arbitrage gegen das Körperschaftsteuerrecht durchzuführen. Heute steht das Ausweichen vor Regelungen des Betriebsverfassungsgesetzes und zur Information von Kapitalmarktteilnehmern über das Bilanz- und Publizitätsrecht (Vermeiden kritischer GmbH-Größen) im Vordergrund. Es wird also vor gesetzlichen Vorschriften zur Beschränkung unternehmerischer Entscheidungsbefugnis und zur Verbesserung von Kapitalmarktinformationen ausgewichen. Vertragsgestaltungen, wie die GmbH & Co. KG oder die Koppelung von Sparverträgen mit Risikolebensversicherungen, sind das Ergebnis eines Handelns auf einem neuen „Zwischenproduktmarkt" innerhalb des Systems sämtlicher Finanzmärkte. Es entstehen neue Verfügungsrechte. Solche Verfügungsrechte verändern die Menge der Arten von Finanzmärkten (bzw. eine Menge an „Produktarten" auf einem Kapitalmarkt) zum Zwecke einer gemeinsamen Verringerung oder einer Verlagerung von Einkommensunsicherheiten.

Durch Arbitragen gegen Regulierungen brechen einzelne „regulierte" Marktteilnehmer aus dem Korsett der Regulierung aus, indem sie rechtlich-organisatorische Innovationen neben den regulierten Sachverhalten schaffen und hierfür Nachfrager finden. So entstehen freiwillige Verbände einzelner Anbieter mit einzelnen Nachfragern in Form von Vertragsgestaltungen zur Marktabspaltung. Eine solche Marktabspaltung kann als Annäherung an einen im Hinblick auf die Möglichkeiten zur Versicherbarkeit von Risiken „vollständigen" Markt (S. 571 f.) betrachtet werden, wenn die neuartige Vertragsgestaltung (der neue Marktgegenstand) Risikoübernahmen neu verteilt. Schaffen Arbitragen gegen Regulierungen solche neuen Wege zur Risikodiversifizierung, so leisten sie einen Beitrag zum Abbau jener gesamtwirtschaftlichen Unsicherheiten, welche die Regulierung bewirkt hat.

bb) Arbitragen gegen Regulierungen als eine wirtschaftsgeschichtliche Ursache für die Vielfalt gesellschaftsrechtlicher Institutionen

Anlässe zu Regulierungen auf Finanzmärkten sind das Auftreten einzelner „Mißstände", die Wünschen zur Veränderung der Wirtschaftsordnung aus ethischen, machtpolitischen und anderen nicht-wirtschaftlichen Gründen Nahrung verleihen. Damit ist vor allem der Konkurs einzelner Unternehmungen (auf Finanzmärkten vor allem Kreditinstitute oder Versicherungsgesellschaften) angesehen. Der in einer Wettbewerbswirtschaft notwendige Abgang bei unternehmerischem Versagen wird von denjenigen, die um die politische Gunst der von Pleiten Betroffenen buhlen, als „Finanzskandal" gewertet, der gesetzgeberische oder behördliche Eingriffe erfordere. Da die Mehrzahl der Wähler und insbesondere die von einer Pleite Betroffenen nicht wahrhaben wollen, daß Unsicherheit der Zukunft unvermeidbar ist und die Fehlentscheidung zunächst bei ihnen selbst lag, kommt es zu einer Überreaktion der an der Macht befindlichen (an die Macht kommenden) politischen Koalition. Dabei wird selten nach den Ursachen des „Finanzskandals" (im Regelfall sowieso schon strafbares Verhalten einzelner Agents) gefragt. Statt dessen wird die Wettbewerbsfreiheit durch Regulierungen eingeschränkt.

Regulierungen mit dem Ergebnis, daß Finanzmärkte als Ausnahmebereiche im geltenden Wettbewerbsrecht eingestuft werden, sind wirtschaftsgeschichtlich zustande gekommen als eine Überreaktion des Gesetzgebers aufgrund einzelner „Mißstände".

Das erste Musterbeispiel einer gesetzgeberischen Überreaktion auf einzelne Mißstände, und zwar hier zum Schutz von Kapitalnachfragern, bilden seit der Antike Höchstpreisvorschriften, wobei sich die Wuchergesetzgebung auf den Finanzmärkten in Zinsverboten bzw. Höchstzinsvorschriften niedergeschlagen hat. Daraus folgen noch heute wirksame Einzelregelungen, z.B. das Zinseszinsverbot der §§ 248, 249 BGB. Als Folge einer Überreaktion auf vereinzelte Mißstände erweist sich daneben – und diesmal zum Schutz der Kapitalanleger gedacht das Recht der Kapitalanlagevorschrift für Versicherungen[217]. Ähnlich ist die Entwicklung zum KWG gedeutet worden[218].

Inwieweit die gesetzgeberische Überreaktion dann bei der Rechtsverwirklichung eine Regulierungsabsicht zu einer Gefangennahme des Gesetzgebers und seiner Behörden durch die Finanzintermediäre (namentlich Kreditinstitute, Versicherungen, Investmentgesellschaften) geführt hat, läßt sich hier nicht im einzelnen untersuchen. Als jüngerer Versuch in dieser Richtung könnte das Bemühen des Verbandes der Investmentgesellschaften angesehen werden, über den Umweg eines neuen Vermögensbildungsgesetzes ihren Anlagenkatalog zu erweitern (also bildlich gesprochen unter „Gefangennahme" des Gesetzentwurfs der Niedersächsischen Landesregierung, Bundesrats-Drucksache 229/85): Sobald den Investmentgesellschaften die Aufnahme stiller Beteiligungen ermöglicht wird, dürfte es wenig Gründe geben, ihnen z.B. die Aufnahme von Schuldscheindarlehen zu versagen – jedenfalls ließ eine Andeutung eines Vertreters des Verbandes der Investmentgesellschaften eine solche Absicht zur Erweiterung des Anlagenkatalogs vermuten[219].

Für die Frage „Regulierung oder Deregulierung" deckt dieses Beispiel einen nicht seltenen Zielkonflikt auf: Einerseits sind Regulierungen mit Teilmarkt-Zugangsbeschränkungen erfolgt, um den regulierten Institutionen eine bestimmte Aufgabe zuzuweisen: hier Kapitalanlagegesellschaften zu ermöglichen, die insbesondere Kleinsparern die Chance einer Risikomischung durch Portefeuille-Planung eröffnen. Daraus folgt die als „Treuhandmodell"[220] umschriebene Aufgabenstellung des KAGG. Dieses Treuhandmodell verlangt aber, den Anlagenkatalog auf gut handelbare Kapitalanlagen zu beschränken, und von daher kommen die Einwände gegen die Aufnahme stiller Beteiligungen in

---

217 Vgl. *Schneider:* Kapitalanlagevorschriften und Verbraucherschutz, S. 7-24.
218 Vgl. *Wernhard Möschel:* Das Wirtschaftsrecht der Banken. Frankfurt 1972, S. 200-223.
219 Vgl. *Manfred Laux:* Zur Bewertung von typischen stillen Beteiligungen in Beteiligungssondervermögen. In: Der Betrieb, Jg. 38 (1985), S. 849-854.
220 Vgl. *Reuter*, B 108.

den Anlagenkatalog[221]. Andererseits wird durch ein so verstandenes Treuhandmodell (als einer Form von Marktabspaltung mittels regulierter Institutionenbildung) der Marktzugang zu anderen Teilmärkten, wie etwa dem Schuldscheinmarkt, für finanzkräftige Nachfrager abgeschottet, was als gesamtwirtschaftlich unerwünschte Wettbewerbsbeschränkung angesehen werden könnte.

In der älteren Finanzierungslehre wird vielfach der Eindruck erweckt, risikodiversifizierende Verfügungsrechte, z.B. in Form des Rechts der Kommanditanteile und Aktien, hätten sich „spontan" aus den Bedürfnissen der Anleger zur Risikostreuung und der Unternehmungsgründer zur Kapitalsammlung gebildet. Demgegenüber lehrt die Wirtschafts- und Rechtsgeschichte: Erst Arbitragen gegen Regulierungen haben risikodiversifizierende Marktvervollständigung durch das Schaffen neuer Verfügungsrechte in Finanzmärkten eingeleitet. Auf Arbitragen gegen das geschichtliche Musterbeispiel einer Kapitalmarktregulierung, die Wucherzinsverbote, läßt sich hauptsächlich die Entwicklung zur Haftungsbeschränkung und damit zum heutigen Gesellschaftsrecht und zum Bilanzrecht zurückführen. Höchstzinsvorschriften hatten natürlich zur Folge, daß diejenigen, die dringend Kredit suchten, diesen nicht bekamen. Jene, die Geld anlegen wollten, wichen mit ihrer Kapitalanlage in „rechtlich-organisatorische Innovationen" auf dem damaligen, sehr rudimentären Kapitalmarkt aus. Die hauptsächliche Ausweichhandlung gegenüber dem Wucherzinsverbot waren auf Gewinnbeteiligung gerichtete Kommanditeinlagen. Deren zwangsläufig höhere Unsicherheiten verursachten zum einen die Rechtsentwicklung von der Regelung des römischen Rechts, nur am Ende einer Gesellschaft Geld für Nicht-Gesellschaftszwecke (wie Konsum) entnehmen zu dürfen, zum heutigen entnahmefähigen Periodengewinn, der bei Haftungsbeschränkung im Konkursfall nicht zurückzuerstatten ist.

Das römische Recht kannte nur den Totalgewinn am Ende einer Gesellschaft. Um Privatentnahmen, und d.h. zugleich eine Teilamortisation der Kapitaleinlage, während der Dauer einer Handelsgesellschaft zu ermöglichen, entstand in den großen Handelsgesellschaften der Renaissance die „rechtlich-organisatorische Innovation" der auf 2-5 Jahre beschränkten Gesellschaftsverträge mit anschließender Erneuerung. So konnten wenigstens nach 2-5 Jahren Gewinne verteilt werden. Daraus folgte dann über einen jahrhundertelangen Prozeß die Entwicklung zum entnahmefähigen Periodengewinn, den das allgemeine preußische Landrecht 1794 erstmals kodifizierte, was 60 Jahre später noch von einzelnen Juristen als Fehler beklagt wurde[222].

Zum anderen bemühten sich die Arbitrageure gegen die Wucherzins-Regulierung, beschränkte Haftung für Gesellschafter einer auf Dauer angelegten Unternehmung zu erreichen (die ersten Kommanditeinlagen waren Investitionen für einzelne Seereisen, nicht für einen „going concern"). Die volle Haftungsbeschränkung für Kommanditbeteiligungen wurde rechtlich erst gegen Mitte des 19. Jahrhunderts gesichert, als es allgemeine

---

221 Vgl. *Dieter Schneider:* Ein Ertragswertverfahren als Ersatz fehlender Handelbarkeit stiller Beteiligungen. In: Betriebs-Berater, Jg. 40 (1985), S. 1677-1684.
222 Vgl. *C.H.L. Brinckmann:* Lehrbuch des Handels=Rechts. Heidelberg 1853, S. 160 f.

Lehre wurde, daß der Kommanditist die während der Gesellschaftszugehörigkeit bezogenen Gewinnanteile nicht in die Konkursmasse der Kommanditgesellschaft zurückzuerstatten habe. Zuvor kann von einer Haftungsbeschränkung im heutigen Sinne noch nicht gesprochen werden. Gegen die These, die Rechtsformen von Handelsgesellschaften hätten sich wegen des Wucherzinsverbots entwickelt, sticht der Einwand nicht, daß sich Kommanditgesellschaften bereits zuvor entwickelt hätten[223], da vor dem Wucherzinsverbot die Haftung der Kommanditisten nicht im heutigen Sinne beschränkt war.

Die Vielfalt der Rechtsformen ist, so gesehen, als Folge der Arbitrage gegen die erste Regulierung auf dem Kapitalmarkt, die Wucherzinsverbote, entstanden. Natürlich dauerte es Jahrhunderte, bis die Arbitragen gegen diese Regulierung sich zu Handelsbräuchen und Gewohnheitsrechten gemausert hatten. Erst dann wurden die zu Handelsbräuchen und Gewohnheitsrechten verfestigten Arbitragen gegen Regulierungen nach und nach zum Zwecke der Verhandlungs-Kostenersparnis kodifiziert. So schafft z.B. das Rechtsinstitut der beschränkten Haftung ökonomisch auch eine Art „Ausnahmebereich" von Wettbewerb, weil die Vermögenseinbuße bei unternehmerischem Versagen ausschlaggebend abgeschwächt (d.h. auf die Schultern von Vertragspartnern, insbesondere Kleingläubigen verlagert) wird. Andererseits ist eine Haftungsbeschränkung und d.h. eine „Höchstschadensbegrenzung" Voraussetzung für eine Versicherbarkeit gegen Unsicherheiten. Gerade deshalb kann wirtschaftsgeschichtlich die Arbitrage gegen Regulierungen über das Erfinden der beschränkten Haftung als erster Schritt zu einer Marktvervollständigung in Richtung Risikostreuung angesehen werden.

Allerdings kann nicht jede Arbitrage gegen Regulierungen, wie sie z.B. die heutige Rechtsformvielfalt hervorgerufen hat, als Verwertung von Wissen wettbewerbsfördernd eingestuft werden, weil nicht jede Informationserhöhung in einem unvollständigen Markt zu einer Annäherung von Allokationseffizienz unter Unsicherheit führt[224].

Arbitragen gegen Regulierungen bewirken vor allem dann Kapitalfehlleitungen, wenn die Ungleichverteilung des Wissens zwischen dem eine Arbitrage gegen Regulierungen Anbietenden und einem z.B. auf Steuerersparnisse hoffenden Nachfrager erheblich ist. Milliardenverluste durch Investitionen auf dem „grauen Kapitalmarkt" (wie in Abschreibungs- bzw. Verlustzuweisungsgesellschaften, aber auch Bauherrenmodelle bis Anfang der achtziger Jahre) legen beredtes Zeugnis. Hier liegt der Bereich, in dem zusätzliche Informations-Gebote zur Verbesserung der Effizienz von Kapitalmärkten vordringlich erscheinen.

In den letzten Jahren hat wenig anderes die These von der Gefangennahme staatlicher Regulierungen durch die Interessen einzelner Kapitalnachfrager und der Finanzintermediäre (zu den im weiteren Sinne auch Dienstleistungsunternehmen, wie Wirtschaftsprüfer, zählen) so bestätigt, wie die Tragikomödie der Rechtsentstehung von den anfängli-

---

223 Vgl. z.B. *Max Weber:* Die Geschichte der Handelsgesellschaften im Mittelalter. Stuttgart 1889, S. 109-114.
224 Vgl. *Oliver D. Hart:* On the Optimality of Equilibrium when the Market Structure is Incomplete. In: Journal of Economic Theory, Vol. 11 (1975), S. 418-443; *Joseph E. Stiglitz:* The Inefficiency of the Stock Market Equilibrium. In: Review of Economic Studies, Vol. 49 (1982), S. 241-261.

chen EG-Beratungen bis zur Transformation der 4., 7. und 8. EG-Richtlinie durch das Bilanzrichtlinien-Gesetz vom 19.12.1985 (ein Anhang zu Bilanz und Gewinn- und Verlustrechnung verlangt eine Fülle ökonomisch zweifelhafter bis sinnloser Nachrichten über Zahlen, während die Regelungen zu einer manipulationsärmeren Gewinnermittlung unterblieben sind). Verfestigt werden gleichzeitig die Ausnahmeregelungen zur Rechnungslegung für Finanzintermediäre, z.B. durch das Fortführen der Privilegien zum Anlegen und Auflösen von stillen Reserven für Banken im § 340 f. HGB, der ein sehr weitgehendes Verstecken von Gewinnen und damit späteres Vertuschen von Verlusten erlaubt. Im Bereich der Informations-Gebote für Finanzmärkte wirkt also heute eher das Unterlassen von Regulierungen wettbewerbsbehindernd.

Arbitragen gegen Regulierungen decken nicht zuletzt für Berufspolitiker und Juristen bislang verborgenes Wissen auf. Diese Wissensaufdeckung ist in einer Wettbewerbsordnung erwünscht, um der bislang häufigen Regulierungspraxis zu begegnen, die das ökonomisch Nebensächliche nicht selten bis ins einzelne vorschreibt, weil die entscheidenden Sachverhalte sich nicht regulieren lassen oder nach dem Willen politisch erfolgreicher Interessenverbände nicht geregelt sein sollen.

D. Besteuerung, Risikobereitschaft zu Investitionen und Marktlenkung von Risikokapital

I. Besteuerung und Risikobereitschaft zu Investitionen

a) Beispiele und Bedingungen für Investitionsneutralität unter Ungewißheit

1. Gewinnbesteuerung und Risikobereitschaft bei progressiven Steuersätzen

Nach landläufiger Meinung mindert die Besteuerung von Gewinnen die Bereitschaft zur Übernahme von Risiken. So behaupteten z.B. die Fünf Weisen des Sachverständigenrats: „Durch die Senkung des Anstiegs und der absoluten Höhe der Grenzsteuersätze werden ... insbesondere die Risikobereitschaft und die Innovationsfreudigkeit bei mittelständischen Unternehmern sowie der Leistungswille bei Managern" erhöht[1].

Solche Aussagen über wirtschaftliches Verhalten können Hypothesen über tatsächliches Handeln sein oder Empfehlungen für vernünftiges, zielentsprechendes Handeln. Die landläufige Meinung ist zunächst als Tatsachenbehauptung zu verstehen: In der Bundesrepublik Deutschland heute verstärken Steuersatzsenkungen die Bereitschaft, Risiken zu übernehmen und Investitionen durchzuführen.

Eine solche Behauptung über das tatsächliche Verhalten der Unternehmer ist jedoch nicht aufrechtzuerhalten. Empirische Untersuchungen zeigen, daß die Besteuerung von einem erheblichen Teil, die Ungewißheit von der Mehrzahl der Unternehmen aller Länder in ihrer Investitionsplanung nicht ausdrücklich berücksichtigt wird[2]. Soweit die Auswahl der Investitionsvorhaben geplant wird, ohne alternative Zukunftslagen durchzurechnen, und die Gewinnbesteuerung erst bei der Planung des Finanzierungsspielraums beachtet wird, so kann die Besteuerung keinen Einfluß auf die Wahl zwischen risikoreichen und risikoarmen Investitionen nehmen. Die vorherrschende Art und Weise, wie Investitionsentscheidungen zustandekommen, widerlegt also bereits die Auffassung, daß eine verringerte Gewinnbesteuerung die Risikobereitschaft erhöhe.

---

1 *Sachverständigenrat zur Begutachtung der gesamtwirtschaftlichen Entwicklung:* Weiter auf Wachstumskurs, Jahresgutachten 1986/87. Mainz-Stuttgart 1986, Ziffer 281; jüngere Gutachten urteilen kaum abgewogener, vgl. *ders.:* Auf dem Wege zur wirtschaftlichen Einheit Deutschlands. Jahresgutachten 1990/91, Mainz-Stuttgart 1990, S. 194 f.; *ders.:* Die wirtschaftliche Integration in Deutschland. Perspektiven – Wege – Risiken. Jahresgutachten 1991/92, Stuttgart-Mainz 1991, S. 190.
2 Vgl. *Lawrence Edwin Rockley:* Investment for Profitability. An Analysis of the Policies and Practices of UK and International Companies. London 1973, S. 142, 257; *Jaakko Honko, Kalervo Virtanen:* The Investment Process in Finnish Industrial Enterprises. Helsinki 1976; *Uwe Wehrle-Streif:* Empirische Untersuchung zur Investitionsrechnung. Beiträge zur Wirtschafts- und Sozialpolitik, Nr. 171 des Instituts der deutschen Wirtschaft. Köln 1989.

Nur unter folgenden, sehr engen Modellvoraussetzungen läßt sich überhaupt entscheidungslogisch rekonstruieren, ob eine Datenänderung in Form einer Senkung der Gewinnsteuersätze dazu führt, daß in den Augen eines Entscheidenden eine Investition risikoärmer wird:

a) Im Planungszeitpunkt lassen sich sämtliche Zahlungen einer Investition bis zum Planungshorizont für alle denkbaren künftigen Zustände der Welt auflisten und während der Investitionsdauer geht kein neues Wissen zu, so daß Ex-post Überraschungen gedanklich ausgeschlossen bleiben.

b) Für jeden denkbaren künftigen Zustand der Welt (gemessen durch eine Zeitreihe von Zahlungen bis zum Planungshorizont) ist eine quantitative Wahrscheinlichkeit bekannt (und die Summe der Wahrscheinlichkeiten für alle denkbaren künftigen Zustände der Welt gleicht 1). Diese Voraussetzung ist für strategische Unternehmensinvestitionen nicht zu erfüllen; selbst bei im Zeitablauf wiederholten Investitionen lassen sich aus Vergangenheitszahlen (Häufigkeitsziffern) nur unter zusätzlichen, empirisch sehr fragwürdigen Annahmen Zahlen herleiten, die eine Anwendung der Wahrscheinlichkeitsrechnung erlauben.

c) Ob eine Investition A risikoreicher oder risikoärmer als eine Investition B, läßt sich durch eine Messung des Risikogrades der Investitionen feststellen (S. 465-468).

Unter anderen Umweltbedingungen bleiben Behauptungen über eine Förderung oder Senkung der Risikobereitschaft zu Investitionen als Folge von Steuersatzsenkungen oder Steuerbelastungsänderungen unbegründete persönliche Werturteile. Um zu klären, ob Steuersatzsenkungen die Bereitschaft zur Risikoübernahme erhöhen oder mindern, beschränken wir uns auf den einfachsten Fall, daß zwischen einer risikolosen und einer risikobehafteten Investition zu wählen ist. Es seien nur zwei künftige Zustände der Welt zu erwarten, gute und schlechte Konjunktur. Beide Zukunftslagen seien gleich wahrscheinlich.

Für den Fall progressiver Besteuerung ist die Antwort, wie die Besteuerung auf die Risikobereitschaft wirkt, bereits an sehr elementaren Beispielen zu belegen:

(1) Im ersten Beispiel verhalte sich der Entscheidende risikoneutral: Er entscheide nach dem Erwartungswert des Endvermögens. Das Anfangsvermögen zu Beginn einer Planperiode (= Abrechnungsperiode) möge 100.000 DM betragen. Das Einkommen werde investitionsneutral ermittelt und gleicht somit bei einer einperiodigen Investition dem Einnahmenüberschuß. Damit entsprechen sich Steuersatz und Steuerbelastung des Einkommens. Der Einnahmenüberschuß sei 50.000 DM vor Steuern für die risikolose Investition. Die risikobehaftete Investition gewähre in der schlechten Zukunftslage a ein Einkommen von 20.000 DM, in der guten Zukunftslage b hingegen 80.000 DM. Vor Steuern ist damit der Entscheidende indifferent zwischen der risikolosen und der risikobehafteten Investition, denn als Endvermögen errechnet er für die risikolose Investition 150.000 DM und für die risikobehaftete den Erwartungswert des Endvermögens als $0{,}5 \cdot 120.000$ DM $+ 0{,}5 \cdot 180.000$ DM.

Nun möge eine indirekt-progressive Einkommensteuer erhoben werden: Es bestehen gleichbleibende Grenzsteuersätze nach einem Steuerfreibetrag mit der Folge steigender

Durchschnittssteuersätze. Diese indirekt progressive Einkommensteuer führe zu folgenden Durchschnittssteuersätzen: 20% für 20.000 DM Einkommen, 40% für 50.000 DM, 45% für 80.000 DM. Der Grenzsteuersatz beträgt oberhalb des Freibetrages 53,3%. Das versteuerte Einkommen sinkt damit bei der risikolosen Investition auf 30.000 DM, bei der risikobehafteten in Zukunftslage a auf 16.000 DM und in Zukunftslage b auf 44.000 DM. Trotz indirekt-progressiver Besteuerung schätzt hier der Investor risikolose und risikobehaftete Investition gleich, denn 130.000 DM = 0,5 · 116.000 DM + 0,5 · 144.000 DM.
Der Investor würde nach dieser indirekt-progressiven Besteuerung die risikobehaftete Anlage vorziehen, falls 20.000 DM Einkommen mit weniger als 20% besteuert würden, und er würde die risikolose Anlage wählen, falls 80.000 DM mit mehr als 45% belastet wären.

(2) Eine proportionale Steuersenkung erhält die Indifferenz (z.B. aus den 20% werden 18%, den 40% 36%, den 45% 40,5 %). Gleiches gilt für eine Steuersatzsenkung, wenn sie linear erfolgt (z.B. Senkung der 20% auf 15%, der 40% auf 35% und der 45% auf 40%).
Demgegenüber behindert bei risikoneutral Entscheidenden eine Gewinnsteuer mit steigenden Grenzsteuersätzen (direkte Progression) die Risikobereitschaft, wie durch Abwandlung des Beispiels leicht überprüft werden kann.

(3) Im nächsten Beispiel sei der Investor dem Risiko abgeneigt. Er entscheide nach dem Erwartungswert des Risikonutzens, wobei Chancen auf höheres Endvermögen mit abnehmenden Nutzenzuwächsen belegt werden. Beispielsweise verlaufe der Risikonutzen des Investors in Abhängigkeit vom Endvermögen N(V) gemäß der Bernoulli-Funktion N(V) = ln V. Wiederum sei das Anfangsvermögen 100.000 DM. Aber diesmal sei das Einkommen vor Steuern für die risikolose Investition 50.000 DM, für die risikobehaftete in Zukunftslage a 25.000 DM, in Zukunftslage b 80.000 DM.
Vor Steuern ist der Investor wiederum indifferent zwischen der risikolosen und der risikobehafteten Investition, denn ln 150.000 DM = 0,5 ln 125.000 DM + 0,5 ln 180.000 DM.

Nun möge eine direkt-progressive Steuer in Form intervallmäßig steigender Grenzsteuersätze nach einem Freibetrag erhoben werden, bei der folgende Durchschnittssteuersätze entstehen: 20% für 25.000 DM Einkommen, 30% für 50.000 DM Einkommen und 35 5/32% (= 45:128) für 80.000 DM Einkommen. Der Freibetrag reicht bis 12.500 DM, und der Grenzsteuersatz beträgt im Einkommensintervall 25.000 bis einschließlich 50.000 DM 40%, im Einkommensintervall 50.001 bis 80.000 DM 43,75%. Hier schätzt der Investor trotz direkt-progressiver Besteuerung vor und nach Steuern risikolose und risikobehaftete Investition gleich, denn

$$\ln [100.000 + (1 - 0{,}3) \, 50.000] = \\ 0{,}5 \ln [100.000 + (1 - 0{,}2) \, 25.000] + 0{,}5 \ln \left[100.000 + (1 - \frac{45}{128}) \, 80.000\right]. \quad (1)$$

In diesem Beispiel würde eine direkt-progressive Steuer die risikobehaftete Anlage bevorzugen, wenn der Steuersatz für das risikolose Einkommen höher wäre als der oben angegebene „Indifferenzsteuersatz" (höher als 30% für 50.000 DM Einkommen, solange die anderen beiden Steuersätze unverändert bleiben), oder wenn der Steuersatz für wenigstens eines der alternativen Einkommen der risikobehafteten Anlage geringer wäre als der „Indifferenzsteuersatz". Entsprechend würde durch die direkt-progressive Besteuerung die Risikobereitschaft des Entscheidenden geschmälert (die risikolose Anlage gewählt), wenn der Steuersatz für das Einkommen der risikolosen Anlage kleiner bzw. der Steuersatz für mindestens eine der risikobehafteten Einkommenschancen größer wäre als der entsprechende Indifferenzsteuersatz.

Natürlich gibt es nicht nur einen einzigen Verlauf für Indifferenzsteuersätze bei diesen Beispielsinvestitionen, sondern beliebig viele: z.B. Steuersätze von 20% für 25.000 DM Einkommen, 40% für 50.000 DM Einkommen und 48 23/24% für 80.000 DM Einkommen usw. Offensichtlich können beliebig viele Indifferenzsteuersatz-Verläufe für jede Risikonutzenfunktion bei Risikoabneigung konstruiert werden[3].

(4) Direkte progressive Besteuerung kann auch eine Investition vorteilhaft werden lassen, die vor Steuern kein dem Risiko abgeneigter Investor verwirklicht hätte, weil der Erwartungswert des Mehreinkommens in der schlechten Zukunftslage gegenüber einer sicheren Alternative unter dem Erwartungswert des Mehreinkommens in der guten Zukunftslage liegt, so daß jeder dem Risiko Abgeneigte vor Steuern die sichere Investition vorzieht. Für die sichere Investition ist damit stochastische Dominanz vom zweiten Grade gegeben. Beispiel: Kein risikoneutraler und erst recht kein risikoscheuer Investor ist an einer Investition interessiert, die ihm ein Einkommen von 30.000 DM mit 80% Wahrscheinlichkeit und −130.000 DM mit 20% Wahrscheinlichkeit verspricht, denn der Erwartungswert ist negativ. Demgegenüber bringe die sichere Investition des Nichstuns ein Einkommen von Null.

Aber nachdem der Entscheidende die Steuerzahlung darauf (EStG 1990 Grundtabelle) berücksichtigt hat, so sind für die 30.000 DM Einkommen 5.354 DM Einkommensteuer zu zahlen, so daß 24.646 DM versteuertes Einkommen (mit 80% Wahrscheinlichkeit) verbleiben. Für die zweite Zukunftslage mit 20% Wahrscheinlichkeit sei zusätzlich angenommen, daß ein sofortiger Verlustausgleich besteht (bzw. ein Verlustrücktrag gegenüber dem Vorjahr in gleicher Höhe, Zinsen seien vernachlässigt). Hätte der Entscheidende im Vorjahr ein Einkommen vom 130.000 DM zu versteuern, werden ihm 46.058 DM erstattet, so daß der Verlust auf 83.942 DM (mit 20% Wahrscheinlichkeit) sinkt. Der Erwartungswert des Einkommens ist positiv. Dieses Beispiel zeigt, daß eine progres-

---

3 Damit sind Behauptungen widerlegt, die progressive Besteuerung mindere die Risikobereitschaft bzw. ändere sie bei der Bernoulli-Funktion nicht, vgl. *Evsey D. Domar, Richard A. Musgrave*, S. 422; *Martin S. Feldstein:* The Effects of Taxation on Risk-Taking. In: The Journal of Political Economy, Vol. 77 (1969), S. 755-764, hier S. 764; *John C. Fellingham, Mark A. Wolfson:* The Effects of Alternative Income Tax Structures on Risk-Taking in Capital Markets. In: National Tax Journal, Vol. 31(1978), S. 339-347, hier S. 342, 345 f.

sive Einkommensteuer die stochastische Dominanz zweiten Grades einer Investition vernichten kann[4].

Die drei Beispiele reichen aus, um die landläufige, bis 1989 auch vom Sachverständigenrat verbreitete Meinung zu widerlegen: Steuersatzsenkungen können die Risikobereitschaft hemmen; für Änderungen progressiver Steuertarife sind die Wirkungen auf die Risikobereitschaft mehrdeutig[5]. Aber um ein besseres Verständnis über die Zweischneidigkeit von Steuerwirkungen auf die Risikobereitschaft bei vernünftigen Entscheidungen unter Ungewißheit zu erhalten, empfiehlt es sich, zunächst Bedingungen für Investitionsneutralität zu nennen und anschließend die Wirkungen nicht investitionsneutraler Steuerbemessungsgrundlagen ohne und mit Steuersatzänderungen auf die Risikobereitschaft zu untersuchen.

2. Übertragung der Zielgrößenbesteuerung auf Entscheidungen unter Ungewißheit

Unter Ungewißheit ist jede Investition durch alternative Zahlungsströme im Zeitablauf gekennzeichnet. Da jeder denkbare künftige Zustand der Welt während des Planungszeitraums durch einen Zahlungsstrom abgebildet wird, treten für jede einzelne Zukunftslage die Probleme auf, die bei Investitionsneutralität der Besteuerung und mit der Modellannahme Sicherheit zu lösen sind. *Die erste Bedingung für Investitionsneutralität unter Ungewißheit lautet damit: Für jede Zukunftslage muß die Investitionsneutralität der Besteuerung gewahrt sein.* Kompensationen von nachteiligen Verstößen gegen Neutralität in einer Zukunftslage gegen begünstigende Neutralitätsverstöße in einer anderen sind zwar möglich, erlauben aber keine allgemeinen Aussagen über das Erfordernis ihrer Kompensation hinaus. Deshalb bleibt der denkbare Fall einer kompensierenden Investitionsneutralität unter Ungewißheit ausgeklammert.

Unter der Annahme Sicherheit ist eine Zielgrößenbesteuerung investitionsneutral (S. 206 f.). Dieser erste Hauptsatz der Steuerwirkungslehre läßt sich auf Entscheidungen unter Ungewißheit übertragen: Soweit die Voraussetzungen für die Anwendung der Theorie des Risikonutzens erfüllt sind, tritt an die Stelle einer Gewinnmaximierung bzw. Kapitalwertmaximierung die Maximierung des Erwartungswerts des Risikonutzens für das Vermögen oder für eine andere finanzielle Zielgröße. Demzufolge lautet *die zweite Bedingung für Investitionsneutralität unter Ungewißheit: Im einperiodigen Modell ändert eine proportionale, progressive oder sonstwie verlaufende Steuer auf den Risikonutzen der Zielgröße als*

---

4   Das Gegenteil behaupten *William R. Russel, Paul E. Smith:* Taxation, Risk-Taking and Stochastic Dominance. In: The Southern Economic Journal, Vol. 36 (1969/70), S. 425-433; *M.G. Allingham:* Risk-Taking and Taxation. In: Zeitschrift für Nationalökonomie, Jg. 32 (1972), S. 203-224, hier S. 215.

5   Vgl. zu einem allgemeinen Beweis *Günter Bamberg, Wolfram F. Richter:* The Effects of Progressive Taxation on Risk-Taking. In: Zeitschrift für Nationalökonomie, Vol. 44 (1984), S. 93-102; *Wolfgang Buchholz:* Die Wirkung progressiver Steuern auf die Vorteilhaftigkeit riskanter Investitionen. In: ZfbF, Jg. 37 (1985), S. 882-890.

Steuerbemessungsgrundlage die Entscheidung nicht. Den Beispielen im letzten Abschnitt liegt dieser Sachverhalt zugrunde.

Mit der Übertragung des ersten Hauptsatzes der Steuerwirkungslehre „Zielgrößenbesteuerung ist entscheidungsneutral" auf die Zielgröße Risikonutzen der Steuerbemessungsgrundlage ist jedoch nicht viel gewonnen, weil jeder Investor einer anderen Risikonutzenfunktion folgen kann und zusätzlich die Steuerbemessungsgrundlagen in jeder Zukunftslage investitionsneutral sein müßten. Steuerzahlungen können nicht nach dem Risikonutzen erhoben werden, weil Steuerzahlungen rechtssicher (von Außenstehenden nachprüfbar) ermittelt werden müssen.

Einige allgemeine Aussagen lassen sich gleichwohl ableiten, *solange in allen Zukunftslagen die Ermittlung der Steuerbemessungsgrundlagen investitionsneutral erfolgt*:

a) Ist der Entscheidende risikoneutral, so ändert die Besteuerung seiner Zielgröße Erwartungswert des Umsatzes oder seiner Zielgröße Erwartungswert des Vermögens oder Gewinns im einperiodigen Modell seine Entscheidungen nicht anders als unter Sicherheit, solange die Grenzsteuersätze konstant sind.

b) Bei gleichbleibender relativer Risikoabneigung in bezug auf die gewählte Zielgröße ändert eine proportionale Steuer auf die Zielgröße in jeder Zukunftslage die Entscheidung nicht. Damit ist bei gleichbleibender relativer Risikoabneigung in bezug auf das Vermögen eine proportionale Vermögensteuer einflußlos (S. 493 f.). Entsprechend wirkt eine proportionale Gewinnsteuer in bezug auf die Risikobereitschaft neutral, wenn gleichbleibende relative Risikoabneigung in bezug auf den Gewinn vorliegt. Dies wird im anschließenden ersten Beispiel gezeigt.

Demgemäß *verringert sich die Risikobereitschaft*

(1) durch eine Senkung einer proportionalen Steuer auf die Zielgröße Vermögen (bzw. Einkommen) bei steigender relativer Risikoabneigung in bezug auf das Vermögen (bzw. das Einkommen) und

(2) durch eine Erhöhung einer proportionalen Steuer auf das Vermögen (bzw. Einkommen) bei sinkender relativer Risikoabneigung in bezug auf das Vermögen (bzw. Einkommen).

c) Wird der Risikonutzen auf das Endvermögen bezogen und sinkt der Kapitalwert K proportional zum Steuersatz (wie z.B. bei einer Cash-flow-Besteuerung, S. 217), dann bewirkt eine proportionale Einkommensteuer, daß aus dem Vermögen vor Steuern, bestehend aus Periodenanfangsvermögen (= Anschaffungsausgaben I) und dem Kapitalwert K, also $V = I+K$, nach Steuern das versteuerte Vermögen $V_s = I+(1-s)K$ wird. In diesem Fall erhöht die Einführung einer proportionalen Gewinnsteuer im allgemeinen die Risikobereitschaft, und eine Senkung einer proportionalen Gewinnsteuer mindert im allgemeinen die Risikobereitschaft. Diese Aussage wird im anschließenden zweiten Beispiel verdeutlicht. Im Ausnahmefall eines Zusammentreffens von sinkender absoluter mit steigender relativer Risikoabneigung kann eine Senkung des Gewinnsteuersatzes fördern, senken oder auch unverändert lassen[6].

---

6 Vgl. *Stiglitz:* The Effects, S. 271-274.

d) Bei allen Erscheinungsformen von Risikoabneigung, außer bei absolut gleichbleibender, kann eine von der Zielgröße unabhängige Steuerzahlung, die bei allen Handlungsalternativen in gleicher Höhe zum gleichen Zeitpunkt anfällt, die Entscheidung beeinflussen[7]. So wird im Regelfall unter Ungewißheit bei Gewinnbesteuerung eine „Fixkostensteuer" entscheidungsrelevant. Dieser Fall wird im dritten Beispiel erläutert.

e) Wird der Risikonutzen auf das Vermögen bezogen und dieses im Ertragswert gemessen, so bleibt bei einer Einkommensbesteuerung mit der Bemessungsgrundlage kapitaltheoretischer Gewinn in allen Zukunftslagen die Risikobereitschaft von Änderungen der Steuersätze unberührt; denn für diese Bemessungsgrundlage gilt, daß der Ertragswert in jeder Zukunftslage vor und nach Steuern und somit bei einer Variation der Steuersätze unverändert bleibt. Eine solche von der Höhe des Ertragswerts in jeder Zukunftslage abhängige steuerliche Abschreibung steht jenseits der Anwendbarkeit. Kompensieren sich Vor- und Nachteile aus ein und derselben Abschreibungsverrechnung in allen Zukunftslagen, muß der Grenzsteuersatz konstant sein, um Entscheidungsneutralität zu wahren.

Beispiele zur Förderung und Hemmung der Risikobereitschaft durch Steuerzahlungen:

1. Um den Einfluß von Senkungen proportionaler Gewinnsteuertarife auf die Risikobereitschaft zu Investitionen zu erkennen, sei untersucht, wie sich die Risikobereitschaft mit wachsendem Selbstfinanzierungsspielraum verändert; dabei sei von Ausschüttungen und von allen anderen Finanzierungsmöglichkeiten abgesehen. Diese Einschränkung erfolgt aus didaktischen Gründen, um eine Rechtfertigung dafür zu haben, daß der Risikonutzen auf das Einkommen bzw. den Gewinn bezogen wird und nicht mehr auf das Endvermögen. Dabei ist jedoch zu beachten, daß mit dem Übergang vom Risikonutzen des Vermögens auf den Risikonutzen des Gewinns sich grundsätzlich die angenommene Risikoeinstellung ändern würde, wenn die mathematische Risikonutzenfunktion nicht entsprechend angepaßt wird. (wie S. 674). Ergänzend werden später die Wirkungen einer Einkommensteuer auf die Risikobereitschaft dargestellt, wenn der Risikonutzen für das Endvermögen bzw. den gesamten Finanzierungsspielraum definiert wird.

Zur Vereinfachung sei weiterhin vom Vergleich zwischen einer einzigen risikobehafteten Investition neben einer sicheren Geldanlage auf dem Kapitalmarkt (z.B. in Bundesanleihen) ausgegangen. Bei der risikobehafteten Investition werden nur zwei Zukunftslagen erwartet. Die gute und die schlechte Zukunftslage seien gleichwahrscheinlich. Die steuerliche Gewinnermittlung erfolgt investitionsneutral in der Weise, daß die versteuerte Zielgröße proportional zum Steuersatz sinkt. Risikolose und risikobehaftete Investitionen seien beliebig teilbar. Graphisch ist ein solches Modell in Abbildung 4 (S. 493) dargestellt. Abbildung 1 baut darauf auf, jedoch sei auf der Abszisse der Gewinn (nicht das Vermögen) in der guten Zukunftslage G_g und auf der Ordinate der Gewinn in der schlechten Zukunftslage G_s abgetragen. Der Gewinn in der schlechten Zukunftslage darf nicht negativ werden, weil dann die Maße für die relative Risikoabneigung keinen Sinn

---

7 Vgl. *Michael Rothschild, Joseph E. Stiglitz:* Increasing Risk II: It's Economic Consequences. In: Journal of Economic Theory, Vol. 3 (1971), S. 66-84, hier S. 82; *Ray D. Dillon, John F. Nash:* The True Relevance of Relevant Costs. In: The Accounting Review, Vol. 53 (1978), S. 11-17, hier S. 17.

mehr ergeben. Zusätzlich zum Risikopfad bei gleichbleibender relativer Risikoabneigung g ist ein linearer Risikopfad für abnehmende relative Risikoabneigung a und ein linearer Risikopfad für wachsende relative Risikoabneigung w eingezeichnet.

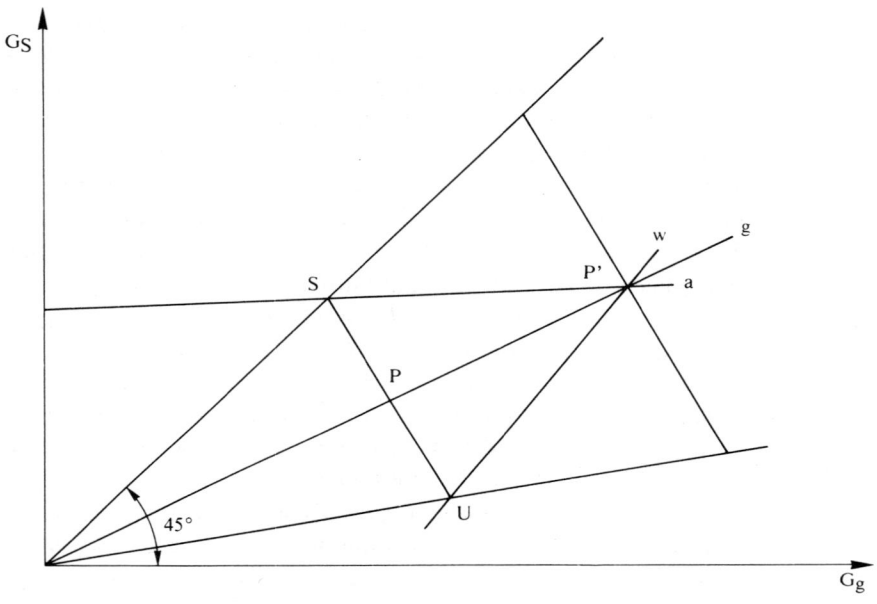

Abbildung 1

Vor Steuern mögen ein Investor mit sinkender relativer Risikoabneigung in bezug auf den Gewinn, ein Investor mit gleichbleibender relativer Risikoabneigung und ein Investor mit steigender relativer Risikoabneigung dasselbe Investitionsprogramm P' wählen. Durch die Gewinnbesteuerung sinkt der erwartete Reinvermögenszugang. Der Investor mit gleichbleibender relativer Risikoabneigung wird gemäß seinem Risikopfad g ein für ihn optimales Verhältnis der Gewinne in der guten und schlechten Zukunftslage nach Steuern in Höhe von P wählen. Im Hinblick auf das Mischungsverhältnis aus risikoloser und risikobehafteter Investition deckt sich P mit P'. Nur ein Investor mit gleichbleibender relativer Risikoabneigung wird ohne und mit Besteuerung dasselbe Investitionsprogramm verwirklichen.

Der Investor mit sinkender relativer Risikoabneigung wird auf seinem Risikopfad a zurückwandern und bei dem hier angenommenen Steuersatz Punkt S verwirklichen und damit nur noch risikolos investieren. Ein Investor mit sinkender relativer Risikoabneigung wird also mit steigendem Steuersatz risikoärmer investieren. Anders gewendet: Wenn ein Investor mit sinkender relativer Risikoabneigung bei hohem Steuersatz nur risikolos investiert hat, wird er mit sinkenden Steuersätzen (Bewegung in Richtung P') seine Risikobereitschaft erhöhen.

Ein Investor mit steigender relativer Risikoabneigung wird mit wachsendem Steuersatz auf seinem Risikopfad w zurückwandern. Bei dem hier gewählten Steuersatz wird er Punkt U verwirklichen und damit nur noch in der risikobehafteten Anlage investieren. Ein Investor mit steigender relativer Risikoabneigung wird also mit steigendem Steuersatz risikoreicher investieren. Anders gewendet: Wenn ein Investor mit steigender relativer Risikoabneigung bei einem gegebenen Steuersatz nur risikobehaftet investiert hat, wird er mit sinkenden Steuersätzen (Bewegung in Richtung P') seine Risikobereitschaft mindern.

Die graphische Darstellung verdeutlicht den Einfluß steigender oder sinkender Gewinnsteuersätze an der Änderung des Investitionsprogramms aus risikolosen (risikoarmen) und risikobehafteten (risikoreicheren) Investitionen, wenn sich die Zielgröße nach Steuern in gleichem Maße ändert. Gewinnvergünstigende oder -verbösernde Steuerbemessungsgrundlagen lassen sich in ihrem Einfluß auf die Risikobereitschaft zu Investitionen mit dieser Darstellung nicht untersuchen. Dazu müssen andere Maße gefunden werden, um einen sinkenden Grenznutzen von Einkommenschancen abzubilden.

2. An einem einfachen Beispiel zur Wertpapiermischung sei erläutert, daß die Wahl unterschiedlicher Bezugsgrößen (Gesamtvermögen, Einkommen) für den Risikonutzen zu unterschiedlichen Steuerwirkungen führt.

Ein Investor mit einem Anfangskapital von 100 sucht die beste Wertpapiermischung aus einer risikolosen Anlage, deren Rendite 10% vor Steuern beträgt, und einer risikotragenden Anlage, die für die gute Zukunftslage eine Rendite von +70%, für die schlechte Zukunftslage eine Rendite von -30% erwirtschaftet. Beide Zukunftslagen seien gleichwahrscheinlich. a bezeichnet den Anteil der risikotragenden Anlage am Gesamtportefeuille, s den Steuersatz, a und s sind auf den Bereich zwischen 0 und 1 beschränkt.

Der Investor sei gleichbleibend dem Risiko abgeneigt, und zwar gelte N = ln G, wenn der Risikonutzen im Gewinn gemessen wird: N = ln V, wenn der Risikonutzen vom Vermögen abhängt.

Der Gewinn des Investors beträgt in der guten Zukunftslage 10, wenn er für sein Anfangskapital nur die risikolose Anlage kauft. Der Gewinn beträgt 70, wenn der Anteil der risikotragenden Anlage a = 1 ist. Für jede Mischung aus risikoloser und risikotragender Anlage folgt in der guten Zukunftslage ein Gewinn von 10 (1-a) + 70a = 10 + 60a.

Entsprechend beträgt der Gewinn des Investors in der schlechten Zukunftslage für jeden Anteil a der risikotragenden Anlage: 10 (1-a) - 30a = 10 - 40a.

Der Erwartungswert des Risikonutzens des Gewinns lautet bei proportionaler Besteuerung: µ(N) = 0,5 ln (1-s) (10+60a) + 0,5 ln (1-s) (10-40a).

Daraus folgt:

$$\frac{d\mu(N)}{da} = 0 \text{ und } \frac{d^2\mu(N)}{da^2} < 0 \text{ für } a = \frac{1}{24}. \tag{2}$$

Gleichgültig also, wie hoch der Steuersatz ist, die optimale Wertpapiermischung wird durch die Besteuerung nicht beeinflußt. Der Anteil der risikotragenden Anlage beträgt stets 1/24 des Anfangskapitals.

Wird der Risikonutzen als abhängig vom Vermögen angesehen, wandelt sich die Definitionsgleichung für den Erwartungswert des Risikonutzens um in:

$$\mu(N) = 0{,}5 \ln[100 + (1-s)(10+60a)] + 0{,}5 \ln[100 + (10-40a)];$$

$$\frac{d\mu(N)}{da} = 0 \text{ und } \frac{d^2\mu(N)}{da^2} < 0 \text{ für } a = \frac{11-s}{24(1-s)}. \tag{3}$$

Im Falle eines Steuersatzes von 0 beträgt der Anteil der risikotragenden Anlage 11/24, bei einem Steuersatz von 50% schon 21/24, und bei Steuersätzen über 56,52% wird nur noch in die risikotragende Anlage investiert.

Damit ist gezeigt, daß gleichbleibende relative Risikoabneigung, falls der Risikonutzen vom Gewinn abhängt, bei Steuersatzänderungen zu unveränderten Entscheidungen führt. Gleichbleibende relative Risikoabneigung, falls der Risikonutzen vom Vermögen abhängt, läßt bei Steuersatzerhöhungen jedoch die Bereitschaft zur Risikoübernahme wachsen, bis nur noch in der risikotragenden Anlage investiert wird. Sinken die Steuersätze unter 56,52%, gilt hier, daß die Risikobereitschaft, gemessen durch den Anteil der risikotragenden Anlage am Gesamtportefeuille, vermindert wird.

Gleichbleibende relative Risikoabneigung in bezug auf den Gewinn stellt natürlich ein ganz anderes Verhalten gegenüber der Ungewißheit dar als gleichbleibende relative Risikoabneigung in bezug auf das Vermögen: Im ersten Fall sinkt der Risikogrenznutzen um z.B. 1%, wenn sich der Gewinn um 1% erhöht; im zweiten Fall sinkt der Risikogrenznutzen um 1%, wenn sich das Vermögen um 1% erhöht. Wer von gleichbleibender relativer Risikoabneigung in bezug auf das Vermögen statt in bezug auf den Gewinn spricht, unterstellt erstens ein ungleich geringeres Ausmaß an Risikoabneigung und zweitens unterschiedliche Einflußgrößen für die Steuerwirkung. Die psychische Risikoabneigung, wie sie die Risikonutzenfunktion in bezug auf den Gewinn abbildet, führt dann zu denselben Ergebnissen bei einer Risikonutzenfunktion in bezug auf das Vermögen, wenn N = ln G und N = ln (V - 100) gesetzt würde.

3. Unter modellmäßiger Sicherheit sind bekanntlich fixe Kosten irrelevant für die Entscheidung, also z.B. Vermögensteuerzahlungen bei eigenfinanzierten Investitionen oder Grundsteuerzahlungen, die unabhängig von den einzelnen erwogenen Investitionen anfallen. Unter Ungewißheit ändert sich an der Einflußlosigkeit absolut gleicher Ausgaben in allen Zukunftslagen für Investitionen nichts, solange der Investor risikoneutral oder gleichbleibend absolut dem Risiko abgeneigt ist, weil dann der Betrag, der aus dem Endvermögen risikobehafteter Anlagen erwartet wird, absolut gleich bleibt (S. 494), solange die Steuerzahlung nicht mehr als das sicher zu erwartende Endvermögen beansprucht.

Wenden wir uns jetzt einem Investor zu, der dem Risiko abgeneigt ist und steigende oder sinkende absolute Risikoabneigung zeigt. Betrachtet wird seine Investitionsentscheidung einmal ohne Steuern (höhere Einnahmenüberschüsse in den einzelnen Zukunftslagen) und einmal nach Steuern (niedrigere Einnahmenüberschüsse). In diesem Fall beeinflussen auch Steuern als fixe Kosten (gleich hohe Ausgaben in allen Zukunftslagen) die Entscheidung, wie folgendes einfache Beispiel belegt:

Ein Ladenlokal werde vermietet. Dem Vermieter entstehen ausschließlich fixe Kosten, z.B. Grundsteuer und Vermögensteuer, in Höhe von monatlich 500 DM. Alle variablen Kosten übernimmt der Mieter. Der Vermieter kann zwischen zwei gleich angenehmen und zahlungsfähigen Mietern A und B wählen. A ist nur bereit, eine feste, nicht von seinem Umsatz abhängige Miete zu zahlen und zwar bis zu 2.500 DM monatlich.

B akzeptiert eine umsatzabhängige Miete. Zur Verkürzung des Beispiels seien nur zwei Umsatzentwicklungen denkbar, die gleichwahrscheinlich sind. B sei bereit, als Mindestmiete 600 DM zu zahlen, bei Eintritt guter Umsatzentwicklung jedoch bis zu 6.400 DM.

Entscheidet der Vermieter risikoneutral, schließt er mit B ab; denn der Erwartungswert der Miete liegt mit 0,5 · 600 + 0,5 · 6.400 = 3.500 DM über der Miete von 2.500 DM, die A zu zahlen bereit ist.

Da für den Vermieter keine variablen Kosten anfallen, gleicht die Miete seinem Deckungsbeitrag. Eine Berechnung des Gewinns ergibt wegen der fixen Kosten einen um 500 DM niedrigeren Betrag. Natürlich sind hier die fixen Kosten nicht entscheidungsrelevant; denn risikoneutral entscheiden heißt, Gewinnminderungen genauso zu gewichten wie gleichhohe, gleichwahrscheinliche Gewinnerhöhungen.

Dies kann sich jedoch ändern, wenn der Vermieter risikofreudig, oder für die Praxis näherliegend: risikoabgeneigt ist. Um für das Beispiel den Grad der Risikoabneigung zu quantifizieren, sei eine einfache mathematische Beziehung angenommen. Die Chance, bei gleicher Wahrscheinlichkeit einen doppelt so hohen Zielbeitrag zu erreichen, erbringe nicht den doppelten Nutzen. Vielmehr gleiche der Risikonutzen der Quadratwurzel der Zielbeiträge. Diese Risikonutzenfunktion ist ein Beispiel für relativ gleichbleibende Risikoabneigung. Bei relativ gleichbleibender Risikoabneigung bleibt mit wachsendem Finanzierungsspielraum der Anteil der (relativ) sicheren und der (relativ) risikoreichen Investition unverändert. Auf das Entscheidungsproblem des Vermieters übertragen, wird die Entscheidung bei Wahl des Deckungsbeitrags als Zielgröße so aussehen:

Der Nutzen bei Abschluß mit dem Mieter A beträgt

$$N_A = \sqrt{2.500} = 50. \tag{4}$$

Der Nutzen bei Abschluß mit dem Mieter B berechnet sich als

$$N_B = 0{,}5 \cdot \sqrt{600} + 0{,}5 \cdot \sqrt{6400} = \text{rund } 52. \tag{4a}$$

Wie bei risikoneutralem Verhalten fällt hier die Entscheidung für die umsatzabhängige Mieteinnahme.

Aber dabei ist die Risikoabneigung in Deckungsbeiträgen gemessen worden. Für die Existenzsicherung der Vermieterunternehmung entscheidet jedoch, ob die Deckungsbeiträge nach Abzug der fixen Kosten positiv bleiben. „Letzte" Zielgröße eines dem Risiko abgeneigten, Existenzsicherung durch Unternehmenserhaltung suchenden Unternehmers ist unter Berücksichtigung seines Risikobehaftetseins der Gewinn G bzw. das Endvermögen V, nicht der Deckungsbeitrag. Dabei ist bei einem Anfangsvermögen V_0 $N = G^{1/2}$ als Beispiel relativ gleichbleibender (und absolut sinkender) Risikoabneigung identisch mit $N = (V - V_0)^{1/2}$ als einem Beispiel relativ sinkender (und damit einem anderen Fall absolut sinkender Risikoabneigung (S. 494).

Ziehen wir vom Deckungsbeitrag jeweils die fixen Kosten ab, dann folgt als Risikonutzen:

$$N_A = \sqrt{2.000} = \text{rund } 45.$$
$$N_B = 0{,}5 \cdot \sqrt{100} + 0{,}5 \cdot \sqrt{5.900} = \text{rund } 43. \qquad (5)$$

Nach Berücksichtigung der fixen Kosten ändert sich die Entscheidung. Damit sind die Grundsteuer und die Vermögensteuer relevant für die Entscheidung, an wen vermietet wird. Erst recht können solche Fixkosten-Steuern Einfluß auf Preisuntergrenzen-Entscheidungen nehmen; auch dann, wenn, wie z.B. bei langfristiger Einzelfertigung, nur die Höhe der variablen Kosten unsicher erscheint.

Allgemein läßt sich zeigen: Bei sinkender absoluter Risikoabneigung in bezug auf das Endvermögen werden Steuerzahlungen in Form von Fixkosten die Risikobereitschaft hemmen, weil mit sinkendem Endvermögen der Betrag, der risikobehaftet investiert wird, zurückgeht. Bei steigender absoluter Risikoabneigung in Bezug auf das Endvermögen wächst der Betrag, der risikobehaftet investiert wird, sobald die erwartete Zielgröße durch eine Steuerzahlung sinkt. Bei steigender absoluter Risikoabneigung bewirkt folglich eine Fixkosten-Steuer eine Erhöhung der Risikobereitschaft[8]!

Diese Anwendung der Entscheidungslogik unter Ungewißheit belegt zugleich, daß eine noch immer in der Finanzwissenschaft verbreitete Behauptung nicht zutrifft, eine Kopfsteuer (als Musterbeispiel einer Fixkostenzahlung des Steuerpflichtigen) schließe Steuerausweichhandlungen (Anpassungsentscheidungen) aus. Für den am ehesten typischen Fall, daß mit steigendem Vermögen (Finanzierungsspielraum) der risikobehaftet investierte Betrag wächst, gilt, daß allein die Gefahr, bei Eintritt einer schlechten Zukunftslage die Kopfsteuer zahlen zu müssen, die Steuerpflichtigen verstärkt in risikoarme und das heißt vielfach innovationsfeindliche Investitionen treibt[9].

Der folgende Abschnitt versucht auf einfache Weise, wie sie auch ein Jurist oder ein der Mathematik abgeneigter Student der Wirtschaftswissenschaft nachvollziehen kann, die Wirkung des Steuerrechts auf die Risikobereitschaft zu erläutern. Für den gewieften

---

8 Vgl. *Rothschild/Stiglitz:* Increasing Risk II, S. 82 f.
9 Vgl. *Dieter Schneider:* Bezugsgrößen steuerlicher Leistungsfähigkeit und Vermögensbesteuerung. In: Finanzarchiv N.F., Bd. 37 (1979), S. 26-49, hier S. 44.

Theoretiker wäre die Anwendung impliziten Differenzierens in einem Modell der Wertpapier- bzw. Investitionsmischung kürzer. Doch lassen sich damit Einzelurteile über die Risikowirkungen von Steuersatzänderungen, Abschreibungsvergünstigungen, die Abzugsfähigkeit von Dauerschuldzinsen usw. nur sehr viel weniger anschaulich herleiten.

3. Einfache Maße für den Vergleich einer risikolosen mit einer risikobehafteten Investition

Um einfache Maße zu entwickeln, an denen untersucht werden kann, welche Änderungen bei den Steuerbemessungsgrundlagen die Risikobereitschaft fördern oder hemmen, sei wiederum vom Vergleich einer risikolosen und einer risikobehafteten Investition ausgegangen, die vor Steuern gleichgeschätzt werden. Bei der risikobehafteten Investition sind nur zwei Zukunftslagen mit gleicher Wahrscheinlichkeit zu beachten. Die steuerrechtliche Gewinnermittlung erfolge in diesem Unterabschnitt noch investitionsneutral.

Risikoabneigung wird vorausgesetzt und auf das Einkommen, nicht das Endvermögen, bezogen, weil nur dafür die einfachen Risikomaße geeignet sind. Die Risikonutzenfunktion des Investors ist also durch einen abnehmenden Grenznutzen von Einkommenschancen gekennzeichnet.

Sinkender Grenznutzen von Einkommenschancen besagt, daß die Differenz zwischen dem Einkommen der risikobehafteten Anlage in der guten Zukunftslage und dem risikolosen Einkommen größer sein muß als die Differenz zwischen dem risikolosen Einkommen und dem Einkommen der risikobehafteten Anlage in der schlechten Zukunftslage, damit der Entscheidende risikobehaftete und risikolose Investition gleichschätzt.

Im folgenden wird ein Maß für die Elastizität des Grenznutzens von Einkommenschancen in bezug auf ein als sicher geltendes Einkommen entwickelt. In den Lehrtexten wird der Begriff der Elastizität (des Einkommens, des Preises usw.) regelmäßig nur in marginalen Größen definiert. Damit kann man praktisch nicht arbeiten. Eine Elastizität in endlichen Änderungsgrößen auszudrücken (also eine Bogenelastizität zu messen), erfordert

a) eine absolute Bezugsgröße (hierzu wird das risikolose Einkommen gewählt) und daneben zwei Verhältniszahlen:

b) die prozentuale Einkommensminderung gegenüber dem risikolosen Einkommen als Maß für die Verlustgefahr und

c) die relative Risikoprämie als Maß für die Vergütung bei Übernahme einer Verlustgefahr. Dabei ist eine von Entscheidenden gewünschte relative Risikoprämie von der programmbezogenen, die eine Investitionsalternative bietet, zu trennen.

Beide Verhältniszahlen werden auf die absolute Bezugsgröße, das als sicher geltende Einkommen, bezogen. Unter Vernachlässigung der Pferdefüße des internen Zinsfußes wird Rendite mal Investitionsbetrag als Durchschnittseinkommen während der Investitionsdauer verstanden.

Solange nur zwei gleichwahrscheinliche Zukunftslagen betrachtet werden, kann die Verlustgefahr einfach durch die *prozentuale Einkommensminderung* gemessen werden, d.h. durch die Differenz zwischen dem sicheren Einkommen und dem niedrigen Einkommen in der schlechten Zukunftslage der risikobehafteten Investition, bezogen auf das sichere Einkommen. Bei einem als sicher geltenden Einkommen von 50.000 DM (Investition nur in Bundesanleihen) und einem risikobehafteten Mindesteinkommen von 40.000 DM (Investition in einem gut gemischten Wertpapierportefeuille) beträgt die prozentuale Einkommensminderung:

$$\frac{50.000 - 40.000}{50.000} = 20\%. \tag{6}$$

Bei Risikoabneigung wächst für den Entscheidenden das Risiko mit steigender prozentualer Einkommensminderung. Wenn ein Investor indifferent ist zwischen den gleichwahrscheinlichen Einkommenschancen 40.000 DM und 70.000 DM und dem sicheren Einkommen von 50.000 DM, dann zieht er das sichere Einkommen von 50.000 DM eindeutig den gleichwahrscheinlichen Einkommenschancen von 30.000 DM und 90.000 DM vor. Die Minderung des Risikonutzens, wenn das Einkommen von 50.000 DM auf 40.000 DM sinkt, hat der Entscheidende der Chance gleichgeschätzt, wenn das Einkommen von 50.000 DM auf 70.000 DM steigt. Die Minderung des Risikonutzens, wenn das Einkommen von 40.000 DM auf 30.000 DM sinkt, muß dann bei sinkendem Grenznutzen des Einkommens höher sein als die Erhöhung des Risikonutzens, wenn das Einkommen von 50.000 DM auf 70.000 DM steigt, und folglich erst recht höher als der Nutzenzuwachs bei einer weiteren Steigerung des Einkommens vom 70.000 DM auf 90.000 DM.

Die Einkommenserhöhung, welche die risikobehaftete Anlage gegenüber der risikolosen in der guten Zukunftslage gewährt, wird zu der Einkommensminderung in der schlechten Zukunftslage ins Verhältnis gesetzt und sei *relative Risikoprämie* genannt. Bei sinkendem Grenznutzen der Einkommenschancen muß die relative Risikoprämie stets größer als 1 sein (bei Risikoneutralität, d.h. einer Entscheidung nach dem Erwartungswert, gleicht sie 1).

Die relative Risikoprämie beschreibt das Verhältnis zwischen der prozentualen Einkommenserhöhung in der guten Zukunftslage und der prozentualen Einkommensminderung in der schlechten Zukunftslage, die eine risikobehaftete Investition im Vergleich zu einer sicheren Handlungsalternative bietet. Steht einer Einkommenserhöhung von 70.000 - 50.000 in der guten Zukunftslage eine Einkommensminderung von 50.000 - 40.000 in der schlechten Zukunftslage gegenüber, beträgt die relative Risikoprämie

$$\frac{70.000 - 50.000}{50.000 - 40.000} = 2. \tag{6a}$$

Die relative Risikoprämie bezeichnet also ein Maß für die Vergütung bei Übernahme einer „Verlustgefahr", die in der prozentualen Einkommensminderung gemessen wird.

b) Förderung oder Hemmung der Risikobereitschaft durch Steuerbemessungsgrundlagen

1. Förderung der Risikobereitschaft bei allen Formen von Risikoabneigung

Steuervergünstigungen in den Bemessungsgrundlagen äußern sich in Minderungen der effektiven Steuerbelastung gegenüber dem Grenzsteuersatz. Solche Steuervergünstigungen steigern stets die Risikobereitschaft für Investitionen, wenn dadurch

a) das risikolose Einkommen nicht steigt, zugleich

b) die prozentuale Einkommensminderung (also das Maß für die Verlustgefahr) sinkt und daneben

c) die programmbezogene relative Risikoprämie (als Maß der Vergütung für die Übernahme einer Verlustgefahr) gleichbleibt oder steigt.

Sobald Steuervergünstigungen auch das sichere Einkommen steigern, kann die Risikobereitschaft gehemmt werden, selbst wenn die prozentuale Einkommensminderung sinkt und die programmbezogene relative Risikoprämie steigt, weil die Höhe des Anfangs- und Endvermögens auf die Risikobereitschaft Einfluß nehmen kann.

Steuersatzsenkungen bewirken, daß als sicher geltende Einkommen nach Steuern ebenso wie mehr oder weniger risikobehaftete Einkommen nach Steuern steigen. Deshalb wirken Steuersatzsenkungen zwiespältig auf die Risikobereitschaft. Steuervergünstigungen in den Bemessungsgrundlagen, welche die Risikobereitschaft steigern sollen, müssen risikolose (bzw. risikoarme) Investitionen diskriminieren.

Nur wenige Steuerrechtsetzungen erfüllen die Bedingungen, risikolose (risikoarme) Einkommen nicht zu erhöhen, jedoch Verlustgefahren zu senken und Risikoprämien mindestens gleich zu halten.

(1) Die erste und wichtigste Steuerrechtsetzung zur Förderung der Risikobereitschaft ist: eine verbesserte Abzugsfähigkeit von Verlusten. Fehlt der sofortige Verlustausgleich ganz oder teilweise, so verschieben sich bei Steueränderungen allein die Einkommenschancen des risikobehafteten Programms.

Beispiel: Eine risikobehaftete Investition erstrecke sich teilweise auf gewerbliche Tierhaltung. Verluste daraus dürfen nicht gegen andere Einkünfte aufgerechnet werden (§ 15 Abs. 4 EStG). Betragen vor Steuern die gleichwahrscheinlichen Einkommen aus dieser Investition 40.000 DM oder 70.000 DM und ist bei Eintritt der schlechten Zukunftslage ein Verlust aus gewerblicher Tierhaltung von 10.000 DM nicht abzugsfähig, dann sind statt 40.000 DM 50.000 DM zu versteuern. Bei einem Steuersatz von 50% führt das zu einer Einkommenschance von 40.000 DM - 0,5 · 50.000 DM = 15.000 DM in der schlechten Zukunftslage. In der guten Zukunftslage mögen keine derartigen Verluste entstehen und somit 35.000 DM nach Steuern verbleiben. 15.000 DM und 35.000 DM stehen dann dem sicheren versteuerten Einkommen von 25.000 DM gegenüber. Die prozentuale Einkommensminderung ist von 20% auf 40% gestiegen, die relative Risikoprämie auf 1 gesunken. Damit wird ein dem Risiko abgeneigter Investor bei fehlendem Verlustausgleich die sichere Handlungsalternative wählen.

Drehen wir jetzt dieses Beispiel um und lassen eine Verlustausgleichsmöglichkeit zu. Dann stehen statt 15.000 DM 20.000 DM in der schlechten und 35.000 DM in der guten Zukunftslage den sicheren 25.000 DM versteuertem Einkommen gegenüber: Die prozentuale Einkommensminderung sinkt, die programmbezogene relative Risikoprämie steigt, und das risikolose Einkommen wird davon nicht berührt. Als die Risikoübernahme fördernde Steuervergünstigung wäre z.B. das Verbessern eines Verlustrücktrags anzusehen, also z.B. das Aufheben der zeitlichen wie größenmäßigen Beschränkung in § 10d EStG (S. 267).

Allerdings sind auch Fälle denkbar, in denen ein verbesserter steuerlicher Verlustabzug ohne Einfluß auf die Bereitschaft zur Risikoübernahme bleibt. Beispiel: Nach proportionaler Gewinnbesteuerung ohne Verlustausgleich mit einem Steuersatz von 50% möge Investition I die gleichwahrscheinlichen Einkommenschancen von -10 und +71 erbringen, Investition II die Einkommenschancen von -10 mit einer Wahrscheinlichkeit von 50%, +15 und +159 mit jeweils einer Wahrscheinlichkeit von 25%. Die Risikonutzenfunktion eines Investors sei gegeben durch $N(E) = (E+10)^{1/2}$, E = Einkommenschance, so daß der Investor die Investitionen I und II gleichschätzt. Ein vollständiger Verlustausgleich, der zu einer Einkommenschance von -5 mit 50% Wahrscheinlichkeit für Investition I und II führt, beeinflußt seine Entscheidung nicht.

Steht eine Änderung der steuerrechtlichen Verlustverrechnung zur Wahl, so fördert eine Verbesserung der Verlustausgleichsmöglichkeiten die Bereitschaft, Risiken zu übernehmen[10] oder läßt sie unverändert. Zusätzlich läßt sich für eine weite Klasse von Fällen der Risikoabneigung in bezug auf den Gewinn zeigen, daß gegenüber einer Steuer ohne Verlustausgleich, aber niedrigerem Steuersatz das erwartete Steueraufkommen wächst. Von dem gerade erörterten Fall zu trennen ist die Wirkung, wie bei gegebenem unvollständigen Verlustausgleich Änderungen anderer Bemessungsgrundlagen oder der Steuersätze wirken.

(2) Eine zweite Steuerrechtsetzung, welche die Risikobereitschaft in allen Fällen von Risikoabneigung in bezug auf den Gewinn zumindest nicht hemmt, ist eine verbesserte steuerliche Abzugsfähigkeit von Aufwandsposten bei risikobehafteten Investitionen allein.

Beispiel: Es bestehe die Wahl, zusätzlich fremdfinanzierte Investitionen durchzuführen oder diese zu unterlassen. Werden die zusätzlichen Investitionen (z.B. in Aktien) durchgeführt, sei mit gleichwahrscheinlichen alternativen Einkommen von 80.000 DM und 200.000 DM vor Steuern zu rechnen, bei Unterlassen der Investition mit sicheren 100.000 DM. Erfolgt die Investition, seien jeweils 20.000 DM als Hälfte der Dauerschuldzinsen bei der Gewerbeertragsteuer nicht abzugsfähig. Es unterliegen also 100.000

---

10 Dies ist eine der wenigen zutreffenden Aussagen des älteren Schrifttums über Gewinnbesteuerung und Risikobereitschaft; eine Zusammenfassung der Ergebnisse des Schrifttums und eine erste Analyse der folgenden Ergebnisse findet sich in *Dieter Schneider:* Gewinnbesteuerung und Risikobereitschaft: Zur Bewährung quantitativer Ansätze in der Entscheidungstheorie. In: ZfbF, Jg. 29 (1977), S. 633-666, hier S. 655-659. Zur folgenden Behauptung über das Steueraufkommen vgl. *Diamond, Stiglitz,* S. 357 f.

DM bzw. 220.000 DM einer Gewerbeertragsteuerbelastung von (bei einem Hebesatz von 440%) rund 18%, so daß rund 18.000 DM bzw. knapp 40.000 DM an Gewerbeertragsteuer anfallen. Bei Unterlassen der zusätzlichen Investition entfällt auf das sichere Einkommen von 100.000 DM eine Gewerbeertragsteuerzahlung von 18.000 DM. Der Einkommensteuer unterworfen sind 80.000 - 18.000 = 62.000 bzw. 200.000 - 40.000 = 160.000 DM. Die relative Risikoprämie hat bei einem Einkommensteuersatz von 50% eine Höhe von

$$\frac{80.000 - 41.000}{41.000 - 31.000} = 3,9, \qquad (7)$$

die prozentuale Einkommensminderung eine von ungefähr 24%.

Ein Streichen von Dauerschuldzinsen aus den Hinzurechnungen bei der Gewerbeertragsteuer würde die relative Risikoprämie auf

$$\frac{164.000 - 82.000}{82.000 - 65.600} = 5 \qquad (7a)$$

wachsen lassen und die prozentuale Einkommensminderung auf 20 % senken.

Die Beseitigung der Nichtabzugsfähigkeit der halben Dauerschuldzinsen beim Gewerbeertrag (und entsprechend den Dauerschulden beim Gewerbekapital) erscheint als eine der wenigen steuerlichen Maßnahmen, die tatsächlich die Risikobereitschaft für fremdfinanzierte Investitionen gegenüber dem Unterlassen der Investition fördern (zumindest nicht mindern)!

Allerdings gilt die risikofördernde Wirkung aus der Beseitigung der halben Nichtabzugsfähigkeit von Dauerschuldzinsen bzw. Dauerschulden bei der Gewerbesteuer dann nicht mehr unbeschränkt, wenn beachtet wird, daß eine Eigenkapitalausstattung als Verlustpuffer für Fremdkapital benötigt wird; denn durch eine volle Abzugsfähigkeit von Dauerschuldzinsen bzw. Dauerschulden bei der Gewerbesteuer würde die derzeitige steuerliche Bevorzugung der Fremdfinanzierung gegenüber der Beteiligungsfinanzierung noch verstärkt.

(3) Eine dritte generell wirkende Maßnahme zur Förderung der Risikobereitschaft stellen Subventionen und Bewertungsvergünstigungen allein für die risikoreiche Investition dar. Staatszuschüsse ohne Auflagen für risikoreiche Investitionen allein mindern natürlich deren Risiko. Als Steuervergünstigung allein für eine risikoreiche Investition wirken Abschreibungsvergünstigungen dann, wenn die Wahl besteht zwischen einer risikobehafteten Sachanlage und einer risikolosen (risikoarmen) Finanzanlage.

Für Investitionszulagen, die risikoarme und risikoreiche Investitionen durch steuerfreie Einnahmen begünstigen, gilt hingegen eine Art „Mitnahmeeffekt" mit den Folgen für die Risikobereitschaft wie bei einer Steuersatzsenkung: Das sichere Einkommen bei einer risikolosen Investition und die alternativen Einkommen einer risikobehafteten Investition steigen.

(4) Eine vierte, generell wirkende Förderung der Risikobereitschaft wird sich im folgenden bei einer Steuerstrukturänderung zeigen: wenn eine Vermögensteuerzahlung einer Unternehmung durch eine höhere Gewinnsteuer bei Betragsgleichheit für die sichere Investition ersetzt wird (S. 686 f.).

2. Der Einfluß von einperiodigen Gewinnvergünstigungen und Gewinnverböserungen

Nun werden Abweichungen von investitionsneutralen Steuerbemessungsgrundlagen (Gewinnvergünstigungen oder Gewinnverböserungen) betrachtet, die sowohl bei risikoreichen (risikobehafteten) als auch risikoärmeren (risikolosen) Investitionen auftreten. Um die Folgen für die Risikobereitschaft zu untersuchen, wird auf die drei Formen relativer Risikoabneigung in bezug auf den Gewinn zurückgegriffen.

Im folgenden übertragen wir die Formen relativer Risikoabneigung auf die Wahl zwischen einer risikolosen und einer risikobehafteten Investition mit zwei gleichwahrscheinlichen Zukunftslagen. Bei einer ersten Steuerrechtsetzung erscheinen risikolose und risikobehaftete Investitionen dem Investor indifferent. Geprüft wird, ob aus einer alternativen Steuerrechtsetzung ein Bevorzugen oder Verwerfen der risikobehafteten Investition gegenüber der risikolosen entsteht. Bei dieser Modellbildung gibt es keinen Sinn, mit der absoluten Risikoabneigung zu argumentieren, also mit Änderungen des absoluten Betrages, der risikobehaftet investiert wird.

Im Hinblick auf die drei einfachen Maße (sicheres Einkommen als absolute Bezugsgröße, prozentuale Einkommensminderung als Maß der Verlustgefahr und relative Risikoprämie als Maß der Vergütung für eine Risikoübernahme) gilt:

Gleichbleibende relative Risikoabneigung äußert sich dadurch, daß mit wachsendem sicheren Einkommen und unveränderter prozentualer Einkommensminderung der Entscheidende die gewünschte persönliche relative Risikoprämie nicht ändert.

Steigende relative Risikoabneigung heißt, daß der Entscheidende mit wachsendem sicheren Einkommen und unveränderter prozentualer Einkommensminderung eine erhöhte persönliche relative Risikoprämie verlangt.

Sinkende relative Risikoabneigung zeigt sich dann, wenn bei wachsendem sicheren Einkommen und unveränderter prozentualer Einkommensminderung der Entscheidende die persönliche relative Risikoprämie verringert.

Wenn der Betrag der steuerlichen Vergünstigung von Gewinnen proportional zum entscheidungsneutralen Gewinn ist, tritt bei konstantem Steuersatz die gleiche Wirkung ein wie bei einer Steuersatzsenkung. Durch eine solche teilweise Steuerbefreiung steigt das risikolose Einkommen, während die prozentuale Einkommensminderung und die programmbezogene relative Risikoprämie unverändert bleiben. Durch die Änderung der absoluten Bezugsgröße (des sicheren Einkommens) kann sich aber die persönliche relative Risikoprämie verändert haben.

Im einzelnen gilt (entsprechend der Abbildung 1):
a) Ein Entscheidender, der relativ gleichbleibend dem Risiko abgeneigt ist, wünscht vor und nach der Besteuerung dieselbe Zusammensetzung des Investitionsprogramms.

Bei ihm fördert eine solche teilweise Steuerbefreiung weder die Risikobereitschaft, noch hemmt sie diese.

b) Ein Entscheidender, der seine relative Risikoabneigung mit wachsendem Einkommen steigert, wird nach der Steuerbefreiung ein weniger risikobehaftetes Investitionsprogramm vorziehen. Bei ihm hemmt eine solche teilweise Steuerbefreiung die Risikobereitschaft für die Grenzinvestition.

c) Ein Entscheidender, dessen relative Risikoabneigung mit wachsendem Einkommen sinkt, wird nach der Steuerbefreiung ein stärker risikobehaftetes Programm wählen. Nur bei einem Investor mit sinkender relativer Risikoabneigung fördert eine teilweise Steuerbefreiung die Risikobereitschaft für die Grenzinvestition.

Absolut gleiche Gewinnverböserungen können eintreten, wenn die alternativen Investitionen mit dem gleichen Betrag an Fremdkapital zu finanzieren sind und nur eine eingeschränkte steuerliche Abzugsfähigkeit der Fremdkapitalzinsen möglich ist (Abzugsfähigkeit bei der Einkommen- bzw. Körperschaftsteuer, nicht oder nur teilweise bei der Gewerbeertragsteuer), oder wenn bestimmte Ausgaben, die die Unternehmung als Ganzes betreffen, nicht steuerlich abzugsfähig sind (z.B. die Vermögensteuer). Entsprechend wirkt das Streichen eines Freibetrags bzw. der Übergang von einem indirekt progressiven zu einem proportionalen Tarif. Eine Steuerrechtsänderung mit dem Ergebnis einer absolut gleichen Gewinnverböserung führt zu einem niedrigeren risikolosen Einkommen und einer höheren prozentualen Einkommensminderung bei gleicher programmbezogener relativer Risikoprämie. Daraus folgt in Umkehrung von a) bis c) eine verringerte Risikobereitschaft mindestens bei sinkender und gleichbleibender relativer Risikoabneigung.

Eine prozentual gleiche Gewinnverböserung bei allen Investitionsalternativen wirkt wie eine Steuersatzerhöhung bei sonst entscheidungsneutraler Gewinnermittlung. Deshalb gilt: Eine solche Gewinnverböserung beeinflußt die Risikobereitschaft nicht bei Investoren mit gleichbleibender relativer Risikoabneigung, sie fördert die Risikobereitschaft bei steigender relativer Risikoabneigung, und sie hemmt die Risikobereitschaft bei sinkender relativer Risikoabneigung. Eine prozentual gleiche Gewinnverböserung läge z.B. vor, wenn Bewirtungsspesen im festen Verhältnis zu dem entscheidungsneutralen Gewinn stehen, aber z.B. nur zu 80% den steuerpflichtigen Gewinn mindern dürfen (§ 4 Abs. 5 Satz 1 Nr. 2 EStG 1990).

Das Steuerrecht weiche in der Weise von einer entscheidungsneutralen Gewinnermittlung ab, daß in jeder Zukunftslage eine absolut gleich hohe Gewinnvergünstigung gewährt wird. Welchen Einfluß auf die Risikobereitschaft nimmt eine Senkung eines konstanten Gewinnsteuersatzes?

Vor Steuern erbringe eine risikolose Investition 100 und eine risikobehaftete mit gleicher Wahrscheinlichkeit entweder 80 oder 160. Bei einer Gewinnvergünstigung von 20 sind nur 80 bzw. 60 und 140 zu versteuern, so daß bei 50% Steuersatz für die risikolose Investition ein Einkommen nach Steuern von 60 und für die risikobehaftete die gleichwahrscheinlichen Einkommenschancen 50 oder 90 verbleiben. Hierbei möge Indifferenz herrschen, d.h. eine prozentuale Einkommensminderung von 16⅔% wird ausgeglichen durch eine relative Risikoprämie von

$$\frac{90-60}{60-50} = 3. \tag{8}$$

Der Steuersatz werde auf 40% gesenkt, so daß für die risikolose Investition 100-0,4 (100-20) = 68 Einkommen nach Steuern verbleiben. Für die risikobehaftete Investition errechnet sich zum einen 80-0,4 (80-20) = 56 oder 160-0,4 (160-20) = 104. Die Steuersatzsenkung führt zu einem höheren risikolosen Einkommen und einer größeren prozentualen Einkommensminderung von (68-56): 68 = 17,6%, die programmbezogene relative Risikoprämie bleibt bei 3.

Ein höheres risikoloses Einkommen, diesmal (im Unterschied zu S. 683) mit einer höheren prozentualen Einkommensminderung bei gleicher programmbezogener relativer Risikoprämie verbunden, bewirkt: Ein Investor mit steigender relativer und gleichbleibend relativer Risikoabneigung wird seine Risikobereitschaft mindern, lediglich ein Investor mit sinkender relativer Risikoabneigung wird sie zumindest für die sein Investitionsprogramm begrenzende Investition erhöhen.

Dieses Ergebnis muß unseren Wirtschafts- und Finanzpolitikern ins Stammbuch geschrieben werden: *Werden Gewinnvergünstigungen in den Steuerbemessungsgrundlagen mit Steuersatzsenkungen gekoppelt, dann sinkt meistens die Risikobereitschaft des Investors, weil durch diese Koppelung risikoärmere Investitionen relativ stärker begünstigt werden als risikoreiche!*

3. Der Ersatz einer gewinnunabhängigen Steuerzahlung durch eine bedingt aufkommensgleiche Gewinnsteuerzahlung

Gewinnunabhängige Steuern, insbesondere die Vermögensteuer und die Gewerbekapitalsteuer, fallen sowohl in Gewinn- wie in Verlustjahren an. Die Vermutung liegt nahe, daß ein Streichen gewinnunabhängiger Steuern stets die Risikobereitschaft fördert. Für die Vermutung mag ein psychischer Gesichtspunkt sprechen, daß die Besteuerung in Verlustjahren nicht zugreift (der Fiskus sich als sog. „stiller Teilhaber" an Gewinn und Verlust erweist). Jedoch zeigt das folgende Beispiel, daß nicht für alle Formen von Risikoabneigung in bezug auf den Gewinn aus dem Entfallen einer Substanzsteuer, wie der betrieblichen Vermögensteuer (also dem Abbau einer Gewinnverböserung), eine Förderung der Risikobereitschaft zu erwarten ist.

Beispiel: Bei entscheidungneutraler Gewinnermittlung möge eine risikolose Investition zu einem durchschnittlichen jährlichen Einnahmenüberschuß in Höhe von 100 vor Steuern führen. Eine alternative risikobehaftete Investition biete gleichwahrscheinliche jährliche Einkommenschancen von 80 oder 160 vor Steuern. Beide Investitionen unterliegen einem Gewinnsteuersatz von 50%. Zusätzlich seien Vermögensteuerzahlungen von 10 jeweils abzusetzen, so daß nach Gewinn- und Vermögensteuer ein sicherer Gewinn von 40 den Gewinnchancen 30 oder 70 gegenüberstehe. Bei 25% prozentualer Einkommensminderung und einer relativen Risikoprämie von 3 bestehe Indifferenz bei der Wahl zwischen risikoloser oder risikobehafteter Investition.

Entfällt die betriebliche Vermögensteuer, steigt das Einkommen nach Steuern für die risikolose Investition auf 50 und die Einkommenschancen für die risikoreiche Investition belaufen sich auf 40 oder 80. Das risikolose Einkommen nach Steuern wächst, die prozentuale Einkommensminderung sinkt von 25% auf 20%, während die programmbezogene relative Risikoprämie unverändert bleibt.

Die Verringerung der prozentualen Einkommensminderung senkt die Verlustgefahr. Gleichzeitig ist jedoch das risikolose Einkommen gestiegen. Wenn wir zwischen den drei Formen der relativen Risikoabneigung unterscheiden, gilt:

a) Ein Investor mit gleichbleibender relativer Risikoabneigung wird seine persönliche relative Risikoprämie mindern, weil das Risiko gesunken ist. Die programmbezogene relative Risikoprämie hat sich jedoch nach der Steuersatzsenkung nicht verändert. Der Investor mit gleichbleibender relativer Risikoabneigung, der bei Vermögensteuerzahlung indifferent zwischen den beiden Investitionen war, wird die risikoreiche Investition bei Entfallen der betrieblichen Vermögensteuer bevorzugen.

b) Ein Investor mit sinkender relativer Risikoabneigung wird eine geringere persönliche Risikoprämie nicht nur wegen des gesunkenen Risikos für ausreichend halten, sondern auch, weil sein risikoloses Einkommen nach Steuern gestiegen ist. Er wird die risikoreiche Investition nach Entfallen der Vermögensteuer ebenfalls vorziehen.

c) Ein Investor mit steigender relativer Risikoabneigung wird einerseits eine geringere persönliche Risikoprämie verlangen, weil die prozentuale Einkommensminderung als Maß der Verlustgefahr gesunken ist. Andererseits wird er sich aber infolge des gestiegenen risikolosen Einkommens veranlaßt sehen, eine höhere persönliche relative Risikoprämie zu fordern. Wie sich nach Abbau der Gewinnverböserung „Vermögensteuer" dieser Investor verhält, scheint nicht eindeutig vorhersagbar zu sein. Indes folgt aus der Definition steigender relativer Risikoabneigung, daß der Anteil sinkt, der risikobehaftet investiert wird. Zumindest für die das Investitionsprogramm begrenzende Investition mit einem Kapitalwert von null wird dann aus der Indifferenz bei Vermögensteuererhebung nach deren Streichen ein Bevorzugen der risikolosen. Sobald das Investitionsprogramm veränderlich ist, reicht steigende relative Risikoabneigung für eine eindeutige Entscheidung nicht mehr aus. Es muß die genaue algebraische Gestalt der Risikonutzenfunktion bekannt sein.

Die nicht eindeutige Wirkung des Abbaus oder Erhöhens einer Substanzsteuer auf die Risikobereitschaft kann jedoch in eine eindeutige Aussage abgewandelt werden, wenn folgende Bedingungen gesetzt werden: *Der Steuerminderzahlung durch das Entfallen der Vermögensteuer wird durch ein Anheben des Gewinnsteuersatzes gegengesteuert, wobei ein betragsmäßiger Ausgleich (Aufkommensgleichheit beim einzelnen Unternehmer) für den Gewinn aus der sicheren Investition eintritt*[11]. Diese Steuerstrukturänderung fördert bei allen Formen von Risikoabneigung die Risikobereitschaft, wie folgende Überlegung zeigt:

Der Ersatz der entfallenden Vermögensteuer durch eine aufkommensgleiche Erhöhung des konstanten Gewinnsteuersatzes bei der risikolosen Investition ändert das Ein-

---

11 Vgl. *Stiglitz:* The Effects, S. 281 f.

kommen nach Steuern bei der risikolosen Investition nicht. Bei der risikobehafteten Investition entfällt in der guten und der schlechten Zukunftslage der gleiche absolute Betrag an Vermögensteuerzahlung. Jedoch beträgt die zusätzliche Gewinnsteuer in der schlechten Zukunftslage weniger als die entfallende Vermögensteuerzahlung (Steigerung des Gewinnsteuersatzes mal niedrigerer Gewinn als bei der risikolosen Investition), in der guten Zukunftslage entsprechend mehr. Da bei Risikoabneigung der Grenznutzen von Einkommenschancen mit wachsendem Einkommen sinkt, wird die Steuerminderzahlung in der schlechten Zukunftslage stärker gewichtet als die Steuermehrzahlung in der guten, mit der Folge, daß nach der Steuerstrukturänderung die risikobehaftete Investition bevorzugt wird.

Übertragen auf das letzte Beispiel: Für die risikolose Investition, die nach Gewinn- und Vermögensteuer mit einem sicheren Einkommen nach Steuern von 40 der risikobehafteten Investition mit den gleichwahrscheinlichen Einkommenschancen 30 oder 70 gleichgeschätzt wird, entfalle eine Substanzsteuer von 10 in allen Zukunftslagen. Der Gewinnsteuersatz werde gleichzeitig von 50% auf 60% erhöht. Damit erbringt die sichere Investition nach wie vor 40, die risikobehaftete Investition jedoch entweder 80(1-0,6) = 32 oder 160(1-0,6) = 64. Durch die Änderung der Steuerstruktur sinkt bei gleichem sicheren Einkommen nach Steuern die prozentuale Einkommensminderung auf 20% und die relative Risikoprämie bleibt mit

$$\frac{64-40}{40-32} = 3 \qquad (9)$$

unverändert. Die für das sichere Einkommen einzelwirtschaftlich aufkommensgleiche Änderung der Steuerstruktur von einer gewinnunabhängigen Steuerzahlung zu einer gewinnabhängigen erhöht die Risikobereitschaft eines risikoabgeneigten Investors und mindert die steuerbedingten Zusatzlasten unter Ungewißheit (S. 774).

4. Der Einfluß von Abschreibungsvergünstigungen auf die Risikobereitschaft

Sofortabschreibung bei steuersatzunabhängigem Kalkulationszinsfuß (Cash-flow-Besteuerung) bewirkt, wenn der Risikonutzen auf das Vermögen (den Ertragswert) bezogen wird, daß aus einer Gleichschätzung zwischen einer risikolosen und einer risikobehafteten Investition vor Steuern wegen des Sinkens des Kapitalwerts auf den versteuerten Kapitalwert in allen Zukunftslagen eine Begünstigung der risikobehafteten Investition wird (S. 670). Deshalb verstößt eine Cash-flow-Steuer gegen Investitionsneutralität unter Ungewißheit.

Sofortabschreibung im Rahmen einer Besteuerung von Zinsen und anderen Kapitaleinkünften wirkt nicht mehr eindeutig, weil der Kapitalwert nach Steuern über oder unter dem Kapitalwert vor Steuern in den verschiedenen Zukunftslagen liegen kann. Wegen der steuerbedingten Minderung des Kalkulationszinsfußes stehen sich der Ertragswert vor Steuern V und der Ertragswert bei Sofortabschreibung V_I in jeder Zukunftslage wie folgt gegenüber:

$$V = \sum Z_t(1+i)^{-t} - I$$
$$V_I = (1-s)\sum Z_t(1+i-is)^{-t} - I + sI. \qquad (10)$$

Den Ausschlag über Rangordnungsänderungen zwischen Investitionsalternativen gibt bei Sofortabschreibung das Zinsteilglied -is. Beispiel: Vor Steuern ist die sichere Investition

t_0	t_1	t_2
-1.000	+0	+1.200

bei einem Kalkulationszinsfuß i = 10% (Ertragswert = 991,7) und einer Risikonutzenfunktion N = ln (V) folgender risikobehafteten Investition unterlegen:

t_0		t_1	t_2	
-1.000	a) p=0,5:	+600	+800	$V_a = 1.206,6$
	b) p=0,5:	+500	+453	$V_b = 828,9$;

denn deren Sicherheitsäquivalent (d.h. der Erwartungswert des Risikonutzens für die beiden Ertragswertchancen: 0,5 ln 1206,6 + 0,5 ln 828,9) gleicht 1000.

Bei Sofortabschreibung und einem Steuersatz von 50% wandeln sich die Zahlungsströme für den Ertragswert nach Steuern V_{sI} (also vor Abzug der Anschaffungsausgaben - 1000) zu

t_0	t_1	t_2
+500	+0	+600

also V_{sI} = 1044, und für die risikobehaftete Investition zu

t_0		t_1	t_2
+500	a) p=0,5:	+300	+400
	b) p=0,5:	+250	+225,5

Das Sicherheitsäquivalent beträgt hierfür 1040,5. Damit wird nach Einführung einer Gewinnsteuer von 50% mit Sofortabschreibung die risikolose Investition vorgezogen. Ursache ist, daß beim Zahlungsstrom der sicheren Investition die Sofortabschreibung gegenüber der investitionsneutralen Ertragswertänderung (t_1: Zuschreibung 99,17; t_2: Abschreibung 1090,9) weit stärker begünstigt als bei den beiden Zukunftslagen der risikobehafteten Investition. Das Ergebnis kehrt sich bei anderen Zahlungsverläufen um, z.B. für eine vor Steuern sichere Investition mit t_0: -1000; t_1: +1000; t_2: +100. Deren Ertragswert nach Steuern folgt aus: t_0: +500; t_1: +500; t_2: +50 mit für i_s = 5% von 1022. Hierbei wird zwar die unvorteilhafte sichere Investition nach Steuern vorteilhaft, bleibt aber der risikobehafteten unterlegen.

Ein anderes Problem liegt vor, wenn innerhalb einer Einkommensbesteuerung der Wechsel von linearer oder degressiver AfA zur Sofortabschreibung untersucht wird. Im Standardmodell ist eine Vorverlegung von Abschreibungen zwar in jeder einzelnen Zukunftslage vorteilhaft. Aber aus einer Erhöhung des sicheren Endvermögens und aller unsicheren Vermögenschancen folgt keineswegs immer eine Förderung der Risikobereitschaft (S. 670).

Im praktischen Fall sind zusätzlich jenseits der Anlagenabschreibung liegende Gewinnverböserungen oder Gewinnvergünstigungen (z.B. Teilwertabschreibungen) oder Zinseinbußen bringende Verlustvorträge zu beachten oder in einzelnen Jahren und für einzelne Zukunftslagen unterschiedliche Zinssätze anzuwenden. In eine noch größere Kasuistik gerät man, wenn statt Sofortabschreibung Sonderabschreibungen (beschleunigte Abschreibungen) bzw. Änderungen des Höchstsatzes degressiver AfA im Hinblick auf die Risikobereitschaft zu Investitionen beurteilt werden sollen. In solchen Fällen ist die Wirkung des Zulassens einer Sofortabschreibung gegenüber der AfA nur noch für den Einzelfall zu berechnen.

Ob Abschreibungsvergünstigungen die Risikobereitschaft fördern oder nicht, hängt ab von:
a) der zeitlichen Verteilung der Einnahmenüberschüsse in *jeder Zukunftslage* der risikoreichen und der risikolosen (bzw. risikoärmeren) Investition,
b) der zeitlichen Verteilung der steuerlichen Abschreibung,
c) den Zinssätzen, zu denen in der jeweiligen Zukunftslage eine Geldanlage oder Geldaufnahme möglich ist und aus denen sich der Barwert der Ertragswertabschreibung wie auch der Barwert der steuerlichen Abschreibung ergeben,
d) der individuellen Risikonutzenfunktion und nicht nur der Form der relativen Risikoabneigung.

Da es weder eine einheitliche Beziehung zwischen der zeitlichen Verteilung der Einnahmenüberschüsse und der zeitlichen Verteilung der steuerlichen Abschreibung gibt, noch ein einheitlicher Zinssatz in allen Zukunftslagen vorhanden ist und erst recht keine einheitliche Risikonutzenfunktion für alle Investoren existiert, *können Abschreibungsvergünstigungen die Risikobereitschaft sowohl fördern als auch behindern.* Abschreibungsvergünstigungen können deshalb nicht als nützliches Instrument zur Förderung der Risikobereitschaft empfohlen werden[12].

Hinzu treten die Grenzen durch die Anwendungsvoraussetzungen für die Theorie des Risikonutzens. Deshalb läßt sich nur unter sehr engen Modellvoraussetzungen überhaupt

---

12 Dieses Ergebnis wird durch eine mit ganz anderer Methodik arbeitende Untersuchung von *Bernhard Kromschröder:* Zur Beurteilung steuerlicher Abschreibungsverfahren unter Berücksichtigung des Risikos. In: ZfbF, Jg. 36 (1984), S. 1014-1027, gestützt.

wissenschaftlich rekonstruieren, ob eine Datenänderung in Form einer Senkung der Gewinnsteuersätze dazu führt, daß in den Augen eines Entscheidenden eine Investition „risikoärmer" wird (S. 465-468).

II. Marktlenkung von Risikokapital gegen steuerlich geförderte Innenfinanzierung

a) Marktlenkung von Risikokapital und institutionenbildende Steuerausweichhandlungen

1. Finanzierungsvertragsneutralität und institutionenbildende Steuerausweichhandlungen

Von den drei Erscheinungsformen von Finanzierungsneutralität (S. 204) wird im folgenden Finanzierungsvertragsneutralität näher betrachtet. Finanzierungsvertragsneutralität bedeutet, daß kein Finanzierungsvertrag wegen der Besteuerung inhaltlich abgewandelt wird. Finanzierungsvertragsneutralität setzt voraus, daß bei Vernachlässigung des Steuerrechts pareto-optimale Finanzierungsverträge zustandekommen, und daß das Steuerrecht keine Arbitragegewinne mittels Verträgen zur gemeinsamen Ausbeutung steuerrechtlicher Vorschriften zu Lasten des Fiskus ermöglicht. Die überaus engen Grenzen für pareto-optimale Finanzierungsverträge wurden S. 620-642 skizziert. Finanzierungsneutralität setzt hinsichtlich des Steuerrechts zusätzlich voraus, daß das Steuerrecht

– investitions- und kapitalkostenneutral in bezug auf jede Zukunftslage jeder Handlungsmöglichkeit ist,
– Investitionsneutralität unter Ungewißheit wahrt und
– keine Arbitragegewinne aus Vertragsgestaltungen, also den rechtlichen Formen einer Plankoordination zwischen Anbieter und Nachfrager, öffnet.

Aufgrund dieser Voraussetzungen ist offenkundig, daß Finanzierungsvertragsneutralität weder eine Teilbeschreibung der Wirklichkeit bietet noch als Norm für eine Steuerpolitik geeignet erscheint. Der Sinn des Begriffs Finanzierungsvertragsneutralität liegt ausschließlich darin, die Weite von Verstößen gegen diese Teilmenge von Entscheidungsneutralität der Besteuerung zu verdeutlichen: das Ausmaß absehbarer institutionenbildender Steuerausweichhandlungen.

Institutionenbildende Steuerausweichhandlungen sind rechtliche Sachverhaltsgestaltungen zwischen Marktpartnern, die einen gemeinsamen Steuervorteil bezwecken: Sie führen *Arbitragen gegen das Steuerrecht* durch. Institutionenbildende Steuerausweichhandlungen folgen aus Systembrüchen im Steuerrecht, die zumindest vom Gesetzgeber bzw. den ihn lenkenden Interessengruppen nicht immer unbeabsichtigt sind. Dabei nutzen die vertragschließenden Steuerpflichtigen einen Wissensvorsprung aus: durch Einfallsreichtum in der Vertrags- oder sonstigen rechtlichen Sachverhaltsgestaltung. Sie ziehen „Unternehmergewinne" aus rechtlich-organisatorischen Innovationen.

Das Steuerrecht ist als Teil der Regulierung von Finanzmärkten anzusehen:

a) Steuerrechtssachverhalte bestimmen neben der Ersparnis privater Haushalte (also einen Teil des Angebots an Kapital) vor allem das Ausmaß interner Finanzierung in den Unternehmungen (und damit die verbleibende Nachfrage nach Kapital). Für die Innenfinanzierung über Pensionsrückstellungen ist dies bereits S. 356-378 gezeigt worden.

b) Steuerrechtssachverhalte beeinflussen die Kosten der einzelnen Arten externer Finanzierung. So führt eine Steuerbegünstigung von Gesellschafterdarlehen im Vergleich zu Eigenkapitalerhöhungen zu einer Substitution zwischen unterschiedlich risikobehafteten Kapitalmarktgegenständen bzw. einzelnen unterschiedlich risikobehafteten Kapitalmarktgegenständen. Dadurch entsteht eine Neuverteilung von Risiken zugunsten der Gesellschafter und zu Lasten der Nur-Gläubiger der sich über Gesellschafterdarlehen finanzierenden Unternehmungen.

c) Eine Steuervergünstigung von Selbstfinanzierung gegenüber Beteiligungsfinanzierung kann als gesetzliche Prämierung für Marktumgehungen, d.h. als Anreiz für eine „vertikale Integration" auf Finanzmärkten betrachtet werden.

d) Steuerrechtssachverhalte sorgen für Wettbewerbsverzerrungen unter den Kapitalmarktteilnehmern. Beispiele sind die Steuervergünstigung zur Eigenkapitalbildung bei Sparkassen und anderen öffentlich-rechtlichen Banken (im Hinblick auf deren Selbstfinanzierung bewirkt die Tarifbelastung mit 46% gegenüber einer Bank-AG (50-46):50 oder 8% mehr zurückbehaltenen Gewinn, wenn die Gewerbesteuer außer acht bleibt) oder die Steuervorteile von Kredit- und Versicherungsinstituten im Eigentum als gemeinnützig geltender Institutionen, wie Gemeinden, Gewerkschaften. Wählen in öffentlichem oder Gewerkschaftseigentum befindliche Institute in der Rechtsform der Kapitalgesellschaft ein Schütt-aus-hol-zurück-Verfahren, so erstattet das Bundesamt für Finanzen diesen von der Körperschaftsteuer befreiten Empfängern die Hälfte der Kapitalertragsteuer (§ 44c Abs. 2 EStG), so daß, ohne Gewerbe- und Vermögensteuer, die nominale Belastung 36% Körperschaftsteuer $+0,5 \cdot 25\% \cdot 64\%$ Kapitalertragsteuer $= 44\%$ beträgt, Kirchen wird sogar die Kapitalertragsteuer voll erstattet. Dadurch wird eine Eigenkapitalzuführung von 56% des Gewinns vor Steuer möglich. Bei Zuführung von Gesellschafterdarlehen sind zudem die Zinseinkünfte steuerbefreit (§ 5 Abs. 1 Nr. 6 KStG). Allein aus der Bilanz der Beteiligungsgesellschaft der Gemeinwirtschaft (BGAG) schloß z.B. für 1980 die Monopolkommission auf eine Steuerersparnis von 24 Mio. DM[13], unabhängig von Vorteilen bei anderen Steuern, insbesondere der Vermögensteuer.

Den Weg zu Arbitragen gegen Steuerrecht öffnet das Rechtsdogma eines Primats der Zivilrechtsordnung, wonach das Steuerrecht grundsätzlich der von den Steuerpflichtigen gewählten zivilrechtlichen Gestaltung zu folgen habe.

Institutionenbildende Steuerausweichhandlungen ergeben sich daneben bei der Wahl und dem Wechsel der Rechtsform der Unternehmung sowie bei der rechtlichen Gestaltung von Unternehmenszusammenschlüssen und Betriebsaufspaltungen. Da hier eine Vielzahl von steuerrechtlichen Einzelvorschriften je nach Art der Vertragsgestaltung zu beachten ist, sei hier auf die Spezialliteratur verwiesen[14].

---

13 Vgl. *Monopolkommission:* Hauptgutachten 1980/81: Fortschritte bei der Konzentrationserfassung. Baden-Baden 1982, S. 234 f.
14 Vgl. bes. *Herbert Brönner:* Die Besteuerung der Gesellschaften. 16. Aufl., Stuttgart 1988; *Günter Wöhe:* Betriebswirtschaftliche Steuerlehre. Bd. II, 1. Halbband, 4. Aufl., München 1982; Bd. II, 2. Halbband, 3. Aufl., München 1982; *Otto H. Jacobs:* Unternehmensbesteuerung und Rechtsform. München 1988.

2. Ein (früheres) Musterbeispiel institutionenbildender Steuerausweichhandlungen: Leasingverträge

aa) Erscheinungsformen der Anlagenmiete und Indifferenzbedingungen gegenüber dem Kauf

An die Stelle des Kaufes mit Barzahlung kann die Inanspruchnahme eines Lieferantenkredits, aber auch die Miete bzw. Pacht von Anlagen treten. Hier wird für eine begrenzte Zeit dem Mieter oder Pächter die Nutzung eines Gegenstandes gegen laufende Miet- oder Pachtzahlungen eingeräumt. Solche Vertragsgestaltungen verschaffen dem Erwerber (Investor) eine Güterkapazität für eine bestimmte Vertragsdauer. Im Unterschied zum Kauf mit Barzahlung wird jedoch die Zahlung für die Kapazitätsnutzung zeitlich gestreckt. Die Miete von Anlagegegenständen ist eine dieser rechtlichen Vertragsformen, deren wirtschaftliche Wirkung eine Kapazitätsbeschaffung und Nutzung für einen Zeitraum mit zeitlich gestreckten Finanzierungszahlungen ist.

Leasing als Anlagenmiete ist eine Investition mit daran gekoppelter Finanzierungsweise. Leasing wird häufig mit Kreditfinanzierung auf eine Stufe gestellt[15]. Drei Gründe sprechen dagegen:

a) Kreditfinanzierung läßt dem Unternehmen die Verfügungsfreiheit über das aufgenommene Geld. Leasing bedeutet hingegen Beschaffung einer ganz bestimmten technischen Kapazität (also eine güterwirtschaftliche Investition) mit daran gebundenen zeitverteilten Finanzierungszahlungen.

b) Leasing und Kreditfinanzierung sind häufig komplementär, also keine Substitute. Viele Unternehmungen, die sich verschulden, benutzen gleichzeitig Anlagenleasing[16], weil hier hinsichtlich Risiken und Zahlungsweisen Abweichungen zwischen beiden Gruppen von Vertragsformen bestehen.

c) Wegen der aus unterschiedlichen Steuerzahlungen, aber auch wegen der aus dem Aussonderungsrecht im Insolvenzfall folgenden Unterschiede in den Zahlungsströmen bei Eintritt alternativer Zukunftslagen ist Anlagenleasing als Investition mit angekoppelter Finanzierung alternativen Finanzierungsweisen derselben oder einer anderen Investition gegenüberzustellen.

Besteht nur eine vertraglich kurze Mietzeit (wie z.B. bei einem Mietwagen), dann decken die vereinbarten Leasingraten nur einen Teil der Kosten des Leasinggegenstandes während seiner Nutzungsdauer. Damit bleibt ein erheblicher Teil des Investitionsrisikos

---

15 So *Süchting*, S. 144 f. Falsch ist die Behauptung „Strict financial leases are assumed to be perfect substitutes for debt capital" bei *Thomas E. Copeland, J. Fred Weston:* Financial Theory and Corporate Policy. 3rd ed., Reading u.a. 1988, S. 634, weil Fremdkapitalaufnahme die Entscheidungsfreiheit läßt, wie das Geld ausgegeben werden kann. Den Koppelungs- bzw. Mischcharakter des Leasing aus Investition und Finanzierung betont *Lawrence D. Schall:* The Lease-or-Buy and Asset Acquisition Decisions. In: The Journal of Finance, Vol. 29 (1974), S. 1203-1214. Einen guten Überblick über die Diskussion zum Leasing im angelsächsischen Schrifttum bietet *John Martin:* Leasing. In: Handbook of Corporate Finance, ed. by E.I. Altman, New York u.a. 1986, section 11.

16 Vgl. *James Ang, Pamela P. Peterson:* The Leasing Puzzle. In: The Journal of Finance, Vol. 39 (1984), S. 1055-1065.

beim Vermieter. Eine solche „normale" Anlagenmiete oder Pacht wird auch mit dem Namen „operating leasing" belegt. Solche Miet- oder Pachtverträge besitzen steuerliche Bedeutung deshalb, weil darüber häufig Steuerausweichhandlungen verwirklicht werden können: Steuerarbitragen zum Ausnutzen von ungleichmäßiger Besteuerung zwischen verschiedenen rechtlichen Gestaltungsmöglichkeiten. So vermietet z.B. ein Gesellschafter einer Kapitalgesellschaft an die Gesellschaft Anlagegegenstände oder Grundstücke oder die Ehefrau eines Einzelkaufmanns wird zum Hauseigentümer erklärt und vermietet dem Einzelhandelsgeschäft die Ladenräume. Beide Male wird zumindest eine Gewerbesteuerersparnis erreicht (bei Vermietung an die Kapitalgesellschaft wird zusätzlich die Vermögensteuer in der Kapitalgesellschaft vermieden).

Hier interessiert eine andere Vertragsform der Anlagenmiete oder Pacht, das sogenannte **Finanzierungsleasing** („financial leasing"). Dessen Merkmale sind:

(1) Der Mietvertrag läuft über mehrere Jahre und kann in dieser Zeit weder vom Vermieter noch vom Mieter gekündigt werden (Grundmietzeit). Dabei kann der Mietvertrag zusätzlich Vereinbarungen über eine Anschlußmiete oder einen Anschlußkauf enthalten.

(2) Die Summe der Mietraten während der Grundmietzeit ist höher als die Anschaffungs- oder Herstellungskosten einschließlich der Finanzierungskosten des Vermieters und vermindert um einen eventuellen Anschlußkaufpreis.

Damit trägt praktisch der Mieter das Investitionsrisiko. Erst der wirtschaftliche Tatbestand, daß das Investitionsrisiko beim Mieter liegt, macht einen Vorteilsvergleich zwischen den Investitionsvorhaben Kauf einer Anlage oder Miete derselben Anlage sinnvoll. Für Vertragsgestaltungen mit unterschiedlichem Risiko erlaubt eine Vorteilsberechnung noch kein Urteil.

Im Regelfall dient Leasing der Kapazitätsbeschaffung mit zeitlich gestreckter Finanzierung. Bei einzelnen Formen kann auch der Anlaß eine unmittelbare Geldbeschaffung sein (Desinvestitionszweck), z.B. beim Sale-and-lease-back-Verfahren. Hier wird ein Anlagegut, z.B. ein Gebäude, verkauft, vom Verkäufer zurückgemietet und im Kaufvertrag ist eine Rückkaufklausel vereinbart. Hauptsächlicher Zweck solcher Markthandlungen ist es, über diese Sachverhaltsgestaltung die Wirksamkeit von Vorschriften des Bilanzrechts aus den Angeln zu heben, Buchgewinne und liquide Mittel zu erzielen.

Ein Verwaltungsgebäude einer Aktiengesellschaft, das z.B. mit 10 Mio. DM zu Buche steht, mag aufgrund von Grundstückspreissteigerungen zu 100 Mio. DM verkauft werden können. Über einen Sale-and-lease-back-Vertrag in dieser Höhe werden 90 Mio. DM an Buchgewinn und 100 Mio. DM an Bankguthaben erzielt, wobei die Buchgewinne zum Ausgleich von Handelsbilanzverlusten verwandt werden können oder eine Gewinnausschüttung ermöglichen. Die Mietzahlungen werden in Kauf genommen, denn sie belasten (wenn von Nicht-Gewinnsteuer-Folgen abgesehen wird) nur mit dem Versteuerungsfaktor (1 - Grenzsteuersatz) die finanzielle Zielgröße nach Steuern. Der Rückkauf in späteren Jahren sichert einen erhöhten Bilanzansatz und damit einen höheren Abschreibungsausgangsbetrag.

Ausschlaggebend dafür, ob sich Kauf oder Leasing einer im voraus ausgewählten Anlage lohnt, ist neben den Risikoüberlegungen ein genauer investitionsrechnerischer Vorteilsvergleich. Den Ausgangspunkt hierfür bildet die Überlegung, wann ein Investor zwischen Kauf oder Miete einer Anlage indifferent wäre.

Zur Vereinfachung sei ein reiner Finanzierungs-Leasing-Vertrag betrachtet, bei dem der Vermieter lediglich ein bereits ausgewähltes Investitionsobjekt finanziert. Für Wartung, Reparatur, Gewährleistungsansprüche ist der Mieter zuständig. Die Anschaffungskosten des Käufers und des Leasinggebers seien identisch, insbesondere erhalte der Leasinggeber keine Mengenrabatte. Um die Bedingungen für eine Indifferenz zwischen Kauf und Leasing abzuleiten, gehen wir von einem Kapitalmarkt im Konkurrenzgleichgewicht aus. Die Finanzierungskosten des Leasinggebers sind hier identisch mit denjenigen des Investors, wenn er kauft. Dies gilt unter Sicherheit wegen des einheitlichen Zinssatzes. Es gilt aber auch bei Unsicherheit, wenn das Risiko des Zahlungsstroms bei Kauf dem bei Miete gleicht. Das Risiko, daß ein Käufer seinen Kreditverpflichtungen bei vollständiger Fremdfinanzierung einer Investition nicht nachkommt, sei identisch mit demjenigen eines Leasingnehmers, der Leasingraten zahlen muß.

Unter den hier gewählten Annahmen sind die Einnahmen des Investors unabhängig davon, ob er die Anlage kauft oder mietet. Bei der Beurteilung der Vorteilhaftigkeit des Leasing anstelle eines Kaufs können Einnahmenüberschüsse ebenso wie die Ausgaben für Wartung, Reparatur usw. vernachlässigt werden; letztere sind bei Kauf und Leasing gleich, wenn sie der Mieter zu tragen hat.

Der Investor ist danach indifferent zwischen Kauf und Leasing, wenn der Ausgabenbarwert in beiden Fällen gleich ist. Da die Höhe des Ausgabenbarwerts bei Leasing von den jährlichen Leasingraten abhängt, die hier die Unbekannte sind, empfiehlt es sich, statt mit Barwerten mit Annuitäten zu argumentieren:

Jene Leasingrate, die den Investor zwischen Kauf und Miete indifferent stellt, gleicht der Annuität auf die Anschaffungsausgaben, falls kein Restverkaufserlös bei Ablauf der Grundmietzeit anfällt. Und wenn ein Restverkaufserlös als Einnahme entsteht, so ist die Leasingrate um die Annuität auf den Barwert dieser späteren Einnahmen zu kürzen. Auf einem Kapitalmarkt im Konkurrenzgleichgewicht kann für einen Marktgegenstand nur ein einziger Preis herrschen. Der Konkurrenzgleichgewichtspreis für Leasing deckt sich mit der Indifferenz-Leasingrate[17]. Die rechtliche Gestaltung: Kauf oder Miete ist bedeutungslos.

Dieses Konkurrenzgleichgewichtsmodell definiert einen Nullpunkt für die Beurteilung von Kauf oder Leasing. Nachdem wir wissen, unter welchen Bedingungen die Entscheidung Kauf oder Miete betriebswirtschaftlich irrelevant ist, lassen sich die in der Wirklichkeit bestehenden Vorteile von Anlagenmiete gegenüber Kauf von vermeintli-

---

17 Vgl. z.B. *Merton H. Miller, Charles W. Upton:* Leasing, Buying, and the Cost of Capital Services. In: The Journal of Finance, Vol. 31 (1976), S. 761-786; *Wilbur G. Lewellen, Michael S. Long, John J. McConnell:* Asset Leasing in Competitive Capital Markets. Ebenda, S. 787-798; *Stewart C. Myers, David A. Dill, Alberto J. Bautista:* Valuation of Financial Lease Contracts. Ebenda, S. 799-819; und die dort genannten Quellen.

chen Vorteilen trennen, die nur durch Prospektangaben marketingmäßig vorgespiegelt werden.

Aus dem Kapitalmarktmodell folgt zunächst: Kann zu den üblichen Marktzinssätzen Kredit beschafft werden, lohnt sich Leasing als Finanzierungsform nicht. Gleichwohl gibt es zahlreiche Firmen, die ihr Anlagevermögen bis zu einem Drittel oder mehr auf dem Wege des Leasing beschafft haben. Auch angesehene Aktiengesellschaften haben diesen Weg beschritten. Die Gründe dafür sind in Unvollkommenheiten des Kapitalmarkts oder außerhalb von Kapitalmarktsachverhalten zu suchen. Diese Gründe erklären zugleich das Vordringen des Anlagenleasings: In der Bundesrepublik Deutschland werden 7 - 8% der Investitionen über Leasing erworben, in den USA 15 - 20% und für Großbritannien wird sogar ein Viertel aller extern finanzierten Investitionen genannt. Die Gründe für das Vordringen des Anlagenleasing sind vielfältig[18]. Sie lassen sich in steuerbedingte und nicht steuerliche (güterbedingte, finanzierungsbedingte und managementbedingte) unterteilen.

bb) Steuerarbitrage über Leasingverträge

Steuerbedingte Leasingvorteile werden von den Leasinganbietern häufig in den Vordergrund ihrer Reklame gerückt. Solche folgen aber nicht aus dem vordergründigen Vergleich höherer abzugsfähiger Mietaufwand gegen niedrigere Summe aus Anlagenabschreibung zuzüglich Fremdkapitalzinsen. Um die Behauptung zu belegen, Leasing erlaube Steuervorteile, muß die Besteuerung sowohl des Mieters (Leasingnehmers) als auch des Vermieters (Leasinggebers) einbezogen werden. Es ist also nach einem Kapitalmarktsteuerkeil für die Markthandlung Leasing gegenüber Kauf zu suchen.

Tatsächlich existieren Steuervorteile des Leasings nur, wenn Leasingnehmer und Leasinggeber zusammen weniger Steuern zahlen als ein Käufer, der sich der Fremdfinanzierung bedient; dabei sind Zinswirkungen aus unterschiedlichen Steuerzahlungszeitpunkten einzubeziehen. Muß der Käufer Eigenkapital einsetzen, z.B. um eine bestimmte Kapitalstruktur zu erhalten, und wird deshalb Leasing dem Kauf überlegen, so liegt kein steuerlicher Vorteil des Leasing vor, sondern lediglich ein Anwendungsfall des bekannten Sachverhalts, daß die steuerbedingten Kosten der Eigenkapitalbeschaffung über denen der Fremdkapitalbeschaffung liegen (S. 307 ff.). Ein Steuervorteil des Leasing ist also methodisch zu berechnen durch einen Vergleich mit dem Kauf, wobei die steuergünstigste Finanzierungsweise auf dem Kapitalmarkt zu unterstellen ist, die dem Investor offensteht.

---

18 Vgl. *Jürgen Schröder:* Die Stichhaltigkeit von Argumenten für und wider Leasing. Frankfurt/M. – Thun 1985, bes. die Zusammenfassung ab S. 363; zu einer etwas anderen Gewichtung vgl. *Richard Brealey, Stewart Myers:* Principles of Corporate Finance. 2nd ed., Auckland u.a. 1984, S. 547 f.; eine sehr ausführliche Analyse der Bestimmungsgründe bringen *Clifford W. Smith, jr., L. Macdonald Wakeman:* Determinants of Corporate Leasing Policy. In: The Journal of Finance, Vol. 40 (1985), S. 895-908; ihre Betonung der Vertragsgestaltungen verfeinert modelltheoretisch *Jan Pieter Krahnen:* Sunk Costs und Unternehmensfinanzierung. Wiesbaden 1991, S. 145-204.

Vor allem in den Anfangsjahren des Anlagenleasing wurde in Deutschland mit angeblichen Steuervorteilen für diese Vertragsgestaltung geworben. Den Aufwandsposten AfA und abzugsfähige Fremdkapitalzinsen wurden die bei Leasingverträgen in den ersten Jahren weitaus höheren Mietaufwendungen gegenübergestellt. Dabei wurde von den damals üblichen Verträgen ausgegangen, die eine Vollamortisation des Kaufs einer Anlage einschließlich der Finanzierungskosten während der Grundmietzeit zugrunde legten. Diese Vertragsgestaltung weckte bei den Steuerpflichtigen die Hoffnung (und in der Finanzverwaltung den Verdacht) einer Steuervermeidung, weil zunächst mehr an Aufwand verrechnet wird als steuerliche Abschreibung und Fremdkapitalkosten ausmachen.

Als erste Anpassungsmaßnahme der Finanzverwaltung trat ein Leasingerlaß in Kraft[19], der beim sogenannten Finanzierungsleasing neben anderem einen verdeckten Kauf und damit eine Bilanzierungspflicht beim Mieter nur dann nicht vorsah, wenn die Grundmietzeit zwischen 40 % und 90% der betriebsgewöhnlichen Nutzungsdauer beträgt.

Die Anpassungsentscheidung bei den Steuerpflichtigen erfolgte nicht unmittelbar bei den Leasingnehmern, sondern durch die Leasinggeber, die eine neue „Produktgestaltung" in Form neuer Vertragsformen für das Anlagenleasing entwarfen.

Die Leasinggeber entwickelten statt der Vollamortisationsverträge Teilamortisationsverträge mit Anschlußkauf oder mit Anschlußmiete (Non-pay-out-Verträgen). Dieser Steuerausweichung durch eine neue Vertragsform suchte die Finanzverwaltung durch eine erneute Anpassungsmaßnahme zu begegnen[20]. Der Leasingerlaß über Non-pay-out-Verträge bewirkte wiederum eine Anpassung der Leasingverträge mit der Folge, daß nach wie vor kaum ein Leasingvertrag durch die Leasingerlasse getroffen wird[21].

Der betriebswirtschaftliche Grund für das erfolglose Nachregulieren der Finanzverwaltung über Leasingerlasse war folgender: Veröffentlichte Steuerplanungsrechnungen der Leasinggeber redeten Leasingnehmern einen Steuervorteil ein hinsichtlich des abzugsfähigen Mietaufwandes gegenüber der AfA und der abzugsfähigen Fremdkapitalzinsen beim Anlagekauf. Daraufhin glaubte die Finanzverwaltung vor einem besonders offensichtlichen Fall der Steuervermeidung zu stehen. Sie regelte in den Leasingerlassen neue Grenzen für die Aufwandsvorverlagerung, wie sie in den Mietraten gegenüber der AfA zuzüglich des Fremdfinanzierungsaufwandes vermutet wurde. Entsprechende Grenzen für Aufwandsverschiebungen sollten die Regelungen für die Anschlußmiete und den Anschlußkauf einführen.

Demgegenüber zeigt eine ökonomische Analyse des Steuerrechts:

a) Die Steuervermeidung durch Unterlaufen der AfA-Regelungen existiert gar nicht. Aufgrund einer falschen Problemanalyse ging die Finanzverwaltung von künftigen Zuständen der Welt aus, die bei vernünftiger Analyse des Wahlproblems der Steuerpflichtigen gar nicht in einer den Fiskus schädigenden Weise bestanden. Der Nachweis ist einfach:

---

19 Schreiben des BMF vom 19.4.1971, BStBl. I 1971, S. 264-266.
20 Schreiben des BMF vom 22.12.1975. In: Betriebs-Berater, Jg. 31 (1976), S. 72 f.
21 Vgl. zu den Vertragsgestaltungen *Berndt Runge, Horst Bremser, Günter Zöller:* Leasing. Heidelberg 1978; *Hans-Joachim Spittler:* Leasing für die Praxis. Köln 1980.

Beim Anlagenkauf findet nur eine Markthandlung statt, im einfachsten Fall Verkauf durch den Anlagenhersteller an den Anlagenbenutzer. Bei der Anlagenmiete finden hingegen zwei Markthandlungen statt: Im einfachsten Fall Verkauf durch den Anlagenhersteller an die Leasinggesellschaft; Vermietung durch die Leasinggesellschaft an den Anlagenbenutzer.

Der Steuerrechtssachverhalt der AfA tritt erst nach dem Anlagenkauf und der Inbetriebnahme ein: entweder beim kaufenden Anlagenbenutzer oder bei der kaufenden Leasinggesellschaft. Von einer Steuervermeidung durch Unterlaufen der AfA-Regelungen kann deshalb beim Leasing überhaupt nicht die Rede sein; denn es ist nicht ersichtlich, wieso eine Steuervermeidung eintritt, wenn statt des Gewerbebetriebs „Anlagenbenutzer" ein Gewerbebetrieb „Leasinggesellschaft" die AfA-Regelung anwendet[22]. Was die Leasing-Erlasse erreichen, falls sie im Einzelfall einmal wirksam werden, ist schließlich lediglich, daß bei der Anlagenmiete die AfA vom Käufer „Leasing-Gesellschaft" auf den Mieter „Anlagenbenutzer" verlagert wird.

Der Steuerrechtssachverhalt hoher (um AfA korrigierter) Mietaufwendungen im Vergleich zu den abzugsfähigen Fremdkapitalzinsen beim Anlagenkauf kann auch nicht als Steuervermeidung beim Anlagenbenutzer verstanden werden, denn was der Anlagenbenutzer als höhere (um AfA korrigierte) Mietaufwendungen absetzt, wird bei der Leasinggesellschaft steuerpflichtiger Mietertrag.

b) Eine Steuerersparnis für Vermieter und Mieter gemeinsam und damit eine verminderte Steuereinnahme für den Fiskus tritt nur dann ein, wenn die effektive Grenzsteuerbelastung des Ertrag erzielenden Vermieters niedriger ist als die effektive Grenzsteuerbelastung des Aufwand verrechnenden Mieters. Dafür gibt es eine Reihe von Gründen:

(1) Das „Bankenprivileg" des § 19 GewStDVO vor 1990 vermied eine Hinzurechnung von Dauerschuldzinsen zum Gewerbeertrag aus dem banktypischen Geschäft von Kreditinstituten. Dieser Vorteil von Banken konnte früher leicht auf Tochter-Leasinggesellschaften ausgedehnt werden, zu denen steuerrechtlich Organschaft bestand.

Durch das Rechtsinstitut der Organschaft werden rechtlich selbständige, aber wirtschaftlich abhängige Unternehmen steuerlich als eine Einheit behandelt, indem Steuern nur auf eine bei der Obergesellschaft zusammengefaßte Bemessungsgrundlage erhoben werden[23]. Bei der Zusammenfassung der einzelnen Bemessungsgrundlagen zur Gewerbesteuer sind hinzurechnungspflichtige Vertragsbeziehungen zwischen den Gesellschaften zu verrechnen, um eine nur einmalige Belastung herzustellen. Hierzu zählen

---

22 Dies gilt nicht immer im internationalen Steuerrecht: Nach 1980 wurden bestimmte Leasingverträge im britischen Steuerrecht so behandelt, daß der Vermieter zu aktivieren und Abschreibungen zu verrechnen hatte; dieselben Verträge wurden nach US-amerikanischem Recht beim Mieter aktiviert und ermöglichten ihm Abschreibungsaufwand. Natürlich weitete die doppelte Abschreibungsverrechnung Leasingverträge zwischen britischen Banken und amerikanischen Unternehmungen erheblich aus, vgl. *Smith, Wakeman*, S. 904.

23 Die gewerbesteuerlichen Regelungen gründen sich auf die körperschaftsteuerliche Organschaft, vgl. hierzu *Dieter Schneider:* Grundzüge der Unternehmensbesteuerung. 5. Aufl., Wiesbaden 1990, S. 148-150.

auch Darlehen zwischen den Unternehmungen, die als Dauerschulden innerhalb der Organschaft nur einmalig zu Hinzurechnungen führen sollen. In diesem Zusammenhang ließ das Bankenprivileg sich, wie die meisten Ausnahmetatbestände im Steuerrecht, zu Ausweichhandlungen vor Steuerbelastungen nutzen. Schulden einer Leasinggesellschaft als Organgesellschaft kürzten sich gegen entsprechende Forderungen von Banken als Obergesellschaften (Organträgern), bei deren Refinanzierung keine hinzurechnungsbedingten Finanzierungskosten anfallen.

Das Steuerreformgesetz 1990 hat diesen einfachen Weg versperrt, indem Forderungen von Banken an organschaftlich verbundene Unternehmen als „Dauerschulden" gelten, sofern diese Forderungen bei den Banken zusammen mit anderen Gegenständen des Anlagevermögens das Eigenkapital übersteigen (§19 GewStDVO 1990). Die neue Vorschrift ist von den Finanzinstituten bislang jedoch leicht zu umgehen, indem Leasinggesellschaften die zum Kauf der Leasinggegenstände benötigten Mittel nicht wie bisher durch eigene Darlehensaufnahmen beschaffen und diese Darlehen erst mit Hilfe der nach und nach eingehenden Leasingraten zurückführen, sondern nunmehr die Forderungen auf Ratenzahlung gegenüber den Leasingnehmern an ihre Muttergesellschaften (oder an andere Banken) verkaufen. Bei letzteren entsteht keine Zusatzbelastung, da solche Forderungen nicht in den Anlagenkatalog des §19 GewStDVO 1990 eingehen.

Die von den Leasinggesellschaften weiterhin zu passivierenden Vermietverpflichtungen stellen keine Dauerschulden dar, so daß auch sie von einer Hinzurechnung verschont bleiben[24]. Diese Arbitrage gegen das Gewerbesteuerrecht ermöglicht die fragwürdigen Inhaltsbestimmungen des Dauerschuldbegriffes durch die Finanzverwaltung: Als eine „Verstärkung des Betriebskapitals" für die Unternehmung wird zwar ein empfangener Darlehensbetrag, nicht aber der Erlös aus einem Verkauf von Forderungen gedeutet, auch wenn diese erst über Vermietung über einen längeren Zeitraum zu erwerben ist.

(2) Unterschiede im Grenzsteuersatz zwischen inländischem Vermieter und Mieter folgen bei Einkommensteuerpflichtigen aus der Progression oder aus Differenzen bei den Hebesätzen der Gewerbesteuer zwischen dem Sitz der Leasinggesellschaft und dem Sitz des Anlagenbenutzers.

(3) Meist nur geringfügige Steuervorteile folgen aus den vermögensteuerlichen Anhaltewerten[25].

(4) Abweichende effektive Grenzsteuerbelastungen entstehen vor allem dann, wenn der Mieter Steuervergünstigungen nicht nutzen kann, die der Vermieter genießt. Ein Beispiel sind Sonderabschreibungen oder Abzüge von der Steuerschuld, die sich nur lohnen, solange Gewinnsteuerzahlungen anfallen. Deshalb werden Unternehmen in Verlustzeiten oder steuerbefreite Unternehmen Leasing vorziehen, wenn der Vermieter ge-

---

24 Einzelheiten bei *Dietmar Pauka:* Änderungen des Gewerbesteuerrechts durch das StRefG 1990 (Teil II). In: Der Betrieb, Jg. 41 (1988), S. 2275-2279, hier S. 2278; zu weiteren Gestaltungsmöglichkeiten *Eduard Gabele, Michael Kroll:* Grundlagen des Immobilien-Leasing. In: Der Betrieb, Jg. 44 (1991), S. 241-248, hier S. 246.

25 Zu den steuerlichen Vorteilen des Leasing vgl. im einzelnen *Schröder,* S. 161-258; *Winfried Mellwig:* Investition und Besteuerung. Wiesbaden 1985, viertes Kapitel.

genüber den Kauf-indifferenten Leasingraten einen Teil seines Steuervorteils weitergibt[26].

cc) Güterart-, finanzierungs- und managementbedingte Leasingvorteile

a) Zu den durch die Art des vermieteten Gegenstandes bedingten Leasingvorteilen gehören: Ein Hersteller kann als „Einstandspreis" für die Vermietung von seinen Herstellungskosten ausgehen. Eine Leasinggesellschaft, die zahlreiche Vermietungsobjekte betreibt, kann niedrigere Anschaffungskosten, gedrückt aufgrund eigener Marktmacht, verwirklichen als der Käufer einer oder weniger Anlagen. Wegen seines Wissensvorsprungs auf dem Gütermarkt des vermieteten Gegenstandes wird der Vermieter auch eine zurückgenommene vermietete Anlage besser weiterverkaufen oder vermieten können als der Mieter. Hinzu treten Vorteile bei Haftungsrisiken, wenn der Vermieter aufgrund seiner Marktmacht oder seines spezialisierten Wissens Gewährleistungsansprüche gegenüber dem Hersteller besser durchsetzen kann als der Käufer derselben Anlage. Sofern der Leasingvertrag Nebenleistungen wie Wartung und Reparatur einschließt, mag sich auch daraus für den Mieter ein Kostenvorteil errechnen lassen.

Demgegenüber trifft es regelmäßig nicht zu, daß die Anpassungsfähigkeit des mietenden Unternehmens steigt. Wartungs-, Reparatur- und Veralterungsrisiken werden schließlich nicht kostenlos dem Mieter abgenommen, sondern dafür ist eine höhere Mietrate zu zahlen.

b) Zu den finanzierungsbedingten Leasingvorteilen zählt nicht der in Prospekten hervorgehobene „Liquiditätsvorteil". Ob ein solcher besteht, läßt sich erst über eine vollständige, auf Zahlungsströmen aufbauende Investitionsrechnung unter Einplanung der Finanzierungsalternativen feststellen. Zu den finanzierungsbedingten Leasingvorteilen gehören vielmehr Unterschiede in den Vertragsbedingungen zwischen z.B. Kreditfinanzierung und Finanzierungsleasing:

(1) Nach den traditionellen Kreditgewährungsbedingungen der Banken werden Kreditzusagen und die Höhe der Kreditzinsen regelmäßig von dem Einhalten bestimmter Finanzierungsregeln abhängig gemacht. Solange Leasing nicht zur Aktivierung in der Handelsbilanz führt, können Kapazitäten beschafft und über Mietausgaben „finanziert" werden, ohne die Bilanzrelationen zu beeinträchtigen. Gerade wachsende Unternehmungen, die (z.B. wegen ihrer Großaktionäre) keine zusätzlichen Eigenfinanzierungsmöglichkeiten besitzen und deren Verschuldung schon an die von den Banken geduldete Grenze vorangetrieben ist, werden auf das Leasing abgedrängt. Ein solches Verhalten erscheint wenig vernünftig, denn das Risiko der Kredite erhöht sich erst recht, wenn Mietverträge über Zeiten bis zu 90% der betriebsgewöhnlichen Nutzungsdauer von Anlagen abge-

---

26 Vgl. zu solchen Steuerarbitragen durch Leasing z.B. *Hal Heaton:* Corporate Taxation and Leasing. In: Journal of Financial and Quantitative Analysis, Vol. 21 (1986), S. 351-359; *Julian R. Franks, Stewart D. Hodges:* Lease Valuation When Taxable Earnings Are a Scarce Resource. In: The Journal of Finance, Vol. 42 (1987), S. 987-1005.

schlossen werden, anstatt daß die Unternehmung den wirtschaftlich vorteilhafteren Weg eines Anlagenkaufs geht.

Anlagenleasing erlaubt also einem investierenden Management, Kreditgeber und Anteilseigner über die Vermögens- und Finanzlage im Unklaren zu lassen, weil im Regelfall nach geltendem Handelsbilanzrecht Leasingverhältnisse nicht zu einer Bilanzierung beim Mieter führen.

(2) Kreditbeschränkungen lassen sich durch Leasing jedoch dann vernünftigerweise erweitern, wenn der Vermieter bessere Marktkenntnisse als der Investor über die Verwertung der gebrauchten Anlagen besitzt. Als rechtlicher Eigentümer hat der Vermieter bei Konkurs des mietenden Unternehmens ein Aussonderungsrecht. Er kann also die Sicherheit sofort verwerten und wird einen besseren Erlös dafür erzielen.

(3) Zweifelhaft erscheint hingegen, ob Leasing bei personenbezogenen Unternehmen eine bessere Risikostreuung erlaubt[27]. Sicher trifft nicht zu, daß Eigentum an einer Anlage es schwieriger mache, Risiken zu streuen: Entweder wird eine Anlage für nötig erachtet, dann muß ihr leistungswirtschaftliches Risiko in Kauf genommen werden. Oder man verzichtet auf diese Anlage und wählt ein Bündel anderer, insgesamt risikoärmerer Investitionen. Leasing beeinflußt die Investitionsentscheidung für eine risikobehaftete Anlage gegen ein durch Risikostreuung risikoärmeres Portefeuille nur insoweit, als die Leasingraten und Kündigungsfristen des Vertrages zu einer anderen Zusammenfassung aus leistungswirtschaftlichem und Kapitalstrukturrisiko führen als z.B. bei Kreditfinanzierung mit bestimmten Tilgungsraten. Aussagen sind hier nur im Einzelfall aufgrund der alternativ abzuwägenden Vertragsgestaltungen möglich.

c) Zu den managementbedingten Leasingvorteilen zählen neben dem schon erwähnten Nicht-nach-Außen-Dringen der tatsächlichen Verpflichtungen (S. 695) zum einen, daß mitunter die Entlohnung der Manager an die Rendite des investierten Kapitals geknüpft sein kann. Durch Kauf von Anlagen wächst das investierte Kapital, während es bei Leasing unverändert bleibt und hier schon geringe Nettogewinne den Managerbonus erhöhen. Zum anderen ist unter den deutschen Managern das genaue Rechnen bei Investitionsentscheidungen noch immer nicht allgemein verbreitet. Eine durch Arbeitsüberlastung verursachte Neigung zu übersichtlichen Vereinfachungen erzeugt Fehler und läßt manche Bosse auf fragwürdige Rechnungen hereinfallen. Wie sonst wäre zu erklären, daß in der Mehrzahl der Leasingprospekte noch immer betriebswirtschaftlich unzulängliche Vorteilsvergleiche vorgetragen werden, die nur selten besser sind als das Beispiel „Immobilienerwerb" (S. 322 ff.). Der Vorteilsvergleich beschränkt sich häufig auf einen Liquiditätsvorteil, wobei die Zinswirkungen unvollständig berechnet werden und insbesondere bei den Steuerersparnissen nicht beachtet wird, daß auch Zinsgewinne der Besteuerung unterliegen.

Das Vordringen des Leasing ist neben den Steuerarbitragemöglichkeiten also vor allem damit zu erklären, daß Leasing eine Methode zur Vermehrung von Unvollkommenheiten auf Sachanlage- und Finanzmärkten ist. Die Verkäufer industrieller Anlagen wün-

---

27 So *Smith, Wakeman*, S. 899.

schen, zusätzliche Marktunvollkommenheiten durch das Anbieten neuer Koppelungen von Investitions- und Finanzierungsverträgen zu erzeugen. Finanzierungsinstitute haben erkannt, daß sie mit Leasing den Unternehmen eine besondere „Finanzierungsart" anbieten können, die weniger Sicherheiten und Informationen erfordert, als sie sonst auf Finanzmärkten üblich sind, oder positiv gewendet: Das Wachstum der Leasingbranche ist hauptsächlich durch maßgeschneiderte Verträge über die vom Investor für wesentlich gehaltenen Merkmale einer Kombination von Sachinvestition mit deren Finanzierung zu erklären[28].

3. Erfolgsarme Regelungen gegen Steuerausweichhandlungen

Steuerpflichtige werden nach Wegen suchen, um trotz der Abgabepflichten ihre Ziele bestmöglich zu erreichen, also bei gegebener Unsicherheit ihr Einkommen zu erhöhen, bei gleichbleibenden Einkommenschancen die Unsicherheit höherer Einkommen zu verringern. Statt sich nur in einen harten Konkurrenzkampf auf Märkte zu stürzen, werden Steuerpflichtige flankierend oder hauptsächlich mittels neuer Vertragsformen und Rechtsgestaltungen von Sachverhalten versuchen, verhältnismäßig sicher und leicht erreichbare Arbitragegewinne in Form von geringeren Steuerzahlungen zu erlangen. Solange keine strikte Rechtsnorm entgegensteht, wird deshalb „Handelsbrauch" bzw. allgemeiner: Gebrauch rechtlicher Gestaltungsformen, die Steuerausweichung sein.

Daran ist in einer Welt, in der Menschen schon aus logischen Gründen nie wissen können, welches Wissen ihnen künftig zugehen wird, nichts moralisch Fragwürdiges oder Gemeinwohl-Schädliches: Wenn es für einen des Mordes Angeklagten gesetzlich und ethisch erlaubt ist, sich einen gewieften Strafverteidiger zu holen, der ein Urteil wegen Unzurechnungsfähigkeit herauspaukt, warum soll es dann für einen Steuerpflichtigen ethisch bedenklich sein, alle gesetzlich zulässigen Wege zu nutzen, einer Steuerzahlung in rechtlich zulässiger Weise auszuweichen?

Gesetzgebungs-, Steuerrechtsprechungs- und Steuerverwaltungsjuristen erreichen trotz allen Bemühens und Berufens auf Rechtslogik und juristische Rationalität nach täglicher Erfahrung bei weitem nicht das, was sie bzw. die sie beauftragenden Politiker bezwecken. Steuerpflichtige passen sich regelmäßig in einer durch ein Gesetz, ein auslegendes Urteil, die Verwaltungsanweisungen nicht geregelten und nicht erfaßten Weise an. Damit lösen die Steuerpflichtigen ihrerseits künftige Anpassungsregelungen aus: Gesetzesänderungen, Änderungen der Rechtsprechung, neue Verwaltungserlasse. Im Regelfall sind diese Anpassungsregelungen noch komplizierter und nicht selten inexakter als die ursprünglich als verbesserungsbedürftig erkannte Regelung. Dies ermöglicht neue Steuerausweichhandlungen über neue rechtliche Sachverhaltsgestaltungen bzw. Vertragsformen, die von den Steuerjuristen im öffentlichen Dienst nicht vorhergesehen wurden. Die Abwandlung von Leasingverträgen in Anpassung an die verschiedenen Leasingerlasse sind ein Musterbeispiel hierfür.

---

28 Vgl. dazu im einzelnen *Krahnen:* Sunk Costs, S. 191-204.

Bei der Handlungsfolge: Verpflichtungstatbestand in Form einer Steuerrechtsetzung – Anpassungshandlung zur Steuerausweichung durch die Steuerpflichtigen – Anpassungsregelungen an vermutete Steuerausweichhandlungen – Anpassungshandlung der Steuerpflichtigen an die Anpassungsregelung – Anpassungsregelung an die Anpassungshandlungen ... ist derjenige, der Angabepflichten regelt, im Nachteil, weil ein Wissensvorsprung (die „Vorhand"[29]) beim handelnden Unternehmer (Agent) liegt, dem ein Principal nicht das Erreichen seiner Ziele sichernde Regelungen vorgegeben hat.

Die Vorhand ist teilweise durch die grundsätzliche Unvorhersehbarkeit aller Handlungen anderer Menschen bedingt. Dieser Wissensvorsprung ist unvermeidbar, und in diesem Rahmen sind auch Steuerausweichhandlungen unvorhersehbar. Solche Steuerausweichhandlungen interessieren nicht, weil sie nicht vermieden werden können (allenfalls durch Gesinnungsterror: Jede Abweichung vom Bisherigen sei zu verwerfen, - aber das wäre ein zwingendes Indiz für eine nicht-freiheitliche Gesellschaftsordnung).

Viel häufiger sind im deutschen Steuerrecht jene nachträglich festgestellten Steuerausweichhandlungen, von denen lediglich später behauptet wird: Diese Steuervermeidungstatbestände seien unvorhersehbar gewesen. Solche durch eine sorgfältigere Gesetzgebung, Rechtsprechung, Verwaltungspraxis vermeidbaren Steuerausweichhandlungen beschäftigen die Wissenschaft der Unternehmensbesteuerung, weil sie im Interesse des Gemeinwohls vermieden werden sollten und könnten.

Ein Beispiel für vermutete Steuerausweichhandlungen, denen durch Gesetzgebung zumindest mit wenig Erfolg begegnet wurde, ist das vor seinem Erlaß lange erörterte Außensteuergesetz 1972[30]. Allerdings werden Steuerrechtsvorschriften nicht selten von den sie Verfassenden so lange als „bewährt" bezeichnet, bis eine Änderung beschlossen ist. Weitere Beispiele lassen sich in fast jedem Steueränderungsgesetz nachweisen.

Nur eines sei herausgegriffen: die Rechtsentwicklung des § 9 UStG, wobei hier offen bleiben mag, wie viel oder wenig Erfolg den einzelnen Gesetzesänderungen beizumessen ist. Der Vorsteuerabzug aufgrund eines Verzichts auf die Steuerbefreiung bei Vermietung und Verpachtung gemäß § 9 UStG ist ein wesentlicher Gesichtspunkt, auf den sich zahlreiche „Steuerersparnisinvestitionen" berufen (S. 322). Die erste Einschränkung des Vorsteuerabzugs hinsichtlich Vermietung und Verpachtung (§ 9 Satz 2 UStG in der Fassung vom 22.12.1981) wurde durch das Steuerbereinigungsgesetz 1985 noch einmal angepaßt und verkompliziert (§ 9 Abs. 2 UStG in der ab 1.1.1985 geltenden Fassung in Verbindung mit einem Nachgeben gegenüber bestimmten Interessentenwünschen gemäß § 27 Abs. 5 UStG 1985). Der wirtschaftliche Grund für die Steuerausweichkonstruktion der Bauherrenmodelle, soweit es den Vorsteuerabzug betrifft, ist leicht zu erkennen: Als Sünde wider die Systemhaftigkeit des Umsatzsteuerrechts hat der Gesetzgeber Vermietung und Verpachtung aus den umsatzsteuerpflichtigen Sachverhalten herausgenommen, Steuerbefreiung hier verordnet (§ 4 Ziffer 12 und 13 UStG).

---

29 *Wilhelm Roscher:* Die Grundlagen der Nationalökonomie. Stuttgart – Tübingen 1854, S. 362 f.
30 Vgl. dazu *Franz Wassermeyer:* Erfahrungen mit dem Außensteuergesetz von 1972. In: Staatsfinanzierung im Wandel, hrsg. von K.-H. Hansmeyer, Berlin 1983, S. 573-591.

Im System der Mehrwertsteuer hat der Vorsteuerabzug den Zweck, eine mehrfache Belastung mit Umsatzsteuer (also eine kumulierende Wirkung) zu vermeiden. Durch den Vorsteuerabzug bis zum letzten Unternehmer, der gegenüber einem Endverbraucher umsatzsteuerbefreit liefert und leistet, wird eine vollständige Umsatzsteuerbefreiung erreicht (wie sie beim Export aus Gründen der internationalen Wettbewerbsfähigkeit beabsichtigt ist). Durch einen Ausschluß des Vorsteuerabzugs beim Unternehmer, der gegenüber einem Endverbraucher liefert und leistet, wird nur eine teilweise Umsatzsteuerbefreiung beim umsatzsteuerlichen Unternehmer verwirklicht. Mit dem Rechtsinstitut des Verzichts auf Steuerbefreiung gemäß § 9 UStG sollen die Vorteile einer vollen Umsatzsteuerbefreiung hergestellt werden. Eine solche Regelung weckt den Wunsch, durch zusätzliche rechtliche Sachverhaltsgestaltungen den Verzicht auf Steuerbefreiung wirtschaftlich zu nutzen. Dies erfolgt in der Weise, daß der Wohnungen bauende Steuerpflichtige zwischen Hersteller und Wohnungsvermietung ein ihm gehörendes Rechtsinstitut einschaltet, das materiell ihm eine weitreichende finanzamtliche Rückerstattung gezahlter Umsatzsteuern zu verschaffen erlaubt. Das ist deshalb möglich, weil das Rechtsinstitut eine im Sinne des Umsatzsteuergesetzes „unternehmerische" Zwischenvermietung den Wohnungsbauenden ermöglicht (die in der Praxis gängige Bezeichnung „gewerbliche Zwischenvermietung" ist irreführend, denn Einkünfte aus Gewerbebetrieb sollen nach Möglichkeit bei dem zwischenzuschaltenden Rechtsinstitut vermieden werden).

Für die ökonomische Analyse entscheidet, daß die Gesetzesänderung in § 9 UStG an Symptomen kurieren. Wenn derjenige, der nachhaltig Einnahmen durch Lieferungen und Leistungen an Endverbraucher erzielen will, eine Steuer auf seine Umsätze zahlen soll, dann werden Steuerausweichhandlungen immer auftreten, sobald einzelne Lieferungen und Leistungen von dieser Steuerzahlungsverpflichtung befreit werden. Ökonomisch liegt die Steuervermeidung nicht darin, daß steuerpflichtige natürliche Personen Vertragskonstruktionen erfinden, in denen ihnen ein Vorsteuerabzug auch beim Bau von Wohnungen verbleibt; denn Unternehmer haben die gesellschaftliche Aufgabe, auf Märkten neue Produkte einschließlich neuer Verfügungsrechte (rechtlicher Sachverhaltsgestaltungen) durchzusetzen, um so zur „Verwertung von Wissen" beizutragen, über das in einer Gesellschaft nicht jedermann von vornherein verfügt.

Der ökonomische Fehler ist die Umsatzsteuerbefreiung für Vermietung und Verpachtung, d.h. der Verstoß gegen die Allgemeinheit der Umsatzsteuer. Wer bestimmte Mieter vor höheren Mieten bewahren will, wie sie bei einer Umsatzsteuerpflicht von Vermietung und Verpachtung aufträten, müßte die zu begünstigenden Mieter offen subventionieren, um Steuerausweichhandlungen über rechtliche Sachverhaltsgestaltungen (Vertragsgestaltungen) zu vermeiden.

Das Vorstehende erlaubt, als Ursache für erfolgsarme Regelungen gegen Steuervermeidung zu erkennen: Steuervermeidung wird in einer ökonomisch falschen Problemsicht dort vermutet, wo aufgrund von Steuerplanung Entscheidungsänderungen befürwortet werden. Steuerplanung des einzelnen Unternehmers stellt aber lediglich die in einer Wettbewerbswirtschaft vernünftige Anpassung an bereits bekannte Steuerwirkungen dar. Steuerplanung des einzelnen vermag nicht die Ursachen für eine Steuerausweichhandlung aufzudecken, namentlich nicht die Ursachen institutionenbildender Steuerausweichhandlungen; denn zu einer Ausbeutung steuerrechtlicher Regelungen durch neue rechtliche Sachverhaltsgestaltungen gehören immer zwei: ein Anbieter einer neuen Vertragsform und ein Nachfrager, die sich einigen müssen. Beide werden die neue institutionelle Regelung über einen Vertragsabschluß erst verwirklichen, wenn jeder einen Vorteil erkennt: also über ihre persönlichen Steuerplanungen hinausgreifende gemeinsame Vorteile in Preis- oder vertraglichen Risikogestaltungen bestehen.

Der deutschen Rechtspolitik und auch Rechtswissenschaft ist ein Verständnis von steuerlicher Gerechtigkeit eigen, das sich neben anderen durch zwei Merkmale beschreiben läßt:

a) Selbständig zu belastende Steuerpflichtige sind neben Einzelpersonen auch Institutionen, und zwar sowohl die Institution „Familie" als auch die Institution „Unternehmung", hier besonders in der Erscheinungsform des Gewerbebetriebs und der Körperschaft im Sinne des KStG.

b) Zivilrechtliche Gestaltungsfreiheit nimmt innerhalb der „Einheitlichkeit der Rechtsordnung" einen Vorrang ein.

Beide Merkmale der rechtspolitischen bzw. rechtswissenschaftlichen Sicht von Steuergerechtigkeit stehen einer Entscheidungsneutralität des Steuerrechts entgegen. Entscheidungsneutralität des Steuerrechts ist dabei im praktischen Sinne als Verminderung von Steuerausweichhandlungen zu verstehen. Minimierung von Steuerausweichhandlungen verlangt

(1) Gleichmäßigkeit der Besteuerung personenbezogen (nicht institutionenbezogen) zu verstehen, also eine unterschiedslose Besteuerung gleicher Markteinkommen der einzelnen Menschen zur Richtschnur zu nehmen (nicht zuletzt zu diesem Zweck werden Kapitalmarktsteuerkeile berechnet) und

(2) nicht die zivilrechtliche Sachverhaltsgestaltung zum Wesensmerkmal steuerlicher Gerechtigkeit erhebt.

Nach diesen schwergewichtig auf die Steuerrechtsanwendung und Steuerrechtsgestaltung bezogenen Problemen wenden wir uns nun der Steuerpolitik (Steuerrechtsgestaltung) im Rahmen einer Reform der Unternehmensbesteuerung zu.

b) Marktlenkung von Risikokapital gegen Innenfinanzierung aus Abschreibung oder mittels Cash-flow-Besteuerung

1. Marktlenkung von Risikokapital durch Beschränkung der Innenfinanzierung aus Anlagenabschreibungen

Wer mit Adam Smith, Karl Marx und den Modern Austrian Economics Wettbewerb als Rivalität unter Marktteilnehmern versteht[31], und im Wettbewerb eine Verwertung des ungleich verteilten Wissens sieht, das in einer Volkswirtschaft keiner in seiner Gesamtheit besitzt[32], für den gehört zu einer Wettbewerbsordnung, daß Marktlenkung insbesondere für das Risikokapital gewährleistet sein müsse[33]. Marktlenkung von Risikokapital betrifft die Allokation derjenigen Gelder für Investitionszwecke, die Gläubiger vor Verlustgefahren aus risikoreichen Investitionen schützen und als Verlustpuffer für „Festbetragsansprüche" (S. 48) dienen.

Marktlenkung von Risikokapital bedeutet an erster Stelle Beteiligungsfinanzierung statt Innenfinanzierung. Gebildet wird innenfinanziertes Risikokapital über Gewinnverwendungen und über Gewinnermittlungen (S. 57). Die Konsequenzen einer Forderung nach Marktlenkung von Risikokapital für die Gewinnverwendung sind bekannt: Handelsrechtlich werden schärfere Zugriffsrechte über erhöhte Mindestausschüttungen, Ausschüttungszwang bis hin zu einer über den Gewinn hinausgehenden Verpflichtung zur Ausschüttung hierfür im Schrifttum diskutiert (S. 656 f.). Obwohl ohne Änderungen der handelsrechtlichen Gewinnermittlung und Ergebnisverwendung Marktlenkung von Risikokapital kaum zu fördern ist, beschränkt sich das weitere auf die Wirkungen von Steuerrechtsänderungen auf eine Marktlenkung von Risikokapital.

Marktlenkung von Risikokapital verlangt nicht nur Beschränkung der Innenfinanzierung in Form zurückbehaltener Gewinne, also das Gegenteil einer vielfach in der Praxis beliebten These: zurückbehaltene Gewinne seien steuerlich gegenüber ausgeschütteten zu begünstigen. Marktlenkung von Risikokapital erfordert auch eine Prüfung, ob die Innenfinanzierung als Folge von Vorschriften zur steuer- und handelsrechtlichen Gewinnermittlung diesem ordnungspolitischen Ziel entspricht. Infrage zu stellen sind dabei nicht nur die Regelungen zur Verrechnung von Verlustvorwegnahmen in Form von Teilwertabschreibungen und Rückstellungsbildungen (S. 268 f.) sondern sogar die planmäßige Absetzung für Abnutzung:

Solange Einkünfte aus Kapitalvermögen steuerpflichtig bleiben, ist ein Investitionsentscheidungen nicht verzerrendes Abschreibungsverfahren rechtssicher nicht zu regeln; denn investitionsneutral wirkt allenfalls eine Abschreibungssumme in Höhe des Ertragswertes (und nur unter Vereinfachungen, S. 229 ff., 402 f.). Damit wäre eine Abkehr von den Anschaffungs- oder Herstellungskosten als Abschreibungsausgangsbetrag erzwungen. Vorschläge zur Streichung von Sonderabschreibungen[34] bleiben deshalb wie solche zur Streichung von Abschreibungsvergünstigungen vorwissenschaftliche Vorurteile. Wegen der

---

31 Vgl. näher *G.B. Richardson:* Adam Smith on competition and increasing returns. In: Essays on Adam Smith, ed. by A.S. Skinner, T. Wilson, Oxford 1975, S. 350-360; *John E. Elliott:* Continuity and change in the evolution of Marx's theory of alienation: from the *Manuscripts* through the *Grundrisse* to *Capital.* In: History of Political Economy, Vol. 11 (1979), S. 317-362; *Don Lavoie:* Rivalry and central planning. Cambridge. 1985, z.B. S. 22, 48.
32 Vgl. *F.A. Hayek:* The Use of Knowledge in Society. In: The American Economic Review, Vol. 35 (1945), S. 519-530, hier S. 524 f.
33 Vgl. *Ludwig Mises:* Neue Beiträge zum Problem der sozialistischen Wirtschaftsrechnung. In: Archiv für Sozialwissenschaft und Sozialpolitik, Bd. 51 (1924), S. 488-500, hier S. 493-495, gegen *Eduard Heimann:* Mehrwert und Gemeinwirtschaft. Berlin 1922; *Lavoie,* S. 164-178; *Alfred Schüller:* Eigentumsrechte, Unternehmenskontrollen und Wettbewerbsordnung. In: ORDO, Bd. 30 (1979), S. 325-346, hier S. 332.
34 Vgl. z.B. *Arbeitsgruppe Steuerreform:* Steuern der Neunziger Jahre. 21. Januar 1987. Stuttgart 1987, S. 18.

Häufung verfehlter Aussagen über Vergünstigungen in den Abschreibungsregelungen sei auf einige Fehlvorstellungen näher eingegangen:

(a) Eine lineare oder verbrauchsbedingte Abschreibung sei anzustreben, weil die degressive AfA schon eine Vergünstigung darstelle. In der öffentlichen Diskussion gelten häufig Sonderabschreibungen zusätzlich zu den Abschreibungsverfahren, die § 7 EStG regelt (und bei einzelnen Finanzwissenschaftlern sogar schon die degressive AfA) als Bewertungsvergünstigung[35]. Eine solche Behauptung ist unhaltbar, weil nur für wenige Sonderfälle von Zahlungsströmen bewiesen werden kann, daß die lineare AfA zu einer effektiven Grenzsteuerbelastung führt, die dem Grenzsteuersatz gleicht (S. 221 f.).

(b) In besonderem Maße anfechtbar sind auch hier wieder frühere Ausführungen des Sachverständigenrats zu Investitionszulagen und beschleunigten Abschreibungen gewesen: „Die einseitige Begünstigung der Investitionen löst Substitutionsvorgänge im Unternehmensbereich aus ... Nach Maßgabe der Kapitalintensität werden unteroptimale Faktorkombinationen im Produktionsprozeß und die Unternehmenskonzentration gefördert"[36]. Dem ist entgegenzuhalten:

(1) Es gibt kein rechtssicheres Abschreibungsverfahren, das zugleich wenigstens näherungsweise entscheidungneutral wirkt. Damit ist keine allgemeingültige Aussage möglich, welche steuerrechtlichen Abschreibungen und ob Investitionszulagen „Begünstigungen" darstellen.

(2) Unverständlich bleibt, wieso nach „Maßgabe der Kapitalintensität ... unteroptimale Faktorkombinationen ... gefördert werden". Wird die Besteuerung in der Investitionsrechnung berücksichtigt, so ist kein Anlaß gegeben, einzelwirtschaftlich von „unteroptimalen Faktorenkombinationen" zu reden. Gesamtwirtschaftlich läßt sich „optimal" (und damit „unteroptimal") nicht explizieren, weil keine widerspruchsfreien sozialen Wohlfahrtsfunktionen aufgestellt werden können, die mit einer Wettbewerbsordnung verträglich wären.

(3) Es trifft auch nicht zu, daß durch beschleunigte Abschreibungen ältere kapitalintensive Industrien gegenüber arbeitsintensiven Produktionsverfahren (z.B. in einem innovativen Dienstleistungsbereich) begünstigt werden. Wenn die Besteuerung von kapitalintensiven und arbeitsintensiven Produktionsverfahren verglichen werden soll, dann muß vor Steuern ihre ökonomische Gleichwertigkeit angenommen werden. Einen gleichen Einnahmenstrom vorausgesetzt, bringt das kapitalintensive Verfahren hohe Anschaffungsausgaben und niedrigere Folgeausgaben im Zeitablauf, während das arbeitsintensive durch im Zeitablauf gleichmäßigere, aber höhere Ausgaben gekennzeichnet ist.

Durch die Einbeziehung der Gewinnsteuern ändern sich die Zahlungsströme so: Beim arbeitsintensiven Verfahren entsteht steuerlicher Aufwand im Zeitpunkt der Ausgabe

---

35 Vgl. *Wissenschaftlicher Beirat bei Bundesministerium der Finanzen:* Gutachten zur Reform der direkten Steuern (Einkommensteuer, Körperschaftsteuer, Vermögensteuer und Erbschaftsteuer) in der Bundesrepublik Deutschland. BMF-Schriftenreihe, Heft 9, Bonn 1967, S. 20 f.; *Arbeitsgruppe Steuerreform,* S. 17 f.; *W. Leibfritz, R. Parsche:* Steuerbelastung der Werkzeugmaschinen-Industrie im internationalen Vergleich. In: ifo-Schnelldienst 9/88, S. 9-16, hier S. 9.

36 *Sachverständigenrat:* Jahresgutachten 1986/87, Ziffer 282.

und soweit für unmittelbare Versorgungszusagen über Pensionsrückstellungen vorgesorgt wird, wird Aufwand vor dem Zeitpunkt der Ausgabe verrechnet. Die Steuerzahlungen mindern sich gleichzeitig mit den oder teilweise vor den Faktorausgaben. Bei höherem Kapitaleinsatz ist außer bei Sofortabschreibung der steuerliche Aufwand hingegen zeitlich nach der Anschaffungsausgabe zu verrechnen. Wieso aus diesem Sachverhalt tendenziell früherer Steuerzahlungen bei kapitalintensiven Produktionsverfahren eine Benachteiligung arbeitsintensiver Verfahren folgen soll, bleibt unbegründet

(c) Die Kommission zur Verbesserung der steuerlichen Bedingungen für Investitionen und Arbeitsplätze rechtfertigt ihren (im Bundesfinanzministerium als Entwurf aufgegriffenen) Vorschlag, eine Senkung der Spitzensteuersätze von 53% (ESt) bzw. 50% (KSt) auf 46% über eine Minderung des Höchstsatzes der degressiven AfA von 30% auf 25% und der Sonderabschreibungen für Klein- und Mittelbetriebe (§ 7g EStG, nicht jedoch Kürzung der Sonderabschreibungen für das ehemalige Zonenrandgebiet bis 1994) zu finanzieren, überaus befremdlich: „Die Einschränkung berührt nicht die Verrechnung sachnotwendiger Abschreibungen, weil diese über den Rahmen der planmäßigen Abschreibungen hinaus als Teilwertabschreibungen jederzeit zulässig sind"[37]. Die merkwürdige Vorstellung, sachnotwendige Abschreibungen im Zusammenhang mit der Vorwegnahme drohender Verluste oder entgehender Gewinne durch den Teilwert zu bringen, wird in der folgenden Randziffer deutlicher: „Als Maßstab", wann Abschreibungen eine Vergünstigung darstellen, „wäre nur die zeitliche Entwicklung des tatsächlichen, individuellen Marktwertes einer abnutzbaren Anlage geeignet, die von mannigfaltigen Einflüssen abhängt ... Entsprechend uneinheitlich verläuft die Wertentwicklung abnutzbarer Anlagen, so daß vom Gesetzgeber eine Vielzahl planmäßiger Abschreibungsmethoden bereitgestellt werden muß". Diese Schlußfolgerung legt steuerrechtlich die Gewährung von Abschreibungsfreiheiten nahe und widerspricht der geforderten Kürzung des Höchstbetrags der degressiven AfA. Doch das braucht nicht weiter zu berühren, weil sich die Marktpreise gebrauchter Anlagen nicht auf Märkten im Konkurrenzgleichgewicht bilden. Deshalb kann die Marktpreisentwicklung nicht für die planmäßige („sachnotwendige") Abschreibung den Bezugspunkt bilden, sondern allenfalls für eine Teilwertabschreibung. Jedoch ist eine Bewertung zum niedrigeren Teilwert weder mit Investitionsneutralität noch mit Gleichmäßigkeit der Besteuerung vereinbar.

Freilich noch fragwürdiger ist die Aussage: „Aus betriebswirtschaftlicher Sicht führen hohe Abschreibungssätze zu einer Förderung von Neuinvestitionen". Aus betriebswirtschaftlicher Sicht gilt dieser Satz ohne Zusatzannahmen gerade nicht: Hohe Abschreibungssätze erhöhen zunächst nur den Aufwand, und wenn es an Umsatzeinnahmen für das Verdienen von Abschreibungen fehlt, existiert keine Innenfinanzierung über Abschreibungen. Ob Neuinvestitionen bei vorhandenen Mitteln aus einer Innenfinanzierung über Abschreibungen gefördert werden, hängt von Rendite und Risiko der Neuinvestitionen ab; finanzielle Abschreibungsgegenwerte können schließlich auch zur Schul-

---

37 Vgl. *Kommission zur Verbesserung der steuerlichen Bedingungen für Investitionen und Arbeitsplätze*, Randziffer 534, das folgende Randziffern 535, 538.

dentilgung oder Liquiditätsaufstockung benutzt werden bzw. dazu, ein unverändertes Investitionsvolumen mit weniger Außenfinanzierung durchzuführen.

Angesichts der Hoffnungslosigkeit, rechtssicher ein entscheidungsneutrales Abschreibungsverfahren zu finden, läßt sich eine Abschreibungsvereinheitlichung nur als Vereinfachungsmaßnahme rechtfertigen. Eine solche Vereinfachung könnte darin bestehen,
- daß der Höchstbetrag für geringwertige Wirtschaftsgüter des Anlagevermögens, der seit Anfang 1965 unverändert bei 800 DM liegt, mindestens der Kaufkraftentwicklung angepaßt und auf rund 2.000 DM angehoben wird. Dabei wäre gleichzeitig der Mindestbetrag der nicht in ein Anlagenverzeichnis aufzunehmenden geringstwertigen Wirtschaftsgüter von bisher 100 DM (nach Abschnitt 31 Abs. 3 EStR) auf etwa 300 DM aufzustocken.
- Die Vielfalt steuerrechtlich zulässiger Abschreibungsverfahren könnte dann, aber auch nur dann, zur linearen AfA vereinfacht werden, falls zugleich Investitionszulagen als Abzüge von der Steuerschuld gewährt würden.

Da eine investitionsneutrale Anlagenabschreibung rechtssicher nicht geregelt werden kann, wäre zu erwägen, Investitionszulagen zu gewähren und auf Abschreibungsverfahren zu verzichten, sondern den Aufwand erst bei Ausscheiden aus dem Betriebsvermögen zu verbuchen. Jede Aufwandsverrechnung bezweckt, laufende Ausgaben und die Anfangsausstattung (Einlage) des Kapitals von der Besteuerung fernzuhalten, damit aus einer Einkommensbesteuerung keine Besteuerung des Vermögensbestandes (Vermögensabgabe) wird. Diese Aufgabe kann bei Anlagen als sinngleich der Finanzierungsfunktion für eine Ersatzbeschaffung angesehen werden.

Steuerrechtlich ist für das Sichern einer Finanzierung der Ersatzbeschaffung sogar bei steigenden Preisen ein Abschreibungsverfahren überflüssig, wenn bei einem gleichbleibenden Steuersatz ein sofortiger Verlustausgleich gegeben ist und im Zeitpunkt der Ersatzbeschaffung die Ausgaben für die Ersatzbeschaffung als Aufwand verrechnet werden dürfen[38]. Demgegenüber würde Sofortabschreibung mit sofortigem Verlustausgleich bedeuten, daß die Anfangsausstattung steuersatzabhängig subventioniert würde mit der Folge eines Vermeidens von Steuerzahlungen durch Investitionsausgaben.

Eine Verrechnung der Wiederbeschaffungsausgaben als Aufwand im Ersatzzeitpunkt ist dann nicht nötig, wenn Einnahmenüberschüsse in Sach-, Immaterial- oder Finanzanlagen der Unternehmung zinsbringend angelegt werden können und durch die Wiederanlagerendite die Steigerung der Ersatzbeschaffungsausgabe im Ersatzzeitpunkt angehäuft wird. Bei konstanten Preisen wäre damit ein Abschreibungsverfahren geboten, das mit nomineller Kapitalerhaltung verträglich ist und hierbei soviel an Aufwand zu verrechnen erlaubt, daß bei Beendigung der Unternehmung eine Rückzahlung der Einlage bzw. bei ihrem Weiterbestehen eine Finanzierung der Ersatzbeschaffung abnutzbarer Anlagen sichergestellt ist.

Selbst wenn ein sofortiger Verlustausgleich fehlt, verrechnet in einer Welt mit innerbetrieblicher Wiederanlage die Verteilung von Anschaffungsausgaben über die Nutzungs-

---

38 Vgl. *Schneider:* Steuerbilanzen, S. 56 f., 88-95.

dauer zu viel als Aufwand, solange die Preise konstant bleiben. Bei positivem Wiederanlagezins genügt als Abschreibungsausgangsbetrag der Barwert der Anschaffungs- = Ersatzbeschaffungsausgaben. Bei jährlichen Preissteigerungen über der Wiederanlagerendite reicht die Verteilung von Anschaffungsausgaben über die Nutzungsdauer nicht aus, um eine Ersatzbeschaffung zu finanzieren.

Die hier skizzierte steuerrechtliche Gewinnermittlung versucht, den Ermessensspielraum des Fiskus bei der Normierung von Abschreibungsverfahren und den der Praxis beim Ausnutzen von Wahlrechten hinsichtlich der Anlagenabschreibung zu begrenzen, aber die Ersatzbeschaffungsfunktion der Aufwandsverrechnung zu wahren. Diese steuerrechtliche Gewinnermittlung wäre eine Erweiterung einer Einnahmenüberschußrechnung mit Festwertrechnung bzw. Erhaltung des mengenmäßigen Anfangsinventars als Vermögensstamm. Der naheliegende Einwand, damit würden die Schwierigkeiten nur auf die Abgrenzung von Ersatzbeschaffung (Erhaltung des mengenmäßigen Anfangsinventars) gegen Kapazitätserweiterung (Wachstum) verlagert, sticht aus drei Gründen nicht:

a) Nur bei Sofortabschreibung sämtlicher Sach-, Immaterial- und Finanzinvestitionen außer dem Halten von Geld verschwindet dieses Abgrenzungsproblem, weil nur noch Konsum und das Horten von Zahlungsmitteln Steuerzahlungen herbeiführen. Probleme der Rechtsverwirklichung einer Besteuerung ausschließlich der Einkommensverwendung durch Nichtinvestition sind aber zu trennen von der Besteuerung der Einkommenserzielung, weil unter Wettbewerb für Steuerwirkungen die Frage ausschlaggebend wird, wer eine Steuer zu zahlen hat: Unternehmungen als Investoren oder Konsumenten; denn der Steuerzahler ist immer derjenige, den eine Steuer belastet, zumindest bis zum Beweis einer nicht den Gewinn mindernden Überwälzung.

b) Jeder Nachweis einer kapazitätserweiternden Finanzierung aus Abschreibungen unterstellt, daß Kapazitäts- ("Substanz"-) erhaltung und -erweiterung eindeutig trennbar sind. Die Suche nach einem Abschreibungsverfahren, das eine kapazitätserweiternde Innenfinanzierung vermeidet, geht von derselben Modellannahme aus, Kapazitätserhaltung und -erweiterung seien trennbar.

c) Wie praktisch das Abgrenzungsproblem zwischen Wachstum und Kapazitätserhaltung gelöst wird, ist ein nachgelagertes Anwendungsproblem, das nicht mit der konzeptionellen Frage vermengt werden darf, welches Abschreibungsverfahren durch eine Norm Marktlenkung von Risikokapital bedingt wird.

Die Antwort auf dieses konzeptionelle Problem lautet: Wachstum ist in einer Wettbewerbsordnung über marktgelenktes Risikokapital zu finanzieren, nicht über Abschreibungen, aus deren Finanzierungseffekt Kapazitätserweiterungen folgen. Deshalb sind Abschreibungen so zu regeln, daß jeder Kapazitätserweiterungseffekt unterbleibt[39], jedoch die Finanzierung einer Ersatzbeschaffung gewahrt ist.

---

39 Darauf verweist auch *Christian Seidl:* Krise oder Reform des Steuerstaates? In: StuW, Jg. 64 (1987), S. 185-214, hier S. 210.

Die Abschreibungsverrechnung auf einen Nicht-Kapazitätserweiterungseffekt zu beschränken, steht und fällt allerdings mit dem sofortigen Verlustausgleich. Auf Finanzmärkten (also handelsrechtlich) bedeutet sofortiger Verlustausgleich den Verzicht auf beschränkte Haftung und damit auf eine Handelbarkeit von Anteilsrechten mittels Inhaberpapieren. Eine Marktlenkung von Risikokapital schließt für Anteilseigner ein Gebot eines sofortigen Verlustausgleichs aus. Das hat zur Folge:

Während im Hinblick auf die Besteuerung Innenfinanzierung durch Anlagenabschreibungen, Rückstellungen usw. beseitigt werden könnte, muß handelsrechtlich zumindest bei beschränkter Haftung schon für einen drohenden Verlust eine Ausschüttungssperre greifen. Zur Erhaltung einer Haftungsmasse in Höhe der Einlagen ist jedoch keine Aufwandsverrechnung für eine Vorwegnahme drohender Verluste und keine Periodisierung einmaliger Ausgaben für mehrjährige Kapazitäten nötig, sondern es reichen offen auszuweisende Zwangsrücklagen aus.

Um einerseits über einen steuerlichen sofortigen Verlustausgleich die Risikobereitschaft zu Investitionen zu erhöhen, andererseits die Handelbarkeit von Risikokapitalanteilen mit Beschränkung der Haftung auf den gezeichneten Betrag zu gewährleisten, sind steuerrechtliche und handelsrechtliche Gewinnermittlung streng zu trennen.

Tritt ein sofortiger Verlustausgleich an die Stelle des derzeitigen Steuerrechts mit AfA, Teilwertabschreibungen und Rückstellungsbildung, so steigt zunächst der steuerpflichtige Gewinn erheblich, mit der Folge, daß bei unveränderten Steuersätzen weit höhere Steuerzahlungen zu leisten wären. Damit diese Steuerzahlungen nicht die Risikokapitalbildung mindern, wäre neben dem Streichen von auch im Verlustfall zu zahlenden Steuern kompensierende Senkungen der Gewinnsteuersätze erforderlich.

Gegenüber solchen Überlegungen zur Einschränkung der Innenfinanzierung über Anlagenabschreibungen gehen Überlegungen zu einer Reform der Unternehmensbesteuerung aus der Unternehmenspraxis von einer Verstärkung steuerbedingter Innenfinanzierung aus. Entgegengesetzt zu früheren Aussagen (Fn. 35) verbeugt sich vor dieser Sicht inzwischen auch der Wissenschaftliche Beirat beim Bundesministerium der Finanzen: Sofortabschreibung „böte im Prinzip eine vollständige Entlastung der Anlageinvestitionen"[40] und übersieht schlicht, daß nach einer Sofortabschreibung alle künftigen Einnahmenüberschüsse bzw. Gewinne (vermehrt um die vorweggenommene Abschreibung) voll versteuert werden müssen.

2. Das Ausmaß innenfinanzierter Investitionen bei einer Cash-flow-Besteuerung

Die Bezeichnung „Cash-flow"-Besteuerung bzw. Einnahmenüberschußrechnung mit „Sofortabschreibung" bei Steuerfreiheit von Zinsen schafft hinsichtlich der Begriffe „Cash-flow" und „Sofortabschreibung" Mißverständnismöglichkeiten. Da angelsächsische Finanztheoretiker ebenso nachlässig in der Begriffsbildung (d.h. im Bedeutungsin-

---

40 *Wissenschaftlicher Beirat beim Bundesministerium der Finanzen:* Gutachten zur Reform der Unternehmensbesteuerung. BMF Schriftenreihe, Heft 43, Bonn 1990, Textziffer 46; kritisch dazu S. 407.

halt) für die benutzten Symbole sind wie sorgfältig in deren mathematischer Handhabung, müssen beide Begriffe erklärt werden, um die Pferdefüße dieses Steuerrechtssystems zu erkennen:

a) Cash-flow ist hier ein Zahlungssaldo. Nicht gemeint ist das, was in Bilanzanalysen auch als Cash-flow bezeichnet wird: Teil einer Kapitalflußrechnung, die auf Änderungen in aufeinanderfolgenden Bilanzen und Gewinn- und Verlustrechnungen aufbaut.

b) Was Zahlungen sind, ist nicht eindeutig, weil unterschiedliche Geldbegriffe benutzt werden können. Als Übereinkunft empfiehlt sich, als Zahlungen nur Änderungen von Zentralbankguthaben und in der Geldmenge M_1 während eines Abrechnungszeitraums anzusehen. Die Geldmenge M_1 besteht aus Bargeld und Sichteinlagen bei Kreditinstituten sowie Postscheckguthaben[41].

c) Nicht alle Ausgaben im Sinne einer Abnahme der Geldmenge M_1 bei einer Unternehmung während einer Abrechnungsperiode dürfen in den zu besteuernden Cash-flow eingehen:

(1) Lebenshaltungsausgaben des Unternehmers bzw. allgemeiner: Entnahmen der Gewinnempfänger sind dem Cash-flow zuzuzählen; denn solche Entnahmen während einer Abrechnungsperiode stellen eine Vorwegnahme der Gewinn- bzw. Einkommensverwendung dar.

(2) Zahlungen an Geldgeber in Finanzmärkten sind nicht vom steuerpflichtigen Cash-flow abzuziehen (S. 216). Verlangt wird ein steuersatzunabhängiger Kalkulationszinsfuß. In einem solchen Modell bleiben auch Zahlungen von Geldgebern in Finanzmärkten, also z.B. Einlagen (einschließlich der stillen Beteiligung des Fiskus über einen sofortigen Verlustausgleich) außerhalb des Steuerpflicht auslösenden Cash-flows. In diesem Modell beschränkt sich die steuerliche Rechnungslegung auf einen „realwirtschaftlichen Zahlungsstrom", in dem Zahlungen für die Finanzierung: für Schulden wie Beteiligungskapital, nicht berücksichtigt sind. Wie hierbei die Bedingung eines steuersatzunabhängigen Kalkulationszinsfußes, eingehalten werden kann, wird im 3. Unterabschnitt erörtert.

(3) Ausgaben für Finanzinvestitionen durch eine Unternehmung und Einnahmen hieraus werden vom Schrifttum teilweise aus der Berechnung des zu versteuernden Cash-flows herausgenommen[42]. Ein solches Vorgehen erzwänge ein Nebeneinander zweier Buchhaltungen, einer für steuerpflichtige und einer für steuerfreie Investitionszahlungen. Praktisch ergäben sich zahlreiche Abgrenzungsprobleme, z.B.: Bewirkt eine 51% Beteiligung an einem Lieferanten steuerpflichtige oder steuerfreie Zahlungen? Derartige Abgrenzungsfragen öffnen regelmäßig Chancen zu einer Arbitrage gegen das Steuerrecht. Um solchen vermeidbaren Einwänden gegen eine Cash-flow-Besteuerung zu begegnen, werden hier alle Zahlungen aus Investitionen einer Unternehmung in den zu versteuernden Cash-flow einbezogen.

d) Die Minderung des steuerpflichtigen Betrags in Höhe der Anfangsinvestitionsausgabe als „Sofortabschreibung" zu bezeichnen, ist zumindest bilanzrechtlich nicht korrekt.

---

41 Vgl. *Monatsberichte der Deutschen Bundesbank,* Jg. 39 (1987), Nr. 12, Statistischer Teil, S. 2f.
42 Vgl. *Meade,* S. 232.

Nach geltendem Bilanzrecht wird ein Wirtschaftsgut als Gegenstand des abnutzbaren Anlagevermögens aktiviert im Zeitpunkt der Inbetriebnahme. Sofortabschreibung bedeutet Aufwandsverrechnung des aktivierten Betrages im Zeitpunkt der Inbetriebnahme. Die Inbetriebnahme kann aber um Jahre vor oder nach der ersten Teilzahlung für eine Investition liegen. Die „Sofortabschreibung" im Modell der Cash-flow-Besteuerung betrifft die gewinnmindernde Verrechnung von Ausgabensalden in einzelnen Zahlungszeitpunkten und nicht die Ausbuchung der gemäß Bilanzrecht zu aktivierenden „Anschaffungs- oder Herstellungskosten" im Zeitpunkt der Inbetriebnahme.

Der Pfad betriebswirtschaftlicher Tugend folgt den Zahlungsströmen. Deshalb entscheiden über die Vorteilhaftigkeit einer Investition die Höhe der Zahlungen in den einzelnen Zahlungszeitpunkten und nicht irgendein Zeitpunkt der Inbetriebnahme oder des rechtlichen bzw. wirtschaftlichen Eigentumsübergangs. Die Bezeichnung „Sofortabschreibung" trifft also nur dann zu, wenn die etwas seltsame Annahme getroffen wird, daß trotz der steuerrechtlichen Bemessungsgrundlage „Einnahmenüberschußrechnung" ein Vermögensvergleich (Bilanzierung) erfolgt. Zusätzlich muß der Zeitpunkt der Anfangsinvestitionsausgabe mit dem Zeitpunkt der Inbetriebnahme bzw. des Eigentumsübergangs übereinstimmen. „Sofortabschreibung" ersetzt in diesem Modell jegliche Periodisierung: Deshalb müßten auch Ansparungen zu Pensionsrückstellungen und anderen Rentenverpflichtungen entfallen. In Höhe des Betrages konstanter Grenzsteuersatz mal „Sofortabschreibung" zu einem Zahlungszeitpunkt findet in diesem Modell eine investitionsneutrale Innenfinanzierung statt.

e) Sobald irgendein Investitionsvorhaben in seinen „realwirtschaftlichen" Zahlungsströmen abgebildet und damit in das Modell ausdrücklich aufgenommen wird, ist es „sofort abzuschreiben". „Sofortabschreibung" muß nicht nur für abnutzbare Anlagen, sondern auch für nicht bebaute Grundstücke, Finanzanlagen, Vorräte und Forderungen erfolgen, sobald diese als Investitionsvorhaben angesehen werden. Schließlich gibt es keinen ökonomischen Grund, der außer durch den Verlauf der Zahlungsströme abschreibungsfähige „abnutzbare" von nicht abschreibungsfähigen „nicht abnutzbaren" Wirtschaftsgütern = Investitionsvorhaben zu trennen erlaubt. Investitionsneutralität läßt sich nur für Investitions bzw. Finanzierungsvorhaben, abgebildet in Zahlungsströmen, definieren[43]. Anders ausgedrückt: „Sofortabschreibung" ist für alle Wirtschaftsgüter geboten, die nicht zur Geldmenge M_1 zählen.

Da „Sofortabschreibung" jene Korrektur bildet, die Investitionsneutralität bei einer Besteuerung von Einnahmenüberschüssen wahrt, werden die Erträge einer Investition, also auch Zins- und Tilgungseinnahmen aus Finanzanlagen, steuerpflichtig. Dies bedeutet, daß auch eine explizit in einen Finanzplan aufgenommene Wiederanlage, z.B. der Steuererstattung aufgrund der Sofortabschreibung, sich nur mit $(1-s)i$ verzinst. Dieser Sachverhalt kann erhebliche Verständnisschwierigkeiten schaffen, denn

---

[43] Insoweit erscheint die Beschränkung auf „realwirtschaftliche" Zahlungsströme bei *Meade*, S. 230 f.; *Kay-King*, S. 177 f.; *Sinn:* Kapitaleinkommensbesteuerung, S. 125-128, unvollständig und in ihren ökonomischen Folgen nicht durchdacht.

- einerseits wurde der Kalkulationszinsfuß als steuersatzunabhängig eingeführt und damit anscheinend behauptet, Erträge aus Finanzanlagen seien „steuerfrei",
- andererseits wird jetzt verkündet: Finanzanlagen unterliegen wie alle anderen Investitionen der Sofortabschreibung und ihre Einnahmenüberschüsse sind steuerpflichtig, sobald sie in einen Finanzplan aufgenommen werden und damit in die steuerrechtliche Einnahmenüberschußrechnung einzubeziehen sind, weil im Modell Plan = Ist gilt.

Die Verständnisschwierigkeiten lösen sich, wenn man zwischen der ökonomischen Wirkung (Nettoverzinsung zu i, also steuersatzunabhängiger Kalkulationszinsfuß) und der steuerrechtlichen Handhabung unterscheidet, die, abgebildet in einem vollständigen Finanzplan, diese ökonomische Wirkung erzeugt:

(1) Für jede Investition, deren Rendite im „exogen vorgegebenen" Kalkulationszinsfuß abgebildet wird, gilt: Deren Einnahmenüberschüsse sind beim Empfänger im Ergebnis steuerfrei. Ein Kapitalmarktsteuerkeil darf für den Marktpreis einperiodiger Geldüberlassung im Konkurrenzgleichgewicht nicht existieren.

(2) Wird irgendeine Investition: Maschinen, unbebaute Grundstücke, Beteiligungen, Darlehen, ausdrücklich in ihren Zahlungsströmen wie in einem Finanzplan abgebildet, gehen ihre Zahlungen in den steuerpflichtigen Cash-flow ein. Dies bedeutet: Die Investitionsausgabe führt zu einem steuerlichen Aufwand in gleicher Höhe. Die so ersparte Steuerzahlung (der Zuschuß des Fiskus) ist sofort wieder anzulegen. Dabei wird angenommen, die Investition der ersparten Steuerzahlung sei nur zum Konkurrenzgleichgewichtspreis für die einperiodige Geldüberlassung i möglich. Sobald die Zahlungsströme einer solchen Investition versteuert werden, sinkt ihre Rendite nach Steuern, aber vor Berücksichtigung der Sofortabschreibung, auf $(1-s)i$. Diese versteuerte Rendite ist auch von der Wiederanlage der Steuererstattungen wegen einer Sofortabschreibung zu erzielen. 1.000 DM Anfangsinvestitionsausgabe lösen bei 50% Grenzsteuersatz 500 DM Einzahlung des Fiskus als anteiligem Verlustausgleich aus. Werden die 500 DM eine logische Sekunde später investiert, erzielen sie wiederum $(1-s)i$ und verursachen erneut einen anteiligen Verlustausgleich von diesmal 250 DM. Werden diese 250 DM eine logische Sekunde später investiert, erzielen sie $(1-s)i$ und bewirken diesmal einen anteiligen Verlustausgleich von 125 DM usw. Als Summe dieser unendlichen geometrischen Reihe errechnen sich die ersparten Steuerzahlungen bzw. Steuererstattungen der gedanklich in einem Zeitpunkt zusammengerafften Sofortabschreibungen mit Reinvestition auf den Betrag $sI : (1-s)$, d.h. bei $s = 50\%$ auf den Betrag der Anfangsinvestitionsausgabe, bei $s = 90\%$ auf das Neunfache.

Die Rendite dieser Wiederanlagen gleicht $(1-s)i$ für den Betrag $sI : (1-s)$. Aus

$$(1-s)\,i\,\frac{sI}{1-s} \qquad (11)$$

folgt eine vesteuerte Einnahme von isI bzw. eine versteuerte Rendite von is. Versteuerte Rendite der Investition vor Sofortabschreibung $(1-s)i$ und versteuerte Rendite aus sämtlichen sofort reinvestierten Steuererstattungen is addieren sich zu: $(1-s)i + is = i$.

Damit löst sich der „Widerspruch" auf zwischen der Annahme steuerfreier Zinseinnahmen einerseits und der steuerrechtlichen Sofortabschreibung auf sämtliche Investitionen, einschließlich Finanzanlagen mit steuerpflichtigen Zinseinnahmen, andererseits.

Die unendliche Reihe von Wiederanlagen aus Steuererstattungen aufgrund der steuerrechtlichen Sofortabschreibung beweist zugleich, daß bei einer Cash-flow-Besteuerung Investitionsneutralität hinsichtlich des Investitionsumfangs nicht gewahrt wird: Damit die Rendite nach Steuern des Anfangsinvestitionsbetrags dessen Rendite vor Steuern gleicht, muß zusätzlich zur Anfangsinvestitionsausgabe I nach deren Verwirklichung mit anschließender Sofortabschreibung die Steuererstattung (Steuerersparnis) auf die Sofortabschreibung reinvestiert werden, und die Reinvestition von Steuererstattungen wiederholt sich in einer unendlichen geometrischen Reihe. Damit beträgt der Investitionsumfang U insgesamt

$$U = I + \frac{sI}{1-s} = \frac{I}{1-s}, \qquad (12)$$

also bei s = 50% das Doppelte der Anfangsinvestitionsausgabe I, bei s = 90% das Zehnfache. Eine Cash-flow-Besteuerung gewährleistet somit dann die Gleichgewichtsbedingung für den Investitionsumfang $r = r_s = i = i_s$, wenn eine zum Versteuerungsfaktor (1-s) umgekehrt proportionale Ausweitung des Investitionsumfangs stattfindet: Werden ohne Steuern 3 Hochhäuser und 4 Tanker investiert, so sind es bei 50% Steuersatz 6 Hochhäuser und 8 Tanker oder eine den gleichen Investitionsumfang bewirkende Mischung; beim Steuersatz 90% 30 Hochhäuser und 40 Tanker usw. Cash-flow-Besteuerung führt also einen steuerbedingten Kapazitätseffekt der Investitionen auf das 1:(1-s)fache herbei, wenn $r=r_s=i=i_s$ gelten soll! Selbst wenn wegen des zusätzlichen Investitionsbedarfs der Konkurrenzgleichgewichtszinssatz i steigt, ist nicht einzusehen, warum sich bei alternativ höheren Grenzsteuersätzen gleichzeitig die sich mindestens zum Konkurrenzgleichgewichtszins rentierenden Investitionsvorhaben in Relation zum Versteuerungsfaktor (1-s) vermehren sollten.

Länder, die zeitweise Sofortabschreibung oder eine fast-Sofortabschreibung (beschleunigte Abschreibungen) einführten, haben die Erfahrung gemacht, daß im Konjunkturablauf die Investitionen zyklisch stark schwankten[44]. Die steuerbedingte Ausweitung des Investitionsumfangs als Folge einer Sofortabschreibung wurde dabei allerdings durch die steuerliche Abzugsfähigkeit von Fremdkapitalzinsen verstärkt.

Warum die Ausweitung der Investitionen auf das 1:(1-s)-fache als elementarer Verstoß gegen Investitionsumfangs-Neutralität von den Anhängern einer Cash-flow-Besteuerung nicht erkannt wurde, ist schwer einsichtig. Vermutlich hat ein sturer Glaube an die Unfehlbarkeit des Gleichgewichtsdenkens die Autoren so stark geblendet, daß sie die Folgen aus der Gleichgewichtsbedingung für das tatsächliche Investitionsvolumen übersahen.

---

44 Schweden, 1938-1951, Großbritannien 1972-84, vgl. zu Schweden *Nils Västhagen:* Das Experiment der Abschreibungsfreiheit in Schweden. Wiesbaden 1961.

Gegen den Kapazitätseffekt für Investitionen als Folge einer Cash-flow-Besteuerung ist eingewandt worden, daß „Grenzinvestitionen nicht beliebig verfügbar sind. Auf dem vollkommenen Kapitalmarkt schöpfen die Unternehmen bereits vor der Besteuerung alle rentablen Investitionen aus, so daß ihnen nichts anderes übrig bleibt, als die zusätzlichen Mittel am Kapitalmarkt anzulegen"[45]. Der Einwand sticht nicht: Sofortabschreibung wird hier wegen c) (3) auf Sach- und Finanzanlagen bezogen. Wegen der Steuererstattung steht den Unternehmungen gegenüber dem Fall ohne Besteuerung zusätzliche Liquidität zur Verfügung. Sind Grenzinvestitionen in Sachanlagen nicht beliebig verfügbar, kann für die Volkswirtschaft als Ganzes dann auch nicht der Konkurrenzgleichgewichtspreis für die einperiodige Geldüberlassung unverändert bleiben. Ändert sich dieser wegen des aus der Steuererstattung stammenden Anlagebedarfs, beeinflußt dies zwar der Kapazitätseffekt für Sach- und Finanzinvestitionen, aber zugleich wird nicht mehr eine Grenzrendite in Höhe des Vor-Steuer-Marktzinssatzes erreicht. Dann verletzt eine Cash-flow-Steuer ebenfalls den Vor-Steuer-Investitionsumfang.

3. Steuersatzunabhängiger Kalkulationszinsfuß und steuerbedingter Renditenhebel

Der steuersatzunabhängige Kalkulationszinsfuß wurde bisher dahin erläutert, daß ein Kapitalmarktsteuerkeil nicht auftreten darf, also die Geldgeber Erträge als Folge von Finanzierungsverträgen über Schuldtitel oder Beteiligungen steuerfrei empfangen. Vier Einwände sprechen gegen die Realisierbarkeit dieser Bedingung:

a) Selbst wenn Zins- und Dividendeneinnahmen sowie andere geldwerte Vorteile aus Finanzinvestitionen als steuerfrei aus einer steuerlichen Cash-flow-Rechnungslegung herausgenommen werden, so dürfen Erträge aus Finanzanlagen bei einem Steuerpflichtigen nur insoweit steuerfrei sein, als die Rendite der Finanzanlagen dem Konkurrenzgleichgewichtspreis für die einjährige Geldüberlassung entspricht (das Meade-Committee berücksichtigt dies insoweit als es mit einer Steuerfreiheit von Zinsen, wie sie Staatsanleihen erbringen, argumentiert). Da Konkurrenzgleichgewichtspreise nicht beobachtet werden können, stellt sich die Frage: Welche Zins- und Gewinnanteilszahlungen sind steuerfrei zu halten und welche nicht? Würde jede beliebige Zins- oder Dividendenhöhe steuerfrei gestellt, ließe sich jede Steuerzahlung in den Unternehmungen auf doppelte Weise vermeiden:

(1) Alle vor Ende des Steuerjahres zu erwartenden Gewinne werden reinvestiert und die Investitionen sofort abgeschrieben. Soweit damit in der Unternehmung Steuerzahlungen vermieden werden, steigt der Kurs von Anteilsrechten im konkurrenzgleichgewichtigen Kapitalmarkt. Steuerfreiheit von Erträgen aus Finanzanlagen impliziert Steuerfreiheit von Kursgewinnen.

(2) Falls diese Innenfinanzierung nicht erfolgt, könnten überhöhte Zinsen auf Gesellschafterdarlehen gezahlt werden bzw. über Verträge, die Wandel- und Optionsanleihen

---

[45] *Dieter Cansier:* Anwendungsmöglichkeiten der Cash-Flow-Steuer. In: Finanzwissenschaft im Dienste der Wirtschaftspolitik, hrsg. von F.X. Bea u.a. Tübingen 1990, S. 143-164, hier S. 148.

koppeln, Einnahmenüberschüsse aus Investitionen in der Rechtsform steuerfreier Zinszahlungen die Unternehmung verlassen. Nur durch sehr umfangreiche, komplizierte Rechtsetzungen könnte dies verhindert werden.

Sinn einer Cash-flow-Steuer mit steuerfreien „Zinsen" ist aber lediglich, daß durch die Besteuerung nicht der Konkurrenzgleichgewichtspreis für die einjährige Geldüberlassung verändert wird, so daß die Vor-Steuer-Gleichgewichtsbedingung für die intertemporale Entscheidung zwischen Konsum heute und Konsum morgen (über Investitionen heute) auch bei Steuerzahlungen erhalten bleibt: Grenzproduktivität des Kapitals (Grenzrendite) gleich zeitlicher Konsumaustauschrate (Zeitpräferenzrate).

b) Praktisch erfolgen Zinseinnahmen aus Geldanlagen nicht nur als jährliche Zahlungen, sondern es werden z.B. Anleihen mit Disagio ausgegeben bis hin zu Zerobonds. Damit Steuerfreiheit genau des Konkurrenzgleichgewichtspreises für einjährige Geldüberlassung erreicht wird, sind über mehrere Perioden sich erstreckende Vergütungen an die Geldgeber in Form eines Gläubigeragios zu berücksichtigen. Bei einer Anleihe mit Disagio ist also z.B. der negative Ertragswert zu berechnen, und es hat eine Ertragswertzuschreibung zu erfolgen, die das steuerfreie Zinseinkommen erhöht. Rechtsgestaltungen in Finanzierungsverträgen wie z.B. ein Disagio, aber auch eine teilweise Tilgung während der Laufzeit eines Kredits, schränken einen für die Cash-flow-Besteuerung immer wieder herausgehobenen Vorteil ein: die steuertechnische Einfachheit; denn jede Zahlung an die Geldgeber, die vom kapitaltheoretischen Gewinn abweicht, verlangt eine Berechnung des kapitaltheoretischen Gewinns bei jedem solchen Finanzierungsvertrag, um Investitionsneutralität zu bewahren mittels steuerfreier „Zinsen" (= kapitaltheoretischer Gewinne bei mehrperiodiger Finanzierung, die den jährlichen Konkurrenzgleichgewichtspreisen entsprechen).

Bei Beteiligungsfinanzierung kommen in den USA z.B. heute Steuerersparnisse dadurch vor, daß Gewinne zum Rückkauf von Aktien durch das Unternehmen verwandt werden anstatt zu Dividendenzahlungen[46], was in Deutschland aktienrechtlich unzulässig wäre. Kurssteigerungen aus Rückkäufen von Aktien, die aus Gewinnen finanziert werden, verlangen in gleicher Weise die Berechnung von Ertragswertabschreibungen, damit Steuerfreiheit nur für den jährlichen Konkurrenzgleichgewichtspreis für die Risikokapitalüberlassung gewährt wird.

c) Der Konkurrenzgleichgewichtspreis für die jährliche Geldüberlassung soll steuerfrei bleiben, um die Gleichheit zwischen der Rendite einer Investition in einer Unternehmung als Institution und der Zeitpräferenzrate der Sparer nicht durch einen Kapitalmarktsteuerkeil zu beeinträchtigen. Soll die Zeitpräferenzrate eines Sparers vor und nach Steuern dieselbe sein, und beträgt der Konkurrenzgleichgewichtspreis für die jährliche Geldüberlassung vor Steuern 6%, dann muß der Verzicht auf 100 DM Konsumausgaben

---

46 Vgl. *John B. Shoven:* The Tax Consequences of Share Repurchases and Other Non-Dividend Cash Payments to Equity Owners. In: Tax Policy and the Economy, Vol. I, ed. by L. Summers, National Bureau of Economic Research, Cambridge (Mass.) 1986, S. 29-54; *Laurie Simon Bagwell, John B. Shoven:* Cash Distributions to Shareholders. In: The Journal of Economic Perspectives, Vol. 3 (1989), No. 3, S. 129-140.

in t_0 ein Mehr an Konsumausgaben von 106 in t_1 zur Folge haben. Damit schließt diese Bedingung für Wachstumsneutralität eines Steuersystems von vornherein eine progressive persönliche Konsumausgabensteuer für den gesamten Planungszeitraum aus. Sie verbietet sogar eine proportionale persönliche Konsumausgabensteuer, wenn dadurch 100 DM Konsumausgaben in t_0 bzw. 106 DM in t_1 in einer Welt ohne Steuern nicht mit 100 bzw. 106 DM in einer Welt mit einer Konsumausgabensteuer gleichzusetzen sind und eine Änderung des Konsumbefriedigungsniveaus durch die persönlichen Steuerzahlungen auf den Konsumgütererwerb die Ersparnis verändert.

d) Sobald Finanzierungserträge steuerfrei gestellt oder über Sofortabschreibung praktisch eine Steuerfreiheit der Investitionsrendite in Höhe des Konkurrenzgleichgewichtszinssatzes erreicht werden soll, darf bei einer Unternehmung als selbständigem Steuerpflichtigen der Finanzierungsaufwand nicht den steuerpflichtigen Gewinn mindern. Fremdkapitalzinsen sind wie Dividendenzahlungen aus versteuertem Gewinn zu leisten, also bei der Ermittlung des steuerpflichtigen Gewinns nicht abzugsfähig[47]. Die Bedingung der Nichtabzugsfähigkeit von „Zinsen" ist notwendig, damit nicht in der Unternehmung als selbständig Steuerpflichtigem der Kalkulationszinsfuß durch die Besteuerung sinkt und ein das Investitionsvolumen erhöhender negativer Unternehmungssteuerkeil entsteht. Da bei Sofortabschreibung und steuersatzunabhängigem Kalkulationszinsfuß die versteuerte Rendite gleich der Rendite vor Steuern ist, wird der Unternehmungssteuerkeil null. Werden zusätzliche Steuerminderungsmöglichkeiten durch Abzugsfähigkeit von Fremdkapitalzinsen und anderen Finanzierungsaufwand geschaffen, würde der Unternehmungssteuerkeil negativ.

Doch hier kann sich folgende Verständnisschwierigkeit ergeben: Wenn eine Unternehmung selbst Steuerpflichtiger ist und einen Konkurrenzgleichgewichtspreis von z.B. $i = 6\%$ an Kapitalmarktteilnehmer zu zahlen hat, dann bewirkt die steuerliche Nichtabzugsfähigkeit von i in der Unternehmung eine Mindestrenditenerhöhung von $i : (1-s)$; bei einem Grenzsteuersatz von 60% wären also in der Unternehmung 15% vor Steuern zu verdienen, um 6% steuerlich nicht abzugsfähigen Aufwand zahlen zu können. Während bei einem Steuersatz von null 6% Verzinsung die Renditegrenze für Investitionen bilden, müßte diese bei 60% Steuersatz auf 15% steigen. Damit könnte von Investitionsneutralität wegen Verzerrungen bei der Wiederanlage bzw. Refinanzierung von Zahlungssalden während der Nutzungsdauer einer Investition nicht mehr gesprochen werden. Warum gilt die Mindestrenditenerhöhung für Unternehmensinvestitionen bei einer Cash-flow-Besteuerung nicht?

Die Bedingung für die Mindestrenditenerhöhung für Unternehmensinvestitionen gilt natürlich auch bei einer Cash-flow-Besteuerung. Es muß nur beachtet werden, daß die Mindestrenditenerhöhung auf das im Kapitalmarkt aufgenommene Geld zu beziehen ist. Dieses Geld hat zunächst mindestens eine Rendite von 6% vor Steuern zu erbringen. Zusätzlich bewirkt die Sofortabschreibung mit steuerlichem Verlustausgleich Steuerminder-

---

47 Vgl. *Brown*, S. 302 f.; *Meade*, S. 230 f.; sie sprechen hier von einer R-base, da nur realwirtschaftliche, nicht finanzwirtschaftliche Zahlungen in die Steuerbemessungsgrundlage eingehen.

zahlungen oder Steuererstattungen, die sofort investiert werden müssen. Diese erhöhen insgesamt das Investitionsvolumen aus jeder auf dem Kapitalmarkt aufgenommenen Mark auf einen Investitionsumfang von 1 : (1-s). Die von der Unternehmung verdiente Mindestrendite beträgt damit 6% : (1-0,6) = 15%.

Als Folge der Sofortabschreibung mit sofortiger Reinvestition, erneuter Sofortabschreibung und Reinvestition usw. tritt eine Art steuererstattungsbedingter „Renditenhebel" analog zum Verschuldungshebel ein. Dieser Renditenhebel sichert, daß eine steuerbedingte Mindestrenditenerhöhung für das im Kapitalmarkt aufgenommene Geld erreicht wird, ohne den über den Kapitalmarkt finanzierten Investitionsumfang gegenüber einer Welt ohne Steuern zu beeinträchtigen.

Dieser Renditenhebel ist aber praktisch nicht zu verwirklichen: Dazu müßten die Steuererstattungen durch den Fiskus und die Wiederanlage der anteilig erstatteten Investitionsausgabe zeitgleich mit der Anfangsinvestitionsausgabe anfallen. Die Steuererstattung für eine Investition kann aber frühestens nach einem Einkommen- oder Körperschaftsteuervorauszahlungstermin erfolgen und hierbei nur für die bis zu diesem Zeitpunkt bereits durchgeführten Investitionen. Selbst wenn die Investitionsplanung kaum Zeit beanspruchen sollte, könnte bei der günstigsten steuertechnischen Annahme (Steuererstattung in jedem Vorauszahlungszeitpunkt) eine Investition im ersten Vierteljahr erst zu einer Steuererstattung in Form einer verringerten Einkommen- oder Körperschaftsteuervorauszahlung zu Beginn des zweiten Vierteljahres führen und damit im zweiten Vierteljahr die erste Reinvestition ermöglichen. Deren Steuererstattung flösse zu Beginn des dritten Vierteljahres zu und erlaubt in diesem die zweite Reinvestition usw. Zusätzliche Investitionen zu planen, erfordert aber regelmäßig Zeit, die durch Liefer- und Inbetriebnahmefristen noch erweitert wird. Damit bleibt dann in jedem Fall eine durch die Besteuerung bedingte Minderung der Rentabilität nach Steuern und damit ein Unternehmungssteuerkeil; selbst wenn von allen praktisch viel bedeutsameren Einflüssen der Unsicherheit auf die Investitionsplanung abgesehen wird.

Nur im nie erreichbaren Idealfall sichert eine Nichtabzugsfähigkeit von Ausgaben für Konkurrenzgleichgewichtspreise einer zeitweisen Geldüberlassung einen Unternehmungssteuerkeil von null, der bei Steuerfreiheit der Erträge aus Finanzinvestitionen bei den Geldgebern zu einem Kapitalmarktsteuerkeil von null wird.

Cash-flow- Besteuerung für Unternehmungen wird vor allem deshalb empfohlen, weil darin eine zweckmäßige Teil-Erhebungstechnik für eine persönliche Konsumausgabensteuer gesehen wird. Ausschlaggebend ist hierbei, daß nur in einem vollkommenen und vollständigen Kapitalmarkt im Konkurrenzgleichgewicht eine persönliche Konsumausgabensteuer Art und Ausmaß von Investitionen nicht beeinträchtigt. In einer Welt, in der Liquiditätsprobleme existieren und in der Geld für Investitionszwecke folglich auch über Konsumverzicht gebildet werden muß, erzwingt bei gegebenem verfügbaren Einkommen eine persönliche Konsumausgabensteuer Konsumverzicht. Dies mindert regelmäßig die Investitionen des nicht-staatlichen Bereichs in einer Volkswirtschaft.

Wettbewerb ist nur bei Unsicherheit mit Ungleichverteilung des Wissens unter den Marktteilnehmern denkbar. Für die wenigen Umstände, unter denen sich Investitionsentscheidungen unter Ungewißheit modellieren lassen, ist gezeigt worden, daß eine Cash-flow-Steuer regelmäßig die Risikobereitschaft fördert, u.U. sogar senkt (S. 670) also gegen Investitionsneutralität unter Ungewißheit verstößt.

Ausschlaggebend für eine Wettbewerbsordnung ist, daß eine Steuerfreiheit der Innenfinanzierung durch Aufwandsverrechnung eine Marktlenkung von Risikokapital unterminiert; es sei denn, gleichzeitig erfolge eine so radikale Änderung des Handels(bilanz-)- und Gesellschaftsrechts, die steuer- und handelsrechtliche Rechnungslegung strikt trennt und handelsrechtliche Zwangsausschüttungen oder gar Kapitalentzugsrechte der Anteilseigner vorsähe. Da damit zugleich die Macht eines unter Mitbestimmungsregeln zusammengesetzten Aufsichtsrates dezimiert würde, erscheint eine solche Rechtsentwicklung noch unglaubwürdiger als eine Steuerreform mit dem Ziel einer Cash-flow-Besteuerung.

Solange Wettbewerb besteht, existiert ein Nicht-Gleichgewicht. Unter Wettbewerb soll allokationsverbessernde Unternehmensbesteuerung eine Tendenz zum Wegschwemmen von Unternehmergewinnen durch die Konkurrenz fördern, zumindest nicht behindern. Der Weg zur Errichtung eines Gleichgewichtszustandes aus einem beobachtbaren Ungleichgewicht, in dem Unternehmer wegen erwarteter positiver Kapitalwerte investieren, ist nicht durch (Steuer-) Rechtsetzungen vorgezeichnet, die lediglich für den Nullpunkt von Wettbewerb (den Gleichgewichtszustand selbst) mathematisch als notwendig abgeleitet worden sind. Insofern informieren investitionsneutrale Modellsteuersysteme keineswegs zwingend über die Richtung einer Unternehmensbesteuerung in einer Wettbewerbswirtschaft. Wegen ihrer Voraussetzungen erweisen sich Modelle zu einer Cash-flow-Besteuerung außerhalb vollkommener und vollständiger Finanzmärkte im Gleichgewicht, also unter Wettbewerb, als Fata Morgana.

4. Einwände gegen einzelne Varianten einer Cash-flow- Besteuerung

Die Cash-flow-Besteuerung mit Steuerfreiheit des Konkurrenzgleichgewichtspreises für einperiodige Geldüberlassung wird im Schrifttum durch folgende vier Einzelvorschläge variiert:

a) Die realwirtschaftliche Cash-flow-Besteuerung: Der Saldo aus Umsatzeinnahmen abzüglich Beschaffungsausgaben für alle Sachgüter und Dienstleistungen wird der Besteuerung zugrunde gelegt. Sämtliche Finanzinvestitionen einschließlich Änderungen des Kassenbestandes und sämtliche Finanzierungszahlungen bleiben außerhalb der steuerrechtlichen Einnahmenüberschußrechnung. Entgegen dem bisherigen wird die Nichtabzugsfähigkeit von Finanzierungszahlungen hier auf Fremdkapitalzinsen beschränkt und damit lediglich ein Kapitalmarktsteuerkeil von null für Zinseinnahmen aus Anleihen und anderen Schuldtiteln gefordert[48].

Vermutlich verwechseln diese Autoren „Zinsen" im Sinne eines Konkurrenzgleichgewichtspreises im Modell eines vollkommenen Kapitalmarkts mit „Zinsen" als Rechtsbegriff für die Vergütung bei Festbetragsansprüchen. In jedem Fall übersehen sie, daß in ei-

---
48 So *Kay*, *King*, S. 176; *Sinn*: Kapitaleinkommensbesteuerung, S. 125-128.

nem konkurrenzgleichgewichtigen Kapitalmarkt die Art der Finanzierung für die Investitionsentscheidungen irrelevant ist.

Selbst wenn von einem Noch-nicht-Gleichgewicht mit einer Tendenz zum Gleichgewicht durch Arbitragehandlungen und damit Wettbewerb ausgegangen wird, so entscheidet gegen eine Steuerbefreiung allein von Zinseinkünften aus Anleihen und anderen Schuldtiteln, daß über Arbitragehandlungen das Risikokapital vom Markt verdrängt wird. Anbieter von Geld für Investitionszwecke werden bei einer Besteuerung, die Beteiligungsfinanzierung diskriminiert, wünschen, daß handelsrechtliche Selbstfinanzierung (bei vom Steuerrecht abweichender handelsrechtlicher Gewinnermittlung) oder eine Schütt-aus-Hol-über-Beteiligungskapital-zurück-Politik durch maximale Ausschüttungen mit einer Rückholpolitik über zinstragende Schuldtitel ersetzt werden. Im Konkurrenzgleichgewicht dew Kapitalmarkts ist Risikokapital vom Markt verdrängt. Handelt eine Unternehmensleitung im Interesse der Anteilseigner, so läßt sich der Beweis analog zu Modigliani-Miller führen[49].

Die Steuerfreiheit von Zinseinkünften aus Schuldtiteln wird zusätzlich Steuerausweichhandlungen anlocken. Arbeitnehmer und Manager werden darauf drängen, daß Gehälter nicht in bar, sondern als zinstragende Schuldtitel ausgezahlt werden, selbst wenn sie dazu der Unternehmung bei ihrer Einstellung einen Kredit geben müßten. Im generellen Gleichgewicht würden sogar sämtliche steuerpflichtigen Arbeitseinkünfte ersetzt worden sein durch Lohnzahlungen, die rechtlich als Zinsen erscheinen. An die Stelle einer Vermögensbeteiligung in Arbeitnehmerhand träte eine insolvenzversicherte Fremdfinanzierung durch Arbeitnehmer bei Arbeitseintritt (insolvenzversicherte Finanzanlagen werden von jeder Bank vorfinanziert). Für Mietzahlungen usw. würden analoge Rechtsgestaltungen gewählt. Das hätte zur Folge, daß niemand mehr Einkommensteuer zahlt.

Jedes Steuerrecht, das irgendwelche Einkünfte steuerbegünstigt stellt, veranlaßt Steuerausweichhandlungen als rechtlich zulässige Arbitragen gegen dieses Steuerrecht (S. 690). Um derartigen Steuerausweichhandlungen die Legalität zu nehmen, wäre ein umfangreiches kasuistisches Steuerrecht erforderlich. Schon eine solche Regulierungsmenge macht einen immer wieder betonten Vorteil der Cash-flow-Besteuerung zunichte: ihre rechtstechnische Einfachheit.

Obwohl eine Steuerbegünstigung von Zinsen gegenüber Dividenden Risikokapital im Konkurrenzgleichgewicht des Marktes verdrängt, wird Risikokapital dennoch gebildet und zwar durch die Sofortabschreibung; denn diese schafft zeitweilig stille Reserven, die Verluste abzudecken erlauben, solange die Nettoveräußerungserlöse höher liegen. Doch dieses innenfinanzierte Risikokapital reicht nicht mehr aus, sobald jede Eigenkapitalausstattung substituiert worden ist durch Schuldtitel, die steuerfreie Zinsen erbringen. Zwar wird dann jeder Verlust steuersatzabhängig vom Fiskus ausgeglichen. Aber solange die Steuersätze unter 100% bleiben, wird nur ein Teil des Verlustes erstattet. Sobald ein ver-

---

49 Vgl. *Franco Modigliani, Merton H. Miller:* Corporate Income Taxes and the Cost of Capital: A Correction. In: The American Economic Review, Vol. 53 (1963), S. 433-443.

bleibender Verlust die durch Sofortabschreibung gebildeten stillen Reserven übersteigt, ist die Unternehmung überschuldet. Die Unternehmung müßte aus dem Markt ausscheiden, wenn der Überschuldung im Modell eines konkurrenzgleichgewichtigen Kapitalmarktes ein ökonomischer Sinn beigelegt wird.

Um zu verhindern, daß Risikokapital auf die über Sofortabschreibung gebildete Innenfinanzierung beschränkt bleibt, müßte eine Cash-flow-Besteuerung, die eine Beteiligungsfinanzierung benachteiligt, flankiert werden durch ein Handelsrecht, das eine Mindestausstattung mit Eigenkapital als Verlustpuffer erzwingt. Indes vernichtet eine Regulierung, nach der die Mindesteigenkapitalausstattung mit dem Investitionsvolumen steigt, Investitionsneutralität. In der Unternehmensplanung darf dann als Kalkulationszinssatz nicht mehr der steuerbefreite Marktzinssatz des Fremdkapitals gewählt werden. An seine Stelle tritt ein Mischsatz aus steuerpflichtigen „Kosten" des Risikokapitals und steuerfreiem Fremdkapitalzins. Sofortabschreibung ist aber dann nicht mehr investitionsneutral, wenn der Kalkulationszinssatz durch die Besteuerung verändert wird, weil bei einer versteuerten Rendite einer Alternativanlage nur eine Ertragswertabschreibung Investitionsneutralität wahrt oder eine ihrer kapitalwertgleichen Umperiodisierung.

b) Investitionsneutralität wird auch behauptet für eine Cash-flow-Besteuerung, die Beteiligungsfinanzierung steuerlich diskriminiert[50]. Verlangt wird hier ein Steuersatz für ausgeschüttete Gewinne, der über jenem Steuersatz liegt, der sowohl für zurückbehaltene Gewinne als auch für Zinseinkünfte gilt. Im Unterschied zum Modell a) mit „Steuerfreiheit" wird hier auf Zinseinkünfte derselbe Steuersatz erhoben wie z.B. auf Einkünfte aus nichtselbständiger Tätigkeit. Dabei ist der „Steuersatz" als effektive Grenzsteuerbelastung über den Kapitalmarkt hinweg zu verstehen: als Steuerkeil zwischen der Rendite einer Investition in einer Unternehmung und jener versteuerten Rendite, die ein Geldgeber für seine dem Unternehmen gegebenen Gelder für Investitionszwecke empfängt. Innerhalb einer Unternehmung seien z.B. Gewinnentnahmen und Zinsen steuerlich abzugsfähig, die Geldgeber können aber Zinseinnahmen zu einem relativ geringen Steuersatz empfangen und konsumieren, während sie für Dividenden eine höhere Einkommensteuer zahlen müssen.

Eine Annahme über den Steuersatz für zurückbehaltene Gewinne erübrigt sich in diesem Modell, wenn Sofortabschreibung für alle Investitionen einer Unternehmung einschließlich ihrer Finanzanlagen zugelassen wird. Dann können bei rationalem Handeln steuerrechtlich keine zurückbehaltenen Gewinne anfallen; denn Einnahmenüberschüsse dienen entweder für Zinsausgaben oder Dividendenzahlungen. Unsicherheit, die eine Vorsichtskasse oder auch nur eine Transaktionskasse nötig machen würde, ist durch die Modellannahme des konkurrenzgleichgewichtigen Kapitalmarktes ausgeschlossen. Wird, um zurückbehaltene Gewinne denkmöglich zu machen, Sofortabschreibung auf nicht abnutzbare Anlagen (unbebaute Grundstücke, Finanzanlagen) nicht zugelassen, ist Investitionsneutralität zwischen abnutzbaren Anlagen und nichtabnutzbaren Anlagen bzw. Finanzanlagen verletzt.

---
50 Vgl. *Sinn:* Kapitaleinkommensbesteuerung, S. 306, 318-321, Vorschlag A.

c) Investitionsneutralität wird ferner behauptet für eine Cash-flow-Besteuerung mit Kapitalkostenneutralität[51]: Die Grenzsteuersätze für Zinsen, ausgeschüttete und zurückbehaltene Gewinne seien gleich.

In diesem Modell ist wie in b) ein Steuersatz für zurückbehaltene Gewinne entbehrlich, denn Selbstfinanzierung kann wegen der Steuerbemessungsgrundlage Cash-flow nicht anfallen.

Sobald Cash-flow-Besteuerung mit Abzugsfähigkeit eines Finanzierungsaufwands in Höhe des Konkurrenzgleichgewichtspreises für die jährliche Geldüberlassung mal Finanzbedarf gekoppelt wird und die Unternehmung als Institution selbständiger Steuerpflichtiger ist, sinkt in der Unternehmung wegen des negativen Unternehmungssteuerkeils der Kalkulationszinsfuß proportional zum Grenzsteuersatz. Damit kann Investitionsneutralität verletzt werden, weil unter sich ausschließenden Investitionsvorhaben die Rangordnung wechseln kann. Beispielsweise lauten die Zahlungsströme für die Investitionen

	t_0	t_1	t_2	t_3
A:	-100	$+90$	$+20$	$+10$
B:	-100	0	0	$+132$

Für einen Marktzinssatz i = 10% ist der Kapitalwert von A positiv (+5,9), von B negativ (-1). Bei Sofortabschreibung, einem Steuersatz von 50% und damit einem versteuerten Marktzinssatz von 5% lauten die Zahlungsströme nach Steuern

	t_0	t_1	t_2	t_3
A:	-50	$+45$	$+10$	$+5$
B:	-50	0	0	$+66$

Der Kapitalwert von B steigt auf +7, der von A nur auf 6,2.

Die Steuerpflicht für Erträge aus Finanzanlagen beim Geldgeber mit demselben konstanten Grenzsteuersatz bewirkt einen Kapitalmarktsteuerkeil. Solange dieser nicht zur Folge hat, daß der Konkurrenzgleichgewichtszins im Beispiel auf 20% vor Steuern und damit in der Unternehmung mit Abzugsfähigkeit der Finanzierungsaufwendungen zu i_s = 10% wird, ist die Möglichkeit eines Rangordnungswechsels und damit eines Verstoßes gegen Investitionsneutralität nicht beseitigt.

d) Schließlich wird Investitionsneutralität behauptet für eine Cash-flow-Besteuerung mit einer Ausschüttungs-Saldensteuer: Dieser Vorschlag setzt den Grenzsteuersatz für ausgeschüttete Gewinne über die identischen Grenzsteuersätze für zurückbehaltene Gewinne und Fremdkapitalzinsen, sieht jedoch Beteiligungsfinanzierung als gewinnsteuermindernd an: als negative Ausschüttung. Dabei macht Sinn keine Einschränkung, woher

---

[51] Vgl. *Sinn:* Kapitaleinkommensbesteuerung, S. 306, Vorschlag B.

die „zum Kauf neuer Aktien oder die als Einlagen in den eigenen Betrieb verwendeten Beträge"[52] kommen, und behauptet „faktisch eine Indifferenz zwischen allen drei Finanzierungswegen".

Diese Aussage trifft nicht zu, denn Selbstfinanzierung kann wiederum nicht auftreten und Fremdfinanzierung wird vom Markt verdrängt, weil Steuerzahlungen vermieden werden können durch Finanzanlagen in Beteiligungstiteln. Unter Sicherheit ist das zwar belanglos, weil unter Sicherheit auf einem konkurrenzgleichgewichtigen Kapitalmarkt jede Unterscheidung zwischen Finanzierungsarten ökonomisch irrelevant ist. Unter Unsicherheit würde aber ein Verdrängen von Zinseinkünften durch Dividenden bedeuten, daß ein kanonisches Zinsverbot zwar nicht mehr ethisch-religiös begründet, aber steuerlich erzwungen wird. Allokationseffizienz wird damit nicht erreicht, weil es unter Unsicherheit Sparer geben wird, die vertraglich in ihrer absoluten Höhe festgeschriebene Einkünfte aus Kapitalvermögen wünschen werden.

5. Cash-flow-Besteuerung, persönliche Konsumausgabensteuer und Gleichmäßigkeit der Besteuerung

aa) Messung von Gleichmäßigkeit der Besteuerung am Barwert potentieller lebenszeitlicher Einkünfte?

Befürworter einer persönlichen Konsumausgabenbesteuerung erörtern Effizienz und Gleichmäßigkeit der Besteuerung regelmäßig anhand derselben Modellüberlegung. Dabei wird von natürlichen Personen ausgegangen, die als Lebenszyklus-Sparer betrachtet werden. Diese maximieren eine intertemporale Nutzenfunktion, die in ihrer einfachsten Form aus Konsum und Freizeit in der ersten Periode (Arbeitszeitraum) und aus Konsum in der zweiten Periode (Rentnerjahren) besteht. Eine erweiterte Modellformulierung wählt z.B. bis zu elf Einkommensperioden[53].

Gleichmäßigkeit der Besteuerung wird hierbei nicht auf eine Abschnitts- bzw. Jahresbasis bezogen, sondern an einer lebenszeitlichen Bezugsgröße expliziert[54]: Jeder Steuerpflichtige müsse die Nebenbedingung einhalten, daß der Barwert seines Konsums gleich dem Barwert seiner künftigen Einnahmen sei, wobei als Zeitpunkt für die Barwertberechnung der Beginn der Arbeitsjahre betrachtet wird. Personen mit gleich hohem Bar-

---

52 Vgl. *Sinn:* Kapitaleinkommensbesteuerung, S. 306 f., 318-321, Vorschlag C; auf eine Analyse der etwas abweichenden Ausschüttungssteuer (R + F-Base bzw. S-Base) bei *Meade,* S. 231, 233 f. wird verzichtet; *Boadway, Bruce, Minz:* On the Neutrality, S. 53 f. zeigen, daß die R-Base unter anderen Annahmen über die Kapitalstruktur neutral wirkt wie die R + F-Base.
53 Vgl. *Alan J. Auerbach, Laurence J. Kotlikoff:* Dynamic fiscal policy. Cambridge usw. 1987; *George R. Zodrow:* The Choice between Income and Consumption: Efficiency and Horizontal Equity Aspects. In: The Personal Income Tax - Phoenix from the Ashes?, ed. by S. Cnossen and R.M. Bird. Amsterdam usw. 1990, S. 85-115, hier S. 113.
54 Vor allem empfohlen durch *David F. Bradford, U.S. Treasury Tax Policy Staff:* Blueprints for Basic Tax Reform. 2nd ed., Arlington 1984, S. 24 f., 36-39; *David F. Bradford:* Untangling the Income Tax. Cambridge (Mass.) - London 1986, S. 148-156.

wert ihrer künftigen Einnahmen könnten als von gleicher steuerlicher Leistungsfähigkeit angesehen werden. Jedoch vernachlässige die Messung steuerlicher Leistungsfähigkeit im Barwert aller künftigen Einnahmenüberschüsse den Nutzen aus der Freizeit. Um diesen Gesichtspunkt zu berücksichtigen, benutzt Zodrow „a ‚full-resources' measure of the individual life time endowment – the present value of potential earnings if the individual were to work ‚full time' (all the hours available for either work or leisure)"[55]. Von diesem Eichstrich ausgehend wird untersucht, ob eine Einkommensteuer im Sinne der Reinvermögenszugangstheorie oder eine persönliche Konsumausgabensteuer weniger Verletzungen der Allokationseffizienz und der Gleichmäßigkeit der Besteuerung erwarten läßt.

Um die Effizienz eines Steuersystems zu beurteilen, seien dabei die Effizienzkosten aus der Störung der Wahl zwischen Gegenwarts- und Zukunftskonsum bei der Einkommensbesteuerung zu vergleichen seien mit den Effizienzkosten aus der Störung der Wahl zwischen Arbeitszeit und Freizeit, wie sie sowohl bei einer Einkommen- als auch bei einer Konsumbesteuerung aufträten. Dabei herrsche für die Konsumbesteuerung ein höherer Steuersatz, um Aufkommensgleichheit bei beiden Steuersystemen herzustellen. Durch Einsetzen unterschiedlicher Parameter in das Modell, das angeblich Effizienz und Gleichmäßigkeit der Besteuerung zu beurteilen erlaube, werden folgende Ergebnisse abgeleitet:

Im Hinblick auf die Effizienz sei nicht schlüssig zu zeigen, daß eine Konsumsteuer einer Einkommensteuer überlegen sei. Damit werden frühere Behauptungen zurückgewiesen, wie z.B. die Feldsteins, die Effizienzverluste bei einem Einkommensteuersatz von 40% betrügen 18% der Steuereinnahmen, oder die von Summers, daß ein Übergang von der Einkommensteuer zu einer persönlichen Konsumsteuer einen Wohlfahrtsgewinn von 10% des Bruttosozialprodukts erbringe[56].

Jedoch sei im Hinblick auf die Gleichmäßigkeit der Besteuerung eine Konsumsteuer einer Einkommensteuer im allgemeinen überlegen. Bei langsam steigenden Grenzsteuersätzen während der Lebenszeit würden jedoch die relativen Vorteile der Konsumsteuer in bezug auf die Gleichmäßigkeit der Besteuerung dramatisch abgebaut.

Zodrow schüttet reichlich Wasser in die Weinseligkeit derjenigen, die aus Effizienzgründen eine Konsumorientierung persönlicher Besteuerung befürworten. Ob sein Urteil zutrifft, hinsichtlich Gleichmäßigkeit der Besteuerung sei eine persönliche Konsumausgabensteuer vorzuziehen, hängt von der Sinnhaftigkeit seines Bezugsmodells ab. Danach lassen sich Verzerrungen in der unterschiedslosen Besteuerung gleicher steuerlicher Leistungsfähigkeit an Abweichungen von einer Meßlatte erkennen, in der steuerliche Leistungsfähigkeit im Gegenwartswert der potentiellen Einkünfte einer Person gemessen wird; dabei sei davon auszugehen, diese Person würde während aller für Arbeit und Freizeit verfügbaren Stunden arbeiten.

---

55 *Zodrow*, S. 98, zum folgenden S. 87, 112.
56 Vgl. *Martin Feldstein:* The Welfare Cost of Capital Income Taxation. In: Journal of Political Economy, Vol. 86 (1978), S. S29-S51, hier S. S46; *Lawrence H. Summers:* Capital Taxation and Accumulation in a Life Cycle Growth Model. In: The American Economic Review, Vol. 71 (1981), S. 533-544, hier S. 543.

Um zu beurteilen, ob die konstruierte Meßlatte für den Vergleich von Einkommens- und persönlicher Konsumbesteuerung hinsichtlich Effizienz und Gleichmäßigkeit der Besteuerung Sinn gibt, seien zunächst drei der Voraussetzungen erörtert, auf denen „a ‚full resources' measure of the individual lifetime endowment" beruht.

a) *Vollkommene Voraussicht*: Vom Beginn der Arbeitszeit bis zum im voraus sicher bekannten Lebensende bestehe keine Unsicherheit in den persönlichen Plänen, folglich auch keine Risikoabneigung und kein Zugang an Wissen mit der Folge von Ex-post-Überraschungen.

Effizienzüberlegungen und damit die Entscheidungswirkungen eines Steuersystems bei einem Steuerpflichtigen an einem Modell mit vollkommener Voraussicht abzuleiten, erscheint von vornherein verfehlt, sobald mit „vollkommener Voraussicht" mehr gemeint ist als eine Vereinfachung für didaktische Zwecke. Jedermann, der seine Vernunft nicht völlig ausblendet, wird bei seinen Entscheidungen unterschiedliche Zukunftsentwicklungen abwägen. Schon deshalb wird er keine intertemporale Nutzenfunktion allein mit den Merkmalen Arbeitszeit (Konsumausgaben) und Freizeit aufstellen und maximieren können. Zumindest wird das persönliche Verhalten gegenüber der Unsicherheit eine Rolle spielen, z.B. mit der Folge, Vermögen als Sicherheitspuffer anzuhäufen (also ohne explizit dessen späteren Konsum intertemporal vorauszuplanen). Daneben beeinflußt die Vorliebe oder Abneigung, einzelne Arbeiten in der Arbeitszeit ausführen zu dürfen/müssen, die Nutzenfunktion eines Entscheidenden erheblich.

Mindestens so wichtig wie eine Wahl zwischen Konsum und Freizeit erscheinen unter Unsicherheit die vorgelagerten Probleme: Wieviel Zeit ist darauf zu verwenden, sich mehr Wissen zu beschaffen (Ausbildungszeit ohne oder mit minimalem Einkommen gegen vorerst höher bezahlte, wenig qualifizierte Tätigkeit) oder die Frage, sich allein (selbständig) oder sich zusammen mit anderen durch arbeitsvertragliche Einordnung in einer Hierarchie den Einkommensunsicherheiten zu stellen. Hinzu tritt: Da die Ergebnisse jeden Handelns auf Märkten durch das Handeln anderer Menschen mitbestimmt werden, läßt sich unter Unsicherheit und bei Ungleichverteilung des unvollständigen Wissens die Sinnhaftigkeit eines jeden Maximierungskalküls als Bestimmungsgröße für die (Allokations-)„Effizienz" einer Volkswirtschaft in Frage stellen.

Während Überlegungen zu den Steuerwirkungen bei persönlichen Entscheidungen und damit zur Effizienz ex ante ausgerichtet sind, betrifft Gleichmäßigkeit der Besteuerung ein Ex-post-Verteilungsproblem[57]. Wenn einer gängigen marktwirtschaftlichen Ideologie gefolgt wird, daß *verwirklichte* Gewinne Signale für Knappheiten bei unvollständigem und ungleich verteiltem Wissen setzen, dann müßten die *tatsächlich erzielten Markteinkommen,* und *nicht geplante Gewinn- oder Nutzengrößen,* die Bezugsgröße sowohl für volkswirtschaftliche „Effizienz" als auch für Gleichmäßigkeit der Besteuerung bilden.

---

57 Darauf wies in einer Diskussion mit Bradford schon hin *Alwin C. Warren, Jr.*, in: What Should be Taxed: Income or Expenditure?, ed. by J.A. Pechman. Washington 1980, S. 121.

Solche Schlüsse aus den Erfahrungstatbeständen der Unsicherheit und des ungleich verteilten unvollständigen Wissens mißachten jene Finanztheoretiker, die eine „angewandte" allgemeine Gleichgewichtsanalyse für fruchtbar halten. Sie verteidigen die Annahme vollkommener Voraussicht üblicherweise so[58]: Aus der Voraussetzung vollkommener Voraussicht folge nicht die Irrelevanz der steuerpolitischen Handlungsempfehlungen; denn mit dieser Annahme werde nur unterstellt, daß die Steuerpflichtigen nicht systematisch unkorrekt in ihren Vorhersagen künftiger Ereignisse seien. Diese Annahme sei den systematischen Irrtümern vorzuziehen, die der Wahl einer einperiodigen Bezugsgröße für steuerliche Leistungsfähigkeit innewohnen. Darüber hinaus bestehe keine weithin akzeptierte Alternative zur Annahme der Nutzenmaximierung über den Lebenszyklus hinweg. Eine solche Schutzbehauptung ist unhaltbar:

(1) Sollen politische Handlungsempfehlungen durch Modelle gestützt werden, so müssen die Modelle in ihren Voraussetzungen die wichtigsten Eigenschaften jener Wirklichkeit wiedergeben, die durch die Handlungsempfehlungen beeinflußt werden soll. Selbst wenn Modelle unter vollkommener Voraussicht solche Hypothesen liefern könnten, gibt für Handlungsempfehlungen durch die Wissenschaft den Ausschlag: Unter Unsicherheit und Ungleichverteilung des unvollständigen Wissens ist es falsch zu behaupten, daß Handlungsempfehlungen durch tautologische Transformation erklärender Hypothesen gewonnen werden können; denn zu den für Prognosen benutzten Hypothesen aus erklärenden Theorien muß eine Entscheidungsregel unter Unsicherheit treten. Deshalb bleiben Modellergebnisse, abgeleitet unter vollkommener Voraussicht, solange für politische Handlungsempfehlungen willkürliche Aussagen, bis der Nachweis geführt worden ist, daß Unsicherheit und Ungleichverteilung unvollständigen Wissens nicht die Haushalts- und Unternehmensentscheidungen und damit die Allokation beeinflussen.

(2) Die Behauptung, daß die Modellannahme vollkommener Voraussicht lediglich unterstelle, daß die Steuerpflichtigen nicht systematisch unkorrekt in ihren Prognosen seien, verkörpert eine völlige Fehldeutung „vollkommener Voraussicht"; denn aus einem Modell, das ausdrücklich jegliche Unsicherheit ausschließt, läßt sich keine Aussage darüber herleiten, ob Prognosen systematisch unkorrekt oder korrekt sind. Vielmehr gilt: Wer den Tatbestand erkennt, daß Prognosen inkorrekt sein können, und dennoch wider dieses bessere Erfahrungswissen vollkommene Voraussicht unterstellt, der impliziert:

(a) Alle Planungsmodelle, die mit mehrwertigen Erwartungen arbeiten oder alle Überlegungen, Risiken durch Institutionenbildungen eingrenzen zu wollen, seien überflüssig, weil schon durch Modelle mit vollkommener Voraussicht systematisch unkorrekte Vorhersagen vermieden würden.

(b) Wer bei Eintritt in das Arbeitsleben weiß, daß er 10 Jahre später als Fahrer eines Autos stirbt, wird sich im Todesjahr nicht in ein Auto setzen und in Widerspruch zu seinem sicheren Wissen weiterleben. Da Menschen somit aus logischen Gründen nicht wissen können, welches Wissen ihnen künftig zugehen wird, ist die Verteidigung der Modellannahme vollkommener Voraussicht mit der Behauptung, daß Individuen nicht sy-

---

58 Vgl. *Zodrow*, S. 95.

stematisch unkorrekt in ihren Vorhersagen sind, schon logisch nicht haltbar. Welcher empirische Unfug hier unterstellt wird, zeigt sich am Beispiel eines etwa von Pareto ausgebildeten jüdischen Bankierssohns, der bei Eintritt als Junior-Partner in das Bankhaus seines Vaters in St. Petersburg 1912 seine Nutzenfunktion maximieren wollte und dabei nicht den Ersten Weltkrieg mit seinen Folgen im einzelnen, die Oktober-Revolution, nach Enteignung seine Flucht nach Berlin, die Judenverfolgung des Dritten Reiches vor und im Zweiten Weltkrieg usw. vorhergesehen hat (weil er dann z.B. schon 1912 in die USA ausgewandert wäre).

(c) Die Behauptung, ein kurzer (z.B. einperiodiger) Planungszeitraum führe zu systematischen Irrtümern, ist deshalb falsch, weil hier nur dann von einem systematischen Irrtum gesprochen werden darf, wenn der Planende hinreichend verläßliches Wissen für einen längeren Planungszeitraum als den gewählten besitzt. Wenn jemand aber nicht weiß, welche Zahlen beim nächsten, übernächsten usw. Roulettespiel fallen, ist kein systematischer Irrtum gegeben, wenn er vom Tisch aufsteht und mit dem bisherigen Gewinn oder Verlust nach Hause geht. Selbst wenn hinreichendes Wissen für einen längeren Planungszeitraum aus dem gewählten vorhanden wäre, läge ein systematischer Irrtum nur für die Entscheidungswirkung der Besteuerung vor, noch nicht jedoch für eine Lösung des Ex-post-Verteilungsproblems der gleichmäßigen Besteuerung.

(3) Der Trick bei der Annahme vollkommener Voraussicht besteht darin, daß durch diese logisch fragwürdige und empirisch falsche Unterstellung die Maximierung einer vorgegebenen intertemporalen Nutzenfunktion zum Kriterium sowohl für Effizienz als auch für Gleichmäßigkeit der Besteuerung auserkoren werden darf.

Nimmt man demgegenüber die Binsenweisheit wahr, daß die meisten Menschen erst im nachhinein klüger sind, dann ist es ein Gebot der Gerechtigkeit, bei der Festlegung von Zwangsausgaben an den Fiskus von diesem besseren Ex-post-Wissen auszugehen, also die Inhaltsbestimmung jener Bezugsgröße, an der Verstöße gegen Gleichmäßigkeit der Besteuerung abgelesen werden können, nach verwirklichten Ergebnissen zu richten. Dabei wird die Ermittlung des verwirklichten Gewinns bzw. Einkommens eines Besteuerungsabschnitts (z.B. Wirtschaftsjahres) nicht ohne Unterstellungen über die künftige Entwicklung auskommen. Aber daraus folgt kein Einwand gegen eine einperiodige Bezugsgröße für „gleich hohe steuerliche Leistungsfähigkeit" statt einer lebenszeitbezogenen Ex-ante-Nutzenmaximierung; denn in t_1 weiß man mehr als in t_0. Zudem beeinträchtigt jede persönliche Zieländerung und jede Ex-post-Überraschung gegenüber den Daten, die in das Nutzenmaximierungskalkül eingegangen sind, dessen Eignung als Bezugsgröße gleicher steuerlicher Leistungsfähigkeit zwischen verschiedenen Personen.

b) *Konkurrenzgleichgewichtiger Kapitalmarkt*: Wenn gleich hohe steuerliche Leistungsfähigkeit mehrerer Personen im Barwert sämtlicher künftiger Einnahmenüberschüsse (vor Einkommen- bzw. Konsumsteuerzahlungen) gesehen wird, muß über den gesamten Lebenszeitraum der zu Besteuernden hinweg für jeden Besteuerungsabschnitt ein Konkurrenzgleichgewicht auf dem Kapitalmarkt bestehen. Der Steuerpflichtige benötigt dieses Wissen sowohl zur Bildung „rationaler Erwartungen" (S. 570) als auch zur Barwertberechnung. Nur unter dieser Voraussetzung werden steuerbedingte Arbitragen vermieden, so daß es gleichgültig ist, ob die Steuern auf den Barwert des potentiellen Lebenseinkommens erhoben werden oder abschnittsweise später, um Zinswirkungen erhöht.

Die Prämisse eines Konkurrenzgleichgewichts auf sämtlichen Finanzmärkten ist jedoch in der Wirklichkeit nie zu erfüllen, weil ein konkurrenzgleichgewichtiger Kapitalmarkt die Existenz von Währungsgeld und zugleich alle Liquiditätsprobleme wegdefiniert (S. 573). Sobald beachtet wird, daß Soll- und Habenzinsen auseinanderfallen, Verschuldungsgrenzen und Insolvenzrisiken bestehen, und manche Steuerpflichtige weder bereit noch immer in der Lage sind, sich zu Lasten ihrer künftigen und unsicheren Einkünfte zu verschulden[59], wird die Inhaltsbestimmung gleicher steuerlicher Leistungsfähigkeit durch einen Barwert potentieller lebenszeitlicher Einnahmenüberschüsse hinfällig.

c) *Einflußlose Unternehmensbesteuerung:* Unternehmenssteuern existieren in Lebenszyklus-Sparer-Modellüberlegungen nicht bzw. wirken vollständig neutral, so daß bei Auerbach/Kotlikoff und anderen[60] „all business taxes are ‚passed through' to individuals". Die Erweiterung des Auerbach/Kotlikoff-Ansatzes um eine Cash-flow-Steuer bei Unternehmungen wird von Zodrow nur im Hinblick auf Übergangsprobleme bei Änderung des Besteuerungssystems erörtert. Stillschweigend scheint damit der Glaube zu bestehen, daß jenseits von Übergangsproblemen aus einer Cash-flow-Unternehmensbesteuerung keine steuerbedingten Verzerrungen der Unternehmensentscheidungen und der persönlichen Steuerbelastung von Sparern entstehen. Dies trifft nicht zu, wie die vorhergehenden Abschnitte zeigen. Stattdessen ist zu folgern:

Eine Einkommensteuer, die in jeder Zukunftslage den kapitaltheoretischen Gewinn (Zinsen auf den Ertragswert) besteuert, ist im Modell überlegen, weil sie auch unter Ungewißheit Investitionsneutralität in bezug auf die Rangordnung von Investitionsvorhaben und den Investitionsumfang sichert, sofern die Theorie des Risikonutzens anwendbar ist (S. 671). Ein Vergleich von rechtlich existierenden Einkommensteuern mit einer idealen Konsumausgabensteuer besagt gar nichts. Und ein Vergleich rechtlich existierender Einkommensteuer mit rechtlich realisierbaren Cash-flow-Steuern besteht nicht, weil noch kein Anhänger der persönlichen Konsumbesteuerung sich die Mühe gemacht hat zu untersuchen, wie z.B. für Nießbrauch, mitarbeitende und mitfinanzierende Familienangehörige in einer GmbH & Co. KG, Firmenkindergärten und Dienstwohnungen oder Kreditaufnahmen mit kapitalbildender Lebensversicherung zur Absicherung der Kredite usw. ein Cash-flow-Steuersystem sich in rechtliche Einzelregelungen umsetzen ließe. Dabei wäre u.a. zu beachten, daß eine Cash-flow-Steuer einen weitaus höheren fiskalischen Verlustausgleich erfordert als eine Einkommensteuer (wegen der Sofortabschreibung sämtlicher Anlage-, Finanz- und Vorratsinvestitionen).

---

59 Solche Gesichtspunkte wurden schon von *Richard Goode:* Long-Term Averaging of Income for Tax Purposes. In: The Economics of Taxation, ed. by H.J. Aaron, M.L. Boskin. Washington 1980, S. 159-178, hier S. 164-166, herausgestellt.

60 *Zodrow,* S. 90; vgl. *Auerbach, Kotlikoff* sowie z.B. *Charles E. McLure Jr., John Mutti, Victor Thuronyi and George R. Zodrow:* The Taxation of Income from Business and Capital in Colombia. Durham/London 1990, S. 295-297.

Da der größte Teil der Verbrauch-, Umsatz-, Verkehr- und Substanzsteuern von Unternehmungen bezahlt werden, wird hier stillschweigend verlangt, daß solche Steuern nicht erhoben werden. Schon damit wären steuerpolitischen Gestaltungsvorschlägen aus diesen Modellüberlegungen praktisch der Boden entzogen.

Hinzu tritt folgender Einwand: Es sind nicht nur Steuerrechtssachverhalte, die einer vollständigen Verlagerung von Unternehmensteuerlasten auf natürliche Personen entgegenstehen. Eine Fülle von Verzerrungen in der Steuerbelastung der Sparer bei Besteuerung von Unternehmungen sind durch das Handels- und Gesellschaftsrecht bedingt. Selbst wenn z.B. bei der Körperschaftsteuer das Integrationsverfahren eingeführt wäre, könnten Gewinne und Verluste (!) den Anteilseignern erst im Folgejahr zugerechnet werden wegen der gesellschaftsrechtlichen Feststellung und Prüfung des Jahresabschlusses. Steuernachzahlungen aufgrund von Betriebsprüfungen und Steuerstrafen lassen sich praktisch nicht auf die Anteilseigner weiterleiten. Solche institutionellen Gegebenheiten auf Finanzmärkten verlangen das Bilden von Rücklagen, deren Steuerlasten praktisch bei den Unternehmungen bleiben. Wie weit eine Steuerbelastung von Unternehmungen reicht, die durch handels- und gesellschaftsrechtliche Institutionen erzwungen ist und in einem persönlichen Konsumsteuersystem nicht an Konsumenten durchgeleitet werden kann, ist bisher unbeantwortet.

bb) Die Maximierung einer intertemporalen Nutzenfunktion als implizites Vorurteil für eine Konsumbesteuerung

Wer sowohl für Ex-ante-Überlegungen über die Steuerwirkungen in Planungsmodellen als auch für Gleichmäßigkeit der Besteuerung als Teilproblem der Ex-post-Verteilungsgerechtigkeit von der Annahme einer zu maximierenden intertemporalen Nutzenfunktion unter vollkommener Voraussicht ausgeht, der impliziert ein ausschlaggebendes Vorurteil zugunsten einer persönlichen Konsumbesteuerung:

a) Da eine Besteuerung der Zielgröße persönlichen Handelns entscheidungsneutral wirkt (keine steuerbedingten Zusatzlasten auslöst), sichert Zielgrößenbesteuerung modellmäßig Effizienz. Innerhalb eines neoklassischen Denkstils wird als Zielgröße aller Steuerpflichtigen Konsumnutzenmaximierung, ergänzt um einen Freizeitnutzen, gewählt. Bei dieser Sicht ist aber der Begriff des Einkommens als Zielgröße überflüssig, worauf schon Hicks hingewiesen hat[61].

Wenn der Konsumnutzen neben der Freizeit Zielgröße des Handelns ist, muß eine Einkommensbesteuerung Nachteile für die Verwirklichung von Effizienz bringen, sobald der Konsumnutzen an irgendeiner Stelle vom steuerpflichtigen Einkommen abweicht. Dieser Verzerrungsfaktor zum Nachteil der Einkommensteuer überträgt sich auf die Gleichmäßigkeit der Besteuerung; denn bei einer Zielgrößenbesteuerung entstehen keine steuerlichen Zusatzlasten. Damit wird eine wichtige Vorbedingung für Gleichmäßigkeit der Besteuerung erreicht: das Fehlen von Steuerausweichhandlungen.

---

61 Vgl. *J.R. Hicks:* Value and Capital. 2nd. ed., Oxford 1946, S. 180.

Jenseits eines neoklassischen Denkstils von der Nutzenmaximierung gibt es jedoch gute Gründe, Einkommenserwerb als Zielgröße des Handelns und vor allem als Maßgröße für die Inhaltsbestimmung gleicher steuerlicher Leistungsfähigkeit anzusehen, wie das folgende belegt.

b) Die zu maximierende intertemporale Nutzenfunktion enthält als Bestandteile den Nutzen des „Konsums" (vermutlich der Konsumausgaben) und den Nutzen der „Freizeit". Dabei wird vereinfachend angenommen, die Substitutionselastizitäten zwischen Konsum und Freizeit während der einzelnen Jahre seien zeitlich trennbar und ebenso konstant wie die Substitutionselastizität zwischen Konsum und Freizeit innerhalb eines Steuerjahres. Die Begründung, eine solche „constant elasticity of substitution"-(CES)-Nutzenfunktion sei angebracht wegen der begrenzten empirischen Daten[62], ist nicht haltbar. Die Beschränkung auf einen bestimmten Funktionstyp rechtfertigt sich nicht durch fehlende empirischen Daten, sondern erst dann, wenn hinreichend viele empirische Daten diesen Funktionstyp abstützen.

„Freizeit" als Besteuerungsmerkmal schafft Bedarf an begrifflicher Klärung: Man kann nicht Konsumausgaben und Freizeit nebeneinander als Substitutionsgüter in eine Nutzenfunktion aufnehmen, da per Definition von Arbeitszeit Konsumausgaben nur in der Freizeit getätigt werden können. Deshalb stehen sich bei sorgfältiger Sprechweise nicht Konsum und Freizeit als zu substituierende Größen in einer Nutzenfunktion gegenüber, sondern

– der Nutzen höherer Konsumausgaben als Folge höheren Einkommens in größerer Arbeitszeit während des Steuerabschnitts, ausgegeben in entsprechend niedrigerer Freizeit, und

– der Nutzen geringerer Konsumausgaben als Folge geringeren Einkommens in niedrigerer Arbeitszeit während eines Steuerabschnitts, ausgegeben in entsprechend größerer Freizeit.

Der Wunsch nach einer so verstandenen „Freizeit" kann Einfluß auf das Arbeitszeitangebot im Hinblick auf die Besteuerung nehmen. Aber selbst bei dieser „ex-ante"-Sicht bleibt die Vorstellung eines positiven Grenznutzens der Freizeit für die Steuerlehre anfechtbar. Ein freiwilliger Austausch von Arbeitszeit und „Freizeit" mag für Teilzeit-Jobs suchende Schüler, Studenten oder Hausfrauen zutreffen. Er ist nicht nur für jene Steuerpflichtigen weitgehend Illusion, deren Arbeitszeit tarifvertraglich festliegt, sondern vor allem für jene, durch deren Entscheidungen der Wohlstand der Nationen schwergewichtig bestimmt wird: Selbständige Unternehmer, angestellte Manager, ja selbst Berufspolitiker können durch den Druck ihrer Verpflichtungen zwischen Mehreinkommen aus mehr Arbeitszeit und Mindereinkommen bei mehr Freizeit kaum aus freiem Entschluß wählen. Ausschlaggebend wird jedoch, daß zumindest für qualifizierte Tätigkeiten die Modellierung einer Nutzenfunktion mit Konsumausgaben und Freizeit als Merkmalen fehlerhaft wird, soweit die Arbeit Spaß macht oder Konsum während der Arbeitszeit ermöglicht. Eine Nutzenfunktion mit Konsum und Freizeit wird auch dann für die Beurteilung

---

62 Vgl. *Zodrow*, S. 101.

von Reaktionen auf Steueränderungen unbrauchbar, wenn Ärger am Arbeitsplatz oder zu Hause, auf dem Sportplatz usw. besteht oder eine Änderung der persönlichen Arbeitszeit durch Berufswechsel eine Fülle zusätzlicher Unsicherheiten mit sich bringt.

Hinzu tritt, daß eine vorgegebene intertemporale Nutzenfunktion jedes Lernen aus der Erfahrung ausschließt: kognitive Dissonanzen zwischen erwarteter und tatsächlicher Bedürfnisbefriedigung, Änderungen der Substitutionselastizitäten zwischen (wie verteilten?) Konsumausgaben und „Freizeit". Vor allem werden die Einflüsse negiert, die aus dem Zugang an Wissen über die wahrscheinliche Beeinflußbarkeit des im Modell als sicher angenommenen Todeszeitpunktes bestehen, z.B. durch Verzicht auf begehrte Drogen, körperliche Höchst- oder Nichtleistungen in der Freizeit. Somit erscheint für die Ableitung der Entscheidungswirkungen der Besteuerung eine intertemporale Nutzenfunktion aus Konsum und Freizeit überaus dürftig konzipiert.

Für eine Verlagerung der Steuerlasten weg vom Einkommen als Maßgröße steuerlicher Leistungsfähigkeit wird vorgebracht, daß eine Einkommensbesteuerung mit Zusatzlasten über die Steuerzahlung hinaus verbunden sei. „Diese beruhen darauf, daß der Erwerb von Arbeitseinkommen insbesondere mit Freizeitopfern, der Erwerb von Kapitaleinkommen mit dem Eingehen von Risiken, also Einbußen an Sicherheit, verbunden sind. Da die Alternativen zum Einkommenserwerb, das heißt vor allem Freizeit und Sicherheit, im Gegensatz zum Einkommen nicht oder allenfalls geringfügig durch Steuern belastet werden, löst die Einkommensteuer Substitutionseffekte aus"[63]. Hiergegen gibt den Ausschlag:

(1) Die Alternative zum Arbeitseinkommen ist nicht Freizeit, sondern „kein Arbeitseinkommen", also wenn andere Einkunftsarten fehlen: Hunger und Langeweile in der Freizeit. Freizeit wird nicht „geringfügig durch Steuern belastet", sondern allenfalls eine Konsumausgabe in der Freizeit. Ein Einkommensteuersatz-bedingter Substitutionseffekt zugunsten der Freizeit und zu Lasten der Arbeitseinkommen (gemeint sein müßte: der Arbeitszeit) setzt voraus, daß die Arbeitszeit vom einzelnen aus freier Entscheidung marginal oder mindestens in Sprüngen verändert werden kann in Anpassung an Steuersatzänderungen. Eine solche Annahme schwebt im Wolkenkuckucksheim jenseits des geltenden Arbeitsrechts.

(2) Noch konfuser ist die Behauptung, die Alternative zum Erwerb von Kapitaleinkommen sei Sicherheit, die im Gegensatz zum Einkommen nicht durch Steuern belastet werde. Die Alternative zum Kapitaleinkommen ist nicht Sicherheit, sondern Brachliegen des Vermögens, also Hinnahme der Diebstahlsgefahr und eines Kaufkraftverlustes mangels diesen teilweise kompensierender Zinseinkünfte. Darüber hinaus bleibt unverständlich, wieso jedes Kapitaleinkommen, also auch der Erwerb von Bundesschatzanweisungen, mit Einbuße an Sicherheit verbunden sein soll. Da für die Mehrzahl risikobehafteter Kapitalanlagen Mischungs- und Verlustverrechnungsmöglichkeiten bestehen, ist auch aus diesem Grunde die vom Sachverständigenrat behauptete Substitution zwischen Kapi-

---

63 *Sachverständigenrat zur Begutachtung der gesamtwirtschaftlichen Entwicklung.* Weiter auf Wachstumskurs. Jahresgutachten 1986/87, Stuttgart – Mainz 1986, Ziffer 281.

taleinkommen und Sicherheit nur ein Beleg für mangelnde Kenntnis von Steuerwirkungen.

c) Um die Eignung eines Steuersystems zur Verwirklichung von Gleichmäßigkeit der Besteuerung zu beurteilen, dafür hängt das Festmachen einer Bezugsgröße steuerlicher Leistungsfähigkeit an einer intertemporalen Nutzenfunktion aus Konsum und Freizeit für eine freiheitliche Gesellschaftsordnung begründungslos in der Luft; denn ob jemand viel oder wenig seiner Zeit für Arbeiten einsetzt, ist ein Ausdruck seiner persönlichen Freiheit. Den Barwert des *Potential*einkommens als Bezugsgröße steuerlicher Leistungsfähigkeit zu zählen, vernichtet die persönliche Freiheit des einzelnen; denn hierbei bedeutet Gleichmäßigkeit der Besteuerung: Alle seien unterschiedslos zu besteuern, die das obrigkeitliche Diktat „Ihr könntet die gleichen Mittel erwerben, um Euch gleich hohe Konsumausgaben zu leisten" trifft. Wieviel jemand tatsächlich erreicht hat, sei im Hinblick auf gerechte Besteuerung irrelevant. Persönliche Fehleinschätzungen, Pech mit Krankheit oder Unfällen wären für eine „gerechte" Steuerzahlpflicht unerheblich. Verbrecherische oder andere ethisch fragwürdige Vermögenszuflüsse könnten keine Steuerzahlungsverpflichtung begründen, wenn sie nicht im voraus von Gesetzes wegen für alle Steuerpflichtigen als Bestimmungsgrößen ihrer „full resources' ... potential earnings" eingegangen sind. Steuerliche Gerechtigkeit in einer Bezugsgröße zu sehen, die zwei Steuerpflichtige dann als unterschiedslos zu belasten fordert, wenn beide bei Verzicht auf jede Freizeit das gleiche verdienen könnten, sinkt ethisch auf eine Sklaventreiber-Diktatur ab.

Für eine Gesellschaftsordnung, die persönliche Freiheit wahrt, ist jede Form einer Potentialbesteuerung abzulehnen, auch als Bezugsgröße für die Inhaltsbestimmung unterschiedslos zu besteuernder steuerlicher Leistungsfähigkeit. *Damit ist zugleich ein Freizeitnutzen als Merkmal hinfällig, mit dem Gleichmäßigkeit der Besteuerung expliziert werden könnte.* Wer für eine freiheitliche Gesellschaftsordnung steuerliche Leistungsfähigkeit inhaltlich festlegen will, muß steuerliche Leistungsfähigkeit an den Ergebnissen der Teilnahme des einzelnen am Wirtschaftsprozeß ausrichten. Dazu bieten sich für eine einperiodige *und* eine lebenszeitbezogene Sicht steuerlicher Leistungsfähigkeit an:

(1) die Verwirklichung von Markteinkommen oder

(2) die Verwirklichung von Bedürfnisbefriedigung durch Konsumausgaben eines jeden Steuererhebungsabschnitts (Jahres) *zusammen* mit dem jeweiligen Vermögensbestand, weil dieser für jede Periode mehr Entscheidungsfreiheit gibt, was wann konsumiert werden kann und zusätzlich bei Berücksichtigung der Unsicherheit mehr Sicherheit über künftigen Konsum schafft - also in der Gegenwart mehr zu konsumieren erlaubt.

Natürlich müßte ein auf die Lebenszeit bezogenes Maß für steuerliche Leistungsfähigkeit den Vermögensbestand in jedem Zeitpunkt als Komponente in einer intertemporalen Nutzenfunktion ebenso berücksichtigen wie eine Bezugsgröße „einperiodige Bedürfnisbefriedigung", sobald zugestanden wird, daß unter Unsicherheit ein in einem Jahr Vermögender mehr Sicherheit über seine künftigen Konsummöglichkeiten und mehr Entscheidungsfreiheit darüber besitzt, was er wann konsumieren kann, als ein in diesem Jahr Vermögensloser.

d) Zu prüfen bleibt, ob nicht unter den Erfahrungstatbeständen der Unsicherheit und des ungleich verteilten unvollständigen Wissens unter den Menschen in einer Volkswirtschaft der einperiodige Begriff des Einkommens eine bessere Maßgröße für steuerliche Leistungsfähigkeit als ein Barwert potentieller Lebenseinkünfte bildet.

Der Gedanke, eine „gerechte" Besteuerung an das Einkommen zu binden, entstammt einem Denkstil, der dem neoklassischen in entscheidenden Punkten entgegensteht. Einkommen ist ein Begriff, den die spätklassische Nationalökonomie entwickelt hat (S. 229 Fn. 34). Das naturrechtliche Denken der ökonomischen Klassik ist hinsichtlich des Inhalts von Einkommen zum einen durch den Fruchtbegriff des römischen Rechts geprägt (was später „Quellentheorie" des Einkommens genannt wurde), zum anderen durch den Wechsel vom Reinertrag der Produktionsfaktoren („Frucht") zum Einkommen eines Menschen bzw. Haushalts. Von den Früchten kann (so lautete schon die Überlegung im römischen Recht[64]) „gerechterweise" ein Teil für Staatsausgaben weggenommen werden, ohne die Erhaltung des Wohlstands des einzelnen und damit des Volkswohlstands zu beeinträchtigen. Der Verkauf von Sachen (also Markthandeln) bringt nach römisch-rechtlichem Denken keine Früchte im natürlichen Sinne. Hier muß eine andere Überlegung zu Hilfe genommen werden: Reineinkommen ist das Ergebnis eines Schwankens der Marktpreise um die natürlichen Preise, welche die Reproduktion verbrauchter Faktoren sichert. Reineinkommen liegt im Gleichgewichtsdenken der ökonomischen Klassik erst dann vor, wenn das Existenzminimum = die natürlichen Preise des persönlichen Arbeitseinsatzes, abgesetzt sind. Reineinkommen als Resultat des Abweichens der Marktpreise von den natürlichen Preisen hat (wenn eine Überzeichnung gestattet wird) stets eine Art „windfall"-Charakter und bietet deshalb aus Gerechtigkeitsgründen einen geeigneten Anknüpfungspunkt für die Besteuerung.

Wenn also in allgemeinen Gleichgewichten gedacht wird, so ist ein grundlegender Unterschied zwischen der Einkommensbesteuerung und der persönlichen Konsumausgabensteuer folgender: Die klassische ökonomische Vorstellung vom Gleichgewicht ist die eines Evolutionsprozesses mit einer Tendenz zum Gleichgewicht, wobei wegen des Abweichens der Marktpreise von den natürlichen Preisen Reineinkommen entstehen werden. Einkommen wird gerade deshalb als einperiodiger Begriff verstanden, weil unter Unsicherheit und Ungleichverteilung des unvollständigen Wissens in einer Gesellschaft ex-post-Gewinne von Plangewinnen (oder geplanten Nutzenvorstellungen) abweichen, und verwirklichte Gewinne Signale sind, welche unter Wettbewerb die Verwertung von Wissen fördern (als Merkmal eines „evolutorischen" Effizienzverständnisses).

Geistreiche Ökonomen in den Salons der Pompadour haben vor über zweihundert Jahren (wenngleich mit einer viel zu engen Bemessungsgrundlage) jenen Kernsatz der betriebswirtschaftlichen Steuerwirkungslehre erkannt, daß nur eine Besteuerung des freien Einkommens, genauer der marktwirtschaftlichen Zielgröße unternehmerischen Handelns, Zusatzlasten durch Steuerausweichhandlungen vermeidet (S. 206). Für eine Wett-

---

[64] Vgl. *Digesta*, hrsg. von T. Mommsen, P. Krueger, 19. Aufl., Dublin – Zürich 1966, XXIV, 3, 8, § 1; VII, 1, 27, § 3.

bewerbsordnung geben verwirklichte Profite aus jedweder Tätigkeit und jedwedem Vermögenseinsatz zumindest die Hoffnung auf eine spontane Ordnung, mit der Unsicherheit und Ungleichverteilung des Wissens in einer Gesellschaft abgebaut werden können (S. 705, Fn. 32). Deshalb kommt für eine Wettbewerbsordnung das Einkommen als Maßgröße steuerlicher Leistungsfähigkeit einer Zielgrößenbesteuerung noch am nächsten.

Der neoklassische Denkstil geht demgegenüber davon aus, daß natürliche Preise und Marktpreise im Konkurrenzgleichgewicht zusammenfallen. Folglich entstehen bei linearhomogenen Produktionsfunktionen keine Unternehmergewinne. Wenn man jeden Steuerpflichtigen als Unternehmer seiner Arbeitskraft, seines Wissens und sonstigen Vermögens ansieht, existiert mindestens im Zustand der Allokationseffizienz, wie ihn das generelle Konkurrenzgleichgewicht definiert, gar kein Reineinkommen. Als Besteuerungsgrundlage bleibt deshalb nur die Nutzenvorstellung im Sinne einer psychischen Bedürfnisbefriedigung. Dieses psychische Nutzenkonzept übernimmt eine Metapher aus der Energie-Physik in der Mitte des 19. Jahrhunderts (Nutzen wird analog zur potentiellen Energie betrachtet)[65] und mit Hamilton-Differentialgleichungen in ein eindrucksvolles formales Kleid gesteckt. Übersehen wird bei der Anwendung intertemporaler Nutzenmaximierung für Besteuerungsfragen, daß die Nutzentheorie der letzten Jahrzehnte gerade jenes psychologische Kleid ablegen wollte, das zur Begründung einer Bezugsgröße für steuerliche Leistungsfähigkeit wieder herangezogen wird.

e) Das Maximieren einer intertemporalen Nutzenfunktion und die Wahl des Barwerts des Potentialeinkommens als Bezugsgröße für Gleichmäßigkeit der Besteuerung vernachlässigt das Problem, wie Haushalte (Eheleute mit und ohne Kinder) zu besteuern sind[66].

Als Ergebnis ist festzuhalten: Über mehrperiodige (aber wegen der Unsicherheit nicht lebenszeitliche) Planungsmodelle lassen sich zwar die Entscheidungswirkungen unterschiedlicher Besteuerungssysteme zu erforschen. Aber solche Entscheidungsmodelle liefern noch kein Argument für eine lebenszeitbezogene Definition von Gleichmäßigkeit der Besteuerung, gemessen in einem Barwert potentieller Vollarbeitszeiteinkünfte. Gegen eine Messung von Gleichmäßigkeit der Besteuerung durch ein lebenszeitbezogenes Nutzenkonzept spricht, daß Zwangsausgaben gerechterweise nach einem verbesserten Wissensstand ex-post zu bemessen sind, und daß ein Abstellen auf Konsumnutzen allein ausschlaggebende Bedürfnisbefriedigungssachverhalte unter Unsicherheit vernachlässigt: die geringere künftige Konsumunsicherheit und den höheren gegenwärtigen Konsumfreiheitsraum. Diese Nutzenstiftung aus dem Vermögensbestand am Beginn eines jeden Steuerzahlungsabschnitts muß bei einer Konsumsteuer, darf aber nicht bei einer Konsum und Ersparnis zugleich treffenden Steuer berücksichtigt werden; denn hier wird der Vermögensnutzen schon durch die Besteuerung der Ersparnis erfaßt. Da aber

---

65 Vgl. dazu mit einer Fülle an Verweisen *Philip Mirowski:* More heat than light. Cambridge 1989.
66 Vgl. *Michael J. McIntyre:* Implications of Family Sharing for the Design of an Ideal Personal Tax System. In: The Personal Income Tax – Phoenix from the Ashes? ed. by S. Cnossen and R.M. Bird, S. 145-183, hier S. 170-176.

1. eine Vermögensteuer überaus nachteilige Folgen für die Risikobereitschaft und andere Allokationsaspekte zeigt,

2. die Ergebnisse aus dem Lebenszyklusmodell eine persönlichen Konsumsteuer gegenüber einer Einkommensteuer nicht eindeutig effizienter erscheinen lassen,

3. die behaupteten Vorzüge einer persönlichen Konsumsteuer hinsichtlich der Gleichmäßigkeit nur belegt sind für ein freiheitswidriges Meßkonzept, das zudem die Nutzenstiftung aus dem jeweiligen Vermögen vernachlässigt,

ist die Einkommensbesteuerung einer persönlichen Konsumbesteuerung vorzuziehen.

c) Die Fragwürdigkeit von Finanzierungsneutralität der Besteuerung

1. Die Diagnosehilfe „Entscheidungsneutralität" als Norm für die Steuerpolitik

Innerhalb der Wirtschafts- und Finanzpolitik lassen sich Steuerrechtsetzungen nach zwei Gesichtspunkten ordnen

a) Steuerrechtsetzungen, die wirtschaftspolitisch bedingt sind (Lenkungssteuer-Rechtsetzungen), z.B. die Investitionsförderung für die neuen Bundesländer;

b) Steuerrechtsetzungen zur Einnahmenerzielung des Fiskus ohne beabsichtigten Lenkungszweck (fiskalische Steuern). Von solchen Steuerrechtsetzungen wird *erhofft*, daß sie das Erreichen wirtschaftspolitischer Ziele wie Nicht-Fehllenkung oder -Verschwendung knapper Mittel (Allokationseffizienz) oder Nicht-Verzerrung des Wettbewerbs erreichen helfen und zur Finanzierung der Staatsausgaben beitragen.

Für Lenkungssteuern kann Entscheidungsneutralität natürlich niemals als Norm der Steuerpolitik betrachtet werden. Wohl aber bedarf es auch für Lenkungssteuern der Diagnosehilfe Entscheidungsneutralität, um zu beurteilen, ob und unter welchen Bedingungen Steuerrechtsetzungen mit Lenkungszwecken ihre beabsichtigte Wirkung erreichen, wann sie den Lenkungszweck verfehlen.

Für fiskalische Steuern bedarf es in gleicher Weise der Diagnosehilfe Entscheidungsneutralität. Zu prüfen bleibt, ob für Steuerrechtsetzungen, die von der gesetzgeberischen Absicht her nur der Einnahmenerzielung dienen sollen, Entscheidungsneutralität der Rechtspolitik als Norm vorgegeben werden sollte. Eine solche Norm wird von den Befürwortern der Cash-flow-Besteuerung unterstellt[67]. Für eine Norm „Entscheidungsneutralität" spricht:

(1) Beachten fiskalische Steuerrechtsetzungen eine Norm Entscheidungsneutralität, so werden Steuerausweichhandlungen vernünftiger Steuerpflichtiger vermieden. Die Absicht der Einnahmenerzielung wird nicht dadurch unterlaufen, daß wegen Anpassungshandlungen der Steuerpflichtigen der Kuchen des Volkseinkommens kleiner wird als er bei entscheidungsneutraler Steuerrechtsetzung sein könnte.

---

67 Innerhalb der Betriebswirtschaftslehre nachdrücklich gefordert von *Franz W. Wagner:* Neutralität und Gleichmäßigkeit als ökonomische und rechtliche Kriterien steuerlicher Normkritik. In: StuW, Jg. 69 (1992), S. 2-13, z.B. S. 13. Die Stichhaltigkeit seiner Argumentation zu Gunsten einer Konsumbesteuerung wurde bereits in Abschnitt II. b. widerlegt.

(2) Soweit Entscheidungsneutralität dieselben Steuerrechtsetzungen verlangt wie eine gleichmäßige Besteuerung steuerlicher Leistungsfähigkeit, verhindert ein entscheidungsneutrales Steuerrecht, daß die tatsächliche Steuerbelastung der Steuerpflichtigen wegen Ausweichhandlungen vor der Besteuerung unter die vom Gesetzgeber beabsichtigte Steuerbelastung sinkt.

Gegen eine Norm Entscheidungsneutralität sprechen folgende Gesichtspunkte:

(1) Ein entscheidungsneutrales Steuerrecht löst nur unter bestimmten Voraussetzungen keine Steuerwirkungen aus (S. 193). Von einer Norm Entscheidungsneutralität kann also bestenfalls eine Verringerung marktbestimmter Steuerlasten erwartet werden. Ehe auf die Verringerung marktbestimmter Steuerlasten vertraut wird, ist zu prüfen, ob nicht aus Änderungen des Steuerrechts in Richtung Entscheidungsneutralität gesamtwirtschaftlich nachteilige Änderungen der Zielgrößen, der Handlungsmöglichkeiten und der Entscheidungsrationalität der Steuerpflichtigen folgen. Hier besteht zur Zeit eine wissenschaftliche Grauzone. Solange keine überprüfbaren Argumente wegen gesamtwirtschaftlich nachteiliger Änderungen bei den Zielgrößen, der Auswahl von Handlungsmöglichkeiten und der Entscheidungsrationalität bekannt sind, schlägt dieser Einwand gegen Entscheidungsneutralität als Norm nicht durch.

(2) Die verschiedenen Formen entscheidungsneutraler Besteuerung unterscheiden sich in der Höhe der Steuerzahlungen und damit in der Höhe der Steuereinnahmen. Das Modell der Cash-flow-Steuer stellt im Grundsatz Unternehmungen von Steuerzahlungen frei. Sie können Steuerzahlungen durch Investition ihrer Einnahmenüberschüsse vermeiden. Das ist beabsichtigt, weil letztlich der Steuerzugriff bei den persönlichen Konsumausgaben ansetzt. Aber daraus ergeben sich eine Reihe fragwürdiger Folgen:

(a) Bei Privatpersonen ist Steuerehrlichkeit weit weniger oder nur weitaus teurer und mit zusätzlichen Eingriffen in die Privatsphäre sicherzustellen als bei Unternehmungen, denen sowieso wegen ihrer Kapitalmarktverflechtungen ordnungsmäßige Buchführung auferlegt ist.

(b) Konsum ist nur eines von mehreren Zielen der Wirtschaftenden. Da Unsicherheit und Ungleichverteilung des Wissens unter den Menschen unvermeidbar ist, schafft ein Vermögensbestand, verkörpert in Anteilsrechten an Unternehmungen, Nutzenbestimmungsgründe, die sowohl die Entscheidungen in Unternehmungen als auch die beabsichtigte Gleichmäßigkeit der Besteuerung über persönliche Konsumausgaben beeinträchtigt. Hinzu tritt die Entscheidungsmacht in Unternehmungen, die stets auch mit der Möglichkeit eines steuerlich allenfalls begrenzt erfaßbaren Konsums am Arbeitsplatz verbunden ist.

(c) Eine persönliche Konsumausgabensteuer trifft nur inländische natürliche Personen, also weder Kollektive, die Gesetzgebungsmehrheiten nicht immer uneigennützig für gemeinnützig halten, noch ausländische Anteilseigner. Mit einer Wettbewerbsordnung unvereinbar ist die Steuerbegünstigung von Kollektiven gegenüber natürlichen Personen. Deren kollektives Vermögen und damit ihre Marktmacht wird steuerfrei vermehrt, wenn Unternehmungen grundsätzlich steuerbefreit gehalten werden. Zusätzlich ist es illusionär zu glauben, daß in allen Ländern der Erde eine Norm Entscheidungsneutralität der Besteuerung akzeptiert und auch noch in gleicher Weise verwirklicht werden könnte. Selbst wenn der Idealfall einer Norm Entscheidungsneutralität für alle Länder der Erde unterstellt wird, ist unter dem Gesichtspunkt der Gleichmäßigkeit der Besteuerung nicht einzusehen, daß nur die inländischen natürlichen Personen für Staatseinnahmen sorgen, die auch den im Auslandsbesitz befindlichen Unternehmungen über Infrastruktur-Investitionen usw. zugute kommen. Industriepolitik durch Anlocken ausländischer Investoren ist eine Sache, die in den Bereich der Lenkungssteuern fällt. Die Höhe der Steuerbelastung konsumierender Inländer, weil alle Unternehmungen steuerfrei gestellt werden, ist im Hinblick auf die fiskalische Besteuerung anders zu werten, zumal hier bei gleichen Staatsaufgaben die persönliche Belastung inländischer Privatpersonen steigen muß (schon wegen des höheren fiskalischen Verlustausgleichs als Folge der „Sofortabschreibungen").

(3) Entscheidungsneutralität bezieht sich nur auf finanzielle Zielgrößen bei Wahlhandlungen. Das gesellschaftliche Maß für die Beurteilung von Verteilungs- und Umverteilungsfolgen, also die Maßgrößen steuerlicher Leistungsfähigkeit, können und werden regelmäßig von den Zielgrößen abweichen, die bei Entscheidungsneutralität unterstellt werden. Damit entsteht ein steuerpolitischer Zielkonflikt, ob und inwieweit innerhalb der fiskalischen Besteuerung Entscheidungsverzerrungen hingenommen werden sollen, um mehr Gleichmäßigkeit oder gar vertikale Gerechtigkeit erreichen zu können.

(4) Entscheidungsneutralität von Steuerrechtsetzungen ist für die Realität, d.h. für Entscheidungen unter Unsicherheit nicht zu verwirklichen. Die Steuerneutralität wird als Norm für eine Steuerrechtspolitik in all den Fällen untauglich, in denen nicht beurteilt werden kann, wie unter Unsicherheit eine bei Planungssicherheit entscheidungsneutrale Steuerrechtsetzung wirkt. Es gibt Steuerrechtsetzungen, für die auch unter Unsicherheit Gründe genannt werden können, daß sie weniger entscheidungsverzerrend wirken als ihre gegenwärtig verwirklichten Steuerrechtsalternativen. Dazu zählt z.B. ein sofortiger Verlustausgleich oder ein verzinslicher Steuerrücktrag und -vortrag gegenüber dem begrenzten, unverzinslichen Verlustrücktrag und dem unverzinslichen Verlustvortrag. Dazu gehört ferner eine Einnahmenüberschußrechnung unter Ausklammerung nicht abnutzbarer und abnutzbarer Anlagen gegenüber dem derzeitigen Vermögensvergleich mit seinen vielfältigen Einzelregelungen zum Realisationsprinzip.

Entscheidungsneutralität ist unter Unsicherheit allenfalls subjektiv und unter Modellvereinfachungen zu erreichen. Als finanzpolitisches Ziel ist Entscheidungsneutralität durch eine Umdefinition in „Abwesenheit steuerbedingter Arbitragemöglichkeiten" auf Märkten zu retten versucht worden, „soweit sich ... Risikopositionen auf effizienten Märkten in Finanz-, Güter- und Arbeitsmarktpreisrelationen niedergeschlagen haben ... Eine effiziente Besteuerung läßt sich bei effizienten Kapitalmärkten also auch *im Risikofall durch eine ex-post-Besteuerung* realisierter Marktergebnisse unabhängig von persönlichen Risikonutzenfunktionen realisieren. Sie richtet sich dabei auf die Nichtbeeinflussung der allokationswirksamen relativen Preise (für die Risikoübernahme) durch die Besteuerung"[68]. Diese Umdefinition der Entscheidungsneutralität als finanzpolitisches Ziel ist nicht durchführbar:

(a) Die „allokationswirksamen relativen Preise (für die Risikoübernahme)" existieren nur im Gleichgewicht, und dabei stört „die fehlende Berücksichtigung individueller Nutzenfunktionen" unter Ungewißheit nur dann nicht, wenn ein Separationstheorem gilt. Sind mit „effizienten Kapitalmärkten" solche gemeint, die noch nicht im Gleichgewicht sind, dann existieren immer Möglichkeiten zu Arbitragegewinnen. Durch sie soll schließlich eine Tendenz zum Gleichgewicht verwirklicht werden, falls eine solche Tendenz existieren sollte (S. 571 f.). Da jede Besteuerung (bei subjektiv entscheidungsneutralen Steuerrechtsetzungen und erst recht bei entscheidungsverzerrenden) die Entscheidungen verändert, sofern nicht subjektive Entscheidungsneutralität unter Ungewißheit (S. 669 f.) erfüllt ist, kann „Abwesenheit von steuerbedingten Arbitragemöglichkeiten" nicht eintreten. Die Umdefinition ist somit inhaltsleer.

(b) Unter Ungewißheit ist bei Risikoabneigung eine subjektive Entscheidungsneutralität nicht durch lineare Steuersätze zu erreichen (S. 667 f.). Deshalb trifft nicht zu, daß „die lineare Besteuerung der Einnahmenüberschüsse als umverteilungsneutral anzusehen"[69] ist.

(c) Eine Ex-Post-Besteuerung realisierter Marktergebnisse, in denen Ex-post-Überraschungen enthalten sind, sichert nicht für künftige Entscheidungen eine effiziente entscheidungsneutrale Besteuerung, weil das Wissen, daß nicht geplante Ex-Post-Gewinne oder -Verluste in dieser oder jener Weise besteuert werden, das Investitionsprogramm verändert; denn nach der Erfahrung von Ex-post-Überraschungen werden Entscheidende diese oder jene Kassenhaltung bzw. Eigenkapitalausstattung als Vorsorgemaßnahme einplanen. Beide Vorsorgemaßnahmen, die bei Ausklammern von Ex-post-Überraschungen entfallen, werden durch die Besteuerung von Ex-Post-Ergebnissen beeinflußt.

Wegen der ungelösten Probleme, welche Steuerrechtsetzungen unter Unsicherheit entscheidungsneutral wirken würden, kommt Entscheidungsneutralität der Besteuerung *nicht als generelle Norm* für die Steuerrechtspolitik in Betracht. Stattdessen ist eine Norm angebracht, die erkannte Einzelverzerrungen von Entscheidungen unter Unsicherheit vermeidet. Nicht Entscheidungsneutralität der Besteuerung ist als Norm der Steuerrechtspolitik zu fordern, sondern ein Vermeiden nachgewiesener Entscheidungsverzerrungen durch einzelne Steuerrechtsetzungen. Eine Norm „*Vermeidung nachgewiesener, fallbezogener Entscheidungsverzerrungen*" ist eine wesentlich weniger umfassende und weniger anspruchsvolle Forderung als Entscheidungsneutralität. Sie setzt insbesondere keine derart haarsträubenden Modellannahmen voraus, wie einen konkurrenzgleichgewichtigen Kapitalmarkt bzw. eine Abwesenheit steuerbedingter Arbitragemöglichkeiten.

---

68 *Rainer Elschen:* Entscheidungsneutralität, Allokationseffizienz und Besteuerung nach der Leistungsfähigkeit. In: StuW, Jg. 65 (1991), S. 99-115, hier S. 109.
69 *Elschen:* Entscheidungsneutralität, S. 113.

2. Aufteilungsregeln für ein gemeinsam zu erzielendes Einkommen als Beurteilungsmaß für Lenkungssteuern

Die Beziehungen zwischen Steuergesetzgeber und Steuerpflichtigen schlechthin als Principal-Agent-Problem einzustufen (S. 619), führt zu weit. Fruchtbar erscheint jedoch, die wirtschaftspolitisch bedingte Besteuerung als Principal-Agent-Beziehung zu untersuchen: Der Steuergesetzgeber verfolgt hier z.B. die Absicht, das Volkseinkommen zu erhöhen. Zu diesem Zweck setzt er die Aufteilungsregel für das Volkseinkommen zwischen sich und den in einer dezentralisierten Wirtschaft selbständig Handelnden. Diese steuerpflichtigen Unternehmer ihrer Arbeitskraft, ihres Wissens und sonstigen Vermögens besitzen Entscheidungsfreiheit darüber, was sie zur Erwirtschaftung des gemeinsamen Volkseinkommens tun.

Das hier auf *Lenkungssteuern* zu übertragende Principal-Agent-Modell[70] sucht für Steuergesetzgeber und einen (repräsentativen) Unternehmer nach der Aufteilungsregel für das gemeinsam zu erzielende unsichere Einkommen, die beiden zielentsprechend erscheint (also pareto-optimal ist).

Das folgende Modell darf nicht als Entscheidungsmodell, als Aussage zu einer rechtspolitischen Handlungsempfehlung, mißverstanden werden. Selbst unter den sehr weitreichenden Vereinfachungen des Modells existiert nicht immer eine mathematische Lösung. Aber das ist nicht weiter wichtig, weil dieses Modell aufgrund seiner Voraussetzungen sowieso nicht für eine Anwendung in der Realität geeignet ist. Die Fruchtbarkeit dieser Modellüberlegung liegt an anderer Stelle: Das Modell zeigt, unter welchen überaus engen Voraussetzungen eine vollständige Unsicherheitsabnahme durch den Principal für den Agent (und umgekehrt) logisch möglich ist, ohne gegen die Interessen des einen oder anderen (also gegen Pareto-Optimalität) zu verstoßen. Das Modell belegt weiter, unter welchen noch engeren Voraussetzungen eine prozentuale Einkommensaufteilung im Sinne einer stillen Teilhaberschaft des Staates, unabhängig von der tatsächlich eintretenden Gewinn- oder Verlusthöhe, in beiderseitigem Interesse liegt. Und damit läßt sich die Forderung nach Finanzierungsneutralität und Rechtsformneutralität der Besteuerung in Frage stellen. Dabei reicht es aus, Annahmen und (schon intuitiv plausible) Ergebnisse ohne Rückgriff auf den mathematischen Beweis zu referieren:

Der Principal „Steuergesetzgeber" unterbreitet einem repräsentativen Unternehmer als Agent zu Beginn einer Planperiode als Aufteilungsregel ein „Steuerpaket", unter dem der Unternehmer für den Principal (und damit für das Staatsvolk insgesamt), aber auch für sich, Einkommen erwirtschaften soll. Am Ende des Planungszeitraums ist das gemeinsame Einkommen in seiner Höhe von Principal und Agent zu beobachten. Diese Voraussetzung ist wichtig. Sie bedeutet nämlich, daß hier gerade nicht der Fall vorliegt, der für das Verhältnis Fiskus zu Unternehmung im Hinblick auf die steuerliche Gewinnermitt-

---

70 Vgl. *Steven Shavell:* Risk sharing and incentives in the principal and agent relationship. In: The Bell Journal of Economics, Vol. 10 (1979), S. 55-73, bes S. 57-65; *Ray Rees:* The Theory of Principal and Agent. Part 1. In: Bulletin of Economic Research, Vol. 37 (1985), S. 3-26, hier S. 3-15.

lung den Regelfall darstellt: Über die Höhe des erzielten Gewinns treten Meinungsverschiedenheiten nicht auf, weil die Unternehmung nach Ablauf eines Wirtschaftsjahres als Planungszeitraum weiterbesteht und folglich am Ende dieses Steuerjahres Ansatz- und Bewertungsfragen zu entscheiden sind.

Das vom Principal „Steuergesetzgeber" und dem Agent „Unternehmer" am Ende eines Steuerjahres zu beobachtende Einkommen hängt zu Beginn der Planperiode von den Handlungen des Agents (insbesondere seinen Investitionsentscheidungen) ab und daneben von Umweltgegebenheiten, auf die weder Principal noch Agent Einfluß nehmen können. Das zu Periodenbeginn geplante gemeinsame Einkommen schlage sich in einer Wahrscheinlichkeitsverteilung nieder, wobei für jeden denkbaren künftigen Zustand der Welt bei jeder denkbaren Handlungsweise des Agents eine Einkommenshöhe als Einzelereignis einer Wahrscheinlichkeitsverteilung benannt werden kann.

Steuergesetzgeber und Unternehmer erwarten dieselbe Wahrscheinlichkeitsverteilung des gemeinsamen Einkommens. Insoweit verfügen Principal und Agent über dasselbe Wissen. Der Principal „Steuergesetzgeber" kennt die „Teilnahmebedingungen"[71] des Agents, die meist Reservationsnutzen genannt werden.

In dem hier benutzten Modell entscheidet der Unternehmer selbständig, welche von mehreren Investitionen er ausführen oder unterlassen wird, während der Steuergesetzgeber als Principal die vom Unternehmer ausgeführte Investition nicht vorhersieht, sondern nur weiß, welche Mengen an Investitionsvorhaben dem Unternehmer zur Verfügung stehen und welche Folgen aus jeder gewählten Handlung des Unternehmers für die Höhe des gemeinsamen Einkommens entstehen. In dem hier zugrunde gelegten Modell findet also noch kein innovativer Wettbewerb unter Unternehmern statt.

Darüber hinaus sei zunächst angenommen, daß der Principal die vom Agent gewählte Handlung am Periodenende kostenlos beobachten kann. Dieses nachträglich zufließende Wissen setze den Steuergesetzgeber in die Lage, in seinem Angebot an wirtschaftspolitisch bedingter Besteuerung eine Art „Vertragsstrafe" vorzusehen: Sobald der Unternehmer Investitionsentscheidungen verwirklicht oder unterläßt, für die sich das vom Steuergesetzgeber angebotene „Steuerpaket" als nicht optimal für das Wachstum des Volkseinkommens herausstellt, werde dem Unternehmer um soviel mehr weggesteuert, daß ein Abweichen von der für den Steuergesetzgeber optimalen Handlungsweise sich nicht lohne. Durch diese Voraussetzung sollen lediglich Trittbrettfahrer- und Mitnahmeeffekte modellmäßig ausgeschlossen werden. Steuergesetzgeber und Unternehmer seien entweder risikoneutral oder dem Risiko abgeneigt.

Über das Steuerpaket wird der Steuergesetzgeber dem Unternehmer ein Aufteilungsschema für das gemeinsam zu erwirtschaftende unsichere Einkommen unterbreiten müssen, das die Teilnahmebedingung des Agents einhält, weil sonst der Unternehmer nicht unternehmerisch tätig wird. Mathematisch läßt sich nachweisen, daß in einem solchen Modell der Unternehmer nie mehr als seine Teilnahmebedingung erhält. Daraus darf freilich nicht auf eine Ausbeutung durch den Fiskus geschlossen werden, weil in diesem

---

71 Vgl. *Arrow:* The Economics of Agency, S. 44.

Modell nichts darüber gesagt wird, wie die Teilnahmebedingung des Unternehmers zustande kommt.

Da der Principal die Wahrscheinlichkeitsverteilung des Einkommens in Abhängigkeit von den Handlungen des Agents kennt, wird er als vernünftige Entscheidungsregel unter Ungewißheit auf die Theorie des Risikonutzens zurückgreifen und folglich seinen Risikonutzen zu maximieren suchen unter der Nebenbedingung, daß die Teilnahmebedingung des Agents mindestens gewahrt bleibt. Welche Aufteilungsregel kommt bei dieser Maximierungsaufgabe heraus?

Gehen Principal und Agent von denselben Erwartungen über die Zukunft aus (stehen sie also vor ein und derselben Wahrscheinlichkeitsverteilung für das gemeinsame unsichere Einkommen) und ist ihnen dieses Wissen, daß der Vertragspartner dieselben Erwartungen hat, bekannt, so gilt:

a) Ist der Principal risikoneutral und der Agent risikoabgeneigt, dann trägt der Principal das gesamte Risiko und vergütet dem Agent einen festen Betrag. Der Principal nimmt also dem Agent die Einkommensunsicherheit während der Planperiode vollständig ab. Entsprechend gilt umgekehrt: Ist der Agent risikoneutral und der Principal risikoabgeneigt, nimmt der Agent dem Principal die gesamte Einkommensunsicherheit ab. Der Principal maximiert dann seinen Risikonutzen, wenn er eine feste, ergebnisunabhängige Vergütung empfängt.

b) Eine Verteilungsregel, die Principal und Agent prozentual am Ex-post-Ergebnis beteiligt, ist nur in einem Sonderfall pareto-optimal: wenn beide sowohl die gleiche Wahrscheinlichkeitsverteilung für das unsichere Einkommen erwarten als auch beide gleichbleibende absolute Risikoabneigung (S. 494) besitzen. Besitzen Principal und Agent die gleichen Erwartungen und gleichbleibende absolute Risikoabneigung, dann und nur dann teilen sie sich das Ergebnis nach einer im voraus festgelegten, von der Höhe des Ergebnisses unabhängigen Regel auf.

c) Sind sowohl Principal als auch Agent dem Risiko abgeneigt (außerhalb des Sonderfalls beiderseitiger gleichbleibender absoluter Risikoabneigung) und planen beide nach der gleichen Wahrscheinlichkeitsverteilung oder weichen gar beider Erwartungen über die Zukunft voneinander ab, dann koordiniert weder eine vollkommene Abnahme der Einkommensunsicherheit noch eine prozentuale, von der absoluten Höhe des Ex-post-Einkommens unabhängige Verteilungsregel beider Wirtschaftspläne. Vielmehr hängt die optimale Vergütung sowohl von der Höhe des ex post verwirklichten Einkommens ab als auch vom Verhältnis der Risikoabneigungen bei Principal und Agent zueinander.

3. Folgerungen aus den Aufteilungsregeln für die Finanzierungsneutralität der Besteuerung

Für ein wirtschaftspolitisch bedingtes Steuersystem folgen aus den Regeln zur Aufteilung eines unsicheren Volkseinkommens:

a) Eine vollständige Unsicherheitsabnahme durch den Unternehmer als Agent setzt dessen Risikoneutralität und Risikoabneigung des Fiskus bei gleichen Erwartungen voraus. Da hiervon nicht ausgegangen werden kann, verbietet sich eine ausschließlich ergebnisunabhängige, dem Fiskus sichere Einnahmen verschaffende Besteuerung.

b) Entsprechend ist vollständige Unsicherheitsabnahme durch den Fiskus nur dann pareto-optimal, wenn die Zukunftserwartungen identisch sind, der Fiskus risikoneutral und der Unternehmer risikoabgeneigt ist. In diesem Fall belastet der Fiskus einen jeden Steuerpflichtigen derart mit Einkommensteuer und zahlt Subventionen (negative Einkommensteuer), daß dem einzelnen Steuerpflichtigen ein gleichbleibendes Nettoeinkommen zufließt, unabhängig davon, welcher künftige Zustand der Welt eintritt.

Gegen die Annahme, daß der Fiskus risikoneutral ist, spricht: Sobald für den Steuergesetzgeber an eine Repräsentanz der Risikoneigung sämtlicher Wähler oder an tatsächliche politische Gegebenheiten gedacht wird, wird entweder von einer nicht definierten Risikoeinstellung, bestenfalls aber von Risikoabneigung, auszugehen sein.

c) Bei beiderseitiger Risikoabneigung ändert sich eine pareto-optimale Verteilung des unsicheren Einkommens mit der Höhe des tatsächlichen ex post erzielten Einkommens. Damit erscheint aus Gründen einer verbesserten Kapitalallokation eine Tendenz zur Nivellierung der Nettoeinkommen schwerlich vereinbar.

Als eine Bedingung für Investitionsneutralität wurde ein sofortiger Verlustausgleich (S. 266 f.) hervorgehoben. Dadurch wird der Fiskus zu einer Art stillen Teilhaber des Unternehmers. Er hat an Gewinn und Verlust teil, ohne an Unternehmensentscheidungen mitzuwirken. Im Rechtssinne ist der Fiskus kein stiller Gesellschafter, sondern bleibt bevorrechtigter Gläubiger, namentlich im Konkurs.

Indes ist die Lehre von der stillen Teilhaberschaft des Staates nur für eine einzige, höchst unglaubwürdige Kombination von Umständen als pareto-optimal zwischen den Wirtschaftssubjekten Fiskus und Unternehmer erwiesen: identische Zukunftserwartungen in Form einer gleichen Wahrscheinlichkeitsverteilung und beiderseitig gleichbleibende absolute Risikoabneigung. Die Lehre vom Staat als wünschenswertem stillen Teilhaber wird damit als steuerpolitische Handlungsempfehlung fragwürdig; denn bis auf den Sonderfall oder kompensierende Effekte wird eine alleinige proportionale Besteuerung des Einnahmenüberschusses mit sofortigem Verlustausgleich als Bedingung für Pareto-Optimalität eines Steuersystems hinfällig. Die für Investitionsneutralität unter Sicherheit zu fordernde proportionale Einkommensbesteuerung mit sofortigem Verlustausgleich widerspricht somit einer wirtschaftspolitisch bedingten Besteuerung, die Pareto-Optimalität zwischen dem Wirtschaftssubjekt und Principal „Staat" und den Wirtschaftssubjekten und Agenten „Unternehmer" für die praktisch relevanten Fälle von Risikoabneigung unter Ungewißheit wahrt.

Eine der wichtigsten Einschränkungen des bisher zugrunde gelegten Principal-Agent-Modells ist nunmehr aufzuheben: daß der Steuergesetzgeber die Investitionsentscheidungen des Unternehmers beobachten und durch „Vertragsstrafen" innerhalb seines Steuerrechtspakets von vornherein ein unternehmerisches Handeln im Interesse der Wirtschaftspolitik sichern kann. Praktisch ist das nicht der Fall, und deshalb sind in das wirtschaftspolitische Steuerpaket besondere Anreizbedingungen und Kontrollmechanismen einzubauen. Ohne hier in Einzelheiten zu gehen, wird bei der Notwendigkeit zu Anreizbedingungen im Unterschied zu einer vorausgesetzten Beobachtbarkeit der Handlungen des Agents „Unternehmers" diesem bei einem hohen Ex-post-Einkommen relativ mehr, bei einem niedrigeren Ex-post-Einkommen relativ weniger zugeteilt werden müssen, um Pareto-Optimalität zu sichern[72].

Dies spricht freilich nicht für eine allgemeine Senkung der Spitzenbelastung der Einkommensteuer oder des Tarifs allgemein; denn dabei werden schließlich unter starker Unsicherheit erzielte Ex-post-Einkommen genauso besteuert wie verhältnismäßig sichere Bezüge von hohen Beamten oder mit langjährigen Beraterverträgen ausgestatteten Bundestagsabgeordneten.

Vielmehr folgt aus den hier vorgetragenen ersten Principal-Agent-Überlegungen zur wirtschaftspolitisch bedingten (allokationsverbessernden) Besteuerung:

Marktlenkung von Risikokapital verlangt, eine steuerbedingte Innenfinanzierung aus Abschreibungen und anderen Bewertungsregeln auf ein entscheidungsneutrales Ausmaß einzuschränken; denn die steuerbedingten Kapitalkosten einer Innenfinanzierung aus Aufwandsverrechnung sind per Definition Null und beeinträchtigen insoweit stets eine Marktlenkung von Risikokapital. Weil deren Kapitalkosten null sind, ist eine Norm Finanzierungsneutralität der Besteuerung auf die Außenfinanzierung einzuschränken.

Kapitalkostenneutralität bei Außenfinanzierung fordert den Abbau steuerbedingter Kostenverzerrungen bei Kredit- und Beteiligungsfinanzierung. Darüber hinaus bleibt gegen eine Norm „Finanzierungsneutralität" der Besteuerung zu fragen: Warum sollen in einer Wettbewerbswirtschaft, in der Einkommen unter Unsicherheit erzielt werden muß, vertraglich abgesicherte Einkünfte aus Kapitalvermögen, also Festzinsansprüche, genauso besteuert werden wie gewinnabhängige Einkünfte aus Kapitalvermögen? Wer eine marktwirtschaftliche Ordnung will, in der Risikoübernahmen durch das Steuerrecht nicht behindert werden, müßte prüfen: Sind vertraglich feste, ergebnisunabhängige Zinsen stärker zu belasten als risikobehaftete Gewinnausschüttungen?

Pareto-Optimalität über ein Steuerpaket verlangt bei hoher Unsicherheit mit der Notwendigkeit steuerrechtlicher Anreizbedingungen eine relative Schonung eines ex ante unsicheren hohen Ex-post-Einkommens und eine relative Schlechterstellung eines ex ante gleich unsicheren niedrigeren Ex-post-Einkommens. Eine Besteuerung, die zwischen Agents zu erzielende vertraglich sichere und unsichere Einkünfte gleich behandelt, verstößt hiergegen. Eine gleiche Steuerbelastung für ergebnisunabhängige Vergütung einer Fremdkapitalausstattung als Kapitaleinkommen eines Investors und ergebnisabhängige Vergütung einer Eigenkapitalausstattung als Kapitaleinkommen eines anderen Investors widerspricht deshalb einer pareto-optimalen Aufteilungsregel zwischen dem Fiskus als Principal und dem jeweiligen Agent.

Aus dieser Modellüberlegung läßt sich folgern: Statt Finanzierungsneutralität wäre im Hinblick auf Allokationsverbesserungen mittels Wettbewerb unter Unsicherheit eher eine nicht auf die Einkommensteuer anrechenbare Zinssteuer von den Fremdkapitalgebern zu erwägen, die nach steigenden Kreditsicherheiten (sinkendem Insolvenzrisiko) gestaf-

---

72 Vgl. *Rees,* S. 25.

felt werden müßte, obwohl wegen der Meßschwierigkeiten beim Insolvenzrisiko dies kaum zu verwirklichen sein dürfte.

Das geltende Steuerrecht erreicht bekanntlich genau das Gegenteil: Durch die Vermögensteuer, die halbe Abzugsfähigkeit von Dauerschuldzinsen bei der Gewerbeertragsteuer (und analog beim Gewerbekapital) werden Einkünfte aus Fremdkapitalausstattung steuerlich begünstigt, ergebnisabhängige Einkünfte aus Risikokapital steuerlich benachteiligt.

4. Finanzierungsneutralität und Rechtsformneutralität

Für Steuerrechtsetzungen, die nicht lenken, sondern nur Staatseinnahmen beschaffen sollen (fiskalische Steuern), ist Finanzierungsneutralität nicht zu verwirklichen. Selbst wenn die Modellvorstellung der Kapitalkostenneutralität = Investitionsneutralität bei den Geldgebern realisierbar wäre, bliebe neben den steuerbedingten Kapitalkosten der Außenfinanzierung in Form identischer Kapitalmarktsteuerkeile eine Innenfinanzierung aus Gewinnermittlungen (entscheidungsneutrale Innenfinanzierung), deren steuerbedingte Kapitalkosten null sind. Von Finanzierungsneutralität im Sinne einer Kapitalkostenneutralität der Besteuerung kann in einem wissenschaftlich haltbaren Sinne erst dann gesprochen werden, wenn

(1) die Innenfinanzierung der Unternehmungen durch zinslose Steuerkredite, etwa aus Verlustvorwegnahmen (Teilwertabschreibungen) trotz der Möglichkeit zum weitreichenden innerbetrieblichen Verlustausgleich oder Verlustrücktrag, oder aus den vielfältigen anderen Bewertungsvergünstigungen, aber auch staatliche zinslose „Zwangsanleihen" als Folge steuerrechtlicher Gewinnverböserungen durch eine näherungsweise entscheidungsneutrale Gewinnermittlung weitestgehend verringert worden wären;

(2) die Außenfinanzierung nicht nur innerhalb der steuerlichen Aufwandsverrechnung in der Unternehmung gleichbehandelt würde, sondern die steuerbedingten Kapitalkosten über den Kapitalmarkt hinweg (also die Kapitalmarktsteuerkeile zwischen Rendite vor Steuern in der Unternehmung und der versteuerten Rendite beim Sparer) für alle Formen der Außenfinanzierung gleichgestellt wären. Marktpreise und Konditionen für Finanzierungstitel werden durch die Geldgeber und deren Steuerbelastung mitbestimmt. Deshalb kann von Kapitalkostenneutralität der Unternehmensbesteuerung sinnvollerweise erst dann gesprochen werden, wenn auf Seiten der Geldgeber (näherungsweise) steuerliche Investitionsneutralität für Finanzanlagen herrscht.

Mit dem Infragestellen der Forderung nach einer Finanzierungsneutralität der Besteuerung wird auch der Wunsch nach einer Rechtsformneutralität zweifelhaft:

Zunächst ist festzuhalten, daß Rechtsformneutralität nicht aus Gleichmäßigkeit der Besteuerung hergeleitet werden kann, weil ethische Maßstäbe nur auf natürliche Personen anwendbar sind, nicht auf Rechtsformen von zu Erwerbszwecken gebildeten Institutionen. Änderungen der Durchschnittssteuerbelastung einer natürlichen Person können freilich Folge unterschiedlicher Besteuerung einzelner Rechtsformen sein, z.B. die unterschiedlichen Vermögensteuersätze bei Kapitalgesellschaften und natürlichen Personen. In solchen Fällen ist jedoch nicht die Rechtsform Kapitalgesellschaft/ Personengesellschaft unterschiedslos = neutral zu besteuern, sondern es sind die Belastungsverzerrungen zu beseitigen, die daraus folgen, daß rechtlich Kapitalgesellschaften als selbständige Steuerpflichtige neben natürliche Personen treten.

Eine betriebswirtschaftlich stichhaltige Begründung für oder wider Rechtsformneutralität müßte von den Entscheidungswirkungen des Steuerrechts ausgehen. Die Forderung nach einer Rechtsformneutralität gibt betriebswirtschaftlichen Sinn als Teilaspekt einer Annäherung an Kapitalkostenneutralität. Hierbei ist zu untersuchen:

Sind das Investitions- und Finanzierungsprogramm und damit das Spektrum denkbarer Unternehmensgewinne unter Unsicherheit und bei Ungleichverteilung des Wissens (als den Erfahrungstatbeständen, von denen eine Wettbewerbsordnung ausgeht) identisch, wenn

a) zum einen Vollhaftung besteht und zum anderen das Einstehenmüssen für Schulden auf eine Einlage und nicht ausgeschüttete Gewinne sowie über Aufwandsvorwegnahmen reservierte Einnahmen begrenzt wird?

b) Geldgeber oder selbständig Tätige sich zu einer Unternehmung zusammenschließen mit vertraglich zu regelnder Geschäftsführungsbefugnis oder zu einer Unternehmung, in der die Geschäftsführungsbefugnis gesetzlich erzwungen ist, einschließlich weitreichender Mitbestimmung von Arbeitnehmern?

In einer marktwirtschaftlichen Ordnung ist die einzelne Unternehmung eine Institution zur gemeinsamen Verringerung von Einkommensunsicherheiten mehrerer Wissen, Arbeitskraft und sonstiges Vermögen einsetzenden Personen. Solange die Steuerarten des heutigen Steuerrechts und die Setzung, juristische Personen seien selbständige Steuerpflichtige getrennt von den sie errichtenden, betreibenden Personen, beibehalten werden, bedeutet deshalb eine Forderung nach Rechtsformneutralität: Zwar dürfen durch die Besteuerung Investitionsentscheidungen, Risikoübernahmen und Marktlenkung von Risikokapital verzerrt werden, aber bei der Rechtsform als einem gestaltbaren Teil der Unternehmungsverfassung, der die Macht des Managements gegenüber den Verlustrisiken tragenden Geldgebern bestimmt, habe ein Einfluß der Besteuerung zu unterbleiben. Für ein solches Urteil besteht keine stichhaltige Begründung.

Gegen eine Norm „Rechtsformneutralität" spricht:

Vollhaftung ist unter Unsicherheit wirtschaftlich risikoreicher als beschränkte Haftung. Deshalb erscheint es als Wettbewerbs-Ordnungswidrigkeit des Steuerrechts, den Kommanditisten als Mitunternehmer dem vollhaftenden Mitunternehmer gleichzustellen. Darüber hinaus wären vertraglich feste Zinsen aus Gesellschafterdarlehen (soweit sie nicht „eigenkapitalersetzend" unter § 32a GmbHG bzw. die §§ 129a, 172a HGB fallen) höher zu besteuern als im Betrag gleiche ausgeschüttete Gewinne an die Gesellschafter.

Grundsatzfragen, wie Mitunternehmerschaft und andere Steuerrechtsinstitute im Hinblick auf eine marktwirtschaftliche Ordnung umzugestalten wären, werden hier ausgeklammert. Unabhängig davon, erscheint wirtschaftlich nicht begründet, für die Gehälter von Gesellschafter-Geschäftsführern oder die Bezüge der mitarbeitenden Ehefrau bei gemeinsamer Veranlagung der Ehegatten gegenüber einem Vollhafter verringerten Einkommensunsicherheit eine geringere Steuerbelastung vorzusehen, wie sie (vor allem wegen der Gewerbesteuer) zur Zeit besteht. Zu prüfen wäre, ob unsicherheitsabnehmende Arbeitsverträge jeglicher Art nicht aus Allokationsgründen höher zu besteuern seien als unsicherheitsübernehmende Unternehmertätigkeiten.

Eine Übertragung der Modellüberlegung auf die Besteuerung von Residualgewinnen gegenüber Einkünften aus nichtselbständiger Arbeit ergäbe, daß als Ergebnis einer allokationsverbessernden Besteuerung eine einheitliche Einkommensteuer zugunsten einer getrennten Besteuerung ergebnisabhängiger und ergebnisunabhängiger Einkünfte aufgegeben werden müßte.

Gerade dagegen sprechen aber Überlegungen zu einer „gerechten" Besteuerung im Sinne unterschiedsloser Besteuerung gleich hoch gemessener (ex post-)steuerlicher Leistungsfähigkeit. Einen solchen Zwiespalt zwischen „Effizienz" und „Gerechtigkeit" der Besteuerung herauszuarbeiten, ist einer der Nebenzwecke der Modellüberlegungen zur Besteuerung als Principal-Agent-Problem.

In der Diskussion um eine Reform der Unternehmensbesteuerung nehmen die Forderungen nach Finanzierungsneutralität und Rechtsformneutralität einen vorderen Rang ein. So behauptet z.B. eine vom Bundesminister der Finanzen berufene Kommission, eine „Hinzurechnung aller Zinsaufwendungen (nicht nur der Zinsaufwendungen für Dauerschulden) ... dient der Finanzierungsneutralität"[73]. Selbst wenn die Kommission mit Finanzierungsneutralität meinen sollte, daß die steuerbedingten Kapitalkosten zwischen Verschuldung und Eigenkapitalausstattung gleich zu sein hätten, wird durch die volle Hinzurechnung sämtlicher Zinsen zum Gewerbeertrag keine Finanzierungsneutralität im Sinne dieser Kapitalkostenneutralität erreicht. Die Norm Finanzierungsneutralität darf nämlich nicht auf Gewerbesteuerpflichtige beschränkt werden. Selbst wenn bei Gewerbebetrieben Finanzierungsneutralität innerhalb der Gewerbesteuer erreicht wäre, blieben Verstöße im Vergleich zu freien Berufen, Beziehern von Einkünften aus Vermietung und Verpachtung usw.

Für Gewerbebetriebe gilt: Zwar würde dann die steuerrechtliche Mehrbelastung der Eigenkapitalzuführung gegenüber einer Verschuldung auf Finanzmärkten bei der Gewerbeertragsteuer vermieden, aber dafür wären Verstöße gegen „Finanzierungsneutralität" unter den verschiedenen Verschuldungsformen erweitert; denn für die rechnungsmäßige Zinsbelastung der Pensionsrückstellungen ist von der Kommission keine Hinzurechnung zum Gewerbeertrag vorgesehen. Damit wird die Verschuldung über den Kapitalmarkt gegenüber der Innenfinanzierung durch Pensionsrückstellungen steuerrechtlich zusätzlich zur Zinssatzdifferenz 6% (nach § 6a EStG) gegenüber der Effektivverzinsung von z.B. Schuldscheindarlehen (vor Steuern) und anderen Eigenheiten der Bemessungsgrundlagen für Pensionsrückstellungen benachteiligt. Ebensowenig werden Hinzurechnungen versteckter Zinsen in Lieferantenkredite (erkennbar etwa durch die Gewährung von Skonto usw.) oder eine Änderung der derzeitigen gewerbesteuerlichen Behandlung von Leasingverträgen vorgeschlagen. Solche Rechtsänderungen wären aber neben ande-

---

73 *Gutachten der Kommission zur Verbesserung der steuerlichen Bedingungen für Investitionen und Arbeitsplätze*, Randziffer 21, vgl. auch 294.

ren nötig, um Behauptungen von der Finanzierungsneutralität durch Hinzurechnung aller Zinsen zum Gewerbeertrag nicht falsch werden zu lassen. Übersehen wird zudem die Innenfinanzierung über Aufwandsverrechnung, d.h. zur Finanzierungsneutralität bei der Gewerbesteuer müßten auch verdiente Abschreibungen den Gewerbeertrag erhöhen.

Unter die Überschrift „Rechtsformneutralität" gehören auch viele der Vorschläge zu Änderungen der Körperschaftsbesteuerung. Zusätzlich zum geltenden Recht, das beim Übergang des Vermögens von einer Personengesellschaft auf eine Kapitalgesellschaft im Wege der Gesamtrechtsnachfolge das Aufdecken stiller Reserven zu vermeiden erlaubt, soll nach den Vorstellungen der Kommission auch der Übergang des Vermögens von einer Kapitalgesellschaft auf eine Personengesellschaft „die Besteuerung der stillen Reserven grundsätzlich durch Fortführung der bisherigen Buchwerte" aufschieben.

Damit wäre die Möglichkeit gegeben, unabhängig von Wechseln unter den Inhabern, eine Versteuerung realisierter, aber aufgrund von Bewertungsvorschriften und steuerlichen Bewertungsvergünstigungen bisher nicht versteuerter Gewinne auf den Sankt-Nimmerleins-Tag zu verschieben. Selbst wenn nachgewiesen werden könnte, daß Umwandlungen und andere Änderungen der Rechtsform die steuerlichen Bedingungen für Investitionen und Arbeitsplätze verbesserten, so darf nicht übersehen werden, daß durch die Vorschläge der Kommission schwerwiegende zusätzliche Verstöße gegen die Gleichmäßigkeit der Besteuerung zwischen Gewerbetreibenden einerseits, Arbeitnehmern und anderen Steuerpflichtigen andererseits erzeugt werden.

Eine zusätzliche steuerliche Besserstellung von Gewinnausschüttungen zu Lasten des deutschen Fiskus fordert die Kommission durch die Beseitigung der „Doppelbesteuerung", soweit im Ausland erzielte Gewinne deutscher Unternehmungen an die Anteilseigner ausgeschüttet werden. Im Ausland gezahlte Körperschaftsteuer soll bis zur Höhe des inländischen Körperschaftsteuersatzes für einbehaltene Gewinne auf die inländische Körperschaftsteuerschuld angerechnet werden. Die derzeitige Herstellung der Ausschüttungsbelastung für solches EK_{01} hat den Zweck, daß der Fiskus die auf die Einkommensteuerschuld anrechenbare Körperschaftsteuer tatsächlich auch empfängt. Eine Anrechnung im Ausland gezahlter Körperschaftsteuer würde bedeuten, daß der deutsche Fiskus die Abwanderung in ausländische Standorte prämiert. Wie ein solcher Vorschlag mit dem Auftrag der Kommission zu vereinbaren ist, Vorschläge zu unterbreiten, um die steuerlichen Bedingungen für Investitionen und Arbeitsplätze in der Bundesrepublik Deutschland zu verbessern, bleibt ihr Geheimnis.

III. Reform der Unternehmensbesteuerung zur Förderung von Investitionen und Marktlenkung von Risikokapital

a) Notwendige Reformen der Unternehmensbesteuerung zur Erhöhung der Risikobereitschaft für Investitionen

1. Betriebswirtschaftliche gegen steuerjuristische und finanzwissenschaftliche Sicht einer Reform der Unternehmensbesteuerung

In den letzten Jahren ist ein internationaler Wettbewerb der Steuersysteme um Produktionsstandorte und Kapitalzuflüsse entbrannt. Durch verkürzte Berichterstattung über die Steuerreformen in den wichtigsten Industrieländern ist in der Öffentlichkeit der Eindruck entstanden, allein die Quantität der Steuersatzsenkungen für zurückbehaltene Gewinne und teilweise auch für die Einkommen insgesamt gebe den Ausschlag für die steuerlichen Einflüsse auf die internationale Wettbewerbsfähigkeit: In den USA wurde 1986 der Körperschaftsteuersatz auf Bundesebene um rund ein Viertel auf 34% (mit lokalen Zuschlägen rund 38%) gesenkt, die progressive Einkommensteuer durch zwei Steuersätze 15% und 28% ersetzt. Japan kürzte den Körperschaftsteuersatz um über ein Zehntel auf 37,5% und den Spitzensatz der Einkommensteuer um ein Sechstel auf 50%. Großbritannien verringerte den Körperschaftsteuersatz auf 35% und für kleine Kapitalgesellschaften auf 25%, Frankreich, die Niederlande, Österreich, Schweden bewegten sich in die gleiche Richtung.

Wirtschaftsverbände mit Ausnahme der Gewerkschaften und vor 1991 die Bundesregierung teilten die Auffassung des Sachverständigenrats, daß nach der Einkommensteuertarifsenkung und -begradigung 1990 auch bei einer Reform der Unternehmensbesteuerung Senkungen der körperschaftsteuerlichen Tarifbelastung und der Spitzensätze der Einkommensteuer vorrangig seien[74].

Demgegenüber bezweckt dieser Abschnitt nachzuweisen: Soweit das Steuerrecht zur Sicherung von Arbeitsplätzen im Produktionsstandort Bundesrepublik Deutschland und zur Stärkung der internationalen Wettbewerbsfähigkeit deutscher Unternehmen beitragen kann, *gibt nicht die Quantität der Steuersatzsenkungen den Ausschlag, sondern die Qualität der Steuerarten und Steuerbemessungsgrundlagen*. In den Mittelpunkt einer Reform der Unternehmensbesteuerung gehören aus betriebswirtschaftlicher Sicht die Inhalte der Steuerstruktur. Dies aus drei Gründen:

a) Eine Reform der Unternehmensbesteuerung hat auch aus betriebswirtschaftlicher Sicht gesamtwirtschaftliche und gesamtgesellschaftliche Sachverhalte als Vorbedingungen zu beachten. Die Höhe des Staatsanteils an der Wirtschaft und daraus abgeleitet die Höhe der Steuerquote sowie die Minderungen an Steueraufkommen, die bei einer Re-

---

[74] Vgl. *Bundesregierung:* Reform der Unternehmensbesteuerung (IA3-760100) vom 12.12.1988, S. 12 f.; *Sachverständigenrat zur Begutachtung der gesamtwirtschaftlichen Entwicklung:* Arbeitsplätze im Wettbewerb. Jahresgutachten 1988/89, Stuttgart – Mainz 1988, Ziffern 257, 277; *ders.:* Vorrang für die Wachstumspolitik. Jahresgutachten 1987/88, Stuttgart – Mainz 1987, Ziffer 289.

form der Unternehmensbesteuerung hingenommen werden können[75], gehen über die fachliche Zuständigkeit der Betriebswirtschaftslehre hinaus. Das schließt ein Ablehnen einer stärkeren Staatsverschuldung zur Finanzierung von Steuersatzsenkungen nicht aus; denn die einzelwirtschaftlichen Folgen überwiegend konsumtiver Verschuldung: Verlagerung von Auszahlungsansprüchen zu Lasten künftigen Wohlstands, gelten auch für die Staatsverschuldung.

b) Im Hinblick auf die politische Durchsetzbarkeit ist zu beachten: So wünschenswert ein Abbau staatlicher Aktivitäten erscheinen mag, es bleibt vorerst Illusion, eine Neuordnung der Unternehmensbesteuerung mit Milliardenausfällen an Steuereinnahmen zu fordern und auf das Wunder eines Streichens konsumtiver Subventionen und anderer Staatsausgaben in zweistelliger Milliardenhöhe zu hoffen.

c) Wer bei ungefähr gleichem Steueraufkommen Steuerminderzahlungen der Unternehmungen zu Lasten höherer Steuerzahlungen der Arbeitnehmer oder anderer gesellschaftlicher Gruppen fordert, provoziert Verteilungskämpfe und läuft Gefahr, nicht einmal jene Steuerrechtsänderungen verwirklichen zu können, welche die unternehmerische Risikoübernahme und Investitionsbereitschaft erhöhen, ohne andere Steuerpflichtige stärker zu belasten.

Wegen dieser drei Vorbedingungen wird hier eine Reform der Unternehmensbesteuerung unter der Voraussetzung erörtert, daß nicht nur das Steueraufkommen bei Bund, Ländern und Gemeinden ungefähr gleich hoch, sondern auch, daß die Gesamtsumme der Steuerzahlungen durch Unternehmen in etwa unverändert bleibt. Die Voraussetzung, eine Reform der Unternehmensbesteuerung unter die Bedingung einer Aufkommensneutralität zu stellen, enthält keine Wertung darüber, ob eine allgemeine steuerliche Entlastung der Unternehmungen erforderlich sei oder nicht, sondern sie betont, daß sich unabhängig vom Verteilungsgezänk unter öffentlichen Händen und gesellschaftlichen Gruppen eine, den Produktionsstandort Bundesrepublik Deutschland verbessernde Unternehmensbesteuerung verwirklichen läßt. Spielräume für eine Senkung des Steueraufkommens aus dem Unternehmenssektor erleichtern eine grundlegende Reform der Unternehmenssteuerstruktur, solange die Reform nicht in die falsche Richtung der gießkannenmäßigen Tarifsenkungen zielt.

Aus betriebswirtschaftlicher Sicht ist das Steuerrecht Teil der Wirtschafts- und Gesellschaftsordnung. Eine Reform der Unternehmensbesteuerung hat deshalb die Aufgabe, das bestehende Unternehmenssteuerrecht an eine gewünschte Wirtschafts- und Gesellschaftsordnung heranzuführen. Die gewünschte Wirtschaftsordnung ist nach meinem Werturteil eine Wettbewerbsordnung für Unternehmungen innerhalb der verteilungspolitischen Rahmenbedingungen einer Marktwirtschaft. Eine solche betriebswirtschaftliche Sicht einer Reform der Unternehmensbesteuerung verlangt das Durchsetzen dreier steuerpolitischer Ziele in der Reihenfolge: *Effizienz vor Gleichmäßigkeit und diese beiden vor Einfachheit der Besteuerung,* solange ein Ziel nicht zu Lasten der anderen geht.

---

75 Von Politikern wurden Größenordnungen über 20 Mrd. DM genannt, vgl. *Hans H. Gattermann:* Perspektiven der Steuerpolitik. In: Betriebs-Berater, Jg. 44 (1989), S. 917-921, hier S. 918.

(1) Effizienz im Sinne einer Verminderung steuerbedingter Verschwendung und Fehlleitung knapper Güter besagt: Erst muß über eine Wettbewerbsordnung der Kuchen des Volkseinkommens möglichst groß gemacht werden, ehe Verteilungskonflikte zwischen Steuerzahlern, Steuerbefreiten und dem Fiskus als Sachwalter der sich von ihm Nährenden hinsichtlich dieser oder jener ethischen Vorstellungen zu einer gerechten Gesellschaftsordnung gemildert oder gar gelöst werden können.

Das Steuerrecht unter den Vorrang der Effizienz zu stellen, heißt zugleich einer ersten Stufe von Gerechtigkeit zu genügen; denn ein Wachstum des Kuchens Volkseinkommen erlaubt, den Ärmsten mehr zu geben, ohne den anderen ihr Bisheriges zu nehmen. Wachstum erfolgt an erster Stelle über Innovationen und Investitionen. Deshalb sind bei einer Reform der Unternehmensbesteuerung jene Steuerrechtsetzungen zu beseitigen, welche die unternehmerische Risikobereitschaft zu Innovationen und Investition beeinträchtigen.

(2) Gleichmäßigkeit im Sinne einer unterschiedslosen Besteuerung für gleich erachteter steuerlicher Leistungsfähigkeit ist deshalb geboten, weil eine Gesellschaft, in der Interessengegensätze möglichst gewaltfrei bereinigt werden sollen, nicht allein unter Effizienzgesichtspunkten geordnet werden kann. Tatsache ist nun einmal eine Fülle an Macht- und Vermögensvorsprüngen einzelner und vor allem von Kollektiven gegenüber einzelnen und eine Fülle von Macht- und Wissensvorsprüngen aus Auftraggeber-Beauftragtenverhältnissen in Märkten, Unternehmungen, Bürokratien, Familien und anderen Institutionen. Deshalb sind ethische Spielregeln vor allem dort als zwingendes Recht zu setzen, wo es um die Zumutung von Leistungen ohne Einzelanspruch auf Gegenleistung geht, also insbesondere bei der Besteuerung.

Das Steuerrecht hat eine Aufgabe einer Verteilungspolitik mitzuerfüllen, nämlich:
— Die vermögensmäßigen Startbedingungen für die nächste Runde des Wettbewerbs mit einer neuen Generation von Marktteilnehmern sind wenigstens in Grenzen gleichzustellen (z.B. über eine Erbschaftsbesteuerung, die allerdings in die Einkommensbesteuerung eingebaut werden sollte).
— Andere mehrheitlich akzeptierte ethische Postulate, z.B. hinsichtlich der Familienbesteuerung, zu verwirklichen.

Kaum jemand wird ernsthaft bezweifeln, daß bei den Steuerreformschritten 1986-1990 und den Steueränderungsgesetzen 1991, 1992 die Lücken bei der Verwirklichung von Gleichmäßigkeit in deutschen Steuergesetzen noch weiter aufgebrochen worden sind. Der fehlende politische Wille, Steuerehrlichkeit bei Zinseinkünften durchzusetzen, ist eines von vielen Beispielen, die Ausweitung der Steuervergünstigung auf Veräußerungsgewinne bis zu 30 Millionen DM, mit der eine seit Jahrzehnten überfällige Einschränkung einer Steuervergünstigung wieder rückgängig gemacht wurde, ein zweites.

(3) Was umgangssprachlich Steuervereinfachung heißt, betrifft in der Sache die Wirtschaftlichkeit der Steuererhebung. Unter den alternativen Steuerrechtsetzungen, die einen bestimmten Standard an Effizienz und Gleichmäßigkeit erfüllen, sind jene zu verwirklichen, die den Arbeitsaufwand beim Steuerpflichtigen, seinen Beratern, beim Fiskus und in der Rechtsprechung als Schiedsstelle insgesamt minimieren.

Im Augiasstall des deutschen Steuerrechts sind wir noch weit entfernt vom Ausmisten ineffizienter und ungerechter Steuerarten (z.B. Vermögensteuer, Gewerbesteuer), vom Beiseiteschwemmen leistungsfähigkeitswidriger, gegen Gleichmäßigkeit verstoßender Bemessungsgrundlagen (Einheitsbewertung des Grundvermögens, des Betriebsvermögens, 5 Methoden der Gewinnermittlung bei der Einkommensteuer neben dem Gewerbeertrag) und von Gefälligkeitsvergünstigungen für einzelne bei Steuersätzen und Freibeträgen (z.B. die Steuerbefreiung einzelner Einkünfte, namentlich in der Gemeinnützigkeit und der Vereinsbesteuerung, die unterschiedliche Behandlung von Veräußerungsgewinnen). Bei den Reformschaufelhüben im Augiasstall des deutschen Steuerrechts, die in diesem Jahrtausend bestenfalls noch bewältigt werden können, bleiben Zielkonflikte zwischen Effizienz, Gerechtigkeit und Einfachheit der Besteuerung überwiegend akademische Wortspiele.

Eine Rangordnung zwischen Effizienz und Gleichmäßigkeit der Besteuerung zu setzen, erscheint einsichtiger als Behauptungen über „equity-efficiency-trade-offs", wie sie mitunter Finanzwissenschaftler vertreten[76]. Gegen die Annahme von Substitutionsbeziehungen zwischen Gleichmäßigkeit der Besteuerung und deren Effizienz spricht:

a) Bei der weit verbreiteten Unklarheit, die den Begriffen „Gleichmäßigkeit der Besteuerung" und erst recht „Effizienz" in einer Wirtschaftsordnung anhaften, die auf Wettbewerb beruht und damit von einem Markthandeln in Ungleichgewichten ausgeht, bedarf es heute noch nicht vorhandener Präzisierungen der Begriffe Gleichmäßigkeit der Besteuerung und Effizienz, ehe beide in eine substitutionale Nutzenfunktion eingesetzt werden können.

b) Ein Unterscheidungsmerkmal, das einer derartigen Modellierung entgegensteht, ist, daß Effizienz ein Planungskonzept ist, also von einer ex-ante-Sicht ausgehen muß und damit eine Messung effektiver Grenzsteuerbelastungen etwa für Investitionen verlangt. Gleichmäßigkeit der Besteuerung als ex-post-Konzept geht aber von verwirklichten Maßgrößen steuerlicher Leistungsfähigkeit aus (die sich keineswegs mit den unternehmerischen Zielgrößen decken werden). Sie erfordert eine Messung der effektiven Durchschnittssteuerbelastung von Steuerpflichtigen mit gleicher Leistungsfähigkeit.

c) Eine solche Substitutionsbeziehung setzt die Existenz einer gesamtwirtschaftliche Wohlfahrts- oder Entscheidungsfunktion voraus. Deren überaus enge Existenzbedingungen sind in der Theorie der Wirtschaftspolitik herausgearbeitet worden.

d) Selbst wenn eine solche gesamtwirtschaftliche Nutzenfunktion existieren sollte, läßt sich das deutsche Steuerrecht nur irgendwo *innerhalb* des durch Gleichmäßigkeit und Effizienz gebildeten Möglichkeitsraums abbilden. Kaum bei irgendeiner Einzelfrage dürfte die Umhüllungskurve dieses Möglichkeitsraums erreicht sein, auf der erst Substitutionsüberlegungen zwischen mehr Gleichmäßigkeit zu Lasten von weniger Effizienz oder umgekehrt zum Problem werden.

---

76 Vgl. z.B. *Winfried Fuest* in einer Besprechung der 6. Aufl. dieses Buches in: StuW, Jg. 68 (1991), S. 90-92, hier S. 91.

Sobald das Steuerrecht einen Teil der Wirtschaftsordnung verkörpert, darf es nicht nach heutigen zivilrechtlichen Dogmen gestaltet werden, weil diese im Handels-, Gesellschafts-, Wirtschafts- und vor allem Arbeitsrecht weitgehend in Konflikt mit ordnungspolitischen Grundsätzen einer sozialen Marktwirtschaft stehen. Worin soll z.B. für eine soziale Marktwirtschaft das „soziale" oder gar das „marktwirtschaftliche" liegen, wenn Managern und anderen Funktionären in Aufsichtsräten usw. z.B. Ergebnisverwendungs-Macht vor den Ansprüchen der Gewinnempfänger: Anteilseigner, Belegschaft oder besonders bei Versicherungen: Gläubigern, gegeben wird?

Mit der Sichtweise, daß Steuerreformen an erster Stelle ein Problem der Wirtschaftsordnung sind, unterscheidet sich die betriebswirtschaftliche Sicht einer Reform der Unternehmensbesteuerung von jener steuerjuristischen Betrachtungsweise, bei der als eigentliche Aufgabe des Steuerrechts die Verwirklichung gerechter Besteuerung, also eine Verteilungsaufgabe, gefordert und Wirtschaftslenkung als Störgröße betrachtet wird[77]. Diese steuerrechtliche Betrachtungsweise beweist den richtigen Instinkt hinsichtlich wirtschafts-prozeßpolitischer Lenkung. Aber sie verkennt den Wirtschaftsordnungs-Sachverhalt, daß jedes verwirklichte Steuerrecht in diese oder jene Richtung lenkt, weil und so weit es die Entscheidungen zur Einkommenserzielung und Einkommensverwendung einzelner Bürger und der von ihnen gebildeten Unternehmungen und anderen Institutionen verändert.

Die Reform der Unternehmensbesteuerung als Teilproblem bei der Verwirklichung einer Wirtschaftsordnung anzusehen, unterscheidet sich von einer vielfach in der Volkswirtschaftslehre verbreiteten Betrachtungsweise, in der Steuerpolitik als prozeßpolitisches Werkzeug, z.B. zur konjunkturellen Steuerung, verstanden wird. Für eine prozeßpolitische Sicht steht die Beeinflussung unternehmerischer Entscheidungen durch Steuerrechtsänderungen im Vordergrund, für die wirtschaftsordnungsbezogene Sicht hingegen die Verringerung steuerrechtsbedingter Wettbewerbsverzerrungen.

Bei prozeßpolitischer Sicht wird aus teils interventionistischen, teils angebotsorientiertem Denken heraus für eine Verstärkung der Steuerbelastung auf den persönlichen Konsum und damit weg von den Investitionen der Unternehmungen gesprochen (S. 216, Fn. 26, S. 767, Fn. 94).

Über eine Verlagerung der Steuerbelastung allein auf den persönlichen Konsum die Produktionsstätte Unternehmung von belastenden Steuerzahlungen freizustellen: Ein solcher Gedanke hat betriebswirtschaftlich erheblichen Reiz: die Unternehmungen belastende Steuerzahlungen würden entfallen. Aber selbst dann, wenn steuerliche Leistungsfähigkeit in der verwirklichten Bedürfnisbefriedigung gesehen und in den persönlichen Konsumausgaben gemessen wird, läßt sich eine Unternehmensbesteuerung nicht vermeiden. Da es ausländische und steuerbefreite Geldgeber gibt, ist zumindest eine Quellensteuererhebung auf Zins- und Gewinnanteilszahlungen von Unternehmungen unerläßlich, um steuerrechtsbedingte Wettbewerbsverzerrungen einzuschränken. Darüber hin-

---

77 Vgl. z.B. *Klaus Tipke:* Steuerrecht. 11. Aufl., Köln 1987, S. 24-68, bes. S. 24 f. und S. 573-576; *Franz Klein:* Steuerreform und Wirtschaft. In: StuW, Jg. 65 (1988), S. 217-222.

aus verlangt die Rechtssicherheit, Steuern hauptsächlich bei denjenigen zu erheben, denen ordnungsgemäße Buchführung zugemutet werden kann.

Im Unterschied zur angelsächsisch inspirierten Finanztheorie, die eine persönliche Konsumausgabensteuer und dabei für Unternehmungen eine Cash-flow Steuer bevorzugt, hat der Sachverständigenrat empfohlen, das Gewicht der Verbrauchsteuern dauerhaft zu erhöhen. Ganz in diesem Denken ist gefordert worden, daß „eine Umschichtung von den direkten Steuern zu den indirekten Steuern notwendig" sei, weil einem „als ideal angesehenen Verhältnis ... von 50 : 50" eine unbefriedigende Realität von 59 : 41 gegenüberstehe[78].

Fragt man nach den Gründen für das „als ideal angesehene Verhältnis", so findet man keine Antwort. Offenbar ersetzt ein optisch ausgewogen erscheinendes Halbe-Halbe die sachliche Rechtfertigung. Selbst die Begründungen für die Richtung einer solchen Steuerreform: Abbau der direkten Besteuerung und Ersatz dadurch verringerter Steuereinnahmen durch stärkere indirekte Besteuerung, sind wissenschaftlich nicht stichhaltig. Soweit es Senkungen der Gewinnsteuersätze betrifft, ist dies schon gezeigt worden (S. 666 ff.); soweit Erhöhungen der Mehrwertsteuersätze gemeint sind, wird der Beleg in Abschnitt b) erbracht. Dabei geht die betriebswirtschaftliche Sicht von Steuerlast und Steuerwirkung von dem Erfahrungstatbestand aus, daß die Steuerlast zunächst einmal beim Steuerzahler liegt und bis zum Beweis des Gegenteils die Steuerlast beim Steuerzahler verbleibt[79]. Steuerzahler sind aber auch bei Verbrauch- und Umsatzsteuern in erster Linie die Unternehmungen.

Schon 700 Jahre v.Chr. ist bei Hesiod jenes Steuereinmaleins angedeutet, daß bei einer Verbrauchsteuererhöhung zwei mal zwei nicht gleich vier sei, sondern daß die Steuereinnahmen relativ zur Steuererhöhung zurückbleiben, weil die Umsätze und damit die Gewinne sinken[80], also steuerliche Zusatzlasten über die Steuerzahlung hinaus entstehen. Dies gilt auch und gerade für einen „ökologischen" Steuerumbau, also für neue oder erhöhte Verbrauchsteuern auf Produktionsfaktoren oder -techniken, die als umweltbelastend gelten[81]: Der Effizienzverlust ist sicher; ob die Umweltbelastung in erwünschtem Maße eingeschränkt wird, ist ungewiß; bedenklich bleiben die Verteilungsfolgen, weil steuerbedingte Preiserhöhungen ärmere Nachfrager stärker treffen als reichere, was auch durch höhere Grundfreibeträge usw. bei der Einkommensteuer kaum ausgeglichen werden kann.

---

78 So z.B. *Birgit Breuel:* Steuerreform aus Landessicht. In: Steuerreform – Steuergerechtigkeit. Institut für Finanz- und Steuerrecht, Universität Osnabrück, Heft 1,1988, S. 7-15. hier S. 10; sinngleich *Bundesregierung:* Reform der Unternehmensbesteuerung, S. 14.
79 Vgl. *Schneider:* Grundzüge, S. 5, 15, 50 f.
80 *Walther Lotz:* Zur Lehre vom „Steuereinmaleins". In: Festschrift für Lujo Brentano zum 70. Geburtstag, München – Leipzig 1916, S. 351-365.
81 Vgl. *Klaus Kuhn:* Ökologische Umgestaltung des Steuersystems in den neunziger Jahren. In: ZfbF, Jg. 42 (1990), S. 733-750.

2. Abbau steuerrechtsbedingter Behinderungen unternehmerischer Risikobereitschaft durch Steuersatzsenkungen?

Bei ihrer Tarifreform 1990 hat die Bundesregierung folgender Illusion des Sachverständigenrats geglaubt: „Durch die Senkung des Anstiegs und der absoluten Höhe der Grenzsteuersätze werden ... insbesondere die Risikobereitschaft und die Innovationsfreudigkeit bei mittelständischen Unternehmern sowie der Leistungswille bei Managern ... erhöht werden"[82].

Durch Steuersatzsenkungen Leistungswillen, Innovationsfreudigkeit und Risikobereitschaft zu erhöhen, heißt praktisch: Jene, die in Unternehmungen Leitungsverantwortung tragen, zu noch mehr Arbeitseinsatz veranlassen zu wollen. Leider fehlt bisher ein wissenschaftlicher Beleg, daß gerade eine Senkung der Steilheit der Einkommensteuerprogression und des Spitzensteuersatzes den Leistungswillen stärken. Hingegen wurde eine Gegenthese zu dieser Behauptung schon vor rund 250 Jahren von so erlauchten Geistern wie Gottfried Wilhelm Leibniz und David Hume vorgetragen und von dem Kameralwissenschaftler von Justi 1766 auf den Kern gebracht, daß „gar zu geringe Abgaben die Faulheit befördern"[83].

Das mag für Unternehmer und Manager unter den heutigen Umweltbedingungen durchaus nicht zutreffen. Aber warum sollte das Gegenteil stimmen? Fünf Gesichtspunkte sind zu nennen, warum unter den heutigen rechtlichen und gesellschaftlichen Umweltbedingungen weder eine lineare Progression noch eine Senkung der Einkommensteuer-Spitzensätze unter 50% den Leistungswillen innovativ und dispositiv Tätiger anheben:

a) Die psychische Disposition zu verstärkter Leistung und Risikoübernahme hängt bei Unternehmern und Managern weniger von steuerlich-finanziellen Anreizen ab als von Befriedigung durch Tätigkeit und Anerkennung im gesellschaftlich-politischen Umfeld. Hier sind aber durch aufgeblähte und inexakte Rechtssetzungen, vor allem auf Arbeitsmärkten, Entscheidungsfreiheiten eingeengt, Frustrationen vorprogrammiert. Zugleich errichtet die Politik Dämme gegen Wettbewerbsdruck, häufig unter dem Deckmantel, damit diene man einer nicht näher erläuterten sozialen Gerechtigkeit. Schon dies behindert Leistungswillen und Risikobereitschaft zu Investitionen vermutlich stärker als politisch machbare Tarifsenkungen Personen stimulieren können, die sowieso kaum Zeit finden, Mehreinnahmen nach Steuern so auszugeben, daß sich Mehrarbeit hierfür lohnen würde.

---

82 *Sachverständigenrat:* Jahresgutachten 1986/87, Ziffer 281; *ders.:* Jahresgutachten 1987/88, Ziffer 289.

83 *Johann Heinrich Gottlob von Justi:* System des Finanzwesens. Halle 1766, Neudruck Aalen 1969, S. 398; *David Hume:* Political Discourses. 2nd ed., Edinburgh 1752, S. 115 f.; zu weiteren Quellen vgl. *Christian Scheer:* Steuer, Steuerverteilung und Steuerinzidenz in der deutschen Finanzwissenschaft der ersten Hälfte des 19. Jahrhunderts und der Einfluß der britischen Nationalökonomie. In: Studien zur Entwicklung der ökonomischen Theorie VI. Schriften des Vereins für Socialpolitik, NF, Band 115/VI, Berlin 1988, S. 105-169, hier S. 146 f.

b) Falls überhaupt Senkungen der Grenzsteuersätze für den Gewinn Anreize zu Mehrarbeit auslösen, so nur dann, soweit nach Steuern ein größerer finanzieller Spielraum bleibt.

Das Steuerreformgesetz 1990 bietet durch die Tarifsenkung ohne Zweifel einen Anreiz für mehr Konsum. Aber erhöht es auch den Finanzierungsspielraum für Investitionen? Die Begradigung der Tarifprogression beim Splittingverfahren erhöht den Finanzierungsspielraum des einzelnen Unternehmers für Investitionen um maximal 15.000 DM jährlich. Schon diese Zahl belegt, daß nicht die gradlinige Progression, sondern nur eine Senkung des Spitzensteuersatzes die Eigenkapitalbildung nachhaltig stärkt; freilich nur dann, wenn hohe Gewinne erzielt werden und nicht der Abbau sogenannter Steuervergünstigungen die Innenfinanzierung aus Aufwandsverrechnung schwächt.

Für die Gesamtheit der Unternehmungen verbesserte die Tarifreform 1990 die Selbstfinanzierung über zurückbehaltene Gewinne um höchstens 3 bis 5 Mrd. DM, was der Solidaritätszuschlag 1991/92 weitgehend wieder zurücknahm. Andererseits beschneidet in den alten Bundesländern das Auslaufen von Investitionszulagen, Sonderabschreibungen und einer Vielzahl weiterer sogenannter Steuervergünstigungen die Innenfinanzierung aus steuerlicher Aufwandsverrechnung bzw. aus steuerfreien Betriebseinnahmen um mindestens 6 Mrd. DM[84]. Der Vorsitzende des Steuerausschusses des Bundesverbandes der Deutschen Industrie behauptet sogar eine Belastung von 16 Mrd DM[85]. Verläßliche Zahlen liegen hier, wie so oft, nicht vor. Unstreitig baut das Steuerreformgesetz 1990 den Innenfinanzierungsspielraum für Investitionen in Milliardenhöhe ab, das Steueränderungsgesetz 1991 erhöhte ihn für Investitionen in den neuen Bundesländern.

Finanzielle Anreize zum Gegenwarts-Konsum, gekoppelt an Einengungen des Finanzierungsspielraums für Investitionen und damit für den Zukunfts-Konsum, fördern kaum den Leistungswillen zu unternehmerischer Tätigkeit, sondern eher den Konsum in der Freizeit heute, also das, was von Justi 1766 „die Faulheit" nannte.

c) Die Risikobereitschaft zu Investitionen hängt neben psychischen Dispositionen von rechenbaren Risikoverschiebungen beim Kapitaleinsatz ab.

Soweit Investitionsrisiken planbar sind, schlagen sie sich in alternativ hohen, niedrigen, negativen Renditen nieder. Dabei verringern sich in Verlustjahren die vor-Steuer-Verluste regelmäßig nicht proportional zum Steuersatz. Der fehlende Verlustrücktrag bei der Gewerbesteuer ist nur ein Beleg unter vielen. Vor allem verschärfen ertragsunabhängige Steuerzahlungen die effektive Steuerbelastung bei Zukunftsentwicklungen mit voraussichtlich schlechter Rendite erheblich. Die hieraus folgenden Hemmungen der unternehmerischen Risikobereitschaft wurden S. 685 f. untersucht.

---

84 Vgl. *Dieter Schneider:* Die Steuerreform und ihre Finanzierung in ihren Folgen für die Unternehmensfinanzierung mit Risikokapital. In: Der Betrieb, Jg. 40 (1987), S. 2529-2535; das Folgende beruht auf *ders.:* Die überfällige Neuordnung der Unternehmensbesteuerung In: Steuerberater-Kongreßreport 1989, S. 47-62.

85 Vgl. *Wolfgang Ritter:* Steuerreform – Steuergerechtigkeit aus der Sicht der Wirtschaft. In: Steuerreform – Steuergerechtigkeit. Institut für Finanz- und Steuerrecht Universität Osnabrück, Heft 1, 1988, S. 16-24, hier S. 17.

d) Selbst dann, wenn nur Gewinnsteuern erhoben oder beachtet werden, kann eine Milderung der Progression und eine Senkung der Gewinnsteuerspitzensätze zu Überlegungen Anlaß geben, innovative, risikoreichere Investitionen gegen risikoärmere Routine-Investitionen auszutauschen (S. 670-673).

e) Solange die Gewerbesteuer besteht, hilft eine Senkung der Einkommen- und Körperschaftsteuersätze gutverdienenden Nichtgewerbetreibenden mehr als Gewerbetreibenden, weil nach Senkung des Einkommen- und Körperschaftsteuertarifs die Gewerbeertragsteuer relativ mehr belastet und in der Spitze bei 480% Hebesatz über ein Fünftel, bei 360% Hebesatz ein Sechstel der relativen Tarifsenkung zurücknimmt. Manager, Verbandsfunktionäre, Berufspolitiker und Beamte denken nicht zuletzt an sich, wenn sie unter der Überschrift „Reform der Unternehmensbesteuerung" vor allem für eine weitere Tarifsenkung eintreten.

Steuerrechtsbedingte Behinderungen unternehmerischer Risikobereitschaft lassen sich nur auf wenigen Wegen abbauen:

(1) Eindeutig wird dieses Ziel durch eine Verbesserung der Verlustverrechnung innerhalb der Gewinnbesteuerung erreicht.

Innerbetrieblich lassen sich Gewinne und Verluste häufig nicht ausgleichen, innovationsfähigen Neugründungen hilft der Verlustrücktrag nicht. Aus Gründen der Wettbewerbsgleichheit wäre deshalb die steuerrechtliche Verlustverrechnung grundsätzlich als sofortiger Verlustausgleich zu regeln.

Allerdings hat auch der sofortige Verlustausgleich Nachteile: Er verlangt sofortige Betriebsprüfungen zumindest bei neugegründeten Unternehmen, um Versuchungen zum Steuerschwindel zu ersticken. Er läßt sich bei progressiver Besteuerung nur in Grenzen verwirklichen. Er begünstigt lediglich die Innenfinanzierung von Unternehmungen, steht also dem ordnungspolitischen Grundsatz einer Marktlenkung von Risikokapital entgegen. Ein marktwirtschaftskonformes Mittel wäre hier, handelbare Verlustverrechnungsgutscheine einzuführen, so wie ein marktwirtschaftlicher Weg zum Umweltschutz im Handel mit Umweltbelastungs-Zertifikaten bestünde. Hinzu tritt, daß der Gedanke, den Fiskus als stillen Partner am Gewinn in gleicher Weise am Verlust zu beteiligen, nicht nur politisch schwer durchsetzbar sein wird, sondern unter Ungewißheit nur unter sehr engen Voraussetzungen pareto-optimal erscheint (S. 741).

Nachdem mit dem Wegfall der zeitlichen Beschränkung des Verlustvortrags in der Steuerreform 1990 ein erster Schritt zur Verbesserung der Risikobereitschaft getan ist, bleibt als notwendiger nächster Schritt die Aufhebung aller größenmäßigen Beschränkung des Verlustrücktrags, möglichst mit einer Erweiterung des Rücktragszeitraums auf mindestens drei Jahre verbunden. Solange die Gewerbeertragsteuer besteht, bleibt die Einführung des Verlustrücktrags bei der Gewerbeertragsteuer erforderlich.

(2) Damit Steuerzahlungen die unternehmerische Risikobereitschaft nicht hemmen, erscheint freilich ein Ersatz von Steuerzahlungen, die auch in Verlustjahren anfallen, gegen gewinnabhängige noch vordringlicher[86]. Zu den gewinnunabhängigen Steuern zählen an erster Stelle die Vermögensteuer und die Gewerbekapitalsteuer. Eine angeblich

„pragmatische" Minderung der Steuersätze bzw. -meßzahlen vereinfacht weder das Steuerrecht noch verbessert es Gleichmäßigkeit der Besteuerung.

Mit einem Streichen der Vermögen- und Gewerbekapitalsteuer wird zugleich die *Einheitsbewertung des Betriebsvermögens entbehrlich* bis auf die gelegentlichen Erbschaft- und Schenkungsteuer-Fälle. Allerdings verlangt Gleichmäßigkeit der Besteuerung, daß generell die Einheitsbewertung des Betriebsvermögens als Bemessungsgrundlage für die Erbschaft- und Schenkungsteuer durch Marktpreise ersetzt wird. Zur Vereinfachung der Unternehmensbesteuerung ist deshalb der Wegfall der Einheitsbewertung des Betriebsvermögens zu fordern.

Nun macht das Streichen der Vermögen- und Gewerbekapitalsteuer die Einheitsbewertung noch nicht hinfällig, weil diese neben Anwendungen außerhalb des Steuerrechts insbesondere für die Grundsteuer und die Erbschaftsteuer herangezogen wird. Für die Grundsteuer schlägt eine Kommission[87] ein pauschaliertes Vorgehen vor, zusammen mit einer Koppelung der Grundsteuerhebesätze an die Hebesätze der Gewerbesteuer. Dieser Vorschlag erscheint ausgewogen.

Für die Erbschaftsteuer wird bei Grundstücken in Privatbesitz der Ansatz von Verkehrswerten gefordert. Demgegenüber sollen für Betriebsvermögen die Steuerbilanzwerte

---

86 Gegenreden von Finanzwissenschaftlern, daß die Vermögensteuer als „eine Abgabe, die etwa soviel an Aufkommen bringt wie die Schaumweinsteuer, der Totengräber der Industrie" nicht sein kann (*Fritz Neumark* in: Wirtschaftswoche-Symposium: Unternehmensbesteuerung. In: Wirtschaftswoche, Jg. 38, Nr. 1/2 vom 6.1.1984, S. 56-61, hier S. 61), leiden zum einen darunter, daß das Aufkommen der Vermögensteuer heute rund das 6- bis 7-fache der Schaumweinsteuer beträgt. Zum anderen ist nicht von einem Totengräber der Industrie die Rede, sondern es geht um den Abbau von Behinderungen der unternehmerischen Risikobereitschaft.

Einen Denkfehler offenbart die Behauptung, daß die Vermögensteuer nicht das Investitionsrisiko erhöhe, weil eine Investition, einzelwirtschaftlich betrachtet, nur das Nettovermögen von Geld in Sachen, Rechten usw. umstrukturiere (vgl. *Gerold Krause-Junk:* „Steuern der Neunziger Jahre", Anmerkungen zu den Leitlinien der Arbeitsgruppe Steuerreform. In: Finanzarchiv, NF, Bd. 45 (1987), S. 302-323, hier S. 312). Hier wird übersehen, daß dem Risiko abgeneigte Investoren eine auch im Verlustfall zu zahlende Vermögensteuer meist als stärkere Belastung innovativer, risikoreicher Investitionen empfinden, als die gleiche Steuerzahlung bei risikoarmen Investitionen (S. 685 f.). Deshalb werden sie im Zweifel auf risikobehaftete Investitionen verzichten und z.B. eine Nicht-Investition durch Schuldentilgung vorziehen.

Falsch ist die Behauptung des *Sachverständigenrats:* Jahresgutachten 1988/89, Ziffer 277, daß „sich eine Steuerbefreiung der Betriebsvermögen nicht auf die Grenzsteuerbelastung der Gewinne auswirken" würde. Zurückbehaltene Gewinne lösen künftig Vermögensteuer aus, Ausschüttungen werden durch die Vermögensteuer gekürzt, so daß eine Steuerbefreiung des Betriebsvermögens einen Kapitalmarktsteuerkeil kürzt.

Für eine Abschaffung von Vermögensteuer spricht sich inzwischen auch die Mehrheit des Wissenschaftlichen Beirats beim Bundesministerium der Finanzen aus, vgl. *Wissenschaftlicher Beirat beim Bundesministerium der Finanzen:* Die Einheitsbewertung in der Bundesrepublik Deutschland. BMF-Schriftenreihe, Heft 41, Bonn 1989, S. 45, ebenso das *Gutachten der Kommission zur Verbesserung der steuerlichen Bedingungen für Investitionen und Arbeitsplätze,* Randziffer 19, 27, 28.

87 Vgl. *Gutachten der Kommission zur Verbesserung der steuerlichen Bedingungen für Investitionen und Arbeitsplätze,* Randziffern S. 31-34.

übernommen und bei nicht notierten Anteilen an Kapitalgesellschaften Schätzwerte nach dem Stuttgarter Verfahren gebildet werden, für dessen Substanzwertkomponente ebenfalls die Steuerbilanzwerte zugrundezulegen seien. Zusätzlich werden bei der Erbschaftsteuer eine neue Steuerklasseneinteilung und höhere Freibeträge vorgeschlagen, sowie eine Erweiterung der Möglichkeiten zur Erbschaftsteuerstundung.

Während die beiden letzten Vorschläge akzeptabel erscheinen, und der Ansatz der Steuerbilanzwerte für das Betriebsvermögen (den das Steueränderungsgesetz 1992 verwirklicht) außer den Grundstücken, aus Vereinfachungsgründen sinnvoll ist, enthält für Grundstücke und Gebäude die Übernahme der Steuerbilanzwerte einen skandalösen Verstoß gegen die Gleichmäßigkeit der Besteuerung. Wenn bei der Erbschaft- und Schenkungsteuer Grundstücke in Privatbesitz zu Recht nach ihren Verkehrswerten bemessen werden, so müßte dies auch für Grundstücke im Betriebsvermögen gelten. Schließlich stehen z.B. 3 DM je qm, fortgeschrieben aus der DM-Eröffnungsbilanz eines Einzelkaufmanns im Düsseldorfer Zentrum, gegen einen Einheitswert von vielleicht 2000 DM und einen Marktpreis von etwa 10.000 DM je qm beim benachbarten Grundstück im Privatvermögen.

Für ein Beibehalten der Vermögensteuer und der Gewerbekapitalsteuer lassen sich Gesichtspunkte steuerlicher Gerechtigkeit nicht ernsthaft anführen, solange steuerliche Leistungsfähigkeit im Einkommen gemessen wird. Einkommen als Maßgröße steuerlicher Leistungsfähigkeit ist ein Überschuß über ein zu erhaltendes Periodenanfangsvermögen. Hierzu steht eine als Vermögensabgabe wirkende Vermögen- und Gewerbekapitalsteuer im Widerspruch[88].

Statt eines Streichens der Vermögensteuer wird vielfach kompromißhaft ein Beseitigen der Doppelbesteuerung mit Vermögensteuer bei Kapitalgesellschaften und ihren Anteilseignern empfohlen. Von einem Vermögensteuer-Anrechnungsverfahren ist jedoch abzuraten wegen der zusätzlichen erhebungstechnischen Probleme und des Verwaltungsaufwands.

Ein anderer Teilschritt wäre, Betriebsvermögen aus der Vermögensteuer herauszunehmen. Bei einem Streichen der betrieblichen Vermögensteuer entfallen bereits 55 - 70% des Vermögensteueraufkommens (wie üblich werden unterschiedliche, nicht nachprüfbare Zahlen genannt). Für ein Beibehalten einer Vermögensteuer auf land- und forstwirtschaftliches, Grund- und sonstiges Vermögen spricht dann vor allem der Sozialneid. Dagegen entscheidet: In einem Steuersystem, das grundsätzlich im Einkommen das Maß steuerlicher Leistungsfähigkeit sieht, ist für eine selbständige Vermögensteuer kein Platz; auf gar keinen Fall dann, wenn eine gegenüber heute erhöhte Erbschaft- und Schenkungsteuer auf den zu Marktpreisen bewerteten Vermögensübergang erhoben wird.

---

[88] Vgl. dazu ausführlich *Dieter Schneider:* Bezugsgrößen steuerlicher Leistungsfähigkeit und Vermögensbesteuerung. In: Finanzarchiv, NF, Bd. 37 (1979), S. 26-49.

3. Abbau steuerbedingter Kapitalfehlleitungen durch Verkürzung der Spannweite effektiver Grenzsteuerbelastungen

Nach dem Vorstehenden wird deutlich, daß die Wünsche, die Spitzensätze der Einkommen- und Körperschaftsteuer unter 50% zu senken, nicht mit Steigerung des Leistungswillens und der Risikobereitschaft für Investitionen begründet werden können. Überfällig ist deshalb nicht eine weitere Senkung der Spitzensteuersätze, sondern eine Annäherung der effektiven Grenzsteuerbelastung der verschiedenen Investitions- und Finanzierungsvorhaben untereinander, soweit es die fiskalische Besteuerung betrifft (Lenkungssteuer-Rechtsetzungen erreichen ihre beabsichtigte Wirkung nur über Abweichungen der effektiven Steuerbelastung von denen nicht zu „lenkender" Handlungen).

Wegen der vielfältigen Unterstellungen bei der Messung der effektiven Grenzsteuerbelastung für Investitionen (S. 415 ff.) darf deren Annähern an die Grenzsteuersätze nicht als steuerpolitische Norm verabsolutiert werden. Die Annäherung effektiver Grenzsteuerbelastungen an Grenzsteuersätze bietet jedoch einen Maßstab, um Steuerrechtsvergünstigungen und -benachteiligungen zu verringern. Ein daraus folgender Abbau steuerrechtsbedingter Wettbewerbsverzerrungen ist eine Vorbedingung dafür, daß von Gewinnsteuersätzen keine unerkannten und unbeabsichtigten neuen Verzerrungen für Investitionen und eine Marktlenkung von Risikokapital ausgehen. Obwohl ins Detail gehende und zugleich aktuelle Berechnungen effektiver Grenzsteuerbelastungen von Investitionen nicht vorliegen, erlaubt das vorliegende Zahlenmaterial folgende Schlüsse:

a) In allen Industrieländern bestehen erhebliche Spannweiten von effektiven Grenzsteuerbelastungen für Investitionen, und die Spannweiten überlappen sich zum größten Teil zwischen den Ländern.

b) Die Behauptung von einem „Hochsteuerland Bundesrepublik Deutschland" ist zwar im Durchschnitt richtig, aber keineswegs für jeden Einzelfall der Kombination von Investition und Finanzierung. Schon deshalb verbieten sich pauschal wirkende Senkungen der Einkommen- und Körperschaftsteuersätze.

c) Die Kombination von Investitions- und Finanzierungsvorhaben, welche die untere und die obere Grenze der Spannweite effektiver Grenzsteuerbelastungen und die Reihenfolge dazwischen verkörpern, sind keineswegs in den einzelnen Ländern identisch. Deshalb bestehen steuerbedingte Anreize zur Standortverlagerung, die zu Lohnkosten- und Inflationsunterschieden usw. hinzutreten. Um eine Abwanderung bestimmter, z.B. arbeitsintensiver oder hochtechnologischer Fertigungen einzuschränken oder eine Zuwanderung nicht zu erschweren, ist eine Reform der Steuerbemessungsgrundlagen in Richtung auf eine Verkürzung der Spannweiten effektiver Grenzsteuerbelastungen geboten. Darüber hinausgehend gezielte Vergünstigungen einzusetzen, löst die Gefahr aus, daß aus dem internationalen Wettbewerb der Steuersysteme ein Wettbewerb der Subventionsregelungen wird.

d) Der für eine Wettbewerbsordnung ausschlaggebende Einfluß der Besteuerung auf die Risikobereitschaft zu Innovation und Investition ist weder durch Grenzsteuersätze noch durch davon abweichende effektive Grenzsteuerbelastungen zu erfassen, sondern an erster Stelle durch Änderungen der Steuerbemessungsgrundlagen in Richtung auf einen Abbau gewinnunabhängiger Steuerzahlungen und auf bessere Verlustverrechnungsmöglichkeiten abzufedern.

Da im Hinblick auf die Substanzbesteuerung ziemlich eindeutig und im Hinblick auf die effektive Grenzsteuerbelastung für Investitionsgewinne im Durchschnitt die Bundesrepublik Deutschland im internationalen Vergleich ein Hochsteuerland darstellt, ist, soweit finanzierbar, eine allgemeine Entlastung geboten; allerdings nicht in Form pauschaler Steuersatzsenkungen, sondern durch eine differenzierte Reform der Steuerstruktur.

Wer die Reihenfolge steuerpolitischer Ziele „Effizienz vor Gleichmäßigkeit und beides vor Einfachheit der Besteuerung" beherzigt, wird zu folgender Rangordnung in einer Reform der Unternehmensbesteuerung raten:

(1) Verbesserung der Risikobereitschaft für Innovationen und Investitionen durch Verzicht auf Vermögen- und Gewerbekapitalsteuer und Ausbau der Verlustverrechnungsmöglichkeiten.

(2) Beseitigung von Verzerrungen der Steuerbelastung bei der Finanzierung über den Kapitalmarkt: Eigenkapitalausstattung ist keinesfalls höher, eher niedriger zu belasten als Verschuldung. Dies verlangt einen Ersatz der Gewerbesteuer durch eine gewerbliche Investitionen nicht diskriminierende Besteuerung (vgl. dazu unter 4.).

(3) Annäherung der effektiven Grenzsteuerbelastung für Investitionen an die Grenzsteuersätze durch Anheben oder Begrenzen der steuerbedingten Innenfinanzierung. Dieser Schritt führt in umstrittene Grundsatzfragen steuerlicher Gewinnermittlung und wird bis Abschnitt c) zurückgestellt.

(4) Erst an letzter Stelle und nur soweit noch finanzieller Spielraum für Steueraufkommensminderungen bleibt, sind die Tarife der Einkommen- und Körperschaftsteuer zu senken. Die Gründe für dieses Hintanstellen wurden S. 754-756 genannt.

Im folgenden werden zunächst Reformschritte zu b), dem Beseitigen steuerrechtsbedingter Kostenvorteile der Verschuldung gegenüber der Eigenkapitalausstattung erörtert.

Die Spannweite effektiver Grenzsteuerbelastungen bei den verschiedenen Investitions- und Finanzierungsvorhaben ist zum erheblichen Teil durch Unterschiede in den steuerbedingten Finanzierungskosten verursacht. Kreditaufnahme ist steuerlich erheblich günstiger als Beteiligungsfinanzierung. Um steuerrechtsbedingte Finanzierungskosten-Unterschiede zu beseitigen, ist neben dem Streichen der Vermögen- und Gewerbesteuer ein grundsätzliches Umdenken bei der Besteuerung der Innen- und Außenfinanzierung bzw. bei den Einkünften aus Kapitalvermögen erforderlich. Überfällig ist dabei eine Neuordnung, die eine ebenso korrekte Erfassung von Zinseinkünften wie von Gewinnanteilen Buchführungspflichtiger sicherstellt.

Steuerehrlichkeit bei Zinseinkünften wäre auf marktwirtschaftliche Weise zu verwirklichen, also nicht über Kontrollmitteilungen u.ä., sondern durch eine Kapitalertragsteuer, die über dem Spitzensatz aus Einkommen- und Kirchensteuer liegt (S. 304 f.).

Um einer steuerbedingten Kapitalflucht vorzubeugen, wäre das Außensteuerrecht unter dem Ziel des Abbaus von Wettbewerbsverzerrungen zu Lasten deutscher Unternehmen wiederzubeleben. Die Außensteuerpolitik verläuft jedoch seit Jahrzehnten in die entgegengesetzte Richtung. Statt auf eine steuerliche Gleichbehandlung nur im Inland tätiger gegenüber im In- und Ausland tätiger oder im Ausland beheimateter Unternehmen hinzuwirken, wird bei der Neufassung von Doppelbesteuerungsabkommen immer mehr zur Begünstigung internationaler Konzernbildung getan. Eine Verbesserung der steuerrechtlichen Bedingungen für den Produktionsstandort Bundesrepublik Deutschland widerspricht jedenfalls nicht nur, daß in manchen Doppelbesteuerungsabkommen (z.B. mit der Volksrepublik China) ausländische Produktionsstandorte subventioniert werden, indem fiktive, also nicht gezahlte Steuern auf die in Deutschland zu zahlenden Steuern angerechnet werden können, sondern auch die ständige Ausweitung des Ausländereffektes bei der Unternehmensfinanzierung durch Verringerung der Kapitalertragsteuer auf Dividenden in Zusammenwirken mit dem internationalen Schachtelprivileg (S. 296).

Zum Abbau steuerrechtsbedingter Wettbewerbsverzerrungen ist die Steuerermäßigung für ausgeschüttete Gewinne, die über Gesellschafterdarlehen zurückfließen, abzuschaffen, wenn die Anteilseigner selbst steuerbefreit sind und folglich die Kapitalertragsteuer auf ausgeschüttete Gewinne ganz oder teilweise zurückerstattet bekommen (§ 5 Abs. 1 Nr. 9 KStG, § 44c Abs. 1 EStG), was z.B. jahrzehntelang zu Steuerersparnissen in Millionenhöhe z.B. für die gewerkschaftseigene Beteiligungsgesellschaft für Gemeinwirtschaft geführt hat (S. 691).

Zu streichen wäre endlich die ermäßigte Tarifbelastung für bestimmte Kreditinstitute und Versicherungen (46%). Weder im Hinblick auf ein Vermeiden steuerrechtsbedingter Wettbewerbsverzerrungen noch unter dem Grundsatz der Gleichmäßigkeit der Besteuerung erscheint es länger tragbar, daß die Gesamtheit der Steuerzahler für Steuerentlastungen bestimmter öffentlich-rechtlicher Wirtschaftsunternehmungen Steuermehrzahlungen hinnimmt als Buße für das Versagen des Gesetzgebers innerhalb des Wirtschaftsrechts. Dieser ist offenbar nicht fähig, bei Gewährträgerhaftung durch neue Berechnungsvorschriften für das haftende Eigenkapital eines Kreditinstituts (§ 10 Abs. 2-6 KWG) bzw. die freien unbelasteten Eigenmittel mindestens in Höhe einer Solvabilitätsspanne (§ 53 c Abs. 1 VAG) Wettbewerbsgleichheit zwischen öffentlich-rechtlichen und anderen Instituten zu schaffen.

Weder die jetzige Besteuerung von Lebensversicherungen noch anderen sog. Spar- oder Vermögensbildungsförderungen sind mit Gleichmäßigkeit der Besteuerung oder den „ordnungspolitischen Grundlagen" vereinbar, ebenso wenig zahlreiche Steuerbemessungsgrundlagen für Sachversicherungen, z.B. § 20 Abs. 2 KStG.

Zu einer Neuordnung der Unternehmensbesteuerung gehört auch, die Spreizung zwischen Einkommensteuer-Spitzensatz und körperschaftsteuerlicher Tarifbelastung wieder rückgängig zu machen. Die Argumente in der Begründung des Steuerreformgesetzes 1990, die angeblich zugunsten einer Spreizung sprechen, beruhen auf einer falschen Bezugsbasis für Steuerbelastungsvergleiche und auf weiteren Denkfehlern[89]:

---

89 Vgl. Entwurf eines Steuerreformgesetzes 1990, Bundestags-Drucksache 11/2157 von 19.4.1988, S. 173. Eine höhere Spreizung um 4%-Punkte hält die *Bundesregierung:* Reform der Unternehmensbesteuerung, S. 21, für vertretbar.

a) Die Gesellschafter von Personenunternehmen seien gegenüber der Selbstfinanzierung in Kapitalgesellschaften durch einen niedrigeren Durchschnittssteuersatz begünstigt. - Das Argument ist falsch; denn die Durchschnittsbelastung spielt nur für die Verteilungswirkungen der Besteuerung zwischen natürlichen Personen eine Rolle, für Entscheidungswirkungen ist auf die Grenzsteuerbelastung zu achten. Zu vergleichen sind deshalb im Hinblick auf die Selbstfinanzierung die Grenzsteuerbelastung von Mitunternehmern mit der Grenzsteuerbelastung der geschäftsführenden Anteilseigner von Kapitalgesellschaften, allenfalls noch mit der Grenzsteuerbelastung als Folge eines Kapitalmarktsteuerkeils bei allen Anteilseignern. Dabei ist zu beachten, daß zurückbehaltene Gewinne „geparkte" künftige Ausschüttungen sind. Bei Gleichheit der Spitzensätze von Einkommen- und Körperschaftsteuer sind Personenunternehmen bei Selbstfinanzierung wegen der Kirchensteuer benachteiligt.

b) Personenunternehmen unterlägen nicht der Doppelbelastung mit Vermögensteuer. – Hier wird im Unterschied zu a) richtig auf die Belastung bei den Anteilseignern abgestellt. Aber die Doppelbelastung mit Vermögensteuer rechtfertigt keine Tarifvergünstigung für zurückbehaltene Gewinne bei Kapitalgesellschaften. Die Doppelbelastung mit Vermögensteuer kann nur durch das Streichen der Vermögensteuer bei Kapitalgesellschaften beseitigt werden, allenfalls durch ein „Anrechnen" auf die Vermögensteuer natürlicher Personen.

c) Kapitalgesellschaften hätten Vorteile wegen des internationalen Schachtelprivilegs für ausländische Dividenden und wegen der gewerbesteuerlichen Abzugsfähigkeit von Gesellschafter-Geschäftsführergehältern. – Der offensichtliche Gegeneinwand lautet: Soweit Kapitalgesellschaften Vorteile besitzen, ist allenfalls die gegenteilige Spreizung (ein Spitzensatz der Einkommensteuer unter der Tarifbelastung der Körperschaftsteuer) zu erwägen. Im einzelnen stimmt die Begründung für die behaupteten Vorteile nicht: Das Schachtelprivileg vermeidet eine Mehrfachbelastung mit Körperschaftsteuer; deshalb ist es systemwidrig, daraus einen Unterschied zwischen Spitzensatz der Einkommensteuer und Körperschaftsteuer auf zurückbehaltene Gewinne herzuleiten. Ebenso systemwidrig ist die Begründung aus der gewerbesteuerlichen Abzugsfähigkeit der Geschäftsführergehälter. Wer diese abschaffen oder auf Personenunternehmen erweitern will, müßte das Gewerbesteuerrecht ändern.

d) „Unterschiedlich werden die bei der Einkommensermittlung nicht abziehbaren Aufwendungen ... belastet". – Das ist schon sprachlich falsch, denn belastet wird ein Gewinn vor Steuern, nicht ein Betrag, der den Gewinn nicht mindern darf. Gemeint ist: Der erforderliche Mindestgewinn, um nicht-abziehbare Ausgaben zu decken, richte sich bei Personenunternehmen nach dem jeweiligen Einkommensteuersatz, bei Kapitalgesellschaften nach der Tarifbelastung. – Wiederum wird versäumt, beide Mindestgewinnanforderungen bis zum Anteilseigner durchzurechnen. Dabei zeigen sich für 480% Hebesatz folgende Mindestgewinnanforderungen für 1 DM zusätzliche nicht-abziehbare Ausgaben (zu den Steuersätzen s. S. 274, 278, hier ohne Solidaritätszuschlag): bei Personenunternehmen 1 bis 2,76 DM, bei Kapitalgesellschaften, durchgerechnet auf den Anteilseigner, 1,11 bis 2,48 DM.

Die Regierungsbegründung erweckt den Anschein, nicht-abziehbare Ausgaben würden in Personenunternehmen steuerlich begünstigt. Ein Durchrechnen auf den Anteilseigner offenbart dies als Fehldeutung.

Deshalb bleibt als einzige rationale Begründung für die Spreizung der körperschaftsteuerlichen Tarifbelastung kollektivistisches Denken, das Personenunternehmen mit Vollhaftung steuerlich noch stärker als bisher schon zu diskriminieren wünscht.

Wer für eine Rechtsformneutralität der Besteuerung eintritt, muß ebenso gegen die derzeitige Spreizung sprechen wie derjenige, der zwar Rechtsformneutralität für nicht zwingend hält, aber aus ordnungspolitischen Gründen eine Marktlenkung von Risikokapital anerkennt. Gegen eine Ausdehnung der Spreizung bis hin zu einer massiven Begünstigung der Selbstfinanzierung, wie sie vor allem Stimmen aus der Praxis fordern, spricht vor allem der ordnungspolitische Gesichtspunkt, daß eine Förderung der Selbstfinanzierung gegen eine marktwirtschaftliche Ordnung gerichtet ist und einen zusätzlichen Schritt in eine Funktionärs- oder Wirtschaftsräte-Herrschaft darstellt.

4. Die fiskalische Finanzierung verbesserter Investitionsbedingungen durch ordnungspolitisch überfällige Steuerstrukturänderungen

Mit einem Streichen der Gewerbeertragsteuer würde nicht nur eine Sondersteuer auf gewerbliche Gewinne und hinzuzurechnende Aufwandsposten beseitigt, sondern zugleich wären rechtsformbedingte Steuerlastunterschiede verringert. Zahlreiche Steuerausweich-Gestaltungsmöglichkeiten entfielen. Die Unterschiede in den effektiven Grenzsteuerbelastungen zwischen gewerblichen Investitionen und Investitionen, die zu anderen Einkunftsarten führen, verringerten sich, weil die Grenzsteuersätze gleich wären.

Ein Streichen der Gewerbeertragsteuer würde zu Einnahmeausfällen von über 30 Mrd. DM führen. Selbst nach Gegenrechnung der dann höheren Einkommen- und Körperschaftsteuereinnahmen wegen des entfallenden Abzugspostens Gewerbeertragsteuer bliebe ein Fehlbetrag von über 20 Mrd. DM. Die Ausfälle an Steuereinnahmen bei der Gewerbekapitalsteuer betragen rund 3,5 Mrd. DM, die allerdings wegen der Abzugsfähigkeit nur insgesamt zu einer Mindereinnahme von rund 2 Mrd. DM führen dürften. Die Mindereinnahmen der Altbundesländer bei einem Streichen der Vermögensteuer belaufen sich auf rund 5 Mrd. DM. Damit stellt sich die Frage nach der fiskalischen Finanzierung der ordnungspolitisch überfälligen Neuordnung der Unternehmensbesteuerung durch ein Streichen der gewerbliche Investitionen diskriminierenden Gewerbesteuer. Drei Antworten seien erörtert:

a) Als Ersatz für die Gewerbeertragsteuer hat bisher ein Gemeindeanteil an der Umsatzsteuer am ehesten Zustimmung gefunden[90]. Ein ungefährer Ausgleich würde eine Anhebung des Mehrwertsteuernormalsatzes um 3 Prozentpunkte verlangen.

---

90 Vgl. z.B. *Karl-Bräuer-Institut des Bundes der Steuerzahler:* Abbau und Ersatz der Gewerbesteuer. Heft 57, Wiesbaden 1984, S. 34-67; *Breuel,* S. 14 f. Vgl. als Würdigung der Reformvorstellungen *Armin Feit:* Die Gewerbesteuer – ewiges Stiefkind der Steuerreform? In: Besteuerung und Unternehmenspolitik, hrsg. von G. John, München 1989, S. 101-129.

Aus Umsatzsteuererhöhungen droht eine verstärkte Umsatzsteuerhinterziehung durch vermehrte Schattenwirtschaft, eine Verstärkung der Inflation bei den Verbraucherendpreisen, die vermutlich nur wenig hinter der Umsatzsteuererhöhung zurückbleiben wird, und nicht zuletzt eine Behinderung der Investitionsbereitschaft (S. 774 f.).

Steuerbedingte Zusatzlasten über die Steuerzahlung hinaus dürften bei der Gewinnbesteuerung noch am niedrigsten sein. Deshalb, und um dem einzelnen Staatsbürger zu verdeutlichen, wie teuer ihn seine Gemeinde kommt, erscheint ein offen ausgewiesener Gemeindezuschlag zur Lohn-, Einkommen- und Körperschaftsteuer staatspolitisch am sinnvollsten zu sein. Damit wäre das von den Gemeinden gewünschte Hebesatzrecht zu verbinden. Um den Gemeindezuschlag auch für die Körperschaftsteuer einzuführen, bedarf es allerdings einer Änderung des Artikels 106 Abs. 5 GG.

Ein Gemeindezuschlag zur Einkommen- und Körperschaftsteuer wird hauptsächlich mit dem Argument bekämpft, daß die Gemeinden Infrastrukturmaßnahmen für ihre Gewerbebetriebe finanzieren müßten. Deshalb seien die Gewerbebetriebe, evtl. auch noch freie Berufe, zur Kasse zu bitten, nicht aber Arbeitnehmer und Rentner. Eine solche Argumentation verkürzt die Probleme der Gemeindefinanzierung in unzulässiger Weise. Dem Anliegen, Gemeinden finanziell an der Ansiedlung von Gewerbebetrieben zu interessieren, könnte durch eine Aufspaltung eines Gemeindezuschlags bei der Einkommen- und Körperschaftsteuer Rechnung getragen werden, z.B. in der Form, daß zwei Drittel des Gemeindezuschlags zur Lohn- bzw. veranlagten Einkommensteuer der Arbeits- bzw. Betriebsstättengemeinde, ein Drittel der Gemeinde des ersten Wohnsitzes, zufließt (oder hälftig aufgeteilt, wobei auch ein zweiter, dritter Wohnsitz zusätzlich oder anteilig berücksichtigt werden könnte). Für einen Gemeindezuschlag bei der Körperschaftsteuer und bei Einkommensteuerpflichtigen, bei denen die Einkünfte aus Gewerbebetrieb überwiegen, liegt bei mehreren Betriebsstätten eine Aufteilung nach der Lohnsumme nahe; es könnte sogar erwogen werden, die bisherige Zerlegung nach den §§ 28 ff. GewStG beizubehalten.

b) Das Streichen der Vermögen- und Gewerbekapitalsteuer läßt sich politisch am ehesten verwirklichen, wenn zugleich die Ländereinnahmen verbessert werden. Dazu bietet sich die seit langem überfällige Reform der Erbschaft- und Schenkungsteuer an. Niemand wird ernsthaft bezweifeln, daß die Einheitsbewertung des Grundvermögens bei Erbschaften und Schenkungen in skandalöser Weise gegen Gleichmäßigkeit der Besteuerung verstößt, weil die Einheitswerte regelmäßig nur zwischen 0,4% und 30% der Marktpreise liegen (S. 309).

Gegenüber den heutigen Tarifklassen der Erbschaftsteuer wäre der Vorschlag zu erneuern, daß zwei Tarifklassen genügen müßten[91]. Hinzu kommt, daß die Steuersätze jedenfalls für Millionenerbschaften unfair niedrig sind. Da ein Erbanfall auch ein Reinvermögenszugang und damit für den Erben ökonomisch Einkommen ist, liegt ein Verstoß

---

91 Vgl. *Wissenschaftlicher Beirat beim Bundesministerium der Finanzen:* Gutachten zur Reform der direkten Steuern (Einkommensteuer, Körperschaftsteuer, Vermögensteuer und Erbschaftsteuer) in der Bundesrepublik Deutschland. BMF-Schriftenreihe, Heft 9, Bonn 1967, S. 73.

gegen das Leistungsfähigkeitsprinzip vor, wenn ein Jahreseinkommen des Alleinveranlagten ab 120.000 DM 1990 mit einem Grenzsteuersatz aus Einkommen- und Kirchensteuer von 55% belastet wird, eine Erbschaft in der Steuerklasse 1 von z.B. 120 Mio. DM nur mit 35%. Da Erbschaftsteuer nur auf verwirklichte Vermögenszugänge zu zahlen ist, beeinflußt eine Erhöhung der Erbschaftsteuer die Risikobereitschaft zu Investitionen jedenfalls nicht stärker als die Einkommensteuer[92].

Demgegenüber bleibt der Hinweis, mittelständische Unternehmen könnten dann nicht mehr an die eigenen Nachkommen vererbt werden, nur eine Schutzbehauptung; denn abgesehen davon, daß die Höchstsätze der Erbschaftsteuer weit jenseits jener Vermögen liegen, die noch zum Mittelstand zählen, lassen sich Milderungsregelungen denken, wie eine Verrentung in Analogie zu § 24 ErbStG als Ausbau von § 28 ErbStG.

Gelingt es also nicht, den staatlichen Ausgabenbedarf durch Streichung komsumtiver Subventionen oder anderer fragwürdiger Staatsausgaben zu senken, so gebieten ordnungspolitische Überlegungen ebenso wie die Gleichmäßigkeit der Besteuerung, einen Teil der Einnahmenausfälle aus dem Streichen der Vermögen- und Gewerbekapitalsteuer durch eine Erhöhung des Aufkommens der Erbschaft- und Schenkungsteuer von heute rund 2,4 Mrd. DM auf ungefähr das Dreifache auszugleichen.

c) Für die verbleibenden Mindereinnahmen bietet sich an, Steuerbefreiungen jeglicher Art daraufhin zu untersuchen, warum diese Verstöße gegen die Allgemeinheit der Besteuerung unumgänglich sind.

Schon um steuerrechtsbedingte Wettbewerbsverzerrungen zu vermeiden, erscheint es geboten, daß staatliche Monopolbetriebe (Bundesbank, Postbank, Telecom, Monopolverwaltungen) dann wie jedes gewerbliche Unternehmen besteuert werden, wenn einzelne ihrer Geschäftsbereiche in Konkurrenz zu privaten Mitbewerbern treten; bei der Bundesbank also im Devisenhandel und der Kurspflege für öffentliche Anleihen; bei der Bundespost im Postscheckdienst, im Omnibusbetrieb von Bahn und Post usw. Eine Steuerpflicht der Bundesbank usw. würde Steuerausfälle bei Ländern und Gemeinden verringern, einen Gemeindezuschlag zur Einkommen- und Körperschaftsteuer begrenzen helfen.

Der Gesetzgeber hält darüber hinaus eine Fülle von Verbänden, Vereinen und anderen Institutionen für gemeinnützig und stellt sie grundsätzlich steuerfrei, wobei er auch die Vermögensverwaltung aus dem Steuerpflicht auslösenden wirtschaftlichen Geschäftsbetrieb herauslöst (§ 14 AO).

---

92 Gerade wer, wie die Bundesregierung, die ordnungspolitischen Grundlagen für eine aus sich heraus dynamische und innovationsfähige Wirtschaft durch eine Steuerreform verwirklichen will, sollte die ordnungspolitischen Einsichten klassischer marktwirtschaftlicher Ökonomen beherzigen, die aus Gründen der Annäherung der Startbedingungen einzelner für hohe progressive Erbschaftsteuern eingetreten sind (z. B. *John Stuart Mill:* Principles of Political Economy. Nachdruck der 7. Aufl. (1871), New York 1965, S. 227 f., 809, 889 f.).

Aus dem wirtschaftlichen Geschäftsbetrieb die Vermögensverwaltung herauszunehmen, ist mit Gleichmäßigkeit der Besteuerung unvereinbar[93]. Solange die Vermögensverwaltung des einzelnen Bürgers bei erzielten Zinsen und Einnahmenüberschüssen aus Vermietung und Verpachtung Steuerzahlungen auslöst, verlangt eine Nicht-Benachteiligung von Menschen gegenüber Kollektiven, daß die Vermögensverwaltung bei Gewerkschaften und anderen Berufsverbänden, bei politischen Parteien und weiteren gesetzlich als gemeinnützig geltenden Einrichtungen gerade nicht steuerfrei bleibt. Wer in Gewerkschaften, Kirchen, Parteien seine öffentliche Argumentation nicht selten auf einem behaupteten Gegensatz von Kapital und Arbeit aufbaut, kann sich im Hinblick auf steuerliche Gerechtigkeit nicht dem Argument entziehen, daß Kapital gleich Kapital ist, gleichgültig, wer es besitzt.

Ein Gesetzgeber, der das Einkommen als Maßgröße steuerlicher Leistungsfähigkeit wählt und damit Einnahmenüberschüsse aus Arbeitseinsatz und aus Kapitaleinsatz addiert und dieses Einkommen progressiv besteuert, darf im Hinblick auf die Gleichmäßigkeit der Besteuerung Institutionen, die Marktmacht auf dem Arbeits-, Freizeit- und politischen Willensbildungsmarkt ausüben, nicht anders behandeln als Institutionen auf dem Kapitalmarkt.

Einerseits die Vermögensanlagen des einzelnen Bürgers progressiv zu besteuern, andererseits an der Steuerfreiheit für die Vermögensanlagen von Kollektiven festzuhalten: Eine solche Steuerpolitik verwirklicht ein eindeutig kollektivistisches Werturteil, das gegen eine freiheitliche Gesellschaftsordnung gerichtet ist, weil es eigenverantwortliches Handeln diskriminiert.

b) Ein falscher Weg: Umsatzsteuererhöhungen als angebliche Nichtbelastung der Unternehmensinvestitionen

1. Die behauptete Einflußlosigkeit einer Umsatzsteuererhöhung auf die Nettoinvestitionen

Der europäische Rat der Staats- und Regierungschefs hat beschlossen, daß mit dem einheitlichen Binnenmarkt in der EG die Steuersätze für die Umsatz- und Verbrauchsteuern untereinander angenähert werden sollen. Allein bei der Umsatzsteuer schwanken die Steuersätze 1992 in den einzelnen Mitgliedsländern zwischen 0 und 22%. Die europäische Kommission hat zur näherungsweisen Harmonisierung der Umsatzsteuer für den Normaltarif mindestens 15% vorgesehen, für den ermäßigten Tarif mindestens 5%. Einem gemeinsamen Markt entspräche eine Besteuerung im Ursprungsland, nicht im Bestimmungsland der Lieferung und Leistung. Dieses Ziel wird vorerst aufgrund von Übergangsregelungen nur eingeschränkt erreicht. Die Bundesregierung, vor 1991 gegen eine Erhöhung des Mindestsatzes in der EG, hat sich 1991 für 15% ausgesprochen, um die ab

---

[93] Vgl. näher *Dieter Schneider:* Kollektivvermögen, Unternehmungsverfassung und Gleichmäßigkeit der Besteuerung. In: StuW, Jg. 63 (1986), S. 341-353, bes. S. 344-346, 352 f.

1993 geplante Erhöhung des Umsatzsteuernormalsatzes von 14% auf 15% durch selbst bestimmte EG-Vorschriften rechtfertigen zu können.

Einflüsse aus einer Mehrwertsteuererhöhung auf die Unternehmenspolitik folgen zum ersten aus dem zusätzlichen Inflationsschub für die Verbraucher mit Wirkungen auf Absatzmöglichkeiten, Lohnforderungen der Gewerkschaften oder andere Beschaffungspreissteigerungen. Für Unternehmensinvestitionen wichtig ist vor allem, daß inflatorische Finanzierungslücken aufgrund einer sog. Scheingewinnbesteuerung (S. 384 f.) steigen können. Davon wird abgesehen. Hier wird eine zweite Wirkung einer Mehrwertsteuererhöhung erörtert: die Abschwächung der Unternehmensinvestitionen. Diesen Einfluß wollen die volkswirtschaftlichen Beratungsgremien der Bundesregierung nicht wahrhaben. So hat z.B. der wissenschaftliche Beirat beim Bundesminister der Wirtschaft behauptet, „daß die Mehrwertsteuer ... die Nettoinvestitionen nicht belastet" und der Sachverständigenrat ist dem sinngemäß gefolgt[94].

Übereinstimmend erklären die wissenschaftlichen Gutachtergremien, die in der Bundesrepublik Deutschland die Politik beraten, daß die Besteuerung wachstumsfreundlicher gestaltet würde, wenn die Umsatz- und Verbrauchsteuerbelastung erhöht und die Einkommensteuerbelastung vermindert werde[95]. Doch auf welche zwingenden Überlegungen stützt sich eine solche Behauptung?

Da die Beratungsgremien keine stichhaltigen Argumente nennen, müssen diese im volkswirtschaftlich-theoretischen Schrifttum gesucht werden. Dort erfolgt die Begründung durch Behauptungen über eine Steuerinzidenz, d.h. über eine angebliche Steuerbelastung über Märkte hinweg, die sich letztlich beim Endverbraucher niederschlage. Diese marktbestimmten Steuerlasten werden in makroökonomischen Modellen abgeleitet, die von allgemeinen Konkurrenzgleichgewichten und darauf aufbauenden optimalen Wachstumspfaden ausgehen[96].

---

94 *Wissenschaftlicher Beirat beim Bundesministerium für Wirtschaft:* Konjunkturpolitik neu betrachtet. Studien des BMWI, Reihe 38, Bonn 1983, Ziffer 39; *Sachverständigenrat zur Begutachtung der gesamtwirtschaftlichen Entwicklung:* Auf dem Weg zu mehr Beschäftigung. Jahresgutachten 1985/86. Stuttgart – Mainz 1985, Ziffer 276; sinngemäß auch *Sinn:* Kapitaleinkommensbesteuerung, S. 226 f.; *Sievert* u.a., Teil 1, S. 253-255.

95 Vgl. *Sachverständigenrat:* Jahresgutachten 1986/87, Ziffer 280; *Wissenschaftlicher Beirat beim Bundesministerium für Wirtschaft:* Steuerpolitik unter gesamtwirtschaftlichen Gesichtspunkten. Studien des BMWI, Reihe 49, Bonn 1985, S. 28-30; abweichender Meinung ist der *Wissenschaftliche Beirat beim Bundesministerium der Finanzen:* Gutachten zur Reform der Unternehmensbesteuerung, Textziffer 59.

96 Beispiele für diese Betrachtungsweise bieten *Manfred Rose, H.-Dieter Wenzel:* Aufkommensneutrale Substitution von Einkommen- gegen Mehrwertsteuer – Eine Analyse der Beschäftigungs-, Output- und Inflationseffekte. In: Beiträge zur neueren Steuertheorie, hrsg. von D. Bös u.a., Berlin u.a. 1984, S.162-188, deren Methodik von *Wilhelm Pfähler:* Zur neueren Steuertheorie. In: Finanzarchiv, NF, Bd. 43 (1985), S. 478-496, hier S. 491, auf *Stephen J. Turnovsky:* Macroeconomic analysis and stabilization policies. Cambridge u.a. 1977 zurückgeführt wird, sowie vor allem *Charles L. Ballard, John Karl Scholz, John B. Shoven:* The Value-added Tax: A General Equilibrium Look at Its Efficiency and Incidence. In: The Effects of Taxation on Capital Accumulation, ed. by M. Feldstein, Chicago – London 1987, S. 445-474; *Sinn:* Kapitaleinkommensbesteuerung, S. 46-48, 130.

Allerdings lassen sich aus solchen Modellen keine begründeten Schlußfolgerungen für eine Reform des Steuerrechts bei Wettbewerb in einer Marktwirtschaft ziehen; denn in Modellen des generellen Konkurrenzgleichgewichts und darauf aufbauenden makroökonomischen Wachstumspfaden ist unterstellt:

a) Unternehmungen existieren überhaupt nicht als selbständige Entscheidungseinheiten, die über Investitionen bestimmen, weil Produktions- bzw. Investitionsfunktionen als technische Zwangsläufigkeiten vorausgesetzt werden[97].

b) Die Unsicherheit der Zukunft und eine Ungleichverteilung des Wissens unter den Menschen und ihre Institutionen einer Gemeinschaft sind bei Investitionsentscheidungen zu vernachlässigen.

Hinzu tritt: Obwohl unter Wettbewerb allenfalls eine Tendenz zum Gleichgewicht, also in jedem Beobachtungszeitpunkt ein Ungleichgewicht, herrschen kann, werden beobachtete Marktergebnisse bzw. Teile der volkswirtschaftlichen Gesamtrechnung als Realisation von Konkurrenzgleichgewichten (fehl)gedeutet.

Aufgrund solcher Annahmen ist Wettbewerb im Sinne einer Rivalität von Anbietern um eine Nachfrage und von Nachfragern um ein Angebot nicht mehr möglich. Das, wovon eine Marktwirtschaft lebt: der Wettbewerb, ist in makroökonomischen Modellen, die Steuerwirkungen anhand genereller Konkurrenzgleichgewichte analysieren, auf der Strecke geblieben (S. 572). Insbesondere trifft nicht zu, daß die Wachstumswirkungen einer Mehrwertsteuer denen eines Steuersystems aus Lohnsteuer und Brown'scher Cashflow-Steuer (S. 216) gleichgesetzt werden können[98], schon deshalb nicht, weil in der Realität durchweg Finanzierungsschranken bei der Wahl zwischen Konsum und Investition bestehen. Nur über die Abstraktion, Unternehmer und Unternehmungen aus dem Wirtschaftsprozeß wegzudefinieren, läßt sich die Behauptung begründen, eine Mehrwertsteuererhöhung wirke investitionsneutral. Eine solche fehlerhafte Abstraktion ist von Schumpeter als „Ricardianisches Übel" bezeichnet worden[99].

Eine zweite fehlerhafte Vereinfachung in den volkswirtschaftlichen Modellüberlegungen besteht darin, daß davon abgesehen wird, wer der Steuerzahler ist und wie sich steuerrechtlich die Höhe der Umsatzsteuerzahlung bestimmt. In der Wirklichkeit sehen die Steuerwirkungen grundlegend anders aus,

– wenn eine Unternehmung eine Steuer zu bezahlen hat, dazu Liquidität braucht, in ihren Planungen Verbraucherpreise erhöht und damit das Risiko trägt, ihre Ware nicht verkaufen zu können, oder
– wenn ein Haushalt eine Steuer zu zahlen hat, dazu Geld braucht und in seinen Planungen seine Nachfrage nach den Angebotspreisen zuzüglich seiner persönlichen Steuerzahlung richtet.

---

97 Vgl. z.B. *Hall, Jorgenson*, S. 391 f.
98 Dies behaupten z.B. *Sinn*: Kapitaleinkommensbesteuerung, S. 48; *Sievert* u.a., Teil 1, S. 252, 267, 278-280.
99 Vgl. *Joseph A. Schumpeter*: Geschichte der ökonomischen Analyse. 1. Teilband, Göttingen 1965, S. 548, 679.

2. Einflüsse auf Unternehmensinvestitionen aus den Abweichungen zwischen einer „reinen" und einer rechtlich verwirklichten Mehrwertsteuer

Die Behauptung, daß eine Mehrwertsteuererhöhung Unternehmensgewinne und Unternehmensinvestitionen nicht beeinträchtige, kann sich nicht auf die steuerrechtlich verwirklichten Mehrwertsteuern beziehen; denn für jene Mehrwertsteuern, wie sie z. B. die Länder der Europäischen Gemeinschaft kennen, ist die Aussage nachweislich falsch. Das sei an Beispielen aus der deutschen Umsatzsteuer gezeigt. Die Behauptung, daß eine Mehrwertsteuer die Nettoinvestitionen nicht belaste, gilt, wenn überhaupt, so nur für einen idealisierten Fall, der hier „reine" Mehrwertsteuer genannt sei.

Eine reine Mehrwertsteuer ist an drei Voraussetzungen geknüpft:
a) Beeinflussungen des Wettbewerbs aufgrund unterschiedlicher Bemessungsgrundlagen oder Mehrwertsteuersätze bei einzelnen Gütern sind ausgeschlossen.
b) Es wird keine Umsatzsteuer auf gezahlte Umsatzsteuer in Vorprodukten erhoben, d.h. eine Mehrfachbelastung mit Mehrwertsteuer unterbleibt.
c) Die reine Mehrwertsteuer beeinflußt die Gewinnsteuerbelastung nicht über die Umsatzsteuerzahlung hinaus.

Diese drei Voraussetzungen sind aber nirgendwo verwirklicht:
a) *Uneinheitliche Bemessungsgrundlagen und Steuersätze.* Jede Abweichung der Bemessungsgrundlage der Mehrwertsteuer in Höhe und Zeitpunkt von den Umsatzeinnahmen und jede Abweichung der Bemessungsgrundlage der Vorsteuern in Höhe und Zeitpunkt von den Beschaffungsausgaben beeinflußt den Unternehmensgewinn und darüber die Investitionsbereitschaft. Solche Abweichungen sind vom deutschen Umsatzsteuergesetz insbesondere vorgesehen bei der Einfuhr, und die Einfuhrumsatzsteuer beträgt rund 45% des gesamten Steueraufkommens aufgrund des Umsatzsteuergesetzes. Bei der Einfuhrumsatzsteuer richtet sich die Steuerbemessungsgrundlage dann nicht nach dem Entgelt, wenn die Einfuhr einem Wertzoll unterliegt. Daneben bestehen Abweichungen gegenüber Marktpreisen beim Eigenverbrauch eines Unternehmers, also bei Privatentnahmen in Form von Sachgütern. Hier ist häufig der steuerrechtliche Teilwert anzusetzen, der regelmäßig erheblich unter dem Marktpreis liegt.

In jedem Land bestehen abweichende Steuersätze in Form von Steuerbefreiungen und ermäßigten Steuersätzen. Eine Harmonisierung der Umsatzsteuer für den gemeinsamen Binnenmarkt wird die bisherigen Einzelregelungen nicht unverändert lassen. So besteht eine voraussichtliche Änderung darin, daß Exporte in Mitgliedsstaaten der EG nicht mehr steuerbefreit sind und Importe aus EG-Staaten nicht mehr der Einfuhr-Umsatzsteuer unterliegen. Die Auswirkungen daraus auf das Umsatzsteueraufkommen hängen von der Höhe des Ausfuhr- oder Einfuhrüberschusses gegenüber den anderen EG-Ländern und von der Struktur der Ex- und Importe (Industriegüter gegen ermäßigt besteuerte landwirtschaftliche Erzeugnisse) ab.

Wenn es in der EG zu zwei verbindlichen Mindestsätzen für die Umsatzsteuer kommen sollte, stellt sich die Frage, ob dann nicht verschiedene steuerbefreite oder bislang nicht steuerbare Umsätze entfallen werden. Fraglich ist auch, ob der Katalog der heute ermäßigt steuerbelasteten Umsätze unverändert bleiben kann. Differenzierungen der Steuersätze bei einer Mehrwertsteuer lösen unterschiedliche Wirkungen auf die jeweiligen Verbraucherpreise aus. Damit beeinflussen sie den Wettbewerb zwischen den Anbietern unterschiedlicher Güterarten, was sich zugleich in unterschiedlichen Unternehmensgewinnen niederschlagen wird.

Da die von der deutschen Umsatzsteuer begünstigten Produkte nicht zu den innovativen, das Wirtschaftswachstum fördernden Erzeugnissen zählen, wohnt der Mehrwertsteuer, so wie sie politisch durchgesetzt worden ist, eine wachstumsfeindliche Komponente inne. Dies darf bei der Gegenüberstellung von Mehrwertsteuer und Einkommen- bzw. Körperschaftsteuer nicht stillschweigend durch die Unterstellung vernachlässigt werden, es ließe sich eine „reine" Mehrwertsteuer verwirklichen.

b) Umsätze, die keine Umsatzsteuer auslösen, können *Mehrfachbelastungen mit Mehrwertsteuer* verursachen. Eine kumulierende Wirkung der Mehrwertsteuer entsteht dann, wenn ein Produktionsprozeß über mehrere Marktstufen führt und eine Zwischenstufe steuerbefreiter Leistungen enthält, wodurch in den Vorstufen angesammelte Vorsteuer nicht mehr weiterverrechnet werden kann. Ein schematisches Beispiel verdeutlicht die Wirkung:

Ein Unternehmer bezieht Leistungen von einem Umsatzsteuerbefreiten, der auf seine Anschaffungen (Vorleistungen) 15% Umsatzsteuer gezahlt hat:

		Mehrwertsteuer
100 Vorleistungen von umsatzsteuerpflichtigen Unternehmen, insgesamt also	115	15
nicht umsatzsteuerpflichtige Leistungen	100	
Rechnungsbetrag		215
eigene Leistungen des Unternehmers	100	
Rechnungsbetrag des Unternehmers		315
Mehrwertsteuer darauf 15%		47,25
		62,25

Die Mehrwertsteuerbelastung der Leistungen vor Umsatzsteuer von insgesamt 300 beträgt hier knapp 21%. Das Beispiel ist in seinen Zahlen übertrieben. Es belegt aber, daß jede Abweichung von der reinen Mehrwertsteuer Folgen hat, die den Wettbewerb und damit die Unternehmensgewinne verzerren und darüber auch die Unternehmensinvestitionen beeinflussen können.

Investitionsverzerrungen können aber auch dann auftreten, wenn auf eine Umsatzsteuerbefreiung verzichtet wird. So kann bei Vermietung und Verpachtung von Wohnungseigentum durch Vertragsgestaltungen für die Umsatzsteuer dann optiert werden, wenn eine unternehmerische Zwischenvermietung für den Investor konstruiert wird. Für Vorteilsberechnungen bei Investitionen in Eigentumswohnungen spielt dies eine beachtliche Rolle (S. 702 f.). Da regelmäßig Vorteilsberechnungen für Wohnungseigentum nicht berücksichtigen, daß die erstattete Vorsteuer das steuerpflichtige Einkommen erhöht, fließt nicht selten die Hälfte des Vorsteuerbetrages oder mehr an zusätzlicher Einkommen- und Kirchensteuer wieder ab. Allein deshalb kann sich das Wohnungseigentum schon als Fehlinvestition herausstellen, die Folgewirkungen für das weitere Investitionsverhalten zeigen wird.

Jede Steuerbefreiung ist ein Verstoß gegen die Allgemeinheit der Besteuerung und jede Wahlmöglichkeit, wie der Verzicht auf eine Umsatzsteuerbefreiung, schafft Gelegenheiten zu Steuerausweichhandlungen über Vertragsgestaltungen und Institutionenbildungen. Erhöhungen der Umsatzsteuersätze geben Anlaß, verstärkt nach solchen investitionsverzerrenden Steuerarbitragemöglichkeiten im Gesamtbündel des Steuerrechts zu suchen.

c) Die Bemessungsgrundlage der Mehrwertsteuer ist keineswegs immer so festgelegt, daß sie die *Gewinnsteuerbelastung nur in Höhe der Umsatzsteuerzahlung bzw. Vorsteuererstattung verändert*. Eine Bedingung für Investitionsneutralität wäre eine Umsatzsteuerbemessung nach dem tatsächlichen Einnahmenzufluß, wie es das geltende Recht bei freien Berufen vorsieht oder anderen Unternehmern, deren Umsatz im Jahr 250.000 DM nicht übersteigt. Bei gewerblichen Unternehmen gilt aber als Umsatzsteuerbemessungsgrundlage das vereinbarte Entgelt im Zeitpunkt der Lieferung und Leistung. Umsatzsteuerschuld und Vorsteuererstattungsanspruch entstehen also im Zeitpunkt des Entstehens einer Forderung oder Verbindlichkeit, nicht im Zeitpunkt der Zahlung. Daraus folgen nicht nur Zinswirkungen, sondern auch Unterschiede in den Gewinnsteuerzahlungen in den einzelnen Jahren, weil die Umsatzsteuerzahlung oder -erstattung den zu versteuernden Gewinn beeinflußt.

Aber auch eine Umsatzsteuerbemessungsgrundlage „Einnahmenzufluß" wirkt keineswegs immer investitionsneutral. So lösen z.B. aufgrund einer Vereinbarung in der Europäischen Gemeinschaft Anzahlungen über 10.000 DM Umsatzsteuer aus (§ 13 Abs. 1 Zi. 1a Satz 4, 5 UStG). Innerhalb der Mehrwertsteuer hat diese Regelung kaum einen fiskalischen Sinn: Der Unternehmer, der die Anzahlung empfängt, hat für diesen Monat zusätzliche Umsatzsteuer zu zahlen. Der Unternehmer, der die Anzahlung leistet, setzt die gezahlte Umsatzsteuer als Vorsteuer von seiner eigenen Umsatzsteuerschuld ab. Der Saldo an Umsatzsteuereinnahmen durch die Umsatzsteuer auf Anzahlungen für den Fiskus beträgt also null.

Der Vorteil für den Finanzminister besteht in den Folgen für die Höhe der zu versteuernden Unternehmensgewinne; denn nach § 5 Abs. 5 Satz 2 EStG muß die Umsatzsteuer auf Anzahlungen in der Bilanz aktiviert werden, d.h. die Umsatzsteuerzahlung wirkt erfolgsneutral. Das hat zur Folge, daß abhängig von der Höhe des Grenzsteuersatzes der Einkommen- bzw. Körperschaftsteuer zuzüglich der Gewerbeertragsteuer zunächst Gewinnsteuer zu zahlen ist. Erst in dem Jahr, wenn die Lieferung erfolgt, wird diese Gewinnsteuerzahlung wieder rückgängig gemacht (soweit Gewinne vorliegen oder ein Verlustrücktrag möglich ist). Damit liegt eine jährlich sich erneuernde und mit dem Umfang von Anlageninvestitionen sich ändernde umsatzsteuerbedingte Gewinnsteuermehrausgabe in Unternehmungen vor. Bei der Einführung der Umsatzsteuer auf Anzahlungen

1980 wurden die Steuereinnahmen aufgrund der Aktivierung mit 6 Mrd. DM geschätzt[100], 1993 dürfte mit etwa 9 Mrd. DM zu rechnen sein. Es bleibt unverständlich, wie trotz etwa 9 Mrd. DM zusätzlichen Gewinnsteuern als Folge nur einer einzigen Regelung des Umsatzsteuerrechts vom Sachverständigenrat und anderen behauptet werden kann, daß „die Mehrwertsteuer ... die Nettoinvestitionen nicht belaste" (S. 767 Fn. 94).

3. Vier betriebswirtschaftliche Theoreme zum Einfluß einer reinen Mehrwertsteuer auf Unternehmensgewinne und Unternehmensinvestitionen

Solange Wettbewerb besteht, kann es per Definition kein Marktgleichgewicht in dem Sinne geben, daß kein Marktteilnehmer aufgrund des Marktergebnisses seine Wirtschaftspläne ändert. Deshalb fallen unter Wettbewerb Investitionsentscheidungen stets im Marktungleichgewicht, jedoch (in theoretischer Idealisierung) aufgrund eines individuellen Planungsgleichgewichts. Aus der Diskrepanz zwischen einzelwirtschaftlichem Planungsgleichgewicht und tatsächlichem Marktungleichgewicht folgt die Notwendigkeit, als ersten Schritt einer auch gesamtwirtschaftlichen Steuerwirkungsanalyse betriebswirtschaftliche Theoreme zur Steuerwirkung zu formulieren. Diese beschränken sich auf die Steuerwirkungen beim einzelnen Steuerzahler, zielen also auf eine „formale" Inzidenz. Nur wer die formale Inzidenz kennt, kann mit dem Anspruch, empirisch gültige (zumindest: testbare) Hypothesen auszusprechen, Aussagen über eine effektive Inzidenz erarbeiten. Aber bisher ist die formale Inzidenz nur zum geringen Teil bekannt, wie allein schon die Schwierigkeiten bei der Berechnung und Deutung effektiver Grenzsteuerbelastungen für Investitionen zeigen.

Hier soll die Behauptung, eine Mehrwertsteuer belaste die Unternehmensinvestition weniger als eine Einkommensteuer mit gleichem Steueraufkommen, betriebswirtschaftlich allein unter der Vereinfachung geprüft werden, daß für den einzelnen Unternehmer die gesamte Steuerzahlung konstant gesetzt und einmal als Umsatzsteuer, das andere Mal als Einkommensteuer erhoben wird. Selbst unter dieser Vereinfachung könnte die Behauptung nur dann stimmen, wenn bei der Mehrwertsteuer der Gewinn der Unternehmung nach Steuerzahlung in gleichem oder geringerem Ausmaß sinkt als bei der Einkommensteuer. Hiergegen spricht jedoch, daß ein Unternehmer aufgrund einer stärkeren Besteuerung der Umsätze seine Preise erhöhen wird.

Gibt es in der Planung eines rationalen Unternehmers, der seinen Gewinn erhöhen will, eine Möglichkeit zur einkommen- oder umsatzsteuerbedingten Preiserhöhung, die dazu führt, daß nicht zugleich sein Gewinn nach Steuern verkürzt wird? Eine erste Antwort liefern folgende vier betriebswirtschaftliche Theoreme über unternehmerische Anpassungsmöglichkeiten zu Steuerrechtsänderungen:

---

100 Bericht des Finanzausschusses zu dem von der Bundesregierung eingebrachten Entwurf eines Gesetzes zur Änderung des Einkommensteuergesetzes, des Körperschaftsteuergesetzes und anderer Gesetze. *Bundestags-Drucksache* 8/4157 vom 10.06.1980, S. 4.

(1) Das Theorem der Entscheidungsneutralität einer Zielgrößenbesteuerung: In der Planung werden unternehmerische Entscheidungen dann nicht durch eine Steuer beeinflußt, wenn die Bemessungsgrundlage der Steuer identisch mit der zu maximierenden Zielgröße in der Unternehmensplanung ist (S. 206).

Danach beläßt einem Unternehmer, der nach Gewinnmaximierung strebt, eine Steuer auf diesen Gewinn keine Anpassungsmöglichkeiten und d.h. keine Steuerausweichhandlungen. Die Verwirklichung seines Zieles, also des Nettogewinns nach Steuern, sinkt um die Höhe der Steuerzahlung. Entsprechend gilt für einen Unternehmer, der nach Maximierung des Umsatzes, genauer: des Mehrwerts im Sinne einer Wertschöpfung, strebt: Eine Steuer auf diesen Umsatz läßt diesem Unternehmer keine Steuerausweichhandlung. Die Verwirklichung der Zielgröße Umsatzeinnahmen sinkt um die Mehrwertsteuerzahlung, soweit es sich um eine modellmäßig reine Umsatzsteuer handelt. Umsatzmaximierung mag ein Unternehmensziel im einperiodigen Modell oligopolistischer Märkte sein. Wenn jedoch alle Konkurrenten von einer Mehrwertsteuererhöhung getroffen werden, tritt dieses unternehmerische Unterziel hinter Gewinnstreben zurück. Finanzielle Zielgrößen dominieren gegenüber Umsatzmaximierung zumindest bei mehrperiodigen Investitionsentscheidungen.

(2) Das Theorem der Zusatzlasten zu einer persönlichen Steuerzahlung bei rationaler Planung: Die Steuerlast des einzelnen (den niemand subventioniert) gleicht mindestens seiner Steuerzahlung. Die Steuerlast des Unternehmers liegt über seiner Steuerzahlung, wenn die Bemessungsgrundlagen einer Steuer von der Zielgröße des Unternehmers abweicht, zu steigenden Preisen nur geringere Mengen verkauft werden können sowie mit und ohne Steueränderung die Nachfragekurve gleichbleibt. Unter diesen Bedingungen sinkt in der Planung mit dem Ziel Gewinnmaximierung durch eine Mehrwertsteuer der Unternehmensgewinn stärker als er durch eine Einkommensteuer sinken würde, welche die gleiche Steuerzahlung vom Unternehmer verlangt hätte. Dieser Schluß folgt ebenfalls aus Cournots Beweis und ist vor allem durch Wicksell entfaltet worden[101].

Widerspruch kann dabei die Bedingung einer unveränderten Nachfragekurve wecken. Entfällt z.B. (teilweise) die Einkommensteuer und wird sie (teilweise) durch eine Umsatzsteuer ersetzt, dann wächst das verfügbare Einkommen der Nachfrager und deren Konsumsumme. Die Nachfrager werden bei alternativen Preisen mehr Geld für die einzelnen Güter auszugeben bereit sein. Jedoch ist hierbei dreierlei zu beachten:

(a) Im allgemeinen steigt mit steigendem verfügbaren Einkommen die Konsumsumme weniger als die Ersparnis steigt, so daß nicht die volle Einkommensteuerentlastung in den Konsum fließen wird.

(b) Durch die Mehrwertsteuer werden Preiserhöhungen bei allen Gütern zu erwarten sein, so daß alle anderen Güter, die nicht durch die untersuchte Nachfragekurve abgebildet werden, den größten Teil der zusätzlichen Konsumsumme beanspruchen werden.

---

101 Vgl. *Knut Wicksell:* Finanztheoretische Untersuchungen nebst Darstellung und Kritik des Steuerwesens Schwedens. Jena 1896, S. 14-21; vgl. dazu näher *Schneider:* Grundzüge, S. 50-61.

(c) Eine Nachfragekurve, die sich aufgrund einer Senkung der Einkommensteuer verschiebt, löst nur dann keine Folgen für den Unternehmensgewinn aus, wenn bei jeder alternativen Absatzmenge die Verschiebung gewinnkompensierend erfolgt. Je nach dem Verlauf der Preis-Absatz-Funktion für ein Unternehmen erzwingt dies höchst unterschiedliche Verschiebungen. Eine generelle Gewinnkompensierung, die steuerliche Zusatzlasten (Gewinnminderungen über die Steuerzahlung hinaus) beseitigt, erscheint nicht erreichbar.

(3) Das Theorem der Verstärkung von Zusatzlasten unter Unsicherheit: Bei Risikoabneigung wird eine Zusatzlasten auslösende Steuerrechtsänderung stärker als bei Planung unter angenommener Sicherheit nutzenmindernd gewichtet werden.

Planung unter Unsicherheit in Anpassung an eine Mehrwertsteuererhöhung wird bestenfalls die gleichen steuerbedingten Zusatzlasten auslösen, wie sie bei der Planung unter Sicherheit eintreten. Dies geschieht dann, wenn der Unternehmer Glück hat und die tatsächlich auf dem Markt erscheinende Nachfrage richtig einschätzt. In allen anderen Fällen werden die steuerbedingten Zusatzlasten steigen durch die Ungewißheit, der er bei seinen Planungen ausgesetzt ist.

Nehmen wir an, ein Unternehmer rechne mit zwei gleichwahrscheinlichen Preisabsatzfunktionen. Bei der schlechteren Absatzlage liege das Gewinnmaximum bei einem Preis von 8.000 DM und einer geplanten Absatzmenge von 1.000 Stück, bei der besseren Absatzlage bei einem Preis von 9.000 DM und einer geplanten Absatzmenge von 1.000 Stück. Hat der Unternehmer Glück und trifft bei seiner Preisentscheidung für 9.000 DM bzw. für 8.000 DM auf eine Absatzmenge von 1.000 Stück, dann folgt aus der Mehrwertsteuer jene Gewinneinbuße, wie sie sich bei Planung nur eines künftigen Zustandes der Welt (also unter angenommener Sicherheit) ergeben hätte.

Wenn der Unternehmer Pech hat, wird er bei der Entscheidung für den Preis 9.000 DM keinesfalls 1.000 Stück verkaufen, sondern nur erheblich weniger. Bei der Entscheidung für den Preis 8.000 DM könnte er mehr als 1.000 Stück verkaufen, die er aber nicht produziert hat. Beide Male verliert er mehr Gewinn als bei richtiger Prognose der Zukunft. Entscheidet sich der Unternehmer für einen mittleren Weg, z.B. für einen Preis von 8.500 DM, dann büßt er sowohl bei günstiger als bei ungünstiger Absatzlage Gewinn ein und wiederum mehr als die steuerbedingten Zusatzlasten, die bei angenommener Planungssicherheit entstanden wären.

Die Steigerungen steuerbedingter Zusatzlasten unter Ungewißheit werden damit dazu führen, daß die Gewinnchancen skeptischer beurteilt werden, und das wird die unternehmerische Investitionstätigkeit beeinträchtigen.

(4) Das Theorem gesteigerter Risikobereitschaft bei einzelwirtschaftlich aufkommensgleicher Verringerung gewinnunabhängiger Steuerzahlungen. Der für ein Sicherheitsäquivalent aufkommensgleiche Ersatz einer gewinnunabhängigen Steuerzahlung durch eine gewinnabhängige erhöht die Risikobereitschaft in Bezug auf Gewinnchancen.

Für den Austausch einer in allen guten oder schlechten Zukunftslagen gleich hohen (also gewinnunabhängigen) Steuerzahlung gegen eine proportional höhere Gewinnbesteuerung, die für den Gewinn aus einer risikolosen Investition zu gleichen Steuerzahlungen eines Unternehmers führt, ist gezeigt worden, daß für alle Formen von Risikoneigung die Risikobereitschaft steigt (S. 686). Eine Umsatzsteuer im Vergleich zu einer Gewinnsteuer erfaßt im steuerpflichtigen Mehrwert (Umsatz minus Vorleistungen) sowohl gewinnunabhängige Bestandteile als auch gewinnabhängige. Gewinnunabhängig sind z.B. überwiegend Lohnkosten und Lohnnebenkosten, aber auch Fremdkapitalzinsen[102]. Für die ergebnisabhängigen Teile kann bei Vernachlässigung von Einzelheiten steuerrechtlicher Umsatz- und Gewinnermittlung unterstellt werden, daß näherungsweise die Risikowirkungen einer Umsatz- und Gewinnsteuer gleichlaufen.

Bei Gewinnbesteuerung sei ein Unternehmer indifferent zwischen einer risikolosen Investition und einer risikobehafteten, die gegenüber dem Gewinn aus der risikolosen Investition mit gleicher Wahrscheinlichkeit sowohl niedrigere als auch höhere Einkommenschancen verspricht. Nun soll die Steuerstruktur so verändert werden, daß an die Stelle einer bestimmten Gewinnsteuerzahlung für den Gewinn aus der risikolosen Investition bei dieser Investition der gleiche Betrag an Steuerzahlungen in Form von Umsatzsteuer auf ergebnisunabhängige Bestandteile des Mehrwerts tritt. Wegen dieser Voraussetzung bleibt die Steuerzahlung der Unternehmung aus der risikolosen Investition unverändert.

Bei der risikobehafteten Investition werden die niedrigen oder negativen Gewinne in den schlechten Zukunftslagen durch die Gewinnsteuersatzänderung weniger entlastet als sie durch die Umsatzsteuererhöhung hinsichtlich der gewinnunabhängigen Bestandteile des Mehrwerts belastet werden. Umgekehrt ist es bei den Zukunftslagen, die höhere Gewinne als die risikolose Investition versprechen: Hier entlastet die Gewinnsteuersatzsenkung absolut mehr als die Umsatzsteuererhöhung zusätzlich belastet. Da bei Risikoabneigung der Grenzrisikonutzen mit steigenden Einkommenschancen sinkt, werden Steuermehrzahlungen bei niedrigeren Gewinnen stärker gewichtet als Steuerminderzahlungen bei höheren. Deshalb wird aus der Indifferenz zwischen risikoloser und risikobehafteter Investition vor der betrachteten Steuerstrukturänderung danach ein Ablehnen der risikobehafteten Investition. Soweit die Mehrwertsteuer gewinnunabhängige Bestandteile trifft, folgt somit aus einer aufkommensgleichen Erhöhung der Mehrwertsteuer bei Sinken der Gewinnsteuersätze, daß hierdurch die Risikobereitschaft tendenziell abnimmt.

Faßt man die vier Theoreme zusammen, so dürften im Regelfall von einer verhältnismäßig stärkeren Einkommens- und Körperschaftsbesteuerung betriebswirtschaftlich weniger steuerbedingte Zusatzlasten ausgehen als von einer zusätzlichen Umsatzbesteuerung als angeblicher Konsumbesteuerung; denn in einer Wettbewerbswirtschaft ist eine Gewinnbesteuerung eher als Zielgrößenbesteuerung anzusehen als eine Umsatzbesteuerung. Bei unternehmerischer Planung unter Ungewißheit und bei Ungleichverteilung von Wissen als den empirischen Voraussetzungen für Wettbewerb ist von einer Mehrwertsteuer-

---

[102] Zumindest soweit Umsatzen Lohnkosten gegenüberstehen, ist die Behauptung von *Sievert* u.a., Teil 1, S. 280, falsch, „daß die Mehrwertsteuer wegen ... der vollständigen Vorsteuererstattung die vollständige Verlustbeteiligung" des Fiskus beinhaltet. Ebensowenig trifft zu, mit „Sicherheit ist die Mehrwertsteuer weniger risikofeindlich" als eine Einkommensteuer mit Beschränkungen im Verlustausgleich (S. 267); denn Lohnkosten betragen gemeinhin ein Vielfaches einkommensteuerlich nicht anrechenbarer Verluste.

erhöhung eine stärkere Beeinträchtigung der Unternehmensgewinne und der Unternehmensinvestitionen zu erwarten als von einer Einkommensteuer, die vom einzelnen Unternehmer dieselbe Steuerzahlung bei einer risikolosen Vergleichsinvestition verlangen würde.

Allerdings beruht dieses Ergebnis auf Modellüberlegungen, in denen nur sehr vereinfacht die aus Steuerzahlungen eines Unternehmens folgenden Investitionswirkungen beachtet sind. Zwei denkbare Einwände seien abschließend erörtert:

a) Eine Mehrwertsteuererhöhung treffe einen Unternehmer nicht, der an Weiterverarbeiter oder Händler liefere. Bei einer solchen Argumentation wird übersehen, daß die Nachfrage der Händler und Weiterverarbeiter aus der Nachfrage der Endverbraucher abgeleitet ist. Zwar läßt sich ohne Einzelannahmen über die Preisbildung auf den einzelnen Marktstufen vom Verbrauchsgut bis zum Rohstoff nicht ermitteln, wie stark die Nachfrage auf welcher Marktstufe durch eine Erhöhung der Mehrwertsteuer beeinträchtigt wird. Aber verschwinden kann die Nachfrage-einschränkende Wirkung der Mehrwertsteuer beim Endverbraucher in einem vielstufigen, über Märkte getrennten Produktionsprozeß nicht. Denkbar ist freilich, daß z.B. bei den Herstellern von Investitionsgütern bei einer gleichzeitigen Senkung der Einkommen- und Körperschaftsteuer die Gewinne nach Steuern zunächst steigen und Investitionen stimulieren, für die sich später wegen verzögerter Rückwirkungen der Mehrwertsteuererhöhung die Erwartungen nicht erfüllen. In diesem Fall wäre eine zeitweilige Wachstumsförderung durch zusätzliche Konjunkturschwankungen erkauft, die ihrerseits dann Investitionen und das Wachstum stören.

b) Nur für den Unternehmer, der an inländische Endverbraucher liefert, werden aufgrund einer Anhebung der Mehrwertsteuer wegen höherer Preise die Absatzmengen zurückgehen. Die Nachfrage nach Exportgütern leite sich aus der Nachfrage ausländischer Verbraucher ab, die nicht von der inländischen Mehrwertsteuer berührt würden.

Soweit exportiert wird, dürfte eine wachstumsfördernde Wirkung einer Mehrwertsteuererhöhung mit Gewinnsteuersatzsenkung noch am ehesten zutreffen; jedenfalls solange, bis über Änderungen der Wechselkurse oder die Steuer- und Subventionspolitik ausländischer Staaten die Wettbewerbsbedingungen verändert werden.

Doch mit Errichten eines europäischen Binnenmarktes wird der Export in EG-Staaten zum Binnenumsatz, so daß dieses Argument abgeschwächt wird. Innerhalb der EG können aus Senkungen oder Erhöhungen der jeweiligen Mehrwertsteuersätze gegenläufige Nachfrageentwicklungen resultieren, die durch verstärkte grenznahe Einkäufe im benachbarten Ausland noch verstärkt werden.

Soweit die Wissenschaft gegenwärtig überhaupt über die Vorziehenswürdigkeit einer Mehrwertsteuererhöhung gegenüber einer höheren Einkommen- und Körperschaftsteuerbelastung entscheiden kann, lautet das Urteil:

Die Behauptung, eine Mehrwertsteuer belaste nicht die Nettoinvestitionen, ist eine unzulässige Vereinfachung, in der eine rechtlich nicht existierende und politisch nicht zu verwirklichende Abstraktion einer „reinen" Mehrwertsteuer auf ein Modellskelett einer Wirtschaft angewandt wird, das von Wettbewerb und unternehmerischem Handeln abstrahiert. Im Hinblick auf die Risikobereitschaft zu Investitionen und damit Innovationsfreudigkeit läßt sich eine Änderung der Steuerstruktur in Richtung auf eine geringere Gewinnbesteuerung und eine höhere Umsatzbesteuerung nicht stichhaltig begründen.

c) Eine strittige Reformaufgabe: Neuordnung der steuerlichen Gewinnermittlung zu verbesserter Marktlenkung von Risikokapital

Alle Einkommen- oder Körperschaftsteuergesetze der Welt enthalten sowohl steuerliche Benachteiligungen von Gewinnen und Verlusten als auch Steuervergünstigungen. Nirgends ist ein vollständiger Verlustausgleich möglich; im allgemeinen entsteht das zu versteuernde Einkommen im Zeitpunkt der Forderungsentstehung, das Einkommen im wirtschaftstheoretischen Sinn entsteht dagegen erst beim Zufluß liquider Mittel. Neben diesen einfachen steuerlichen Benachteiligungen von Gewinnen und Verlusten gibt es einfache „Steuervergünstigungen", wie z.B. die Verlustvorwegnahme durch Bewertung zum niedrigeren Börsen- oder Marktpreis. Durch das Zusammenwirken steuerlicher Benachteiligungen von Gewinnen und Verlusten und Steuervergünstigungen weicht das zu versteuernde Einkommen vom Einnahmenüberschuß, korrigiert um entscheidungsneutrale Periodisierungen, ab. Deshalb sind die Steuerzahlungen schon bei proportionalen Tarifen im allgemeinen in keiner Zukunftslage proportional zum entscheidungsneutral definierten Gewinn. Bei nicht konstanten Durchschnitts- und Grenzsteuersätzen vervielfachen sich die Abweichungen zwischen Steuersätzen und effektiven Steuerbelastungen.

Wer als steuerpolitische Norm „Vermeidung nachgewiesener, fallbezogener Entscheidungsverzerrungen" verwirklichen will, wird auf Überlegungen zurückgreifen, Grenzsteuersätze und effektive Grenzsteuerbelastungen für Investitionen aneinander anzunähern. Ein Abbau steuerrechtsbedingter Verzerrungen der Investitionsrenditen und damit intersektoraler Kapitalfehlleitungen durch eine Verkürzung der Spannweite effektiver Grenzsteuerbelastungen ist innerhalb fiskalischer Besteuerung ohne eine grundlegende Reform der Bemessungsgrundlagen bei der Einkommen- und Körperschaftsteuer nicht zu verwirklichen. Dabei muß das Gewinnermittlungsrecht im Vordergrund stehen, weil die überwältigende Mehrheit von Investitions- und Finanzierungsvorhaben von „Gewinnermittlern" im steuerrechtlichen Sinne durchgeführt wird.

Modellüberlegungen, die Investitionsneutralität von Steuerzahlungen definieren, bilden den Ausgangspunkt. Solche Modellüberlegungen bauen grundsätzlich auf Einnahmenüberschußrechnungen auf. Gegenüber der heutigen Steuerbilanz wäre dabei insbesondere

(a) jedes Wahlrecht zu Bilanzansatz- und -bewertung zu streichen; wirtschaftspolitisch gewünschte steuerliche Förderungsmaßnahmen sind nicht auf dem verschlungenen (die effektive Steuerbelastung verzerrenden) Weg der Bemessungsgrundlagen-Vergünstigungen zu gewähren, sondern durch in ihrer Höhe jederzeit erkennbare Zahlungen, wie Abzüge von der Steuerschuld oder unmittelbare Investitionszulagen bzw. -zuschüsse;

(b) das Realisationsprinzip der handelsrechtlichen GoB zu ersetzen durch den Einnahmenzufluß (Barrealisation),

(c) der Grundsatz der Verlustvorwegnahme bzw. des Ansatzes eines niedrigeren Teilwertes zu verwerfen; an deren Stelle träte ein sofortiger Verlustausgleich, verbunden mit einem konstanten Grenzsteuersatz. Ein sofortiger Verlustausgleich mit konstantem Steuersatz erlaubt zugleich, Normierungen an die Stelle von Ermessensentscheidungen zu setzen, wie bei der Wahl der Abschreibungsdauer oder bei der Höhe von Rückstellungen für ungewisse Verbindlichkeiten (deren Bildung durch das herkömmliche Realisationsprinzip geboten wäre).

(d) Umstritten bleibt vor allem das Periodisierungsprinzip innerhalb der GoB, das sich in den vielfältigen steuerrechtlichen Vorschriften zur Abschreibungsverrechnung, Zuführung zu Pensionsrückstellungen, zu Disagio, Agio neben anderen Rechnungsabgrenzungsposten und der Behandlung des Nießbrauchs niederschlägt.

Wie das *Periodisierungsproblem* zu lösen ist, wenn steuerrechtliche Gewinnermittlungsregeln Investitionsentscheidungen möglichst wenig verzerren sollten, ist S. 709 f. erörtert worden. Die Antwort hängt davon ab, *welche Wirtschaftsordnung man will*:

— Entweder Marktlenkung von Risikokapital mit Machtbeschränkung für das Management und einen mitbestimmten Aufsichtsrat, weil ihm die Möglichkeit zur Innenfinanzierung genommen wird, wie sie das heutige Bilanzsteuerrecht in reichem Maße bietet,

— oder verstärkte Lenkung von Investitionen durch Funktionäre in wirtschaftlichen Entscheidungsgremien über eine steuerliche Unterstützung der Innenfinanzierung, z.B. durch Abschreibungsfreiheiten. Wer über verbesserte Innenfinanzierung auf eine Marktlenkung von Kapital verzichtet, baut allerdings zugleich eine Wettbewerbswirtschaft zugunsten einer Funktionärs- oder Wirtschaftsräte-Ordnung ab.

Steuerreformen sind Wirtschaftsordnungspolitik. Sie sind ungeeignet für kurzfristige konjunktur- und andere prozeßpolitische Überlegungen. Überfällig erscheint, daß die Öffentlichkeit sich auch bei Steuerreformdiskussionen der ordnungspolitischen Grundsatzfrage stellt: *Wettbewerbsordnung mit Marktlenkung von Kapital oder Funktionärs-Wirtschaftsordnung mit Vorrang der Innenfinanzierung*. Solange über die gewünschte Wirtschaftsordnung nicht entschieden ist, bleiben Vorschläge zur Neuordnung der steuerrechtlichen Gewinnermittlung zwangsläufig Flickschusterei.

Das ordnungspolitische Ziel einer Marktlenkung von Risikokapital verlangt für Rechtsetzungen zur Gewinnermittlung keinesfalls eine Ausweitung steuerbedingter Innenfinanzierung, z.B. durch eine Cash-flow-Besteuerung. Näher zu prüfen wären hingegen folgende Vorschläge:

a) In einer marktwirtschaftlichen Ordnung ist die Maßgeblichkeit der handelsrechtlichen GoB für die Steuerbilanz ein Sündenfall, weil Rechenschaft für den Kapitalmarkt andere Messungen verlangt als das Festlegen von Zwangsausgaben an den Fiskus.

b) Eine Bildung von Risikokapital durch Innenfinanzierung ist auf eine näherungsweise entscheidungsneutrale Innenfinanzierung zurückzudrängen. In diese Richtung zielt steuerlich z.B. eine Gewinnermittlung über eine Einnahmenüberschußrechnung ohne Verlustvorwegnahmen und ohne planmäßige Abschreibung (Absetzung für Abnutzung), jedoch unter Aufwandsverrechnung für Ersatzbeschaffungsausgaben im Ersatzzeitpunkt (Festwertrechnung) mit sofortigem Verlustausgleich (S. 708).

c) Einer Marktlenkung von Risikokapital und von Schuldtitel ist der Vorzug zu geben vor einer steuerlichen Begünstigung einer Innenfinanzierung über Pensionsrückstellungen und einer steuerrechtsbedingten Wettbewerbsverzerrung über einen Rechnungszins, der seit Jahrzehnten um ein Viertel bis über die Hälfte unter der Mindestrendite liegt, die für Schuldtitel mit mindestens zehnjähriger Laufzeit erwirtschaftet werden muß (S. 375 f.).

d) Durch den sofortigen Verlustausgleich wird der Fiskus zum anteilig unbeschränkt Haftenden. Doch dieser Abbau eines steuerlichen Investitionshemmnisses unter Ungewißheit wirkt zweischneidig: Zum einen wird damit regelmäßig Pareto-Optimalität zwischen dem Principal „Wirtschafts- und Finanzpolitik" und investierenden Agents verletzt (S. 742). Zum anderen begünstigt ein sofortiger Verlustausgleich Innenfinanzierung. Deshalb wäre zu erwägen, an die Stelle innerbetrieblicher Verlustverrechnung über Organschaft, einen Verlustrücktrag bzw. verzinslichen (unbeschränkten) Verlustvortrags ein Verfügungsrecht in Form handelbarer Verlustverrechnungsgutscheine zu setzen.

e) Soweit das Steueraufkommen durch Änderungen der Bemessungsgrundlagen erhöht wird, würde der Gesamtbetrag an Risikokapital beeinträchtigt. Dies verlangt und erlaubt kompensierende Senkungen der Gewinnsteuersätze.

Es versteht sich von selbst, daß Gedanken zur Einschränkung steuerbedingter Innenfinanzierung das helle Entsetzen bei allen Unternehmenspraktikern, Verbandsvertretern und jenen Hochschullehrern hervorrufen müssen, die ökonomische Rationalität vor allem dem Management, nicht aber einer Plankoordination über den Kapitalmarkt zubilligen. Daß die ersten Modellergebnisse für eine Besteuerung unter einer Wettbewerbsordnung, die eine Marktlenkung von Risikokapital wünscht, weitgehend den Verkündigungen aus wachstumsneutralen Kapitaleinkommensteuersystemen widersprechen (S. 719), ist bei der ordnungspolitischen Sterilität der neoklassischen Wachstums- und Gleichgewichtstheorie gleichfalls nicht verwunderlich.

Die Überlegungen zur Marktlenkung von Risikokapital durch Minimierung der Innenfinanzierung über Gewinnermittlungsvorschriften sind als Denkanstoß gedacht. Aufgrund der einschränkenden Modellannahmen können es noch keine Handlungsempfehlungen für eine Steuerreform sein, zumal eine solche Besteuerung eine auf natürliche Personen bezogene Ex-post-Gleichmäßigkeit der Besteuerung zu verhindern droht.

Aber wenn Steuerrecht und Bilanzrecht als Wirtschaftsordnungsprobleme begriffen werden, muß auch über die Konsequenzen einer ordnungspolitischen Grundsatzentscheidung „mehr Marktlenkung von Geld für Investitionszwecke" für das Steuerrecht und das Recht der Gewinnermittlung nachgedacht werden. Im Hinblick auf eine ökonomische Analyse des Rechts der Gewinnermittlung gilt dabei:

Sobald eine Wettbewerbsordnung als Ziel eines zu reformierenden Bilanzrechts vorausgesetzt wird, bedarf es einer Bilanztheorie, die Innenfinanzierung auf das für eine Marktlenkung von Risikokapital unerläßliche Maß zurückführt. Eine solche wirtschaftsordnungsbezogene Bilanztheorie wurde hier ansatzweise vorgestellt. Sie entlarvt, wie wenig das, was das dritte Buch des HGB fordert und was heute GoB bzw. „Bilanz im Rechtssinne" heißt, mit den ordnungspolitischen Grundvorstellungen einer sozialen Marktwirtschaft vereinbar ist.

Warum diese Untersuchung zu Investition, Finanzierung und Besteuerung insgesamt weit mehr Kritik an gängigen (Fehl-)Vorstellungen geübt hat, statt im Brustton der Überzeugung neue Lösungen als „richtig" zu preisen, beruht darauf, daß beim gegenwärtigen Wissensstand regelmäßig nur die Fülle einengender Voraussetzungen herausgearbeitet werden kann (und muß), an die Handlungsempfehlungen gebunden sind. Das Aufdecken stillschweigender Unterstellungen bei Handlungsempfehlungen bewahrt vor Täuschungen derjenigen, die als praktisch Handelnde Verantwortung tragen. Gegenüber der Anmaßung von Wissen, wie sie eine sich anwendungsorientiert verstehende Betriebswirtschaftslehre vielfältig verkörpert, erschien für das freilich recht profane Untersuchungsfeld dieses Buches ein Wort des Kirchenvaters Tertullian beherzigenswert, das Gotthold Ephraim Lessing seinem ersten Anti-Goeze Brief voranstellte: Multa sunt sic digna revinci, ne gravitate adorentur (Vieles verdient nur deshalb widerlegt zu werden, damit es nicht im Ernste verehrt werde).

Literaturverzeichnis*

Adams, Ernest W.; Fagot, Robert F.; Robinson, Richard E.: On the Empirical Status of Axioms in Theories of Fundamental Measurement. In: Journal of Mathematical Psychology, Vol. 7 (1970), S. 379-409.

Adams, Michael: Ökonomische Analyse der Sicherungsrechte. Königstein 1980.

Adler, Düring, Schmaltz: Rechnungslegung und Prüfung der Unternehmen. 5. Aufl., Stuttgart 1987.

Akerlof, Georg A.: The Market for „Lemons": Quality Uncertainty and the Market Mechanism. The Quarterly Journal of Economics, Vol. 84 (1970), S. 488-500.

Albach, Horst: Investition und Liquidität. Die Planung des optimalen Investitionsbudgets. Wiesbaden 1962.

Albach, Horst: Kapitalausstattung und Entwicklung der Wirtschaft. In: Finanzierung deutscher Unternehmen heute, hrsg. von M. Bierich, R. Schmidt, Stuttgart 1984, S. 1-28.

Albach, Horst und Mitarbeiter: Zur Versorgung der deutschen Wirtschaft mit Risikokapital. Materialien des Instituts für Mittelstandsforschung, Nr. 9, Bonn 1983.

Alchian, Armen A.: Some Economics of Property Rights. In: Il Politico, Jg. 30 (1965), S. 816-829.

Allingham, M. G.: Risk-Taking and Taxation. In: Zeitschrift für Nationalökonomie, Jg. 32 (1972), S. 203-224.

Allais, M.: Le Comportement de l'Homme Rationnel devant le Risque: Critique des Postulats et Axiomes de l'Ecole Américaine. In: Econometrica, Vol. 21 (1953), S. 503-546.

Altman, Edward jr.: A Reply to Craig G. Johnson. In: The Journal of Finance, Vol. 25 (1970), S. 1169-1172.

Altman, Edward jr.; Avery, Robert B.; Eisenbeis, Robert A.; Sinkey jr., Joseph F.: Application of Classification Techniques in Business, Banking and Finance. Greenwich 1981.

Altman, Edward jr.; Haldeman, Robert G.; Narayanan, P.: ZETA Analysis: A new model to identify bankruptcy risk of corporations. In: Journal of Banking and Finance, Vol. 1 (1977), S. 29-54.

Altman, Edward I.: The Anatomy of the High-Yield Bond Market. In: Financial Analysts Journal, Vol. 43 (1987), Heft 4, S. 12-25.

Amershi, Amin H.; Sunder, Shyam: Failure of Stock Prices to Discipline Managers in a Rational Expectations Economy. In: Journal of Accounting Research, Vol. 25 (1987), S. 177-195.

Ang, James; Peterson, Pamela P.: The Leasing Puzzle. In: The Journal of Finance, Vol. 39 (1984), S. 1055-1065.

Apel, Rudolf: Gerechte Besteuerung von Leibrenten. In: Neumanns Zeitschrift für Versicherungswesen, Jg. 61. (1938), S. 692-693, 807-808.

Arbeitsgemeinschaft für betriebliche Altersversorgung e. V.: Anträge zur Steuerreform in der kommenden Legislaturperiode, 15.5.1986.

Arbeitsgruppe Steuerreform: Steuern der Neunziger Jahre. 21. Januar 1987. Stuttgart 1987.

Arndt, Hans-Wolfgang; Muhler, Manfred: Optionsanleihen im Ertragsteuerrecht. In: Der Betrieb, Jg. 41 (1988), S. 2167-2173.

Arrow, Kenneth J.: Alternative Approaches to the Theory of Choice in Risk-Taking Situations. In: Econometrica, Vol. 19 (1951), S. 404-437.

Arrow, Kenneth J.: **The Role of Securities** in the Optimal Allocation of Risk-bearing. In: Review of Economic Studies, Vol. 31 (1964), S. 91-96.

Arrow, Kenneth J.: **Aspects of the Theory of Risk Bearing.** Helsinki 1965.

---

* Die verwandte Kurzbezeichnung der Titel ist fett gedruckt. Rechtsquellen (Erlasse, Gesetze, Verordnungen) und Urteile sind nur im Text zitiert.

Arrow, Kenneth J.: **Essays in the Theory of Risk-Bearing.** Amsterdam-London 1970.
Arrow, Kenneth J.: **The Economics of Agency.** In: Principals and Agents: The Structure of Business, ed. by J.W. Pratt, R.J. Zeckhauser, Boston 1985, S. 37-51.
Arrow, Kenneth J.; Hahn, F.A.: General Competitive Analysis. San Francisco-Edinburgh 1971.
Asquith, Paul; Bruner, Robert F.; Mulins Jr., David W.: The Gains to Bidding Firms from Merger. In: Journal of Financial Economics, Vol. 11 (1983), S. 121-139.
Auerbach, Alan J.; King, Mervyn A.: Taxation, Portfolio Choice, and Debt-Equity Ratios: A General Equilibrium Model. In: The Quarterly Journal of Economics, Vol. 98 (1983), S. 587-609.
Auerbach, Alan J.; Kotlikoff Laurence J.: Dynamic fiscal policy. Cambridge usw. 1987.
Auerbach, Alan J.; Poterba, James M.: Tax-Loss Carry forwards and Corporate Tax-Incentives. In: The Effects of Taxation on Capital Accumulation, ed. by M. Feldstein, Chicago-London 1987, S. 305-338.
Aumann, Robert J.: Utility Theory without the Completeness Axiom. In: Econometrica, Vol. 30 (1962), S. 445-462.

Bach, Stefan: Die Perspektiven des Leistungsfähigkeitsprinzips im gegenwärtigen Steuerrecht. In: StuW, Jg. 68 (1991), S. 116-135.
Baetge, Jörg: Prüfung der Vermögens- und Finanzlage. In: Handwörterbuch der Revision, hrsg. von A. G. Coenenberg, K. v. Wysocki, Stuttgart 1983, Sp. 1641-1662.
Baetge, Jörg; Niehaus, Hans-Jürgen: Moderne Verfahren der Jahresabschlußanalyse. In: Bilanzanalyse und Bilanzpolitik. hrsg. von J. Baetge, Düsseldorf 1989, S. 139-174.
Bagwell, Laurie Simon; Shoven, John B.: Cash Distributions to Shareholders. In: The Journal of Economic Perspectives, Vol. 3 (1989), No. 3, S. 129-140.
Bailey, Martin J.: Cumulative Averaging and Neutrality. In: Public and Urban Economics, ed. by R. E. Grieson, Lexington, Mass. u.a. 1976, S. 31-41.
Baillie, Patricia: Confirmation and the Dutch Book Argument. In: The British Journal for the Philosophy of Science, Vol. 24 (1973), S. 393-397.
Baldwin, R.H.: How to asses investment proposals. In: Harvard Business Review, Vol. 37, No. 3 (1959), S. 98-104.
Ball jr., Ben C. : The mysterious disappearance of retained earnings. In: Harvard Business Review, Vol. 65 (1987), S. 56-63.
Ballard, Charles L.; Scholz, John Karl; Shoven, John B.: The Value-added Tax: A General Equilibrium Look at Its Efficiency and Incidence. In: The Effects of Taxation on Capital Accumulation, ed. by M. Feldstein, Chicago-London 1987, S. 445-474.
Baltensperger, Ernst; Devinney, Timothy M.: Credit Rationing Theory: A Survey and Synthesis. In: Zeitschrift für die gesamte Staatswissenschaft, Bd. 141 (1985), S. 475-502.
Bamberg, Günter; Richter, Wolfram F.: The Effects of Progressive Taxation on Risk-Taking. In: Zeitschrift für Nationalökonomie, Vol. 44 (1984), S. 93-102.
Banz, Rolf W.; Miller, Merton H.: Prices for State-contingent Claims: Some Estimates and Applications. In: The Journal of Business, Vol. 51 (1978), S. 653-672.
Bareis, Peter: Transparenz bei der Einkommensteuer – Zur systemgerechten Behandlung sogenannter „notwendiger Privatausgaben". In: StuW, Jg. 68 (1991), S. 38-51.
Barnea, Amir; Haugen, Robert A.; Senbet, Lemma W.: Agency Problems and Financial Contracting. Englewood Cliffs 1985.
Baron, David P.: Default Risk and the Modigliani-Miller Theorem. A Synthesis. In: The American Economic Review, Vol. 66 (1976), S. 204-212.
Bauer, Jörg: Steuergestaltung tut not! In: Der Betrieb, Jg. 41 (1988), S. 2573-2577.
Baumol, William J.: The Cardinal Utility which is Ordinal. In: The Economic Journal, Vol. 68 (1958), S. 665-672.

Baumol, William J.; Malkiel, Burton C.: The Firm's Optimal Debt-Equity Combination and the Cost of Capital. In: The Quarterly Journal of Economics, Vol. 81 (1967), S. 547-578.

Beaver, William H.: Financial Ratios as Predictors of Failure. In: Empirical Research in Accounting: Selected Studies, 1966, Journal of Accounting Research, Supplement to Vol. 4 (1967), S. 71-111.

Beazer, William F.: Expected Income Changes and the Lock-in-Effect of the Capital Gains Tax. In: National Tax Journal, Vol. 19 (1966), S. 308-318.

Bericht der Studienkommission: Grundsatzfragen der Kreditwirtschaft. Schriftenreihe des Bundesministeriums der Finanzen, Heft 28, Bonn 1979.

Bering, Rolf: Prüfung der Deckungsstockfähigkeit von Industriekrediten durch das Bundesaufsichtsamt für das Versicherungswesen. In: ZfB, Jg. 45 (1975), S. 25-54.

Bernoulli, Daniel: Specimen Theoriae Novae de Mensura Sortis. In: Commentarii academicae scientiarum imperialis Petropolitanae, Jg. 5 (1738), S. 175-192; deutsche Übersetzung durch *Alfred Pringsheim:* Versuch einer neuen Theorie der Wertbestimmung von Glücksfällen. Leipzig 1896, englische Übersetzung in Econometrica, Vol. 22 (1954), S. 23-36.

Bester, Helmut: Die Anreizfunktion von Kreditsicherheiten. In: Kapitalmarkt und Finanzierung, hrsg. von D. Schneider, Berlin 1987, S. 225-236.

Bester, Helmut; Hellwig, Martin: Moral Hazard and Equilibrium Credit Rationing: An Overview. In: Agency Theory, Information and Incentives, ed. by G. Bamberg, K. Spremann, Berlin u.a. 1987, S. 135-166.

Biergans, Enno; Wasmer, Claudius: Zum Tatbestand der Besteuerung und zum Leistungsfähigkeitsbegriff in der Einkommensteuer. In: Finanz-Rundschau, Jg. 40 (1985), S. 57-63.

Bitz, M.; Hemmerde, W.; Rausch, W.: Gesetzliche Regelungen und Reformvorschläge zum Gläubigerschutz. Berlin u.a. 1986.

Black, Fischer: Capital Market Equilibrium with Restricted Borrowing. In: The Journal of Business, Vol. 45 (1972) S. 444-455.

Black, Fischer: The Dividend Puzzle. In: Journal of Portfolio Management, Vol. 2 (1976), S. 5-8.

Black, Fischer; Scholes, Myron: The Valuation of Option Contracts and A Test of Market Effiency. In: The Journal of Finance, Vol. 27 (1972), S. 399-417.

Black, Fisher; Scholes, Myron: The Pricing of Options and Corporate Liabilities. In: The Journal of Political Economy, Vol. 81 (1973), S. 637-654.

Black, Fischer; Jensen, Michael C.; Scholes, Myron: The Capital Asset Pricing Model: Some Empirical Tests. In: Studies in the Theory of Capital Markets, ed. by M.C. Jensen, New York 1972, S. 79-124.

Boadway, Robin W.: The Theory and Measurement of Effective Tax Rates. In: Impact of Taxation on Business Activity, ed. by J.M. Mintz, D. Purvis, Kingston 1987, S. 60-98.

Boadway, Robin; Bruce, Neil: A General Proposition on the Design of a Neutral Business Tax. In: Journal of Public Economics, Vol. 24 (1984), S. 231-239.

Boadway, Robin W.; Bruce, Neil; Mintz, Jack M.: Corporate taxation and the cost of holding inventories. In: Canadian Journal of Economics, Vol. 15 (1982), S. 278-293.

Boadway, Robin W.; Bruce, Neil; Mintz, Jack M.: **On the Neutrality** of Flow-of-funds Corporate Taxation. In: Economica, Vol. 50 (1983), S. 49-61.

Boadway, Robin W.; Bruce, Neil; Mintz, Jack M.: **Taxes on Capital Income** in Canada: Analysis and Policy. Toronto 1987.

Bockenförde, Ernst-Wolfgang: Steuergerechtigkeit und Familienlastenausgleich. In: StuW, Jg. 63 (1986), S. 335-340.

Bodenhorn, Diran: On the Problem of Capital Budgeting. In: The Journal of Finance, Vol. 14 (1959), S. 473-492.

Böhm, Franz: Die Kapitalgesellschaft als Instrument der Unternehmenszusammenfassung. In: Wettbewerb im Wandel, hrsg. von H. Gutzler u.a., Baden-Baden 1976, S. 149-166.

Bogue, Marcus C.; Roll, Richard: Capital Budgeting of Risky Projects with „Imperfect" Markets for Physical Capital. In: The Journal of Finance, Vol. 29 (1974), S. 601-613.

Boulding, K.E.: Time and Investment. In: Economica, New Series, Vol. 3 (1936), S. 196-220.

Bradford, David F.: Tax Neutrality and the Investment Tax Credit. In: The Economics of Taxation, ed. by H.J. Aaron, M.J. Boskin, Washington, D.C. 1980, S. 281-298.

Bradford, David F.: Issues in the Design of Savings and Investment Incentives. In: Depreciation, Inflation, and the Taxation of Income from Capital, ed. by C.R. Hulten, Washington, D.C. 1981, S. 13-47.

Bradford, David F.: Untangling the Income Tax. Cambridge (Mass.)-London 1986.

Bradford, David F.; Fullerton, Don: Pitfalls in the Construction and Use of Effective Tax Rates. In: Depreciation, Inflation, and the Taxation of Income from Capital, ed. by C.R. Hulten, Washington, D.C. 1981, S. 251-278.

Bradford, David; Stuart, Charles: Issues in the Measurement and Interpretation of Effective Tax Rates. In: National Tax Journal, Vol. 39 (1986), S. 307-316.

Bradford, David F.; U.S. Treasury Tax Policy Staff: Blueprints for Basic Tax Reform. 2nd ed., Arlington 1984, S. 24 f., 36-39.

Brealey, Richard; Myers, Stewart: Principles of Corporate Finance. 2nd ed., Auckland u.a. 1984.

Breeden, Douglas T.; Litzenberger, Robert H.: Prices of State-contingent Claims Implicit in Option Prices. In: The Journal of Business, Vol. 51 (1978), S. 621-651.

Brennan, M.J.; Kraus, A.: The Geometry of Separation and Myopia. In: The Journal of Financial and Quantitative Analysis, Vol. 11 (1976), S. 171-193.

Brennan, M.J.; Schwartz, E.S.: Corporate Income Taxes, Valuation, and the Problem of Optimal Capital Structure. In: The Journal of Business, Vol. 51 (1978), S. 103-114.

Breuel, Birgit: Steuerreform aus Landessicht. In: Steuerreform - Steuergerechtigkeit. Institut für Finanz- und Steuerrecht, Universität Osnabrück, Heft 1, 1988, S. 7-15.

Brinckmann, C.H.L.: Lehrbuch des Handels=Rechts. Heidelberg 1853.

Brown, E. Cary: Business-Income Taxation and Investment Incentives. In: Income, Employment and Public Policy, ed. by A. Metzler u.a., New York 1948, S. 300-316.

Brönner, Herbert: Die Besteuerung der Gesellschaften. 16. Aufl., Stuttgart 1988.

Buchholz, Wolfgang: Die Wirkung progressiver Steuern auf die Vorteilhaftigkeit riskanter Investitionen. In: ZfbF, Jg. 37 (1985), S. 881-890.

Bühler, Wolfgang: **Anlagestrategien** zur Begrenzung des Zinsänderungsrisikos von Portefeuilles aus festverzinslichen Titeln. In: Kapitalanlageplanung mit Hilfe der Finanzierungstheorie bei Versicherungen und Bausparkassen, hrsg. von P. Gessner u.a., Sonderheft 16/1983 der ZfbF, Wiesbaden 1983, S. 82-137.

Bundesregierung: **Reform der Unternehmensbesteuerung.** (I A3 - 760100) vom 12.12.1988.

Busse von Colbe, Walther: Handelsrechtliche Bilanzierung von Optionsanleihen und Optionsentgelten aus betriebswirtschaftlicher Sicht. In: Bilanzierung von Optionsanleihen im Handelsrecht, hrsg. von J.F. Baur u.a., Heidelberg 1987, S. 47-82.

Carlson, Sune: A Study on the Pure Theory of Production. Stockholm 1939, reprinted New York 1965.

Cass, David; Stiglitz, Joseph E.: The Structure of Investor Preferences and Asset Returns, and Separability in Portfolio Allocation: A Contribution to the Pure Theory of Mutual Funds. In: The Journal of Economic Theory, Vol. 2 (1970), S. 122-160.

Chen, Andrew H.; Kim, E. Han: Theories of Corporate Debt Policy: A Synthesis. In: The Journal of Finance, Vol. 34 (1979), S. 371-384.

Chirinko, Robert S.: Business Investment and Tax Policy: A Perspective on Existing Models and Empirical Results. In: National Tax Journal, Vol. 39 (1986), S. 137-155.

Clark, Robert Charles: Vote Buying and Corporate Law. In: Case Western Reserve Law Review, Vol. 29 (1979), S. 776-807.

Clemm, Hermann: Die Jahresabschlußanalyse als Grundlage für die Lageberichtsprüfung und die Berichterstattung des Abschlußprüfers. In: Bilanzanalyse und Bilanzpolitik, hrsg. von J. Baetge, Düsseldorf 1989, S. 53-78.
Coase, R.H.: The Problem of Social Cost. In: The Journal of Law and Economics, Vol. 3 (1960), S. 1-44.
Constantinides, George M.: Optimal Portfolio Revision with Proportional Transaction Costs: Extensions to HARA Utility Functions and Exogenous Deterministic Income. In: Management Science, Vol. 22 (1976), S. 921-923.
Copeland, Thomas E.; Weston, J. Fred: Financial Theory and Corporate Policy. 3rd ed., Reading u.a. 1988.
Cordes, Joseph J.; Watson, Harry S.; Hauger, Scott: Effects of Tax Reform on High Technology Firms. In: National Tax Journal, Vol. 40 (1987), S. 373-391.
Cox, John C.; Ross, Stephen A.: The Valuation of Options for Alternative Stochastic Processes. In: The Journal of Financial Economics, Vol. 3 (1976), S. 145-166.
Cournot, Augustin: Recherches sur les principes de la théorie des richesses (1838). Deutsch: Untersuchungen über die mathematischen Grundlagen der Theorie des Reichtums. Jena 1924.

Dammen, Robert M.; Green, Richard C.: Tax Arbitrage and the Existence of Equilibrium Prices for Financial Assets. In: The Journal of Finance, Vol. 42 (1987), S. 1143-1166.
Dammen, Robert M.; Senbet, Lemma W.: The Effect of Taxes and Depreciation on Corporate Investment and Financial Leverage. In: The Journal of Finance, Vol. 43 (1988), S. 357-373.
Dantzig, George B.: Lineare Programmierung und Erweiterungen. Übersetzt und bearbeitet von Arno Jaeger. Berlin u.a. 1966.
Darby, Michael R.: The Financial and Tax Effects of Monetary Policy on Interest Rates. In: Economic Inquiry, Vol. 13 (1975), S. 266-276.
Dean, Joel: Capital Budgeting. 7th printing, New York-London 1964.
De Angelo, Harry; Masulis, Ronald W.: Optimal Capital Structure under Corporate and Personal Taxation. In: Journal of Financial Economics, Vol. 8 (1980), S. 3-29.
Debreu, Gérard: Theory of Value. New York-London 1959, deutsch: Werttheorie. Berlin u.a. 1976.
Dempster, A.P.: Upper and Lower Probabilities induced by a multivalued Mapping. In: The Annals of Mathematical Statistics, Vol. 38 (1967), S. 325-339.
Demsetz, Harold: Information and Efficiency: Another Viewpoint. In: The Journal of Law and Economics, Vol. 12 (1969), S. 1-22.
Der Briefwechsel zwischen Friedrich Engels und Karl Marx, 1844-1883, hrsg. von A. Bebel und E. Bernstein, Bd. 3, Stuttgart 1913, S. 394-400; abgedruckt auch in: ZfhF, NF, Jg. 10 (1958), S. 222-226.
Deutscher Bundestag: Öffentliche Anhörung des Finanzausschusses. 11. Wahlperiode - 7. Ausschuß - Az.: 2450, Protokoll Nr. 21.
Diamond, Douglas W.: Financial Intermediation and Delegated Monitoring. In: The Review of Economic Studies, Vol. 51 (1984), S. 393-414.
Diamond, Peter A.; Stiglitz, Joseph E.: Increases in Risk and in Risk Aversion. In: Journal of Economic Theory, Vol. 8 (1974), S. 334-360.
Diewert, W.E.: Neutral Business Income Taxation Revisited. Discussion Paper No. 85-04, Department of Economics, University of British Columbia, Vancouver 1985.
Digesta: hrsg. von T. Mommsen, P. Krueger, 19. Aufl., Dublin-Zürich 1966.
Dillon, Ray D.; Nash, John F.: The True Relevance of Relevant Costs In: The Accounting Review, Vol. 53 (1978), S 11-17.
Dirrigl, Hans: Die Bewertung von Beteiligungen an Kapitalgesellschaften - Betriebswirtschaftliche Methoden und steuerlicher Einfluß. Hamburg 1988.
Dirrigl, Hans; Schauen, Wolfgang: Ausschüttungsplanung nach der Steuerreform 1990. In: ZfB, Jg. 59 (1989), S. 291-309.

DIW - Deutsches Institut für Wirtschaftsforschung: Die Besteuerung der Unternehmensgewinne - Sieben Industrieländer im Vergleich. Berlin 1989.
Domar, Evsey D.; Musgrave, Richard A.: Proportional Income Taxation and Risk-Taking. In: The Quarterly Journal of Economics, Vol. 58 (1943/44), S. 388-422.
Dommermuth, Thomas: Unternehmensfinanzierung durch Tilgungsversicherung. Wiesbaden 1991.
Drukarczyk, Jochen: Korrekturen in der Kapitalstruktur und Eigentümerinteressen. In: Betriebswirtschaftslehre und ökonomische Krise, hrsg. von W.H. Staehle, E. Stoll, Wiesbaden 1984, S. 41-62.
Drukarczyk, Jochen: **Finanzierung**. 5. Aufl., Stuttgart 1991.
Drukarczyk, Jochen: Unternehmen und Insolvenz. Wiesbaden 1987.
Durand, David: The Cost of Capital in an Imperfect Market: A Reply to Modigliani and Miller. In: The Management of Corporate Capital, ed. by E. Solomon, 3rd. printing, London 1964, S. 182-197.

Easterbrook, Frank H.: Insider Trading as an Agency Problem. In: Principals and Agents: The Structure of Business, ed. by J.W. Pratt, R.J. Zeckhauser, Boston 1985, S. 81-100.
Easterbrook, Frank H.; Fischel, Daniel L.: Voting in Corporate Law. In: Journal of Law and Economics, Vol. 26 (1983), S. 395-427.
Easterbrook, Frank H.; Fischel, Daniel L.: Limited Liability and the Corporation. In: The University of Chicago Law Review, Vol. 52 (1985), S. 89-117.
Ederington, Louis H.; Yawitz, Jess B.: The Bond Rating Process. In: Handbook of Financial Markets and Institutions, ed. by E.I. Altman, 6th. ed., New York usw. 1987, chapter 23.
Elliot, John E.: Continuity and change in the evolution of Marx's theory of alienation: from the Manuscripts through the Grundrisse to Capital. In: History of Political Economy, Vol. 11 (1979), S. 317-362.
Ellis, Brian: The Logic of Subjective Probability. In: The British Journal for the Philosophy of Science, Vol. 24 (1973), S. 125-152.
Ellsberg, Daniel: Risk, Ambiguity, and the Savage Axioms. In: The Quarterly Journal of Economics, Vol. 75 (1961), S. 643-669.
Elschen, Rainer: Die getrennte Handelbarkeit von Aktienstimmrechten. In: ZfbF, Jg. 40 (1988), S. 1009-1036.
Elschen, Rainer: Institutionale oder personale Besteuerung von Unternehmungsgewinnen? Hamburg 1989.
Elschen, Rainer: Entscheidungsneutralität, Allokationseffizienz und Besteuerung nach der Leistungsfähigkeit. In: StuW, Jg. 65 (1991), S. 99-115.
Elton, Edwin J.; Gruber, Martin J.: Marginal Stockholder Tax Rates and the Clientele Effect. In: The Review of Economics and Statistics, Vol. 52 (1970), S. 68-74.
Endres, Walter: Die Zukunftssicherung der Belegschaft vom betriebswirtschaftlichen Standpunkt. In: ZfhF, NF, Jg. 9 (1957), S. 23-53.
Engelhardt, Werner: Die Finanzierung aus Gewinn im Warenhandelsbetrieb und ihre Einwirkungen auf Betriebsstruktur und Betriebspolitik. Berlin 1960.
Erster Bericht der Kommission für Insolvenzrecht, hrsg. vom Bundesministerium der Justiz, Köln 1985.
Eucken, Walter: Grundsätze der Wirtschaftspolitik. 5. Aufl., Tübingen 1975.

Fama, Eugene F.: Risk, Return and Equilibrium: Some Clarifying Comments. In: The Journal of Finance, Vol. 23 (1968), S. 29-40.
Fama, Eugene F.: Efficient Capital Markets: A Review of Theory and Empirical Work. In: The Journal of Finance, Vol. 25 (1970), S 383-417.
Fama, Eugene F.: **Foundations** of Finance. New York 1976.
Fama, Eugene F.: Risk-Adjusted Discount Rates and Capital Budgeting under Uncertainty. In: The Journal of Financial Economics, Vol. 5 (1977), S. 3-24.

Fama, Eugene F.: **The Effects** of a Firm's Investment and Financing Decisions on the Welfare of its Security Holders. In: The American Economic Review, Vol. 68 (1978), S. 272-284.

Fama Eugene F.; Fisher, Lawrence; Jensen, Michael C.; Roll, Richard: The Adjustment of Stock Prices to New Information. In The International Economic Review, Vol. 10 (1969), S. 1-21.

Fama, Eugene F.; Schwert, William: Human Capital and Capital Market Equilibrium. In: The Journal of Financial Economics, Vol. 4 (1977), S. 95-125.

Farrar, Donald E.; Selwyn, Lee L.: Taxes, corporate financial policy, and return to investors. In: National Tax Journal, Vol. 20 (1967), S. 444-454.

Federmann, Rudolf: Zulässigkeit und Vorteilhaftigkeit einer quellensteuerbedingten Herabsetzung der Einkommen- und Körperschaftsteuer-Vorauszahlungen. In: Der Betrieb, Jg. 42 (1989), S. 439-443.

Fehl, Ulrich; Oberender, Peter: Unternehmensverfassung, Kapitalmarktordnung und Wettbewerb: Zum Einfluß gesellschaftsrechtlicher Dimensionen der Kapitalmarktordnung auf den Wettbewerbsprozeß. In: Zur Interdependenz von Unternehmens- und Wirtschaftsordnung, hrsg. von H. Leipold; A. Schüller, Stuttgart-New York 1986, S. 137-151.

Feit, Armin: Die Gewerbesteuer - ewiges Stiefkind der Steuerreform? In: Besteuerung und Unternehmenspolitik, hrsg. von G. John, München 1989, S. 101-129.

Feldstein, Martin S.: The Effects of Taxation on Risk-Taking. In: The Journal of Political Economy, Vol. 77 (1969), S. 755-764.

Feldstein, Martin: The Welfare Cost of Capital Income Taxation. In: Journal of Political Economy, Vol. 86 (1978), S. S29-S51.

Feldstein, Martin: **Capital Taxation**. Cambridge, Mass.-London 1983.

Feldstein, Martin; Summers, Lawrence: Inflation and the Taxation of Capital Income in the Corporate Sector. In: National Tax Journal, Vol. 32 (1979), S. 445-470.

Felix, Günther; Carlé, Dieter: Steuererlasse in Karteiform. Köln 1961/84.

Fellingham, John C.; Wolfson, Mark A.: The Effects of Alternative Income Tax Structures on Risk-Taking in Capital Markets. In: National Tax Journal, Vol. 31 (1978), S. 339-347.

Findeisen, F.: Reserven. In: Handwörterbuch der Betriebswirtschaft, hrsg. von F. Nicklisch, Bd. 4, Stuttgart 1928, Sp. 866-872.

Fine, Terrence L.: Theories of Probability. New York-London 1973.

Finetti, Bruno de: La prévision: ses lois logiques, ses sources subjectives. In: Annales de l'Institut Henri Poincaré, 1937, S. 1-68.

Finetti, Bruno de: Theory of Probability. Vol. 1, London u.a. 1974.

Finsinger, Jörg: Versicherungsmärkte. Frankfurt/M.-New York, 1983.

Fischer, Otfrid: Finanzwirtschaft der Unternehmung I. Tübingen-Düsseldorf 1977.

Fishburn, Peter C.: **Decision** and Value Theory. New York u.a. 1964.

Fishburn, Peter C.: **Utility Theory** for Decision Making. New York u.a. 1970.

Fishburn, Peter C.: A Mixture-Set Axiomatization of Conditional Subjective Expected Utility. In: Econometrica, Vol. 41 (1973), S. 1-25.

Fisher, Irving: Appreciation and Interest. In: Publications of the American Economic Association, Vol. 11, No. 4 (August 1896).

Fisher, Irving: The Rate of Interest. New York 1907.

Fisher, Irving: **The Theory of Interest**. New York 1930, reprinted 1965.

Franke, Günter: Kapitalmarkt-Theorie und Empirie. Gesamtkurs der Fernuniversität Hagen 1980.

Franke, Günter: Operative Steuerung der Geldanlage in festverzinslichen Wertpapieren. In: Kapitalanlageplanung mit Hilfe der Finanzierungstheorie bei Versicherungen und Bausparkassen, hrsg. von P. Gessner u.a., Sonderheft 16/1983 der ZfbF, Wiesbaden 1983, S. 49-71.

Franke, G.: On Tests of the Arbitrage Pricing Theory. In: OR Spektrum, Jg. 6 (1984), S. 109-117.

Franke, Günter: Costless Signalling in Financial Markets. In: The Journal of Finance, Vol. 42 (1987), S. 809-822.

Franke, Günter; Herbert Hax: Finanzwirtschaft des Unternehmens und Kapitalmarkt. 2. Aufl., Berlin u.a. 1990.
Franks, Julian R.; Hodges, Stewart D.: Lease Valuation When Taxable Earnings Are a Scarce Resource. In: The Journal of Finance, Vol. 42 (1987), S. 987-1005.
Fraumeni, Barbara M.; Jorgenson, Dale W.: The Role of Capital in U.S. Economic Growth, 1948-1976. In: Capital, Efficiency, and Growth, ed. by G.M. von Furstenberg, Cambridge, Mass. 1980, S. 9-250.
Freimer, Marshall; Gordon, Myron J.: Why Bankers Ration Credit. In: The Quarterly Journal of Economics, Vol. 79 (1965), S. 397-416.
Friedman, Milton; Savage, L.J.: The Utility Analysis of Choices Involving Risk. In: The Journal of Political Economy, Vol. 56 (1948), S. 279-304.
Friedman, Milton; Savage, Leonard J.: The Expected Utility Hypothesis and the Measurability of Utility. In: The Journal of Political Economy, Vol. 60 (1952), S. 463-474.
Frisch, Ragnar: On the Notion of Equilibrium and Disequilibrium. In: The Review of Economic Studies, Vol. 3 (1935/36), S. 100-105.
Fritsch, Ulrich: Die Eigenkapitallücke in der Bundesrepublik. Köln 1981.
Fuest, Winfried; Kroker, Rolf: Irrtümer in der aktuellen Steuerdiskussion. Beiträge zur Wirtschafts- und Sozialpolitik, Institut der deutschen Wirtschaft, Nr. 149, Köln 1987, S. 30-35.
Fullerton, Don: **Which Effective Tax Rate?** In: National Tax Journal, Vol. 37 (1984), S. 23-41.
Fullerton, Don: **The Use of Effective Tax Rates** in Tax Policy. In: National Tax Journal, Vol. 39 (1986), S. 285-292.

Gabele, Eduard; Kroll, Michael: Grundlagen des Immobilien-Leasing. In: Der Betrieb, Jg. 44 (1991), S. 241-248.
Galai, Dan; Masulis, Ronald W.: The Option Pricing Model and the Risk Factor of Stock. In: The Journal of Financial Economics, Vol. 3 (1976), S. 53-81.
Gale, Douglas; Hellwig, Martin: Incentive - Compatible Debt Contracts: The One - Period Problem. In: The Review of Economic Studies, Vol. 52 (1985), S. 647-663.
Garman, Mark B.: An Algebra for Evaluating Hedge Portfolios. In: The Journal of Financial Economics, Vol. 3 (1976), S. 403-427.
Gattermann, Hans H.: Perspektiven der Steuerpolitik. In: Betriebs-Berater, Jg. 44 (1989), S. 917-921.
Gebhardt, Günther: Insolvenzprognosen aus aktienrechtlichen Jahresabschlüssen. Wiesbaden 1980.
Gehlen, Arnold: Urmensch und Spätkultur. Frankfurt-Bonn 1964.
Gemeinsame Stellungnahme Deutscher Industrie- und Handelstag, DIHT, Bundesverband der Deutschen Industrie, BDI: Steuerliche Gewinnermittlungsvorschriften im internationalen Vergleich. Bonn, Köln 1990.
Georgi, Andreas A.: Steuern in der Investitionsplanung. Hamburg 1986.
Gerbel, B.M.: Rentabilität. Fehlinvestitionen, ihre Ursache und ihre Verhütung. 2. Aufl., Wien 1955.
Geske, Robert; Trautmann, Siegfried: Option Valuation: Theory and Empirical Evidence. In: Capital Market Equilibria, ed. by G. Bamberg, K. Spremann, Berlin u.a. 1986, S. 79-133.
Gillies, D.A.: The Subjective Theory of Probability. In: The British Journal for the Philosophy of Science, Vol. 23 (1972), S. 138-157.
Goldbeck, Werner; Uhde, Werner: Das Bauherrenmodell in Recht und Praxis. Neuwied-Darmstadt 1984.
Gomory, Ralph E.; Baumol, William J.: Integer Programming and Pricing. In: Econometrica, Vol. 28 (1960), S. 521-550.
Good, I.J.: Rational Decisions. In: Journal of the Royal Statistical Society, Series B, Vol. 14 (1952), S. 107-114.
Good, I.J.: On the Principle of Total Evidence. In: The British Journal for the Philosophy of Science, Vol. 17 (1966/67), S. 319-321.
Goode, Richard: The Individual Income Tax. Washington 1964.

Goode, Richard: Long-Term Averaging of Income for Tax Purposes. In: The Economics of Taxation, ed. by H.J. Aaron, M.L. Boskin. Washington 1980, S. 159-178.
Gordon, M.J.: Optimal Investment and Financing Policy. In: The Journal of Finance, Vol. 18 (1963), S. 264-272.
Gordon, Roger H.: Interest Rates, Inflation, and Corporate Financial Policy. In: Brookings Papers on Economic Activity, 1982, S. 461-488.
Grabbe, Hans Wilhelm: Investitionsrechnungen in der Praxis - Ergebnisse einer Unternehmensbefragung. Köln 1976.
Granger, Clive W.J.; Morgenstern, Oskar: Predictability of Stock Market Prices. Lexington 1970.
Grant, Eugene L.; Norton, Paul T. Jr.: Depreciation. Revised printing, New York 1955.
Gravelle, Jane G.: Inflation and the Taxation of Capital Income in the Corporate Sector: A Comment. In: National Tax Journal, Vol. 33 (1980), S. 473-483.
Gravelle, Jane G.: „Which Effective Tax Rate?" A Comment and Extension. In: National Tax Journal, Vol. 38 (1985), S. 103-108.
Gröner, Helmut: Marktsystem, Unternehmenskontrollen und Insolvenzen: Volkswirtschaftliche Überlegungen zur Reform des Insolvenzrechts. In: Ordo, Bd. 35 (1984), S. 247-267.
Grossman, Sanford J.: An Analysis of the Role of „Insider Trading" on Futures Markets. In: Journal of Business, Vol. 59 (1986), S. S129-S146.
Grossman, Sanford J.; Hart, Oliver D.: Corporate Financial Structure and Managerial Incentives. In: The Economics of Information and Uncertainty, ed. by J.J. McCall, Chicago-London 1982, S. 107-137.
Grossman, Sanford J.; Stiglitz, Joseph E.: Information and Competitive Price Systems. In: The American Economic Review, Vol. 66 (1976), Papers and Proceedings, S. 246-253.
Grossman, Sanford J.; Stiglitz, Joseph E.: On the Impossibility of Informationally Efficient Markets. In: The American Economic Review, Vol. 70 (1980), S. 393-408.
Gruhler, Wolfram: Eigenkapitalausstattung - Bestandsaufnahme und Folgerungen. Beiträge zur Wirtschafts- und Sozialpolitik, Institut der deutschen Wirtschaft, Nr. 34, Köln 1976.
Gruhler, Wolfram: Insolvenzen im Konjunkturaufschwung. In: iw-trends, Jg. 13 (3/1986), S. 12, 16.
Gutachten der Kommission zur Verbesserung der steuerlichen Bedingungen für Investitionen und Arbeitsplätze. Bonn im Juni 1991.
Gutenberg, Erich: Grundlagen der Betriebswirtschaftslehre. Bd. III, Die Finanzen. 7. Aufl., Berlin u.a. 1975.

Hackmann, Johannes: Einkommensteuerliche Investitionswirkungen bei unterschiedlichen Fassungen des steuerlichen Einkommensbegriffs. In: Zeitschrift für Wirtschafts- und Sozialwissenschaften, Jg. 109 (1989), S. 49-74.
Hadley, George: Nichtlineare und dynamische Programmierung. Würzburg-Wien 1969.
Haegert, Lutz: Besteuerung, Unternehmensfinanzierung und betriebliche Altersversorgung. In: Kapitalmarkt und Finanzierung, hrsg. von D. Schneider, Berlin 1987, S. 155-168.
Haegert, Lutz; Schwab, Helmut: Die Subventionierung direkter Pensionszusagen nach geltendem Recht im Vergleich zu einer neutralen Besteuerung. In: Die Betriebswirtschaft, Jg. 50 (1990), S. 85-102.
Hahn, Frank: Equilibrium and Macroeconomics. Oxford 1984.
Hakansson, Nils H.: Risk Disposition and the Separation Property in Portfolio Selection. In: The Journal of Financial and Quantitative Analysis, Vol. 4 (1969), S. 401-416.
Hakansson, Nils H.: **On Optimal Myopic** Portfolio Policies, with and without Serial Correlation of Yields. In: The Journal of Business, Vol. 44 (1971), S. 324-334.
Hakansson, Nils H.: To Pay or Not to Pay Dividend. In: The Journal of Finance Vol. 27 (1982), S. 415-428.

Hakansson, Nils H.; Kunkel, J. Gregory; Ohlson, James A.: Sufficient and Necessary Conditions for Information to have Social Value in Pure Exchange. In: The Journal of Finance, Vol. 37 (1982), S. 1169-1181.

Haley, Charles W.; Schall, Lawrence D.: Problems with the Concept of the Cost of Capital. In: The Journal of Financial and Quantitative Analysis, Vol. 13 (1978), S. 847-870.

Hall, Robert E.; Jorgenson, Dale W.: Tax Policy and Investment Behavior. In: The American Economic Review, Vol. 57 (1967), S. 391-414.

Hållsten, Bertil: Investment and Financing Decisions. Stockholm 1966.

Hammarskjöld, Dag: Utkast till en algebraisk metod för dynamisk prisanalys. In: Ekonomisk Tidskrift, Årg. 34 (1932), S. 157-176.

Harberger, Arnold C.: Tax Neutrality in Investment Incentives. In: The Economics of Taxation, ed. by H.J. Aaron, M.J. Boskin, Washington, D.C. 1980, S. 299-313.

Harnatt, Jochen: Der statistische Signifikanztest in kritischer Betrachtung. In: Psychologische Beiträge, Bd. 17 (1975), S. 595-612.

Harnatt, Jochen: Nicht Rechtfertigung, sondern kritische Prüfung. Eine Erwiderung zu E. Witte (1977). In: Psychologische Beitrage, Bd. 21 (1979), S. 496-502.

Harris, Milton; Raviv, Artur: The Theory of Capital Structure. In: Journal of Finance, Vol. 46(1991), S. 297-355.

Hart, Albert Gailord: Imputation and the Demand for Productive Resources in Disequilibrium. In: Explorations in Economics. Notes and Essays Contributed in Honor of F.W. Taussig, New York 1936, S. 264-271.

Hart, Albert Gailord: Anticipations, Uncertainty, and Dynamic Planning. Chicago 1940, reprinted New York 1951.

Hart, Oliver D.: On the Optimality of Equilibrium when the Market Structure is Incomplete. In: Journal of Economic Theory, Vol. 11 (1975), S. 418-443.

Hartmann-Wendels, Thomas: Rechnungslegung der Unternehmen und Kapitalmarkt aus informationsökonomischer Sicht. Heidelberg 1991.

Hatheyer, Ernst: Reservierungen (Bereitstellungen) und Wertberichtigungen (Abschreibungen). In: Die Bilanzen der Unternehmungen. 1. Bd., hrsg. von K. Meithner, Wien 1933, S. 281-340.

Haugen, Robert A.: Modern Investment Theory. Englewood Cliffs 1986.

Haugen, Robert A.; Senbet, Lemma W.: The Insignificance of Bankruptcy Costs to the Theory of Optimal Capital Structure. In: The Journal of Finance, Vol. 33 (1978), S. 383-393.

Hax, Herbert: Bewertungsprobleme bei der Formulierung von Zielfunktionen für Entscheidungsmodelle. In: ZfbF, Jg. 19 (1967), S. 749-761.

Hax, Herbert; Laux, Helmut: Flexible Planung - Verfahrensregeln und Entscheidungsmodelle für die Planung bei Ungewißheit. In: ZfbF, Jg. 24 (1972), S. 318-340.

Hax, Karl: Langfristige Finanz- und Investitionsentscheidungen. In: Handbuch der Wirtschaftswissenschaften, Bd. 1, hrsg. von K. Hax, T. Wessels, 2. Aufl., Köln-Opladen 1966, S. 399-489.

Hayek, F.A.: Economics and Knowledge. In: Economica, New Series, Vol. 4 (1937), S. 33-54.

Hayek, F.A.: **The Use of Knowledge in Society**. In: The American Economic Review, Vol. 35 (1945), S. 519-530.

Hayek, F.A.: **The Corporation** in a Democratic Society: In Whose Interest Ought It To and Will It Be Run? In: *ders.,* Studies in Philosophy, Politics and Economics, Chicago 1967, S. 300-312.

Hayek, F.A. von: Die Verfassung der Freiheit. Tübingen 1971.

Heaton, Hal: Corporate Taxation and Leasing. In: Journal of Financial and Quantitative Analysis, Vol. 21 (1986), S. 351-359.

Heimann, Eduard: Mehrwert und Gemeinwirtschaft. Berlin 1922.

Helferich: Ueber die Einführung einer Kapitalsteuer in Baden. In: Zeitschrift für die gesammte Staatswissenschaft, Jg. 3 (1846), S. 291-329.

Helmer, Olaf; Rescher, Nicholas: On the Epistemology of the Inexact Sciences. In: Management Science, Vol. 6 (1960), S. 25-52.
Hempel, Carl C.; Oppenheim, Paul: Studies in the logic of explanation. In: Philosophy of Science, Vol. 15 (1948), S. 135-175.
Henke, Klaus-Dirk: Die betriebliche Altersversorgung aus einkommensteuersystematischer Sicht. In: Finanzarchiv, NF, Bd. 46 (1988), S. 268-282.
Herrmann, Carl; Heuer, Gerhard; Raupach, Arndt: Einkommensteuer- und Körperschaftsteuergesetz mit Nebengesetzen. Kommentar, 19. Aufl., Köln 1950/1982.
Herzig, Norbert: Das Leg-ein-Hol-zurück-Verfahren bei der Liquidation von Kapitalgesellschaften. In: BFuP, Jg. 31 (1979), S. 325-339.
Hicks, J.R.: Value and Capital. 2nd ed. Oxford 1946, reprinted 1965.
Hirshleifer, J.: **On the Theory of Optimal Investment. Decision.** In: The Journal of Political Economy, Vol. 66 (1958), S. 329-352.
Hirshleifer, J.: Investment Decision under Uncertainty: Choice-Theoretic Approaches. In: The Quarterly Journal of Economics, Vol. 79 (1965), S. 509-536.
Hirshleifer, J.: Investment Decision under Uncertainty: **Applications of the State-Preference Approach.** In: The Quarterly Journal of Economics, Vol. 80 (1966), S. 252-277.
Hirshleifer, Jack: The Private and Social Value of Information and the Reward to Inventive Activity. In: The American Economic Review, Vol. 61 (1971), S. 561-574.
Hite, Gailen L.: Leverage, Output Effects, and the M-M Theorem. In: Journal of Financial Economics, Vol. 4 (1977), S. 177-202.
Hodgman, Donald R.: Credit Risk and Credit Rationing. In: The Quarterly Journal of Economics, Vol. 74 (1960), S. 258-278.
Höfer, Reinhold: **Betriebliche Altersversorgung** - steuerliche und finanzielle Wirkungen. Wiesbaden 1973.
Höfer, Reinhold: Betriebliche Altersversorgung nach dem Bilanzrichtlinien-Gesetz/Bilanzierung und Bewertung. In: Bilanzanalyse und Bilanzpolitik, hrsg. von J. Baetge, Düsseldorf 1989, S. 203-213.
Höfer, Reinhold; Abt, Oskar: Gesetz zur Verbesserung der betrieblichen Altersversorgung. Kommentar, Bd. 2, 2. Aufl., München 1984.
Holt, Charles C.; Shelton, John P.: The Implications of the Capital Gains Tax for Investment Decisions. In: The Journal of Finance, Vol. 16 (1961), S. 559-580.
Holt, Charles C.; Shelton, John P.: The Lock-in-Effect of the Capital Gains Tax. In: National Tax Journal, Vol. 15 (1962), S. 337-352.
Honko, Jaakko; Virtanen, Kalervo: The Investment Process in Finnish Industrial Enterprises. Helsinki 1976.
Hood, W.C.: Some Aspects of the Treatment of Time in Economic Theory. In: The Canadian Journal of Economics and Political Science, Vol. 14 (1948), S. 453-468.
Hulten, Charles R.; Wykoff, Frank C.: The Measurement of Economic Depreciation. In: Depreciation, Inflation, and the Taxation of Income from Capital, ed. by C.R. Hulten, Washington, D.C. 1981, S. 81-125.
Hume, David: Political Discourses. 2nd ed., Edinburgh 1752.

Institut der deutschen Wirtschaft (Hrsg.): Argumente zu Unternehmerfragen, Nr. 6/1987.
Institut der deutschen Wirtschaft (Hrsg.): iw-trends, Jg. 15 (2/1988).
Irsch, Norbert: Die Eigenkapitalausstattung mittelständischer Unternehmen. In: Wirtschaftsdienst, Jg. 65 (1985), S. 525-530.
Irsch, Norbert: Erträge, Eigenkapitalausstattung und Investitionsneigung. In: Konjunkturpolitik, Jg. 31 (1985), S. 319-395.

Jacobs, Otto H.: Unternehmensbesteuerung und Rechtsform. München 1988.
Jaffee, Dwight M.; Russell, Thomas: Imperfect Information, Uncertainty, and Credit Rationing. In: The Quarterly Journal of Economics, Vol. 90 (1976), S. 651-666.
Jääskeläinen, Veikko: Optimal Financing and Tax Policy of the Corporation. Helsinki 1966.
Jääskeläinen, Veikko: Growth of Earnings and Dividend Distribution Policy. In: The Swedish Journal of Economics, Vol. 69 (1967), S. 184-195.
Jaeger, Arno: Zur Entscheidungstheorie für Spiele gegen die Natur bei Unsicherheit mit präordinalem Nutzen. In: Quantitative Wirtschaftsforschung, Wilhelm Krelle zum 60. Geburtstag, hrsg. von H. Albach u.a., Tübingen 1977, S. 345-358.
Jean, William H.: On Multiple Rates of Return. In: The Journal of Finance, Vol. 23 (1968), S. 187-191.
Jensen, Michael C.: The Foundations and Current State of Capital Market Theory. In: Studies in the Theory of Capital Markets, ed. by M.C. Jensen, New York u.a. 1972, S. 3-43.
Jensen, Michael C.; Meckling, William H.: Theory of the Firm: Managerial Behavior, Agency Costs and Ownership Structure. In: Journal of Financial Economics, Vol. 3 (1976), S. 305-360.
Jensen, Michael C.; Ruback, Richard S.: The Market for Corporate Control. In: Journal of Financial Economics, Vol. 11 (1983), S. 5-50.
Jensen, Michael C.; Warner, Jerold B. (eds.): Symposium on the Distribution of Power among Corporate Managers, Shareholders, and Directors. In: Journal of Financial Economics, Vol. 20 (1988), S. 1-507.
Johansson, Sven-Erik: Skatt - investering - värdering. Stockholm 1961.
Johansson, Sven-Erik: Income Taxes and Investment Decision. In: The Swedish Journal of Economics, Vol. 71 (1969), S. 104-110.
Johnson, Craig G.: Ratio Analysis and the Prediction of Firm Failure. In: The Journal of Finance, Vol. 25 (1970), S. 1166-1168.
Jordan, James S.; Radner, Roy: Rational Expectations in Microeconomic Models: An Overview. In: Journal of Economic Theory, Vol. 26 (1982), S. 201-223.
Jordan, William A.: Producer Protection, Prior Market Structure, and the Effects of Government Regulation. In: The Journal of Law and Economics, Vol. 15 (1972), S. 152-176.
Justi, Johann Heinrich Gottlob von: System des Finanzwesens. Halle 1766, Neudruck Aalen 1969.

Kareken, John H.: Federal Bank Regulatory Policy: A Description and Some Observations. In: The Journal of Business, Vol. 59 (1986), S. 3-49.
Karl-Bräuer-Institut des Bundes der Steuerzahler: Abbau und Ersatz der Gewerbesteuer. Heft 57, Wiesbaden 1984.
Kaufmann, Felix: Methodenlehre der Sozialwissenschaften. Wien 1936.
Kay, John A.; King, Mervyn A.: The British Tax System. 3rd ed., Oxford 1983.
Keeton, William R.: Equilibrium Credit Rationing. New York-London 1979.
Kim, E. Han; Lewellen, Wilbur C.; McConnell, John J.: Financial Leverage Clienteles, Theory and Evidence. In: Journal of Financial Economics, Vol. 7 (1979), S. 83-109.
King, Mervyn A.: Public Policy and the Corporation. London 1977.
King, Mervyn: Tax Reform in the UK and US. In: Economic Policy, November 1985, S. 220-238.
King, Mervyn A.; Fullerton, Don (eds.): The Taxation of Income from Capital. Chicago-London 1984.
King, Mervyn; Roell, Ailsa: Insider trading. In: Economic Policy, April 1988, S. 165-193.
Kirchhof, Paul: Steuergerechtigkeit und sozialstaatliche Geldleistungen. In: Juristenzeitung, Jg. 37 (1982), S. 305-312.
Kirchhof, Paul: Der verfassungsrechtliche Auftrag zur Besteuerung nach der finanziellen Leistungsfähigkeit. In: StuW, Jg. 62 (1985), S. 319-329.
Klein, Franz: Steuerreform und Wirtschaft. In: StuW, Jg. 65 (1988), S. 217-222.
Knight, Frank H.: Risk, Uncertainty and Profit. Boston-New York 1921, reprinted New York 1964.

Knight, Frank H.: Capital, Time, and the Interest Rate. In: Economica, New Series. Vol. 1 (1934), S. 257-286.
Knobbe-Keuk, Brigitte: Steuerrechtliche Fragen der Optionsanleihen. In: ZGR, Jg. 16 (1987), S. 312-323.
Köhler, Claus: Innovation im Bankgeschäft als geld- und währungspolitisches Problem. In: Deutsche Bundesbank, Auszüge aus Presseartikeln Nr. 9, 3. Februar 1986, S. 1-7.
Körner, Stephan: Erfahrung und Theorie. Frankfurt 1970.
Kolmogoroff, A.: Grundbegriffe der Wahrscheinlichkeitsrechnung. Berlin 1933.
Koopman, Bernard O.: The Bases of Probability. In Bulletin of the American Mathematical Society, Vol. 46 (1940), S. 763-774, reprinted in: Studies in Subjective Probability, ed. by H.E. Kyburg jr., H.E. Smokler, New York u.a. 1964, S. 159-172.
Koopmans, Tjalling C.: Three Essays on the State of Economic Science. New York u.a. 1957.
Kosiol, Erich: Bilanzreform und Einheitsbilanz. 2. Aufl., Berlin-Stuttgart 1949.
Krahnen, Jan Pieter: Kapitalmarkt und Kreditbank. Berlin 1985.
Krahnen, Jan Pieter: Sunk Costs und Unternehmensfinanzierung. Wiesbaden 1991.
Kraft, Charles H.; Pratt, John W.; Seidenberg, A.: Intuitive Probabilities on Finite Sets. In: The Annals of Mathematical Statistics, Vol. 30 (1959), S. 408-419.
Krantz, David H.; Luce, R. Duncan; Suppes, Patrick; Tversky, Amos: Foundations of Measurement. Vol. 1, New York 1971.
Krause-Junk, Gerold: „Steuern der Neunziger Jahre", Anmerkungen zu den Leitlinien der Arbeitsgruppe Steuerreform. In: Finanzarchiv, NF, Bd. 45 (1987), S. 302-323.
Krelle, Wilhelm, unter Mitarbeit von Dieter Coenen: Präferenz- und Entscheidungstheorie. Tübingen 1968.
Kromschröder, Bernhard: Zur Beurteilung steuerlicher Abschreibungsverfahren unter Berücksichtigung des Risikos. In: ZfbF, Jg. 36 (1984), S. 1014-1027.
Kronberger Kreis (verfaßt von Paul Piltz und Hans Willgerodt): Mehr Beteiligungskapital. Bad Homburg 1983.
Krümmel, Hans-Jacob: Bankenaufsichtsziele und Eigenkapitalbegriff. Frankfurt 1983.
Kruschwitz, Lutz: Investitionsrechnung. 3. Aufl., Berlin-New York 1987.
Kübler, Friedrich; Schmidt, Reinhardt H.: Gesellschaftsrecht und Konzentration. Frankfurt/M. 1988.
Kuhn, Klaus: Ökologische Umgestaltung des Steuersystems in den neunziger Jahren. In: ZfbF, Jg. 42 (1990), S. 733-750.
Kupitz, Rolf: Die Kreditwirtschaft als wettbewerbspolitischer Ausnahmebereich. Thun-Frankfurt/M. 1983.
Kurtz, Edwin B.: The Science of Valuation and Depreciation. New York 1937.
Kwon, O. Yul: The neutral, pure profit, and rate of return taxes: their equivalence and differences. In: Public Finance, Vol. 38 (1983), S. 81-97.

Lakatos, Imre: Falsifikation und die Methodologie wissenschaftlicher Forschungsprogramme. In: Kritik und Erkenntnisfortschritt, hrsg. von I. Lakatos, A. Musgrave, Braunschweig 1974, S. 89-189.
Lange, Oskar: The Determinateness of the Utility Function. In: The Review of Economic Studies, Vol. 1 (1933/34), S. 218-225.
Lange, Oskar: The Place of **Interest in the Theory of Production**. In: The Review of Economic Studies, Vol. 3 (1935/36), S. 159-192.
Langholm, Odd: Tidshorisonten. Bergen 1964.
Latsis, Spiro J.: Situational Determinism in Economics. In: The British Journal for the Philosophy of Science, Vol. 23 (1972), S. 207-245.
Laux, Manfred: Zur Bewertung von typischen stillen Beteiligungen in Beteiligungssondervermögen. In: Der Betrieb, Jg. 38 (1985), S. 849-854.
Lavoie, Don: Rivalry and central planning. Cambridge u.a. 1985.

Leland, Hayne E.: Quacks, Lemons and Licensing: A Theory of Minimum Quality Standards. In: Journal of Political Economy, Vol. 87 (1979), S. 1328-1346.

Leibfritz, Willi; Meurer, Cornelia: Steuerliche Investitionsförderung im internationalen Vergleich. Berlin-München 1985.

Leibfritz, W.; Parsche, R.: Steuerbelastung der Werkzeugmaschinen-Industrie im internationalen Vergleich. In: ifo-Schnelldienst 9/88, S. 9-16.

Leontief, Wassily: Interest on Capital and Distribution: A Problem in the Theory of Marginal Productivity, Note. In: The Quarterly Journal of Economics, Vol. 49 (1934/35), S. 147-161.

Levi, Isaac: On Indeterminate Probabilities. In: The Journal of Philosophy, Vol. 71 (1974), S. 391-418.

Levy, Haim; Kroll, Yoram: Stochastic Dominance with Riskless Assets. In: Journal of Financial and Quantitative Analysis, Vol. 11 (1976), S. 743-777.

Levy, Haim; Sarnat, Marshall: Investment and Portfolio Analysis. New York u.a. 1972.

Lewellen, Wilbur C.; Long, Michael S.; McConnell, John J.: Asset Leasing in Competitive Capital Markets. In: The Journal of Finance, Vol. 31 (1976), S. 787-798.

Lindahl, Erik: The Dynamic Approach to Economic Theory. In: ders., Studies in the Theory of Money and Capital. London 1939, S. 21-136.

Lintner, John: The Valuation of Risk Assets and the Selection of Risky Investments in Stock Portfolios and Capital Budgets. In: The Review of Economics and Statistics, Vol. 47 (1965), S. 13-37.

Little, I.M.D.: Higgledy Piggledy Growth. In: Bulletin of the Oxford University Institute of Statistics, Vol. 24 (1962), S. 387-412.

Littmann, Konrad: **Bittere Klagen** mit falschen Zahlen. In: Die Zeit vom 20. Februar 1987, S. 41.

Littmann, Konrad: Das Ärgernis der Steuerlast. In: Die Zeit vom 10. April 1987, S. 43.

Littmann, Konrad: Unterlagen zu einem Vortrag „Unternehmensbesteuerung in der Bundesrepublik Deutschland unter besonderer Berücksichtigung der steuerlichen Gewinnermittlung - Die finanzwissenschaftliche Sicht". 11. Wissenschaftliches Forum des Instituts der deutschen Wirtschaft am 19.11.1987.

Loistl, O.: Grundzüge der betrieblichen Kapitalwirtschaft. Berlin u.a. 1986.

Loistl, O.: Computergestütztes Wertpapiermanagement. München-Wien 1989.

Loos, Gerold: Nochmals: Optionsanleihen im Ertragsteuerrecht. In: Der Betrieb, Jg. 42 (1989), S. 552f.

Lotz, Walther: Zur Lehre vom „Steuereinmaleins". In: Festschrift für Lujo Brentano zum 70. Geburtstag. München-Leipzig 1916, S. 351-365.

Lucas, Robert E.: Studies in Business-Cycle Theory. Oxford 1981.

Luce, R. Duncan; Raiffa, Howard: Games and Decisions. New York-London 1957.

Lundberg, Erik: Studies in Theory of Economic Expansion. New York 1937, reprinted 1964.

Lutz, Friedrich and Vera: The Theory of Investment of the Firm. Princeton 1951.

Lüder, Klaus: Zum Einfluß staatlicher Investitionsförderungsmaßnahmen auf unternehmerische Investitionsentscheidungen. In: ZfB, Jg. 54 (1984), S. 531-547.

Macaulay, Frederick R.: Some Theoretical Problems suggested by the Movements of Interest Rates, Bond Yields and Stock Prices in the United States since 1856. New York 1938.

Machlup, Fritz: On the Meaning of the Marginal Product. In: Exploration in Economics. Notes and Essays in Honor of F.W. Taussig, New York-London 1936, S. 250-263.

Madansky, Albert: Linear Programming under Uncertainty. In: Recent Advances in Mathematical Programming, ed. by R.L. Graves, Ph. Wolfe, New York u.a. 1963, S. 103-110.

Majumdar, Tapas: Behaviourist Cardinalism in Utility Theory. In: Economica, New Series, Vol. 25 (1958), S. 26-33.

Makower, H.; Baumol, William J.: The Analogy Between Producer and Consumer Equilibrium Analysis. In: Economica, New Series, Vol. 17 (1950), S. 63-80.

Malatesta, Paul H.; Thompson, Rex: Partially Anticipated Events. A Model of Stock Price Reactions with an Application to Corporate Acquisitions. In: Journal of Financial Economics, Vol. 14 (1985), S. 237-250.

Mandelbrot, Benoit B.: When can price be arbitraged efficiently? A limit to the validity of the random walk and martingale models. In: Review of Economics and Statistics, Vol. 53 (1971), S. 225-236.

Manne, Henry G.: Some Theoretical Aspects of Share Voting. In: Columbia Law Review, Vol. 64 (1964), S. 1427-1445.

Manne, Henry G.: Mergers and the Market for Corporate Control. In: Journal of Political Economy, Vol. 73 (1965), S. 110-120.

Markowitz, Harry M.: Portfolio Selection. New York-London 1959.

Marschak, Jacob: Towards an Economic Theory of Organization and Information. In: Decision Processes, ed. by R.M. Thrall u.a., New York-London 1954, S. 187-220.

Marshall, Alfred: Principles of Economics. Vol. 1, 2nd ed., London 1891.

Marston, Anson; Winfrey, Robley; Hempstead, Jean C.: Engineering Valuation and Depreciation. 2nd ed., New York u.a. 1953.

Martin, John: Leasing. In: Handbook of Corporate Finance, ed. by E.I. Altman, New York u a. 1986, section 11.

Mauer, David C.; Lewellen, Wilbur G.: Debt Management under Corporate and Personal Taxation. In: The Journal of Finance, Vol. 42 (1987), S. 1275-1291.

Mayers, David: Nonmarketable Assets and Capital Market Equilibrium under Uncertainty. In: Studies in the Theory of Capital Markets, ed. by M.C. Jensen, New York 1972, S. 223-248.

McIntyre, Michael J.: Implications of Family Sharing for the Design of an Ideal Personal Tax System. In: The Personal Income Tax - Phoenix from the Ashes? ed. by S. Cnossen and R.M. Bird, S. 145-183.

McLure Jr., Charles E.; Mutti, John; Thuronyi, Victor; Zodrow, George R.: The Taxation of Income from Business and Capital in Colombia. Durham/London 1990.

Meade, J.E.: The Structure and Reform of Direct Taxation. Report of a Committee, chaired by J.E. Meade, London 1978.

Meehl, Paul E.: Theory Testing in Psychology and Physics: A Methodological Paradox. In: The Significance Test Controversy, ed. by D.E. Morrison, R.E. Henkel, London 1970, S. 252-266.

Mellwig, Winfried: Investition und Besteuerung. Wiesbaden 1985.

Merton, Robert C.: Optimum Consumption and Portfolio Rules in a Continuous-Time Model. In: The Journal of Economic Theory, Vol. 3 (1971), S. 373-413.

Merton, Robert C.: **An Analytic Derivation** of the Efficient Portfolio Frontier. In: The Journal of Financial and Quantitative Analysis, Vol. 7 (1972), S. 1851-1872.

Merton, Robert C.: An Intertemporal Capital Asset Pricing Model. In: Econometrica, Vol. 41 (1973), S. 86-887.

Merton, Robert C.: Theory of Rational Option Pricing. In: The Bell Journal of Economics and Management Science, Vol. 4 (1973), S. 141-183.

Merton, Robert C.: Option Pricing when Underlying Stock Returns are Discontinuous. In: The Journal of Financial Economics, Vol. 3 (1976), S. 125-144.

Meyer, Hans: Zur allgemeinen Theorie der Investitionsrechnung. Düsseldorf 1977.

Meyer, Hans: Die Fragwürdigkeit der Einwande gegen die interne Verzinsung. In: ZfbF, Jg. 30 (1978), S. 39-62.

Mill, John Stuart: Principles of Political Economy. Nachdruck der 7. Aufl. (1871), New York 1965.

Miller, Merton H.: **Debt and Taxes**. In: The Journal of Finance, Vol. 32 (1977), S. 261-275.

Miller, Merton H.; Upton, Charles W.: Leasing, Buying, and the Cost of Capital Services. In: The Journal of Finance, Vol. 31 (1976), S. 761-786.

Miller, Merton H.; Scholes, Myron S.: Dividends and Taxes. In: The Journal of Financial Economics, Vol. 6 (1978), S. 415-428.

Mirowski, Philip: More heat than light. Cambridge 1989.
Mises, Ludwig: Neue Beiträge zum Problem der sozialistischen Wirtschaftsrechnung. In: Archiv für Sozialwissenschaft und Sozialpolitik, Bd. 51 (1924), S. 488-500.
Mises, Ludwig von: Human Action. London u.a. 1949.
Modigliani, Franco: Debt, Dividend Policy, Taxes, Inflation, and Market Valuation. In: The Journal of Finance, Vol. 37 (1982), S. 255-273.
Modigliani, Franco; Miller, Merton H.: The Cost of Capital, Corporation Finance, and the Theory of Investment. In: The American Economic Review, Vol. 48 (1958), S. 261-297, reprinted in: The Management of Corporate Capital, ed. by E. Solomon, 3rd printing, London 1964, S. 150-181.
Modigliani, Franco; Miller, Merton H.: **Dividend Policy,** Growth, and the Valuation of Shares. In: The Journal of Business, Vol. 34 (1961), S. 411-433.
Modigliani, Franco; Miller, Merton H.: **Corporate Income Taxes** and the Cost of Capital: A Correction. In: The American Economic Review, Vol. 53 (1963), S. 433-443.
Monatsberichte der Deutschen Bundesbank, Jg. 39 (1987), Nr. 12, Statistischer Teil.
Monopolkommission: Hauptgutachten 1980/81: Fortschritte bei der Konzentrationserfassung. Baden-Baden 1982.
Möller, Hans: Wettbewerb auf den Versicherungsmärkten aus wirtschaftswissenschaftlicher Sicht. In: Zeitschrift für die gesamte Versicherungswirtschaft, Bd. 74 (1985), S. 169-199.
Morgenstern, Oskar: Über die Genauigkeit wirtschaftlicher Beobachtungen. 2. Aufl., Wien-Würzburg 1965.
Möschel, Wernhard: Das Wirtschaftsrecht der Banken. Frankfurt 1972.
Möschel, Wernhard: Eigenkapitalbegriff und KWG-Novelle von 1984. In: ZHR, Jg. 149 (1985), S. 206-235.
Mossin, Jan: Equilibrium in a Capital Asset Market. In: Econometrica, Vol. 34 (1966), S. 768-783.
Mossin, Jan: Optimal Multiperiod Portfolio Policies. In: The Journal of Business, Vol. 41 (1968), S. 215-229.
Mossin, Jan: Theory of Financial Markets. Englewood Cliffs 1973.
Moxter, Adolf: Grundsätze ordnungsmäßiger Unternehmensbewertung. 2. Aufl., Wiesbaden 1983.
Mühlhaupt, Ludwig: Der Bindungsgedanke in der Finanzierungslehre unter besonderer Berücksichtigung der holländischen Finanzierungsliteratur. Wiesbaden 1966.
Muth, John F.: Rational Expectations and the Theory of Price Movements. In: Econometrica, Vol. 29 (1961), S. 315-335.
Myers, Stewart C.: Interactions of Corporate Financing and Investment Decisions - Implications for Capital Budgeting. In: The Journal of Finance, Vol. 29 (1974), S. 1-25.
Myers, Stewart C.; Dill, David A.; Bautista, Alberto J.: Valuation of Financial Lease Contracts. In: The Journal of Finance, Vol. 31 (1976), S. 799-819.

Näslund, Bertil: A Model of Capital Budgeting under Risk. In: The Journal of Business, Vol. 39 (1966), S. 257-271.
Näslund, Bertil; Whinston, Andrew: A Model of Multi-Period Investment under Uncertainty. In: Management Science, Vol. 8 (1962), S. 184-200.
Nell-Breuning, Oswald von: Unternehmensverfassung. In: Das Unternehmen in der Rechtsordnung, hrsg. von K.H. Biedenkopf u.a., Karlsruhe 1967, S. 47-77.
Neumann, John von; Morgenstern, Oskar: Spieltheorie und wirtschaftliches Verhalten. 2. Aufl., Würzburg 1967.
Neumark, Fritz: **Grundsätze** gerechter und ökonomisch rationaler Steuerpolitik. Tübingen 1970.
Neumark, Fritz: In: Wirtschaftswoche-Symposium: Unternehmensbesteuerung. In: Wirtschaftswoche, Jg. 38, Nr. 1/2 vom 6.1.1984, S. 56-61.

Niedernhuber, Günter: Ausschüttungsregelungen für Aktiengesellschaften - Eine ökonomische Analyse. Hamburg 1988.

Ohlin, Bertil: A Note on Price Theory with Special References to Interdependence and Time. In: Economic Essays in Honour of Gustav Cassel, London 1933, S. 471-477.

Opie, Redvers: Marshall's Time Analysis. In: The Economic Journal, Vol. 41 (1931), S. 199-215.

Orth, Ludwig: Die kurzfristige Finanzplanung industrieller Unternehmungen. Köln-Opladen 1961.

Pauka, Dietmar: Änderungen des Gewerbesteuerrechts durch das StRefG 1990 (Teil II). In: Der Betrieb, Jg. 41(1988), S. 2275-2279.

Peltzman, Sam: Toward a More General Theory of Regulation. In: The Journal of Law and Economics, Vol. 19 (1976), S. 211-240.

Pensions-Sicherungs-Verein: Bericht über das Geschäftsjahr 1990.

Perlitz, Manfred; Küpper, Herbert: Die Eigenkapitalausstattung von Unternehmen. In: WiSt, Jg. 14 (1985), S. 505-512.

Pfähler, Wilhelm: Zur neueren Steuertheorie. In: Finanzarchiv, NF, Bd. 43 (1985), S. 478-496.

Pfleger, Günter: Eine Steuersparmodell mit Zerobonds für mittelständische Unternehmer. In: Deutsches Steuerrecht, Jg. 25 (1987), S. 453-458.

Poensgen, O.H.; Straub, H.: Inflation und Investitionsentscheidung. In: ZfB, Jg. 44 (1974), S. 785-810.

Polak, N.J.: Grundzüge der Finanzierung mit Rücksicht auf die Kreditdauer. Berlin-Wien 1926.

Popper, Karl R.: Indeterminism in Quantum Physics and in Classical Physics. In: The British Journal for the Philosophy of Science, Vol. 1 (1950/51), S. 117-133, 173-195.

Popper, Karl Raimund: The Propensity Interpretation of Probability. In: The British Journal for the Philosophy of Science, Vol. 10 (1959), S. 25-42.

Popper, Karl Raimund: Quantum Mechanics without the „Observer". In: Quantum Theory and Reality, ed. by M. Bunge, Berlin u.a. 1967, S. 7-44.

Popper, Karl: La rationalité et le statut du principe de rationalité. In: Les fondements philosophiques des systémes économiques, hrsg. von E.M. Claassen, Paris 1967, S. 142-150.

Popper, Karl: Logik der Forschung. 8. Aufl., Tübingen 1984.

Posner, Richard A.: Theories of economic regulation. In: The Bell Journal of Economics and Management Science, Vol. 5 (1974), S. 335-358.

Posner, Richard A.: Economic Analysis of Law. 2nd ed., Boston-Toronto 1977.

Posner, Richard A.: The Economics of Justice. Cambridge, Mass./London 1981.

Pratt, John W.: Risk Aversion in the Small and in the Large. In: Econometrica, Vol. 32 (1964), S. 122-136.

Pratt, John W.; Zeckhauser, Richard J.: Principals and Agents: An Overview. In: Principals and Agents: The Structure of Business, ed. by J.W. Pratt, R.J. Zeckhauser, Boston 1985, S. 11-35.

Preinreich, Gabriel A.D.: The Economic Life of Industrial Equipment. In: Econometrica, Vol. 8 (1940), S. 12-44.

Preinreich, Gabriel A.D.: Models of Taxation in the Theory of the Firm. In: Economia Internazionale, Vol. 4 (1951), S. 372-397.

Preinreich, Gabriel A.D.: Replacement in the Theory of the Firm. In.: Metroeconomica, Vol. 5 (1953), S. 68-86.

Preiser, Erich: Der Kapitalbegriff und die neuere Theorie. In: Die Unternehmung im Markt, Festschrift für Wilhelm Rieger, Stuttgart-Köln 1953, S. 14-38.

Prölss: Versicherungsaufsichtsgesetz, Kommentar. 10. Aufl., München 1989.

Pütz, Paul; Willgerodt, Hans: Gleiches Recht für Beteiligungskapital. Baden-Baden 1985.

Raiffa, Howard: Risk, Ambiguity, and the Savage Axioms: Comment. In: The Quarterly Journal of Economics, Vol. 75 (1961), S. 690-694.

Ramsey, Frank Plumpton: Truth and Probability. In: The Foundations of Mathematics and other Logical Essays, ed. by R.B. Braithwaite, New York 1931, reprinted London 1965, S. 156-198.

Ray, Paramesh: Independence of Irrelevant Alternatives. In: Econometrica, Vol. 41 (1973), S. 987-991.

Reder, Melvin W.: Chicago Economics: Permanence and Change. In: The Journal of Economic Literature, Vol. 20 (1982), S. 1-38.

Rees, Ray: The Theory of Principal and Agent. Part I. In: Bulletin of Economic Research, Vol. 37 (1985), S. 3-26.

Reischauer, Friedrich; Kleinhans, Joachim: Kreditwesengesetz (KWG). Loseblatt-Kommentar. Köln, Stand März 1989.

Rényi, A.: Wahrscheinlichkeitsrechnung mit einem Anhang über Informationstheorie. 2. Aufl., Berlin 1966.

Reuter, Dieter: Welche Maßnahmen empfehlen sich, insbesondere im Gesellschafts- und Kapitalmarktrecht, um die Eigenkapitalausstattung der Unternehmen langfristig zu verbessern? In: Verhandlungen des Fünfundfünfzigsten Deutschen Juristentages, Bd. 1 (Gutachten). München 1984, B 1-B 122.

Richardson, G.B.: Adam Smith on competition and increasing returns. In: Essays on Adam Smith, ed. by A.S. Skinner, T. Wilson, Oxford 1975, S. 350-360.

Richter, Wolfram F.: Neutrale Ertragsanteilbesteuerung von Renten. In: Deutsche Rentenversicherung, 1987, S. 662-685.

Ritter, Wolfgang: Steuerreform - Steuergerechtigkeit aus der Sicht der Wirtschaft. In: Steuerreform - Steuergerechtigkeit. Institut für Finanz- und Steuerrecht, Universität Osnabrück, Heft 1, 1988, S. 16-24.

Rittershausen, Heinrich: Industrielle Finanzierungen. Wiesbaden 1964.

Robbins, Lionel: Remarks upon Certain Aspects of the Theory of Costs. In: The Economic Journal, Vol. 44 (1934), S. 1-18.

Robichek, Alexander A.; Myers, Stewart C.: Optimal Financing Decisions. Englewood Cliffs 1965.

Rockley, Lawrence Edwin: Investment for Profitability. An Analysis of the Policies and Practices of UK and International Companies. London 1973.

Rødseth, T.: Allokering av kapital. Bergen 1961.

Roll, Richard: A Critique of the Asset Pricing Theory's Tests. Part I: On Past and Potential Testability of the Theory. In: The Journal of Financial Economics, Vol. 4 (1977), S. 129-176.

Roll, Richard; Ross, Stephen A.: An Empirical Investigation of the Arbitrage Pricing Theory. In: The Journal of Finance, Vol. 35 (1980), S. 1073-1103.

Roscher, Wilhelm: Die Grundlagen der Nationalökonomie. Stuttgart-Tübingen 1854.

Rose, Manfred; Wenzel, H.-Dieter: Aufkommensneutrale Substitution von Einkommen- gegen Mehrwertsteuer - Eine Analyse der Beschäftigungs-, Output- und Inflationseffekte -. In: Beiträge zur neueren Steuertheorie, hrsg. von D. Bös u.a., Berlin u.a. 1984, S. 162-188.

Rose-Ackerman, Susan: Recht und Ökonomie: Paradigma, Politik und Philosophie. In: Allokationseffizienz in der Rechtsordnung, hrsg. von C. Ott, H.-B. Schäfer. Berlin u.a. 1989, S. 269-292.

Rosenstein-Rodan, P.N.: The Rôle of Time in Economic Theory. In: Economica, New Series, Vol. 1 (1934), S. 77-97.

Ross, Stephen A.: Options and Efficiency. In: Quarterly Journal of Economics, Vol. 90 (1976), S. 75-89.

Ross, Stephen A.: The Arbitrage Theory of Capital Asset Pricing. In: The Journal of Economic Theory, Vol. 13 (1976), S. 341-360.

Ross, Stephen A.: The determination of financial structure: the incentive-signalling approach. In: The Bell Journal of Economics, Vol. 8 (1977), S. 23-40.

Ross, Stephen A.: The Current Status of the Capital Asset Pricing Model (CAPM). In: The Journal of Finance, Vol. 33 (1978), S. 885-901.

Ross, Stephen A.: Debt and Taxes and Uncertainty. In: The Journal of Finance, Vol. 40 (1985), S. 637-657.
Rothschild, Michael; Stiglitz, Joseph E.: Increasing Risk I. A Definition. In: Journal of Economic Theory, Vol. 2 (1970), S. 225-243.
Rothschild, Michael; Stiglitz, Joseph E.: Increasing Risk II: It's Economic Consequences. In: Journal of Economic Theory, Vol. 3 (1971), S. 66-84.
Rudolph, Bernd: Kapitalkosten bei unsicheren Erwartungen. Berlin u.a. 1979.
Rudolph, Bernd: Eine Strategie zur Immunisierung der Portefeuilleentnahmen gegen Zinsänderungsrisiken. In: ZfbF, Jg. 33 (1981), S. 22-35.
Rudolph, Bernd: Kreditsicherheiten als Instrumente zur Umverteilung und Begrenzung von Kreditrisiken. In: ZfbF, Jg. 36 (1984), S. 16-43.
Rudolph, Bernd: Teilimmunisierung von Festzinsanlagen gegen Zinsänderungsrisiken. In: Kapitalmarkt und Finanzierung, hrsg. von D. Schneider, Berlin 1987, S. 213-224.
Runge, Berndt; Bremser, Horst; Zöller, Günter: Leasing. Heidelberg 1978.
Russel, William R.; Smith, Paul E.: Taxation, Risk-Taking and Stochastic Dominance. In: The Southern Economic Journal, Vol. 36 (1969/70), S. 425-433.

Sachverständigenrat zur Begutachtung der gesamtwirtschaftlichen Entwicklung: Wachstum und Währung. Jahresgutachten 1978/79, Stuttgart-Mainz 1978.
Sachverständigenrat zur Begutachtung der gesamtwirtschaftlichen Entwicklung: Herausforderung von Außen. Jahresgutachten 1979/80, Stuttgart-Mainz 1979.
Sachverständigenrat zur Begutachtung der gesamtwirtschaftlichen Entwicklung: Auf dem Weg zu mehr Beschäftigung. Jahresgutachten 1985/86, Stuttgart-Mainz 1985.
Sachverständigenrat zur Begutachtung der gesamtwirtschaftlichen Entwicklung: Weiter auf Wachstumskurs. **Jahresgutachten 1986/87**. Stuttgart-Mainz 1986.
Sachverständigenrat zur Begutachtung der gesamtwirtschaftlichen Entwicklung: Vorrang für die Wachstumspolitik. **Jahresgutachten 1987/88**, Stuttgart-Mainz 1987.
Sachverständigenrat zur Begutachtung der gesamtwirtschaftlichen Entwicklung: Arbeitsplätze im Wettbewerb. **Jahresgutachten 1988/89**, Stuttgart-Mainz 1988.
Sachverständigenrat zur Begutachtung der gesamtwirtschaftlichen Entwicklung: Auf dem Wege zur wirtschaftlichen Einheit Deutschlands. Jahresgutachten 1990/91, Stuttgart-Mainz 1990.
Sachverständigenrat zur Begutachtung der gesamtwirtschaftlichen Entwicklung: Die wirtschaftliche Integration in Deutschland. Perspektiven - Wege - Risiken. Jahresgutachten 1991/92, Stuttgart-Mainz 1991.
Samuelson, Paul A.: Some Aspects of the Pure Theory of Capital. In: The Quarterly Journal of Economics, Vol. 51 (1936/37), S. 469-496.
Samuelson, Paul Anthony: Foundations of Economic Analysis. Cambridge 1947, 9th printing 1971.
Samuelson, Paul A.: Probability, Utility, and the Independence Axiom. In: Econometrica, Vol. 20 (1952), S. 670-678.
Samuelson, Paul A.: Tax Deductibility of Economic Depreciation to Insure Invariant Valuation. In: The Journal of Political Economy, Vol. 72 (1964), S. 604-606.
Sandig, Curt: Finanzen und Finanzierung der Unternehmung. 2. Auflage unter Mitarbeit von Richard Köhler, Stuttgart 1972.
Savage, Leonard J.: The Foundations of Statistics. New York-London 1954. Englische Übersetzung von de Finetti, reprinted in: Studies in Subjective Probability, ed. by H.E. Kyburg, jr., H. Smokler, New York 1964.
Savage, Leonard J.: Difficulties in the Theory of Personal Probability. In: Philosophy of Science, Vol. 34 (1967), S. 305-310.
Schall, Lawrence D.: The Lease-or-Buy and Asset Acquisition Decisions. In: The Journal of Finance, Vol. 29 (1974), S. 1203-1214.

Schauenberg, Bernd: Jenseits von Logik und Empirie - Anmerkungen zur Pragmatik betriebswirtschaftlicher Entscheidungstheorie. In: Information und Produktion, hrsg. von S. Stöppler, Stuttgart 1985, S. 277-292.

Scheer, Christian: Steuer, Steuerverteilung und Steuerinzidenz in der deutschen Finanzwissenschaft der ersten Hälfte des 19. Jahrhunderts und der Einfluß der britischen Nationalökonomie. In: Studien zur Entwicklung der ökonomischen Theorie VI. Schriften des Vereins für Socialpolitik, NF, Band 115/VI, Berlin 1988, S. 105-169.

Scheibe-Lange, Ingrid: Zu hohe Belastung der Unternehmensgewinne mit Ertragsteuern? In: WSI-Mitteilungen, Jg. 39 (1986), S. 772-782.

Scheibe-Lange, Ingrid; Volkmann, Gert; Weizmüller, Rudolf: Die Eigenkapitalquote der Unternehmen in der Bundesrepublik Deutschland. WSI-Arbeitsmaterialien Nr. 3, Düsseldorf 1983.

Schipper,, Katherine; Thompson, Rex: Evidence on the Capitalized Value of Merger Activity for Acquiring Firms. In: Journal of Financial Economics, Vol. 11 (1983), S. 85-119.

Schlaifer, Robert: Probability and Statistics for Business Decisions. New York u.a. 1959.

Schmider, Karl-Heinz: Einzelprobleme bei der Prüfung von Bauherrengemeinschaften. In: Praxis der Steuerbegünstigten Kapitalanlagen, Bd. 11, hrsg. von A. Kellermann u.a., Köln 1984, S. 35-106.

Schmidt, Reinhard H.: Aktienkursprognose. Wiesbaden 1976.

Schmidt, Reinhard H.: Grundzüge der Investitions- und Finanzierungstheorie. 2. Aufl., Wiesbaden 1986.

Schneeweiß, Hans: Entscheidungskriterien bei Risiko. Berlin u.a. 1967.

Schneider, Dieter: Die wirtschaftliche Nutzungsdauer von Anlagegütern als Bestimmungsgrund der Abschreibungen. Köln-Opladen 1961.

Schneider, Dieter: Korrekturen zum Einfluß der Besteuerung auf die Investitionen. In: ZfbF, Jg. 21 (1969), S. 297-325.

Schneider, Dieter: Sofortiger Verlustausgleich statt Teilwertabschreibung - ein Problem der Steuerreform. In: Wpg, Jg. 23 (1970), S. 68-72.

Schneider, Dieter: Eine Reform der steuerlichen Gewinnermittlung? In: StuW, Jg. 48 (1971), S. 326-341.

Schneider, Dieter: Gewinnermittlung und steuerliche Gerechtigkeit. In: ZfbF, Jg. 23 (1971), S. 352-394.

Schneider, Dieter: „Flexible Planung als Lösung der Entscheidungsprobleme unter Ungewißheit?" in der Diskussion. In: ZfbF, Jg. 24 (1972), S. 456-476.

Schneider, Dieter: Bestimmungsgründe des Substanzverzehrs durch Scheingewinnbesteuerung. In: Der Betrieb Jg. 27 (1974), S. 1073-1078.

Schneider, Dieter: Erwiderung. In: ZfbF, Jg. 26 (1974), S. 770 f.

Schneider, Dieter: **Besteuerung von Veräußerungsgewinnen** und Verkaufsbereitschaft: der fragwürdige „lock-in-Effekt". In: StuW, Jg. 53 (1976), S. 197-210.

Schneider, Dieter: Gewinnbesteuerung und Risikobereitschaft: Zur Bewährung quantitativer Ansätze in der Entscheidungstheorie. In: ZfbF, Jg. 29 (1977), S. 633-666.

Schneider, Dieter: **Steuerbilanzen**. Wiesbaden 1978.

Schneider, Dieter: **Bezugsgrößen steuerlicher Leistungsfähigkeit** und Vermögensbesteuerung. In: Finanzarchiv, NF, Bd. 37 (1979), S. 26-49.

Schneider, Dieter: Grundsätze ordnungsmäßiger Rechnungslegung über Gewinnprognosen, dargestellt am Problem der Beispielrechnungen für Gewinnbeteiligungen in der Lebensversicherung. In: ZfbF, Jg. 32 (1980), S. 238-269.

Schneider, Dieter: Die Wissenschaftsgeschichte der Trennung von Kapital und Einkommen: Ökonomische Zwänge gegen gesellschaftspolitische Konventionen. In: Studien zur Entwicklung der ökonomischen Theorie I, hrsg. von F. Neumark, Berlin 1981.

Schneider, Dieter: **Kapitalanlagevorschriften und Verbraucherschutz**. In: Kapitalanlageplanung mit Hilfe der Finanzierungstheorie bei Versicherungen und Bausparkassen, hrsg. von P. Gessner u.a., Sonderheft 16/1983 der ZfbF, Wiesbaden 1983, S. 5-30.

Schneider, Dieter: Betriebswirtschaftliche Steuerlehre als Steuerplanungslehre oder als ökonomische Analyse des Steuerrechts? In: Unternehmung und Steuer, hrsg. von L. Fischer, Wiesbaden 1983, S. 21-37.
Schneider, Dieter: Der Einkommensbegriff und die Einkommensteuerrechtsprechung. In: Finanzarchiv, NF, Bd. 42 (1984), S. 407-432.
Schneider, Dieter: Leistungsfähigkeitsprinzip und Abzug von der Bemessungsgrundlage. In: StuW, Jg. 61 (1984), S. 356-367.
Schneider, Dieter: Ein Ertragswertverfahren als Ersatz fehlender Handelbarkeit stiller Beteiligungen. In: Betriebs-Berater, Jg. 40 (1985), S. 1677-1684.
Schneider, Dieter: **Grundzüge** der Unternehmensbesteuerung. 5. Aufl., Wiesbaden 1990.
Schneider, Dieter: Kollektivvermögen, Unternehmungsverfassung und Gleichmäßigkeit der Besteuerung. In: StuW, Jg. 63 (1986), S. 341-353.
Schneider, Dieter: **Allgemeine Betriebswirtschaftslehre.** 3. Aufl., München-Wien 1987.
Schneider, Dieter: Die Steuerreform und ihre Finanzierung in ihren Folgen für die Unternehmensfinanzierung mit Risikokapital. In: Der Betrieb, Jg. 40 (1987), S. 2529-2535.
Schneider, Dieter: Hochsteuerland Bundesrepublik Deutschland: Die Spannweite effektiver Grenzsteuerbelastungen. In: Wpg, Jg. 41 (1988), S. 328-338.
Schneider, Dieter: Wider leichtfertige Steuerbelastungsvergleiche. In: Wpg, Jg. 41 (1988), S. 281-291.
Schneider, Dieter: Marktwirtschaftlicher Wille und planwirtschaftliches Können: 40 Jahre Betriebswirtschaftslehre im Spannungsfeld zur marktwirtschaftlichen Ordnung. In: ZfbF, Jg. 41 (1989), S. 11-43.
Schneider, Dieter: Steuerfreie Kapitalbildung in dreistelliger Milliardenhöhe durch Pensionsrückstellungen? In: Der Betrieb, Jg. 42 (1989), S. 889-895.
Schneider, Dieter: Steuerersparnisse bei Pensionsrückstellungen allein durch die Aufwandsvorwegnahme? In: Der Betrieb, Jg. 42 (1989), S. 1884-1887.
Schneider, Dieter: Die überfällige Neuordnung der Unternehmensbesteuerung. In: Steuerberater-Kongreßreport 1989, S. 47 - 62.
Schneider, Dieter: Eine neue Milchmädchenrechnung zur Steuerbelastung der Unternehmensgewinne. In: Handelsblatt vom 11./12.8.1989, Nr. 154, S. 5.
Schneider, Dieter: Aufstieg und Niedergang eines Forschungsprogramms: allgemeine Gleichgewichtsanalyse. In: Studien zur Entwicklung der ökonomischen Theorie IX, hrsg. von H. Scherf. Berlin 1990, S. 95-125.
Schneider, Erich: **Kritisches und Positives zur Theorie der Investition.** In: Weltwirtschaftliches Archiv, Bd. 98 (1967), S. 314-348.
Schneider, Erich: Wirtschaftlichkeitsrechnung. Theorie der Investition. 7. Aufl., Tübingen-Zürich 1968.
Schoemaker, Paul J.H.: The Expected Utility Model: Its Variants, Purposes, Evidence and Limitations. In: Journal of Economic Literature, Vol. 20 (1982), S. 529-563.
Schörner, Peter: Gesetzliches Insiderhandelsverbot. Wiesbaden 1991.
Schreiber, Ulrich; Kaupp, Karl-Friedrich; Krebok, Frank: Ein entscheidungsunterstützendes EDV-System für Investitionen in festverzinsliche Wertpapiere. In: Der Betrieb, Jg. 42(1989), S. 789-796.
Schröder, Jürgen: Die Stichhaltigkeit von Argumenten für und wider Leasing. Frankfurt/M.-Thun 1985.
Schumpeter, Joseph: Theorie der wirtschaftlichen Entwicklung. 5. Aufl., Berlin 1952.
Schumpeter, Joseph A.: Geschichte der ökonomischen Analyse. 1. Teilband, Göttingen 1965.
Schumpeter, Joseph: Das Wesen und der Hauptinhalt der theoretischen Nationalökonomie. (1908) 2. Aufl., Berlin 1970.
Schüler, Klaus: Zur Neuberechnung der Nettoeinkommensarten in den Volkswirtschaftlichen Gesamtrechnungen. In: Wirtschaft und Statistik 1986, S. 329-345.
Schüller, Alfred: Eigentumsrechte, Unternehmenskontrollen und Wettbewerbsordnung. In: Ordo, Bd. 30 (1979), S. 325-346.
Schwieters, Norbert: Gläubigerschutz durch Insolvenzrecht als Problem der Wettbewerbsordnung. Bergisch-Gladbach-Köln 1989.

Schwinger, Reiner: Einkommens- und konsumorientierte Steuersysteme. Heidelberg 1992.

Scott jr., James H.: Bankruptcy, Secured Debt, and Optimal Capital Structure. In: The Journal of Finance, Vol. 32 (1977), S. 1-19.

Seidl, Christian: Krise oder Reform des Steuerstaates? In: StuW, Jg. 64 (1987), S. 185-214.

Shackle, G.L.S.: Epistemics and Economics. Cambridge 1972.

Shanken, Jay: Multi-Beta CAPM or Equilibrium-APT? A Reply. In: The Journal of Finance, Vol. 40 (1985), S. 1189- 1196.

Sharpe, William F.: **Capital Asset Prices**: A Theory of Market Equilibrium under Conditions of Risk. In: The Journal of Finance, Vol. 19 (1964), S. 425-442.

Sharpe, William F.: **Portfolio Theory** and Capital Markets. New York 1970.

Shavell, Steven: Risk sharing and incentives in the principal and agent relationship. In: The Bell Journal of Economics, Vol. 10 (1979), S. 55-73.

Shefrin, Hersh M.; Statmann, Meir: Explaining Investor Preference for Cash Dividends. In: The Journal of Financial Economics, Vol. 13 (1984), S. 253-282.

Shoven, John B.: The Tax Consequences of Share Repurchases and Other Non-Dividend Cash Payments to Equity Owners. In: Tax Policy and the Economy, Vol. 1, ed. by L. Summers, National Bureau of Economic Research, Cambridge, Mass. 1986, S. 29-54.

Siegel, Theodor: **Steuerwirkungen** und Steuerpolitik in der Unternehmung. Würzburg-Wien 1982.

Siegel, Theodor: Besteuerung und Kapitalstruktur. In: BFuP, Jg. 36 (1984), S. 223-242.

Siegel, Theodor: Die Schütt-aus-hol-zurück-Politik unter Berücksichtigung der Finanzierungs-Aneutralität der Besteuerung. In: WISU, Jg. 17 (1988), I. Teil, S. 603-608, II. Teil, S. 670- 675.

Siegel, Theodor: Arbeitsbuch Steuerrecht. 2. Aufl., München 1988.

Sievert, Olav; Naust, Hermann; Jochum, Dieter; Peglow, Michael; Glumann, Thorolf: Steuern und Investitionen. Teil 1 und 2, Frankfurt u.a. 1989.

Sigloch, Jochen: **Grundfragen** steuerbegünstigter Kapitalanlagen - dargestellt am Beispiel der Kommanditbeteiligungen. In: Unternehmung und Steuer, hrsg. von L. Fischer, Wiesbaden 1983, S. 221-251.

Sigloch, Jochen: Abschreibungsfreiheit und Zinsbesteuerung. In: Kapitalmarkt und Finanzierung, hrsg. von D. Schneider, Berlin 1987, S. 169-186.

Sigloch, Jochen; Garhammer, Christian: Investitionszulage, Investitionszuschuß und Vorzugsdarlehen - Instrumente direkter Investitionsförderung im Zonenrandgebiet im wirtschaftlichen Vergleich. In: Mittelstand und Betriebswirtschaft. Schriftenreihe des BF/M Bayreuth, Bd. 4 (1987), S. 155-189.

Sinn, Hans-Werner: **Kapitaleinkommensbesteuerung**. Tübingen 1985.

Sinn, Hans-Werner: **Inflation**, Scheingewinnbesteuerung und Kapitalallokation. In: Kapitalmarkt und Finanzierung, hrsg. von D. Schneider, Berlin 1987, S. 187-210.

Slitor, Richard E.: The Carter Proposals on Capital Gains: Economic Effects and Policy Implications for the United States. In: National Tax Journal, Vol. 22 (1969), S. 66-78.

Smith, Cedric A.B.: Consistency in Statistical Inference and Decision. In: Journal of the Royal Statistical Society, Series B, Vol. 23 (1961), S. 1-37.

Smith, Clifford W.: Option Pricing, A Review. In: The Journal of Financial Economics, Vol. 3 (1976), S. 3-51.

Smith jr., Clifford W.; Warner, Jerold B.: On Financial Contracting. An Analysis of Bond Covenants. In: Journal of Financial Economics, Vol. 7 (1979), S. 117-161.

Smith jr., Clifford W.; Wakeman, L. Macdonald: Determinants of Corporate Leasing Policy. In: The Journal of Finance, Vol. 40 (1985), S. 895-908.

Smith, Vernon L.: Tax Depreciation Policy and Investment Theory. In: International Economic Review, Vol. 4 (1963), S. 80-91.

Smith, Vernon L.: The Borrower - Lender Contract under Uncertainty. In: Western Economic Journal, Vol. 9 (1971), S. 52-56.

Smith, Vernon L.: A Theory and Test of Credit Rationing: Some Generalizations. In: The American Economic Review, Vol. 62 (1972), S. 477-483.

Smithies, A.: The Austrian Theory of Capital in Relation to Partial Equilibrium Theory. In: The Quarterly Journal of Economics, Vol. 50 (1935/36), S. 117-150.

Söhn, Hartmut: Sonderausgaben (§ 10 EStG) und Besteuerung nach der Leistungsfähigkeit. In: StuW, Jg. 62 (1985), S. 395-407.

Solomon, Ezra: The Theory of Financial Management. New York - London 1963.

Solomonoff, R.J.: A Formal Theory of Inductive Inference. In: Information and Control, Vol. 7 (1964), S. 1-22, 224-254.

Somers, Harold M.: An Economic Analysis of the Capital Gains Tax. In: National Tax Journal, Vol. 1 (1948), S. 226-232.

Somers, Harold M.: Reconsideration of the Capital Gains Tax. In: National Tax Journal, Vol. 13 (1960), S. 289-309.

Spence, Michael: Job Market Signaling. In: The Quarterly Journal of Economics, Vol. 87 (1973), S. 355-374.

Spittler, Hans-Joachim: Leasing für die Praxis. Köln 1980.

Sprinkel, Beryl W.; West, B. Kenneth: Effects of Capital Gains Taxes on Investment Decisions. In: The Journal of Business, Vol. 35 (1962), S. 122-134.

Stackelberg, Heinrich von: Elemente einer dynamischen Theorie des Kapitals. (Ein Versuch). In: Archiv für mathematische Wirtschafts- und Sozialforschung, Bd. 7 (1941), S. 8-29.

Statistische Beihefte zu den Monatsberichten der Deutschen Bundesbank. Reihe 2, Wertpapierstatistik. Januar 1982, Oktober 1991, Februar, Mai 1992.

Statistisches Bundesamt: Fachserie 14: Finanzen und Steuern. Reihe 7.1. Einkommensteuer 1983; Reihe 7.2. Körperschaftsteuer 1983. Stuttgart-Mainz 1987.

Statistisches Bundesamt: Fachserie 14: Finanzen und Steuern, Reihe 10.1: **Realsteuervergleich 1990**.

Statistisches Bundesamt: **Statistisches Jahrbuch 1988** für die Bundesrepublik Deutschland. Stuttgart-Mainz 1988.

Stegmüller, Wolfgang: Probleme und Resultate der Wissenschaftstheorie und Analytischen Philosophie. Band 1, Wissenschaftliche Erklärung und Begründung. Berlin u.a. 1969.

Stegmüller, Wolfgang: Personelle und Statistische Wahrscheinlichkeit. **Erster Halbband**, Berlin u.a. 1973; **zweiter Halbband**, Berlin u.a. 1973.

Steiner, Jürgen: Gewinnsteuern in Partialmodellen für Investitionsentscheidungen. Berlin 1980.

Stiglitz, J.E.: The Effects of Income, Wealth, and Capital Gains Taxation on Risk-Taking. In: The Quarterly Journal of Economics, Vol. 83 (1969), S. 263-283.

Stiglitz, Joseph E.: On the Irrelevance of Corporate Financial Policy. In: The American Economic Review, Vol. 64 (1974), S. 851-866.

Stiglitz, Joseph E.: **The Inefficiency** of the Stock Market Equilibrium. In: Review of Economic Studies, Vol. 49 (1982), S. 241-261.

Stiglitz, Joseph E.; Weiss, Andrew: Credit Rationing in Markets with Imperfect Information. In: The American Economic Review, Vol. 71 (1981), S. 393-410.

Streissler, Erich: Introduction. In: Roads to Freedom. Essays in Honour of Friedrich A. von Hayek, ed. by E. Streissler u.a., London 1969, S. XI-XIX.

Stützel, Wolfgang: Die Aktie und die volkswirtschaftliche Risiko-Allokation. In: Geld und Versicherung, hrsg. von M. Jung u.a., Karlsruhe 1981, S. 193-211.

Stützel, Wolfgang: Die Eigenkapitalknappheit in der Wirtschaft. In: Zeitschrift für das gesamte Kreditwesen, Jg. 36 (1983), S. 1087-1094.

Summers, Lawrence H.: Capital Taxation and Accumulation in a Life Cycle Growth Model. In: The American Economic Review, Vol. 71 (1981), S. 533-544.

Summers, Lawrence H.: The Nonadjustment of Nominal Interest Rates: A Study of the Fisher Effect. In: Macroeconomics, Prices, and Quantities, ed. by J. Tobin, Oxford 1983, S. 201-244.

Summers, Lawrence H.: Does the Stock Market Rationally Reflect Fundamental Values? In: The Journal of Finance, Vol. 41 (1986), S. 591-601.

Suppes, Patrick: The Probabilistic Argument for a Non-Classical Logic of Quantum Mechanics. In: Philosophy of Science, Vol. 33 (1966), S. 14-21.

Suppes, Patrick: The Measurement of Belief. In: Journal of the Royal Statistical Society, Series B, Vol. 36 (1974), S. 160-191.

Süchting, Joachim: Finanzmanagement. 5. Aufl., Wiesbaden 1989.

Swoboda, Peter: Die Wirkungen von steuerlichen Abschreibungen auf den Kapitalwert von Investitionsprojekten bei unterschiedlichen Finanzierungsformen. In: ZfbF, Jg. 22 (1970), S. 77-86.

Swoboda, Peter: Auswirkungen einer Inflation auf den Unternehmungswert. In: ZfbF, Jg. 29 (1977), S. 667-688.

Swoboda, Peter: Heterogene Information und Kapitalstruktur der Unternehmung. In: ZfbF, Jg. 34 (1982), S. 705-727.

Swoboda, Peter: Die Eignung des Gewinns als Besteuerungsgrundlage in der neueren betriebswirtschaftlichen Diskussion. In: Beiträge zur neueren Steuertheorie, hrsg. von D. Bös u.a., Berlin u.a. 1984, S. 239-261.

Swoboda, Peter: **Der Risikograd als Abgrenzungskriterium** von Eigen- versus Fremdkapital. In: Information und Produktion, hrsg. von S. Stöppler, Stuttgart 1985, S. 343-361.

Swoboda, Peter: Investition und Finanzierung. 3. Aufl., Göttingen 1986.

Swoboda, Peter: Kapitalmarkt und Unternehmensfinanzierung - Zur Kapitalstruktur der Unternehmung. In: Kapitalmarkt und Finanzierung, hrsg. von D. Schneider, Berlin 1987, S. 49-68.

Swoboda, Peter: **Betriebliche Finanzierung**. 2. Aufl., Würzburg 1989.

Swoboda, Peter; Kamschal, Margherita: Die Bewertung deutscher Wandelanleihen und die Optimierung des Umwandlungstermins bei steigenden Zuzahlungen (unter Anwendung der Black-Scholes-Methode). In: ZfbF, Jg. 31 (1979), S. 295-321.

Taggart Jr., Robert A.: Taxes and Corporate Capital Structure in an Incomplete Market. In: The Journal of Finance, Vol. 35 (1980), S. 645-659.

Taussig, F.W.: Principles of Economics. Vol. 11, 3rd revised ed., New York 1921, reprinted 1935.

Teichroew, Daniel; Robichek, Alexander A.; Montalbano, Michael: An Analysis of Criteria for Investment and Financing Decisions under Certainty. In: Management Science, Vol. 12 (1966), S. 151-179.

Terberger, Eva: Der Kreditvertrag als Instrument zur Lösung von Anreizproblemen. Heidelberg 1987.

Terborgh, George: Business Investment Policy. Washington 1958.

Teschner, Stephan: Sektorale Besteuerung der Produktion: Ungünstige Struktureffekte offensichtlich. In: ifo-Schnelldienst, Jg. 34, 16-17/1981, S. 44-60.

Thomas, Karl: Erkenntnisse aus dem Jahresabschluß für die Bonität von Wirtschaftsunternehmen. In: Der Jahresabschluß im Widerstreit der Interessen, hrsg. von J. Baetge, Düsseldorf 1983, S. 69-84.

Thormählen, Thies; Michalk, Jürgen: Leiden die deutschen Unternehmen an mangelnder Eigenkapitalausstattung? In: Wirtschaftsdienst, Jg. 63 (1983), S. 87-95.

Tinbergen, J.: **Ein Problem der Dynamik**. In: Zeitschrift für Nationalökonomie, Bd. 3 (1932), S. 169-184.

Tinbergen, J.: The Notions of Horizon and Expectancy in Dynamic Economics. In: Econometrica, Vol. 1(1933), S. 247-264.

Tintner, G.: Stochastic Linear Programming with Applications to Agricultural Economics. In: Proceedings of the Second Symposium in Linear Programming, Vol. 1, ed. by H.A. Antosiewicz, Washington 1955, S. 197-228.

Tipke, Klaus; Lang, Joachim: Zur Reform der Familienbesteuerung. In: StuW, Jg. 61 (1984), S. 127-132.

Tipke, Klaus: Steuerrecht. 11. Aufl., Köln 1987.
Tipke, Klaus: Die rechtliche Misere der Zinsbesteuerung. In: Betriebs-Berater, Jg. 44 (1989), S. 157-159.
Tipke, Klaus; Lang, Joachim: Steuerrecht. 13. Aufl., Köln 1991.
Tobin, James: Liquidity Preference as Behavior towards Risk. In: The Review of Economic Studies, Vol. 25 (1957/58), S. 65-86.
Tobin, James: **The Theory of Portfolio Selection**. In: The Theory of Interest Rates, ed. by F.H. Hahn, F.P.R. Brechling, London 1965, S. 3-51.
Tofaute, Hartmut: Gesamtwirtschaftliche Entwicklungslinien der Steuerpolitik aus verteilungspolitischer Sicht. In: WSI-Mitteilungen, Jg. 39 (1986), S. 758-772.
Two reports by the committe on fiscal affairs on quantitive aspects of cooperative taxation, edited by the OECD. Paris 1985.
Trautmann, Siegfried: Die Bewertung von Aktienoptionen am deutschen Kapitalmarkt - Eine empirische Überprüfung der Informationseffizienzhypothese. In: Kapitalmarkt und Finanzierung, hrsg. von D. Schneider, Berlin 1987, S. 311-327.
Turnovsky, Stephen J.: Macroeconomic analysis and stabilization policies. Cambridge u.a. 1977.
Tversky, Amos; Kahneman, Daniel: Rational Choice and the Framing of Decisions. In: The Journal of Business, Vol. 59 (1986), S. S251-S278.

Uhlir, Helmut; Steiner, Peter: Wertpapieranalyse. Heidelberg-Wien 1986.
United States General Accounting Office: High Yield Bonds: Nature of the Market and Effect on Federally Insured Institutions. GAO/GGD-88-75. Washington 1988.
United States General Accounting Office: High Yield Bonds: Issues Concerning Thrift Investments in High Yield Bonds. GAO/GGD-89-48. Washington 1989.

Västhagen, Nils: Das Experiment der Abschreibungsfreiheit in Schweden. Wiesbaden 1961.
Vickrey, William: Averaging of Income for Income-Tax Purposes. In: Journal of Political Economy, Vol. 47 (1939), S. 379-397.
Vickrey, William: **Agenda** for Progressive Taxation (1947). With a New Introduction. Clifton 1972.
Vickson, R.G.; Altmann, M.: On the Relative Effectiveness of Stochastic Dominance Rules: Extension to Decreasingly Risk-Averse Utility Functions. In: Journal of Financial and Quantitative Analysis, Vol. 12 (1977), S. 73-84.
Vogel, Klaus: Zum Fortfall der Kinderfreibeträge bei der Einkommensteuer. In: Neue Juristische Wochenschrift, Jg. 27 (1974), S. 2105-2110.
Vogel, Klaus: Steuergerechtigkeit und soziale Gestaltung. In: Deutsche Steuer-Zeitung/A, Jg. 63 (1975), S. 409-415.

Wagner, Adolph: Finanzwissenschaft, Zweiter Theil: Theorie der Besteuerung, Gebührenlehre und allgmeine Steuerlehre. 2. Aufl., Leipzig 1890.
Wagner, Franz W.: Ausschüttungszwang und Kapitalentzugsrechte als Instrumente marktgelenkter Unternehmenskontrolle? In: Kapitalmarkt und Finanzierung, hrsg. von D. Schneider, Berlin 1987, S. 409-425.
Wagner, Franz W.: Allokative und distributive Wirkungen der Ausschüttungskompetenzen von Hauptversammlung und Verwaltung einer Aktiengesellschaft. In: ZGR, Jg. 17 (1988), S. 210-239.
Wagner, Franz W.: Neutralität und Gleichmäßigkeit als ökonomische und rechtliche Kriterien steuerrechtlicher Normpolitik. In: StuW, Jg. 69 (1992), S. 2-13.
Wagner, Franz W.; Dirrigl, H.: Die Steuerplanung der Unternehmung. Stuttgart-New York 1980.
Wagner, Franz W.; Wenger, Ekkehard; Gender, Gabriele: Zero-Bonds. 2. Aufl., Wiesbaden 1991.
Wald, Abraham: Statistical Decision Functions. New York-London 1980.

Walley, Peter; Fine, Terrence L.: Varieties of Modal (Classificatory) and Comparative Probability. In: Synthese, Vol. 41 (1979), S. 321-374.
Wallich, Henry C.: Taxation of Capital Gains in the Light of recent Economic Developments. In: National Tax Journal, Vol. 18 (1965), S. 133-150.
Warren, Jr.; Alwin C.: Diskussionsbeitrag in: What Should be Taxed: Income or Expenditure?, ed. by J.A. Pechman. Washington 1980, S. 121.
Warren Jr., Alvin C.: The Timing of Taxes. In: National Tax Journal, Vol. 39 (1986), S. 499-505.
Wassermeyer, Franz: Erfahrungen mit dem Außensteuergesetz von 1972. In: Staatsfinanzierung im Wandel, hrsg. von K.H. Hansmeyer, Berlin 1983, S. 573-591.
Weber, Max: Die Geschichte der Handelsgesellschaften im Mittelalter. Stuttgart 1889.
Wehrle-Streif, Uwe: Empirische Untersuchung zur Investitionsrechnung. Beiträge zur Wirtschafts- und Sozialpolitik, Nr. 171 des Instituts der deutschen Wirtschaft. Köln 1989.
Weingartner, H. Martin: **Mathematical Programming** and the Analysis of Capital Budgeting Problems. Englewood Cliffs 1963. Third printing 1965.
Weingartner, H. Martin: **Capital Rationing**: n Authors in Search of a Plot. In: Journal of Finance, Vol. 32 (1977), S. 1403-1431.
Weizsäcker, C.C.v.: Barriers to Entry. Berlin u.a. 1980.
Wenger, Ekkehard: **Gleichmäßigkeit** der Besteuerung von Arbeits- und Vermögenseinkünften. In: Finanzarchiv, NF, Bd. 41 (1983), S. 207-252.
Wenger, Ekkehard: Lebenszeitbezogene Gleichmäßigkeit als Leitidee der Abschnittsbesteuerung. In: Finanzarchiv, NF, Bd. 43 (1985), S. 307-327.
Wenger, Ekkehard: **Einkommensteuerliche Periodisierungsregeln**, Unternehmenserhaltung und optimale Einkommensbesteuerung, Teil I. In: ZfB, Jg. 55 (1985), S. 710-730, Teil II. In: ZfB, Jg. 56 (1986), S. 132-151.
Wenger, Ekkehard: Besteuerung und Kapitalbildung als intertemporales Optimierungsproblem. In: Zeitaspekte in betriebswirtschaftlicher Theorie und Praxis, hrsg. von H. Hax u.a., Stuttgart 1988, S. 279-295.
Wicksell, Knut: Finanztheoretische Untersuchungen nebst Darstellung und Kritik des Steuerwesens Schwedens. Jena 1896.
Wielens, Hans: Inflation kein Alptraum. Herford 1971.
Wilhelm, Jochen: Die Bereitschaft der Banken zur Risikoübernahme im Kreditgeschäft. In: Kredit und Kapital, Jg. 15 (1982), S. 572-601.
Winkler, Robert L.: The Quantification of Judgement: Some Methodological Suggestions. In: Investment Portfolio Decision-Making, ed. by J.S. Bicksler, P.A. Samuelson, Lexington u.a. 1974, S. 121-139.
Wissenschaftlicher Beirat beim Bundesministerium der Finanzen: Gutachten zur Reform der direkten Steuern (Einkommensteuer, Körperschaftsteuer, Vermögensteuer und Erbschaftsteuer) in der Bundesrepublik Deutschland. BMF-Schriftenreihe, Heft 9, Bonn 1967.
Wissenschaftlicher Beirat beim Bundesministerium der Finanzen: Gutachten zur einkommensteuerlichen Behandlung von Alterseinkünften. BMF-Schriftenreihe, Heft 38, Bonn 1986.
Wissenschaftlicher Beirat beim Bundesministerium der Finanzen: Die Einheitsbewertung in der Bundesrepublik Deutschland. BMF-Schriftenreihe, Heft 41, Bonn 1989.
Wissenschaftlicher Beirat beim Bundesministerium der Finanzen: Gutachten zur Reform der Unternehmensbesteuerung. BMF Schriftenreihe, Heft 43, Bonn 1990.
Wissenschaftlicher Beirat beim Bundesministerium für Wirtschaft: Konjunkturpolitik neu betrachtet. Studien des BMWI, Reihe 38, Bonn 1983.
Wissenschaftlicher Beirat beim Bundesministerium für Wirtschaft: Steuerpolitik unter gesamtwirtschaftlichen Gesichtspunkten. Studien des BMWI, Reihe 49, Bonn 1985.
Witt, Ulrich: Marktprozesse. Königstein 1980.

Wittgenstein, Ludwig: Philosophische Untersuchungen. In: Schriften I, Frankfurt 1960, Nachdruck 1963, S. 279-544.

Wittmann, Franz: Der Einfluß der Steuern auf die Investitionsentscheidungen der Unternehmen. Frankfurt-New York 1986.

Wöhe, Günter: Betriebswirtschaftliche Steuerlehre. Bd. I, 2. Halbband, 6. Aufl., München 1986; Bd. 1, 1. Halbband, 6. Aufl., München 1988.

Wöhe, Günter: Betriebswirtschaftliche Steuerlehre. Bd. II, 1. Halbband, 4. Aufl., München 1982; Bd. II, 2. Halbband, 3. Aufl., München 1982.

Wöhe, Günter; Bilstein, Jürgen: Grundzüge der Unternehmensfinanzierung. 5. Aufl., München 1988.

Woodward, Susan E.: Limited Liability in the Theory of the Firm. In: Zeitschrift für die gesamte Staatswissenschaft, Bd. 141 (1985), S. 601-611.

Wright, C.A.: A Note on „Time and Investment". In: Economica, New Series, Vol. 3 (1936), S. 436-439.

Zabel, Edward: Consumer Choice, Portfolio Decisions, and Transaction Costs. In: Econometrica, Vol. 41 (1973), S. 321-335.

Zechner, Josef; Swoboda, Peter: The Critical Implicit Tax Rate and Capital Structure. In: Journal of Banking and Finance, Vol. 10 (1986), S. 327-341.

Zodrow, George R. The Choice between Income and Consumption: Efficiency and Horizontal Equity Aspects. In: The Personal Income Tax - Phoenix from the Ashes?, ed. by S. Cnossen and R.M. Bird. Amsterdam u.a. 1990, S. 85-115.

Stichwortverzeichnis

Abrechnungsperiode 31 ff.
Absatzverbund, zeitlicher 156
Abschreibung 15 ff., 54, 60 ff., 161 ff., 190, 218 ff., 233, 245 f., 255 ff., 269 f., 341 ff., 355, 402 ff., 419, 544, 671, 681, 688, 696, 704 ff., 743, 778
– entscheidungsneutrale 190, 257, 267 ff., 352
Abzüge von der Steuerschuld 198, 365, 342
adverse selection 615, 630
Agent 13, 43, 636, 641, 649, 702, 739 ff., 779
Agio 269, 291, 298 ff., 323, 391
Anlagensterbetafeln 101
Annuität 74, 79, 86, 106 f., 108, 365
Anrechnungsverfahren, körperschaftsteuerliches 240, 281, 288 ff., 316, 416, 559
Anreizverträglichkeit 617
Ansatzwahlrechte, steuerliche 61 f., 258
Anteilseignerschutz 615, 645, 647
Arbitrage 299, 552 ff., 567 ff., 657 ff., 690
Arbitrageportefeuille 110 ff.
Arbitrage-Pricing-Theory 541
Arrow-Debreu-Märkte 561, 574
Aufkommensneutralität der Besteuerung 685, 749
Auftraggeber-Beauftragten-Beziehung s. Principal-Agent-Beziehung
Ausländereffekt 296 f., 761
Ausschüttungsbelastung 188, 280 ff., 293, 311
Ausschüttungsentlastung 284, 316
Ausschüttungspolitik 288, 293 f., 616, 636 ff.
– Irrelevanz der 553 ff., 567 ff.
Außenfinanzierung 11 ff., 54, 134, 204 ff., 219, 252 ff., 306, 376, 708, 743 f., 760
Ausweichhandlungen, institutionenbildende 657 ff.

Barwert 71, 76 f.
– der Abschreibungen 226 f., 250, 355, 421 f.
Beleihungsgrenzen 625 ff.
Bernoulli-Nutzen s. Risikonutzen
Beschaffungsverbund, zeitlicher 156
Bestandskapital 126 f., 134 ff., 215, 563
Beta (β) 512 ff.
Beteiligungsfinanzierung 15, 134, 142, 204, 234, 255, 288, 294, 306 f., 413 ff., 599, 621, 656, 681, 691, 705, 716 ff., 743, 760

Betriebsausgaben, nicht abzugsfähige 258, 266
Bewertungswahlrechte, steuerliche 61 f., 258 f.
Bezugsrecht 149 f.
Bezugsrechtsformel 149 f.
Bezugsrechtserlöse 637
Bilanzanalyse 60 ff., 579, 603 ff., 620, 711
Bilanzierungshilfen 60
Bonität 14, 57, 64

Capital Asset Pricing Model (CAPM) s. Wertpapierlinie
Cash-flow-Besteuerung 216 ff., 229 ff., 235, 241, 670, 686, 704 ff., 728, 735, 764 ff., 778
Cournot-Theorem, finanzwirtschaftliches 74 ff.

Dauerschuldzinsen 342, 369, 423, 677 ff., 697, 744
Differenzinvestition 91
Disagio 111, 214, 222, 255, 298 f., 301 f., 307 f., 716
Diskriminanzanalyse 604 ff., 610
Dividende 206, 215 ff., 234, 241 ff., 263 ff., 281 ff., 289 ff., 311, 419
Dominanzprinzip 452 ff., 549
Doppelbesteuerungsabkommen 254, 272, 296, 761
Drohverlustrückstellungen 62
Duration 501
Durchschnittssteuerbelastung, effektive 177 f., 192, 418 f.
Durchschnittssteuersatz 177 f., 181, 195 ff., 207 ff., 332

Effektivbelastung 75
Effektivverzinsung 88 ff., 111
Eigenfinanzierung 15, 134 ff., 144 f., 291, 306 f., 532, 546
Eigenfinanzierungsrisiko 52, 547 f., 596, 599
Eigenkapital 42 ff., 55 ff., 116, 161, 532, 578
– für Ausschüttungen verwendbares 187, 281 f., 291 ff.
Eigenkapitalausstattung 42 ff., 137, 208, 246, 342, 387, 415, 566 ff., 573 ff., 584 ff., 597, 612, 650, 760
Eigenkapitallücke 584 f., 588 ff.

Eigenkapitalquote 587 f., 597 ff., 605
Eigenkapitalunterlegung 650, 654 f.
Einheitswert des Betriebsvermögens 181, 261 ff., 276, 289, 306 ff., 313 ff., 374, 422, 758
Einkommen, Begriff 3, 6 f., 65
- zu versteuerndes 199 f., 252 ff., 273 ff., 281 ff., 291 ff., 308, 325, 331 ff., 378
Einkommensteuer 175, 190 ff., 208, 252, 267 ff., 277 ff., 285 ff., 304, 312
- progressive 202 ff., 236, 269, 355, 378, 419
- veranlagte 175, 186, 272 ff.
Einkommensteuersatz (Tarif) 189, 198, 273 ff., 312, 336, 351, 424
- kritischer 289 ff.
Einkommensunsicherheiten, Verringerung von 5, 8, 22, 35 ff., 623, 631 f., 658
Einkünfte 252 f., 267 ff., 311 f., 335 f.
- aus Gewerbebetrieb 252 f., 259, 267 ff., 277 ff., 331, 335
- aus Kapitalvermögen 195, 199, 297 ff., 407
- aus Land- und Forstwirtschaft 185, 252, 335
- außerordentliche 274, 332
- aus Vermietung und Verpachtung 185, 252, 278
Einlagen 6 f., 50
Einnahmenüberschußrechnung 211, 220, 229 ff., 239, 253, 268, 389, 395 ff., 710 ff.
Einschließungseffekt (lock-in-Effekt) 336 ff.
Emissionskosten 290 ff., 309
Emissionskurs 145 ff., 631
Emissionsrendite 498
Entnahmemaximierung 118 ff., 143, 641
Entnahmen 6 f., 50
Entnahmestreben 65 ff., 80, 127, 143
Entscheidungen unter Ungewißheit 38, 427, 430 ff., 488
Entscheidungsmodell 25
Entscheidungsneutralität der Besteuerung 193 f., 200 ff., 236, 251 ff., 268 ff., 352 ff., 382 ff., 395 ff., 415 ff., 735 ff., 773
Entscheidungsproblem, inexaktes 427
Entscheidungsprozesses, Organisation des 25
Entscheidungswirkungen der Besteuerung 176 ff., 186 ff., 197, 229, 244, 274, 310 ff., 367, 418 ff., 725, 731, 745, 762
Erbschaftsteuer 199, 203, 757 f., 764 f.
Ersatzzeitpunkt 336 ff., 407

Ertragswert 17, 78, 217 ff., 229 ff., 238, 245 ff., 295 ff., 317, 352, 393, 398 ff., 416 f., 502, 520, 671, 686 f., 716, 728
Ertragswertabschreibung 220 ff., 230, 237 ff., 248 ff., 258, 297 ff., 688, 716, 721
Erwartungswert-Streuungs-Regel (μ-σ-Regel) 462 ff., 474 f., 490, 506, 527, 541, 564, 587
Ex-post-Überraschungen 38 f., 51, 230, 429, 450, 468 ff., 566 ff., 621, 666, 725 ff., 738

Festbetragsanspruch s. auch Verschuldung 48 f., 134, 299, 562, 565 ff., 592, 596, 623 ff.
Finanzabteilung 14
Finanzanlagen 8, 15
Finanzierung, Begriff 7 f., 17 ff.
- externe s. Außenfinanzierung
- interne s. Innenfinanzierung
Finanzierungsheuristiken 580
Finanzierungshypothese 580 f., 603 ff., 651, 654
Finanzierungskosten s. Kapitalkosten
Finanzierungslücke, inflatorische 385 ff., 767
Finanzierungsmaßnahme 356, 379 ff., 423 ff.
Finanzierungsneutralität der Besteuerung 203 f., 374, 735 ff.
Finanzierungsregeln 577 f.
Finanzierungsverträge 577, 614 ff., 631 ff., 647, 657, 716 f.
Finanzierungsvertragsneutralität 690
Finanzinnovation 498 f., 603, 655
Finanzmärkte 10 f., 566, 573 f.
Finanzplan 14, 34, 71 f., 82, 90, 128, 203, 247 f., 266, 318, 326 ff., 386, 579, 589, 712 f.
Fisher-Effekt 380, 391 ff.
- modifizierter 389 ff., 424
Fremdfinanzierung 15, 134, 204, 219, 234, 248, 255, 307 ff., 334, 357, 398 f., 413 ff., 546 f., 557 ff., 565, 594
Fremdkapital 44 f., 61, 116, 136, 159, 250 ff., 265 f., 307, 369 ff., 387, 424 f., 681, 694 ff., 720 ff.
Fremdkapitalausstattung s. Verschuldung
Fremdkapitalzins 217 f., 234, 241, 248, 266, 369, 376, 411
Frühwarnsysteme 603 ff., 611 ff.
Funktionärs-Wirtschaftsordnung 763, 778

Geldmarkt 12, 14
Gesellschafter, stille 742

Gesellschafterdarlehen 56, 135, 245, 289 ff., 300, 597, 690 f., 715, 745, 761
Gewerbesteuer 174, 181, 189, 275 ff., 280, 283 f., 304, 307 ff., 312, 369 ff., 681, 691, 746 f., 756 ff.
Gewerbeertragsteuer 175 ff., 188 ff., 252, 275 ff., 287 ff., 306 ff., 342 ff., 422 ff., 680 ff., 756 ff., 771
Gewerbekapitalsteuer 175 f., 188, 244 ff., 263 ff., 275, 289, 306 ff., 374, 422 ff., 684, 757 ff.
Gewinn, Begriff 6 f.
- entscheidungsneutraler 181, 196, 210, 223, 252 ff., 267, 298, 361, 387 f., 420
- kapitaltheoretischer 217 ff., 229 ff., 237 ff., 250 f., 297 f., 404, 412, 671, 716, 728
Gewinnausschüttung 15, 50, 58, 70, 138, 161, 204, 272, 280, 289 ff., 315, 346, 384
Gewinnbeteiligung 15, 161
Gewinnverböserung 242, 384, 396 ff., 416, 556 ff., 673, 682 ff., 744
Gewinnvergünstigung 252 ff., 269, 370 ff., 384 ff., 402 ff., 417, 556 ff., 673, 682 ff.
Gewinnverwendung 16, 57 f., 656 f., 705
Gläubigeragio 298 f., 716
Gläubigerschutz 582, 615, 645 ff.
Gleichgewichtsmodell 504 f., 568 ff.
Gleichmäßigkeit der Besteuerung 195 f., 229, 235 ff., 263 ff., 362 f., 384, 396, 402, 704 ff., 723 f., 732 ff., 747 ff., 766, 779
Grenzkapitalkosten 125, 136
Grenzrendite 117, 125, 145
Grenzsteuerbelastung, effektive 178 ff., 195 ff., 219, 240 ff., 257, 298, 345 ff., 369, 375, 411 ff., 697 f., 706, 721, 751, 759 ff., 772 ff.
Grenzsteuersatz 182, 190ff., 206 ff., 217 ff., 229 ff., 239 ff., 257 f., 264 ff., 277, 286ff., 298, 312, 344, 355, 364, 375, 398, 411, 425, 559 f., 667, 679, 706, 712 ff., 722, 754, 765, 771, 777
Grundsteuer 175, 178, 186, 188, 276, 313 ff., 422 ff.

Habenzins 121 ff.
Haftung 49
Haftungsbeschränkung 588, 622, 631 ff., 660 ff.
Haftungszusagen 11
Handlung, verborgene 616 f.
Handlungsprogramm 67
Handlungszeitraum 26 ff., 67

Inflation 379 ff., 763, 767
Informationen
- unvollkommene 427 ff.
- verborgene 615 ff.
Informationseffizienz 510, 538 ff.
Informationsrisiko 38 ff., 429, 434, 468 ff., 498 ff., 555, 572, 621ff.
Informationsverteilung 410
- asymmetrische 615 f.
Innenfinanzierung 190, 204, 231, 245, 268, 356 ff., 384 f., 524, 586, 690, 704 ff., 719 ff., 734 f., 755, 760, 778 f.
- entscheidungsneutrale 214 ff., 363 ff., 556, 563, 712, 744, 778
Insidergeschäft 616
Insolvenz 42, 51, 622
Insolvenzrecht 41, 54, 649
Insolvenzrisiko 42 f., 51 f., 546 ff., 558 ff., 582 ff., 595 ff., 611, 628, 647 ff., 728, 743
Institutionen, Begriff 11
- steuerbefreite 185, 245, 272, 279, 411 ff., 425
Interdependenzproblem 72 f., 97 ff.
Investition, Begriff 7 ff., 20 f.
Investitionsdauer s. Nutzungsdauer
Investitionskette 104 ff.
Investitionsneutralität 203 ff., 214 ff., 224, ff., 233 ff., 242 ff., 298, 353 ff., 389 ff., 402 ff., 412, 556 ff., 665 ff., 686, 707 ff., 719 ff., 728, 742 ff., 771, 777
- mit Kapitalkostenneutralität 204 f., 216 ff., 224 ff., 239 ff., 251 f., 272, 357, 412
Investitionsobjekt, Begriff 96
Investitionsprogramm 116, 131
Investitionsrechnung s. Kapitalwert 9, 70 ff.
Investitionsumfang 75, 714 f., 718, 728
Investitionszulage 56, 249 ff., 282, 341 ff., 407 ff., 425, 681, 706 ff., 755, 777
Investitionszuschüsse 194 ff., 341 ff., 416 ff.
Inzidenz, formale und effektive 182 f., 194, 772
Irrelevanztheoreme 552 ff., 563 ff., 575
Junk bonds 602 f.

Kalkulationszinssatz 75 ff., 86, 102 ff., 110 ff., 125 f., 227, 233, 250, 313 ff., 338 ff., 421 ff., 721
- im Inflationsfall 389 ff.
- steuersatzabhängiger 217 ff., 227 ff., 238, 265, 298, 352 ff., 360 ff.
- steuersatzunabhängiger 230 ff.

Kapazitätseffekt 9, 709, 714 f.
Kapazitätseinheit 96, 101
Kapazitätserweiterungseffekt 161 ff., 710
Kapital, Begriff 7, 17
Kapitalbedarf 156 ff., 172
Kapitalbedarfsfunktion 156 ff.
Kapitalbindung 34, 70 ff., 86 f., 91, 103, 157, 161, 169 f.
Kapitalbindungshypothese 582 ff.
Kapitalbindungsregel 577 ff., 647
Kapitalerhaltung, nominelle 27, 233, 238, 360 ff., 383, 386, 582
Kapitalertragsteuer 179, 193, 240, 272 ff., 281 ff., 295 f., 303 ff., 760 f.
Kapitalertragsteuergutschrift 190, 293
Kapitalfondsprozeß 159
Kapitalkonto, negatives 330 ff.
Kapitalkosten 74, 85 ff., 136, 204, 222, 239, 255, 267, 308 ff., 369, 408 ff., 523 ff.
– unter Ungewißheit 499, 504 ff., 515 ff., 524 f.
Kapitalkostenneutralität 204 f., 216 ff., 224 ff., 239 ff., 250 f., 272, 357, 412 ff., 482, 690, 722, 743 ff.
Kapitalmarkt 12, 37, 40, 49, 236 ff., 288, 299, 311, 318, 380 ff., 413 ff.
– im Gleichgewicht 102, 116, 210 ff., 222 ff., 232 ff., 246 ff., 369 ff., 391, 409 f., 694, 718 ff., 727
– unvollkommener 118 ff., 144 f., 152
– vollkommener 102, 144, 152, 227, 236, 409, 720
Kapitalmarktkosten, unter Ungewißheit 510 f.
Kapitalmarktlinie 507, 509, 514 f., 528
Kapitalmarktregulierung 645, 650 f.
Kapitalmarktsteuerkeil 240 f., 311, 317, 557 ff., 704, 713 ff., 744, 762 ff.
Kapitalstruktur 60 ff., 116, 138, 145, 546 ff., 558 ff., 573, 604 f., 616 ff., 639, 650, 695
Kapitalstrukturregeln 577 ff.
Kapitalstrukturrisiko 546 ff., 565 ff., 592 ff., 602, 700
Kapitalstrukturrisikothese 583 f., 592 ff., 651
Kapitalwert 71 ff., 77 ff., 84 ff., 90, 99, 106 ff., 213 ff., 221 ff., 231 ff., 241 ff., 255, 266, 336 ff., 379, 389 ff., 505
Kassenhaltung 128, 132 f.
Kirchensteuer 175, 180, 190, 198, 278, 287 ff., 304, 760 ff.

Konkurrenzgleichgewicht 183, 202 ff., 215 ff., 231 ff., 246 ff., 318, 362, 369 f., 377, 389 ff., 409 ff.,
Konsumausgabensteuer 717 f., 723 ff., 733 ff., 753
Konsumentnahmen 456
Körperschaftsteuer 175 ff., 185 ff., 234, 241, 276 ff., 283 ff., 305 ff., 316 ff., 352, 415, 422 ff., 683, 691, 729, 747, 759 ff., 770 ff.
Körperschaftsteuergutschrift 240, 284 f., 305 ff., 316
Kraftfahrzeugsteuer 175, 188, 259
Kreditbeschränkung 128, 145, 497, 616, 628 ff., 700
Kreditsicherheit 622 ff.
Kreditspielraum 625
Kreditvertrag 619, 624
Kundenanzahlungen 60, 63
Kursgewinn 195 f.

Leasing 16, 578, 692 ff., 698 ff., 746
Leerverkäufe 481, 489 ff., 495 f., 528, 534
Leg-ein-hol-zurück-Verfahren 291 f.
Leverage-Effekt s. Verschuldungshebel
Leveraged-buy-out 602
LIBOR 500
Lieferantenkredit 16, 56, 93 ff., 399 ff., 578, 692, 746
Lifo-Verfahren 384, 397 ff., 429 ff.
Liquidität 9, 32, 73, 94, 128, 293, 322 ff., 342 ff., 418, 715 ff., 728, 768
Liquiditätspolster 43
Lohnsteuer 173, 179, 185 f., 272 ff., 360

Märkte zur Unternehmungskontrolle 642 ff.
Marktlenkung von Risikokapital s. Risikokapital
Marktportefeuille 511 ff.
– risiko-effizientes 509 f., 527 ff., 536 ff.
Marktprozeß 567, 572
Marktwertmaximierung 550 ff., 643 f.
Maßgeblichkeit
– der handelsrechtlichen GoB 259 ff., 377, 389, 395 ff., 778
– umgekehrte 261
Mehrwertsteuer s. Umsatzsteuer
Mindestausgabekurs 139 ff.
Mindesteigenkapitalausstattung 557, 573 ff., 656 ff., 721

Mindestrenditenerhöhung, steuerbedingte 239 ff., 286 f., 307 f., 368, 717 f.
moral hazard 616 ff., 630, 652
Multifaktor, substanzsteuerlicher 314 f., 320

Negativklausel 630
Neutralität, kompensierende 227
Nutzungsdauer 28, 75 ff., 92, 110 f., 161 f., 171, 205, 214, 225 ff., 261 f., 336 ff., 354, 405 f.
– technische 100 f.
– wirtschaftliche 72, 78, 101 f., 106, 171

Ökonomische Analyse des Rechts 646 ff., 696, 719
ökonomischer Gewinn s. Gewinn, kapitaltheoretischer
Optionsanleihen 301
Optionspreismodell (OPM) 529 ff., 572
Optionsscheine 215, 301

Pensionsrückstellungen 55, 63, 190, 204, 235, 259 ff., 356 ff., 690, 707, 712, 746, 778 f.
Periodenüberschuß 98
Periodisierung, entscheidungsneutrale 217 ff., 254 ff., 267 ff., 360 ff., 777
Periodisierungsprinzip 229
Planungshorizont 27 ff., 33, 36 f., 48, 105, 129, 429
Planungsrechnung 24 f.
Planungszeitraum 26 ff., 36, 67 ff., 177, 195 f., 209 ff., 227 ff., 236 ff., 250, 315 ff., 410, 589, 638, 669, 717, 727, 739 f.
Principal 13, 44, 642, 649, 739 ff., 779
Principal-Agent-Beziehung 13, 25, 600, 612 ff., 623 ff., 637 ff., 649, 739
Produktionsverbund, zeitlicher 156

Quellensteuer 240, 279, 305, 311

Random-Walk 541 f.
Rating-Skalen 601 ff.
Rechenschaft 616, 641, 657, 778
Rechnungsabgrenzungsposten 222 ff., 254 ff., 269, 298, 302
Rechtsformneutralität der Besteuerung 739, 744 ff., 763
Regulierungen 649, 651, 654 f.
– Arbitrage gegen 657 ff.
Reinvermögen 2

Reinvermögenszugang 2
Rendite 71 ff., 81 ff., 91 ff., 104, 111, 222, 233 ff., 246, 298, 317, 329 f., 342 ff., 368 ff., 379 ff., 405 ff.
– nach Steuern 195 f., 217, 221, 235, 240 ff., 310 f., 317 f., 422 ff.
Rentabilität s. Rendite
Restbetragsanspruch 48, 557 f., 592, 598, 620 ff., 631 ff., 641
Restverkaufserlös 99, 103 f., 250, 336 ff., 402
Risiko, Begriff 35
– leistungswirtschaftliches 592 ff., 629, 700
– systematisches 514 f., 518 f., 564
– s. Informationsrisiko, Unsicherheit
Risikoabneigung 340 ff., 457 f., 489 ff., 587
– absolute 489 f., 588, 682, 741 f.
– relative 490 ff., 498, 672 ff., 682 ff.
Risikoanalyse 326 ff., 349
Risikobereitschaft 473, 489 ff., 668 ff., 688, 710, 719, 735, 748, 754 ff., 774 f.
Risikokapital 44, 51 ff., 134, 585 ff., 603, 622, 641, 656, 676 ff.
– innenfinanziertes 564
– Marktlenkung von 641, 656
– zweckgebundenes 62
Risikoklasse 550, 552, 559, 639, 654
Risikoneutralität 457, 623 f., 678, 741
Risikonutzen 434, 455 ff., 484 ff., 497, 521 ff., 533, 562, 569 f., 587, 596, 623, 667 ff., 678 ff., 728, 741
Risikoprämie 504, 513 ff., 565 ff.
Risikoverbund 485 ff., 497, 525
Risikowirkungen der Besteuerung 182, 343 ff., 420, 677, 775
Risikozuschlagsmethode 520 ff.
Rücklagen 351
– gem. § 6b EStG 335
– steuerfreie 254 ff., 341, 387
– stille 55 ff., 192, 261, 294, 371 ff., 656
Rückstellungen 15 ff., 54 ff.
– für Jubiläumsaufwendungen 63
– zur Steuerabgrenzung 62

Sacheinlagen 18
Sale-and-lease-back-Verfahren 693
Sanierung 44
Schachtelprivileg 281 f., 296, 306, 335
Schattenpreis 72, 126, 155

Scheingewinnbesteuerung 384 ff., 393, 407 f., 414 f.
Schenkungsteuer 175, 757
Schütt-aus-hol-zurück-Politik 288 ff., 720
Screening 616
Selbstfinanzierung 16 f., 57 ff., 129, 137 ff., 159, 164, 219, 227, 283 ff., 292 ff., 310 ff., 357, 362, 373 ff., 413 ff., 524, 546, 559, 636 ff., 653 ff., 691, 720 ff., 755, 761 ff.
- versteckte 59, 164
Separationstheorem 492, 525
Sicherheit 35 f.
Sicherheitsäquivalent 457 f., 521 f.
Signalfunktion 40
Signalling 616, 640, 654
Skonto 93 f.
Sofortabschreibung 216 f., 230 ff., 361 ff., 407, 686 ff., 707 ff., 720 f., 728, 737
Sollzins 123 f.
Sonderabschreibung 61, 181, 201, 255 ff., 270, 341 ff., 379, 387, 698, 705 ff., 755
Sonderposten mit Rücklageanteil 61
Spekulation 570
Spekulationsgeschäft 335
Standardmodell 218 ff., 223 ff., 246, 264, 297, 688
Steuer, Begriff 174
- Anrechnung oder Erstattung von 179, 233 ff., 239 f., 281, 288, 305
- progressive 198, 202 ff., 222, 236 f., 243, 249, 263, 269
Steuerarbitragen 299, 378, 558 ff., 564 f., 676, 690 ff., 698, 711, 720, 737, 771
Steuerausweichhandlungen 193 f., 299, 321, 356, 367, 676, 690 ff., 720, 729, 735, 771 ff.
- institutionenbildende 176, 378, 690 ff.
Steuerbelastung 176 ff., 186 ff., 207, 240 ff., 251, 284, 289, 300, 307 ff., 344 ff.
- effektive 181, 194 ff., 219, 239 ff., 243 ff., 258, 297, 369 f., 411 ff.
- nominale 181 f., 187 ff., 243, 245, 277, 286, 316
Steuerbelastungsvergleiche 176 ff., 184 ff., 194, 201, 239 ff., 251, 307, 310
- internationale 188, 411 ff.
Steuerbenachteiligungen 181, 194, 197, 201, 242 f.
Steuerbilanz 187, 215 ff., 229, 238, 241, 253 ff., 261 ff., 280, 294, 306, 758, 777 f.

Steuerkeil 196, 239 ff.
Steuerklientele 558 f., 639
Steuerkredit 252 f., 256
- zinsloser 256, 356, 367 ff., 387
Steuerlast, marktbestimmte 180 ff., 194
Steuern, Rechtsdefinition der 179
- auf das finanzielle Ergebnis 175 f.
- auf die Unternehmensmittel 175, 191
- auf die Unternehmensleistungen 175
Steuerparadoxon 246 ff.
Steuerplanung 201 f., 313
Steuerquote 184 ff.
Steuervergünstigungen 193 ff., 241 ff., 321, 333 ff., 360, 374, 398, 420, 679, 698, 755, 777
stille Reserven s. Rücklagen, stille
Substanzerhaltung 27, 211, 388, 398
Subventionen 181, 194 ff., 239, 245, 269 ff., 316

Tarifbelastung 280 f., 290 f., 309, 314, 319, 352 ff., 422 f.
Tarifvergleiche 189
Teilwert 99, 229, 254, 259, 268 f., 295 f., 302, 333 f., 357 ff., 368 ff., 415, 707
Teilwertabschreibung, ausschüttungsbedingte 15, 705 ff., 744
Termingeschäfte 529 f.
Tilgungsaussetzungsdarlehen 330 ff.
Totalmodell 30
Transaktionskosten 73, 118, 534 f., 557, 647 f.

Überschuldung 43 f., 650, 721
Überwälzung 179, 195, 204, 386
Umperiodisierung, kapitalwertgleiche 218, 224 ff., 230 ff., 250 f., 360 ff., 721
Umsatzsteuer 175 f., 180, 188, 206, 241, 260 ff., 285, 313 ff., 702 f., 753, 763 ff.
Ungewißheit 97
Unsicherheit 35 f., 71, 429
Unternehmen, personenbezogenes 12, 25, 65, 71, 128, 134 ff., 206, 254, 288 ff., 412, 620 f., 700
Unternehmensbewertung 520 ff.
Unternehmenserhaltung 676
Unternehmenskunde, steuerrechtliche 173
Unternehmensplanung 22, 26 f.
Unternehmenssteuern 175 ff.
Unternehmenspolitik 21 f.
Unternehmer 23 f., 35
Unternehmung, Begriff 4 ff.
- firmenbezogene 6, 12

Unternehmungssteuerkeil 240 f., 310 f., 316 f., 352, 556 f., 717 f., 722

Veranlagungssimulation 190 f.
Veräußerungseffekt 336 ff.
Veräußerungsgewinn 196, 228 f., 254, 259, 261 f., 270, 291, 294, 301, 335 ff.
Verbrauchsteuer 175, 180, 188, 192, 753, 767
Verfügungsmacht 622
– Einheit von Eigentum und 12, 631
Verfügungsrechte 499 f., 531, 565, 660, 703, 779
Verlustausgleich, sofortiger 211 ff., 223 ff., 235 ff., 247 ff., 270, 337, 375 f., 418, 668, 679, 708 ff., 737, 742, 756, 778 f.
Verlustpuffer 43 f., 49 ff., 60 ff., 134, 143, 566, 573 f., 598, 622, 633, 654, 682, 705
Verlustrücktrag 235, 255, 263 ff., 276, 282, 349, 379, 668, 680, 737, 744, 755 f., 771, 779
Verlustverrechnungsgutscheine 271, 756, 779
Verlustvortrag 235, 246, 267, 271, 282, 379, 688, 737, 779
Verlustzuweisungsgesellschaft 331 ff.
Vermögen, Begriff 2, 7
Vermögensbewertung 7
Vermögensmaximierung 118, 120, 126, 129, 143 f., 505, 637
Vermögensstreben 65 f., 70, 80, 638
Vermögensteuer 175, 180, 185 ff., 197, 258, 266, 283 ff., 307 ff., 422 ff., 676, 683 ff., 691 ff., 735, 744, 756 ff..
– Doppelbelastung mit 289, 306
Vermögensvergleich 209, 231 ff., 253 f., 268, 280, 366 f., 372, 401 f.
Vermögensverwaltung 765 f.
Verschuldung 44 ff., 51 f., 54, 60 f., 558, 600
– zweckgebundene 64
Verschuldungsgrad 546 ff., 565, 596, 599
Verschuldungsgrenze 628, 728
Verschuldungshebel 369, 546 ff., 595, 718
Versorgungszusage
– mittelbare 374 ff.
– unmittelbare 356 ff.
Verteilungsfolgen der Besteuerung 176 ff., 186 ff., 195 ff., 229, 242, 310 ff., 367, 418 ff., 737, 753
Vertragsgestaltung 10 f.
Vickrey-Neutralität 236 ff.
Vorsteuererstattung 328 f.

Wahrscheinlichkeiten 430 ff.
– Meßbarkeitsstufen für 430 ff.
– nominale 434 ff., 453 f.
– ordinale 436 ff.
– personale 431, 457
– quantitative 439 ff., 457 ff., 666
– subjektive 365 ff., 432
Wahrscheinlichkeitsrechnung 431, 440, 614
Wertpapierlinie 507 ff., 526 f., 537, 540
Wertpapiermischung 473 ff., 481 f.
Wettbewerbsneutralität der Besteuerung 201 f.
Wettbewerbsordnung 377, 706, 719, 734, 745, 778 f.
Wettbewerbsverzerrungen, steuerrechtsbedingte 201 ff., 371, 375 ff., 691, 752, 759 f., 765, 779
Wettquotienten, rationale 446 ff.
Wiedergeldwerdungshypothese 582
Wohlstandsmaximierung 66, 118, 120, 126 f., 143 f., 211

Zahlungsfähigkeit 3, 13 ff., 19 f., 34, 43, 128, 134
Zerobond 36, 111 f., 222, 297 ff., 498 ff., 716
Zielbildung 22, 24
Ziele, finanzielle 14
Zielfunktion 23, 154
Zielgröße 9, 23, 36, 70, 176 ff., 193 f., 206 ff., 311, 316, 419
Zielgrößenbesteuerung 206 ff., 669 f., 729, 734, 773 ff.
Zinsänderungsrisiko 111, 498 ff.
Zinsbesteuerung 250, 297 ff., 411
Zinseinkünfte 180, 185, 193 ff., 297, 301 ff., 411
Zinsfuß, interner 74 ff., 81 ff., 95, 114 f., 221, 344, 366, 381 f.
Zinsstruktur 110 ff., 298 ff., 381, 498, 519
Zukunftslagen 429, 437 f., 440, 485 f.
Zusatzkapital 134 ff., 563
Zusatzlasten 686, 729 ff., 753, 764, 773 ff.